MADAME PALATINE, PRINCESSE EUROPÉENNE

DU MÊME AUTEUR

Le Portrait dans les Mémoires du duc de Saint-Simon. Fonctions, techniques et anthropologie. Étude statistique et analytique, Paris, Nizet, 1971.

Ri Coëme. Een artistieke biografie (en néerlandais), Tessenderlo, Antiqua, 1980.

La Mort dans les Mémoires de Saint-Simon. Clio au jardin de Thanatos, Paris, Nizet, 1981.

Thanatos classique. Cinq études sur la mort écrite (en collaboration), Tübingen, Gunter Narr/Paris, Jean-Michel Place, collection « Études littéraires françaises », 1982, n° 20.

Dirk Van der Cruysse

MADAME PALATINE, PRINCESSE EUROPÉENNE

Fayard

Matri memorandae
sanguine ortae hanoveriano
animo gratissimo

INTRODUCTION

> « Ah, chère Louise, vous me flattez trop en disant
> qu'on ne trouverait plus ma pareille au monde... —
> *Ach, liebe Louise, Ihr flattirt mich zu sehr, zu sagen*
> *dass meines Gleichen nicht mehr in der Welt ist...* »
>
> Hol. IV, 214 (24 août 1719).

Traditionnellement, les historiens allemands ont présenté Liselotte von der Pfalz comme une innocente princesse d'outre-Rhin égarée à la cour de France à la suite de malheureux calculs politiques. Sa biographie était conçue comme une lutte pour la préservation de sa droiture germanique originelle au milieu d'une Cour plus décadente que brillante. Pour ses biographes français, Elisabeth-Charlotte d'Orléans était essentiellement la belle-sœur de Louis XIV et la mère du Régent. Son identité et son passé allemands importaient peu, si ce n'était pour expliquer ses allures rustiques et son caractère sauvage. Son manque de souplesse était considéré comme l'expression d'une inadaptation fondamentale d'autant plus regrettable qu'elle l'empêchait d'apprécier à sa juste valeur la Cour la plus brillante du monde où elle eut la chance de vivre pendant un demi-siècle.

Le temps est venu, à l'heure où le Vieux Continent cherche plus que jamais à définir son identité culturelle, de replacer Madame dans le contexte qui fut véritablement le sien : l'Europe. Issue de Jacques Iᵉʳ Stuart, de Guillaume le Taciturne et d'un roi de Bohême qui fit éclater maladroitement la guerre de Trente Ans, elle passa sa jeunesse dans le Palatinat, les États des ducs de Brunswick et la Hollande. Restée protestante, elle serait devenue reine d'Angleterre ; contrainte au catholicisme, elle fut la belle-sœur du roi de France. Épistolière boulimique, elle correspondait avec les cours royales de Prusse, d'Angleterre, de Suède, de Danemark, d'Espagne et de Sicile, avec la plupart des cours princières allemandes, et avec les cours ducales de Lorraine, de Savoie et de Modène. Voilà qui fait sauter les limites franco-allemandes trop étroites dans lesquelles on a voulu l'enfermer. Tissant un réseau épistolaire qui recouvrait l'Europe entière, elle avait une conscience très nette et parfois pittoresque de ce qui divisait et rapprochait les nations. Européenne au plein sens du terme, Madame n'a sans doute pas pensé l'Europe, mais elle l'a vécue comme une unité multiple et complexe. Mathieu Marais n'avait pas tort de noter en apprenant son décès : « Voilà un deuil pour toute l'Europe. »

La biographie qu'on va lire couvre donc, par la force des choses, un gros chapitre de l'histoire européenne, s'étendant sur une période de cent dix ans (1612-1722), à commencer par le mariage à Londres des grands-parents paternels de Liselotte. Ce recul est indispensable : on ne comprend rien au passé allemand de cette princesse, ni à ses rapports avec l'Angleterre et les Pays-Bas, quand on ne connaît pas l'étonnant destin du « Roi des Neiges » et de sa tumultueuse descendance. Il ne suffit pas de mentionner la larme à l'œil la fidélité de Madame à ses origines et de passer outre, faisant commencer sa biographie à la mort de Madame Henriette.

Peu d'existences de l'époque louis-quatorzienne sont si bien documentées et si mal connues que celle de Madame. Il y a les interminables chroniques de Dangeau, de Sourches et de Saint-Simon qui lui réservent un traitement de choix. Il y a les 12 000 pages manuscrites des dépêches françaises de Spanheim qui dorment dans le Zentrales Staatsarchiv de Merseburg (R.D.A.) et que j'exploite ici pour la première fois, dans leur totalité. Spanheim avait connu la petite Liselotte à Heidelberg et mentionne régulièrement ses faits et gestes quand il la retrouve à Versailles, devenue entre-temps l'imposante belle-sœur de Louis XIV, entretenant avec elle des rapports chaleureux malgré les distances curiales. Mais ce n'est pas tout : Madame est née dans une famille d'incorrigibles épistoliers polyglottes qui ont tissé autour d'elle une tapisserie de correspondances et de mémoires écrits en allemand, en français, en anglais et même en néerlandais, et dans lesquels elle est omniprésente (voir bibliographie). Enfin et surtout, elle était atteinte elle-même d'une scribomanie incurable dont on voit peu d'autres exemples, et qui nous renseigne avec un luxe inouï de détails sur sa vie et ses opinions. Selon des calculs très prudents, elle a dû écrire au moins 60 000 lettres (deux tiers en allemand, un tiers en français), dont un dixième à peine est conservé. Quantitativement parlant, Mme de Sévigné apparaît comme une dilettante avec ses quelque 1 200 lettres conservées, à côté de cette professionnelle de la lettre tous terrains qu'était Madame.

Cet océan d'encre — parole de femme, parole d'exil — semble avoir découragé les biographes les mieux intentionnés. L'aperçu des éditions des lettres allemandes et françaises qui ouvre la bibliographie permet de constater que la correspondance de Madame est un véritable maquis, très difficile à débrouiller, et où beaucoup reste à faire ou à refaire. L'idée d'une nouvelle édition critique aussi complète que possible commence heureusement à effleurer les esprits des deux côtés du Rhin. Ma découverte dans l'Archivo Historico Nacional de Madrid d'une série de lettres inédites au prince des Asturies et de lettres à Mme de Sablé à Paris, et l'apparition régulière de lettres inconnues dans les catalogues des maisons d'autographes suggèrent que notre connaissance de cette correspondance est provisoire, et son périmètre mouvant. « Quand il n'y en a plus, il y en a encore », disait Guillaume Depping en parlant des lettres de la princesse.

Pour insatisfaisante que soit l'édition des lettres de Madame, l'état de leur traduction française est tout bonnement déplorable. La seconde moitié du XIXe siècle a vu publier trois traductions de sélections partielles (environ 15 % de l'ensemble du texte allemand) qui ont contribué à cette réputation de « commère du Grand Siècle » qui défigure l'image de la princesse. Non contents d'entasser les contresens, de sauter ou d'altérer les phrases obscures, de fabriquer des amalgames d'extraits de lettres différentes sous des dates fantaisistes, les traducteurs s'efforcent en outre de faire écrire la Palatine comme si elle était Mme de Sévigné. Or le style de cette correspondance, dont l'expression directe et spontanée fait tout le prix, est absolument sans fard. L'épistolière en convient elle-même : « J'écris comme je parle, car je suis trop naturelle pour écrire autrement que je ne pense » (Hol. I, 59/25 mars 1696). C'est ce style direct et oral qu'il faut oser traduire, mais ce sont les traductions discutables du XIXe siècle que l'on retrouve dans les quelques anthologies françaises parues au XXe siècle.

Devant le tableau décevant de la traduction des lettres de Madame, on ne peut que répéter ce qu'écrivait Sainte-Beuve en 1859 : « Pourquoi n'en sommes-nous pas mieux informés en France ? », et Arvède Barine en 1909 : « Nous n'en connaissons en France que des miettes. » En 1988, ces remarques n'ont malheureusement rien perdu de leur pertinence. C'est parce que Dom Leclercq ne connaissait Madame qu'à travers ces anthologies peu scrupuleuses qu'il n'hésitait pas à écrire dans sa monumentale *Histoire de la Régence* : « Elle écrivait des lettres de quinze feuillets, de vingt feuillets, entassait les sornettes sur les mensonges, les injures sur les platitudes, et mettait ces fardes à la poste, racontant à ses correspondants toutes les ordures, toutes les obscénités, toutes les infections matérielles et morales qu'elle avait pu recueillir ; mais elle l'écrivait en allemand car la langue française n'a point de mots pour exprimer ce qu'elle raconte. La crudité des anecdotes, la hardiesse des récits sont au niveau de la dégoûtante liberté de ce langage fécal. Certaines lettres de cette incorrigible stercoraire n'ont jamais pu être traduites, celles notamment qui racontent à une jeune Allemande les vices contre nature qui régnaient à la cour de Monsieur » (I, 215-216). On croit rêver. Précisons tout de même que la « jeune Allemande » en question (la raugrave Amelise) avait alors 42 ans, et que Madame la renseignait à sa propre demande.

La lecture des textes allemands, de tous les textes allemands, s'impose impérativement. Rejetant de mon propos les simplifications réductrices ou mensongères et une vulgarisation fondée sur le mépris du public, je n'ai voulu négliger aucune lettre connue, toujours dans la langue originale, et ne citer que des extraits que j'ai traduits ou retraduits scrupuleusement sans tenter de raboter les rugosités de l'allemand vétuste de la princesse, respectant le vocabulaire parfois cru, les répétitions rapprochées, le débit oral, les inélégances occasionnelles de l'écriture et les formes de courtoisie désuètes. Madame avait bien droit à cette justice tardive. Environ la moitié des nombreux textes allemands de Madame cités dans cette biographie sont traduits ici pour la première fois.

Quant aux lettres *françaises* (pensons à la grande lettre à Louis XIV, aux lettres à la reine de Prusse, à Polier de Bottens, à la cour de Lorraine, à Mme de Ludres...), elle sont quasi inconnues en France puisque publiées dans des revues ou des collections allemandes spécialisées. On oublie trop souvent que Madame, avec plus de 700 lettres françaises conservées, est aussi une épistolière française. Je n'ai donc pas hésité à donner souvent la parole à la princesse sans la paraphraser, sachant que je ne risquais pas d'assommer le lecteur en lui présentant des textes trop connus. On constatera que la qualité de l'écriture française de la princesse (dont j'ai simplement modernisé l'orthographe et la ponctuation) engage à corriger la caricature d'une Allemande à peine dégrossie qui aurait baragouiné un français approximatif et déparé la Cour la plus raffinée du monde. De là à estimer qu'elle n'était pas digne de respirer le même air que Racine et Bossuet, il n'y a qu'un pas.

C'est par honnêteté intellectuelle et dans un esprit de *Wiedergutmachung* que cette biographie veut reconstituer la culture personnelle de Madame. Il suffit de feuilleter les factures de ses achats de livres, de parcourir l'inventaire de sa bibliothèque, d'aligner les innombrables passages de ses lettres où revivent ses lectures bibliques et profanes et les réflexions qu'elles lui inspirent, de mesurer l'envergure de sa culture théâtrale, d'ouvrir les tiroirs de son célèbre médaillier, de prendre la température de la ferveur numismatique qui régnait dans son cabinet, de la surprendre au milieu de ses amusements microscopiques, pour constater que Madame était aussi lettrée et cultivée qu'une princesse pouvait l'être sans verser dans le ridicule.

Les biographes de Madame ont toujours mis des gants pour expédier la question de l'homosexualité notoire de Monsieur, son époux. Il est pourtant essentiel de savoir si le comportement du frère de Louis XIV et de ses mignons était exceptionnel, ou s'il y a lieu de parler d'un véritable mouvement homosexuel louis-quatorzien. On verra que j'ai consacré un chapitre élaboré à ce sujet, aboutissant à une lecture nuancée du volumineux discours homosexuel qui s'articule dans la correspondance de la princesse que Proust appelait cavalièrement « la femme d'une Tante ».

La destruction ou la perte des neuf dixièmes des lettres envoyées et de la totalité de celles reçues est irréversible. Le miroir est brisé. Le moindre billet redécouvert, le moindre détail relevé dans un document du temps (un mot échappé à la colère, un geste incontrôlé, le nom d'une auberge, la décoration florale d'un banquet, la couleur d'une robe...) sont autant de débris du miroir qui méritent d'être recueillis avec soin. Mes randonnées à travers un grand nombre d'archives et de bibliothèques de deux continents m'ont valu des débris précieux ou de grands fragments qui ont retrouvé leur place dans l'ensemble, que ce soient les dépêches bavardes de Spanheim déchiffrées à Merseburg, une relation hollandaise très détaillée des noces des parents de Liselotte découverte à New York, une gazette rimée unique au monde relatant l'arrivée de Liselotte à la cour de France, localisée à Amsterdam, etc.

On n'écrit pas un volume comme celui-ci sans accumuler de nombreuses dettes. Les noms de celles et de ceux dont l'amitié, la générosité et l'érudition me furent précieuses rempliraient des pages ; qu'ils veuillent trouver ici mon souvenir fidèle et l'expression de ma juste reconnaissance. Disons cependant ce que je dois à celles et ceux sans l'aide de qui ce livre ne serait pas ce qu'il est. M. Roger Duchêne (Marseille) sait le rôle qui fut le sien lorsque cette biographie n'était encore qu'un projet. On pourrait considérer à bon droit M. Jürgen Voss (Mannheim, Paris) comme le dieu tutélaire de cet ouvrage ; historien spécialiste des rapports franco-allemands, il a mis à ma disposition son savoir et ses relations, les ressources de l'Institut historique allemand de Paris et des documents essentiels comme la correspondance encore inédite avec la comtesse von Schaumburg-Lippe. J'exprime ma profonde gratitude à S.A.R. Monseigneur le Comte de Paris et à la Fondation Saint-Louis (Amboise) pour m'avoir gracieusement permis de consulter les archives privées de la Maison d'Orléans déposées aux Archives nationales. C'est grâce à M. Pierre Lemoine (Paris), inspecteur général honoraire des Musées de France et ancien conservateur en chef du château de Versailles, et à M. Yves

Martial, conseiller culturel et scientifique à l'ambassade de France à Bruxelles, que d'importantes portes se sont ouvertes. Mme Hélène Himelfarb (Laissac) m'a fait profiter amicalement de ses impavides incursions dans les labyrinthes bibliographiques du xviie et du xviiie siècle. Le Dr Jean-Paul Goldschmidt (Bruxelles) était toujours disponible pour diagnostiquer avec humour et compétence les maladies de Madame et des siens. Sans la serviabilité de mon collègue anversois M. Robert Verdonk et de Mme Carmen Crespo Nogueira (Madrid), mes recherches à l'Archivo historico nacional seraient restées sans résultat. Je garde un agréable souvenir de l'amabilité de Mme Meta Kohnke (Merseburg) qui a facilité mon séjour au Zentrales Staatsarchiv. M. et Mme Henri et Lizzie Van Nieuwenhuyse (Gand) ont découvert à Niort le très beau portrait de Madame qui orne la couverture de ce livre et qui était inconnu de tous les « Liselottistes ». M. François Moureau (Paris, Université de Dijon) m'a fait bénéficier de ses lectures très spécialisées en me communiquant généreusement des épîtres dédicatoires adressées à Madame. M. Philippe Hourcade (Paris) m'a transmis de son côté les résultats de ses fouilles à la Bibliothèque et aux Archives nationales. C'est grâce à M. Pierre Béhar (Le Dorat, Université de Limoges) que j'ai pu évaluer les rapports littéraires entre Madame et le duc romancier Anton Ulrich von Braunschweig-Wolfenbüttel. Mme Dominique Gerin (Paris, Bibliothèque nationale) m'a aidé aimablement à retrouver au Cabinet des médailles les traces de la passion numismatique de Madame.

Mon épouse Magda a accepté avec humour et philosophie l'intrusion dans notre intimité d'une autre femme, morte depuis plus de deux siècles et demi, mais toujours vivante et incroyablement bavarde. Elle m'a aidé à sonder les replis les plus féminins de l'âme nuancée d'Élisabeth-Charlotte, princesse palatine du Rhin.

Remarques

Les lettres allemandes de Madame contiennent de nombreuses expressions, citations et conversations entières en français ; des italiques les distinguent du contexte traduit de l'allemand.

J'ai sacrifié à l'usage qui veut que les noms propres étrangers soient francisés : James I s'appelle donc *Jacques Ier*, Regensburg devient *Ratisbonne,* et ainsi de suite. Une exception, toutefois, a été faite. Afin de rendre plus présente à l'esprit du lecteur la spécificité du décor allemand dans lequel se sont déroulées les dix-neuf premières années de l'existence de Madame, et auquel elle tenait tant, les prénoms masculins allemands qui émaillent les premiers chapitres de ce livre ne sont pas traduits : son grand-père s'appelle donc bien *Friedrich V,* son père *Karl Ludwig,* son frère *Karl,* ses oncles hanovriens *Georg Wilhelm* et *Ernst August,* etc. Le seul inconvénient de ce procédé est qu'un personnage, désigné par son nom allemand dans le texte, peut réapparaître sous une forme francisée dans une citation ou dans un titre. Ces « anomalies » sont au demeurant très rares.

Dans un même ordre d'idées, les dignités allemandes de *Landgraf* (qui se situe entre *Herzog,* duc, et *Graf,* comte) et *Markgraf* (l'équivalent de marquis), sont rendues par *landgrave* et *margrave.* L'usage l'autorise.

Avant d'être duchesse d'Orléans, Madame était la fille de l'Électeur palatin ; elle s'appelait Elisabeth-Charlotte (contracté en « Liselotte ») von der Pfalz. Son père, qui régnait sur le Palatinat (*Pfalz, Rheinpfalz* ou *Kurpfalz* en allemand), était le chef de la branche comtale, palatine et protestante de la glorieuse dynastie des Wittelsbach, qui se distinguait de la branche ducale, bavaroise et catholique de la même famille. Le contrat de mariage d'Elisabeth-Charlotte la désigne correctement comme « la princesse électorale palatine du Rhin », mais les Français du Grand Siècle se trompaient constamment en l'appelant « Elisabeth-Charlotte de Bavière ». Contrairement à d'autres, j'ai évité de l'appeler « Princesse Palatine », respectant l'usage courant du xviie siècle qui réservait cette appellation à Anne de Gonzague, épouse du prince palatin Eduard, oncle paternel de Madame.

PREMIÈRE PARTIE

Du Roi des Neiges au Roi-Soleil

(1612-1671)

CHAPITRE PREMIER

Deux noces princières
et deux jarretières perdues
(1612-1650)

Un conte de fées

Londres pavoisa. L'Angleterre n'avait plus célébré de noces royales depuis près de soixante-dix ans. Aussi, lorsque Jacques Ier Stuart accorda fin 1612 la main de sa fille unique Elisabeth, « la perle de la Grande-Bretagne », à l'électeur palatin Friedrich V von Wittelsbach, la cour de Whitehall et la bonne ville de Londres entrèrent-elles dans une joyeuse agitation. Nés tous les deux à quelques jours de distance en août 1596, les fiancés avaient à peine seize ans, et tout le monde s'extasiait sur leur beauté. La princesse Elisabeth était une blonde élancée aux yeux bleus. D'un caractère enjoué, elle adorait la chasse, les chevaux et les chiens, et parlait le français et l'italien. Le grand John Bull, organiste à la chapelle royale, lui avait appris à toucher le virginal avec grâce. Rarement l'Angleterre avait produit une princesse aussi parfaite.

Le jeune Électeur avait le teint basané et l'esprit agréable ; sa jeunesse dissimulait encore la futilité de son caractère. Il parlait, outre sa langue maternelle et le latin, un français élégant appris à la cour de Sedan chez son oncle le duc Henri de Bouillon · c'est en cette langue que les époux allaient correspondre leur vie durant. Cavalier accompli, Friedrich incarnait à peu près le prince idéal. Riche et magnifique, il était venu épouser Elisabeth avec une suite de deux cents personnes. Il ressentit un véritable coup de foudre lorsqu'il découvrit qu'elle était aussi jolie que les portraits qu'on lui avait montrés. Il la couvrit de cadeaux si somptueux que son futur beau-père, que l'on appelait le « Salomon du Nord », dut le prier de modérer ses prodigalités. Il allait atteindre la majorité à l'âge de dix-huit ans et assumer alors les fonctions et honneurs de comte palatin du Rhin et Premier Électeur séculier du Saint-Empire *(Summus in electione Imperatoris),* son père Friedrich IV étant décédé en 1610.

Elisabeth trouvait un mari digne du sang royal des Stuart. D'autres princes avaient aspiré à sa main, entre autres le prince royal de Suède Gustave Adolphe, Philippe III d'Espagne et le duc de Savoie (il est vrai que ces deux derniers étaient catholiques), mais Jacques Ier leur avait préféré l'Électeur palatin, souhaitant consolider ses rapports avec l'Allemagne protestante. Les généalogistes considéraient les Wittelsbach comme la troisième famille de la chrétienté descendant de mâle en mâle d'un prince régnant : depuis la fin du XIIe siècle ils régnaient sur la Bavière, depuis 1214 ils étaient comtes palatins du Rhin, et depuis 1356 (année de la Bulle d'or) ils étaient électeurs palatins. Ils ne cédaient le pas qu'à la maison de Mecklembourg et à celle de Bourbon. La grand-mère maternelle de Friedrich était d'ailleurs une Bourbon.

Dès le Xe siècle, le premier comte palatin du Rhin (*comes palatinus,* comte du palais, *Pfalzgraf*) était l'un des grands dignitaires de la maison impériale. « Autrefois, explique Furetière, les empereurs envoyaient des juges de leur Palais, qu'on nommait autrement *Phaltzgraves,* pour corriger les abus des autres juges des provinces de Saxe, de Bavière, de Franconie, et du Rhin, qui ont été tous appelés *Palatinats.* Le nom en est demeuré à l'*Électeur palatin du Rhin.* On les appelle en latin *Comites palatini,* parce qu'ils étaient de la Cour ou de la suite de l'Empereur [1]. » Les descendants des premiers comtes palatins du Rhin se faisaient conférer le titre de « Premier Prince électeur » et profitaient habilement de la désintégration de l'Empire pour s'approprier d'importants fiefs. Le Bas-Palatinat ou Palatinat du Rhin s'étendait sur les deux rives du Rhin, des frontières de l'Alsace à celles du Wurtemberg, avec, comme villes principales, Heidelberg, Mannheim, Worms et Frankenthal. Le Haut-Palatinat, autour de Ratisbonne et Amberg, se situait au nord du Danube, entre la Franconie et le royaume de Bohême.

Avec une légèreté typiquement médiévale, les comtes palatins avaient prélevé certains fiefs en faveur de leurs cadets (Simmern, Neuburg ou Sulzbach par exemple). La branche aînée de Heidelberg, la *Alte Kurlinie* qui était luthérienne, s'était éteinte en 1559 avec l'électeur Ottheinrich, et la branche calviniste de Pfalz-Simmern lui avait succédé, réunissant ses fiefs au Palatinat proprement dit. Le résultat était un ensemble compliqué de fiefs éparpillés dont la carte ressemble curieusement à une peau de léopard. Relativement petit, le Palatinat réunissait des terres d'une fertilité proverbiale, et encaissait les péages des transports fluviaux sur le Rhin et ses affluents. Friedrich détenait en plus le duché de Nussbach en Bavière, et signait « duc de Bavière », ce qui faisait enrager les Wittelsbach catholiques, les véritables ducs en Bavière.

Trois semaines après l'arrivée de Friedrich à Londres, la mort enleva le brillant prince de Galles Henry Frederick, le frère favori d'Elisabeth.

Ce décès allait avoir des conséquences incalculables. Le successeur du premier Stuart ne s'appellera pas Henri IX mais Charles Ier, et le drame de la guerre civile, d'un roi décapité et de la dictature de Cromwell était dès lors inévitable. Mais ce malheur fut vite oublié au milieu des préparatifs des fiançailles et du mariage. L'équanimité du roi Jacques en cette circonstance douloureuse forçait l'admiration. Friedrich Spanheim, le père d'Ezechiel, témoigne : « Ce prince néanmoins montra une merveilleuse force d'esprit en un si sensible déplaisir. Il avait accoutumé de dire, *que si Dieu lui avait ôté un fils, il lui en avait donné un autre en place,* désignant l'Électeur palatin[2]. » Le 18 décembre, lors d'une cérémonie privée, Friedrich recevait des mains de son futur beau-père les insignes de l'ordre de la Jarretière.

Les fiançailles furent célébrées le 27 décembre au Banqueting House, au milieu des plus belles tapisseries du royaume. Friedrich était habillé de velours pourpre et de dentelle d'or, costume qu'un chroniqueur contemporain jugeait *« verie fair and suitable »*. Elisabeth portait une robe de satin noir brodé de fleurs argentées, qui rappelait à la fois le deuil de son frère et la joie de ses fiançailles. Les plumes blanches qui frémissaient sur ses cheveux coiffés en hauteur firent fureur : dès le lendemain, tous les galants de la Cour en portaient. Sir Thomas Lake, premier secrétaire de Sa Majesté, dut traduire en français la formule de l'engagement à l'intention de Friedrich, mais il écorcha le français d'une façon si drôle que les fiancés s'esclaffèrent de bon cœur. L'archevêque de Canterbury s'empressa de bénir les fiancés, l'évêque de Bath-and-Wells prononça un sermon que personne n'écouta, et le banquet fut magnifique et extrêmement joyeux.

Les noces devaient être célébrées le jour de la Saint-Valentin. Les sept semaines qui séparaient les deux cérémonies ne furent qu'une longue suite de fêtes, de parties de chasse, d'essayages et de présentations de cadeaux. Elisabeth, qui raffolait des animaux, reçut quatre « chiens des îles » et un perroquet brésilien. Son père lui donna un cadeau de noces particulièrement somptueux : le fameux collier de six rangées de perles que Clément VII avait offert à Catherine de Médicis pour son mariage avec le futur Henri II, et que Marie Stuart et la reine Elisabeth avaient porté par la suite. Friedrich reçut de son futur beau-père une toute récente édition grecque des œuvres de saint Jean Chrysostome en six in-folios reliés luxueusement aux armes du roi Jacques — cadeau approprié au descendant de la dynastie qui avait formé la célèbre *Bibliotheca palatina* de Heidelberg[3]. Friedrich et Elisabeth assistèrent à quatorze pièces jouées à Whitehall, dont six de Shakespeare ; l'incendie du théâtre du Globe, six mois plus tard, allait mettre fin à sa carrière d'auteur dramatique. Pendant ces semaines encore, John Bull publia le premier volume de musique pour virginal imprimé en Angleterre, *Parthenia or the Maydenhead,* dédié aux fiancés royaux. John Donne, de son côté, composait un épithalame adressé à saint Valentin :

> *Haile Bishop Valentine, whose day this is,*
> *[...] Thou this day couplest two Phoenixes...*

Les festivités des noces, qui coûtèrent plus cher que la dot, s'ouvrirent le 11 février 1613 sur un superbe feu d'artifice. La pièce de résistance était un saint Georges terrassant le dragon pendant un bon quart d'heure. Le surlendemain, par un temps splendide, un combat naval anima la Tamise en présence de la famille royale installée sur les degrés de Whitehall. Pendant quatre heures, une flotte « chrétienne » attaqua vaillamment une flotte « turque », et l'amiral turc, dûment vaincu, fut conduit triomphalement aux pieds des fiancés. Quelques yeux crevés par-ci, par-là, et trois mains coupées dans la mêlée, ne purent refroidir l'enthousiasme général. John Tayler, le *Water-Poet,* rédigea une relation délirante de ces mémorables événements[4].

Le dimanche 14 février, Elisabeth arriva en cortège, peu avant midi, à Whitehall, au milieu d'une foule immense. Des témoins ont décrit avec un luxe de détails ses *Virgin-robes* de brocart d'argent, portées par quatorze demoiselles habillées de satin blanc. Sa chevelure couleur d'ambre tombant librement sur ses épaules et descendant jusqu'à la taille, surmontée d'une couronne d'or sertie de perles et de diamants, frappa les spectateurs. William Camden, l'auteur des *Annales rerum anglicarum,* résume joliment ses impressions en écrivant que la princesse scintillait comme une constellation et que les demoiselles de sa suite, habillées d'argent et de satin blanc, étaient si chargées de perles et de pierres précieuses que leur passage ressemblait à la Voie lactée. Friedrich resplendissait lui aussi dans des vêtements de lamé argent.

Dans la chapelle de Whitehall tendue de tapisseries brillant de fils d'or et d'argent représentant les Actes des Apôtres, retentissait le *Wedding Anthem, God the Father, God the Son* de John Bull. L'inévitable évêque de Bath-and-Wells prononça son sermon. Le service religieux fut célébré en anglais suivant le rituel du *Book of Common Prayer,* et on lut les textes de la Bible dans la toute récente « version autorisée », ou *King James Bible,* ce monument capital de la langue anglaise que Robert Barker, imprimeur de Sa Majesté, venait de publier en 1611. Friedrich avait appris par cœur ses répliques anglaises ; ainsi, on n'avait pas dû faire appel aux talents d'interprète de Sir Thomas. Le soir, après un banquet somptueux et des divertissements dansés pour lesquels les seigneurs et les dames de la Cour avaient fait assaut de prodigalité (les broderies de la robe de Lady Wotton coûtaient 50 livres le yard !), le chœur congédia l'assistance par ce couplet final chanté en français :

> Sus, Sommeil, tire les rideaux
> Et rends toutes choses muettes,
> Afin que tant mieux ces jumeaux
> Jouissent de leurs amourettes[5].

Le roi Jacques vint s'assurer le lendemain à Saint James's Palace que le mariage était dûment consommé et que le jeune Friedrich était à présent « vraiment son gendre ». Selon un document officiel, l'Électeur rassura pleinement son beau-père, et la journée fut consacrée à un banquet et à une course de bagues sous les fenêtres de Whitehall. Un incident diplomatique se produisit quelques jours plus tard lorsque la ville de Londres offrit un banquet au nouveau Banqueting Hall tendu de tapisseries représentant la défaite de l'Armada espagnole. L'ambassadeur d'Espagne, ayant appris ce détail, refusa de paraître au banquet, et les ambassadeurs de France et de Venise s'empressèrent de faire part à leurs gouvernements d'un incident qui les réjouissait manifestement. Un triomphe allégorique, dansé par des masques dans des décors à machines d'Inigo Jones, figurait le mariage de la Tamise et du Rhin avec une profusion de naïades, et les mariés se joignirent à une farandole de masques, vêtus de satin « couleur de roi ».

Entre la Tamise et le Neckar

Huit semaines après la bénédiction nuptiale, le 10 avril 1613, le cortège de l'Électeur et de l'Électrice quitta Londres pour s'embarquer sur le *Royal Prince*. Après une escale à Ostende, ils débarquèrent à Flessingue en Zélande, en route pour le Palatinat.

Maurice de Nassau, prince d'Orange, fils du Taciturne et stathouder des Provinces-Unies, leur fit l'honneur des Pays-Bas. Il ne leur ménagerait ni son affection ni son hospitalité pendant les sombres années que leur réservait le destin. Il était l'oncle maternel de Friedrich et avait pensé un moment, malgré ses quarante-six ans, demander la main d'Elisabeth pour lui-même. Réformé farouche, il semblait pressentir le rôle capital que l'Électeur palatin allait jouer comme chef de l'Union des princes protestants allemands dans le conflit permanent qui les opposait à la maison d'Autriche et aux princes catholiques de la Bavière.

Pendant tout le mois de mai, Friedrich et Elisabeth traversèrent lentement les Provinces-Unies, accueillis dans toutes les villes principales par une succession ininterrompue de fanfares, d'arcs de triomphe, de harangues, de parties de chasse, de banquets, de comédies et de riches présents magnifiquement offerts et gracieusement acceptés. Friedrich assista à La Haye à la signature d'un traité de défense mutuelle entre les Provinces-Unies et l'Union des princes protestants allemands. Ce traité devait rétablir l'équilibre après le récent rapprochement franco-espagnol.

Friedrich y prit congé d'Elisabeth pour rentrer sans tarder dans ses États afin d'y préparer une « joyeuse entrée » digne d'une fille de roi. Elisabeth et sa nombreuse suite continuaient ensuite leur nonchalante progression vers l'Allemagne. Parmi les présents qu'elle reçut, il faut signaler seize tapisseries, de la vaisselle d'or, des perles et des diamants présentés dans un coffret de brocart parfumé, un service de porcelaine chinoise de soixante-huit pièces, et des meubles chinois laqués. La Compagnie des Indes orientales existait depuis onze ans, et les richesses de l'Extrême-Orient commençaient à affluer. La bonne ville de Haarlem, prévoyante et pratique, offrit à la jeune mariée un berceau et une layette évalués à cinquante mille florins. Elle allait les utiliser à maintes reprises.

Arrivée aux confins du duché de Clèves, Elisabeth quitta le territoire des Provinces-Unies. Le prince Maurice l'escorta avec un détachement armé jusqu'aux portes de Cologne. Cette ville avait invité la princesse, mais fut quelque peu effrayée de la voir arriver avec une suite de quatre mille personnes. Quelques jours plus tard, le jeune margrave Georg Wilhelm de Brandebourg, le beau-frère de Friedrich, lui proposait une galanterie qui fut remarquée : un piquenique matinal près du village de Mondorf, entre Cologne et Bonn, dans une plaine qu'arrosait le Rhin et d'où on pouvait voir se profiler au loin les tours d'une demi-douzaine d'opulentes villes rhénanes. A Mondorf, Elisabeth était attendue par une barque « nuptiale » envoyée par Friedrich ; elle devait la porter sans fatigue à Heidelberg en traversant l'un des plus beaux paysages fluviaux d'Europe, au milieu d'une flotte de trente-quatre embarcations joyeusement festonnées.

Elisabeth découvrit que sa barque était plus luxueuse encore que le *Royal Prince*. Les contemporains émerveillés la comparaient à la barque de Cléopâtre. Un salon tendu de tapisseries d'or et un cabinet drapé d'argent et de velours vert lui étaient réservés. Sur le pont, une estrade panoramique qu'ombrageait un dais supporté par quatre colonnes délicatement cannelées lui permettait d'admirer confortablement les superbes paysages traversés en ce début du mois de juin. La croisière la conduisit au pied d'antiques forteresses perchées sur des rochers inaccessibles qui écrivaient à leur manière l'histoire mouvementée de Moyen Age rhénan. A Coblence, au confluent de la Moselle et du Rhin, l'archevêque de Cologne lui fit un vendredi l'honneur d'un banquet d'écrevisses et de poissons, occasion pour Elisabeth de découvrir les vins dorés du pays. Imperceptiblement, le fleuve allait se rétrécissant, et les premiers vignobles apparurent. A Bacharach, un petit voilier qui descendait le Rhin à toute vitesse accosta la barque d'Elisabeth, et l' « amoureux palatin » monta à bord.

Gaulsheim était la première localité du Palatinat. Ce fut le début d'une nouvelle série de réceptions, de discours et de banquets. Passé Mayence, la pauvre Elisabeth n'en pouvait plus. A Oppenheim, elle supplia son mari de bien vouloir écourter le voyage en prenant la route. Le lendemain, des carrosses conduisaient le couple électoral à Worms, où il avait fallu précipiter un peu les préparations de l'inévitable joyeuse entrée qui se déroulait sur des tapis de fleurs. A Frankenthal, un arc de triomphe donnait accès à un véritable tunnel de fleurs ; un fastueux cortège y figurait le siège de Troie.

La joyeuse entrée à Heidelberg, capitale du Palatinat, eut lieu le lundi 7 juin 1613. Des gravures colorées commémorant l'événement nous montrent Elisabeth portant un grand chapeau rouge, une large fraise de dentelle empesée et un immense vertugadin d'étoffe d'or. Un orage menaçait ; il fallut abréger le défilé militaire et les salves d'honneur, et décommander un banquet en plein air. Elisabeth, qu'on devine soulagée, monta au château, installée avec ses dames dans un spacieux carrosse d'apparat habillé de velours cramoisi et ouvert sur les quatre côtés.

Les festivités à Heidelberg durèrent une bonne semaine pendant laquelle plus de deux mille personnes furent nourries et désaltérées par les cuisines et les caves du château. Les écuries électorales étaient chargées de l'entretien des 1 540 chevaux de la suite des princes invités. Il y eut des jeux aquatiques et un feu d'artifice sur le Neckar, un tournoi dans la grande cour du château, des banquets à l'allemande et des arcs de triomphe ornés d'allégories fournies par l'Université. Le prorecteur prononça un grand discours en latin, dont l'élégance fut appréciée des connaisseurs, et le chapelain électoral Abraham Sculte-tus délivra un solide sermon en allemand. Il y eut encore une représentation baroque à laquelle participait Friedrich lui-même dans le rôle de Jason revenant de la Colchide après la conquête de la Toison d'or. L'allégorie était transparente. Dans une autre pantomime mytho-logique, Vénus descendit du ciel pour offrir la fameuse pomme d'or à la nouvelle Électrice. Une grande partie de chasse au château de Schwetzingen terminait les réjouissances qui avaient absorbé les revenus d'une année.

Nous connaissons les détails des festivités des fiançailles, des noces et du voyage de retour au Palatinat de Friedrich et Elisabeth grâce à une relation détaillée, illustrée de superbes gravures, publiée en allemand et en français à Heidelberg par Gotthardt Vögelin en 1613 et attribuée à D. Joquet : *Les Triomphes, entrées, cartels, tournois, cérémonies, et autres magnificences, faites en Angleterre et au Palatinat, pour le mariage et réception de Monseigneur le prince Fridéric V comte palatin du Rhin, Électeur du Rhin, Électeur du Saint-Empire, duc de Bavière, etc., et de Madame Elisabeth, fille unique et princesse de la Grande-Bretagne, Électrice palatine du Rhin, etc., son épouse.* Le beau livre illustré de Roy Strong, *Splendour at Court,* reproduit la gravure qui représente Friedrich/Jason sur son vaisseau au milieu des Argonautes [6].

« VIVAT REX FRIDERICUS ! »

Le règne du nouvel Électeur palatin semblait destiné à être heureux et sans histoires [7]. Friedrich héritait de son père et de son oncle Johann von der Pfalz-Zweibrücken qui avait exercé la régence des conseillers avisés et une administration bien huilée. De fréquents voyages vers d'autres principautés allemandes, destinés à consolider l'Union protestante, occupaient une partie de son temps. Le pressentiment d'un conflit entre l'Union et la Ligue catholique le plongeait par moments dans des accès de mélancolie. Cela ne l'empêchait cependant pas d'embellir la résidence et les jardins de Heidelberg. Le fier château de grès rose, blotti dans un repli du Königstuhl, était un joyau de l'architecture de la Renaissance allemande depuis que les électeurs Ottheinrich et Friedrich IV l'avaient enrichi des deux ailes qui portent leurs noms. Friedrich V fit ajouter pour son épouse le Englischer Bau, une aile résidentielle de style postpalladien dont les projets remontent peut-être à Inigo Jones. La construction par Salomon de Caus de murs de soutènement et de trois terrasses derrière le château devait permettre l'aménagement du célèbre Hortus palatinus, le jardin palatin.

En outre, de nouveaux pavillons de chasse furent élevés sur les collines giboyeuses qui surplombent le Neckar et le Rhin. Elisabeth, à qui sa passion cynégétique avait valu le surnom de « Diane du Rhin », brillera aux parties de chasse de l'Électeur dans la mesure où le lui permettraient ses nombreuses grossesses. Entre le 1er janvier 1614 et le 2 janvier 1632, elle allait donner treize enfants à son mari ; cinq d'entre eux joueront un rôle parfois important dans cette biographie. Heinrich Friedrich (1614), Karl Ludwig (1617) et Elisabeth (1618) naîtront à Heidelberg. Rupert (1619) naîtra à Prague sur les marches du trône pendant l'éphémère royauté de ses parents. Les neuf autres enfants verront le jour en exil.

Pour son malheur, Friedrich von der Pfalz était chef de l'Union protestante fondée en 1608 pendant le règne de son père. Les princes protestants avaient éprouvé le besoin, après un demi-siècle de coexistence parfois malaisée du catholicisme romain et du protestantisme qui avait suivi la paix d'Augsbourg (1555), d'unir leurs forces en vue d'un éventuel conflit. Pour son malheur encore, les États de Friedrich étaient contigus à la Bohême où la guerre allait éclater. L'empereur Habsbourg Rodolphe II avait accordé à la Bohême les Lettres de Majesté qui assuraient à ce royaume la liberté de conscience et le droit de construire librement des temples. Après sa mort en 1612, son frère et successeur Mathias ne respecta pas ce privilège, indisposant ainsi les protestants qui constituaient la majorité du pays.

Mathias, qui n'avait pas de fils, manœuvra pour imposer aux royaumes de Hongrie et de Bohême, dont il n'était que roi élu, son neveu et héritier l'archiduc Ferdinand, éduqué par les jésuites d'Ingolstadt dans l'esprit militant de la Contre-Réforme. La Bohême se révolta contre cette perspective ; le 16 mai 1618, une délégation protestante se rendit au palais Hradčany à Prague. Il y eut une vive altercation, à la suite de laquelle les insurgés défenestrèrent deux conseillers catholiques de Mathias. Celui-ci mourut l'année suivante sans avoir eu le temps de mater la révolte.

Les protestants bohèmes profitèrent de ce décès providentiel pour se détacher du nouvel empereur Ferdinand II et offrir, fin août 1619, la couronne de Bohême à Friedrich V. Son beau-père, toujours prudent, et la plupart de ses conseillers lui déconseillaient vivement d'accepter ce présent empoisonné. Sa mère, Louise-Juliane d'Orange, fille du Taciturne, s'était retirée à Kaiserslautern ; elle revint à Heidelberg dans cette grave circonstance. Son biographe Friedrich Spanheim raconte : « Il faut avouer cependant que Madame l'Électrice la douairière eut de l'aversion de cette affaire, et y prévit du malheur. [...] Cette sage princesse avait assez vécu dans le monde et dans les affaires pour présager que l'envie serait inévitable, les amitiés inconstantes, les haines certaines [8]... » Elle n'eut que trop raison. Mais Friedrich était jeune (le moyen de dire non à une couronne quand on a vingt-trois ans ?) et surtout inexpérimenté. Elisabeth, romanesque et aussi naïve que son époux, semble l'y avoir encouragé ; c'est du moins ce que prétendront les historiens au début du siècle suivant. Liselotte, dont nous écrivons l'histoire, volera plus tard au secours de sa grand-mère. Elle écrira à sa demi-sœur Louise en 1718 : « Les livres d'histoire sont mensongers aussi. On a mis dans l'histoire de Monsieur mon grand-père, le roi de Bohême, que Madame ma grand-mère, la reine de Bohême, n'a pas laissé, par ambition, un moment de répit au roi son seigneur, qu'il ne fût devenu roi. Il n'y a pas un mot de vrai là-dedans. [...] La reine n'en a pas su un mot et ne songeait alors qu'à des comédies et ballets, et à lire des romans [9]. »

Elle n'a pas tout à fait raison. L'histoire d'Elisabeth assurant à son mari qu'elle « aimerait mieux manger de la choucroute à la table d'un roi que des mets délicats à celle d'un électeur » semble controuvée [10]

Elle se contentait d'écrire à son mari que c'était à lui de trancher, mais que, s'il acceptait la couronne de Bohême, elle était prête à le suivre partout, à souffrir tous les malheurs qu'il plairait à Dieu de leur envoyer, et à engager ses bijoux et tout ce qu'elle possédait au monde[11]. Les dés étaient jetés : la guerre de Trente Ans aurait lieu.

Les événements se précipitaient. Le 28 août 1619, l'archiduc Ferdinand fut élu empereur à Francfort : il s'appelait désormais Ferdinand II. Mais les insurgés bohèmes l'avaient déposé dès le 19 août, et élu Friedrich V le 27 du même mois. Fin septembre, celui-ci notifiait son acceptation de la couronne de Bohême à ses nouveaux sujets et aux principales cours d'Europe. Le grand départ de Heidelberg eut lieu le 7 octobre. Karl Ludwig et Elisabeth restaient dans le Palatinat auprès de l'Électrice douairière, mais l'héritier Heinrich Friedrich accompagnait ses parents dans leur nouveau royaume. Elisabeth attendait son quatrième enfant pour la fin de l'année. Parmi les bagages qui s'entassaient sur 153 voitures, il y avait le singe Jacko qui s'en allait lui aussi à Prague. Il sera un personnage important à la cour en exil d'Elisabeth.

Le 23 octobre, le cortège du roi élu arrivait à Waldsassen, aux portes de la Bohême. Le 31, Prague accueillit ses nouveaux souverains qui s'installaient au palais Hradčany. Les cloches sonnèrent à toute volée, la foule scanda à tue-tête *Vivat rex Fridericus!*, et les feux de joie rivalisèrent avec la sombre soirée d'automne et les nappes de brouillard qui s'élevaient de la Vltava comme pour dégriser la ville en liesse.

Le couronnement de Friedrich dans la cathédrale Saint-Guy dès le 4 novembre trahissait la hâte des chefs bohèmes qui voulaient placer l'Empereur devant un fait accompli. Des médailles d'or commémorèrent le couronnement de Friedrich ; sa petite-fille Liselotte, numismate fervente, en conservera une dans son médaillier. Paré maintenant des titres de roi de Bohême, margrave de Moravie, duc de Silésie et margrave de la Haute et de la Basse-Lusace, Friedrich retourna le 8 novembre au Palatinat afin d'y attendre les troupes que les princes protestants devaient lui envoyer. Mais personne ne se présenta. Pis encore, les princes refusèrent de s'assembler à Nuremberg, à la demande pressante de Friedrich, qui rentra aigri et inquiet à Prague, à temps pour la naissance de son troisième fils, Rupert, le futur duc de Cumberland, le 27 décembre.

Il fallait se rendre à l'évidence. Les princes de l'Union l'avaient abandonné, son beau-père qui désapprouvait la folle équipée de Bohême lui envoyait plus de conseils déplaisants que d'argent, et son oncle d'Orange qui l'avait poussé à accepter la couronne de Bohême n'avait pas les moyens de l'appuyer. Friedrich comprit qu'il était la victime des calculs politiques des uns, et de la lâcheté des autres. Seul Bethlen Gabor, prince de Transylvanie, lui amenait quelques troupes de Hongrie. De son côté, la Ligue catholique, appuyée par les Habsbourg d'Espagne, rassemblait au printemps de 1620 des forces considérables qui furent placées sous le commandement du prince Maximilien et du général Tilly. Parmi les volontaires qui venaient gonfler l'armée catholique se trouvait le jeune Descartes, futur maître à penser d'Elisabeth, la fille aînée de Friedrich.

Au début de l'été, les armées de la Ligue passaient à l'offensive. Bethlen Gabor fut battu en Hongrie et les troupes catholiques pénétrèrent début septembre en Bohême. Les maigres effectifs de Friedrich, commandés par le prince Christian von Anhalt, durent se replier bientôt sur Prague. En même temps, une autre armée placée sous les ordres du marquis de Spinola entrait sans coup férir dans le Palatinat. L'Électrice douairière dut s'enfuir de Heidelberg, emmenant ses deux petits-enfants à Kaiserslautern.

LA BATAILLE DE LA MONTAGNE BLANCHE

Toute l'Europe avait les yeux braqués sur Prague. C'est sur la montagne Blanche, une colline à l'ouest de Prague, qu'eut lieu la bataille décisive, le 8 novembre 1620. « Elle commença l'après-midi par l'attaque des soldats de la Ligue catholique aux cris de " Sainte Marie ! " Le prince Maximilien et le général Tilly disposaient de 30 000 soldats contre quelque 13 000 hommes dirigés par Christian d'Anhalt, Georges de Hohenlohe et Henri Mathias Thurn, généraux du roi de Bohême Frédéric. La première attaque, déjà, força les fantassins du comte de Thurn et les trois commandants abandonnèrent le champ de bataille en prenant la fuite vers Prague. Seuls les fantassins de l'armée des États moraves continuaient à résister aux assaillants et serraient les rangs autour de la maison de plaisance, dite l'Étoile. Après la bataille, plus de 5 000 soldats du roi gisaient morts. Maximilien, lui, avait perdu dix fois moins de guerriers. En moins de deux heures, les troupes des États tchèques furent écrasées [12]. » Friedrich déjeunait paisiblement en compagnie d'Elisabeth et de l'ambassadeur d'Angleterre lorsqu'il reçut la nouvelle de la bataille engagée et quasiment perdue. Il voyait du haut des remparts du Hradčany les restes de son armée jeter les armes et s'enfuir.

Déjà les femmes d'Elisabeth entassaient pêle-mêle des bagages sur des chariots ; on se jeta dans les carrosses dans un désordre indescriptible et fouette cocher ! Un chambellan qui traversait en courant les appartements royaux ramassa à tout hasard un paquet de linge et le lança dans le dernier carrosse qui s'ébranlait. Ses occupants découvrirent avec stupeur qu'il contenait le petit prince Rupert qu'on avait oublié dans la panique générale. Les troupes impériales trouvèrent le lendemain dans les bagages abandonnés de Friedrich sa jarretière de velours brodé, portant la devise « Honni soit qui mal y pense ». La plaisanterie du roi qui avait perdu sa jarretière en se sauvant fit bientôt le tour de l'Europe, et les caricaturistes s'en donnèrent à cœur joie. E. A. Beller a publié, voici soixante ans, un recueil de caricatures gravées de l'époque qui s'en prennent toutes au pauvre Friedrich [13]. L'une d'elles montre le roi dégringolant de la roue de la Fortune et commente : « Son royaume n'était pas de ce monde. » On calculait que, de son couronnement à sa fuite ignominieuse, son règne n'avait duré qu'un an et quatre jours, et on lançait le sobriquet *Winterkönig* (roi d'un hiver, roi des Neiges). Les plaisantins lui conseillaient d'aller ceindre la couronne de Laponie « où les hivers sont interminables ».

Le 11 novembre, la neige commença à tomber, couvrant la Bohême d'une couche épaisse qui interdisait pour plusieurs mois toute action militaire. Trois jours plus tôt, elle aurait pu sauver à Friedrich son « royaume des Neiges ». Mais il était trop tard : s'étant vengé par des représailles sanglantes et ayant brisé le trône de Bohême, Ferdinand II déclara Friedrich coupable de félonie envers l'Empire et l'Empereur, son suzerain. Il fut mis au ban de l'Empire, déclaré déchu de tous ses droits et spolié de ses fiefs. L'Empereur accorda en 1624 le premier électorat et le Palatinat protestant aux Wittelsbach bavarois, défenseurs acharnés de la cause catholique.

Le cortège du couple royal déchu, qui comprenait trois cents fourgons et une escorte de cavaliers armés, se frayait péniblement un chemin dans la neige vers la Silésie. Elisabeth, enceinte, dut s'arrêter au château brandebourgois de Küstrin, démeublé et à peine chauffé. Elle y accoucha le 16 janvier 1621 d'un fils baptisé Moritz comme son grand-oncle martial, le prince d'Orange — « Moritz, car il lui faudra se battre [14] ». La seule bonne nouvelle de cet hiver désolé était une lettre chaleureuse des princes Maurice et Frédéric Henri de Nassau leur offrant un asile aux Provinces-Unies.

LA HAYE : UNE COUR EN EXIL

Friedrich et Elisabeth arrivèrent le 21 avril à La Haye, où ils furent reçus avec des honneurs royaux. Les États généraux leur accordaient généreusement une mensualité de 10 000 florins, la résidence meublée de Wassenaer, et un don de 150 000 florins destinés à maintenir la petite armée du comte Ernst von Mansfeld qui empêchait tant bien que mal les troupes espagnoles de Spinola de continuer la conquête du Palatinat. Les fanfares n'étouffaient pourtant pas la critique des libellistes ; l'un d'eux s'indigna : « Il y a trop d'étrangers dans ce pays, nous n'avons que faire de mendiants royaux. » Friedrich n'aimait pas la

Hollande où il se sentait méprisé. Dès 1622, il partait rejoindre en Allemagne les armées de l'Union protestante. De Sedan il écrivit en français à Elisabeth : « Où irai-je ? La Haye ne me plaît pas du tout, et que Dieu me garde de sa mauvaise canaille [15] ! »

L'organisation de la Cour en exil incombait donc principalement à Elisabeth qui n'avait guère le sens pratique, dépensant sans compter et se laissant voler par ses gens. Les dettes s'accumulaient de façon inquiétante et elle dut bientôt engager sa vaisselle d'or et la plupart de ses bijoux. Jusqu'à sa mort, les tracas d'argent rempliront ses lettres. Mais tout en vendant ses perles et rationnant le vin à ses enfants, elle continuait de s'entourer d'une « ombre de Cour où l'on faisait les neuf révérences avant de se mettre à table et où l'on observait toutes les règles du cérémonial [16] ».

Friedrich avait beau courir les champs de bataille de la guerre de Trente Ans, ses visites à La Haye imposaient à Elisabeth une suite ininterrompue de grossesses et d'accouchements. Après Heinrich Friedrich, Karl Ludwig et Elisabeth nés à Heidelberg, et Rupert et Moritz nés à Prague et à Küstrin, huit autres princes et princesses allaient naître en Hollande : Louise-Hollandine, la future abbesse de Maubuisson (1622) ; Ludwig qui ne vécut que quatre mois (1624-1625) ; Eduard, le futur époux d'Anne de Gonzague (1625) ; la douce Henriette-Marie qui allait épouser Sigismond Rákóczi (1626-1651) ; Philipp, futur spadassin et mercenaire (1627) ; Charlotte qui mourut à deux ans (1628-1631) ; Sophie, future Électrice de Hanovre (1630) ; et enfin Gustav qui mourut épileptique et graveleux à l'âge de neuf ans (1632-1641) [17]. Des treize enfants de Friedrich et Elisabeth, trois seulement auront des descendants légitimes : Karl Ludwig, Eduard et Sophie. Nous les retrouverons.

La reine de Bohême estimait apparemment qu'elle avait rempli son devoir envers sa progéniture en se donnant la peine d'accoucher. Les nombreux objets qui sollicitaient son esprit frivole la détournaient de l'application qu'exige une éducation suivie. D'ailleurs, n'avait-elle pas été confiée elle-même dès l'âge de trois ans à Lady Livingston à Linlithgow, et ensuite aux Harington qui l'avaient éduquée à Combe Abbey au milieu des singes et des perroquets ? Ses enfants furent donc expédiés à Leyde pour y être élevés par des gouvernantes et des précepteurs plus dévoués que doués, selon les principes à la fois bornés et sévères du temps. Leur mère pendant ce temps-là jouait les coquettes à Wassenaer et donnait des audiences ridicules. Aubery du Maurier raconte dans ses *Mémoires* : « J'ai ouï dire à mon père, qu'ayant été dépêché vers elle, dans chaque audience qu'il eut, elle se déganta plus de cent fois pour lui faire voir ses mains qui étaient très belles et très blanches [18]. »

Outre les audiences, ses animaux domestiques, principalement le singe Jacko et le lévrier Apollon, accaparaient son temps, en attendant que le Roi des Neiges, parfois déguisé en étudiant et toujours à la poursuite d'une improbable revanche, vînt l'accabler de ses efficaces hommages. Sophie écrira plus tard sans complaisance dans ses *Mémoires* rédigés en français : « Je n'étais pas plutôt en état de pouvoir être transportée que la reine ma mère m'envoya à Leyde, qui n'est que trois heures de La Haye, où Sa Majesté fit élever tous ses enfants éloignés d'elle, car la vue de ses guenons et de ses chiens lui était plus agréable que la nôtre [19]. » L'instruction des enfants consistait surtout à leur enseigner le catéchisme calviniste de Heidelberg (« Je le savais tout par cœur sans le comprendre »), à leur faire lire la Bible et ânonner les fastidieux *Quatrains moraux* de Guy de Pibrac, les mêmes que Mme de Maintenon enfant apprit par cœur en gardant les dindons au château de Mursay.

Début 1629, un an avant la naissance de Sophie, un événement dramatique bouleversa la petite Cour en exil de La Haye. L'arrivée à Amsterdam de la flotte du vice-amiral Pieter Pietersz Heyn, chargée d'un butin considérable pris sur les Espagnols en haute mer, enflamma l'imagination du jeune Heinrich Friedrich, qui venait d'avoir quinze ans. On parlait d'une énorme quantité de lingots d'argent en provenance du Nouveau Monde, d'une valeur totale de douze millions de florins. (La découverte en juillet 1985 des sept tonnes d'argent massif coulé en lingots de trente kilos que transportait le galion espagnol *Nuestra Señora de Atocha* sombré en 1622 au large de la Floride a plongé le monde dans une agitation comparable.) Le Roi des Neiges, qui s'ennuyait à La Haye, partit avec son fils aîné et trois serviteurs pour voir le butin et les navires espagnols capturés. Arrivés à Haarlem, ils montèrent à bord d'un petit bateau rempli de passagers qui devait les conduire à Amsterdam par un froid après-midi d'hiver. Mais une épaisse nappe de brouillard se forma sur le Haarlemmer Meer et une collision fatale avec une lourde barque chargée de tonneaux de bière ne put être évitée. Friedrich fut sauvé de justesse, mais son fils disparut dans les eaux glacées. On le retrouva le lendemain embrouillé dans les cordages du bateau retourné, la joue gelée contre le mât.

A la suite de cet accident tragique Karl Ludwig devenait l'héritier de sa maison. L'empereur Ferdinand II offrit de l'héberger à ses frais et de le faire éduquer par les jésuites de Vienne, mais sa mère déclara péremptoirement qu'elle l'immolerait plutôt de sa propre main que de le voir changer de religion. Il fut envoyé à l'université de Leyde avec ses frères Rupert et Moritz. Il y perfectionna suffisamment sa connaissance du latin pour être capable plus tard d'écrire d'élégantes lettres latines à sa maîtresse. Il semble avoir étudié à Leyde la mythologie classique, et le droit avec Vossius et Grotius. Son esprit y gagnait une certaine allure d'humaniste, et la ferme conviction que les droits des princes absolus l'emportent nécessairement sur les aspirations de leurs sujets. Cette conviction, doublée d'un solide esprit de revanche face aux malheurs politiques de son père, fut encore affermie sous l'influence de son grand-oncle Frédéric Henri de Nassau, stathouder et capitaine général des Provinces-Unies depuis la mort de son frère Maurice.

Karl Ludwig avait recueilli après la tragédie du Haarlemmer Meer un *Album amicorum* qui avait appartenu à son aîné disparu, et qui est maintenant au British Museum (*King's Ms. 436*). Les inscriptions ornées d'armoiries s'échelonnent de 1622 à 1633 et trahissent à merveille les frustrations et les aspirations qui animaient la petite Cour de La Haye. Quelques échantillons : « Je me console en m'assurant que le Ciel possède ce que j'ai perdu » — « Servir Dieu, c'est régner » — « La plus brave conquête, c'est de vaincre soi-même » — « *Malo invidiam quam misericordiam* [je préfère l'envie à la pitié] » — « *Mihi quid nisi vota supersunt?* [Que me reste-t-il sinon des vœux?] » — « *Perdidi sed inveniam* [J'ai perdu mais je retrouverai] », etc. [20].

QUATRE PRINCESSES

Dès qu'elles eurent atteint l'âge de paraître à la cour de leur mère, les quatre princesses furent rappelées de Leyde. Plutôt jolies, elles attiraient des galants et s'adonnaient à des occupations paisibles pendant que le roi leur père et les princes leurs frères ne rêvaient que revanche et conquêtes. Elisabeth, l'aînée née en 1618, avait l'esprit enclin à la philosophie. Sa vie serait restée terne sans l'amitié et l'admiration de Descartes, qui la prenait assez au sérieux pour répondre respectueusement et sérieusement à ses nombreuses lettres, et pour lui dédier ses *Principes de philosophie*. L'épître dédicatoire déclare : « Je n'ai jamais rencontré personne qui ait si généralement et si bien entendu tout ce qui est contenu dans mes écrits. » Voilà un compliment qui n'est pas à négliger. Il admirait surtout chez elle cette capacité si rare de maîtriser à la fois la métaphysique et les mathématiques, combinaison essentielle à ses yeux : « Une si parfaite et si diverse connaissance de toutes les sciences n'est point en quelque vieux docteur qui ait employé beaucoup d'années à s'instruire, mais en une princesse encore jeune et dont le visage représente [...] celui que les poètes attribuent aux Grâces... »

Elisabeth semble avoir occupé une place importante dans l'esprit et le cœur du philosophe, provoquant ainsi la jalousie de la reine Christine de Suède. Le départ de Descartes pour la Suède fin 1649, au début de l'hiver arctique, s'explique surtout par son désir d'obtenir de la reine Christine une aide substantielle en faveur de la malheureuse famillé de la princesse Elisabeth, que certains appelaient joliment l' « Astre du Nord [21] ». Sophie écrit dans ses *Mémoires* : « Elle était fort savante ; elle savait toutes les langues et toutes les sciences, et avait un commerce réglé avec M. Descartes. Mais ce grand savoir la rendait un peu distraite et nous donnait souvent sujet de rire [22]. » Ses distractions de bas-bleu féru de philosophie faisaient en effet la joie de ses cadettes plus espiègles.

La princesse Louise-Hollandine, née en 1622 et nommée ainsi parce que les États de Hollande lui avaient servi de parrains et lui versaient une pension, était moins jolie et moins savante que son aînée, mais elle avait, au dire de tous, le caractère plus enjoué. Elle aimait les arts, surtout la peinture. Elle eut la chance de faire son apprentissage chez le peintre Gerrit Van Honthorst qui fréquentait la petite Cour de La Haye dont il était, avec Michiel Van Mierevelt, le portraitiste attitré. Il avait la délicatesse d'attendre patiemment ses gages, tout en continuant de peindre l'impécunieuse reine et sa progéniture. Le manque d'argent ne dérangeait pas trop la princesse Louise dans ses activités artistiques ; on raconte qu'elle grattait la peinture de tableaux anciens pour en réutiliser les toiles. Elle se spécialisait dans le portrait, exploitant à fond les ressources du clair-obscur que son maître avait appris en Italie ; ce n'est pas pour rien que les Italiens appelaient le peintre caravagiste « Gherardo della Notte » [23].

Se souvenant plus tard des goûts de Louise pour la peinture, son frère Karl Ludwig lui enverra à Maubuisson deux petits paysages allemands. Voici son remerciement dans l'orthographe qui était la sienne : « Je rens grace treshumblement a V.A. des deux petis paisage quelle ma fait l'honeur de menvoier [...]. Il sont sy delicatement travalié que lon a peine a croire que cela vient dalmanie par ce que lon veut que toute la delicatesse nest quan France [24]. » Il faut croire que ses pinceaux étaient plus experts que sa plume. Sophie a laissé un superbe crayon de sa sœur artiste, coiffée à la diable et habillée de travers : « La princesse Louise n'était pas si belle, mais à mon gré son humeur la rendait plus agréable. Elle s'appliqua entièrement à la peinture, et son inclination était si forte, qu'elle faisait ressembler les gens sans les voir. En peignant les autres elle se négligea beaucoup elle-même. On aurait dit qu'on lui avait jeté les habits sur le corps [25]... »

La douce et blonde Henriette était née en 1626. Elle n'avait ni le caractère intellectuel d'Elisabeth ni l'âme artistique de Louise, mais elle aimait la broderie et les travaux de la cuisine. « Son tempérament, écrit joliment Sophie, la portait à n'aimer qu'à travailler et à faire les confitures, dont je profitais le plus. » Elle épousera en 1651, sans dot et avec un maigre trousseau, Sigismond Rákóczi, prince de Transylvanie (Siebenbürgen) et duc de Munkacs. D'une complexion délicate, elle s'éteignit tranquillement, sans faire d'histoires, après trois mois de mariage. Sigismond, qui avait eu le temps d'apprécier sa douceur et ses confitures, déclara affligé : « Je ne tiens plus à la vie », et la suivit cinq mois plus tard dans la tombe. Quelques années après ces tragiques événements, la petite Liselotte, fille de Karl Ludwig, allait visiter sa grand-mère à La Haye. La vieille dame, que l'amour maternel n'avait pourtant jamais étouffée, raffolait d'elle au point de lui passer tous ses caprices, et déclara comme pour s'excuser : « Elle me rappelle ma pauvre Henriette... »

Il y avait enfin la princesse Sophie, la cadette, née en 1630. Son caractère gai et ses espiègleries ajoutaient une touche de bonne humeur à cette arche de Noé qu'était la cour de La Haye, remplie de singes, de traités de philosophie, de pots de confiture, de chevalets et de serviteurs qu'on oubliait de payer. « La princesse Sophie, écrit Arvède Barine, s'était donné pour tâche de faire enrager toute la maison et s'en acquittait à merveille [26]. » Mais on devine sous ces dehors enjoués, et malgré son éducation à la française, ce trait éminemment allemand qu'est le bon sens et le respect des réalités matérielles. Ses *Mémoires* confirment cette impression qu'illustrera l'étonnante histoire de son mariage. Elle trouvait sa mère plutôt ridicule, mais adorait son frère aîné Karl Ludwig : après la mort du Roi des Neiges, elle l'appelait *mon papa*.

LA FIN DU « PALATIN AMOUREUX »

Friedrich continuait entre-temps à essayer de jouer un rôle important dans la guerre de Trente Ans. Jusqu'en 1629, les armes avaient favorisé l'empereur Ferdinand II et la Ligue catholique. L'armée du grand Wallenstein dominait l'Allemagne septentrionale et la cause de l'Union protestante semblait définitivement compromise. Ferdinand, qui rêvait de rétablir dans toute l'Allemagne la puissance réelle et l'autorité dont les empereurs n'avaient plus depuis longtemps que l'apparence, commençait à exploiter sa position favorable face aux princes catholiques. Ceux-ci finirent par comprendre que leurs intérêts et ceux de l'Empereur n'étaient plus les mêmes. Ils profitèrent de son manque de perspicacité et de l'hostilité de l'archiduc Ferdinand (le futur Ferdinand III) à l'égard de Wallenstein pour obtenir le renvoi du redoutable condottiere et la dissolution de son armée. Le nouveau prestige de l'empire des Habsbourg commençait en même temps à donner de l'ombrage à la France et la Suède. Richelieu montait ses efficaces machines diplomatiques contre les Habsbourg de Vienne et de Madrid, et le roi de Suède Gustave II Adolphe, le père de Christine, descendait à la tête d'une armée en Poméranie, en juin 1630.

Ses intérêts en Prusse et ses démêlés avec les Wasa catholiques de

Pologne le précipitèrent malgré lui sur l'échiquier allemand. Sa formidable personnalité et son génie stratégique le faisaient bientôt saluer (ou redouter) comme le champion de la cause protestante. Friedrich reprit espoir lorsque, après une série de victoires (et notamment celle de Breitenfeld où il avait battu l'armée impériale commandée par Tilly), le roi de Suède commença à s'intéresser à lui. Gustave Adolphe, qui avait poussé sa marche jusqu'à Mayence aux portes du Palatinat, invita le Palatin déchu à l'y rejoindre en février 1632. Il le salua comme son frère d'armes mais ne lui confia pas d'armée. Il s'y connaissait en hommes et surtout en soldats, et discerna au premier coup d'œil les faiblesses du caractère et les piètres talents militaires de l'éphémère roi de Bohême.

La déception de ce dernier fut grande lorsque Gustave Adolphe, après avoir reconquis une partie du Palatinat et de la Bavière, décida brusquement de marcher vers le nord. Wallenstein, qui était rentré dans l'arène et qui l'avait jusqu'alors habilement évité, avait pris Leipzig en septembre 1632. Gustave Adolphe, qui cherchait à lui livrer bataille, se lança à sa poursuite et finit par l'épingler près de Leipzig. La bataille décisive eut enfin lieu le 16 novembre au milieu des brumes qui couvraient la plaine de Lützen, sur la rive orientale de la Saale. A l'issue d'une bataille acharnée, Wallenstein fit battre la retraite : le Suédois l'avait écrasé. Mais on retrouva le soir, dans la lumière vacillante des torches, le cadavre nu et mutilé de Gustave Adolphe qui n'avait que trente-huit ans. Le « Nouvel Astre du Nord » s'était éteint au moment même de sa plus éclatante victoire.

Friedrich V, qui attendait impatiemment à Mayence, apprit, la mort dans l'âme, que la roue de la Fortune avait encore tourné. Tout au long de l'année 1632, il avait adressé des lettres optimistes à son épouse, signées « Mon cher unique cœur, votre très fidèle ami et très affectionné serviteur Fridéric ». Liselotte conservait comme un trésor une lettre de son grand-père à sa grand-mère, datée du 21/31 mars 1632, que le baron von Zorn lui avait envoyée. Elle s'en séparera un an avant sa mort au profit de sa demi-sœur Louise[27]. Après la tragique bataille, Friedrich écrivit à Elisabeth, sans y croire vraiment, qu'ils rentreraient bientôt ensemble dans le Palatinat. Mais il était profondément démoralisé lorsque, quelques jours après Lützen, il alla rendre visite à son cousin le duc de Zweibrücken. Il rentra à Mayence grelottant de fièvre et dut s'aliter. Il mourut le mardi 29 novembre, à la consternation de son médecin qui le croyait hors d'affaire. Conscient jusqu'à la fin, il avait dicté un message émouvant dans lequel il conjurait ses enfants de rester fidèles à la confession calviniste. Elisabeth posait pour Mierevelt lorsque son médecin Christian Rumph vint lui apprendre avec beaucoup de ménagements la mort de son « Palatin amoureux ». On craignait qu'elle ne lui survécût pas. Pendant trois jours elle ne put ni manger, ni dormir, ni même pleurer. Elle écrira par la suite : « *Though Dr Rumph tolde it me verie discreetlie, it was the first time that ever I was frighted.* »

KARL LUDWIG ET SES FRÈRES

La tâche de recouvrer le Palatinat incombait désormais à Karl Ludwig qui célébra son quinzième anniversaire un mois après la mort de son père. Le nouveau chef de la famille interrompit aussitôt ses études à Leyde pour s'initier aux armes auprès de son grand-oncle le stathouder Frédéric Henri de Nassau qui combattait l'Espagne dans les Pays-Bas méridionaux. Mais le Prince électoral était trop jeune pour avoir une prise réelle sur le conflit qui continuait de mettre le feu aux quatre coins de l'Allemagne. Son oncle le duc Ludwig Philipp von Simmern était son tuteur et exerçait à ce titre une régence précaire sur ces parties du Palatinat qui n'étaient pas occupées par la Bavière catholique. Karl Ludwig parcourut l'Europe pendant cinq ans, tentant vaguement de réunir des fonds et de lever des troupes. Avec l'argent que lui envoyait son oncle Charles Ier d'Angleterre (Jacques Ier était mort en 1625), il put acquérir la forteresse de Meppen, située entre l'Ems et la Weser, et y installer un corps expéditionnaire anglais. Il le commandait avec son frère Rupert qui aurait envisagé un moment, selon certaines sources, de conquérir Madagascar. Ils furent battus à plate couture à Vlotho, sur la Weser, par le général autrichien Hatzfeld en octobre 1638. Rupert fut fait prisonnier. Karl Ludwig put s'enfuir, non sans avoir abandonné sur les lieux sa cassette, son argent, et la jarretière que le roi d'Angleterre lui avait envoyée. C'était décidément un trait de famille.

Fertile en expédients, il traversa la France incognito, voulant acheter à Lyon l'armée du comte Berhard von Saxen-Weimar. Mais le cardinal de Richelieu la convoitait aussi, et fit arrêter le jeune prince qui passa dix mois à Vincennes. En l'installant au donjon, le gouverneur de Grillon lui dit : « Monsieur, voici votre logement. Prenez-y patience en enrageant. » Karl Ludwig comprit qu'il ne sert à rien de vouloir braver la Fortune et, en 1640, passa en Angleterre. Il y arriva en pleine guerre civile, mais refusa d'embrasser le parti du roi son oncle et des nobles (*Cavaliers*) contre celui des Têtes-Rondes (*Roundheads*) qui défendaient âprement les droits du Parlement. Son frère Rupert avait retrouvé entre-temps la liberté pour se précipiter aussitôt en Angleterre ; il y deviendrait l'un des champions de la cause royale. Karl Ludwig, quant à lui, s'installa paisiblement à Londres où il entretint de bons rapports avec ces messieurs du Parlement. Lâcheté ou calcul politique, peu importe : ses biographes sont visiblement gênés devant cette attitude sans gloire.

Sa neutralité lui permettait en tout cas de continuer à Londres la campagne de presse internationale par laquelle il tentait de récupérer le Palatinat. Dès 1637, il avait publié un manifeste de 150 pages adressé « à Sa Majesté Impériale, à tous les rois, monarques, électeurs, princes et États de l'Empire et de la Chrétienté ». Le titre de ce document à grande portée résume les aspirations du signataire : *The Manifest of the Most Illustrious and Soveraigne Prince, Charles Lodowick, Count Palatine of the Rhine, Prince Electour of the Sacred Empire, Duke of Bavaria, etc. Concerning the Right of His Succession both in the Princedome, Lands and Estates of the Palatinate, as also in the Dignity, Voice, Session and Function of the Electorship-Palatine thereunto annexed*[28].

Karl Ludwig profitait aussi des loisirs forcés de sa retraite en Angleterre pour mener la vie d'un gentilhomme humaniste, s'initiant à la médecine qui le passionnera sa vie durant, et soupirant devant les dames. Il faut croire qu'elles ne furent pas toutes cruelles : la comtesse de Kent se trouva enceinte de ses œuvres et accoucha d'un petit bâtard, le futur baron Selz. C'est au milieu de ces instructives et agréables occupations que Karl Ludwig suivait le déroulement de la guerre de Trente Ans, bombardant de ses lettres et manifestes les plénipotentiaires qui se rencontrèrent longtemps avant la conclusion des hostilités. C'est à Londres qu'il apprendra, fin 1648, que les traités de Westphalie venaient d'être signés, et qu'une partie des États et dignités de son père lui serait rendue.

C'est à peine si son frère Rupert traversera encore les pages de ce livre. Il jouera un rôle important dans la guerre civile qui marqua la fin du règne tragique de son oncle Charles Ier, se battant avec une telle fougue à Marston Moor et Naseby qu'on le surnommera « Rupert the Devil ». Il quitta l'Angleterre pendant le protectorat puritain et fanatique de Cromwell pour « montrer le pavillon des Stuart à toutes les mers du monde ». Charles Ier l'avait nommé « Lord High Admiral of His Majesty's Fleet ». Accompagné de son cadet Moritz qui, moins brillant, le suivait comme son ombre, il partit en 1651 pour les Indes occidentales avec cinq vaisseaux, courant les mers pour attaquer les alliés des *Roundheads* et piller des navires de commerce. On l'appela bientôt « Prince Robber ». Une tempête le sépara en septembre 1652 du navire du prince Moritz qui ne fut jamais retrouvé. Deux ans plus tard, des rumeurs prétendirent qu'il avait été abordé par des pirates algériens et vendu comme esclave en Afrique. Ses frères et sœurs envoyèrent des émissaires à Marseille et à Livourne pour en savoir plus, mais sa fin est restée mystérieuse. Rupert retourna en Angleterre après la Restauration qui plaça son cousin Charles II sur le trône. Il y fut un personnage légendaire jusqu'à sa mort en 1682[29].

Le prince Eduard, le plus beau des oncles de Liselotte, avait l'esprit moins aventureux ; il préférait les salons aux champs de bataille. Sa mère l'envoya à Paris où il faisait le bel esprit et où certains le considéraient comme l'homme le plus séduisant du monde. La princesse Anne de Gonzague de Clèves, fille du duc de Nevers et son aînée de huit ans, s'éprit de lui. Elle était douée d'un esprit d'intrigue qui allait impressionner ses amis comme ses ennemis pendant la Fronde. Elle n'eut aucune peine à le convertir au catholicisme et à se faire épouser, à la grande fureur de la Reine des neiges. Ils se marièrent en 1645 et eurent trois filles. Le bel et insignifiant Eduard mourut en 1663, déprimé et comme écrasé par la trop forte personnalité de son épouse que nous retrouverons encore. On l'appelait depuis son mariage la princesse Palatine. Elle jouera un rôle décisif au moment du mariage de sa nièce Liselotte.

Un mot enfin sur le prince Philipp, le mauvais sujet de la famille. Il fut impliqué dans le meurtre à La Haye de Jacques d'Espinay qui fut poignardé pour avoir, au dire de Tallemant des Réaux, compromis l'honneur de la reine de Bohême et de sa fille Louise. Nous reparlerons de cette affaire mal éclaircie lorsqu'il sera question de la fuite en France et de la conversion au catholicisme de Louise. Le prince Philipp fut chassé par sa mère après ce beau scandale, erra pendant plusieurs mois au Danemark, se mit au service de la République de Venise après avoir embrassé lui aussi le catholicisme, et finit par se faire tuer à la bataille de Rethel en décembre 1650[30].

LES TRAITÉS DE WESTPHALIE

Mais retournons à présent aux champs de bataille de la guerre de Trente Ans. Depuis Lützen et la mort tragique de Gustave Adolphe, les Suédois ne pensaient qu'à conclure une paix avantageuse avec l'Empereur. Ils prirent autant de villes que possible et traversèrent l'Alsace, la Souabe et le Wurtemberg. Leur nouveau chef, Bernhard von Saxen-Weimar, fut vaincu par les Impériaux à Nördlingen près d'Augsbourg (1634), et plusieurs princes protestants commencèrent à signer des paix séparées avec l'Empereur. Ce fut en 1635 que Richelieu décida d'entrer directement dans le conflit armé. Bernhard von Saxen-Weimar fut placé à la tête d'une armée française qui bouscula les Impériaux à Rheinfelden (1638). Des troupes suédoises commandées par Torstenson écrasèrent les forces impériales lors de la seconde bataille de Breitenfeld (1642) et menaçaient Vienne. Une armée franco-suédoise remporta la victoire d'Allersheim (1645) et força Maximilien de Bavière à déposer les armes (Ulm, 1647). Turenne imposa de son côté une trêve à Mayence et au Hesse-Darmstadt, et joignit ses forces à celles des Suédois commandées par Wrangel. La victoire franco-suédoise remportée à Zusmarshausen près d'Augsbourg (17 mai 1648), ouvrit la route de Vienne et amena la fin des hostilités.

Des pourparlers, qui avaient commencé dès 1641, aboutirent peu après aux deux traités de Westphalie signés le 24 octobre 1648, à Münster pour les catholiques et à Osnabrück pour les protestants. La France et la Suède étaient les principales bénéficiaires (la France y gagnait une partie de l'Alsace), la paix religieuse d'Augsbourg de 1555 fut confirmée, le Brandebourg s'agrandit, les Provinces-Unies virent leur indépendance vis-à-vis de l'Espagne confirmée, et Maximilien de Bavière put conserver le Haut-Palatinat et le premier électorat. Mais la principale conséquence des traités de Westphalie était l'affaiblissement de la maison d'Autriche : les principautés qui constituaient le Saint-Empire passaient de la vassalité à une quasi-souveraineté et l'Empereur devenait, selon l'heureuse formule de François Bluche, « l'auguste président d'une immense anarchie [31] ». On frappa au nom du jeune Louis XIV qui venait d'avoir dix ans une médaille commémorative portant l'inscription LIBERTAS GERMANIAE. La formation en 1658 de la Ligue du Rhin sous les auspices de la France se comprend mieux à la lumière de cette aura libératrice qui, aux yeux des princes rhénans, entourait le roi de France.

Les puissances contractantes ne voulaient pas créer en Rhénanie un État catholique trop puissant. C'est donc plutôt par antipathie pour la maison palatine catholique de Bavière que par sympathie pour Karl Ludwig et ses manifestes qu'elles décidèrent de lui rendre le Bas-Palatinat et de modifier les prévisions de la Bulle d'or qui fixait le nombre des électeurs à sept. Un huitième électorat fut créé en sa faveur, le premier étant allé avec le Haut-Palatinat au duc de Bavière. Karl Ludwig passait ainsi du premier au dernier rang des électeurs.

Le versement d'une forte indemnité devait compenser la perte de la dignité de Premier Électeur séculier du Saint-Empire et de fiefs importants. L'archevêque-électeur de Mayence lui devait 100 000 florins pour la cession de cinq bailliages dans l'Odenwald, et l'Empereur lui versa près d'un demi-million de thalers en échange du Haut-Palatinat. La transformation de ses titres impliquait encore qu'il n'était plus, comme ses ancêtres, archibouteiller (*Archidapifer*) et écuyer de l'Empire. Il fut affublé en échange du titre sans éclat d'architrésorier (*Erzschatzmeister*) de l'Empire ; il était de ce fait chargé de surveiller la frappe des médailles commémoratives. Peut-être la passion des médailles qu'il communiquera à son fils Karl et à sa fille Liselotte était-elle la conséquence de cette nouvelle dignité. Cela dit, ce titre dérisoire ne l'emballait guère, et on l'entendait grommeler entre ses dents : « *Schatzmeister ohne Schatz !* [Trésorier sans trésor !] »

Nous ignorons ce que Karl Ludwig pensait vraiment de l'arrangement que lui imposaient les plénipotentiaires de Westphalie. Il faut dire qu'il n'avait guère le choix : la Suède, qui avait plaidé la restitution du Bas-Palatinat contre l'avis de la France qui favorisait la Bavière catholique, lui faisait comprendre avec force compliments qu'il n'était pas en position de marchander. La dramatique situation de son oncle Charles Ier d'Angleterre, qui laisserait bientôt sa tête sur l'échafaud, lui interdisait d'espérer de l'aide du côté anglais. Il obtint seulement la promesse que, si la maison de Bavière devait s'éteindre, il rentrerait dans tous ses droits. Cette hypothétique promesse était loin de satisfaire, on s'en doute, à toutes ses revendications. Le maréchal de Gramont notera quelques années plus tard dans ses *Mémoires :* « Il cédait néanmoins, mais c'était toujours avec des protestations de ne pas faire préjudice à son droit[32]. » Force lui fut donc d'accepter ce qu'on voulait bien lui donner, et de rentrer dans la possession du Bas-Palatinat ravagé par trente années de guerre.

RETOUR AU PALATINAT

Karl Ludwig rentra le 7 octobre 1649 dans sa capitale de Heidelberg qu'il avait quittée en 1620, âgé de trois ans. Le château que ses prédécesseurs avaient embelli et agrandi avec amour avait tant souffert des hostilités et des pillages qu'il dut s'installer d'abord dans une maison au pied du Königstuhl. Mais il était encore suffisamment titré pour en imposer à ses sujets. Il signait *Karl Ludwig, par la grâce de Dieu, Comte Palatin du Rhin, Architrésorier et Prince Électeur du Saint-Empire, duc de Bavière, Gulch, Clève et Berg, comte de Veldenz, Sponheim, Mark et Ravensburg, seigneur de Ravenstein et autres lieux.*

Il retrouva le Palatinat dans un état déplorable. La province riante qui couvrait la vallée du Neckar et les deux rives du Rhin, et qui s'étendait de Mosbach au sud-est jusqu'à Oppenheim, Alzey et Bacharach dans le nord, offrait un spectacle navrant : les vignobles étaient ravagés et les broussailles avaient envahi les champs autrefois si fertiles. Les villes opulentes d'avant la guerre (Frankenthal, Worms, Oppenheim, Kreuznach, Mannheim, Neustadt et même Heidelberg) étaient presque dépeuplées : Ludwig Häusser estime qu'un cinquantième seulement de la population citadine avait survécu aux horreurs de la guerre[33]. La situation était atroce. Le cannibalisme était rentré dans les mœurs : les survivants mettaient leurs propres enfants dans le saloir, et profitaient d'un moment de distraction d'un voisin appétissant pour le mettre en sauce. Häusser mentionne l'existence dans le Palatinat, vers 1638, de rôtisseries alimentées exclusivement de chair humaine fraîche. Ceux qui n'avaient pas les moyens de s'y restaurer allaient déterrer les cadavres dans les cimetières. Karl Ludwig se trouvait donc placé devant une tâche écrasante. Disons tout de suite qu'il s'en acquitta d'une façon qui forçait l'admiration des contemporains.

Huit ans après le retour de Karl Ludwig, le maréchal de Gramont, qui avait traversé le Palatinat pendant la guerre, s'arrêta à Heidelberg où il fut reçu avec magnificence par l'Électeur. Voici ses premières impressions formulées à la troisième personne : « La surprise du maréchal de Gramont ne fut pas médiocre, lorsqu'il trouva son pays cultivé, ses villages rebâtis, sa maison parée des plus beaux meubles ; Heidelberg et tout son État autant bien peuplés que s'il n'y avait jamais eu de guerres, quoiqu'il en eût été le théâtre l'espace de tant d'années, et que, lorsqu'il y passa douze ans auparavant avec l'armée du Roi, il l'eût vu désert et entièrement détruit. Mais l'application de l'Électeur, ses soins et son économie, lui avaient fait changer cette face hideuse [34]. »

« Relation des événements a la cour de Cassel... »

Après son retour, Karl Ludwig décida de prendre femme. Il avait trente-deux ans, ses frères guerroyaient à l'étranger ou avaient embrassé le catholicisme, et l'avenir de sa dynastie protestante était en jeu. Son choix se porta après quelque hésitation sur la maison von Hessen-Cassel. Le landgrave Wilhelm V, qu'on surnommait *der Beständige* (le Constant), avait péri pendant la guerre en 1637. Sa veuve, la belle et intelligente Amalie Elisabeth von Hanau-Münzenberg, avait exercé brillamment la régence au nom de son fils le landgrave Wilhelm VI. Elle aimait fort la France et avait marié en mai 1648 sa fille aînée Amalie à un La Trémoïlle protestant, titré prince de Tarente. Karl Ludwig prisait fort la conversation spirituelle de la landgrave, mais s'empressait surtout auprès de sa fille cadette Charlotte. Celle-ci venait d'avoir vingt-deux ans ; elle était grande, fraîche, d'un blond cendré, et avait une grande opinion de sa propre beauté qu'elle entretenait avec des soins infinis. Elle bouda au début l'Électeur palatin, lui préférant le duc Friedrich von Württemberg-Neuenstadt qui avait l'âge de Karl Ludwig, mais dont la personnalité était moins encombrante.

Poussée par sa mère, elle finit par répondre sans beaucoup d'empressement aux avances du Palatin que cette froideur semble avoir excité. Sans doute pensait-il que Charlotte, à force d'être aimée, finirait par répondre à ses sentiments. Il avait beau « connaître parfaitement bien les hommes » (c'est Gramont qui parle), ses connaissances de la psychologie féminine laissaient fort à désirer. Charlotte écrira plus tard à son frère à propos de Karl Ludwig : « Je pourrais lui assurer par Dieu que j'ai eu la ferme intention, bien que je n'aie pas épousé l'Électeur de mon plein gré, de faire par *devoir* tout ce que les autres font par *amitié*[35]... » Le mariage fut célébré à la cour de Cassel le 12 février 1650, à peine quatre mois après le retour de Karl Ludwig à Heidelberg, ce qui laisse supposer que l'affaire fut menée rondement, et que le galant prit à peine le temps d'apprivoiser la sensibilité de sa farouche fiancée.

Nous avons eu la chance de découvrir dans les collections de la New York Public Library une relation hollandaise, imprimée à La Haye en 1650, des noces de Karl Ludwig von der Pfalz et de Charlotte von Hessen-Cassel. Il s'agit d'une feuille volante de huit pages, intitulée *Relatie van't ghepasseerde aen't Hof van Cassel, geduyrende de Celebratie van het Houwelijck vanden Doorluchtighen ende Hoogh-Gebooren Vorst ende Heere Karel Lodewyck, Pfaltz-Grave by den Rhijn, des H. Roomsche Rijcx Prince Electeur ende Hertogh van Beyeren, etc.* (Relation des événements à la cour de Cassel à l'occasion de la célébration du mariage de l'illustre et très noble Prince et Seigneur Karl Ludwig, Comte Palatin du Rhin, Prince Électeur du Saint-Empire Romain, et duc de Bavière...)[36]. Ce document, qui raconte la célébration du mariage désastreux des parents de Liselotte, mérite que nous nous y arrêtions.

Les invités étaient attendus le lundi 11 février, mais 83 chevaliers hessois s'étaient réunis à Cassel dès le 9 afin de participer de leur plein gré (« *geerne ende willigh* ») aux préparatifs des festivités. Le 11, un grand cortège formé des soldats de la garnison, de bourgeois à bannières déployées, d'officiers, fonctionnaires et gentilshommes de la cour de Hesse, et d'une nuée de postillons, fauconniers, écuyers conduisant à la bride de nombreux chevaux « convenablement parés », laquais, tous en livrée, et de musiciens « portant des trompettes d'argent, des banderoles brodées et des écharpes bleues », allait attendre les invités sous les remparts de Cassel. Ils marchaient devant le jeune landgrave Wilhelm entouré des nobles du pays. Une procession de carrosses vides fermait le cortège.

Peu après arriva Karl Ludwig avec une nombreuse suite ; il leur avait fallu une semaine pour parcourir au milieu de l'hiver les 250 kilomètres qui séparent Heidelberg de Cassel. Après les compliments d'usage (la *Relation* mentionne « des discours agréables et des révérences »), les deux cortèges se joignirent pour faire ensemble leur entrée. Les spectateurs massés sur le parcours désignaient du doigt les seigneurs de marque qui accompagnaient le Landgrave et l'Électeur palatin : les princes von Hessen-Homburg et von Hessen-Darmstadt, le duc Ludwig Philipp von Simmern avec ses deux fils, le landgrave de Homburg, les comtes de Salm, Waldeck, Isemburg, Löwenstein et Hohenlohe. Le gazetier précise que les landgraves Hermann et Ernest, le comte de

Hanau et d'autres seigneurs arrivèrent trop tard pour marcher dans le cortège. Les dames suivaient dans des carrosses armoriés entourés d'une nombreuse livrée. Les acclamations et des salves de canon et de mousquet ponctuèrent la liesse générale. La *Relation* prend la peine de souligner avec soulagement que les salves ne firent point de dégâts ; il faut donc croire que ce n'était pas toujours le cas.

Arrivés en bon ordre au château, les invités furent conduits dans leurs appartements. La landgrave douairière et sa fille Charlotte venaient embrasser les dames. Élisabeth de Bohême, restée à La Haye, était représentée par sa belle-sœur la duchesse von Simmern. Le même soir, un souper fut servi « sur sept tables longues et deux cent treize tables ordinaires ». Le lendemain, jour des noces, on servit les invités à midi dans leurs appartements, « afin de leur permettre de s'habiller avec plus de commodité ».

Le soir, après un prélude musical où éclataient les trompettes (probablement une pavane pour cuivres de Heinrich Schütz qui avait vécu à la cour de Cassel, ou de son mécène le prince-compositeur Moritz von Hessen), des officiers portèrent les flambeaux d'honneur parés de la livrée palatine (taffetas azur et argent) pour conduire les mariés à la chapelle. Après la cantate, le ministre prononçait un « sermon prolixe » et procédait à la bénédiction nuptiale. Charlotte portait une robe d'un somptueux tissu lamé argent. Une couronne de diamants, évaluée à plusieurs milliers de thalers, ornait sa chevelure dénouée sur les épaules. Sa traîne éployée en éventail était soutenue par quatre demoiselles d'honneur, habillées elles aussi de drap d'argent. A l'issue du *Te Deum* chanté à la fin du service, les mariés furent conduits en pompe dans la chambre nuptiale dont ils sortirent « ayant accompli la copulation (*nae volbrachte copulatie*) ». Les plaisanteries d'usage l'emportaient sur la gravité allemande, et tout le monde s'installa dans la grande salle pour le banquet. Le grand souper est qualifié de « très somptueux », ce qui, en Allemagne, veut dire bien des choses. Il y eut ensuite un bal « à l'allemande » où les hommes dansaient, flambeaux en main, autour des époux installés sous deux dais de velours cramoisi.

Le lendemain 13 février, les invités eurent à subir un autre sermon nuptial non moins prolixe, suivi d'un souper et d'un bal aux flambeaux. Le 14, on organisa une partie de chasse sur la place devant le château ; quatre loups, trois sangliers et de nombreux renards et lièvres furent rassemblés pour le plaisir des invités qui pouvaient les abattre sans risque ni fatigue. Un grand feu d'artifice de plusieurs heures termina la journée. Le 15, le comte von Waldeck fit danser un « ballet de paix » à douze entrées qui « méritait fort d'être vu ».

L'après-midi du 16 fut réservé à une course de bagues. Le malheur voulut que ce fût l'hôte, le landgrave Wilhelm, qui remporta le plus beau prix, une aiguière avec son bassin. Il refusa par courtoisie de la garder, et le prix échut après une nouvelle course au comte von Salm. Le soir, les invités purent admirer un autre ballet à douze entrées figurant la soumission de toutes les nations à Cupidon, sous le titre approprié *Triumphus Amoris*. Le lendemain était un dimanche ; les invités assistèrent au service religieux et passèrent la journée et le lendemain à festoyer. L'événement saillant du mardi fut une chasse à la loutre devant le château. Les invités commencèrent à partir le 20 février.

La *Relation* précise que, de mémoire d'homme, on n'avait pas vu se réunir dans le Saint-Empire une compagnie aussi distinguée et que tout s'était « bien et convenablement » passé. Mais rien n'est parfait. « Si, conclut le texte, l'Électeur de Brandebourg et le duc de Lüneburg, invités eux aussi à la noce, avaient pu venir, l'assemblée et la fête auraient été plus magnifiques encore. »

La « joyeuse entrée » du couple électoral eut lieu à Heidelberg le 3 avril. Charlotte entrait dans sa capitale dans un carrosse de velours cramoisi galonné d'or, présent de sa mère, au milieu de guirlandes vertes, de volées de cloches, de coups de canon et de harangues qui louaient en latin savant la beauté de la nouvelle Électrice. Mais il était écrit que Karl Ludwig aurait moins de peine à relever le Palatinat de sa dégradation qu'à réussir son mariage.

CHAPITRE II

Karl Ludwig et ses deux femmes

Charlotte

Karl Ludwig avait pourtant été averti par sa belle-mère, la landgrave Amalie. Bien avant les noces, elle l'avait mis en garde contre la froideur et l'obstination de Charlotte. Mais il voulait se marier et faire bénéficier le Palatinat des avantages d'une alliance avec la puissante maison de Hesse, dont les branches von Hessen-Cassel et von Hessen-Darmstadt avaient contracté des mariages avec toutes les dynasties régnantes du Saint-Empire. Le prestige de cette parenté lui ouvrirait bien des portes et lui faciliterait bien des entreprises. Le caractère ombrageux de Charlotte ne pesait guère au regard des avantages politiques qu'il se promettait de cette union. A la fois romantique et despotique, il croyait qu'il lui suffirait d'aimer beaucoup la coquette que la politique avait mise dans son lit, et de lui tenir en même temps la bride haute, pour se faire aimer et respecter. Après tout, il avait douze ans de plus et savait parler aux femmes, avec tendresse si possible, avec fermeté s'il le fallait. Bref, il se croyait à la hauteur.

On a beau être impartial envers Charlotte, il faut se rendre à l'évidence : son dossier est accablant. L'unanimité des contemporains témoins des démêlés conjugaux du couple électoral est frappante : si presque tous désapprouvent la bigamie ostentatoire de l'Électeur, ils comprennent que, poussé à bout, il ait fini par répudier son épouse rétive et qu'il se soit consolé auprès d'une femme douce et soumise. « On ne peut pas désavouer, écrit l'un d'eux, que Mme l'Électrice n'eût beaucoup de tort... » Et un autre, en latin de chancellerie : « *Quamquam et ipsa commoda satis moribus non esset* [bien que celle-ci ne fût pas d'un caractère très accommodant][1]. »

Il est particulièrement difficile d'écrire l'histoire de Karl Ludwig et de ses deux femmes, parce que la légende s'est emparée d'eux dès la fin du XVIIe siècle. En 1692, soit douze ans après la mort de l'Électeur, un petit in-24 sans nom d'auteur fut publié à Cologne chez Jérémie Plantre sous le titre *La Vie et les Amours de Charles Louis Électeur Palatin*; une traduction anglaise parut la même année à Londres[2]. Cinq ans plus tard, une autre édition française fut imprimée à Amsterdam chez Paul Marret; c'est celle-là que nous citerons dans la suite de ce chapitre. Bientôt, des traductions allemandes plus ou moins fidèles à l'original français parurent outre-Rhin.

Il n'est pas étonnant que ce petit livre, avec son titre publicitaire et ses révélations indiscrètes, ne pût trouver grâce aux yeux de Liselotte, fille dudit Palatin amoureux. Elle le mentionne deux fois dans ses lettres à sa tante Sophie. En mai 1692, année de l'édition originale, elle lui dit en post scriptum : « J'ai oublié de demander à Votre Dilection si V.D. a vu un livre qui est imprimé à Cologne ayant pour titre *La Vie et les Amours de Charles Louis Électeur Palatin*. C'est mal écrit et plein de mensonges. » Et en 1710, tremblant d'indignation : « Le livre des amours de Charles Louis m'a rendue si impatiente que je l'ai jeté au feu[3]. » En effet, on cherche en vain ce titre dans l'inventaire de ses bibliothèques. Cette réaction extrême chez une princesse qui aimait les livres, mais plus encore sa dignité, révèle l'humiliation qu'elle dut éprouver en voyant étaler sur la place publique les altercations parfois violentes de ses parents et les mœurs bigames de son père.

Le clou du petit volume est une requête circonstanciée adressée par Charlotte à l'empereur Léopold Ier, dans laquelle elle lui narre le détail de ses malheurs conjugaux. Cette lettre ouverte, datée du 21 juillet 1661, est présentée au lecteur comme « une traduction fidèle, où vous ne lirez en français que ce qui se lit en allemand dans l'original ». Le texte allemand de la *Bittschrift* de Charlotte a été publié pour la première fois par Lünig en 1714 dans sa *Teutsche Reichs-Cantzley*, et repris par Gustav Freytag dans ses *Bilder aus der Deutschen Vergangenheit*[4].

Le récit est truffé d'anecdotes et rehaussé de lettres écrites par les trois protagonistes du drame conjugal qui va jeter une ombre tenace sur l'enfance et la jeunesse de Liselotte. On aurait voulu que la lettre de Charlotte à l'Empereur fût authentique : son ton modéré, les détails précis et en partie vérifiables qu'elle contient en font à première vue un document véridique. Mais quelques inexactitudes et contradictions ont amené la plupart des historiens allemands à y voir un faux bien documenté qui demande à être lu avec circonspection. C'est ce que nous faisons dans les pages qui suivent, citant prudemment la lettre de Charlotte lorsqu'elle nous paraît relater des faits véridiques. Mais nous avons interrogé surtout les précieux *Mémoires* de Sophie de Hanovre qui était alors à Heidelberg, les lettres de Sophie, de Karl Ludwig et de Charlotte, et la très sérieuse biographie de Louise von Degenfeld (l'autre femme de Karl Ludwig) écrite par J. Kazner à la fin du xviiie siècle. Une série de témoignages du xviie siècle sur Karl Ludwig von der Pfalz, publiés sous le titre révélateur de *Licht und Schatten* (lumière et ombre), permet de nuancer sa personnalité complexe[5].

L'Électeur était manifestement amoureux de Charlotte au début de leur vie commune. Il la cajolait devant tout le monde, l'appelant couramment *mein Schatz* (mon trésor). Mais ces effusions de passion conjugale manquaient d'attendrir l'Électrice qui trouvait ce barbon amoureux franchement ridicule. Karl Ludwig, que sa passion non partagée rendit bientôt jaloux, supportait mal les œillades coquettes que son épouse décochait autour d'elle pour l'agacer. Charlotte s'explique dans une lettre à son frère le landgrave Wilhelm : « Jamais un mot inégal ne serait tombé entre nous si l'Électeur ne m'avait *persécutée* de sa méfiance, alors que j'étais innocente et que je faisais très attention. Je me suis enfin découragée et j'ai perdu patience. Cela a commencé dès le premier jour ; quand il me demanda de quoi il devait me soupçonner, je répondis : de galanterie. Il répliqua : " *Fuy fuy, ce n'est pas à souffrir* "[6]... » Cette lettre bilingue suggère que les parents de Liselotte parlaient entre eux un mélange d'allemand et de français. Charlotte entrait au moindre reproche dans une fureur épouvantable que son mari, du moins au début, tâchait d'apaiser à force de petits présents et de caresses.

SOPHIE A HEIDELBERG

Quelques mois à peine après les noces du couple électoral, la jeune princesse Sophie, la sœur cadette de Karl Ludwig, débarquait à Heidelberg. Elle venait d'avoir vingt ans et, très lucide, comprenait que ses perspectives d'avenir étaient plus brillantes à la cour de l'Électeur palatin qu'à celle de sa mère. Elle était fatiguée des fantômes du passé, des chiens et des guenons qui peuplaient la résidence de La Haye. Les éternels soucis financiers de la reine de Bohême avaient fini par la déprimer et par lui inculquer à tout jamais un solide respect de l'argent. Aussi n'hésita-t-elle pas lorsque Karl Ludwig l'invita à s'installer à Heidelberg. Elle n'eut pas trop de peine à convaincre sa mère et partit, la tête froide et le cœur battant, vers un avenir incertain. Elle remonta le Rhin en patache jusqu'à Mannheim où l'attendaient son frère et sa belle-sœur. Voici ses premières impressions :

« M. l'Électeur avec ses manières aisées parut fort aise de me voir, mais Mad. l'Électrice fit une mine fort dolente et parla fort peu ce jour-là, ce qui me donna tant plus le loisir de la bien considérer. Je vis que c'était une femme fort grande, le corps assez court et les jambes fort longues, qui avait un teint admirable, la plus belle gorge du monde. Ses traits n'étaient pas réguliers, et je trouvais aussi que ses sourcils qu'elle teignait en noir, faisaient un trop grand opposé à ses cheveux qui étaient d'un fort beau blond cendré, outre qu'en les haussant elle donna un mouvement à son front fort relevé qui lui donna un air fort rude. En récompense elle avait les yeux beaux et brillants, la bouche grande et grimaceuse, les dents fort belles, et tout ensemble on pouvait dire que c'était une belle femme.

« J'entrai en carrosse avec elle et avec M. l'Électeur pour me rendre à Heidelberg, et j'étais bien aise d'en voir un en Allemagne qui était mieux bâti que ce que j'avais vu par le chemin, ce qui m'en fit louer la beauté. J'étais surprise d'apercevoir par une grimace de Mad. l'Électrice que cela lui déplut, car je ne savais pas que c'était le carrosse de ses noces qui avait attiré son chagrin, de ce qu'il n'était pas si beau que celui qu'on avait donné à Mad. sa sœur [...]. Le soir nous arrivâmes à Heidelberg [...]. Je ne pouvais m'empêcher de dire selon ma naïveté hollandaise : Mad. ma belle-sœur n'a point d'esprit.

« J'en étais bien mieux persuadée le lendemain, qui était un dimanche, que je l'allais trouver pour l'accompagner à l'église, et que je la vis étaler tous ses beaux habits sur une table, à nommer tous les endroits d'où ils lui étaient venus, et le temps qu'elle les avait eus. Je traitais cela de bagatelle [...]. Après qu'elle eut fait l'étymologie de tous ses habits, nous allâmes au prêche. Au retour elle me fit confidence qu'elle avait épousé M. l'Électeur contre son gré, qu'elle avait été recherchée par plusieurs autres princes, que Mad. Sa mère avait choisi pour elle et lui avait fait épouser un vieux jaloux. Ce discours me surprit sérieusement, je me souhaitais mille fois à La Haye [...].

« M. l'Électeur de son côté me fit confidence aussi de l'humeur de Mad. sa femme. Il me dit qu'elle avait beaucoup de mérite et des bonnes qualités, mais qu'elle avait été mal élevée, et me pria de la corriger de ses afféteries, que je devais lui dire qu'elles n'étaient point en usage à des personnes de son rang. Malgré les défauts qu'il lui trouva, je vis bien qu'il en était idolâtre, et j'étais souvent honteuse de voir qu'il la baisait devant tout le monde. C'était des embrassades continuelles : je l'ai vue souvent à genoux devant lui et lui devant elle. On aurait dit dans ce moment que leur amour serait éternel[7]... »

Ce témoignage capital méritait d'être cité en longueur. Il nous permet, mieux que des commentaires sans fin, de voir Charlotte comme elle était : superficielle, altière et passablement stupide. La souplesse qui lui aurait permis de s'entendre avec le « vieux jaloux » qu'on lui avait imposé lui manquait manifestement. C'était dommage, car Karl Ludwig ne demandait qu'à aimer une seule femme. Sophie reviendra à peine sur l'opinion qu'elle s'était faite du caractère fantasque de sa belle-sœur · « L'âme et le corps ne s'*accordaient* pas ;

l'un gâtait ce qui était bon dans l'autre, car Sa Dilection ne pouvait faire taire sa *passion*. Mais quand elle avait le temps de réfléchir, tout était bien [8]. » Un an après l'arrivée de Sophie, sa sœur aînée Elisabeth, qui venait de perdre son idole Descartes, s'installait elle aussi à Heidelberg. Les deux sœurs assisteront très embarrassées aux prises de bec du couple électoral.

Cependant, les réconciliations nocturnes qui permettaient aux intéressés de se remettre des querelles de la journée portèrent leur fruit. Le prince électoral Karl vit le jour le 31 mars 1651. Sa sœur, la princesse électorale Elisabeth-Charlotte (notre Liselotte), vint au monde le 27 mai 1652. « La maison palatine, observe F. Aussaresses, se distinguait entre toutes celles de l'Empire par une intarissable ardeur de paternité. Les Palatines, disait-on en matière de proverbe, passent leur vie à être enceintes [9]. » Avec ses dix-huit enfants connus, Karl Ludwig améliorera le score de son père Friedrich. Quant à Charlotte, elle redoutait à juste titre que cette boulimie paternelle ne gâte sa précieuse silhouette.

Les *Mémoires* de Sophie ne mentionnent pas la naissance d'un troisième enfant dans des circonstances assez dramatiques. Deux témoignages de l'événement nous sont parvenus, mais ils ne sont pas absolument concordants [10]. L'Électrice touchait à la fin de sa troisième grossesse lorsqu'elle accompagna son époux à la Diète d'Augsbourg pour l'élection et la proclamation du roi des Romains. Le fils aîné de l'empereur Ferdinand III y fut élu avec une pompe extraordinaire. Il mourut l'année suivante et reste surtout connu pour avoir inspiré à Johann Jakob Froberger (*Monsieur Giacomo Frobergue* pour les Français du Grand Siècle...) un émouvant *Lamento sopra la dolorosa perdita della Real Maestà di Ferdinando IV Re dei Romani* pour clavecin, qui se termine sur une gamme ascendante sur trois octaves symbolisant la montée au ciel de l'âme du jeune roi des Romains.

La mésentente du couple électoral se manifesta à Augsbourg devant tous les princes de l'Empire. Charlotte passait son temps à se faire coiffer par une Mme Leprince qu'elle avait fait venir de France, et « n'oublia rien pour paraître ». Elle allait visiter des teintureries (la région cultivait la guède) ou participait, malgré sa grossesse avancée, à des parties de chasse. Elle y accoucha avant terme d'un fils qui fut appelé Friedrich et qui mourut à peine né (12 mai 1653). Les futures guerres du Palatinat auraient pu être évitées si Friedrich était resté en vie. Le conseiller de cour Reiger raconte que le petit prince mourut des convulsions provoquées par les salves de canon qui annonçaient l'élection du roi des Romains. Karl Ludwig reprochait à Charlotte d'être responsable de la mort de leur fils, et elle lui en voulait de lui avoir imposé trois grossesses en trois ans. Ils rentrèrent fâchés à Heidelberg et Charlotte signifia à son mari qu'elle ferait désormais chambre à part.

Cette décision n'était certes pas de nature à arranger les choses. Karl Ludwig, qui avait le solide appétit sexuel de son père, cherchait forcément ailleurs les « douceurs du mariage » que sa femme refusait de lui accorder. Cela non plus n'apaisait pas les esprits, et le frère de Charlotte entreprit des démarches pour persuader sa sœur de reprendre la vie commune. En vain. Charlotte s'obstinait dans son refus, tout en observant avec une jalousie croissante les va-et-vient de l'Électeur. Elle alla jusqu'à lui reprocher d'être amoureux de sa sœur Sophie. Celle-ci raconte dans ses *Mémoires* : « Ma sœur avait la patience depuis ce temps-là d'écouter toutes ses plaintes, qui roulèrent toujours sur la jalousie de M. l'Électeur [...], jusqu'à ce qu'elle devînt jalouse elle-même. On aurait de la peine à croire que ce fût de moi, et qu'un frère que je respectais en père et qui était d'âge à le pouvoir être, serait soupçonné d'être mon galant. [...] En sa colère elle avait écrit à plusieurs personnes que l'Électeur était amoureux de moi et que je n'y répondais que pour avoir des douceurs. [...] Ce me donna envie de me marier pour me tirer de cet embarras [11]. »

Elisabeth finit par entrer complètement dans le camp de Charlotte ; les raisonnements cartésiens de ce bas-bleu exaspéraient tout le monde. Le malheureux Karl Ludwig s'absentait de plus en plus de Heidelberg, oubliant ses misères domestiques dans la grande entreprise de la reconstruction du Palatinat qui l'absorbait. Il était sûr, à chaque retour au bercail, d'être accueilli par les aigreurs de Charlotte et de trouver une lettre de sa mère réclamant de l'argent ou un foudre de vin.

Ce fut lors d'une scène de ménage particulièrement vive qu'il gifla l'Électrice en plein repas devant son beau-frère le margrave von Baden-Durlach. Le soufflet n'était pas tendre (les textes allemands parlent d'une *harte Maulschelle*), et Charlotte quitta la table hurlant et saignant du nez. Le margrave, qui se souhaitait à cent lieues de là, observa en italien : « *Signor Elettore, troppo è questo.* » Karl Ludwig lui répondit : « *Si, signor Marchese mio fratello, ma cosi l'ha voluto* [12]. » Le bon margrave ne quitta Heidelberg qu'après avoir opéré une réconciliation qui dura ce que durent les roses.

LOUISE VON DEGENFELD

Une telle situation appelle nécessairement l'apparition d'une autre femme sur la scène. Elle fut trouvée dans la personne d'une des demoiselles d'atour de Charlotte. Louise, baronne von Degenfeld, était en toutes choses le contraire vivant de sa maîtresse. « Sa fine taille, écrit le lyrique Aussaresses, son teint pâle, ses cheveux d'un rouge ardent, sa main fuselée rappelaient les vierges studieuses des primitifs allemands [13]. » Son portrait reproduit par Kazner fait penser à la Vierge rousse de l'Annonciation du retable d'Issenheim. Passons sur les « ruisselets hantés d'écrevisses » qui agrémentaient les paysages de son enfance, pour noter que son éducation auprès de sa mère Anne-Marie von Adelmansfeld avait développé chez elle une sensibilité luthérienne qui frôlait le mysticisme, un penchant romanesque qui ne perdait pas pour autant le sens de la réalité, et un goût certain des lectures solides. Elle lisait et écrivait couramment l'italien et le latin. Mais le trait dominant de cette belle rousse à la peau de porcelaine était sa douceur à toute épreuve, qualité indispensable chez la femme qui fera oublier à Karl Ludwig ses chagrins d'homme mal marié.

Le père de la demoiselle était le baron Christof Martin von Degenfeld, seigneur de Durnau, Eybach, Neuhaus et d'autres lieux introuvables sur la carte. Il avait guerroyé pour le compte de l'Empereur, des rois de France et de Suède, de la République sérénissime, de l'Électeur palatin, et de son suzerain le duc de Wurtemberg. Sa loyauté semble avoir eu quelque peine à se fixer en ces années de fortunes militaires changeantes. Karl Ludwig ne lui tenait pas rigueur de ses allégeances pirouettantes et créa même pour sa fille une charge extraordinaire de demoiselle d'atour de l'Électrice. C'est ainsi que Louise entra en 1652, l'année de la naissance de Liselotte, au service de Charlotte [14]. Elle allait avoir dix-neuf ans et, dans sa simplicité effacée, n'attirait l'attention de personne. Sa docilité et sa patience eurent raison des sautes d'humeur de l'Électrice, jalouse des beautés trop voyantes de sa suite. Elle devint bientôt sa confidente et partagea sa chambre.

C'est dans le courant de l'année 1653 que Karl Ludwig commença à remarquer la douce suivante de sa femme. Il lui adressait discrètement des propos galants qui la faisaient rougir et la rendaient encore plus désirable. Elle osait, de temps en temps, lui citer en guise de réponse un vers latin ou italien. Ce mélange de candeur et de savoir le charmait au plus haut degré, et il engagea avec elle une correspondance latine dans la haute tradition de Fortunat et Radegonde, ou d'Abélard et Héloïse. Langue vénérable entre toutes (et que Charlotte ignorait), le latin imprimait à ces échanges épistolaires une allure d'innocence et d'ambiguïté. C'est ainsi que des billets doux rédigés dans la langue d'Ovide circulaient sous le nez de l'Électrice. Celle-ci ne se douta d'abord de rien, mais elle flairait on ne sait quel changement chez son mari qui visitait plus régulièrement ses appartements sans se montrer pour autant plus aimable avec elle.

Le Nouvel An de 1654 approchait, et Charlotte décida de regagner le cœur de son mari en lui offrant pour étrenne un superbe étalon gris pommelé, de sang napolitain, richement harnaché. « Trésor, lui dit-il sèchement, nous ne désirons plus recevoir de ces présents qui épuisent notre trésor », et il le fit donner le même jour à un petit gentilhomme de sa cour. Charlotte, que cet affront cinglant laissa pantelante, pouvait voir dans son étalon « répudié » le triste présage de son propre avenir.

La situation traîna ainsi pendant trois longues années. Louise était tous les jours témoin des scènes que Charlotte faisait à son mari. Elle était peut-être naïve, mais elle n'était pas sotte. Elle comprenait qu'un seul faux pas compromettrait son avenir et se refusait avec une douce obstination aux avances empressées de l'Électeur. Elle voulait « du solide », invoquait sa conscience, et lui faisait comprendre en latin et surtout en bon allemand qu'elle ne pouvait être sa maîtresse, mais qu'elle serait honorée d'être sa femme dès qu'il aurait recouvré sa liberté.

Charlotte, qui avait fini par se rendre compte de la furtive connivence entre son mari et sa cameriste, persécutait cette dernière avec toute la hargne dont elle était capable, ce qui n'est pas peu dire. Karl Ludwig, que le gouvernement du Palatinat appelait souvent loin de Heidelberg, n'était pas toujours en mesure de parer les coups et la pauvre Louise, maltraitée et humiliée, n'en pouvait plus. Elle demanda début 1657 son congé, contraignant ainsi Karl Ludwig à se déclarer ouvertement. Le congé fut refusé, mais l'Électeur la prit ouvertement sous sa protection, et cela d'une telle façon que personne ne doutait plus de ses sentiments pour Louise.

Un incident décisif se produisit le 21 mars 1657. Une indiscrétion mal éclaircie fit tomber entre les mains de Charlotte un billet de Louise à Karl Ludwig écrit en allemand et en latin : « A Son Excellence l'Électeur Palatin Karl Ludwig, duc de Bavière, *dilecto meo* [mon amour]. Je ne puis résister plus longtemps à Votre Excellence Électorale, ni me tromper encore sur mes sentiments. *Vicisti, jamque tua sum* [vous avez vaincu et je suis vôtre], moi malheureuse ! *Maria Susanna Louisa, baronissa a Degenfeld*[15]. » Charlotte piqua une crise de nerfs et se précipita vers la chambre de la malheureuse, hurlant qu'elle avait réchauffé un serpent dans son sein. Elle visita la cassette de la coupable et y trouva plusieurs lettres latines de Karl Ludwig qu'elle se fit traduire séance tenante par son cousin le comte von Eberstein qui se trouvait pour son malheur à Heidelberg.

Fouillant au plus profond de la cassette, Charlotte découvrit des bagues de valeur offertes par Karl Ludwig, et deux documents particulièrement compromettants. Elle dut trembler en lisant la double promesse de mariage que voici :

« Je soussignée m'engage formellement à me donner au Comte Palatin Karl Ludwig Électeur, tout entière, corps et âme et volonté, et tant que Son Altesse Électorale et moi vivrons, à l'aimer, honorer et servir constamment et fidèlement, comme une femme doit à son mari. Je m'y engage formellement. En foi de quoi j'ai écrit et signé le présent de ma propre main, sciemment et en toute réflexion, et scellé de mon sceau ordinaire. 10 février 1657. »

« Moi, Karl Ludwig, Comte Palatin, Électeur, m'engage et promets par cet écrit à aimer constamment et fidèlement par-dessus tout, à honorer et à entretenir la baronne Louise von Degenfeld tant qu'elle et moi vivrons, comme un mari doit à sa femme. En foi de quoi j'ai écrit et signé le présent de ma propre main, sciemment et en toute réflexion, et scellé de mon sceau ordinaire. 5 mars 1657[16]. » Curieusement, Charlotte semblait plus bouleversée par la découverte des bijoux que par la lecture des documents cités. Elle fit un vacarme d'enfer qui ne fut pas sans impressionner Karl Ludwig, Sophie, Elisabeth et Louise qui accoururent effrayés.

« Elle devint à moitié folle », écrira Louise à son frère Ferdinand. Sophie raconte dans ses *Mémoires* : « Cela la fit tomber dans un emportement où son tempérament sans cela était enclin, et lui fit faire un vacarme épouvantable. Elle fit appeler ma sœur et moi ; la Degenfeld de son côté avait fait avertir l'Électeur, et nous vîmes en entrant dans la chambre une scène extraordinaire. L'Électeur se tenait devant sa maîtresse pour parer les coups qu'elle pourrait recevoir de Mad. sa femme. L'Électrice marchait par la chambre tenant tous les bijoux de la Degenfeld entre les mains. Elle s'approcha de nous tout en feu et nous dit : " *Princesses, voici la récompense de la garce ! Cela n'est-il pas pour moi ?* " Je ne pouvais m'empêcher de rire de cette demande et je fis un si grand éclat que l'Électrice s'en trouva infectée et se mit à rire aussi. Mais un moment après sa colère la reprit comme M. l'Électeur lui dit qu'il fallait rendre les pierreries à qui elles appartenaient. Elle répliqua en les jetant par toute la chambre : " *S'ils ne doivent point être à moi, les voilà donc !* "[17] »

Coincé entre sa femme prête à faire des malheurs, sa maîtresse et ses deux sœurs, Karl Ludwig para au plus pressé : il enferma Louise à double tour dans son cabinet « de peur d'accident ». Il profita ensuite du souper de Charlotte pour la loger dans un bel appartement au-dessus du sien, en fit percer le plancher et poser une échelle. Mais l'Électrice découvrit bientôt la cachette — le moindre marmiton du château devait être au courant — et « y serait montée le couteau à la main, précise Sophie, si ses dames ne l'en eussent empêchée ». Les serviteurs du château de Heidelberg touchaient des gages des plus modestes (les ressources du Palatinat étaient limitées), mais, au moins, ils ne s'ennuyaient pas. Un page de Karl Ludwig embrassa la cause de son maître avec tant de fougue qu'il lui proposa en toute simplicité d'empoisonner la soupe de l'Électrice. Karl Ludwig eut de la peine à modérer son zèle intempestif et redoutait, non sans raison, des voies de fait.

Il décida d'éloigner Louise du champ de bataille et l'installa d'abord au château de Schwetzingen, et quelques mois plus tard à Frankenthal. Karl Ludwig y faisait de fréquents séjours au cours desquels ils préparaient leur avenir commun. La route qui y conduisait était hérissée d'obstacles, mais l'amoureux Palatin, qui avait de la suite dans les idées, était prêt à les vaincre un par un.

« MADAME, J'AI FIANCÉ UNE NOBLE DEMOISELLE… »

Karl Ludwig répétait autour de lui que son épouse s'était privée elle-même de tous ses droits par sa conduite, qu'il la répudierait et qu'il épouserait Louise. Il fit expédier ensuite une missive circulaire datée du 6 mars 1657. Dans ce document curieux, il répudie formellement Charlotte, invoquant comme raisons sa « malicieuse désertion » de ses devoirs conjugaux, et son comportement « désagréable, désobéissant, obstiné, insupportable et récalcitrant [*ganz widerwärtig, ungehorsam, halstarrig, verdriesslich und widerspenstig*] ». « Nous avons sondé notre conscience, conclut-il, et nous nous estimons dégagé de nos obligations envers elle. » Le document annonce ensuite en termes plutôt vagues l'union de l'Électeur et de Louise von Degenfeld, soulignant que sa conscience pure le « console », et qu'il entend mener une vie irréprochable [18].

Karl Ludwig savait que ses pieuses intentions ne désarmeraient pas la famille de Charlotte, et qu'il lui faudrait affronter en outre le frère de Louise, le baron Ferdinand von Degenfeld, le nouveau chef d'une famille qui ne plaisantait pas avec la morale conjugale. Il s'avéra heureusement que les Hessen-Cassel et leurs cousins les Hessen-Darmstadt n'étaient pas une race belliqueuse. Le frère de Charlotte mettait ses malheurs sur le compte de quelque lubie passagère de l'Électeur, et « se contenta de dicter à son chancelier une longue harangue à débiter au prince volage [19] ». Son cousin de Darmstadt se présenta à Heidelberg en juillet 1657 et prononça un grand discours truffé de doctes citations, démontrant qu'il n'y aurait aucun déshonneur à pardonner à Charlotte ses erreurs passées. Karl Ludwig remercia MM. von Hessen de leurs bonnes paroles, promit que Charlotte serait toujours traitée en princesse, et ajouta que sa vie privée après tout ne regardait que lui. MM. von Hessen se le tinrent pour dit.

Le baron Degenfeld était plus difficile à amadouer. Il avait parcouru l'Europe dans sa jeunesse, jusqu'au moment où une maladie l'avait privé de la vue. Immobilisé chez lui et seul responsable de l'honneur de sa maison, il se faisait lire et relire la Bible, les *Tischreden (Propos de table)* de Luther, et des volumes d'histoire [20]. Moraliste austère, l'idée que sa sœur vivait en concubinage lui parut insoutenable. Karl Ludwig décida de lui écrire une lettre ferme en attendant que la situation fût régularisée : « Si vous aimez votre sœur comme vous le prétendez, cessez de la tracasser. Prenez bien garde de ne pas la troubler dans votre zèle inconsidéré, et de perdre un ami sûr de votre famille[21]... »

Il dicta en outre le 27 juillet 1657 une instruction que son chancelier Bettendorf devait lire à Durnau devant Ferdinand. Dans ce document reproduit par Kazner, Karl Ludwig conjure le baron aveugle de moins prêter l'oreille à des racontars, de rester impartial, d'attendre patiemment que les choses s'arrangent. « L'Électeur Palatin prend cette peine à l'égard de von Degenfeld en raison de sa discrétion bien connue, et de son discernement. Ses voyages et lectures historiques lui ont appris à connaître le monde ; il ne se laissera donc pas ébranler par des opinions vulgaires. » L'Électeur, enfin, se déclara disposé à écouter les propositions du frère de Louise. Ce mélange de promesses et de menaces permettait de gagner le temps nécessaire pour trouver un pasteur luthérien disposé à bénir cette union.

Il ne fait pas de doute que, en vertu de la juridiction qui lui appartenait en qualité de prince régnant protestant, Karl Ludwig avait autorité suprême non seulement en matière civile (la répudiation de Charlotte et le divorce), mais aussi en matière religieuse. Il voulait cependant respecter les formes, et tenait — puisque Louise réclamait l'approbation des théologiens — à convaincre le timide pasteur Hiskias Eleazar Heyland qui était son sujet. Une concession de Luther en faveur d'un aïeul de Charlotte trancha finalement la question. Le landgrave Philipp von Hessen avait épousé en 1523 Christine von Saxen, lui resta fidèle pendant trois semaines, et papillonna ensuite de maîtresse en maîtresse. Il rencontra en 1539 Margarethe von der Saale qu'il voulut absolument épouser. Il fit soumettre à Luther et Melanchthon l'idée d'une *Doppelehe* (mariage double), citant de nombreux précédents tirés de l'Ancien Testament. Le Réformateur lui accorda la permission en décembre 1539, fondant sa décision sur l'argument suivant : puisqu'il était impossible au landgrave de retourner à sa première femme, il était préférable de lui laisser mener une vie moins dissolue en lui permettant de s'unir à Margarethe[22].

On retrouve la critique de cette « faute » de Luther, habilement exploitée par Karl Ludwig, dans le *Dictionnaire historique* de Bayle (art. « Luther ») et dans l'*Histoire des variations des Églises protestantes*. Bossuet, après avoir constaté qu' « on cacha le plus qu'on put cette honte », note avec satisfaction : « Maintenant tout ce mystère d'iniquité est découvert par les pièces que l'Électeur Palatin Charles-Louis a fait imprimer. [...] L'ouvrage a pour titre *Considérations consciencieuses sur le mariage, avec un éclaircissement des questions... touchant l'adultère, la séparation et la polygamie*. Le livre parut en allemand en 1679[23]... » L'auteur de cette justification *post factum* était Lorenz Beger, conseiller et antiquaire numismate de Karl Ludwig.

Le pasteur Heyland ne put tenir tête à l'autorité de Luther, et le mariage religieux de Karl Ludwig et de Louise fut béni à Frankenthal dans la plus stricte intimité le 6 janvier 1658. Nous devrons à ce mariage de la main gauche quelques-uns des principaux correspondants de Liselotte.

L'Électeur avait adressé le 14 avril 1657 cette lettre curieuse à Charlotte qui ne désarmait pas : « Madame, j'ai cru que vous aviez intérêt de savoir que depuis notre divorce, j'ai fiancé une noble et vertueuse Demoiselle, qui est la baronne Degenfeld, et j'espère que Votre Sérénité y apportera son consentement. Ce qui me fait croire cela, c'est que c'est une chose faite, et que toutes les oppositions seraient inutiles [...]. Mais il est bien juste que je pourvoie à votre entretien. C'est pourquoi j'assigne à V.S. la moitié du château de Heidelberg pour sa demeure ordinaire, et je lui donne pouvoir d'exiger de ceux qui sont commis sur mes finances tout ce qui sera nécessaire pour faire subsister honorablement une princesse comme vous. Mais c'est à cette condition que vous agirez bien avec ma nouvelle épouse[24]... »

Mais les avanies ne s'arrêtaient pas là. Les ambassadeurs accrédités à Heidelberg ne saluaient plus l'Électrice répudiée, les valets lui riaient au nez et — humiliation suprême — la nouvelle femme de Karl Ludwig s'installa pour de longs séjours à Heidelberg dans l'aile construite par Ottheinrich. Les laquais qui restaient loyaux à Charlotte furent chassés, son fils Karl lui fut ôté en novembre 1657, et interdiction lui fut faite d'écrire encore à son frère le landgrave.

On voudrait que le dernier épisode raconté dans la *Lettre de Charlotte à l'Empereur* se soit réellement produit malgré le fait que le petit prince Friedrich, mort depuis quatre ans, y est toujours vivant. On y voit l'Électrice brimée lutter jusqu'à la fin pour regagner le cœur de son Palatin volage. Voici la version de *La Vie et les Amours de Charles-Louis* :

« Après mille différentes résolutions que je formais successivement, je m'arrêtai enfin à celle-ci. Ce fut de faire un dernier effort pour tâcher d'émouvoir le cœur et la tendresse du prince, en me présentant, tout à coup, devant lui en une posture suppliante. [...] J'ajustai mes deux princes et ma princesse le plus proprement qu'il me fut possible, et nous mettant tous quatre à genoux, nous attendîmes que S.A. vînt à passer. Nous avions si bien pris nos mesures, que nous ne fûmes guère de moments en cet état sans que le prince nous y vît. Et comme il fut surpris de voir un spectacle capable d'amollir le cœur le plus barbare : " *Seigneur*, lui dis-je toute couverte de larmes, *ayez pitié d'une pauvre mère désolée* [...]. *Ces deux princes avec cette princesse, qui sont nos communs enfants, vous conjurent tout en pleurs de me reconnaître pour leur mère et pour votre épouse légitime. [...] Laissez-vous toucher, Seigneur...* " Ce peu de paroles qui furent entrecoupées de plusieurs sanglots attendrirent toute la Cour. Mes enfants, qui pleuraient de toute leur force, excitaient la pitié de chacun, Son Altesse pleurait comme les autres, et comme apparemment il allait faire quelque favorable réponse, la Degenfeld arriva, qui le prenant par la main : " *Seigneur,* lui dit-elle, *il ne s'agit pas de pleurer, mais de me tenir votre parole.* " Et le tirant avec violence, elle l'ôta devant nos yeux. Cette insolente action me mit en fureur. Je courus à mon cabinet, pour y prendre un pistolet dont je voulais finir la vie et les amours de celle qui m'enlevait mon époux. Et comme je sortais dans ce dessein, je trouvai le comte von Hohenlohe qui, m'arrêtant, me dit : " *Ah ! Madame, à quoi pensez-vous ?* ", et m'ayant arraché de la main le pistolet, le tira par la fenêtre [25]. »

Où est la vérité ? Charlotte était certainement capable de ce mélodrame larmoyant dont Sophie ne parle pas dans ses *Mémoires*. La petite Liselotte avait alors six ans et nous savons, grâce à l'inventaire après décès de l'électrice Charlotte [26], qu'elle conservait dans une malle « une robe de fille de six ou sept ans de moire couleur de cerise ». Voici donc ce qui pourrait être la première image documentée de Madame Palatine : une fillette de six ans, à genoux dans sa belle robe de moire couleur de cerise, « pleurant de toute sa force » à côté de sa mère répudiée.

Un événement aussi saisissant doit laisser des traces psychiques profondes chez une enfant de six ans. Le fait reste, même si la scène publique décrite dans la *Lettre de Charlotte* n'a pas eu lieu, que Liselotte s'est sentie, sa vie durant, « répudiée » affectivement par son père qui prodigua tout son amour paternel aux nombreux enfants que lui donna Louise. Liselotte entretint avec ceux-ci des rapports excellents mais complexes. Ayant au plus haut degré le sens de la légitimité et de la pureté du sang, elle ne pourra s'empêcher de voir en eux des demi-bâtards qui l'ont privée de l'amour de son père. Elle écrira beaucoup plus tard à sa tante Sophie : « Je crois vraiment que Monsieur mon père [...] m'a aimée ; seulement, j'aimais Sa Grâce plus qu'Elle ne m'aimait... » Et encore : « Je sais fort bien pourquoi la maison d'Autriche a une telle affection pour les siens : c'est que là ils n'ont point de bâtards. Tout l'amour est donc reporté sur les princes légitimes et il n'y a point de partage. Mais où il y a des bâtards, on ne se préoccupe que de leur élévation, et l'on déteste ceux qui, par la nature des choses, devraient passer avant les bâtards [27]. »

La curieuse situation de son père installé avec ses deux femmes et ses descendants de la main gauche et de la main droite sous les toits du château de Heidelberg a dû paraître profondément humiliante à

Liselotte dès qu'elle eut atteint l'âge de raison. L'Europe entière en faisait des gorges chaudes : la création d'un mythe avant la fin du siècle (la *Lettre de Charlotte à l'Empereur*) et le succès international de *La Vie et les Amours de Charles-Louis* l'attestent amplement.

SOPHIE SE MARIE

La princesse Sophie, qui était venue à Heidelberg dans la conviction qu'elle y trouverait plus facilement un époux convenable, commençait à se sentir mal à l'aise au milieu des scènes et des coups de pistolet qui agrémentaient la vie à la cour de son frère. Plusieurs partis s'étaient présentés. On avait par exemple pensé à elle pour l'archiduc Ferdinand, fils aîné de l'Empereur et roi des Romains, mais il était monté au ciel avant la conclusion des pourparlers. Il fut aussi question du duc d'Aveiro. Vint ensuite Adolf Johann von Zweibrücken, frère du roi de Suède Charles Gustave. Charlotte avait poussé Sophie dans les bras du Suédois, bien qu'elle sût qu'il avait la déplorable habitude de battre sa première femme Else Beate. Elle souhaitait apparemment se défaire d'une belle-sœur qui la désapprouvait. Sophie put éviter ce piège matrimonial de justesse (son trousseau était déjà commandé à Paris), mais elle n'en souhaitait pas moins quitter Heidelberg dûment mariée. Elle avait dépassé le redoutable cap des vingt-cinq ans, et son miroir lui rappelait tous les jours qu'une récente atteinte de la variole avait fait « une fort grande brèche à sa beauté ». Il fallait donc agir. Et vite.

L'automne de 1656 touchait à sa fin lorsque deux princes de la maison de Hanovre, le duc Georg Wilhelm et son frère cadet le duc Ernst August, visitèrent la cour de Heidelberg. Très unis et célibataires endurcis, ils avaient l'habitude de passer l'hiver à Venise dont ils appréciaient l'interminable carnaval avec ses plaisirs variés. Georg Wilhelm avait dû promettre aux États de son duché de Brunswick-Lunebourg de se marier ; ceux-ci, dans un échange de bons procédés, lui avaient promis d'augmenter ses revenus. Sophie se montra d'emblée très sensible aux charmes de ce bon vivant à la galanterie aisée qu'était Georg Wilhelm. Celui-ci se disait de son côté que, puisque son mariage était décidé, il pouvait aussi bien convoler avec Sophie qui était du sang royal d'Angleterre, et qui avait trop d'esprit et de bon sens pour le gêner dans ses futures explorations extra-conjugales.

Georg Wilhelm ne dut pas soupirer longtemps. « Il me disait mille choses obligeantes, raconte Sophie, auxquelles pour dire la vérité je ne répondis pas trop mal. Enfin il lâcha le grand mot et me demanda si je voudrais bien permettre qu'il me demandât à l'Électeur. Je ne répondis pas en héroïne de roman, car je n'hésitais guère à dire qu'oui [28]. » Karl

Ludwig ne se fit pas prier, un contrat de mariage fut dressé et signé, et les deux frères continuèrent leur voyage à Venise où Georg Wilhelm se précipita dans les voluptés orientales qu'offrait la Sérénissime à ses visiteurs.

Il faut croire que son empressement l'emportait sur sa prudence (après tout il enterrait sa vie de garçon), car il constata au bout d'un mois qu'une courtisane grecque « l'avait mis dans un état fort malpropre pour le mariage » (comme l'explique Sophie dans le langage à la fois chaste et clair qui lui est propre). Georg Wilhelm apprit en même temps que les États de Brunswick-Lunebourg revenaient sur leur promesse d'augmenter ses revenus. Il regretta sa parole donnée, ses lettres à Sophie se firent plus rares et plus froides, et il évita Heidelberg lorsqu'il regagna ses États à la fin de l'hiver. Karl Ludwig fulmina et Sophie fit de gros efforts pour avaler l'affront. « J'étais trop fière pour en être touchée », dit-elle sans convaincre.

Georg Wilhelm chercha entre-temps une issue qui lui permettrait de sauver la face et l'honneur. Il trouva une solution fort originale. Il sut convaincre son frère cadet Ernst August d'épouser Sophie à sa place, et s'engagea par écrit à rester célibataire et à léguer ses États à Ernst August et ses descendants. Celui-ci, avec des revenus augmentés en conséquence et des perspectives intéressantes, devenait un parti presque avantageux.

Les ducs de Hanovre dépêchèrent leur chancelier Hammerstein à Frankenthal où se trouvait Karl Ludwig. On discuta un peu, car il y avait, outre Georg Wilhelm et Ernst August, deux autres frères, Christian Ludwig, l'aîné, et Johann Friedrich, le troisième. Tout laissait prévoir que le chétif Christian Ludwig, duc de Calenberg puis de Celle et marié depuis trois ans, mourrait sans avoir procréé, ce qui arriva effectivement. Restait Johann Friedrich qui pourrait faire valoir des droits sur l'héritage de Georg Wilhelm. Mais le sieur Hammerstein, jamais à court d'arguments, répliqua que le duc Johann Friedrich était trop gros pour avoir des enfants (*sic*) et qu'il ne fallait donc pas se mettre martel en tête. (Johann Friedrich épousera en 1668, malgré sa corpulence et ses quarante-trois ans, une princesse française de seize ans, Bénédicte-Henriette, fille d'Anne de Gonzague et du prince Eduard ; elle lui donnera trois filles.) Sophie, ajouta Hammerstein la main sur le cœur, serait la mère de la patrie. Karl Ludwig écouta ces arguments « avec quelque surprise » (on le comprend), et consulta Sophie. Celle-ci n'hésita pas un instant : « Je lui répliquai que je n'avais jamais eu de l'amour que pour un bon établissement, et si je le pouvais trouver avec le cadet, je n'aurais aucune peine à quitter l'un pour l'autre[29]. » Peu de passages des *Mémoires* de Sophie révèlent comme celui-ci sa pondération et sa tête froide. Elle se serait trouvée très à l'aise dans un roman de Jane Austen. Un nouveau contrat de mariage fut signé et le duc Ernst August vint épouser la fiancée de son frère.

Il ne pouvait savoir que la mariée lui apportait dans sa corbeille, outre son trousseau confectionné à Paris et la maigre dot que Karl Ludwig lui accordait, des droits sur le trône d'Angleterre, et que son fils et ses descendants hanovriens régneraient sur les îles et l'Empire britanniques pendant des siècles, plus longtemps que les Tudor et les Stuart réunis. Quant à Sophie, elle avait décidé d'éviter les fautes commises par Charlotte et de réussir coûte que coûte son mariage avec l'époux que lui envoyait la loterie hanovrienne. « J'étais bien aise de le trouver aimable, écrit-elle, parce que j'étais résolue de l'aimer[30]. » Il est vrai qu'Ernst August avait de belles mains et des yeux bleus, qu'il grattait la guitare et qu'il dansait passablement.

Les noces furent célébrées à Heidelberg en octobre 1658. Sophie, qui avait vingt-huit ans, était soulagée. Liselotte, qui en avait six, figurait au banquet tandis que sa mère Charlotte était tenue à l'écart bien que résidant au château. Quantité négligeable, elle suivait de loin les festivités « dissimulée dans l'embrasure d'une fenêtre » ou, comme le veut Karl Hauck, retirée « dans un coin obscur d'où elle vit passer le cortège nuptial, sans se faire remarquer, les yeux remplis de larmes[31] ». Le mois suivant, Karl Ludwig la délogea sans façons et lui assigna une vieille chambre au rez-de-chaussée. Elle s'accrocherait encore péniblement pendant cinq ans.

QUE FAIRE DE TREIZE RAUGRAVES ?

Plus rien n'empêchait Karl Ludwig d'assouvir l'ardeur de son désir de paternité. Louise von Degenfeld lui donnera entre 1658 et 1674 treize enfants[32]. Cinq d'entre eux seront emportés en bas âge : Ludwig (février-avril 1662), Georg Ludwig (1664-1665), Friederike (1665-1674), Friedrich Wilhelm (1666-1667), et Sophie (juillet-novembre 1669). Trois autres mourront autour de leur vingtième année : Karl Eduard (1668-1690), Karl August (1672-1691) et Karl Kasimir (1674-1691). Les cinq « survivants » joueront à titres divers un rôle dans cette biographie de leur demi-sœur : l'aîné, Karl Ludwig (« Karllutz », 1658-1688), Caroline (1659-1696), Louise (1661-1733), Amalie Elisabeth (« Amelise », 1663-1709), et enfin Karl Moritz (1671-1702), né quelques mois avant le mariage de Liselotte. Karllutz et Amelise seront des correspondants réguliers de Liselotte jusqu'à leur mort. Louise, la seule qui survivra à Liselotte, sera sa correspondante principale ; cette vieille fille effacée sera le seul lien qui rattachera jusqu'à la fin Liselotte à son enfance palatine.

Cette famille nombreuse posait de redoutables problèmes d'établis-

sement. La correspondance de Karl Ludwig et de Louise von Degenfeld qui éduquait ses enfants à Schwetzingen montre, outre l'amour
presque tyrannique que l'Électeur éprouvait pour sa deuxième épouse,
son affection paternelle et la sollicitude infinie dont il entourait ses
enfants de la main gauche. Ses lettres, qui portent souvent l'adresse
romanesque *Alla Signora mia illustrissima di Spada Campo* (= Degen
Feld), entrent dans les mille détails de leur santé, de leur nourriture, de
leurs jeux et de leur éducation, jetant une lumière parfois émouvante
sur la vie et les sentiments intimes de ce prince très père de famille en
un siècle où l'amour paternel avait honte de se manifester au grand
jour. Quel charme de découvrir sous une plume princière du XVIIe siècle une phrase comme celle-ci : « Maintenant, je me promène comme
un bon père de famille avec le petit Karl et Liselotte, sans oublier pour
autant mes chers petits à Schwetzingen [33]... » Liselotte écrira après la
mort de Louis XIV à sa demi-sœur Louise que « le feu Roi appelait un
père qui caressait ses enfants devant les gens *un sot père*[34] ».

Mais il fallait titrer convenablement tout ce petit monde. L'Électeur
découvrit des actes dans le chartrier de Heidelberg qui mentionnent
l'ancienne famille, éteinte depuis longtemps, des *Raugrafen* von
Baumburg. Les vieilles chartes latines traduisaient *Raugraf* par *Comes
asper* ou *Comes hirsutus*[35]. Les anciens « comtes âpres » ou raugraves
possédaient des terres situées près d'Alzey dans le Bas-Palatinat ; ils se
paraient du titre d'échansons héréditaires des comtes palatins dans le
bailliage d'Alzey. Faute d'une meilleure solution, Karl Ludwig décida
en 1667 de faire revivre le titre éteint de raugrave en faveur de Louise
von Degenfeld et ses enfants, auxquels il donna d'autres terres en
engagement, en attendant que le comte de Nassau qui détenait les
terres qui avaient appartenu aux Baumburg se fût décidé à les restituer.

Il signa le 31 décembre 1667 une *Raugräfliche Standeserhöhung*,
conférant à Louise et à ses enfants masculins et féminins à tout jamais
(« *für und für in ewiger Zeit* ») le titre, honneurs et armes des anciens
raugraves. Louise von Degenfeld signa le même jour, en son nom
propre et au nom de ses enfants, une renonciation à tous les droits
qu'elle ou qu'ils pourraient faire valoir sur le Palatinat : jamais, en
aucune façon (« *in keinerley Weiss noch Weg* »), ils ne prétendront à
rien d'autre qu'à ce qu'ils auront reçu de la main de Karl Ludwig[36]. Les
conséquences de cette renonciation seront terribles lorsque Karl, le fils
de Karl Ludwig et de Charlotte, mourra sans enfants en 1685.

Le titre de raugrave conféré à Louise et à ses enfants, appelés
désormais *Raugraf* ou *Raugräfin,* fut confirmé par l'Empereur, sans
que les raugraves mâles eussent pour autant voix dans les diètes de
l'Empire. Sans obérer les finances du Palatinat, Karl Ludwig fera
l'impossible pour assurer l'avenir matériel des raugraves. Les garçons
seront tous destinés aux armes ; la menace de leur enlever l'épée et de

les pousser dans une carrière ecclésiastique les faisait trembler.
Plusieurs d'entre eux mourront sur le champ de bataille. Deux des trois
filles restées en vie (Louise et Amelise) vivront ensemble et demeureront célibataires. L'aînée, Caroline, épousera en 1683 le comte
Meinhard von Schomberg[37].

Charlotte n'était plus à Heidelberg lorsque Louise fut déclarée
raugrave. Elle avait partagé le château de Heidelberg avec sa rivale
tant qu'elle espérait que l'Électeur lui reviendrait. Mais elle dut se
rendre à l'évidence. Les démarches de l'Empereur, du margrave von
Baden-Durlach et du prince de Wurtemberg auprès de Karl Ludwig en
sa faveur restaient sans effet. Les lettres aigries dans lesquelles la reine
de Bohême reprochait à son fils sa vie privée désordonnée n'arran-
geaient pas les choses. Elle lui écrivit par exemple en avril 1661 de La
Haye : « *When all is done, she is [your] wife and no law of God nor man
can disolue that*[38]. »

La fierté de l'Électrice répudiée et humiliée prit enfin le dessus et
elle s'enfuit de Heidelberg en juin 1663, accompagnée de la princesse
Elisabeth, au grand soulagement de Karl Ludwig. Voici une relation
quasi contemporaine des circonstances de ce départ, tirée de la
biographie de Descartes d'Adrien Baillet : « La brouillerie étant
montée jusqu'au point de les rendre insupportables l'un à l'autre,
l'Électrice sous prétexte d'une partie de chasse se retira à Cassel chez le
Landgrave son frère, par le moyen de plusieurs relais qui avaient été
disposés à cet effet, et elle ne revint à Heidelberg qu'après la mort de
son mari [...]. La princesse Elisabeth s'étant jetée dans le parti de sa
belle-sœur contre celui de l'Electeur son frère, elle [...] prit aussi la
route de Cassel. [...] La princesse Elisabeth passa plusieurs années à
Cassel de la manière du monde la plus douce et la plus agréable qu'elle
eût pu souhaiter avec l'Électrice sa belle-sœur et son amie intime[39]... »

La réalité fut sans doute moins idyllique. Le landgrave Wilhelm ne
jubilait certes pas en accueillant sa sœur répudiée, mais il n'était pas
disposé à déclencher une nouvelle guerre de Trente Ans. Charlotte
réclama ses bagages. Les malles qui arrivèrent à Cassel contenaient,
parmi d'autres souvenirs de sa vie ruinée, les jouets et les robes de la
petite Liselotte. Elle dut vivre sur la maigre pension que lui versait Karl
Ludwig. Elle eut cependant le dernier mot. Rentrée à Heidelberg en
1680, après la mort de Karl Ludwig et Louise, elle exigea de son fils
Karl que les restes de Louise, enterrés dans le caveau des Palatins dans
la Heiliggeistkirche, fussent déterrés et ensevelis dans la Concordienkirche au Friedrichsburg à Mannheim[40]. Revanche mesquine d'une
femme qu'on avait privée de ses enfants et qui était prête à descendre,
elle aussi, dans la tombe.

CHAPITRE III

Liselotte, princesse Palatine du Rhin (1652-1671)

La princesse électorale Elisabeth-Charlotte, dont le double prénom fut bientôt contracté en Liselotte, vit le jour au château de Heidelberg le 27 mai 1652. Elle parut si maigrelette qu'on craignit pour ses jours et qu'on s'empressa de la faire baptiser. Elle reçut les prénoms de sa grand-mère paternelle, la reine de Bohême, et de sa mère. Sa grand-tante, l'électrice de Brandebourg, sœur du Roi des Neiges, s'appelait elle aussi Elisabeth-Charlotte. Elle fut l'une des marraines de Liselotte qui écrira en novembre 1715 à sa fille (baptisée elle aussi Elisabeth-Charlotte) : « Quoique je m'appelle Elisabeth, je vous assure qu'on ne songea point du tout à la bonne sainte, et je ne fus appelée Elisabeth qu'à cause de la feue Électrice de Brandebourg qui s'appelait ainsi[1]. » Et elle précisera en février 1720 à la raugrave Louise : « C'est une vieille coutume allemande d'avoir de nombreux parrains. J'ai eu moi aussi beaucoup de parrains, le vieux duc August et le duc Georg Wilhelm de la maison de Brunswick, le vieux landgrave de Darmstadt et son épouse, mon oncle le landgrave de Hesse, l'Électrice de Brandebourg et sa sœur la princesse Catherine, l'Électeur de Mayence et beaucoup d'autres dont je ne me souviens plus[2]. »

Karl Ludwig, un peu déçu sans doute de ne pas avoir un autre fils, avisa sa mère de la naissance de sa fille. La vieille reine le félicita par retour du courrier : « *Sonne, I onderstand that your wife delivered of a daughter. [...] I wish her much hapinesse with her childe*[3]. » Charlotte écrivit de son côté à son frère Wilhelm, l'un des parrains de la petite princesse : « Ma petite fille est un vilain petit moricaud [*ein klein heslich Morönchen*], mais j'espère qu'elle grossira bientôt, car elle est toujours maigrichonne comme un petit gamin [*mager als ein Gnössel*][4]. » Son vœu sera exaucé.

Un des parrains de la petite princesse était l'électeur de Mayence, Johann Philipp, qu'une contestation pour le droit de *Wildfang* (appelé *vilfranc* dans les *Mémoires* de Louis XIV) allait bientôt opposer à Karl Ludwig. Le droit de *Wildfang* (littéralement prise de gibier) permettait au Palatin de réduire en une sorte de servitude et d'exploiter à sa guise les bâtards, les étrangers et les vagabonds qui s'établissaient sur ses terres et sur celles de ses voisins. L'Électeur palatin n'avait rien alors d'un prince opulent : il avait réellement besoin du produit du *Wildfang* que lui disputait son voisin, et se trouvait si désargenté en cette année 1652 qu'il dut demander à une de ses villes de lui avancer les 50 florins nécessaires à couvrir des dépenses urgentes. Ses moyens limités ne l'empêchaient pas de former de grands desseins, et de s'en remettre à la Providence pour trouver les fonds nécessaires. Sa devise n'était-elle pas « *Dominus providebit* » ?

La grande entreprise qui occupait l'esprit de Karl Ludwig en ce début d'été de 1652 était la restauration de l'université de Heidelberg et de sa bibliothèque. En 1623, les célèbres manuscrits et livres précieux de Heidelberg, réunis avec amour (et parfois *manu militari*) par les ancêtres de Karl Ludwig et enrichis par la collection d'Ulrich Fugger, avaient été enlevés à la demande de Grégoire XV. L'envoyé pontifical Allacci avait transporté ce trésor en 182 caisses à Rome où il constitue toujours le fameux fonds palatin, la *Bibliotheca palatina* de la Bibliothèque apostolique du Vatican[5]. L'envoyé palatin Spanheim plaida en vain auprès du Saint-Siège pour la restitution du trésor volé. Le refus sec d'Innocent X ne découragea pas Karl Ludwig qui commença à reconstituer une bibliothèque universitaire à partir des collections Freher et Pareus. Des lettres patentes du 1er septembre 1652 annonçaient la décision électorale de rouvrir l'Université ruinée par la guerre de Trente Ans. Sept professeurs furent nommés, et une cérémonie académique en présence de l'Électeur inaugura le 1er novembre les cours universitaires. La coïncidence de cette restauration avec la naissance de Liselotte, dont nous discuterons amplement les goûts livresques, mérite d'être soulignée.

En cette même année 1652 Karl Ludwig signa les Privilèges de Mannheim, un édit qui devait favoriser le repeuplement du Palatinat en accordant de généreux privilèges à ceux qui souhaitaient s'établir dans ses États. De nouveaux immigrés vinrent enrichir en grand nombre les Français et les Wallons réformés, venus des Pays-Bas espagnols dès le xvie siècle, et qui avaient formé des colonies florissantes autour de Mannheim. Ces privilèges, qui font preuve d'une remarquable intelligence politique et d'une grande tolérance religieuse, serviront de modèle en 1685 au fameux édit de Potsdam par lequel le Grand Électeur de Brandebourg attirera 20 000 huguenots français qui s'installeront en colonies fermées à Berlin et à Königsberg.

La petite Liselotte fut installée dans l'aile anglaise du château. Très tôt elle manifesta qu'elle était d'une tout autre trempe que son frère timoré. Sa personnalité primesautière et turbulente exaspérait ses gouvernantes et les autres personnes affectées à son service. Il suffit de regarder son portrait gravé d'après un tableau peint par Wallerant Vaillant lorsqu'elle avait six ans[6], pour deviner que la petite Liselotte est une enfant très sûre d'elle-même qui jette sur le monde comme un regard de défi. Sa frimousse potelée à la lèvre inférieure épaisse et au petit nez en patate n'est que franchise et droiture avec, en plus, une touche de rudesse paysanne.

Elle aurait préféré être un garçon, et délaissait ses poupées pour les épées et fusils de bois de son frère Karl. Elle se dit souvent dans sa correspondance *Rauschenblattknechtchen* ou *Rauschenplattenknecht,* mot intraduisible en français, qui suggère un gamin remuant comme une feuille qui bruit au vent. « Je suis un *Rauschenplattenknecht,* écrit-elle à sa tante Sophie ; je ne me suis jamais demandé si je suis belle ou laide, et je n'ai jamais aimé faire ma toilette[7]. » Ce garçon manqué entendit mentionner un jour cette Marie Germain dont parle Montaigne et qui s'était transformée en garçon pour avoir fait un saut démesuré. Elle fit des galipettes avec tant de fougue qu'elle faillit se casser le cou. Elle glissera après trente ans de mariage cette confidence dans une lettre à sa demi-sœur Louise : « J'ai regretté toute ma vie d'être femme, et, à vrai dire, être Électeur m'eût convenu mieux qu'être Madame. Mais il est inutile d'y penser, puisque ce n'était pas la volonté de Dieu[8]... »

L'enfance de Liselotte se déroula dans une ambiance plus bourgeoise que princière. Karl Ludwig adorait se promener avec ses enfants dans sa bonne ville de Heidelberg et sur les pentes forestières du Königstuhl ou de l'Odenwald. Il les emmenait dans les villages où ils le virent encourager les survivants de la guerre et les nouveaux venus attirés par sa politique d'indemnité fiscale. Liselotte gardera sa vie durant un souvenir ému du Palatinat de son enfance, de ses superbes paysages, de ses habitants dont elle connaissait les joies et les peines et dont elle parlait le patois, des fleurs champêtres dont elle cueillait des bouquets plus grands qu'elle, des vendanges ensoleillées, des contes populaires remontant à la nuit des temps dont la régalaient ses gouvernantes lorsqu'elle avait été bien sage, ce qui n'était pas toujours le cas.

Sa première gouvernante, Jungfer Els von Quaadt, était une vieille fille aigrie peu douée pour éduquer le boute-en-train qu'était Liselotte, et qui maniait généreusement le fouet. Un peu d'habileté et d'humour auraient sans doute suffi pour se faire aimer de la petite princesse pétulante qu'on lui avait confiée. La vieille duchesse d'Orléans se souviendra encore en 1718 de sa première gouvernante dans une lettre à la raugrave Louise : « La demoiselle Eltz von Quaadt a été la première gouvernante de mon frère et de moi-même. Elle était déjà très vieille et voulut un jour me donner la verge, car j'étais un peu turbulente dans mon enfance. Comme elle voulut m'emporter, je gigotai si fort et lui donnai de mes jeunes pieds tant de coups dans ses vieilles jambes, qu'elle tomba avec moi et faillit se tuer. C'est pourquoi elle ne voulut plus rester auprès de moi et qu'on me donna la demoiselle von Offeln pour gouvernante [...]. Dès que mon frère passa aux mains des hommes, la demoiselle Quaadt s'est retirée chez elle avec sa sœur la demoiselle Marie, et deux autres vieilles filles qui étaient ses cousines, dans une maison au faubourg en face du *Herrengarten*. On m'y a conduite souvent avec mon frère pour rendre visite à ces vieilles dames [...]. Elles sont devenues toutes les quatre terriblement vieilles. Elles gardaient leur maison très propre et nette, leur service de table et leurs couverts étaient comme en Hollande, et elles avaient beaucoup de porcelaine, chose rare à l'époque. [...] Leur maison était charmante, avec son jardinet et sa fontaine [9]. »

Anna Katharina von Offeln prit donc la relève de la vieille Els von Quaadt qui frotta ses jambes meurtries puis alla se momifier au milieu de ses porcelaines. La nouvelle gouvernante était une créature de l'électrice Charlotte. Elle appartenait à une vieille famille hessoise originaire de Burg Uffeln près de Cassel, et était déjà attachée à Charlotte avant le mariage de celle-ci. Les archives de Hanovre possèdent une série de lettres affectueuses de Charlotte à Anna Katharina. Elle accompagna sa maîtresse à Heidelberg et devint gouvernante de sa fille fin 1658. Sérieuse et osant être sévère quand il le fallait, elle réussit à apprivoiser la petite sauvageonne qui finit par l'aimer de tout son cœur.

Nous devons à Eduard Bodemann tout un volume de lettres écrites par Liselotte à sa *herzliebe Jungfer Offeln* et à son mari hanovrien Christian Friedrich von Harling, grand écuyer du duc Ernst August [10]. Chacune de ces lettres redit l'affection de la princesse pour sa gouvernante qui sut être sévère sans étouffer sa personnalité. Elle adresse ainsi, seize ans après la mort d'Anna Katharina, cet hommage posthume à Harling : « J'estime que c'est faire preuve d'une véritable affection que de traiter les enfants avec sévérité. On reconnaît, dès qu'on atteint l'âge de raison, le pourquoi de cette sévérité, et on sait un gré infini à ceux qui, avec tant d'affection, ont pris soin de nous pour le mieux. Car tous les enfants sont par nature enclins au mal [*von Natur seindt alle Kinder zum Bossen geneigt*] ; ainsi leur faut-il tenir la bride haute. Si seulement Dieu avait permis à la bonne Frau von Harling de rester auprès de moi jusqu'à mon mariage [11]... »

Le principal mérite de la bonne Offeln est d'avoir aidé Liselotte (qui se décrira plus tard comme une « *dolle Hummel* », une abeille étourdie) à s'assagir quelque peu, à se préparer à une vie de princesse, à « ajouter un peu de plomb au vif-argent », comme elle dira joliment [12]. En attendant, Liselotte galopait sur les collines autour de Heidelberg, se grisant d'air pur et de liberté, s'échappant du château très tôt le matin un morceau de pain dans la poche, pour grimper dans un cerisier et se gaver de bigarreaux charnus. « Mon Dieu !, soupire-t-elle en 1717, que de fois ne me suis-je pas empiffrée de cerises sur la montagne à cinq heures du matin, avec un quignon de pain ! J'étais plus gaie alors qu'à présent [13]... » Les habitants de Heidelberg entraînent volontiers le visiteur au jardin où Liselotte aurait mangé des cerises.

Le choix d'Anna Katharina était visiblement une concession à Charlotte qui avait perdu le moindre contrôle sur l'éducation de son fils craintif, qui sera régenté et brimé avec une sévérité excessive. Mais elle semble avoir conservé un droit de regard sur la formation de sa fille, concession d'autant plus remarquable quand on sait que la demoiselle von Offeln désapprouvait bravement la bigamie de l'Électeur. Mais la nouvelle gouvernante se vit bientôt coincée entre les deux femmes qui polarisaient l'affection de la petite Liselotte, sa mère Charlotte et sa tante Sophie. Nous ignorons les détails de l'imbroglio affectif dans lequel a dû se débattre la petite princesse, mais il semble qu'elle aimait à cette époque sa mère autant que sa tante. On peut donc supposer que les adultes impliqués dans le drame conjugal qui se déroule pendant l'enfance de Liselotte ont eu le bon goût de s'affronter loin des enfants que protégeait un cordon de gouvernantes et de servantes.

Il y avait aussi, pour compliquer les choses, la tante Elisabeth, conspirant avec Charlotte un volume de Descartes sous le bras, et Louise von Degenfeld, résidant tantôt à Schwetzingen et tantôt à Heidelberg, et qui tentait de se rapprocher des enfants de Karl Ludwig. Deux mères et deux tantes vivant entassées les unes sur les autres, cela faisait beaucoup de monde.

Les lettres de l'Électeur à Louise von Degenfeld relatent deux événements de l'année 1658 qui apprennent quelque chose sur les rapports qu'entretenait Liselotte avec les adultes qui compliquaient le paysage affectif de son enfance. Il lui écrit de Francfort le 25 avril . « J'ai acheté deux perroquets que je vous envoie par bateau. Gardez-en un pour vous et envoyez celui qui vous plaît le moins à Liselotte. Adieu, mon ange ! » L'extrait en dit long sur la hiérarchie des affections de l'Électeur. L'autre passage est du 17 octobre de la même année, au moment des noces de Sophie. Karl Ludwig annonce que le contrat de mariage vient d'être signé et ajoute en marge : « Liselotte ne peut regarder le duc sans pleurer [14]. » Ernst August n'avait pas la mine repoussante ; il faut donc supposer que Liselotte détestait l'intrus qui allait la priver de sa chère tante Sophie.

Celle-ci quitta Heidelberg fin octobre 1658, mais elle n'en continua pas moins dans ses nombreuses lettres françaises à Karl Ludwig de s'occuper de Liselotte qui venait d'être confiée à Offeln. Elle passe à l'offensive dès le 8 janvier 1659, répondant à une lettre de Karl Ludwig qui s'est plaint de la nouvelle gouvernante : « Je suis fâchée que la pauvre Offeln n'entend mieux la charge qu'elle a entreprise, car elle est fort bien intentionnée, mais quoique [= même si] Liselotte en aurait une meilleure, je crains qu'elle aurait peine à réussir tant qu'elle voit tous les jours sa mère devant les yeux [15]. »

La campagne qui entend priver Charlotte de sa fille a donc commencé. Sophie a compris que le meilleur moyen de chasser l'électrice de Heidelberg est de lui enlever Liselotte. Les biographes anglais de Sophie [16] ont suggéré sans l'ombre d'une preuve qu'elle avait déjà compris au moment de son mariage qu'elle et ses enfants pourraient faire valoir un jour des droits sur le trône d'Angleterre, et qu'elle avait par conséquent intérêt à limiter la descendance légitime de son frère aîné en éloignant définitivement son épouse. Il est évident que, si Karl Ludwig et Charlotte avaient eu d'autres enfants, ceux-ci auraient, tant qu'ils restaient protestants, pris le pas sur Sophie et sa progéniture dans l'ordre de succession.

Mais point n'est besoin de lui prêter des calculs aussi machiavéliques. Elle aimait sincèrement sa nièce et détestait aussi sincèrement sa belle-sœur. D'où son désir de voir Liselotte auprès d'elle à Hanovre. D'où aussi sa proposition du 6 février 1659 : « Si vous l'eussiez pour agréable de me commettre Liselotte, j'enverrais bien Mme Withypolle jusqu'à Francfort pour l'aller quérir et en avoir autant de soin par le voyage et ici qu'il est possible, vous assurant que ce me serait la plus grande joie du monde de la servir et de l'avoir avec moi, si vous me l'osez confier. » Nouvelles plaintes de Karl Ludwig en mars au sujet de la demoiselle von Offeln, dont profite Sophie pour pousser sa pointe : « C'est la seule raison [...] que je puis alléguer pour la justification de Offeln [...], que la mère instruit la pauvre enfant à n'agir envers vous comme elle doit [...], mais tous ces points seront vides quand la chère Liselotte sera ici [17]... » Il semblerait donc que Charlotte dressait Liselotte contre son père. La situation permettait à Sophie de faire d'une pierre deux coups : en invitant Liselotte et sa gouvernante à Hanovre, elle ravit à Charlotte sa fille et une alliée loyale.

Karl Ludwig signifia à Charlotte que sa fille partirait bientôt à Hanovre. Elle se plaint dans une lettre à son frère Wilhelm de cette décision inhumaine, et ajoute qu'elle se sent « comme une chienne à qui on aurait enlevé ses chiots ».

De Heidelberg a Hanovre

Karl Ludwig décida d'envoyer Liselotte au plus vite à Hanovre quand Sophie lui fit part en mai de son projet d'un séjour prolongé à La Haye auprès de la reine de Bohême. Que Liselotte vienne le plus tôt possible, et elle serait du voyage. La demoiselle Offeln accompagnerait la petite princesse qui resterait chez sa tante pour un temps indéfini, moyennant une indemnité « suffisante pour une petite personne de son âge ». Nous ne savons rien sur l'état d'âme de Liselotte lorsque, à peine âgée de sept ans, elle fut arrachée des bras de sa mère. Karl Ludwig raconte froidement l'événement dans une lettre à Louise von Degenfeld datée du 9 juin : « Je me suis levé aujourd'hui à 4 heures et Liselotte une heure avant moi. Sa tristesse était de courte durée. Elle a pleuré fort avec [Charlotte], mais dès qu'elle eut tourné le dos, elle demanda à Botzheim où elle avait laissé son citron [18]. » Liselotte grimpa dans la voiture, serrant son citron dans sa petite main dodue, et fouette, cocher !

Le voyage à Hanovre dura trois semaines. Les carrosses et les chariots qui transportaient la petite princesse, sa gouvernante, des gentilshommes de son père, des servantes et les bagages, traversèrent le pont couvert qui enjambait le Neckar et remontèrent la Bergstrasse vers le nord. Cinquante-neuf ans plus tard, la vieille Madame se souvient encore parfaitement de l'itinéraire de son premier voyage : « Comme j'allais à Hanovre, je mis trois jours pour arriver à Francfort. Je couchai d'abord à Weinheim, la deuxième nuit à Bensheim, et la troisième nuit, il me semble, nous couchions dans un lieu près de Francfort, mais pas à Francfort même. Nous allions ensuite dans une localité de Hesse, et après à Cassel ; de Cassel à Münden et de Münden à Hanovre. Je m'en souviens comme si c'était arrivé aujourd'hui même. Il y a encore un lieu, il y avait encore un lieu, où nous avons mangé à midi et où l'on mange très bien. Je ne sais plus le nom du lieu, il me semble que c'était Friedberg. Les homards y sont excellents [19]. » Les voyageurs n'étaient pas pressés : les deux premières étapes n'étaient que de dix-sept et de seize kilomètres.

Ils arrivèrent très détendus à Cassel le 13 juin. Liselotte fut bien accueillie au vieux château du Landgrave sur la Fulda où elle put faire la connaissance de sa famille maternelle. Sa grand-mère Amalie Elisabeth n'était plus, mais il y avait l'oncle Wilhelm le landgrave, son épouse Hedwig Sophia von Brandenburg, et sa sœur célibataire Elisabeth qu'on appelait « Fräulein Lieschen ». Les landgraves avaient quatre enfants de l'âge de Liselotte : Charlotte Amalie qui sera reine de Danemark, Wilhelm qui mourra jeune, Carl qui sera landgrave de Hessen-Cassel, et Philipp qui sera landgrave de Hessen-Philippsthal.

Carl Knetsch a découvert et publié les lettres que Liselotte écrira plus tard à ses cousins hessois et à leur résident à Paris Daniel de Martine : le ton cordial témoigne d'une affection sincère et suggère que sa halte à Cassel lui a laissé d'excellents souvenirs.

Liselotte y trouva un mot touchant de sa mère : « Chère Liselotte. J'ai voulu t'assurer de mon affection maternelle dans mon pays, afin que tu voies que ta pauvre maman pense toujours à toi. Je te conjure de garder Dieu avec zèle devant les yeux, de le craindre et de marcher dans ses voies. N'oublie pas ta maman à l'avenir, mais continue à lui obéir filialement. Si tu fais cela, Dieu te bénira et je te ferai comprendre que je reste toujours ta mère fidèle tant que je vivrai[20]. » Sophie, qui savait que les voyageurs allaient s'arrêter quelques jours à Cassel, rassurait Karl Ludwig sur ce ton aigre-doux qu'elle adopte dès qu'il est question de Charlotte : « Je ne crains nullement qu'on l'arrête à Cassel, car, comme vous dites, ils sont trop bons ménagers et craignent trop la compagnie de la mère pour désirer celle de la fille[21]... » La campagne qui tend à effacer Charlotte de l'esprit de sa fille a commencé.

Les carrosses et les chariots envoyés par Sophie attendaient les voyageurs à Münden, à une vingtaine de kilomètres au-delà de Cassel. Liselotte changeait de voitures et de compagnons de route, et arriva avec sa gouvernante à Hanovre le samedi 28 juin. Elle écrira en 1716 à Harling qu'elle fut étonnée de découvrir, après les beautés de la Bergstrasse, « un pays aussi laid que la Hesse ; les routes sont mauvaises de Cassel à Münden, et de là jusqu'à Hanovre[22]. » Sophie, son mari et son beau-frère Georg Wilhelm étaient absents, ce qui ne facilitait guère l'acclimatation de la petite princesse. Mais elle trouva à Hanovre une lettre émue de sa mère, datée du 25 juin : « Ma très chère Liselotte. Ton mot m'a fait plaisir, car je vois que tu penses encore à ta maman. Je suis contente aussi que tu aies été en bonne santé et contente durant tout le voyage. Que Dieu continue de te conserver et qu'Il te fasse devenir grande et pieuse, afin que tu me sois un jour une source de consolation, au lieu du chagrin que m'a donné à présent la privation de toi [*deine Beraubung*]. Je suis contente aussi d'apprendre que tu as été si sage à Cassel, et que tous t'ont louée et aimée ; voilà pourquoi ils t'ont offert d'aussi jolies choses. Petit frère te salue. Il voulait t'écrire, mais ses petits camarades sont venus jouer et il n'a pas eu le temps. Mais il t'aime toujours et pense souvent à toi. Adieu, chère enfant. Je serai jusqu'à la mort ta mère fidèle qui t'aime toujours de tout cœur. Charlotte[23]. »

C'est la dernière lettre que nous ayons de Charlotte à sa fille ; le ton maternel cadre mal avec ce que nous savons (ou croyons savoir) sur l'Électrice au cœur sec. Une série de lettres adressées par elle à la gouvernante Offeln trahit son désarroi devant le mutisme épistolaire de sa fille : la campagne de dénigrement menée par Sophie porte ses fruits. Celle-ci explique à Karl Ludwig qu'elle a trouvé Liselotte « si éloignée de la mine de sa mère, que je n'y trouve rien à corriger [...]. Je viens d'écrire à Charlotte un compliment sur son heureuse arrivée ; je ne sais si la réponse sera d'absinthe ou de miel[24]... ». Le persiflage reflète la hargne de Sophie frappant l'Électrice à l'endroit le plus sensible. Nous ignorons si elle interceptait les lettres de Charlotte à Liselotte, ou si elle décourageait celle-ci d'y répondre.

La pauvre Charlotte, au désespoir de rester sans nouvelles de sa fille, glissait ses lettres à Liselotte dans les plis destinés à sa gouvernante. Elle lui écrit en janvier 1663 : « Je ne comprends pas comment vous autres puissiez nous oublier ainsi, pauvre malheureux. J'en veux particulièrement à Liselotte d'avoir laissé deux de mes lettres sans réponse, et de faire comme si j'étais une morte vivante. Dieu la punira certainement un jour... » Et deux mois plus tard : « Écrivez-moi donc un mot pour me dire si Liselotte est morte ou vivante, car je n'entends absolument rien d'elle. Elle a beau être ingrate envers moi, mon cœur de mère ne peut se détourner entièrement d'elle[25]... » Ce fut avec une cruauté très féminine que Sophie réussit à bannir provisoirement Charlotte du cœur de sa fille. La mère et la fille allaient se revoir, mais Liselotte aura appris, même après son mariage lorsqu'une correspondance régulière s'organisera[26], « à considérer sa mère comme un épouvantail[27] ». Les deux rencontres de 1681 et 1683 rapprocheront sur le tard la mère et la fille.

Karl Ludwig envoyait de son côté des petits mots réguliers à sa fille, sachant que les enfants oublient vite. En voici un, non daté : « Comment vont les choses, Liselotte, ma chérie ? Es-tu bien pieuse et obéissante envers ta tante ? Papa t'aime toujours et t'enverra quelque chose par les soins du page français. Tu dois aimer aussi ton papa, car tu es toujours ma petite fille chérie[28]. »

La petite princesse était ainsi exposée à un chantage affectif qui finit par la détacher de ses deux parents qui essayaient de se faire aimer d'elle l'un au détriment de l'autre. Elle aura, après son mariage, ce mot révélateur dans une lettre à Sophie : « Ne parlons plus de cette triste affaire. Je veux parler d'une autre chose qui est à peine plus réjouissante et passablement déprimante, c'est-à-dire Sa Grâce l'Électeur et l'Électrice[29]... »

Une Cour bien curieuse

Mais Liselotte avait trop de bon sens pour se laisser entamer par cet embrouillamini affectif. Elle était heureuse de laisser loin derrière elle les criailleries de Heidelberg, et se précipitait avec délices dans les joies qu'offrait à une petite princesse de sept ans la cour de Hanovre. Les rapports affectifs y étaient à peine moins compliqués qu'à Heidelberg, mais elle était trop petite pour s'en apercevoir. La situation de Sophie était des plus délicates. Elle vivait avec son mari Ernst August à la cour de son beau-frère et ancien fiancé Georg Wilhelm. Celui-ci avait ainsi l'occasion, entre deux aventures, de mieux connaître Sophie, de l'apprécier à sa juste valeur et de regretter de l'avoir cédée à son cadet. « Il ne put s'empêcher, se souvient-elle, de me dire un jour qu'il était bien fâché de m'avoir laissée à son frère. Je coupai court sur ce discours comme ne l'ayant point entendu [30]. »

Ernst August, qui connaissait mieux que personne l'humeur galante de son frère, en conçut une violente jalousie, et la pauvre Sophie se trouvait coincée entre les deux frères. Elle aurait préféré être la femme de l'aîné, mais elle aimait le cadet parce qu'elle voulait l'aimer. N'avait-elle pas joué Corneille dans sa jeunesse ? Un curieux passage de ses *Mémoires* nous renseigne sur la vie de cet étonnant ménage à trois et sur les précautions que prenait l'ombrageux duc Ernst August : « J'avais le plus grand contentement du monde, quand il dormait l'après-dînée, qu'il me mit sur une chaise vis-à-vis de lui, où il mit ses deux pieds sur ma chaise à mes côtés, afin que je ne pourrais lui échapper, ce qui dura des heures entières et aurait ennuyé une autre qui l'aurait moins aimé que moi [31]. »

Il ne faut surtout pas s'étonner de voir Ernst August faire des siestes qui duraient « des heures entières », car les repas étaient à Hanovre les temps forts de la journée. Le duc régnant Georg Wilhelm et ses frères aimaient la table autant que les femmes. Ils coulaient une existence d'opulents bourgeois plutôt que de princes, bâfrant et se crevant de mangeaille à longueur de journée. Ils se régalaient de préférence d'énormes plats de saucisses aux choux rouges ou de lard à la purée d'oignons et à la compote de gingembre. Éléonore d'Olbreuse, la future maîtresse de Georg Wilhelm, raconte comment « son cœur se soulevait » à la vue des montagnes de nourriture devant lesquelles s'installaient les frères en se pourléchant les babines. Arvède Barine a calculé que les dépenses de la « bouche » (la cuisine proprement dit, sans compter la bière et le vin, et les gages des cuisiniers, marmitons, chasseurs et jardiniers qui approvisionnaient le château de gibier, de légumes et de fruits) absorbaient un sixième des revenus du duché de Hanovre [32].

La duchesse Sophie, qui avait vu le parcimonieux Karl Ludwig à l'œuvre, tenant un compte exact des récoltes, de l'office et de la cave (il comptait les fagots et pesait le sucre), et réclamant au collège de Heidelberg une réduction des frais de nourriture de son fils Karl, invoquant « sa petite bouche [33] », ne semble avoir eu aucune peine à s'adapter aux mœurs gargantuesques de Hanovre. Épicurienne polyglotte, elle écrit à son frère : « On ne vit qu'une fois, pourquoi donc se chagriner tant, quand l'on peut manger, boire et dormir, dormir, manger et boire ? *Alles ist eitel !* [tout est vanité] » Et elle conclut en se servant d'un proverbe hollandais : « *De pot gaat zolang te water totdat hij breekt* [tant va la cruche à l'eau qu'à la fin elle casse][34]. » Et plus tard : « C'est un des grands plaisirs que j'ai à présent, de bien manger[35]. » Nous devrons à cette philosophie élevée les plaisanteries scatologiques qu'échangeront plus tard la tante et la nièce.

Les quatre années passées à Hanovre constituent sans aucun doute la période la plus heureuse de la vie de Liselotte. Sa tante et ses oncles n'étaient pas là pour l'accueillir à son arrivée à Hanovre. Elle fut conduite séance tenance à l'église où les fidèles entonnaient le choral *Von Gott will ich nicht lassen.* Elle en citera en 1712 la première strophe : « J'arrivai un samedi à Hanovre. [...] On me conduisit aussitôt à l'église et je me mis à chanter aussi, car la mélodie n'est pas très difficile à retenir[36]. » Il ne lui restait plus, après avoir imploré la bénédiction divine sur son séjour hanovrien, qu'à attendre sa tante. Elle était présente pour l'accueillir à sa descente de carrosse « d'une mine si sérieuse, comme si c'eût été une personne de vingt ans[37] ». Ses oncles Georg Wilhelm (titré duc de Celle), Johann Friedrich (titré duc de Hanovre) et Ernst August (duc sans territoire de Brunswick-Lüneburg) la déridaient sans peine. Cette petite créature saine et vive leur apportait une note de fraîcheur tonifiante. « Elle serait bonne à manger, opinait Georg Wilhelm, si on pouvait la faire rôtir comme un petit cochon de lait. » Quelques semaines après son arrivée, Liselotte offrit à ses oncles une collation « qui était admirable ». Ils la comblaient de leur côté de jouets et de petits chiens.

Sophie avait tout lieu d'être satisfaite de sa nièce qu'elle n'avait plus vue depuis une dizaine de mois. Ses lettres à Karl Ludwig chantent les louanges de Liselotte et de sa gouvernante : « Il faut que je fasse éclater la belle créance de Mlle Offeln [...]. Elle lui a appris à lire et écrire l'allemand, ses prières et catéchisme (chose très nécessaire) et la tient en exercice là-dedans, est toujours à l'entour d'elle pour la conserver de tout accident, n'a que cinquante rixdales de gage. Où en trouver une autre qui fasse de même, qui soit de condition et qui entende son monde ? [...] Il ne manque rien à Liselotte que la mine qu'elle a assez bonne, quand on l'en fait souvenir, et j'espère que La Haye, où il y a beaucoup de jolis enfants, la fera plus penser à son quant-à-moi. C'est certainement le meilleur naturel d'enfant du monde[38]... »

La remarque sur le quant-à-soi de Liselotte reviendra dans d'autres lettres. Naturelle et primesautière, elle disait tout ce qui lui traversait la tête, faisait des grimaces, fronçait le nez et tirait la langue à tort et à travers. Sophie et Anna Katharina von Offeln travaillaient la main dans la main pour réprimer ces manifestations de spontanéité inadmissibles chez une princesse. Tout porte à croire qu'elles n'ont que médiocrement réussi à polir le diamant brut que Karl Ludwig leur avait confié. « Liselotte a autant d'esprit qu'une personne de vingt ans en pourrait avoir, observe Sophie, et se peut gouverner si joliment que c'est une merveille. Mais il lui en faut faire souvenir à tout moment, autrement cela va *holder de bolder* [hollandais pour : sens dessus dessous], car enfin elle est jeune [39]. » Et un mois plus tard : « Je tâcherai tant qu'il me sera possible d'y remédier, car j'y remarque quelquefois un peu de grimaces [40]... »

La grande affaire qui occupait l'esprit de Liselotte était bien sûr le voyage qu'elle allait faire avec sa tante à La Haye pour y voir sa grand-mère, la reine de Bohême. Celle-ci avait écrit dès le 4 août à Karl Ludwig : « J'espère que je verrai votre fille lorsque Sophie reviendra ici. » La même lettre fait allusion à un drame récent qui tourmentait l'esprit de la vieille reine : « Quant à Louise, je vous assure que je ne peux ni ne veux approuver ce qu'elle a fait [41]... » Sophie et Liselotte allaient arriver en effet à La Haye au milieu des retombées provoquées par la fuite déconcertante de la princesse Louise-Hollandine.

L'ITINÉRAIRE TOURMENTÉ DE LOUISE-HOLLANDINE

Les ennuis de Louise ne dataient pas d'hier. Elle avait vingt-quatre ans lorsqu'elle fut impliquée en juillet 1646 dans le scandale de l'assassinat du capitaine français Jacques d'Espinay. Celui-ci avait été chassé par Gaston d'Orléans pour avoir osé aimer une Louison que le duc réservait à son propre usage. Il alla s'établir à La Haye où il eut facilement accès chez la reine de Bohême. Voici le récit des événements selon Tallemant des Réaux : « Comme il y entra avec la réputation d'un homme à bonne fortune, il y fut tout autrement regardé qu'un autre, et, dans l'ambition de n'en vouloir qu'à des princesses ou à des maîtresses de princes, on dit qu'il cajola d'abord la mère, et après la princesse Louise, car les Louises étaient fatales à ce garçon. On dit que cette fille devint grosse, et qu'elle alla pour accoucher à Leyde, où l'on n'en faisait pas autrement la petite bouche. La princesse Elisabeth [...] excita ses frères contre lui ; mais l'Électeur [Karl Ludwig] se contenta de lui jeter son chapeau à terre, un jour qu'étant à la promenade à pied, il s'était couvert par ordre de la reine, à cause qu'il pleuvait un peu. Mais le plus jeune de tous, nommé Philippe, ressentit plus vivement cette injure [42]... »

Le prince Philipp et d'Espinay, tous deux accompagnés de quelques bretteurs de leurs amis, ferraillèrent à la nuit tombante, mais furent séparés par des passants. Quelques jours plus tard, Philipp alla attendre l'épée à la main et accompagné d'une dizaine d'amis anglais sa victime qui sortait d'un repas chez le résident de France. Ils l'attaquèrent avec la dernière férocité (« il fut percé de tant de coups que les épées se rencontraient dans son corps », dit Tallemant), et le laissèrent mort sur le pavé dans une mare de sang. Le scandale fut extrême, d'autant plus que la duchesse de Longueville se trouvait alors à La Haye et manda à ses correspondants la fin du capitaine d'Espinay sauvagement charcuté pour avoir trop bien « cajolé » la princesse Louise.

Il semble difficile d'accorder à la princesse compromise le bénéfice du doute face aux nombreux témoignages contemporains. Ne citons, outre Tallemant et Mme de Longueville, que les lettres du résident de France à La Haye, Brasset [43], les *Mémoires* d'Aubery du Maurier et le *Journal d'un voyage à Paris en 1657-1658* des frères hollandais de Villers [44]. Le père Van Spilbeeck, auteur il y a un siècle d'un article biographique sur Louise, ne souffle mot de cette affaire [45]. La même cécité a frappé Saint-Simon qui fait de Louise une sainte, et l'évêque d'Alet Jacques Maboul qui prononcera l'oraison funèbre de Louise [46]. L'un des biographes anglais de Sophie, Francis Baily, y croit sans y croire ; il écrit tantôt : « Il semble hautement improbable qu'elle se soit ainsi compromise », et tantôt : « Y eut-il après tout quelques vérité dans l'épisode d'Espinay [47] ? » René Pillorget, auteur d'un article récent sur Louise-Hollandine, n'ose se prononcer : « Il me semble qu'on peut dire que dans cette petite ville qu'était alors La Haye la liberté accordée aux princesses et tout le style de vie de la cour de Bohême se prêtaient aux racontars [48]. »

Le sort de Louise n'était pas enviable. Sa laideur, sa réputation compromise, son âge avancé, le délabrement de sa famille, tout la rendait immariable, et elle le savait. Nous ne pouvons que supposer ce que fut sa vie après cet esclandre, pendant la dizaine d'années qui suivirent : la peinture chez Honthorst qui mourut en 1656, la cour figée de sa mère à La Haye, quelques discrètes aventures sentimentales, des moments d'exaltation religieuse. Éduquée dans un calvinisme très strict, elle s'attacha un instant à la secte fanatique des gomaristes, tenants de la prédestination absolue, dans leur lutte contre les arminiens, jugés trop indulgents. Ce fondamentalisme religieux fut suivi d'autres impressions : une dispute sur le baptême des enfants entre un médecin catholique de la reine de Bohême et un ministre réformé, qui avait dû déclarer forfait, lui était restée gravée dans l'esprit.

La conversion et l'abdication de la reine Christine de Suède en 1654 illustre l'énorme prestige de l'Église romaine au milieu du XVII\ :sup:`e` siècle. On conçoit que Louise-Hollandine, qui étouffait en Hollande au milieu de l'intolérance, des querelles et des « variations » des sectes calvi-

nistes, ait été particulièrement sensible à l'attrait d'une Église millé-
naire qui se réaffirmait triomphalement dans ce grand élan de l'art
baroque que Louise connaissait à travers les récits de son maître
Honthorst qui avait vécu dix ans à Rome et à Florence.

On a suggéré aussi qu'elle se trouvait enceinte en 1657 d'un officier
français nommé La Roque et qu'elle cherchait désespérément une
issue. Il est certain qu'elle a eu des contacts avec l'ambassadeur de
France de Thou, et avec l'ambassadeur d'Espagne de Gamarra et son
chapelain le jésuite anversois François Baes. Comment ne pas faire le
rapprochement avec la conversion de Christine de Suède préparée dans
le plus grand secret par l'ambassadeur d'Espagne à Stockholm Antonio
Pimentel et les jésuites de son entourage ?

Quoi qu'il en soit, Louise ne parut pas à table le mercredi midi 19
décembre 1657. Son absence n'alarma la reine que lorsqu'on s'aperçut
qu'il ne manquait ni voiture ni serviteurs. Personne n'avait vu la
princesse depuis la veille. Elle avait donc quitté la cour de Bohême en
pleine nuit, seule, sans argent, sans bijoux et sans bagages. On trouva
dans sa chambre une lettre à sa mère dont voici le début : « Par la grâce
de Dieu une lumière m'est apparue ; c'est la lumière de la foi nécessaire
au salut. J'ai cherché une voie plus sûre que celle du calvinisme, et c'est
ce qui m'a déterminée à changer de religion. Je me suis éloignée afin de
pouvoir, sans opposition, exécuter mon dessein [49]. » Louise racontera
plus tard que, n'ayant pas au moment de sa fuite une femme de
chambre à sa disposition pour lui lacer le corset, elle avait quitté la
maison son corset enroulé sous le bras. Cela, ajoutait-elle malicieuse-
ment, lui donnait l'apparence d'une femme de chambre anglaise se
rendant chez la couturière de sa maîtresse. Cela lui donnait surtout
l'apparence d'une femme enceinte.

Les contemporains catholiques présentaient le départ précipité de
Louise comme l'effet d'une vocation miraculeuse. Selon Adrien
Baillet, « elle avait voulu demeurer à La Haye auprès de la reine de
Bohême sa mère, jusqu'à ce que Celui qui fit sortir Abraham de son
pays et de sa parenté l'appelât à un genre de vie plus pur par un effet
tout extraordinaire de sa miséricorde. Son âme s'étant trouvée tout
d'un coup éclairée d'une manière surnaturelle, et son cœur ne pouvant
résister aux mouvements de l'Esprit qui la conduisait, elle partit [...]
feignant une simple promenade... »

Voici comment Jacques Maboul, prononçant l'éloge funèbre de
Louise, raconte son évasion : « Trompant sous une figure empruntée la
vigilance des gardes, passant seule et à pied toutes les rues de La Haye,
elle se rend au lieu concerté, et de là sans équipage et sans suite, sans
argent, sans pierreries, sous la seule guide des Anges fidèles, elle arrive
à Anvers où, reçue dans le monastère de Carmélites anglaises, elle
emprunte de ces saintes victimes de la foi de nouvelles forces pour

soutenir la sienne et consommer enfin l'ouvrage si désiré de sa parfaite conversion. Je ne vous présente point [...] l'affliction et la colère de la reine, lorsqu'à l'inquiétude que donne son absence succède la douleur d'en apprendre la cause par ces mots écrits de sa main que l'on trouve sur sa toilette : je passe en France pour me faire catholique et me rendre religieuse. Paroles courtes mais admirables[50]... »

La reine interrogea ses gens sur les fréquentations de la fugitive et convoqua les ambassadeurs de France et d'Espagne. Ceux-ci se donnèrent mutuellement la faute, ce qui ne fit qu'épaissir le mystère. La reine apprit cependant que le sieur de La Roque, attaché à l'ambassade de France, avait eu des communications secrètes avec la princesse, et qu'il avait disparu lui aussi. Elle visita la cassette de sa fille et découvrit des lettres du prince Eduard, converti depuis douze ans, qui persuadait sa sœur de suivre son exemple et qui discutait des détails de l'évasion. Les États généraux expédièrent aussitôt l'ordre d'arrêter la princesse « avec courtoisie et respect », et de la ramener auprès de sa mère.

Mais Louise, qui avec ses trente-cinq ans entendait mener sa propre vie, avait bien pris ses mesures : la reine de Bohême n'allait plus revoir sa fille. Celle-ci s'était embarquée à Delfshaven pour Anvers en compagnie d'un prêtre fourni par La Roque. La colère et la douleur de la reine furent telles que les États de Hollande, dont Louise était la filleule, chargèrent leur président, de Mérode, d'aller offrir leurs condoléances à la nouvelle Niobé. Un concert d'insinuations s'organisa aussitôt, rappelant les cancans qu'avait déclenchés onze ans plus tôt l'affaire d'Espinay. Il ne fallait surtout pas, disait-on, attribuer le départ précipité de la princesse à des considérations seulement religieuses ; des motifs moins honorables avaient dicté sa décision. Le landgrave von Hessen-Rheinfels se distinguait en répandant des « horribles calomnies » (je cite le père Van Spilbeeck qui a dû rougir jusqu'au blanc des yeux).

Les frères de Villers reçoivent le 3 janvier 1658 à Paris des lettres de Hollande qui leur apprennent la fuite de la princesse Louise. Ils commentent dans leur *Journal* « ce dessein, qui apparemment a eu un tout autre mouvement que celui d'un pur zèle, car on sait de quelle façon elle a autrefois vécu, et l'on soupçonne que La Rocque [...] avait eu quelques entretiens fort secrets avec cette princesse... ». Le 30 janvier, d'autres lettres leur confirment « que la religion avait servi de prétexte à la fuite de la princesse Louise et qu'effectivement elle ne s'était retirée que pour cacher ce qu'elle appréhendait que tout le monde sût[51]... ».

Nous ne connaîtrons probablement jamais les dessous de cette affaire, car les principaux intéressés avaient toutes les raisons du monde de se taire. Faisons seulement observer que le calendrier des déplacements de Louise, qui resta trois mois à Anvers, permettait la conclusion discrète d'une grossesse éventuelle avant son départ en France. Et puis il y a ce très curieux passage d'une lettre de Madame à Caroline, princesse de Galles : « L'abbesse de Maubuisson, Louise-Hollandine, fille de Frédéric V, Électeur Palatin du temps d'Henri IV, avait eu tant de bâtards, qu'elle jurait par ce ventre qui a porté quatorze enfants[52]. » Harold Eberlein, le biographe américain de Liselotte, observe à propos des quatorze enfants que Louise aurait eus : « Si Karl Ludwig avait pu réunir une douzaine ou plus de Louise-Hollandine pour le Palatinat, ses soucis de repopulation auraient cessé. Il aurait eu intérêt à inviter sa sœur à Heidelberg[53]. »

Mais trêve de plaisanterie. Il faut rappeler que les originaux des lettres à Caroline de Galles furent détruits après la formation d'un recueil d'extraits par le peu scrupuleux August Ferdinand von Veltheim à la fin du xviiie siècle. La précision « fille de Frédéric V, Électeur Palatin du temps d'Henri IV » est sûrement de lui : d'abord elle est inexacte (Friedrich V était contemporain de Louis XIII), ensuite, Caroline savait parfaitement qui était l'abbesse de Maubuisson et n'avait pas besoin de précisions de ce genre. Si tous ceux qui ont ajouté créance à ce texte pourtant suspect avaient pris la peine de lire toute la correspondance publiée d'Elisabeth-Charlotte, ils auraient compris que l'abbesse de Maubuisson aux quatorze enfants n'était pas Louise-Hollandine, mais une de ses devancières. Madame commente en septembre 1712 dans une lettre à Sophie la grossesse de l'abbesse de Gandersheim, et ajoute : « Un accouchement est un curieux prélude à une entrée au couvent, à moins qu'elle ne veuille faire comme *une* abbesse de Maubuisson qui jurait par son ventre qui avait porté quatorze enfants. J'ai vu aussi la chambre où elle accouchait... »

Sophie a probablement interrogé sa nièce sur l'identité de cette abbesse de Maubuisson, puisqu'elle lui écrit une dizaine de jours après la lettre précédente : « Je ne veux rien dire de l'abbesse enceinte de Maubuisson ; mais j'ai vu sa chambre à Maubuisson. Je ne puis m'empêcher de croire que c'est vrai, puisqu'on me l'a raconté au couvent même[54]. » Cette abbesse prolifique ne pouvait être qu'Angélique d'Estrées, d'abord abbesse de Bertaucourt, puis de Maubuisson, et qui n'avait pas meilleure réputation que sa sœur Gabrielle d'Estrées. Un inventaire de 1615 mentionne d'ailleurs une *Apparition de sainte Gertrude à Madame l'abbesse de Maubuisson étant au mal d'enfant*[55]. Quant à Louise-Hollandine, elle attachera par la suite peu d'importance aux désordres de la chair et aux allées et venues inquiètes de sa jeunesse. Faisons comme elle.

Elle arriva à Anvers avant Noël 1657. Elle fut accueillie au couvent des carmélites ou thérésiennes anglaises, sis rue Houblonnière (Hopland). Elle s'installait donc à faible distance de l'hôtel princier du résident de Suède Garcia de Yllan, dans la longue rue Neuve (actuellement un lycée) où Christine de Suède avait élu domicile d'août 1654 à novembre 1655. C'est pendant leur séjour à Anvers, ce bastion de la Contre-Réforme, que les deux princesses réformées s'initièrent au catholicisme sous la conduite des jésuites. Jacques Maboul s'exclamera la larme à l'œil, en narrant la conversation de « cette auguste vierge » : « Réjouissez-vous, Anges du Ciel, la brebis égarée est sur les épaules du Pasteur, la dragme perdue est retrouvée, l'enfant prodigue va retourner dans la maison paternelle. » Le 25 janvier 1658, fête de la conversion de saint Paul, Louise abjura le calvinisme, fit sa profession de foi et fut admise au sein de l'Église romaine. La cérémonie eut lieu à Anvers, dans l'église des carmélites anglaises, et non pas à Port-Royal, comme le pensait Saint-Simon [56].

Louise prolongea son séjour anversois jusqu'en mars. Elle fut alors conduite par son frère Eduard, l'époux catholique d'Anne de Gonzague, à Maubeuge, et de là à Paris, aux visitandines de Chaillot où elle entra le 10 avril 1658. Elle y fut accueillie par Henriette-Marie de France, fille d'Henri IV et veuve du malheureux Charles Ier d'Angleterre, oncle de Louise. C'est par elle que la princesse Louise fut présentée à Louis XIV qui la traita sa vie durant avec considération. Il lui accorda une pension de 6 000 livres qui s'ajoutait aux annuités que les États de Hollande continuaient de lui verser très correctement malgré son changement de religion. Elle resta environ un an à Chaillot, et prit finalement le voile à Maubuisson près de Pontoise, le 25 mars 1659, fête de l'Annonciation. Elle passera exactement un demi-siècle dans cette fameuse abbaye de l'ordre de Cîteaux, où elle fut admise à la profession le 19 septembre 1660, et installée abbesse le 4 novembre 1664. Ce fut grâce aux démarches entreprises par Anne de Gonzague que Louise put recevoir le bâton abbatial. Son règne exemplaire fit oublier les écarts de son passé. Pour n'affecter aucune supériorité sur ses religieuses, elle fit placer dans sa chaire abbatiale une statue de la Sainte Vierge. Pendant le demi-siècle qu'elle demeura à Maubuisson, elle n'en sortit que trois fois.

Le hasard voulut que sa sœur Elisabeth, l'irréductible cartésienne que nous avons laissée à Cassel, fût nommée à la même époque (1658) coadjutrice de l'abbaye luthérienne de Herford en Westphalie. Elle sera élue abbesse en 1667 et mourra à Herford en 1680, après avoir fait preuve de tolérance et d'obstination lorsque le mysticisme labadiste perturba son abbaye.

Nous rencontrerons encore l'abbesse de Maubuisson qui était, avec Anne de Gonzague et la princesse de Tarente (la sœur de Charlotte), l'une des trois tantes de Madame en France. La tante et la nièce auront l'occasion de faire connaissance et de s'apprécier mutuellement grâce aux visites régulières de la duchesse d'Orléans à Maubuisson. Elle appréciait surtout chez sa tante son caractère spontané, si différent des façons affectées et des minauderies dévotes des religieuses qu'elle fréquentait. Après une visite à Maubuisson en 1685, elle écrira à sa belle-sœur Wilhelmine Ernestine : « Bien qu'elle soit nonne, elle n'a pas toutes ces pantalonnades [*Mönchereyen*] qu'on voit chez d'autres. Elle est au contraire très *raisonnable* et fort intelligente, et a beaucoup des manières de Sa Grâce feu Monsieur mon père [57]. »

Louise fit part à sa mère de sa conversion et de sa prise de voile sans recevoir de réponse. Ce ne fut qu'à la demande réitérée de la reine Henriette-Marie et de la famille royale d'Angleterre que la reine de Bohême pardonna enfin à sa fille, du bout des lèvres. Elle annonce le 4 août à Karl Ludwig : « J'écris à Louise que, bien qu'elle ne mérite pas du tout son pardon, je le lui accorde à la demande explicite de la reine ; que j'ai dû faire un gros effort [*no small paine*] pour m'y décider, et que je ne l'ai fait que pour obéir aux ordres [...]. Je lui ai pardonné pour cette raison, et je prie Dieu de lui pardonner aussi [58]. » Manifestement le cœur n'y était pas. Or c'est à ce moment critique que la petite Liselotte, mignonne à croquer, fit son entrée dans la vie de sa grand-mère. Le moment, somme toute, était bien choisi.

La Haye

Les ducs Georg Wilhelm et Ernst August partirent comme d'habitude en novembre 1659 afin de consacrer l'hiver à Venise et ses plaisirs risqués. Sophie ne s'en formalisait pas ; elle était dans le troisième mois de sa première grossesse et alla passer, comme convenu, l'hiver à La Haye auprès de sa mère. Liselotte se lança le cœur battant dans l'aventure. Il leur fallait treize jours pour couvrir les 400 kilomètres entre Hanovre et La Haye ; la moyenne de 30 kilomètres par jour était honorable. On croit voir la petite princesse excitée comme une puce, écrasant le nez contre la vitre de sa portière pour mieux distinguer à travers les brumes de novembre les villes et les villages qui jalonnaient le trajet. Sophie était si épuisée lorsque les carrosses s'arrêtèrent enfin devant la vieille résidence de Wassenaer qu'elle dut s'aliter pendant une semaine.

L'arrivée de Liselotte fut un événement pour la vieille reine, car c'était la première fois de sa vie qu'elle pouvait embrasser l'un de ses petits-enfants. Elle en devint littéralement folle. Sophie n'en croyait pas ses yeux. « Pour la reine, écrit-elle à Karl Ludwig, elle ne parle plus de chiens de chasse ni de guenons, mais seulement de Liselotte, de laquelle elle prend un soin non pareil. Quand elle sort avec elle, Sa Majesté attend une heure au degré au sortir de la visite pour lui faire mettre ses coiffes et mouchoirs. Enfin, je n'ai jamais vu une mère plus éprise d'un enfant. Je crains seulement qu'elle me la gâte, car elle ne saurait faillir au jugement de la reine. *Schi is not leike the hous off Hesse*, dit-elle, *schi is leike ours*. Elle dit qu'elle n'a point du tout le front mal fait et la trouve fort belle, et en effet il me semble qu'elle devient tous les jours plus jolie... » Et une semaine plus tard : « Quant à Liselotte, la reine l'aime plus que tous les chiens, et je n'ai jamais vu une grand-mère être plus sotte avec un enfant. Elle lui porte elle-même des chaises pour la faire asseoir auprès d'elle [59]. »

Cette insistance sur la prétendue beauté de Liselotte, qui avait à sept ans le physique trapu d'un petit bouledogue, tire à l'obsession. Les réactions de la reine et de Sophie devant la laideur qui la menace sont révélatrices, car comment marier une princesse laideron ? Une lettre de la reine à Karl Ludwig en dit long : « Hier soir un incident regrettable s'est produit entre votre sœur et Liselotte. Elle disait en anglais que le frère [de Liselotte] a un plus beau visage qu'elle, mais elle avait compris et s'est mise à pleurer amèrement. J'ai soutenu que c'était elle qui avait le plus beau visage, ce qui l'a fort réjouie. Elle a un très bon caractère ; tout le monde ici l'adore. Vous ne pouvez vous imaginer comme elle danse bien. Son apparence et son humeur me rappellent ma pauvre Henriette [60]... » La beauté de Liselotte n'évoluait pas dans le sens désiré. Sophie écrira presque cyniquement à Karl Ludwig en 1668 à propos de sa fille qui allait avoir seize ans : « Quant à Liselotte, pourvu que le péché originel ne se montre que dans sa mine et point en son humeur, je pense que vous avez lieu d'en être satisfait [61]... »

C'est au début de ce séjour à La Haye qu'il faut situer une lettre non datée (23 novembre ?) de Liselotte à son père. Il s'agit de la lettre la plus ancienne que nous ayons conservée d'une princesse qui en écrira au moins 60 000. Le document, qui ne fut jamais traduit en français, mérite d'être cité intégralement : « Très cher Papa, je crois que Votre Grâce a déjà appris de ma tante que nous sommes arrivées ici en bonne santé il y a huit jours. Sa Majesté la Reine me traite avec bienveillance, elle m'a déjà offert un petit chien. J'aurai demain un maître d'élocution ; le maître de danse est déjà venu deux fois chez moi. Ma tante dit que j'apprendrai aussi à chanter si on trouve ici quelqu'un qui chante bien. Je deviendrai ainsi habile et j'espère, quand j'aurai le plaisir de baiser les mains de mon papa, que V.G. constatera que j'ai étudié avec zèle. Je n'ai pas encore pu remettre la petite coupe à la reine, car mes affaires sont toujours sur le bateau et il manque encore de nos gens. Dieu veuille qu'ils ne soient pas ivres ; ce serait une mauvaise plaisanterie. Je dois me rendre maintenant avec ma tante chez la princesse d'Orange. Il faut donc finir. Je baise avec obéissance les mains de V.G. avec l'humble prière que mon cher papa veuille toujours me conserver dans ses bonnes grâces et croire que Liselotte sera toujours, avec tout le respect dû, de mon très cher papa la très obéissante et très soumise fille et servante. Elisebett-Charlott [62]. »

La princesse d'Orange mentionnée dans cette lettre était Marie Stuart, fille de Charles Ier et épouse du prince Guillaume II d'Orange. Elle prétendait à un traitement royal, ce qui donnait lieu à des frictions entre ces dames. Son fils Guillaume III, futur roi d'Angleterre et ennemi juré de Louis XIV, était de dix-huit mois l'aîné de Liselotte. Les deux enfants jouaient ensemble et certaines vieilles dames attendries les mariaient déjà en pensée. Liselotte amusera plus tard Caroline de Galles des détails de sa première visite chez la princesse d'Orange (rappelons que les passages en français dans le texte allemand sont mis en italique) : « Ma tante, notre chère Électrice, ne visitait pas à La Haye la Princesse Royale, mais la reine de Bohême y allait et m'emmenait. Ma tante me dit : " Attention, Lisette, ne faites pas comme d'habitude lorsque vous vous arrangez pour être introuvable ! Suivez la reine de près, de façon qu'elle ne doive pas vous attendre ! " Je dis : " *Oh, ma tante* l'entendra confirmer, je serai parfaite. " J'avais déjà joué souvent avec monsieur son fils et le trouvai chez madame sa mère sans savoir qu'elle était sa mère. Je l'observai longuement et cherchai autour de moi qui pût me dire qui était cette femme. Je ne vis que le prince d'Orange. J'allai vers lui et dis : " *Dites-moi, je vous prie, qui est cette femme qui a un si furieux nez ?* " Il s'esclaffa et me répondit : " *C'est la Princesse Royale, ma mère.* " Je m'affolai et ne sus que dire. Mlle Hyde, pour me consoler, me conduisit avec le prince dans la chambre à coucher de la Princesse, où nous jouions à toutes sortes de jeux. J'avais demandé d'être avertie du départ de la reine. Nous faisions la culbute sur un tapis turc quand on m'appela. Je sursautai et courus au salon, mais la reine était déjà dans l'antichambre. Je retins promptement la Princesse Royale par la jupe, lui tirai une belle révérence, me mis devant elle et suivis la reine sur les talons jusqu'au carrosse. Tout le monde riait, je ne savais pourquoi. La reine, dès que nous étions rentrées, alla trouver ma tante, s'assit sur son lit en se tordant de rire et dit : " *Lisette a fait un beau voyage* ", et lui raconta tout ce que j'avais fait. Notre chère Électrice en rit encore plus que la reine, m'appela et me dit : " Lisette, vous avez bien fait, vous nous avez vengées de la fière Princesse [63] ! " »

La petite Palatine ne comprenait absolument rien aux querelles de préséance qui compliquaient la vie des adultes. Elle apprendrait vite. En attendant, elle ne pensait qu'à s'amuser tout en gardant ses distances. « Le petit prince d'Orange lui a fait l'amour, mais elle lui a été fort cruelle », écrit Sophie dans le style précieux de l'époque [64]. Il faut croire qu'elle jouait avec le futur Guillaume III avec tant d'abandon qu'elle en souillait sa chemise. Elle écrira en 1688 à Sophie :

« Quand je jouais à La Haye avec lui et que je chiais *met verloff* [sauf votre respect] dans ma chemise, je ne pensais pas qu'il ferait un jour un si grand personnage. Pourvu qu'il ne mette pas à ses grands projets le sceau que je mettais alors à mon jeu. Mais même si cela devait arriver et que la paix en résultât, j'en serais certes fort contente [65]... »

La Reine des neiges continuait à s'enticher de sa petite-fille. Ses lettres à Karl Ludwig en deviennent involontairement comiques : « Liselotte est très jolie et vous pouvez le croire puisque je raffole d'elle, et vous savez que les enfants ne m'intéressent pas beaucoup. » « C'est une enfant excellente et point encombrante. Vous pouvez me croire lorsque je recommande un enfant, car il y en a peu que j'aime. » « Liselotte danse déjà la sarabande avec des castagnettes à la perfection. Elle est douée et apprend tout avec docilité. C'est une très bonne fillette sans caprices. Elle lit et comprend le français, et je lui ai promis que vous lui donnerez un cadeau quand elle le parlera. » — « Je vous envoie [...] le portrait de Liselotte, ou plutôt de mes deux chéris réunis, le sien et celui de Céladon, le plus beau braque qu'on ait jamais vu [66]... » Ce n'était pas un mince compliment que d'être peinte en compagnie du chien favori de la vieille dame. Karl Ludwig a dû faire la grimace en déballant le double portrait de Liselotte et Céladon fraternellement réunis dans l'affection de la reine. Dommage qu'il soit perdu.

Les visiteuses de Hanovre quittèrent La Haye début mars 1660, après un séjour de presque cinq mois. Liselotte avait eu l'occasion de s'affiner un peu au contact de la petite cour empesée et polyglotte de sa grand-mère. Elle embrassa en partant Mme Triboulleau, une des dames de la reine de Bohême, qui avait fait sa conquête en lui préparant des gaufres hollandaises. Mme Triboulleau, dont il sera question dans une lettre de janvier 1707 à la raugrave Louise, rendra encore un demi-siècle plus tard des visites à la duchesse d'Orléans en France, et lui cuira des gaufres dont le goût moelleux et le sévère dessin en damier lui rappelleront, deux siècles avant Proust, les saveurs et les joies de son enfance perdue. Sophie, qui était dans le septième mois de sa grossesse, avait hâte de rentrer. Elle avait tant bien que mal évité toute fatigue « pour persuader à Hanovre que je prends grand soin de leur faire un prince [67] ».

Le voyage de retour ne se déroula pas sans émotions. Les dames s'étaient à peine retirées pour la nuit à Kloppenburg dans le grand-duché d'Oldenburg, lorsqu'un incendie se déclara. Sophie en fit un récit très vivant dans une lettre à Karl Ludwig : « J'étais déjà au lit et tous mes gens à souper, comme le feu se prit dans l'écurie, qui est dans ces maisons-là dessous les chambres, et avant que j'en pouvais sortir en pantoufles et robe de chambre, la flamme perça déjà la planche et les fenêtres. Le page von Ohr [...] prit Liselotte sur les bras et s'enfuyait avec elle. Le drossart de la ville eut la charité pour moi de me mener dans le château, mais le page ne voulait pas se résoudre d'y porter ma nièce et disait toujours : *Um Gottes Wiellen, Jungfer Offelen, geht in kein Haus !* [au nom de Dieu, Mlle Offeln, n'entrez pas dans une maison !], et la pauvre enfant criait toujours après moi : *Wo ist Tante ?* [où est ma tante ?] jusqu'à ce qu'on me l'amenât. C'était une terrible confusion, car tout était brûlé en moins d'une demi-heure, et néanmoins toutes les hardes et la vaisselle d'argent a été sauvée. [...] Nous avions peur que les gens de la ville nous assommeraient, car ils firent bien du fracas, et toutes les rues étaient remplies de nos chevaux qu'on avait lâchés, qui couraient de çà et de là [...]. C'est la seule aventure que nous avons eue dans le voyage[68]... »

Elisabeth-Charlotte n'oubliera jamais cet incendie qui revient régulièrement dans sa correspondance. Décrivant ainsi en avril 1718 dans une lettre à Harling l'incendie du Petit-Pont et de ses quarante boutiques qu'elle a vus brûler de ses propres yeux, elle ajoute : « C'était lamentable à voir ; j'ai dû penser à Kloppenburg... » La lettre suivante revient sur l'incendie de Kloppenburg et rappelle à Harling qu'il avait tenté d'éteindre le feu en vidant quelques cruches de bière sur les flammes. Selon cette lettre, le sinistre aurait été l'œuvre des prisonniers enfermés au château. Sophie suggère que ses gens étaient responsables des onze maisons réduites en cendres.

IMAGES HANOVRIENNES

Le duc Ernst August arriva à Hanovre peu de jours après Sophie, et le compte à rebours commença. Georg Ludwig, futur roi d'Angleterre, naquit le 28 mai. Curieuse et éveillée, Liselotte était aux aguets. Elle racontera soixante ans plus tard à Caroline de Galles : « Je me souviens de la naissance du roi d'Angleterre comme si c'était aujourd'hui. A huit ans, j'étais déjà une enfant turbulente et décidée. On avait mis une poupée dans un arbrisseau de romarin en voulant me faire accroire que c'était l'enfant que ma tante avait mis au monde. Mais j'entendis alors crier abominablement, car Sa Dilection avait très mal, ce qui n'allait pas avec l'enfant du romarin. Je fis comme si j'y croyais [...] et me glissai dans la chambre de ma tante où S.D. était en mal d'enfant, et me cachai derrière un grand paravent placé devant la porte près de la cheminée. On porta aussitôt l'enfant à la cheminée pour lui donner son bain. Je rampai hors de ma cachette. On devait me donner le fouet, mais à cause de la journée heureuse je ne fus que grondée[69]. »

Quelques mois plus tard, elle fut encore menacée du fouet, cette fois pour avoir avalé une épingle qui l'aurait étranglée si sa gouvernante n'avait pas eu la présence d'esprit de « lui mettre la main dans la gorge » et d'en retirer l'épingle « déjà toute courbée en traversant le cou ». On en fut quitte pour la peur. Au souvenir de ces anecdotes s'ajoutent d'autres images moins bouleversantes du paradis hanovrien de son enfance. Images de chiens tout d'abord.

Début 1660, le duc Georg Wilhelm lui rapporta d'Italie un petit chien « qui est le plus plaisant que j'ai jamais vu, écrit Sophie ; il est toujours habillé et ne marche jamais à quatre pattes, et fait la révérence mieux qu'une princesse d'Allemagne [70] ». Deux ans avant sa mort, la vieille Madame se souvient avec émotion, dans une lettre à Louise, de son toutou italien : « Le duc Georg Wilhelm m'a offert un jour un petit chien qu'il avait rapporté d'Italie. Il s'appelait Dindu, était très mignon, un petit tigre. On lui mettait des vêtements, et dès qu'il était habillé, il ne marchait plus sur ses quatre pattes. Il s'asseyait quand il était fatigué, et s'adossait au mur. Il apportait aussi des lettres quand on le voulait. Il mourut à Frankenthal, après mon retour de Hollande et d'Utrecht au Palatinat. Cela m'a coûté beaucoup de larmes [71]. »

Deux ans plus tard, le duc Ernst August lui acheta à Amsterdam deux grands chiens pour la tirer dans son petit chariot. On voit la princesse qui allait avoir dix ans parcourir en trombe les allées du parc de Hanovre ou d'Iburg dans sa deux-chiens, cheveux au vent : « J'avais aussi à Hanovre des chiens qui me tiraient ; mon oncle me les avait rapportés de Hollande. L'un s'appelait Turc, l'autre Soliman. Quand ils mouraient, on me donna un cheval pour ma petite voiture de poste, et le garçon d'écurie s'appelait Frédéric. Je fis plus d'un tour à Iburg dans le Freudenthal, où toutes les fenêtres sont peintes. Votre Dilection voit que je me souviens encore parfaitement des temps anciens [72]... »

Images de fêtes ensuite. Fêtes de Noël qui duraient trois journées remplies de sons et de lumières : l'arbre de Noël brillant de cent petites chandelles, des tables couvertes de buis et de bonbons bariolés, une procession de gamins promenant une grande étoile dans les rues de Hanovre, des timbales et des trompettes accompagnant le cantique de Noël *In dulci jubilo ho ho, nun singet und seit froh ho ho!* Très attendrie, la duchesse d'Orléans racontera en décembre 1708 dans une lettre française à sa fille Elisabeth-Charlotte, duchesse de Lorraine, son dernier Noël à Hanovre : « Je ne sais si vous avez un autre jeu qu'on fait encore en Allemagne qu'on appelle le *Christkindl,* comme qui dirait l'enfant Christ, où on dresse des tables comme des autels et qu'on garnit pour chaque enfant de toutes sortes de choses, habits neufs, argent, soie, des poupées, sucrerie, et toutes sortes de choses. On met sur ces tables des arbres de buis, et à chaque branche on attache une petite bougie : cela fait le plus joli effet du monde. [...] Je me souviens qu'à Hanovre, la dernière fois qu'on me fit venir le *Christkindl,* on [a] fait venir des écoliers qui jouent proprement une comédie. Premièrement vient l'étoile, puis le diable et des anges, ensuite le Christ avec saint Pierre et d'autres apôtres. Le diable accuse les enfants et lit une grande liste de leurs fautes. Le Christ sur cela dit qu'il était venu pour leur faire des présents, mais puisqu'ils sont si méchants qu'il ne veut plus demeurer avec eux. L'ange et saint Pierre prient pour eux et promettent qu'ils feront mieux. Là-dessus, le Christ leur pardonne et saint Pierre et l'ange les mènent où sont ces tables ajustées [...], et lorsque saint Pierre me prenait la main — qui était un jeune écolier avec une fausse barbe — je m'aperçus qu'il avait la gale, et cela me fit deviner la fourberie [...]. Il est certain que je m'en divertirais encore [73]... » Elle reparle avec nostalgie des Noëls hanovriens dans une lettre de janvier 1711 à Sophie, et ajoute en soupirant : « Ici on ne connaît rien de tout cela. J'ai voulu l'introduire, mais Monsieur disait : *Vous nous voulez donner de vos modes allemandes pour faire de la dépense. Je vous baise les mains* [74]. » Si Monsieur avait laissé faire Madame, les Français auraient connu les sapins de Noël bien avant la Première Guerre mondiale.

Fêtes de Pentecôte. L'intérieur de l'église disparaissait sous les fleurs, et on chantait à tue-tête *Komm Gott Schöpfer, heiliger Geist,* ou *Nun bitten wir den heiligen Geist,* la tête tournant des cuivres claironnants et des lourds parfums. Le duc Ernst August renonçait alors à son habitude d'écrire des lettres ou de lire des comédies à l'église, et la petite Liselotte qu'ennuyaient les longs sermons ne pouvait résister à la tentation de faire éclater les capsules des digitales qui décoraient l'église. Après son enfance calviniste à Heidelberg, elle eut l'occasion à Hanovre de découvrir le luthéranisme avec sa liturgie plus chaleureuse ; elle n'oubliera jamais la piété allant droit au cœur des cantiques de Luther, ni le langage direct et puissant de sa traduction de la Bible.

Souvenirs précis du château et de la ville de Hanovre. Madame se désole d'apprendre en 1682 que Sophie fait transformer le vieux château, le Leineschloss qu'elle connaît si bien. L'idée surtout que les chambres qu'elle a occupées vingt ans plus tôt n'existent plus l'afflige : tout un monde de souvenirs risque de basculer dans l'oubli [75]. Une lettre de 1711 à sa tante ressuscite avec un luxe de détails pittoresques le château de Hanovre, lieu enchanté de son enfance : « Je me souviens parfaitement de la salle où Votre Dilection prend maintenant ses repas. V.D. faisait jouer les comédies allemandes dans cette salle, et on jouait le Docteur Faust quand arriva le message que le vieil évêque d'Osnabrück était mort. J'ai vu à Hanovre des galeries murées. Il y avait deux escaliers en colimaçon qui conduisaient à deux petites galeries ouvertes. En bas était la salle à manger [utilisée] quand il y avait des visiteurs. Au fond de la salle à manger était la chambre de Frau von Harling après son mariage. Au-delà du second escalier en colimaçon se trouvait l'appartement de mon oncle, exactement sous l'appartement de V.D. Il y avait un grand balcon à la chambre de mon oncle, et il y faisait souvent dresser en été une gloriette de verdure où dînait V.D. à la tombée de la nuit pendant que mon oncle tirait des hirondelles à l'arbalète. V.D. n'avait qu'un petit balcon à la fenêtre de sa chambre. Son lit était placé entre la fenêtre et la porte de la garderobe. [...] V.D. constate que je connais toujours mon vieux Hanovre par cœur[76]... » Liselotte se souvient en 1700 que le petit balcon de Sophie était fleuri de jasmin et de myrte, et qu'on y mesurait régulièrement sa taille[77].

Les nombreux souvenirs qui se rattachent à la ville de Hanovre prouvent que la petite princesse ne vivait pas confinée dans le Leineschloss dont le baron Pöllnitz dira dans ses *Mémoires* : « Le palais ou le château n'a rien de fort extraordinaire, il est plus logeable que magnifique[78]... » Hanovre était divisée par la Leine en une vieille et une nouvelle ville ceintes toutes les deux de remparts qui, toujours selon Pöllnitz, « ne méritent pas qu'on en parle ». La double ville, avec ses quartiers, ses maisons, sa rivière, ses couvents, ses églises, son *Beginenturm,* la maison des Bülow construite près de la digue, le *Holzmarkt* bourdonnant de nouvelles vraies ou fausses, surgit comme un décor rassurant qui protège l'enfance insouciante de la petite Palatine transplantée à Hanovre.

Souvenirs d'amitiés et de polissonneries. Les noms des deux amis principaux de son enfance hanovrienne, Anna Eleonore von Bülow et Christian August von Haxthausen, reviennent régulièrement dans la correspondance de Madame. Elle se souviendra d'avoir joué avec ses compagnons dans la forêt d'Eilenriede où il y avait un labyrinthe de charmille et un manège en forme de roue dressée. Le jeune Haxthausen, qui sera plus tard son correspondant, avait à peu près son âge. Ils prenaient ensemble des leçons d'écriture chez le vieux pédant Hemeling qu'ils faisaient enrager de bon cœur. Madame ne l'a pas encore oublié en 1715 : « Je me le rappelle encore très bien, se lissant les cheveux gras derrière ses oreilles pendant qu'il taillait les plumes. Combien de fois n'ai-je pas taquiné le pauvre homme, et Christian August von Haxthausen autant que moi. Nous faisions comme si nous balbutiions, et au lieu de l'appeler *Herr Schreibmeister* [maître d'écriture], nous l'appelions *Herr Scheissmeister* [maître de merde], sauf votre respect... » Sophie mentionne Hemeling comme « un poète qui écrit une très belle main en allemand ». Un passage obscur d'une lettre à Louise de 1712 suggère qu'il avait une main brûlée[79]. La duchesse d'Orléans se souviendra jusqu'à la fin de sa vie des petites phrases qu'elle avait dû recopier chez Hemeling dans son cahier d'écriture, surtout de celle-ci : « *Was nicht zu endern stehet, lass gehen wie es gehet* [ce qu'on ne peut changer, laisse-le suivre son cours]. » Le fatalisme résigné qui se manifeste avec tant d'évidence dans ses lettres lui a été inculqué de bonne heure.

Souvenirs d'autres espiègleries d'enfant. Elle écrit en 1710 à sa tante : « De la manière dont Votre Dilection décrit le couvent des Capucins, il doit occuper l'emplacement de la vieille maison où je tirai avec une arbalète dans le derrière des servantes de la vieille dame, ce qui fit un grand tapage qu'on apaisa d'un thaler [80]. » Une lettre de la même année rappelle : « Je me souviens parfaitement de la vieille Meyers et de ses contes, et comment je lui ai planté une mouchette toute neuve dans le derrière, sauf votre respect. Ne m'en voulez pas, monsieur Harling, de me rappeler les temps anciens [81]... »

Souvenirs d'Iburg, maison de plaisance des évêques d'Osnabrück, où Liselotte avait suivi son oncle et sa tante en septembre 1662. La situation du duc Ernst August, cadet sans apanage et duc sans territoire, n'était pas enviable. Il vivait en qualité d'hôte chez ses frères Georg Wilhelm et Johann Friedrich, regardant avec impatience dans la direction d'Osnabrück. L'un des articles les plus singuliers des traités de Westphalie concernait l'évêché d'Osnabrück dont la population était mi-catholique, mi-protestante. Il avait été décidé que le siège épiscopal serait occupé alternativement par un évêque catholique et un évêque protestant, et que ce dernier devait être pris dans la maison de Brunswick-Lüneburg. L'évêque régnant, le comte cardinal Franz Wilhelm von Wartemberg, eut le tact de mourir en décembre 1661. La nouvelle de son décès parvint à Hanovre alors que des comédiens de Hambourg y jouaient un *Doctor Faustus*. Le messager entra dans la salle au moment même où le diable emportait l'âme de Faust. La coïncidence, que Sophie souligne dans ses *Mémoires* avec une joie presque indécente, frappa tout le monde. « Je me souviens encore, écrira Liselotte en 1708, que lorsque le message arriva que l'évêque d'Osnabrück était mort, on était précisément en train de jouer la comédie du docteur Faust, et tout le monde s'exclama que le diable était venu chercher l'évêque avec le docteur. Je ne pouvais supporter cela [82]. »

L'évêque temporel Ernst August fit son entrée solennelle dans sa principauté en septembre 1662 et s'installa dans la résidence d'Iburg près d'Osnabrück. Sophie, parée du titre d' « Évesquine », et Liselotte l'y rejoignirent peu après. Sophie note avec satisfaction dans ses *Mémoires* que la résidence était fort agréable et le château proprement meublé, et détaille dans ses lettres à Karl Ludwig les revenus de l'évêché et les richesses du château : « Tout ce qui peut donner dans la vue y paraît magnifique, vaisselles, meubles, livrées, gardes, hallebardiers [83]... » Une abbaye bénédictine avec ses jardins et son étang faisait partie intégrante de la résidence épiscopale. L'abbé Jakob Thorwarth semble avoir eu un faible pour la petite princesse. Il lui offrait la collation et la bénissait à chaque rencontre, lui assurant que cela finirait par la rendre catholique[84].

Un incident se produisit début avril 1663 ; Liselotte le racontera en 1720 à Caroline de Galles : « Les moines du couvent d'Iburg voulaient se venger de ce que je les avais dénoncés, sans m'en douter, en disant à l'abbé qu'ils avaient pêché dans un étang sous ma fenêtre, chose que l'abbé leur avait défendue. Ils s'avisèrent de me verser du vin blanc à la place d'eau. Je dis : je ne sais ce que c'est que cette eau-là, plus j'en mets dans mon vin, et plus il devient fort. Les moines dirent : nous avons du bien bon vin. En sortant de table, je voulus aller au jardin, mais si on ne m'avait retenue je serais tombée dans l'étang. Je me jetai par terre et je m'endormis aussitôt. On me porta dans ma chambre et je me mis au lit. [...] Je me plaignis à l'abbé de ce que ses moines m'avaient fait ; ils furent mis en prison. On m'a souvent plaisantée au sujet de ce jeudi saint[85]. » Ce premier contact avec un couvent catholique ne lui a pas laissé une haute opinion de la vie monastique. Cette aversion se développera avec les années.

Liselotte fit deux autres séjours en Hollande, avec Sophie et Ernst August en mai 1661, puis en mai 1663. En 1661, ils descendirent le Rhin en patache, et arrivèrent à temps à Rotterdam pour souhaiter bon voyage à la reine de Bohême qui avait décidé sur un coup de tête de partir pour l'Angleterre, sans y être invitée par son neveu Charles II qui venait d'être rappelé au trône. Liselotte reparlera de ce départ à sa tante en 1712 : « Je me souviens encore très bien du départ de S.M. la reine de Bohême pour l'Angleterre. Votre Dilection trouvait S.M. déjà embarquée. J'en eus la diarrhée[86]... » La vieille reine rentra après une absence de quarante-huit ans dans sa patrie où Charles II l'accueillit sans empressement. Elle mourut neuf mois plus tard à Westminster, et y fut enterrée à côté de son frère préféré, Henry Frederick. Liselotte pleura beaucoup en apprenant le décès de sa grand-mère excentrique. C'est à ce séjour en Hollande que remonte la deuxième lettre conservée de Liselotte, adressée d'Amsterdam à sa gouvernante Anna Katharina qui n'était pas du voyage[87]. Il ressort d'une lettre de Sophie à Karl Ludwig de mai 1663 que Liselotte se trouvait alors en Hollande sans Sophie, et qu'on lui confectionnait un corps de baleine pour lui redresser la taille.

De nombreuses lettres de cette période sont perdues. Il semble que la petite princesse avait déjà développé à cet âge un style épistolaire bien à elle, auquel Sophie prenait garde de ne pas toucher. Elle écrit à ce propos à Karl Ludwig : « Il faut aussi que je réponde encore pour Liselotte, que personne ne touche à ses lettres qu'elle, car j'ai trouvé sa dernière si bien écrite qu'elle vous a envoyée, que je n'aurais pas cru moi-même que c'était elle, si je ne l'avais vu[88]. » Cette remarque, s'appliquant au futur auteur d'un corpus épistolaire océanique, est capitale. L'épistolière enragée que sera Liselotte sa vie durant est née à Hanovre. La séparation lui a fait découvrir les joies de l'écriture, la *Schreibfreudigkeit;* elle y sera particulièrement sensible. Ce n'est qu'en remplissant d'innombrables pages de l'écriture énergique que lui avait inculquée le vieux Hemeling à la chevelure grasse qu'elle avait le sentiment de communiquer avec le monde sans avoir à quitter l'espace intérieur dans lequel elle s'était retirée.

Le mariage d'Anna Katharina von Offeln en décembre 1661 avec Christian Friedrich von Harling, le grand écuyer du duc Ernst August, eut des conséquences sur l'éducation de Liselotte. Désormais hano-vrienne, Anna Katharina fut nommée gouvernante des enfants de Sophie, et remplacée auprès de Liselotte par une dame Trelon qui, quoique moins sévère, ne sut jamais capter l'affection de la petite Palatine. La nouvelle gouvernante, qui était française, accompagnera Liselotte à Heidelberg, où celle-ci se moquera d'elle. Elle écrira en 1717 à sa demi-sœur Louise : « Vous avez vu ma gouvernante quand vous étiez encore petite. Quand je voulais qu'elle m'expliquât un rêve — elle parlait toujours français, ne connaissant pas l'allemand — et lui disais : " *Ma chère madame Trelon, expliquez-moi donc ce rêve ! il est extraordinaire* ", elle me répondit : " *Songes sont mensonges, mais chiez dans votre lit ! vous le trouverez sans faute.* " J'ai inventé souvent des rêves insensés pour lui entendre donner cette réponse, au grand déplaisir de monsieur Polier[89]... » Le choix d'une gouvernante fran-çaise ignorant l'allemand prouve que Liselotte avait fait assez de progrès en français auprès de sa tante (qui se délectait de Montaigne et écrivait mieux le français que l'allemand, l'anglais ou le hollandais), pour être confiée désormais à une gouvernante unilingue.

De commun accord, Karl Ludwig et Sophie avaient décidé de donner à Liselotte une éducation de princesse plutôt que de bas-bleu. Sans doute l'exemple de leur sœur Elisabeth, que Sophie appelait ironique-ment « la Grecque », leur avait-il inspiré une salutaire méfiance du savoir pédant chez une princesse. « Pour l'étude, écrit Sophie à son frère, je pense que vous n'en voudrez point faire une Schurmann[90] », se référant à la savante Anna Marie von Schurmann qu'Elisabeth avait prise sous sa protection à Herford. C'est pour cette raison que Liselotte n'apprendra pas le latin comme son frère. Elle regrettera plus tard cette lacune lorsque sa passion des médailles anciennes l'entraînera vers l'étude de l'histoire antique que Harling lui avait déjà résumée à Hanovre.

L'électrice Charlotte quitta Heidelberg en juin 1663, trois mois après avoir adressé à Anna Katharina von Harling la lettre désespérée citée plus haut : « Écrivez-moi donc un mot pour me dire si Liselotte est morte ou vivante... » Ce départ mit fin au séjour de sa fille chez Sophie. Plus rien ne s'opposait au retour de Liselotte que Karl Ludwig réclamait dans ses lettres depuis un an. Sophie lui avait répondu en février 1662 : « Je confesse que les raisons que vous alléguez pour retirer la Princesse électorale d'ici sont tout à fait selon la raison, car l'infante du Palatinat pourra toujours apprendre mieux à tenir sa gravité chez elle [...], mais néanmoins il faut que vous soyez aussi assuré que, quand même je ferais vingt enfants, je n'en aurai jamais plus de soin que d'elle[91]. » Les choses ne traînèrent pas : Karl Ludwig écrivit quelques jours à peine après le départ de Charlotte à Louise von Degenfeld : « Je dois envoyer de l'argent pour payer le retour des bagages de Liselotte. »

L'intéressée se trouvait alors en Hollande. Quant aux circonstances et raisons de ce troisième voyage au printemps de 1663, nous en sommes réduits aux conjectures : d'octobre 1662 à janvier 1664, il y a un « trou » dans les *Mémoires* de Sophie, et sa correspondance est à peine plus révélatrice. Sophie ne semble pas avoir bougé d'Iburg de toute l'année 1663, si ce n'est pour se rendre en juillet aux eaux de Bad Pyrmont. Dans la lettre déjà citée du 23 mai 1663 où il est question d'un corps de baleine, Sophie s'inquiète : « Je ne comprends pas ce que Liselotte doit faire plus longtemps en Hollande... » Il semblerait qu'elle s'y trouvait pour des raisons médicales, et qu'un docteur Konerding s'était chargé de traiter ce qui semble avoir été une scoliose dont il ne sera plus question par la suite.

Une lettre que Liselotte écrira cinquante-huit ans plus tard à sa demi-sœur Louise permet de conclure qu'elle est rentrée directement de la Hollande au Palatinat : « La Hollande est pour moi un pays agréable ; Amsterdam vaut bien la peine d'être vu. Allez d'Utrecht à Geissenheim ; je connais bien le chemin, car ce sera bien celui qu'on m'a fait prendre. Nous allions d'Utrecht à Nimègue, de Nimègue à Clèves, de Clèves à Xanten, de Xanten à Cologne, de Cologne à Bacharach où Sa Grâce feu notre père et mon frère venaient me chercher. Nous sommes restés quelques jours à Bacharach et avons visité Oberwesel. Nous avons remonté le cours du Rhin jusqu'à Bingen et ensuite jusqu'à Frankenthal où nous sommes restés longtemps. Je ne sais si je m'en souviens parfaitement, car on peut oublier bien des choses en cinquante-huit ou cinquante-neuf ans. Utrecht m'est toujours cher, car je m'y suis bien amusée. Il est certain que celui qui a vu la Hollande trouve l'Allemagne sale, mais pour trouver l'Allemagne propre et agréable, il faut traverser la France[92]... »

Liselotte venait de vivre ses années les plus heureuses. Elle avait onze ans et savait que la vie à Heidelberg serait moins insouciante qu'à Hanovre et à Iburg. La fillette qui était partie de chez elle serrant un citron dans sa menotte était à présent une jeune princesse qui avait vu du pays et que l'on commençait à marier en pensée. Elle gardera toujours un souvenir ému des quatre années passées à Hanovre. « Je n'ai jamais été aussi heureuse qu'à Hanovre », écrira-t-elle en 1710 à von Harling[93]. Sa nostalgie troue la page.

Retour a Heidelberg

Début juillet 1663, Liselotte était de retour dans sa ville natale, accompagnée de Mme Trelon qui tremblait devant l'Électeur. La vie dans les châteaux de Heidelberg, Friedrichsburg, Frankenthal et Schwetzingen avait beaucoup changé du fait du départ de l'électrice Charlotte. Karl Ludwig était le père comblé mais despotique d'une famille nombreuse, et son épouse Louise veillait avec sérénité sur ce petit monde.

Sophie, qui s'attendait à des lettres de son frère débordant de remerciements et d'éloges, fut bien étonnée de recevoir surtout des plaintes. Elle n'avait pas refoulé la personnalité de Liselotte, lui reconnaissant le droit d'avoir des idées et des volontés bien à elle. Cette indépendance d'esprit ne pouvait trouver grâce aux yeux d'un père tyrannique qui comparait constamment sa fille avec son fils Karl qu'il avait fait éduquer sous ses yeux et à sa façon. Le résultat était un « pauvre garçon timide et contraint, image du parfait nigaud pour tout autre que son père, qui s'admirait en lui à cause de certaines ressemblances[94] ». Sophie se défend bravement, avec une pointe d'ironie qui n'a pas dû échapper à Karl Ludwig : « Je suis bien aise que vous savez présentement que ce ne sera pas à un fou mais à un sage que vous ferez jouir de vos travaux et que le Prince électoral commence à vous ressembler d'humeur. [...] Mais je suis fâchée que Liselotte n'a pas le bonheur de vous plaire autant que lui. Elle m'a toujours paru de fort bon naturel ; j'espère qu'elle ne changera pas[95]... »

Elle a laissé dans une autre lettre un fort curieux témoignage de la manière dont le pauvre Karl fut brimé par son gouverneur de Watteville, et qui rappelle singulièrement les méthodes d'éducation du duc de Montausier, gouverneur du Grand Dauphin : « Signac [...] m'a raconté par discours que, comme il avait l'honneur de peindre le Prince électoral et qu'en rêvant ledit prince se raccommodait les cheveux avec la main, M. le gouverneur Watteville, pour montrer son autorité, lui frappait avec un peigne sur les doigts, que le prince rougissait sans oser rien dire. D'autres m'ont dit aussi que [...] le gouverneur ne lui parle jamais que pour le gronder mal à propos, que le prince a souvent dit qu'il ne sait pas quand il fait bien ou mal parce que le gouverneur le gourmande toujours, et que c'est cela qui le rend si timide. J'ai cru être obligée de vous dire ceci[96]... »

Karl Ludwig avait eu l'idée — au demeurant excellente — de confier la formation intellectuelle de son successeur aux savants les plus célèbres qu'avait attirés l'université restaurée de Heidelberg. Karl put profiter ainsi des leçons d'érudits réputés comme Ezechiel Spanheim qui fut un temps, avant Watteville, son gouverneur et restait chargé de « la conduite en chef de l'éducation du Prince électoral ». Friedrich von Weech a publié voici un siècle les décrets de nomination et les instructions très détaillées et très sévères de Spanheim, *Direktor* et *Regierungsrat* (chef d'éducation et conseiller) du Prince électoral, de Johann Bernhard von Ketschau, son *Aufseher* (surveillant), et de David von Wattweyler, son *Hofmeister* (surintendant)[97]. Samuel Pufendorf, le père du droit naturel pour qui Karl Ludwig avait créé en 1661 une chaire à Heidelberg, et l'écrivain Paul Hachenberg furent également chargés de la formation du prince.

L'ÉDUCATION D'UNE PRINCESSE

Dès son retour dans le Palatinat, Liselotte fut encadrée avec le même soin. Mme Trelon, qui avait le malheur de ne pas avoir été choisie par Karl Ludwig, ne tarda pas à être remplacée par Ursula Marie Kolb von Wartemberg, dont la référence principale était d'avoir vécu longtemps auprès d'Elisabeth, l'abbesse de Herford[98]. Son décret de nomination fut signé à Frankenthal le 1er décembre 1663. Ses instructions très strictes, en vingt-deux alinéas rédigés en français, permettent de connaître certains détails de l'éducation de la Princesse électorale à partir de sa douzième année[99].

Le premier alinéa stipule que la gouvernante fera lire à Liselotte « la Bible ès deux langues, allemande et française », et qu'elle veillera à ce qu'elle « ne soit imbue de haine ou d'aversion contre aucune personne pour n'être pas de sa religion ». Cette ouverture d'esprit lui sera plus tard fort utile. Le cinquième alinéa règle les repas de la princesse et charge la gouvernante de prendre bien garde « que notre fille ne se surcharge de viandes, principalement de dure digestion, soit au repas ou hors d'iceluy ; surtout en temps d'été de melons, concombres et autres fruits ». Le septième alinéa traite des récréations de Liselotte qui se divertira « soit par des petits jeux usités parmi les dames, soit par la danse, soit en jouant de l'épinette ou du volant ou du billard ; auxquels deux derniers ladite gouvernante la fera habituer à s'exercer autant d'une main que de l'autre ». L'alinéa suivant règle en détail les études de la princesse : « Ladite gouvernante aura soin que notre fille apprenne à bien lire et écrire en allemand et en français ; et avec le temps en italien et anglais ; comme aussi à crayonner, à chanter quand elle aura un maître, à danser, à faire des petits ouvrages de fille et à lire ès bons livres de morale ou d'histoire… » La gouvernante ne permettra pas « que notre fille fasse des grimaces, et prenne aucune mauvaise habitude de corps ». Liselotte n'apprendra jamais l'italien et l'anglais, mais le goût de la lecture qui lui fut inculqué ne la quittera jamais. Ce document circonstancié révèle admirablement l'esprit ouvert, méthodique et un peu pédant de Karl Ludwig.

La nouvelle gouvernante était très grosse et ne faisait que lire des volumes de sermons à son élève qui s'endormait aussitôt, habitude dont elle ne pourra plus se défaire par la suite et qui lui vaudra l'honneur d'être réveillée en plein sermon par les coups de coude de Louis XIV en personne [100]. Plutôt que de lui faire apprendre l'anglais ou l'italien, la demoiselle Kolb meublait la tête de Liselotte de maximes plus pittoresques que profondes, et que celle-ci citera régulièrement dans ses lettres : « Tous les jours du neuf, mais rarement du bien [101] », « Quel lieu étrange que ce monde [102] ! », « Le reste sera pour demain, sinon nous mourrons aujourd'hui », « Quelque chose doit bien empêcher le ciel de tomber [103] », et autres platitudes du même genre. La « Grecque » a dû oublier de lui faire lire Descartes. La Kolbin avait coutume de dire en voyant des vauriens : « Leurs crêpes ne sont pas bonnes, car ils ne sont qu'œufs pourris et beurre rance [104] », et adorait raconter l'anecdote du pasteur Biermann qui, après avoir prêché ferme pendant trois heures, concluait : « En voilà assez et plus qu'assez [105] ! » La jeune princesse n'éprouvait pour cette gouvernante « ni affection ni confiance », comme elle le dira à von Harling [106], mais lui offrit quand même son portrait. La demoiselle Kolb allait accompagner sa princesse en France, mais elle serait renvoyée sur l'ordre du Roi au bout de deux mois. Elle s'installera dans la Judengasse à Heidelberg. Le portrait de son élève ira après sa mort à Louise, la demi-sœur préférée de Liselotte [107].

Il arrivait à la vieille Kolb d'être malade. Elle était alors remplacée par « la bonne femme Landas », l'épouse du bailli de Heidelberg, qui aidait Liselotte à réciter ses prières du soir. La Landas était à la fois rancunière et sincère, et sautait conséquemment les mots du Pater « comme nous pardonnons à ceux qui nous ont offensés [108] ».

La Princesse électorale fut exposée heureusement à d'autres influences. Celle de Spanheim tout d'abord. Celui-ci notera dans sa *Relation de la Cour de France en 1690* : « [J'ai] eu l'honneur de la connaître au château de Heidelberg dès son enfance, et même [d']en avoir eu d'autant plus l'occasion que j'étais chargé de la conduite en chef de l'éducation du Prince Électoral […]. Ils prenaient ensemble leurs repas et leurs divertissements à quoi j'assistais avec la gouvernante de cette princesse [109]. » Il résidera une douzaine d'années à Paris comme envoyé extraordinaire de l'électeur de Brandebourg, et enverra une douzaine de milliers de pages de dépêches qui mentionnent souvent la princesse. Madame appréciera son vaste savoir numismatique et regrettera de ne pouvoir lire ce trésor d'érudition que sont ses *Dissertationes de praestantia et usu numismatum antiquorum*.

Il faut citer en outre le nom d'Etienne Polier de Bottens, descendant de huguenots français émigrés au xvie siècle du Rouergue et fils du bourgmestre de Lausanne, à qui incombaient des devoirs purement cérémoniels dans sa fonction de *Erster Stall- und Hofmeister* (premier écuyer et surintendant) de la princesse. Ses instructions le chargeaient du logement et du traitement de Liselotte. Il la conduisait à table et à l'église, l'aidait à monter en carrosse, introduisait ses visiteurs et veillait sur la conduite des pages et des laquais qui la servaient. Sa faible connaissance de l'allemand ne le gênait aucunement dans l'exercice de ses fonctions, le français étant la langue de Cour dans la plupart des principautés allemandes du xviie et du xviiie siècle. Pierre Bayle allait constater en 1690 dans la préface du *Dictionnaire universel* de Furetière : « Il y a quelque sorte de justice dans ce privilège de la langue française [...]. On l'entend ou on la parle dans toutes les cours de l'Europe, et il n'est point rare d'y trouver des gens qui parlent français et qui écrivent en français aussi purement que les Français mêmes. » Cette remarque s'applique sûrement aux cours de Heidelberg et de Hanovre.

Polier était né en 1620 et fut affecté au service de Liselotte en 1662, au lendemain de son retour de Hanovre. Il réussit à gagner l'affection et l'estime de sa princesse qu'il suivra en France où il mourra en 1711. Il vivait dans une maison près du Palais-Royal, visitait Madame lorsqu'elle y séjournait, et correspondait avec elle quand elle se trouvait à Saint-Cloud, Versailles, Marly ou Fontainebleau. Cette correspondance suggère que le réformé Polier remplissait auprès de la princesse catholique la fonction de directeur de conscience non attitré. Elle lui payait une pension annuelle de 260 louis d'or, et reparle souvent de lui après sa mort, l'appelant invariablement le bon et honnête *(der gutte ehrliche)* monsieur Polier[110], regrettant sa probité, sa piété et ses propos réconfortants. Elle lui écrit en 1703 : « Si j'ai quelques bons sentiments, c'est de vous que je les tiens, la pauvre demoiselle Kolb et madame Trelon n'y connaissaient rien[111]. »

Un autre personnage de ces années, dont la droiture et le bon sens religieux resteront gravés dans la mémoire de Liselotte, est le colonel palatin von Webenheim, appelé lui aussi *der gutte ehrliche* Webenheim[112]. Elle était surtout sensible à sa profonde sagesse qui lui permettait de se situer au-delà des différends religieux de l'époque. « Je partage l'opinion de monsieur de Webenheim, écrira-t-elle à Sophie. Il répétait qu'il n'y avait au monde qu'une seule véritable religion, celle notamment des honnêtes gens, car ceux-ci pensent partout de même, quelle que soit leur religion, leur patrie ou leur langue [113]. » Ce tolérant en un siècle de fanatisme religieux avait perdu un œil à la guerre et devait avoir l'air d'un pirate avec son bandeau noir.

L'instruction religieuse de la princesse fut confiée à partir de 1667 au pasteur Salmond. Les lettres à Sophie contiennent des échos des débats religieux qui s'engageaient alors entre Liselotte qui manifestait déjà à cet âge cet inébranlable bon sens religieux, et le pasteur Salmond : « Je demandai un jour à M. Salmond comment il était possible qu'il est écrit dans la Bible que les hommes sont créés à l'image de Dieu, alors que les hommes sont si imparfaits ? Il répondit que Dieu avait créé l'homme parfait, mais qu'il avait perdu la perfection dans sa chute. Je dis : si l'homme est si parfait, comment a-t-il pu faillir et choir ? M. Salmond dit : cela est arrivé à l'instigation de Satan. Je dis : croire au diable n'était pas la perfection. Il se contenta de répondre : il ne faut pas trop scruter ces choses-là. On en est resté là [114]... » La lettre suivante revient sur le sujet, répondant sans doute à une remarque de sa tante : « Je n'étais plus une enfant quand M. Salmond m'instruisait. J'entrais dans ma seizième année et pouvais donc bien raisonner. Si nous prenons le diable comme on le voit dans le Livre de Job, il apparaît comme s'il était le bouffon du bon Dieu et que Dieu ne le hait pas, car il cause gentiment avec lui. Mais cela ne concorde guère avec ce que disent les ecclésiastiques : que la plus grande torture du diable damné est de ne jamais voir Dieu le Tout-Puissant. Ils devraient s'accorder mieux avec la Sainte Écriture [115]. » L'*unde malum* ? la tourmentait manifestement.

Celui qui se chargeait surtout de l'éducation religieuse de Liselotte n'était pas le pasteur Salmond qui préférait les vins du Neckar aux apories théologiques, mais Karl Ludwig en personne. Il venait de bâtir à Mannheim la Concordienkirche, une église ouverte aux ministres des trois confessions chrétiennes. La liberté de sa pensée religieuse et son grand projet œcuménique de réunir les trois Églises (la luthérienne, la calviniste et la romaine) en une seule marqueront à tout jamais l'esprit de sa fille, et l'empêcheront de prendre au sérieux les questions dogmatiques qui séparent les chrétiens. Pour Liselotte comme pour son père, les pasteurs et les prêtres sont responsables d'une discorde qu'ils ont tout intérêt à attiser et entretenir. Madame rappellera plus tard à Harling l'un des propos favoris de son père : « Sa Grâce feu l'Électeur avait coutume de dire : le monde n'ira jamais bien tant qu'on ne l'aura pas purgé de trois vermines, la prêtraille, les médecins et les avocats [116]... » Et elle fera sienne la devise que le duc Christian von Braunschweig, frère d'armes du roi de Bohême et évêque temporel de Halberstadt, avait fait frapper sur les rixdales obtenues par la fonte d'une grande statue d'argent de saint Liborius enlevée à Paderborn : *Gottes Freund, der Pfaffen Feind* (ami de Dieu, ennemi des prêtres).

« L'INFANTE DU PALATINAT »

Les huit années passées dans le Palatinat entre son retour de Hanovre et son mariage (1663-1671) ont permis à Liselotte, que Sophie appelait « l'infante du Palatinat », de parcourir en compagnie de son père la terre promise étendue sur les rives verdoyantes du Rhin et du Neckar, et de constater qu'elle était en train de retrouver, grâce aux efforts obstinés de Karl Ludwig, sa prospérité d'antan.

Liselotte apprit à mieux connaître les lieux où s'établit la cour de l'Électeur au gré des saisons : Heidelberg avec son air pur et son eau excellente, son château de grès rose, le pont couvert sur le Neckar, les églises du Saint-Esprit et de Saint-Pierre, l'Université, le *Burgweg;* Mannheim avec sa forteresse Friedrichsburg, ses rues en damier et son fameux « pont volant », un bac immense qui permet de faire traverser le Rhin à cent chevaux à la fois ; la petite résidence de Schwetzingen perdue dans un parc délicieux où chantent les rossignols. Le Palatinat ne cessera jamais de hanter sa mémoire, tant il faisait partie d'elle-même : Worms avec son superbe hôtel de ville et sa Liebfrauenkirche construite au milieu des vignes, Neckargemünd avec ses écrevisses délicieuses, Alzey fameux pour ses lièvres, Schriessheim et ses gros raisins, la Bergstrasse plantée de noyers séculaires, mais aussi le marécageux Germersheim infesté alors comme maintenant d'insupportables moustiques.

Quarante ans après son arrivée en France, Liselotte n'a pas encore oublié les charmes de sa terre natale : quand elle écrit « chez nous », elle parle du Palatinat. On mesure la nostalgie qui gonfle ce passage d'une lettre à Louise : « Comparé aux autres pays, le Palatinat est une terre promise car tout est excellent dans notre chère patrie, l'air, l'eau, le vin, le pain, la viande et le poisson[117]... » Elle participait corps et âme aux événements et aux fêtes de l'année viticole ; le grand tonneau de Heidelberg, restauré par Karl Ludwig dans sa capacité de 22 000 litres et dans lequel se conservaient les « dîmes en vin », était un des hauts lieux de la jeunesse de Liselotte. Elle récite en 1699 pour Sophie les quatre « vers du singe » peints sur le tonneau, vers qu'elle mentionne aussi dans sa première lettre à Leibniz[118]. Comme son père, elle a un faible pour les vins du Palatinat : le gronau agréable, le kreuznach moins plaisant, le kirweiler abondant, l'essling qui purge, le giess qui se boit au petit déjeuner, le kaub rouge délicieux avec les saucisses, le boxberg qu'on boit avec des pêches, le pfedersheim un peu froid, le neustädtler si léger qu'on le permet aux enfants, le schriessheim qui plonge en extase, et surtout le très noble bacharach. Cette culture des clos palatins fait partie de sa jeunesse ; elle n'en reparlera plus tard qu'avec émotion.

Elle donnait également libre cours à sa gourmandise, avec une préférence très nette pour ces plats substantiels dits « de dure digestion » dans les instructions de sa gouvernante. Toute princesse qu'elle était, elle adorait battre le beurre à la cuisine et apprêter les oiseaux que tiraient pour elle les pages de son père ou les poissons pêchés dans les fossés du château de Heidelberg. Gloutonne, elle se fit apporter par ses demoiselles en pleine nuit, malgré les interdictions de sa gouvernante Kolb, de grandes assiettes de choux au lard. L'anecdote suivante ne saurait manquer dans sa biographie.

« Je me rappelle qu'on changeait une porte de ma chambre à Heidelberg, et qu'on avait pour cette raison placé mon lit et celui de la Kolbin dans la chambre à côté de celle de mes demoiselles. La Kolbin m'avait interdit d'aller la nuit dans la chambre des demoiselles, et je promis de ne pas franchir le seuil. [...] Dès qu'elle s'était couchée, les demoiselles ouvrirent leur porte et posèrent l'assiette de choux au lard sur le seuil. Je fis comme si mon mouchoir était tombé, pris l'assiette et allai à la fenêtre. J'avais avalé à peine trois bonnes bouchées qu'on tire tout d'un coup le canon placé sur la terrasse sous ma fenêtre, car un incendie s'était déclaré en ville. La Kolbin, qui craint excessivement le feu, saute du lit et moi, de peur d'être surprise en flagrant délit, jette ma serviette avec l'assiette et les choux au lard par la fenêtre. Je n'avais plus rien pour m'essuyer la bouche. J'entends des pas qui montent l'escalier de bois : c'était l'Électeur feu notre papa qui venait dans ma chambre pour voir où était l'incendie. Me voyant la bouche et le menton tout gras, il se mit à jurer : " Sacrement, Liselotte, je crois que vous vous graissez le museau ! " Je dis : " Ce n'est que de la pommade pour mes lèvres gercées. " Papa dit : " Mais vous êtes sale. " J'éclatai de rire, et papa et tous ceux qui étaient avec lui croyaient que j'étais devenue folle. La Raugrave montait aussi et traversa la chambre de mes demoiselles. Elle sortit en disant : " Ah, ça sent les choux au lard dans la chambre des demoiselles ! " L'Électeur comprit la plaisanterie et dit : " Voilà donc votre pommade de bouche, Liselotte ! " Voyant l'Électeur de bonne humeur, je confessai la chose [...]. L'Électeur ne fit que rire, mais la Kolbin m'en tint longtemps rigueur. Voilà une histoire ancienne [119]... » Scène d'intérieur sur fond d'incendie à quatre personnages : une princesse gourmande, une gouvernante méfiante, un Électeur bon enfant (une fois n'est pas coutume), et une raugrave qui se promène le nez en l'air.

D'autres plaisirs plus élevés mais parfois dangereux meublaient les dernières années de sa jeunesse. Une lettre de janvier 1666 à Anna Katharina von Harling raconte une promenade en traîneau à Heidelberg qui provoqua un accident mortel : « Nous nous sommes promenés masqués en traîneau lundi dernier. Mais comme nous remontions de la ville, un des gentilshommes, qui n'avait personne d'autre dans son traîneau, est venu avec nous. Il allait redescendre lorsque la barre de son traîneau s'est cassée ; le cheval l'a jeté du traîneau sur la montagne, et a dévalé ensuite la pente à toute vitesse. Mais il a rencontré la belle-mère du timbalier qui voulait monter. Le cheval a renversé et piétiné la femme à mort. C'était une vieille femme qui avait eu cinq maris [120]... »

Une autre lettre à la même relate les divertissements mythologiques différés du carnaval de 1670 : « Il faut que je dise à ma chère Frau Harling que mon frère et moi fûmes déçus : nous ne devions être la soirée de mardi-gras que dieux et déesses. Mais comme il faisait alors trop froid, tout fut différé de dix jours et devait avoir lieu hier en huit ; tous nos costumes étaient prêts. Mon frère était Mercure et moi Aurore, la Landas Diane, Mlle Kolb Cérès. En un mot, nous étions tous des dieux, déesses, bergers et nymphes. Les chars de triomphe étaient prêts et rien ne manquait que le jeudi, jour de la représentation. Mais mercredi arriva la nouvelle que le roi de Danemark était mort, et les dieux sont redevenus de simples mortels. On a tout remis à six semaines, et si rien n'arrive dans l'intervalle, Frau Harling n'a qu'à m'écrire si elle veut se lever de bonne heure ou non. J'aurais alors les portes du jour en mon pouvoir, et je ne les ouvrirai que lorsqu'elle le désire [121]. » Nous ignorons si notre Aurore aux doigts de rose a goûté le plaisir d'ouvrir les portes de la lumière. Karl Ludwig, qui avait dansé à la cour de Charles Ier des *intermezzi* et des ballets, ne refusait pas à ses enfants, malgré sa pingrerie, des divertissements princiers où sa descendance de la main gauche ne jouait apparemment aucun rôle.

Les dernières années passées à Heidelberg ne se déroulaient pas toujours sans heurts. Le susceptible Karl Ludwig, qui s'attendait à être applaudi pour la comédie de régularité matrimoniale qu'il jouait, n'admettait pas que Liselotte manquât d'égards pour sa seconde épouse. L'idée que sa fille ne partagerait pas sa passion pour sa *Signora Illustrissima* ne lui venait même pas à l'esprit. Or il est évident que Liselotte, qui s'était attachée sincèrement à ses demi-frères et demi-sœurs les raugraves, avait beaucoup de peine à regarder leur mère avec la même sympathie. Elle avait beau ne pas trop aimer sa mère, la Raugrave n'était à ses yeux qu'une intruse. Les lettres de Karl Ludwig renferment des échos d'un désaccord permanent entre Liselotte et sa belle-mère. La princesse, qui était malgré ses allures de garçon manqué très sensible aux honneurs qui lui étaient dus, prétendait prendre le pas sur la Raugrave et refusait de l'appeler Madame. Karl Ludwig trancha en assignant à sa fille une place à table plus éminente que celle de la Raugrave, lui ordonnant en même temps de l'appeler Madame. Elle se fit une raison, mais le cœur n'y était pas.

Une lettre de Karl Ludwig, datée d'avril 1664, apprend que Liselotte avait refusé d'admettre la Raugrave dans sa barque, et que son père avait dû lui envoyer Bettendorf avec des ordres précis. Un an plus tard, il s'inquiète : « Mon Trésor ne m'écrit pas si Liselotte se conduit bien envers elle et les enfants [122]. » Il envoie des fruits rares à sa *Signora,* lui suggérant de les partager avec sa belle-fille : « J'envoie avec la présente deux grenades qui ont mûri ici dans notre jardin. Si mon Trésor le souhaite, elle pourra avec l'une d'elles obliger Liselotte, ou, mieux encore, les garder toutes deux pour elle... » Le ton a un peu changé quatre ans plus tard : « J'envoie avec la présente deux messagers avec deux corbeilles de raisins de notre Canaan, l'une pour mon Trésor, l'autre pour Liselotte [123]... » Liselotte reparlera plus tard sans rancune de la Raugrave, la plaignant d'avoir eu à subir si longtemps le caractère ombrageux de Karl Ludwig. « Il est bien vrai, dit-elle en 1699 à sa tante, que feu notre papa était terriblement soupçonneux [*greülich soubçoneux*] ; la pauvre Raugrave en a souffert affreusement [124]... »

Le mariage de Karl

Les noces du Prince électoral en septembre 1671 marquent la fin de la jeunesse de Liselotte qui avait été plus heureuse que celle de son pauvre frère. L'héritier du Palatinat avait vécu tristement sous la férule de son père et de son gouverneur Watteville. Les grands efforts déployés par Spanheim, Pufendorf et Hachenberg l'avaient seulement enfoncé dans sa médiocrité. Bossuet n'obtiendra pas plus de résultats lorsque le Grand Dauphin sera exposé aux effluves de son encombrant génie. Karl avait failli être tué fin septembre 1669 lorsqu'il accompagnait son père chez le margrave Wilhelm von Baden pour courir le cerf : un coup malheureux perça le bras du jeune Ferdinand von Baden et dérangea les cheveux de Karl qui venait de tourner la tête. Le pauvre Ferdinand mourut au bout de dix jours et Karl en fut quitte pour une nouvelle perruque [125]. Karl Ludwig l'envoya faire ensuite un « grand tour » en Suisse et en France. Il n'en rapporta que les marques très visibles d'une variole attrapée à Genève. Son père lui avait offert avant son départ la bague de fiançailles que Charlotte lui avait donnée vingt ans plus tôt. Une lettre curieuse accompagnait ce cadeau : « Cette bague a été pour moi une source de dégoût, mais elle m'a valu aussi le grand et inestimable bonheur de vous avoir eu, mon très cher fils, et non pas les serpents et les loutres que Madame votre mère se souhaitait étant enceinte de vous [126]... » Charmant ! Karl n'était heureux que lorsqu'il pouvait échapper à son entourage étouffant ; Liselotte découvrit alors avec stupéfaction que son frère était capable de rire aux éclats. « Je suis marqué au fer rouge de la contrainte, dira-t-il. On m'a empoisonné les années de ma jeunesse. J'ai eu peu de joies en cette vie [127]... »

Ses maîtres, et particulièrement Paul Hachenberg auquel il s'était attaché au grand déplaisir de son père, lui avaient communiqué le goût d'un certain pédantisme latin, et c'est parmi ses livres et ses chiens que le pauvre hypocondriaque se sentait le plus à l'aise. Il publia même un recueil d'emblèmes, *Philothei Symbola christiana quibus idea hominis christiani exprimitur* (Les symboles chrétiens de Philothée qui expriment l'idée de l'homme chrétien). L'ouvrage parut sans nom d'auteur en 1672 à Francfort chez Johann Zubrod, et fut plusieurs fois réédité en latin et en allemand. L'inventaire manuscrit de la bibliothèque de Madame, dont nous reparlerons, le mentionne comme *Philothé ou saint Baula Christae allemand.*

La *Bibliography of Emblem Books* de Mario Praz attribue la paternité de cette œuvre étrange à Karl Ludwig. Nous pensons avec Ludwig Häusser que l'honneur de la paternité du *Philothée* revient à son fils Karl, d'abord en raison du caractère très pédant de la prose et des distiques latins qui commentent les cent emblèmes gravés par Johann Georg Wagner, ensuite parce que le symbolisme du frontispice avec la devise « *Non est mortale quod opto* » n'exprime pas du tout le pragmatisme bien connu de Karl Ludwig, et enfin parce que les huit pages de la préface latine sont signées Paulus Hachenberg. Celui-ci écrit notamment, en un latin plus ampoulé encore que celui de son élève bien-aimé : « Il faut dire cependant aux hommes ce que je pense : à peine une personne sur cent est capable de composer un emblème correct et honnête, et à peine une personne sur mille est capable d'en formuler un jugement droit et exact. Mais leur ignorance effrontée n'a pas détourné Philothée, cet Homme Supérieur [*Virum Summum*], d'appliquer son esprit divin à cette sorte de sagesse, chaque fois qu'il lui plaisait de se porter des réflexions de sa très haute fortune vers la détente d'une invention plus agréable », etc. Il est dommage que tous les biographes de Madame aient ignoré ce livre curieux qui invite à réviser une image trop caricaturale d'une famille de mangeurs de choucroute et de lard, plus portée aux plaisirs de l'alcôve et de la table qu'à ceux de l'esprit. Le *Philothée* n'est certes pas un monument intellectuel, mais il dénote quand même un contexte culturel honorable.

Karl avait été fiancé avant son départ en France à la princesse Wilhelmine Ernestine, sœur du nouveau roi de Danemark Christian V et nièce des ducs Georg Wilhelm et Ernst August. Le mariage avait été voulu par Karl Ludwig et arrangé par Sophie qui alla chercher la princesse à Copenhague. Le Prince électoral traversait l'Allemagne à la rencontre de sa fiancée pendant que le sieur Hammerstein, le chancelier de Hanovre, discutait à Copenhague le contrat de mariage. Les futurs époux se rencontrèrent à Harburg, près de Hambourg, et il semble qu'ils n'étaient pas trop mécontents l'un de l'autre, malgré le visage grêlé de Karl et le caractère endormi de Wilhelmine Ernestine. La princesse effacée et son benêt de conjoint ne risquaient pas de déranger Karl Ludwig. Les fiancés furent accueillis par les petites Cours allemandes sur leur chemin avec des fanfares, des salves d'artillerie, des harangues à dormir debout et des festins à assommer un bœuf. Ils s'arrêtèrent à Cassel où l'électrice Charlotte leur fit mille caresses. Sophie les avait précédés à Heidelberg où elle accoucha, à peine arrivée, de son fils Christian Heinrich.

Les noces furent célébrées le 30 septembre 1671. Sophie note charitablement dans ses *Mémoires* : « Le Prince Électoral, qui avait été élevé dans une fort grande modestie, pria M. le duc [Ernst August] de l'assister de son conseil dans des choses qu'il ne savait pas. Il paraît qu'il a été méchant écolier, car madame sa femme n'a jamais été grosse [128]. » Ce n'était sûrement pas la faute du conseiller qui était, spécialiste en la matière, et qui allait d'ailleurs se replonger dans les peu chastes plaisirs de Venise sitôt après les noces.

Liselotte, qui savait son propre mariage imminent, a dû assister aux festivités avec des sentiments mêlés. Elle se lia d'emblée d'amitié avec sa belle-sœur, avec qui elle engagea après son départ en France une correspondance très cordiale dont une partie a été publiée à la fin du XIXe siècle par Paul Haake [129]. « Personne au monde, écrit-elle dans la première de ces lettres publiées, n'est plus sensible que moi à l'amitié de Votre Dilection, puisque j'aime V.D. de tout cœur et lui suis entièrement dévouée… » (11 sept. 1682).

Le ton est sans doute un peu raide, mais la familiarité des deux princesses, pendant les six semaines qui s'écoulèrent entre l'arrivée de l'une et le départ de l'autre, ne l'était pas. Preuve ce curieux texte tiré d'une lettre à Louise qui nous renseigne sur les formes surprenantes que pouvait adopter l'intimité de fraîche date de deux princesses allemandes au XVIIe siècle : « L'épouse de mon frère pouvait rire de bon cœur. Elle ne se serait pas formalisée si c'était moi qui l'eût surprise au cabinet d'aisances, car elle était habituée de m'y voir aller avec elle. Elle s'installait au cabinet d'aisances et moi sur ma chaise percée qui était placée à côté, à Heidelberg comme au Friedrichsburg, mais pas à Schwetzingen [130]. »

On devine aisément les sujets des conversations intimes entre deux chaises percées : la bizarre idée fixe de Karl que l'amour physique le tuerait, et le prochain départ de Liselotte vers son époux français. Elle pouvait se rassurer : les exploits conjugaux de Monsieur ne la tueraient pas.

CHAPITRE IV

« Les mariages sont faits au Ciel… »

L'inquiétude que la beauté douteuse de Liselotte avait inspirée à la reine de Bohême et à Sophie n'était pas une affaire de simple coquetterie. Les princesses étant faites uniquement pour être mariées et concourir ainsi au lustre de leur maison, leurs charmes physiques constituaient un atout non négligeable. Avec cet esprit de suite un peu lourd qui caractérise les Habsbourg, la maison d'Autriche avait fait de cette stratégie matrimoniale un système dont elle se félicitait : *Alii gerant bella, tu felix Austria nube.*

Cette politique faisait le bonheur de toute une corporation de peintres-portraitistes qui sillonnaient l'Europe dans la suite des ambassadeurs et qu'on payait pour croquer les charmes des princesses nubiles. La carrière éclatante de Rubens au début du siècle avait prouvé que la peinture et la diplomatie pouvaient faire très bon ménage. Une redoutable cohorte de duègnes et de marieuses de tout acabit hantait les Cours princières, passant leur temps à des conciliabules qui auraient fait rougir une entremetteuse. Les princes bénis d'une progéniture féminine s'enfermaient avec leurs chanceliers et se livraient à des calculs et des conjectures sur l'avenir d'une complexité et d'une audace à faire pâlir un joueur d'échecs de classe internationale. Quant aux princesses à marier, on leur demandait d'être belles et de se taire.

Liselotte von der Pfalz savait qu'elle n'échapperait pas à ce destin. Profondément fataliste, elle se fit une raison. « Les mariages sont faits au Ciel, dira-t-elle ; tout est destinée, chère Louise[1] ! » Cette idée traverse comme un leitmotiv toute sa correspondance. « Chacun doit accomplir sa destinée ; on ne peut ni s'y soustraire, ni la changer. » Ou encore : « *Ich bin persuadirt dass jedermann ein Verhencknuss oder destinée hatt*[2]… » Au-delà de la politique et des contrats de mariage aux articles byzantins, il y a la volonté de Dieu qui attend d'une princesse qu'elle épouse l'homme que lui impose son père sans faire trop d'histoires.

GUILLAUME D'ORANGE ET QUELQUES AUTRES

Nous avons vu comment Liselotte faisait des culbutes à La Haye sur un tapis turc avec le petit Guillaume d'Orange-Nassau. Elle n'avait alors que sept ans et demi, et Guillaume neuf, mais l'idée d'un mariage, bien assorti par la naissance, l'âge et la religion, avait effleuré certains esprits. Sophie, qui détestait la mère anglaise de Guillaume, regardait ailleurs. « Mme Withypol et moi, écrit-elle à Karl Ludwig en avril 1660, avons dessein de la faire reine d'Angleterre, à présent que les Presbytériens, qui sont vos amis, sont retournés au pouvoir. Mais M. le duc lui souhaite le prince de Danemark. Ceci n'est pas impossible... » Elle reparle un mois plus tard de l'affection que son mari et elle-même éprouvent pour la petite Palatine, et conclut : « Nous ne serions pas bien aise de nous en défaire, si ce n'était pour la rendre reine de Danemark [3]. » Le nouveau prestige de Frédéric III de Danemark qui venait d'obtenir en 1660 le pouvoir absolu et héréditaire a peut-être inspiré ce rêve. Le fait que la famille royale de Danemark était alliée à la maison de Brunswick ne faisait que rendre ce mariage plus désirable. Mais le prince royal de Danemark, le futur Christian V, se préparait à épouser Charlotte Amalie von Hessen-Cassel, et le projet n'eut pas de suite.

Le projet « orangiste » fut réexaminé lorsque Liselotte célébra son quatorzième anniversaire. Une demoiselle de Mérode, que Sophie avait rencontrée à La Haye, s'en mêla activement. Sophie annonce en mai 1666 à Karl Ludwig : « Je viens de recevoir une lettre de Mlle de Mérode qui me mande que le Prince d'Orange est présentement reçu Enfant de la République, et que sans doute on lui donnera les charges que feu M. son père a eues. Et puisque le Prince de Danemark est déjà fiancé ailleurs, qui aurait sans cela été un bon parti pour la princesse Liselotte, elle espère présentement que le Prince d'Orange pourrait avoir cet avantage, et elle en parle tous les jours en famille. [...] Je crois que Liselotte serait aussi heureuse avec lui qu'avec un prince d'Allemagne, si ce n'est qu'elle puisse avoir le roi de Suède ou le Prince électoral de Brandebourg [4]. »

Qui trop embrasse mal étreint. Le roi de Suède était Charles XI. Il n'avait que dix ans en 1666 ; son royaume était gouverné par sa mère et un conseil de régence. Le Prince électoral de Brandebourg, Karl Emil, avait le même âge. Il était le fils aîné du Grand Électeur Friedrich Wilhelm et mourra en 1674. Liselotte ne pourra donc « avoir » ni l'un ni l'autre, et on repense au prince d'Orange. Sophie le remet sur le tapis en décembre 1666 : « Je vous envoie une lettre de Mme de Gent, où vous verrez ce qu'elle projette. Cela ne vient peut-être pas d'elle seule, et il y a de l'apparence qu'on sera bien aise en Hollande de lui donner une princesse d'une grande maison, qui néanmoins n'est pas en état de leur faire ombrage. J'ai répondu que je pensais que vous en seriez bien content. On loue extrêmement sa personne et je pense que Liselotte serait fort heureuse dans ce lieu-là. Mlle de Mérode sollicite toujours pour avoir le portrait de Liselotte, mais on peint si mal en Allemagne, qu'il vaut mieux ne le point envoyer que d'en envoyer un qui soit laid [5]. » Il ressort de ce passage que Sophie était à présent bombardée de lettres de deux marieuses qui avaient jeté leur dévolu sur Liselotte, espérant sans doute occuper les premières places dans la maison de la future princesse d'Orange. L'intéressée principale, bien entendu, ne se doutait de rien, étant alors occupée à organiser l'arrivage nocturne de grands plats de choux au lard. A quoi rêvent donc les jeunes filles ?

La remarque sur la médiocrité des portraitistes allemands vise surtout leur incapacité de flatter le modèle. Karl Ludwig faisait peindre régulièrement ses enfants, mais il exigeait des portraits à la fois ressemblants et flattés. « Si le peintre ne vaut rien, écrit-il à la Raugrave, épargnez votre argent et ne livrez pas nos enfants à la postérité en d'horribles postures. Je brûlerai ces tableaux s'ils ne sont pas bien faits [6]... » Cette complaisance picturale était une spécialité française, ce qui explique la présence en Allemagne de tant de peintres français de second ordre qui éternisaient à qui mieux mieux les plantureuses beautés des princesses germaniques, réparant d'un coup de pinceau délicat les injustices de la nature. La beauté, après tout, est dans le regard.

Le premier portrait connu de Liselotte, mentionné plus haut, fut peint vers 1657 par le peintre lillois Wallerant Vaillant. Le deuxième est attribué par Georg Poensgen à Jean-Baptiste de Ruel ; il fut réalisé dans le style de Mignard peu après la lettre que nous venons de citer. Il est conservé au château « Fasanerie » près de Fulda, propriété des landgraves de Hesse. Liselotte nous regarde d'un air placide, l'abondante chevelure frisée en tire-bouchon, la main droite posée négligemment sur un petit chien, la main gauche soutenant une lourde jupe de velours bordé d'hermine. Elle doit avoir quinze ans. Le peintre a eu l'habileté de la représenter bien de face, faisant fondre ainsi les lourdeurs du nez, de la bouche et du menton [7]. Il semble peu probable que ce grand portrait de trois quarts fût destiné à être envoyé en Hollande. L'électrice Charlotte l'emporta avec elle à Cassel.

Les réponses de Karl Ludwig aux lettres de Sophie ne sont pas conservées, mais on a l'impression que l'enthousiasme ne l'étouffait pas. Peut-être pensait-il qu'une alliance matrimoniale avec la famille princière qui avait accueilli à La Haye sa famille déchue rafraîchirait inutilement des souvenirs embarrassants. Sa nature méfiante lui faisait redouter que les Orange-Nassau exploitent le passé lors de la discussion des articles du contrat de mariage. On devine en outre une certaine irritation chez cet homme si jaloux de son autorité, qui constatait que ses deux sœurs établies en Allemagne se mêlaient de choses qui ne les regardaient point. En effet, l'abbesse de Herford mariait Liselotte avec le Prince électoral de Brandebourg et importunait Sophie d'interminables lettres. La tiédeur des réactions de Karl Ludwig explique sans doute pourquoi le sujet du mariage de Liselotte disparaît quelque temps des lettres de Sophie.

Friedrich Casimir von Kurland

Ce n'est que quatre ans plus tard, en septembre 1670, que Sophie s'ouvre timidement à son frère d'un nouveau projet qui a mûri dans la tête de l'abbesse de Herford. Il est question maintenant de Friedrich Casimir, héritier du duché polonais de Courlande, qui avait deux ans de plus que Liselotte. Karl Ludwig a dû rabrouer Sophie, car celle-ci s'excuse presque de se mêler encore du mariage de Liselotte : « Je ne me serais pas émancipée à m'offrir à servir en cette affaire de Courlande, si vous n'aviez témoigné dans une de vos lettres que le prince vous plaisait et que vous préféreriez son alliance à celle du prince d'Orange. Vous me commanderez donc, s'il vous plaît, si j'en dois parler davantage ou ce que vous voulez qu'on y fasse, et si Liselotte en est contente. Je ne lui en écris rien avant que je sache votre volonté, car des choses de cette conséquence, elle les doit apprendre de vous et non pas de moi[8]... »

Liselotte a maintenant dix-huit ans, et on commence à la tenir au courant des projets de mariage qu'on forme pour elle. Il paraît peu probable que Karl Ludwig partageât l'inquiétude de Sophie qui se demandait si Liselotte « en était contente ». Or, précisément, elle ne l'était pas, car elle savait que le cœur de Friedrich Casimir était pris ailleurs. Romanesque, elle rêvait d'un mariage d'amour. Voilà ce qu'elle confiera quarante-huit ans plus tard à Caroline de Galles : « Une fois, on a voulu me donner au duc de Courlande ; ma tante de Herford voulait faire ce mariage. Il était amoureux de la princesse Marianne, fille du duc Ulrich von Württemberg. Monsieur son père et Madame sa mère ne voulaient pas lui permettre d'épouser la princesse, parce qu'ils me voulaient. Mais comme il rentrait de France chez lui, je lui ai si bien parlé lors de son passage à Heidelberg qu'il ne voulait plus entendre parler de mariages, mais qu'il voulait aller à la guerre[9]. » On se demande ce qu'elle a bien pu dire au pauvre Friedrich Casimir pour lui inspirer cette brusque ardeur martiale. Peut-être lui a-t-elle communiqué une sainte horreur d'un mariage sans amour, en lui racontant les malheurs conjugaux de ses parents. Toujours est-il qu'il partit sans demander son reste.

Le projet courlandais fut encore débattu pendant tout l'hiver 1670-1671, surtout par la duchesse de Courlande qui fit valoir la rente annuelle de 10 000 écus que touchait son fils, et qui voulait savoir « si on en donnerait autant à Liselotte ». Elle touchait là un nerf sensible, car Karl Ludwig voulait bien marier sa fille et retirer des avantages politiques de cette alliance, mais sans délier les cordons de sa bourse. Louis XIV était d'ailleurs en train d'exploiter cyniquement au même moment cette pingrerie dont se gaussaient toutes les chancelleries d'Europe. Sophie, importunée par les prétentions de la vieille duchesse et connaissant mieux que quiconque son frère, lui conseillait dès novembre 1670 de « prendre [ses] mesures et de chercher quelque meilleur parti, s'il s'en trouve de prêt ». Les lettres qu'écrivit Sophie à Karl Ludwig tout au long de l'hiver 1670-1671 prouvent qu'elle n'était pas au courant du mariage français qui se tramait alors dans le secret le plus profond.

« Une grande culotte de ratine… »

En février 1671, l'affaire de Courlande est au point mort et Sophie parle une nouvelle fois, sans y croire vraiment, du prince d'Orange : retour à la case départ. Guillaume se trouvait à ce moment en Angleterre chez son oncle Charles II, pondérant les avantages et les inconvénients d'un mariage anglais. Il finira par épouser en novembre 1677 sa cousine Mary, fille de Jacques II et nièce de Charles II, provoquant la colère de Louis XIV [10]. Liselotte, qui savait bien sûr qu'elle avait failli être l'épouse de Guillaume, s'amusera beaucoup des anecdotes qui circulèrent à Paris après les noces de Guillaume/William et de Mary.

Le passage suivant d'une lettre à Sophie ne fut jamais traduit en français : « On a parlé beaucoup ici des noces du prince d'Orange. On raconte entre autres choses qu'il s'est couché la première nuit vêtu d'une grande culotte de ratine. Quand le roi d'Angleterre lui demanda s'il ne voulait pas enlever ce machin de ratine, il a répondu que son épouse et lui auraient à vivre longtemps ensemble, qu'elle devait par conséquent s'habituer à ses manières, qu'il avait l'habitude de porter cette culotte de ratine, et qu'il ne l'enlèverait donc pas maintenant. Et au lieu de souper avec le Roi, la Reine et la mariée, il est allé souper en ville et a fait attendre le Roi jusqu'après minuit dans la chambre de la mariée qu'on avait couchée, et quand le Roi lui demanda où il était resté si longtemps, il a répondu qu'il avait joué après son souper. Il s'est jeté ensuite dans un fauteuil, a appelé son valet et se fit déshabiller dans la chambre même de la mariée [11]. »

Charles II, qui ne s'affublait sûrement pas de culottes de ratine pour s'ébattre avec ses nombreuses maîtresses, a dû secouer la tête et se dire que, décidément, sa nièce venait d'épouser un drôle d'oiseau. Un mariage avec Guillaume d'Orange n'aurait pas déplu à Liselotte, non pas parce qu'elle avait un faible pour la ratine, mais parce que, vivant en Hollande, elle aurait pu voir souvent sa tante Sophie. « J'aurais aimé me marier avec le prince d'Orange, dit-elle en 1719 à Caroline de Galles, car j'aurais pu espérer être souvent auprès de ma chère Électrice [12]. »

Friedrich Magnus von Baden-Durlach

De tous les conjoints possibles de Liselotte, un seul semble l'avoir vraiment aimée. Une lettre à Sophie de mars 1690, une autre de décembre 1718 à Louise, et une troisième à Caroline de juin 1719 permettent de reconstituer le curieux roman de l'amour qu'éprouvait le margrave Friedrich Magnus von Baden-Durlach pour Liselotte [13]. Le jeune Friedrich Magnus avait rencontré Liselotte, la trouvait à son gré, et profitait de tous les prétextes possibles pour s'arrêter à Heidelberg. Prévoyant et habile, il sut nouer des liens d'amitié avec le farouche Karl qui aurait bien aimé voir sa sœur épouser son nouvel ami. Fin 1669, Friedrich Magnus réussit à convaincre son père le margrave régnant Friedrich VI, qui se rendit à Heidelberg où Karl Ludwig lui accorda la main de Liselotte pour son fils. Louise von Degenfeld, fatiguée sans doute de tous ces projets de mariage qui n'aboutissaient pas et souhaitant voir partir Liselotte qui la traitait avec hauteur, avait poussé l'Électeur à accepter la proposition. Liselotte elle-même ne fut probablement pas consultée, car on savait qu'elle trouvait Friedrich Magnus « trop affecté et déplaisant ».

Le margrave Friedrich poussa la correction jusqu'à chercher le consentement de l'électrice Charlotte qu'il connaissait de longue date, et il partit pour Cassel. Mais le hasard voulut que, précisément à ce moment, un détachement de Lorrains, « en grandes pelisses et bonnets de fourrure », fit irruption dans le Palatinat, ravageant quelques villages dans le bailliage d'Alzey et y volant tous les chevaux. Impliquée elle aussi dans le *Wildfangstreit*, la Lorraine se faisait justice elle-même. Les paysans palatins s'armèrent de gourdins au moment même où le vieux margrave s'en retournait de Cassel. Ils le prirent, lui et sa suite, pour les officiers lorrains qui avaient volé leurs chevaux. Ils les rouèrent allégrement de coups et s'emparèrent de leurs montures.

Le margrave croyait que l'incident était arrangé par Karl Ludwig qui le faisait rosser parce qu'il avait demandé l'avis de Charlotte. Furieux, il rompit le mariage et envoya son chancelier Croneck dans le Holstein pour y demander la main d'une princesse du cru, une Holstein-Gottorp. « Ce fut, écrit Liselotte, une des plus grandes joies que j'ai ressenties de ma vie. » Sa compagne et amie d'enfance Eleonore von Venningen (la future Frau von Rathsamshausen que nous retrouverons) l'avait pourtant poussée à consentir à ce mariage, peut-être parce qu'elle adorait taquiner Friedrich Magnus.

Mais le soupirant s'obstina. Liselotte se trouvait alors au couvent de Neuburg où elle tâchait de vérifier les rumeurs qui assuraient que les fantômes des religieuses jetaient des pierres aux intrus [14]. C'est dans ce lieu curieux que l'inconsolable Friedrich Magnus députa son médecin. Celui-ci lui transmit la proposition du jeune margrave de rompre son mariage holsteinois, de dissiper le malentendu et de renouer avec Karl Ludwig. Mais Liselotte lui prêcha l'obéissance à son père et n'entendit plus parler pendant de longues années des Durlach père et fils. Nous verrons Friedrich Magnus s'adresser à elle en 1697, la priant d'intervenir auprès de Louis XIV et d'obtenir un allégement des contributions écrasantes qui pesaient sur son margraviat selon les termes du traité de Ryswick [15].

C'est ainsi que le hasard, par le truchement d'une escouade de Lorrains voleurs de chevaux, changea profondément le destin de Liselotte, et que nous lisons la biographie de la belle-sœur de Louis XIV au lieu de nous pencher sur la vie d'une margrave von Baden-Durlach s'ennuyant à côté d'un mari affecté et déplaisant. Il reste à savoir laquelle des deux eût été la plus heureuse.

« MENER UNE BONNE VIE DE CÉLIBATAIRE... »

L'incident prouve que Liselotte n'était pas pressée de se marier, d'abord parce qu'elle ne se faisait aucune illusion sur sa propre beauté, ensuite parce qu'elle savait que les mariages heureux ne sont pas l'apanage des familles régnantes. Les calculs politiques et l'amour font rarement bon ménage. Elle n'avait qu'à regarder autour d'elle : le mariage de ses parents avait été une catastrophe, et l'union de son père et de Louise von Degenfeld était une longue suite de soupçons et de récriminations de la part de Karl Ludwig, jaloux du regard le plus innocent, du moindre mot échangé avec un étranger. Dans certaines lettres pathétiques de Louise, la malheureuse s'humilie d'une façon qui fait mal au cœur, demandant pardon à genoux d'avoir oublié de lui donner de ses nouvelles, de lui avoir montré de la froideur, d'avoir été impatiente ou d'avoir eu envie de quelque distraction innocente. Et puis il y a cette curieuse *Ehestandsabrechnung* (bilan de mariage) rédigée par Karl Ludwig après la mort de Louise et publiée par Kazner[16], dans laquelle l'Électeur, avec une mentalité d'aide-comptable, enregistre les qualités et les défauts de la défunte, balançant les raisons qui lui font « regretter » sa mort, et celles qui l'en « consolent ».

Liselotte pouvait encore comparer le double échec conjugal de son père avec le mariage de raison de sa tante Sophie, brimée elle aussi par un mari à la fois jaloux et coureur dont elle relate froidement les fredaines. « Le saint nœud du mariage, constate-t-elle philosophiquement, n'avait pas changé l'humeur galante de M. le duc, il s'ennuya de posséder toujours la même chose[17]... » On comprend que ni le comportement oppressif de son père, ni le sort peu enviable de sa mère répudiée, ni l'humiliante passivité de Louise, ni la *Vagabondirlust* de son oncle Ernst August, ni enfin la tête froide de sa tante prête à consentir à tous les compromis n'inspirèrent à Liselotte l'envie d'aller s'empêtrer dans les « saints nœuds du mariage » au nom d'un amour toujours incertain.

L'éloge de l'état célibataire est un thème familier dans ses lettres. « Les bons ménages sont très rares, dit-elle à Louise en 1719 ; mais j'en ai vu beaucoup qui s'étaient mariés par pur amour et qui se sont haïs ensuite comme le diable, et qui se haïssent encore. Heureux qui n'est pas marié. Que j'eusse été contente si on avait voulu me permettre de mener une bonne vie de célibataire [*einen gutten Einsambkeit zu führen*] et de ne pas me marier[18] ! » Le cri vient du fond du cœur.

Aussi envie-t-elle ses demi-sœurs Amelise et Louise, condamnées au célibat faute d'une dot convenable. « Si j'étais restée mon propre maître, écrit-elle en 1720, je ne me serais pas plus que vous mariée, chère Louise[19] ! » Il est vrai que Karl Ludwig n'avait pas les moyens de la doter richement, mais son malheur voulait qu'elle fût légitime et héritière, et par conséquent un pion non négligeable sur l'échiquier européen. Les règles du jeu la dépassaient totalement, mais elle tâchait de déchiffrer la volonté divine dans les calculs cyniques de ceux qui maniaient son destin. « Les mariages sont comme la mort, écrit-elle avec résignation à Amelise ; l'heure et le temps en sont marqués, on n'y échappe point. Tel Notre Seigneur Dieu l'a-t-Il voulu, tel faut-il qu'il se fasse[20]. »

« Madame se meurt ! Madame est morte ! »

Et tel il se fit. Le 30 juin 1670, entre deux et trois heures du matin, mourut à Saint-Cloud la charmante et légère Henriette d'Angleterre, duchesse d'Orléans et épouse de Monsieur, frère unique de Louis XIV.

Depuis les Valois, le plus proche frère du souverain était appelé « Monsieur » ; on s'adressait à son épouse en lui disant « Madame » tout court. (Liselotte prendra plus tard la peine de rappeler cette particularité à Louise : « En France, surtout à Paris et à la Cour, je suis appelée seulement Madame[21]. ») Petite-fille d'Henri IV, fille de Charles Ier et sœur de Charles II d'Angleterre, Madame Henriette avait été malgré sa bosse l'un des principaux ornements de la jeune cour de Louis XIV. Elle avait épousé Monsieur en mars 1661, trois semaines après la mort de Mazarin. Le couple n'avait pas été heureux. Madame supportait mal les mignons qui entouraient et plumaient son mari, et celui-ci ne tolérait pas les manières de son épouse qui, gavée de romans, adorait s'entourer d'une ambiance de galanterie et d'intrigues romanesques. Mais elle était sans doute plus légère que coupable. Au dire de Mme de La Fayette, elle s'éteignit en soupirant : « Hélas ! Monsieur, vous ne m'aimez plus il y a longtemps ; mais cela est injuste : je ne vous ai jamais manqué[22] ! »

Monsieur avait puni et cloîtré son épouse en lui infligeant grossesse après grossesse : huit en neuf ans ! De cette ribambelle, deux filles seulement vivront : l'aînée, Marie-Louise, née en 1662 et qui sera reine d'Espagne, et la cadette, Anne-Marie, née en 1669 et qui sera duchesse de Savoie et mère de la future duchesse de Bourgogne. Madame Henriette, qui malgré ses airs de papillon folâtre n'était pas tendre, s'était exclamée à la naissance de Marie-Louise en apprenant qu'elle avait une fille au lieu du fils tant espéré : « Qu'on la jette à la rivière[23] ! » Cela aurait peut-être mieux valu, car Marie-Louise sera malheureuse en Espagne comme il n'est pas permis de l'être, et mourra probablement empoisonnée.

Madame Henriette a-t-elle été empoisonnée parce qu'elle gênait les favoris de Monsieur ? Cette question a fait couler des flots d'encre. La correspondance de Ralph Montagu, ambassadeur de Charles II à la cour de France, fait état d'un « verre d'eau de chicorée qu'on lui avait ordonné de boire » dix heures avant sa mort. L'*Histoire de Madame Henriette* de Mme de La Fayette, les *Mémoires* de Mlle de Montpensier, les *Lettres* de Guy Patin et le *Journal* d'Olivier Lefèvre d'Ormesson — pour ne citer que ces textes contemporains — ne cachent pas qu'Henriette elle-même était convaincue d'avoir été empoisonnée, mais font preuve d'une grande circonspection quant au bien-fondé de ce soupçon. Les conséquences politiques d'un empoisonnement avéré auraient été considérables. Le rapprochement franco-anglais négocié par Madame Henriette peu avant sa mort, et qui devait permettre la guerre contre la Hollande, aurait bien sûr éclaté comme une bulle de savon.

On décida, afin d'éloigner de l'esprit de Charles II tout soupçon de crime, de faire l'autopsie de la défunte le soir même de son décès. Elle fut effectuée par une équipe d'une douzaine de médecins français choisis par le Roi et par Monsieur, en présence de l'ambassadeur d'Angleterre accompagné d'une demi-douzaine de médecins anglais. Nous possédons quatre relations de l'autopsie (deux françaises et deux anglaises) qui repoussent unanimement l'hypothèse d'un empoisonnement. Ce n'est que quelques années plus tard, après les révélations de l'Affaire des Poisons, que l'hypothèse criminelle se précisera, et qu'elle sera colportée par les ennemis de Monsieur et de son entourage.

Guy de La Batut, biographe de Monsieur, écarte en 1927 la thèse de l'empoisonnement, reprenant les conclusions médicales de Littré (qui était médecin), Funck-Brentano et l'infatigable Docteur Cabanès, qui retrouvent dans les rapports de l'autopsie et dans les témoignages oculaires tous les symptômes d'une péritonite après perforation de l'estomac ulcéré, compliquée d'une phtisie avancée. Robert Marchesseau, auteur d'une thèse de médecine sur la mort de Madame Henriette, conclut lui aussi à une « urgence abdominale[24] ». Au demeurant, Guy Patin, l'un des médecins les plus éminents du siècle, avait déjà conclu à la phtisie du vivant de Madame Henriette, qu'il jugeait trop « fluette et délicate ». Mais Philippe Erlanger paraît moins sûr dans sa biographie de Monsieur : « Nulle preuve véritable n'a été produite pour soutenir la thèse de l'empoisonnement, et le savant édifice élevé pour la combattre s'est découvert de nos jours singulièrement fragile[25]. » Jean Meyer conclut : « L'accusation d'empoisonnement était de mode et il est probable que Henriette est morte d'une tuberculose » ; Jean-Christian Petitfils, autre biographe récent du Régent, ne peut qu'avouer sa perplexité : « Quoi qu'il en soit, le mystère demeure[26]... »

Il est curieux de constater que la thèse de l'empoisonnement a été principalement soutenue par Saint-Simon, né il est vrai cinq ans après la mort de la première Madame, et par la seconde Madame, Liselotte, débarquée en France dix-huit mois après la « nuit désastreuse et effroyable » où Saint-Cloud retentit du cri : « Madame se meurt ! Madame est morte[27] ! »

Dès son arrivée dans le royaume, Liselotte devra faire face aux mignons de Monsieur. Des âmes charitables la convaincront sans peine de l'empoisonnement de la première Madame, de la responsabilité morale du chevalier de Lorraine envoyé en pénitence à Rome sur les instances de Madame Henriette, et de la culpabilité effective du marquis d'Effiat. Atterrée par ces révélations et inhibée par la peur du cabinet noir, Liselotte n'osait les confier par lettre à sa tante Sophie, alors sa principale correspondante. Celle-ci finit cependant par l'apprendre par d'autres voies, comme le prouve cet extrait d'une lettre française qu'elle adressa en novembre 1682 au raugrave Karllutz, alors à Paris : « Les nouvelles que nous avons de France nous apprennent

[...] qu'il y a un nouveau démêlé entre Monsieur et Madame. J'en suis au désespoir. On dit qu'elle dit hautement qu'elle sait bien qu'on l'empoisonnera comme on a fait à feu Madame, mais au lieu de l'appréhender qu'elle le souhaite. Ce sont des discours qui ne peuvent être fort agréables à Monsieur et qui ne partent pas d'un cerveau bien timbré. Je lui écris fort franchement sur ce sujet[28]... » Sept ans plus tard, lorsque Monsieur se prépare à nommer Effiat gouverneur du duc de Chartres, Liselotte ose parler à sa tante des « soupçons » qui pèsent sur le marquis : « Votre Dilection a peut-être entendu qu'on accuse aussi ce d'Effiat d'avoir donné à feu Madame le poison que le chevalier de Lorraine avait envoyé de Rome par Morel, à ce qu'on dit. Qu'elle soit vraie ou fausse, cette accusation est encore un beau titre d'honneur pour lui confier mon fils[29]... »

Ce n'est qu'en juillet 1716, donc après la mort de Louis XIV et de Sophie, qu'elle appelle enfin les choses par leur nom dans une lettre à Caroline de Galles. Le texte qui suit est le plus important et le plus net que Madame ait consacré à la mort suspecte de sa devancière : « On dit ici que Madame [...] voulut chasser le chevalier de Lorraine, et elle l'a fait, mais il ne l'a pas manquée. Il a envoyé le poison d'Italie par un gentilhomme provençal qui s'appelait Morel [...]. Il n'est que trop vrai que feu Madame fut empoisonnée, mais sans que Monsieur le sût ou le voulût. Lorsque ces mignons étourdis tinrent conseil entre eux pour décider l'empoisonnement de la pauvre Madame, ils discutaient s'ils le diraient à Monsieur ou pas. Le chevalier de Lorraine disait : " *Non, ne le lui disons pas, il ne saurait se taire. S'il n'en parle pas la première année, il nous fera pendre dix ans après.* " [...] On a fait accroire à feu Sa Dilection [Monsieur] que les Hollandais avaient administré à Madame un poison lent dans du chocolat, dont la mode venait d'éclater ici. [...] D'Effiat n'avait pas empoisonné *l'eau de chicorée,* mais la tasse de Madame, et c'était bien imaginé, car on a bu aussitôt de *l'eau de chicorée,* mais personne ne boit de notre tasse. La tasse ne fut pas rapportée aussitôt lorsqu'on la réclama après coup ; elle s'était égarée, car il fallait la faire passer d'abord au feu pour la nettoyer. Un valet de chambre que j'ai eu et qui avait été chez feu Madame (il est mort maintenant), m'a raconté que le matin, lorsque Monsieur et Madame étaient ici à la messe, d'Effiat s'approcha de l'armoire, trouva la tasse et y tourna la main avec un papier. Le valet de chambre lui demanda : " *Monsieur, que faites-vous à notre armoire, et pourquoi touchez-vous à la tasse de Madame ?* " Il répondit : " *Je crève de soif ; je cherchais à boire et voyant la tasse malpropre je l'ai nettoyée avec du papier.* " L'après-midi Madame réclama de *l'eau de chicorée,* et dès qu'elle l'eut bue elle s'écria à haute voix qu'elle était empoisonnée. Ceux qui étaient là burent de la même eau, mais non de celle qui était dans la tasse ; elle ne put donc leur faire du mal. Mais elle, il fallut la porter au lit, son état empirait et elle mourut à deux heures après minuit dans d'effroyables souffrances[30]. » La responsabilité du chevalier de Lorraine furieux d'être exilé en Italie mais bien présent lors des discussions entre mignons, du courrier Morel et de l'inventif d'Effiat semble donc bien établie dans l'esprit d'Elisabeth-Charlotte.

On aurait tort d'écarter son témoignage comme un tissu d'inventions. Il est vrai qu'elle se trouvait à Heidelberg au moment des événements, mais il est vrai aussi que, vivant à Saint-Cloud et au Palais-Royal, elle avait accès à des éléments d'information qui ne devaient pas courir les rues. L'important témoignage du valet de chambre non nommé mérite d'être pris au sérieux. Il faut se dire enfin que Madame, en 1716, n'avait aucune raison d'exagérer ni de mentir : la pauvre Madame Henriette gisait à Saint-Denis depuis quarante-six ans, Monsieur l'y avait suivie en 1701, et le chevalier de Lorraine avait rendu sa belle âme au Seigneur en 1702. Seul le marquis d'Effiat, presque octogénaire, était encore en vie.

Six mois plus tard, Madame remet une dernière fois le sujet sur le tapis dans une lettre à Louise. Près d'un demi-siècle s'est écoulé depuis les événements ; la seule chose qui compte à ses yeux, c'est l'innocence de Monsieur : « Ils ont commis une bien grande injustice envers feu Monsieur, ceux qui ont accusé Sa Dilection d'avoir fait empoisonner son épouse. Il en était incapable. [...] Ceci est une vieille histoire qui fait penser à un roman, mais qui est bien vraie[31]. » La question de l'empoisonnement de Henriette ne doit pas grossir ce livre. Mais il importe de constater qu'Elisabeth-Charlotte était fermement convaincue que la première Madame avait été empoisonnée à l'insu de Monsieur parce qu'elle gênait ses favoris.

On a comparé le témoignage de Madame avec les récits de Saint-Simon[32]. Boislisle, le plus important des éditeurs des *Mémoires,* s'est livré à une critique de ces textes, qualifiée un peu trop vite de « très judicieuse » par son successeur Y. Coirault[33]. Des arguments portant sur des détails qui n'enlèvent rien à la véracité des dires de Saint-Simon (qui s'appuie, tout comme Madame, sur des sources dont il est absolument certain) se proposent d'infirmer le récit de Saint-Simon sans y parvenir réellement. Les seules divergences entre les deux témoignages concernent l'implication du comte de Beuvron dans cette sordide histoire, et l'enquête menée par Louis XIV en personne.

Madame ne mentionne pas le comte de Beuvron qui avait épousé sa fille d'honneur et confidente Lydie de Théobon, alors que Saint-Simon le dit « fort accusé d'avoir eu part à l'empoisonnement de Madame ». Elisabeth-Charlotte ne parle pas non plus de l'initiative de Louis XIV convoquant dans la soirée du 1er juillet le premier maître d'hôtel de Madame, Claude Bonneau de Purnon, frère de la sainte Mme de Miramion. « Prenant un visage et un ton à faire la plus grande terreur » (le numéro de la majesté écrasante était sa spécialité), le Roi lui intima l'ordre de « se mettre à table », lui garantissant l'impunité :

« — Madame n'a-t-elle pas été empoisonnée ?

« — Oui, Sire, lui répondit-il.

« — Et qui l'a empoisonnée, dit le Roi, et comment l'a-t-on fait ? Il répondit que c'était le chevalier de Lorraine qui avait envoyé le poison à Beuvron et à d'Effiat [...]. Alors le Roi, redoublant d'assurance de grâce et de menace de mort :

« — Et mon frère, dit le Roi, le savait-il ?

« — Non, Sire. Aucun de nous trois n'était assez sot pour le lui dire ; il n'a point de secret, il nous aurait perdus.

« A cette réponse, le Roi fit un grand ha ! comme un homme oppressé, et qui tout d'un coup respire.

« — Voilà, dit-il, tout ce que je voulais savoir... »

Et Saint-Simon de citer son informateur : « C'est cet homme lui-même [Purnon] qui l'a conté, longues années après, à M. Joly de Fleury, procureur général du Parlement, duquel je tiens cette anec-dote. » Le même magistrat lui confia encore que « peu de jours après le second mariage de Monsieur, le Roi prit Madame en particulier, lui conta ce fait, et ajouta qu'il la voulait rassurer sur Monsieur et sur lui-même, trop honnête homme pour lui faire épouser son frère, s'il était capable d'un tel crime [34] ». Nous avons constaté que la conviction absolue de l'innocence de Monsieur n'a jamais quitté Liselotte ; c'était un précieux cadeau de noces qu'elle tenait de son beau-frère.

Les témoignages parallèles de Madame et de Saint-Simon (Boislisle admet leur « similitude presque complète ») pourraient bien remonter aux aveux de Bonneau de Purnon. En outre, le mémorialiste était très lié avec l'entourage de Madame ; il avait donc les moyens de vérifier l'exactitude de l'anecdote qu'il tenait de Joly de Fleury. Aucune raison intellectuelle ne permet de traiter à la légère ce double témoignage. *Testis unus, testis nullus,* dit l'adage, mais il en va autrement lorsque plusieurs témoignages indépendants concordent. Boislisle ne peut admettre la discrétion de Louis XIV en cette circonstance, mais il est évident que la moindre révélation aurait ruiné ses projets d'invasion de la Hollande et compromis son frère. Puisque Madame Henriette était irrémédiablement fauchée par une mort subite « ainsi que l'herbe des champs », il valait mieux, au nom de la raison d'État, enterrer avec elle les tenants et les aboutissants de sa fin dramatique.

« MA COUSINE, VOILA UNE PLACE VACANTE... »

Le Roi versa des pleurs abondants (il avait la larme facile), parla de la certitude de la mort et de l'incertitude de son heure, et garda la tête froide. Douze heures à peine après le décès de Madame Henriette, il se tourna dans la ruelle de la Reine vers Mademoiselle qui, selon l'expression du temps, était déjà fort montée en graine, et lui demanda à brûle-pourpoint : « Ma cousine, voilà une place vacante, la voulez-vous remplir ? » Mademoiselle, qui ne pensait qu'à Lauzun, pâlit, se mit à trembler et balbutia enfin : « Vous êtes le maître, je n'aurai jamais d'autre volonté que la vôtre [35]... »

Fille de Gaston d'Orléans, frère de Louis XIII, Mademoiselle était la cousine germaine de Louis XIV. Née en 1627, elle avait treize ans de plus que Monsieur, son autre cousin. Titrée duchesse de Montpensier, elle se trouvait pour son malheur à la tête d'une fortune colossale. On l'avait considérée dans sa jeunesse comme le plus beau parti de France. Très grande (on l'appelait « la Grande Mademoiselle ») et affligée d'un physique ingrat (ses portraitistes ne parvenaient pas à estomper son grand nez bourbonien et son menton en galoche), elle s'était engagée avec ardeur dans les troubles de la Fronde, escaladant les remparts d'Orléans et faisant tirer les canons de la Bastille contre les troupes royales lors des combats du faubourg Saint-Antoine en 1652. Malgré ce passé tumultueux et la disparité d'âge, Mazarin avait pensé un moment la marier au jeune Louis XIV, bien conscient du fait que sa fortune, entre les mains d'un prince français ou étranger, aurait constitué un véritable danger pour la couronne. Trop riche, trop grande, trop vieille et trop laide pour être mariée, Mademoiselle se savait condamnée à jouir seule de son immense fortune. Des passe-temps littéraires précieux, et notamment la *Galerie de portraits* littéraires qui porte son nom, une *Correspondance avec Mme de Motteville sur un projet de vie solitaire,* deux petits romans et des *Mémoires* médiocrement écrits mais touchants agrémentaient sa vie au Luxembourg et à Saint-Fargeau [36]. Mais voilà que, peu avant la mort de Madame Henriette, elle s'était amourachée comme une gamine de Lauzun malgré ses quarante-trois ans bien sonnés.

Connaissant bien son cousin d'Orléans, son incapacité d'aimer une femme, ses goûts pour les rubans et les parfums, et sa cour bourdonnant d'intrigues et de mignons, Mademoiselle cherchait désespérément une issue sans offusquer le Roi. Elle s'enfuit aux eaux de Forges. En vain, car dès son retour Louis XIV lui dit : « Mon frère m'a parlé ; il souhaite qu'au cas que vous n'eussiez pas d'enfants, vous donniez tout votre bien à sa fille, et il dit qu'il souhaite fort de n'en point avoir pourvu qu'il soit sûr que sa fille épouse mon fils [37]... » Voilà qui était net et clair.

On comprend que Mademoiselle se sentit profondément offensée, et qu'elle était contente de pouvoir transmettre au Roi les propos d'une insigne maladresse que lui avait tenus à Chambord peu après le comte de Beuvron, parlant pour lui-même et pour le chevalier de Lorraine toujours exilé en Italie : « Vous croyez que je ne souhaite point votre mariage et que je m'y oppose. Je vous assure que cela n'est point : j'aurais plus d'avantage que ce fût vous qu'une de ces princesses d'Allemagne qui n'aurait pas un sou de bien, qui fera de la dépense ; et vous, vous en avez beaucoup. Ce que le Roi donne, Monsieur en pourra faire des libéralités ; ainsi nous y trouverons bien mieux notre compte. [...] Quand nous aurons fait votre mariage, vous nous en aurez l'obligation, car vous savez bien que nous le pouvons. » Mademoiselle courut répéter cette conversation au Roi qui haussa les épaules : « Il vous a parlé comme un sot, dit-il ; cela fait pitié que mon frère s'amuse à des gens comme cela[38]. » L'affaire était dès lors classée. Mademoiselle, pour provoquer la jalousie de Lauzun qui faisait des pirouettes et se dérobait aux avances de son amoureuse fanée, fit brusquement semblant de vouloir épouser Monsieur. Maladroite et touchante, elle ne trompa personne.

Il fut ensuite question, pendant quelques semaines, de marier Monsieur à Elisabeth d'Orléans, la demi-sœur de Mademoiselle. « Bossue et contrefaite à l'excès » (Saint-Simon), elle venait de perdre son premier mari, le duc de Guise. Les carmélites de la rue du Bouloi et la Reine s'en étaient mêlées sans succès. Ayant perdu une bossue qui avait du charme, Monsieur n'en voulait pas une autre qui était franchement repoussante. Bientôt des rumeurs d'un mariage possible de Monsieur avec une princesse allemande commencèrent à circuler, mais cette éventualité ne plaisait pas aux mignons qui rêvaient toujours des millions de Mademoiselle.

« UNE AFFAIRE IMPORTANTE A TOUTE NOTRE MAISON »

La mort de Madame Henriette avait surpris sa confidente, la Princesse Palatine Anne de Gonzague, arrivant de Heidelberg à Francfort. Veuve depuis sept ans du prince palatin Eduard, frère cadet de Karl Ludwig, elle entretenait d'excellents rapports avec les frères et les sœurs de son mari défunt. Elle avait marié sa fille Bénédicte au gros duc Johann Friedrich von Braunschweig-Lüneburg en 1668, et se trouvait depuis le début de l'été de 1670 en Allemagne pour préparer le mariage de sa fille cadette Marie avec Karl Theodor, prince von Salm. On pouvait donc considérer la Princesse Palatine comme spécialiste d'alliances matrimoniales unissant les grandes familles de France aux princes de la Ligue du Rhin. Elle avait profité de son voyage en Allemagne pour visiter Karl Ludwig à Heidelberg et Sophie à Osnabrück. Elle venait de quitter Heidelberg lorsque l'incroyable nouvelle l'atteignit de plein fouet.

L'événement et ses conséquences inspirèrent une correspondance française de trente-trois lettres entre Anne de Gonzague et Karl Ludwig, publiée il y a un siècle[39]. Elle lui écrit de Francfort le 12 juillet : « Je suis arrivée en cette ville avec la nouvelle surprenante de la mort de Madame la duchesse d'Orléans [...]. Ce malheureux incident va faire bien du changement en plusieurs manières [...]. J'avoue que cette mort m'afflige fort et qu'étant tout ce que je suis pour Monsieur, je souhaiterais d'être en France dans un si bizarre malheur... » Très habile, elle s'entendait à merveille avec Monsieur comme avec Madame. Elle s'était plusieurs fois employée à les réconcilier, ce qui lui avait valu la reconnaissance du Roi. Monsieur lui adressa coup sur coup deux lettres lui faisant part de la mort de Madame, des rumeurs d'empoisonnement et des conclusions de l'autopsie. Elle écrit le 14 juillet à Karl Ludwig : « J'ai reçu deux lettres de Monsieur qui est tout à fait touché de sa perte. Il faut qu'il y ait des gens bien abominables pour oser dire qu'il y eût contribué [...]. C'est une maladie qui court à Paris, une espèce de choléra morbus, dont plusieurs morts subites sont arrivées à Paris cette année. L'on commence à penser que Monsieur est un bon parti et l'on m'en écrit déjà quelque chose. C'est un peu bien tôt. Je ne laisse pas de me souhaiter à Paris... »

Anne de Gonzague dut prolonger son séjour en Allemagne jusqu'en septembre, les Salm n'étant pas commodes. Elle eut l'occasion de revoir Karl Ludwig et de discuter avec lui d'un mariage possible de Monsieur avec Liselotte. Rentrée à Paris fin septembre, elle envoya aussitôt ce billet en partie chiffré à Heidelberg : « Je vous dirai seulement que le 300 [Louis XIV] désire le 248 [mariage] de 383 [Monsieur] avec 390 [Mademoiselle], mais que 383 ne le veut pas. Il m'a parlé de 72 [l'archiduchesse d'Innsbruck] et de la 330 [sœur] de 160 [l'Empereur], et ensuite de 274 [Liselotte], et d'abord il fit la difficulté de la 15.29.42 [religion ?], à quoi 273 [Anne de Gonzague] répondit que, quand il n'y aurait plus que cela à ajuster, on en chercherait les moyens. » C'est ainsi que furent engagés les pourparlers conduisant au mariage de 383 et 274. Bientôt le nom de Liselotte commençait à circuler à la Cour. Karl Ludwig s'en inquiète dans une lettre à Anne du 20 décembre : « Vous serez bien d'accord avec moi qu'il serait mieux qu'on ne parlât pas tant d'une chose qui est si incertaine et n'arrivant pas pourrait préjudicier à la personne [Liselotte], dont le sexe est le plus susceptible de souffrir par de tels bruits... » Il n'avait pas tort, mais Anne travaillait avec cette « fertilité infinie d'expédients » que Bossuet louera en son oraison funèbre. Spanheim notera plus tard : « Comme cette Princesse Palatine avait été de tout temps fort attachée aux intérêts de Monsieur, et d'ailleurs d'un esprit merveilleusement adroit et insinuant, il ne lui fut pas difficile de le porter à donner lieu à ce mariage[40]. »

Politiquement parlant, l'union de Monsieur avec Liselotte faisait l'affaire aussi bien de Louis XIV que de Karl Ludwig. A première vue, le mariage de l'étincelant frère du Roi avec une princesse « laide, pauvre, hérétique et de naissance inégale à la sienne[41] » paraît singulièrement mal assorti. Fille d'un électeur germanique, elle était en effet de naissance inégale, même si elle était petite-fille d'un roi de Bohême et arrière-petite-fille d'un roi d'Angleterre et d'Écosse. Mais Louis XIV rêvait, selon la formule de l'abbé de Choisy, de « reculer toutes les frontières de son royaume ». Outre-Rhin, il avait « mis presque sous le joug quatre électeurs de l'Empire, et tous les autres princes voisins[42] ». Le mariage allemand de Monsieur cadrait parfaitement avec cette politique d'expansion transrhénane.

De l'aveu même de Louis XIV, le premier mariage de Monsieur avait servi sa politique. Il note dans ses *Mémoires* (qui s'arrêtent malheureusement en 1668) : « Les Espagnols songeaient sur toutes choses à mettre ce prince [Charles II d'Angleterre] dans leurs intérêts. Le mariage de mon frère *servait* à le retenir dans les miens[43]. » Son second mariage *servira* lui aussi la politique royale. C'est ce que comprirent les contemporains perspicaces ; Bussy-Rabutin commente dans sa lettre du 18 août 1671 à Mlle de Scudéry : « Je trouve le mariage de Monsieur fort bien pensé. Cette alliance nous peut être utile en Allemagne. » S'attacher l'Électeur palatin par mariage coûtait moins cher que l'acheter moyennant une pension. Depuis le ministère de Mazarin, la France achetait en Allemagne des princes appauvris par la guerre de Trente Ans, leurs concubines, leurs maîtres d'escrime et leurs garçons perruquiers. Karl Ludwig était du nombre de ceux qui avaient accepté en 1658, lors de la constitution de la Ligue du Rhin, des subsides français ; il empochait alors 3 000 thalers par mois.

En outre, en mariant son frère à la fille de l'Électeur palatin, Louis XIV se donnait des droits éventuels sur le Palatinat. La ladrerie notoire de l'Électeur, qui ferait certainement des difficultés pour payer la dot convenue, donnerait aux Bourbons des droits sur sa succession. Le roi d'Espagne avait négligé de payer la dot de sa fille Marie-Thérèse, fournissant ainsi à son gendre un magnifique prétexte à envahir les Pays-Bas espagnols dès qu'il aurait fermé les yeux. En mai 1667, Louis XIV était entré en Flandre où il réclamait une dizaine de duchés et comtés, après avoir envoyé à Madrid le *Traité des droits de la Reine très-chrétienne sur divers états de la monarchie d'Espagne*[44]. Ainsi avait commencé la guerre dite de Dévolution. Le coup de la dot non payée était trop commode pour ne pas être tenté une seconde fois.

Si Karl Ludwig, au lieu d'écrire d'interminables lettres de récriminations à sa *Signora* von Degenfeld et de se quereller avec ses voisins pour des histoires de sous, avait lu plus attentivement les relations de son résident en France Pawel-Rammingen, ou même les gazettes de

Hollande, il aurait réfléchi à deux fois avant de donner sa fille au frère du Très-Chrétien sans être absolument certain d'être en mesure d'honorer toutes les clauses du contrat de mariage. Il était manifestement trop aveuglé par les avantages immédiats d'une alliance matrimoniale avec la France pour se poser des questions sur ce qui pourrait arriver par la suite. Il est vrai que son fils Karl n'était pas encore marié, et que rien ne permettait de prévoir qu'il mourrait sans enfants cinq ans à peine après son père. Karl Ludwig pensait donc faire une bonne affaire en alliant sa maison à celle des Bourbons, sachant que l'ombre de Louis XIV en imposerait à ses voisins.

Les événements, et notamment les deux destructions du Palatinat par les Français en 1674 et 1689, prouveront à quel point l'Électeur manquait de perspicacité. « Rarement, commente tristement Ludwig Häusser, des calculs politiques se sont-ils révélés plus trompeurs que ceux de Karl Ludwig ; ce qui aurait dû dédommager des pertes de la guerre de Trente Ans a seulement précipité les pires calamités sur le Palatinat, et détruit pour une longue période la plus belle réalisation de Karl Ludwig, la prospérité retrouvée du Palatinat[45]. » Les historiens allemands, et notamment Kurt von Raumer, historien de la deuxième destruction française du Palatinat, n'ont jamais douté des intentions machiavéliques de Louis XIV signant le contrat de mariage de Monsieur et de Liselotte.

Une lettre du 9 janvier 1671 d'Anne de Gonzague à Karl Ludwig la montre très alertée des bruits qui commencent à circuler avant que l'affaire « importante à toute notre maison » ne soit conclue. Elle a un portrait de Liselotte, mais ne le montrera à Monsieur que lorsque le Roi sera définitivement gagné à l'idée de ce mariage. Deux questions essentielles demandent à être examinées avec soin : la dot (« on n'y pensera jamais ou l'on n'y pensera que par la considération des personnes et de la naissance, et nullement par l'intérêt... »), et la religion de Liselotte : étant protestante, elle devra entrer dans le giron de l'Église romaine avant de convoler avec le frère du Très-Chrétien.

Pour la dot, il sera convenu que son montant précis ne sera point mentionné dans le contrat qui stipule simplement : « En faveur dudit mariage mondit Seigneur Prince Électeur Palatin a constitué en dot et fait don à madite Dame Princesse sa fille de la même somme que les princesses de la maison palatine ont accoutumé de recevoir et que ses États dont il est à présent en possession sont en usage de donner en pareilles occasions[46]... » Karl Ludwig s'explique le 9 octobre à sa belle-sœur Anne : « Comme on n'a point demandé le quantum de la dot, qui est peu de chose et que la somme doit être connue, je n'ai pas cru le devoir marquer, et vous m'avez même écrit que l'on ne s'y arrêtera en nulle manière. » C'est dire que le malheureux donna tête baissée dans le panneau.

Liselotte commentera plus tard la légèreté de son père qui frisait l'inconscience : « Si mon contrat de mariage avait été simplement comme tous les autres qu'on fait ici, cela aurait été parfait [...]. J'en conclus que feu papa n'a pas dû comprendre l'affaire, sinon il ne m'aurait pas fait signer une chose pareille. Mais feu papa m'avait sur le dos, il avait peur de me voir vieille fille. Il s'est débarrassé de moi le plus vite qu'il a pu. Il fallait qu'il en fût ainsi, c'était mon destin [47]... » Et deux ans plus tard, toujours à Sophie : « J'avais bien dit d'avance que mon mariage ne servirait à rien, mais Votre Dilection et Sa Grâce monsieur mon père, vous n'avez pas voulu me croire [48]... »

<h2>« On se peut sauver en votre religion »</h2>

La question du changement de confession (*Glaubenswechsel*) était plus délicate. Liselotte avait grandi dans une principauté allemande « où la haine de Rome était le commencement de la piété [49] ». Il fallait donc ménager la susceptibilité des sujets de Karl Ludwig et des princes protestants d'Allemagne, sans oublier celle de l'intéressée elle-même. Il est vrai que le changement de religion, la *Religionsveränderung,* pour des raisons politiques était chose courante dans les familles princières. Un factum protestant écrit à l'occasion de la transition au catholicisme de la princesse Elisabeth de Brunswick qui épousa en 1705 l'empereur Charles VI, le *Aktenmässiger Bericht von der Religionsveränderung der Prinzessin Elisabeth von Braunschweig* [50], s'ouvre sur la constatation suivante : « Les princes protestants (il est douloureux, mais vrai, d'avoir à en convenir) traitent maintenant, depuis un siècle et demi et de plus en plus, la religion comme leur garde-robe. Changer leurs habits d'été et d'hiver ne leur coûte aucun effort ; de même, passer d'une Église à une autre ne les fait pas hésiter tant qu'ils y trouvent quelque profit pour eux-mêmes ou pour les leurs, ou qu'ils peuvent éviter ainsi une perte qui les tracasse. Ils considèrent la religion comme toute autre marchandise qui est adjugée au plus offrant... »

Liselotte pouvait méditer dans sa propre famille les exemples de son oncle Eduard et de sa tante de Maubuisson qui tous les deux, en embrassant le catholicisme, avaient amélioré leur situation matérielle et sociale. Karl Ludwig, qui n'attachait pas une importance excessive à l'appartenance à une confession plutôt qu'à une autre, était tenu en sa qualité de prince protestant à une extrême prudence. Il sonda Liselotte et informa Anne le 31 juillet 1671 : « Vous me permettrez bien, Madame, de vous dire qu'il est vrai qu'il y a des gens entre nous qui croient qu'on se peut sauver en votre religion, mais ils y ajoutent qu'il faut être persuadé qu'elle soit bonne avant de l'embrasser. J'ai sondé les sentiments de Liselotte là-dessus, qui me dit qu'on l'estimerait peu

dévote, si elle déclarait vouloir quitter sa croyance pour une autre dont
elle eut fort peu de connaissance, et qu'on la croirait fort légère, si elle
changeait de religion seulement pour avoir un mari, de quelque qualité
qu'il fût. »

Réponse d'Anne par retour du courrier, le 7 août, saisissant la balle
au bond : « C'est à ce coup, Monsieur, que le mariage de Liselotte avec
le duc d'Orléans est absolument fait, si vous le voulez. Monsieur le veut
et le roi de France y a donné un plein consentement. [...] Le seul
obstacle est la religion, mais puisque dans celle de l'Électeur Palatin
l'on tient qu'on peut se sauver en notre religion, ce serait un grand
malheur si un tel avantage manquait *sur une chose indifférente...* »

Karl Ludwig et Anne s'entendaient à demi-mot. Dans une longue
lettre du 21 août, elle lui suggère de conduire sa fille « en quelque
lieu » où Anne ou quelqu'un d'autre parlera à Liselotte « sur la
religion », et cela de telle manière que son père « n'en a point eu de
connaissance et qu'après on la conduirait à Metz ». Là, « Liselotte
ferait en faveur de la religion ce qu'elle n'aurait pas pu faire en la
présence de [son père], à qui l'on n'en dirait rien auparavant ». Et
Anne de conclure triomphalement : « Ainsi l'on ne ferait aucun pas
public sur les intérêts de la religion qu'à Metz, où le mariage se ferait
au même jour, car vous jugez bien que l'un ne peut être jamais sans
l'autre. »

Sans se départir de la circonspection que lui dictaient les circonstances, l'Électeur eut la décence de faire initier sa fille à la religion
romaine. Des rumeurs du mariage français et du changement de
religion de Liselotte circulaient, et il avait dû adresser le 20 août une
lettre aux grands maîtres de l'ordre teutonique (*Hoch- und
Deutschmeister*) dans laquelle il tentait maladroitement de démentir
sans mentir : « Ce qui a été répandu à Paris et partout ailleurs sur le
mariage conclu avec le duc d'Orléans et le changement de religion n'est
pas vrai (*ist nicht also*) et a été, peut-être sans raison particulière,
colporté dans le monde. Mais personne ne peut répondre *de futuris
contingentibus* [51]... » La plus grande prudence s'imposait donc dans le
choix d'une personne capable d'expliquer les rudiments du catholicisme à Liselotte.

Karl Ludwig s'adressa à cette fin à Urbain Chevreau. Celui-ci était
au faubourg Saint-Antoine lorsque Mademoiselle fit tirer les canons de
la Bastille, et se trouvait l'année suivante à la cour de Stockholm au
moment de l'abdication de la reine Christine. Retourné en France, il
fait partie avec Segrais de l'entourage littéraire de Mademoiselle. Mais
la bougeotte le reprend en 1661. On peut suivre ses traces à Constance,
à Cassel, en Italie, à Copenhague, à Hanovre et à Celle. A partir de
1664 il est mentionné dans les lettres de Sophie qui trace son portrait en
novembre 1670 : « Je ferai savoir au sieur Chevreau l'envie que vous

avez de le voir. Il ne paie pas de mine, c'est un *Freigeist* [libertin], quoique dernièrement [...] il voulait faire le dévot [...], mais comme je le regardais fixement là-dessus, il ne pouvait s'empêcher de rire. Il prétend se connaître en médailles et en peintures... » Fin décembre de la même année, Sophie annonce son départ prochain pour Heidelberg : « Il sera ravi de vous servir et d'éclater sur votre Parnasse [52]. »

C'est ce bel esprit à la catholicité épidermique, fraîchement débarqué à Heidelberg, qui fut chargé en catimini de l'instruction religieuse romaine de Liselotte. A le lire, il ne se débrouilla pas trop mal : « Je fus retenu [à Heidelberg] avec le titre de conseiller quand je croyais retourner en France : et Mme la Princesse Palatine douairière [...] ménageait alors le mariage de Mme la Princesse Électorale avec Monsieur. Comme elle ne pouvait être Madame de France sans être de la religion romaine, que M. l'Électeur n'eût jamais souffert qu'un religieux ou un prêtre fût introduit dans sa cour, et que les étrangers ne voient point les princesses dans leurs appartements, j'eus un moyen sûr de voir celle-là, et de plus la joie de la convertir après avoir pris toutes les précautions et les mesures que je pouvais prendre. J'y employai dix-huit ou vingt jours, quatre heures par jour, sans qu'aucun en pût former le moindre soupçon. Et quand Mme la Princesse Électorale n'eut plus de scrupule ni de doute à m'opposer, j'écrivis en France [...]. M. l'Électeur ayant eu des lettres de Mme la Princesse Palatine qui l'avertissait qu'elle était sur son départ, lui donna rendez-vous à Strasbourg, d'où elle devait conduire Mme la Princesse Électorale. Elle avait amené avec elle le P. Jourdan Jésuite, pour voir si rien ne manquait à la nouvelle conversion. Mais les choses étaient en si bon état qu'il ne trouva plus rien à faire pour lui de ce côté-là [53]. »

Les *Chevreana,* où est prise cette page, parurent du vivant de Chevreau, retourné en France en 1678. Il mourut en 1701. Fin 1702, Liselotte répond à sa tante Sophie qui a attiré son attention sur ce passage : « J'ai aussi observé dans les *Chevreana* ce qu'il a plu à Votre Dilection de m'indiquer. Il ne m'était pas permis de m'y opposer. Chevreau n'est mort que l'an dernier [...]. S'il avait mis dans son livre qu'il ne croyait à rien, on ne l'aurait pas imprimé [54]. » Voilà qui en dit long sur le *Freigeist* qui fut le convertisseur de Liselotte.

Ce n'est qu'après les noces de Karl que l'Électeur annonça enfin à Sophie et à son mari l'imminent mariage français de Liselotte, et ses objections religieuses. Sophie, qu'on devine froissée d'apprendre aussi tard un événement de cette importance, s'employa aussitôt à convaincre sa nièce et à minimiser le problème religieux. N'avait-elle pas écrit à son frère en août 1663, lorsqu'elle rêvait d'un mariage danois pour sa nièce : « Je crois que la religion, qui fait plus de mal que de bien dans le monde, sera le plus grand obstacle, car les nations les plus stupides y adhèrent le plus » ? Et elle reconnaîtra en février 1688 dans une lettre à la raugrave Louise : « J'avoue que je ne suis pas plus sectaire en matière de religion que n'était monsieur mon frère l'Électeur. A ses yeux, toutes les religions chrétiennes étaient égales, et il ne désapprouvait pas le changement de religion de Madame, puisque la Prédestination en avait disposé ainsi à son avantage. Que tout ceci soit dit entre nous en confidence. Si Calvin et Luther n'étaient pas venus, nous serions tous catholiques [...], et vous auriez fait un beau mariage selon votre naissance. » Liselotte rappellera plus tard à sa tante, non sans ironie : « C'est Votre Dilection elle-même qui m'a faite catholique [55]... » Le duc Ernst August la raisonna de son côté : « M. le duc, note Sophie, fit tout ce qu'il pouvait pour y disposer cette princesse qui faisait des difficultés à cause de la religion [56]. »

Liselotte céda enfin « contre ma volonté, par pure obéissance », comme elle répétera plus tard. « Il est bien vrai, dit-elle à Louise en 1719, que je suis venue en France par pure obéissance à Sa Grâce monsieur mon père, et à feu mon oncle et ma tante de Hanovre [57]... » Le moyen de faire autrement ? Elle était harcelée de tous les côtés par sa tante Anne pour qui la religion était « une chose indifférente » ; par sa tante Sophie qui n'aurait pas hésité à embrasser l'islam si cela avait servi ses intérêts [58] ; par son oncle Ernst August, un évêque protestant prêt à replonger dans les troubles plaisirs de Venise ; par Chevreau qui ne croyait à rien ; par son père enfin qui, hypocritement, lui assurait qu'il ne voulait pas forcer sa conscience, tout en préparant la comédie de la conversion surprise de Metz. Ceux qui lui avaient forcé la main avaient raison d'être contents : ils avaient trouvé le moyen, selon la formule cynique d'Anne de Gonzague, de « satisfaire entièrement à Dieu et au monde en toute manière ».

Pour Liselotte, son mariage et le changement de confession qu'il imposait étaient inscrits dans son destin qui était de changer de religion en traversant le Rhin, d'épouser Monsieur, d'être contrainte à vivre dans une ambiance religieuse qui lui était étrangère, et de laisser dans sa correspondance un douloureux témoignage du triomphalisme catholique qui répugnait profondément à sa sensibilité religieuse. L'état d'esprit de Liselotte acceptant de changer de religion est essentiel ; son fatalisme providentialiste garantit la sincérité de son geste, et ne saurait être rapproché des calculs et des restrictions mentales de ceux qui pratiqueront le « double jeu » après la Révocation.

Quant aux deux artisans de ce chef-d'œuvre politique, ils se félicitaient mutuellement en se frottant les mains. Anne de Gonzague à Karl Ludwig, le 10 octobre 1671 : « Voici donc, Monsieur, cette grande affaire achevée. Je ne vous en dis point mon extrême joie... » — Karl Ludwig à Anne, le 4 novembre : « Tant plus je songe à cette affaire que vous avez faite, tant plus je la trouve glorieuse à vous et importante à toute notre maison... »

« ELLE SERA TRÈS HEUREUSE, S'IL PLAÎT A DIEU... »

Les événements se précipitaient maintenant. La préparation du trousseau de Liselotte, ou plutôt la pingrerie de Karl Ludwig, posait de nouveaux problèmes. Anne de Gonzague constata avec étonnement, après l'arrivée de Liselotte en France, qu'elle n'avait que « six chemises de nuit et autant de jour ». Elle dut rappeler au résident de son parcimonieux beau-frère que, tout de même, « pour du linge, il sera honteux d'envoyer une fille d'électeur à un frère du roi de France avec six chemises », et écrit à Karl Ludwig : « L'on a fait vitement faire quelques habits et quelque linge, parce qu'il en fallait... »

La liste des personnes de naissance allemande autorisées à suivre Liselotte en France posait un autre problème. Dès le 15 septembre, Anne de Gonzague en avait touché un mot à son beau-frère : « Quoiqu'on n'ait laissé à la Reine même que deux femmes de chambre, Monsieur, voulant obliger la princesse, consentira qu'elle choisisse trois ou quatre personnes, pourvu que ce soient des filles d'honneur et femmes, et non point des hommes ni une gouvernante, car les dames d'honneur et d'atour se trouveront à Metz avec quantité de filles et de femmes de chambre. » Liselotte voulait emmener sa gouvernante Kolb ; celle-ci, afin de pouvoir rester auprès de sa maîtresse, se déclara prête à démissionner de son poste de gouvernante et à suivre Liselotte comme simple fille d'honneur. Karl Ludwig plaida sa cause le 14 novembre : « Quoique ladite dame soit une vieille fille, elle n'en est pas moins fille ni par conséquent moins capable de remplir, ce me semble, la place de fille d'honneur qu'une plus jeune, à présent qu'elle s'est démise de sa charge de gouvernante. » Rien n'y fit ; il fut décidé qu'elle ne resterait que deux mois en France, et qu'elle coucherait dans la chambre de Liselotte jusqu'à Châlons, c'est-à-dire jusqu'au moment où Monsieur rejoindrait la nouvelle Madame.

Anne se lança dans des descriptions enthousiastes des magnificences qui se préparaient du côté français où on ne lésinait pas. Le 10 octobre : « On prit hier les armes du carrosse qu'on a fait pour Monsieur le Prince Électoral, pour les peindre à celui de Madame et l'on ne fait plus que travailler aux broderies et aux préparatifs... » Et plus loin : « L'on prépare au Palais-Royal un appartement magnifique pour Madame, et toute sa maison est déjà réglée. Elle est très grande, sa dépense étant de deux cent cinquante mille livres [...]. Enfin elle trouvera tout prêt et magnifique et sera très heureuse, s'il plaît à Dieu... »

Les adieux de Strasbourg

Le scénario fixé par Anne dans ses lettres du 15 septembre et du 10 octobre commença à se dérouler à la mi-octobre 1671. Karl Ludwig et elle s'étaient donné rendez-vous à Strasbourg. La mort dans l'âme, Liselotte quitta Heidelberg qu'elle ne reverrait plus jamais. Son père, sa tante Sophie, son frère Karl, son demi-frère Karllutz, Urbain Chevreau et sa gouvernante l'accompagnaient. L'Électeur ne perdait pas de vue les intérêts de sa descendance parallèle. Karllutz n'avait que treize ans ; il accompagnera Liselotte jusqu'à Metz. On espérait que le mariage brillant de sa sœur lui permettrait de faire carrière en France.

Les adieux furent douloureux et les larmes coulèrent en abondance. Pour faire passer l'émotion, Karl Ludwig et Sophie fredonnaient dans le carrosse une ancienne chanson de leur jeunesse : « *Live, live min, nuen meutten wey nun scheyden, scheyden, bitteres scheyden ist denn Todt* [mon amour, voici l'heure de la séparation. Séparation, cruelle séparation, c'est la mort][59]. » Les carrosses quittèrent Heidelberg du côté de Boxberg, et descendirent lentement vers le midi, passant par Wiesloch, Bruchsal, Karlsruhe et Rastadt, pour traverser le Rhin à Kehl. Les voyageurs descendirent à Strasbourg à l'auberge *Zum Ochsen*. Ils y retrouvèrent Anne de Gonzague, arrivée le 28 dans la soirée. Elle était accompagnée du père Jourdan qui se déclara satisfait de la préparation religieuse de Liselotte, et qui serait son premier confesseur. Le mystère qui entourait la prochaine conversion de la princesse obligeait le jésuite à voyager incognito. L'envoyé du Roi lui prêta à Strasbourg des vêtements laïcs et une perruque — détail dont Liselotte se souvenait encore trente-quatre ans plus tard[60].

L'envoyé de Louis XIV, le marquis de Béthune, entra le lendemain dans Strasbourg. Il était porteur du contrat de mariage et des procurations nécessaires pour signer provisoirement au nom du Roi et de Monsieur. Il avait négocié pendant l'été les grandes lignes du contrat. François-Gaston de Béthune remplissait sa première mission diplomatique ; il sera par la suite ambassadeur à Varsovie et à Stockholm. Liselotte reparlera de lui avec respect et sympathie. Le contrat fut signé le soir même et les articles dépêchés par estafette à Versailles où Louis XIV, son frère et la Reine devaient apposer leurs signatures.

Le contrat avait été dressé à Paris d'après celui de la première Madame, à cette différence près que le montant de la dot d'Henriette, 60 000 jacobus d'or, était mentionné. On avait suivi, à une exception près, la coutume de Paris. Les clauses politiques étaient particulièrement importantes : « Ladite dame princesse sera autorisée par mondit seigneur futur époux pour renoncer, comme elle renonce dès à présent, à tous droits successifs sur tous les biens souverains et féodaux paternels et maternels situés en Allemagne, se réservant seulement ses droits sur les biens de même qualité situés hors l'Allemagne et les allodiaux de sa maison. » Le bien allodial ou *alleu* était un domaine franc, ne relevant pas de la couronne impériale. La France s'appuiera plus tard sur ce détail pour réclamer des morceaux du Palatinat. Bien sûr, Liselotte ne comprenait rien à ces finasseries. Elle dira en 1717 à Louise : « Je comprends aussi peu aux questions allodiales que si c'était du grec : personne au monde ne comprend moins les affaires que moi [61]… » En outre, puisque la dot, dont le contrat stipule qu'elle sera « payée dans un an après la consommation du mariage », ne sera payée qu'après la mort de Karl Ludwig, Louis XIV pourra déclarer caduques toutes les renonciations du contrat, et ne s'en privera pas. La guerre de la Ligue d'Augsbourg sommeille dans les clauses insidieuses du contrat de mariage de Liselotte.

Le reste du contrat s'écartait de la coutume de Paris en raison de l'importance des biens de Monsieur : « Seront lesdits seigneur et dame futurs époux communs en tous biens meubles et conquêts immeubles qui seront par eux faits durant et constant ledit mariage suivant la coutume de la ville-prévôté-vicomté de Paris, étant néanmoins convenu que tous les biens meubles et immeubles qui à présent appartiennent à mondit seigneur duc d'Orléans lui seront et demeureront propres et aux siens de son côté et lignée. » C'est dire que Monsieur gardera tout pour lui, et empochera en sus tout ce qui pourra lui venir de Madame. Son apanage avait été constitué très largement. Il était composé des duchés d'Orléans, de Valois, de Chartres et de Nemours ; de la seigneurie de Montargis ; des comtés de Dourdan et de Romorantin ; du marquisat de Coucy et Folembray. Ses revenus, en avril 1672, atteignaient la somme colossale de 960 000 livres et s'élevaient quelques années plus tard à 1 100 000 livres. Ses pensions montaient à 650 000 livres [62]. Pour une princesse qui apportait en dot six chemises et quelques milliers de florins (32 000 florins d'Allemagne, soit 64 000 livres, à payer avec un retard de dix ans), Monsieur était ce qu'on appelle un beau parti.

Le contrat entre ensuite dans les détails de la corbeille et du douaire : « Mondit seigneur duc d'Orléans, pour la singulière affection qu'il porte à ladite dame princesse sa future épouse, lui donnera des pierreries, bagues et joyaux pour la somme de cent cinquante mille livres. » Ce ne seront que joyaux de papier, comme il apparaîtra après la mort de Monsieur. Liselotte recevra un douaire annuel de survie de 40 000 livres, plus le château de Montargis, « garni de meubles comme il convient à sa qualité ». Le contrat ne prévoit rien au cas où Madame serait contrainte, après le décès de Monsieur, de renoncer à la communauté de biens, comme il arrivera effectivement. Elle se plaindra plus tard qu'on l'avait mariée comme une bourgeoise. Elle se trompait : le premier bourgeois venu, en mariant sa fille, aurait prévu l'éventualité d'un passif excédant l'actif, et réclamé des garanties inébranlables le cas échéant.

Le contrat fut signé le 6 novembre à Versailles. Étaient présents, outre Louis XIV, la Reine, Monsieur et le résident de Karl Ludwig à Paris, le Dauphin, Marguerite de Lorraine duchesse douairière d'Orléans, et « tous les princes et princesses du sang, ducs, pairs et officiers de la couronne et principaux seigneurs du conseil de Sa Majesté ». Cette formule du contrat semble exagérée, car Mademoiselle note dans ses *Mémoires* : « L'agent de M. l'Électeur vint à Versailles tout seul, pour assister à la lecture du contrat de mariage. La Reine alla dans la chambre du Roi où était Monsieur et ce qui se trouva, qui n'était pas grand monde, et cette cérémonie se passa sans qu'il y en eût aucune [63]. »

L'estafette regagna Strasbourg à franc étrier en deux jours afin de remettre au plus vite à l'Électeur les documents ratifiés, accompagnés d'une lettre charmante de Louis XIV du 6 novembre : « Mon frère, le marquis de Béthune ne vous a rien dit de l'estime que je fais de votre personne et de l'affection singulière que j'ai pour votre maison que je ne sois toujours prêt à confirmer par les effets. Cependant je suis bien aise que vous en ayez un gage aussi sûr que l'alliance qui va nous unir par le moyen de mon frère. Je viens d'en signer le contrat, dont l'expédition est ci-jointe, avec une joie si sensible que les seules occasions de vous témoigner mon amitié sont capables de l'augmenter [64]. »

Rien ne retenait plus Karl Ludwig à Strasbourg. Il embrassa sa fille pour la dernière fois, versa trois larmes et lui cita un verset du psaume 45 : *Obliviscere populum tuum et domum patris tui* (oublie ton peuple et la maison de ton père). La douleur ne l'égarait pas au moment des adieux, car il arracha à sa fille la promesse d'aimer et d'aider toujours ses frères et sœurs les raugraves, — promesse qu'elle estimera plus tard avoir « raisonnablement » tenue [65]. C'était son « serment de Strasbourg ». L'Électeur rentra chez lui et serra le contrat explosif au fond de sa cassette, ravi d'avoir bradé sa fille à si bon compte et se croyant plus malin que le roi de France. Vingt ans plus tard, son ancien serviteur Spanheim commentera amèrement : « Il a plu à la Providence divine de confondre hautement les vues de la politique humaine dans le mariage de cette princesse. C'est qu'au lieu des suites avantageuses que l'Électeur son père avait cru d'y trouver pour la sûreté de ses États et l'agrandissement de sa maison, et en y sacrifiant d'ailleurs les intérêts de la conscience et de la religion, il est arrivé que ce même mariage [...] a été le flambeau fatal qui a allumé ces feux malheureux qui ont embrasé et réduit en cendres la plus belle province d'Allemagne, et le paláis même où cette princesse avait pris naissance et où son mariage et son changement de religion avaient été agréés ou résolus par le même Électeur son père [66]. »

La séparation de Strasbourg fut pour Liselotte l'une des expériences les plus traumatisantes de sa vie. Voir disparaître dans un carrosse qui s'ébranla aussitôt son père, sa tante Sophie et son frère Karl, c'était se retrouver tout d'un coup abandonnée dans un univers étranger, c'était l'expulsion irrévocable du jardin ensoleillé et protégé de son enfance palatine et hanovrienne. Sa tante Anne, femme de tête plus que de cœur, se souciait à peine de la consoler. La bonne Kolb von Wartemberg, grosse et rassurante à souhait, marmonnait des paroles réconfortantes pendant qu'elle aidait la princesse à monter à son tour en voiture. Karllutz regarda bouche bée sa grande sœur sortir brusquement de sa léthargie et pousser des cris à fendre l'âme dès que le carrosse qui devait les conduire à Metz et à Châlons se mit en mouvement. Elle écrira trois mois plus tard à Sophie : « Ce que Mlle de Wartemberg a dit à Dondorh, à savoir que j'ai tant hurlé que j'en avais le côté enflé, est vrai. Car je n'ai fait que crier toute la nuit de Strasbourg à Châlons, ne pouvant me consoler des adieux que j'y avais faits. Je me suis montrée plus dure à Strasbourg que je n'étais au fond du cœur [67]. »

METZ : ABJURATION ET MARIAGE

Strasbourg n'étant pas encore une ville française (elle ne reconnaîtra Louis XIV comme son souverain que dix ans plus tard), le mariage par procuration n'y put être célébré — comme plus tard celui de Louis XV — dans la cathédrale Notre-Dame construite dans le même grès rose que le château ancestral de Heidelberg. Il avait été décidé que la cérémonie aurait lieu à Metz, et que Monsieur irait attendre sa nouvelle épouse à Châlons.

Le voyage de Strasbourg à Châlons dura neuf jours ; Liselotte passa autant de nuits à pleurer en compagnie de sa gouvernante Kolb qui partageait encore sa chambre. Le chagrin de la jeune Palatine était tel qu'elle en perdit son bel appétit germanique, et que sa tante de Gonzague, souhaitant délivrer la marchandise en parfait état, dut faire appel à toute sa persuasion pour lui faire avaler une bouchée. Liselotte dira plus tard à Sophie : « Depuis que je suis en France, je ne mange plus le tiers de ce que je mangeais auparavant. Je crois que l'effroyable chagrin que j'avais en quittant à Strasbourg Votre Dilection, papa et feu mon frère, en est responsable, car j'ai été plus de huit jours sans pouvoir manger ni boire que forcée. Je crois que cela a rétréci mon éstomac, car V.D. sait que j'avais l'habitude de manger terriblement[68]. » Primi Visconti confirme dans ses *Mémoires* que « pendant les trois premiers jours elle ne mangea qu'une olive et ne dit pas un mot, tant elle était sauvage[69] ». On devine l'inquiétude d'Anne de Gonzague dans les deux lettres qu'elle adressa de Metz à Karl Ludwig le 16 novembre : « Il y a toutes les apparences du monde qu'elle *sera* très heureuse et en état de n'être pas inutile à sa maison », et : « Elle se porte très bien et hors les temps que le souvenir de ce qu'elle a quitté la touche et l'attendrit, elle est d'une humeur très agréable et commence déjà à s'accoutumer à toutes nos coutumes... »

Liselotte et sa suite quittèrent Strasbourg le 11 novembre ; ils arrivèrent à Metz le 14 à la tombée de la nuit, au bruit du canon. Le lendemain à midi, la princesse se présenta avec sa tante de Gonzague à l'entrée de l'imposante cathédrale gothique où l'attendait l'évêque du lieu, Georges d'Aubusson de La Feuillade, ancien archevêque d'Embrun. Un chœur appuyé des grandes orgues entonna le *Veni Creator* et Monsieur de Metz prononça une exhortation d'une grande délicatesse, attribuant la « conversion » de Liselotte à l'action du Saint-Esprit et non aux exigences de la politique. Liselotte s'agenouilla ensuite devant le prélat et lut l'acte solennel de son abjuration. Il ne semble pas que, préparée comme elle était par le libertin Chevreau qui était dans la cathédrale, elle attacha une importance excessive à la cérémonie. « J'ignore, écrira-t-elle en 1707 à Sophie, ce qu'on a fait lire à la princesse Elisabeth lors de son abjuration à Bamberg. A moi, on m'a seulement lu quelque chose auquel je devais répondre *oui* ou *non*, ce que j'ai fait vraiment selon ma conviction, disant quelquefois *non* lorsqu'on s'attendait à *oui*, mais la chose passait. J'en ai dû rire en moi-même[70]. » Prononçant un demi-siècle plus tard l'oraison funèbre d'Elisabeth-Charlotte, le père Cathalan s'exclamera avec plus d'éloquence que d'exactitude : « Connaître les voies de perdition où elle s'égarait, et les fuir ; ouvrir les yeux au grand jour de nos mystères, et s'y rendre, ne fut presque qu'une même chose : protestante par nécessité, elle devint catholique par conviction. Quel triomphe pour la grâce ! Quelle conquête pour l'Église[71] ! »

Un *Te Deum* fut chanté, et une absolution épiscopale lavait la princesse de toutes les erreurs de sa jeunesse hérétique et consacrait son admission au sein de l'Église sainte, catholique et apostolique. Le soir même de son abjuration, elle se confessa ; désinfecté, l'agneau était prêt à être immolé. Le lendemain elle fit sa première communion et reçut le sacrement de la confirmation avant son mariage religieux. Liselotte a gardé comme une indigestion permanente de cette avalanche de sacrements. Elle ne s'en cache pas dans une lettre ironique de 1700 à Sophie : « J'aurais pu dire à Metz comme Mme de Cantecroix : " *Que de sacrements à la fois* ", car en une journée on me fit me confesser, communier, me marier et recevoir la confirmation, tout cela étant considéré ici comme des sacrements [72]. »

La nouvelle catholique envoya le même jour cette lettre française à son père : « Monseigneur, je ne doute pas que la profession que je viens de faire de la religion catholique et romaine ne surprenne V.A.E., que si je n'ai osé lui déclarer ce dessein avant de partir d'auprès d'Elle, je la supplie très humblement de croire que la seule appréhension de lui déplaire m'en a ôté la liberté, et que tous les avantages du monde n'auraient pu me faire prendre cette résolution, si je n'avais cru le devoir faire pour mon salut. J'ose espérer, Monseigneur, que V.A.E. est trop juste, pour en avoir moins de bonté pour moi, et cependant je tâcherai de mériter par toutes les actions de ma vie qu'Elle me permette toujours la qualité de sa très humble et très obéissante fille et servante. Elisabeth-Charlotte [73]. »

Elle reçut par retour du courrier la réponse qu'elle devait connaître d'avance, et dont le ton était aussi compassé que celui de sa propre lettre : « Par la manière dont vous avez vécu avec moi et par la tendresse que j'ai toujours eue pour vous, je m'étais persuadé, Madame ma très chère fille, que vous ne feriez jamais rien qui fût contraire à mes sentiments ni contre la vérité, dont j'ai eu le soin de vous faire instruire [...]. Après cela vous pouvez juger avec quel étonnement j'ai dû recevoir la nouvelle que vous me mandez [...]. Mais comme c'est Dieu seul qui sonde les cœurs, c'est aussi Lui seul qui est le juge des consciences : et c'est à Lui que vous devez rendre compte de votre action. Ce qui peut servir à me consoler dans ce changement est que vous appuierez toujours fortement sur les points principaux de la foi chrétienne [...], et que vous ne ferez jamais rien qui ne soit conforme aux sentiments des véritables chrétiens, de quelque profession ils puissent être [74]… »

L'auteur de ce double chef-d'œuvre était probablement Urbain Chevreau. La comédie était sans doute un peu grosse à avaler, mais l'apparence était sauve. Des copies des deux lettres furent expédiées à toutes les chancelleries protestantes d'Europe. Les coreligionnaires de l'Électeur qualifièrent durement sa conduite ; les gazettes de Hollande, en particulier, ne le ménageaient pas. La lettre de Karl Ludwig est cependant plus sincère qu'elle ne paraît de prime abord : ce sont bien ses principes de tolérance religieuse qu'elle exprime. Après tout, il a bien mérité ce terme nouveau que Pierre Bayle a forgé spécialement pour lui : « l'Électeur Palatin, le prince du monde le plus *latitudinaire* [75]… »

Le mariage par procuration fut béni le lendemain 16 novembre dans la cathédrale Saint-Étienne, par une température glaciale. Liselotte grelottait, fagotée comme elle était dans une robe invraisemblable, trop légère pour la saison. Mlle de Montpensier se gausse de cette robe dans ses *Mémoires* : « Elle arriva à Metz habillée de taffetas bleu pâle, quoique ce fût à la Toussaint. Chaque pays a sa mode. Comme l'on a force fourrures en Allemagne, on croyait que du taffetas aurait l'air plus français. On s'en pouvait prendre à ses femmes, car pour elle, elle ne s'ajuste pas[76]... » Le maréchal-duc du Plessis-Praslin, ancien gouverneur de Monsieur, était choisi pour épouser Liselotte en son nom ; les gazetiers l'appelèrent aussitôt Vice-Monsieur. Ce fut la dernière mission de ce vieux routier. En sortant de la cathédrale, il présenta de sa main gantée à la mariée quelques perles et pierreries que lui envoyait Monsieur « comme gage de son amour », et dépêcha un courrier à celui-ci.

Liselotte von der Pfalz n'était plus : une nouvelle Madame, hâtivement repeinte des couleurs de l'Église romaine et à qui on rendit aussitôt les honneurs royaux, avait pris sa place. Sa nouvelle maison lui fut présentée ; la maréchale du Plessis-Praslin était sa dame d'honneur, la place de dame d'atour était allée à Henriette de Gordon-Huntley, une Écossaise au visage grêlé qui crachait dans la bouche des gens, lançait ses gants à la figure de Liselotte et tripotait les boutons des chausses des hommes[77]. Elle avait servi Madame Henriette dans la même fonction, et choisissait toujours le parti des mignons dans leurs querelles avec les épouses de Monsieur. Elisabeth-Charlotte la détestera cordialement. Elle fut servie à table par des officiers de Monsieur ; Tétu, son maître d'hôtel, lui donna la serviette. Le soir de son mariage, Madame fut régalée d'un feu d'artifice, entourée de sa maison et d'officiers de Monsieur. Elle prit ainsi possession de ce que Bossuet avait appelé « la seconde place de France, que la dignité d'un si grand royaume peut mettre en comparaison avec les premières du reste du monde[78] ».

CHÂLONS : LA PREMIÈRE RENCONTRE

Monsieur roulait pendant ce temps en magnifique appareil au-devant de la nouvelle duchesse d'Orléans au milieu d'acclamations, de salves d'honneur, de feux d'artifice, de harangues et d'arcs de triomphe. Les gens de sa maison exhibaient des livrées toutes neuves d'une splendeur qui fut très remarquée. Tous les jours, des gentilshommes de sa maison dorés sur tranche portaient ses compliments à sa nouvelle épouse. Le 18 novembre il coucha à Château-Thierry, le 19 il arriva à Châlons où les magistrats l'attendaient à trois lieues de la ville. Des portiques portaient des inscriptions appropriées avec les écussons du duc et de la duchesse d'Orléans. Le frère du Roi fut harangué par le lieutenant de la ville à la tête du corps des échevins, on lui présenta les clefs et il fut promené sous un dais, comme le saint sacrement, à l'évêché où il allait

— pour employer l'expression du rimailleur Robinet — « finir un veuvage ennuyeux, qui privait l'État de plusieurs demi-dieux », et « mettre entre les bras l'Objet le plus charmant ». Partout jaillissaient des fontaines de vin au son de hautbois et de trompettes.

Le lendemain 20 novembre, Monsieur écouta la messe aux Récollets et s'en alla au-devant de Madame. Il était vêtu d'un habit scintillant de pierreries et d'une grande perruque noire parsemée de rubans qui dérobait une partie de son visage. Les bonnes gens qui l'acclamaient le long de la route qui conduisait à Bellay ne virent qu'un nez allongé et le vermeil artificiel de ses joues. On connaît le fameux portrait brossé par Saint-Simon : « C'était un petit homme ventru monté sur des échasses tant ses souliers étaient hauts, toujours paré comme une femme, plein de bagues, de bracelets, de pierreries partout, avec une longue perruque toute étalée en devant, noire et poudrée, et des rubans partout où il en pouvait mettre, plein de toutes sortes de parfums, et, en toutes choses, la propreté même. On l'accusait de mettre imperceptiblement du rouge. Le nez fort long, la bouche et les yeux beaux, le visage plein, mais fort long[79]. »

Elisabeth-Charlotte avait quitté Metz le 17, après avoir embrassé les larmes aux yeux son demi-frère favori, le jeune raugrave Karllutz qu'elle appelait dans l'intimité *Schwartzkopfel* (chevelure noire). Ses treize ans et son charme lui avaient gagné tous les cœurs, et le maréchal du Plessis-Praslin l'avait plusieurs fois retenu à sa table. Il repartit à Heidelberg accompagné de Chevreau qui allait rendre compte à l'Électeur des cérémonies et des circonstances du mariage. Madame n'avait plus, outre la gouvernante Kolb qui s'en irait en janvier, que deux filles et un page de sa nation. Le page se fera bientôt catholique et passera au service de Monsieur. Le mauvais état des routes en ce début d'hiver retardait considérablement sa marche : le 17 elle coucha à Mars-la-Tour, le 18 à Verdun, le 19 à Sainte-Menehould.

Les époux et leurs maisons se rencontrèrent enfin le 20 entre Châlons et Tilloy-en-Bellay. Monsieur et Madame mirent pied à terre et se firent la révérence pendant qu'Anne de Gonzague faisait les présentations. La nouvelle duchesse d'Orléans rougit profondément en levant les yeux sur celui qu'elle avait épousé et qui était son aîné de douze ans. Elle vit dans un nuage de parfum un petit homme coquet perché sur des talons de quatre pouces de hauteur, chamarré de rubans et étincelant de pierreries ; même ses dentelles étaient parsemées de diamants. Elle tracera plus tard ce portrait dans une lettre à Caroline de Galles : « Monsieur n'avait pas l'air ignoble, mais il était très petit avec des cheveux, sourcils et cils très noirs, de grands yeux bruns, un visage assez long et plutôt mince, un grand nez, une bouche trop petite garnie de vilaines dents. Ses façons étaient plus féminines que masculines, il n'aimait ni les chevaux ni la chasse. [...] Je ne crois pas que mon seigneur ait été amoureux de sa vie[80]... »

Malgré ses manières aisées, Philippe d'Orléans ne laissait pas d'être un peu gêné devant la femme que la politique et son désir de procréer un fils avaient mise dans son lit. Primi Visconti raconte que, « quand Monsieur la vit pour la première fois à Metz, il se tourna vers ses courtisans et leur dit à mi-voix, en fronçant les sourcils : Oh ! comment pourrai-je coucher avec elle[81] ? » Le bel Italien, qui ne débarquera à Paris qu'en 1673, se trompe sur le lieu où Monsieur rencontra Madame. Est-ce sa seule erreur ? On peut se demander si cette anecdote est aussi historique que tous ceux qui l'ont citée semblent bien le croire. Le « mot » devait faire rire à gorge déployée les mignons parmi lesquels Primi se sentait comme un poisson dans l'eau.

Dans leurs relations confidentielles, les diplomates accrédités auprès de Louis XIV parlent plus diplomatiquement de l'apparence physique d'Elisabeth-Charlotte au moment de son mariage. L'ambassadeur vénitien Morosini écrit fin 1671 : « Le désir ardent de fortifier l'État par une descendance masculine lui a fait conclure promptement un établissement avec la fille de l'Électeur Palatin, jeune d'années et de beauté plus qu'ordinaire, toutes autres considérations mises à part[82]... » Spanheim décrit de son côté une princesse qu'il avait bien connue à Heidelberg : « Pour la personne de Madame, elle porta en France avec l'âge de dix-neuf ans, une taille belle et libre, un port dégagé, un air ouvert et aisé, un visage qui, sans avoir les traits d'une beauté délicate et régulière, ne laissait pas d'avoir de l'agrément, de la noblesse et de la douceur[83]. » C'est dire qu'elle était plutôt appétissante que belle dans la fraîcheur épanouie de ses dix-neuf ans, en attendant que trois grossesses et son appétit vite retrouvé lui fissent prendre de l'embonpoint.

Le problème était que Philippe et Elisabeth-Charlotte n'auraient pu être plus différents. L'ahurissante disparité de ce couple mal assorti a frappé tous les contemporains. Exagérant à peine, Jean-Christian Petitfils parle d' « un hermaphrodite marié à une amazone[84] ». Madame, qui aurait tant voulu être un homme, apprendra à accepter l'ironie de la destinée qui avait noué son sort à celui de l'homme le plus efféminé du royaume.

Le duc et la duchesse d'Orléans entrèrent ensemble à Châlons sous un arc de triomphe, et s'arrêtèrent pour entendre un concert. L'évêque de Châlons leur donna la bénédiction nuptiale. Ils se retirèrent ensuite dans l'intimité de leur appartement à l'évêché, et y « finirent le veuvage ennuyeux » de Monsieur. Un *Te Deum* célébra le lendemain cet heureux événement. Les jours suivants n'étaient qu'une longue suite de festivités nuptiales : concerts, ballets, distributions d'argent à la foule, harangues copieuses, feux d'artifice, collations d'oranges du

Portugal et de confitures (Monsieur en raffolait), compliments en vers et discours en prose. On travailla fébrilement à refaire la garde-robe de la mariée ; des robes de brocart et de velours, plus de saison en ce début d'hiver, remplacèrent bientôt les hardes tudesques d'Elisabeth-Charlotte. Elle refusa cependant de se séparer d'une vieille zibeline qui fera fureur à la Cour. On croit entendre les imprécations de la vieille Kolb contre ces *Franzosen* et leurs modes vestimentaires hérétiques.

VILLERS-COTTERÊTS : LA LUNE DE MIEL

Le lundi 23 novembre, Monsieur et Madame quittèrent la bonne ville de Châlons entourés d'une nombreuse suite. Ils couchèrent à Épernay et à Château-Thierry, et arrivèrent le 25 à Villers-Cotterêts pour y passer une brève lune de miel jusqu'à la fin du mois. Le château, reconstruit par François Ier, faisait partie de l'apanage de Monsieur. Le hasard voulut que le même jour Lauzun fût arrêté au château de Saint-Germain pour être conduit à Pignerol. Monsieur était enchanté en l'apprenant le lendemain. Outragé par le choix de sa cousine richissime qui avait préféré partager ses millions avec ce cadet de Gascogne, il avait répété qu'il fallait enfermer Mademoiselle aux Petites-Maisons et jeter Lauzun par les fenêtres, le pluriel ajoutant à la gravité de la menace.

Les fêtes de Villers-Cotterêts étaient à la hauteur de la réputation somptueuse de Monsieur. Tous les jours voyaient arriver les principaux seigneurs de la Cour, le prince de Condé en tête, qui venaient complimenter Monsieur en attendant l'arrivée du Roi. Les banquets servis sur dix-huit tables étaient d'une rare magnificence ; on remarquait particulièrement la splendeur des desserts offerts par des Néréides et des Amours vêtus d'argent. Cette galanterie inspira à Charles Robinet, continuateur de *La Muse historique* de Jean Loret, des vers d'une remarquable platitude. Un libraire d'Amsterdam ayant eu l'amabilité de nous communiquer un exemplaire rarissime de sa *Lettre en vers à Monsieur* du 12 décembre 1671[85], comment résister au plaisir d'en citer un extrait ?

> Je ne dois pas non plus omettre,
> Précisément ici, de mettre
> Ce qu'on m'a dit des grands banquets
> Qu'à Villers-Cotterêts on a faits. [...]
> Surtout le fruit, dans ces régales,
> Et dans ces chères sans égales,
> Semblait un vrai dessert de dieux,
> Lequel extasiait les yeux

> Qui, de le voir, étaient avides.
> C'étaient de belles Néréides
> Et de beaux petits Cupidons,
> Lesquels servaient tous ces bonbons,
> Disposés en maintes manières
> Très galantes et singulières,
> En carquois, flèches, chiffres, cœurs,
> Comme si ces Amours vainqueurs,
> Exprimant ainsi la victoire
> Qu'ils ont eu la charmante gloire
> D'emporter sur ce couple-là,
> Avaient voulu montrer par là,
> Qu'elle doit, pour chose certaine,
> Être de douceurs toute pleine...

Mais Robinet ne s'est pas arrêté en si bon chemin. Voici, pour faire passer les fadeurs de la confiserie érotique, un sonnet pompeux adressé à Madame et son « grand destin » :

> Princesse, qui sortez du beau sang palatin,
> De qui l'on voit sortir, par une gloire extrême,
> Des électeurs, des rois, et des empereurs même,
> Ce n'était pas assez pour votre grand destin.
>
> Il fallait, il fallait, pour le remplir, enfin,
> Qu'on mêlât ce beau sang avec ce sang suprême
> Qui sait porter si haut l'éclat du diadème,
> Qu'il n'a par-dessus lui que le pouvoir divin.
>
> C'est le sang de LOUIS, de ce roi magnanime,
> Que la Victoire suit, et que la Gloire anime,
> Et qu'on voit au-dessus de tous les demi-dieux.
>
> L'Hymen, en vous joignant à son unique frère,
> Joint aussi ces deux sangs qui sont si glorieux,
> Et, par cette union, rend votre gloire entière.

L'illustre beau-frère, justement, arriva à Villers-Cotterêts le samedi 28 novembre dans l'après-midi. Il salua au débotté la nouvelle Madame et félicita son frère, saupoudrant ses compliments des plaisanteries d'usage. Le soir, sans doute pour mettre sa belle-sœur plus à l'aise, il dîna en tête à tête avec les époux dans le cabinet de Madame. « Il en revint si charmé, que c'était la femme qui avait le plus d'esprit, d'agrément, qui dansait bien, enfin que feu Madame n'était rien auprès ; tout ce qui était avec lui était de même[86]. » Mademoiselle ne s'y trompait pas : Louis XIV semble avoir éprouvé d'emblée une affection sincère pour sa belle-sœur palatine. Son esprit l'avait littéralement charmé ; on peut donc supposer qu'Elisabeth-Charlotte ne fut pas écrasée, ni même intimidée par la grandeur et la splendeur royale dans laquelle elle fut brusquement précipitée. Elle a soutenu sans sourciller l'éclat du Soleil, conservant son esprit de repartie et sa savoureuse franchise.

Elle parlait couramment le français. Mme de Sévigné était donc mal informée quand elle papotait avec sa fille le 16 août de cette année 1671 : « Que dites-vous du mariage de Monsieur ? [...] Quelle joie encore d'avoir une femme qui n'entende pas le français ! » L'orthographe d'Elisabeth-Charlotte était plus correcte que celle d'Anne de Gonzague, mais prouve qu'elle prononçait à l'allemande, assourdissant les consonnes sonores : elle écrit *Louisse*, *Jéssuite*, *appropation*, *Pastille* [pour Bastille], *misséricorde*, *cul-de-chatte*, etc. Son ingénuité et son savoureux accent allaient droit au cœur du Roi, enchanté d'accueillir dans sa famille une princesse éveillée et naturelle qui lui faisait oublier la bêtise et le terrible mélange d'espagnol et de français que baragouinait la Reine.

« IL ME SEMBLAIT ÊTRE TOMBÉE DU CIEL... »

Sans doute y avait-il aussi une part de pitié dans la sympathie de Louis XIV pour la nouvelle Madame. Il savait mieux que quiconque que son frère, malgré les airs de galanterie compliquée dont il s'entourait, n'aimait pas vraiment les femmes. Il dut constater d'emblée que Monsieur n'appréciait guère cette bouffée d'air frais qui était entrée dans son existence. Le duc d'Orléans avait sélectionné personnellement les tissus, les modèles et les garnitures des nouvelles robes de son épouse. Il avait constaté à cette occasion avec perplexité qu'elle ne partageait nullement sa passion des diamants, dentelles, rubans et autres colifichets que les femmes sont censées aimer. Dépourvue du principal attrait que pouvait avoir une femme aux yeux de Monsieur, Elisabeth-Charlotte avait vite perdu toutes ses illusions. Elle savait déjà, en quittant Villers-Cotterêts pour rejoindre avec Monsieur la Cour, qu'elle ne lui plaisait pas.

Bonne fille, elle s'en attribuait la faute. Elle se laissera aller près d'un demi-siècle plus tard à cette touchante confidence, racontant à Caroline de Galles son arrivée le 1er décembre à Saint-Germain : « Il me semblait être tombée du ciel quand je vins à Saint-Germain. La Princesse Palatine s'en alla joliment à Paris et me plantait là. Je fis toujours la meilleure mine possible, mais je voyais bien que je ne plaisais pas du tout à mon seigneur, ce qui n'était pas un tour de force, laide comme je suis [*so hässlich wie ich bin*]. Mais je pris la résolution de vivre si bien avec Sa Dilection, qu'elle s'habituerait à ma laideur et qu'elle me supporterait, ce qui est arrivé à la fin[87]... »

Le couple d'Orléans avait quitté Villers-Cotterêts le 30 novembre pour Saint-Germain. Ils furent reçus à Chantilly par le prince de Condé qui leur offrit deux divertissements joués par les Grands Comédiens de l'Hôtel de Bourgogne qui venaient de perdre Floridor et d'accueillir la Champmeslé et son mari. Ce fut, pour Elisabeth-Charlotte, la découverte du théâtre français dont elle sera une admiratrice fervente. Ils quittèrent Chantilly le lendemain et arrivèrent le soir à Saint-Germain. La Grande Mademoiselle se souvient avec une précision toute visuelle de l'arrivée de Madame à la Cour : « Elle vint deux jours après ; elle arriva avec un habit de brocart d'argent, parée plus que lorsqu'elle vit Monsieur, car il dit qu'il ne l'avait pas trouvée telle la première fois. Il faisait froid ; elle n'avait pas mis de masque. Elle avait mangé des grenades qui lui avaient fait devenir les lèvres violettes. Quand l'on vient d'Allemagne, on n'a pas l'air français. Elle nous parut fort bien, et Monsieur ne la trouva pas telle et fut un peu étonné. Mais quand elle eut pris l'air de France, ce fut tout autre chose[88]. »

Louis XIV, parfait en la circonstance, prit sa belle-sœur par la main lorsqu'elle dut affronter la rude épreuve d'être présentée à sa cour qu'il avait favorablement prédisposée à son égard. « Comme j'arrivai la première fois à la cour de Saint-Germain, notre feu Roi vint aussitôt à moi, au château-neuf où Monsieur et moi logions, et il m'amena le Dauphin qui était alors un enfant de dix ans. Dès qu'on m'eut habillée, le Roi repartit au château-vieux où il m'accueillit dans la salle des gardes. Comme il me conduisit à la Reine, il me chuchota à l'oreille : " *N'en ayez pas peur, Madame, elle aura plus de peur de vous que vous d'elle.* " Le Roi était si prévenant, il ne voulait pas me quitter. Il s'assit à côté de moi, et chaque fois que je devais me lever pour un duc ou prince qui entrait dans la pièce, il me donna discrètement un petit coup dans les côtes[89]. »

Il faut croire que Madame cacha bien son désarroi à cette occasion. Le lendemain 2 décembre, Mme de Sévigné mande à sa fille : « On dit que la nouvelle Madame n'est point du tout embarrassée de la grandeur de son rang[90]... » Mais à l'instant même où Mme de Sévigné notait cette première impression favorable, les courtisans constatèrent à Saint-Germain que Monsieur ne s'était pas trompé, et que la nouvelle Madame était moins jolie dans la lumière blafarde d'une froide journée de décembre qu'elle n'avait paru la veille à la faveur de la lumière dorée des chandeliers. « Le lendemain on fut voir Madame qui ne parut pas si bien au jour qu'aux flambeaux. Le soir il y eut un ballet que l'on avait fait de plusieurs entrées, qui était assurément plus beau que quoi qu'elle eût pu jamais voir en Allemagne[91]. » Le mépris pour cette Allemande rustique qui se gavait de grenades et qui s'était contentée d'un époux dont elle, Mademoiselle, n'avait pas voulu, est évident.

Pendant toute une semaine des festivités célébrèrent à Saint-Germain le mariage de Monsieur. Pendant trois soirées consécutives, la troupe du Roi dansa un ballet composé d'entrées d'anciens ballets qui figuraient l'histoire de Psyché et le triomphe de Vénus avec une profusion de Zéphyrs, de Nymphes et d'Amours dans un décor mouvant de grottes, d'ondes et de bocages. On voudrait connaître les réflexions de la mariée dégrisée devant ce fatras mythologique vide de sens. En musique, Monsieur n'aimait que les cloches sonnant à toute volée. Aussi son mariage ne donna-t-il pas lieu à la création d'un spectacle musical commandé pour l'occasion, rappelant l'*Ercole amante* du Vénitien Francesco Cavalli écrit pour le mariage de Louis XIV. L'*Ercole* était un prodigieux opéra à machines par les Vigarani produisant une mer en furie, des enfers enflammés, un cimetière avec spectres et statues animées, etc., et mêlé d'entrées de ballet de Benserade et Lully[92].

Le 7 décembre, le duc et la duchese d'Orléans quittèrent Saint-Germain. Comme pour la réconforter, le Roi fit donner à Madame trois cassettes contenant 30 000 pistoles. C'est du moins ce que rapporte le diplomate vénitien Micchielli[93]. La somme paraît excessive quand on sait que la pistole valait 11 livres. 330 000 livres, c'était cinq fois sa dot et presque la moitié des revenus annuels du Palatinat. La Reine lui offrit un compliment en mauvais français et une rose de diamants évaluée à 40 000 écus. Le même jour, le Roi rendit une ordonnance accordant la somme annuelle de 252 000 livres pour l'entretien de la maison de Madame, à prendre en son trésor royal[94].

La petite-fille du Roi des neiges salua le Roi-Soleil d'une belle révérence et monta dans le carrosse de Monsieur. Les fêtes touchaient à leur fin ; la vie conjugale allait commencer.

DEUXIÈME PARTIE

Madame, duchesse d'Orléans
(1672-1701)

CHAPITRE V

Entre Saint-Cloud et Sodome :
Monsieur, prince gay

SAINT-CLOUD, DEMEURE DES CHAMPS

Les Parisiens, après les courtisans, allaient avoir l'occasion de
découvrir la nouvelle Madame. Venant de Saint-Germain le lundi
7 décembre, les carrosses arrivèrent à Saint-Cloud vers midi. Monsieur
voulait montrer sa « demeure des champs » à Elisabeth-Charlotte. Il
avait fait l'acquisition en octobre 1658 du premier château construit par
Jérôme de Gondi au flanc de la colline surplombant la Seine sous le
règne d'Henri III qui y avait été assassiné en 1589. Lavée du sang royal,
la « maison de Gondi » avait appartenu ensuite à Jean-François de
Gondi, archevêque de Paris et propriétaire de la terre de Versailles,
qui y dépensa de fortes sommes.

Les jardins de Saint-Cloud surtout étaient très admirés, car les
paysagistes avaient exploité habilement le terrain inégal de la colline
pour varier les sites et éviter la monotonie. Les peintres y avaient
brossé, à la façon italienne, des « perspectives feintes » à l'extrémité
des allées, créant ainsi une illusion de prolongement à l'infini. Les
sculpteurs avaient peuplé la fameuse terrasse regardant la Seine, les
parterres, les grottes et les sous-bois de nombreuses statues. Un
système hydraulique ingénieux, caché sous les verdures, alimentait des
jets d'eau et une cascade baroque, considérée comme une merveille
incomparable. On attribue ces jeux hydrauliques au fontainier florentin Tomaso Francini qui allait bientôt manifester son génie à Saint-
Germain et Versailles. En 1655, les héritiers de l'archevêque fastueux
avaient cédé Saint-Cloud au financier huguenot d'Hervart moyennant
la somme de 72 000 livres. Trois ans plus tard, celui-ci la revendit pour
240 000 livres au frère du Roi. Mazarin avait encouragé la transaction.

Monsieur n'avait pas touché au château des Gondi, mais il avait
agrandi considérablement le domaine de Saint-Cloud. N'ayant pas

encore un apanage constitué et vivant donc principalement des bontés de sa mère et du Roi, l'argent lui manquait pour réaliser ses projets de construction. Il rêvait de raser la maison de Gondi, et de bâtir au sommet du coteau un château digne d'un fils de France aux goûts magnifiques. Ayant reçu en 1661 ses premiers apanages jusqu'à concurrence de 200 000 livres de revenu annuel et la dot de Madame Henriette (60 000 jacobus d'or, soit 870 000 livres), Monsieur n'avait pas encore les moyens de construire la « délicieuse maison » de ses rêves, mais il avait pu au moins intensifier ses achats de terres adjacentes. Entre 1665 et 1667, neuf petites propriétés valant de 18 à 4 640 livres avaient été intégrées au parc de Saint-Cloud. Une ménagerie et une volière furent installées. Antoine Le Pautre, nommé architecte du duc d'Orléans, avait construit une grande cascade qui remplaçait celle des Gondi qui menaçait ruine. Imposant, discipliné avec rigueur mais disparaissant sous les artifices compliqués, le vaste théâtre de pierre de Le Pautre ne fut que médiocrement apprécié par Gianlorenzo Bernini lorsque celui-ci le vit en 1665. « L'on n'est pas ici accoutumé aux choses naturelles, avait-il dit, on en veut de plus ajustées[1]. »

Monsieur avait fait appel au concours de Le Nôtre pour « penser » le parc de son futur château. Le Nôtre fit comprendre au prince qu'un noble ensemble exige des surfaces considérables. Dans les mois qui avaient suivi le décès de Madame Henriette, Monsieur avait chargé son trésorier de s'entendre avec tous les propriétaires des environs qui voulaient vendre. Dans les derniers mois de 1670 et les premiers de 1671, cent vingt-huit contrats furent établis, et les jardiniers de Monsieur plantèrent massivement. Son mariage avec une princesse qui n'avait pas le sou lui imposait encore la patience ; ce n'est qu'en 1675-1676 que ses revenus gonflés d'apanages supplémentaires, de pensions et de gratifications pourraient enfin supporter les débours de la construction d'un nouveau château.

En juillet 1671, sitôt après la célébration des messes anniversaires pour le repos d'Henriette d'Angleterre, Monsieur avait donné à Saint-Cloud des fêtes au Roi et à la Reine. Jamais les décorations florales des appartements n'avaient été aussi magnifiques. Le soir venu, le spectacle de la cascade illuminée de plus de deux mille chandelles avait ébloui les invités. Maintenant, cinq mois plus tard, les carrosses roulaient sous les arbres défeuillés, et la nouvelle Madame découvrit Saint-Cloud, qui allait être sa résidence préférée, noyé de brume et endeuillé par « l'hiver grison » (Robinet). Après le tour du propriétaire et un repas de gibier et de sucreries, la compagnie prit la route de Paris et du Palais-Royal.

Une fillette de neuf ans, Marie-Louise, fille aînée de Monsieur et de Madame Henriette, s'était installée dans le carrosse du duc et de la duchesse d'Orléans. Ce n'est qu'au bout d'un certain temps qu'Elisabeth-Charlotte s'habituera à sa belle-fille, mais elle finira par l'aimer. Parlant cinq ans plus tard d'un mariage bavarois possible de Mademoiselle, elle dira à Sophie : « J'aimerais mieux garder notre Mademoiselle ici, non seulement parce qu'elle est la fille de Monsieur et que je lui souhaite donc tout bonheur, mais aussi parce que, à présent, nous nous sommes bien habituées l'une à l'autre... » Les premiers contacts semblent avoir été malaisés, mais Mademoiselle sera bientôt sa compagne de jeux. Un an avant sa mort elle raconte à Louise, parlant de la petite Mademoiselle : « Je l'ai aimée de tout cœur comme si elle était ma sœur ; elle n'aurait pu être ma fille, car je n'avais que neuf ans de plus qu'elle. J'étais bien enfant encore quand je suis arrivée ici ; nous avons joué et galopé ensemble, avec Karllutz et le petit prince d'Eisenach. Nous faisions souvent un tel tapage qu'on ne pouvait endurer notre compagnie. Il y avait ici une vieille dame qui s'appelait Mme de Fiennes, que nous avons horriblement tourmentée. Elle n'aimait pas entendre tirer, et nous lui lancions des pétards dans les jupes. Cela la mettait hors d'elle, elle nous courait après pour nous battre, c'était là le plus amusant[2]. » Les débuts de Madame en France furent donc moins compassés qu'on ne le pense généralement.

Le plat Robinet, intéressant en cette fin de 1671 puisque le *Mercure galant* de Donneau de Visé ne sera fondé qu'en 1672, relate ainsi le départ de Saint-Cloud au Palais-Royal :

> Ayant fait, au lieu que je dis,
> Le repas qu'on fait à midi,
> Ainsi que Monsieur avec elle,
> Et l'aimable Mademoiselle
> Que sa belle-mère aime fort,
> Vers Paris ils prirent l'essor.
> Et le soir, au bruit des timbales,
> Ces belles Altesses Royales
> Arrivèrent en leur palais
> Alors plus paré que jamais
> Et brillant de tant de lumières
> Que, durant les nuits les plus claires,
> On en voit moins au firmament
> Que là, dans un appartement.

LE PALAIS-ROYAL

Lorsque les carrosses entrèrent dans Paris, ville qu'Elisabeth-Charlotte détestera cordialement sa vie durant, Monsieur lui expliqua que le Palais-Royal, sa résidence parisienne, ne lui appartenait pas en propre. Il avait été baptisé en mai 1648 dans la chapelle du Palais-Royal, et y avait épousé Henriette en mars 1661. Quand elle descendit dans la cour d'entrée donnant sur la rue Saint-Honoré, la nouvelle duchesse d'Orléans regarda avec curiosité le palais éclairé dont elle connaissait à présent l'histoire.

Au début des années 1630, le cardinal de Richelieu avait acheté près du Louvre un grand rectangle de terrain de quatre cents mètres sur cent cinquante, compris entre la rue Saint-Honoré au sud, l'actuelle rue de Richelieu à l'ouest, et la rue des Bons-Enfants à l'est. Jacques Lemercier, qui travaillait alors à la chapelle de la Sorbonne et à l'église du Val-de-Grâce, fut chargé de construire une résidence que les Parisiens appelleront bientôt le Palais-Cardinal.

Plusieurs hôtels occupant le terrain furent rasés, parmi lesquels l'ancien hôtel d'Armagnac où était installée l'académie d'équitation de Benjamin. Le Palais-Cardinal formait un double quadrilatère avec de longues galeries à l'est et à l'ouest, séparées par deux cours spacieuses. Les bâtiments furent constamment remaniés par la suite, mais nous savons que, du vivant du Cardinal, son palais comprenait, outre les appartements, les cabinets d'objets d'art, la chapelle, la bibliothèque, les cuisines, les communs, les logements des serviteurs et les écuries, deux grandes attractions. Une vaste salle de théâtre occupait de haut en bas l'aile orientale de la première cour. Elle pouvait accueillir un millier de spectateurs installés sur des gradins (alors une nouveauté) sous un plafond en trompe-l'œil représentant des colonnes corinthiennes. La galerie des Illustres, l'autre attraction, s'étendait au rez-de-chaussée le long de l'aile occidentale de la deuxième cour. Richelieu avait eu l'idée d'y rassembler les portraits en pied de vingt-cinq héros de l'histoire de France parmi lesquels il figurait lui-même en bonne place. Pour peindre ces « Illustres », Simon Vouet et Philippe de Champaigne, alors au début de sa carrière, s'étaient partagé le travail. Un vaste jardin avec deux grands bassins s'étendait derrière le palais. Il y avait même un petit bois feuillu de grands arbres.

Richelieu avait légué son palais au roi en 1639. Son testament stipulait « que ledit hôtel demeurerait à jamais inaliénable à la Couronne, sans même pouvoir être donné à aucun prince, seigneur ou autres personnes pour y loger sa vie durant ou à temps, l'intention dudit Cardinal étant qu'il ne serve que pour le logement de Sa Majesté, quand elle l'aura agréable, ses successeurs rois de France, ou de l'héritier de la Couronne seulement et non autre [3]... ». Après les décès à cinq mois de distance de Richelieu et de Louis XIII, Anne d'Autriche s'était installée au Palais-Cardinal avec les deux princes âgés de cinq et trois ans. Les bonnes gens du quartier parlaient bientôt du Palais-Royal. L'appartement redécoré de la reine était d'une magnificence et d'un raffinement qui furent très remarqués : l'oratoire reçut la lumière du jour à travers de grands carreaux de cristal montés dans des cadres d'argent, et la galerie était entièrement décorée par Simon Vouet, avec un riche plafond doré et un parquet du plus grand luxe exécuté par l'ébéniste Macé [4].

La galerie des Objets d'art fut transformée en appartement pour Philippe, titré alors duc d'Anjou, et le cardinal Mazarin s'installa tout près du jeune Roi dans le bâtiment central. Pour amuser et former les petits princes, on construisit une forteresse en miniature dans le jardin, et on lâchait de temps en temps un cerf ou un sanglier dans le petit bois. Le jeune Roi, qui s'arrangea un soir pour se noyer presque dans l'un des grands bassins, partageait son temps entre les exercices équestres et un cours pratique d'initiation sexuelle chez Catau dite la Borgnesse, épouse d'un marchand de rubans. Il brillera dans ces deux disciplines.

La Fronde éclatant pendant l'été de 1648 rendit Paris moins sûr pour la reine et ses fils. Un célèbre passage des *Mémoires* de Mme de Motteville raconte l'évasion du Palais-Royal le 6 janvier 1649. La veille, pour donner le change et divertir les princes, Anne d'Autriche avait « séparé un gâteau » (elle eut la fève) et bu une bouteille d'hypocras. Le jour des Rois, à trois heures du matin, on réveilla le Roi et le petit Monsieur pour les faire monter dans un carrosse qui les attendait à la porte du jardin du Palais-Royal, et on partit pour Saint-Germain [5]. La reine et ses enfants ne rentrèrent à Paris qu'en octobre 1652, pour s'installer cette fois au Louvre, moins confortable mais mieux protégé de la populace que le Palais-Royal. Henriette-Marie de France, fille d'Henri IV et veuve de l'infortuné Charles Ier d'Angleterre, habitait le Louvre avec sa fille Henriette-Anne. Elles déménagèrent avec leur cour d'Anglais réfugiés et affamés au Palais-Royal. Plongée dans la dévotion, la reine Henriette laissa se dégrader le palais que ses gens pillaient honteusement. En janvier 1661, la troupe de Molière, dite la troupe de Monsieur, fut autorisée à se produire dans le théâtre désaffecté depuis des années. Le 31 mars de la même année, Monsieur épousa Henriette-Anne qui avait seize ans. Le Palais-Royal, où la cérémonie avait eu lieu, leur fut assigné comme résidence, et la reine d'Angleterre, confite dans la piété, porta ses livres de prières au couvent des visitandines de Chaillot.

Le Palais-Royal appartenait toujours à la Couronne ; ce fut donc aux frais du Roi que furent entrepris des travaux de reconstruction rendus nécessaires par la négligence de la reine Henriette et le mariage de Monsieur. Dans l'aile occidentale de la première cour, le logement de Monsieur fut développé en grand appartement, et l'appartement d'Henriette installé dans le même corps de logis, vers l'est. La galerie des Illustres fut restaurée, et la chambre de Marie-Louise reçut un nouveau plafond de Noël Coypel.

Les inventaires après décès de Madame Henriette décrivent un mobilier somptueux. Des tableaux de Van Dyck, Titien, Tintoretto, Giorgione, Véronèse, Mignard, Pourbus et Metsys éblouissaient le regard dans un décor de stuc doré. Le faible de Monsieur pour les tapisseries explique la présence de nombreuses tentures de Flandre. Le grand cabinet derrière sa chambre était orné d'une *Histoire de Tancrède et de Clorinde* flamande, et la « grande galerie cintrée » tapissée de deux tentures de sept pièces chacune, une *Histoire d'Artémise* et une *Histoire de saint Paul.* Le garde-meuble conservait deux autres tentures de Bruxelles, une *Histoire de Scipion* et un *Enlèvement d'Hélène.*

Les « maisons » de Monsieur et de la première Madame, qui seront maintenues telles quelles après son remariage, étaient considérables. Une véritable armée d'officiers et de serviteurs remplissait le Palais-Royal. La maison de Madame, moins nombreuse que celle de Monsieur, comportait plus de deux cent cinquante personnes qui la servaient directement, ou qui se servaient les uns les autres. Ainsi les six pages avaient leur maître à danser et six autres personnes affectées à leur service ; les quatre filles d'honneur avaient leur cocher qui à son tour avait son postillon, et ainsi de suite.

Voici, au risque de lasser le lecteur, la liste des personnes qui composaient la maison de Madame, telle que Guy de La Batut l'a établie : un premier aumônier, un aumônier ordinaire, quatre aumôniers, un confesseur et un prédicateur ordinaire, un chapelain ordinaire, trois chapelains, quatre clercs de chapelle, un sommier de chapelle, un aumônier du commun, un confesseur du commun, une surintendante de la maison, une dame d'honneur, une dame d'atour, une gouvernante et sous-gouvernante des filles d'honneur, quatre filles d'honneur, quatorze femmes de chambre, une lingère, une empeseuse, six femmes pour servir les filles d'honneur, un huissier de chambre ordinaire, une dizaine d'huissiers de la chambre, quatre huissiers de l'antichambre, un valet de chambre ordinaire, huit valets de chambre, trois garçons de la chambre, deux lingères, un premier médecin, un médecin ordinaire de la maison, un apothicaire du corps, du commun et de l'écurie, un chirurgien du corps, deux chirurgiens du commun, un maître de la garde-robe, un valet de garde-robe ordinaire, quatre valets de garde-robe, deux tailleurs, un porte-manteau ou porte-gant, un chevalier d'honneur, un premier maître d'hôtel, un maître d'hôtel ordinaire, quatre maîtres d'hôtel, deux contrôleurs généraux de la maison et argenterie, un gentilhomme servant ordinaire, huit gentilshommes, quatre contrôleurs clercs d'office, un contrôleur ordinaire, quatre huissiers de salle, quatre chefs de paneterie, leurs quatre aides, un sommier de paneterie, quatre chefs d'échansonnerie, leurs quatre aides, un sommier d'échansonnerie, un sommier de fruiterie, quatre huissiers du bureau, quatre chefs de fourrière, leurs quatre aides, deux porte-tables et chaises du corps ou porte-fauteuils, deux porte-tables du commun, deux maréchaux des filles, deux huissiers de salle des filles, un valet de chambre ou garçon des filles, un garde-meubles et pierreries, deux tapissiers, un porte-chaise d'affaires, deux porte-faix de la chambre, deux pourvoyeurs, deux falotiers, une douzaine de fournisseurs ordinaires, quatre maréchaux des logis, un premier écuyer, un écuyer ordinaire, quatre écuyers, six pages, deux écuyers cavalcadeurs pour monter les chevaux, un contrôleur général de l'écurie, un secrétaire des commandements, un intendant des maison et finances, six secrétaires, deux solliciteurs d'affaires, un trésorier général de la maison, dix valets de pied, deux porte-manteaux, un valet de pied des filles, un cocher du carrosse du corps, un postillon, un cocher du second carrosse, son postillon, un cocher du carrosse des filles, son postillon, un cocher du carrosse des femmes de chambre, son postillon, un maître palefrenier ordinaire, deux porteurs de chaise, deux maréchaux de forge, un garde-meuble des écuries, un charron, deux tailleurs, un bourrelier, un chirurgien de l'écurie, un barbier pour les pages, un maître à danser des pages, un maître tireur d'armes, un gouverneur des pages, leur aumônier ordinaire et précepteur, leur valet, un argentier de l'écurie. La dame d'honneur touchait 8 000 livres, les femmes de chambre 30. Le montant des gages annuels de la maison de Madame dépassait 250 000 livres [6].

C'est dans ce luxueux caravansérail brillant de tous ses feux qu'Elisabeth-Charlotte mit pied à terre ce lundi soir, 7 décembre. Elle fut accueillie avec force révérences par une pléiade de personnes du plus haut rang, comme la princesse de Conti, la duchesse de Longueville, la princesse de Carignan et sa fille, la princesse de Bade.

Parmi les dames qui rendirent leurs devoirs, Robinet cite plus particulièrement Mme de Brégis. Charlotte Saumaise de Chazan, comtesse de Brégis, vivait au Palais-Royal séparée de son mari. C'était une belle brune spirituelle qui avait fait partie de la cour d'Anne d'Autriche et que Mazarin aurait aimée. « Elle ne manque point d'esprit, reconnaît Tallemant, mais c'est la plus grande façonnière et la plus vaine créature qui soit au monde [7]. » Aux yeux de Saint-Simon qui l'a connue plus tard, « c'était une antique beauté et un esprit, grande intrigante, et à qui, de la régence et de la jeunesse du Roi et de Monsieur, il était resté grande familiarité avec eux [8] ». Mme de Brégis s'arrangera pour bien vivre avec la nouvelle duchesse d'Orléans qui appréciera sa loyauté et son esprit. Elle écrira en 1715 à Louise : « Mme de Brégis, dont on a tant médit, était une dame bien honnête de beaucoup d'esprit. Son seul défaut était la parcimonie. » Après sa mort au Palais-Royal, on trouvera près d'un million de livres cachées dans ses vieilles robes et chaussures [9]. Sa coutume de marmonner à tout propos « cela est bien désobligeant » amusait Madame [10]. Elle confiera en 1717 à Caroline de Galles la curieuse histoire du mariage secret d'Anne d'Autriche et de Mazarin, citant Mme de Brégis comme une source au-dessus de tout soupçon [11].

La comtesse de Brégis et quelques autres dames, « qui, à la vérité, n'auraient guère été reçues ailleurs [12] », formaient la petite cour féminine de Monsieur au Palais-Royal. Avec elles, il pouvait bavarder sans être ridicule des mille choses futiles qui accaparaient son esprit ; elles le trouvaient raffiné, drôle et toujours généreux. Les plus intelligentes comprenaient sans doute que sa nature hésitante avait besoin de cette quintessence féminine, de ce *profumo di donna* qui lui rappelait les froissements d'étoffes, les gants odorants, les secrets galants, les chuchotements et les rires de la cour de sa mère la reine Anne, où des cordes féminines s'étaient mises à vibrer au plus profond de son être.

Anne de Gonzague avait écrit à Karl Ludwig qu'on préparait au Palais-Royal « un appartement magnifique pour Madame ». Nous connaissons l'appartement qu'occupait Elisabeth-Charlotte au Palais-Royal grâce à l'inventaire dressé après le décès de Monsieur, mais il est difficile de savoir quand exactement il a pris l'apparence qu'il avait en 1701. Madame occupait deux antichambres, une petite galerie et un grand cabinet sur la rue Saint-Honoré, ainsi qu'une chambre située en retrait au-dessus des cuisines, dans laquelle il faut surtout signaler le bureau de marqueterie à fond noir sur lequel écrivait l'infatigable épistolière lorsqu'elle était à Paris. Le lit sous un dais de satin blanc était superbe [13].

Mais elle n'avait jamais habité une grande ville, et le luxe qui l'entourait ne pouvait la réconcilier avec les contraintes, les bruits et les odeurs de Paris. « Dès que je suis seulement deux heures à Paris, se plaint-elle en 1695 à Sophie, j'ai des maux de tête, et il me prend à la gorge un picotement qui me fait constamment tousser. De plus, je n'y peux pas bien dormir, car les cuisines sont sous ma chambre [14]... » Et à Louise : « Tous les Français aiment Paris par-dessus tout. J'adore les Parisiens, mais je n'ai jamais aimé résider dans leur ville où tout me déplaît [15]. » Ou encore, à la même : « Il m'est égal d'être où je suis, pourvu que ce ne soit pas à Paris [16]. » Même l'orientation de son appartement, ensoleillé et agréable en hiver mais étouffant l'été, lui arrache des plaintes : « Mon cabinet est exposé au midi. J'ai donc toute la journée le soleil sur mes fenêtres avec une chaleur telle qu'on étoufferait [17]... »

Les Parisiens, oui. Le Palais-Royal, à la rigueur. Paris, non. Ici comme en beaucoup d'autres domaines, les goûts de Madame s'opposaient diamétralement à ceux de Monsieur qui aimait Paris, avec ses spectacles, ses églises, ses cloches et ses prédicateurs. Il y faisait un peu fonction d'ambassadeur permanent délégué par son frère dans la capitale où celui-ci ne se plaisait pas.

« Monsieur aime Madame tendrement »

Le lendemain, fête de la Conception de la Vierge, Monsieur et la nouvelle Madame se rendirent en grande pompe, entourés d'une nombreuse suite, à Notre-Dame où ils assistèrent à une messe solennelle où officiait François de Harlay-Champvallon, archevêque de Paris depuis neuf mois. Ce fut une occasion de se montrer aux badauds. Elisabeth-Charlotte, qui portait une somptueuse robe de velours brodé, fut acclamée vigoureusement sur son passage : son air naturel et sa spontanéité plurent d'emblée au peuple parisien qui ne cessera jamais de l'aimer.

Après un déjeuner en public offert par l'archevêque, l'après-midi fut consacré à Anne de Gonzague. Monsieur et Madame

> allèrent voir leur chère tante,
> cette Palatine éclatante,
> laquelle a formé les beaux nœuds
> qui les rendent contents tous deux...

La princesse Palatine les reçut magnifiquement en son hôtel de la rue Garancière, entre le Luxembourg et Saint-Sulpice, alors en pleine reconstruction. Si elle avait « planté là » sa nièce à Saint-Germain, c'est qu'elle était appelée à Paris pour achever des négociations délicates avec les marchands parisiens qui avaient fourni une partie du trousseau d'Elisabeth-Charlotte. Pawel-Rammingen, le résident de Karl Ludwig à Paris, faisait la sourde oreille dès qu'on lui parlait de factures à payer, et Anne de Gonzague dut avancer elle-même les trois mille ou quatre mille livres que réclamaient les marchands, en attendant que Karl Ludwig, dans sa lettre du 18 décembre, se déclarât prêt à régler cette somme.

Deux jours après la visite de Monsieur et Madame rue Garancière, la Princesse Palatine mande à l'Électeur, qui était revenu sur sa proposition de laisser la gouvernante Kolb auprès de sa fille comme simple fille d'honneur : « Monsieur aime Madame tendrement, toute la Cour l'estime et elle se conduit avec tant de sagesse et de prudence, qu'en vérité l'on ne peut assez la louer. Je la vois très contente et sa bonne humeur nous fait connaître qu'elle s'accoutume tout à fait à la France [...]. Je suis bien fâchée de ne pouvoir réussir aussi bien sur le sujet de Mlle de Wartemberg, comme vous le désirez, mais, Monsieur, c'est une chose tout à fait impossible et je ne pense pas que ce soit sérieusement que vous m'ordonnez de proposer que de vieille gouvernante elle devienne belle et jeune fille d'honneur. La cour de France ne fait point de tels miracles [18]... » On a de la peine en effet à s'imaginer la vieille et hommasse Kolb parmi les filles d'honneur de la duchesse d'Orléans, réputées pour leur beauté.

La même lettre soulève en outre un problème de médecine contrastive. Depuis son séjour à Londres au début des années 1640, Karl Ludwig s'était passionné pour la médecine ; la découverte de la circulation sanguine par William Harvey en 1628 avait démontré que cette science, figée depuis le temps d'Hippocrate, avait encore beaucoup de chemin à parcourir. Sa correspondance le montre très méfiant à l'égard de la médecine de son temps. Il fait partie de cette cohorte d'esprits éveillés qu'irritaient la lenteur et les maladresses de l'art médical traditionnel. Plutôt que de se fier à des médecins ignares, des chirurgiens massacreurs, des apothicaires charlatans ou des empiriques bricoleurs, il croyait aux bienfaits d'une médecine douce et naturelle, se servant plus volontiers d'une bonne bouteille de vin que d'un flacon d'orviétan. A ses yeux, une diététique fondée sur le bon sens valait mille fois les drogues infectes et les redoutables saignées et lavements par lesquels les médecins français venaient à bout du patient le plus résistant.

Il savait que sa fille, en se mariant, devrait changer non seulement de religion, mais aussi de médecine, et ce dernier changement l'inquiétait visiblement plus que le premier. Il avait raison, car l'année même du mariage de Liselotte, une querelle échauffée opposait à la Faculté de Médecine de Paris les « circulateurs » qui pensaient comme Harvey aux « anticirculationnistes » irréductibles qui criaient le plus fort. Boileau avait composé la même année son *Arrêt burlesque*, faisant défense au sang « d'être plus vagabond, errer ni circuler dans le corps, sous peine d'être entièrement livré et abandonné à la Faculté », et bannissant « à perpétuité la Raison des Écoles de ladite Université », lui faisant défense d'y rentrer « à peine d'être déclarée janséniste [19] ». La « paix de l'Église » (1668-1679) autorisait cette plaisanterie. En 1672, on soutenait encore des thèses anticirculationnistes à Paris. Karl Ludwig n'avait donc pas eu tort d'inculquer ses convictions médicales à sa fille avant son départ pour la France, et d'écrire à la princesse Palatine, insistant sur des soins médicaux « à l'allemande ».

Dans sa lettre du 10 décembre, Anne de Gonzague le rassure tant bien que mal : « Madame a des médecins qui n'aiment ni les saignées ni les remèdes. Tant qu'elle se portera bien, l'on ne songera pas à lui en faire jamais, mais si — ce que Dieu préserve — elle devenait malade, on ne s'en rapporterait pas à Mlle Kolb [...]. M. le landgrave de Hesse est mort en France pour y avoir été traité par des médecins allemands, qui dans une fièvre continue et un dévoiement bilieux lui continuèrent le vin et ne le saignèrent jamais, voulant le traiter ainsi comme en leur pays et ne faisant nulle réflexion sur la différence du climat et sur la subtilité violente de l'air qui enflamme à Paris les esprits aisément et corrompt le sang facilement. Et quand nos médecins français furent appelés, le Landgrave n'était déjà plus en état d'en recevoir le secours. C'est pour faire observer, Monsieur, que qui traiterait les maladies en France, en Allemagne, en Italie et en Espagne d'une même méthode, tuerait infailliblement les malades, mais dans la bonne santé de Madame, il n'y a rien de tout cela à craindre... » Sans doute ce raisonnement n'a-t-il pas converti Karl Ludwig à la médecine française, mais il ne laisse pas d'être fort curieux, trois quarts de siècle avant Montesquieu et Buffon qui attachent au climat l'importance qu'on sait.

Le refus de la nouvelle Madame d'adopter la médecine de France choquait les contemporains. Dans sa lettre déjà citée du 2 décembre, Mme de Sévigné informe sa fille : « On dit qu'elle ne fait pas cas des médecins et encore moins des médecines. [...] Quand on lui présenta son médecin, elle dit qu'elle n'en avait que faire, qu'elle n'avait jamais été ni saignée ni purgée ; quand elle a quelque incommodité, elle se promène et s'en guérit par l'exercice : *lasciamo la andar, che fara buon viaggio.* » Elisabeth-Charlotte aurait dit à son premier médecin Nicolas Lizot qu'il serait aussi le dernier, puisqu'elle n'en aurait jamais d'autre.

Deux mois plus tard, une indisposition de Madame manifestait aux courtisans l'affection que lui portait le Roi, et la difficulté de dire non au chirurgien qui vous fait la révérence une lancette à la main. La longue lettre du 4 février 1672 à Anna Katharina von Harling ne fut jamais traduite en français ; elle propose cependant avec un luxe de détails pittoresques une scène comique qui aurait réjoui Molière dont la troupe créera exactement un an plus tard, le 10 février 1673, *Le Malade imaginaire* sur la scène du théâtre du Palais-Royal. Elisabeth-Charlotte commence par raconter qu'elle a fait *medianoche* (repas de minuit permettant de manger gras après un jour maigre), et qu'elle a trop mangé. Elle a mal dormi et s'est réveillée en nage avec d'affreux maux de tête, ce qui ne l'empêche pas d'assister à la messe du Roi et de se mettre à table avec la famille royale.

« Dès que j'arrivai à table, le Roi se mit à crier aussitôt : " Vous avez l'air très malade, je crois que vous avez de la fièvre. " Je répétais toujours que j'avais sommeil. Mais le Roi était inquiet et me fit tâter le pouls par le médecin de la Reine qui était présent. Il assurait que je n'avais pas de fièvre, mais je ne pouvais pas avaler une bouchée, et l'odeur des plats me soulevait le cœur. Dès que je me levai de table, Monsieur et le Roi me dirent que je devais aller me coucher dans ma chambre, et que je me sentirais peut-être mieux. [...] Le Roi vint me voir dans la soirée, me tâta le pouls et dit que j'avais une fièvre interne. Le médecin de la Reine dit que je n'avais pas de fièvre. Enfin ils voulaient me convaincre de prendre un clystère, ce que je ne voulais pas ; mais le Roi refusait de s'en aller tant que je ne lui avais pas promis que je me coucherais et que je prendrais un clystère. Après je fus si mal que j'ai dû aller trois fois sur ma chaise percée, et que j'ai vomi quatre fois. Le médecin revint alors, me tâta le pouls et dit que j'avais maintenant une bonne fièvre. Cet accès a duré vingt-quatre heures. [...] Ils ont voulu me saigner de gré ou de force et me faire prendre médecine, mais je refusais constamment. Enfin, comme ils ne savaient plus que faire de moi, le Roi et Monsieur sont venus. L'un a voulu me tenir de force par le bras, l'autre par la main et la tête, mais voilà que, pour mon bonheur, Mlle Catherine est venue [= j'eus mes menstrues], et ils m'ont laissée tranquille. Je n'ai eu depuis ni fièvre ni douleurs [20]... »

Personne ne reconnaissait apparemment les rapports entre la boulimie et la migraine de Madame, et son cycle menstruel. Cette scène d'intimité se déroulant dans un décor de seringues à lavement, chaises percées et médecins affolés, avec dans les rôles principaux une princesse gloutonne et têtue en diable, un grand roi prêt à mettre la main à la pâte, un prince jeune marié s'essayant maladroitement au rôle d'Amour médecin et une divinité mensuelle qui arrive à point nommé, ne manque certes pas de pittoresque, mais elle annonce des rapports orageux entre la nouvelle Madame et ses médecins dont elle n'acceptera les soins qu'à son corps défendant. « Vivre au moyen de médicaments, ce n'est plus vivre », dira-t-elle en soupirant à Louise [21].

Nous avons quitté Monsieur et Madame rue Garancière, le 8 décembre 1671. La première journée parisienne de Madame n'était pas terminée. En fin d'après-midi, ils se rendirent chez leurs voisins, les jacobins de la rue Saint-Honoré, où ils entendirent le salut et eurent à subir une harangue du nouveau prieur, le père Penon. Les jours suivants, Madame eut l'occasion de découvrir les curiosités de Paris. Le 12 décembre, elle visita la place-royale, le 13 le palais des Tuileries, le 14 le Val-de-Grâce. Parmi d'autres visites, Monsieur et Madame s'arrêtèrent à Sainte-Geneviève dont l'abbé, le père Blanchart, les complimenta. Il eut le tact d'être bref ; ses notes manuscrites, conservées à Sainte-Geneviève, en font foi. Il s'adressa d'abord à Monsieur : « Je viens rendre à V.A.R. nos très profonds respects et lui témoigner la part que nous prenons à la joie et félicité publiques de sa nouvelle alliance, que nous lui souhaitons très heureuse, très sainte et très féconde pour la gloire de Dieu et de l'État, et la prospérité de votre famille royale. » Puis, se tournant vers Madame : « Je viens assurer V.A.R. des très humbles soumissions de la communauté de Sainte-Geneviève, et lui en offrir les vœux et les prières pour la fécondité, la durée et la sainteté de son heureux mariage [22]. »

« Son heureux mariage »... Voilà qui rappelle le « Monsieur aime Madame tendrement » d'Anne de Gonzague. Elisabeth-Charlotte était en France depuis quelques semaines. Elle avait fait la connaissance de son beau-frère royal et de sa cour à Saint-Germain. Elle avait visité Saint-Cloud et le Palais-Royal, les deux résidences principales de Monsieur, et elle y avait vu les dames et les gentilshommes qui constituaient son entourage. Dans le silence de son cabinet, elle s'interrogeait sur cet homme curieux qui était son mari pour le meilleur et pour le pire. Était-il vraiment, comme assure Mme de Motteville, « digne d'être reçu avec joie des plus grandes princesses de la terre [23] » ?

La réponse n'était pas simple.

L'ÉDUCATION D'UN « JOLI PRINCE »

Les jeunes princes quittaient les soins de leurs gouvernantes à l'âge de sept ans pour « passer entre les mains des hommes ». Ce n'est qu'à cet âge-là qu'on cessait de les habiller comme des petites filles et qu'ils assumaient pleinement leur masculinité. Un tableau anonyme montre Anne d'Autriche debout entre ses deux fils, recevant en février 1646 les hommages des cardinaux Francesco et Antonio Barberini. Le petit Roi, âgé de sept ans et demi, porte un justaucorps, des culottes et un collet de dentelle, la main droite appuyée sur une canne enrubannée, tandis que son frère Philippe, qui est dans sa sixième année, est vêtu en fillette, les bras chargés de fleurs [24]. Un autre tableau de la même époque représente les deux petits princes dans un décor d'architecture. Louis XIV porte un pourpoint à manches bouffantes, d'amples culottes, un chapeau orné de plumes et un petit manteau. Le poing droit est posé fièrement sur la hanche dans un geste de défi qu'accentuent encore une petite épée et des éperons. Le petit Monsieur est vêtu d'une longue robe de soie brodée à col empesé, et d'une plume d'autruche placée en guise de bonnet sur une abondante chevelure noire bouclée. La main gauche tend une branche de fleurs, la main droite serre une baguette, seul élément timidement masculin [25].

Ni Anne d'Autriche ni Mazarin ne semblaient pressés d'enlever le petit duc d'Anjou à ses gouvernantes qui le dorlotaient plus que de raison, et avec d'autant plus de plaisir qu'il était d'une beauté délicate, quasi féminine. « On pouvait croire, note Mme de Motteville, que si les années ne diminuaient point la beauté de ce prince, qu'il en pourrait disputer le prix avec les plus belles dames [26]. » Sa mère s'y méprenait parfois, l'appelant « ma petite fille », et le jeune Philippe se laissait bichonner et féminiser avec délices par les dames de la Reine qui l'appelaient affectueusement « notre petit Monsieur ». Cette éducation développa chez lui un goût très marqué des apprêts féminins, des parfums et des bijoux. Mme de Motteville constate avec cette tranquille perspicacité qui lui est propre : « Il serait à souhaiter qu'on eût travaillé à lui ôter les vains amusements qu'on lui a soufferts dans sa jeunesse. Il aimait à être avec des femmes et des filles, à les habiller et les coiffer : il savait ce qui seyait à l'ajustement mieux que les femmes les plus curieuses, et sa plus grande joie, étant devenu plus grand, était de les parer, et d'acheter des pierreries pour prêter et donner à celles qui étaient assez heureuses pour être ses favorites [27]. » Cette tendance fut-elle simplement soufferte ou encouragée ?

Le témoignage de l'abbé de Choisy ne saurait être plus clair. Le marquis d'Argenson note dans ses *Mémoires* : « L'abbé de Choisy m'a bien des fois répété ce dont il dit un petit mot dans ses Mémoires, c'est que c'était par un effet de la police du cardinal Mazarin que l'on élevait Monsieur, frère du Roi, de la manière la plus efféminée, qui devait le rendre pusillanime et méprisable [28]... » Le « petit mot », qui parle entre autres de la mère de l'abbé, mérite d'être cité ; il montre une Mme de Choisy peu délicate dans les moyens de faire sa cour à la Reine et au Cardinal, et peu soucieuse des traces indélébiles que sa complaisance laisserait dans l'âme plus fine que forte de son fils François-Timoléon, plus jeune que Philippe de quatre ans : « On m'habillait en fille toutes les fois que le petit Monsieur venait au logis, et il y venait au moins deux ou trois fois la semaine. J'avais les oreilles percées, des diamants, des mouches, et toutes les autres petites afféteries auxquelles on s'accoutume fort aisément, et dont on se défait fort difficilement. Monsieur, qui aimait aussi tout cela, me faisait toujours cent amitiés. Dès qu'il arrivait, suivi des nièces du cardinal Mazarin et de quelques filles de la Reine, on le mettait à sa toilette, on le coiffait. [...] On lui ôtait son justaucorps, pour lui mettre des manteaux de femmes et des jupes ; et tout cela se faisait, dit-on, par l'ordre du Cardinal qui voulait le rendre efféminé, de peur qu'il ne fît de la peine au Roi, comme Gaston avait fait à Louis XIII [29]. »

L'ambition avait brouillé la cervelle de Gaston d'Orléans, le frère turbulent et irrésolu de Louis XIII. Il avait d'abord envisagé l'assassinat de Richelieu, puis pêché en eau trouble pendant la Fronde, complotant stupidement contre la Reine sa belle-sœur, et son neveu Louis XIV. On comprend que la peur de voir marcher le petit Monsieur sur les traces de son oncle inqualifiable ait inspiré à Mazarin l'idée d'éliminer Monsieur politiquement en le châtrant psychiquement. Sa prédilection pour les parures féminines fut exploitée sans scrupule et fit de lui à la fin un fantoche dont on supportait les fantaisies vestimentaires en haussant les épaules.

En février 1658 — Monsieur va avoir dix-huit ans —, il se travestit en fille pour le bal de carême-prenant au Louvre, affublé d'une grotesque perruque blonde devant Anne d'Autriche qui l'observe en souriant ; le fait a suffisamment frappé Mademoiselle pour qu'elle s'en souvienne dans ses *Mémoires*. Le carnaval de 1659 fut encore plus piquant : « Monsieur [...] me conta qu'il avait été en masque habillé en demoiselle ; qu'il avait trouvé un monsieur de Quévilly qui lui avait dit des douceurs, dont il avait été fort aise, et qu'il s'était fort bien diverti... » Quelques jours plus tard, Monsieur, Mademoiselle et deux autres demoiselles se travestissent en bergères du Lignon, personnages de l'*Astrée* : « Nous fîmes une mascarade la plus jolie du monde. Monsieur, Mlle de Villeroy, Mlle de Gourdon et moi, étions habillés de toile d'argent blanche fort chamarrée de dentelles d'argent, et des passepoils couleur de rose, et des tabliers et des pièces de velours noir tout couverts de plumes couleur de rose et blanc, et le corps lacé de perles rattachées de diamants ; et partout des perles et des diamants [...]. La reine nous trouva fort à sa fantaisie ; ce qui n'est pas peu : car elle est fort difficile à ces choses-là [30]. »

Anne d'Autriche avait toutes les raisons du monde d'être satisfaite et de trouver son fils cadet habillé en bergère du Lignon « fort à sa fantaisie ». Le pli était bien pris. Choisy, solidement ancré lui aussi dans le travesti féminin, est précis : « J'allais au Palais-Royal, toutes les fois que Monsieur était à Paris ; il me faisait mille amitiés parce que nos inclinations étaient pareilles. Il eût bien souhaité pouvoir s'habiller aussi en femme, mais il n'osait à cause de sa dignité : les princes sont emprisonnés dans leur grandeur. Il mettait, les soirs, des cornettes, des pendants d'oreilles et des mouches, et se contemplait dans les miroirs [...]. On ne saurait dire à quel point il poussa la coquetterie en se mirant, en mettant des mouches, en les changeant de place [31]. »

Ainsi s'acheva la féminisation consciente d'un fils de France manifestement doué pour la haute couture. Il ne s'en formalisait pas, et chanta de son plein gré, lors d'une fête à la Cour, ce couplet écrit pour lui par Benserade :

> J'étais un fort joli garçon
> Et j'avais toute la façon
> Qu'on voit aux royales personnes
> Qui touchent de près les couronnes,
> Quand, à force de m'attacher
> Au beau sexe qui m'est si cher,
> En m'habillant comme il s'habille
> Je suis enfin devenu fille [32].

Le mot le plus cynique est de Louis XIV qui note dans ses *Mémoires* : « Il peut être avantageux à celui qui règne, de voir ceux qui le touchent par leur naissance, beaucoup éloignés de lui par leur conduite. Ce qu'on voit de grandeur et de fermeté dans son âme est relevé par l'opposition de la mollesse qu'on trouve en eux ; et ce qu'il fait paraître d'amour pour le travail et pour la véritable gloire est infiniment plus brillant lorsqu'on ne découvre ailleurs qu'une pesante oisiveté ou des attachements de bagatelle[33]. » Avait-il compris et accepté, malgré sa « singulière horreur pour tous les habitants de Sodome[34] », que l'émasculation de son cadet, qui faisait mieux ressortir par la vertu du contraste ses propres qualités royales, aurait des contrecoups ? Élevé au gynécée dans une « pesante oisiveté », Monsieur n'y avait pas seulement développé son goût inné des jolies bagatelles ; sa sexualité hésitante en subissait également les conséquences.

Qu'on n'aille pas croire cependant que Monsieur manquait de caractère. En 1658, une querelle à table dégénéra en bagarre au cours de laquelle Philippe lança son assiette à la tête de son frère, tout roi qu'il fût. Mazarin venait de proposer à Daniel de Cosnac d'acquérir la charge de premier aumônier de Monsieur. Il hésitait et consultait ses amis. L'incident de l'assiette le détermina à accepter l'offre du Cardinal. « Cette action, dit-il dans ses *Mémoires,* quoique inconsidérée, me paraissant partir d'un bon cœur qui ne peut souffrir d'injures, fit plus d'effet sur moi que le conseil de mes amis. » Il dit à Mazarin : « Je craignais que Monsieur ne fût qu'un joli prince, mais je vois qu'il y a en lui de quoi faire un homme. De tout cœur j'entrerai à son service[35]. »

Mazarin fit semblant d'être ravi, tout en se demandant si le caractère de Monsieur avait été suffisamment ramolli. L'avenir, et notamment les prouesses et le sang-froid de Monsieur sur le champ de bataille, montrera que la question était pertinente. « La nature a été la plus forte en lui, écrit Choisy ; quand il a fallu se battre, il s'est montré du sang de France, et a gagné des batailles. Je l'ai vu pendant des campagnes entières quinze heures à cheval, en suivant les ordres du Roi, exposant toute sa beauté au soleil qui ne l'épargnait pas[36]. » Malgré son indolence, il se souvenait à certains moments que sa devise d'armes était « *Post fulmina terror* ». Saint-Simon souligne la même dichotomie chez le frère du Roi « qui avec beaucoup de valeur avait gagné la bataille de Cassel », observant en même temps qu'il n'y avait « personne de si mou de corps et d'esprit[37] ». Mazarin pouvait se féliciter d'une chose : la sexualité incertaine de Monsieur allait compliquer terriblement sa vie et le rendre peu apte à conspirer contre le trône. S'il faut en croire les contemporains, Mazarin et ses neveux s'y étaient employés personnellement.

LA ROUTE DE SODOME

Le cheminement de Monsieur sur la route de Sodome est difficile à retracer en détail en raison de la discrétion de la plupart des mémorialistes du temps qui se bornent le plus souvent à constater son âme féminine. Il faut se contenter de déclarations ambiguës, comme celle de Mme de Motteville : « Monsieur n'avait pas de passion dans l'âme qui parût le tourmenter. Au lieu d'aimer la beauté des dames, il aimait lui-même à leur plaire par la sienne, et leurs louanges ne lui déplaisaient pas. [...] Les plus dangereuses par leurs charmes vivaient avec lui et lui avec elles aussi modestement que s'il eût été lui-même une dame [38]. » Mme de La Fayette note de son côté : « Ses inclinations étaient aussi conformes aux occupations des femmes que celles du Roi en étaient éloignées. Il était beau, bien fait, mais d'une beauté et d'une taille plus convenables à une princesse qu'à un prince ; aussi avait-il plus songé à faire admirer sa beauté de tout le monde, qu'à s'en servir pour se faire aimer des femmes [39]... » Saint-Simon est l'un des rares qui font plus que constater que Monsieur n'aimait point les femmes, se gardant bien toutefois d'entrer dans les détails : « Avec tant de défauts destitués de toutes vertus, un goût abominable que ses dons et les fortunes qu'il fit à ceux qu'il avait pris en fantaisie avaient rendu public avec le plus grand scandale, et qui n'avait point de bornes pour le nombre ni pour les temps [40]. »

La pratique de ce que le siècle appelait le vice italien semble avoir été, sinon importée, du moins mise à la mode par les neveux de Mazarin qui étaient venus s'abattre sur la Cour comme une nuée de sauterelles, bien décidés à profiter de la carrière exorbitante de ce cher oncle Giulio, parti d'Italie où il n'avait pas de pain, et devenu cardinal richissime, duc de Nivernois, chef du conseil du Roi et Premier ministre du royaume de France. Dans ce contingent de Mancini-Mazarini et Martinozzi-Mazarini affamés, les frères Paul et Philippe Mancini se distinguaient par leur beauté un peu canaille et leur effronterie. Paul était le compagnon de jeu et de chasse du jeune Roi, et capitaine de ses chevau-légers. Louis-Dieudonné le préférait à ses amis français du Plessis-Praslin, Villequier, Brienne ou Vivonne. La voie du favori semblait toute tracée.

Mais voici qu'en 1652, à la Saint-Jean d'été (Louis allait avoir quatorze ans), eut lieu un événement mémorable. Le petit Roi avait passé la journée chez le Cardinal et ses neveux à Melun. A six heures, il fit dire à son valet Pierre La Porte qu'il voulait se baigner. En le déshabillant, La Porte constata avec stupeur qu'il avait été manifestement sodomisé. Il avertit aussitôt Anne d'Autriche qui le remercia sèchement et ne fit rien. Craignant par la suite d'être accusé lui-même de l'attentat sur la personne du Roi, La Porte écrivit une lettre justificative à la Reine qu'il a reprise dans ses *Mémoires* : « Je donnai avis à V. M. à Melun en 1652 que le jour de la Saint-Jean, le Roi dînant chez M. le Cardinal me commanda de lui faire apprêter son bain sur les six heures dans la rivière, ce que je fis. Et le Roi en y arrivant me parut plus triste et plus chagrin qu'à son ordinaire, et comme nous le déshabillions, l'attentat manuel qu'on venait de commettre sur sa personne parut si visiblement que Bontemps le père et Moreau le virent comme moi. [...] V.M. se souviendra, s'il lui plaît, que je lui ai dit que le Roi parut fort triste et fort chagrin, ce qui était une marque assurée qu'il n'avait pas consenti à ce qui s'était passé, et qu'il n'en aimait pas l'auteur. Je ne voudrais pas, Madame, en accuser qui que ce soit, parce que je craindrais de me tromper [41]... »

Les biographes de Louis XIV, qui n'en finissent pas de citer cette lettre, se sont divisés en deux écoles, les mazarinistes et les mancinistes. Les premiers attribuent l' « attentat manuel » à Mazarin lui-même puisque les mazarinades l'accusent sur tous les tons de pratiquer le vice italien. Scarron par exemple rime contre le cardinal :

> Sergent à verge de Sodome,
> Exploitant partout le royaume,
> Bougre bougrant, bougre bougré,
> Et bougre au suprême degré,
> Bougre à chèvres, bougre à garçons,
> Bougre de toutes les façons [42]...

Dans son *Petit Louis XIV. L'enfance du Roi-Soleil* (1985), Claude Duneton est le dernier à accuser le cardinal. D'autres voient en Paul Mancini un candidat plus vraisemblable, estimant que Mazarin était trop politique pour commettre une énormité pareille, rendue improbable par l'affection sincère que Louis XIV n'a cessé de lui manifester par la suite. Quoi qu'il en soit, neuf jours plus tard, à la bataille du faubourg Saint-Antoine, Paul Mancini se conduisit en héros et fut percé de coups. Il mourut peu après à Pontoise. Le confesseur du jeune Roi, le père Paulin, a remarqué durant l'été et l'automne de 1652 que Louis priait chaque jour pour le repos de l'âme de Paul Mancini « qu'il aime autant que s'il était vivant [43] ».

Le dîner de la Saint-Jean n'eut point d'incidence sur le solide appétit hétérosexuel du jeune Roi qui servira Vénus avec une ferveur qui aurait fait rougir de plaisir son grand-père le Vert-Galant. S'il tolérait, malgré son aversion de l'homosexualité, le « beau vice » chez son frère, c'est qu'il comprenait qu'en cultivant Ganymède, Monsieur achevait tout seul le programme d'avilissement qu'on avait tracé pour lui. Louis XIV dira un jour fièrement au comte de Châtillon qui se plaignait que son cadet eût mieux réussi auprès de Monsieur que lui auprès du Roi : « On fait fortune auprès de mon frère par certains moyens qui perdent auprès de moi celui qui les emploie [44]. »

Philippe Mancini, le futur duc de Nevers, passe pour avoir réveillé les tendances homosexuelles du jeune Monsieur. Primi Visconti est formel : « Il m'a été assuré que le duc de Nevers avait été le premier à corrompre Monsieur, lequel était un prince d'une grande beauté. Aussi la Reine mère avait-elle éloigné Monsieur du duc de Nevers, que l'on accusait d'avoir importé en France la mode du vice italien[45]. » Il ne semble pas avoir eu beaucoup de peine à faire basculer l'âme frivole de l'adolescent au moment où sa sexualité hésitait entre deux voies. On se demande si cet « Italien très italien » (Saint-Simon) aux dents longues et au cœur sec (à la mort de son oncle, il s'écria : « Dieu merci, il est crevé ! ») était la personne la plus indiquée pour entrouvrir à Philippe le jardin secret des amours masculines.

Il faut rappeler, sans vouloir approfondir la question tant débattue de la transmission biologique et sociale des tendances homosexuelles, que depuis le xviie siècle la famille royale était bien familiarisée avec l'amour italien. Les « mignons de couchette » d'Henri III et les ébats huilés de Louis XIII et de ses favoris ont défrayé la chronique d'Agrippa d'Aubigné à Tallemant des Réaux[46]. Louis XIII, manifestement, n'a jamais su comment aimer les femmes. Il leur crachait dans le décolleté, leur « pissait dans le ventre » (ce sont ses propres mots cités par son médecin Héroard), ou soupirait ridiculement devant elles, figé dans sa propre maladresse et ne permettant pas à ses favoris de le sortir de l'impasse : Claude de Saint-Simon s'en est aperçu.

Quant à Monsieur Gaston, le frère de Louis XIII, nul n'ignorait ses désordres italiens. Mais le champion de la famille était incontestablement César de Vendôme, demi-frère de Louis XIII et de Gaston d'Orléans, bâtard d'Henri IV et de Gabrielle d'Estrées. Les pamphlétaires du temps faisaient rimer *Vendôme* à *Sodome* (c'était commode), et on appelait couramment l'hôtel de Vendôme l'hôtel de Sodome. Tallemant raconte même qu'Henri IV conduisait justement son fils Vendôme chez Mlle Paulet le jour où il fut assassiné : « Il voulut rendre ce prince galant ; peut-être s'était-il déjà aperçu que ce jeune monsieur n'aimait pas les femmes. M. de Vendôme a toujours depuis été accusé du ragoût d'Italie[47]. »

Un père et deux oncles homosexuels, ça compte. La pente était édifiée, Monsieur n'avait qu'à se laisser glisser. Ses fantasmes féminins le prédisposaient à l'homosexualité passive. Bardache impénitent (au xviie siècle, le *bardache* passif se distinguait du *bougre* ou *bigre* actif), il se prostituait à ses favoris, hommes généralement bien virils dont il souffrait les traitements « qu'une fille publique n'eût jamais tolérés[48] ».

Son premier grand amour fut Armand de Gramont comte de Guiche, son aîné de deux ans, illustre par sa valeur et ses galanteries auprès des deux sexes. Il chassait, comme on disait, « au poil et à la plume ». Mme de Motteville le décrit finement comme « agréable de sa personne, savant, plein d'esprit, mais qui, étant fort persuadé de sa capacité, affectait de paraître avoir moins de religion qu'il n'en avait peut-être en effet [...]. Son plus grand attachement semblait néanmoins être pour Monsieur, qui témoignait l'aimer. Mais la Reine me fit l'honneur de me dire qu'elle lui avait conseillé comme son amie, et commandé comme sa mère, de le voir rarement [49] ». Mme de La Fayette observe pudiquement : « Monsieur l'avait fort aimé dès l'enfance et avait toujours conservé avec lui un grand commerce, et aussi étroit qu'il y en peut avoir entre de jeunes gens [50]. » Guiche, dûment marié, passait pour avoir un autre mignon, le beau marquis de Manicamp qui avait essayé en vain, selon Primi Visconti, d'enseigner au jeune Roi « le blasphème et d'autres vices alors plus florentins que français dont le Roi a toujours été l'ennemi ». La Reine s'étant enfin opposée aux rencontres de son fils cadet et de Guiche, Monsieur le rencontrait en cachette chez Mme de Choisy, « comme on aurait fait une maîtresse », dit Mademoiselle. L'interdiction suggère que le projet de féminisation de Philippe d'Orléans avait réussi au-delà de toute attente, mais que son homosexualité n'était pas programmée.

Une scène fort pénible eut lieu en décembre 1658, alors que la Cour passait l'hiver à Lyon. Monsieur et Mademoiselle s'étaient habillés en bohémiennes pour un bal chez la maréchale de Villeroy. « Le comte de Guiche y était, raconte Mademoiselle, qui fit semblant de ne nous pas connaître ; ainsi il tirailla fort Monsieur, et en dansant lui donna des coups de pied au cul. Cette familiarité me parut assez grande. Je n'en dis mot, parce que je savais bien que cela n'aurait pas plu à Monsieur, qui trouvait tout bon de lui. Manicamp, son bon ami, y était aussi, qui fit mille plaisanteries et familiarités que j'eusse trouvées fort mauvaises si j'avais été Monsieur. Mais tout ce que faisaient ces gens-là lui plaisait. » Loin de s'en fâcher, Monsieur frétillait d'aise d'être bafoué et rudoyé par son joli favori. Ce traitement remuait apparemment des tendances masochistes qui sommeillaient au plus profond de son âme entortillée. La Reine profita le lendemain de l'incident pour lui ouvrir les yeux, lui faisant comprendre à quel point Guiche lui avait manqué de respect. « Mais, continue Mademoiselle, tout cela ne faisait autre effet sur l'esprit de Monsieur que de l'affliger de voir que la Reine mère n'aimait plus le comte de Guiche [51]. »

La préparation du mariage de Monsieur avec Henriette d'Angleterre le fit courir entre son amant et sa fiancée. Surtout les préparatifs de la cérémonie, le choix des cadeaux, des robes et des bijoux, et la décoration des appartements du Palais-Royal l'enchantaient. Mme de La Fayette, qui doit l'avoir bien sondé, écrit délicatement : « Monsieur alla au-devant d'elle avec tous les empressements imaginables et continua jusqu'à son mariage à lui rendre des devoirs auxquels il ne manquait que l'amour ; mais le miracle d'enflammer le cœur de ce prince n'était réservé à aucune femme du monde [52]. »

Guiche semble avoir beaucoup aimé le jeune couple, car il s'amouracha d'Henriette, commit plus d'une imprudence, et en fit commettre à cette princesse. Les mémorialistes du temps racontent le détail de leur liaison fertile en coups de théâtre. Monsieur avait toutes les raisons du monde d'être jaloux. Guiche fut finalement chassé de la Cour fin 1661. Elisabeth-Charlotte confiera en 1718 à Caroline de Galles que « Monsieur a été lui-même la cause de l'amour qu'éprouvait feu Madame pour le comte de Guiche. Il semble qu'il était alors très joli garçon, un des favoris de feu Monsieur. Monsieur pressait Madame d'aimer le comte de Guiche et de trouver bon qu'il pût être à toute heure auprès d'elle. Le comte de Guiche, qui était brutal avec tout le monde, s'appliqua fort à lui plaire. Il était plein de vanité, il voulut se faire aimer d'elle, et cela arriva. » Et elle divertit sa correspondante en lui racontant l'anecdote du valet de chambre Launois qui, avec une incroyable présence d'esprit, empêcha Monsieur de surprendre les amants qui s'étaient donné rendez-vous chez Mme de Saint-Chamond[53].

Guiche eut bien des successeurs. Il y eut les marquis de Villequier, de Manicamp, et de La Vallière, le duc de Créquy, le comte du Bourg, le chevalier de Châtillon, et beaucoup d'autres. Il y eut surtout la triade Lorraine, Effiat et Beuvron, tous les trois suspects d'avoir trempé d'une manière ou d'une autre dans la mort de Madame Henriette qui cherchait par tous les moyens à leur damer le pion.

Philippe de Lorraine, archimignon

Philippe de Lorraine-Armagnac était de trois ans le cadet de Philippe d'Orléans. Séduisant, brutal et dénué de scrupules, il fut le grand amour de la vie de Monsieur. Il fut aussi le pire ennemi des deux épouses de celui-ci. Choisy le dit « fait comme on peint les anges » ; il se fit lui-même peindre en Ganymède, ce qui était sans doute plus approprié. Rapace comme un vautour, ce cadet de la branche française de la maison de Lorraine avait mis dès la fin des années 1650 le grappin sur Monsieur comme on harponne une baleine.

Le jeune prince l'aimait avec une fougue qui inquiétait Madame Henriette et Cosnac, mais qui fit comprendre au Roi que, grâce à la figure charmante et la tête bien organisée du joli chevalier, il aurait barre sur son frère. Le chevalier était de ceux qui ne rougissent de rien pourvu qu'ils arrivent, et, selon Saint-Simon qui l'a connu et détesté, « mena Monsieur le bâton haut toute sa vie, fut comblé d'argent et de bénéfices, fit pour sa maison ce qu'il voulut, demeura toujours publiquement le maître chez Monsieur. [...] Il sut se mettre entre le Roi et Monsieur, et se faire ménager, pour ne pas dire craindre, de l'un et de l'autre [...]. Outre les bénéfices que Monsieur lui avait donnés, l'argent manuel qu'il en tirait tant qu'il voulait, les pots-de-vin qu'il taxait et qu'il prenait avec autorité sur tous les marchés qui se faisaient chez Monsieur, il en avait une pension de dix mille écus, et le plus beau logement du Palais-Royal et de Saint-Cloud [54]. » Depuis 1668, le favori occupait au Palais-Royal un somptueux appartement que Monsieur fit encore agrandir en 1673, et qui sera décoré des dépouilles du Palatinat.

Madame Henriette, qui avait compris trop tard la nature des rapports qui liaient les deux Philippe, décida de passer à l'action. En janvier 1670, elle obtint du Roi l'arrestation du chevalier de Lorraine qui fut interné à Pierre-Encise près de Lyon, puis au château d'If. Monsieur tempêtait et boudait, mais ne put qu'obtenir un adoucissement de peine. Le chevalier alla continuer sa pénitence à Rome, où il eut l'occasion de perfectionner sur le terrain sa connaissance des mœurs italiennes. Peu après, la mort inattendue de Madame Henriette consterna tout le monde. Au moment du second mariage de Monsieur, Lorraine se rongeait toujours les ongles en Italie et Louis XIV semblait plus décidé que jamais à l'y laisser. Il avait déclaré début octobre 1670 à Mademoiselle : « Le chevalier de Lorraine ne reviendra jamais, de mon consentement, auprès de mon frère. Quoique j'eusse beaucoup de considération pour feu Madame, il y a encore d'autres raisons qui me l'ont fait éloigner de mon frère [...]. Ne me priez point de le faire revenir, car je ne le ferais pas [55]... » Voilà qui semble net et clair.

Mais il faut croire que Monsieur avait commencé à faire preuve d'une indépendance d'esprit qui ne plaisait pas au Roi qui jugea plus prudent de le replacer sous la férule de son favori qui comprenait à demi-mot les volontés royales. Le Lorrain avait contacté de son côté à Rome le cardinal César d'Estrées, le priant de faire savoir au Roi qu'il s'engageait à user de son influence pour soumettre Monsieur. C'est ce que fit le cardinal dans une lettre du 28 octobre 1671, le jour même où Elisabeth-Charlotte arrivait à Strasbourg.

L'ordre de rappel fut expédié début février à l'insu de tous. La lettre de Mme de Sévigné du 12 février 1672 relate une conversation entre le Roi et son frère qui mentionne incidemment le chevalier :

« — Mais, dit le Roi, y songez-vous encore, à ce chevalier de Lorraine ? vous en souciez-vous ? aimeriez-vous bien quelqu'un qui vous le rendrait ?

« — En vérité, monsieur, répondit Monsieur, ce serait le plus sensible plaisir que je pusse recevoir en ma vie.

« — Eh bien, dit le Roi, je veux vous faire ce présent ; il y a deux jours que le courrier est parti. Il reviendra ; je vous le redonne, et veux que vous m'ayez toute votre vie cette obligation, et que vous l'aimiez pour l'amour de moi. Je fais plus, car je le fais maréchal de camp dans mon armée.

« Là-dessus, Monsieur se jeta aux pieds du Roi, lui embrassa longtemps les genoux, et lui baisa une main avec une joie sans égale. Le Roi le releva et lui dit :

« — Mon frère, ce n'est pas ainsi que des frères se doivent embrasser, et l'embrassa fraternellement[56]. »

Le cynisme du Roi relevant sans se presser son pantin de frère fait mal au cœur. « C'est la seule fois, observe Arvède Barine, que Louis XIV ne se soit pas conduit en galant homme envers Liselotte[57]. »

Après tout, le mal n'était pas bien grand, car le chevalier passera son temps à chercher querelle à Monsieur et à ceux qui l'avaient remplacé auprès du prince, ayant constaté que celui-ci n'avait pas eu autant de plaisir à le retrouver qu'il l'avait cru. Se supportant mal et ne pouvant se passer l'un de l'autre, les deux Philippe (qui mourront en 1701 et 1702) passeront encore trente années à se disputer et à se bouder, exactement comme un vieux couple. De temps en temps, le chevalier fit un enfant à l'une des dames de la cour de Monsieur, question de ne pas perdre l'habitude et de faire enrager le prince. Mlle de Fiennes lui donna un fils, le chevalier de Beauvernois. Isabelle de Grancey lui succéda dans les bonnes grâces du Lorrain ; selon Saint-Simon, elle « avait longtemps gouverné le Palais-Royal sous le stérile personnage de maîtresse de Monsieur, qui avait d'autres goûts qu'il crut un temps masquer par là, et en effet par le pouvoir entier qu'elle eut toujours sur le chevalier de Lorraine[58] ». Le Chansonnier de Maurepas l'appelle « le petit ange du Palais-Royal », on se demande pourquoi. Le petit ange passait son temps à faire semblant d'être la maîtresse de Monsieur dont elle tirait des profits énormes, à l'être en réalité du chevalier de Lorraine avec qui elle partageait ses pots-de-vin, à jouer jusqu'à cinq heures du matin, et à fumer des pipes.

Le retour du chevalier de Lorraine parmi les mignons eut l'effet d'un pavé lancé dans une mare aux grenouilles ; des cabales s'organisèrent, plongeant le Palais-Royal dans une ambiance permanente de scandale. Lorraine trouva Alexis-Henri, chevalier de Châtillon, dit le beau Châtillon et très « à la mode chez l'un et l'autre sexe », solidement implanté auprès de Monsieur. Il était capitaine de ses gardes et « chef de cabale » (Mme de Sévigné). L'archimignon décida de le déloger et s'attaqua pour commencer à celui qui l'avait introduit au Palais-Royal, Jacques Roque de Varangeville, secrétaire des commandements de Monsieur. Début août 1675, Varangeville se retirait un soir chez lui en compagnie du sieur de Rocheplate, lieutenant des gardes de Monsieur. Devant une entrée du Palais-Royal, ils rencontrèrent comme par hasard le chevalier de Lorraine qui sortait accompagné d'une vingtaine de ses gens armés de bâtons. Le chevalier insulta Varangeville avec son insolence coutumière, lui reprocha ses liens avec Châtillon qui était son bardache, et le menaça de coups de bâton. Varangeville lui répondit avec dignité : « Je n'ai rien à vous dire, monsieur, avec une si nombreuse compagnie », et alla se plaindre à Monsieur.

Tout le Palais-Royal était en émoi, Lorraine fut réprimandé et Châtillon blâmé pour ne pas avoir pris fait et cause pour son ami. Mme de Sévigné tailla sa plume et les Parisiens chantaient sur l'air *Il a battu son petit frère* :

> Quand on frotte Varangeville,
> Châtillon, vous êtes immobile.
> Ma foi, c'est être trop prudent,
> Ce procédé vous déshonore.
> Vous l'avez porté si souvent ;
> Que ne le portiez-vous encore !

Le Chansonnier de Clairambault commente : « Le chevalier de Châtillon était fort beau et fort bien fait et avait été grand bardache, et l'auteur prétend que Varangeville l'avait employé comme tel. Ce qui est certain, c'est que c'était lui qui l'avait produit au duc d'Orléans, qui aimait les beaux garçons pour fait de sodomie[59]. » Le chevalier de Lorraine, « voyant que cela ne se tournait pas comme il avait imaginé », alla trouver Monsieur à Versailles, et « en présence du Roi, lui demanda congé de quitter son service [...], et prit le Roi comme témoin de sa fidélité pour Monsieur, mais que, voyant qu'il préférait un petit secrétaire à lui, il ne pouvait plus être témoin de sa disgrâce, et qu'il s'en allait où sa destinée le conduirait. Le Roi, qui riait en lui-même des orages de cette petite cour, n'interposa point son autorité, et après quelques paroles qu'il ne voulait point dire en maître, il quitta le prince et le favori[60]. »

Mme de Sévigné en parle comme si elle s'était glissée derrière une tapisserie. Louis XIV a dû se féliciter en constatant que le retour du chevalier donnait tout ce qu'il en avait espéré. Deux fidèles de la cabale de Lorraine, le marquis d'Effiat et Morel de Volonne, menaçaient à leur tour de quitter Son Altesse royale. Dépassé par les événements, Monsieur écrivait des lettres tendres aux uns et aux autres, conjurait et promettait. Finalement, après quelques journées de fâcherie et quelques bourses d'écus distribuées à propos à ceux qui criaient le plus fort, le guêpier du Palais-Royal retrouva le calme en attendant le grabuge suivant. Pour la forme, le chevalier de Lorraine alla bouder quelques jours dans son abbaye de Saint-Jean-des-Vignes à Soissons. L'anecdote, insignifiante en elle-même, illustre les relents de scandale qui enveloppaient Monsieur et ceux qui pratiquaient avec lui le beau vice sous le nez d'Elisabeth-Charlotte.

LA « BELLE JEUNESSE » DU PALAIS-ROYAL

En vieillissant, le chevalier de Lorraine se rendra indispensable en s'improvisant pourvoyeur de chair fraîche. Primi Visconti, toujours bien informé en la matière, écrit joliment qu'il « était réputé protecteur de la belle jeunesse », sans pour autant « se mettre hors des rangs ». Parmi ses protégés, le page Bolgar, venu de Lyon, se distinguait par son dévouement sans bornes : sa complaisance lui valut de la part de Monsieur une épée enrichie de diamants, valant deux mille pistoles, soit 22 000 livres. Primi, qui a noté ce détail, décrit ainsi les levers de Monsieur entouré de Lorraine, Créquy, La Vallière et Effiat : « On parlait des jeunes gens comme une compagnie d'amoureux a coutume de parler des jeunes filles. On louait la grâce d'un certain Monroe et d'autres gentilshommes appelés cadets aux gardes du corps [61]. »

Débordé par ses multiples devoirs, l'archimignon déléguait les détails du recrutement de jolis garçons destinés aux bons plaisirs de Son Altesse royale à un gentilhomme provençal de ses amis, le sieur Antoine Morel de Volonne, premier maître d'hôtel de la seconde Madame de 1673 à 1683. Voici le portrait qu'elle a laissé de ce personnage peu reluisant : « Ce Morel avait de l'esprit comme le diable, mais il était ce qu'on appelle " *sans foi et sans loi* " ; il m'a avoué lui-même qu'il ne croyait à rien. Comme il était à l'agonie, il n'a pas voulu entendre parler de Dieu ; il disait en parlant de lui-même : " *Laissez ce cadavre, il n'est plus bon à rien.* " Il volait, il mentait, il jurait, il était athée et sodomite ; il en tenait école, et vendait des garçons comme des chevaux. Il allait au parterre de l'Opéra pour y conclure ses marchés [62]. »

Le moins qu'on puisse dire, c'est que Monsieur, qui essayait de se tenir en équilibre sur la limite qui sépare l'hétérosexualité de l'homosexualité, n'y réussissait guère. La politique et sa fierté dynastique lui imposèrent deux mariages, mais le cœur n'y était pas. Ses galanteries voyantes ne trompaient personne. Comme une tunique de Nessus, l'ambiguïté sexuelle reste collée à la peau de cet hermaphrodite qui aurait pu faire un grand capitaine si son formidable aîné ne lui avait tenu la bride haute. Au demeurant, l'homosexualité n'a jamais empêché la bravoure. On peut s'interroger si Monsieur souffrait autant de la situation que ses deux épouses. Il semblerait qu'Henriette était moins disposée à faire des concessions dans ce domaine qu'Elisabeth-Charlotte, à qui Monsieur avait raconté en détail la vie et les malheurs de sa devancière [63]. La correspondance de la seconde Madame énonce un discours homosexuel circonstancié. Mais il convient, avant de l'aborder, de replacer la coterie d'homosexuels qui gravitaient autour de Monsieur dans le contexte plus large de l'homo-sexualité masculine sous le règne de Louis XIV.

LE MOUVEMENT GAY LOUIS-QUATORZIEN

Les mignons du Palais-Royal ne constituent évidemment pas le seul milieu homosexuel actif du grand règne. Dans ses *Bûchers de Sodome,* Maurice Lever a démontré qu'en dépit de l'interdit jeté sur la sodomie, en dépit de la Sorbonne, du Parlement, de la Chambre ardente et de la redoutable Compagnie du Saint-Sacrement, en dépit enfin des prisons, des galères et de la place de Grève, les grands seigneurs pratiquaient gaiement le beau vice. « Ils jouaient avec le feu, écrit-il, mais en sachant bien qu'ils ne risquaient pas de s'y brûler[64]. »

L'homosexualité masculine jouissait en effet dans la haute société du temps d'une relative tolérance. Est-ce à dire que les classes moins nanties ne la pratiquaient pas ? John Boswell, qui a étudié dans un livre remarquable l'homosexualité médiévale, souligne qu' « il n'y a pas de preuve que le désir homosexuel varie en fonction de la classe sociale ; il y a seulement des données suggérant que les gais qui appartiennent aux classes supérieures sont mieux à même de résister aux sanctions sociales frappant le comportement auquel ils tendent, voire de les ignorer. Toute forme de comportement non conventionnel est d'ordi-naire plus aisément observable dans les classes privilégiées, parce que les membres de ces classes ont moins motif de redouter la censure ou des sanctions, et que leurs faits et gestes attirent davantage l'atten-tion[65] ». Cependant, le rapport d'Alfred Kinsey sur le comportement sexuel masculin (*Sexual Behavior in the human Male,* 1948), établit que, si on répartit les hommes homosexuellement actifs en trois catégories selon leur niveau intellectuel et leur appartenance sociale, les membres du groupe le plus « élevé » sont presque trois fois plus nombreux que ceux des deux autres groupes réunis — conclusion que les travaux de William Masters et Virginia Johnson (1966) et Shere Hite (1981) ne contredisent pas vraiment.

Sans doute les vingt millions de Français qui eurent à subir le phénomène Louis XIV se trouvaient-ils à une distance inégale du Soleil et leur comportement nous est-il de ce fait diversement connu. Ainsi, quel mémorialiste aristocratique qui n'hésite pas à consigner les lavements du Roi aurait pensé à relater un cas de bestialité (appelée précisément le « péché muet ») signalé dans ses terres ? Or — les historiens de l'homosexualité sont bien d'accord — la bestialité, qui est la sodomie du pauvre, complète le paysage homosexuel. Il faut se résigner : le détail des va-et-vient des paysans louis-quatorziens entre leurs masures, granges et étables ne nous sera jamais connu, malgré les mémoires des intendants des provinces en 1689 pour l'instruction du duc de Bourgogne, malgré une page courageuse de La Bruyère, malgré les Le Nain. Les pauvres fantasmes de leurs frères citadins qui besognaient aussi obscurément n'émouvaient bien sûr ni les peintres ni les écrivains qui circulaient entre Paris et Versailles. Notre connaissance de la réalité homosexuelle du XVIIe siècle est tributaire des textes, et ces textes n'exposent dans leur presque totalité que les attitudes des nobles d'épée et de robe, et de la bourgeoisie huppée.

Quant aux remous sexuels qui traversaient la « France profonde » de Louis XIV, il n'y a que les rapports de police et les procès-verbaux d'interrogatoires qui permettent de lever un coin du voile, car les sources habituelles de l'historien restent muettes. Ces archives de la criminalité racontent une sombre histoire de répression d'une injustice révoltante, qui interrogeait davantage la condition sociale de l'accusé que son orthodoxie sexuelle. Au bout de l'avenue, il y avait soit la place de Grève, soit l'hôpital-prison de Bicêtre, cette décharge publique qu'on appelait sous l'Ancien Régime « la Bastille de la canaille ». L'histoire de la répression de la sodomie dans les bas-fonds du Grand Siècle commence à peine à retenir l'attention des historiens ; quelques chapitres des *Bûchers de Sodome* de Maurice Lever ouvrent de nouvelles pistes, mais beaucoup reste à faire. Nos pages ne s'intéressent à l'homosexualité louis-quatorzienne que dans la mesure où celle-ci fournit une toile de fond devant laquelle il convient de replacer les faits et gestes de Monsieur et des siens, afin d'en déterminer le caractère banal ou exceptionnel. D'où, inévitablement, la fausse impression que la jeunesse dorée était seule à goûter au fruit défendu dans les jardins de Ganymède.

Cyrano de Bergerac affirmait déjà que l'écharpe « où pend pour médaille la figure du membre viril, est le symbole du gentilhomme et la marque qui distingue le noble d'avec le roturier[66] ». Dans un même ordre d'idées, Primi Visconti cite le marquis de La Vallière qui entreprend de le séduire en lui disant : « Monsieur, en Espagne les moines, en France les grands, en Italie tout le monde[67]... », propos qui dénote chez un noble français une conscience très nette d'exclusivité que confirme Elisabeth-Charlotte elle-même lorsqu'elle observe en parlant des seigneurs invertis de la cour de Louis XIV : « Ils le considèrent comme un simple divertissement. Ils s'en cachent tant qu'ils peuvent pour ne pas scandaliser le vulgaire [*den gemeinen Mann*], mais ils en parlent ouvertement entre gens de qualité [*unter Leütte von Qualitet*][68]. »

Les plaisanteries priapiques de François Maynard, les soupirs amoureux de Théophile de Viau pour le beau Jacques des Barreaux, le « Je suis brave Ganymède » de l'obscur sieur Berthelot, la plainte funèbre de Saint-Pavin *Sur Vigeon, maître d'école brûlé pour sodomie,* les pages carrément homosexuelles de Cyrano publiées après son décès, la complainte sur la mort de l'homosexuel Chausson (« Ami, on a brûlé le malheureux Chausson ») de Claude Le Petit, qui monta à son tour et pour la même raison sur le bûcher[69], rappellent, si cela était encore nécessaire, que les mœurs dites italiennes étaient bien connues en France avant Mazarin, qu'elles n'étaient certes pas l'apanage des nobles et des nantis, mais que les pauvres qui leur emboîtaient le pas s'exposaient à des poursuites particulièrement cruelles. « Il y a de riches bougres, il y a de pauvres bougres », disait Barbier[70]. Sans doute, mais les pauvres étaient plus courageux.

La plupart des mémorialistes et épistoliers sont généralement très retenus en matière d'homosexualité, nous l'avons dit, mais il suffit de gratter un peu pour la retrouver. On a le sentiment que Mme de Motteville fait un gros effort sur elle-même pour relater chastement les fredaines d'une troupe de jeunes seigneurs gay (parmi lesquels se distinguaient Philippe Mancini et Manicamp) à Roissy pendant la semaine sainte en 1659 : « On les accusa d'avoir commis de certaines impiétés indignes non seulement de chrétiens, mais même d'hommes raisonnables[71]... » De même, à propos des expériences homosexuelles du comte de Vermandois, le fils légitimé de Louis XIV, Mademoiselle écrit en se voilant la face : « Ce sont de ces choses que l'on ne sait point, et que l'on ne voudrait pas savoir[72]. » La discrétion du marquis de Sourches devant ce qu'il appelle les « honteuses débauches ultramontaines » étonne chez un homme qui, en sa fonction de grand prévôt de France, était bien au fait des divertissements un peu spéciaux qui s'improvisaient à la Cour. On comprend mieux le marquis de Dangeau qui ignore pudiquement la question en prudent père de Courcillon dont « la plus sale débauche » a indigné Saint-Simon, et que son ami Voltaire tâchera de convertir en lui dédiant en 1714 son *Anti-Giton ou La Courcillonade*.

Chez Saint-Simon, le discours relatif à l'homosexualité est fort restreint, et cela malgré la conversation proustienne de Charlus et Brichot qui égrènent dans *La Prisonnière* avec un plaisir évident les noms des invertis les plus notoires signalés par le mémorialiste[73]. Le plus souvent, le duc se borne à signaler en passant les mœurs « grecques » ou « italiennes » de ses personnages, se permettant tout au plus des pointes d'ironie. Ainsi, à propos de l'abbé d'Auvergne : « Ses mœurs étaient publiquement connues pour être celles des Grecs, et son esprit pour ne leur ressembler en aucune sorte. » Ou encore, en parlant de l'helléniste Longepierre, « rat de cour pédant » et ami de Racine : « Il savait, entre autres, force grec, dont il avait aussi toutes les mœurs. » La Feuillade, quant à lui, « n'avait d'homogène avec les Italiens [...] que la foi et les mœurs[74] ».

Une description plus explicite de la sodomie est plutôt rare dans la fresque des *Mémoires*. Voici cependant deux « héros » en la matière, le maréchal d'Huxelles et le duc de Vendôme. Huxelles, que Barbier dit « fort entiché du péché philosophique » (oct. 1726), ressemblait selon Saint-Simon « tout à fait à ces gros brutaux de marchands de bœufs ; paresseux, voluptueux à l'excès [...] en débauches grecques, dont il ne prenait pas la peine de se cacher et accrochait de jeunes officiers, qu'il adomestiquait, outre de jeunes valets très bien faits, et cela sans voile, à l'armée et à Strasbourg... » Louis-Joseph de Vendôme, petit-fils de ce César de Vendôme que nous avons déjà rencontré, faisait preuve d'une adresse prodigieuse : malgré la « singulière horreur [du Roi] pour tous les habitants de Sodome, et jusqu'au moindre soupçon de ce vice, M. de Vendôme y fut plus salement plongé toute sa vie que personne, et si publiquement, que lui-même n'en faisait pas plus de façon que de la plus légère et de la plus ordinaire galanterie, sans que le Roi, qui l'avait toujours su, l'eût jamais trouvé mauvais [...]. Ce scandale le suivit toute sa vie à la Cour, à Anet, aux armées. Ses valets et des officiers subalternes satisfirent toujours cet horrible goût, étaient connus pour tels, et, comme tels, étaient courtisés des familiers de M. de Vendôme [75]... »

Chez Saint-Simon, l'Église et l'armée surtout fournissent leurs contingents d' « habitants de Sodome ». Les exemples d'Huxelles et de Vendôme suggèrent que l'armée favorisait l'éclosion des amours masculines. La duchesse d'Orléans cite de son côté le cas du Grand Condé qui, « à l'armée, s'habitua à de jeunes cavaliers ; quand il en revint, il ne pouvait plus souffrir les dames [76] ». Les militaires justifiaient leurs amours en circuit fermé en alléguant que les travaux de Mars et de Vénus se combinaient difficilement, et que le Roi était mieux servi par des gentilshommes gay qui entraient sans tarder avec leurs amants en campagne, que par ceux qui, inventant mille prétextes, s'attardaient auprès de leurs maîtresses. L'argument ne manquait pas de pertinence : n'était-ce pas, si Plutarque dit vrai, dans le fameux *Bataillon sacré* des *amants* et des *aimés* que résidait principalement la valeur de l'État lacédémonien ?

Dans sa *Relation de la Cour de France*, Spanheim s'en tient lui aussi aux généralités, rappelant que le Roi « s'est déclaré hautement contre les vices criants où la première jeunesse de la Cour et de son propre sang s'était malheureusement portée et n'a pas épargné d'en punir ou d'en corriger ceux qui en étaient suspects ou atteints [77] ».

UNE LARME POUR UN PETIT MARCHAND D'OUBLIES

Primi Visconti, qui note philosophiquement que « les hommes de semblable inclination naissent avec elle comme les poètes avec la rime [78] », est le seul mémorialiste à parler sans ambages de l'homosexualité très en vogue à la cour de Louis XIV. Italien et tolérant, il se montre moins choqué par la sodomie elle-même que par les crimes crapuleux (il parle d' « impertinences ») qu'elle inspire à ses adeptes. Il est pour une fois réservé en rapportant un incident révoltant survenu en 1680 : « Dieu sait à quelles poursuites se seraient exposés le duc de La Ferté, le marquis de Biran et d'autres jeunes étourdis pour avoir attaqué de nuit et fait par moquerie des impertinences à un de ces misérables qui vendent des oublies [= gaufres], s'il n'y avait eu en leur compagnie le chevalier Colbert à qui son père, se trouvant près du feu, a rompu la tête avec une pelle [79]. » Un tel châtiment ne s'explique que par la gravité de l' « impertinence » commise. Il faut consulter la correspondance de Bussy-Rabutin pour lire une relation plus circonstanciée : « Dernièrement, le duc de La Ferté, Biran, le chevalier Colbert et d'Argenson, étant ivres au bordel, envoyèrent quérir un oublieu qui, se trouvant assez joli garçon à leur gré, ils le voulurent traiter de putain et sur ce qu'il s'en défendit, ils lui donnèrent deux coups d'épée. Le Roi, ayant su cela, a commandé à M. de Louvois de dire au duc de La Ferté, de sa part, toutes les infamies que mérite son action. M. Colbert enferma son fils et le battit outrageusement [80]. »

Le scandale eut lieu dans un bordel de la rue aux Ours. Ni Primi ni Bussy ne mentionnent que le brave petit marchand de gaufres, trop décent pour avoir des complaisances de bardache, eut les parties viriles tranchées d'un coup d'épée, et que les bougres s'enfuirent brusquement dessoûlés, l'abandonnant agonisant dans une mare de sang. Une larme pour lui.

La réaction de Louis XIV montre qu'il avait les mains liées par son frère et son fils Vermandois, amateurs de plaisirs ultramontains. Informé dans les heures qui suivirent, il voulut d'abord faire exécuter les coupables, mais finit par céder aux prières de leurs familles. Ils furent chassés de la Cour et privés de leurs charges. Le duc de La Ferté, qui avait vingt-trois ans, fut fortement réprimandé et le duc de Roquelaure, père du marquis de Biran, décida de marier son vaurien de fils à Mlle de Laval, fille d'honneur de la Dauphine. Un traitement aussi clément fut attribué par certains à l'influence du père de La Chaise, le confesseur jésuite du Roi. Les Parisiens indignés chantaient en cette année 1680 sur l'air de *Joconde*, s'adressant « au roi Louis XIV sur les jeunes gens de sa Cour qui étaient pour la plupart sodomites » :

> Les jeunes gens de votre cour,
> De leur corps font folie,
> Et se régalent tour à tour
> Des plaisirs d'Italie.
> Autrefois pareille action

> Eût mérité la braise,
> Mais ils ont un trop bon patron
> Dans le père de La Chaise.

Le Chansonnier de Clairambault précise que « la médisance du père de La Chaise n'est pas fondée. Ses mœurs étaient réglées[81] ». Le confesseur de Louis XIV avait beau appartenir à un ordre farouchement ultramontain, il n'y aurait pas de raisons de lui supposer des vices transalpins s'il n'y avait ce passage peu ambigu d'une lettre de Madame à Sophie de 1690. Commentant le séjour à Paris du prince Maximilien Wilhelm, le troisième fils de Sophie dont la sexualité hésitante inspirait des inquiétudes, elle formule ce conseil : « Tant qu'il fait semblant de haïr les femmes et d'aimer les garçons, on lui permettra de faire ce qu'il veut, et il sera le meilleur ami du confesseur du Roi, s'il le souhaite[82]. »

Louis XIV n'avait pas de chance. Jean-Baptiste Lully, le surintendant de sa musique, pratiquait la sodomie avec si peu de mesure (faute impardonnable chez un musicien) que le Roi dut faire enlever son giton, un certain Brunet. Le malheureux fut enfermé à Saint-Lazare où il fut fustigé deux fois par jour par les pères. Et les chansonniers de rimer à cœur joie :

> Monsieur Lully est affligé
> De voir son Brunet fustigé.
> Il est jaloux qu'un père,
> Eh bien,
> Visite son derrière.
> Vous m'entendez bien[83].

Le volume IV du Clairambault contient plusieurs chansons burlesques inspirées par cette affaire qui amusaient beaucoup les milieux gay de la capitale.

CE QUE C'EST QUE LA FRANCE TOUT ITALIENNE

Aucun texte du XVIIe siècle n'illustre mieux l'ampleur du raz-de-marée homosexuel qui déferla sur la Cour que le pamphlet *La France devenue italienne avec les autres désordres de la Cour* qui embrasse la période 1670-1686, et qui est généralement attribué à Bussy-Rabutin et imprimé en appendice de son *Histoire amoureuse des Gaules*. Le texte commence par constater que « la facilité de toutes les dames avait rendu leurs charmes si méprisables à la jeunesse, qu'on ne savait presque plus à la Cour ce que c'était que de les regarder. La débauche y régnait plus qu'en un lieu du monde, et quoique le Roi eût témoigné plusieurs fois une horreur inconcevable pour ces sortes de plaisirs, il n'y avait qu'en cela qu'il ne pouvait être obéi. Le vin et ce que je n'ose dire étaient si fort à la mode qu'on ne regardait presque plus ceux qui recherchaient à passer leur temps plus agréablement [84]... »

Le pamphlet raconte ensuite la création, vers 1680, d'une confrérie homosexuelle qui parodiait les ordres de Saint-Lazare et de Saint-Michel. Parmi les membres fondateurs se distinguaient Guiche, son frère Gramont, Tilladet, Manicamp, Biran et Tallard. Une constitution de neuf articles fut dressée, et il fut décidé que les chevaliers de l'ordre porteraient entre la chemise et le justaucorps une croix « où il y aurait en bosse un homme qui foulerait une femme aux pieds, à l'exemple des croix de Saint-Michel, où l'on voit que ce saint foule aux pieds le démon ».

Il y avait quatre grands maîtres, et les candidats affluaient, prêts à se soumettre aux rigueurs du noviciat. Parmi eux Louis, comte de Vermandois, le fils légitimé du Roi et de Mlle de La Vallière, qui n'avait alors que quatorze ans, et que le texte dit « beau, jeune et bien fait ». En effet, même s'il louchait un peu, il était béni de la beauté de sa mère. Sophie de Hanovre, qui l'avait vu en 1679, le trouvait « fort aimable ». Il accepta de bonne grâce d'être « visité » par l'un des grands maîtres de son choix, et put désigner lui-même ses partenaires de plaisir. Vermandois parlait de la secte à ses amis et suscita de nouvelles vocations, entre autres celle du jeune prince de La Roche-sur-Yon, futur prince de Conti. On organisa des parties de débauche dans des bordels parisiens où l'on sodomisait les filles, leur infligeant, un siècle avant Sade, des traitements que le divin marquis n'eût pas désavoués.

La colère du Roi informé de la chose fut telle que les familles des coupables n'osèrent plaider leur cause. « Personne n'osa parler pour eux », dit le pamphlet, et une note des *Mémoires* de Sourches précise : « Tous ces jeunes gens avaient poussé leurs débauches dans des excès horribles, et la Cour était devenue une petite Sodome [85]. » Début juin 1682, le prince de La Roche-sur-Yon fut envoyé en résidence forcée à Chantilly et tomba définitivement en disgrâce. Une douzaine d'autres « chevaliers » qui portaient les plus beaux noms du royaume furent chassés de la Cour les jours suivants. Spanheim annonce le scandale à la cour de Berlin dans sa dépêche du 12 juin : « La débauche des jeunes seigneurs à Versailles a contribué à en éloigner encore quelques-uns [...] de ladite troupe, accusés de dessins infâmes de sodomie, et d'avoir voulu y faire entrer le jeune duc de Vermandois, fils du Roi et de La Vallière. On prétend que cette juste et nécessaire sévérité de Sa Majesté rompra le cours à ces vilaines débauches [86]. »

Vermandois fut convoqué par son père et avoua tout ce qu'on voulait. Après avoir subi une mercuriale qu'il n'était pas prêt d'oublier, il fut rossé devant le Roi et chassé de sa vue. Malgré les débuts brillants de sa carrière (à deux ans, il était déjà grand amiral de France), le monde s'écroula pour lui. Il mourut misérable et alcoolique à seize ans devant Courtrai, en novembre 1683. Bossuet alla porter la nouvelle de son décès à sa mère, qui « s'était jetée dans les Carmélites ». Elle pleura un moment. Puis, comme si elle avait honte de ce sentiment humain, elle dit au prélat en essuyant ses larmes : « C'est trop pleurer la mort d'un fils dont je n'ai pas encore assez pleuré la naissance[87]. »

D'étranges rumeurs couraient sur le malheureux Vermandois. On prétendait notamment que le jeune prince avait été initié aux plaisirs ultramontains par son demi-frère le Grand Dauphin, son aîné de six ans. Le fait que plusieurs amis intimes du Dauphin (Mailly, Sainte-Maure et Mimeure) avaient fait partie de la confrérie et des exilés de juin 1682 donnait quelque substance à ces soupçons contre lesquels le Dauphin lui-même a toujours violemment protesté.

Elisabeth-Charlotte, qui était sensible au charme du jeune Vermandois, le défendra en 1717-1718 dans ses lettres à Caroline de Galles : « Le comte de Vermandois était agréable et bien fait ; il louchait un peu, mais pas beaucoup. Je sais bien que le bruit a couru que M. le Dauphin l'avait débauché, mais je paierais bien ma tête que ce n'est pas vrai, car M. le Dauphin n'était pas du tout de la secte ; il n'aimait que les femmes. Ceux qui ont débauché le pauvre M. de Vermandois, c'étaient le chevalier de Lorraine et son frère le comte de Marsan ; ils lui ont enseigné le bel art[88]. » Et un an plus tard : « Le comte de Vermandois était d'un bon naturel. Le pauvre garçon m'a aimée comme si j'étais sa mère physique. Lorsque tout fut découvert au sujet de ses débauches, j'étais vraiment très fâchée contre lui, car je l'avais averti très loyalement que je cesserais de l'aimer. Cela lui tint à cœur, et il envoya tous les jours chez moi et me fit prier de lui permettre de me dire seulement quelques mots. Je tins bon pendant quatre semaines. A la fin je le fis venir. Il tomba à genoux devant moi, pleura amèrement et me demanda pardon : il voulait se corriger, je devais lui rendre mon amitié sans laquelle il ne pouvait vivre, et l'assister de nouveau de mes conseils. Il me raconta toute son histoire. Il a été horriblement séduit[89]. » Si Madame ne se trompe pas sur la responsabilité du chevalier de Lorraine (qui est probable, car Sourches note en juin 1682 que Lorraine fut prié de la part du Roi « de ne venir pas si souvent à la Cour »), ce témoignage ferait de Vermandois le lien entre la confrérie italienne et le cercle de Monsieur.

La boucle se ferme. Le moins qu'on puisse dire devant la fresque ahurissante d'une France tout italienne sous le règne de Louis le Grand, c'est que le serpent était entré dans la bergerie. Le Palais-Royal n'avait rien d'exceptionnel et Madame le savait. Cette science semble l'avoir aidée à accepter les goûts italiens de son mari. Louis XIV était visiblement débordé par l'ampleur du phénomène qui l'affectait dans son propre sang. Champion de l'orthodoxie sexuelle, il ne pouvait que prêcher par l'exemple. On sait qu'il ne se ménageait pas.

« Je pourrais écrire des livres la-dessus... »

Avec désinvolture, Proust a appelé Elisabeth-Charlotte la « femme d'une Tante ». Passant à l'aveu de la stratégie qu'il a utilisée constamment dans *La Recherche du temps perdu,* il ajoute avec finesse : « Madame ne parle pas des vices de Monsieur, mais elle parle sans cesse de ce même vice chez les autres, en personne renseignée et par ce pli que nous avons d'aimer à trouver, dans les familles des autres, les mêmes tares dont nous souffrons dans la nôtre, pour nous prouver à nous-mêmes que cela n'a rien d'exceptionnel ni de déshonorant [90]. » Il aurait parlé autrement s'il avait lu l'intégrale des lettres allemandes de Madame, mais la remarque ne manque pas de pertinence.

« L'affreuse sodomie, dont toute la jeunesse française est à présent entachée » est un thème obsédant dans la correspondance de Madame. En octobre 1701, quatre mois après la mort de Monsieur, elle confie à sa demi-sœur Amelise : « Ceux qui partagent l'inclination du roi William [Guillaume III d'Angleterre] ne se moquent pas mal des femmes. Sur ce chapitre, je suis devenue tellement savante ici en France, que je pourrais écrire des livres là-dessus [91]. » Ce discours homosexuel vise en effet moins Monsieur que ceux qui, autour de lui et à la Cour, pratiquent le péché philosophique. S'il lui arrive de mentionner le goût de son mari pour les garçons, c'est surtout pour regretter les dépenses considérables qu'il entraîne, et qui se font à son détriment.

Voici deux extraits caractéristiques d'une lettre de 1696 à Sophie : « [Monsieur] n'a rien d'autre au monde en tête que ses jeunes garçons [*seine junge Kerls*], avec qui il passe des nuits entières à manger et à boire. Il leur donne d'énormes sommes d'argent ; rien ne lui coûte, rien ne lui est trop cher pour les jeunes gens [*die Bursch*]. Cependant ses enfants et moi nous avons à peine ce qui nous faut. Quand j'ai besoin de chemises et de draps de lin, il me faut mendier sans fin ; pendant ce temps-là il donne 10 000 thalers à La Carte pour acheter son linge fin en Flandre. Et comme il sait que je ne peux pas ignorer où passe tout l'argent, il se méfie de moi et craint que je ne raconte la chose au Roi qui pourrait chasser les mignons [*die Buben*]. Quoi que je puisse faire ou dire pour lui faire comprendre que je ne trouve pas mauvais qu'il vive ainsi, il ne se fie pas à moi. [...] Monsieur a fait fondre et vendre toute l'argenterie qui est venue du Palatinat et a tout donné aux mignons. Tous les jours il en vient de nouveaux. Tous ses bijoux sont vendus ou mis en gage, et l'argent ainsi emprunté est donné aux jeunes gens [*jungen Leütten*]. Ainsi, j'en prends Dieu à témoin, si Monsieur devait mourir aujourd'hui, j'aurais à vivre demain uniquement des grâces du Roi, et je ne trouverais pas de pain[92]. »

Outre les appellations différentes des compagnons de plaisir de son époux, ces phrases révèlent la raison principale de l'antipathie que Madame éprouve à leur égard : ils dépouillent Monsieur de richesses qui sont dues à elle et à ses enfants. Elle a beaucoup de peine à accepter que l'argenterie de son héritage palatin serve à payer les complaisances des mignons. Du reste, s'ils le divertissent, grand bien lui fasse ! « Je ne trouve pas mauvais qu'il vive ainsi [*ich finde sein Leben nicht übel*]... » Point d'exclamations indignées contre le « goût infâme », seulement le souhait de ne pas confondre le plaisir et les dépenses inconsidérées. « Pour ce qui est de Monsieur, explique-t-elle à sa tante en 1693, j'ai beau faire de mon mieux pour le persuader que je ne veux pas le troubler dans ses divertissements et son amour des hommes [*Männerlieb*], il croit toujours que je veux l'empêcher de donner tout son bien à ses galants [*seine galans*][93]... » C'est donc là surtout que le bât la blessait.

Si Madame faisait preuve de tant d'indulgence, c'est que, au fond, l'homosexualité ne la choquait guère. Plutôt indifférente en matière de sexualité, elle ne se plaignait pas d'être négligée par Monsieur. Très versée dans l'art de meubler son existence, on la devine presque soulagée de savoir son mari occupé ailleurs, et on la voit traiter ceux qui l'en débarrassaient avec beaucoup de ménagements. « Je ne veux aucun mal aux mignons, dit-elle à Sophie, et je cause amicalement et poliment avec eux[94]... » Sophie estimait de son côté que sa nièce, tout compte fait, n'avait pas à se plaindre : « Madame a aussi des tribulations, écrit-elle à Karllutz, mais dans le poste où elle est, il me semble qu'il y a de quoi se consoler[95]. » Un établissement en or comme le sien valait donc bien quelques concessions.

Malgré sa souplesse, Elisabeth-Charlotte eut une peine infinie à supporter l'archimignon Lorraine et son âme damnée Effiat dont elle redoutait les machinations. Convaincus que l'attaque est la meilleure défense, les deux favoris mettaient tout en œuvre pour ridiculiser et noircir la nouvelle duchesse d'Orléans afin de neutraliser son influence. Celle-ci, convaincue qu'ils étaient responsables de la fin de la première Madame, voyait en eux des diables incarnés. Une lettre de 1682 à Sophie exprime bien la haine que leur vouait Madame : « Je dois dire à Votre Dilection que la bande du chevalier n'échoue malheureusement pas dans ses mauvais attentats, mais que toutes leurs machinations diaboliques leur réussissent à souhait, comme V.D. voit bien. Je préférerais mille fois habiter un endroit régi par des démons maléfiques et des spectres, car Dieu notre Seigneur ne laisserait à ceux-ci aucun pouvoir sur moi. Mais aux démons maudits du chevalier qui ont seulement trop de chair et d'os, le Roi et Monsieur permettent toute méchanceté imaginable, ce que je ne constate que trop tous les jours. Et quoique le chevalier ait débauché le fils du grand homme [...] et s'acharne tous les jours sur moi, il ne lui en advient aucun mal. Il semble même être mieux vu que d'autres [...]. Ah, qu'il plût à Dieu que le souhait de V.D. fût exaucé et que Lucifer l'emportât bientôt dans son royaume ! Mais comme il pourrait avoir peur tout seul, je lui souhaite pour ce voyage un compagnon, notamment le marquis d'Effiat, qui doit bien connaître le chemin. [...] Il doit avoir été le sujet de Lucifer avant de revêtir une forme humaine [96]... »

Cette haine féroce revit dans une autre longue lettre à Sophie, celle du 26 août 1689, dans laquelle Elisabeth-Charlotte crache tout son fiel au moment où Monsieur pensa à nommer Effiat gouverneur du duc de Chartres. Elle lui reproche d'être « le plus grand sodomite de France » et d'importuner les jeunes princes allemands de passage à Paris. Mais on a l'impression que c'est moins la sodomie notoire des deux compères qui leur vaut ces explosions de colère teutonique que la conviction de Madame qu'ils sont responsables de tous les mauvais traitements qui lui viennent de Monsieur. Le malheur principal d'Elisabeth-Charlotte n'était pas d'être la « femme d'une Tante », mais d'être séparée de son mari par une bande de bougres cupides qui dévoraient son bien et lui empoisonnaient l'âme. Elle confie en 1718 à Caroline de Galles : « Lorsque feu Monsieur se laissait manipuler par ses favoris, et faisait ce qui n'était pas juste ou honnête, j'avais l'habitude de lui dire : " *Vous mettez par complaisance pour le chevalier de Lorraine votre bon esprit dans votre poche, et vous l'enfermez si bien qu'il ne peut se montrer* " [97]. »

Son indifférence relative vis-à-vis de l'homosexualité lui permet d'en parler avec une objectivité et une compétence résignées. Une lettre à Amelise, écrite six mois après la mort de Monsieur, propose sérieusement un fondement « biblique » de la sodomie : « Ceux qui ont ce goût-là et qui croient à la Sainte Écriture, s'imaginent que ce n'était un péché que tant qu'il n'y avait que peu d'hommes de par le monde et que ce qu'ils pratiquaient pouvait nuire au genre humain en empêchant la naissance d'un nombre plus grand d'hommes. Mais à présent que la terre est entièrement peuplée, ils le considèrent comme un simple *divertissement*. Ils s'en cachent tant qu'ils peuvent pour ne pas scandaliser le vulgaire, mais ils en parlent ouvertement entre gens de qualité. Ils estiment que c'est une *gentillesse* et ne se font pas faute de dire que, depuis Sodome et Gomorrhe, Dieu notre Seigneur n'a plus puni personne pour ce motif. Vous me trouverez bien savante en cette matière ; j'en ai entendu parler souvent depuis que je suis en France [98]. » L'absence totale d'indignation devant une interprétation aussi fantaisiste du récit de la destruction de Sodome et Gomorrhe chez une lectrice appliquée de la Bible suggère qu'elle n'était pas loin de penser que les jeunes seigneurs qu'elle cite n'avaient pas forcément tort.

Une lettre écrite fin 1705 à la même Amelise dresse le catalogue des différentes formes d'homosexualité : « Où avez-vous été fourrée, vous et Louise, pour connaître si peu le monde ? [...] Celui qui voudrait détester tous ceux qui aiment les garçons ne pourrait pas aimer ici [...] six personnes. Il y en a de tous les genres. Il y en a qui haïssent les femmes comme la mort et ne peuvent aimer que les hommes. D'autres aiment les hommes et les femmes ; mylord Raby est du nombre. D'autres aiment seulement des enfants de dix ou onze ans, d'autres des jeunes gens de dix-sept à vingt-cinq ans et ce sont les plus nombreux. Il y a d'autres débauchés qui n'aiment ni les hommes ni les femmes et qui se divertissent tout seuls, mais ils sont moins nombreux que les autres. Il y en a aussi qui pratiquent la débauche avec tout ce qui leur tombe sous la main, animaux et hommes. [...] Vous voyez ainsi, chère Amelise, que le monde est pire encore que vous ne l'imaginiez[99]. » Pudibond comme seul un positiviste peut l'être, le traducteur Brunet déclare à propos de cette lettre : « Madame entre ici dans de si étranges détails qu'ils ne sauraient s'exprimer qu'en latin. Nous savons que le lecteur français veut être respecté, et nous laissons de côté le texte allemand de cette lettre[100]... »

Madame semble avoir décidé de parfaire à sa demande (« vous demandez pourquoi... ») l'éducation d'Amelise, puisqu'elle lui répond en 1705 : « Rien n'est plus ordinaire en Angleterre que cette débauche : ce sont des Anglais qui me l'ont affirmé eux-mêmes. Tous ceux qui sont venus avec mylord Portland à Paris y ont mené une vie affreusement débauchée. On m'a raconté que mylord Westmoreland, mylord Raby et trois ou quatre autres n'ont pas eu honte de déclarer leurs inclinations. Si vous [ne] voulez avoir les gens en horreur, chère Amelise, entourez-vous de peu de monde. Lire la Bible n'y fait rien. Ruvigny, qui était l'un des anciens du temple de Charenton, est des pires de la clique. Lui et son frère La Caillemotte étaient réformés et lisaient toujours la Bible, mais faisaient pis que n'importe qui de ceux qui sont ici, et entendaient fort bien *raillerie* quand on les plaisantait. La Caillemotte disait : " *Il faut bien que j'aime les hommes, car je suis trop laid pour être aimé des dames.* " Il y en a aussi beaucoup en Allemagne qui pratiquent cette débauche. Le comte von Zinzendorff, qui était ici envoyé de l'Empereur, changeait de couleur dès qu'il voyait un page bien fait et était si excité que c'était une honte à voir. Vous demandez pourquoi ils veulent tâter de plaisirs défendus, mais c'est ainsi depuis Adam : les gens préfèrent les mets défendus aux mets permis. Croyez-moi, on trouve ces bougres [*solche Benjametter*] dans tous les pays[101]. »

Une lettre de 1717 à Caroline est plus explicite sur Philipp Ludwig, comte Zinzendorff, qui appréciait vivement les charmes des jeunes pages. Ceux-ci constituaient un réservoir inépuisable et commode où puisaient à pleines mains les amateurs de beaux garçons pas chers. « Comte Zinzendorff [...] est un Autrichien parfait de mine, d'élocution et de manières. Comme il visitait à Versailles la Grande et la Petite Écurie, Monsieur le Grand fit venir vingt pages experts en voltige [exercices acrobatiques à cheval], et les fit voltiger en leurs chemises. En voyant cela comte Zinzendorff était si transporté qu'il ne put manger, et qu'il était comme malade de désir. C'est lui aussi qui a lancé la mode de racoler des pages aux Tuileries en sifflotant. On raconta cela à mon fils qui ne put le croire. Il alla tout seul aux Tuileries, se mit à siffloter, et en vit accourir de plusieurs livrées, et parmi eux un de ses propres pages. Celui-ci faillit tomber à la renverse et fut chassé séance tenante [102]. »

Les Italiens et les Français ne sont pas seuls à peupler Sodome ; l'Angleterre, ceux de la RPR (Religion Prétendue Réformée) et même les pays germaniques envoient leurs contingents. L'ennemi est dans la place. Faire passer en revue tous les passages concernant l'homosexualité de la correspondance de Madame serait sans intérêt. Jusqu'à la fin de sa vie, le ton reste le même, plus résigné que scandalisé. Elle constate encore un an avant sa mort : « Tout ce qu'on lit dans la Bible sur la façon dont se passaient les choses avant le Déluge et à Sodome et Gomorrhe n'est rien à côté de la vie qu'on mène à Paris [103]... » Sodome-sur-Seine, Sodome-sur-Tamise, Sodome-sur-Danube... On devine chez Elisabeth-Charlotte une réaction de fatalisme découragé devant la tache d'huile qu'elle voit s'étendre autour d'elle après avoir empoisonné sa vie conjugale. Elle a dû soupirer avec abandon : « *Es hat so sein sollen* », il fallait qu'il en fût ainsi...

SCÈNES INTIMES D'UNE VIE CONJUGALE

Au-delà de tout ce qui les séparait sur le plan sexuel, Monsieur et Madame avaient une chose en commun : ce que le siècle appelait joliment « les douceurs du mariage » les laissait indifférents tous les deux. Elisabeth-Charlotte confie en 1717 à Caroline que la princesse de Monaco, après avoir tenté en vain de lui faire goûter l'amour lesbien et de lui donner un amant, « disait souvent qu'elle ne comprenait pas ma nature, puisque je ne m'intéressais ni aux femmes ni aux hommes. La nation allemande est apparemment plus froide que toutes les autres [104] ».

Cette froideur, qu'elle avait en commun avec son frère Karl et qui leur venait de Charlotte, explique sa docilité devant la décision de

Monsieur qui estima après la naissance de leurs fils Alexandre et Philippe et de leur fille Elisabeth-Charlotte qu'il avait rempli sa tâche dynastique et que le temps était venu de faire chambre à part. En attendant ce moment qu'il a dû saluer avec soulagement, Monsieur, dévot à sa façon, demandait à la religion de suppléer à son manque d'ardeur dans l'accomplissement de ses devoirs conjugaux.

Madame raconte ainsi les surprises de ses nuits d'amour à Caroline : « Feu Monsieur m'a fait rire une fois de bon cœur. Il apportait toujours au lit un chapelet d'où pendait une quantité de médailles, et qui lui servait à faire ses prières avant de s'endormir. Quand cela était fini, j'entendis un grand cliquetis de médailles, comme s'il les promenait sous la couverture. Je dis : " *Dieu me le pardonne, mais je soupçonne que vous faites promener vos reliques et vos images de la Vierge dans un pays qui lui est inconnu.* " Monsieur répondit : " *Taisez-vous, dormez. Vous ne savez ce que vous dites.* " Une nuit je me levai en douceur et je dirigeai la lueur du bougeoir dans le lit comme il promenait ses médailles sous la couverture. Je le saisis par le bras et lui dis en riant : " *Pour le coup vous ne sauriez plus me le nier.* " Monsieur rit aussi et dit : " *Vous qui avez été huguenote, vous ne savez pas le pouvoir des reliques et des images de la Sainte Vierge. Elles garantissent de tout mal les parties qu'on en frotte.* " Je répondis : " *Je vous demande pardon, Monsieur, mais vous ne me persuaderez point que c'est honorer la Vierge que de promener son image sur les parties destinées à ôter la virginité.* " Monsieur ne put s'empêcher de rire et dit : " *Je vous prie, ne le dites à personne.* " [105] »

Les chapelets de son époux l'ont peut-être amusée une nuit ou deux, mais elle ne put s'empêcher, devant son peu d'entrain, de regarder la sexualité conjugale comme une corvée dont elle se serait bien passée. Comment se pâmer d'amour au milieu d'une quincaillerie bénite ? Aussi, lorsque Monsieur lui proposa en 1676, après la naissance de leur fille, de faire chambre à part, accepta-t-elle l'idée avec empressement : « J'étais bien aise, dit-elle à Caroline, quand feu Monsieur, sitôt après la naissance de ma fille, a fait *lit à part,* car je n'ai jamais aimé la corvée de faire des enfants. Quand Sa Dilection me le proposa, je répondis : " *Oui, de bon cœur, Monsieur, j'en serai très contente pourvu que vous ne me haïssiez pas, et que vous continuiez à avoir un peu de bonté pour moi.* " Il me le promit, et nous étions tous deux très contents l'un de l'autre. » Et à Sophie, deux ans après la mort de Monsieur : « Peu après la naissance de ma fille [...], Monsieur a fait *lit à part,* et le commerce ne me plaisait pas assez pour prier feu Monsieur de revenir dans mon lit. Quand Sa Dilection dormait dans mon lit, je devais me tenir sur le bord, si bien que je suis tombée souvent en dormant du lit, car S. D. ne pouvait souffrir qu'on le touchât, et quand cela m'arrivait en m'endormant d'étendre un pied et de le toucher, il me réveilla et me grondait pendant une demi-heure. Je me réjouissais donc de tout cœur lorsque S.D. prenait d'elle-même le *parti* de dormir dans sa chambre et de me laisser tranquillement dans mon lit sans crainte d'être grondée la nuit ou de tomber du lit[106]. »

Un aveu touchant à Caroline révèle qu'elle aimait vraiment Monsieur, et que ce n'était pas sa faute à elle si sa sexualité ne s'était pas épanouie. « Feu Monsieur était si importuné parce que je l'aimais et je voulais être auprès de lui, qu'il me pria pour l'amour de Dieu de l'aimer un peu moins, que cela l'importunait. J'ai obéi à feu Monsieur en ne l'importunant plus de mes embrassements, mais vivant avec lui avec beaucoup de respect et de soumission. » Et elle ajoute mystérieusement : « Je fais de mon mieux, comme quelqu'un qui joue seul du violon. L'homme n'est ni un ange ni un chêne[107]... »

Madame alla donc violoner toute seule dans son appartement ; ce fut la fin définitive de leurs rapports sexuels. Elle fera en 1696 à Sophie cette confidence souvent citée : « Si l'on peut redevenir vierge après n'avoir pas pendant dix-neuf ans couché avec son mari, pour sûr que je le suis redevenue[108]... » Sourches raconte qu'on voulut empêcher Madame en 1681 de chasser, prétextant qu'elle était grosse. « Elle vint trouver le Roi dans son cabinet et se plaignit à lui de ce qu'on voulait l'empêcher d'aller à la chasse sous prétexte d'une grossesse imaginaire, et lui protesta qu'il y avait plus d'un an que Monsieur n'avait couché avec elle[109]. »

Monsieur et son chapelet furent remplacés dans son lit par une nichée d'épagneuls qui se pelotonnaient contre elle. « De ma vie, écrit-elle à Sophie, je n'ai entendu parler d'une couverture d'édredon ; ce qui me tient bien au chaud dans mon lit, ce sont six petits chiens couchés autour de moi ; aucune couverture ne vaut les bons petits chiens[110]. » Blottie au milieu de ses toutous qu'elle faisait épouiller et brosser avec soin, Elisabeth-Charlotte regrettait d'autant moins les absences nocturnes de Monsieur que celui-ci avait transmis en guise d'adieu une « belle maladie » dont elle ne guérit qu'au bout d'un traitement pénible[111].

La sexualité ainsi supprimée, le seul hommage que Monsieur rendit encore à sa féminité était l'intérêt qu'il portait à sa toilette et à ses parures, regrettant d'un côté qu'elle ne partageât pas sa passion des chiffons et des bijoux, mais ravi de l'autre que cette indifférence lui permît de se réserver les plus beaux diamants. Elle se laissa d'abord faire. « Pour les grandes fêtes, se souvient-elle dans une lettre à Caroline, Monsieur me faisait mettre du rouge. Je le faisais à contrecœur, car je n'ai jamais aimé la parure [...]. On ne m'a jamais mis des bijoux sans que Monsieur ordonnât toute ma parure ; il m'a mis aussi lui-même du rouge sur les joues[112]. » Par la suite, elle décida de réagir alors que les prédicateurs tonnaient en chaire contre les vanités de ce monde en général, et en particulier contre les dames qui se maquillaient pour attiser la lubricité masculine. Les gens d'esprit s'en moquaient (La Bruyère écrit : « Se mettre du rouge ou se farder est, je l'avoue, un moindre crime que parler contre sa pensée »), mais Madame alerta son confesseur le père Jourdan, qui contacta celui de Monsieur, le père Zoccoli ; ensemble les bons pères dissuadèrent Monsieur de farder son épouse contre son gré. Celle-ci raconte à Caroline dans un extrait non publié par von Veltheim : « De longues années déjà avant la mort de feu Monsieur on ne m'a plus mis de rouge, et les confesseurs ont fait scrupule à Monsieur de me farder de rouge contre ma volonté [113]. » Il suffisait d'y penser. Les bijoux posaient moins de problèmes, car Monsieur préférait s'en parer lui-même : « Je ne me suis jamais intéressée aux parures, car les bijoux et les parures attirent les regards. Quelle chance que je sois ainsi disposée, car feu Monsieur adorait les parures et m'aurait cherché mille querelles à qui mettrait les plus beaux diamants [114]. »

Madame ne savait que trop bien que Monsieur éprouvait plus de passion pour ses diamants que pour les affaires d'État. A-t-elle compris que c'était la conséquence voulue de son éducation de fils cadet de France ? Il existe une lettre autographe de Monsieur à Madame (la seule que je connaisse), datée de Chambord le 23 septembre [1676] ; Madame, qui venait d'accoucher de sa fille, se trouvait à Saint-Cloud. Décrivant la manière dont la Cour passe son temps entre le jeu, les spectacles, les concerts et la chasse, Monsieur conclut : « Depuis que l'on est arrivé, voilà tout ce qui se fait, car pour les affaires d'État l'on n'en parle point, et quand il y en aurait je ne m'en mêlerais pas, comme vous savez [115]... »

Compagne docile de nuits conjugales où les impératifs dynastiques l'emportaient sur le plaisir donné et reçu, mère de trois rejetons d'Orléans éduqués loin d'elle, poupée plutôt ingrate que Monsieur ornait tant bien que mal de fard et de diamants, Madame n'était pas une épouse comblée. Demi-vierge et demi-martyre, elle remplira la lacune affective au cœur de son existence à sa façon, rédigeant jour après jour une énorme correspondance qui fut, selon la formule d'Henri Gauthier-Villars, « un soulagement et comme une revanche [116] ». Elle permet de reconstituer avec un luxe exceptionnel de détails sa vie et ses opinions. Plus heureuse, elle ne serait pas restée aussi vivante au bout de trois siècles.

[illegible]

CHAPITRE VI

Dix années souriantes
(1672-1682)

Un moment privilégié

Elisabeth-Charlotte a eu la chance d'arriver à la cour de France à un moment exceptionnel. Dix ans après la mort de Mazarin, la « jeune Cour » commençait à se départir de l'humeur folâtre et des façons bohèmes des premières années du règne. Les occupants intermittents du premier Versailles — celui des *Plaisirs de l'île enchantée* dont le Roi avait ébloui Louise de La Vallière en 1664 et celui du *Grand Divertissement royal* offert en 1668 à Françoise-Athénaïs de Montespan — étaient prêts à quitter le provisoire pour le définitif, et à s'installer dans un mode de vie plus compassé, plus « louis-quatorzien » si l'on veut.

Louis XIV avait abandonné définitivement Paris, se partageant avec sa cour entre Saint-Germain-en-Laye et Versailles. Le « château de cartes » de Louis XIII était devenu le cœur d'un immense chantier où se bousculaient architectes, terrassiers et maçons. Le petit château de chasse a reçu son enveloppe de pierre côté jardins, et deux gros pavillons en pierre et en brique — amorce des futures ailes des ministres — se détachent depuis 1671 devant la façade orientale. Deux grandes ailes de pierre commencent à s'avancer sur leurs socles vers le nord et le midi quand Liselotte voit Versailles pour la première fois en février 1672. Les travaux ont englouti en 1670 et 1671 plus de quatre millions de livres. Le Grand Canal vient d'être creusé et le parterre occidental, que l'on appelle maintenant le *parterre d'eau,* a presque son aspect définitif. C'est dans ce décor prodigieux que s'installe en cette année 1672 la Cour pour des séjours prolongés, et que s'organise une pompe monarchique somptueuse, dorée sur tranche, reflétant les rêves de gloire et de grandeur qui obsèdent le Roi.

L'architecture royale de Versailles ne semble pas avoir impressionné outre mesure la duchesse d'Orléans. Ne comprenant pas la touchante fidélité du Roi au petit château de chasse de son père, elle écrit en 1699 à Sophie de Hanovre : « Le Roi avoue lui-même qu'il y a des fautes dans l'architecture de Versailles. La cause en est que ce n'était pas au début l'intention du Roi d'y construire un si grand palais, mais seulement d'agrandir un petit château qui s'y trouvait. Mais par la suite, l'endroit a plu au Roi qui n'y pouvait toutefois résider sans avoir plus de logements. Ainsi, au lieu de faire abattre entièrement le petit château et de concevoir un grand projet tout neuf, le Roi, pour sauver le vieux petit château, n'a fait que construire autour, le recouvrant pour ainsi dire d'un beau manteau. Cela a tout gâté[1]... »

Onze ans plus tard, c'est toujours la même idée : « Tous ceux qui ont le goût des bâtiments ont ceci en commun qu'ils aiment changer et recommencer. Notre Roi ici est ainsi ; il n'y a pas un endroit à Versailles qui n'ait été modifié dix fois, et il arrive souvent que ce n'est pas en mieux[2]. » Ce qu'elle aime passionnément à Versailles, ce sont les jardins où elle se promène plus que quiconque. Elle dira en 1718 à Caroline de Galles : « Bien que Versailles ait les plus belles promenades, personne n'y allait se promener comme moi. Le Roi avait coutume de dire : " *Il n'y a que vous qui jouissez des beautés de Versailles* "[3]. »

Les années 1671-1672 ne voient pas seulement Versailles prendre ses formes et dimensions définitives. Quoique abandonné par Louis XIV, Paris fait peau neuve et reçoit en guise d'adieu deux grandes fondations royales. La construction de l'Hôtel des Invalides, à l'entrée de la plaine de Grenelle, commence en 1671 sur les plans de Libéral Bruant qui travaille en même temps à la chapelle de la Salpêtrière. En installant les vieux soldats invalides, les pauvres mendiants et les vieilles femmes folles dans des cadres prodigieux qui glorifient à la fois l'Évangile et le Très-Chrétien, la capitale offre à l'Europe émerveillée des modèles de grandeur architecturale qui ennoblissent la misère humaine la plus abjecte. L'année 1672 voit encore l'achèvement du Collège des Quatre-Nations en exécution du testament de Mazarin, la construction de la porte Saint-Denis célébrant le passage du Rhin et la prise de Maestricht, la démolition des remparts septentrionaux, et l'aménagement du boulevard planté de quatre rangées d'ormes entre la porte Saint-Antoine et la porte Saint-Martin.

Mais plus que les perspectives de Versailles et les impressionnants chantiers parisiens, c'est toute une pléiade d'hommes et de femmes exceptionnels qui contribuent à faire de la décennie 1670 un rare moment de créativité et d'éclat. L'arrivée d'Elisabeth-Charlotte à la cour de France coïncide avec l'apogée de la carrière de Molière qui crée *Les Femmes savantes* au Palais-Royal en mars 1672 et les rejoue en août à Saint-Cloud ; Molière mourra en février 1673 après avoir joué

« chez elle » *Le Malade imaginaire*. Sa venue coïncide encore avec l'installation de Cassini à l'Observatoire de Paris, avec la création du *Mercure galant* de Donneau de Visé, avec le premier tome des *Essais de morale* de Nicole et le troisième des *Contes* de La Fontaine, avec les premières lettres de Mme de Sévigné à Mme de Grignan et le *Discours de la Justesse* de Méré. Le bonhomme Corneille écrit ses dernières pièces, Racine se trouve à mi-chemin entre *Andromaque* et *Phèdre*, et Bossuet prononce ses plus majestueuses oraisons funèbres. Boileau lit des passages de l'*Art poétique* et du *Lutrin* chez le cardinal de Retz qui travaille de son côté à ses *Mémoires*, La Rochefoucauld fignole ses *Maximes*, Mme de La Fayette vient de terminer la rédaction de *La Princesse de Clèves*, Fénelon a vingt ans et Claude de Saint-Simon, vieux titulaire d'un jeune duché, se remarie dans la ferme intention de procréer à la sueur de son front un deuxième duc de Saint-Simon.

Notre princesse a eu en outre la chance d'arriver à la Cour à un moment capital dans l'histoire de la musique française. En 1671, la création de l'Académie royale de Musique (dans une aile du Palais-Royal) et la surintendance musicale de Jean-Baptiste Lully ouvrent la voie à la tragédie lyrique, c'est-à-dire à l'opéra français, si différent de l'opéra italien que Mazarin avait tenté en vain d'introduire en France. On se souvient de l'échec qu'avait été le séjour parisien de Francesco Cavalli dix ans plus tôt. Le premier opéra issu de la collaboration de Lully et son librettiste Quinault, *Cadmus et Hermione*, sera créé le 27 avril 1673. A la fin du huitième mois de sa première grossesse, Elisabeth-Charlotte n'y pourra assister à son vif regret, mais elle se rattrapera. 1672 voit encore l'accession à la maturité de la prestigieuse école française du clavecin. Avec la mort cette année-là du claveciniste de Louis XIV Jacques Champion de Chambonnières et l'installation de son survivancier Jean-Henri d'Anglebert, c'est la disparition des clavecinistes de la première génération qui étaient encore en partie des luthistes. Ils avaient adapté au clavecin le style brisé des Gaultier (Denis meurt lui aussi en 1672), inspirés par Johann Jakob Froberger qui avait fait bénéficier ses hôtes parisiens de son stage chez Frescobaldi. Si la duchesse d'Orléans s'était passionnée autant pour le clavecin que pour l'opéra, elle aurait pu faire ses délices pendant le demi-siècle qu'elle a vécu en France des *Livres de clavessin* de Chambonnières, Louis Couperin, d'Anglebert, Jean-Nicolas Geoffroy, Nicolas-Antoine Lebègue, Jean-François Dandrieu, Gaspard Le Roux, Louis Marchand, Elisabeth Jacquet de La Guerre, Louis-Nicolas Clérambault, et des premiers livres de François Couperin et Jean-Philippe Rameau.

Madame sera plus tard très consciente du fait que son arrivée en France avait coïncidé avec un âge d'or littéraire, théâtral et musical. « Quand je suis venue en France, écrit-elle, j'y ai vu des gens comme on n'en retrouvera plus dans beaucoup de siècles. C'étaient Lully, pour la musique ; Beauchamp, pour les ballets ; Corneille et Racine, pour la tragédie ; Molière, pour la comédie ; la Chamelle et la Beauval, actrices ; Baron, Lafleur, Torilière et Guérin, acteurs. Tous ces gens ont excellé dans leur genre. [...] Tout ce qu'on voit et entend maintenant n'approche pas de ceux-là[4]. »

Mais la France du début des années 1670 ne se replie pas béatement sur elle-même. François Bernier, qui avait été pendant douze ans le médecin privé d'Aurangzeb, publie en 1671 ses *Mémoires sur l'Empire du Grand Mogol,* avant d'être la principale attraction du salon de Mme de La Sablière et l'informateur exotique de La Fontaine. Il est vrai qu'en 1672 le jeune Leibniz s'efforce en vain de gagner Louis XIV à l'idée de conquérir l'Égypte, mais cette même année voit le début d'une laborieuse aventure coloniale : l'installation française à Pondichéry sur la côte de Coromandel que Dangeau appellera en janvier 1710 « le principal établissement des Français dans les Indes orientales ». En 1672, Jean Chardin et Antoine Galland échangent leurs impressions de voyage chez l'ambassadeur de France à Constantinople. La même année, entre deux voyages, Jean-Baptiste Tavernier essaie d'humaniser son style raboteux et entame la rédaction de sa *Relation de l'intérieur du Sérail du Grand Seigneur* et de ses *Six voyages en Turquie, en Perse et aux Indes*. Toujours en 1672, Barthélemy d'Herbelot entreprend à Paris sa monumentale *Bibliothèque orientale* qui occupera une place de choix dans la bibliothèque de Madame, à côté d'une sélection impressionnante de relations de voyage.

Exceptionnellement favorisée et brillante en ces années 1671-1672, La France n'est pourtant pas seule à éblouir l'Europe. De grandes révolutions scientifiques se préparent dans d'autres pays du vieux continent. En 1671, Ezechiel Spanheim fait réimprimer à Amsterdam ses *Dissertationes de praestantia et usu numismatum antiquorum* qui fondent la science numismatique. La même année, toujours à Amsterdam, Athanasius Kircher (dont la *China illustrata* venait de paraître l'année précédente en traduction française) donne une réédition fort augmentée de sa *Ars magna Lucis et Umbrae* qui présente une invention nouvelle, la lanterne magique *(lucerna magica),* capable de projeter des images transparentes sur un fond blanc, idée promise comme on sait à un certain avenir. En 1672, Isaac Newton adresse à la Royal Society sa *New Theory of Light and Colours* qui révolutionne l'optique et inspirera à Voltaire la seizième *Lettre philosophique* dans laquelle il s'écrie : « Ce que Newton a découvert sur la lumière est digne de tout ce que la curiosité des hommes pouvait attendre de plus hardi. » La même année, Antonie Van Leeuwenhoek de Delft met au point un microscope monoculaire qui lui permet de découvrir les bactéries et d'observer les spermatozoïdes, ce qui fait de lui le père de la microbiologie. Elisabeth-Charlotte utilisera plus tard son instrument avec ferveur. Toujours en 1672, Samuel Pufendorf publie à Lund son traité *De iure naturae et gentium* qui inaugure le droit naturel et le droit des gens comme sciences autonomes.

Elisabeth-Charlotte a quitté son Palatinat (où elle avait d'ailleurs connu Spanheim et Pufendorf) à un moment capital dans l'histoire de la civilisation européenne et française. Nous verrons qu'elle sut être à la hauteur.

ENTRE MARI ET BEAU-FRÈRE

Épouse du frère de Louis XIV, Elisabeth-Charlotte était, après la Reine, la seconde dame du royaume. Frère et belle-sœur d'un prince qui venait de tourner le dos à une capitale qui lui rappelait trop la Fronde et les troubles de sa minorité, Monsieur et Madame habitaient les trois quarts de l'année chez le Roi, passant leur temps à circuler entre Saint-Cloud, le Palais-Royal, Saint-Germain, Versailles et Fontainebleau. Madame menait donc une vie à la fois harassée et compassée, figurante à la Cour d'un beau-frère épris de gloire, et épouse d'un frère cadet tenu en laisse d'un bout de l'année à l'autre. Le duc et la duchesse d'Orléans s'estimaient heureux s'ils pouvaient passer deux mois de l'été dans leur cher Saint-Cloud et s'ils pouvaient, profitant des déplacements du Roi, oublier quelques jours au Palais-Royal les contraintes d'une vie de cour qui, comme disaient La Bruyère, « se passe dans une antichambre, dans des cours, ou sur l'escalier ». Madame dira plus tard de son mari : « Feu Monsieur aimait Paris par-dessus tout ; il y avait une vie plus facile qu'à Versailles [5]. »

Passant sa vie entre deux frères qui ne se ressemblaient en rien, Elisabeth-Charlotte était fort bien placée pour tracer ce portrait contrasté : « On n'a jamais vu des frères plus différents que feu Sa Majesté le Roi et feu Monsieur, qui s'aimaient pourtant sincèrement. Le Roi était grand et cendré ou châtain clair, et avait l'air mâle et une mine exceptionnelle. Monsieur n'avait pas l'air ignoble, mais il était très petit. Il avait les cheveux, les sourcils et les cils noirs comme jais [...]. Ses façons étaient plus féminines que celles d'un homme. Il n'aimait ni les chevaux ni la chasse ; il ne voulait que jouer, tenir cercle, bien manger, danser et être paré, en un mot, tout ce qu'aiment les dames. Le Roi, lui, aimait la chasse, la musique, les comédies ; mon seigneur seulement les grandes assemblées et les mascarades. Le Roi aimait la galanterie avec les dames ; je ne crois pas que mon seigneur ait été amoureux de sa vie [6]. »

L'admiration qu'elle éprouvait pour cet homme fort qui était son beau-frère ne fait pas de doute ; à ses yeux, Louis-Dieudonné était le plus grand roi de la terre. De son côté, le Roi était enchanté d'avoir dans sa famille une femme saine et sportive qui partageait sa passion des chevaux, des chiens, de la forêt et de la chasse, une femme qu'une bonne averse ou le grand soleil n'effrayaient pas et qui riait aux éclats, galopant ventre à terre et se grisant d'air pur. C'était rafraîchissant. Cela le reposait des œillades savantes et des minauderies des dames de sa cour. Il semble qu'Elisabeth-Charlotte n'avait pas appris à monter à cheval dans le Palatinat. Elle prend des leçons pendant l'été de 1673 sitôt après ses premières couches, achète un *Art de monter à cheval* in-folio et écrit en octobre à sa tante : « La semaine prochaine, j'espère aller chasser avec le Roi[7]. » Elle était devenue en France une amazone accomplie que le Roi adorait emmener à la chasse à courre et à la volerie. Son enthousiasme gagnait visiblement le Roi qu'on voyait pratiquer la chasse avec plus d'ardeur qu'à l'accoutumée.

Leur engouement commun pour la chasse et la faveur d'Elisabeth-Charlotte étaient tels que Mme de Sévigné peut mander à sa fille le 26 juillet 1675 : « La Cour s'en va à Fontainebleau ; c'est Madame qui le veut. » La marquise ne se trompait pas. Madame écrit de son côté à Sophie au mois d'août : « Nous irons lundi prochain à Fontainebleau, où me conduit le Roi parce que je n'y suis jamais allée. J'espère que nous nous y amuserons un peu, car tous les équipages de chasse et les comédiens sont du voyage. Le beau temps que nous avons maintenant me fait espérer aussi que nous irons nous promener souvent[8]... » Et quelques mois plus tard elle informe son demi-frère Karllutz, ne se tenant plus de joie : « Je dois vous faire venir l'eau à la bouche. Je vais chasser presque tous les jours avec le Roi. Avant-hier il m'a offert un cheval splendide, et il en a promis encore un autre. Les oiseaux de proie vont arriver aujourd'hui en quinze, et nous irons chasser avec eux presque tous les jours. Le Roi a fait préparer des hérons et des milans, ce qui nous permettra de nous amuser tout l'hiver. Le Roi m'a encore dit que nous aurons cette année de meilleurs faucons que jamais auparavant[9]. » Louis XIV supprimera sa milanière et sa héronnière de Noisy en 1685 ; elles lui coûtaient 10 000 francs par an, et il ne s'en servait plus depuis quelque temps.

En 1676, un accident de chasse à Saint-Germain manifesta aux yeux de tous l'affection du Roi pour sa belle-sœur. Celle-ci raconte l'événement avec humour dans une lettre à Sophie : « Nous avions déjà pris un lièvre et fait envoler une pie. Comme nous allions au tout petit pas, il me sembla que ma jupe n'était pas bien arrangée sous moi. Je m'arrêtai donc et me baissai pour me rajuster, et au moment où je suis dans cette posture, voilà qu'un lièvre détale et que tout le monde se met à sa poursuite. Mon cheval qui voit courir les autres veut les suivre et fait un saut de côté. J'étais déjà à demi désarçonnée ; ce saut me jette tout d'un côté de la selle. Je saisis promptement le pommeau gardant un pied dans l'étrier, espérant me remettre en selle. Mais au moment où je saisis le pommeau, les rênes m'échappent. Je criai à un cavalier qui était devant moi d'arrêter mon cheval. Mais il s'élança sur moi avec trop d'impétuosité, ce qui effraya mon cheval qui, ayant du tempérament, se tourna d'un autre côté et s'emporta. Moi, je me tenais ferme tant que je voyais que les autres chevaux étaient près de moi. Mais dès que je me vis seule, je me dégageai peu à peu et me laissai tomber sur la pelouse verte [*auf die grüne Blousse*]. [...] [Le Roi] était le premier à me rejoindre, pâle comme la mort. J'eus beau lui assurer que je ne m'étais fait aucun mal et que je n'étais pas tombée sur la tête, il n'a pas eu de repos qu'il ne m'eût lui-même visité la tête de tous côtés et constaté que j'avais dit vrai. Il m'a conduite lui-même ici dans ma chambre, et est resté encore longtemps auprès de moi pour voir si au moins je n'étais pas sujette au vertige [10]. »

Cet incident ne put détourner Madame de la chasse. En novembre 1677, elle écrit de Versailles à sa tante : « Je vais chasser avec le Roi tous les deux jours, et très souvent deux ou trois jours d'affilée. Nous ne chassons pas moins ici qu'à Fontainebleau. La passion de la chasse au cerf a maintenant repris notre Roi. J'en suis vraiment heureuse [...] car j'aime la chasse autant que Sa Majesté. Voilà un véritable plaisir pour un garçon manqué [*ein Rauschenblattenknecht*] comme moi, car à la chasse on ne doit pas se parer et mettre du rouge comme au bal [11]. »

Parlant de la duchesse d'Orléans, le *Mercure galant* informait ses lecteurs en juin 1680 : « Vous savez que c'est une Amazone à cheval et qu'il est peu d'hommes qui aient plus de vigueur qu'elle dans cet exercice. » Cette princesse qui aimait chevaucher au grand air sans craindre d'exposer sa peau au soleil était un objet de curiosité à la Cour où beaucoup de dames portaient des masques pour protéger la blancheur de leur teint. Elle écrit plus tard à Louise : « Je sais bien ce que c'est que d'être brûlée à la chasse par le soleil, car il m'est arrivé souvent d'être au soleil depuis cinq heures du matin jusqu'à neuf heures du soir, et de rentrer à la maison rouge comme une écrevisse, le visage tout brûlé. C'est pour cela que j'ai encore à présent la peau si hâlée et si rude [12]. »

Une célèbre série de gravures, tirée vers 1675, représente Madame chasseresse un fusil dans une main et un éventail dans l'autre ; Madame à cheval entourée de chiens ; Madame avant, pendant et après la chasse, habillée d'un costume semi-masculin qu'elle ne quittait que le soir à contrecœur. Il faut voir, d'après la description d'Arvède Barine, son visage de brique encadré d'une ample perruque d'homme, entre un tricorne et une grosse cravate. Le reste du costume se compose d'un vêtement à longues basques ouvert sur une manière de gilet, et d'une jupe traînante. Cette tenue sportive est encombrée d'aiguillettes, franges, broderies, passements, dentelles, flots de rubans et autres affiquets propres à la mode masculine du temps.

« Elle a une violente inclination… »

La passion partagée de la chasse créait entre Louis XIV et sa belle-sœur une camaraderie chaleureuse. Elisabeth-Charlotte eut amplement l'occasion d'admirer au milieu des « taïaut ! » et des cors sonnant l'hallali le superbe cavalier qu'était le Roi, son adresse de Bourbon chasseur et son courage physique. Malgré l'affection sincère qu'elle éprouvait alors pour Monsieur, elle ne pouvait rester insensible à l'énorme différence entre les deux frères ; il semble à peu près certain qu'elle tomba naïvement amoureuse de son royal beau-frère. Bien sûr, elle ne s'en rendait pas compte, mais elle se trahissait dans les lettres enthousiastes qu'elle adressait en ces premières années à sa tante maternelle la princesse de Tarente.

Amélie von Hessen-Cassel, sœur aînée de l'électrice Charlotte mère de Madame, avait épousé en 1648 Henri-Charles de La Trémoïlle qui se fit appeler, comme prétendant à l'héritage de la maison d'Aragon, prince de Tarente. Veuve depuis 1672, la princesse se montrait à la Cour pendant l'hiver, et passait la belle saison au Château-Madame dans un faubourg de Vitré, où sa vie amoureuse assez mouvementée attirait moins les regards. « Elle a le cœur comme de cire », disait joliment sa voisine Mme de Sévigné qui passait les étés aux Rochers, et qui la fréquentait avec plaisir. La « bonne Tarente », comme l'appelle l'épistolière, se félicitait d'avoir une nièce au sein de la famille royale, et encourageait celle-ci à lui mander à Vitré les événements de la Cour et de la Ville. Il est bien fâcheux que les lettres allemandes de Madame à sa tante de Tarente n'aient pas été retrouvées malgré les recherches obstinées de Michael Strich dans les archives des La Trémoïlle : elles nous auraient permis de mieux reconstituer les premières années françaises d'Elisabeth-Charlotte, car peu de lettres de cette période subsistent.

L'arrivée au fond d'une province d'une lettre de la Cour n'était pas un événement banal ; nombreux étaient les destinataires qui en distrayaient charitablement leur entourage. Pour notre bonheur, la princesse de Tarente n'était pas la discrétion incarnée ; nous devons tout ce que nous savons sur ces lettres et leur contenu à Mme de Sévigné qui en informait aussitôt sa fille. Elle lui écrit ainsi le 23 octobre 1675 : « Madame écrit en allemand de grandes lettres à Mme de Tarente ; je me les fais expliquer. Elle lui parle avec beaucoup de familiarité et de tendresse, et la souhaite fort. » Et six mois plus tard, le 8 mai 1676 : « Madame aime assez cette tante ; elle baragouine de l'allemand avec elle. »

Le 7 juillet 1680, Mme de Sévigné relate à sa fille la conversation qu'elle vient d'avoir avec la princesse de Tarente : « Pour sa nièce, elle en parle fort plaisamment. Elle a une violente inclination pour le frère aîné de son époux. Elle ne sait ce que c'est ; la tante le sait bien. Nous rîmes de ce mal qu'elle ne connaît point du tout et qu'elle a d'une manière si violente. C'est un patron rude, qui se tourne selon son caractère. C'est la fièvre qu'elle a [...]. Elle n'a de sentiment de joie ou de chagrin que par rapport à la manière dont elle est bien ou mal en ce lieu-là ; elle se soucie peu de ce qui se passe chez elle et s'en sert pour avoir du commerce et pour se plaindre à cet aîné. Je ne vous puis dire combien cette voisine conta tout cela d'original, et confidemment, et plaisamment. » Elle revient le 28 juillet au sujet : « Ma bonne, je m'en vais vous écrire aux dépens de la bonne princesse de Tarente. Elle me pria jeudi de dîner avec elle [...]. Elle n'attribue l'agitation de sa nièce qu'à ce que je vous ai dit, et que c'est une fièvre violente, et *qu'elle s'y connaît*. Voulez-vous que je dispute contre elle ? »

Les cancans de deux matrones de cinquante-cinq ans qui tuent le temps dans un salon de province, et les plaisanteries voilées qui volent des Rochers à Grignan ne contiennent qu'une once ou deux de vérité, et Michael Strich a eu probablement tort de les prendre assez au sérieux pour leur consacrer tout un chapitre critique [13]. Ces accès de passion distillés à grand renfort de besicles des « grandes lettres allemandes » de Madame sont sans doute fort exagérés, mais les passages cités témoignent des rapports de confiance qui existaient alors entre Louis XIV et sa belle-sœur, et que celle-ci s'y cramponna au moment où elle dut faire face à des difficultés conjugales.

Outre la chasse, le Roi et Madame avaient encore en commun un grand amour du théâtre et de l'opéra. Dès le 13 janvier 1672, Mme de Sévigné écrit à sa fille : « Il y a tous les soirs des bals, des comédies et des mascarades à Saint-Germain. Le Roi a une application à divertir Madame, qu'il n'a jamais eue pour l'autre. » Elisabeth-Charlotte, dont l'arrivée à la Cour coïncidait avec la création de *Bajazet,* avait une culture théâtrale solide qui remontait à sa première jeunesse. Nous l'avons vue assister à une représentation du *Doctor Faustus* à Hanovre ; elle se souvient dans une lettre d'octobre 1702 à Amelise qu'on jouait des opéras dans la grosse tour de Heidelberg [14]. En 1678, elle cite dans une lettre à Sophie *La Mégère apprivoisée* [15], à un moment où peu de Français ont entendu parler de Shakespeare ; ils auront encore à attendre un bon demi-siècle avant que Voltaire ne leur parle de « ces farces monstrueuses de Shakespeare [16] ». Les lettres des premières années font de très nombreuses mentions de représentations de « comédies » (c'est-à-dire de pièces de théâtre aussi bien tragiques que comiques), d'opéras et de ballets auxquels elle assistait avec un très vif plaisir.

Il semble qu'Elisabeth-Charlotte plaisait à son beau-frère parce que son caractère animé, sa bonne humeur, son franc-parler et sa santé morale aéraient sa vie privée qui se déroulait entre la Reine, figée dans sa gravité espagnole, et ses maîtresses expertes en manœuvres subtiles. La nouvelle Madame animait le solennel appareil de la Cour, elle était drôle, elle n'était pas timide, et ses propos délurés marqués au coin du bon sens faisaient rire le Roi. Cinquante ans après son arrivée à la Cour, elle se souvient dans une lettre à Louise : « Nous allions tous les soirs dans le cabinet du Roi où je me plaisais bien. J'aimais le Roi de tout cœur, il était de fort bonne compagnie. Je me divertissais vraiment en plaisantant et riant avec lui, car le Roi aimait bien qu'on causât librement avec lui. Les autres princesses, à l'exception de Madame la Duchesse, ne pouvaient s'y résoudre [17]. »

Une lettre à la même de juillet 1719 propose un échantillon de ces conversations détendues dans le cabinet royal : « Comme je venais d'arriver en France, je voulais me promener une nuit dans le jardin de Versailles. Le Suisse qui montait la garde ne voulait pas me laisser passer. Je lui dis : — Bon Suisse, laissez-moi me promener ! Je suis la femme du frère du Roi. — Le Roi a-t-il donc un frère ? demanda le Suisse. — Je dis : Ne savez-vous pas cela ? Depuis quand êtes-vous donc au service du Roi ? — Il dit : Trente ans. — Je dis : Comment ! Et vous ne savez pas que le Roi a un frère ? Mais on vous fait prendre le mousquet quand il passe. — Oui, dit le Suisse, quand on bat le tambour, je prends mon mousquet. Que m'importe pour qui ? Je n'ai jamais demandé si le Roi a une femme, des enfants ou un frère ; cela ne me regarde pas. — J'ai fait rire le Roi de bon cœur en lui rapportant ce dialogue [18]. »

Sophie de Hanovre ne s'y trompa pas quand elle visita la Cour en 1679. Elle fut frappée par l'amitié que témoignait le Roi à Madame, et par l'absence de coquetterie dans le comportement de celle-ci. Quelle différence avec les ruses compliquées de Madame Henriette ! Elle écrit en septembre à Karl Ludwig : « C'est effectivement un Roi [...] qu'on ne saurait voir sans l'admirer beaucoup. Il a beaucoup d'amitié pour Madame et vous devez être persuadé, Monsieur, qu'elle s'attire l'estime du Roi par sa conduite, car elle n'est infectée d'aucune coquetterie [...]. Benserade a dit une assez bonne chose sur son sujet, qu'il n'aurait jamais cru qu'une Madame si opposée en toute chose à la défunte Madame pouvait être plus aimée que l'autre, pour laquelle on avait de l'adoration [19]. » Et deux mois plus tard : « Liselotte est sur un autre pied, car elle vit avec beaucoup de liberté et tout cela dans l'innocence : sa gaieté divertit le Roi. Je n'ai pas remarqué que son pouvoir va plus loin qu'à le faire rire, ni qu'elle fasse des efforts pour le pousser plus avant [20]. »

Tant que l'entourage de Monsieur ne s'emploiera pas à empoisonner les rapports entre le Roi et Madame, l'attitude de celle-ci restera la même. N'ayant pas la tête politique, elle ne cherchera jamais à exploiter sa faveur pour elle-même ou pour les siens ; son père le lui reprochera durement. Elisabeth-Charlotte n'était pas insensible à cette faveur ; sa correspondance est émaillée d'exclamations admiratives qui expriment ses sentiments en faisant toutefois la part des choses. Ainsi ces deux confidences à Sophie de 1678 et 1705 : « Je vais me promener maintenant à cheval en compagnie de notre Roi. C'est vraiment un bon et gentil seigneur ; je l'aime vraiment, mais ma tante et mon oncle le précèdent dans mon cœur [21]... » « Hier le Roi vint me voir. [...] Il faut dire la vérité : personne en France n'est aussi poli et agréable que le Roi. Quand il est affable, on l'aime de tout cœur [22]... » Une autre confidence à Sophie, au bout de la première année de sa vie conjugale, prouve clairement que son affection pour son formidable beau-frère ne concurrençait pas ses sentiments pour Monsieur : « Je ne dis que ceci : Monsieur est le meilleur homme du monde. Nous nous entendons parfaitement [23]. »

Contrairement à ce que croyait ou faisait semblant de croire Mme de Sévigné, la vie intime de la jeune duchesse d'Orléans n'était bouleversée par aucun conflit sentimental. Elle se voyait placée par la Providence entre deux frères totalement dissemblables, dont l'aîné compensait par son estime et son amitié l'impuissance foncière de son cadet d'aimer autre que soi. Elle leur prodiguait à tous les deux son affection sans réserve et sans arrière-pensées, acceptant de bonne grâce comme inscrits dans son destin l'écrasante autorité de l'un et les goûts italiens de l'autre.

« JE SUIS ACTUELLEMENT TRÈS A LA MODE... »

L'alchimie de la faveur royale opérait des miracles. La rustique princesse mal ficelée que la Grande Mademoiselle avait toisée avec mépris en déclarant : « Quand on vient d'Allemagne, on n'a pas l'air français », et que Mme de Sévigné croyait ignorante comme une carpe (« une femme qui n'entend pas le français... »), était comme transformée par la lumière du Soleil royal. Mlle de Montpensier dut en convenir sans tarder : « Quand elle eut pris l'air de France, ce fut tout autre chose... »

On ridiculisait encore au début cette passion pour la marche à pied qui distinguait Madame des dames de la Cour qui ne se déplaçaient à l'extérieur qu'en chaise à porteurs. La princesse se moque gentiment de l'inertie des courtisans dans la première lettre à Sophie qui est conservée : « Les gens ici sont paresseux comme des oies. Hormis le Roi, Mme de Chevreuse et moi, personne n'est capable de faire vingt pas sans être en nage et à bout de souffle [24]. » Son état de grâce aidant, elle servait de référence à Mme de Sévigné écrivant *dès le 13 décembre 1671* à sa fille : « Je fais fort bien une lieue ou deux à pied, aussi bien que Madame. » La marquise fut présentée à Elisabeth-Charlotte le mardi 5 janvier 1672 à Saint-Germain. Fort satisfaite, elle mande le lendemain à sa fille : « Je trouvai Madame mieux que je ne pensais, mais d'une sincérité charmante. »

Fin décembre de la même année, Mme de La Fayette marque elle aussi sa surprise et lui délivre un certificat d'*esprit de bon sens*. Parlant dans une lettre à Mme de Sévigné de Madame Henriette, elle continue : « Je fus surprise de l'esprit de celle-ci, non pas de son esprit agréable, mais de son esprit de bon sens. [...] Je vous assure que l'on ne peut mieux dire. C'est une personne très opiniâtre et très résolue, et assurément de bon goût [25]... » Débités par deux dames qui tenaient bureau d'esprit, ces compliments valent leur pesant d'or : la sauvageonne à peine dégrossie du Palatinat est une personnalité qui soutient son rang de seconde dame du royaume avec grâce, esprit et goût. Détail non négligeable : sa faconde (française) force l'admiration de l'auteur de *La Princesse de Clèves,* arbitre des élégances verbales.

Une lettre adressée de Saint-Germain à Frau von Harling en février 1672 illustre à quel point Elisabeth-Charlotte était à la mode : « On joue ici à la lanterlue aussi bien qu'à Mannheim, car j'ai enseigné ici ce jeu à beaucoup de gens ; bientôt tout le monde le jouera. Comme je traversai cet après-midi la chambre du Roi venant de chez la Reine, deux seigneurs me coururent après, auxquels j'ai dû promettre que je reviendrais ce soir avant huit heures jouer à la lanterlue dans la chambre de la Reine [...]. Seulement, on ne veut pas l'appeler ici *lanterlue,* mais *pamphile* [26]. » Le pamphile est un jeu de cartes calqué sur celui de la mouche, et dans lequel le valet de trèfle est la carte maîtresse.

On se souvient de la zibeline râpée dont Elisabeth-Charlotte n'avait pu se séparer à son arrivée en France, et qui avait déclenché l'hilarité des courtisans. Cinq ans plus tard, en décembre 1676, elle raconte en s'esclaffant à Sophie comment elle vient de lancer sans le vouloir une nouvelle mode vestimentaire à la Cour, celle de la *palatine :* « Je dois dire que le Roi me témoigne encore chaque jour plus de faveur, car il m'adresse la parole partout où il me rencontre, et m'envoie chercher tous les samedis pour faire *medianoche* avec lui chez Mme de Montespan. Cela fait que je suis actuellement très à la mode, car tout ce que je dis ou fais, que ce soit bien ou de travers, est admiré des courtisans. A tel point que, m'étant avisée par ce temps froid de mettre ma vieille zibeline pour avoir plus chaud au cou, chacun s'en fait faire une sur ce modèle, et c'est maintenant la très grande vogue. Cela me fait bien rire, car ces mêmes gens, qui admirent à présent cette mode et la portent eux-mêmes, sont précisément ceux qui se moquaient si fort de moi il y a cinq ans, et se gaussaient tant de ma zibeline, que depuis ce temps je n'avais plus osé la mettre. Ainsi vont les choses dans cette Cour : quand les courtisans s'imaginent que vous êtes en faveur, vous pouvez faire ce que vous voulez, et être sûr d'être approuvé. Mais en revanche, s'ils s'imaginent le contraire ils vous ridiculiseront, quand même vous descendriez du ciel[27]. »

Une dizaine d'années plus tard, Furetière définira « palatine » : « fourrure que les femmes mettent sur leur cou en hiver pour couvrir leur gorge, et la tenir chaudement. » Ce qui suit est moins exact : « Ce mot vient de ce que la mode en a été inventée depuis peu par une dame de la suite d'une princesse de la Maison Palatine. » Les palatines se portaient encore au début du XXe siècle ; la « palatine à la reine » se nouait par-derrière et avait des pendants qui retombaient en avant ; la « palatine solitaire » n'avait pas de pendants et s'attachait sous le menton. Nos grand-mères frileuses ignoraient qu'elles s'emmitouflaient dans les vestiges moelleux de la faveur royale qui avait illuminé les dix premières années françaises d'Elisabeth-Charlotte.

JOIES ET PEINES DE LA MATERNITÉ

On peut se demander si Elisabeth-Charlotte, petite-fille d'une Elisabeth qui préférait la compagnie de ses guenons à celle de ses enfants, et fille d'une Charlotte plus préoccupée de ses misères que de ses enfants, était bien préparée aux charges affectives de la maternité. Elle eut la chance d'épouser un prince qui avait déjà deux filles de son premier mariage. Marie-Louise, l'aînée, allait avoir dix ans ; Madame, qui en avait presque vingt, s'entendit à merveille avec la jeune Mademoiselle. Elles vivaient ensemble comme des sœurs.

La cadette, Anne-Marie, née en août 1669, et qui sera plus tard duchesse de Savoie et reine de Sicile, avait à peine deux ans quand son père se remaria. Elle n'avait aucun souvenir de sa mère morte en juin 1670. De nombreux passages de lettres d'Elisabeth-Charlotte témoignent de l'affection maternelle que celle-ci éprouva d'emblée pour la petite princesse orpheline. Elle parle dans une lettre de 1714 à Louise de « la reine de Sicile que j'aime comme mon enfant corporel[28] », et lui raconte en 1715 : « Elle n'avait pas encore deux ans quand j'arrivai en France. Elle n'avait jamais vu d'autre mère que moi, et me prit pour sa véritable mère. Je l'aime aussi comme si elle était ma fille[29]. » Elisabeth-Charlotte eut ainsi l'occasion de s'initier à l'amour maternel dès les premiers jours de son mariage. La chose lui parut d'autant plus naturelle que la seule affection maternelle qu'elle avait reçue elle-même lui venait d'une tante qu'elle considérait comme sa véritable mère. Mais cet apprentissage se limitait à l'aspect affectif de la maternité ; elle regrettera de n'avoir jamais appris à soigner des enfants.

Monsieur et ses chapelets ne chômaient point, et Madame se trouva enceinte au début de l'automne 1672. Les médecins lui interdirent aussitôt ses chères promenades à pied. Elle s'en plaint en novembre dans une lettre à Anna Katharina von Harling : « Ô ma chère demoiselle Uffel ! Quelle contrainte espagnole pour un garçon manqué de ne plus pouvoir courir et sauter, de se voir même interdire les promenades en carrosse, et d'être toujours portée en chaise. Et encore si c'était bientôt terminé, on en prendrait son parti ; mais que cela doive durer ainsi pendant neuf mois entiers, voilà une situation affreuse... » Dès le début de sa grossesse, le spectre de la mortalité infantile due à l'incapacité des médecins la hante constamment. La même lettre continue : « Mais quand cet œuf sera enfin éclos, je voudrais pouvoir vous l'envoyer par la poste à Osnabrück, car vous êtes plus experte en cet art que toutes celles qui sont dans ce pays, et je suis convaincue par ma propre expérience qu'il sera soigné comme il faut. Ici, aucun enfant n'est en sécurité, puisque les médecins ont déjà expédié cinq enfants de la Reine dans l'autre monde. Le dernier est mort il y a trois semaines. Monsieur dit lui-même que trois des siens furent expédiés de même [30]. »

Après neuf mois d'immobilité forcée et une série de saignées que lui imposait la Faculté, Elisabeth-Charlotte accoucha heureusement d'un fils à Saint-Cloud, le 2 juin 1673. Conformément au protocole, le Roi aurait dû être présent, mais il se trouvait avec Monsieur en Flandre où il préparait le siège de Maestricht qui se rendra à la fin du mois. La veille, Mme de Montespan lui avait donné à Tournai une fille, la future Mme la Duchesse. En l'absence du Roi et de Monsieur, la Cour s'était rendue à Saint-Cloud. « Lors de mes couches, dira Madame en 1707, non seulement les volets de mes fenêtres, mais les fenêtres elles-mêmes demeurèrent grand ouvertes. La France entière vint me voir, et l'on jouait au hoca dans ma chambre [31]. » Cet accouchement au grand air n'a pas dû lui déplaire. Le petit prince, qui était énorme, fut appelé Alexandre-Louis et titré duc de Valois. Sa naissance donna lieu aux réjouissances habituelles : un *Te Deum* en l'église de Saint-Cloud, des illuminations, un feu d'artifice et une distribution d'aumônes.

On devine la fierté de la jeune mère dans cette lettre de juillet 1673 à Frau von Harling : « C'est, Dieu merci, un compagnon bien portant et sain, qui n'a donné depuis sa naissance aucun sujet de crainte. J'ai bien constaté comme il est grand et fort ; les couches ont duré seize heures en tout, dont cinq en grandes douleurs atroces : je n'eus pas un instant de répit jusqu'à l'arrivée de ce bambin [32]. » Et à Sophie, un mois plus tard : « Il est si terriblement grand et robuste que, avec votre permission, il ressemble plutôt à un Allemand ou un Westphalien, qu'à un Français. [...] Tous disent ici que mon bébé me ressemble ; aussi Votre Dilection peut-elle bien penser que ce n'est pas un fort joli bambin [33]... »

Monsieur était rentré de Flandre le 19 juillet ; il vit Madame et son fils au Palais-Royal. L'été fut rempli de divertissements mondains. Le 30 juillet, Monsieur donna un magnifique déjeuner au Palais-Royal, suivi d'une représentation à l'Académie de musique du premier opéra français, *Cadmus et Hermione*. Le 1er août, le duc et la duchesse d'Orléans assistèrent à un combat d'animaux dans la ménagerie de Vincennes. Madame parut ce jour-là pour la première fois en amazone. Le lendemain, ils acceptaient la trop somptueuse hospitalité de Boisfranc. Arrivé d'Auvergne avec ses sabots et des dents très longues, Joachim de Boisfranc venait d'être nommé surintendant des finances de Monsieur. Occupé à s'enrichir outrageusement, il n'avait manifeste-ment pas médité la chute de Fouquet. Il sera disgracié en 1687 et condamné à restituer plus d'un million et demi de livres. En attendant, il régalait Monsieur, Madame et leur suite dans sa belle maison de Saint-Ouen d'un concert de violons, musettes et hautbois, d'une collation d'un luxe recherché, d'une représentation de *Mithridate* et d'un bal. Le 17, ils furent magnifiquement reçus par Colbert dans sa propriété de Sceaux.

Tout suggère cet été-là des rapports excellents entre le duc et la duchesse d'Orléans ; Madame avait été manifestement heureuse de retrouver Monsieur. Jeme, le maître d'hôtel d'Elisabeth-Charlotte, est envoyé en septembre à Sophie avec un portrait de Monsieur et Madame, et un « flux d'éloquence ». Il rassure Sophie en lui apprenant « qu'il y a un très parfait amour et amitié entre Monsieur et Madame ». Sophie commente cyniquement dans sa lettre du 19 septembre à Karl Ludwig : « J'ai toujours appréhendé que les afféteries ne lui plairaient pas, mais on s'accoutume à tout... »

En octobre, en attendant le portrait du petit Alexandre qui lui est promis, Sophie reçoit cette description attendrie du petit Valois qui a maintenant quatre mois et semble béni d'un appétit gargantuesque : « Quand je le regarde, je repense souvent à ce que m'a dit un jour mon parrain le duc Georg Wilhelm : que je serais bonne à manger si on me faisait rôtir comme un cochon de lait. En effet, mon petit est devenu, Dieu merci, si gros et si gras que je crains qu'il ne soit bientôt aussi large que long. Mais je crains moins ceci, que de le voir perdre trop de poids et devenir tout maigre quand lui viendront bientôt les dents. Je n'oserais pas entretenir Votre Dilection aussi longtemps de cet enfant, si je ne savais que V.D. aime les enfants [34]... » La puériculture du temps partait visiblement du principe contestable que les bébés les plus gras résistent le mieux aux maladies. L'excuse finale est de mise : au xviie siècle une mère avait presque honte d'étaler au grand jour sa tendresse maternelle, et un père qui s'oubliait au point de caresser ses enfants en public se vit appeler « un sot père[35] ».

Vers la Toussaint de 1673, Madame entra dans une nouvelle grossesse. Ses lettres à Sophie et Anna Katharina von Harling débordent d'une tendresse un peu bourrue. Elle écrit à la dernière en mars 1674 parlant du petit duc de Valois : « C'est un affreux sauvageon [*ein greülicher Wiltfang*] qui rit et veut être porté continuellement d'un endroit à l'autre. Il n'aura une jupe qu'après Pâques, car dans ce pays les enfants restent trop longtemps emmaillotés. Nous verrons alors s'il apprendra vite à marcher, ou pas. Il n'a encore aucune dent. [...] Quant à l'autre petit turbulent qui est maintenant à mi-chemin, il me rend très indisposée, car je suis tous les jours après les repas malade comme un chien, à tel point que pendant deux heures je ne sais que faire[36]. »

Un incendie survenu à Saint-Cloud début mai alarma Madame à tel point qu'elle dut s'aliter pendant dix jours, heureusement sans conséquences malheureuses pour sa grossesse. Elle n'en perdit pas sa belle humeur, et adressa une énorme lettre à son père, remplie de détails cocasses. Elle n'est pas conservée, mais nous avons une lettre de Karl Ludwig à Sophie où il parle de « l'excellent récit que Liselotte m'en a fait, dont la grosseur du volume eût bien pu donner de la jalousie [...], qui faisait rire et s'ébahir des miracles arrivés et des plaisantes visions, dont toute la lettre est remplie. Le meilleur est que Liselotte n'en a eu de mauvais accident et qu'elle se porte bien[37] ».

Le duc de Valois fut baptisé le 10 avril 1674 dans la chapelle du Palais-Royal en présence du Roi et de la Reine. Le 2 août, trois mois après le début d'incendie de Saint-Cloud, Madame mit au monde un autre garçon qui fut titré en naissant duc de Chartres. C'est le futur Régent. Le Roi et Monsieur étaient présents. Trois mois plus tard, la mère écrit à Sophie qui venait d'accoucher d'un sixième fils : « Il faut que je dise à Votre Dilection que l'horoscope qu'on a tiré de mon fils cadet prédit qu'il sera pape. Je crains fort que ce petit ne soit plutôt l'Antéchrist, [...] et que le petit prince de Votre Dilection qui vient de naître ne soit le Gog. [...] Quoi qu'il en soit, ils seront ainsi grands seigneurs et ne céderont en rien à leurs aînés[38]. » Toutes les lettres de cette période exhalent la même belle humeur. Sophie annonce en août 1674 à Karl Ludwig : « Mme de Maubuisson me mande que Madame a été avec elle et qu'elle est extrêmement gaie et qu'elle est engraissée et embellie[39]. »

Monsieur appréciait la gaieté rayonnante de sa jeune épouse qui lui avait donné deux fils bien faits en deux ans et demi de mariage. Aussi son inquiétude n'était-elle pas feinte lorsque Madame faillit perdre la vie en mars 1675 par l'incapacité des médecins. Elle en reparlera plus tard comme de sa « grande maladie ». Des lettres échangées entre Monsieur, Karl Ludwig, Sophie et Madame (mars-mai 1675) ne permettent qu'une reconstitution imparfaite des événements[40]. Il semble qu'une série de graves accès de fièvre affola les médecins de Madame et de Monsieur qui, ayant épuisé leur pharmacopée et conduit la malade au bord de la tombe à force de saignées et de clystères, permirent à un charlatan allemand qui se disait médecin de l'évêque de Strasbourg de lui administrer trois doses d'une drogue inconnue. Leur effet fut si désastreux que Monsieur, qui ne bougeait de la chambre de Madame, fit jeter au feu la troisième dose et interdit toute autre médication. C'est probablement ce qui la sauva. Mais, en attendant, elle fut à l'extrémité. « Elle a été vingt heures comme morte », écrit Monsieur à son beau-père Karl Ludwig. Le Roi passait de longues heures auprès d'elle et ne put contenir ses larmes. « Enfin, elle fut si mal, continue Monsieur, que le saint Sacrement était céans avec l'Extrême-Onction. » Son organisme robuste l'emporta finalement sur l'ineptie des médecins, et Monsieur put rassurer Karl Ludwig le 30 mars : « Madame est entièrement hors de danger et quasi de fièvre. »

Madame se remit lentement, encouragée par les lettres nombreuses qui lui venaient d'Allemagne. Elle écrit en mai à Sophie : « Je crois fermement que Monsieur, papa, Votre Dilection et mon oncle m'ont mieux guérie de la fièvre et ramenée à la santé parfaite que messieurs Braye, Baylay, Lizot et Esprit, et je crois que la joie de me voir regrettée de vous autres a mieux purgé ma rate que les soixante-dix lavements que ces derniers m'ont fait administrer. » Nicolas Lizot était le premier médecin de Madame ; Jean Esprit servait Monsieur dans la même fonction.

Monsieur fut parfait en l'occurrence. Sophie écrit à Karl Ludwig : « Monsieur ne bouge d'auprès d'elle, la met lui-même sur la chaise percée, la sert mieux qu'une femme de chambre ne saurait faire, avec une passion et une tendresse qui ne se peut exprimer. » Il ne faut point douter de la bonne foi de Monsieur écrivant à son beau-père : « Pour ce qui est de moi, j'étais plus mort qu'elle, car je ne crois pas que depuis que le monde est monde, il y ait eu un meilleur mariage que le nôtre ; je souhaite qu'il dure longtemps… »

Cette lettre adopte peut-être un ton de circonstance, mais Monsieur ne l'aurait pas signée si elle avait été contraire à ses sentiments. N'avait-il pas ordonné des prières dans plusieurs églises parisiennes pour la guérison de Madame et manifesté une inquiétude touchante ? Le 18 avril, il alla rendre grâces solennelles pour la guérison obtenue devant l'autel de Notre-Dame de la Bonne-Délivrance dans l'église de Saint-Étienne-des-Grecs, et fit suspendre une lampe d'argent au-dessus de l'autel. Manifestement, son « j'étais plus mort qu'elle » est plus qu'une trouvaille stylistique.

Madame entra en convalescence avec un solide appétit de vivre et une méfiance accrue à l'égard des médecins. Elle retrouvait ses enfants avec délices. En août 1675, elle trace ce charmant tableau de famille dans une lettre à Sophie : « J'ai deux petits saints étourdis qui font toute la journée un tel vacarme avec leurs tambours que la tête m'en tourne. L'aîné est cependant un peu plus calme depuis quinze jours, car cinq dents lui sont venues, dont les canines supérieures. Il sera sevré cet automne, car il mord en une grosse miche de pain qu'il tient au poing comme un paysan. Le cadet est encore plus fort que lui et commence à marcher en lisière[41]. »

Peu après, la santé du petit duc de Valois inspire à sa mère une inquiétude qui ne cesse de croître. Le 6 septembre, rentrant de Fontainebleau à Saint-Cloud, elle le trouva « presque mort » *(schir auffm Todt)*. Elle écrit le 14 à Anna Katharina von Harling qu'Alexandre a « une fièvre affreuse et une diarrhée inouïe », et qu'il rend tout ce qu'on lui fait manger. « Pour dire la vérité, gémit-elle, j'ai peu de confiance en la manière dont on élève ici les enfants, et mon malheur veut que je ne puisse pas m'en occuper moi-même, ce qui me coûtera encore beaucoup de larmes. [...] Je vous en prie, dites-moi ce que vous en pensez, car personne ne se connaît mieux aux enfants que vous[42]. » En novembre, une lettre à la même se réjouit de la guérison d'Alexandre. A la fin de l'année, Elisabeth-Charlotte est encore enceinte.

Fin février 1676, elle écrit à Anna Katharina : « Mes garçons vont très bien, Dieu merci, mais le poupon que je porte à présent m'incommode plus que ses deux aînés[43]... » Puis, avec une cruelle promptitude, Alexandre est emporté dans la nuit du 15 au 16 mars au Palais-Royal. Elisabeth-Charlotte, qui avait osé s'attacher à ses enfants malgré le taux élevé de la mortalité infantile qui exposait les mères non cuirassées à des souffrances sans nom, fut particulièrement touchée par la mort de son petit « Westphalien ». « Je ne crois pas, écrit-elle en avril à Anna Katharina, qu'on puisse mourir d'un chagrin excessif, car si c'était le cas je ne serais plus là. Ce que j'ai souffert ne se peut décrire. Si Dieu Tout-Puissant n'accorde pas sa protection spéciale à l'enfant dont je suis à présent enceinte, j'aurai une bien mauvaise opinion de sa vie et de sa santé, car il est impossible qu'il n'ait pas ressenti lui aussi quelque chose de ma souffrance interne[44]. »

Le corps embaumé du petit duc de Valois fut exposé sur un lit de parade, puis conduit à Saint-Denis. Le Roi, la Reine et le Dauphin assistèrent à la cérémonie où officiait La Vergne de Tressan, évêque du Mans et premier aumônier de Monsieur. Les entrailles furent portées aux Grands-Augustins et le cœur au Val-de-Grâce. Les députés de la province de Valois et les ambassadeurs d'Angleterre, de Venise et de Savoie exprimèrent leurs condoléances. Monsieur ne semble pas avoir été particulièrement affligé par la mort de son fils. Le refus de Louis XIV de maintenir à son profit la pension de 150 000 livres accordée au petit prince défunt le chagrinait davantage.

Madame enferma sa douleur au plus profond d'elle-même ; la plaie ne se fermera que très lentement. Le petit Valois n'est plus évoqué dans sa correspondance pendant plus de quarante ans. Elle le mentionne brusquement en janvier 1719 dans une lettre à la raugrave Louise : « J'ai pleuré mon fils pendant six mois ; je croyais devenir folle. Qui n'a pas d'enfants ne peut concevoir un tel chagrin. C'est comme si on vous arrachait le cœur de la poitrine. Je ne comprends pas comment j'ai fait pour ne pas succomber[45]... » Et deux ans plus tard : « Rien n'est plus douloureux au monde que de perdre ses enfants. La disparition d'un petit enfant de quelques mois est moins insoutenable que celle d'un enfant qui marche et parle déjà. Quand j'ai perdu mon fils aîné qui n'avait pas encore trois ans, six mois se sont écoulés pendant lesquels je pensais devenir folle de chagrin[46]. »

La période de six mois dont parle Madame est celle qui sépare la mort du duc de Valois de la naissance, le 13 septembre 1676, de sa petite sœur titrée Mademoiselle de Chartres. Cette naissance venait à point nommé pour arracher la duchesse d'Orléans à sa prostration. L'accouchement fut encore plus douloureux que les deux précédents, la petite princesse étant « dodue comme une oie gavée et très grande pour son âge ». La même lettre à Anna Katharina se réjouit de la bonne santé du petit duc de Chartres et continue : « Ils sont baptisés tous les deux lundi dernier, et on leur a donné les noms de Monsieur et de moi. Le garçon s'appelle donc maintenant Philippe, et la petite fille Elisabeth-Charlotte. Il y a maintenant une Liselotte de plus au monde. Dieu veuille qu'elle ne soit pas plus malheureuse que moi, et elle n'aura guère à se plaindre[47]. » Le double baptême avait eu lieu le 5 octobre à Saint-Cloud en présence du Roi, de la Reine et de toute la Cour. Les parrains étaient le prince de Condé et le duc d'Enghien ; l'évêque du Mans officiait, et la maréchale de Clérambault, gouvernante des enfants, les présentait au baptême. La cérémonie fut suivie d'une splendide collation et d'un divertissement de l'Opéra.

On a l'impression que la naissance de sa fille a aidé Elisabeth-Charlotte à remonter la pente et à retrouver sa belle humeur. Elle écrit en janvier 1682 à Sophie : « Je me réjouis de voir que Votre Dilection [...] se souvient encore de tout ce que j'ai fait pendant mon enfance. Si V.D. pouvait voir à présent ma fille, elle y ferait penser V.D. encore plus, car c'est, exactement comme moi, une abeille étourdie [*eine dolle Hummel*] en tout, chiant dans ses jupons et n'ayant pas peur du fouet. En un mot, c'est une vraie Liselotte [48]. » Tout au long de sa correspondance, elle ne mentionne sa fille qu'avec une tendresse évidente. « De sa vie, dit-elle en 1716 à Caroline de Galles, ma fille n'a rien fait qui aurait pu me faire de la peine [49]. »

Monsieur rangea son chapelet et mit fin à leurs rapports conjugaux après la naissance d'Elisabeth-Charlotte. On sait que Madame ne s'en plaignait pas. Elle n'oubliera jamais que l'enfant qui naît fait subir à sa mère les atroces douleurs de l'enfantement, et que l'enfant qui meurt lui inflige des souffrances qui ne se peuvent décrire. « Et encore, s'ils restaient en vie, ce serait une chose, gémit-elle fin 1676, mais quand on les voit mourir comme je l'ai cruellement constaté cette année, alors, vraiment, il n'y a plus de plaisir. » Et quarante ans plus tard, à Caroline : « Je n'ai jamais aimé la corvée de l'accouchement [50]. »

Le petit duc de Chartres tomba gravement malade en octobre 1678. Les médecins n'osaient se prononcer et Madame réagit avec impétuosité. Mme de Rabutin raconte à Bussy : « Monsieur de Chartres a pensé mourir. Il se porte mieux. Le Roi en pleura ; Monsieur en fut au désespoir ; Madame tira l'épée du chevalier de Beuvron pour se tuer [51]. » Selon le *Mercure galant,* la vie du futur Régent fut sauvée par les capucins de l'autre côté de la rue Saint-Honoré. Empiriques réputés dans le quartier, les bons pères exerçaient illégalement la médecine au Louvre où ils avaient installé un grand laboratoire. « Les deux premiers médecins [...] mirent en usage tout ce que l'expérience leur avait appris. Les pères Capucins du Louvre furent appelés, et la vie dont on avait commencé à désespérer fut enfin rendue à ce petit prince [52]. »

A partir de 1682, lorsque les rapports s'envenimeront entre les époux d'Orléans, Monsieur prendra ombrage de la bonne entente entre Madame et leurs enfants. Elle dira à Caroline en 1716 et 1720 : « Feu Monsieur était jaloux de ses enfants, et il les éloignait de moi tant qu'il pouvait. Il me laissait plus d'autorité sur ma fille et la reine de Sicile que sur mon fils, mais il ne put m'empêcher de lui dire résolument ses quatre vérités. [...] Il avait peur d'être aimé d'eux moins que moi. Aussi me faisait-il craindre d'eux, faisant comme si je désapprouvais tout ce qu'ils faisaient [53]. » La maternité n'aura pas apporté que des joies à Madame.

Ironie du destin : malgré sa descendance limitée on l'appellera « le ventre de l'Europe » et elle sera l'aïeule de la plupart des princes catholiques actuellement en vie. Par son fils, Madame est l'aïeule de la maison d'Orléans, de la famille royale de Belgique (Léopold Ier était le gendre de Louis-Philippe), et des rois de Bulgarie Ferdinand et Boris III. Sa fille sera la belle-mère de l'impératrice Marie-Thérèse. Madame est donc l'arrière-grand-mère des empereurs Joseph II et Léopold II, et de Marie-Antoinette, et l'aïeule de Marie-Louise (deuxième épouse de Napoléon Ier), des empereurs autrichiens jusqu'à

Otto de Habsbourg, et enfin de la famille royale d'Italie jusqu'au roi Umberto II.

Vers 1717, lorsque la fragilité du petit Louis XV fit craindre (ou espérer) un éventuel glissement de la couronne royale sur le front des Orléans, une étonnante médaille lorraine fut dédiée à la fécondité junonienne de Madame, présentée comme le salut des lys français. A l'avers, la Palatine est en buste, de profil à gauche, « dans toute la volupté charnelle de son décolleté et de son opulente poitrine ». Au revers, autour d'une Junon respirant gracieusement le parfum d'une fleur de lys, est inscrite la légende FECUNDITAS CONSERVATRIX GALLIAE [54].

MONSIEUR ET LES TRAVAUX DE MARS

On s'est interrogé sur la portée réelle des prétendues qualités martiales de Monsieur. Certains historiens, s'appuyant surtout sur les *Mémoires* du maréchal de Plessis et sur ceux de Cosnac, lui reconnaissent du panache, voire du génie stratégique. « Il a une bravoure si naturelle, déclare Primi Visconti, qu'il semble ignorer ce que c'est que la mort, et pourtant il a l'air d'une femme, étant toujours en train de se farder [55]... » Peut-être devait-il sa réputation d'intrépidité au fait qu'il redoutait plus l'effet du soleil sur son teint que le feu roulant des champs de bataille. L'opinion qui veut que les talents tactiques d'Henri IV et la fièvre guerrière de Louis XIII fussent l'apanage de Monsieur, et que Louis XIV ne fût qu'un général de parade, a été récemment contestée par François Bluche [56]. En tout état de cause, on ne peut nier la popularité du duc d'Orléans parmi les officiers et les soldats qui savent reconnaître un capitaine qui a du cran.

Lors de la guerre de Dévolution, en 1667, Louis XIV avait décidé que son frère l'accompagnerait en Flandre, escomptant peut-être qu'il ferait piètre figure. Mais Monsieur montra devant Tournai beaucoup de vaillance et les troupes lui firent fête. Le Roi le traitait avec désinvolture, mais lui permit, après un premier refus, d'assister aux délibérations de son état-major. Il parut soulagé lorsqu'une fausse couche de Madame Henriette rappela Monsieur à Saint-Cloud où il raconta ses exploits aux dames pâmées, se servant de chaises et de fauteuils pour leur expliquer les mouvements tactiques des régiments.

Après le remariage de Monsieur, l'attaque de la Hollande réalisa aussitôt un projet que Louis XIV préparait depuis des années. En juin 1670 — grâce à l'entremise de Madame Henriette — Charles II d'Angleterre s'était engagé, moyennant un subside généreux, à soutenir la France dans une guerre éventuelle contre les Provinces-Unies. Des pactes conclus début 1670 avec l'électeur de Bavière et fin 1671 avec l'Empereur et l'électeur de Cologne qui s'engageaient à ne pas appuyer les ennemis de la France, et l'alliance matrimoniale contractée avec l'Électeur palatin complétaient l'isolement des Hollandais. Louis-XIV avait ses coudées franches début 1672 : il pouvait traduire en action militaire ses griefs politiques, économiques et religieux contre la République calviniste qu'inquiétait le grignotement de la barrière des Pays-Bas espagnols et qu'irritait à bon droit le tarif colbertien de 1667. Portée aux nues par les thuriféraires contemporains (Bossuet parle du « prodige de notre siècle »), la guerre de 1672 dirigée contre la Hollande n'en constitue pas moins un acte d'agression qui vaudra à la France la haine tenace et redoutable de Guillaume d'Orange.

Le 6 avril 1672 Louis XIV déclara la guerre aux Provinces-Unies ; il rejoignit son armée le 27 à Rocroi. Monsieur quitta Paris le 28 ; Madame l'accompagna jusqu'à Villers-Cotterêts. Monsieur, qui commandait sous l'autorité du Roi, avait enfin l'occasion de se faire valoir. Il faut dire qu'il ne se débrouilla pas mal. Le Roi lui confia l'attaque de plusieurs places qui durent capituler. Le 12 juin le fameux passage du Rhin au gué du Tolhuis consterna l'ennemi. Le comte de Guiche, l'ancien mignon de Monsieur, s'illustra à cette occasion, traversant le fleuve avec quatre escadrons. Louis XIV dira plus tard « qu'il aurait donné dix millions pour avoir lui-même passé le Rhin à la nage [57] ». Amsterdam était sans défense : Condé réclama en vain un corps de cavalerie et la permission de s'emparer de la capitale. Profitant des hésitations du Roi et de Turenne, les Hollandais ouvrirent le 20 juin les écluses de Muyden, inondant les polders et sauvant Amsterdam et la république. Dans les trois semaines qui suivirent le passage du Rhin, les armées de Louis XIV prirent une quarantaine de villes. Monsieur se couvrit de gloire par la conquête de Zutphen au pays de Gueldre. Le 21 juin, il investit la ville qui capitula le 25 ; le 26, précédant la compagnie de ses gendarmes le bâton de commandement au poing, Monsieur fit son entrée dans la ville au bruit des trompettes, des timbales et du canon. Il alla rejoindre son frère à la fin du mois à Zeist, lui apportant vingt-deux drapeaux et deux étendards pris à l'ennemi.

Le 1er août les deux frères arrivèrent en relais à Saint-Germain où Madame embrassa son héros avec une joie qui frappa et toucha les courtisans. Elle avait reçu le 29 juillet, riante et fière, les compliments fleuris du marquis della Rovere, l'ambassadeur génois. Le 11 août une fête resplendissante offerte au Roi victorieux à Saint-Cloud célébrait en même temps la gloire du conquérant de Zutphen et les retrouvailles de son cher chevalier de Lorraine. Les jardins semblaient envahir le château : le vestibule et les appartements étaient embaumés de fleurs qui se dressaient dans d'immenses vases ou que ceinturaient en parterres des baguettes d'argent reliées de rubans multicolores. Après une promenade en calèche dans le parc, la compagnie put écouter *al fresco* une symphonie de violons, se régaler d'une collation raffinée, admirer la nuit venue la grande cascade éclairée de milliers de lumignons réfléchis par des miroirs, applaudir *Les Femmes savantes* dans un théâtre improvisé, s'attaquer à un souper succulent, rejoindre le bal improvisé et tournoyer jusqu'à l'aube[58].

Il est dommage que nous n'ayons aucune lettre d'Elisabeth-Charlotte écrite entre le 22 avril et le 14 septembre de cette année : on aimerait lire son inquiétude après le départ de Monsieur, sa fierté à son retour, son éblouissement devant la féerie de Saint-Cloud, ses réactions enfin en apprenant que le chevalier de Lorraine, à peine rentré d'Italie, avait servi avec distinction aux côtés de Monsieur, et que les deux Philippe avaient rivalisé de courage et de bravoure.

L'année suivante, Elisabeth-Charlotte se trouva coincée pour la première fois entre la loyauté qu'elle devait à sa terre d'adoption et sa fidélité profonde à sa terre natale. En 1673, malgré le refus de Karl Ludwig qui s'efforçait maladroitement d'observer la plus stricte neutralité et se mettait tout le monde à dos, l'armée de Turenne marcha sur le Palatinat, voulant installer une garnison française dans la forteresse d'Oppenheim. L'opposition et le double jeu de Karl Ludwig servaient de prétexte à assujettir les paysans à des corvées de fortification. Furieux, l'Électeur commençait à comprendre qu'il avait sacrifié sa fille en pure perte, et pensait à contracter une alliance avec l'Empereur. Elle sera signée le 18 mai 1674. Les lettres qu'il échange en 1673 et 1674 avec sa sœur Sophie discutent des détails d'une assistance militaire promise par le duc Georg Wilhelm de Hanovre. Une opération militaire se préparait, ayant pour objectif la reconquête de Philippsburg avec l'aide du duc de Lorraine.

A la fin de l'année 1673, Louis XIV fit un voyage en Alsace accompagné de Monsieur et de Louvois entré au Conseil depuis 1672. Le ministre de la Guerre s'attira à cette occasion, par son manque d'égards pour les envoyés de Karl Ludwig, la haine de Madame. Voyant marcher Louvois le premier jour de l'an 1674 à la procession des chevaliers du Saint-Esprit, elle s'écria : « Voyez comme Louvois a l'air d'un bourgeois ! L'Ordre ne peut cacher sa condition. » L'ordre du ministre d'envahir le Palatinat était, disait-on, sa réponse au mot cruel de Madame[59].

Le maréchal de Turenne passa le Rhin à Philippsburg en juin 1674, ayant appris que Karl Ludwig, l'Empereur et le duc de Lorraine massaient des troupes dans le Palatinat. Il écrasa une armée lorraine à Sinzheim, et permit à ses 15 000 hommes de « manger le pays ». Le Palatinat payait ainsi les tergiversations maladroites de son maître. Mais les paysans ne se laissaient pas piétiner, piller et pressurer sans réagir, et on trouva quelques soldats français pendus aux arbres. Le maréchal fit incendier par représailles vingt-sept bourgs et villages,

réveillant les spectres de la guerre de Trente Ans. Il écrivait à Louvois :
« Je crois que le Roi voit l'importance que tout le Palatinat soit ruiné. »

Karl Ludwig fut bientôt envahi de plaintes à propos de vaches volées et de villages réduits en cendres. Ces malheurs ne faisaient qu'aggraver ses ennuis hémorroïdaux au sujet desquels Sophie lui avait écrit fin mai : « Je voudrais que votre derrière se gouvernait aussi bien que votre tête[60]. » Déterminé à ne pas se laisser faire (ou, comme il disait lui-même, *sich nicht cujonieren zu lassen*) et connaissant bien son Tite-Live, il proposa le plus sérieusement du monde un duel à Turenne récemment passé au catholicisme. Il lui adressa le 17 juillet une longue lettre du Friedrichsburg, lui disant notamment : « Des actions si contraires à l'accroissement que vous prétendez avoir fait en la pratique du christianisme par votre conversion me font croire que tout cela provient de quelque chagrin ou dépit que vous avez contre moi. Mais il vous eût été facile d'en tirer raison par des voies plus usitées entre des gens d'honneur. [...] Le Roi très-chrétien vous permettra bien le loisir de vous satisfaire présentement de vous à moi [...], et que vous ne refuserez pas de m'assigner par ce porteur le temps, le lieu et la manière dont nous nous servirons pour nous satisfaire. Ce n'est pas d'une humeur de roman, ni par la vanité de pouvoir recevoir un refus, que je vous fais cette demande, mais par un désir de vengeance que je dois à ma patrie[61]. » Agé alors de 63 ans, Turenne eut pitié de son âge et des hémorroïdes de Karl Ludwig, et déclina courtoisement le cartel. Il repassa le Rhin à la fin de l'été, prêt à défendre l'Alsace.

Elisabeth-Charlotte suivait anxieusement les événements sans pouvoir intervenir. Elle savait que Monsieur s'entremettait sans succès, essayant de rétablir la confiance entre son frère et son beau-père. Profondément affligée par cette collision d'intérêts et par les malheurs qui accablaient le vert pays de son enfance, Madame écrit fin août à Sophie : « Il faut souhaiter que Dieu nous rendra la bonne paix. Sinon, la bouillie sera bien chère dans le bon Palatinat, puisque M. de Turenne enlèvera encore plus de vaches. Mais j'espère que parrain [le duc Georg Wilhelm] saura l'en empêcher[62]... » Ces événements sont à l'origine de l'attitude antifrançaise de Madame. « Il lui fallut, observe Guy de La Batut, comme bien des princesses de maisons régnantes, trahir sa patrie d'origine ou le pays de son mari ; elle ne voulut plus connaître que la terre où elle était née. Même son affection pour Louis XIV ne la fit pas hésiter[63]. »

Madame sauta littéralement de joie en apprenant la défaite du maréchal de Créqui à Consarbrück, le 11 août 1675. Il fut battu par une armée hanovrienne commandée par les ducs Georg Wilhelm et Ernst August. Le 22 août elle écrit à Sophie : « Je dois avouer, mais que ceci reste entre nous, que je n'ai pu regretter la bataille que le maréchal de Créqui a perdue contre oncle et parrain[64]. » Après la prise de Trèves

par les troupes hanovriennes, elle dut faire un effort sur elle-même :
« En apprenant cette nouvelle, je ne pouvais sauter comme je l'avais
fait en apprenant la bataille gagnée, car c'est le Roi lui-même qui m'a
annoncé la prise de Trèves. Il faisait des éloges inouïs de mon oncle et
de parrain, et disait encore que les prisonniers ne pouvaient assez se
louer d'être tombés en des mains aussi généreuses et en même temps
aussi vaillantes[65]. »

Pendant des semaines, pour lui faire leur cour, les officiers vaincus
de Trèves régalèrent la princesse de relations de la prise de la place et
de la magnanimité hanovrienne. Monsieur lui amena personnellement
des vaincus de Trèves avec les mots : « Madame, voilà encore des
louanges de messieurs vos oncles et monsieur votre cousin. » Elisabeth-Charlotte est ravie d'entendre murmurer les courtisans : « Ces
princes qu'on loua tant là, sont oncles et cousin germain de
Madame[66]. »

Le 16 avril 1676, sitôt après les funérailles du duc de Valois,
Monsieur part rejoindre à Pont-Sainte-Maxence le Roi qui allait
commander l'armée de Flandre. Madame soupire : « Rien ne me
console à présent, car jeudi dernier Monsieur est parti à l'armée avec le
Roi[67]. » Après la capitulation de Condé, le 26 avril, Monsieur fut
chargé du siège de Bouchain. Malgré le prince d'Orange qui cherchait à
secourir la place dont l'importance était capitale, Bouchain fut
contraint à la capitulation le 11 mai, après une attaque à l'épée
ordonnée par Monsieur. On frappa une médaille avec la légende
HOSTE VIDENTE ET PERTERRITO BUCHEMIUM CAPTUM
(Bouchain est pris au nez de l'ennemi effrayé).

L'inquiétude et la fierté que manifeste Madame à cette occasion sont
touchantes. Elle écrit fin mai à Frau von Harling : « Monsieur est à
l'armée, m'inspirant mille frayeurs. On m'écrit de tous côtés qu'il a pris
des risques inouïs aux deux sièges de Condé et de Bouchain. Il a lui-
même entrepris le dernier. Dieu merci, il en est venu à bout et l'a
terminé heureusement en peu de temps. Et maintenant une autre chose
me préoccupe ; on nous écrit que beaucoup de gens tombent malades à
l'armée. Comme Monsieur ne se fatigue pas moins que les autres et
reste souvent vingt-quatre heures à cheval sans dormir, je crains qu'il
finira par être malade lui aussi[68]... » Mais début juillet, Monsieur est
de retour à Saint-Cloud et Madame salue son guerrier avec des
transports de joie qui étonnent cette petite cour blasée. Mme de
Sévigné annonce à sa fille : « Madame est transportée du retour de
Monsieur[69]. »

Mais c'est en 1677 que Monsieur va cueillir ses plus beaux lauriers.
Ayant quitté Paris le 7 mars, il participe au siège de Valenciennes qui
capitule le 17. Il commence le 2 avril le siège de Saint-Omer avec une
armée considérable et fait ouvrir aussitôt deux tranchées. Apprenant

que le prince d'Orange s'approche avec plus de 30 000 hommes pour secourir la place, il confie le siège à un de ses lieutenants généraux, et part avec le gros de ses bataillons pour se porter à sa rencontre. Les deux armées se trouvent face à face près du mont Cassel, où une bataille acharnée s'engage le 11 avril. Le duc d'Orléans commande le centre, les maréchaux de Luxembourg et d'Humières la gauche et la droite. D'Humières confiera à Primi Visconti « qu'il avait attaqué les Hollandais quelque temps avant Monsieur, parce que celui-ci n'avait pas encore fini d'ajuster sa perruque devant la glace[70]. » Préférant une perruque bien frisée à ces « paresseuses » dont on se coiffait en un clin d'œil, Monsieur prend son temps. Mais quand il est prêt, il s'expose beaucoup, conduisant à la charge ses escadrons et ses bataillons. Son armure est touchée de plusieurs coups de mousquet, et il a un cheval blessé sous lui. Le chevalier de Lorraine a le bord de son chapeau percé et une blessure à la tempe droite. L'ennemi recule après trois heures de combat furieux, abandonnant sur le terrain 6 000 morts et 3 000 blessés, des munitions et des armes en abondance, et soixante drapeaux, enseignes et étendards.

On trouvait l'attitude de Monsieur admirable : il interdit le pillage à ses troupes et envoya sur le champ de bataille des chirurgiens, des remèdes et des vivres, ainsi que des chariots pour transporter les blessés des deux armées. Ayant paré au plus pressé, il dépêcha Effiat auprès du Roi et Mérille auprès de Madame pour leur annoncer la victoire. Il alla continuer ensuite le siège de Saint-Omer.

Les suisses du Roi portèrent le 20 avril les drapeaux gagnés par Monsieur à Notre-Dame. Ils y furent placés devant le grand autel, et un *Te Deum* fut entonné en présence de Madame qui rayonnait. Le soir on tira un grand feu d'artifice devant le Palais-Royal. Le prince de Robecq, gouverneur de Saint-Omer, avait fait battre le même jour la chamade et Monsieur, après avoir fait soigner les blessés et chanter un *Te Deum*, rejoignit son frère à Calais. Mais Louis XIV, qui avait entendu crier « Vive le Roi et Monsieur qui a gagné la bataille ! », lui fit grise mine. Visiblement jaloux des succès de son frère, il décida de ne plus lui confier de commandement. Les plus beaux lauriers de Monsieur étaient les derniers.

Comme l'année précédente, l'absence de Monsieur et les nouvelles souvent contradictoires plongeaient Madame dans des états d'âme opposés. Même la relation de Mérille et les félicitations du Roi ne parvenaient pas à apaiser entièrement ses craintes. Le *Mercure galant* d'avril 1677 apprit à ses lecteurs : « Sa Majesté [...] dépêcha un des ordinaires de sa Maison à Madame, avec une lettre par laquelle il lui mandait qu'il se réjouissait plus du gain de la bataille à cause de la gloire que Monsieur s'y était acquise, que pour l'utilité que Lui et son État en recevaient. Monseigneur le Dauphin fit là-dessus dès le même

jour une visite toute obligeante à Madame. Elle fut suivie quelques
jours après de celle de la Reine [...] pour témoigner la joie qu'elle
ressentait de cette importante victoire. Celle de Madame a paru si
grande qu'il est impossible de l'exprimer, aussi bien que les divers
mouvements qui l'ont agitée pendant deux jours. Elle versait des
larmes qu'elle donnait avec plaisir à l'heureuse nouvelle de ce grand
succès ; et dans le plus fort de sa joie, il y avait des moments où la
crainte la tourmentait. Elle voulait croire que le combat n'était pas fini,
et que Monsieur était encore au milieu des ennemis ; et dans ce
mélange de frayeur et de joie, de trouble et de plaisir, pour sentir trop
de choses à la fois, elle ne savait pas bien ce qu'elle sentait. L'esprit de
Mademoiselle était de même, et son agitation la faisait courir jusque
sur l'escalier au-devant de tous ceux qui arrivaient de l'armée [71]. »

Monsieur arriva enfin le 3 mai dans une bousculade de personnes de
qualité venant lui présenter leurs félicitations. Les poètes taillèrent
leurs plumes. Les lecteurs du *Mercure galant* pouvaient se régaler en
mai de ce sonnet *A Madame sur les Victoires et sur le Retour de
Monsieur* :

> Gagnant une bataille et forçant une ville,
> PHILIPPE se découvre à nos yeux tout entier :
> C'est un prince, à la Cour, d'humeur douce et civile,
> Qui dans son air galant ne mêle rien de fier.
>
> Mais dans le champ de Mars PHILIPPE est un Achille,
> Il prend l'air et le front d'un terrible guerrier.
> D'un intrépide cœur, et d'une âme tranquille,
> Il s'avance au combat, et charge le premier.
>
> Grande princesse, il vient tout éclatant de gloire,
> Son front est couronné des mains de la Victoire,
> Mais c'est peu qu'un triomphe et si noble et si beau.
>
> Ordonnez que l'Amour rendant son heur extrême,
> Pour digne feu de joie allume son flambeau,
> Et d'un myrte charmant couronnez-le vous-même [72].

Des myriades de sonnets louaient Monsieur sur tous les tons et
mentionnaient à peine le Roi. En habile courtisan, Benserade associait
Louis XIV à la gloire de son frère : « ... Et que TU sois loué de tout ce
qu'Il a fait. » Ces éloges contraints confirmaient Louis dans sa décision
d'écarter désormais du champ de Mars l'intrépide Philippe/Achille.
Nous avons lu dans un manuscrit de Sainte-Geneviève cette charmante *Chanson de Madame — 1677* (accompagnée de la précision :
« l'auteur feint que Madame dit cet air à Monsieur, frère unique du
Roi ») :

> Vous que j'ai vu brûler d'une flamme si belle
> et qui m'avez juré de me garder la foi,
> oh que c'est être peu fidèle
> qu'aimer plus la gloire que moi.
>
> Si votre prompt retour ne finit ma souffrance,
> la Parque va bientôt me ranger sous sa loi.
> Oh que c'est avoir d'inconstance
> d'aimer plus la gloire que moi[73] !

Le 5 mai un *Te Deum* à Notre-Dame, des feux d'artifice et un grand feu de joie devant l'Hôtel de Ville célébrèrent la prise de Saint-Omer. Pendant plusieurs journées, Monsieur eut à subir les compliments et les harangues du Nonce, des ambassadeurs et ministres étrangers, et des députés de toutes les villes de son apanage. Son introducteur des ambassadeurs, l'abbé de Saint-Laurent, était sur les dents. Ces formalités remplies, Monsieur pouvait retourner définitivement à ses mignons, ses diamants et ses bâtiments.

MADAME ET SES INTIMES

La maison de la duchesse d'Orléans changeait constamment au gré des mariages et des ventes de charges. Madame eut la chance de trouver parmi ses dames quelques-unes de ses meilleures amies. Nous avons déjà rencontré sa première favorite, Catherine-Charlotte de Gramont, princesse de Monaco, sœur du comte de Guiche et surintendante de la maison de Madame depuis mars 1673. La princesse essaya d'abord de faire pour la seconde Madame ce qu'elle semble avoir fait pour la première : l'initier aux plaisirs de Lesbos. Mais Elisabeth-Charlotte resta de marbre et fit verser de chaudes larmes à sa surintendante. Elle tenta ensuite, toujours en vain, de lui donner un amant. Elle jeta son dévolu sur Philippe, chevalier de Vendôme, futur grand prieur de France, de trois ans le cadet de Madame. Le personnage était parfaitement amoral ; sur le plan sexuel, il chassait selon Saint-Simon « au poil et à la plume », c'est-à-dire qu'il aimait l'un et l'autre sexe[74].

Ayant enfin compris qu'elle n'enrôlerait Madame ni dans l'une ni dans l'autre galanterie, elle joua la carte du non-conformisme. Mme de Sévigné mentionne souvent Mme de Monaco qui était la « voisine » de sa fille en Provence. Elle lui raconte le 19 juillet 1675 : « L'autre jour, Madame et Mme de Monaco prirent d'Hacqueville à l'Hôtel de Gramont, et s'en allèrent courir les rues *incognito*, et se promener aux Tuileries. Comme Madame n'est point galante, elle se joue parfaitement bien de sa dignité. » Catherine-Charlotte était redoutable et avait de la suite dans les idées : après avoir pratiquement violé Monsieur, elle fut un temps la maîtresse du Roi et amusa après coup Madame de certains détails croustillants [75]. Très bien avec le mari et la femme, elle se sentait au Palais-Royal comme un coq en pâte. Mme de Sévigné dira en parlant d'elle : « La faveur est délicieuse entre Monsieur et Madame. » Cette étonnante amitié dura avec des hauts et des bas jusqu'à la mort de la surintendante en juin 1678.

Le vide affectif laissé par la princesse de Monaco ne tarda pas à être rempli par l'ancienne fille d'honneur de la Reine, Lydie de Rochefort de Théobon. Huguenote et Gasconne, elle ne se convertit au catholicisme qu'après la Révocation. Elle épousa en 1678 le comte de Beuvron, capitaine des gardes de Monsieur, mais ne déclara ce mariage que beaucoup plus tard. Madame dira d'elle à Sophie en 1682 : « J'aime Mlle de Théobon de tout mon cœur [*ich habe Mlle de Theobon sehr lieb*]. Je l'ai toujours trouvée très fidèle, et d'un grand attachement pour moi ; je lui en saurai gré toute ma vie [76]. » Nous avons rencontré au double baptême du duc de Chartres et de sa sœur la maréchale de Clérambault, qui fut l'autre grande amie de Madame. Louise-Françoise Bouthillier de Chavigny avait perdu en 1655 son mari le maréchal de Clérambault. Elle fut à partir de 1669 gouvernante des deux filles de Monsieur, et par la suite des enfants d'Elisabeth-Charlotte. Nous retrouverons ces deux dames qui se lieront l'une comme l'autre d'amitié avec Saint-Simon, ce qui lui permettra d'être bien au courant de la chronique de la cour de Monsieur et Madame.

Une amie moins connue d'Elisabeth-Charlotte est Mme de Sablé à qui elle offrit son portrait en 1677. Il s'agit probablement d'une copie du portrait que Mignard peignit cette année, et qui est conservé au Musée historique du Palatinat à Speyer. Il montre une duchesse d'Orléans épanouie après ses trois grossesses et très sûre d'elle-même. La marquise de Sablé, qui allait mourir l'année suivante, la remercia avec effusion, et reçut un charmant billet autographe par retour du courrier. Cette réponse vaut la peine d'être citée, d'abord parce qu'elle ne fut jamais imprimée, ensuite parce que c'est l'une des premières lettres françaises que nous ayons de Madame à l'exception d'un billet de condoléances d'octobre 1672 à la duchesse de Modène et de deux lettres de 1675 à Polier. La voici, orthographe et ponctuation modernisées :

« A Fontainebleau, ce 2 de septembre 1677. Monart m'a donné à ce matin votre lettre en sortant de la messe, et pour vous montrer, Madame, que de tous les plaisirs du monde je fais le plus de cas de celui d'une bonne et sincère amitié (comme je crois qu'est la vôtre à mon égard), j'abandonne ceux d'une belle promenade pour vous faire réponse. Les remerciements que vous me faites d'un vilain portrait que je vous ai envoyé, comme aussi toutes les belles choses que vous me dites sur ce sujet, me feraient quasi faire de nouvelles plaintes sur votre grande bonté et douceur. Mais je me contenterai seulement de vous prier de songer que c'est une chose assez dure de se voir donner des qualités que l'on voudrait avoir et que l'on n'a pas. C'est pourquoi, si dorénavant vous voulez regarder mon portrait, vous me ferez plaisir de n'avoir point d'autre pensée, sinon que celle que vous verrez devant vous est une de vos amies qui reçoit avec joie les marques de votre amitié, parce qu'elle vous aime de bonne foi [77]. »

Cette lettre prouve que, depuis le début de son séjour en France, Elisabeth-Charlotte écrivait mieux le français que la plupart des grandes dames de son temps, et qu'elle était capable de tourner des compliments et des protestations d'amitié qui ne violaient ni la syntaxe ni la sincérité. Voilà qui mérite d'être souligné.

Après le retour en Allemagne de sa vieille gouvernante en janvier 1672, Madame n'avait plus que deux filles de sa nation pour la servir. L'une d'elles partira au bout d'un an pour se marier ; l'autre, Eleonore von Venningen, avait grandi à Heidelberg avec Liselotte. Après son mariage avec le gentilhomme alsacien von Rathsamshausen, elle se partageait entre Strasbourg et Madame. D'une imperturbable jovialité, elle écrivait pour sa maîtresse des lettres allemandes affreusement orthographiées quand celle-ci était malade, et lui racontait des histoires drôles en la déshabillant. Sa présence était précieuse, car elle permettait à Madame de parler régulièrement sa langue maternelle. Elle se fera catholique en 1693 et aura une pension du Roi. Pour faire plaisir à Madame, il lui permettra quelquefois d'être des voyages de Marly, et même d'y manger à sa table. Très gaie et parlant un français fort drôle, elle le faisait rire de bon cœur. Eleonore avait un an ou deux de plus que sa maîtresse et lui survivra. Couramment mentionnée dans la correspondance (244 fois dans les lettres aux raugraves !), elle sortait sa maîtresse de ses accès de mélancolie, lui inspirant une philosophie de la bonne humeur. Madame écrit en 1713 à Louise : « Frau von Rathsamshausen, que j'appelle toujours Leonore, est là, pleine d'une inaltérable bonne humeur qui ne lui passe pas avec l'âge. Elle ne paraît pas son âge et a toujours les plus belles dents du monde. Puisque tout est si éphémère, il faut se réjouir autant qu'on peut [78]... »

Nous avons vu le page allemand de Madame se faire catholique et passer au service de Monsieur. Pour le remplacer, elle fit venir en 1676 son ancien page Wendt qui avait alors dix-huit ans. Il restera auprès de la princesse jusqu'aux graves événements de septembre 1682. Elle l'enverra alors à Hanovre. Il sera de retour en 1709 et ne quittera plus Madame. Après son premier séjour en France, il avait entièrement oublié l'allemand. A travers les très fréquentes mentions de son nom, on le voit devenir l'homme de confiance et factotum de la Palatine, faisant office de secrétaire allemand, d'écuyer et de maître d'hôtel. A la mort en janvier 1719 de son premier écuyer Balenne, Madame donne la charge à Wendt et paie pour lui un brevet de retenue de 16 000 livres. En juin de cette année, le jour même de la mort du marquis d'Effiat, elle fait donner son gouvernement de Montargis à Wendt. Ces bienfaits expriment l'évidente satisfaction d'Elisabeth-Charlotte des services de son fidèle *Junker Wendt,* et sa volonté de le secourir dans ses déboires financiers, car un imprudent placement en Allemagne lui avait fait perdre 30 000 thalers. Wendt entourera la vieille duchesse douairière d'une respectueuse et parfois tyrannique sollicitude.

Dans les lettres de Madame, le nom de Wendt est souvent accolé à celui du page Eberhard Ernst von Harling, neveu des Harling placé à l'âge de six ans en 1673 au service d'Elisabeth-Charlotte ; il ne la quittera plus. Mentionné plusieurs fois avec respect par Saint-Simon et Dangeau (ce dernier orthographie *Arlin*), Harling réussit une brillante carrière dans les armées du Roi. Il débuta chez les mousquetaires, acheta en 1702 le régiment de Guyenne, fut fait brigadier à la suite du siège de Hagenau en 1705, eut la charge de capitaine des gardes de Madame en 1715, le gouvernement de Sommières en 1717 et le grade de maréchal de camp en 1718. Saint-Simon l'a vu tel qu'il était, un « fort honnête homme, doux et simple, avec de l'esprit [79] ». Servant loyalement sa patrie d'adoption, Harling méritait pleinement l'affection et les bontés d'Elisabeth-Charlotte.

Elle réunira comiquement toute sa maison allemande en une seule phrase, écrivant en mai 1719 à l'oncle Harling : « La saignée est à présent la grande mode à Saint-Cloud ; hier c'était le tour de Frau von Rathsamshausen et de moi, aujourd'hui c'est à Harling et Wendt. Beaucoup de sang allemand fut donc versé à Saint-Cloud [80]... » Malgré les distances curiales qui les séparaient et que Madame était la première à ne pas oublier, ces hommes et cette femme qui avaient quitté leur Allemagne natale pour la servir étaient ses amis et ses clients. Elle appréciait leur fidélité et prenait soin d'eux. Elle écrit en 1719, après avoir fait ce qu'elle pouvait pour Wendt : « Il me sert bien et fidèlement, mais on ne fait pas ici tout ce qu'on voudrait. J'ai pris soin de tous mes Allemands [*ich habe vor alle meine Teütschen gesorgt*] ; mon Harling, qui est aussi un honnête garçon, est mon capitaine des gardes, maréchal de camp et gouverneur d'une petite province. Ainsi, si je devais mourir, tous mes Allemands sont bien pourvus et ont de quoi vivre. Cela me rassure [81]. »

Les filles d'honneur de Madame n'avaient pas aussi bonne presse que ses Allemands. Elle en avait quatre, réputées pour leur beauté et placées sous la responsabilité d'une gouvernante, successivement les marquises de Langallerie, de La d'Aubiaye et de Maineferre. Ce quatuor de charme dont la composition variait continuellement était une sorte de vivier privé dans lequel venait pêcher Louis XIV. Mme de

Montespan, la maîtresse régnante, n'appréciait guère cet état de choses. Primi Visconti raconte en 1674 : « On dit que Mme de Montespan avait aussi voulu faire supprimer les demoiselles d'honneur de Madame, au temps où il semblait vraiment que la duchesse d'Orléans entretînt la pépinière des maîtresses pour le Roi ; mais il n'y eut pas moyen[82]... »

Parmi les demoiselles de Madame qui portaient ombrage à l'altière Athénaïs, il faut signaler Marie-Elisabeth de Ludres, née dans une ancienne famille lorraine. Sa beauté éclatante a frappé tous les contemporains qui l'appellent invariablement « la belle Ludres ». Elle avait dix-huit ans quand elle fut admise en 1665 parmi les filles d'honneur de Madame Henriette ; à la mort de celle-ci, elle passa chez la Reine. Ses charmes alarmaient bientôt Mme de Montespan, et elles échangeaient, au dire de Primi Visconti, des « regards de basilic ». Athénaïs fit une terrible scène au Roi qui n'avait pas encore, semble-t-il, remarqué la belle Ludres. Pour avoir la paix, il consentit fin 1673 à la suppression de la chambre des filles de la Reine, et Mlle de Ludres se retrouva chez Madame. Ce n'est qu'en 1676 que Louis XIV s'aperçut de sa beauté épanouie et qu'elle devint sa maîtresse. C'est du moins ce qu'écrit Madame à Caroline de Galles : « Le Roi ne s'était pas soucié de cette belle tant qu'elle fut chez la Reine ; il en tomba amoureux lorsqu'elle fut chez moi[83]. » Mais la belle Ludres n'était pas discrète et faisait trop la sultane. Sa faveur fut donc de courte durée, peut-être aussi parce qu'elle zézayait horriblement : nous savons que Louis XIV était fort sensible à ces choses-là. Elle refusa fièrement un cadeau d'adieu de 200 000 livres. Saint-Simon note de son côté : « Il ne faut pas oublier la belle Ludres, demoiselle de Lorraine, fille d'honneur de Madame, qui fut aimée un moment à découvert ; mais cet amour passa avec la rapidité d'un éclair, et l'amour de Mme de Montespan demeura triomphant[84]. »

Malgré l'amitié d'Elisabeth-Charlotte, la maîtresse déchue trouvait sa position intenable, et se retira en août 1677 chez la maréchale de Clérambault, puis chez les visitandines du faubourg Saint-Germain. Madame la taquinait quelquefois ; Mme de Sévigné rapporte à sa fille : « Madame disait l'autre jour à Mme de Ludres, en badinant avec un compas : " *Il faut que je crève ces deux yeux-là qui font tant de mal.* — *Crevez-les, Madame, puisqu'ils n'ont pas fait tout celui que je voulais* "[85]. » Madame continua de voir son ancienne fille d'honneur après son départ, et lui écrira des lettres chaleureuses quand elle ira s'établir à Nancy en 1687. Acquise par l'université de Heidelberg et publiée en 1981 par Jürgen Voss, une correspondance de 47 lettres françaises écrites à Mme de Ludres entre 1687 et 1722 témoigne de l'amitié sincère et fidèle de Madame.

L'admission de Marie-Angélique de Fontanges parmi les filles d'honneur de Madame la conduisit droit au désastre. Elle fut reçue fille d'honneur en octobre 1678. Très naïve, très jolie et très rousse, elle se prit d'affection pour Elisabeth-Charlotte, et lui raconta un rêve prémonitoire qu'un capucin lui avait expliqué. Comme elle se trouvait sur le sommet d'une haute montagne, elle se vit d'abord entourée d'une lumière éclatante ; brusquement, d'impénétrables ténèbres l'effrayèrent tellement qu'elle se réveilla en sursaut. Elle courut chez son confesseur qui l'avertit gravement : « Prenez garde à vous, cette montagne est la Cour, où il vous arrivera un grand éclat. Cet éclat sera fort court, et si vous abandonnez Dieu, il vous abandonnera et vous tomberez dans d'éternelles ténèbres [86]. »

S'il faut croire Primi Visconti, « Madame, qui choisissait ses demoiselles d'honneur parmi les plus belles pour attirer le Roi chez elle, offrit à cette demoiselle de l'emmener avec elle à la chasse ». C'est là que la somptueuse rouquine donna pour son malheur dans les filets du chasseur royal aux « yeux de renard ». Toujours selon Primi, Louis XIV trompa une nuit à la fois la Reine et Mme de Montespan ; il galopa de Saint-Germain à Paris, escorté de quelques gardes du corps, et se rendit au Palais-Royal. « Mlle des Adrets ouvrit la porte de l'appartement des filles de Madame, ses compagnes, et ce fut la première fois que le Roi posséda Mlle de Fontanges [87]. » D'autres mémorialistes réservent un rôle décisif dans la séduction de Mlle de Fontanges au duc de La Rochefoucauld, favori et grand veneur de Louis XIV. Saint-Simon l'accuse de l'avoir « fournie » au Roi.

On connaît la suite. Elle fut déclarée maîtresse royale et duchesse, mais n'ayant pas une once d'esprit, son amant s'en lassa vite. Elle fit une mauvaise fausse couche, et alla cacher sa santé et son amour ruinés au couvent de Port-Royal de Paris. Mme de Sévigné commente cyniquement : « Vous avez ri de cette personne blessée dans le service ; elle l'est à un point qu'on la croit *invalide* [88]. » Elle ne crut si bien dire : la belle Fontanges mourut dans sa retraite en juin 1681. Madame reparlera plusieurs fois de sa demoiselle d'honneur dans ses lettres à Caroline de Galles. Elle lui confie en avril 1718 : « La Fontanges était un stupide petit animal [*ein dumm Thiergen*], mais elle avait un très bon caractère et était jolie comme un ange. Quand le Roi était amoureux d'elle, je devais être continuellement avec lui, car elle m'aimait beaucoup [89]. » Le propos manque de clarté, et semble donner raison à Primi Visconti qui présente Elisabeth-Charlotte appâtant le Roi avec ses demoiselles. On la conçoit fort mal dans un rôle d'entremetteuse dans le style de Catherine de Médicis lançant ses escadrons à la cuisse légère. Mais les textes sont là, disant sa satisfaction de voir le Roi fréquenter sa cour, et sa conviction qu'on ne prend pas les mouches avec du vinaigre.

Louis XIV n'était pas seul à fréquenter l'appartement des filles de

Madame. En 1679, le comte de Soissons hantait les lieux, charmé par les beaux yeux d'Uranie de La Cropte-Beauvais, « belle comme le plus beau jour, et vertueuse ; brune avec ces grands traits qu'on peint aux sultanes et à ces beautés romaines, grande, l'air noble, doux, engageant[90]... ». Le comte amoureux organisa plusieurs festins chez les filles de Madame, et Primi explique que « Madame était heureuse de pouvoir dire au comte beaucoup de bien de Mlle de Beauvais[91] ». Soissons savait qu'il ne marchait pas sur les brisées du Roi ; celui-ci estimait les appas d'Uranie fort compromis par sa voix de garçon. L'affaire se termina par un mariage secret, à la grande colère des Soissons-Carignan, la belle Uranie étant un peu bâtarde.

La réputation de ses filles d'honneur vaudra des ennuis à Madame en 1685. Après la mort de Monsieur, elle eut une longue conversation avec le Roi, à l'issue de laquelle il fut déclaré qu'elle congédierait ses filles et leur gouvernante, et qu'elle prendrait chez elle, sans titre, la maréchale de Clérambault et la comtesse de Beuvron. Cela valait mieux pour tout le monde.

LES FÊTES DE SAINT-CLOUD

Commencée début 1676 par Mansard, la construction du nouveau château de Saint-Cloud entrait dans sa phase finale. La décoration et l'ameublement de la maison de ses rêves réclamaient maintenant toute l'attention de Monsieur. En août 1677, celui-ci avait chargé, devant notaires, l'architecte Jean Girard de la construction d'un corps central auquel devaient se souder perpendiculairement les deux ailes parallèles de Mansard déjà terminées. Girard s'engagea d'achever l'ouvrage, dont Monsieur lui-même avait conçu les plans, dans un délai d'un an. Jean-Charles Nocret, peintre du duc d'Orléans, fut chargé de la décoration intérieure ; Monsieur lui associa Pierre Mignard à qui il laissait beaucoup de liberté dans la conception et l'exécution de ses projets[92].

Les maçons, sculpteurs, stucateurs et peintres travaillaient en secret ; même le Roi ne fut pas admis au chantier quand ses promenades à cheval le conduisaient du côté de Saint-Cloud. A peine rentré en juin 1678 des armées où il n'avait joué qu'un rôle de spectateur, Monsieur se précipita pour inspecter les travaux. Impatient de voir le plafond du Salon de Mars auquel travaillait Mignard, il demanda à l'artiste d'enlever les planches de l'échafaudage qui cachaient les figures. Dans sa hâte, Mignard trébucha et vint s'écraser sur le plancher aux pieds de Monsieur. Il mit six semaines pour se rétablir avant de pouvoir se remettre au travail. Monsieur était désolé ; en confiant l'essentiel de la décoration de Saint-Cloud à Mignard, il avait fait preuve non seulement d'un goût très sûr, mais aussi d'une certaine indépendance d'esprit. Il savait que le peintre avait eu le courage de s'opposer au dogmatisme rigide de Charles Le Brun, irritant ainsi Colbert qui n'ouvrait les chantiers royaux qu'à ses protégés. Mais Mignard avait travaillé pour Anne d'Autriche, et le duc d'Orléans s'était souvenu de ses fresques au Val-de-Grâce. D'où son choix d'un peintre qu'il admirait mais qui n'était pas représentatif de l'art officiel de l'époque.

Girard avait bien œuvré de son côté : en août, un élégant édifice central reliait les deux ailes parallèles qu'il dépassait d'un étage. Bien que les travaux ne fussent pas entièrement terminés, Monsieur voulait ne plus différer l'inauguration de son nouveau château, et offrir une fête au Roi et à la Reine. Son capitaine-concierge Billon fut chargé de faire nettoyer les abords du château, et de le préparer à l'examen royal.

L'après-midi du 10 octobre, les carrosses du Roi, de la Reine, du Dauphin, de la Grande Mademoiselle, des Condé et des Conti s'arrêtaient dans la cour d'honneur à peine déblayée. Les visiteurs pouvaient enfin admirer la noble simplicité de l'ensemble. Saint-Cloud était fort différent des autres maisons royales, sa grandeur plus élégante qu'accablante. Mansard et Girard avaient adapté l'architecture à la déclivité du terrain et étagé les ailes sur des terrasses successives, diversifiant ainsi les perspectives. La décoration était d'une grâce sensuelle et d'un lyrisme baroque très italien qui contrastaient agréablement avec l'académisme plus solennel et la syntaxe mythologique plus rigoureuse de Le Brun. Ce dernier venait de terminer les plafonds de l'appartement du Roi à Versailles et préparait celui de la galerie des Glaces ; la comparaison des deux façons était donc facile. C'est dans ce sens que Jean-Pierre Néraudau a pu appeler Saint-Cloud un « manifeste artistique et idéologique [93] ».

Le programme annoncé par les huit statues allégoriques de Guillaume Cadène qui animaient les ailes perpendiculaires côté cour parlait pour lui-même : l'Éloquence, la Musique, la Bonne Chère, la Jeunesse, la Comédie, la Danse, la Richesse, la Paix. Dans un même esprit, le cadran solaire au fronton de la façade centrale était entouré des quatre parties du monde que figuraient des Amours folâtrants. Temple d'une mythologie qui préférait le badinage au discours héroïque, la « délicieuse maison » de Monsieur était l'allégorie parfaite d'un fils de France cantonné dans l'insignifiance politique. Son aîné avait raison de venir l'applaudir.

Sous des nuages menaçants, Monsieur, Madame, Mademoiselle et leur cour attendaient la famille royale à l'entrée du spacieux vestibule à colonnade de marbre dans l'avant-corps accolé à l'aile gauche, d'où un grand escalier conduisait au premier étage. Le duc d'Orléans montra lui-même les appartements à son frère. Celui-ci admira particulièrement l'enfilade formée par le salon de Mars, la galerie d'Apollon et le salon de Diane qui constituait l'étage de l'aile droite. Les plafonds des salons et la galerie, entièrement peints par Mignard, récitaient dans un style anecdotique plein de charme les amours de Mars et de Vénus, et les principaux épisodes des histoires d'Apollon, Diane, Latone, Circé et Phaéton. Les ors des reliefs en stuc qui encadraient les neuf compartiments de la galerie d'Apollon rehaussaient l'éclat du coloris. Aux deux extrémités de la galerie, de vastes compartiments figuraient les quatre saisons dans une profusion de fleurs et d'oiseaux, de zéphyrs et de faunes placés dans des paysages superbes dont l'éclairage variait selon les saisons.

Intarissable, Monsieur attirait l'attention de son frère sur les moindres détails. Le Roi examinait tout fort attentivement en connaisseur, et se tourna enfin vers Madame qui attendait son jugement : « Je souhaite fort, Madame, que les peintures de ma galerie de Versailles répondent à la beauté de celles-ci. » Ce compliment qui dénotait une pointe de jalousie assombrit un moment le visage de Monsieur qui savait que son aîné n'aimait pas être surpassé. Le Roi allait s'asseoir à une table de jeu dans la galerie d'Apollon, quand il aperçut Pierre Mignard qui avait assisté à la visite sans se montrer. Il lui fit signe de s'approcher, loua chaleureusement son œuvre, et lui dit à la fin : « Mignard, mon frère a dû vous dire combien j'avais pris part à votre accident et combien de fois je lui ai demandé de vos nouvelles. » Décodé, le message signifiait : « Colbert a eu tort de vous empêcher de travailler pour moi ; venez me voir à Versailles, on discutera. » Mignard rayonnait et remercia le Roi d'une révérence dont la raideur — effet de sa chute — importait peu : son talent venait d'être reconnu et l'avenir était tout d'un coup plein de promesses. Tout le monde avait bien compris et Colbert accourut inspecter les plafonds de Mignard dès que Louis XIV eut quitté Saint-Cloud. Mignard peindra bientôt à Versailles la petite galerie et l'appartement du Dauphin.

La visite terminée, la fête commença. D'abord un jeu déchaîné sur les tables de marbre de la galerie, où Monsieur perdit gros comme d'habitude, pendant que Madame, qui avait appris à détester le jeu, tâchait de faire rire la Reine. Une pluie violente rendait toute promenade impossible ; on passa donc après le jeu à l'antichambre où un splendide souper de trois services de cinquante-six plats chacun était servi. La famille royale était installée à une table ovale de vingt-cinq couverts : « On l'avait remplie de fleurs d'une manière si propre, si galante et si pompeuse tout à la fois, qu'il est difficile d'en bien concevoir toute la beauté », s'émerveille le *Mercure galant*. Un bal sous les quatre grands lustres de cristal du salon de Mars termina cette première journée.

Le mauvais temps persista les jours suivants, qui furent consacrés au jeu dans la galerie et à des repas dont la diversité, le raffinement et la décoration florale inspirèrent aux gazetiers de laborieuses hyperboles. « La figure des fleurs se changeait à chaque repas, dit encore le *Mercure*. Tantôt elles étaient dans une machine dorée d'une invention agréable, tantôt dans des corbeilles d'argent, puis dans des vases ou des caisses de même matière, et quelquefois on les voyait mêlées les unes avec les autres. » Le 13 octobre, Louis XIV inaugura par un baptême la chapelle du château au rez-de-chaussée du bâtiment central. Le Roi et Madame étaient parrain et marraine d'un petit garçon, fils d'une nourrice. Le lendemain, le Roi n'en pouvait plus de voir Saint-Cloud sous la pluie et regagna Versailles, emmenant Monsieur et Madame.

Après avoir été défiguré par les remaniements successifs de Marie-Antoinette, Louis-Philippe et Napoléon III, le château de Saint-Cloud servit de cible en 1870 aux canons allemands du mont Valérien et disparut dans les flammes. Nous le connaissons grâce aux descriptions dithyrambiques de Donneau de Visé dans le *Mercure* (1677-1680), à l'*Explication historique de tout ce qu'il y a de plus remarquable dans la maison [...] de Monsieur à Saint-Cloud* de Combes (1681), et au panégyrique moralisant *Saint-Cloud et les devises du salon* de l'abbé Morelet, aumônier de Monsieur (1681). Son inventaire après décès commencé le 27 juin 1701 décrit le mobilier avec une rare précision. Ces documents permettent de reconstituer l'appartement d'Elisabeth-Charlotte et de voir le décor enchanté dans lequel elle passait les étés. Saint-Cloud sera la résidence préférée de Madame ; elle aimait particulièrement la situation du château surplombant la Seine (paysage fluvial qui lui rappelait celui de Heidelberg), la beauté des promenades et la proximité des jardins. « Saint-Cloud, dit-elle en 1715 à Louise, est un lieu que j'aime et que je prise, car c'est le plus bel endroit du monde [94]... »

L'appartement de Madame occupait le premier étage de l'aile gauche de Mansard, l'enfilade de quatre pièces longeait la façade extérieure avec vue sur les jardins. Elles étaient toutes décorées de tableaux et de fresques de Nocret. Sortant de l'appartement de Monsieur dans le bâtiment central, on entrait d'abord dans une antichambre tapissée de brocart d'or et d'argent mêlé de damas cramoisi. Nocret avait encadré les deux fenêtres d'une composition représentant *Apollon et les Muses*. Au-dessus de la cheminée, entre les portraits de Louis XIII et Anne d'Autriche, il avait peint *Vulcain forgeant les armes d'Achille*. Sur un vaste panneau qui couvrait toute une paroi, le peintre avait figuré une *Assemblée des dieux* : les membres morts et vivants de la famille royale sous les traits des divinités de l'Olympe (Louis XIV en Apollon, Monsieur en Étoile du Matin, etc.). Détail curieux, la seconde Madame qui devait regarder cet Olympe n'y avait pas ses entrées, alors que Madame Henriette s'y trouvait avec sa mère en Printemps et en Iris. Nocret s'était racheté par un beau portrait d'Elisabeth-Charlotte placé à côté de ceux d'Henri IV et Marie de Médicis. Deux autres toiles mythologiques, *Diane montée sur son char* et *Persée délivrant Andromède* complétaient le décor de cette antichambre un peu théâtrale qui ouvrait sur une pièce plus intime, la chambre de Madame.

De son lit à hauts piliers Elisabeth-Charlotte pouvait contempler, non sans ironie, une grande toile de Nocret qui célébrait au-dessus de la cheminée les vertus martiales de son époux. Le thème était plus précisément *Le Repos du guerrier*. On voyait Monsieur travesti en Mars venant se délasser après une guerre qu'il faut supposer rude dans les bras de Vénus. Les documents ne nous disent pas clairement si celle-ci avait les traits de la première ou de la seconde Madame, mais ils précisent qu'elle était intimidée en découvrant « un sein tout rosé de pudique émoi ». Elle avait raison de s'effaroucher un peu, car elle n'était pas seule avec Monsieur/Mars : la Victoire, Cupidon et des Amours débarrassaient le héros de son casque, de ses armes et de ses vêtements, tandis que la Renommée ceignait son front de lauriers. Une pendule d'Oury et des poteries en porcelaine bleue ornaient la cheminée. Un grand christ en bronze doré et des miroirs à chapiteaux ornaient les murs tapissés de brocart des Indes à fond or et fleurs de soie. Le lit et les sièges étaient capitonnés du même tissu. Une grande bibliothèque filigranée de cuivre se dressait dans une encoignure ; nous aurons l'occasion d'examiner les livres qu'elle contenait.

De cette chambre à la fois héroïque et raffinée on pénétrait dans la pièce la plus intime de l'appartement, celle où Madame passait ses journées en écrivant ses lettres : son cabinet à trois fenêtres qui donnaient sur un balcon en saillie. C'était un lieu calfeutré par des portières et des pentes de damas cramoisi et éclairé le soir de deux lustres de cristal. Les murs étaient ornés de miroirs, de paysages peints, de portraits de princes palatins et d'estampes encadrées. La cheminée en face des fenêtres supportait une pendule allemande dorée souvent mentionnée dans les lettres (« ma pendule sonne les onze heures, il me faut vous quitter... »). Un petit lit de repos, recouvert de damas cramoisi, permettait de s'allonger. Des sièges de bois doré, des guéridons en bois précieux, un bureau de marqueterie à pieds de biche et une haute table à écritoire complétaient le mobilier. Des cassettes bourrées de lettres, des porcelaines d'Orient et un médaillier à vingt-sept tiroirs installé après 1701 ajoutaient des notes personnelles.

Madame se plaisait ici au milieu de ses objets familiers, loin des mignons cabalants, entourée de ses animaux favoris, heureuse de pouvoir échapper à la servitude de la Cour. Le cabinet de Saint-Cloud est souvent mentionné dans la correspondance. Elisabeth-Charlotte écrit ainsi de Saint-Cloud à Louise en juin 1698 : « Ici, au milieu de cette grande cour, je vis presque comme un ermite, et il y a très peu de gens dans ce pays avec qui j'entretiens des rapports suivis. De longues journées je suis toute seule dans mon cabinet où je m'occupe à lire et à écrire. Si quelqu'un vient me voir, je le vois un moment, parle du beau temps et des nouvelles, et me retire dans ma solitude[95]. » Bien souvent, voulant parler de son appartement de Saint-Cloud dans ses lettres à Louise, elle ne parle que de son cabinet. Dans l'existence de la duchesse et plus tard de la douairière d'Orléans, ses cabinets de Saint-Cloud, du Palais-Royal et de Versailles sont des lieux de prédilection où elle conserve ses collections et ses livres, et où elle file, infatigable, la toile d'araignée épistolaire dont elle couvre l'Europe entière.

Dans une page célèbre, Saint-Simon décrit Madame dans son cabinet de Saint-Cloud : « [Elle] passait toute la journée dans un cabinet qu'elle s'était choisi, où les fenêtres étaient à plus de dix pieds de terre, à considérer les portraits des Palatins et d'autres princes allemands dont elle l'avait tapissé, et à écrire des volumes de lettres tous les jours de sa vie, et de sa main[96]. » On ne voit pas très bien comment les fenêtres pouvaient être « à plus de dix pieds de terre », mais Saint-Simon connaissait ce lieu sacro-saint où il alla annoncer en août 1718 le lit de justice et la réduction des bâtards ; la conversation dura près d'une heure, donnant au mémorialiste alerte le temps de faire travailler ses yeux. La disposition des fenêtres a dû être changée lors des travaux de réparation entrepris en 1715, sitôt après la mort de Louis XIV.

Madame pénétrait rarement dans le grand salon à sept fenêtres qui faisait suite à son cabinet, formant l'angle de l'aile gauche du château. Nocret en avait fait, sur l'ordre de Monsieur, un temple du souvenir. Le plafond étalait une allégorie pompeuse représentant l'*Alliance de la France avec l'Angleterre,* c'est-à-dire l'hymen de Monsieur et de la première Madame. Sur les quatre panneaux du salon, d'autres fresques portaient aux nues l'amour exemplaire de Philippe d'Orléans et d'Henriette d'Angleterre. On s'était visiblement trompé de Madame.

La construction et la décoration de Saint-Cloud étaient entièrement terminées en 1680. Louis XIV vint admirer l'ameublement complet du château le 15 avril 1681. Pendant huit jours, le Roi, la Reine et leur cour étaient les hôtes de Monsieur et de Madame. Le temps était splendide, et il y eut quatre comédies et quatre bals. Philippe d'Orléans eut l'occasion de montrer à son frère sur le terrain les travaux qu'il comptait encore entreprendre : une orangerie de plain-pied avec son appartement, et un vaste parterre en face de l'aile droite de Mansard dont l'aménagement nécessiterait de considérables travaux de terrassement. La visite terminée, le Roi se montra bon prince. Spanheim rapporte dans sa dépêche du 2 mai : « Sa Majesté a fait présent ces jours passés à Monsieur de la somme de 500 000 livres, pour achever de bâtir sa maison de Saint-Cloud[97]. » De 1681 à 1701, le duc d'Orléans donnera à Saint-Cloud plus de mille collations, soupers, *medianoches* et fêtes de grand apparat, dont on retrouve les échos dans les gazettes du temps.

Du vivant de son mari, Madame passera tous les ans en moyenne trois mois à Saint-Cloud, pendant la belle saison. Entre la mort de Monsieur et le début de la Régence, elle n'y mettra pas les pieds, sans doute pour ne pas gêner son fils et sa bru, les nouveaux maîtres du lieu. Elle explique en septembre 1715 à Louise : « Je ne peux pas aller à Saint-Cloud ; depuis quatorze ans que je n'y vais plus, on n'a rien réparé et mon cabinet est lézardé partout. On a dû tout replâtrer... » Et en mai 1720, à la même : « Il est certain, chère Louise, que Saint-Cloud est maintenant un lieu d'une beauté exceptionnelle [*über die Massen schön*] ; tous ceux qui le voient trouvent que j'ai parfaitement raison d'en aimer le séjour[98]. » Elle y passera sept mois par an à partir de 1716, de la fin d'avril au début de décembre. Saint-Simon parle avec une admiration évidente de « ce palais des délices » et de « la beauté singulière du lieu[99] ». Un vieil ami d'Elisabeth-Charlotte qui débarquait en France en 1680 ne fut pas insensible, lui non plus, à la magnificence de Saint-Cloud.

Spanheim a la cour de France

Après avoir servi Karl Ludwig à Heidelberg comme gouverneur du frère de Liselotte, Ezechiel Spanheim avait été employé par l'Électeur dans les affaires les plus importantes[100]. Il avait réussi à combiner harmonieusement ses activités diplomatiques et ses goûts livresques. Son nom est régulièrement cité, toujours avec considération, dans les lettres échangées entre Sophie et Karl Ludwig. En 1677, il épouse une ancienne demoiselle d'honneur de l'électrice Charlotte, Anna Elisabeth Kolb, et assiste en Hollande aux pourparlers qui préparent la paix de Nimègue. En 1678, il est envoyé à la cour d'Angleterre comme résident de l'Électeur palatin. La même année, l'électeur Hohenzollern de Brandebourg, le « Grand Électeur » Friedrich Wilhelm, rappelle son envoyé de Londres, et charge Spanheim de remplir ses fonctions par intérim. Il est si émerveillé de l'intelligence lucide de ses dépêches qu'il désire l'avoir entièrement à son service. Karl Ludwig ne consent qu'avec réticence à être privé des talents du diplomate au profit de son cousin de Berlin. Spanheim servira désormais loyalement le Grand Électeur, sans oublier les liens qui le rattachent au Palatinat, et tout en suivant son penchant à l'érudition : c'est à Londres qu'il rédige fin 1678 son importante *Lettre à un ami sur l'Histoire critique du Vieux Testament* du père Richard Simon.

Début 1680, Spanheim est muté de Londres à Paris avec le titre d' « Envoyé extraordinaire de l'Électeur de Brandebourg ». Ce nouveau poste avait tout pour lui plaire. Il parlait et écrivait couramment l'allemand, l'italien, le hollandais, l'anglais et le latin, mais sa langue maternelle était le français. Il était né à Genève en 1629 et descendait par sa mère du célèbre helléniste français Guillaume Budé. Depuis la fin de la guerre de Hollande, Louis XIV était au zénith de sa puissance et Paris était le cœur battant de la diplomatie européenne. Dès 1671, année du mariage d'Elisabeth-Charlotte, Spanheim avait écrit à Pawel von Rammingen, le résident de Karl Ludwig à Paris : « Quoique je ne sois pas né sujet du Roi, [...] je n'en ai pas eu le cœur moins français toute ma vie [101]... » Et bien sûr, l'intense vie intellectuelle de Paris et l'activité numismatique importante qui s'y déployait comblaient le nouvel envoyé brandebourgeois.

Spanheim arrivait en France à un moment capital. L'adroit marquis de Croissy, le frère de Colbert, venait de remplacer l'inefficace Arnauld de Pomponne aux Affaires étrangères. Il avait fait démarrer aussitôt la politique cynique des réunions, faites de subtilités à faire pâlir un Byzantin, et de sacs d'or, qui firent venir l'eau à la bouche de plus d'un prince allemand, et particulièrement à celle de l'électeur de Brandebourg. Aussi les dépêches des premières années parisiennes ne parlent-elles que d'arriérés, de subsides et de prétentions territoriales. Gavé d'or français, le Grand Électeur, en prince qui sait vivre, voulut faire un geste de son côté et offrir un cadeau à Louis XIV. Il eut la curieuse idée de lui envoyer en 1680, par voie maritime, un encombrant miroir encadré d'ambre et de plaquettes d'ivoire illustrées de scènes des *Métamorphoses* d'Ovide. Le Roi, tout botté pour la chasse qu'il était, mit un genou à terre pour admirer la finesse du travail, se redressa et envoya le miroir au garde-meuble. On n'en entendit plus jamais parler.

Deux fois par semaine, Spanheim dictait ou écrivait de sa propre main, en fort beau français, de longues dépêches qui partaient à Berlin par les ordinaires du lundi et du vendredi. Les 12 000 pages inexplorées des dépêches françaises de Spanheim (1680-1689 ; 1698-1701) dorment au Zentrales Staatsarchiv de la République démocratique allemande à Merseburg. Elles s'intéressent aux trêves et aux ratifications de traités, aux marches et contremarches des armées sur l'échiquier européen, aux galères du Levant et aux vaisseaux du Ponant, à l'Empereur et au Grand Turc, à l'affaire du vaisseau *Morian* comme à la restitution de la forteresse de Rheinfels. Mais les nouvelles mondaines (appelées *vana nova* ou *Hofklatsch* dans les résumés griffonnés sur les dépêches à la chancellerie de Berlin) retiennent également l'attention du diplomate : les attaques de goutte ou la fistule du Roi, le choléra morbus de Monsieur, les mariages, naissances et décès dans la famille royale, les opéras, ballets et carrousels donnés à la Cour, sans oublier les abbayes vacantes et les maîtresses renvoyées. Nous verrons que Madame y occupe une place de choix.

Spanheim eut sa première audience à Saint-Germain le lundi 6 mai 1680. Le 9, quelques jours avant son audience officielle à Saint-Cloud, il y alla voir en curieux la fête que Monsieur et Madame donnaient à la nouvelle Dauphine. « Madame m'ayant aperçu de loin au milieu du repas me fit l'honneur de me reconnaître, de me saluer, faire signe d'approcher d'elle, et là-dessus me donner des marques obligeantes de l'honneur de son souvenir, quoiqu'il y eût douze ans, comme elle dit elle-même, que je n'avais eu cet honneur de la voir. Le Roi là-dessus, qui l'aperçut et n'avait que le Dauphin assis entre lui et Madame, la questionna sur mon sujet [102]... »

Le mardi 14, Spanheim alla présenter officiellement ses respects à Monsieur et Madame qui se trouvaient toujours à Saint-Cloud. L'abbé de Saint-Laurent, leur introducteur, l'y conduisit dans un carrosse de Monsieur. Entourées de leur cour, Leurs Altesses royales écoutèrent son compliment dans leur salle d'audience des Ambassadeurs, ou salle du Dais, au premier étage du bâtiment central. Voici la relation de Spanheim au Grand Électeur : « Monsieur y répondit en des termes très civils et très honnêtes, qui marquaient la haute considération qu'il faisait de la personne de Votre Altesse Électorale et de son amitié. Madame me dit en souriant : " *Il y a longtemps que vous me connaissez ; vous savez que je ne sais pas faire des compliments. Je vous prie d'en faire pour moi les plus propres que vous jugerez à marquer à Monsieur l'Électeur combien je lui suis acquise.* " Étant sorti de ladite audience et entré dans une galerie voisine, Madame suivit, me donna lieu de l'aborder et de se promener avec moi plus d'une demi-heure. Elle m'y renouvela de nouveau la prière, et bien sérieusement, de suppléer au défaut de son compliment [...]. Du reste, elle voulut se souvenir fort obligeamment de l'honneur que j'avais eu de la connaître et de la voir tous les jours dans le temps que j'avais la conduite du Prince Électoral son frère. Mais elle me chargea encore particulièrement de faire insinuer à Son Altesse Sérénissime Madame l'Électrice, le souvenir particulier qu'elle conservait des faveurs qu'elle en avait reçues autrefois à Celle, dans le temps qu'elle demeurait auprès de la duchesse d'Osnabrück, sa tante résidant alors à Hanovre. En me retirant je trouvai encore Monsieur sur mes pas, qui m'arrêta quelque temps, me confirma obligeamment ce qu'il avait ouï dire à Madame de notre connaissance passée, comme il parlait, et touchant d'ailleurs les agréments dudit lieu Saint-Cloud, et ce que j'en trouvais [103]. »

Spanheim reparlera souvent de celle qu'il avait connue petite princesse dodue à Heidelberg, et qu'il retrouve belle-sœur imposante de Louis XIV. Il a pu constater qu'elle n'avait pas changé en ces huit années passées en France, et que, quoique très consciente de sa dignité, elle avait toujours horreur des compliments. Il le dit sans ambages dans ce portrait tracé après son retour à Berlin en 1690 :

« Elle y joignit des manières franches, libres, honnêtes, éloignées entièrement d'affectation et d'artifice, d'ailleurs peu portée à vouloir plaire par sa parure ou le grand soin de son ajustement. Son esprit tenait aussi du même caractère, vif, prompt, aisé, commode, ennemi sur toutes choses de la contrainte et de la dissimulation. » Malgré la déférence lassante de l'écriture de Spanheim, on devine la sympathie et la confiance qui rapprochaient Madame et l'ancien diplomate de son père. Il notera : « Elle a continué depuis, dans toutes les rencontres de mon séjour et emploi de neuf années en France, de me donner des marques obligeantes de bonté, de support et de bienveillance, et ce tant par la familiarité de son abord que par celle de ses entretiens[104]. » Les années et les malheurs du temps les rapprocheront encore davantage.

On voudrait savoir si Madame a parlé à Spanheim, en ce mois de mai 1680, de ses soucis personnels, car de graves événements survenus depuis 1677 au sein de sa famille la préoccupaient particulièrement.

Madame et sa famille
(1672-1682)

Elisabeth-Charlotte était passée d'un seul coup du Palatinat en France, du calvinisme au catholicisme et du célibat au mariage. Son entourage ne semble pas avoir fait de gros efforts pour lui faciliter cette triple transition. Absorbés par leurs calculs politiques, Karl Ludwig et Anne de Gonzague ne montrent aucune compréhension pour ce que représente le parachutage d'une jeune princesse allemande à la cour de France. Anne de Gonzague se contentait d'écrire : « Il y a toutes les apparences du monde qu'elle sera très heureuse », et l'intéressée elle-même ne pouvait que constater : « Il me semblait être tombée du ciel... » Quant à sa préparation à sa nouvelle religion, mieux vaut ne pas en parler. Nous savons qu'elle aurait préféré rester princesse célibataire ; ce ne sont sûrement pas les confidences désabusées de sa belle-sœur Wilhelmine Ernestine qui lui ont inspiré une brusque envie de se précipiter dans le lit conjugal.

Il n'est donc pas étonnant qu'à peine arrivée en France, Elisabeth-Charlotte déploie ses ailes épistolaires et envoie des flots de lettres en Allemagne. Un mois après son mariage, le 14 janvier 1672, elle écrit à Anna Katharina von Harling : « Je ne peux pas vous écrire beaucoup cette fois-ci, car cette lettre est déjà la sixième que j'écris aujourd'hui. » On dirait que ces contacts épistolaires étaient pour elle à la fois un besoin irrépressible et un devoir ; dans ses premières lettres à Sophie, elle parle plusieurs fois de sa « *Schuldigkeit mit schreiben* », son devoir d'écrire. Mais les lettres ne sauraient remplacer les contacts personnels ; aussi ne tint-elle plus en place quand son père lui annonça en juin 1673 la visite de son demi-frère Karllutz, son cher *Schwartzkopfel*.

KARLLUTZ

Aux yeux de Karl Ludwig, le mariage français de Liselotte offrait l'avantage de placer sa fille dans l'enviable position de seconde dame du royaume, d'où elle pourrait aider ses nombreux frères et sœurs consanguins. Lors des adieux de Strasbourg, il lui avait extorqué la promesse de protéger les raugraves. La présence de Karllutz, l'aîné, dans la suite de sa sœur devait donner au raugrave l'occasion de se faire connaître en France et d'y trouver des protecteurs. Doté d'une belle chevelure de jais et favorisé par un physique avenant, il n'avait pas trop mal réussi : le maréchal du Plessis-Praslin avait apprécié sa compagnie et son charme, et l'avait traité avec tous les égards dus à un prince électoral dont le pedigree serait irréprochable.

La naissance du duc de Valois en juin 1673 fournissait un excellent prétexte pour envoyer à Paris Karllutz, âgé maintenant de quinze ans. Un peu gâté et sauvage, celui-ci était ravi d'aller respirer quelque temps loin de l'écrasante autorité de son père. Depuis que son gouverneur Reschingader lui avait interdit de dire « papa », l'invitant à appeler son père « Votre Altesse » dans la conversation, et « Sérénissime Prince Électeur, mon Très Clément Seigneur » dans leur correspondance, il lui adressait des lettres latines qu'il signait « *summa cum animi summissione addictus, obstrictus, deditus Carolus Ludovicus* ». Avant son départ, son père lui remit ses instructions et sa mère lui recommanda d'écrire régulièrement. « Si vous n'avez rien à dire, lui conseilla-t-elle, décrivez les lieux ; mais que votre style soit noble et ne sente jamais l'abandon [1]. » Karllutz arriva avec son gouverneur à Paris le 29 juin, journée de la prise de Maestricht. Le lendemain, Elisabeth-Charlotte lui envoya ce mot : « De mon lit, à dix heures du matin. Très cher *Schwartzkopff,* je me réjouis de tout cœur que tu sois arrivé, mon bon garçon. Pas d'excuse ! Il faut que tu viennes ici ce soir. Fais comme tu veux, mais sache que je suis impatiente de te voir et de t'embrasser. Ce n'est qu'ici que je te dirai ce que tu as à faire [2]. »

Le raugrave courut embrasser sa sœur et admirer le petit Alexandre. Le lendemain, il adressa cette lettre à son père : « Sérénissime Électeur, Très Gracieux Seigneur. J'annonce avec la plus grande soumission à Votre Altesse Électorale que je suis heureusement arrivé ici avant-hier, et que je suis allé hier chez Liselotte. [...] Quand je suis entré, Liselotte n'a cessé de crier : " *Oh, Schwartzkopfel, tu es donc là ? Oh, mon petit bonhomme, tu es donc là ?* ", et m'a bien embrassé vingt fois. Elle m'a conduit ensuite dans ses appartements qui sont fort beaux. Ensuite sont entrées la petite Mademoiselle et Mademoiselle de Valois. Il y avait encore là un vieux baron qui disait qu'il avait eu l'honneur de voir Votre Altesse Électorale et le prince Rupert.

Liselotte m'a emmené ensuite voir emmailloter le duc de Valois, qui sera bientôt aussi grand que Karl August. Liselotte m'a encore dit qu'elle s'était relevée de ses couches il y a dix jours, et que tout le monde avait dit que l'accouchement se passerait mal et que l'enfant serait souffreteux parce qu'elle avait refusé de boire du bouillon. L'enfant est toujours, Dieu merci, en bonne santé et rit quand il voit sa gouvernante la maréchale de Clérambault. La petite Mademoiselle de Valois est fort jalouse quand elle voit jouer Liselotte avec le petit prince. Elle accourt à chaque fois et embrasse Liselotte. [...] Je me recommande avec la plus grande soumission à la haute grâce de Votre Altesse Électorale[3] », etc.

Dans sa touchante naïveté, cette lettre exprime admirablement ce cri qui vient du fond du cœur : « *O Schwartzkopfel, seid Ihr da? O Männel, seid Ihr da?* », et le débordement de joie chez Elisabeth-Charlotte revoyant pour la première fois depuis son arrivée en France un membre de sa famille. Elle confirme ensuite, outre son allergie au bouillon (souvent mentionnée dans ses lettres, et dont ni son père ni Monsieur ne viendront à bout), l'affection filiale de la petite Mademoiselle pour sa belle-mère : la scène de nurserie est charmante.

Karllutz resta un mois à Paris. Nous l'avons vu galoper avec sa sœur dans les galeries du Palais-Royal et lancer des pétards dans les jupes de Mme de Fiennes. Celle-ci ne lui gardait pas rancune ; Madame lui écrit en octobre 1675 une lettre qui se termine ainsi : « Mme de Fiennes est assise auprès de moi. Elle dit qu'elle craint que vous n'ayez oublié son nom, et qu'elle vous aime et honore. N'oubliez pas, quand vous me répondrez, d'inclure un compliment pour elle[4] ! » Chasseur enthousiaste et excellent cavalier, Karllutz fut témoin des premières leçons d'équitation d'Elisabeth-Charlotte ; il aura droit par la suite à des lettres exaltées où il n'est question que de chevaux et de parties de chasse.

Ils rendirent ensemble visite à Maubuisson à leur tante Louise-Hollandine que Karllutz ne connaissait que par ouï-dire. Constatant l'air réservé et même contraint du jeune raugrave dont Madame lui avait vanté le caractère enjoué, la bonne abbesse ne cessait de bavarder et de lui débiter des gentillesses. Mais elle eut l'impression que plus elle parlait, plus il se crispait. La vérité est que Karllutz trouvait à cette tante paternelle le même ton de voix qu'à son père, et que cette ressemblance « lui imprimait du respect », comme il disait lui-même[5].

Comblé de caresses, le raugrave retourna début août à Heidelberg, emportant un portrait peint du petit duc de Valois, cadeau de Madame à son père. Son voyage en France, pour agréable qu'il fût, n'avait ouvert aucune perspective d'avenir. Peut-être n'aimait-on pas trop à la cour de France être confronté avec un des produits des irrégularités matrimoniales du père de Madame. D'autres visites à sa sœur en 1676 et 1679 ne lui vaudront pas le régiment français dont rêvait Karl Ludwig. Sophie écrira le 9 novembre 1679 à Karl Ludwig : « Karllutz n'a reçu que de l'encens, *mar keen geld* [mais pas d'argent]. » Le problème était que Karl Ludwig souhaitait bien un régiment français pour Karllutz, mais qu'il n'était pas disposé à le payer. Il semble avoir espéré que Monsieur et Madame fourniraient l'argent nécessaire. Après cet échec, le raugrave alla faire un tour en Angleterre, ayant dans sa poche une lettre de son père lui recommandant d'épouser une « riche presbytérienne ». Mais Karllutz rêvait d'assister à un combat naval, et fut heureux de servir sur un navire de guerre qui escortait sept vaisseaux marchands à Tanger, alors une enclave anglaise. Voulant visiter l'Espagne, il passe à Cadix où il apprend fin septembre 1680 la mort de son père. Il rentre alors à Heidelberg où il se trouve bientôt à couteaux tirés avec son demi-frère Karl, le nouvel Électeur. Grâce à Sophie et Ernst August, il obtient à Hanovre un régiment de cavalerie avec lequel il ira combattre les Turcs en Hongrie et en Grèce.

Elisabeth-Charlotte correspondra activement avec son raugrave favori, mais on n'échappe pas à l'impression qu'elle était plus prête à l'inonder de lettres qu'à l'aider activement. Son peu de crédit n'explique pas tout car il est certain qu'elle avait des moyens financiers plus importants qu'elle ne le fait croire. « Madame se dérobait à chaque mise en demeure, observe Arvède Barine, parce qu'elle avait un peu de l'avarice de son père, un peu de son égoïsme, un peu de la vanité de sa mère, et qu'elle avait [...] envie de garder son argent, de ne pas faire de démarches ennuyeuses, et de ne pas s'embâter d'une famille peu reluisante [6]... » L'analyse paraît correcte. Les doléances sur les malheurs de sa famille sont parfois formulées avec une sécheresse qui contraste désagréablement avec l'enthousiasme un peu puéril de son style dès qu'elle parle des divertissements de ses journées de princesse gâtée. Sa joie en revoyant Karllutz n'était pas feinte, mais elle n'aimait pas que la liesse des retrouvailles fût gâtée par des demandes importunes. Certains passages obscurs suggèrent que Madame, ayant constaté l'empressement des mignons du Palais-Royal autour du joli et naïf raugrave, préférait le voir en Allemagne plutôt qu'à la cour de Monsieur.

UNE FAMILLE OÙ IL Y A TROP ET TROP PEU D'ENFANTS

En lisant les lettres écrites par Madame à Sophie, et celles échangées entre Sophie, Karl Ludwig et les raugraves, on n'échappe pas à une impression de malaise croissant. Au milieu des nombreuses naissances à Osnabrück, Schwetzingen et Paris qu'annoncent, saluent et commentent ces correspondances, l'absence d'enfants dont souffrent le prince électoral Karl et son épouse Wilhelmine Ernestine devient comme un leitmotiv obsédant. Ainsi en août 1674, trois semaines après la naissance de son fils Philippe, Madame soupire dans une lettre à Sophie qui entre dans le neuvième mois de sa septième grossesse : « Dieu veuille que notre princesse à Heidelberg puisse enfin commencer à suivre notre bon exemple[7] ! » Marié depuis sept ans, Karl n'avait toujours pas d'héritier, et l'avenir dynastique de la branche von der Pfalz-Simmern commençait à préoccuper sérieusement Karl Ludwig. L'ironie du sort voulait que cet homme encombré d'enfants de son épouse de la main gauche devait envisager l'extinction probable de sa lignée. Il faut croire que ses hommes de loi n'avaient pas l'imagination et le cynisme de ceux de Louis XIV qui légitimaient et déclaraient aptes à succéder des bâtards royaux issus de double adultère.

Tiraillé entre ses deux familles, l'électorale et la raugraviale, Karl Ludwig s'était mis dans une situation impossible qui lui « mangeait le cœur », comme il l'écrit à Sophie. Son testament du 1er mars 1670, qui tente laborieusement de ménager la chèvre et le chou, prouve qu'il était très conscient des épineux problèmes que poserait sa succession[8]. Mais dans ce document pourtant très complet, l'Électeur n'envisage pas vraiment l'extinction de sa lignée électorale. Sophie l'avait averti deux mois avant le mariage de Karl : « Vous avez meilleure opinion de la fertilité du Prince Électoral que son jeune comte de Sain, qui craignait fort pour lui à cause de son peu d'expérience[9]. » Le jeune comte ne s'était malheureusement pas trompé. Ne pouvant admettre au début que la stérilité du couple princier fût imputable à son fils (après tout, Karl Ludwig avait eu une quinzaine d'enfants et son père autant), l'Électeur soupçonnait l'indolence et la condition physique, la *Leibesbeschaffenheit* de sa bru. Par la suite, constatant l'humeur hypocondriaque de Karl, il dut se rendre à l'évidence. La fertilité de sa propre union avec Louise von Degenfeld rendait la situation encore plus pénible : depuis le mariage de Karl et de Wilhelmine Ernestine, Louise avait encore donné le jour à Karl August et Karl Kasimir. Elle mourut enfin, résignée et épuisée, au terme de sa quatorzième grossesse, le 18 mars 1677.

Nous ne savons pas comment Elisabeth-Charlotte commentait la stérilité du mariage de son frère dans ses lettres à ses parents : toutes ses lettres à son père et à sa mère furent brûlées en mars 1686, à l'exception d'une seule que nous lirons. Dès que son épouse morganatique eut fermé les yeux, Karl Ludwig envisagea sérieusement de se remarier pour assurer la continuité de sa dynastie. En attendant, il se mit en ménage avec une demoiselle von Berau qui était suissesse, et qu'il installa discrètement au Frierichsburg à Mannheim. Selon une lettre d'Elisabeth-Charlotte à Louise, elle lui aurait même donné un fils[10].

Sophie lui écrit à ce propos : « Les gazettes disent que vous vous accommodez d'une Suissesse ; c'est signe de santé, et j'espère qu'elle vous participera de ses forces pour augmenter votre vigueur et chaleur naturelle, que la jeunesse communique à ce qu'on dit par l'exhalaison. » Et encore : « Il faut aussi que je parle de la Suissesse qu'on dit que vous avez épousée de la main gauche. J'ai dit qu'elle pourrait bien échauffer vos pieds, sans cela que c'est un signe de bonne santé si vous aimez encore les belles, que vous avez bien besoin de récréation après tous les chagrins que les Français vous donnent [11]. »

Mais il ne s'agissait pas de se réchauffer dans le lit d'une jeune fille (pratique qu'autorisait l'exemple du vieux roi David et d'Abishag la Shounamite [12]), ni même de faire encore un bâtard ou deux (il en avait assez), mais de se remarier dans les formes et d'avoir une descendance légitime apte à succéder si le mariage de Karl restait sans enfants. Le problème était que Charlotte, toujours solidement en vie à Cassel et plus rancunière que jamais, refusait catégoriquement sa collaboration. Karl Ludwig employa ses sœurs Sophie et Elisabeth, le ministre danois Friedrich von Buchwald, les Hessen-Cassel, et même le pauvre Karl, pour lui arracher son consentement au divorce légal. Elle fut et resta inébranlable.

Mais Charlotte n'était pas la seule qu'effarouchait ce projet de divorce qui commençait à faire le tour des chancelleries. Madame prit la chose très au sérieux. « Dieu veuille, écrit-elle en novembre 1677 à Sophie, que nous nous soyons trompés [...], et que se terminent les discours sur la proposition que Sa Grâce l'Électeur a fait faire à Sa Grâce Madame ma mère. Au commencement je n'avais pu y croire, parce qu'on ne m'en avait pas dit un seul mot de la maison ; mais à présent je ne peux plus en douter puisque Votre Dilection me l'écrit. Cela fait ici le plus grand tort à Sa Grâce l'Électeur, et on dit aussi que Sa Grâce ne peut pas divorcer d'avec Sa Grâce Madame ma mère sans nous faire du tort et un affront, à mon frère et à moi. Aussi ai-je trouvé Monsieur très alarmé de cette affaire. Il m'a dit encore que le Roi la trouve fort singulière, mais j'ai prié Monsieur d'avoir patience jusqu'à ce que je sache ce qu'il en est, car j'ai peine à croire que Sa Grâce l'Électeur veuille nous faire une injustice à mon frère et à moi [13]... »

Elle fit part de ses craintes et de sa perplexité dans une lettre à son père. En raison de son importance politique, cette lettre capitale a échappé à la destruction de 1686. Publiée pour la première fois par Conrad Varrentrapp en 1883, elle ne fut jamais traduite en français et échappa à la sagacité d'Arvède Barine, la meilleure biographe française de Madame [14]. Cette lettre à son père, datée de Saint-Germain le 22 novembre 1677, est trop longue pour être reproduite ici intégralement. En voici l'essentiel :

« Puisque depuis trois mois il ne me fut pas donné de recevoir une

seule lettre de Votre Grâce ou d'entendre un seul mot de la part de
V.G., je n'ai pas osé écrire par respect, craignant que mes lettres
n'importunent V.G. [...]. Mais à présent ma soumission et mon
affection filiale m'y contraignent, et je crois que je me montrerais
indigne de toutes les bontés que j'ai reçues autrefois de V.G., et de
toutes les assurances d'affection paternelle que V.G. m'a prodiguées, si
je ne faisais part à V.G. des singulières rumeurs qui courent ici au sujet
de V.G. et qui, si elles venaient — comme je le crains — aux oreilles de
Sa Majesté le Roi et de Monsieur, pourraient faire à la longue dans les
esprits un grand tort à V.G., car on dit qu'une telle affaire est sans
exemple et inouïe. On prétend que V.G. a retiré sans raison sa
bienveillance à mon frère, qu'Elle le détient prisonnier pour ainsi dire ;
qu'Elle désire de lui qu'il aille convaincre Madame notre mère Sa
Grâce l'Électrice d'accepter de son plein gré de divorcer d'avec V.G. ;
que si elle s'y refuse, V.G. prendrait par force une autre épouse, et
ferait circuler des écrits injurieux pour Sa Grâce Madame notre mère et
insultants pour nous tous. Je dois reconnaître que, ayant constaté si
souvent la bonté de V.G. pour mon frère et pour moi, il m'est
impossible d'ajouter foi à ces rumeurs, quelle que soit l'insistance de
ceux qui m'assurent qu'elles sont vraies. Cela dit, j'avoue que je
souffre du fond de mon âme d'entendre répéter ces choses, et je crains
que si Monsieur et Sa Majesté le Roi lui-même devaient être persuadés
que V.G. entreprend une chose qui nous offenserait, ils ne l'approuve-
raient pas, et chercheraient un moyen de me laver d'un tel affront [...].
Dieu nous en préserve, mais ceci pourrait peut-être susciter des
malheurs plus redoutables que mon frère mourant sans héritiers et le
Palatinat tombant aux mains du duc de Neuburg. Mais mon frère et son
épouse sont encore jeunes, il reste donc de l'espoir. Je supplie V.G.,
agenouillée et soumise : pour l'amour de Dieu, que V.G. réfléchisse
bien, et s'il reste encore à V.G. une étincelle de son affection
paternelle pour mon frère et pour moi, ayez gracieusement pitié de
nous puisque, si les rumeurs disent vrai, il n'en pourra résulter que du
malheur, aussi bien pour V.G. elle-même que pour nous deux. Peut-
être V.G. m'en voudra-t-elle d'écrire aussi librement, mais je m'en
remets à l'équité de V.G. [...] J'attends la gracieuse réponse de V.G.
[...], et supplie en attendant encore une fois humblement V.G. de
croire que je préférerais mourir mille morts plutôt que d'avoir le
malheur de constater que mon frère et moi avons perdu ses grâces
paternelles et son affection. Je crois en effet y avoir droit, puisque je
resterai jusqu'à la mort, de V.G. la soumise, obéissante et très dévouée
fille et servante Elisabeth-Charlotte. »

Le ton embarrassé et le style entortillé suggèrent que Madame n'a
pas écrit cette lettre toute seule. On conçoit que le Roi et Monsieur
avaient horreur d'être éclaboussés, et que la perspective d'un rema-

riage de leur père inspirait aux enfants du premier lit la crainte d'être désavantagés. Ce mélange ironique de protestations de soumission filiale, de chantage affectif et de menaces à peine voilées mit Karl Ludwig hors de lui-même. Nous ignorons si Elisabeth-Charlotte eut l'honneur d'une réponse, mais l'Électeur éclate dans une lettre à Sophie du 4 décembre (24 novembre selon le calendrier julien) : « Je voudrais bien savoir quel ignorant ou malicieux a persuadé Monsieur et Liselotte que ce serait un tort pour eux ou pour le Prince Électoral, que je me remarie. [...] Mais je voudrais que Liselotte se mêlât de ce qu'elle entend mieux que cette matière, et que, si elle ne peut rien contribuer à mon repos, qu'elle s'abstienne à me faire des fâcheries [15]... »

Le projet de divorce continuait d'alarmer Madame. Dans une lettre non publiée à Sophie, elle lui rappelle que le mariage est pour les catholiques un sacrement indissoluble. Sophie a dû se moquer de la ferveur romaine un peu suspecte de sa nièce, car celle-ci lui répond en janvier 1678 : « On me reprend tous les jours sur l'histoire du divorce. Votre Dilection et mon oncle se moquent de moi d'être à présent si bonne catholique et d'aimer tant le sacrement du mariage. Mais ce sacrement me plaît assez pour souhaiter qu'il durera éternellement et qu'on ne trouvera pas le moyen de le rompre, car celui qui voudrait me séparer de Monsieur ne me ferait pas plaisir. V.D. peut donc bien penser qu'une telle mode, si elle devait s'imposer, ne me plairait en aucune façon. Je souhaiterais de tout cœur que Sa Grâce l'Électeur partage cette opinion, mais il faudrait que Sa Grâce puisse mener une vie aussi heureuse que la mienne. J'espère que mon frère et notre princesse prendront enfin la chose au sérieux et qu'un petit enfant nous sortira de toute cette agitation [16]... »

Si Karl Ludwig ne s'est pas remarié, ce n'est pas parce que sa fille l'en aurait dissuadé, mais parce que Charlotte s'obstinait dans son refus, ravie de pouvoir enfin damer le pion à son mari. Comme les Bourbons, les Hessen-Cassel avaient une excellente mémoire. Force fut donc à l'Électeur de chercher une autre solution, puisque ni lui-même ni son fils Karl ne pouvaient procréer l'héritier providentiel qui permettrait à la branche de Pfalz-Simmern, plutôt qu'à celle de Pfalz-Neuburg, de régner sur le Palatinat. Karl Ludwig se souvenait d'avoir encore un frère protestant et célibataire, le prince Rupert. Titré duc de Cumberland et earl of Holderness, il vivait confortablement en Angleterre auprès d'une comédienne, Margareth Hughes, qui lui avait donné une fille, Ruperta, qui rayonnait de santé (elle ne mourra qu'en 1740). D'une liaison antérieure avec Frances Bard, il avait un fils, Dudley. Dans sa lettre à Sophie que nous venons de citer, l'Électeur observe, en parlant de la promotion armée de la cause protestante : « Ceux qui veulent propager la foi de l'Évangile par les armes, trouveront le prince Rupert plus propre pour un *étalon*... » Ce mot ambigu lui semble avoir donné des idées. Mais il y avait un problème.

Les rapports entre Karl Ludwig et Rupert étaient restés très tendus depuis leur séjour commun en Angleterre où l'aîné, plus politique, avait cherché le soutien du Parlement, alors que le cadet, plus loyal, avait pris fait et cause pour leur oncle Charles Ier. Peu après l'installation de Karl Ludwig à Heidelberg, Rupert était venu dans le Palatinat après avoir fait une entrée très remarquée à Paris, entouré d'Indiens, de perroquets et de singes. Au bout d'un interminable marchandage, il avait reçu de son aîné sa part des indemnités que celui-ci avait touchées après les traités de Westphalie. Mais quand Rupert réclama en outre le gouvernement de Kaiserslautern et s'avisa de conter fleurette à Louise von Degenfeld, l'Électeur lui fit interdire l'accès du château de Heidelberg. Devant la lourde porte fermée, Rupert avait tiré son chapeau, levé les yeux au ciel et juré qu'il ne remettrait plus jamais les pieds dans le Palatinat. Aussi, lorsque Karl Ludwig lui fit proposer de contracter un mariage assorti et de sauver leur dynastie, celui-ci lui rappela son serment et le projet échoua.

L'éventualité d'un mariage de Rupert est discutée dès la fin de décembre 1676 dans une lettre de Madame à Sophie : « Les familles en ce pays se sont tellement mésalliées [*verquaquelt*] que c'est une honte [...]. L'oncle Rupert ferait mieux de chercher en Allemagne, mais ce qui serait mieux que tout, c'est que notre prince à Heidelberg fît maintenant contre toute attente une demi-douzaine d'enfants. » Et en janvier 1699, en regrettant dans une lettre à Sophie les malheurs du Palatinat, elle soupire : « Plût à Dieu que l'oncle Rupert, au lieu de ses galanteries, eût contracté un mariage légitime et laissé des princes ! Le pauvre Palatinat ne serait pas aussi misérable qu'il n'est [17]... »

Mais le mariage de Karl resta stérile, Rupert ne bougea pas de l'Angleterre et les relations entre Elisabeth-Charlotte et son père étaient plus froides que jamais. Elle sursauta lorsque Monsieur lui apprit fin 1678 que le Roi projetait pour le printemps un voyage en Flandre, Lorraine et Alsace, et écrivit aussitôt à son père, son frère et sa tante pour leur donner rendez-vous à Strasbourg.

Pendant plusieurs mois, il n'est question que de ce voyage, des problèmes d'étiquette qu'il ne manquera de poser et des dépenses à prévoir. Mais fin avril 1679, Elisabeth-Charlotte dut faire savoir à son père que le Roi renonçait à ce voyage. Karl Ludwig en avisa aussitôt Sophie : « Je vous ai fait avertir l'ordinaire passé, que le voyage du Roi Très-Chrétien selon que Liselotte me mande était rompu pour cette année. Elle n'a pas laissé pourtant d'avoir la bonté de m'offrir de la pouvoir voir en tel lieu tiers que je lui nommerais hors la ville de Strasbourg, et qu'elle ne doutait pas que le Roi et Monsieur ne le lui permettraient[18]. » Madame se trompait : en principe, les membres de la famille royale ne voyageaient qu'en suivant le Roi.

Mais Sophie pensait depuis quelque temps à visiter la cour de France ; le voyage qu'elle fit en septembre 1679 consola Madame du rendez-vous avorté de Strasbourg.

SOPHIE DE HANOVRE VISITE LA COUR DE FRANCE

Le voyage en France que méditait Sophie depuis quelque temps déjà n'était pas entièrement innocent. La signature de la paix de Nimègue lui permettait enfin de réaliser un projet qui lui tenait à cœur : montrer sa fille Sophie-Charlotte (« Figuelotte »), née en octobre 1668, à la cour de France au moment où Louis XIV et ses conseillers pensaient à marier le Dauphin. Né fin 1661, Monseigneur allait avoir dix-huit ans. La différence d'âge de sept ans ne paraissait pas insurmontable. La jeune Figuelotte était délicieuse à voir, et Sophie espérait que le prince aurait le coup de foudre et patienterait encore deux ans. On estimait qu'une princesse pouvait très bien se marier à l'âge de treize ans ; Madame écrira en février 1722 à la reine d'Espagne après le mariage de sa petite-fille avec le prince des Asturies : « Je crois [...] que c'est une bonne chose à voir que ces deux nouveaux mariés de douze et quatorze ans. Puisse-t-elle faire comme feu Mme de Bouillon qui eut son premier fils à treize ans juste[19]. »

Ce projet qui installerait sa chère cousine et filleule à la Cour et ferait d'elle une future reine de France fit battre le cœur d'Elisabeth-Charlotte. Depuis 1674, la possibilité de ce mariage est à l'ordre du jour dans les lettres à Sophie. Bien sûr, Figuelotte n'était pas la seule candidate ; il y avait encore Marie-Louise, la fille aînée de Monsieur et de Madame Henriette, née cinq mois après le Dauphin, et Marie-Anne, fille de l'électeur de Bavière, née en novembre 1660. A la fin du mois de juin 1679, Louis XIV déclara les fiançailles de Marie-Louise d'Orléans avec le chétif Charles II d'Espagne. Madame et Sophie respiraient : ce mariage providentiel déblayait le terrain. Il restait la candidate bavaroise ; on chuchotait que sa santé n'était pas trop bonne, mais elle avait l'avantage de l'âge et d'être catholique. De plus, les ducs de Hanovre avaient porté les armes contre le Très-Chrétien, alors que l'électeur de Bavière était son allié. Pour remonter le moral de Sophie, Madame lui écrit début juillet : « On dit que la princesse bavaroise est si affreusement laide [*so abscheülich hesslich*], qu'on ne peut pas croire que quelqu'un en voudra[20]... » Sophie décida qu'il était temps d'agir.

Début août, le duc Ernst August accompagna son épouse et sa fille à Amsterdam ; avec une modeste suite (Frau von Harling, quelques femmes de chambre et quatre valets de pied), Sophie et Figuelotte s'embarquaient en patache jusqu'à Bruxelles. Sophie avait décidé de voyager incognito sous le nom de Mme d'Osnabrück afin de limiter les dépenses et de contourner les problèmes épineux d'une étiquette inflexible. Elle logerait à Maubuisson chez sa sœur Louise-Hollandine plutôt qu'au Palais-Royal, ce qui permettrait à ces dames de se retrouver sans façon. Le 9 août Elisabeth-Charlotte avait écrit à Sophie, tout à sa joie : « Je crois que lorsque je verrai Votre Dilection je m'évanouirai pour le moins de joie, et V.D. a bien fait de m'y préparer d'avance. Car s'il était arrivé tout d'un coup que V.D. m'eût fait venir à Maubuisson, je crois que la joie m'eût tellement saisie que j'aurais pu être frappée d'apoplexie. Je compterai bientôt toutes les heures qui me séparent de ce moment bienheureux [21]... »

A Bruxelles, Sophie et sa suite montèrent en carrosse, voyageant à petites journées. Nous sommes très bien renseignés sur le déroulement de ce voyage grâce aux *Mémoires* de Sophie et aux sept longues lettres qu'elle adressa de France à Karl Ludwig : les deux récits se complètent [22]. Le 22 août Sophie mit pied à terre à Maubuisson près de Pontoise ; Madame l'attendait en compagnie de Monsieur, Mademoiselle, Karllutz (prêt à rentrer à Heidelberg) et une partie de leur cour. Les *Mémoires* de Sophie décrivent ces retrouvailles avec plus de précision que d'émotion : « Comme nous entrâmes dans la basse cour, je vis Madame la duchesse d'Orléans courir de toute sa force et Mademoiselle après elle pour me venir recevoir. A peine pouvais-je sortir du carrosse pour satisfaire à ce que je lui devais. La bonne princesse en m'embrassant pleura de joie de me revoir et me tenait toujours entre ses bras. Elle [...] me présenta à M. le duc d'Orléans, que je trouvai à la porte du couvent avec ma sœur l'abbesse. Ce prince me fit un accueil le plus obligeant du monde et vivait avec moi comme s'il m'eût connue toute sa vie. Pendant que j'embrassais ma sœur, il monta dans le parloir avec Mlle sa fille, et je suivis quelque temps après avec Madame, qui me tenait toujours embrassée du côté du cœur. On s'assit sans façon sur des tabourets. » Elle écrit deux jours après ces retrouvailles à Karl Ludwig : « Avec peine avais-je le loisir de mettre pied à terre, que Madame me venait embrasser dans la basse cour avec des larmes de joie *en sautant à son ordinaire*. [...] Je trouvais Monsieur à la porte du couvent [...] ; c'est un beau prince très bien fait, qui a fort l'air de ce qu'il est. Il avait la bonté de me parler comme s'il m'avait connue toute sa vie [...]. Je trouve Madame engraissée et d'un humeur [*sic*] le plus agréable du monde ; son habit de chasse lui va mieux que les autres, car elle n'aime pas trop à se mettre bien d'une autre manière, quoiqu'on en fasse une affaire ici. » Monsieur plaisait réellement à Sophie qui renchérit le 13 septembre : « Si je me voulais mettre sur les louanges de Monsieur, je n'aurais jamais fait ; *je trouve Madame une des plus heureuses femmes du monde.* » L'admiration est sincère.

Bientôt, l'arrivée de Sophie défraya la chronique mondaine. Aigre-douce, Mme de Sévigné mande à sa fille : « Mme d'Osnabrück est venue voir Madame, qui l'a reçue avec une extrême amitié. Elle est sa tante ; elle a été élevée avec elle, et quoique cette éducation soit un peu — de là, dit-on — négligée, elle ne laisse pas d'en être fort reconnaissante [23]. »

Sophie arrivait au bon moment : les fêtes du mariage de Marie-Louise d'Orléans lui permettraient de découvrir la cour de France à un moment d'éclat et d'y promener discrètement sa fille. La pauvre Mademoiselle, qui avait rêvé d'épouser le Dauphin, était triste à mourir. Elle s'était presque évanouie en voyant le portrait du gringalet qui lui était destiné : le portraitiste de la cour d'Espagne, Juan Carreño de Miranda, n'avait pu dissimuler son air débile. Sophie fut magnanime ; lorsque Mademoiselle lui montra le portrait du « vilain magot », elle l'en consola « sur ce qu'on voyait que cela était très mal peint ». Louis XIV avait déclaré : « Ma nièce, je vous ai accordée en mariage au roi d'Espagne ; le plaisir de vous avoir élevée en un rang que vous méritez ne me console point de la séparation d'une personne que j'aime tendrement, mais qui doit savoir que les personnes comme elle sont à l'État. » Et il ajouta royalement : « Si des guerres éclatent entre nous et votre mari, nous sommes assez grands seigneurs pour ne pas pouvoir nous ruiner [24]... »

Monsieur regrettait de perdre sa fille, mais il était ravi d'être le père d'une reine d'Espagne. Pour l'instant, la préparation de la cérémonie et le choix des bijoux et des robes l'absorbaient entièrement. Enchanté de rencontrer une princesse allemande qui semblait s'intéresser à ces colifichets dont Madame se moquait, Monsieur l'invita au Palais-Royal afin d'y admirer « tout ce qu'il avait préparé de magnifique et de beau pour les noces de Mademoiselle ». Sophie, qui n'avait cessé de prêcher à sa nièce la souplesse et l'accommodement, décida de donner l'exemple malgré son indifférence foncière pour les chiffons. « Pour les hardes, écrit-elle à Karl Ludwig, quoique je ne m'en soucie pas beaucoup, j'acceptai le parti pour lui plaire... »

Elle se rendit le jeudi 24 août à Paris en compagnie de Madame. Monsieur l'entraîna dans « une grande galerie où il avait fait étaler tous les habits de noces de Mademoiselle, comme aussi la toilette qui était si bien dorée que je la pris pour être d'or, surtout puisqu'on voulait que je la devais admirer ». Elle marqua tant d'intérêt pour les pierreries de Mademoiselle que Monsieur lui proposa de « réformer » les siennes, c'est-à-dire de les faire resertir selon la mode du jour. Il est dommage que Madame fût incapable de la même flexibilité qui lui aurait évité une grande partie de ses ennuis conjugaux passés et surtout à venir.

Le 30 août, journée des fiançailles et veille des noces, Sophie fit le voyage de Maubuisson à Fontainebleau avec sa fille. Dès son arrivée,

Monsieur la fit entrer dans un petit cabinet pour lui montrer son justaucorps qu'il faisait sertir de diamants pour les noces de sa fille. Le même soir, comme elle eut envie de voir Madame avant de se mettre au lit, elle alla chez elle sans se faire annoncer. Elle fut ainsi témoin d'une délicieuse scène d'intérieur qu'elle a admirablement croquée dans ses *Mémoires* : « Je la trouvai en robe de chambre et Monsieur aussi avec un bonnet de nuit attaché d'un ruban couleur de feu, qui accommodait des pierreries pour Madame, pour lui-même et pour ses deux filles. Il était fort honteux de se montrer en cet état devant moi, et tournait toujours la tête de l'autre côté, mais je l'apprivoisai en l'aidant à ajuster ses pierreries, et je lui accommodai une attache pour son chapeau dont il parut content. Après avoir fait un ouvrage de cette conséquence, je pouvais dormir en repos... » Ce charmant portrait du duc d'Orléans en bonnet de nuit très affairé au milieu de ses diamants et « apprivoisé » par Sophie aurait réjoui ses biographes.

Les rapports entre Monsieur et Sophie resteront excellents par la suite. Douze ans plus tard, Madame termine ainsi une lettre à sa tante : « J'ai dit à Monsieur que Votre Dilection voudrait savoir s'il est toujours aussi dévot. Il a ri de bon cœur en disant : " *Dites à votre tante que je compte plus que jamais mes diamants et que je ne suis pas plus dévot que j'étais quand j'ai eu l'honneur de la voir ; faites-lui aussi bien des compliments de ma part* ", mais entre nous, Monsieur est quand même dévot [...] puisqu'il aime les cérémonies[25]. » Sophie, qui avait pénétré l'âme compliquée de Monsieur avec une justesse admirable, note à propos de la cérémonie des fiançailles et du plaisir manifeste que Monsieur y prenait : « Monsieur parut fort content, car il est si heureux qu'il le peut être des cérémonies de la grandeur sans en avoir le pouvoir. »

Bien entendu, elle ne décrit point les cérémonies des fiançailles et des noces. Comme le voulait l'usage, ce fut un mariage par procuration, le roi d'Espagne ayant chargé le prince de Conti de le représenter. Le marquis de Los Balbazes, l'ambassadeur extraordinaire d'Espagne, parut avec plus d'avarice que d'éclat. Romanesque et ridicule, son épouse envoya à Charles II une fleur tombée du bouquet de la fiancée. Parée par Monsieur, Madame attira tous les regards. La voici, telle que la décrit le marquis de Trichateau dans une lettre à Bussy-Rabutin : « Madame suivait, menée par le comte de Vaillac, son chevalier d'honneur, revêtu de son collier, et par le marquis de Biron, son premier écuyer. L'habit de cette princesse était d'un fond violet plein de broderie d'or, aussi belle que riche ; elle avait quantité de grosses perles et diamants sur la tête et sur le corps de la robe ; sa mante qui avait sept aunes de long était portée par la maréchale-duchesse du Plessis, sa dame d'honneur. Cette mante était de point d'Espagne or et argent[26]. » Pour les détails vestimentaires, Sophie renvoie au *Mercure galant ;* elle ne mentionne pas la mante portée par Madame. Pourtant, Monsieur n'avait pu obtenir qu'à grand-peine cette faveur inusitée à laquelle il tenait beaucoup.

En revanche, elle a observé très attentivement Louis XIV, la Reine et Mlle de Fontanges alors au faîte de la faveur. « Pour le Roi, écrit-elle finement dans ses *Mémoires,* il regarda Mlle de Fontanges avec plus de dévotion que l'autel ; elle était dans une tribune en haut de son côté, ce qui lui fit souvent hausser la tête. [...] Je pris garde, quand le Roi s'ennuya pendant la cérémonie, il ouvrait la bouche et fermait les yeux... » Et à Karl Ludwig : « Je vis Mlle de Fontanges fort avantageusement mise avec son bréviaire à la main, qui lui servait de contenance pour jeter les yeux en bas sur le Roi qu'elle aimait sans doute plus que le Roi des Rois ; ce qui n'est pas étonnant, car il est fort aimable. »

Ayant surpris les œillades qui volaient entre la nef et la tribune, Sophie observa la Reine qu'elle trouvait à la fois émouvante et ridicule, étouffant par une chaleur extrême dans sa « jupe d'une broderie plus pesante que celle qu'on met sur les housses des chevaux ». Rien n'échappa à ses regards : elle constata au bal que Marie-Thérèse dansait sans grâce, et qu' « on aurait dit, quand le Roi dansait avec elle, qu'il en était honteux... » Monsieur la conduisit le lendemain chez la Reine. On est frappé de le voir traiter sa belle-sœur comme une poupée sans cervelle. Il coupa court aux compliments et aux présentations, et prit une bougie qu'il approcha des diamants de la Reine en s'exclamant : « Mme d'Osnabrück aime tant les pierreries ; voyez ! ne sont-elles pas admirables ? » Sophie dit dans ses *Mémoires* rédigés dix-sept mois plus tard : « Je la lui ôtai et je dis à la Reine que je ne pouvais regarder ses pierreries par le plaisir que j'avais de la pouvoir considérer. » Et à son frère, deux jours après l'audience : « J'ôtais la chandelle des mains de Monsieur, pour bien considérer celle qui les portait par-devant et par-derrière... » L'ayant bien considérée avec un sans-gêne qui valait celui de Monsieur, elle constata que « son dos avait trop d'embonpoint », qu'elle avait « le col trop court » et que ses dents étaient toutes « noires et gâtées ». La Reine subit cet examen en répétant : « Le Roi m'aime tant, je lui suis si obligée... Le Roi m'aime tant... » Sophie répondit, avec une ironie qui a dû échapper à la pauvre princesse, « que cela n'était pas étonnant ».

Louis XIV adressa trois fois la parole à Sophie pendant son séjour à Fontainebleau, lui disant « les choses du monde les plus obligeantes ». Elle rapporte à Karl Ludwig : « Le Roi est sans flatterie l'homme de son royaume le plus agréable et le plus honnête. Sa manière de parler est charmante ; il n'oublia rien d'honnête et d'obligeant jusqu'à se vouloir souvenir de la bataille de Trèves, pour faire valoir Ernst August et pour me plaire. » Fine mouche, Sophie riposta : « Comme il n'a pas été assez heureux d'avoir les bonnes grâces de Votre Majesté, il a tâché de s'acquérir au moins son estime. » N'ignorant pas les projets matrimoniaux de Mme d'Osnabrük pour sa fille, le Roi la complimenta galamment : « Il voulut aussi louer ma fille qu'il disait trouver belle, et qu'il avait ouï dire qu'elle avait beaucoup d'esprit. » Le *Mercure galant* de décembre 1684 tracera ce portrait de Figuelotte : « Elle a la plus belle gorge et la plus belle peau que l'on puisse voir, de grands yeux bleus doux, une quantité de cheveux noirs prodigieuse, des sourcils comme s'ils étaient faits avec le compas, le nez bien proportionné, la bouche incarnate, de fort belles dents, et le teint très vif. [...] Pour de l'esprit, elle en a beaucoup, et une douceur fort engageante. »

Quant au Dauphin, Sophie le trouvait « insipide » ; elle eut une conversation avec lui, ou, plutôt, elle essaya d'en avoir une, car il n'ouvrit la bouche que pour dire *oui* ou *non*. Plus friande de visages et d'âmes à déchiffrer que de diamants à évaluer, Sophie a fait travailler ses yeux. Ses *Mémoires* français sont malheureusement inconnus en France. Ce document prodigieux, qui mériterait d'être publié sans tarder, est émaillé d'une série de crayons rapides dont l'impitoyable lucidité aurait ravi La Rochefoucauld et Saint-Simon. Le cardinal de Retz, qui mourut pendant le séjour français de Sophie, aurait trouvé dans ses *Mémoires* une galerie de portraits nerveux et intelligents qui valent bien ceux qu'il avait tracés lui-même dans ses *Mémoires,* ce qui n'est pas peu dire. Sa tête bien organisée et son style à la fois détaché et précis font de Sophie un écrivain qui se situe entre Mme de La Fayette et Jane Austen.

Sophie alla se reposer quatre jours à Maubuisson avant de se rendre à Saint-Cloud le 8 septembre. La visite commença fort mal : « Le cocher nous versa justement devant la porte du palais. Monsieur et Madame [...] accoururent pour nous relever. Monsieur me prit par la main et me mena dans ma chambre et cria tout haut : " *Des pots de chambre !* ", parce qu'il était persuadé qu'il fallait s'en servir contre l'épouvante. Il me fit voir ensuite son palais et me tenait toujours par la main [...]. J'admirai fort sa belle galerie, son beau salon et sa propreté en toutes choses, car il entend l'ajustement d'une maison à merveille. J'étais logée dans une chambre d'où je pouvais entrer dans le jardin, qui est le plus beau du monde tant pour la situation que pour les eaux. Je ne pouvais me lasser de m'y promener avec Monsieur et Madame... »

Elle est plus explicite dans une lettre à Karl Ludwig : « Monsieur [...] me fit l'honneur de me montrer tout son palais, qui est très beau et magnifique ; quasi tous les appartements répondent au plus beau jardin du monde, tout orné de fontaines et de cascades, ce qui fait un très bel effet. Sa galerie est admirable et très bien entendue. J'ai vu dans un des cabinets votre portrait de Van Dyck très bien fait, et plusieurs portraits du même maître. Je regrettais en voyant tout cela que vous ne pouviez pas être si heureux que moi, de voir le bonheur de Madame votre fille dans un lieu si agréable. »

La sympathie évidente qu'éprouvait Monsieur pour Sophie se confirma le lendemain matin : « Comme je n'étais pas encore habillée, il alla tout seul dans sa ménagerie, d'où il m'apporta du beurre et les plus beaux fruits du monde. » Image délicieuse que celle du duc d'Orléans se rendant sans sa ménagerie où les vaches les plus propres du royaume donnaient un beurre quasi pasteurisé.

Le lendemain, on partait tous ensemble en calèche pour voir Versailles. Le Roi avait donné l'ordre de faire jouer pour Sophie les eaux des fontaines et des bosquets. Elle n'était que médiocrement impressionnée : « La dépense a fait plus de merveilles que la nature. Je préférerais Saint-Cloud, si j'avais à choisir. » Sophie est pourtant moins sévère dans une lettre à son frère, dans laquelle elle fait allusion à une comédie de Desmarets de Saint-Sorlin : « Je vis Versailles, qui passe tout ce qu'on peut imaginer de beau et de magnifique. Tout ce que l'homme dans *Les Visionnaires* dit de son palais n'en approche pas. »

Comme sa tante, Madame préférait Saint-Cloud à Versailles ; elle lui écrira de Saint-Cloud en août 1691 : « Dieu veuille que je puisse accueillir ici encore une fois Votre Dilection ; je mourrais volontiers après ! Je suis certaine que V.D. apprécierait le nouveau parc, car il est rempli d'allées et de grandes fontaines avec la plus belle vue du monde. Derrière la maison Monsieur a fait niveler une colline et aménager un parterre et une orangerie [...]. V.D. pourrait s'y promener autant qu'elle voudrait. Monsieur se ferait une joie de montrer tout cela à V.D. Entre nous, je trouve nos jardins plus agréables que ceux de Versailles, bien qu'ils ne soient pas aussi magnifiques, mais ils sont plus à portée et plus ombragés[27]. » Sophie aura plus tard l'occasion de satisfaire à Herrenhausen son goût des jardins naturels qui invitent à la promenade, proposant la paix de l'âme plutôt que l'éblouissement des sens.

Après la visite de Versailles, la compagnie retourna au Palais-Royal, où Sophie et Madame s'enfermaient autant qu'elles le pouvaient, « et on causa en liberté, ce qui nous plut davantage que d'être avec les diseurs de rien, comme on en rencontre dans les antichambres ». Sophie assista le lendemain au départ de la reine d'Espagne qui partait en pleurant vers son destin tragique. Elle avait soupé la veille dans la chambre de Sophie avec Madame et la jeune Mademoiselle. « On était trop triste pour pouvoir manger », note Sophie. Avant de monter en carrosse, la jeune Reine embrassa Sophie en sanglotant : « Je ne vous verrai plus, ma tante ! » Elle se souvenait des terribles mots d'adieu de Louis XIV : « Madame, je souhaite de vous dire adieu pour jamais ; ce serait le plus grand malheur qui vous pût arriver que de revoir la

France[28]. » Le duc et la duchesse d'Orléans l'accompagnèrent un bout du chemin, Madame jusqu'à Orléans, Monsieur jusqu'à Blois. Sa gouvernante la maréchale de Clérambault irait avec elle jusqu'à la frontière espagnole. On aurait dit que le Palais-Royal et le quartier tout entier éclataient en pleurs lorsque les voitures s'ébranlèrent. « Il y avait un hurlement de cris et de pleurs par toute la Cour, note Sophie, et je crois que plusieurs pleurèrent en ce jour parce que c'était à la mode... » Et Mme de Sévigné, le 27 septembre : « La reine d'Espagne va toujours criant et pleurant. Le peuple disait, en la voyant dans la rue Saint-Honoré : " *Ah! Monsieur est trop bon. Il ne la laissera point aller; elle est trop affligée.* " » La pauvre Marie-Louise emportait dans son carrosse ses deux petits chiens favoris qui seront, à Madrid, la seule compagnie française qui lui sera permise. Madame apportera un peu de lumière dans son existence recluse en correspondant fidèlement avec elle, deux fois par semaine, pendant dix ans. Du millier de lettres qu'elle a dû lui écrire, aucune ne nous est parvenue. Marie-Louise lui répondait à chaque ordinaire ; « je reçois chaque semaine une lettre de notre reine d'Espagne », écrit Madame début 1682 à Karllutz. Spanheim confirme dans sa *Relation* ce « commerce de lettres fort régulier, [...] dont j'ai ouï faire quelquefois lecture à Madame[29] ».

Avant de repartir pour l'Allemagne le 28 septembre, Sophie passa une dernière semaine à Maubuisson. Malgré sa profonde aversion pour les couvents, Madame vint l'y rejoindre les deux derniers jours. Les adieux de la tante et de la nièce furent particulièrement douloureux pour Elisabeth-Charlotte qui ne reverrait plus jamais Sophie. Celle-ci note sobrement : « L'adieu était bien tendre. » Elle avait manifestement horreur des grands mots. Elle avait formulé avant de partir cette conclusion dans une lettre à Karl Ludwig, commençant sa phrase en anglais : « *I have* vu tout ce qu'il y avait à voir, et je vous puis assurer que Madame votre fille occupe un poste bien agréable et dont elle est fort contente. » Cette visite aura pour conséquence négative que Sophie ne prendra pas au sérieux les plaintes de sa nièce lorsque celle-ci sera la victime des médisances des mignons cabalants. Pour elle, la femme d'un homme aussi charmant que Monsieur ne pouvait être qu'heureuse.

A peine rentrée chez elle, Sophie fut confrontée à un décès aux conséquences dynastiques importantes. Le 28 décembre 1679 mourut à Augsbourg le duc de Hanovre Johann Friedrich, frère des ducs Georg Wilhelm et Ernst August, et gendre d'Anne de Gonzague. Le défunt n'avait pas d'héritier mâle, et son duché passait à son cadet Ernst August qui, de prince-évêque d'Osnabrück, devenait duc de Hanovre et titulaire d'une couronne souveraine qui serait encore rehaussée, en 1692, par la dignité électorale. « Mme d'Osnabrück » était à présent duchesse de Hanovre en attendant d'être Électrice.

LA DAUPHINE : ENCORE UNE WITTELSBACH

Sophie avait déjà compris en partant que Figuelotte ne serait jamais Dauphine. Anne de Gonzague, la marieuse de la famille, avait persuadé Monsieur de plaider sa cause auprès du Roi, mais dès qu'il ouvrit la bouche, Louis XIV lui dit qu'il était trop tard, que la décision était prise : la Dauphine serait bavaroise. Deux mois après le départ de Sophie, Elisabeth-Charlotte lui adressa une longue lettre, expliquant qu'elle avait amadoué Louvois qui avait promis de parler au Roi de Figuelotte si les pourparlers engagés avec l'électeur de Bavière ne devaient pas aboutir. Croyant l'affaire en bonne voie, elle en avait parlé elle-même avec Louis XIV : « Comme je me trouvai à côté du Roi dans la calèche, j'amenai tout doucement la conversation sur le mariage de son fils. Il me dit qu'on était tenace en Bavière [...]. A quoi je répondis : " *Je le sais bien*. [..] *On fait parfois, en fait de mariages, des propositions qui ne réussissent pas, comme celle de Bavière.* " A quoi le Roi répondit très vivement : " *Bien que ce mariage ne paraisse pas encore fait, je ne le tiens cependant pas pour rompu, et mon fils a maintenant une si grande envie de se marier, qu'il ne veut plus attendre plus longtemps.* " [...] Voyant cela, je me suis tue, et n'ai parlé de l'autre affaire [30]. » Le Dauphin était en effet si impatient de se marier qu'il avait déclaré qu'il lui importait peu d'épouser un laideron, pourvu qu'elle eût de l'esprit et de la vertu.

L'idée de lui donner une princesse bavaroise ne datait pas de la veille. L'article 7 de l'alliance franco-bavaroise signée en 1670 prévoyait déjà ce mariage [31]. Des discussions avaient commencé en mars 1675, mais la réputation de laideur de la princesse avait fait hésiter les négociateurs français. Début 1679, l'état de santé de l'électeur de Bavière Ferdinand Maria, le père de Marie-Anne, faisait craindre sa mort prochaine. Son fils Maximilien Emmanuel pourrait abandonner la politique profrançaise de son père, et entrer dans le camp de l'Empereur. Du point de vue politique, ce mariage d'abord souhaitable devenait nécessaire, et Louis XIV était prêt à modérer ses exigences. La mort de Ferdinand Maria le 27 mai 1679 compliquait la situation. Colbert de Croissy fut envoyé à Munich pour examiner la princesse et conduire les pourparlers. Le 11 novembre il fit part à Louis XIV de ses impressions : « Plus on voit la princesse, et plus on la trouve aimable. Sa douceur va de pair avec une certaine vivacité. Elle a beaucoup de bonté, de raison et de finesse ; elle est très pieuse et remplie de charité, et a des vertus que la Cour reconnaît avec respect. » Les discussions, qui portaient essentiellement sur la renonciation de Marie-Anne à tous ses droits en faveur de ses frères, et sur le montant de sa dot

(300 000 livres en or et autant en pierreries), aboutirent enfin. Le fait que la princesse elle-même désirait vivement ce mariage semble avoir aplani les dernières difficultés. Le contrat de mariage fut signé le 30 décembre 1679.

Le mariage par procuration fut célébré dans la salle d'Hercule de la *Residenz* de Munich le 28 janvier 1680 ; le jeune Électeur Maximilien Emmanuel, le frère de Marie-Anne, représentait le Dauphin. Louis XIV avait envoyé le duc de Créqui comme ambassadeur extraordinaire. Après plusieurs journées de banquets, comédies, opéras, carrousels et feux d'artifice, la nouvelle Dauphine quitta Munich accompagnée du duc de Créqui et d'une suite de cinq cents personnes. Quelle différence avec la maigre escorte de Liselotte se rendant à Strasbourg ! Maximilien, qui se jettera définitivement dans les bras du roi de France après un flirt sans lendemain avec l'Empereur, accompagna sa sœur jusqu'à Ulm.

Elle arriva le 21 février avec sa suite et 350 chevaux aux portes de Strasbourg. A Fegersheim en Alsace, la Dauphine reçut les hommages du duc de Richelieu, son chevalier d'honneur, et des dames principales de sa maison. Le *Mercure galant* de novembre 1684 rappellera que Mme de Maintenon était de leur nombre, et qu'elle écrivit le jour même au Roi : « Le feu de ses yeux et l'esprit qui paraît dans toutes ses manières sont des choses que les paroles et la peinture sont incapables d'exprimer. » Mme de Sévigné avait écrit de son côté à sa fille le 28 février 1680 : « Mme de Maintenon mande au Roi qu' [...] il y a bien de l'esprit et de la dignité, que sa personne est aimable, sa taille parfaite, sa gorge, ses bras et ses mains. » On aura remarqué qu'il n'est guère question du visage. L'épistolière dira joliment le 29 mars : « Son visage lui sied mal, mais son esprit lui sied parfaitement bien. »

Louis XIV, le Dauphin et une cour nombreuse attendaient la princesse entre Vitry-le-François et Châlons. La bénédiction nuptiale fut donnée le 7 mars par le cardinal de Bouillon, grand aumônier de France, au palais épiscopal de Châlons, dans la même salle où l'union de Monsieur et de Madame avait été bénie huit ans plus tôt. La Dauphine arriva le 18 mars à Saint-Germain. Elle était depuis son mariage la deuxième dame du royaume ; Elisabeth-Charlotte passait à la troisième place. La maison de la Dauphine comportait environ 430 personnes, parmi lesquelles méritent d'être signalés la marquise de Maintenon, sa seconde dame d'atour, et son premier aumônier Bossuet qui avait formé laborieusement le Dauphin.

Marie-Anne-Victoire-Christine-Josèphe-Bénédictine-Rosalie-Pétronille de Bavière était mieux préparée à ses tâches curiales qu'Elisabeth-Charlotte : elle parlait couramment l'allemand (son accent bavarois amusait Madame), le français et l'italien, et elle lisait le latin sans peine. Mme de Sévigné n'avait donc pas tort d'écrire : « Elle est *virtuose,* elle sait trois ou quatre langues. » La Dauphine avait appris en outre à dessiner, à danser « d'une manière noble et aisée », à chanter « avec méthode » et à toucher le clavecin avec délicatesse. Toute sa famille se passionnait pour la musique ; son frère l'Électeur jouait fort bien de la basse de viole. Tous ceux qui l'approchaient étaient impressionnés par son esprit, son tact et son éducation très soignée. Mme de Sévigné semble l'avoir examinée sur toutes les coutures ; elle rend son verdict dans une lettre à Guitaut début avril 1680 : « Disons un mot de Madame la Dauphine ; j'ai eu l'honneur de la voir. Il est vrai qu'elle n'a nulle beauté, mais il est vrai que son esprit lui sied si parfaitement bien qu'on ne voit que cela, et l'on n'est occupé que de la bonne grâce et de l'air naturel avec lequel elle se démêle de tous ses devoirs. Il n'y a nulle princesse née dans le Louvre qui pût s'en mieux acquitter. [...] Elle est fort obligeante, mais avec dignité et sans fadeur [32]. »

Après une première réaction de méfiance qui se comprend quand on sait que les Wittelsbach palatins ne pouvaient oublier que les Wittelsbach bavarois leur avaient ravi le premier électorat, Elisabeth-Charlotte constata que, après tout, elle aurait pu tomber plus mal, et qu'elle avait dans la personne de sa cousine éloignée de Bavière une amie très sûre et une alliée fidèle. Leur aversion commune pour Mme de Maintenon cimentera bientôt leur union. Elle voyait la Dauphine comme Croissy et Mme de Sévigné : « Elle était très laide, dit-elle à Caroline, mais son esprit et sa grande politesse la rendaient agréable [33]. » Les trajectoires des deux princesses de Wittelsbach à la cour de Louis XIV furent presque identiques : après un premier temps de faveur, la nouveauté aidant, elles sombreront dans un état de demi-disgrâce qu'elles devront essentiellement aux bons offices de Mme de Maintenon. Elisabeth-Charlotte écrira à Sophie en 1682 : « Quant à Mme la Dauphine, je suis enchantée de Sa Dilection, car elle est excellente et me témoigne son amitié tant qu'elle peut. La bonne princesse a si cordialement pleuré avec moi que je l'aime pour cela de tout mon cœur [34]. »

Entre-temps, la petite Figuelotte était rentrée sagement avec sa maman à Osnabrück. Elle va épouser en 1684 Frédéric Ier, électeur de Brandebourg et premier roi de Prusse. Elle sera la mère de Frédéric Guillaume Ier et la grand-mère du Grand Frédéric.

Mort de l'Électeur palatin

Karl Ludwig vieillissait à vue d'œil. Sophie avait beau lui assurer que la longévité était un trait de famille, il baissait tous les jours. L'électrice Charlotte s'inquiétait, craignant que sa pension ne lui fût plus versée après la disparition de son mari. Elle fit savoir à sa fille qu'elle pourrait bien être amenée à s'établir en France. La perspective d'une mère dans le besoin venant chercher du pain à la cour de Monsieur donnait des cauchemars à Madame qui entendait déjà les ricanements des mignons. Mieux valait ne pas y penser. Les gazettes écrivaient déjà que Charlotte mourait de faim, et qu'elle irait en France où elle aurait une pension du Roi.

Cette publicité dérangeait vivement le duc et la duchesse d'Orléans, et Monsieur en avait touché un mot à Sophie, lui demandant de dire de sa part à Karl Ludwig qu'il devait « au moins donner quelque chose » à l'Électrice répudiée qui, après tout, était la mère de Madame. Sophie s'était acquittée de cette « vilaine commission » dans sa lettre du 9 octobre, écrite « en bateau en allant à Coblence ». Elle ignorait vraisemblablement que les Hessen-Cassel prélevaient leur part de la pension de Charlotte. Elle reparle du problème le 23 novembre : « Ayant fait ma commission, j'en suis quitte. Mais je crois qu'on appréhende qu'elle ira en France, où Liselotte ne serait pas bien aise de la voir [35]. »

On devine l'aigreur des réponses de Karl Ludwig. Puis, tout d'un coup, la question disparaît comme par enchantement de la correspondance, car Charlotte change d'idée et renonce à la France. Karl Ludwig et Sophie se demandèrent pourquoi, Monsieur respirait et Madame se taisait. Ce n'est que beaucoup plus tard, en juin 1709, qu'elle avouera à Sophie : « Feu Monsieur était tout disposé à avoir ici Sa Grâce Madame ma mère ; mais moi, qui sais et qui vois comment les choses se passent ici et combien de chagrin feu Sa Grâce se serait attiré, j'ai cru ne pouvoir mieux faire que de le déconseiller à Sa Grâce. Elle ne m'a jamais fait sentir qu'elle eût mal pris mon conseil sincère. Elle n'aurait eu ici que du malheur, du chagrin et des indignités, cela est certain, et c'est pourquoi j'ai cru de mon devoir de prévenir Sa Grâce [36]... »

Accablé de soucis, Karl Ludwig faisait la navette entre Mannheim, Heidelberg et Schwetzingen, entre la demoiselle von Berau, son fils improductif et sa bru indolente, et les raugraves illégitimables. Il dut se rendre à l'évidence : sa lignée allait s'éteindre et le Palatinat passerait à une branche collatérale. Les prétentions que Louis XIV ne manquerait de formuler au nom de sa belle-sœur le préoccupaient. L'installation des Chambres dites « de réunion », qui exploitaient au lendemain des traités de Nimègue les ambiguïtés et obscurités des traités de Westphalie, donnait à l'Électeur un avant-goût de ce qui attendait le Palatinat. Le cynisme procédurier des légistes de Louis XIV et Colbert de Croissy, qui recherchaient dans les documents du passé les villes et territoires qui s'étaient jadis trouvés dans la dépendance des têtes de fief obtenues par la France aux derniers traités, inquiétait l'Europe. On peut ne pas souscrire à l'opinion qu'il « était de bonne guerre, la paix aidant », de réunir au royaume des territoires « que le droit féodal et les traités y rattachaient *peut-être*[37] ». Cette « paix rongeante et envahissante[38] » gagnait le Palatinat comme une gangrène ; les bailliages rhénans de Germersheim et de Neustadt, si chers à l'Électeur, furent annexés à la France.

Au printemps de 1679, Karl Ludwig avait les jambes si enflées qu'il dut renoncer à ses randonnées au grand air. « Nonobstant la diète que je tiens, écrit-il à sa sœur Elisabeth, mes jambes suivront bientôt mon ventre au cercueil. » Sophie lui écrit le jour de Noël : « Je souhaite de tout mon cœur que vous gardiez longtemps bon cœur, bonne tête et bon appétit avec l'aide du bon Dieu... » Le ton de ses lettres s'aigrit. Après le troisième séjour infructueux de Karllutz à Paris, l'Électeur confie à Sophie : « Karllutz, pour n'être oisif, va en Angleterre [...]. Car aussi bien Liselotte fait aussi peu pour lui que pour moi auprès du Roi Très-Chrétien ; peut-être pour la même raison. » Et il ajoute : « Je suis maigre comme une sauterelle, hors les jambes[39]... » Sophie lui répond sur le même ton : « Liselotte n'est pas trop capable à faire grand bien à ses amis ; elle se contente des bonnes grâces du Roi pour pouvoir aller avec Sa Majesté à la chasse et craindrait lui déplaire si elle lui demandait aucune faveur, quoiqu'il me semble, si elle se pouvait servir de l'avantage qu'elle a d'être toujours avec lui, qu'elle ferait mieux de s'y appliquer... » Et encore : « Liselotte a si peur de se mettre mal avec le Roi son beau-frère qu'elle n'ose lui parler que de choses pour le faire rire[40]... »

Madame continue d'écrire à son père, lui assurant qu'elle fait pour lui tout ce qu'elle peut. L'Électeur à Sophie, en mai 1680 : « Liselotte fait son mieux et Monsieur aussi, à ce qu'elle me mande... » Il a, dit-il encore, suivi le conseil de sa fille et essayé de se rapprocher de Karl et de Wilhelmine Ernestine, mais ils ont pris toutes ses propositions « à contre-poil ». Aussi, conclut-il, « je ne m'en peinerai plus et ferai ce que je crois être de mon devoir et ce que je puis, laissant le reste au bon Dieu[41]... ». Il confie au début de l'été à son fils Karl une mission diplomatique : essayer d'obtenir l'aide de son neveu Charles II d'Angleterre face au grignotement du Palatinat par les Français. Le Prince électoral n'obtient à Londres que de très vagues promesses, la Jarretière et un doctorat *honoris causa* d'Oxford, tandis que son père s'en va stoïquement vers sa fin.

A la mi-août, Karl Ludwig dicte sa dernière lettre à Sophie : « Je tâche d'assaisonner mon corps le plus que je puis au bon air, devant que la terre s'en rendra le maître, et me figure par le vol de mes oiseaux le plaisir que mon esprit aura, quand il sera hors du corps, à voltiger[42]... » L'Électeur avait passé selon son habitude une partie de l'été 1680 au Friedrichsburg à Mannheim. Épuisé par des pertes de sang hémorroïdal et sentant approcher sa fin après une première apoplexie, il décida le samedi 28 août (7 septembre selon le calendrier grégorien) de regagner Heidelberg. Les symptômes de sa maladie (maigreur, hémorroïdes saignant abondamment, jambes gonflées par perte de protéines sanguines) permettent de conclure qu'il mourait d'un cancer recto-sigmoïdien avancé.

Ses officiers, la demoiselle von Berau et les raugraves Caroline, Louise, Amelise et Karl Eduard entouraient le fauteuil dans lequel on le transportait. Respirant avidement l'air frais, Karl Ludwig admirait pour la dernière fois le splendide paysage de la vallée du Neckar. Une autre attaque d'apoplexie obligea le cortège de s'arrêter entre les villages de Seckenheim et Edingen ; on installa l'agonisant dans un jardin sous un noyer. Son médecin juif épuisa toutes les ressources de son art, allant jusqu'à lui appliquer sur la tête et le cœur des quartiers saignants de pigeon, mais en vain : l'Électeur s'éteignit doucement vers cinq heures de l'après-midi. Ainsi mourut un soir d'été sur l'herbe verte d'un jardin ce prince plus philosophe que stratège, qui était par sa vaste culture et sa tolérance religieuse un prodige en un siècle de fanatisme borné. Ses derniers regards suivirent les oiseaux qui tournoyaient sans cesse autour des toits encore intacts du château de Heidelberg visible au loin. Dans la lumière du soleil couchant, le grès rose des pierres commençait à virer au rouge [43].

Onze jours après la mort de l'Électeur, Mme de Sévigné mande à sa fille : « Le père de Madame [...] est mort. Un gros Allemand le dit à Madame à peu près de cette sorte, sans aucune précaution. Voilà Madame à crier, à pleurer, à faire un bruit étrange. On dit à s'évanouir ; je n'en crois rien. Ce n'est point une personne à donner cette marque de faiblesse [44]... » Un courrier spécial avait apporté le 12 septembre des lettres de Heidelberg annonçant la nouvelle à l'envoyé du Palatinat à Paris, le baron Gecks [45], et celui-ci avait informé Madame. Spanheim précise dans sa dépêche du 16 septembre : « Vendredi passé, le 12 du courant, il arriva ici un courrier avec les nouvelles de la mort assez subite de Son Altesse Électorale Palatine. Il était chargé de lettres pour Monsieur et Madame et l'abbesse de Maubuisson, autrement Princesse Louise, adressées à l'Envoyé Palatin, qui est encore ici, et lequel à l'instant même se rendit à Saint-Cloud pour les rendre. Madame témoigna la dernière surprise de cette nouvelle, et fut quelque temps avant que s'en pouvoir remettre. [...] Les lettres, à ce que j'ai appris de l'Envoyé Palatin, étaient écrites par le comte Castel, Grand Maître de la Maison Électorale Palatine, en attendant que le retour du Prince au Palatinat y fît apporter plus de formalité pour la notification. » Le « sans aucune précaution » de Mme de Sévigné est confirmé dans la dépêche suivante, celle du 20 septembre : « L'on blâme à la Cour l'Envoyé

Palatin, de ce qu'il aurait porté brusquement à Madame la nouvelle de la mort dudit Électeur son père. » Toujours selon Spanheim, Louis XIV était soulagé. « Il aurait dit en présence des courtisans que, sans la considération de Madame, il ne porterait pas le deuil de son père puisqu'il n'était ni son parent, ni son ami [46]. »

Elisabeth-Charlotte était littéralement sidérée par la nouvelle de cette mort qu'elle apprit sans ménagements. Pendant le séjour de la Cour à Fontainebleau (de la mi-mai à la mi-juillet 1680), elle avait encore fait l'impossible pour réconcilier le Roi avec l'Électeur, et envoyé à ce dernier un *dialogue* perdu, c'est-à-dire la transcription d'une longue conversation qu'elle avait eue avec Louis XIV et des vagues promesses de celui-ci. Elle était à présent convaincue que les tracasseries françaises avaient précipité la fin de son père. La première lettre que nous avons d'elle après le malheur est celle du 24 septembre ; elle fut portée à Sophie par son fils Georg Ludwig alors en France. « Bien que mes yeux me fassent si mal à force de pleurer que je n'y vois presque pas clair et que j'aie en plus beaucoup de peine à écrire, je n'ai pas voulu laisser partir notre prince sans lui donner une lettre pour Votre Dilection ; et bien que la perte affreuse [*den abscheülichen Verlust*] que nous avons faite me cause une tristesse et une douleur au-delà de toute expression, il me semble pourtant que cela me soulage un peu le cœur d'écrire à une personne qui est aussi affligée que moi et qui partage ma douleur. Quant à dire à V.D. ce que j'éprouve et dans quel état je passe mes jours et mes nuits, cela serait difficile à décrire... » La lettre continue en constatant que Sophie est moins à plaindre, puisqu'elle ne doit pas vivre « avec ceux qui ont certainement causé la mort de l'Électeur par le chagrin qu'ils lui ont donné », et dit à propos du Roi : « Oui, avant qu'il n'eût persécuté papa, je l'aimais beaucoup, je l'avoue, et j'avais du plaisir à être avec lui. Mais depuis, je peux assurer à V.D. que cela m'est devenu très pénible, et qu'il en sera de même toute ma vie [47]... »

Le 21 septembre, Spanheim était allé présenter à Saint-Cloud les condoléances du Grand Électeur son maître. Il fut reçu par Monsieur et Madame immédiatement après l'ambassadeur de Danemark. « Je fus témoin de la grande affliction de Madame, qui à ma vue (comme d'une personne qui avait vécu longtemps dans le service du feu Électeur son père) se mit à fondre en grosses larmes en pleine audience, qu'elle continua tout le temps que je m'acquittai des devoirs d'un ministre de Votre Altesse Électorale, et même après, qu'elle se leva et m'entretint quelque temps à me témoigner son extrême affliction, et en faisant paraître toute la tendresse possible qu'une fille peut avoir envers son père. Elle me toucha aussi l'embarras où l'Électeur son frère [...] ne pourrait que se trouver en telles conjonctures [48]... »

Connaissant mieux que personne son médiocre frère, Elisabeth-Charlotte avait toutes les raisons du monde d'être inquiète.

LE NOUVEL ÉLECTEUR PALATIN KARL

Le prince électoral Karl apprit la mort de son père à Londres où il se trouvait avec son cher mentor Hachenberg, et rentra toutes affaires cessantes au Palatinat. Heidelberg célébra le 17 octobre le nouvel Électeur avec les cérémonies accoutumées. Karl n'avait pas encore trente ans, et il était permis d'espérer que le problème de sa succession ne se poserait pas avant le début du siècle suivant. Mais rien n'était moins certain : il est vrai que son père avait atteint l'âge de soixante-trois ans, mais il est vrai aussi que son grand-père Friedrich V et son arrière-grand-père Friedrich IV moururent tous les deux à trente-six ans. Les Pfalz-Simmern ne faisaient pas de vieux os. Avec ses soixante-dix ans bien tassés, Elisabeth-Charlotte sera une exception à la règle.

Souffreteux, hypocondriaque et bigot, Karl ne promettait pas un règne exaltant. Celui-ci commençait d'ailleurs fort mal : sitôt installé, Karl appela Paul Hachenberg au gouvernement, mais celui-ci mourut au bout de deux mois, probablement empoisonné. Il fut remplacé par le prédicateur calviniste et *Kirchenrath* (conseiller ecclésiastique) Langhanns, dont le fanatisme étroit faisait frémir ceux qui avaient apprécié la tolérance religieuse et l'ouverture d'esprit de Karl Ludwig. Avant même d'être rentré dans le Palatinat, Karl avait adressé de Xanten une longue lettre à Langhanns, datée du 30 septembre et consacrée essentiellement aux affaires religieuses. Il se préparait, disait-il, à sa joyeuse entrée à Heidelberg par le jeûne, la pénitence et la prière, et souhaitait retourner au calvinisme pur et dur tel qu'il avait été introduit au Palatinat par Friedrich III, le premier électeur Simmern (1559-1576). Il invitait enfin Langhanns à lui suggérer des mesures nécessaires à promouvoir la vraie dévotion (*die wahre Gottseligkeit*) et à arracher toute forme d'impiété [49].

S'étant déchargé pour l'essentiel sur ce personnage inquiétant et sur le très corrompu comte Castel, Karl pouvait se consacrer à l'organisation de grandes mascarades allégoriques et de jeux militaires, gaspillant stupidement les réserves accumulées par le parcimonieux Karl Ludwig. Il envoya 50 000 florins à sa mère Charlotte à Cassel, mais coupa pratiquement les vivres aux raugraves, ses frères et sœurs consanguins. Ce dernier fait surtout alarmait Elisabeth-Charlotte, qui eut d'abord de la peine à croire que son frère ne respecterait pas les dispositions testamentaires pourtant très précises de leur père en faveur des raugraves. Bientôt, elle dut se rendre à l'évidence, et écrivit à son frère le 13 octobre 1680 : « Caroline m'a écrit au nom de tous les enfants une lettre qui m'a fait de la peine, mais je connais votre bon naturel et je sais que, même sans prière de ma part, vous aurez pitié de ces pauvres enfants et que vous ne les abandonnerez pas. Après tout, ils sont eux aussi enfants du feu Électeur, et ce serait généreux de les prendre en pitié, maintenant qu'ils sont entièrement abandonnés. Car bien que nous ayons tous les deux, en raison de notre tendresse pour Sa Grâce l'Électeur, éprouvé une perte affreuse, il faut avouer que ces pauvres enfants ont perdu davantage, et doivent être tout désespérés si vous n'avez pas pitié d'eux. Mais, comme j'ai dit, je connais bien votre caractère et je ne me fais donc point de soucis pour eux. »

La réponse de Karl, datée du 19 octobre, est cinglante : « A propos de ce que vous m'écrivez sur Karllutz et les raugraves, vous feriez mieux de ne pas vous mêler de ses affaires, car vous n'alarmeriez pas seulement Madame notre **mère**, **mais** vous me porteriez préjudice à moi aussi. Je ferai sans cela **pour eux** ce qui est raisonnable, car je suis bien informé de tout. Aussi, afin d'éviter de grands maux, vous feriez beaucoup mieux de ne pas prendre fait et cause pour lui ; je ferai alors de mon côté ce qui est raisonnable[50]. » La sécheresse du ton surprend. Ces lettres sont importantes, puisque ce sont les seules que nous ayons de la correspondance échangée entre Elisabeth-Charlotte et son frère. Elles sont conservées parce qu'elle en a adressé des copies à la raugrave Caroline. Le statut financier précaire des raugraves continuera de préoccuper Madame, mais elle a compris que, du vivant du farouche Karl, elle était incapable de leur être fort utile. Elle ne pouvait que raisonner Karllutz et Karl qui se haïssaient à mort. A deux ou trois reprises, Elisabeth-Charlotte envoya quand même quelques centaines de pistoles à Karllutz à Hanovre, où celui-ci avait des fins de mois difficiles, vivant d'une solde de cent thalers.

Madame eut l'occasion de voir sa mère à l'improviste en octobre 1681. Fin septembre, Louis XIV décida brusquement d'aller avec sa cour de Fontainebleau à Nancy et à Strasbourg qui venait de capituler sans coup férir. Madame proposa aussitôt à sa mère une rencontre à Strasbourg ; les sujets de conversation ne manqueraient pas. Charlotte accepta le rendez-vous. Sourches note le 26 octobre : « Madame l'Électrice Palatine du Rhin, veuve du défunt Électeur, mère de celui qui régnait et de Madame, était arrivée à Strasbourg avant le Roi, pour y voir sa fille qu'elle n'avait point vue depuis qu'elle avait épousé Monsieur, frère du Roi. Elle ne vint pas voir Leurs Majestés dans les formes, et elles la virent seulement chez Madame, sans cérémonie et comme incognito[51]. »

Madame ne parle nulle part de la joie qu'elle eut de revoir sa mère après dix ans de séparation. Il semble que les deux dames se sont surtout préoccupées de la querelle entre Karl et Karllutz. Elisabeth-

Charlotte écrit deux mois après la rencontre au raugrave : « Caroline m'a écrit aussi pendant que j'étais à Strasbourg ; elle semble très contente de Sa Grâce. J'ai fait de mon mieux pour vous recommander à Madame ma mère ; je lui ai dit aussi qu'elle me ferait le plus grand plaisir du monde en plaidant votre cause, [...] que je vous aimais de tout cœur, et que je regrettais que mon frère ne partage pas mes sentiments pour vous [...]. J'ai tenu ce propos et d'autres semblables à l'Électrice ; elle a écouté tout très attentivement, et je crois l'avoir persuadée[52]. » L'émotion fut trop forte quand Elisabeth-Charlotte passa devant l'auberge *Zum Ochsen* : elle se souvenait que c'était l'endroit où elle avait vu son père pour la dernière fois. Elle aura l'occasion en 1683 de revoir sa mère qui s'était employée entre-temps, sans succès, à raccommoder Karl et Karllutz.

Au fond, le nouvel Électeur était à plaindre : il n'avait aucun goût pour la politique, les raugraves le détestaient, sa vie conjugale était une catastrophe et Louis XIV le traitait avec une offensante désinvolture. Spanheim écrit dans sa dépêche du 25 octobre 1680 « que l'on pourra prendre d'autres mesures avec l'Électeur palatin moderne qu'avec le défunt, et qu'il pourra se contenter de jouir des revenus du domaine dans ses États, dont la souveraineté demeurerait à la France[53]... ». Finlandisé par la France et réduit à se contenter de l'usufruit de son domaine allodial, Karl était en outre obsédé par l'avenir de sa dynastie. Il ressentait tant de répugnance physique pour son épouse Wilhelmine Ernestine que l'idée de coucher avec elle lui soulevait le cœur. Son médecin privé Winkler semble l'avoir entretenu dans cette prévention. Dans une lettre citée par Ludwig Häusser, Karl écrit crûment : « Ceci me confirme dans mon ancienne conviction que son corps tout entier est malsain, et que mon dégoût n'est pas sans fondement. Les médecins pensent de même[54]... »

La pauvre Wilhelmine Ernestine partit faire à toutes fins utiles une cure thermale aux eaux de Bade. Madame tâchait de la réconforter dans ses lettres, non sans maladresse d'ailleurs. Ainsi, pour lui remonter le moral, elle lui cite fin 1682 quelques vers d'*Alceste*, opéra de Lully et Quinault : « Je puis assurer Votre Dilection en toute vérité [...] que j'ai pensé à sa santé et à son plaisir, et que j'ai fait des vœux pour qu'ils soient parfaits, ce que je souhaite de toute mon âme. Au reste, je prie V.D. de demander à voir la lettre que j'écris par la même occassion à Karl, car j'y dis ce que je pense du mariage. Je crois que V.D. sera aussi de mon avis. Il me vient à l'esprit un passage d'*Alceste* qui dit bien vrai [...] :

> « L'hymen détruit la tendresse,
> « il rend l'amour sans attraits.
> « Voulez-vous vous aimer sans cesse,
> « amants, n'épousez jamais ! »

Madame était si convaincue de la vérité qu'expriment ces vers qu'elle les cite dix ans plus tard dans une lettre à Sophie [55].

Certains textes suggèrent que Karl croyait la mort de Wilhelmine imminente, et qu'il n'était pas absolument insensible aux charmes d'une demoiselle d'honneur de l'Électrice, une Rüdt von Collenberg. Peut-être avait-il décidé d'attendre la fin de la première et son mariage avec la seconde pour mettre enfin la main à la pâte. Cela expliquerait l'optimisme de l'article 4 de son testament daté du 12 septembre 1684 : « ... Encore bien qu'il n'ait pas plu à Dieu de nous donner des enfants, néanmoins se pouvant encore faire que sa divine bonté nous accorde la grâce d'en pouvoir procréer : en ce cas-là l'aîné sera l'unique successeur électoral, et en cas qu'il vienne à décéder sans hoirs mâles procréés de son corps, alors le second né succédera dans l'Électorat [56]. » On croit rêver.

La mort de son père et le comportement étrange de son frère isolaient Elisabeth-Charlotte de ses plus proches parents. Désormais, sa tante Sophie et les raugraves seront sa seule famille ; c'est chez elles qu'elle cherchera soutien et consolation lorsque les malheurs s'abattront sur elle. Sophie l'avait trouvée vivant une vie de représentation et de plaisirs organisés selon un horaire qui ressemble étrangement à celui d'un couvent, mais dont elle ne pouvait plus se passer. La tante avait conclu hâtivement que sa nièce était heureuse, et que les griefs qu'elle formulait contre la « bande diabolique » des mignons étaient largement imaginaires. « Devant ce spectacle, la pénétration de la duchesse Sophie avait été mise en défaut. L'orage qui s'amassait en Liselotte et autour d'elle était près d'éclater, et sa tante n'avait rien deviné [57]. »

Deux ans après la visite de Sophie, le marquis de Sourches, grand prévôt de France, entame la rédaction de ses précieux *Mémoires*. Le 25 septembre 1681, avant de commencer à dérouler son interminable chronique, Sourches embrasse d'un seul regard la cour de Louis XIV. Malgré leur délicatesse, les deux petites phrases consacrées à Madame laissent deviner des malheurs à venir : « Madame était généreuse et ne manquait pas d'esprit, quoiqu'elle fût d'un naturel assez brusque. On ne croyait pas qu'il y eût une grande intelligence entre elle et le prince, son époux [58]. » Le serpent s'était coulé dans le paradis : « l'hymen détruit la tendresse... ». Fin 1681, il était évident que les plus belles années de la vie conjugale de Madame touchaient à leur fin. Son manque de souplesse, la veulerie de Monsieur et la hargne des mignons auront raison de l'hésitante complicité qui avait cimenté pendant dix ans l'invraisemblable mariage du duc et de la duchesse d'Orléans, unis pour le meilleur et pour le pire.

CHAPITRE VIII

« Ma destinée est de souffrir
et de me taire »
(1682-1686)

Trois mois à peine après l'arrivée de la Dauphine à la cour de France, Mme de Sévigné informe sa fille : « Madame la Dauphine se met à courir les bêtes. [...] Cela fait qu'on parle un peu de Madame ; sans cela, il n'en était plus question[1]. »

Dès 1680, il semble en effet que les actions de Madame soient en baisse : une autre princesse allemande fait courir les courtisans et couler l'encre des gazetiers. Avec un sens très sûr des moindres modifications de ce qu'on appelait *la carte de la Cour,* les intimes du duc d'Orléans comprirent que la position de la duchesse n'était plus aussi inattaquable qu'auparavant. Tant que la faveur du Roi et l'hésitante affection de son époux l'avaient soutenue, elle ne courait aucun danger. A présent, l'entourage de Monsieur envisage sérieusement une opération de déboulonnage. Après tout, les mignons et les dames équivoques qui les appuyaient étaient venus à bout de la première Madame ; pourquoi la seconde leur résisterait-elle ? Son état de grâce faiblissait, le moment d'aiguiser les couteaux était venu. Le manque de souplesse d'Elisabeth-Charlotte faciliterait les choses.

La « cabale », c'était essentiellement le chevalier de Lorraine, le sinistre marquis d'Effiat, Mme de Grancey, qui voulait faire croire qu'elle était la maîtresse de Monsieur alors qu'elle couchait avec le chevalier de Lorraine, et Mlle de Gordon-Huntley, que nous avons vue tripoter les chausses des messieurs. La conviction que le duc d'Orléans serait plus facile à plumer si l'influence de la duchesse était neutralisée cimentait leur union. Une pléiade de mignons de la deuxième et de la troisième classe et une valetaille intéressée et complaisante renforçaient les effectifs. Depuis son arrivée en France, Elisabeth-Charlotte constatait avec amertume qu'elle n'avait aucun droit de regard sur la composition de sa propre maison ; c'étaient surtout le chevalier et Mme de Grancey qui décidaient, marchandaient et imposaient leur choix à

Monsieur. Ce système leur permettait de toucher au passage d'importantes commissions et de fourrer leurs créatures dans l'entourage de Madame.

Il semble que les nombreux Allemands qui visitaient la Cour et encombraient l'antichambre de Madame intimidèrent pendant plusieurs années le chevalier de Lorraine et les siens. Madame parlait avec eux sa langue maternelle et le chevalier, qui ne comprenait pas un traître mot d'allemand, croyait à tout moment qu'elle les incitait à la venger de ses insolences. En 1679 ou 1682, lors d'un séjour de Karllutz en France, le marquis d'Effiat arrêta un jour Philippe de Lorraine sortant précipitamment de l'antichambre de Madame, et lui demanda où il courait donc si vite. « Madame ne m'aime pas, souffla-t-il. Elle est entourée de son raugrave et encore d'autres grands Allemands. J'y pourrais mal passer mon temps, c'est pourquoi j'ai pris le parti le plus sûr. Car qui sait ce qui aurait pu m'arriver si Madame disait mot parmi tous ces Allemands ? Ils sont mauvais railleurs. Dieu sait ce qui me serait arrivé[2] ! » Le bruit courut en effet que Karllutz voulait se battre en duel avec l'archimignon, et de nombreux gentilshommes allemands, tous « de braves gens » selon Madame, sollicitaient l'honneur de lui servir de second. Elle paraît avoir eu beaucoup de peine à apaiser cette querelle d'Allemands qui n'entendaient pas raillerie.

« JE SUIS QUINTEUSE COMME UN VIEUX CHIEN... »

Dès novembre 1678, Elisabeth-Charlotte se plaint à Sophie de la « cabale » qui ne garde plus aucune mesure, mais c'est à partir de 1682 que ses lettres font régulièrement allusion à une campagne orchestrée de dénigrement et de mensonges dirigée contre elle depuis un an. « J'ai un grand besoin de consolation, écrit-elle à sa tante le 21 juillet 1682, car je suis quinteuse comme un vieux chien [*so leünisch wie ein alter Hundt*], et je crois que depuis un an le diable a pris ici figure humaine pour me faire sortir de ma peau [...]. Je ne sais que trop bien et je ne constate que trop tous les jours ce que c'est que des mensonges dont pas un seul mot n'est vrai, ce que c'est que promettre beaucoup et ne rien tenir, ce que c'est que faire bon visage à quelqu'un pendant qu'on lui prépare les pires affronts du monde et qu'on flétrit secrètement son honneur, oui, ce que c'est que de faire semblant de croire du mal de quelqu'un alors qu'on sait au fond beaucoup mieux, ce que c'est enfin que de demander pourquoi quelqu'un est triste, alors qu'on sait en son âme et conscience qu'on lui donne du chagrin à chaque jour et à chaque heure. Mais si je devais raconter tout ce qui m'est arrivé depuis un an, ma lettre serait beaucoup trop longue[3]... »

Madame se sentait manifestement très déprimée ce 21 juillet, car elle écrit le même jour à son raugrave préféré : « Bien-aimé Karllutz, je vous écris à présent, bien que je sois aujourd'hui aussi chagrine qu'une punaise [*so gritlich wie eine Wantlauss*] et je n'ai malheureusement que trop de motifs de l'être, car tous ces gens que vous connaissez bien et que vous avez vus à l'œuvre quand vous étiez ici, me malmènent mille fois plus qu'auparavant [...]. Je suis certaine que vous serez navré, vous qui m'aimez, d'apprendre que cette cabale des chevaliers qui a le dessus chez Monsieur me fait tout le mal pensable[4]. »

Les biographes de Madame, tout en admettant qu'elle était la victime de diffamations diverses de la part des intimes de Monsieur, n'ont pas pris trop au sérieux les nombreuses plaintes dont débordent ses lettres. Depuis septembre 1680, Elisabeth-Charlotte semble avoir subi de graves secousses émotionnelles, tiraillée comme elle l'était entre sa vénération pour le Roi (les lettres de Mme de Sévigné sur la « fièvre violente » de Madame sont de juillet 1680) et son affection pour la mémoire de son père qu'elle voit comme la victime de l'appétit territorial de Louis XIV. Les sautes d'humeur et les crises de nerfs qui résultaient de ces tensions la rendaient particulièrement vulnérable aux attaques de ses adversaires qui surent en profiter pleinement. Ils avaient remporté un premier succès fin 1679 lorsque la maréchale de Clérambault, qui avait accompagné la reine d'Espagne à la frontière, apprit à son retour que l'accès au Palais-Royal lui était interdit, cela au grand déplaisir de Madame. Elle n'y retournera qu'après la mort de Monsieur pour vieillir doucement auprès de sa princesse, jouant à l'hombre, racontant de vieilles anecdotes de cour et s'adonnant en cachette aux sciences occultes. Monsieur donna sa place de gouvernante de ses filles à Mme de Grancey qui avait suivi la reine jusqu'à Madrid d'où elle était revenue au bout de quelques mois gavée de gratifications et de pots-de-vin.

Une autre offensive fut déclenchée en 1681. Le jour de l'an de 1682, Madame écrit à Karllutz : « Pour ma part, je ne sais comment finira l'année qui commence. Celle qui vient de s'écouler m'a rendue si *rêveuse* et *mélancolique* que j'en suis devenue méconnaissable. Wendt croyait il y a trois semaines, comme j'étais souffrante, que je mourrais puisque, disait-il, j'avais tellement changé. Il a pleuré toute la soirée. [...] Sûrement, si vous aviez été ici, vous en seriez devenu fou de rage. Mais à quoi bon[5] ? » Tout au long de l'année, la duchesse d'Orléans eut à essuyer de nombreuses vexations orchestrées qui tendaient à la brouiller avec son mari. Parlant du chevalier de Lorraine, Spanheim écrit dans sa *Relation de la Cour de France* : « Il tenait à affaiblir l'affection ou la considération de son maître pour Madame, à entretenir à ce sujet des divisions, des cabales, ou des intrigues secrètes parmi les domestiques et créatures de l'un ou de l'autre, tout cela, dis-je, ne put que faire de la peine et causer des dégoûts sensibles à une princesse vertueuse, d'un cœur bon et noble, attachée à son devoir, et qui aimait son mari de bonne foi[6]. » On multipliait les coups d'épingle, on ridiculisait la princesse, passant au crible sa toilette simple, sa face rubiconde, son accent, son comportement. Monsieur, semble-t-il, ricanait avec les autres. Lydie de Théobon rapportait avec plus de zèle que de discrétion les racontars qui circulaient, et Madame protestait et s'expliquait devant Monsieur qui haussait les épaules. « Cela fait, écrit Mme de Sévigné à une autre occasion, une fourmilière de dits, de redits, d'allées, de venues, de justifications, et tout cela ne pèse pas un grain[7]. »

Peut-être, si Madame avait pu faire semblant de ne pas s'apercevoir de ces misères, la campagne se serait-elle éteinte d'elle-même. Saint-Simon observera avec raison : « Laisser dire, faire et agir en s'abandonnant à la Providence est un axiome qui m'a toujours paru d'un grand usage à la Cour[8]... » Malheureusement pour elle, Elisabeth-Charlotte n'avait pas cette sagesse indispensable que le Roi lui-même lui avait pourtant recommandée : « Tenez-vous tranquille, lui disait-il, et méprisez vos ennemis et leurs bavardages [*meine Feinde undt ihr Geschwätz meprisiren*][9]. » Elle s'emportait, se rongeait les sangs et nourrissait ainsi le feu. Elle apprit à ses dépens. « Je sais bien, écrit-elle en février 1682 à Sophie, que s'abandonner à la tristesse, c'est ne faire de mal qu'à soi-même et donner un grand plaisir à ses ennemis. Mais il y a de nombreuses occasions où l'on ne peut s'empêcher de broyer du noir [...]. Il me semble que si je ne cherche à faire du mal à personne, on doit me laisser aussi en paix. Cependant, lorsque je me vois attaquée de tous les côtés, cela m'afflige, et comme je n'ai déjà pas sans cela beaucoup de patience, ces tracasseries me font perdre le peu de patience qui me reste[10]... »

Constatant que Madame faisait leur jeu et que Monsieur laissait faire, l'archimignon et ses acolytes décidaient d'augmenter la pression d'un cran et de faire chasser de l'entourage de la princesse celles et ceux qui la soutenaient loyalement. Accusée d'attiser le différend entre le duc et la duchesse d'Orléans et d'avoir favorisée une « galanterie » entre Madame et le chevalier de Saint-Saëns (!), Lydie de Théobon fut chassée par Monsieur. De même, le baron de Beauvais et le chevalier de Beuvron durent se défaire de leurs charges, et le fidèle Wendt, que Madame payait sur sa cassette personnelle, prit le chemin de Hanovre avec une grande lettre pour Sophie dans ses bagages.

Il faudrait tout un volume pour raconter le détail des bavardages et des médisances dont Madame fut la victime en 1681 et 1682, et les réactions des protagonistes du drame : Madame elle-même, Monsieur, le Roi et la « bande des quatre » composée de Lorraine, Effiat, la Grancey et la Gordon. Ce ne sont pas les événements eux-mêmes qui importent. De toute façon, cela ne pouvait pas aller fort loin puisque

Louis XIV était convaincu de l'innocence de sa belle-sœur. Le vrai drame est que ces événements ont précipité la duchesse d'Orléans dans un isolement d'où elle ne sortira plus jamais. L'image traditionnelle de Madame s'enfermant dans son cabinet au milieu de ses petits chiens, ses livres et ses médailles et torturée par une boulimie épistolaire dont on ne voit pas d'autres exemples (elle a écrit trois fois plus de lettres que Voltaire !), commence à être une réalité à partir de 1682.

Outre un passage précis chez Sourches, outre les *Dépêches* et la *Relation* de Spanheim, la longue lettre du 19 septembre 1682 à Sophie de Hanovre permet de reconstituer le drame dans ses grandes lignes. Madame s'était déjà plainte le 11 septembre dans une lettre à Wilhelmine Ernestine : « Je me flatte que, quand Votre Dilection saura, elle me plaindra et aura pitié de moi, car ce qui m'arrive est inouï. Il n'y a ici personne qui s'apitoie sur moi, bien que la France entière soit convaincue aussi bien de mon innocence que des calomnies et de la méchanceté de mes ennemis. Mais à quoi bon ? Je dois me rappeler que Dieu a fixé ainsi ma destinée : toujours souffrir et me taire et être rongée par mes chagrins [*stehts zu leyden undt zu schweygen undt allen Kummer in mich zu fressen*][11]. » Le sentiment d'isolement, d'incompréhension et d'injustice est évident. Elisabeth-Charlotte a beau assurer sa belle-sœur dans la même lettre qu'elle ne veut pas l' « *ennuiren mit meinem verdriesslichen récit* », son indignation troue le papier. Aussi reprend-elle sa plume le lendemain pour écrire à Sophie : « Je suffoque presque, n'ayant personne à qui je puisse parler franchement, et je dois encore me contenir en ce moment, car je ne peux pas confier à la poste tout ce que j'ai à dire à Votre Dilection. Mais je parlerai sans détour avec mon fidèle Wendt[12]... »

« Parler sans détour, *kein Blatt vors Maul nehmen* », voilà ce qu'elle fait dans la lettre interminable (« cette lettre, ou plutôt ce livre ») du 19 septembre à Sophie que Wendt va remettre en mains propres, et dans laquelle elle retrace l'historique de l'affaire. Cette lettre, la plus longue que nous ayons de Madame, appartient au genre qu'elle appelle ailleurs « dialogue » ; il s'agit d'une relation circonstanciée des conversations qu'elle eut avec le Roi pendant l'été de 1682. Contrairement à son procédé habituel, elle les rapporte tantôt en allemand et tantôt en français, bien qu'elles n'aient eu lieu qu'en français[13].

« VOUS ÊTES MADAME ET OBLIGÉE DE TENIR CE POSTE... »

On ne peut qu'admirer Louis XIV d'avoir investi tant d'heures dans cette affaire, alors que d'autres problèmes plus graves réclamaient son attention. Sur le plan européen, la formation de la Quadruple Alliance en mai, et de la Ligue des princes du Rhin en septembre, avait de quoi préoccuper son esprit en cette année 1682. La Cour s'était installée définitivement à Versailles le 6 mai, abandonnant Saint-Germain qui trouvera bientôt une autre destination. En juin, Louis XIV avait dû sévir contre son fils Vermandois et les membres de la confrérie italienne. La naissance le 6 août du duc de Bourgogne, le fils aîné du Dauphin et de la Dauphine, avait apporté un moment de joie et donné lieu aux réjouissances d'usage. Loyale amie, Elisabeth-Charlotte avait profité de cette naissance pour demander la grâce de Vermandois. Le Roi lui répondit en riant : « " *Vous êtes bonne amie, mais pour M. de Vermandois, il n'a pas encore été assez puni pour ses crimes.* " Je dis : " *Le pauvre garçon est si repentant de ses fautes !* " Le Roi dit : " *Je ne me sens pas encore en disposition de pouvoir le voir, je suis encore trop en colère contre lui.* "[14] » Louis XIV se serait donc passé volontiers de la tempête qui agitait la petite cour de Saint-Cloud, et qui l'obligeait de faire la navette entre Monsieur et Madame.

La cabale avait eu l'idée ridicule, pour faire chasser Mlle de Théobon et créer le vide autour de la duchesse, de répandre la rumeur que la suivante avait favorisé des rapports coupables entre Madame et un officier des gardes du corps, le chevalier de Saint-Saëns, qui chassait avec le Roi et avec elle, et qui s'occupait avec d'autres gentilshommes de ses chevaux aux relais. Grand joueur, il la conseillait parfois lorsqu'elle jouait encore. Madame s'adressait à lui comme à un bon camarade, sans se douter que ses ennemis ne manqueraient d'exploiter sa candeur. « Votre Dilection sait bien comment je suis, explique-t-elle à Sophie ; dès que je connais quelqu'un, je lui parle librement comme je l'ai fait toute ma vie. » Selon Saint-Simon annotant Dangeau, Saint-Saëns « était un gentilhomme de Normandie fort sage et fort bien fait » que « Monsieur avait pris en aversion, par une jalousie de Madame[15] ». Le Roi, qui était persuadé de son innocence, lui donna en 1690 la charge de lieutenant des chevau-légers du duc de Bourgogne, et le fit brigadier en 1691.

Louis XIV avait bien sûr des espions à la cour de son frère, et sut donc avant Monsieur et Madame ce qui se tramait chez eux. Il avertit aussitôt sa belle-sœur : « Le Roi me dit qu'il savait de source certaine que mes ennemis tramaient un méchant complot contre moi, et qu'ils voulaient faire croire à Monsieur que j'avais une galanterie [*dass ich eine galanterie hette*]. » Il s'empressa de la rassurer : « Mon frère vous connaît bien et tout le monde sait bien depuis les dix ans que vous êtes ici que personne n'est moins coquet que vous... » Elle rapporta la chose à Monsieur qui parut fort surpris et la rassura à son tour : « Je pouvais être bien tranquille, car il ne croyait pas que je pouvais être jamais coquette... »

Les mois passèrent sans que cessent les racontars ; on alla même jusqu'à prétendre qu'Elisabeth-Charlotte « courait après l'amiral », c'est-à-dire le comte de Vermandois pour qui Louis XIV avait ressuscité la charge d'amiral de France. Le Roi ne fit qu'en rire, mais Monsieur commençait à traiter Madame avec une froideur qui fut remarquée. Quelque ridicule que fût la rumeur d'une amourette entre Madame et Saint-Saëns ou Vermandois, Monsieur fit semblant d'y croire (ou finit par y croire vraiment), et chassa en août 1682 la Théobon accusée de transmettre des messages et des cadeaux. Madame écrit à sa tante : « On a fait courir le bruit que j'avais envoyé mon portrait avec cinq cents pistoles au chevalier de Saint-Saëns [*ahn den Ritter von Sinsen*] dans une lettre à Théobon. »

Outrée d'une telle injustice et d'un tel affront, Madame fit un singulier vacarme. Spanheim atténue diplomatiquement ces transports de colère dans sa dépêche du 21 août 1682 : « Il y avait eu *quelque froideur* entre Monsieur et Madame, au sujet de ce que Monsieur lui avait ôté Mlle de Théobon, sa favorite [...]. Madame en fut d'abord fort alarmée, et en fit de grandes plaintes au Roi [16]... » En réalité, le départ forcé de sa chère Lydie de Théobon fut un coup très dur pour Elisabeth-Charlotte, qui ne pouvait se passer d'une amie dont elle appréciait le franc-parler et le dévouement inconditionnel. « Il n'y a rien de pareil, note Sourches, au chagrin que Madame sentit en cette occasion ; Mlle de Théobon était presque la seule personne en qui elle pût avoir confiance ; aussi l'aimait-elle tendrement, et, comme elle était naturellement fière, elle ne pouvait souffrir qu'on lui enlevât d'autorité la seule consolation qu'elle avait dans ses afflictions. Elle pleura beaucoup et ne cacha ses larmes ni au Roi ni à toute la Cour [17]. »

Lydie avait épousé, peut-être dès 1678, le comte de Beuvron, mais sans déclarer son mariage. Elle avait mis seulement le Roi, Monsieur, Madame et l'archevêque de Paris dans la confidence. Dès le lendemain de son renvoi, Madame engagea une correspondance très suivie avec sa dame de compagnie chassée. Saint-Simon assure qu' « elle lui écrivait tous les jours de sa vie par un page qu'elle lui envoyait de quelque lieu où elle fût », et : « elle lui écrivait tous les jours, sans y jamais manquer, lorsqu'elle n'était pas auprès d'elle [18] ». Cette correspondance quotidienne n'était un secret pour personne ; Dangeau confirme, en parlant de la comtesse de Beuvron : « [Madame] l'a toujours fort aimée ; elle lui faisait beaucoup de bien et lui écrivait tous les jours de sa vie depuis fort longtemps [19]. » Si on prend ces témoignages à la lettre, Madame aurait écrit environ 7 000 lettres à la comtesse ! On ne conçoit pas sans peine une amitié aussi tenace s'exprimant par le biais d'une logorrhée de cette ampleur que l'absence ne fait qu'exciter. Le phénomène est caractéristique de Madame.

Elisabeth-Charlotte courut se justifier chez le Roi, qui lui exprima toute sa confiance : « Madame, lui dit-il, je suis très persuadé de votre vertu et je vous connais sur ce chapitre. » Quant à rappeler Mlle de Théobon, il n'en était pas question : le Roi ne voulait pas forcer son frère à revenir sur une décision strictement domestique, mais il consentit, pour consoler sa belle-sœur, à porter la pension de Mlle de Théobon de 4 000 à 8 000 livres, avec la permission de venir à la Cour quand elle le voudrait.

Mais Madame était trop indignée pour s'apaiser à si bon compte. Profondément blessée par l'atteinte portée à son honneur et dégoûtée à tout jamais de Monsieur et de ses mignons, elle sollicita du Roi la permission de quitter la Cour et de se retirer chez sa tante à Maubuisson, cela malgré sa répugnance viscérale pour les couvents. Convaincu qu'il s'agissait d'une lubie passagère, Louis XIV lui dit : « Si cette pensée ne vous passe, nous en reparlerons une autre fois. » Mais Elisabeth-Charlotte, qui avait déjà discuté le projet avec l'abbesse de Maubuisson, n'en voulut pas démordre, et le Roi fut forcé de lui dire à la fin : « Eh bien, Madame, puisque je vois que c'est véritablement votre intention d'aller à Maubuisson, je veux vous parler franchement : ôtez cela de votre tête, car tant que je vivrai je n'y consentirai point et m'y opposerai hautement et de force. Vous êtes Madame et obligée de tenir ce poste, vous êtes ma belle-sœur et l'amitié que j'ai pour vous ne me permet pas de vous laisser aller me quitter pour jamais. Vous êtes la femme de mon frère, ainsi je ne souffrirai pas que vous lui fassiez un tel éclat qui tournerait fort mal pour lui dans le monde. » Ç'aurait été en effet exposer au grand jour les mœurs et l'entourage inavouables de Monsieur. La réponse du Roi ne laissait pas de doute : l'intérêt de Monsieur passait et passerait toujours avant celui de Madame. « Je ne veux point vous tromper, Madame, lui dit-il, en tout le démêlé que vous pourrez avoir avec mon frère : si c'est de lui à vous, je serai pour lui ; mais aussi si c'est des autres gens à vous, je serai pour vous. » Voilà qui était précis.

Elisabeth-Charlotte semble avoir eu beaucoup de peine à s'incliner « L'esprit de Madame n'était pas si facile à apaiser, note Sourches ; Monsieur, qui était alors à Saint-Cloud, l'attendant pour souper, elle refusa de venir manger avec lui et témoigna son déplaisir hautement par toutes les marques qu'elle en put donner[20]. » Monsieur dut supplier son frère de fléchir Madame et de ramener la paix dans son ménage. Le Roi les fit venir tous les deux à Versailles, et alla les voir dans les appartements contigus qu'ils occupaient alors au premier étage du corps central du château, et qui donnaient sur le parterre du midi (celui de Monsieur) et sur le parterre d'eau (celui de Madame). Au bout d'un après-midi d'allées et venues, Louis XIV amena Monsieur vers le soir auprès de Madame qui boudait dans sa chambre que le soleil d'août, se couchant sur le Grand Canal, inondait d'une lumière dorée. C'est dans ce décor doublement solaire qu'eut lieu une réconciliation sans grand enthousiasme. Sourches écrit du Roi qu' « il fit en sorte de rapprocher ces deux esprits, qui étaient si fort aliénés l'un de l'autre, de manière qu'il les fit embrasser et qu'ils couchèrent en même lit la nuit suivante [21]. » Sans mentionner ce dernier détail qui n'en valait sans doute pas la peine, Madame raconte à sa tante : « Le même soir, le Roi amena Monsieur dans ma chambre et dit : [...] " Ce que je vous recommande, c'est de ne faire guère d'éclaircissement, car cela ne sert que d'aigrir les esprits. Pour ce qui est des sottises qu'on a dites, tenez, mon frère, je suis assez mal pensant, mais j'ai vu cela de près : je mettrai tout présentement ma main au feu, que Madame en est tout à fait nette et innocente. " Monsieur dit : " Je le crois bien aussi. " Le Roi dit : " Embrassons-nous donc tous trois ", ce que nous fîmes, et ainsi fut fait cet accommodement. »

L'honneur de Madame était sans doute lavé, mais les explications avaient eu lieu en petit comité. Elle savait que la bande des quatre, qui lui fit savoir le lendemain son désespoir d'avoir encouru sa disgrâce, trouverait d'autres moyens d'empoisonner son existence et d'abuser la crédulité de Monsieur. Le chevalier de Lorraine n'avait d'ailleurs pas désarmé : il avait placé Mlle de Loubes, dite « la petite Loubes », auprès de la duchesse d'Orléans, et chargé la nouvelle fille d'honneur de lui rapporter par écrit les moindres paroles et gestes de sa maîtresse. Mais la petite Loubes n'avait pas une âme d'espionne et finit, bourrelée de remords, par avouer la combine à Madame. Voici la scène, telle qu'elle est rapportée par Sourches en novembre 1682 : « La petite fille, pressée par sa conscience, voulut parler : elle alla trouver Madame dans son cabinet ; elle entama le discours [...]. Malgré les larmes qu'elles répandit en abondance, Madame, ennuyée de ses discours, se mit à écrire. Cependant elle demeura derrière la chaise de Madame ; et, dans le temps qu'elle y pensait le moins, elle se jeta à ses pieds, fondant en larmes, et lui dit qu'elle lui avouerait tout, pourvu qu'elle eût la bonté de lui pardonner. Madame, qui était généreuse, la releva, l'embrassa [22]... » Madame pardonna peut-être, mais elle se plaignit hautement à Monsieur ; le chevalier manipula son maître en disant n'importe quoi, et voilà le couple d'Orléans plongé dans une autre querelle et le Roi forcé de refaire la navette.

Fin novembre, une lettre à Sophie fait état de ce nouvel orage. Cette fois-ci, Madame renvoie au récit oral de Karllutz qui retourne de Paris à Hanovre, mais sa lettre permet de conclure qu'elle a reproché à Monsieur en un moment de colère la mort de la première Madame. Sophie avait déjà écrit début novembre à Karllutz arrivant à Paris où l'envoyait le duc Ernst August : « Les nouvelles que nous avons de France nous apprennent votre arrivée à Paris et qu'il y a eu un nouveau démêlé entre Monsieur et Madame. J'en suis au désespoir ; on dit qu'elle dit hautement qu'elle sait bien qu'on l'empoisonnera comme on a fait à feu Madame, mais au lieu de l'appréhender, qu'elle le souhaite. Ce sont des discours qui ne peuvent être fort agréables à Monsieur et qui ne partent pas d'un cerveau bien timbré. Je lui écris fort franchement sur ce sujet ; je vous prie de me seconder. Je lui ai mis l'exemple de Madame sa mère devant les yeux, sans la flatter. Si elle se sépare, elle se trouvera aussi méprisée qu'elle dans le monde [23]... »

La réconciliation négociée par le Roi au mois d'août n'avait donc pas ramené la paix et la confiance, puisque Monsieur restait influençable comme une cire molle, et Madame inflexible comme une bourrique, forte de sa formidable innocence. Droite et franche, elle aura toujours de la peine à comprendre qu'il ne suffit pas d'être irréprochable pour être à l'abri des insinuations. Sans doute la femme de Monsieur, comme celle de César, doit-elle être au-dessus de tout soupçon, mais comment faire ? Elisabeth-Charlotte pourra lire bientôt dans les *Caractères* de La Bruyère cette observation transposée ici au féminin : « Vous êtes femme de bien, vous ne songez ni à plaire ni à déplaire aux favoris, uniquement attachée à votre maître et à votre devoir : vous êtes perdue [24]. »

« MADAME DE MAINTENANT »

Ce qui ne fut après tout qu'une tempête dans un verre d'eau aura pour conséquence que Madame commencera à se replier douloureusement sur elle-même pour avoir fait l'expérience, un siècle avant Sade, des infortunes de la vertu. Tout au long de cette épreuve, la sympathie et le secours du Roi ne lui avaient pas fait défaut, à un moment d'hésitation près. Louis XIV ayant fait prier le chevalier de Lorraine de ne plus paraître à la chasse où sa présence offensait Madame, Monsieur courut chez Mme de Maintenon et se plaignit (« *undt lamantirte* ») que son frère n'avait plus d'amitié pour lui puisqu'il maltraitait les gens que lui, Monsieur, aimait, et que tout cela était la faute de Madame. Celle-ci continue ainsi son récit à sa tante : « Peu après, je trouvai le Roi tout à fait changé. » Quand elle lui parle, il ne répond que brièvement et évasivement. Peu après, la Théobon fut chassée. Pour la première fois, Madame a vu planer sur son existence l'ombre de celle qu'elle haïra avec toutes les fibres de son être, et qui sera pour elle une pire épreuve que tous les mignons réunis. Elle écrira sitôt après la mort de Louis XIV à Caroline : « Le diable en enfer ne peut être pire qu'elle n'a été [*der Teufel in der Hölle kann nicht schlimmer seyn als sie gewesen ist*] [25]. » Le malheur d'Elisabeth-Charlotte voudra que, dans ses démêlés avec la « Pantocrate », le Roi choisira toujours le parti de celle-ci.

La faveur exorbitante de Françoise d'Aubigné, petite-fille du poète huguenot Agrippa d'Aubigné et veuve du poète cul-de-jatte Paul Scarron, fut évidente lorsqu'elle réussit à évincer Mme de Montespan, et que le Roi la nomma deuxième dame d'atour de la Dauphine début 1680. Le sobriquet « Mme de Maintenant » commençait à circuler ; Mme de Sévigné écrit le 18 septembre 1680 à sa fille : « Je ne sais auquel des courtisans la langue a fourché le premier ; ils appellent tout bas Mme de Maintenon Mme de *Maintenant*. [...] Cette dame de Maintenon ou de *Maintenant* passe tous les soirs depuis huit jusqu'à dix avec Sa Majesté. » Après avoir été « ébreneuse » (Saint-Simon) des bâtards du Roi et de Mme de Montespan, la veuve Scarron avait commencé son irrésistible ascension. Déplaisant d'abord au Roi, lui plaisant ensuite, elle avait reçu de lui de quoi acheter et embellir le château et la terre de Maintenon qui fut érigée pour elle en marquisat. Elle a inspiré à Saint-Simon et surtout à Madame des excès de langage qui ne leur font pas honneur, et qu'on voudrait mieux comprendre.

Malgré un effort très applaudi d'hagiographie romanesque entrepris au début des années 1980, Mme de Maintenon continue d'avoir mauvaise presse. Secrète, bigote, rancunière et à peu près aussi sentimentale qu'une pascaline, elle n'a même pas su trouver grâce aux yeux de François Bluche qui reconnaît pourtant des qualités à tous les intimes du grand Roi, y compris au très médiocre Dauphin : celui-ci lui inspire une admiration surprenante pour les lecteurs de Saint-Simon, de Madame, de Sophie de Hanovre et de tant d'autres qui ont sondé l'âme muette de ce Nemrod obèse qui culbutait les filles avec une délicatesse de cocher, et dont le seul mérite (si c'en est un...) est d'avoir décimé les loups de l'Ile-de-France. Leur population fut temporairement sauvée lorsque le prince, qui ne tenait plus sur ses jambes à force de s'empiffrer, dut renoncer à la fin à courre le loup.

La première des très nombreuses mentions de Mme de Maintenon dans la correspondance d'Elisabeth-Charlotte (et l'une des très rares où elle l'appelle Madame de Maintenon) est celle qu'on vient de lire dans la longue lettre à Sophie du 19 septembre 1682. Elle est affectivement neutre. La deuxième, dans la lettre du 11 mai 1685 à Sophie, montre que beaucoup a changé en trois ans : « Je dois avouer que j'en veux très fort au Roi [*dass ich woll von Hertzen böss über den König bin*] de me traiter comme une femme de chambre, ce qui conviendrait mieux à sa Maintenon qu'à moi, car elle est née pour cela, mais non pas moi [26]. » L'hostilité entre Madame et la marquise de Maintenon ne se manifestera vraiment qu'après le remariage de Louis XIV. Elisabeth-Charlotte confirmera en mai 1719 dans une lettre à Caroline de Galles, parlant de Mme de Maintenon : « Cette femme n'était pas aussi méchante depuis le début, elle est devenue plus méchante avec le temps [27]. »

Pavane pour une infante défunte

Madame ignorait que la Reine, en restant simplement en vie, contrecarrait les inquiétants calculs de la marquise. La mort inattendue de la bonne Marie-Thérèse, le 30 juillet 1683, créa du jour au lendemain une nouvelle situation dont les conséquences étaient incommensurables. La Reine, qui savait gré à Mme de Maintenon d'avoir supplanté l'altière Montespan dont elle avait supporté les insolences avec beaucoup de dignité tout en l'appelant « la poute du Roi », mourut comme elle avait vécu. Fameuse pour la désolante banalité de ses propos, elle s'éteignit selon Spanheim en disant au Roi : « Monsieur, je me meurs [28]... » Louis XIV déclara noblement : « Voilà le premier chagrin qu'elle m'ait donné », et quitta aussitôt Versailles pour Saint-Cloud et Fontainebleau. Spanheim parle pieusement de sa « douleur inconcevable », mais Mme de Caylus le prétend « plus attendri qu'affligé », et ajoute cruellement : « Comme l'attendrissement produit d'abord les mêmes effets, et que tout paraît considérable dans les grands, la Cour fut en peine de sa douleur [29]. » Comment ne pas penser aux grinçantes *Obsèques de la lionne* que La Fontaine avait osé publier cinq ans plus tôt ?

Deux jours après le décès, Madame confie de Saint-Cloud à Sophie que le Roi est toujours « terriblement affligé ». Pour elle, la disparition de Marie-Thérèse est une perte dont elle ne prévoit cependant pas les terribles conséquences. « J'avoue que cela m'est allé droit au cœur, écrit-elle à Sophie, car la bonne Reine m'a toujours témoigné dans tous mes chagrins la plus grande amitié du monde. Votre Dilection pourra donc se figurer aisément combien il m'a dû être pénible de la voir ainsi, devant mes yeux, rendre l'âme après quatre jours de maladie. Lundi dans la nuit elle fut prise de fièvre, et vendredi dernier à trois heures de l'après-midi elle est morte, et cela par l'ignorance des médecins qui l'ont fait mourir comme s'ils lui avaient passé l'épée au travers du cœur. [...] Je suis si touchée de ce spectacle [*so touchirt von diesem spectacle*] que je ne puis m'en rétablir [30]... »

Cette mise en cause des médecins traitants qui épuisent étourdiment toutes les ressources de leur science est fort banale chez Madame, mais elle est ici confirmée par une dépêche de Spanheim : « On jette à présent la faute sur les médecins qui ont traité ladite Reine, entre autres sur la saignée, comme faite à contretemps, et on dit qu'il y en a déjà d'exilés [31]. » Antoine d'Aquin, le très opiniâtre premier médecin du Roi, et son collègue Guy Fagon avaient imposé une saignée au pied contre l'avis du chirurgien Gervais qui devait l'effectuer. Selon une lettre de fin 1719 à Caroline de Galles, Gervais aurait protesté en disant à Fagon : « Monsieur, y songez-vous bien ? Ce sera la mort de ma maîtresse. » Mais Fagon répliqua durement : « Faites ce que je vous ordonne, Gervais ! » Le pauvre homme répondit les larmes aux yeux : « Vous voulez donc que ce soit moi qui tue la Reine ? », et saigna la princesse au pied [32]. Cette incroyable accusation, qu'on n'a pas prise au sérieux, est pourtant confirmée par Spanheim écrivant à Berlin que « le chirurgien qui devait faire la saignée, y trouvait à redire ». Cette saignée malencontreuse fut suivie, toujours selon le diplomate brandebourgeois, d'un « vin émétique dont on se promettait un bon effet », et qui acheva la pauvre Reine. Madame conclut trente-six ans après les événements : « On peut bien dire que tout le bonheur de la France est mort avec elle. »

De là à décider que celle qui allait profiter du « crime », c'est-à-dire Mme de Maintenon, en était aussi l'instigatrice, il n'y avait qu'un pas, et Madame le franchit aisément : « Le Roi était vraiment touché, mais le vieux méchant diable Fagon l'a perpétré avec zèle afin d'assurer par là le bonheur de la vieille guenipe [*der alten Hutzel*] [33]. » Bossuet prononça une belle oraison funèbre qui glorifiait autant « les immortelles actions de Louis le Grand » que « l'incomparable piété de Marie-Thérèse » ; le père Bonaventure de Soria, le confesseur de la défunte, publia un très abrégé *Abrégé de la vie de très-auguste et très-vertueuse princesse Marie-Thérèse d'Autriche, reine d'Autriche, reine de France et de Navarre*, et l'insignifiante princesse entra dans l'oubli. Ne la quittons pas sans lire cette délicieuse anecdote tirée d'une lettre à Caroline de Galles : « La Reine, qui venait de parler un jour une demi-heure avec le prince Egon von Fürstenberg, m'appela de côté et me dit : " *Avez-vous entendu M. de Strasbourg ? Je ne l'ai point compris.* " Un moment après l'évêque me dit : " Votre Altesse Royale a-t-elle entendu ce que m'a dit la Reine ? Je n'ai pas compris un seul mot. " Je dis : " Pourquoi avez-vous alors répondu ? " Il dit : " J'ai pensé que ce serait peu courtois de laisser voir que je n'ai pas compris la Reine. " J'eus à tel point le fou rire que j'ai dû me sauver [34]. »

Elisabeth-Charlotte n'avait manifestement rien à craindre de la bonne Marie-Thérèse, et les larmes abondantes qu'elle versa à Saint-Denis à son enterrement se comprennent. La Grande Mademoiselle, qui inscrit ce détail dans ses *Mémoires,* explique : « Les réflexions que l'on fait à Saint-Denis sont toujours fort tristes. »

« PEU DE GENS EN DOUTENT... »

Un mois après la mort de la Reine, Louis XIV célébra son quarante-cinquième anniversaire, et les courtisans et ministres étrangers s'interrogeaient sur l'éventualité d'un remariage. Les intimes du Roi en savaient plus. Mme de Caylus, la propre nièce de Mme de Maintenon, raconte dans ses *Souvenirs* que « la Reine expirée, Mme de Maintenon voulut revenir chez elle ; mais M. de La Rochefoucauld la prit par le bras, et la poussa chez le Roi, en lui disant : " Ce n'est pas le temps de quitter le Roi, il a besoin de vous " ». Lorsque, quelques jours plus tard à Fontainebleau, Mme de Maintenon « parut aux yeux du Roi dans un si grand deuil, avec un air si affligé, que lui, dont la douleur était passée, ne put s'empêcher de lui en faire quelques plaisanteries », elle lui répondit à peu près : « Le prenez-vous par là, Sire ? Ma foi, je ne m'en soucie pas plus que vous [35]. »

Il est vrai que Mme de Maintenon avait trois ans de plus que Louis XIV, mais tous les contemporains parlent avec admiration de sa beauté bien conservée. Il semble que c'est surtout par la maturité de son esprit et le charme de sa conversation qu'elle s'attacha le Roi qui ne pouvait plus se passer des tête-à-tête détendus qu'il avait avec elle. Faire avec la marquise le tour des innombrables questions qui occupaient son esprit, voilà qui lui rendait plus supportable son lourd métier de roi. Dès l'année 1680, Mme de Sévigné s'émerveille de la « haute faveur » de son amie, et des interminables conciliabules qu'elle a avec le Roi. Le 20 mars 1680, elle mande à sa fille : « La faveur de Mme de Maintenon augmente tous les jours. Ce sont des conversations infinies avec Sa Majesté... » Le 6 avril : « Sa Majesté va passer très souvent deux heures de l'après-dîner dans sa chambre à causer avec une amitié et un air libre et naturel... » Le 5 juin : « Elle va chez lui tous les jours, et les conversations sont d'une longueur à faire rêver tout le monde. » Le 17 juillet enfin : « Elle lui fait connaître un pays nouveau qui lui était inconnu, qui est le commerce de l'amitié et de la conversation sans contrainte et sans chicane ; il en paraît charmé. » Dès lors, le geste du duc de La Rochefoucauld poussant Mme de Maintenon dans le cabinet du Roi après la mort de la Reine se comprend parfaitement. L'art de converser, c'est souvent celui d'écouter. Un spécialiste en la matière, le chevalier de Méré, venait de le rappeler, mettant en garde contre « ceux qui sont plus éloquents qu'on ne voudrait », et dont le tort est de « parler souvent, lorsqu'ils devraient se taire [36] ».

C'est sans doute autant par ses silences intelligents que par ses propos spirituels et ses conseils modérés que Françoise sut gagner le cœur et la main du Roi. Ce mariage, qui a fait couler des flots d'encre tant il a paru disproportionné, voire « monstrueux », était en fait dicté par le bon sens même. Le Roi était père d'un fils et de petits-fils légitimes (la Dauphine accoucha fin 1683 d'un second fils), et un mariage avec une princesse jeune qui lui aurait donné d'autres enfants légitimes aurait menacé la stabilité dynastique de la maison royale de France. Louis venait de renoncer aux aventures sentimentales et aux alcôves changeantes de ses vertes années (ses confesseurs avaient bien travaillé), leur préférant une relation durable avec une femme de son âge, à même de satisfaire à la fois aux besoins de son corps et à ceux de son esprit, tout cela avec la bénédiction de l'Église. Il manifestait depuis quelque temps un penchant à la dévotion qui semble dû à l'influence de son égérie que Saint-Simon appellera une « mère de l'Église ». Lavisse conclut : « On pouvait donc craindre pour le Roi une vieillesse malpropre ; il se l'interdit, par crainte de l'enfer, mais aussi par respect de lui-même et souci de sa dignité. Après son mariage avec Mme de Maintenon, il ne retombera plus dans l'amour illégitime. Ce singulier couple, austère et dévot, va présider à la vie de la cour de France[37]. » Cette union morganatique arrangeait donc bien des choses, mais elle modifiait brutalement les rapports à l'intérieur de la famille royale. Madame ne tarderait pas de s'en apercevoir, pour son malheur.

Les auteurs ne s'accordent pas sur la date de ce mariage secret. Voltaire le place à tort en janvier 1686, mais évalue correctement la décision de Louis XIV en commentant : « Ce prince, comblé de gloire, voulait mêler aux fatigues du gouvernement les douceurs innocentes de la vie privée ; ce mariage ne l'engageait à rien d'indigne de son rang[38]. » Saint-Simon, qui se trompe moins qu'on ne le pense, le situe pendant l'hiver qui suivit la mort de la Reine ; François Bluche propose « sous toutes réserves » les 9-10 octobre 1683[39].

Le secret était si bien gardé que même Madame ne pouvait que supposer ce mariage. Elle écrit fin août 1683 : « En ce qui concerne encore notre Roi, je ne sais pas au juste s'il se remariera, mais je le crois », et en mai 1687, répondant à une question de sa tante : « Votre Dilection désire savoir s'il est vrai que le Roi a épousé Mme de Maintenon, mais vraiment, je ne saurais le dire à V.D. Peu de gens en doutent, mais tant que cela n'est pas déclaré, j'ai peine à croire à une telle chose[40]... » Un an plus tard, elle déclare à Sophie : « Je n'ai pas pu constater si le Roi a, oui ou non, épousé la Maintenon ; beaucoup de gens disent qu'elle est sa femme[41]... » Ce n'est que beaucoup plus tard, en 1719, qu'elle confie à Caroline : « Le Roi l'a épousée, je crois, deux ans après la mort de la Reine[42]... » C'est dire qu'elle n'a jamais connu vraiment les tenants et les aboutissants de l'affaire. Deux mois avant la mort de la Reine, Spanheim mariait encore dans une dépêche Mme de Maintenon au marquis de Vardes ; en 1690 il écrit à propos des rumeurs de son union morganatique avec le Roi : « Cette créance, qui fut prise d'abord pour une des chimères de cour à tourner en ridicule un attachement aussi extraordinaire, dans la suite n'a point paru mal fondée à la plupart des gens[43]... »

« Peu de gens en doutent... » Dès la fin de l'été de 1683, certains signes permettaient de constater, à qui avait du nez, que le vent tournait. Un brusque rapprochement entre Louis XIV et le chevalier de Lorraine, attesté par Madame et Spanheim, suggérait que le Roi avait besoin de l'archimignon pour engager son frère à approuver son mariage. Madame n'a pas compris ces signaux, mais elle savait très bien, quelles que fussent les raisons de cette collusion, qu'elle en ferait les frais. Le consentement arraché à Monsieur ne semblait pas venir du fond du cœur, et les rapports avec sa belle-sœur resteront fort équivoques.

Elisabeth-Charlotte résumera la situation dans une lettre à Sophie d'août 1686 : « Le Roi s'imagine être dévot parce qu'il ne couche plus avec aucune jeune femme, et toute sa dévotion consiste à être chagrin, à avoir partout des espions qui accusent faussement n'importe qui, à flatter les favoris de son frère, et à tourmenter tout le monde en général. La vieille, la Maintenon, s'amuse à rendre odieux au Roi tous les membres de la famille royale et à les régenter, excepté Monsieur qu'elle flatte auprès du Roi. Elle s'arrange pour qu'il vive bien avec lui et fasse tout ce qu'il attend de lui [...]. Mais derrière le dos, cette vieille femme craint qu'on ne pense qu'elle estime Monsieur. Aussi, dès que quelqu'un de la Cour parle avec elle, elle dit de lui pis que pendre [*sagt den Teüffel von ihm*] : qu'il n'est bon à rien, que c'est l'homme le plus débauché du monde, sans secret, faux et infidèle [44]. » Madame a tort de se formaliser : le portrait est ressemblant.

Il ne fait pas de doute que l'épouse non déclarée du Roi est directement responsable de la dégradation des rapports entre Louis XIV et Elisabeth-Charlotte. La confiance inconditionnelle du Roi la préservait des médisances des mignons et de la crédulité de Monsieur. La disparition de ce paratonnerre aura bientôt de graves conséquences. Le manque de souplesse et le snobisme de Madame expliquent cet éloignement. Quelle déconcertante découverte d'avoir à constater que le Roi a pris pour femme la veuve d'un poète crotté, celle-là même dont on a écrit un jour : « Le Roi est venu me prier de permettre à Mme Scarron de manger une seule fois avec moi pour couper la viande du duc du Maine qui était encore un enfant [45]. » Très consciente de sa haute naissance et des origines peu reluisantes de la veuve Scarron, elle la traitait avec le dernier mépris, et jeta les hauts cris lorsque la marquise vindicative, après lui avoir volé l'affection de son idole, lui rendit la monnaie de sa pièce.

Après tout, Madame n'avait pas entièrement volé les mauvais offices de Mme de Maintenon. Elle aurait dû prévoir sa faveur au lieu de lui appliquer, entre bas et haut, sa comparaison favorite de la crotte de souris (*Maussdreck*) égarée parmi les grains de poivre. Voilà des métaphores qui ne vous gagnent point les cœurs.

Du côté de l'Allemagne

Au milieu des tensions, conflits et promesses de conflits encore plus graves, l'Allemagne ne cessait de solliciter l'attention d'Elisabeth-Charlotte. Le mariage en novembre 1682 de son cousin Georg Ludwig, le fils aîné de Sophie et du duc Ernst August de Hanovre, révèle chez elle le même snobisme que nous venons d'évoquer. Il faut parler de ce mariage qui conduira à une tragédie qui bouleversera les contemporains, et à laquelle l'accession de Georg Ludwig à la couronne d'Angleterre donnera une dimension européenne.

On se souvient que le duc Georg Wilhelm, afin de persuader son cadet Ernst August d'épouser Sophie à sa place, s'était engagé par écrit à ne jamais se marier, et à laisser son duché de Celle aux descendants d'Ernst August. Mais voilà que l'inconstant Georg Wilhelm était tombé amoureux comme un collégien d'une jolie et sage huguenote française, portant le nom romanesque d'Eléonore d'Olbreuse. Demoiselle d'honneur de la princesse de Tarente, elle l'accompagnait en 1665 en Hollande où elle fit battre le cœur de George Wilhelm. Le duc amoureux pria Sophie de la prendre chez elle, et Sophie accepta, « bien aise de lui voir un amusement par où il ne penserait plus à moi[46] ». Mais cet arrangement permit à Georg Ludwig de voir sa belle tous les jours, et bientôt il ne put se passer d'elle. Sophie comprit trop tard qu'elle avait commis une erreur monstrueuse. Malgré toutes ses promesses, le duc de Celle songeait sérieusement à épouser Mlle d'Olbreuse. En novembre 1665 Sophie et Ernst August avaient consenti à un mariage de la main gauche après la signature d'un curieux « anticontrat de mariage » dont le texte est repris dans les *Mémoires* de Sophie. Georg Wilhelm y réitère sa promesse de ne jamais se marier, mais en même temps de n' « abandonner jamais » Éléonore d'Olbreuse qui, pourvue d'une rente généreuse, déclare « être contente » de ce compromis[47].

Georg Wilhelm fut de son côté si content de son épouse qu'il lui fit don du comté de Harburg. Bientôt elle se trouva enceinte et le duc l'épousa dans les formes malgré tous ses serments, et l'Empereur la fit princesse de l'Empire. Elle accoucha en septembre 1666 d'une fille, au grand soulagement d'Ernst August et de Sophie qui voyaient déjà passer le duché de Celle sous leur nez. Elle fut baptisée Sophie Dorothée, et titrée Mlle von Harburg. Certains nobles de la province, et notamment le duc Anton Ulrich von Wolfenbüttel, romancier et futur correspondant d'Elisabeth-Charlotte, commençaient à penser à cette riche héritière pour leurs fils. Il fut alors décidé, afin de mettre fin aux tensions que le mariage du duc Georg Wilhelm avait fait naître au sein de la famille, de fiancer Sophie Dorothée à Georg Ludwig. Ainsi, malgré tout, le duché de Celle irait aux enfants d'Ernst August. Le mariage fut célébré à Hanovre le 22 novembre 1682 ; la mariée reçut la dot considérable de 100 000 thalers et la certitude du duché de Celle après la mort de son père. Pour Ernst August ce mariage était un pis-aller, et il ne manqua aucune occasion de faire sentir à sa bru l'inégalité de sa naissance.

Sophie haïssait Eléonore d'Olbreuse qu'elle regardait comme une intrigante de la pire espèce, et traitait la pauvre Sophie Dorothée comme une cendrillon. Elle exprime pourtant, dans trois lettres françaises à Georg Wilhelm récemment découvertes à Bernstorff, sa joie et celle de son fils à l'approche de ce mariage. Le ton paraît un peu forcé lorsqu'elle dit sa satisfaction « de voir germer nos enfants ensemble comme des cèdres du Liban », ou lorsqu'elle prie « le grand Dieu de vouloir bénir [ce] mariage et nous en faire goûter toute la satisfaction que nous souhaitons d'un couple si bien assorti ». De même, elle exagère manifestement les sentiments de son fils pour Sophie Dorothée, parlant d' « une si forte passion comme j'ai remarqué en lui pour elle, [que] je crois qu'il serait enragé s'il l'aurait vue entre les mains d'un autre[48] ». Ce qui ne fait pas de doute, c'est que l'idée de voir le duché de Celle entre les mains d'un autre faisait enrager le fils de Sophie. Il ne s'était d'ailleurs décidé à ce mariage qu'après avoir fait un tour en Angleterre où il avait examiné la possibilité d'épouser la future reine Anne à qui il succéderait sur le trône d'Angleterre.

Elisabeth-Charlotte a fait siennes les préventions de Sophie à l'égard d'Eléonore d'Olbreuse. Sa joie féroce lorsque celle-ci fait en 1676 une fausse couche, et son renvoi à la fable de la laitière et du pot au lait[49] sont choquants. La traitant de *Zott* (ce terme, qui signifie littéralement la touffe de poils pubiens de la femme, est appliqué surtout à Mme de Maintenon, appelée inlassablement « *die alte Zott* » ; il faudrait traduire « la vieille conne »), elle commente en 1681 : « Que la crotte de souris se soit mêlée à Celle au poivre ne m'étonne point[50]... » Sophie Dorothée n'a droit qu'à l'appellation « la petite bâtarde (*Basterlein*)[51] ». En novembre 1677, la duchesse d'Orléans a eu vent du mariage projeté de Georg Ludwig et Sophie Dorothée, et saisit aussitôt la plume. Après s'être moquée d'Éléonore d'Olbreuse qui a fait imprimer sa généalogie, elle conclut méchamment (je traduis mot pour mot) : « Ce serait bien un péché contre le Saint-Esprit si un tel morceau de viande [*ein solch Stück Fleisch*], comme est celle-là, devait faire tort à un si grave prince comme est — on me l'assure de tous les côtés — le prince aîné de Votre Dilection[52]... »

Placée cinq ans plus tard devant le fait accompli, Madame fait un gros effort sur elle-même pour féliciter Sophie sans parler de poivre ni de souris : « L'exemple de Votre Dilection m'apprend qu'il faut toujours bien parler des choses avenues. Je ne dirai donc rien à ce propos, sinon que je souhaite à Sa Dilection le prince bonne chance et beaucoup de plaisir, et que cela puisse durer longtemps. Que vous puissiez en tirer, V.D. et mon oncle, un *contentement* durable. Au reste, je ferai comme dit ici en France le proverbe : *Comme le perroquet de M. de Savoie, il n'en disait mot, mais il n'en pensait pas moins* [53]. » Ce silence combien éloquent exprime l'horreur profonde de Madame pour la bâtardise et les mésalliances qu'elle considère comme des transgressions d'un ordre immuable voulu par Dieu. Dans ce domaine elle restera toujours intraitable : l'une des plus cuisantes humiliations de sa vie sera le mariage forcé de son fils avec une bâtarde de Louis XIV. On plaisantait encore moins sur ces choses en Allemagne qu'en France. Saint-Simon, qui pensait comme elle, parle à propos du mariage d'Éléonore d'Olbreuse avec le duc de Celle de « l'inégalité de son mariage, qui se pardonne si peu en Allemagne [54]... ». Sans doute, mais ce n'est certes pas cet irritant snobisme nobiliaire qui a valu à Elisabeth-Charlotte la sympathie de la postérité.

Le mariage en janvier 1683 de Caroline, l'aînée des raugraves et la seule à ne pas être condamnée au célibat à perpétuité, fit moins de mauvais sang. Elle put épouser, grâce à une dot de 20 000 florins consentie par l'électeur Karl, le comte Meinhard von Schomberg qui était amoureux et surtout très jaloux d'elle, et qui touchait une pension de Louis XIV. Ils quittèrent la France après la Révocation et s'établirent avec leurs deux filles en Angleterre. Caroline mourut tristement à Londres en juillet 1696 d'une maladie vénérienne qu'elle devait à son mari, et fut enterrée à Westminster Abbey. Il semble que Madame entretenait sans grand entrain une correspondance intermittente avec cette sœur consanguine dont elle déplorait les malheurs et admirait la fermeté. Il était écrit dans les étoiles que ni Karl Ludwig ni ses trois enfants mariés ne goûteraient au bonheur conjugal.

On avait appris à Heidelberg, peu avant le mariage de Caroline, la mort à Spring Gardens (Westminster) du prince Rupert, le 29 novembre 1682. Il avait recueilli les joyaux de sa mère la reine de Bohême, et plus particulièrement les perles de Catherine de Médicis. L'électeur Karl ne pouvait supporter l'idée de savoir ces bijoux inestimables entre les mains de la maîtresse et de la fille naturelle du défunt, et il expédia son conseiller privé Schmettau à Paris et à Londres. Madame ne dit mot de cette affaire, mais Spanheim signale dans une dépêche de janvier 1683 que Schmettau s'est présenté chez Monsieur et Madame pour solliciter leurs « avis et offices », et leur assurer que Rupert avait disposé desdits bijoux « par un testament fait, comme on dit, par surprise, au plus fort de ses douleurs et peu avant sa mort, en faveur d'une dame anglaise et ses enfants naturels ». Spanheim précise : « Il y avait entre autres un collier de perles qui passait pour un des plus beaux de l'Europe. » Toujours selon le diplomate, le Roi avait promis à Monsieur et Madame qu'il donnerait des ordres à son ambassadeur à Londres [55]. On n'entend plus parler de cette affaire, et on cherche en vain les perles Médicis dans le testament de Karl qui en fut pour ses frais.

Deux années avant la Révocation, la pression anti-huguenote monte tous les jours, et même la princesse de Tarente, la tante allemande de Madame, commençait à être harcelée. On lui contestait notamment le droit d'admettre des religionnaires qui n'appartenaient pas à sa maison au culte protestant dans son château de Vitré en Bretagne. Elle avait écrit au Grand Électeur de Brandebourg, le priant d'intervenir auprès de Louis XIV, et Spanheim fut chargé de soumettre la question à Colbert de Croissy. Il rend compte dans sa dépêche du 12 avril 1683 de l'argumentation du ministre français, qui soutenait que cette limitation ne constituait pas une infraction à l'édit de Nantes, puisque le nouveau seigneur de Vitré, le fils de la princesse, était catholique, et « que d'ailleurs on ne refusait pas à la Princesse l'exercice libre pour elle et ses domestiques, et qu'enfin on avait remis l'affaire pour l'examiner à deux commissaires, l'un catholique [...], l'autre réformé, et que c'était tout ce qu'on avait pu faire [56]... ». Les ennuis de la princesse de Tarente ne faisaient que commencer ; nous verrons bientôt intervenir Monsieur et Madame en faveur de leur tante lorsque l'heure de l'intolérance et des choix douloureux aura sonné.

Un voyage en Alsace de Louis XIV entraînant la famille royale permit à Madame de revoir une dernière fois sa mère dans les premiers jours de juillet 1683, quelques semaines avant la mort de la Reine. Deux lettres à Karllutz, une lettre à Sophie et les dépêches de Spanheim permettent de reconstituer l'événement dans ses grandes lignes [57]. Madame annonce le vendredi 21 mai à Karllutz : « Nous entreprendrons mercredi prochain un grand voyage qui doit durer deux mois. [...] Nous retournerons en Alsace et je reverrai sans aucun doute Sa Grâce l'Électrice. Si j'ai aussi le bonheur de voir mon frère, je ne vous oublierai pas, mais je ferai de mon mieux pour vous raccommoder avec lui. » Elle avait donné rendez-vous à sa mère et à sa demi-sœur Amelise. Son frère Karl ne put ou ne voulut se déplacer. Spanheim écrit le 27 juin à Berlin : « L'Électrice Palatine douairière doit s'aboucher avec Madame à deux lieues de Bockenheim, où sera le campement de la Saar. Madame aurait bien souhaité que l'Électeur son frère eût voulu être de la partie *all' incognito*. »

Le lieu du rendez-vous, Bockenheim, a prêté à équivoque. La perte regrettable des années 1683 et 1684 des *Mémoires* du marquis de Sourches nous prive ici de détails précieux. S'agit-il de Bockenheim entre Kaiserslautern et Worms ? Bodemann et Funck-Brentano situent les retrouvailles en Allemagne, mais il semble inconcevable que

Louis XIV ait traversé le duché de Zweibrücken avec une large suite sans provoquer des réactions européennes. Pour ajouter à la confusion, Madame écrit à son retour à Sophie et Karllutz qu'elle regrette beaucoup de ne les avoir vus en Allemagne [« *es ist mir von Hertzen leydt, dass ich Eüch nicht hab in Teütschland sehen können* »]. La confusion s'explique par l'ambiguïté du terme « Allemagne » qui englobait alors l'Alsace et la Lorraine ; en parlant de ce voyage, la Grande Mademoiselle note dans ses *Mémoires :* « La Cour fit un voyage à Compiègne *et ensuite en Allemagne ;* je n'y allai point [58]. » Un détail bien précis situe la rencontre en Alsace : Madame explique qu'elle logeait avec Monsieur à Bockenheim et sa mère et Amelise à Thumfässel, « un village à trois quarts d'heure de Bockenheim », et qu'elle faisait tous les jours la navette pour les voir. Ce village doit être Domfessel, à cinq kilomètres à l'est de Sarre-Union, formé en 1793 par la fusion de Saawerden et de Bockenheim ou Bouquenon.

La *Gazette de France* du 10 juillet annonce que la Cour arriva le 30 juin à Bouquenon, et que « Monsieur et Madame ont été voir l'Électrice Palatine douairière à une lieue de Bouquenon » le 4 juillet. Charlotte était accompagnée du bibliothécaire Fuchs, qu'Elisabeth-Charlotte avait vu jouer autrefois à Heidelberg le rôle principal dans *Sejanus* de Jean Magnon. Le revoyant à Thumfässel, elle lui fit la révérence et s'exclama, citant Magnon : « Les dieux protègent le puissant Sejanus ! » Fuchs lui répondit sur le même ton, se souvenant lui aussi du texte. L'Électrice, qui n'était pas au courant, croyait qu'il devenait fou. Il fallut les explications de sa fille qui riait aux larmes pour la rassurer [59]. Les dames parlèrent des raugraves Amelise et Louise, et de leur avenir incertain. Charlotte suggéra qu'on pourrait placer Amelise comme demoiselle d'honneur de la Dauphine, mais l'idée de voir sa demi-sœur dans une position subalterne ne plaisait pas du tout à Madame. Charlotte promit de recueillir Louise « pour être toujours avec elle ». Ce geste affectueux en faveur de la fille homonyme de sa rivale défunte suggère que Charlotte telle qu'en elle-même avait le cœur généreux, et confirme ce qu'écrira Sophie : « La bonne Électrice n'était pas d'une nature malveillante, mais les sautes d'humeur lui venaient comme des accès de fièvre ; elle n'y pouvait rien [60]. »

Madame avait décidé de ne pas ennuyer sa mère de ses malheurs conjugaux, sachant que Monsieur le lui reprocherait sûrement. Elle explique à Sophie : « Sa Grâce l'Électrice ma mère me disait elle-même à Thumfässel qu'elle trouvait mon époux changé. Cependant il a été très bien, mais il avait toujours peur que l'Électrice ne se mît à parler du passé ; voilà pourquoi il était si gêné. Pour mon bonheur et, à vrai dire, à ma prière, elle ne lui a parlé de rien, car je connais le scénario : si on avait dit un seul mot, il aurait crié contre moi et se serait encore plaint au Roi que je calomnie ses amis et que je ne veux pas bien vivre avec eux. Ceci est en effet le reproche principal contre moi et la raison pourquoi il a voulu divorcer d'avec moi lors de nos dernières disputes. Je crois donc que Votre Dilection ne *désapprouvera* pas que j'ai prié l'Électrice de ne faire semblant de rien, car maintenant que tout est à peu près tranquille, je crois qu'*il ne faut pas réveiller le chat qui dort,* comme on dit ici en guise de proverbe. »

Madame ne dit pas combien de jours ont duré les entretiens de Thumfässel. Elle ne se doutait pas, en disant au revoir à sa mère qui avait alors cinquante-six ans, qu'elle ne la reverrait plus. La destruction de ses lettres à Charlotte et la perte de huit années de correspondance à Amelise et Louise (une seule lettre écrite entre le 18 juillet 1683 et le 22 décembre 1691 a été conservée[61]) ont effacé beaucoup de détails. Le 10 juillet, la Cour est à Metz, le 12 elle arrive à Verdun ; ces particularités sont dans les dépêches de Spanheim qui fut du voyage. Le 15, Elisabeth-Charlotte écrit à Sophie de Châlons-sur-Marne ; le 18, elle écrit à Karllutz de La Ferté-sous-Jouarre près de Meaux. Le 20, la famille royale est de retour à Versailles ; une semaine plus tard, un abcès sous le bras gauche oblige la Reine à s'aliter. Rentrée à temps pour son rendez-vous avec l'Ange exterminateur, elle n'avait plus qu'à subir l'incompétence de ses médecins et à mourir avec cette émouvante simplicité qui la rend si attachante.

« VOILÀ CE QU'ON APPELLE JOUR D'APPARTEMENT »

Repris par ses vieux démons, Monsieur ne cesse de tourmenter la seconde Madame avec autant de hargne que la première, mais pour des raisons diamétralement opposées. Si la féminité très consciente d'elle-même d'Henriette lui donnait de l'ombrage, il ne pouvait sérieusement douter de la « vertu » d'Elisabeth-Charlotte. Il n'avait rien à lui reprocher, sinon d'appartenir à un sexe qui le laissait indifférent sans avoir les qualités qui lui faisaient prendre plaisir à la compagnie des femmes : les commérages sans fin (Madame n'est intarissable que dans ses lettres, comme ces femmes incomprises qui passent leur temps à téléphoner à leurs amies), et l'amour des choses qui brillent et qui passent. L'affection et l'admiration sincères qu'Elisabeth-Charlotte éprouvait au début de son mariage se sont évaporées dix ans plus tard ; il ne lui reste qu'une impression d'impuissance, de servitude et de vide incurable.

« Je préférerais mille fois, écrit-elle fin 1682 à Sophie, servir un seigneur qu'on estime et admire, oui, qu'on aime vraiment, à avoir seulement les apparences de la grandeur sans pouvoir faire quoi que ce soit, car ceci est plus proche de l'esclavage que de la liberté. » Et en août 1683 : « Si j'avais quelque occupation, cela me distrairait de mes ennuis, mais mes ennemis ont si bien pris leurs mesures à cet égard qu'il n'y a rien au monde que je puisse dire, et si je demande seulement l'heure à mes gens devant Monsieur, il craint que ce ne soit un ordre, et veut savoir ce que c'est [...]. Si j'adresse deux mots à mes enfants, on les interroge une demi-heure pour savoir ce que je leur ai dit [...]. Si seulement j'avais auprès de moi une âme à qui je pusse ouvrir mon cœur et avec qui je pusse pleurer ou rire de ces choses, je prendrais patience. C'est précisément pour cette raison qu'on a renvoyé la bonne fille noire[62]. » La *gute schwartze Jungfer,* c'est évidemment Lydie de Théobon, mentionnée plusieurs fois de la sorte. Réduite par la méfiance de Monsieur à la solitude, Madame est condamnée aux travaux forcés de la correspondance dans le silence de son cabinet. Ce qui fut d'abord une occupation intermittente ou un pis-aller deviendra insensiblement une appétence. Elle écrira bientôt comme les autres respirent, obligeant ses médecins à mettre le holà. Madame se plaint ainsi à Anna Katharina von Harling en avril 1686 : « Je voudrais vous entretenir plus longtemps, chère demoiselle Uffel, mais les médecins m'ont interdit de trop écrire[63]... »

Cela dit, on aurait tort, en ces années 1683-1685, de croire la duchesse d'Orléans toujours claquemurée et reléguée dans la marginalité d'une Cour privée de la Reine, et sur laquelle commence à s'étendre l'ombre glaciale de la veuve Scarron s'apprêtant à sauver, malgré eux, le Roi et ses courtisans. Depuis mai 1682, la Cour s'est installée définitivement à Versailles ; dans un cadre féerique s'organise une vie dorée sur tranche qui est une longue succession de divertissements, de bals costumés, de parties de chasse, de banquets *al fresco,* de représentations théâtrales et musicales. Malgré ses nombreuses plaintes de la servitude dorée de la Cour, Madame n'y est certes pas insensible. « Tout ce qui brille n'est pas or, assure-t-elle à Frau von Harling en 1686, et on ne s'amuse pas toujours follement dans les galeries magnifiques, et cependant l'ennui est encore ce dont on a le moins à se plaindre ici[64]... »

Les divertissements qui lui plaisent le moins sont la danse et le jeu ; elle ne se plaint jamais des autres, sinon parce qu'ils interrompent à contretemps ses exercices épistolaires. Louis XIV n'attendit pas l'achèvement de la galerie des Glaces pour introduire à Versailles l'usage des jours d'appartement pendant l'hiver. Madame les décrit dans une lettre à sa belle-sœur Wilhelmine Ernestine en décembre 1682 avec un luxe de détails qu'on ne trouve ni dans le *Mercure galant* du même mois, ni dans la célèbre page de Saint-Simon[65]. Jamais traduite en français, cette lettre illustre admirablement le mélange de magnificence et de contrainte qui caractérise dans l'esprit de Madame les divertissements royaux de Versailles.

« ... Demain, sitôt après la messe du Roi, je dois accompagner Sa Majesté à la chasse, et il sera trop tard pour écrire après la chasse, car c'est encore *jour d'appartement.* Si Votre Dilection veut comprendre ce que c'est, V.D. doit savoir que le Roi fait construire ici une grande galerie qui relie son appartement à celui de la Reine. Mais comme cette galerie n'est pas encore toute prête, le Roi a fait cloisonner la partie déjà terminée et peinte pour en faire un salon. Tous les lundis, mercredis et vendredis sont *jours d'appartement.* Alors tous les hommes de la Cour se réunissent dans l'antichambre du Roi, et toutes les dames dans la chambre de la Reine, à six heures. Tous vont alors ensemble au salon dont je viens de parler. On passe de là dans un grand cabinet où sont les violons pour ceux qui veulent danser. On pénètre de là dans une pièce où est le trône du Roi. On y trouve toutes sortes de musique instrumentale et vocale. On passe de là dans la chambre à coucher où sont dressées trois tables pour jouer aux cartes, pour le Roi, la Reine et Monsieur. De là on va dans une pièce qu'on peut bien appeler une salle, où sont dressées plus de vingt tables couvertes de tapis de velours vert à franges d'or, pour jouer à toutes sortes de jeux. On va de là dans une grande antichambre où est le billard du Roi ; de là dans une autre pièce où sont quatre longues tables de collation avec toutes sortes de choses, tartes aux fruits, confitures. Cela ressemble aux tables de l'enfant Jésus les soirs de Noël. On pénètre de là dans une autre pièce où sont dressées quatre autres tables aussi longues que celles de la collation, chargées de nombreuses carafes et de verres et de divers *vins de liqueur, rossolis* de goûts différents, *vin de Saint-Laurent,* vin italien, *hypocras,* et aussi des vins naturels. Ceux donc qui veulent manger ou boire se tiennent dans ces deux dernières pièces. Dès qu'on revient de la collation qu'on prend debout, on retourne dans le salon rempli de nombreuses tables, et chacun s'y consacre à son jeu. On conçoit à peine à combien de jeux divers on y joue : lansquenet, *trictrac, piquet, reversi, hombre, petite prime,* échecs, *rafle, trois dés, trou madame, brelan,* en un mot, tous les jeux imaginables. Personne ne se lève de son jeu lorsque le Roi ou la Reine entrent dans la pièce. Ceux qui ne jouent pas, comme moi et beaucoup d'autres, flânent d'une pièce à l'autre, écoutent la musique ou regardent les jeux, car il est permis d'aller où l'on veut. Cela dure de six jusqu'à dix heures ; on va alors souper. Voilà ce qu'on appelle *jour d'appartement.* Mais si je devais raconter à V.D. avec quelle magnificence tous ces salons sont meublés et quelle quantité de vaisselle d'argent ils contiennent, je ne m'arrêterais jamais. Il est certain que ceci vaut la peine d'être vu. Tout cela serait magnifique et *divertissant,* si on pouvait porter un cœur joyeux à cet *appartement*[66]... » Ballottée entre les dégoûts de sa vie privée et les splendeurs de Versailles, Madame prend un plaisir évident à décrire celles-ci, même si le cœur n'y est pas entièrement.

UNE GRANDE PRINCESSE ET UN PETIT CHIEN S'EN VONT,
MAIS L'AME DEMEURE

On dirait que l'année 1684 a apporté un peu de répit à Elisabeth-Charlotte après les tensions des années précédentes et les événements qui ont bouleversé la Cour pendant les derniers mois de 1683 : les décès de la Reine, de Colbert, du comte de Vermandois, la naissance du duc d'Anjou, futur roi d'Espagne, et enfin l'irrésistible ascension de Mme de Maintenon. On peut mesurer les progrès dévots de Louis XIV dès les premières pages du *Journal* de Dangeau qui commence en avril 1684 : le lundi de Pâques, 3 avril, « le Roi, à son lever, parla fort sur les courtisans qui ne faisaient point leurs Pâques, et dit qu'il estimait fort ceux qui les faisaient bien... » ; le dimanche 21 mai, « le Roi fit le matin une réprimande dans l'église au marquis de Gesvres sur ce qu'il entendait la messe irréligieusement[67]... ». On devine combien le catholicisme à fleur de peau de Madame a dû réagir à ces accès de bigoterie. Louis XIV ne tardera d'ailleurs pas à délaisser les *appartements,* préférant passer ses soirées chez Mme de Maintenon.

Le mariage en avril d'Anne-Marie d'Orléans, la fille cadette de Monsieur et Madame Henriette, ne semble pas avoir donné lieu aux scènes déchirantes qui avaient marqué les noces et le départ en Espagne de sa sœur. Louis XIV avait consenti au mariage de sa nièce avec le versatile et glorieux Victor-Amédée de Savoie, dans l'espoir de le ramener à des dispositions meilleures envers la France[68]. Ces calculs seront déçus, mais le duc et la duchesse de Savoie seront les parents de la duchesse de Bourgogne qui viendra égayer la morne vieillesse du Roi.

On ne força pourtant pas la main à Mademoiselle. Le *Mercure galant* de janvier 1684 annonce que le marquis Ferrero demanda le 17 de ce mois la main de la princesse pour son maître le duc de Savoie, et poursuit : « Le Roi, ayant été quelque temps en conférence dans son cabinet avec Monsieur, y fit appeler Mademoiselle, et lui dit que Monsieur le duc de Savoie la demandait en mariage ; mais qu'auparavant que de la promettre, il voulait avoir son consentement ; et que Monsieur qui était un bon père ne voulait point aussi s'engager qu'il ne sût auparavant si elle y consentait. S.M. ajouta que, quoique ce mariage ne la fît pas reine, elle n'en serait pas moins heureuse ; que la cour de Savoie était une cour où rien ne manquait, qu'elle en trouverait les manières si françaises qu'elle ne s'apercevrait presque pas qu'elle eût quitté la France [...] Mademoiselle fit une profonde révérence au Roi, et lui répondit qu'elle n'avait point d'autre volonté que la sienne et celle de Monsieur. Elle laissa couler quelques larmes... » Et

Donneau de Visé de s'interroger : « Mais qui n'en verserait pas, en songeant à quitter un si grand Roi, et dont les manières sont si engageantes ? » Les manières de Louis XIV ne seront malheureusement pas aussi *engageantes* lorsque l'heure sera venue de marier le demi-frère de Mademoiselle, le duc de Chartres.

Mademoiselle fut fiancée à Versailles le 9 avril ; le duc du Maine, âgé alors de quatorze ans, eut procuration pour représenter le duc de Savoie. Spanheim note dans sa dépêche du 14 avril que « le duc de Chartres, frère de Mademoiselle, n'était pas en âge de faire les fonctions au nom du duc de Savoie[69] » ; le petit Chartres n'avait pas encore dix ans. Le mariage fut béni le lendemain par le cardinal de Bouillon sans cérémonies, à cause du deuil de la Reine, ce qui n'empêcha pas le *Mercure galant* d'avril de consacrer quarante pages à l'événement. « Au sortir de la chapelle, écrit Spanheim, et après les solennités du mariage, le Roi prit la nouvelle duchesse par la main, et l'amena à son carrosse qui était à la porte joignante ladite chapelle. » Elle partit immédiatement pour Chambéry, où l'attendrait le duc Victor-Amédée et où le mariage serait consommé. La princesse de Lillebonne et ses filles conduisaient la mariée.

Nous ne savons pas comment Madame a réagi lors du départ de sa belle-fille bien-aimée, puisque aucune lettre écrite entre le 26 janvier et le 27 mai de cette année 1684 n'est conservée. Mais nous savons qu'elle a correspondu fidèlement avec la duchesse de Savoie, qui sera par la suite reine de Sicile et enfin reine de Sardaigne ; elle mentionne souvent les grandes lettres qu'elle lui écrit, et Saint-Simon confirme de son côté : « La reine de Sicile et [Madame] s'écrivaient toutes les semaines[70]. » Toutes ces lettres ont malheureusement disparu ; nous n'avons plus que deux billets insignifiants adressés en 1722 à Victor-Amédée, alors roi de Sardaigne[71].

Le 22 avril, le Roi fit un voyage de six semaines en Flandre, accompagné du Dauphin, de la Dauphine, de la princesse de Conti et de Mme de Maintenon. Monsieur préféra rester à Paris, et Madame fut « fort affligée de ne pas être du voyage » (Dangeau). Ce ne fut pas sa seule déconvenue : un mois après avoir vu s'en aller pour toujours Anne-Marie, elle fut encore éprouvée dans ses affections en perdant... une petite chienne qui partageait sa couche depuis quatre ans, dormant

toutes les nuits seule avec elle

comme sa compagne fidèle[72]...

Le véritable chagrin qu'exprime la lettre à Wilhelmine Ernestine qui annonce ce malheur illustre mieux qu'un chapitre l'isolement affectif dans lequel vivait Elisabeth-Charlotte : « Je suis toute triste aujourd'hui, car un petit chien que j'ai et qui est intelligent comme une personne humaine, est à l'agonie. Il veut être toujours auprès de moi et son mal le fait pleurer comme un enfant. Cela me rend terriblement triste, car j'aime de tout cœur la pauvre petite bête qui a dormi depuis quatre ans avec moi, et qui ne m'a jamais quittée [*hatt seyder vier Jahr alss bey mir geschlaffen undt mich nie quittirt*] [73]. »

La carrière agitée d'Anne de Gonzague touchait à sa fin, et Monsieur et Madame le savaient. Elle se préparait courageusement à la mort et refusait de voir qui que ce fût ; elle ne recevait ses filles que certains jours de la semaine, et parfois le duc et la duchesse d'Orléans. Le *Mercure galant* de juillet 1684 expliquait à ses lecteurs qu'elle souffrait « sans murmurer des douleurs inconcevables, plaignant beaucoup plus qu'elle les femmes qui l'assistaient, à cause de la fatigue qu'elle croyait leur causer ». Il semble que Madame, confrontée avec la disparition de son épagneul et avec celle, imminente, de la Princesse Palatine, ait broyé du noir, et qu'elle se soit interrogée sur le sort de l'âme après la mort. Or, ce n'est pas à son confesseur, le père Jourdan, qu'elle confiait ses doutes métaphysiques, mais à Étienne Polier de Bottens, son confident depuis l'enfance qui faisait fonction auprès d'elle de directeur spirituel non attitré. Ce « libertinage spirituel » semble avoir inquiété l'honnête calviniste qu'était Polier. Madame s'empresse de le rassurer début juillet dans une lettre française : « J'avais dessein de vous écrire déjà dès hier pour vous ôter cette horrible inquiétude où je vois que vous êtes pour ce qui me regarde, mais je ne le pus [...]. Ne croyez pas aussi que je sois entièrement comme vous me croyez. Il est vrai que l'article de l'immortalité de l'âme passe entièrement mon entendement, et que je souhaiterais de tout mon cœur le pouvoir comprendre, mais il ne s'ensuit pas de là que je croie absolument qu'elle soit mortelle et que nous mourions comme des bêtes. Si j'étais dans ces sentiments, je ne tâcherais pas de vivre de mon mieux, comme Dieu merci, j'ai tâché de faire jusqu'à présent, et à vous, à qui je parle toujours à cœur ouvert, je vous avoue que si j'étais dans ces sentiments-là, j'aurais essayé de tout pour me faire au moins quelques bons moments en cette vie. [...] J'ai toujours adoré et craint le bon Dieu, et si je n'avais eu rien à espérer pour une autre vie, je n'aurais pas eu besoin de m'en mettre en peine. [...] Voilà tout ce que je puis vous dire en hâte sur ce chapitre. Du reste je suis très fâchée d'une nouvelle que j'ai apprise en revenant de la chasse, qui est que la Princesse Palatine a reçu l'extrême-onction. C'est une vraie perte pour moi [74]. »

Après avoir brillé toute sa vie par son intelligence et son habileté, Anne de Gonzague réussit sa sortie avec la même maîtrise : elle mourut comme une sainte le jeudi 6 juillet sur les trois heures du matin. Que sa conversion ait été provoquée par une vision qu'elle a rapportée en détail [75], par l'influence de Rancé, ou par ses tentatives infructueuses de faire brûler un morceau de la vraie croix comme pensait

Madame [76], peu importe. Sa fin édifiante donna lieu, grâce au lyrisme émouvant de son oraison funèbre par Bossuet, à un véritable mythe en un siècle qui éleva la mort au rang des beaux arts. Le Roi n'apprit la nouvelle de sa mort qu'indirectement, mais Monsieur et Madame en furent avisés aussitôt à Saint-Cloud. Il semble que Monsieur ressentit vivement cette perte ; « Monsieur en paraît fort affligé, note Dangeau, et dit que depuis vingt-deux ans il ne lui était rien passé dans l'esprit qu'il ne lui eût confié [77]. » Madame, de son côté, annonça le jour même ce décès à Sophie, belle-sœur de la défunte.

C'est peut-être sous le coup de l'émotion que Monsieur, se souvenant que son second mariage était l'œuvre de la princesse disparue, fit preuve d'un peu d'humanité, et qu'il permit à Madame de visiter de temps en temps Lydie de Théobon qui s'était retirée d'abord chez les visitandines du faubourg Saint-Germain, et ensuite au monastère de Port-Royal de Paris, rue de la Bourbe [78]. Madame, de son côté, n'était pas ingrate et son inquiétude lors de la « grande maladie » de Monsieur en septembre 1684 ne fut pas feinte. Le *Mercure galant* de septembre précisait que « ce mal était une fièvre double-tierce, avec des redoublements », et expliquait en octobre que Monsieur trouva la guérison grâce au « quinquina préparé à la manière du médecin anglais » ; peut-être s'agit-il de la fameuse « poudre de Mylady Kent » que Madame mentionne si souvent. Enfin, concluait le *Mercure,* « tout le monde sait quelle douleur Madame a fait voir pendant cette même maladie, et avec combien d'empressement elle a cherché tout ce qui pouvait en diminuer la violence [79] ». Un billet rapide griffonné à Polier le 23 septembre exprime cet empressement : « Je me suis dérobée un moment pour faire ceci en grande hâte. Je vous rendrai compte de toute la maladie de Monsieur à notre première entrevue [80]... » La maladie s'était déclarée le 14 septembre ; une semaine plus tard, lorsque le Roi partit pour Chambord, Monsieur était hors de danger. Madame ne put être du voyage, et rejoignit la Cour à Fontainebleau le 21 octobre, laissant le convalescent à Paris « en assez bon état » (Dangeau).

La fin de l'année montra que la dévotion du Roi avait ses bons côtés. Le père Bourdaloue, qui avait prêché l'avent à la Cour, attaqua le jour de Noël dans son compliment d'adieu au Roi « un vice qu'il conseilla fort à S.M. d'exterminer dans sa Cour ». Dangeau omet pudiquement de préciser la nature dudit vice, mais raconte deux jours plus tard : « On sut que le Roi avait parlé à Monsieur sur les mœurs de beaucoup de ses domestiques... » L'attitude du Roi à l'égard de l'entourage homosexuel de son frère restait somme toute fort clémente ; l'année 1685 allait révéler que les protestants ne devaient pas compter sur la même tolérance.

LOUIS XIV FAIT LAVER LA TÊTE A MADAME

Mais l'année 1685 révéla d'abord, en attendant le coup de grâce porté à la RPR, que la faveur de Madame était terminée, et que Louis XIV n'était plus disposé à tolérer son franc-parler qui l'avait fait rire autrefois. On devine le refroidissement du Roi à son égard dès l'automne de 1683. Une lettre à Sophie de fin septembre raconte qu'Elisabeth-Charlotte échappa de justesse à la mort lors d'une chasse à Fontainebleau. Une biche effrayée s'était élancée droit sur son cheval qui fut pris de panique et brisa le mors. Madame eut le sang-froid de tourner la bride dans la bouche de sa monture qui « soufflait comme un ours », et de se jeter par terre. « Si je n'avais pas fait cela prompte-ment, explique-t-elle à Sophie, mon cheval m'aurait infailliblement cassé le cou. J'assure Votre Dilection qu'elle aurait perdu en moi une fidèle servante. Cette *aventure* a fait un tel bruit à la Cour que pendant deux jours on n'a parlé de rien d'autre... » Nulle part il n'est question d'un Roi inquiet et pâle comme la mort, comme en décembre 1676. Madame dit seulement : « Pendant longtemps le Roi n'a pas voulu croire que je n'étais pas tombée, mais j'ai pu le lui prouver par six témoins qui avaient vu l'aventure et mon saut[81]... »

Au printemps de 1685, les libertés de langage de sa belle-sœur dépassaient dans l'esprit du Roi les bornes de la bienséance. Madame tomba de son haut lorsque son confesseur, le père Jourdan, vint lui transmettre le vendredi matin 11 mai une réprimande du Roi par le canal du père de La Chaise. Sa Majesté lui reprochait notamment trois choses : « Premièrement, que j'étais trop libre en paroles, et que j'avais dit à Monsieur le Dauphin que, si je devais le voir nu de la plante des pieds à la tête [*nacket von den Fussollen biss auff den Scheytel*], ni lui ni un autre ne pourrait me tenter ; secondement que j'admettais que mes demoiselles eussent des *galants ;* troisièmement que j'avais plaisanté la princesse de Conti au sujet de ses *galants*. Ces trois choses déplaisaient tellement au Roi que, s'il n'avait pas considéré que j'étais sa belle-sœur, il m'aurait *congédiée* de la Cour[82]... »

On croit rêver. Mais en ce mois de mai, le « grand dessein » de Louis-Dieudonné se réalisait à travers le royaume à force de chantages et de dragonnades, et Sa Majesté très-chrétienne n'entendait pas raillerie. S'il n'avait pas perdu le sens des proportions, le Roi aurait reconnu dans les choquants propos d'Elisabeth-Charlotte au Dauphin une citation de Molière : n'est-ce pas dans *Tartuffe,* cette pièce que le jeune Roi avait soutenue malgré les cris des cagots, que Dorine lance à Tartuffe :

> ... et je vous verrais nu du haut jusques en bas,
> que toute votre peau ne me tenterait pas[83].

Madame répondit au père Jourdan, dépêché pour lui laver la tête et qu'on devine très embarrassé, qu'elle avait dit cela en effet au Dauphin, mais qu'elle ne croyait pas que c'était une honte d'être sans tentations. Elle omet de mentionner Molière ; il s'agissait donc d'une citation inconsciente qui illustre sa grande culture théâtrale. Quant aux galants de ses demoiselles, elle n'avait jamais pu se mêler de sa propre maison, mais elle estimait, tant que ses demoiselles ne faisaient rien contre l'honneur, que cela ne pouvait leur faire tort. Enfin, elle n'était pas la gouvernante de la princesse de Conti (fille du Roi et de Mme de Montespan), et on ne pouvait attendre qu'elle se mît à pleurer lorsque la princesse lui confiait ses aventures galantes, d'autant plus qu'elle avait entendu le Roi taquiner sa fille à ce propos.

Madame aurait eu tort en effet de faire un drame des flirts de la princesse de Conti. Fille de l'amour, elle était belle à couper le souffle. En ce même mois de mai, le doge Lercaro vint présenter les excuses de la république de Gênes à Louis XIV, accompagné de quatre sénateurs. La princesse de Conti les reçut sur son lit en déshabillé. Le doge était si troublé de sa beauté qu'un des sénateurs dut le rappeler à l'ordre : « Au moins, Monsieur, souvenez-vous que vous êtes doge[84]. » Primi Visconti témoigne de son côté : « Tous en sont amoureux, et j'ai entendu cent courtisans dire qu'ils consentiraient à être pendus un quart d'heure après l'avoir possédée ; il en est ainsi même des dames [...]. Elle est tout amour, et l'on a peur de laisser auprès d'elle des pages qui aient plus de dix à douze ans[85]. » Condamnée à une virginité qui d'ailleurs ne lui pesait guère, Madame n'en avait pas moins l'esprit « très romanesque, romanesque à l'allemande, c'est-à-dire au suprême degré », comme disait Stendhal. Aussi ne laissait-elle pas de s'intéresser vivement aux amourettes des dames autour d'elle : les textes du temps le lui reprochent souvent. On peut dire qu'elle était galante par personnes interposées.

A lire de près les chroniques de ce mois de mai 1685 chez Dangeau et Sourches, on constate que Madame participa le 12 à une cavalcade dans le petit parc de Versailles, qu'elle fut présente le 13 à la revue d'un carrousel et à une collation à la Ménagerie, et qu'elle assista le 15, assise, à l'audience du doge de Gênes. Après le 15, il n'est plus question d'elle pendant dix jours, sinon pour expliquer son absence lors du souper que le Roi donna aux dames le 22 à Marly par la précision qu'elle se trouvait à Saint-Cloud. Le 25, elle refait pitoyablement surface : « Monseigneur courut le cerf dans la forêt de Montfort. Madame était venue de Saint-Cloud pour l'accompagner à la chasse ; mais la colique la prit à la messe, et elle fut contrainte de laisser partir Monseigneur[86]. » On comprend ce qui lui tordait les boyaux quand on sait qu'elle venait de rédiger la veille l'une des lettres les plus difficiles qu'elle eut jamais à écrire : une lettre de justification à Louis XIV, la seule que nous ayons d'elle au Roi.

L'honneur de la découverte de ce document autographe aux Archives des Affaires étrangères revient à Michael Strich, qui en donna une édition pas entièrement correcte mais amplement commentée dès 1912[87]. On ne peut que regretter que cette lettre capitale, pourtant écrite en français, ait échappé à l'attention des derniers biographes de Madame. Son importance, le ton noble et ferme et sa touchante sincérité en font une pièce digne d'être lue de près. Trop longue pour être reproduite ici intégralement, nous en citons l'essentiel.

LA LETTRE AU ROI

« Jeudi, ce 24 mai à Saint-Cloud 1685.

« J'ai appris avec beaucoup de douleur et de surprise, Monseigneur, que V.M. avait dit au père de La Chaise que je vous boudais. Je sais que vous êtes mon Roi et par conséquent mon maître, ainsi je ne m'aviserai jamais de vous bouder. Mais j'avoue que ce que V.M. appelle bouderie est une mortelle tristesse qui m'a saisie, et en cela je ne croyais pas pouvoir vous déplaire, d'autant plus que le respect et la haute estime que j'ai pour V.M. en est le fondement. Car, Monseigneur, pouvez-vous croire que je puisse écouter de sens froid qu'on m'ait rendu mauvais office auprès de V.M. ? ; qu'on ait même employé des menteries atroces pour me perdre dans votre esprit, et que vous y ajoutiez tellement foi que, bien loin d'examiner la chose ou la mettre en suspens un moment, vous me condamnez et ordonnez qu'on me dise de votre part que, si je n'étais pas votre belle-sœur, vous m'auriez congédiée. Paroles qui m'ont d'autant plus surprise que je ne me jamais pus croire être née pour les entendre. Mais comme je vous ai déjà dit, vous êtes mon Roi, et c'est à moi d'en souffrir, et quoique cela m'ait pénétrée de douleur jusqu'aux os, je me suis flattée — je vous l'avoue — que vous aviez encore assez de bonté pour moi pour écouter ma justification [...].

« On m'a dit de votre part que plusieurs choses vous mettaient en colère contre moi, Monseigneur : que je dirais des ordures que les femmes ne pouvaient entendre et dont les hommes avaient horreur ; que je gâtais M. le Dauphin en lui parlant trop librement ; que j'avais mis la galanterie dans la tête de la reine d'Espagne et que je l'entretenais dans cette humeur par mes lettres ; que je gâtais aussi la princesse de Conti en lui parlant de ses amants et que je lui avais fait des cornes en pleine comédie avec mes doigts, pour lui montrer qu'elle en mettait à son mari ; que je n'avais pas soin de mes filles et que deux avaient donné du mal à des hommes. Voilà, Monseigneur, tout ce qu'on m'a dit de votre part, et voici ce que j'ai à dire pour ma justification. [...]

« Pour ce qui est de M. le Dauphin, j'avoue que j'ai parlé de sottises et fait des contes pour le divertir ; mais je ne lui ai rien dit dont je n'ai ouï parler à la Reine même, qui était la plus vertueuse personne du monde. Et si V.M. veut bien se souvenir que je vous ai ouï dire à vous même qu'il ne fallait pas faire la mignonne et que, dans la famille, on pouvait parler de tout ; et ne sachant pas que V.M. eût changé de sentiments depuis, j'ai cru pouvoir parler sans conséquence. Mais dorénavant cela ne m'arrivera plus à cette heure que je suis instruite et avertie.

« Pour ce qui est de la reine d'Espagne, on m'accuse bien à tort que ce soit moi qui lui ai mis la galanterie dans la tête, d'autant plus que je ne me serais jamais aperçue de rien si Monsieur ne m'en eût avisée en ce temps-là. Il sait lui-même que, quand je parlais sérieusement à la Reine sa fille, que je ne lui apprenais rien de mauvais, et plût à Dieu qu'elle eût suivi mes avis. Mais il est vrai aussi qu'après son départ, où il n'y avait plus rien à craindre, je lui ai quelquefois fait des plaisanteries, mais très générales et que Monsieur ne trouvait pas mauvaises en ce temps-là en voyant mes lettres. [...]

« Pour ce qui regarde Mad., la princesse de Conti, je ne sais où on a pris le commerce si étroit dont on m'accuse, d'autant qu'il est certain qu'il y a près de deux ans que je ne l'ai vue que chez Mme la Dauphine et aux lieux publics. Si j'ai ri avec elle que tant de gens en étaient amoureux, je n'ai pas cru faire un crime, et d'autant moins que j'ai entendu plusieurs fois aux promenades que V.M. même lui a parlé dans les mêmes termes. Pour des cornes, je ne lui en ai faites en ma vie, et je ne puis comprendre où ceux qui vous l'ont dit l'ont pêché.

« Pour mes filles et ce qui regarde leur conduite, V.M. sait bien que je ne me suis jamais mêlée de ma maison, et ne le fais pas encore, et assurément je ne me chargerais pas uniquement de l'endroit le plus difficile. Mais je suis obligée de dire en conscience que je crois que c'est une pure médisance ce qu'on en a dit à V.M., car pour donner du mal il faudrait qu'elles en eussent, et elles se portent bien hors Loubes, mais on voit visiblement qu'elle se meurt de la poitrine. [...]

« Voilà, Monseigneur, d'un bout jusqu'à l'autre ce que je puis vous dire pour ma justification. Je souhaite de tout mon cœur qu'elle puisse satisfaire V.M., et je m'estimerais très malheureuse si cela n'était pas. [...] Je ne puis que vous supplier, Monseigneur, d'oublier le passé, de m'ordonner quelle conduite vous voulez que je tienne à l'avenir, et je l'exécuterai très exactement, et vous assure, Monseigneur, qu'en cela et en tout ce qui vous plaira jamais de m'ordonner, vous serez obéi.

« Et je vous supplie encore de croire que je n'ai pas moins de respect et, si je l'ose dire, de véritable amitié pour V.M. que les gens qui croient se faire valoir auprès de vous en me rendant de si mauvais offices. Je ne les connais pas, mais je sais bien qu'ils ne peuvent avoir de véritable respect pour vous, parce qu'ils ont la hardiesse de vous rendre odieux. [...] »

La fin courageuse renvoie à Mme de Maintenon ; on se souvient de la phrase qu'elle écrira en août 1686 à Sophie : « Elle s'amuse à rendre odieux au Roi tous les membres de la famille royale ». Acceptant comme une évidence l'écrasante autorité de son beau-frère (« vous êtes mon Roi et par conséquent mon maître »), Madame n'en reste pas moins très consciente de sa propre dignité : « Je ne me pus croire être née pour entendre ces paroles... » Nous savons qu'elle a écrit d'autres lettres au Roi (elle dit fin juin 1688 à Sophie : « Je lui ai écrit, mais il ne m'a pas répondu [88] »), mais aucune n'a pu avoir la grave noblesse de celle-ci.

Le reproche d'avoir inspiré de la galanterie à sa belle-fille Marie-Louise, reine d'Espagne, n'était pas mentionné dans la lettre à Sophie du 11 mai. Ayant conçu une passion violente pour Marie-Louise, le marquis François de Saint-Chamant, lieutenant des gardes du corps, ne bougeait pas du Palais-Royal. Elle se moquait de lui et l'appelait « maman » sans être tout à fait insensible aux soupirs du joli marquis qui, selon Saint-Simon, était « fort bien fait ; il avait de l'esprit, encore plus d'audace ; la reine [d'Espagne] peu d'expérience, de ménage-ment [89]... ». C'est dire que Saint-Chamant aurait pu soupirer moins fort, et que Marie-Louise aurait pu être plus cruelle. Saint-Chamant fut chargé de commander la compagnie des gardes du corps qui escortait la nouvelle reine de Versailles à Quintana Palla. La constante proximité pendant le long voyage et la tristesse rêveuse d'une jeune reine condamnée au lit du « vilain magot » d'Espagne n'ont certes pas refroidi la passion de Saint-Chamant. Selon Mathieu Marais, Saint-Chamant n'eut pas trop de raisons de se plaindre pendant ce voyage, car « tout se passait très amoureusement [90] ». Il rentra exalté de sa mission en Espagne, vouant un culte amoureux à son « amour de loin » qui aurait ravi Jaufré Rudel et fait pleurer les précieuses de l'Hôtel de Rambouillet. Tout cela fit quelque bruit, et Madame fut accusée d'avoir encouragé cette galanterie.

En réalité, elle s'était gaussée comme tout le monde de cet amour impossible. Mais lorsque l'amoureux transi tomba malade, et qu'on dit qu'il se mourait d'amour, elle le plaignit de tout cœur. Parlant de la reine d'Espagne dans une lettre d'avril 1681 à Karllutz, elle avait écrit : « A propos d'elle, son pauvre Saint-Chamant, qu'elle appelait toujours *maman,* est à la dernière extrémité ; on ne pense pas qu'il en réchappe. Ceux qui le connaissent disent qu'il meurt d'amour pour elle, car depuis qu'il est rentré d'Espagne, il n'a plus eu un moment de joie. J'en

suis sincèrement affligée[91]. » Elle le rassure deux mois plus tard :
« Saint-Chamant est guéri de sa fièvre, mais j'ignore si c'était une
fièvre d'amour[92]. »

Le marquis finira par oublier sa passion, se mariera et aura des filles
moins romanesques que leur père. L'une d'elles épousera le fils de
Samuel Bernard, et l'autre convolera avec le célèbre banquier lui-
même. Le parti autrichien, qui préparait activement à Madrid l'après-
Charles II, tenta de compromettre la reine française en faisant circuler
début 1685 de fausses lettres d'amour de Marie-Louise à Saint-
Chamant ; d'où la fureur de Louis XIV et sa conviction que Madame,
qui avait supervisé l'éducation de Marie-Louise, aurait pu lui inculquer
un peu plus de retenue.

Tout ce qu'on sait sur les réactions de Louis XIV, destinataire de
cette lettre de justification, c'est qu'il la conserva. La seule conséquence directe fut le départ inattendu, début juillet 1685, de la
marquise de La d'Aubiaye, la gouvernante des filles de Madame.
Dangeau note : « On croit que c'est Madame qui a voulu qu'elle
sortît[93]. » Cette mince concession de la part du Roi et de Monsieur
était peut-être destinée à réconforter Elisabeth-Charlotte qui traversait
alors une épreuve particulièrement douloureuse.

LA MORT DE L'ÉLECTEUR KARL

De tous les drames personnels qui ont bouleversé l'existence de
Madame, la mort inopinée de son frère et ses conséquences terribles
pour le Palatinat constituent peut-être le plus déchirant. Le 26 mai,
c'est-à-dire deux jours après la rédaction de la lettre à Louis XIV,
l'électeur Karl mourut à Heidelberg, âgé à peine de trente-quatre ans
et sans laisser le moindre héritier. Madame apprit la nouvelle à Saint-
Cloud le 29 ; le lendemain le Roi, le Dauphin et la Dauphine allèrent
lui porter leurs condoléances. « Madame [...] fut très sensiblement
touchée, note Sourches, et le Roi, qui l'alla voir à Saint-Cloud [...], eut
besoin d'employer toute l'amitié qu'elle avait pour lui et tout le crédit
qu'il avait sur son esprit, pour lui faire un peu suspendre sa douleur[94]. » Envoyé quelques mois plus tôt à Londres à l'occasion du
décès de Charles II et de l'avènement de son frère Jacques II,
Spanheim n'était pas encore rentré à Paris au moment de la mort de
Karl. Cette absence nous prive de dépêches essentielles, puisque
personne n'était mieux placé pour commenter les problèmes que posait
la succession et les revendications que Louis XIV ne tarderait pas à
formuler au nom de sa belle-sœur.

Convaincu par son médecin Winkler qu'il mourrait s'il osait coucher
avec son épouse, Karl était allé tristement à sa fin. Poussé par une

étrange frénésie, il dépensait les réserves que son père avait accumulées, en montant à Mannheim et à Heidelberg de très coûteuses représentations allégoriques sur des thèmes vieillis comme *La Beauté triomphant de Mars* ou *Le Triomphe de la Constance sur les autres vertus*. Le pauvre hypocondriaque ne semblait trouver un peu de bonheur que dissimulé derrière des masques exotiques et portant de lourds costumes chamarrés d'or et de pierreries. Les jeux de la guerre étaient une autre passion qui lui faisait dépenser des fortunes. Organisant des simulacres de sièges et de combats, il se rengorgeait de bravoure militaire illusoire. Sous le soleil brûlant du mois d'août 1684, l'Électeur, ses courtisans, les étudiants de Heidelberg et de vrais soldats se travestissaient en Turcs et Impériaux, et défendaient ou assiégeaient la vieille forteresse d'Eichelsheim, située dans une région marécageuse, et devenue pour l'occasion celle de Nègrepont en Eubée. Ce fut la dernière folie du prince qu'on ramena grelottant de fièvre à Heidelberg. Il vécut encore neuf mois, hanté de cauchemars qui lui montraient le Palatinat envahi et détruit.

Il signa son testament le 12 septembre 1684, s'y montrant obsédé par l'avenir de la religion réformée dans un Palatinat dévolu à ses cousins catholiques de la branche de Pfalz-Neuburg. « Nous voulons et souhaitons particulièrement, stipule l'article 5, que l'on ne fasse aucun changement ni innovation en fait de la religion, et que personne ne soit inquiété ou persécuté… » Autre particularité de cet étrange testament, toutes les pièces de canon et autres armes à feu réunies dans les magasins du Palatinat sont léguées aux exécuteurs testamentaires, l'électeur de Brandebourg, le duc de Hanovre et le landgrave de Hessen-Cassel. Le malheureux démantèle littéralement la « force de frappe » du Palatinat, facilitant ainsi la conquête française de 1688. Les trois exécuteurs reçoivent en outre de nombreuses tentures de tapisseries, la bibliothèque et la célèbre collection de médailles réunies par Karl Ludwig. Les raugraves qui demeureront fermes dans la religion réformée toucheront « de temps en temps » leurs pensions annuelles. Sa mère et son épouse auront leurs douaires, sans plus. Pour sa sœur Elisabeth-Charlotte, pas une pensée, pas un bijou, pas une tapisserie, pas un tableau, pas un souvenir de famille. Rien[95].

Des représentants de la branche mourante de Simmern et de celle de Neuburg se rencontrèrent quatre jours avant la mort de Karl à Schwäbisch-Hall pour organiser la passation des pouvoirs. Le comte palatin Philipp Wilhelm von Neuburg s'engagea à tolérer les confessions protestantes dans ses futurs États conformément à l'esprit des traités de Westphalie, mais refusa de réserver la moitié des hautes fonctions d'État à des protestants. L'électeur Karl mourut sans avoir eu la force de signer le traité de Schwäbisch-Hall.

La douleur de Madame apprenant la mort de son frère était sincère.

Elle écrit le 1ᵉʳ juin à Sophie : « Malgré toute la douleur et l'affliction que me cause en ce moment la mort de feu mon pauvre frère, je ne veux pas différer plus longtemps de vous annoncer cet affreux malheur [...]. J'ai un si horrible mal de tête à force de crier et de veiller qu'il m'est impossible de vous écrire plus longuement [96]... » Et peu après à sa belle-sœur Wilhelmine Ernestine : « Je ne puis dire à Votre Dilection comme cela me fait encore souffrir, et comme je ne puis m'habituer de savoir feu mon pauvre frère dans un tombeau. Je sais qu'il est mort pieusement et qu'il ne souhaite plus revenir auprès de nous [97]... » Elle alla pleurer quelques jours à Maubuisson et dut admettre dans ses conversations avec sa tante l'abbesse « que tout en ce monde n'est qu'instabilité et vanité [*Lautter Unbestendigkeit undt Eytelkeit*] [98]... »

Elle apprit peu après son retour que le Roi, à son insu et sans la consulter, avait envoyé l'abbé Morel à Heidelberg pour faire invalider le testament de Karl et formuler une série de revendications au nom de la duchesse d'Orléans. Il estimait qu'elle devait hériter des biens allodiaux de son frère défunt, et notamment des comtés de Simmern, Bacharach et Sponheim, situés sur la rive gauche du Rhin et par conséquent d'une importance stratégique pour la France. Ayant affaire à un prince catholique, Louis XIV en appelait résolument au pape. Madame ne comprenait pas très bien les détails techniques de l'affaire et soupire dans une lettre de novembre 1685 à Sophie : « Je crois que le Roi me tient encore pour huguenote, car il a mis mes intérêts entre les mains du pape sans m'en dire un seul mot [99]... » Elle avait tort de faire de l'esprit ; l'encre de l'édit de Fontainebleau révoquant celui de Nantes n'était pas encore sèche, et on ne plaisantait pas de ces choses-là dans la France à présent toute catholique de Louis le Grand.

Madame et le « grand dessein » de Louis-Dieudonné

A part le mot d'esprit que nous venons de lire, Madame se montra très prudente face aux tracasseries des huguenots français et des conversions de villes entières dragonnées ou menacées de l'être. Ancienne huguenote en butte à l'hostilité d'une autre ancienne huguenote (Mme de Maintenon), Elisabeth-Charlotte était trop blessée par les événements récents pour critiquer dans sa correspondance la réalisation du « grand dessein » de Louis XIV. On lui avait d'ailleurs interdit de traiter de questions religieuses dans ses lettres. Elle dira en 1713 à sa demi-sœur : « Chère Louise, il m'est impossible de vous répondre par la poste, car il ne m'est pas permis de traiter de questions religieuses [100]. » Cette circonspection deviendra une seconde nature ; quelques mois avant sa mort, elle écrit à Louise : « Je ne veux rien dire des affaires religieuses, *dass sein keine propos de poste* [101]. »

Calviniste à Heidelberg, luthérienne à Hanovre et catholique en France, Madame était devenue simplement une chrétienne (elle parle souvent de « *mon petit religion à part moi* »), plus sensible à ce qui rapprochait les confessions chrétiennes qu'à ce qui les séparait. Elle subissait sans enthousiasme mais sans hypocrisie la liturgie catholique, lisant tous les jours la Bible dans la traduction de Luther et récitant matin et soir les prières calvinistes de sa jeunesse [102]. « J'admets parfaitement, écrit-elle à Louise, que chacun croie selon sa conscience, et si on suivait mes conseils, il n'y aurait jamais de querelles religieuses, et on opprimerait les calomnies plutôt que les croyances [103]... »

Elle ne réagira à la Révocation qu'au bout de nombreuses années, « en émission différée » si l'on veut, à l'exception de ces phrases mordantes dans une lettre de juin 1686 à Sophie : « Je souhaiterais du fond de l'âme que tous les dévots d'ici (j'allais presque dire les bigots) [...] cherchent tout ce qui pourrait amener l'union et la paix [...]. Il y a un vieux proverbe allemand qui dit : Là où le diable ne peut arriver, il envoie une vieille femme. Nous tous, les membres de la famille royale, nous nous en apercevons bien. Mais assez là-dessus ; il n'est pas recommandé d'en dire davantage. [...] J'ai plus de religion que tous les grands dévots, car je vis aussi bien que je peux et je ne fais de mal à personne, et si mon nom n'est pas mentionné dans le *Mercure galant* tant que je ne tourmente pas mes prochains chrétiens, Votre Dilection ne le lira pas de sitôt [104]... »

Convaincue de l'ignorance profonde de Louis XIV en matière religieuse, elle attribue la responsabilité de cette flambée d'intolérance à son confesseur et à « la vieille femme ». Elle dira en 1719 à Caroline de Galles : « La vieille conne et le P. de La Chaise ont persuadé le Roi que tous les péchés que Sa Majesté avait commis avec la Montespan seraient absous s'il harcelait et chassait les réformés, et que c'était le chemin qui le conduirait au Paradis. Le pauvre Roi l'a cru fermement, car de sa vie il n'avait lu un seul mot de la Bible. C'est ainsi que la persécution a commencé ici [105]... »

On devine son indignation de princesse qui a grandi dans un climat de tolérance religieuse, lorsqu'elle écrit en mai 1698 : « Si cette persécution avait été lancée il y a vingt-six ans lorsque je me trouvais encore à Heidelberg, Votre Dilection ne m'aurait jamais pu persuader de devenir catholique. » Et à la même, un an plus tard : « On ne discute pas dans ce pays de la façon dont on traite les réformés ; je n'en entends jamais parler. Mais si on avait traité ainsi les gens au moment où je devais devenir catholique, jamais de la vie je ne le serais devenue [106]... » L'envoi aux galères de réformés irréductibles la révolte particulièrement. Elle confie à Sophie en 1706 : « Si notre Roi voulait suivre mes conseils, les pauvres réformés qui sont aux galères seraient bientôt libérés. Je disais récemment à mon fils que je suis persuadée que, si le Roi voulait réintroduire la *liberté de conscience*, tous les Français rentreraient avec leurs biens [107]... »

Madame ne peut que gémir tant que vivra Louis XIV, mais un mois à peine après son décès, elle plaidera avec succès la cause des galériens réformés auprès de son fils devenu Régent. En attendant, elle est condamnée à un silence circonspect qui lui pèse manifestement. En juin 1689, elle ne peut s'empêcher de dire dans une lettre à Sophie sa profonde aversion des prêtres et de leur vie peu chrétienne. « Mais voici un sujet qui ne doit pas m'occuper trop longtemps, ajoute-t-elle, car si on devait le lire à la poste, on dirait sans doute que j'ai besoin de dragons pour me convertir [*dass ich Dragonen vonnöhten hette umb mich zu bekehren*]; parlons donc d'autre chose [108]... »

Spanheim rentra en novembre 1685 de sa mission à Londres, et fut confronté aussitôt avec les drames personnels de nombreux huguenots français. Calviniste fervent, il organise en peu de temps des routes d'évasion et ouvre sa maison à ceux qui s'apprêtaient à sortir du royaume. Il s'explique noblement dans une dépêche à Berlin, se désignant comme « un Ministre de Votre Altesse Électorale qui de soi-même ne peut qu'être pénétré d'une juste compassion pour des gens qui ne souffrent que pour l'intérêt de la Religion, *et par où il a donné lieu à sauver bien des gens et des effets* [109]... » Les mots en italiques sont chiffrés.

Il fut chargé par la chancellerie de Berlin de veiller aux intérêts de la princesse de Tarente, la tante allemande protestante de Madame, qui se préparait à se retirer en Allemagne avec ses gens. Louis XIV s'opposa d'abord à son départ, la croyant naturalisée. Monsieur et Madame intervinrent, mais le Roi leur dit qu'il se croyait « obligé en conscience de contribuer à la faire convertir ». Madame lui répondit que sa tante était restée allemande. Là-dessus, le Roi consentit à son départ, mais exigea de voir la liste des domestiques qu'elle prétendait emmener, « afin que d'autres ne fussent glissés parmi ». La princesse de Tarente fit ses bagages en Bretagne et arriva vers Noël à Paris, conviée par une lettre de cachet. « Dès son arrivée, on mit tout en œuvre pour la faire changer de religion, et par toutes sortes d'offres avantageuses de grosses pensions. A quoi, outre ses enfants qui sont catholiques [...], Monsieur *et même Madame* furent employés. » Mais la princesse au cœur de cire se montra très ferme dans ses convictions religieuses, et déclina fièrement, malgré le mauvais état de ses finances, les pensions substantielles qu'on lui faisait miroiter. Il faut constater que Madame s'est prêtée à ce chantage.

Les commis commencèrent alors à éplucher la liste des trente personnes qui se disaient ses domestiques, et les passeports se faisaient attendre malgré les instances du duc et de la duchesse d'Orléans. Le frère du Roi était furieux que ses démarches en faveur d'une princesse qui avait l'honneur d'être sa tante par alliance eussent si peu de résultats. Il pouvait mesurer par là l'étendue de son influence politique. « Je puis dire, écrit Spanheim à Berlin, que Monsieur même [...], quoique d'ailleurs fort zélé pour sa religion, a témoigné d'être fort surpris et fâché de cette rigueur qu'on apportait envers ladite princesse, et que toutes ses instances pour elle ne produisaient pas plus d'effets. Le fond est qu'on s'était flatté [...] qu'on la ferait changer de religion [110]... » La princesse de Tarente put partir enfin en janvier 1686, suivie d'une demi-douzaine de domestiques seulement. Elle s'établit à Francfort où elle mourut en février 1693. Madame ne mentionne pas dans ses lettres les ennuis de sa tante, mais continuait de lui écrire fidèlement. Elle dira en mai 1697 à Louise : « J'aimais beaucoup ma tante de Tarente, mais rien au monde ne vaut ma tante l'Électrice [Sophie] [111]. »

Nous connaissons grâce à Spanheim les circonstances indignes du départ de la princesse de Tarente que Sourches signale simplement [112]. Victime comme tant d'autres d'une politique religieuse aberrante, elle rejoignit les nombreux huguenots français qui s'établirent dans les refuges d'Allemagne. Après son retour à Berlin début 1689, Spanheim s'emploiera activement à améliorer le sort des 20 000 religionnaires que l'édit de Potsdam (29 octobre 1685) avait attirés dans le Brandebourg. Un *Spanheim et la Révocation* reste à écrire.

La mort de l'électrice Charlotte

Depuis le décès de son fils Karl, la situation de Charlotte était devenue bien précaire à la cour de Cassel. Son frère le landgrave Wilhelm était mort depuis 1663, et son neveu Karl, le landgrave régnant, tolérait simplement cette tante répudiée vivant d'une maigre pension au milieu des souvenirs de sa vie échouée. Charlotte avait fini par s'installer dans un appartement au cloître de Neuburg. Elle y mourut le 26 mars 1686, le jour même où on apprit à Versailles qu'elle était à l'extrémité. « La nouvelle en fut portée, rapporte Spanheim, par un courrier dépêché par le président Moras envoyé de Monsieur à Heidelberg, qui arriva ici à Paris samedi au soir 30 mars, et laquelle fut portée le lendemain à Versailles. Madame s'est retirée hier à la maison de Saint-Cloud, et y recevra avec Monsieur les compliments de condoléances [113]... » Selon Sourches, Madame « en fut sensiblement affligée, ayant toujours témoigné une extrême tendresse pour tous ses proches [114] ». Sophie manda charitablement le décès de Charlotte à Karllutz : « Son humeur ne l'a point quittée dans le tombeau. Elle a ordonné tout l'ajustement qu'on lui devrait mettre après sa mort. Ce sera la seule fois qu'on l'habillera sans qu'elle gronde ou batte ses gens [115]. »

L'affliction d'Elisabeth-Charlotte était sincère. Le jour même où elle a appris la mort de sa mère, elle écrit à Wilhelmine Ernestine ; sous le coup de l'émotion, elle passe exceptionnellement de *Votre Dilection* à *Sœur bien-aimée* : « Bien que je sois plongée dans un chagrin effroyable par la nouvelle incroyablement affreuse [*die unerhörte bösse Zeitung*] de la mort de Sa Grâce feu Madame ma mère, je ne puis m'empêcher d'écrire à Votre Dilection. [...] Ah, sœur bien-aimée, comme Dieu nous éprouve en nous envoyant des chagrins sans nombre ! [*Ach, hertzallerliebste Schwester, wie sehr sucht unss Gott heim mitt so manchen Betrübnuss !*] Ceux que Dieu appelle à Lui ne sont pas le plus à plaindre, mais ceux qui restent en ce monde pervers et méchant. Les larmes me jaillissent des yeux en si grande abondance, qu'il m'est impossible de voir encore mon papier, je dois donc m'arrêter [116]... » Sa tristesse fut telle qu'elle s'enferma quelques jours après les condoléances d'usage, pour pleurer à son aise cette mère qu'elle avait si peu et si mal connue, mais dont elle s'était rapprochée sur le tard. Fin avril, elle écrit à Frau von Harling : « Ce qui devrait me consoler en la triste fin de Sa Grâce Madame ma mère, c'est la très belle et bienheureuse manière dont Sa Grâce est morte, par la grâce de Dieu. Que Dieu m'accorde seulement la grâce de mourir un jour comme elle [117]... » La mort de son frère lui avait inspiré la même pensée funèbre.

Privée en dix mois de son frère et de sa mère, Elisabeth-Charlotte traversait des mois difficiles. Monsieur envoya à Neuburg Guillaume Fremin, procureur général de son conseil, pour régler la succession et procéder à l'inventaire des biens, meubles et hardes de Charlotte. Il était sur place dès le 10 avril, jour où le Roi quitta le deuil. Johann Friedrich Reyger, conseiller de l'Électrice défunte, et Franz Reinbold, gardien de ses meubles, l'attendaient. On ne put trouver les clés des coffres, et il fallut faire appel à un serrurier. Pendant quinze jours, l'inventaire fut dressé avec une précision de commissaire-priseur [118].

Parmi les centaines d'objets que renfermaient les coffres de Charlotte, certains ne laissent d'être émouvants : des jouets (« quatre raquettes et quatre tambours pour jouer au volant ») ; des vêtements d'enfants (« une robe de fille de 6 ou 7 ans de moire couleur de cerise ; un petit mantel d'enfant de satin bleu avec des manches pendantes... ») ; des insignes de l'ordre de la Jarretière (« deux jarretières de velours bleu avec des boucles et des bouts d'or ou vermeil d'or émaillés de blanc, sur lesquelles jarretières se sont trouvés écrits en émail *Honny soit qui mal y pense...* ») ; un portrait d'électeur (lequel ?) entouré de cinquante diamants « tant gros que petits » ; deux petits tableaux formant la paire, l'un représentant le « portrait de Madame l'Électrice, à ce qui nous a été dit, lorsqu'elle était jeune, entouré de vingt-quatre diamants », l'autre « représentant une tête de mort aussi entourée de vingt-deux petits diamants » ; plusieurs médailles d'or et d'argent frappées à l'effigie de Karl Ludwig ; plusieurs bagues dégarnies de leurs diamants « qui ont dû être considérables », et « quantité de chatons d'or pour des bracelets dans lesquels il n'y avait aucune pierre précieuse... ». Maigres épaves d'une existence sans joie. Conformément aux ordres de Monsieur, Fremin fit vendre les possessions de Charlotte. Le produit, 2 655 florins, disparut dans les poches de Monsieur.

Ce fut à l'occasion de la mort de Charlotte que les enfants de Monsieur et Madame furent traités pour la première fois comme des adultes. Le duc de Chartres et Mademoiselle allaient avoir douze et dix ans ; ils reçurent dans les appartements qu'on venait de leur allouer à Versailles les compliments sur la mort de leur grand-mère des ministres étrangers vêtus de leurs habits de cérémonie.

« JE VOUS BAISE LES MAINS, MAIS J'AI BESOIN DE TAPISSERIES... »

L'année 1686 continuait d'apporter sa moisson de sujets de déplaisir à Madame. Fin février, Monsieur avait chassé deux de ses demoiselles d'honneur, Mlles de Poitiers et de Loubes, à cause de leurs galanteries un peu voyantes. La petite Loubes alla tâter un peu de la vie de couvent à Sainte-Marie à Paris, et s'y plut tellement qu'elle décida, à la surprise de tout le monde, de se faire religieuse. Madame lui fit l'amitié d'être présente à sa prise de voile.

Le Roi, qui souffrait depuis février d'une tumeur « entre le fondement et la bourse » comme dit délicatement Spanheim dans une dépêche chiffrée [119], décida le 21 mai d'aller soigner sa fistule aux eaux de Barèges. Il envoya Torf, l'un de ses gentilshommes ordinaires, porter à Madame la nouvelle de ce voyage qui durerait au moins deux mois, « et lui dire qu'elle lui ferait plaisir de demeurer auprès de Mme la Dauphine, dont la grossesse l'empêchait de faire ce voyage ». Monsieur décida de suivre le Roi ; « Madame, explique Sourches, fut sensiblement affligée de n'en avoir pas la permission. Elle aimait le Roi avec raison, car il avait toujours eu beaucoup de considération pour elle [120]. » Elle s'affligeait sans raison, car le Roi décida une semaine plus tard que le voyage de Barèges n'aurait pas lieu, mais l'occasion avait révélé que la faveur de Madame allait diminuant. La Dauphine était dans le sixième mois d'une nouvelle grossesse ; continuellement souffrante, elle ne quittait son appartement que pour s'enfermer avec sa favorite, Bezzola. Fin août, elle donna le jour à son troisième fils, le duc de Berry.

Les lettres de l'été 1686 reviennent régulièrement sur les prétentions que faisaient valoir au nom de Madame le Roi et Monsieur à une partie de l'héritage de l'électeur Karl. Elle savait que la totalité irait à

Monsieur en sa qualité de « maître de la communauté », et que ses favoris empocheraient tout. Grâce aux largesses de Monsieur, le mignon régnant, le chevalier de Lascouet, venait d'acheter le gouvernement de Chartres de son prédécesseur le chevalier de Châtillon[121]. Le jour même de cette transaction, Elisabeth-Charlotte soupire dans une lettre à Sophie : « Je ne peux rien décider sans Monsieur, bien que tout se fasse en mon nom [...]. Je ne vois malheureusement que trop bien où ira ce qui me revient, mais quand il n'y a rien à faire, il faut se taire[122]... » Elle citera beaucoup plus tard, en 1712, un trait de l'égoïsme révoltant de Monsieur en cette circonstance : « Il était stipulé dans le testament de feu mon frère que l'électeur de Brandebourg serait l'exécuteur de son testament, et qu'on lui donnerait soit la tenture de Jules César, soit toutes les médailles. Moi, comme Votre Dilection peut bien penser, j'aurais aimé avoir les médailles, mais Monsieur, qui ne connaissait rien aux médailles, disait : " *Je vous baise les mains, les médailles ne seraient que pour votre divertissement et je ne m'en soucie pas, mais j'ai besoin de tapisseries et je veux celles de Jules César. Je suis le maître de la communauté, c'est à moi de choisir et je le veux.* " Je n'avais qu'à me taire[123]... » Quelques-unes des plus belles tapisseries et peintures de Heidelberg allaient décorer l'appartement du chevalier de Lorraine au Palais-Royal. On ne peut que deviner les réactions de Madame.

Ayant reçu au mois d'août l'argent liquide de Heidelberg qui revenait à Madame, Monsieur fit un geste et lui acheta des diamants, sachant pourtant qu'elle n'avait aucun goût pour les pierres. « Monsieur nous montra, écrit Dangeau, des pendants d'oreille de 40 000 écus qu'il a achetés pour Madame, de l'argent qui lui vient de la succession de M. l'Électeur son père[124]... » Elisabeth-Charlotte ne mentionne nulle part ce cadeau que Monsieur se faisait à lui-même par personne interposée, mais Dangeau la décrit comme « chargée de diamants » lors de la fête que Monsieur offrit le 26 novembre à Saint-Cloud au Dauphin et à la Dauphine, en présence des ambassadeurs de Siam. En revanche, elle se plaint ce même mois d'août de n'entendre que des termes juridiques avant trait à la succession de ses parents et de son frère : « Je crois que bientôt je ne pourrai plus parler d'autre langage, car depuis quelque temps on me rompt tellement la tête de tout cela que je ne sais plus rien que ces mots : *maître de la communauté, allodiaux, procuration, signature*[125]... »

« JE TROUVE QU'IL N'AVAIT PAS TORT... »

Comme beaucoup de ses contemporains, Madame était fascinée par cet événement exotique qu'était l'échange d'ambassades entre les royaumes de France et de Siam. Louis XIV avait envoyé début 1685 une expédition au roi Chao Phra Naraï résidant à Ayuthia, composée du chevalier de Chaumont (un protestant converti), l'abbé de Choisy, et quelques jésuites dont le père Guy Tachard. Ces trois personnages publieront au retour des journaux de voyage passionnants. Le Roi, qui avait cette année-là une fringale de conversion, les avait chargés le plus sérieusement du monde d'aller dire au roi bouddhiste de Siam de se convertir à la religion catholique romaine. Ils rentrèrent en France en juin 1686, et Phra Naraï, en roi qui sait vivre, envoya à son tour des ambassadeurs à Louis XIV.

Malgré sa fistule, le Roi les reçut magnifiquement le 1er septembre 1686, assis sur son trône placé au bout de la galerie des Glaces. Les ambassadeurs prosternés lui remirent une lettre de leur roi, écrite sur une feuille d'or enroulée et placée dans une boîte d'or [126]. Chao Phra Naraï, pour qui les notions de religion et de tolérance n'étaient pas aussi incompatibles que pour son homologue français, eut le bon goût de ne pas l'inviter à embrasser le bouddhisme. On connaît la célèbre réaction de La Bruyère : « Si l'on nous assurait que le motif secret de l'ambassade des Siamois a été d'exciter le Roi Très-Chrétien à renoncer au christianisme [...], avec quelles risées et quel étrange mépris n'entendrions-nous pas des choses si extravagantes ! Nous faisons cependant six mille lieues de mer pour la conversion des Indes, des royaumes de Siam, de la Chine et du Japon, c'est-à-dire pour faire très sérieusement à tous ces peuples des propositions qui doivent leur paraître très folles et très ridicules [127]. » Le voyage des ambassadeurs de Siam en France parut si important que Sourches inséra une *Relation de Siam* dans ses *Mémoires,* et que le *Mercure galant* publia un supplément spécial de trois volumes que s'arrachaient les lecteurs.

La deuxième partie du *Mercure* de septembre est entièrement consacrée au *Voyage des ambassadeurs de Siam en France.* Donneau de Visé y explique que M. Aubert, introducteur des ambassadeurs de Monsieur, vint prendre le 4 septembre les ambassadeurs de Siam avec des carrosses de Son Altesse royale pour les conduire à Saint-Cloud. « Ils furent charmés des bontés de Monsieur et de Madame, qui s'étant trouvés à Saint-Cloud, leur firent l'honneur de les entretenir. On leur témoigna qu'on était fâché qu'ils ne pussent voir les jardins à cause de la pluie qui était fort grande ce jour-là, et on leur dit qu'il y avait une collation préparée au bout du mail. Le premier ambassadeur répondit que, quand même il aurait fait beau, ils se seraient contentés de l'honneur qu'ils venaient de recevoir d'un grand prince et d'une grande princesse ; qu'ils seraient revenus une autre fois pour voir les jardins ; qu'ils ne mêlaient point leurs plaisirs avec leur devoir, et que pour ce jour-là ils étaient comblés d'honneur et de satisfaction. En parlant à leur retour de la maison de Saint-Cloud, il dit qu'elle lui avait paru enchantée... » En somme, tout s'était bien passé malgré la pluie. Le premier ambassadeur, Kosaparn, ancêtre de la dynastie Chakri actuellement régnante en Thaïlande, avait impressionné tous les habitants de Saint-Cloud par son aisance et ses remarques imprégnées d'esprit et de grâce.

On devine la sympathie de Madame pour les Siamois. Elle mande en octobre à Sophie : « Ces ambassadeurs savent très bien vivre et ont beaucoup d'esprit ; il n'y a que leurs visages qui soient un peu étranges [128]... » Quant aux mobiles d'ordre religieux qui avaient engagé Louis XIV à envoyer une ambassade à Ayuthia, elle fait preuve de la même prudence qu'elle avait manifestée au moment de la Révocation. Ce n'est que plus tard, en 1706, qu'elle confie le fond de sa pensée à Amelise : « Lorsque notre Roi fit savoir au feu roi de Siam qu'il le priait d'embrasser la religion chrétienne catholique, il répondit qu'il croyait qu'on pouvait faire son salut dans toutes les religions, et qu'il n'y avait rien que Dieu aimât tant que la diversité. Pour cette raison, rien ne se ressemble dans le monde, toutes les feuilles vertes sont différentes ; pour cette raison aussi Notre Seigneur veut être adoré de manières différentes. Pour cette raison, notre Roi devait continuer à servir Dieu le Tout-Puissant de la manière qu'il avait apprise. Quant à lui, il voulait louer et servir Dieu à sa façon [...]. Je trouve qu'en cela il n'avait pas tort [*ich finde dass er hirin nicht Unrecht hatte*] [129]. » Et bien sûr, Madame avait sur les rayons de sa bibliothèque le *Voyage de Siam* du père Tachard, ainsi que la *Relation de l'ambassade à la cour du roi de Siam* d'Alexandre de Chaumont [130].

C'est sur cette note d'exotisme et de bon sens que se termine une période critique dans l'existence d'Elisabeth-Charlotte. « La vie des Princes, observe François Moureau, est un perpétuel spectacle où nous confondons souvent l'acteur avec la personne [131]. » Rien n'est plus vrai quand on se penche sur la vie de Madame pendant cette période. A ne considérer que sa face publique dans Sourches, Dangeau et le *Mercure galant,* on penserait avoir affaire à une princesse voletant béatement d'un divertissement de cour à un autre. La face privée de cette existence, telle qu'elle est révélée par une correspondance bavarde et libératrice, nous rappelle que les princesses qui vont tous les jours à la chasse ou à la comédie n'en pensent pas moins, et qu'elles ne sont pas forcément heureuses.

CHAPITRE IX

« Ah, que Madame est sauvage ! »
(1687-1692)

Entre Lully et la Grèce

« La première nouvelle de l'année 1687, note Sourches, fut que le Roi avait donné 8 000 livres de pension à Mme la duchesse de Ventadour, dame d'honneur de Madame, et, selon les apparences, les bons offices de cette princesse, qui l'aimait fort, lui procurèrent cette gratification[1]. » Il est vrai que Madame appréciait beaucoup la douceur de Charlotte-Éléonore de La Mothe-Houdancourt, qui était devenue par nécessité sa dame d'honneur en juin 1684 après s'être brouillée avec son insupportable mari. Mais elle était aussi proche parente de Mme de Louvois, ce qui explique sans doute la générosité du Roi.

Le baptême des ducs de Bourgogne, d'Anjou et de Berry, les trois fils du Dauphin, permit à Elisabeth-Charlotte, scintillant de diamants, de briller au sein de la famille royale. Ondoyés sitôt après leur naissance, les trois princes furent tenus sur les fonts baptismaux le 18 janvier dans l'ancienne chapelle de Versailles. Le Roi et Madame étaient parrain et marraine de Bourgogne qui fut nommé Louis. Philippe d'Anjou, le futur Bourbon d'Espagne, fut tenu par Monsieur et Mademoiselle ; Charles de Berry eut pour parrain et marraine le duc de Chartres, son futur beau-père, et la Grande Mademoiselle. Il avait fallu reporter la cérémonie pour permettre à la Dauphine, continuellement souffrante, d'y assister, somptueusement parée de ses propres diamants et des pierreries de la Couronne.

Le 8 janvier 1687, Lully fit chanter son grand *Te Deum* dans l'église des Jacobins pour remercier Dieu de la guérison de la fistule royale. Il battait la mesure avec tant d'ardeur qu'il se donna un violent coup de canne sur le pied, accident qui fut la cause de sa mort le 22 mars suivant : la gangrène s'était mise dans la plaie. Ce décès inspira à un certain Piron un *Testament de M. Lully,* franchement graveleux, qui fit le tour des cabarets avant d'entrer dans le chansonnier de Clairambault. Le texte (« Je veux qu'après ma mort cent bardaches tout nus/ Soient dessus mon tombeau superbement foutus », etc.) n'aurait pas déparé *Les Cent Vingt Journées de Sodome*[2]. Pourtant, « quand il sentit la mort venir, rapporte Lecerf de La Viéville, il se fit mettre sur la cendre, la corde au cou, et fit amende honorable... ». Il dut se rappeler les répétitions angoissées, « *nil inultum remanebit,* aucun péché ne restera impuni », de son *Dies Irae.*

Trois mois après la mort édifiante du Florentin, Madame écrit à Sophie : « Avant sa mort, Lully a encore écrit une belle chanson sur l'air de *Galatée,* puisque M. de Vendôme l'a honoré d'une belle bague pour avoir écrit cet opéra. Je crois que Votre Dilection sait bien que le père de M. de Vendôme était un si grand sodomite, qu'on répète en proverbe *qu'il avait eu toute la dépouille de Sodome.* C'est le sujet de la chanson, et il me semble que Lully y ménage peu ses amis et soi-même[3]. » La pastorale *Acis et Galatée,* la dernière œuvre que Lully a pu terminer, avait été représentée au château d'Anet chez le duc de Vendôme. Spanheim rapporte à Berlin en septembre 1687 que deux des fils de Lully composèrent chacun un opéra qu'ils firent jouer devant Louis XIV. Les courtisans admirèrent le « feu » de l'un et la symphonie de l'autre, et il fut décidé qu'ils seraient représentés alternativement durant l'hiver. « Après les représentations de l'un et de l'autre, le Roi fit venir les deux frères, pour les avertir d'être plus sages que n'avait été leur père, qu'il avait eu envie plusieurs fois de chasser du Royaume à cause de ses vices[4]. » La mélomanie de Louis XIV l'avait donc emporté sur sa sodomophobie.

Madame ne pouvait qu'approuver le petit sermon du Roi, mais elle se plaint une semaine après cette dépêche de Spanheim du profond ennui que la dévotion royale a fait descendre sur la Cour, et gratifie en passant Mme de Maintenon d'un bon coup de bec, ignorant manifestement que le Roi et son épouse lisaient régulièrement des morceaux choisis de ses lettres : « Je ne puis taire à Votre Dilection que la Cour devient à présent si ennuyeuse qu'on n'y tient presque plus, car le Roi s'imagine qu'il est pieux s'il fait en sorte qu'on s'ennuie bien [...]. Je ne puis croire pour ma part qu'on peut servir Notre Seigneur Dieu à force d'aimer les vieilles femmes et d'être grincheux ; si cela est la voie du Paradis, j'aurai de la peine à y arriver. C'est une misère quand on ne veut plus suivre sa propre raison, et qu'on ne se guide que d'après des prêtres intéressés et de vieilles courtisanes[5]... »

Si Madame ne se tuait pas pour regagner l'affection du Roi, c'est qu'elle avait compris que l'influence de Mme de Maintenon et des prêtres derrière elle l'emporterait toujours. On ne vient pas à bout d'une entente secrète de l'alcôve et du confessionnal. En revanche, elle tentait sincèrement de se rapprocher de Monsieur, surtout depuis que celui-ci avait déclaré début mars qu'il ne comprenait pas, dans l'affaire de la succession palatine, l'attitude du Roi qu'il voyait prêt à plonger l'Europe dans une autre guerre afin d'entrer en possession des fiefs allodiaux qu'il revendiquait au nom de Madame. Spanheim s'empresse d'écrire à Berlin : « J'ai su [...] que le duc d'Orléans s'était déclaré généreusement ces jours passés, qu'il ne prétendait nullement que ses intérêts particuliers et prétentions susdites de Madame pussent altérer le repos public[6]... »

Ces propos modérés touchaient le cœur d'Elisabeth-Charlotte qui vola au chevet de son mari lorsqu'un autre accès de fièvre le terrassa en avril. Elle manifesta la même inquiétude et prodigua les mêmes soins qui avaient tant ému les gazetiers trois ans plus tôt, mais Monsieur était à peine guéri qu'il se laissa entraîner dans une nouvelle tournée de médisances et de reproches, déclenchée cette fois-ci par une lettre maladroite écrite par la petite Loubes du fond de son couvent, et qui ressuscitait les spectres du passé. Les détails sont trop insignifiants pour être résumés ici, mais Madame fut prise d'un grand mouvement de lassitude au milieu de ce carrousel de mignons, de maîtresses et de confesseurs que la lettre malencontreuse avait mis en mouvement. « Votre Dilection se trompe fort, écrit-elle en mai à Sophie, si elle croit que mes soins et la peine que j'ai prise pendant la maladie de Monsieur ont attendri Sa Dilection. Pas du tout ; car il n'était pas sitôt guéri que j'ai fait l'expérience de sa haine[7]... » Il est évident que Madame n'était pas encore au bout de ses peines.

Si Versailles et Saint-Cloud lui inspirent surtout des plaintes en cette année 1687, la face allemande de sa vie lui apportait des moments de détente. Il y eut d'abord, début mars, l'arrivée à Paris des deux fils cadets de Sophie, Christian Heinrich et Ernst August, âgés de seize et de treize ans. Les princes étaient accompagnés de leur gouverneur Alvensleben, et allaient rester en France jusqu'à la fin de l'année. Elisabeth-Charlotte avait de la sympathie pour l'aîné qu'elle voyait lutter contre sa propre timidité, mais s'attacha surtout au cadet qui avait l'âge du duc de Chartres, et qui brillait par la vivacité et la drôlerie de ses propos. Elle adorait taquiner *Prinz Gustien* qui sera plus tard prince-évêque d'Osnabrück et duc de York et Albany.

La présence en Grèce du troisième fils de Sophie, Maximilian Wilhelm (*Prinz Max*), et de Karllutz, inspire à Madame des lettres à la fois ferventes et drôles. La défaite des Turcs sous les murs de Vienne en 1683 avait favorisé la formation d'une vaste ligue chrétienne offensive et défensive qui se proposait de nettoyer une fois pour toutes l'Europe de la présence ottomane. L'Empereur, le Pape, le roi de Pologne, le grand-duc de Toscane, les chevaliers de Malte et Venise avaient combiné leurs forces terrestres et maritimes en 1684, et de nombreux princes allemands s'étaient lancés le cœur palpitant dans cette excitante aventure par laquelle on se proposait de chasser les Turcs du Péloponnèse (appelé alors la Morée), d'Eubée (ou Nègrepont), de Chios et de Crète. Les opérations étaient placées sous le double commandement du comte suédois Otto Wilhelm von Königsmarck et du *capitano generale* vénitien Francesco Morosini [8].

Malgré quelques bavures, cette guerre de reconquête constitue le dernier chapitre glorieux de l'histoire de Venise ; les victoires remportées en 1684 et 1685 avaient déterminé le duc Ernst August de Hanovre à se joindre à la ligue. Venise, dont il appréciait depuis de longues années les troubles attractions, lui offrit en juin 1686 des fêtes splendides avec onze régates, et un corps expéditionnaire hanovrien s'embarqua pour la Grèce. *Prinz Max,* Karllutz et le *Generalmajor* von Ohr (l'ex-page qui avait sauvé la petite Liselotte des flammes à Kloppenburg en mars 1660) y assuraient des commandements. Ils prirent part en juillet 1687 à la glorieuse conquête de Lépante, de Patras et de Corinthe.

Il est dommage que l'explosion du Parthénon, le 26 septembre, ait déparé ces faits d'armes. Ce jour-là, à la tombée de la nuit, un lieutenant allemand (l'histoire tait charitablement son nom) braqua de la colline Mouseion un canon vénitien sur le Parthénon qui servait de poudrière aux Turcs. Le malheureux était tireur d'élite, et le coup déclencha une explosion qui détruisit entièrement la *cella* et sa frise, et arracha huit colonnes de la face nord et six de la face sud, avec leurs entablements. Ce n'était malheureusement pas la fin de la destruction. Après la capitulation d'Athènes trois jours plus tard, Morosini voulut faire enlever le chariot et les chevaux de la déesse Athéna du fronton ouest, mais le groupe sculpté par Phidias alla s'écraser sur le sol rocheux de l'Acropole.

Ce n'était pas l'aspect militaire de l'expédition qui retenait surtout l'attention de Madame, bien que l'ambassadeur de Venise la tînt fidèlement au courant des événements. Elle allait même jusqu'à plaindre « les pauvres Turcs qui se font battre partout [9] ». En revanche, l'aspect romanesque de la Grèce la fascine littéralement. Elle écrit le lendemain de l'explosion du Parthénon à Sophie : « Je n'arrive pas à me faire à l'idée que le prince de Votre Dilection et notre raugrave se trouvent en Grèce, dont on a entendu parler dans toutes les pièces de théâtre et dans les romans. J'ignore si un esprit poétique va gagner nos gens, maintenant qu'ils sont si près du Parnasse et de l'Hélicon. Cela me paraît plus probable, que de voir la piété et le zèle de saint Paul s'emparer d'eux, au point de considérer tout en ce monde comme du fumier, comme a écrit cet apôtre [10]. » Karllutz s'était exprimé à peu près dans le même esprit un mois plus tôt dans une lettre française à Sophie : « Nous sommes présentement campés dans Corinthe ; on n'y voit plus la moindre apparence d'une ville qui a été autrefois si renommée et si magnifique ; à peine y voit-on une pierre sur l'autre, et on n'y trouve pas une âme vivante. Les Turcs, avant de la quitter, ont tout brûlé et saccagé, et saint Paul aurait beau écrire des épîtres et y prêcher présentement, il n'y trouverait point d'auditeurs [11]. »

Madame se sert des mêmes références et du même ton enjoué en décembre 1687, félicitant Sophie des prouesses accomplies par les régiments hanovriens en Grèce : « J'attends de Karllutz, quand il gravit le Parnasse et l'Hélicon, qu'il m'écrive une lettre tout en vers, mais Athènes fera de lui un philosophe [...]. Puisque le comte Königsmarck loge au palais d'Achille, Karllutz sera bien installé dans celui de Thésée. S'il pouvait trouver là les livres de Médée et y apprendre comment on peut voyager à travers les airs, je pourrais espérer qu'il fasse bientôt un petit voyage pour me raconter ici les belles choses qu'il a vues en Grèce [...]. Les peuples qui occupent maintenant la Grèce ne doivent pas être aussi intrépides qu'autrefois, puisqu'une seule bombe tombée dans le temple de Minerve les a tellement effrayés qu'ils ont livré aussitôt la célèbre ville d'Athènes [12]... »

Elisabeth-Charlotte manifeste la même curiosité dévorante dans sa lettre du 17 mai 1688 à Karllutz, la dernière qu'elle aura l'occasion d'écrire à son cher *Schwartzkopfel* : « Je vous en prie, mon Karllutz bien-aimé, mandez-moi donc les belles choses que vous avez vues et que vous verrez, et s'il reste beaucoup à voir de l'antiquité dans ce pays, et si des édifices sont restés debout qui donnent une idée de ce qu'étaient autrefois ces villes ! [...] Chargez un de vos gens de rédiger une relation, et envoyez-la-moi ! Car j'avoue que je suis vraiment curieuse de savoir à quoi ressemblent maintenant Athènes et Corinthe [13]. »

L'inventaire des bibliothèques de Madame reflète fidèlement sa passion pour la Grèce antique. Outre d'innombrables traités de numismatique et de nombreux romans et pièces de théâtre sur des sujets grecs, on y retrouve des traductions françaises et allemandes d'historiens grecs comme Thucydide, Plutarque, Polybe, Hérodote ou Xénophon ; de poètes comme Anacréon, Homère, Lucien de Samosate, Nonnos et Théocrite ; de romanciers comme Héliodore d'Émèse ou Longus ; de Platon, de Sophocle, d'Hippocrate... Et bien sûr, il y a les voyageurs : Cornelis de Bruyn (*Voyage du Levant*), Grelot (*Relation de Constantinople*), Tournefort (*Voyage du Levant*), Coronelli (*Description de la Morée*), etc.

Le drame de Nègrepont

Le 8 juillet 1688, la flotte de Francesco Morosini — élu doge depuis quelques mois — quitta la baie d'Athènes pour l'île d'Eubée/Nègrepont qui avait été vénitienne depuis la quatrième croisade jusqu'en 1470. Venise avait toujours déploré la perte de cette île stratégique qu'elle comptait reconquérir sans trop de peine. Les Turcs l'avaient fortifiée, mais la garnison de 6000 hommes représentait à peine la moitié des forces de la ligue. Ni l'amiral-doge ni Königsmarck ne doutaient du succès de l'opération Nègrepont. Mais la discipline relâchée des troupes allemandes et la dysenterie (ou la malaria) vinrent en aide au Turcs retranchés. En quelques semaines, la ligue perdit un tiers de ses effectifs. Königsmarck lui-même et Karllutz furent du nombre des victimes. L'arrivée en août de 4000 hommes envoyés par Venise fut neutralisée par une mutinerie générale. A la fin de l'été, Morosini était forcé de rembarquer ses troupes. Les bannières de Saint-Marc ne flotteront plus jamais sur Nègrepont.

Karllutz avait fait preuve, lors de la bataille de Patras, de tant de bravoure et de présence d'esprit que les Vénitiens lui avaient proposé un commandement. Il s'embarqua pour Nègrepont avec le grade de *Sergent Major de bataille,* ayant 4000 hommes sous ses ordres. Début août, l'épidémie eut raison de lui. Kazner raconte qu'il demanda la dernière nuit à son valet ce que disaient les médecins de sa maladie. « Lorsque celui-ci lui répondit par un haussement d'épaules, il ordonna qu'on le portât le lendemain aux tranchées, puisqu'il voulait mourir dans l'exercice de son métier. Même en supposant qu'il a prononcé ces dernières paroles dans un accès de fièvre, il faut admettre que c'était parler en héros [14]. » Le drame personnel de Karllutz était sa naissance irrégulière. Issu d'un mariage morganatique, il dut aller mourir bêtement dans une île grecque, au lieu de défendre son cher Palatinat dans les terribles épreuves qui se profilaient à l'horizon. Il décéda le 12 août, n'ayant pas encore trente années accomplies. *Pax tibi Carole, raugravi meus.*

Madame n'apprit la mort de son demi-frère que fin octobre pendant le séjour de Fontainebleau. La nouvelle inattendue la frappa de plein fouet, si cruellement que sa douleur fit pitié à voir et que ses amis s'efforcèrent de la réconforter. Elle remercie le 8 novembre le maréchal de Noailles dans un billet de l'avoir « plainte d'avoir perdu ce pauvre Raugraf que j'aimais tendrement [15] ». Elle écrit le surlendemain à Sophie : « La triste nouvelle de la mort de mon cher Karllutz m'est parvenue vendredi, et m'a plongée dans un état que Votre Dilection peut imaginer sans peine. Pendant deux fois vingt-quatre heures, il m'était impossible d'arrêter de pleurer [...]. Bien que je ne pleure plus à présent sans interruption comme les premiers jours, je ressens une telle *mélancolie* intérieure et tristesse, que je vois bien que je ne surmonterai pas de sitôt la perte du bon Karllutz[16]. » La blessure ne se refermera jamais ; jusqu'à la fin de sa vie, elle ne cessera de reparler douloureusement de cette perte irréparable qui l'avait éprouvée au plus profond d'elle-même.

Parlant quatorze ans plus tard dans une lettre à Amelise du raugrave Karl Moritz, mort depuis un mois, elle lui confie : « Je n'ai pas pu l'aimer comme Karllutz. Il m'est impossible de penser à lui sans que les larmes me viennent encore aux yeux[17]. » Ou ce cri qui jaillit du fond de son cœur dans une lettre à Louise d'octobre 1715 : « Si Dieu voulait seulement que Karllutz fût maintenant auprès de moi ! Cela m'aurait fort consolée[18]... » Elle décrit en 1718 cette charmante scène d'intérieur dans une lettre à Louise : « Karllutz n'avait pas droit au tabouret, mais je l'installais tous les soirs sur une pile de cinq ou six carreaux à côté de ma toilette, et nous bavardions ainsi tous les deux, souvent jusqu'à une ou deux heures après minuit... » Et deux mois plus tard, elle répète le leitmotiv connu : « Je l'ai aimé comme mon propre enfant, et ne puis penser à lui sans que les larmes me jaillissent des yeux et que mon cœur ne s'alourdisse[19]... »

Peu importe si Elisabeth-Charlotte chérissait Karllutz comme une mère ou comme une sœur ; elle dit en 1698 à Sophie qu'elle l'aimait « comme s'il était entièrement mon frère des deux côtés[20] ». Il ne fait pas de doute qu'elle n'a adoré personne comme son *Schwartzkopfel*, et qu'elle ne s'est jamais entièrement remise de cette perte affective. Une cruelle coïncidence rendait la mort du raugrave encore plus douloureuse : le jour même où Elisabeth-Charlotte apprit le drame de Nègrepont (29 octobre), Philippsburg se rendit à une armée française que commandait Monseigneur. La veille, Dangeau avait noté dans son *Journal :* « Nos troupes sont entrées à Heidelberg. » C'était le début de l'épisode le plus révoltant de l'histoire militaire louis-quatorzienne.

« ON SE SERT DE MON NOM POUR RUINER MA PAUVRE PATRIE... »

L'année 1688 avait commencé sous d'inquiétants auspices. Incommodée depuis quelque temps d'un abcès sous l'aisselle droite et se souvenant sans doute que la Reine mourut des suites d'un tel abcès, Madame décida en février de le faire vider. Sourches rapporte que Carrel, son premier chirurgien, « lui donna un grand coup de lancette et un coup de ciseau dans cet endroit, qui est très sensible. Mais cette princesse, qui avait une fermeté au-dessus de son sexe, souffrit cette opération avec une constance admirable et n'en garda pas un seul jour le lit ». Il fallut recommencer les incisions en mars, « mais cette princesse, qui avait un cœur de héros, soutint ces douleurs avec un courage invincible [21]... ».

Remise à peine de cette double opération, Elisabeth-Charlotte constata un rapprochement entre le Roi, Lorraine et Effiat, qui ne présageait rien de bon. Elle fut bientôt fixée. Elle profita en avril d'un voyage de son page Harling à Hanovre pour faire remettre à Sophie une lettre qui contenait des choses qu'elle n'osait confier à la poste ordinaire : Louis XIV avait chargé les mignons de préparer le terrain et de disposer Monsieur à un double mariage du duc de Chartres et sa sœur avec Mlle de Blois et le duc du Maine, fruits du double adultère du Roi avec Mme de Montespan. Mme de Maintenon, leur ancienne « ébreneuse » et gouvernante, était on ne peut plus favorable à ce projet, ce qui le rendait encore plus abominable aux yeux de Madame. Après un portrait peu complaisant des deux bâtards dont elle ne voudrait même pas si leur naissance eût été régulière (Maine est bancal et « affreusement laid », et sa sœur myope et maladive), elle conclut : « ... Et par-dessus le marché ils sont bâtards d'un double adultère, comme j'ai déjà dit, et enfants de la femme la plus méchante et la plus désespérée que la terre puisse porter. Je laisse juger maintenant Votre Dilection combien je dois désirer cela [22]... » Elle n'osait se confier à Monsieur, sachant qu'il répéterait tout à son frère, ce qui ne ferait qu'envenimer la situation. N'étant plus invitée aux chasses du Roi (la « vieille » avait pensé à tout), elle n'avait plus l'occasion de lui dire, entre deux plaisanteries, ce qu'elle pensait de ce double projet. Force lui fut donc de se taire, de soupirer, et d'écrire.

Accaparé par ses mignons, Monsieur se désintéressait totalement de l'éducation de ses enfants, confiés à des incapables dont ils se moquaient. Madame était seule à leur en imposer. « Ils me craignent donc, explique-t-elle à Sophie, ce qui ne les empêche pas de m'aimer, car ils sont assez *raisonnables* pour voir que je leur parle pour leur propre bien. Je me fâche rarement, mais quand il le faut je mets le paquet, ce qui fait d'autant plus d'impression. S'ils suivent mes conseils ils ne pourront mal tourner, malgré tous les mauvais exemples que ces pauvres enfants ont constamment sous les yeux [23]. »

Mais ce qui préoccupait surtout l'esprit de Madame à la fin de l'été de 1688, c'était l'orage qui se concentrait sur le Palatinat. Louis XIV avait revendiqué au nom du duc et de la duchesse d'Orléans les possessions allodiales des Pfalz-Simmern, et plus particulièrement le comté de Simmern et ses dépendances, Sponheim, Bacharach, Lautern et Germersheim. En mars 1686, la diète de Ratisbonne se pencha sur les prétentions des Orléans qui visaient à faire de Monsieur un prince allemand tenu en lisière par son frère le roi de France. La Révocation avait suscité une puissante rancœur antifrançaise parmi les princes protestants allemands ; la Ligue d'Augsbourg était en train de se souder, et personne n'était disposé à faire des cadeaux à Louis XIV, dont l'*Uniformitätsgeist* et les dents longues inquiétaient l'Europe entière. La diète reconnaissait donc Philipp Wilhelm von Neuburg comme nouvel Électeur palatin, et adjugeait à Madame les biens meubles de son frère. Les plus belles pièces partirent en France ; le reste fut vendu sur place et le produit, 300 000 florins, envoyé à Monsieur.

Jusqu'en 1687, rien ne s'opposait à un règlement paisible du différend, puisque Louis XIV l'avait soumis à un arbitrage pontifical malgré l'attitude hostile d'Innocent XI et la querelle des franchises. Mais les succès remportés par les armées impériales contre les Turcs modifiaient les rapports de force. Mû par une logique que même ses plus grands apologistes ont de la peine à comprendre, Louis XIV estimait que, pour protéger sa frontière du Nord-Est, il fallait semer la terreur dans l'Empire et « ruiner un petit pays paisible, parce que, dit-on, la belle-sœur de ce même roi de France a des prétentions d'y régner quelque jour. Le crime est mesurable à la surface des champs ravagés et des ruines noircies. L'erreur est, s'il se peut, plus grande que le crime [24]. »

Il semblerait à première vue que le Roi ait cherché pendant quelque temps une solution de compromis. Spanheim transmet fin août 1688 une rumeur qui circule mais qui n'est confirmée nulle part, même pas par Madame : « J'ai appris de bon lieu que le marquis de Villars fils, qui a été envoyé avec des commissions secrètes, doit avoir ordre entre autres de tâcher porter l'Électeur à consentir que le prince Clément son frère, par l'intérêt de la Maison Électorale, préfère le parti de se marier, et à ce sujet lui offrir Mademoiselle fille du duc et de la duchesse d'Orléans, avec toutes les prétentions de Madame sa mère sur le Palatinat [25]. » Mais cette offre était moins généreuse qu'elle ne paraît à première vue, puisque le jeune prince Joseph Clemens, frère de l'électeur de Bavière et de la Dauphine, allait être élu coadjuteur de l'archevêque-électeur de Cologne, et Louis XIV préférait voir le cardinal de Fürstenberg en possession d'un électorat et de Cologne.

Ce furent donc les revers militaires du Grand Seigneur qui décidè-rent le Très-Chrétien, son allié, à franchir le Rubicon, ou plutôt le Rhin. Lous XIV fit publier le 24 septembre 1688 une déclaration dont le cynisme souleva un cri d'indignation dans tout l'Empire. Afin de sauvegarder la paix et la sécurité de ses frontières orientales et les droits inaliénables de la duchesse d'Orléans sur le Palatinat face à l'usurpation de la branche de Neuburg, la France se voyait contrainte d'intervenir. Le même jour, le Roi fit arrêter et embastiller plusieurs Allemands de qualité, et défendre aux autres de quitter le royaume sans passeports. Le lendemain, le Dauphin quitta Versailles pour commander nominalement l'armée du Rhin, encadré de Duras,

Huxelles, Boufflers et Vauban ; la guerre du Palatinat, appelée *orléansche Krieg* par les historiens allemands, avait commencé. Le lucide et modéré Spanheim écrira deux ans plus tard, lorsque l'Europe tout entière aura déclaré à la France isolée la guerre de la Ligue d'Augsbourg : « Pour éviter une guerre éloignée, incertaine, que mille accidents ou circonstances pouvaient détourner, on en a cependant engagé ou plutôt précipité une de gaieté de cœur[26]... »

On devine l'état d'âme de la pauvre Elisabeth-Charlotte en voyant s'armer sa patrie d'adoption contre sa terre natale. Le lendemain du départ du Dauphin, elle écrit à Sophie : « Notre Dauphin est devenu maintenant un guerrier, et parti hier à l'armée pour assiéger et prendre Philippsburg. Il me dit qu'après Philippsburg, il voulait prendre Mannheim et Frankenthal et conduire la guerre pour mon intérêt. Mais je répondis : " *Si vous en prenez mon avis, vous n'irez pas, car je vous avoue que je ne puis avoir que de la douleur et nulle joie de voir qu'on se serve de mon nom pour ruiner ma pauvre patrie.* " C'est ainsi que nous nous sommes dit adieu... »

Le même jour, l'austère duc de Montausier, l'ancien gouverneur du Dauphin, la complimenta maladroitement chez la Dauphine en lui disant : « Madame, M. le Dauphin est votre chevalier, il va vous conquérir votre bien et vos terres. » Ne comprenant pas le silence glacé de son interlocutrice, il s'étonna : « Il me semble, Madame, que vous recevez bien froidement ce que je vous dis. » N'en pouvant plus, elle lui répondit sèchement : « Monsieur, il est vrai que je reçois froidement ce que vous me dites, parce que vous me parlez de la chose du monde, de quoi j'aime le moins à entendre parler, car je ne vois pas qu'il me revienne grand profit que mon nom serve pour la perte de ma patrie, et bien loin d'en ressentir de la joie, j'en suis très fâchée. Je n'ai pas l'art de dissimuler, mais je sais me taire ; ainsi si on ne veut pas que je dise ce que je pense, il ne faut pas me faire parler[27]. »

L'électeur palatin Philipp Wilhelm, le *Nestor germanique,* avait alors soixante-treize ans, et vivait retiré à Neuburg ou Jülich. Démilitarisé, le Palatinat ne tenta pas de se défendre. Dès le 29 septembre, les Français entraient à Kaiserslautern, Alzey, Neustadt et Oppenheim, et Worms, Spire, Heilbronn et Mayence — villes d'Empire sans protection — furent contraints d'accueillir des garnisons françaises. Heidelberg ouvrit ses portes le 24 octobre au maréchal de Duras ; un des fils de l'Électeur décida d'abandonner la ville sans coup férir, moyennant la permission d'emporter ses meubles. Malgré les promesses formelles du marquis de Chamlay ratifiées par le Dauphin qui visita Heidelberg le 14 novembre après la prise de Philippsburg, les habitants furent molestés et dragonnés, et forcés de payer une contribution de guerre de 80 000 livres. Mannheim et Frankenthal durent capituler en novembre[28].

« Pacifié » par les escadrons de *Mars christianissimus*, le Palatinat allait vivre le moment le plus douloureux de son histoire, tout cela au nom d'Elisabeth-Charlotte qui se drapait dans un silence héroïque. Elle ne dit pas ce qu'elle éprouvait au milieu des manifestations de joie de la famille royale accueillant le Dauphin victorieux. Le 28 novembre, premier dimanche de l'Avent, Louis XIV décommanda à Versailles le sermon du Père Gaillard et alla attendre Monseigneur à Saint-Cloud, accompagné de la Dauphine, de Monsieur et de Madame, et suivi d'un grand nombre de courtisans. « Il arriva donc à la maison de Monsieur, dont il visita tous les appartements, qu'il trouva extrêmement embellis par les augmentations et ajustements que ce prince avait faits, dont les principaux étaient un grand degré magnifique pour descendre dans son jardin et une galerie qui servait d'orangerie de plain-pied à son appartement [29]. » Il visitait l'orangerie lorsque des coups de feu annoncèrent l'arrivée de Monseigneur ; il remonta aussitôt en carrosse, précédé et suivi d'une nombreuse suite. Il rencontra son fils près de la porte Maillot. Le prince courut à la portière du Roi et l'empêcha de descendre, « lui accolant la cuisse avec beaucoup de respect ».

On voudrait savoir le compliment que Madame marmonna à l'oreille de son « chevalier » en l'embrassant. Monseigneur va la complimenter par la suite sur les spécialités de sa patrie. Elle racontera trente ans plus tard à Louise : « Lorsque feu M. le Dauphin revint du Palatinat, il me dit : " Quand vous disiez que vos lièvres et truites étaient meilleurs au Palatinat qu'en France, je croyais que l'amour de la patrie vous faisait parler ainsi ; mais depuis que j'ai été au Palatinat, je ne puis plus manger ici ni truites ni lièvres, et je vois que vous aviez raison "[30]. » Malgré son indéniable gentillesse, ce compliment gastronomique donne une curieuse idée des travaux du héros sur le rives du Neckar. Il avait écrit à son père de Frankenthal : « Nous sommes fort bien, Vauban et moi, parce que je fais tout ce qu'il veut [31]. »

« Est-il possible, Madame, que vous chantiez encore nos psaumes ? »

La finition en 1688 de l'orangerie de Saint-Cloud avait donné lieu à un événement caractéristique de la sensibilité religieuse de Madame en cette année difficile. Les liens qui la rattachaient à son passé protestant étaient plutôt d'ordre esthétique que dogmatique ; la beauté dépouillée et la piété mâle des cantiques luthériens et calvinistes lui convenaient parfaitement, et elle y pensait avec nostalgie au milieu de la magnificence baroque de la liturgie catholique qui lui paraissait trop ampoulée. Les vocalises grégoriennes ou les ornementations des messes et motets de Charpentier, Couperin ou Lalande la laissaient indifférente. Elle s'explique à Sophie : « En vérité, les psaumes ne sont pas aussi désagréables à entendre que les *voyelles* d'une grande messe, car on devient bien des fois vraiment impatient à force de n'entendre que des glapissements de *aaaa eeee iiii oooo*. Si j'osais, je me sauverais souvent de l'église pour cette raison, car je ne le supporte qu'à grand-peine. Je sais vraiment gré au docteur Luther d'avoir composé de beaux cantiques ; je crois qu'ils ont donné envie à beaucoup de gens de devenir luthériens, car ils ont quelque chose de joyeux [*denn das hatt etwass lustigs*] [32]... » Et cinq mois après cette profession de foi musicale, elle écrit en fredonnant pour le Nouvel An de 1699 : « *In dulci jubilo ho ho, nun singet undt seydt froh ho ho, unssers Hertzen Wohohone, ligt in praesepio ho ho, undt leüchtet alss die Sohohone, matris in gremio ho ho, alpha es et oho, alpha es et o*. Même si Votre Dilection n'a pas chanté cela aujourd'hui, je suis certaine que les timbales et les trompettes l'ont joué devant V.D. [33]... »

Cette préférence pour la musique sacrée de sa jeunesse protestante est omniprésente dans sa correspondance ; d'innombrables passages citent des psaumes et des cantiques de Noël, de Pâques ou de Pentecôte [34]. Il faut dire que même saint Bernard, ayant prêché sur les rives du Rhin en 1147, éprouva après son retour en France la même nostalgie ; son biographe Geoffroi cite ce passage d'une lettre à l'évêque Hermann de Constance : « Cependant il nous a beaucoup déplu, une fois que nous eûmes quitté le pays des Allemands, de ne plus entendre votre fameux *Christ uns Genade* et de n'avoir plus personne pour l'entonner. En effet, le peuple de langue française n'a pas, à l'instar de vos compatriotes, des cantiques qui lui soient propres [35]... » C'est dire que ces prédilections musicales ne mettent pas en cause la sincérité de la catholicité personnalisée d'Elisabeth-Charlotte qui écrira à la fin de sa vie à Caroline de Galles : « Comme je venais d'arriver en France, on m'a fait conférer de la religion avec trois évêques. Ils croyaient tous trois différemment, mais j'ai distillé des trois une quintessence dont j'ai formé ma religion [36]. »

Madame pouvait donc chanter ses chers psaumes le cœur en paix, et elle ne s'en privait pas quand elle était seule dans son cabinet ou dans son carrosse [37]. L'orangerie de Saint-Cloud encore encombrée d'échafaudages lui parut en cet été de 1688 un lieu idéal pour se livrer à ce pieux exercice. Les travaux étaient terminés, à l'exception des fresques de la voûte confiées au paysagiste réformé Jacques Rousseau. Né à Paris en 1630, il avait été élu membre de l'Académie de peinture après avoir étudié à Rome et décoré l'hôtel Lambert. Après la Révocation, il fut exclu de l'Académie et dut interrompre ses travaux à Marly et Saint-Cloud. Il recommença à travailler pour le Roi et Monsieur en 1688, après avoir abjuré. En août 1720, Madame écrit à Louise : « Croyez-vous donc, chère Louise, que je ne chante jamais de psaumes et de cantiques luthériens ? J'en sais encore beaucoup par cœur et les chante souvent : cela me console. Il faut cependant que je vous raconte ce qui m'est arrivé, il y a plus de vingt-cinq ans, avec mon chant. J'ignorais que M. Rousseau, qui a peint l'orangerie, fût réformé. Il se trouvait sur un échafaudage tout en haut. Je me croyais seule dans la galerie et me mis à chanter tout haut le sixième psaume : *In deinen grossen Zorn, darin bin ich verlohren. Ach, Herr Gott, straff mich nicht !* [...] A peine eus-je chanté le premier verset que j'entendis dégringoler quelqu'un en grande hâte de l'échafaudage et se jeter à mes pieds. C'était Rousseau lui-même. Je crus que l'homme était devenu fou et dis : " *Bon Dieu, monsieur Rousseau, qu'avez-vous ?* " Il dit : " *Est-il possible, Madame, que vous vous ressouveniez encore de nos psaumes et les chantiez ? Le bon Dieu vous bénisse et vous maintienne dans ces bons sentiments* " ! Il avait les larmes aux yeux[38]... » Ses travaux à Marly et Saint-Cloud valurent à Jacques Rousseau une réputation internationale ; le duc de Montague l'invita en Angleterre pour travailler dans son château de Bloomsbury. Il mourut à Londres en 1693, bourrelé de remords d'avoir abjuré. Madame de son côté eut bientôt besoin de tous ses psaumes, car la destruction systématique de sa patrie venait d'être décidée.

« TOUT BRÛLER ET REBRÛLER »

Louis XIV, Louvois et les « faucons » du Conseil savaient qu'ils ne pourraient pas garder indéfiniment le Palatinat qu'ils venaient d'occuper. Ils étaient donc condamnés à appliquer la tactique de la terre brûlée avant que l'empereur Léopold et les princes allemands n'eussent le temps d'exécuter leur décision d'envoyer une armée de 21 000 hommes sur le Rhin. Les lenteurs du côté allemand, où on passait le temps à « *eifrig zu deliberieren*[39] » et à ne rien faire, facilitaient une dévastation qui paraît aussi aberrante que celle de Dresde en février 1945.

Exposés à des exactions de plus en plus brutales et contraints à héberger une soldatesque nombreuse qui mettait le pays en coupe réglée, les Heidelbergeois étaient abandonnés à leurs propres ressources. Les Neuburg s'étaient enfuis, emportant leurs meubles, et les commandants français de la place leur riaient au nez ; Courtenvaux surtout, l'affreux fils nabot de Louvois, soutenait sa réputation détestable. Ne sachant plus à quel saint se vouer, la municipalité délégua à Paris Johann Weingard, hôte du *Roi de Portugal*, une des principales auberges de Heidelberg. Il était chargé de remettre une pétition à Louis XIV et de contacter Spanheim. Ancien serviteur de Karl Ludwig et bien connu d'Elisabeth-Charlotte, il commença par solliciter une audience au Palais-Royal. Madame le reçut le 4 décembre

1688 avec les mots : « Vous êtes donc là ! J'étais impatiente de vous voir ! Comment va le Palatinat ? », et s'enferma avec lui dans son cabinet. Weingard rapporte qu'ils parlèrent tard dans la nuit et que le récit des souffrances de sa patrie fit tant pleurer la princesse que les sanglots faillirent la suffoquer. Elle mit la main sur le cœur et déclara qu'elle sacrifierait volontiers son sang et sa vie pour le pauvre Palatinat si cela devait le sauver. Elle prit sur elle de transmettre la pétition au Roi, et en remit une copie à Louvois.

Les journées passèrent sans la moindre réponse et Madame alla voir le ministre qui se déroba : « C'est le maître qui parle... » Elle lui coupa la parole : « C'est vous qui parlez ! — Mais Madame, s'étonna le ministre, c'est pour défendre les propres intérêts de Votre Altesse que nous agissons... — En ce cas, Monsieur, qu'on me mette à la tête des armées et me laisse traiter moi-même mes affaires, ou qu'on y place mon mari, car je pense que lui du moins aurait pitié des malheureux Palatins ! » Le lendemain le marquis de Chamlay tâchait de la rassurer, mais Louvois se fâcha : « Que s'imagine donc la municipalité ? La ville et le pays sont au Roi ; il n'y a plus de municipalité ! » Weingard rentra découragé à Heidelberg, avec pour toute réponse une lettre fort aimable de Chamlay qui ne promettait absolument rien [40]. Il ne pouvait que constater que Heidelberg et Mannheim étaient condamnés autant par les atermoiements et les disputes des princes allemands que par l'obstination française à raser des places à évacuer dans le dessein d'empêcher l'Empereur d' « entamer le Rhin ». Dès le 27 octobre, Chamlay avait écrit à Louvois : « J'oserai vous avancer une chose qui ne sera peut-être pas de votre goût, qui est que, dès le lendemain de la prise de Mannheim, je mettrais les couteaux dedans et ferais passer la charrue [41]. »

Cette solution radicale fut tout à fait du goût de Louvois qui sut convaincre le Roi sans peine. L'idée était de « tout brûler et rebrûler » afin de mettre entre l'Alsace et l'Allemagne un désert où les armées ne pussent subsister. Dangeau note le 26 novembre : « Le Roi a fait partir des ordres pour raser Mannheim, non seulement les fortifications, mais même toutes les maisons tant de la ville que de la citadelle, pour empêcher que les Allemands ne puissent se servir de ce poste-là [42]. » Spanheim parle début janvier 1689 du projet « de raser et démolir entièrement Mannheim, sans aucun égard à tout ce qui aurait pu et dû en détourner, ni à toute la part que Madame y prend, et au déplaisir sensible qu'elle y a [43]... ».

Heidelberga deleta

La destruction systématique de Heidelberg, plus avancé en territoire ennemi que Mannheim, fut décidée le 13 janvier. Les premiers sapeurs mineurs arrivèrent trois jours après dans la ville condamnée ; fin janvier, ils étaient deux cents à miner systématiquement les tours et les murailles du château. Même les murs de soutènement du célèbre *hortus palatinus*, les piles maçonnées du pont couvert sur le Neckar et les tours des églises furent garnis de mines. Le comte de Tessé eut la responsabilité de l'entreprise dont l'exécution était confiée principalement au maréchal de camp Ezéchiel de Mélac. Celui-ci se distingua par le plaisir sadique avec lequel il incendiait les villages sur les deux rives du Neckar et mutilait les habitants qui osaient protester. Pendant la pose des mines à Heidelberg, Rohrbach, Leimen, Wiesloch, Kirchheim, Wieblingen, Handschuhsheim, Dossenheim, Ladenburg, Schriesheim et Neuenheim furent brûlés systématiquement, le plus souvent sans préavis et en pleine nuit. Les villageois terrifiés eurent tout juste le temps de se sauver au milieu de l'hiver de leurs maisons en flammes et de se cacher tout nus dans les bois. L'histoire du Palatinat connaît peu de bêtes noires comme Mélac : deux siècles plus tard, les mères du Palatinat calmaient leur marmaille turbulente en prononçant son nom, et les braves gens appelaient leur chien « Mélac » pour le plaisir de lui crier après « Mélac, sale bête ! » (en allemand, c'est plus pittoresque).

Avant de faire sauter le château, Tessé fit mettre de côté une toile de maître pour Louvois et les portraits de famille de la Maison palatine. « Cela s'appelle les pères, mères, grand-mères et parents de Madame », expliquait-il au ministre, ajoutant qu'il avait l'intention « de lui en faire une honnêteté et les lui faire porter quand elle sera un peu détachée de la désolation de son pays natal...[44] ». Ce sont apparemment les portraits dont Madame tapissera plus tard son cabinet de Saint-Cloud.

Mercredi 2 mars, le démantèlement et la destruction partielle de Heidelberg furent exécutés en toute hâte car Tessé avait appris l'approche de troupes impériales. Dès six heures du matin, les édifices minés sautaient les uns après les autres dans un bruit infernal, le château de grès rose d'abord. Des pans des fortifications qui regardent le Neckar et la ville en contrebas s'écroulaient, et une portion gigantesque se détacha de la grosse tour et écrasa la chancellerie dans sa chute ; un autre morceau resta suspendu malgré son poids énorme dans la position bizarre qu'il occupe toujours. Des tresses enduites de poix lancées sur les toits allumèrent des incendies qui ravagèrent une grande partie de l'intérieur du château. En bas, l'hôtel de ville et le

Marstall (les écuries électorales) furent entièrement détruits, et la *Heiliggeistkirche* subit de graves dégâts. Sur la place du marché, Mélac contemplait les flammes d'un air ravi. Il dirigea personnellement la destruction de l'auberge de Weingard auquel il lança : « Voilà la récompense de ta mission à Paris ! » Vers midi, la garnison française déguerpit, chargée de butin. De nombreux officiers paraissaient écœurés par le spectacle de cette destruction gratuite ; certains avaient même aidé de leurs mains les bourgeois de Heidelberg à écarter de leurs demeures le feu qui les menaçait. L'un d'eux, Ronville, dit en partant au conseiller Jerger qu'il reconnut devant sa maison saccagée : « Je voudrais de tout mon cœur que je ne fusse jamais venu à Heidelberg [45] ! »

Décidée depuis novembre, la démolition de Mannheim exécutée par Montclar fut encore plus systématique que celle de Heidelberg. Construite sur la confluence du Neckar et du Rhin, la ville que dominait la citadelle Friedrichsburg et que Karl Ludwig voyait comme la future rivale de Rome, était condamnée par sa situation stratégique. Le démantèlement du Friedrichsburg avait commencé début février, et Montclar avait fait comprendre aux citadins qu'une augmentation substantielle de leurs contributions de guerre sauverait la ville. Situé au centre du triangle Philippsburg-Heidelberg-Worms qui n'était plus qu'un vaste champ de ruines fumantes en ces premiers jours de mars, Mannheim ne pouvait échapper à son tragique destin malgré les sacrifices financiers de ses habitants. Le lendemain de la destruction de Heidelberg, la municipalité fut convoquée pour apprendre de la bouche de Montclar et de l'intendant La Grange que Louis XIV ordonnait la destruction de la ville, « de telle sorte que désormais âme n'y pût vivre ». Les Mannheimois étaient sommés de quitter leur ville dans le plus bref délai avec les possessions qu'ils pourraient emporter ; on leur offrit même — détail qui a particulièrement scandalisé les historiens allemands — de s'établir en Alsace.

Les travaux de démolition commencèrent le 5 mars. Pendant trois semaines, 400 soldats renversaient et brûlaient systématiquement les maisons et les églises, un quartier par jour. Le dimanche 6 mars, le pasteur réformé Gumbard prononçait un sermon d'adieu et baptisait trois petites filles dans la Concordienkirche, ce monument de tolérance et d'unité construit par Karl Ludwig pour le culte des trois confessions et lieu de sépulture de Louise von Degenfeld. En plein service religieux, les démolisseurs firent irruption dans l'église et commencèrent à renverser la chaire et détruire les chaises. Gumbard ne put terminer son sermon qu'il fit imprimer à Francfort avec une relation de la destruction de l'église. Malgré les protestations indignées des capucins qui la desservaient eux aussi, la Concordienkirche fut abattue et la sépulture de la raugrave violée. L'orgue magnifique fut démonté et transporté à Strasbourg. Le 25 mars, la ville était rasée systématiquement quartier après quartier, avec cet esprit de suite et cette logique inexorable caractéristiques de la nation qui avait produit Descartes.

Rarement un peuple civilisé a mis autant d'obstination à effacer de la carte une ville inoffensive. Une relation anonyme imprimée en français sans date ni lieu, *La Désolation de la ville électorale de Mannheim par les Français,* constate que « les soldats ont travaillé ici avec un feu et une joie incroyables, se réjouissant particulièrement des larmes des pauvres habitants[46] ». Ils avaient si bien travaillé que les rares citadins qui osèrent revenir en avril dans les décombres de leur ville ne retrouvèrent même plus les fondations de leurs maisons. Montclar, qui s'était retiré sur la rive occidentale du Rhin, rapporta ce retour à Louvois. Le ministre répondit le 16 mai : « Le moyen d'empêcher que les habitants de Mannheim ne s'y rétablissent, c'est, après les avoir avertis de ne point le faire, de faire tuer tous ceux que l'on trouvera vouloir y faire quelque habitation[47]. »

Certains officiers ne cachèrent pas leur réprobation devant cette barbarie et questionnèrent le jeune duc de Créquy sur les raisons de cet acharnement indigne du Très-Chrétien. Il leur montra une liste de douze cents villes et villages à raser pour s'être alliés à l'hérétique prince d'Orange contre le roi catholique Jacques II. Ce geste trahit le désarroi des conseillers de Louis XIV maintenant que Guillaume d'Orange venait de chasser son beau-père catholique et d'organiser la coalition antifrançaise. Il ne signifie nullement que les villes catholiques étaient mieux traitées : à Worms, quinze églises et couvents furent réduits en cendres, et à Spire, le Dom partiellement détruit et les ossements des empereurs profanés[48]. Tremblant d'indignation, Ludwig Häusser constate que l'Europe n'avait plus connu de telles atrocités depuis les invasions des Huns et des Mongols, et ne peut s'empêcher de voir dans les profanations de Saint-Denis d'octobre 1793 une réparation pour celles de Spire[49]. Saint-Simon visita Spire cinq ans plus tard : « Nous passâmes à Spire, dont je ne pus m'empêcher de déplorer la désolation. C'était une des plus belles villes et des plus florissantes de l'Empire [...]. Tout y était renversé par le feu que M. de Louvois y avait fait mettre ainsi qu'à tout le Palatinat, au commencement de la guerre, et ce qu'il y avait d'habitants, en très-petit nombre, était hutté sous ces ruines ou demeurant dans les caves[50]. »

La dévastation du Palatinat de 1689 hantait les nuits et les cauchemars d'Elisabeth-Charlotte, princesse palatine du Rhin.

« JE SUIS POUR AINSI DIRE LA PERTE DE MA PATRIE... »

Dangeau, qui avait été envoyé extraordinaire de Louis XIV dans le Palatinat en 1672-1673, note sèchement le 9 mars 1689 : « On a fait sauter le château de Heidelberg, et on a brûlé le pont de la ville. C'était un fort beau pont de bois fait à la manière de celui que nous avons à Sarguemines. » Et trois jours plus tard : « On a entièrement rasé la ville de Mannheim, et on travaille à raser la citadelle ; on n'y laissera pas pierre sur pierre, non plus qu'à la ville [51]. » Sourches compatit à la souffrance d'Elisabeth-Charlotte ; il observe le 11 mars, à propos de la destruction de Heidelberg : « On ne saurait concevoir la douleur que Madame eut en apprenant qu'on avait rasé cette place, où elle avait passé toutes les premières années de sa vie jusqu'à son mariage, et de ce qu'on avait brûlé ou ruiné tout le pays des environs ; car cette princesse aimait extrêmement son pays, comme elle y était extrêmement aimée [52]. »

L'attentat criminel commis contre le vert pays de son enfance crucifiait Madame. Elle avait fait l'impossible pour détourner une dévastation commise cyniquement en son nom, et on l'avait culpabilisée en lui faisant croire que c'était précisément son intercession qui avait déclenché la catastrophe. Souffrant plus que jamais, elle écrit le 20 mars à Sophie : « A peine m'étais-je remise un peu de la mort du pauvre Karllutz qu'une calamité affreuse et pitoyable s'est abattue sur le pauvre Palatinat. Ce qui me fait encore souffrir le plus, c'est qu'on s'est servi de mon nom pour précipiter les pauvres gens dans un malheur extrême, et quand je proteste en pleurant, on m'en sait mauvais gré et on m'en fait des reproches. Dût-on m'ôter la vie, je ne puis cesser de regretter et de déplorer que je suis pour ainsi dire la perte de ma patrie [*dass ich so zu sagen meines Vatterlandts Untergang bin*], et que les soins et peines prodigués par l'Électeur feu Monsieur mon père au pauvre Mannheim sont renversés ainsi d'un seul coup. Je ressens une telle horreur de tout ce qu'on a fait sauter que toutes les nuits, à peine endormie, il me semble être à Heidelberg ou à Mannheim, et voir toute la désolation. Je me réveille alors en sursaut et, de deux heures, ne puis retrouver le sommeil. Je me représente alors comment tout était de mon temps et dans quel état on l'a mis maintenant, puis en quel état je suis moi-même, et je ne puis m'empêcher de pleurer à chaudes larmes. Ce qui me désole encore, c'est que le Roi a précisément attendu pour précipiter tout dans la dernière misère, que je l'eusse imploré en faveur de Heidelberg et de Mannheim. Et l'on trouve encore mauvais que je m'en afflige, mais vraiment, c'est plus fort que moi [53]... » Et elle ne peut s'empêcher d'ajouter dans un post-scriptum faisant allusion à la bataille d'Uerdingen du 12 mars : « Les troupes brandebourgeoises ont quelque peu époussété les Français. Ce que j'en pense ne peut se confier à la plume, mais Votre Dilection le devinera sans peine. »

Le 14 avril, écrivant encore à sa tante, elle revient sur les malheurs du Palatinat : « Ce qui m'irrite, c'est qu'on se soit servi de mon nom pour duper les pauvres habitants du Palatinat : ces pauvres gens inoffensifs ont cru, par *affection* pour l'Électeur feu Monsieur mon père, qu'ils ne pouvaient mieux faire que de se soumettre de bon gré, et qu'ils m'appartiendraient et vivraient plus heureux que sous l'Électeur actuel, puisque je suis encore du sang de leurs vrais maîtres[54]... » Les larmes de sang de Madame ne pouvaient empêcher la continuation du programme de dévastation. Des troupes allemandes étaient enfin apparues dans le Palatinat, et les Français se repliaient, non sans avoir redoublé d'abord leurs efforts destructeurs. Louvois adressait fin juin 1689 de nouvelles consignes au duc de Duras, lui rappelant l'ordre du Roi de « brûler et rebrûler » le Palatinat que « M. de Montclar a trop épargné ». Frankenthal, Kaiserslautern, Bingen, Oppenheim, Sinzheim, Bruchsal, Offenburg et Alzey furent à leur tour rasés avec un zèle qui touchait le cœur du ministre. « Louvois eut son désert, conclut Arvède Barine, mais il nous coûta cher dans l'estime du monde civilisé[55]. »

Devant la désolation du Palatinat et les ricanements de Monsieur et des mignons, Madame eut l'impression que sa nature enjouée et sa capacité d'encaisser des camouflets étaient brisées. Elle écrit en mai à Sophie qui tâchait de la consoler par tous les moyens : « Votre Dilection prétend qu'on peut nous enlever tout, sauf un cœur gai. Je pensais de même tant que j'étais en Allemagne, mais depuis que je suis en France, je n'ai malheureusement que trop constaté qu'on peut nous prendre même cela[56]... » Quinze jours plus tard, ayant appris la destruction d'autres localités du Palatinat, elle confie à Sophie : « Je devrais être habituée à présent à l'idée que ma pauvre patrie brûle, puisque je n'entends plus parler d'autre chose depuis longtemps. Mais je ne puis m'empêcher, quand on me cite encore un lieu qui vient d'être incendié, de le déplorer et de souffrir de ces nouvelles [...]. Monsieur m'a dit récemment une chose qui m'a fendu le cœur et que j'ignorais : que le Roi a levé toutes les contributions au Palatinat en mon nom, de sorte que les pauvres gens se figureront que j'ai profité de leur malheur et que je suis la cause de tout. Cela me désespère[57]. »

Elle est littéralement obsédée par l'odieuse destruction commise en son nom et le désarroi des « pauvres gens » qui aiment malgré tout leur princesse Liselotte et ne comprennent pas pourquoi elle ne vient pas les secourir. Fin octobre, elle apprend à Sophie qui lui a pourtant demandé de ne plus parler des malheurs du Palatinat : « On m'a raconté hier une chose qui m'a vraiment *attendrie*, et que je n'ai pu entendre sans larmes : les pauvres gens rentrés à Mannheim se sont tous retirés dans leurs caves et y vivent comme dans des maisons. Ils tiennent même marché tous les jours, comme si la ville était encore dans son ancien état, et quand un Français vient à Heidelberg, les pauvres gens l'entourent en masse et demandent de mes nouvelles. Ils se mettent ensuite à parler de Sa Grâce l'Électeur monsieur mon père et de feu mon frère, et ils pleurent amèrement[58]... »

La description de Mannheim est confirmée neuf ans plus tard par la *Gazette d'Amsterdam* du 10 septembre 1698 : « La destruction a été si grande à Mannheim que les habitants qui y retournent ne peuvent reconnaître les endroits où leurs maisons étaient bâties, et l'on ne saurait discerner où étaient les fossés et les fortifications de la ville. On n'y voit que des montagnes de pierres, tant des églises que des tours et des maisons qui ont été renversées; et pour tous habitants, on n'y rencontre que quelques hommes ou femmes, avec leurs enfants, qui sortent d'une grotte et qui semblent des sauvages. C'est une chose fort touchante de voir de si tristes restes d'une si belle ville... »

Une partie des contributions du Palatinat, appelées *Orléansgeld,* aboutit dans les coffres de Monsieur. Madame n'en reçut pas un liard, mais le chevalier de Lorraine encaissa de quoi remettre somptueusement en état sa maison de Frémont; les autres mignons touchèrent aussi leur part, chacun selon son état de service ou ses charmes. Cet usage indigne des sommes extorquées à ses compatriotes offensait Elisabeth-Charlotte, suffoquée par le sentiment de son impuissance. Profondément meurtrie par les malheurs de l'année 1689, elle se replie sur elle-même, préférant la solitude de son cabinet aux visages de « ces gens-là avec qui il faut passer sa vie jusqu'à la fin[59] ». Une lettre de juin cite les plaintes de son entourage : « *Ah, que Madame est sauvage ! Elle n'aime pas à voir le monde, elle aime mieux demeurer dans son cabinet*[60]... » On la comprend.

Arvède Barine l'a comprise également : « Liselotte avait reçu le baptême de la grande douleur, celle qui tue les faibles et fortifie les forts. Elle sortit grandie de l'épreuve[61]. » Elle en sortit aussi compromise aux yeux du Roi qui ne s'expliquait pas qu'une princesse allemande qui avait l'honneur d'être sa belle-sœur pût avoir le mauvais goût de pleurer les malheurs d'un coin de l'Empire sacrifié aux intérêts présumés de la France, sans faire le moindre effort pour cacher sa désapprobation. Pour son malheur, « Madame était la droiture, la vérité, la franchise même, avec de grands défauts, dont l'un était de pousser à l'extrême les vertus dont on vient de parler[62]. » Ce joli diagnostic de Saint-Simon suggère qu'Elisabeth-Charlotte sortit fortifiée des malheurs qui furent son pain quotidien, mais aussi durcie et même déphasée, ce qui explique le ton de plus en plus féroce de ses lettres.

Il est dommage pour elle qu'elle n'eût plus à ses côtés cet homme sage qu'était Spanheim pour lui prêcher la modération et la souplesse. L'électeur de Brandebourg s'étant rallié à la Ligue d'Augsbourg, son envoyé en France fut rappelé à Berlin en janvier 1689. Spanheim rédigea l'année suivante sa fameuse *Relation de la Cour de France* dans laquelle il résume parfaitement la situation d'Elisabeth-Charlotte à cette époque, faisant état de « ses regrets et ses larmes pour la cruelle désolation du pauvre Palatinat, de l'ancienne demeure de ses ancêtres et où elle avait pris naissance, sans avoir pu rien contribuer pour les détourner, et au contraire en voyant, pour surcroît d'affliction, que ses droits prétendus en servaient malheureusement de prétexte, ainsi qu'elle m'a fait l'honneur de me le témoigner plus d'une fois avec des marques d'une douleur extrême... ». Ayant constaté « son humeur peu portée à déguiser ses sentiments dans les rencontres et à se contraindre », il conclut : « Ainsi n'y a-t-il guère d'apparence que sa condition devienne plus heureuse avec le temps, et ainsi que Monsieur change d'inclination ou de conduite à son égard[63]... » Tiraillée entre un monde qu'elle déteste et un monde qui n'est plus, Madame est condamnée par les circonstances et par sa propre nature à l'isolement. Et à l'écriture.

Du côté de l'Angleterre

L'Angleterre du XVIIᵉ siècle, celle des Stuart, eut sa part de bouleversements dramatiques, mais aucun n'eut d'aussi désastreuses conséquences pour la France que l'expédition organisée fin 1688 par le prince d'Orange, capitaine général et stathouder des Provinces-Unies, qui s'empara sans grandes difficultés du trône d'Angleterre qu'occupait depuis quatre ans son beau-père Jacques II. Maladroit et bigot, celui-ci s'était laissé entraîner par sa deuxième épouse, la très catholique Marie de Modène, à une politique autoritaire et inconsidérée qui favorisait indiscrètement une minorité catholique au mépris des droits fondamentaux acquis depuis un siècle et demi par l'Église d'Angleterre. Le roi Jacques semble ne jamais avoir compris à quel point l'Angleterre et l'Écosse étaient profondément antipapistes. Cette velléité de retour sous la houlette de Rome avait créé une situation explosive que Guillaume d'Orange, fils de la princesse Mary, sœur de Charles II et Jacques II, et époux d'une autre princesse Mary, fille de Jacques II, sut habilement exploiter.

Farouchement protestant, ambitieux et habitué à pêcher en eau trouble, l'ancien « fiancé » d'Elisabeth-Charlotte s'était imposé comme le champion de la cause protestante. Sa haine viscérale de Louis XIV ne faisait que le déterminer à aller jusqu'au bout. En novembre 1688, il traversa la Manche avec des troupes hollandaises et débarqua à Torbay. Une armée commandée par Marlborough et envoyée pour l'arrêter l'acclama, et Jacques II, la Reine et le prince de Galles s'enfuirent en France avec la complicité de Lauzun. Le Parlement interpréta cette fuite comme une abdication ; Guillaume et Mary furent proclamés conjointement roi et reine d'Angleterre et d'Écosse en février 1689 et couronnés en avril. En 1689 et 1690, Jacques II tenta encore en vain, grâce aux moyens mis à sa disposition par Louis XIV, de soulever l'Irlande catholique. Le 1er juillet 1690, la victoire orangiste de la Boyne confirma le triomphe de Guillaume III et la chute définitive des jacobites.

L'arrivée en France début janvier 1689 et l'installation au château de Saint-Germain de Leurs Majestés britanniques déchues fut un événement considérable. La propagande catholique post-révocationniste faisait de l'ex-roi un confesseur et presque un martyr, alors que la presse protestante le présentait comme un maladroit responsable de ses propres malheurs. Le père Pierre-Joseph d'Orléans eut l'occasion de rencontrer Jacques II à Saint-Germain ; il le défend ainsi dans son *Histoire des Révolutions d'Angleterre* (1re éd., 1693) : « ... Aucun homme équitable juge des intentions de ce Monarque et des ressorts de sa conduite sur ce qu'en publient ses sujets rebelles [...] Sa religion, sa dignité, sa vertu, son caractère d'esprit le rendent plus croyable qu'eux. Sa droiture envers Dieu, qui lui a fait sacrifier trois couronnes à sa foi, est sans réplique [...]. Les Protestants rebelles le blâment de s'être attiré son malheur par un mépris des lois établies, par un zèle excessif pour sa religion [...]. Ce Prince assure qu'il n'a rien fait contre les lois de son royaume [64]... » Une version aussi élogieuse ne convainquit pas tout le monde. Claude-Maurice Le Tellier, frère de Louvois et archevêque de Reims, ricana en le voyant sortir de la messe : « Voilà un fort bon homme ; il a quitté trois royaumes pour une messe ! » Mme de La Fayette qui rapporte ce propos ne peut s'empêcher de commenter : « Belle réflexion dans la bouche d'un archevêque [65] ! »

Petite-fille d'une princesse Stuart et ancienne compagne de jeux de Guillaume d'Orange, Madame ne pouvait rester indifférente devant ce qui s'était passé en Angleterre. Son attitude à l'égard du couple royal de Saint-Germain se comprend mieux quand on sait qu'elle détestait les Anglais, prévention curieuse chez une princesse qui aurait pu être reine d'Angleterre si elle était restée protestante. N'ayant jamais traversé la Manche, elle ne pouvait connaître la nation anglaise qu'à travers les récits de sa grand-mère et de son père. Ses lettres fourmillent de passages qui critiquent les Anglais, d'abord parce qu'ils ont la fâcheuse habitude de ne pas aimer leurs rois, et même de leur couper la tête si elle ne leur revient pas. « Les Anglais sont des têtes folles [*dolle Köpffe*] très difficiles à vivre, et qui haïssent tous leurs Rois », dit-elle à Louise en 1714, citant milord Peterborough qui avait

prononcé devant elle : « J'aime tous les rois, hors les nôtres[66]. »
Parmi les autres défauts anglais, elle cite régulièrement la débauche,
la cruauté, la méchanceté, mais surtout la fausseté et la perfidie.
« On peut dire ce qu'on veut, confie-t-elle à Louise en 1715, mais les
Anglais sont des gens faux et perfides auxquels on ne saurait se fier
[*falsche undt untrewe Leütte, denen kein Haar zu trawen ist*]. » Et
cinq jours plus tard : « Je n'ai absolument pas confiance dans les
Anglais [*ich trawe den Engländern kein Haar*] ; on ne saurait assez se
méfier d'eux[67]... » Autres crimes impardonnables : les Anglais pro-
noncent mal le français, boivent plus que de raison et détestent les
Allemands. « Il faut dire la vérité, soupire Madame, les Anglais sont
des têtes bizarres [*wunderliche Köpffe*][68]... »

Le roi Jacques qui vient s'installer à Saint-Germain est donc à ses
yeux la victime d'une nation ingrate et perfide, et qui plus est, un
lointain parent : ils sont respectivement petit-fils et arrière-petite-fille
de Jacques Ier Stuart. Mais bientôt les écailles lui tombent des yeux.
En mars 1689, dix semaines après l'arrivée du roi déchu, elle
rapporte à Sophie : « Lorsqu'on voit le bon roi et qu'on lui parle, on
a fort pitié de lui, car il semble la bonté même, mais on ne peut
s'étonner que lui soit arrivé ce que nous voyons à présent. Mais la
reine semble être très intelligente et me plaît beaucoup[69]. » En août
1690, Madame distrait Sophie en lui envoyant de Saint-Cloud cette
relation émaillée d'un curieux dialogue :

« Nous avons eu ici jeudi dernier le pauvre roi et la reine ; la reine
était bien sérieuse, mais le roi très gai. [...] J'ignore qui furent les
flatteurs qui ont tant loué l'intelligence de ce roi, car autant que je
puisse en juger, il n'y a pas de quoi. Mais la reine a de l'intelligence
et sa *conversation* est agréable. Il lui échappe souvent un trait de ce
qu'elle pense, car elle souffre intérieurement de voir comment vont
les choses. J'entendis dans la *calèche* un *dialogue* qui m'a divertie.
Monsieur parlait selon son habitude de ses joyaux et de ses meubles,
et finit par dire au roi : " *Et V.M. qui avait tant d'argent, n'avez-
vous pas fait faire et accommoder quelque belle maison ? — De
l'argent*, disait la reine, *il n'en avait point, je ne lui ai jamais vu un
sou.* " Le roi dit : " *J'en avais, mais je n'ai point acheté des pierreries
ni meubles, ni n'ai point fait accommoder des maisons. Je l'ai tout
employé à faire bâtir des beaux vaisseaux, fondre du canon et faire
des mousquets. — Oui*, dit la reine, *cela vous a servi de beaucoup et
cela a tout été contre vous.* " La conversation en resta là. [...] Le feu
roi [Charles II] avait coutume de dire : " *Vous voyez bien mon
frère ; quand il sera roi, il perdra son royaume par zèle pour sa
religion.* " [...] Plus on voit ce roi et on entend parler du prince
d'Orange, et plus on excuse le prince et voit qu'il est *estimable*.
Votre Dilection pensera peut-être qu' " un vieil amour ne rouille

point ", mais il est certain qu'une intelligence comme la sienne me plaît mieux qu'un beau visage [70]... »

On voit qu'Elisabeth-Charlotte commence à s'écarter dangereusement de l'optique française qui s'obstine à voir dans l'ex-roi un héros catholique qui a préféré le Royaume des Cieux au Royaume-Uni, et selon laquelle Guillaume III n'est qu'un vil usurpateur. Elle constate que le pauvre Jacques n'est qu'un imbécile victime de sa propre bigoterie, et commence à parler — lapsus impardonnable ! — du *roi Guillaume.* Sa critique se fait plus mordante. En septembre 1691, faisant allusion à un attentat manqué contre la personne du roi Guillaume, elle constate : « Il faut que le prince d'Orange ait une véritable *grandeur d'âme* pour craindre si peu la mort ; il faut bien avouer qu'il a du mérite. [...] Le roi et la reine se refusent ici à voir des comédies et à entendre de la musique ; cela ne leur sera ni profitable ni nuisible. Je crois que, s'ils avaient laissé au bon Dieu le soin de s'occuper lui-même de sa gloire, le priant et le révérant gentiment et paisiblement à la façon qui leur plaisait le plus, et écoutant au reste plutôt la comédie que les discours et les disputes des prêtres, ils seraient à présent paisiblement dans leur royaume [71]. » L'ironie est plus cinglante encore, et le bon sens plus évident, dans cette constatation de juin 1692 : « Il faut se rendre à l'évidence : notre bon roi Jacques est un brave et honnête homme, mais le plus niais que je n'aie vu de ma vie, car un enfant de sept ans ne ferait pas d'aussi grosses bourdes que lui. La piété ne le rend pas fou comme saint Paul, mais elle l'abêtit terriblement. [...] J'ai vraiment pitié du pauvre homme. Je voudrais qu'il prenne la bonne *résolution* de s'en aller à Rome et d'y voir autant de jésuites et de moines qu'il est possible. Qu'on lui donne une bonne *pension,* qu'il passe sa vie en paix et qu'il cède les royaumes au roi Guillaume qui les gouvernera mieux que lui [72]... »

Ces derniers textes (qui ne furent jamais traduits en français) révèlent une duchesse d'Orléans contestataire, commentant la politique anglaise de la France dans un esprit très proche de celui des gazettes hollandaises qu'elle lisait en cachette. Une phrase curieuse de juin 1689 révèle sa loyauté chancelante : « J'espère, si le malheur voulait ici que le prince d'Orange (car il nous est interdit de dire le roi Guillaume) prenne sa vengeance, qu'il se rappellera notre ancien amour et qu'il ne me fera point de mal [73]... » On ne peut attendre d'une princesse qui vient de voir les Français anéantir sa patrie d'être prête à s'immoler pour la cause française. Il y a des limites.

Sa voix qui s'élève avec une rare indépendance d'opinion au sein de la famille royale s'exprime sans ménagements. L'avant-dernier extrait cité est précédé immédiatement de cette remarque sur ses démêlés avec Mme de Maintenon : « Mon parti est pris : je laisserai passer désormais, autant que possible, les choses comme elles viennent, et ne penserai qu'à ma santé. Bien que je ne sois plus jeune, la vieille conne est plus âgée que moi ; j'espère donc que j'aurai avant ma fin le plaisir de voir crever la vieille diablesse [*den Spass den alten Teüffel bärsten zu sehen*]. » Elisabeth-Charlotte venait d'avoir alors quarante ans ; Mme de Maintenon en avait presque cinquante-sept. Le moins qu'on puisse dire, c'est que notre princesse n'y allait pas avec le dos de la cuiller.

« Il n'est que trop vrai qu'elle fut empoisonnée... »

Le samedi soir 19 février 1689, Louis XIV ouvrit une dépêche de son ambassadeur à Madrid le comte de Rebenac, qui lui apprit la mort subite de Marie-Louise d'Orléans, reine d'Espagne depuis dix ans. Le 12 février, après deux jours de nausées et d'atroces douleurs abdominales, elle était morte « à l'égard du Dieu comme une religieuse et à l'égard du monde comme une héroïne ». Ce furent les propres mots de Rebenac. Elle avait assuré en mourant à l'ambassadeur accouru qu'elle n'était pas empoisonnée. Selon Mme de La Fayette, « le Roi n'en voulut rien dire à Monsieur le soir, et ne le dit à personne ; mais le lendemain, à son lever, il le dit tout haut, et, quand il fut habillé, il se transporta à l'appartement de Monsieur, le fit éveiller, et lui apprit cette nouvelle. Monsieur en fut affligé *autant qu'il est capable de l'être*. [...] A la vérité, la manière dont elle mourut ajoutait quelque chose à la douleur de Monsieur, car elle mourut empoisonnée [74]... »

Comme sa mère Henriette, Marie-Louise fut emportée dans sa vingt-septième année, et sa mort donna lieu aux mêmes soupçons d'empoisonnement. Le médecin de la Reine, Gianlorenzo Francini, parlait vaguement d'huîtres empoisonnées ou avariées, tout en maintenant qu'elle mourut du choléra ; Saint-Simon parle de poison administré par la comtesse de Soissons, tantôt dans un verre d'eau, tantôt dans du lait glacé [75] ; d'autres mentionnent du chocolat empoisonné. Voltaire enfin rapporte des rumeurs qui attribuent le crime au comte von Mansfeld, avec la précision : « Le poison avait été mis dans une tourte d'anguilles [76]. » C'est dire que la Cour fut reprise par ses vieux démons et que les rumeurs les plus folles ajoutaient à la douleur de Monsieur et de Madame.

« Il serait dangereux, observe Sourches, de raisonner ainsi sur toutes les morts précipitées ; et, comme les jeunes personnes meurent aussi souvent que les vieilles, il est fort possible que la mort de cette princesse ait été purement naturelle [77]. » Mais la mort de la jeune Reine était suspecte ; c'est bien le moins qu'on puisse dire. Son mari lui-même l'avait mise en garde contre les agissements du comte Mansfeld, émissaire de l'Empereur, et de son amie la comtesse de

Soissons, cette Olympe Mancini naguère si compromise dans l'Affaire des Poisons. Marie-Louise se sentait si menacée qu'elle avait écrit à Monsieur de lui envoyer du contrepoison, mais le messager qui le lui portait croisa le courrier porteur des dépêches qui annonçaient sa mort.

Il est certain que ce décès était une catastrophe pour la France. Marie-Louise avait su gagner la confiance du débile Charles II ; grâce à elle, le roi d'Espagne avait refusé obstinément de céder aux instances de la cour de Vienne l'invitant par la bouche de Mansfeld à se joindre à la Ligue d'Augsbourg. La disparition de la reine française servait si bien les intérêts de l'Empereur que les rumeurs d'un empoisonnement télécommandé par le cabinet de Vienne en devenaient inévitables. Charles II épousa six mois plus tard Marie-Anne von Neuburg, fille de l'électeur palatin Philipp Wilhelm et sœur de l'Impératrice — c'est la reine d'Espagne dans *Ruy Blas* de Victor Hugo —, et l'Espagne entra aussitôt dans la coalition contre la France.

Madame, qui avait vu partir dix ans plus tôt Marie-Louise avec ses deux petits chiens et Saint-Chamant, et qui avait échangé avec elle une correspondance régulière et chaleureuse, s'arracha aux malheurs de sa patrie pour pleurer sa belle-fille, « *unsere Madmoisel* ». Elle écrit en mars à Sophie : « J'ai bien pensé que la mort de notre bonne reine d'Espagne affligerait Votre Dilection. Je ne peux pas encore la digérer moi non plus, et bien qu'à l'exemple de tous les parents proches et haut placés de Sa Majesté je sois maintenant de nouveau présente à tous les *divertissements,* j'en reviens aussi triste que j'y suis allée, et rien ne peut me *divertir* de mon chagrin[78]... »

Elisabeth-Charlotte croyait aussi fermement à l'empoisonnement de Marie-Louise qu'à celui de Madame Henriette. Dès le retour de Rebenac rappelé de Madrid, elle le questionna avidement. Elle apprend en juin à Sophie : « J'ai parlé avec lui de la mort de la bonne feue reine d'Espagne ; il n'est que trop vrai qu'elle fut empoisonnée dans des huîtres crues », et peu après : « M. de Rebenac n'a pas tort de croire que la bonne reine d'Espagne a été empoisonnée ; on l'a bien vu quand on l'a ouverte, et sitôt après sa mort elle est devenue toute *violette.* Ce qui fait croire qu'elle a été empoisonnée dans des huîtres, c'est qu'une des demoiselles de la reine en voulait manger aussi, mais un *Grand d'Espagne* accourut, lui arracha l'huître de la main et dit qu'elle serait malade si elle en mangeait[79]. » On peut sourire des propos exaltés d'Elisabeth-Charlotte, mais il est certain que les deux textes qu'on vient de lire, et qui ne furent jamais traduits en français, proposent un témoignage de première main qui mérite d'être pris au sérieux, car on ne voit pas pourquoi Rebenac, qui avait la réputation d'un « fort honnête homme, et fort distingué dans les négociations[80] », aurait raconté n'importe quoi à Madame, sachant l'affection très réelle qu'elle portait à la reine défunte.

Il est vrai que notre princesse avait une prédilection marquée pour une lecture peu nuancée et dramatisée des événements saillants de son temps et que sa crédulité était grande, mais il est vrai aussi qu'elle occupait un poste d'observation enviable, et que son honnêteté foncière n'a jamais été mise en cause. On a eu tort de refuser aux lecteurs français ses confidences sur la fin de la petite et courageuse reine d'Espagne séparée du monde des vivants par des grilles omniprésentes et des haies de duègnes, et enfin empoisonnée au fond d'un palais lugubre pour être restée fidèle à son pays d'origine tout en aimant loyalement son mari impuissant. Madame, après tout, était fort bien placée pour comprendre le drame d'une telle existence et d'une telle fin.

« JE SUIS UNE NOIX DURE A CASSER ! »

L'entente entre le duc et la duchesse d'Orléans ne fut jamais aisée, mais jamais leurs rapports n'étaient mis à aussi rude épreuve que lorsque des charges étaient vacantes dans la maison de Madame, ou que des décisions concernant l'éducation de leurs enfants s'imposaient. La grande promotion de l'ordre du Saint-Esprit du 31 décembre 1688 annonçait du grabuge. La dernière grande promotion avait eu lieu en 1661 ; aussi, lorsque Louis XIV annonça début décembre qu'il remplirait à la fin du mois les soixante-quatorze places vacantes, les courtisans entrèrent dans un état de surexcitation. Le Roi se réservait soixante-neuf nominations ; en vertu du droit de présentation, il en laissait deux à Monsieur, une à Madame, une au jeune duc de Chartres et une à M. le Prince. Madame donna sa présentation à son chevalier d'honneur le marquis de La Rongère, qui portait le beau nom d'Hyacinthe de Quatrebarbes. Les deux places de Monsieur allèrent à deux de ses mignons émérites, les marquis d'Effiat et de Châtillon. Le Roi non seulement agréa ce choix malgré sa « singulière horreur pour tous les habitants de Sodome [81] », mais il nomma de son côté, pour faire bonne mesure, le chevalier de Lorraine et son frère Marsan, ceux-là précisément qui avaient initié son fils Vermandois aux plaisirs ultramontains. Les plus clairvoyants se doutaient que le Roi, en répandant ses bienfaits sur les favoris de son frère, avait une idée derrière la tête.

Madame, en tout cas, ne se faisait guère d'illusions. Dès avril 1688, elle avait confié à Sophie : « On m'a dit en confidence les vraies raisons pour lesquelles le Roi traite si bien le chevalier de Lorraine et le marquis d'Effiat : c'est parce qu'ils lui ont promis de *persuader* Monsieur à le prier très humblement de marier les enfants de la Montespan avec les miens [82]. » Elle assista le 1er janvier 1689 à la cérémonie de l'Ordre, où le Roi donna le cordon, le grand manteau et le collier du Saint-Esprit aux nouveaux chevaliers qui lisaient le serment et lui baisaient la main. On peut deviner ses pensées amères en voyant marcher en procession le chevalier de Lorraine et le marquis d'Effiat revêtus de la cape de velours noir doublée de satin orange, du mantelet tissé d'argent semé de colombes et de langues de feu et du collier d'or soutenant la croix, composé de lys et des armes du Roi.

La mort de Mme de Durasfort, dame d'atour de Madame, donna lieu à un démêlé conjugal qui se termina sur un compromis. Mme de Durasfort avait été transportée mourante à Saint-Cloud où sa maladie eut « des symptômes très-extraordinaires, et entre autres elle avait jeté deux boyaux d'un pied de long, au grand étonnement de tous les médecins » (Sourches). Après ce tour de force, elle mourut le 13 mai, assistée de Bossuet. Dangeau note le même jour : « On croit que Mlle de Châteautiers pourrait bien avoir part à sa charge[83]. » Selon Saint-Simon, Madame voulait « opiniâtrement » sa fille d'honneur Mlle de Châteautiers, « sa favorite et digne de l'être[84] ». Monsieur voulut de son côté Mme de Châtillon, épouse du beau marquis (« l'homme de France le mieux fait », dira Saint-Simon[85]) récemment promu à l'ordre du Saint-Esprit. Têtue comme une bourrique, Elisabeth-Charlotte refusa de céder, et « pour tout accommoder, le Roi permit que Madame eût une seconde dame d'atour ». Le duc et la duchesse d'Orléans s'étaient spécialement rendus à Versailles le 15 mai pour soumettre au Roi l'idée d'une deuxième dame d'atour. Les chroniques déférentes de Sourches et de Dangeau suggèrent que Madame n'a emporté la belle Châteautiers que de haute lutte ; le premier mentionne les « pressantes instances » de la princesse, et le second note sobrement : « Madame a tant insisté [...] que Monsieur n'a pu le lui refuser[86]. » Elle détestait cordialement les Châtillon et s'était arrangée pour ne pas assister à leur mariage, célébré au Palais-Royal en avril 1685.

Début août de la même année 1689, la nécessité de donner un nouveau gouverneur à leur fils le duc de Chartres, qui fêtait son quinzième anniversaire, précipita ses parents dans une autre série de scènes de ménage. En neuf ans, le jeune prince avait eu quatre gouverneurs, tous des vieillards : le marquis de Sillery, le duc de Navailles, le maréchal d'Estrades, et enfin le duc de La Vieuville qui venait de mourir à l'âge de soixante-dix-sept ans[87]. Cette succession rapide de gouverneurs n'avait pas favorisé l'éducation du jeune Chartres qui avait reposé sur son précepteur Saint-Laurent. Érudit et honnête homme, l'ancien introducteur des ambassadeurs de Monsieur appartenait par bonheur à une espèce d'hommes qui ne devait pas fourmiller au Palais-Royal. De faible santé, Saint-Laurent se faisait aider d'un sous-précepteur, l'abbé Guillaume Dubois. Introduit auprès du jeune prince en juin 1683, l'abbé remplit les modestes fonctions de répétiteur, aidant Saint-Laurent « à préparer ses leçons, à écrire ses thèmes, à le soulager lui-même, à chercher les mots dans le dictionnaire[88] ». Le 2 août 1687, jour du treizième anniversaire du duc de Chartres, Saint-Laurent fut emporté à Versailles par une colique. Bouleversé par cette curieuse attraction d'anniversaire, le jeune Chartres supplia son père accouru pour le consoler : « Monsieur, la plus grande consolation que vous me pouvez donner est de me conserver les gens qui m'ont été donnés par feu M. de Saint-Laurent[89]. » C'est ainsi que Dubois lui succéda. Peu scrupuleux, ambitieux et malin comme un singe, il eut sur son disciple princier une influence que Madame combattra plus tard en vain.

Le *Mercure galant* avait loué dès février 1684 la « facilité surprenante à apprendre tout ce qu'on lui montre » du fils de Madame. Dubois eut l'excellente idée, pour amadouer la duchesse d'Orléans, de profiter de ces dons et d'inscrire au programme d'études du jeune Chartres une histoire des principautés allemandes et des familles régnantes de l'Empire. Il commandait des mémoires détaillés à des spécialistes ; la Bibliothèque nationale conserve l'un de ses cours manuscrits sous le titre *Abrégé de l'histoire et des généalogies des grandes Maisons d'Allemagne*. Quand son élève eut assimilé cette matière avec sa facilité accoutumée, Dubois convia Monsieur et Madame à un examen public le 24 septembre 1689 à Versailles : un jury de diplomates ayant blanchi outre-Rhin interrogerait le prince sur l'histoire et les institutions de l'Allemagne. « M. le duc de Chartres, rapporte Dangeau, répondit si savamment sur toutes les questions qu'on lui fit sur l'Allemagne qu'il embarrassa tous ceux qui étaient venus pour l'interroger. Monsieur et Madame furent présents à cette conférence, et en furent surpris et contents au dernier point[90]. » Ils furent si satisfaits que les apppointements de Dubois furent doublés. Le « petit homme maigre, effilé, chafouin, à perruque blonde, à mine de fouine[91] » eut raison d'être content : l'intérêt qu'il portait aux questions étrangères le conduirait loin.

L'hécatombe de gouverneurs et précepteurs décrépits trébuchant l'un après l'autre dans la tombe avait donné envie à Monsieur de nommer un nouveau gouverneur qui fût dans la force de l'âge. Il pensait à l'infâme Effiat, son grand écuyer, qui avait alors cinquante et un ans et une santé à décourager l'héritier le plus patient (il mourra octogénaire). En apprenant ce projet, Madame sortit de ses gonds germaniques. Sa tante Sophie eut droit à une série de lettres tantôt amères et tantôt indignées. Fin mai, elle lui confie : « Si mes enfants dépendaient de moi ils me donneraient beaucoup de joie, mais [...] quand je vois que Monsieur a la ferme intention de donner à mon fils le marquis d'Effiat pour gouverneur, qui est mon pire ennemi et qui excitera mon fils contre moi comme il a fait jusqu'à présent de

Monsieur, je dois avouer que les enfants me donnent plus de *chagrin* que de joie. [...] Ce marquis est le gaillard le plus débauché du monde, et particulièrement adonné aux débauches de la pire espèce. S'il devient gouverneur de mon fils, je puis être sûre qu'il lui apprendra ce qui est le plus horrible au monde[92]... » Les lettres à Sophie de l'été 1689 reviennent inlassablement sur le marquis d'Effiat « le plus grand sodomite de France », Effiat qui tourne autour des princes allemands qui viennent faire la révérence au Palais-Royal, Effiat l'empoisonneur de Madame Henriette, Effiat « qui a toujours sa chambre au Palais-Royal pleine de putains et de jeunes garçons [*voller Huren undt Buben*] », l'infâme marquis à qui elle refuse de confier son fils unique de peur que les gens n'aillent penser « qu'il est la maîtresse d'Effiat [*dass er des Desfiats mestres seye*] ». Elle s'exprime avec tant de verdeur que Sophie lui fait remarquer que le duc Ernst August estime qu'elle écrit trop librement sur ce qui se passe au Palais-Royal.

Vers la mi-août Madame finit par déclarer à Monsieur qu'il était son seigneur et maître, et qu'il pouvait mettre son fils entre telles mains qu'il lui plairait, mais que jamais le marquis d'Effiat n'aurait son approbation ni son consentement. S'il devait persister dans son idée, elle s'excuserait devant tout le monde que tout cela s'était décidé contre son gré. Monsieur tenta de se tirer d'affaire en disant que Mme de Maintenon et le Roi approuvaient son choix, et lui dépêcha son chancelier Terrat et son confesseur jésuite Zoccoli porteurs de promesses et de menaces. Sa décision était irrévocable ; si elle se résignait de bonne grâce, elle obtiendrait tout ce qu'elle voudrait et la comtesse de Beuvron, sa favorite chassée, serait « bien traitée ». Si elle s'obstinait, on la menaçait de « toutes sortes d'éclats ». Mais Madame ne se laissa pas intimider. Elle courut chez le Roi qui nia avoir donné son consentement. Au contraire, il avait essayé vainement depuis un an de détourner son frère de cette idée. Madame sortit soulagée du cabinet du Roi : son fils aurait un gouverneur honnête homme[93].

Les traces de cette dispute et de la fausse rumeur du consentement royal se retrouvent chez Dangeau qui note le 5 août : « Le Roi avait accordé à Monsieur la prière qu'il lui avait faite il y a longtemps de trouver bon que le marquis d'Effiat fût gouverneur de M. de Chartres ; mais Madame n'y a point voulu consentir, et a déclaré qu'elle ne verrait jamais le marquis d'Effiat s'il acceptait cet emploi. » Le marquis finit par renoncer à une charge qu'il ne pouvait accepter sans s'exposer à la redoutable fureur de Madame, et Monsieur déclara le 26 septembre qu'il avait choisi René Martel, marquis d'Arcy et ancien ambassadeur à Turin, comme gouverneur du duc de Chartres. Effiat était bien connu pour ce qu'il était : le *Mercure galant* avait annoncé la mort de sa femme en précisant : « C'était une dame d'une très-grande vertu, et qui a regardé la mort comme un passage à une vie plus heureuse[94]. »

On la comprend. Le combat de Madame et le choix de Monsieur reçurent l'approbation des courtisans; Sourches commente : « Ce choix fut approuvé de tout le monde, car M. d'Arcy était un parfaitement honnête homme, et qui savait vivre autant qu'aucun autre seigneur de la vieille Cour [95]. » Elisabeth-Charlotte pouvait respirer : son fils ne serait certes pas un parangon de vertu, mais il n'explorerait pas les chemins de Sodome.

Elle gagna, au moins provisoirement, une autre bataille. Début décembre, des rumeurs du double mariage unissant les enfants de Madame aux bâtards du Roi mirent la Cour en effervescence, chacun ayant son mot à dire. On s'étonnait que Monsieur, très sensible à son rang et sa dignité, y eût consenti, mais les mieux informés chuchotaient que les mignons lui avaient forcé la main. Il y eut des ricanements, et les plus audacieux hasardèrent des plaisanteries un peu fortes qui faisaient rougir les dames. Puis, brusquement, le projet sembla écarté. Sourches note le 4 décembre : « Ces deux affaires se rompirent par une autre voie, qui fut celle de Madame, laquelle ne voulut jamais y donner son consentement, quelque effort que l'on pût faire pour la persuader. »

Une autre aurait tenté de faire passer son opposition à la volonté royale à force de souplesse et de discrétion, mais ce serait mal connaître Madame que de lui prêter des réflexes aussi diplomatiques. Malgré les incitations à la circonspection de Sophie, elle se laissait aller à des excès de langage épistolaire auxquels elle semblait prendre goût. Sa lettre du 10 décembre 1689 qui reparle du double projet de mariage traite Mme de Maintenon avec une hargne particulière. « Je ne crois pas, écrit-elle à Sophie, qu'on puisse trouver au monde un plus méchant diable qu'elle avec toute sa *dévotion* et son hypocrisie. Je constate qu'elle fait dire vrai au vieux proverbe allemand : où le diable ne peut arriver, il envoie une vieille femme. Tous les malheurs viennent de cette vieille conne [96]. » Sophie a dû frémir en lisant ces gentillesses. Ce qui est certain, c'est que Louis XIV et son épouse, régalés par le cabinet noir d'extraits choisis des lettres d'Elisabeth-Charlotte, n'en riaient pas. Le Roi ne pouvait pas éclater ouvertement, mais il se vengea en privant Madame de ses étrennes habituelles. Dangeau note le 4 janvier 1690 : « Le Roi a donné à Monseigneur 2 000 pistoles pour les étrennes, autant à Mme la Dauphine et à Monsieur ; (...) Madame n'en a point eu du tout [97]. »

Mais la princesse impavide ne désarmait pas. Dans sa lettre suivante à Sophie, elle mentionne la mauvaise santé de la Dauphine et les tracasseries que lui fait subir Mme de Maintenon, et conclut : « On la tue à force de déboires. On fait tout ce qu'on peut pour me réduire au même état, mais je suis une noix plus dure [*eine härtere Nuss*] que Mme la Dauphine. Avant que les vieilles femmes m'auront bouffée, elles pourraient bien perdre quelques dents, car bien qu'on cherche à me *chagriner* en tout, et que le Roi me traite très mal du fait de la méchanceté et des mauvais offices de la vieille sorcière, je prends sitôt mon parti et vais mon chemin, et je prends grand soin de ma santé pour la faire enrager[98]. » Voilà qui promet des situations orageuses.

« J'ai vu mourir la chère et pauvre Dauphine... »

La disparition du raugrave Karl Eduard, tombé le 2 janvier 1690 à Zanek en combattant les Turcs dans l'armée impériale du prince Ludwig von Baden, précéda de quelques mois la mort de la Dauphine. Le raugrave, qui était dans sa vingt-deuxième année, fut porté disparu après la bataille ; ce n'est qu'en avril qu'on fut certain de sa mort. D'un caractère très fermé, Karl Eduard n'était pas le demi-frère préféré de Madame, qui avait pourtant essayé de lui trouver un régiment français. Il lui avait rendu une longue visite en 1684 avec son gouverneur Herberstein, mais il évitait toute conversation suivie avec sa sœur, ne répondant à ses questions que par des monosyllabes et jouant toute la journée avec ses enfants[99]. Elisabeth-Charlotte écrira plus tard à Louise : « J'ai moins aimé Karl Eduard, parce qu'il n'avait pas confiance en moi ; j'ai dû lui arracher pour ainsi dire les mots avec violence quand je parlais avec lui. »

On ignore ce que répondit Louise à la défense du raugrave défunt, mais Madame lui confie deux lettres plus tard : « Ce que vous m'avez écrit du pauvre feu Karl Eduard m'a remplie à son égard de tant d'attendrissement et de pitié, que les larmes m'en sont venues aux yeux[100]... » Elle s'expliquera sur ses rapports malaisés avec le disparu dans une lettre de juillet 1702 à Amelise : « Je sais bien pourquoi on ne pouvait souffrir et aimer autant Karl Eduard que Karl Moritz. Il était trop sournois [*tockmaussisch*] et refusait de sa vie de dire son opinion sur rien. De ma vie je n'ai pu lui faire dire ce qu'il aimait ou haïssait, ce qui lui plaisait ou déplaisait. Je lui ai dit mille fois : " Dis-moi ce que tu aimes faire, ce qui te plaît ! " Il ne faisait alors que la révérence et riait d'un air moqueur[101]... » Pourtant, Karl Eduard, qui était le préféré de sa mère et qu'Elisabeth-Charlotte trouvait aussi beau que Karllutz, avait l'esprit vif et malicieux quand il lui arrivait de sortir de sa coquille. Ses lettres écrites de l'armée à la fin de sa vie révèlent un coup d'œil très sûr et un humour particulier. Kazner, qui les a lues, conclut qu'il maniait la plume aussi bien que l'épée[102]. Victime d'une éducation très stricte et des malheurs du temps, le jeune raugrave sut mourir en homme et en soldat. Une larme pour lui.

Depuis la naissance de son troisième fils Berry et on ne sait combien de fausses couches, Anne-Marie de Bavière traînait comme un boulet sa santé languissante loin de la vie de Cour. Confinée au fond de son appartement au milieu de quelques confidentes, elle tâchait d'oublier sa maladie, les nombreuses passades de son mari et les interventions aigres-douces de Mme de Maintenon, en bavardant en plat bavarois avec sa femme de chambre favorite, Barbara Bessola (ou Bezzola), qui la régentait et la trahissait. Comme elle était très mélomane, elle écoutait chez elle en robe de chambre les Petits Violons du Roi ou les chantres officiers de la Chambre qui interprétaient pour elle un acte d'*Alceste,* d'*Atys* ou de *Bellérophon.*

Louis XIV eut la délicatesse d'inviter l'une après l'autre ses dames à Marly et à Trianon, ne voulant pas, comme il le disait, « que les dames de Mme la Dauphine ne fussent pas toujours, durant sa maladie, hors de tous les plaisirs [103] ». Jouissant lui-même d'une santé de fer, le Roi supportait mal les vapeurs, langueurs et pâmoisons de sa bru, et la Cour faisait comme lui. La princesse, qui n'avait pas encore trente ans et qui était poitrinaire, mourait lentement d'une péritonite purulente. Négligée par les médecins qui ne la prenaient pas très au sérieux, elle s'était mise entre les mains d'empiriques bricoleurs comme le capucin frère Ange ou l'italien Caretti qui lui prescrivaient des remèdes peu orthodoxes qui ne faisaient qu'aggraver son mal.

Madame la voyait très régulièrement et la faisait rire ; elles se tutoyaient. Elle confiera plus tard à Caroline de Galles : « La feue Dauphine de Bavière me disait toujours : " *Ma pauvre chère Maman* (elle m'appelait ainsi), *où prends-tu toutes les sottises que tu fais ?* " [104] » Les deux princesses déchiraient Mme de Maintenon à belles dents ; ce n'est que plus tard qu'Elisabeth-Charlotte découvrira qu'Anne-Marie avait des moments de faiblesse où elle rapportait mot pour mot tous ses propos à leur ennemie commune. Elle avait de la peine à comprendre et à accepter l'étrange ascendant de la Bessola sur son esprit. Elle dira plus tard à Caroline de Galles : « Je disais carrément à la Dauphine que c'était une honte comme elle se laissait gouverner par la Bessola qui ne lui permettait pas de parler avec qui elle voulait, que ce n'était pas de l'*amitié* mais de l'esclavage, et que la Cour se moquait d'elle. Elle ne m'en voulait pas, mais riait et disait : Est-ce que chacun n'a pas sa faiblesse ? Bessola est la mienne [105]. »

Vers la mi-avril 1690, il était évident que les jours de la Dauphine étaient comptés. Caretti la condamna et retourna en Flandre. Le 12, malgré sa faiblesse extrême, les médecins jugeaient à propos de la faire saigner du pied. Sourches, qu'on devine scandalisé, note ce jour-là : « Cependant le Roi, ne croyant pas qu'elle fût encore en danger de mourir, ne laissa pas d'aller passer trois jours à Marly [106]. » Le 17, la malade vida un prodigieux abcès, mais on ne savait pas trop bien si cette évacuation de pus était signe de guérison ou d'une mort prochaine. La princesse demanda le 19 peu avant minuit les sacrements, qui furent administrés par son grand aumônier Bossuet en présence de toute la famille royale. Elle se sentait un peu mieux le matin du 20, et en profita pour recommander le petit duc de Berry à Madame, et lui dire : « Je prouverai aujourd'hui que je n'étais pas folle quand je me plaignais et disais que j'étais malade [107]. »

On comprit l'après-midi que la fin était proche. L'agonisante parla en particulier au Roi et à Monseigneur qui s'esquiva sitôt après ; elle fit même chercher Mme de Maintenon qui était à Saint-Cyr. Elle bénit ses trois fils, Bourgogne, Anjou et Berry, et adressa au cadet ces mots répétés par tous les contemporains : « Berry, tu sais que je t'ai toujours tendrement aimé, mais tu me coûtes bien cher ! » Le petit Bourgogne qui avait presque huit ans fut touché par ces tristes adieux ; il pleura presque autant que Madame. Sur les sept heures du soir la mourante fut prise de convulsions ; elle expira en présence du Roi, de Monsieur et de Madame après une brève agonie. Louis XIV demeura quelque temps à genoux au pied du lit, priant les yeux pleins de larmes pour la défunte. Il sortit de la chambre mortuaire et déclara royalement au Dauphin qui attendait dans l'antichambre : « Vous voyez ce que deviennent les grandeurs de ce monde ; nous viendrons comme cela, vous et moi [108]. » Après ces nobles propos, la maison royale quitta selon l'usage Versailles pour Marly.

Madame apprit le lendemain qu'Anne-Marie de Bavière lui avait légué un diamant jaune de grand prix monté en bague, et qu'elle la priait de le porter pour l'amour d'elle. Encore bouleversée du triste spectacle auquel elle venait d'assister, elle manda ce même jour de Marly à Sophie : « Hélas, hier soir à sept heures et quart j'ai vu mourir la chère et pauvre Mme la Dauphine. [...] Elle avouait ressentir une terreur extrême de se savoir si près de la mort [...]. Elle ordonna [à Bossuet] de dire bien haut qu'au cas où elle aurait causé du chagrin à qui que ce fût, elle en demandait pardon. C'était bien inutile, car de sa vie la pauvre princesse n'a affligé personne. Puis M. de Meaux ajouta qu'elle pardonnait aussi de tout cœur à ceux qui l'avaient offensée. Ça, c'était plus difficile, car on ne saurait s'imaginer quels procédés on a eus avec la pauvre princesse durant sa vie [109]... » Une affliction sincère s'exprime dans la lettre adressée peu après à Polier de Bottens : « Je vous avoue que le spectacle que j'ai vu là m'a bien vivement touchée, et hélas, j'y fais une grande perte, et rien n'est plus cruel que de perdre de véritables amis, car c'est une marchandise bien rare au siècle où nous sommes [110]... » Et bien sûr, elle était convaincue que les médecins avaient tué la Dauphine « comme s'ils lui avaient tiré un coup de pistolet dans la tête [111] ».

Le 25 avril, la famille royale se rendit en cérémonie de Marly à Versailles pour donner l'eau bénite à la dépouille de la princesse. Sourches note ce jour que « Madame, qui avait été infiniment sensible à cette perte, revint de ce devoir lugubre avec le cœur pénétré de douleur ». Le spectacle du corps mort exposé sur un lit de parade et entouré de courtisans affublés de rabats de deuil, de longs manteaux et de crêpes traînants, était en effet lugubre. Le 1ᵉʳ mai, le Roi étant à la chasse, on porta le corps de la Dauphine à Saint-Denis. « Le convoi passa par les faubourgs de Paris, tant pour épargner les blés que pour sauver le gibier de la plaine. Au convoi de la Reine [...], toute la populace de Paris, ayant débordé dans la plaine de Saint-Denis pour voir le spectacle du convoi, prit un nombre infini de lièvres et de perdrix » (Sourches). Un premier service funèbre eut lieu à l'arrivée du convoi dans la basilique royale de Saint-Denis, toute tendue de draperies noires et décorée de *litres* ou ceintures funèbres. Un mois après la mort de son épouse, le Dauphin partit commander l'armée d'Allemagne : il restait encore quelques villes à prendre et à brûler.

Il était absent lors des obsèques et de l'enterrement conduits par soixante-dix évêques à Saint-Denis, le 5 juin, en présence de Monsieur, les ducs de Bourgogne et de Chartres, Madame et la Grande Mademoiselle. Ce fut pour Elisabeth-Charlotte qui haïssait les cérémonies une autre épreuve pénible qui dura six bonnes heures. L'imposant appareil funèbre, la chapelle ardente, le tintement lugubre des clochettes des crieurs, l'oraison funèbre fort longue prononcée par La Broue, évêque de Mirepoix, et les armes omniprésentes des Wittelsbach accolées à celles de Monseigneur lui rappelaient non seulement la princesse défunte, mais aussi les nombreux parents qu'elle avait perdus depuis dix ans : son père, sa mère, son frère, les raugraves Karllutz et Karl Eduard. Elle écrit quelques jours plus tard à Sophie : « J'ai pleuré si horriblement pendant six heures entières à l'enterrement de la pauvre Mme la Dauphine que, deux jours après, je n'y voyais pas encore clair. La perte de Mme la Dauphine m'avait déjà affligée de tout cœur car j'aimais beaucoup Sa Dilection ; mais voyant de plus partout nos armes sur le cercueil et sur la tenture de drap noir dans l'église, cela m'a rappelé [...] tout ce que j'ai perdu et qui m'était cher [112]... »

Perdu dans la foule des courtisans et des curieux entassés dans la nef, un petit garçon malingre de quinze ans regardait les yeux grands ouverts le somptueux et interminable spectacle funèbre. Il ne s'ennuya pas une seconde, et aucun détail, fût-il infime, n'échappa à ses regards éveillés. Louis de Rouvroy, vidame de Chartres et camarade de jeux du duc de Chartres, rédigea rentré chez lui rue des Saints-Pères une relation détaillée, *Cérémonies observées en l'église de l'abbaye royale de Saint-Denis en France le lundi 5ᵉ du mois de juin, en l'année 1690, en la célébration du service solennel, pour le repos de l'âme de très-haute, très-puissante et excellente princesse Marie-Anne-Victoire-Christine-Josèphe-Bénédictine-Rosalie-Pétronille de Bavière, Dauphine de France, et de l'enterrement du corps de cette princesse. Recueilli par Mr. Louis de Saint-Simon, vidame de Chartres, qui y fut présent.* Cette relation circonstanciée constitue la première œuvre connue du duc de Saint-Simon, futur auteur des plus extraordinaires *Mémoires* jamais écrits : elle révèle chez le jeune vidame une passion du cérémonial, des rangs et de l'ordre qui ne le quittera plus jamais.

Un passage curieux qui concerne Madame introduit une note burlesque dans le long récit funèbre. Après avoir expliqué avec force détails que la princesse, conduite par le jeune duc de Bourgogne, présenta à l'offertoire un cierge de cire blanche allumé et rempli de vingt écus d'or à Bossuet qui officiait, Saint-Simon continue : « Là-dessus, il s'éleva une dispute entre les aumôniers et les moines, voulant les uns et les autres avoir l'argent attaché au cierge et recevoir ledit cierge des mains de l'évêque de Meaux, et la dispute s'échauffa tellement que ces gens pensèrent se battre, et rompirent le cierge à deux ou trois endroits pour avoir l'argent y attaché, tellement que, dans ce débat, la mitre de l'évêque de Glandèves tourna dessus sa tête, et fût tombée, si ce prélat n'y eût porté les mains[113]. » Le différend fut finalement tranché en faveur des moines de Saint-Denis.

Cette anecdote tragi-comique est confirmée mot pour mot par Madame dans une lettre de 1719 à Caroline de Galles : « Au *service* de Mme la Dauphine de Bavière, comme j'allais à l'offrande et portais le cierge avec des pièces d'or et le donnai à l'évêque qui chantait la grand-messe et qui était assis dans une *chaise à bras* auprès de l'autel, il voulait donner le cierge à ceux qui lui servaient la messe et qui étaient les prêtres de la chapelle du Roi. Mais les moines de Saint-Denis prétendent que le cierge avec l'argent leur revient, et accoururent à franc étrier [*sporenstreichs*] et se jetèrent sur l'évêque dont le fauteuil commençait à chanceler, et la mitre lui tomba de la tête. Si j'avais attendu encore un moment, l'évêque et tous les moines seraient tombés sur moi. Je sautai donc à la hâte les quatre marches de l'autel — car j'étais encore leste alors —, et je regardai la bataille qui me parut très drôle. Il m'était impossible de ne pas rire, et tout le monde riait[114]. »

C'est sur cette anecdote burlesque que se terminait la vie à la cour de France d'une princesse allemande peu regrettée et vite oubliée. Tiraillée comme Madame entre sa terre natale et son pays d'adoption et exposée aux mêmes contraintes, elle n'était pas plus souple qu'elle, mais elle fut sans doute plus malheureuse lorsque le dédain succéda à l'attrait de la nouveauté vite dissipé. Il lui arrivait de dire en soupirant à Elisabeth-Charlotte : « Nous sommes toutes deux malheureuses, mais la différence entre nous deux est que Votre Dilection a résisté autant qu'il était possible, alors que j'ai fait de gros efforts pour venir ici. Je l'ai donc mieux mérité que V.D.[115] » Elle n'avait manifestement pas la force de caractère et ce féroce instinct de survie qui cuirassaient sa lointaine cousine palatine.

FONTAINEBLEAU SOUS LA PLUIE

Première dame du royaume — du moins en principe — depuis le décès de la Dauphine, Madame passa le reste de l'année 1690 à s'ennuyer fermement. Le deuil avait suspendu pour six mois la plupart des divertissements de cour, sauf à Marly, et l'absence du Dauphin, son habituel compagnon de chasse, la privait quasi totalement des exercices sportifs qui l'aidaient à équilibrer sa forme et à chasser les pensées noires. Elle n'avait pas d'argent à jouer et à perdre, et estimait d'ailleurs que Monsieur en perdait assez pour eux deux. Les promenades à pied ou en calèche étaient donc sa seule distraction. Elle s'en plaint à Sophie fin septembre : « Je crois que mon indisposition n'est due qu'au fait que je suis habituée les autres années à chasser souvent en cette saison, et à faire des exercices violents. Maintenant que M. le Dauphin n'est pas ici, je ne chasse qu'une fois toutes les trois semaines, ce qui ne permet pas à ma rate de fonctionner comme il faut. Rouler en carrosse ne remue pas assez la rate pour en exprimer toutes les humeurs que l'ennui y accumule [116]... »

La présence à Fontainebleau cet automne du pauvre Jacques II, que son gendre Guillaume III venait de battre à plate couture sur la Boyne, ne contribuait guère à secouer la tristesse de cette année : le souverain malheureux et bigot émouvait et irritait en même temps. Par surcroît de malheur, le temps était détestable et la chasse fort mauvaise. L'après-midi du 16 octobre, Louis XIV mena Leurs Majestés britanniques voir l'ermitage de Franchart, situé « au milieu de la forêt de Fontainebleau, sur le bord des plus affreux rochers », comme l'explique Sourches. Madame et quelques autres bonnes cavalières suivirent les rois à cheval, mais une pluie effroyable vint troubler le plaisir, et obligea tout le monde à rentrer au château. Madame avait le choix entre des randonnées à cheval dans la forêt d'où elle rentrait mouillée, crottée mais soulagée, ou l'ennui des salons où l'on jouait le plus gros jeu du monde. Son aversion pour ce passe-temps qu'elle avait pratiqué un moment au début de son mariage n'en faisait que croître. Elle s'expliquera en mai 1695 à la raugrave Louise : « Il y a deux puissantes raisons qui me détournent du jeu : la première est que je n'ai pas d'argent, et la seconde que je n'aime pas le jeu. Les enjeux ici sont énormes [*greülich hoch*] et les gens deviennent comme fous quand ils jouent ; l'un pleure, l'autre frappe du poing sur la table que toute la chambre en tremble, le troisième blasphème le nom de Dieu que les cheveux s'en dressent sur la tête. Bref, tous ont l'air de gens désespérés qui inspirent la peur rien qu'à les regarder[117]. »

Le Dauphin rentra d'Allemagne début octobre, mais son retour à Fontainebleau ne dut pas réjouir outre mesure Elisabeth-Charlotte qui lui souhaita la bienvenue avec les autres dames dans l'appartement de Mme de Maintenon. Elle avait pu lire dans les gazettes comment son armée avait ravagé les deux rives du Rhin. Le *Mercure galant* de septembre expliquait à la suite du récit des opérations qu'il y a, outre la bataille rangée et le siège, « une troisième manière tout admirable et qui demande qu'un général ait une parfaite intelligence du métier de la guerre. C'est celle de savoir par d'heureux campements fatiguer son ennemi, vivre à ses dépens, lui porter la famine chez lui-même [...]. Monseigneur le Dauphin vient d'exécuter tout ce que je viens de dire. Jamais on n'a vu d'activité pareille à celle de ce jeune prince... » Ces flagorneries demandent à être consommées avec un grain de (gros) sel, car Sourches précise que Monseigneur était à son retour « prodigieusement engraissé[118] ». Le goinfre semble avoir pleuré son épouse disparue à sa manière. Son indifférence bovine rebutait Madame qui confie quelques mois plus tard à Sophie : « Le veuf est un *original,* et je ne crois pas qu'on ait jamais vu son pareil en fait d'insensibilité ; si on ne le voyait de ses yeux, il serait impossible de le croire[119]. »

Le Nouvel An de 1691 marqua un certain retour en grâce pour Madame, entraînant une légère amélioration de sa situation financière. Elle avait constaté début décembre, non sans étonnement : « Cette année je suis un peu mieux en cour que l'an dernier. J'ignore d'où me vient ce bonheur, car je n'en fais ni plus ni moins, et vais toujours mon droit chemin. » Et début janvier, toujours à Sophie : « Après les vêpres le Roi m'a fait la grâce de m'envoyer 2 000 pistoles. Bien que ce fût du pain mangé d'avance et que je n'aie pu en profiter puisque je l'ai seulement employé pour payer une partie de mes dettes, ce geste m'a fort réjouie, d'abord parce que je vois que je ne suis pas autant en disgrâce cette année-ci que l'année dernière, et ensuite cela soutient mon crédit auprès de ceux qui me prêtent de l'argent quand ils constatent que je paie mes dettes. J'ai donc mis aussitôt 1 500 pistoles *à part* et payé aussitôt. » La suite marque qu'Elisabeth-Charlotte a gardé avec sa tante un certain ton de petite fille candide qui n'est pas sans charme : « Votre Dilection pense peut-être : Liselotte est insipide en parlant de choses aussi ennuyeuses que ses dettes, et V.D. a raison. Seulement, ma très chère *matante,* V.D. sait bien que je dis toujours à V.D. tout ce qui me passe par la tête ; j'ai donc dû dire aussi cela[120]... »

On aurait cependant tort de se fier au ton détaché de Madame parlant de ses dettes. Sa foncière honnêteté lui défendait de les prendre à la légère. Le récit de ses fournisseurs invités à présenter leurs factures le lendemain des étrennes revient tous les ans. Un billet de 1714, qui a fait récemment surface dans un catalogue de la maison Charavay, est adressé à un M. de Pigis qui semble être un débiteur ou un régisseur, et à qui elle réclame une vingtaine de pistoles avec ce commentaire : « Je n'ai sou ni maille et n'ai pu donner hier au jardinier de Saint-Cloud. A tout moment j'en ai besoin ici et ne veux plus emprunter : on meurt trop brusquement. Envoyez-m'en donc, je vous prie [121]... » Et cinq ans plus tard, à la mort de sa petite-fille la très dépensière et très riche duchesse de Berry qui laissa 400 000 livres de dettes : « On ne trouvera pas cela, Dieu aidant, après ma mort [122]. »

« LES TÊTES DES PRINCES NE SONT PAS PLUS DURES QUE LES AUTRES »

L'année 1691 eut de quoi alarmer Madame qui vivait comme écartelée entre les souvenirs de son passé et les incertitudes du temps présent. Le jour des Rois, la musique éclatante des timbales, trompettes et hautbois lui rappela les noces de son frère Karl et les visages de ses parents disparus. De grosses larmes lui roulaient des yeux pendant qu'autour d'elle les convives éméchés scandaient à tue-tête : « Le roi boit ! Le roi boit ! [123] »

Les premières armes de son fils lui inspiraient la plus vive inquiétude. Louis XIV avait décidé début mars qu'il commanderait en personne l'armée de 100 000 hommes qui venait d'investir Mons, et que Monseigneur assumerait le commandement sous lui. A sa demande, Monsieur commanderait sous le Dauphin. Il fut décidé en outre que les deux bâtards de Louis XIV, le duc du Maine et le comte de Toulouse (âgés alors de vingt et un et de treize ans), et le duc de Chartres (dix-sept ans) auraient leur initiation à la *bella vita militar*. Le 17 mars le Roi et ses trois fils quittèrent Versailles pour se rendre au siège comme à une partie de plaisir, chassant en chemin. Monsieur et le duc de Chartres les rejoignaient à Saint-Quentin le surlendemain ; Chartres était flanqué de son gouverneur d'Arcy, son sous-gouverneur La Bertière et son précepteur l'abbé Dubois. Au moment des adieux Madame avait inondé de ses larmes son fils qui piaffait d'impatience, et Dubois avait dû promettre de lui adresser des relations détaillées. Le lendemain, encore sous le coup de l'émotion, elle écrit au duc de Chartres : « J'ai un mal de tête horrible d'avoir pleuré encore toute la journée d'hier. Si le Seigneur m'avait fait la grâce de me donner un peu de votre insensibilité, cela me ferait grand bien, mais il s'en faut beaucoup. Faites des amitiés de ma part à M. d'Arcy, de La Bertière et l'abbé Dubois. Si vous pouviez avoir le cœur fait comme eux, vous n'en vaudriez pas pis ;

mais le naturel prévaut. [...] Comptez, mon cher enfant, que malgré les larmes que vous me coûtez, je ne laisserai pas de vous aimer très tendrement. Adieu, mon fils [124]. »

Il apparaît dans ces lignes éplorées que Madame ne se faisait guère d'illusions sur le caractère faible de son fils brillant, et qu'elle estimait sincèrement Dubois. Elle écrira quelques mois plus tard à ce dernier : « Avec la vertu et le bon esprit que vous avez, [...] tout le monde vous rendra justice aussi bien que moi. [...] Vous êtes très utile pour mon fils et très capable de le retenir, pour l'empêcher de tomber dans les vices du temps [125] ». Ce certificat de moralité est confirmé par d'autres témoignages ; Sourches venait de noter dans ses *Mémoires* que Dubois était « homme d'esprit, d'érudition et de bonnes mœurs [126] ».

Le duc de Chartres découvrit la vie militaire avec ravissement. On eut garde de ne pas l'exposer vraiment au feu, mais il accompagnait quelquefois le Roi et Monsieur lorsque ceux-ci allaient inspecter sous le feu ennemi la tranchée et le chemin couvert. Il reçut le baptême du feu avec vaillance, tout comme le comte de Toulouse qui vit un coup de canon tuer un cheval à quelques pas de lui, et s'exclama : « Quoi ! un coup de canon, n'est-ce que cela [127] ? » Tenue au courant par Monsieur, Madame félicita son fils de sa bonne contenance : « Je n'avais pas eu intention de vous écrire aujourd'hui, mon cher enfant, mais ayant appris par les lettres de Monsieur comme il est content de vous, de la bonne mine que vous faites aux coups de canon et de mousquet, et votre gloire m'étant aussi chère que votre vie, je ne puis m'empêcher de me réjouir avec vous, et de vous dire, mon cher fils, que malgré l'inquiétude que j'ai pour vous, j'ai ressenti une vraie joie de savoir que Monsieur a lieu d'être si content de vous. Il est bon connaisseur, et je suis ravie qu'il reconnaisse son sang en vous par votre fermeté. Mais souvenez-vous, mon cher enfant, que quoique d'avoir du courage soit une vertu excellente à un prince comme vous, que ce n'est pas la seule qu'il doit avoir [128]... »

Comment rester insensible à la noblesse de ce ton à la fois romain et maternel ? Mère d'un prince né pour commander des armées et payer au besoin l'impôt du sang, Madame savait faire taire l'inquiétude pourtant très réelle qui la tenaillait. Le deuil de Sophie qui venait de perdre deux fils combattant les Turcs l'obsédait : Karl Philipp avait péri le 1er janvier 1690 à Pristina en Albanie, et Friedrich August le 30 décembre de la même année à Sankt Georg (Siebenbür-gen).

Mons capitula le 8 avril ; les princes étaient de retour le 17. Le jeune Chartres repartit le 23 mai, cette fois sans Monsieur qui n'avait assisté au siège de Mons qu'en spectateur privilégié. Le Roi confia l'éducation militaire de son neveu au maréchal-duc de Luxembourg, le plus doué de ses maréchaux. Ses instructions étaient fort simples : il devait surveiller étroitement le jeune prince ivre de gloire, le traiter en simple volontaire, et l'isoler entre deux escadrons en cas de combat [129].

Très inquiète, Madame ouvre son cœur à Anna Katharina von Harling en juin : « Je sais bien [...] que Dieu peut protéger partout les siens, mais je n'ai malheureusement pas de lettre scellée de son cachet que Dieu le Tout-Puissant protégera mon fils, et je sais qu'on court de grands dangers à la guerre. Du reste, l'exemple des deux chers princes Friedrich August et Karl m'a inspiré une angoisse terrible. Les corps et les têtes des princes ne sont pas plus dures que les autres et le plomb y pénètre aussi facilement que dans les soldats ordinaires [...]. Je n'aurai pas de repos tant que je ne reverrai pas mon garçon ici [130]... » En attendant la fin de la campagne, elle supplie Dubois de lui envoyer des relations détaillées : « Je vous prie, Monsieur l'abbé, laissez-m'en le moins manquer qu'il sera possible. [...] Vous savez que je suis une pauvre recluse qui ne sort guère de son cabinet [131]... » Après s'être conduit avec bravoure lorsque le maréchal de Luxembourg attaqua l'arrière-garde de l'armée du comte von Waldeck près de Leuze en Hainaut (19 septembre), le duc de Chartres se rendit auréolé de gloire à Fontainebleau où se trouvait la Cour. Un combat plus redoutable l'attendait, dont il ne sortirait pas vainqueur.

L'année 1691 fut fatale pour deux autres raugraves. Karl Kasimir, le cadet, avait été envoyé à l'académie de Wolfenbüttel où les jeunes nobles apprenaient l'équitation et les autres exercices qui leur convenaient. Son gouverneur Geuder combattait en vain son penchant dangereux à se moquer des ridicules de ses compagnons. Le 18 avril le jeune comte Anton Ulrich von Waldeck en eut brusquement assez de servir de cible aux railleries du raugrave, le provoqua en duel et le blessa mortellement d'un coup d'épée. Il expira une heure plus tard, quatre jours avant son seizième anniversaire. Madame répondit en mai à Sophie qui lui avait appris la nouvelle : « Bien que je ne l'aie jamais vu, la mort du pauvre raugrave cadet m'attriste beaucoup. C'est dommage que lui, qui avait du cœur, soit allé si pitoyablement à sa fin, car il aurait pu devenir quelqu'un [132]... »

Cinq mois après son cadet, le raugrave Karl August trouva la mort en Flandre sur les mêmes champs de bataille où le duc de Chartres faisait ses premières armes. Il était allé à seize ans avec son aîné Karllutz en Grèce. Retourné en Allemagne après le drame de Nègrepont, il entra grâce à Sophie au service de Brandebourg, commandant un escadron de mousquetaires. Le 20 septembre, lendemain de la bataille de Leuze, il tomba avec son escadron dans une embuscade dressée par un détachement de cavaliers français près de Marche-en-Famenne. Dans l'escarmouche qui suivit, une balle lui traversa la tête. Il n'avait pas encore dix-neuf ans. Madame avait raison : les têtes des princes n'étaient pas plus dures que celles des simples soldats.

Ce fut encore Sophie qui confirma cette mort à Elisabeth-Charlotte qui en avait perçu des rumeurs. Sa réaction est caractéristique : « Puisque la mauvaise nouvelle du pauvre raugrave Karl August n'est que trop vraie, je suis contente de ne l'avoir jamais vu ; sinon cela m'aurait beaucoup affligée... » Et peu après : « Bien que je ne l'aie jamais vu, sa fin m'a pourtant fort peinée[133]. » Elle est plus explicite dans une lettre à Louise en décembre : « L'an dernier, j'avais fort souhaité connaître vos deux frères que je n'avais jamais vus. Mais à présent, je dois avouer que j'ai pour ainsi dire remercié Dieu de ne les avoir jamais vus, car je sais ce que je souffre toujours quand je pense à mon cher feu Karllutz. Si je les avais connus, je les aurais peut-être pleurés autant. A vrai dire, Dieu le Tout-Puissant nous a terriblement éprouvées depuis quelques années[134]... »

Cette déclaration, et la lettre tout entière qui déplore que les circonstances ne lui permettent pas d'aider les raugraves, n'est pas très convaincante. On croit percevoir derrière le fracas gratuit des protestations d'amitié, de deuil et de velléité de soutien, l'égoïsme fataliste dont Madame s'était blindée. « Je crois si fort à la prédestination, avait-elle écrit un mois avant la mort de Karl August, que je suis fermement convaincue qu'on n'échappe jamais ni à son bonheur ni à son malheur. » Et en commentant sa fin : « La mort de Karl August est vraiment une preuve de la prédestination[135]... » La disparition de deux raugraves sans visage accaparait moins son esprit que le mariage imminent de son fils.

La fin du bourreau du Palatinat

La mort subite de Louvois le 16 juillet de cette année-là ne lui arracha en tout cas aucune larme. Le ministre venait de créer le « fonds extraordinaire des guerres » alimenté par les contributions levées en pays ennemi, et avait passé ses derniers mois à cribler de lettres les responsables dans le Palatinat qu'on ne rançonnait jamais assez à son gré. Sachant que Mme de Maintenon préparait sa disgrâce, et travaillant comme un forcené, Louvois vivait sous une intolérable pression. Ses médecins tâchaient d'endiguer ses fréquents accès de fièvre en lui prescrivant des eaux qu'on faisait venir de Forges. Le jour de sa mort, Madame le rencontra avant sa session de travail chez le Roi. Il y fut pris d'un malaise violent et sortit du cabinet du Roi en chancelant. Les médecins entourèrent aussitôt le moribond de leur redoutable incompétence : il fut saigné et purgé, on lui appliqua des ventouses, on lui fit avaler de l'eau apoplectique, des gouttes d'Angleterre et des « eaux divines et générales ». Il mourut dans le quart d'heure, sans doute pour échapper à d'autres traitements. Sourches conclut, très déçu : « On lui donna encore mille remèdes, mais il était mort[136]. »

A peine Louvois eut-il fermé les yeux qu'on commença à parler de poison. Le jeune Saint-Simon se trouvait ce jour-là à Versailles. Il observa avec soin le comportement de Louis XIV : « Il me parut avec sa majesté accoutumée, mais avec je ne sais quoi de leste et de délivré, qui me surprit[137]... » Cette absence de regret a frappé tous les témoins. A un gentilhomme venu le complimenter au nom de Leurs Majestés britanniques sur la perte qu'il venait de subir, il répondit d'un air dégagé : « Monsieur, dites-leur de ma part que mes affaires et les leurs n'en iront pas moins bien. »

Quelques jours après la mort de Louvois, Elisabeth-Charlotte adressa à Sophie cette lettre mal traduite et mal comprise : « Tous les médecins et barbiers qui l'ont ouvert disent et ont signé qu'il est mort d'un horrible poison. En moins d'un quart d'heure il était bien portant et mort. Je l'avais même rencontré une demi-heure avant sa mort et lui avais parlé. Il avait bonne mine et une si belle couleur, que je lui dis qu'il paraissait que l'eau de Forges[138] lui avait fait du bien. Il voulait me raccompagner par *civilité* dans ma chambre, mais je lui dis que le Roi l'attendait, et ne voulus le lui permettre. Si je l'avais laissé aller, il serait mort dans ma chambre, ce qui eût été un *spectacle* affreux. » Et elle conclut, après avoir mentionné les soupçons d'empoisonnement : « Puisqu'il devait mourir, j'aurais souhaité que cela eût pu arriver il y a trois ans, ce qui aurait bien arrangé le pauvre Palatinat[139]... »

Elle reparle dans les semaines qui suivent de cette fin dramatique sur un ton fort différent qui trahit les opérations de l'alchimie de la haine dans son esprit : « Pour ma part, j'aurais mieux aimé qu'une vieille conne fût crevée que lui, car elle va être à présent plus puissante que jamais, et sa méchanceté se manifestera de plus en plus. Parce qu'elle me hait terriblement, elle s'acharnera tant sur moi que sur d'autres... » Ou encore, reparlant des rumeurs persistantes d'empoisonnement : « S'il est vrai que M. de Louvois a été empoisonné, je ne pense pas que ce soit du fait de ses fils, quelque méchants qu'ils puissent être. Je crois plutôt qu'un médecin a fait le coup pour plaire à une vieille femme que M. de Louvois a vivement contrariée[140]... » Les malheurs du Palatinat, dont Louvois était directement responsable, appartiennent au passé. Ce qui compte, c'est le présent, c'est-à-dire deux bâtards du Roi que Mme de Maintenon couve avec amour, et qu'elle veut marier aux enfants de Madame.

« Une lionne a qui l'on arrache ses petits »

La préparation du mariage du duc de Chartres fait penser au siège de Mons. Des tranchées parallèles patiemment creusées et un chemin couvert permettaient de saper les fortifications sous le feu ennemi. Les contrescarpes et les demi-lunes étaient prises. L'assaut final pouvait être donné à tout moment, et la citadelle réduite à battre la chamade. Madame avait réagi jusqu'à présent avec tant d'éclat que le Roi avait dû plier, mais sans céder. Il avait continué à exploiter sans vergogne la cupidité des mignons qui circonvenaient Monsieur, et l'ambition démesurée de l'abbé Dubois qui avait l'oreille du malléable duc de Chartres à qui il fit voir les cieux ouverts. Début janvier 1692, les jeux étaient faits ; pour Madame, rien n'allait plus.

Le mercredi 9 janvier Saint-Simon rencontra au début de l'après-midi dans la galerie des Glaces le duc de Chartres, suivi d'un seul exempt des gardes de Monsieur. Il avait « l'air fort empêtré et triste » et jeta à son compagnon de jeux, « d'un air brusque et chagrin », que le Roi l'avait convoqué. Il trouva Louis XIV et Monsieur seuls. Le temps était venu de le marier, lui expliqua le monarque qui débordait d'une amabilité inhabituelle qui dut donner des frissons au pauvre prince. La guerre ne permettait pas de penser à une princesse étrangère qui aurait pu lui convenir ; il ne pouvait donc mieux lui témoigner sa tendresse qu'en lui offrant sa propre fille, Mlle de Blois. Il ajouta avec cette majesté effrayante qui était sa spécialité que, bien entendu, il ne voulait point lui forcer la main. Chartres chercha son père du regard et crut se tirer d'affaire en balbutiant niaisement que le Roi était le maître, mais que tout dépendait du consentement de ses parents. Louis XIV rayonnait : « Cela est bien à vous ; mais dès que vous y consentez, votre père et votre mère ne s'y opposeront pas. » Et se tournant vers Monsieur : « Est-il pas vrai, mon frère ? » Monsieur prit un air ravi et bredouilla que oui, bien sûr... « Il n'est donc plus question que de Madame », coupa le Roi, et il parla d'autre chose comme si l'affaire était réglée [141].

La suite, c'est Madame elle-même qui la raconte le lendemain à Sophie après une nuit de larmes : « Monsieur entra chez moi à trois heures et demie et me dit : " *Madame, j'ai une commission pour vous de la part du Roi qui ne vous sera pas trop agréable, et vous devez lui rendre réponse à ce soir vous-même. C'est que le Roi vous mande que lui et moi et mon fils étant d'accord du mariage de Mlle de Blois avec mon fils, que vous ne serez pas la lâche [sic] qui vous y opposerez.* " Je laisse imaginer Votre Dilection à quel point cela m'a à la fois consternée et affligée. Le soir à huit heures le Roi me fit venir dans son cabinet et me demanda si Monsieur m'avait fait la proposition et ce que j'en disais.

" *Quand V.M. et Monsieur me parlerez en maître, comme vous faites, je ne puis qu'obéir* ", dis-je [142]. » Elle fit une courte révérence et retourna chez elle.

Son fils l'y suivit d'un air penaud. Il n'eut pas le temps de s'expliquer : sa mère lui « chanta pouille avec un torrent de larmes » et le chassa de sa vue. Elisabeth-Charlotte était furieuse et humiliée comme elle ne l'avait été de sa vie, et ne fit aucun effort pour dissimuler sa colère aux courtisans attroupés « par pelotons » dans les salons de Versailles dès que la nouvelle eut éclaté. Sourches note qu' « on ne peut pas s'imaginer quel fut le désespoir de Madame ; il était si grand qu'elle ne songea pas même à le cacher, et il y eut des gens qui dirent qu'il avait été jusqu'à la pousser à maltraiter son fils [143] ».

Dans ses *Additions à Dangeau* Saint-Simon la décrit le soir de la déclaration du mariage, apparaissant à la fin de l'appartement « comme une lionne à qui l'on arrache ses petits [144] ». Dans les *Mémoires,* il se sert d'une délicieuse image mythologique : « Madame se promenait dans la galerie avec Châteautiers, sa favorite, et digne de l'être ; elle marchait à grands pas, son mouchoir à la main, pleurant sans contrainte, parlant assez haut, gesticulant, et représentant fort bien Cérès après l'enlèvement de sa fille Proserpine, la cherchant en fureur et la redemandant à Jupiter [145]. » Son fils, pendant ce temps-là, jouait fort tristement aux échecs, et Monsieur, qui faisait une partie de lansquenet avec le Dauphin, avait l'air particulièrement honteux et déconcerté. Le souper du Roi mit fin à cet appartement languissant. Saint-Simon observa avidement (« je ne voulus rien perdre ») la famille royale attablée dans un morne silence. Madame pleurait dans son assiette et ne daigna pas jeter un seul regard sur Chartres assis à côté d'elle. La courtoisie marquée du Roi à l'égard de sa belle-sœur frappa les courtisans. A la fin du repas, « il fit à Madame une révérence très-marquée et basse, pendant laquelle elle fit une pirouette si juste, que le Roi, en se relevant, ne trouva plus que son dos, et elle avancée d'un pas vers la porte ».

Toute la Cour alla faire le lendemain une révérence silencieuse à Monsieur, Madame et le duc de Chartres. Les langues allaient bon train dès que les courtisans avaient refranchi le seuil de l'appartement. Mme de Caylus, la nièce de Mme de Maintenon, exprime délicatement la désapprobation générale : « Il est vrai qu'il serait à désirer pour la gloire du Roi qu'il n'eût pas fait prendre une telle alliance à son propre neveu, et à un prince aussi près de la couronne [146]... » Saint-Simon ne perdit pas une seconde du spectacle. Son récit de ce qui se passa ensuite est justement célèbre. Après les muets compliments d'usage, toute la Cour attendit dans la galerie la fin du Conseil et la messe du Roi. Dans la version moins connue des *Additions,* le malheureux Chartres, qui attendait toujours l'occasion de s'expliquer, « s'approcha d'elle comme à l'ordinaire pour lui baiser la main et en être baisé ensuite ; mais au moment qu'il croyait lui prendre la main, elle lui décocha un soufflet à lui faire voir des chandelles. Tout ce qui était là, et il s'y trouva grand monde, fut encore plus embarrassé qu'étonné, tant Madame se contraignit peu sur ce mariage. Elle parla à Monsieur fort rudement, et ne l'a jamais pardonné à l'abbé Dubois. Le Roi même était embarrassé avec elle [147]... » Et pour cause ; n'avait-il pas taquiné souvent sa belle-sœur en lui disant : « Madame ne peut souffrir les mésalliances, elle s'en moque toujours [148] » ?

Françoise-Marie de Bourbon, fille légitimée de Louis XIV et de Mme de Montespan, n'avait pas quinze ans accomplis. Deuxième Mlle de Blois, elle avait vu ses sœurs aînées Marie-Anne et Louise-Françoise épouser le prince de Conti (mort en 1685) et le duc de Condé (dit Monsieur le Duc). D'un physique plutôt désagréable (ses sourcils pelés, ses yeux myopes, sa voix traînante et sa tête dodelinante ont frappé les contemporains) et atteinte au moment même de ses accordailles d'une rougeole qui ruina son teint, elle n'ignorait pas que son fiancé tournait autour de sa sœur Mme la Duchesse, et qu'il aurait bien aimé épouser la pétillante petite veuve qu'était la princesse de Conti. Habitée d'un immense orgueil et incroyablement paresseuse, elle répondit « avec son ton de lendore » à Mme de Caylus qui lui dit en badinant que Chartres semblait plus attiré par ses sœurs que par elle : « Je ne me soucie pas qu'il m'aime ; je me soucie qu'il m'épouse [149]. » Elle fut servie. Son mari l'appellera « Madame Lucifer » et se vengera en la trompant rageusement, sans parvenir à la faire sortir de son orgueilleuse léthargie.

La future duchesse de Chartres avait tout pour déplaire à Madame. Elle s'arrangera en outre pour se brouiller dans les plus brefs délais avec Monsieur à force d'aguicher le chevalier de Roye Barthélemy de La Rochefoucauld, dont Monsieur chérissait jalousement la beauté équivoque [150]. Madame écrira en 1716 à Caroline de Galles : « Si j'avais pu donner mon sang pour empêcher ce mariage, je l'aurais fait. Mais maintenant que la chose est faite, j'ai toujours agi de mon mieux pour préserver la bonne entente [151]. » Elle n'avait pas encore fait sienne cette modération résignée en 1692. Le 22 janvier elle alla s'épancher chez son amie Lydie de Beuvron à Port-Royal de Paris : gageons qu'il était surtout question de crottes de souris et de grains de poivre.

« CES TRISTES RÉJOUISSANCES DE COMMANDE... »

La rougeole de Mlle de Blois et le degré de consanguinité nécessitant une dispense retardaient la noce. Un courrier de Rome l'apporta le

1er février. La mort le 8 février du père Jourdan, le confesseur de Madame, ajoutait encore à sa détresse, car le bon père avait toujours ménagé sa sensibilité religieuse. Elle ne s'était confessée qu'à lui, et appréciait son tact au milieu des querelles conjugales dans lesquelles il était impliqué bon gré, mal gré. La déclaration le 12 février du mariage du duc du Maine et de Mlle de Charolais, la moins naine des filles de M. le Prince, la rassura : sa fille au moins n'épouserait pas un bâtard.

Le 17 février, jour des fiançailles, Saint-Simon alla faire sa cour à Madame, espérant peut-être assister à une autre éruption de colère germanique. Elle « ne put se tenir de me dire, d'un ton aigre et chagrin, que j'étais apparemment bien aise des bals qu'on allait avoir, et que cela était de mon âge, mais qu'elle, qui était vieille, voudrait déjà les voir bien loin[152]. » Saint-Simon avait alors dix-sept ans, Madame presque quarante, ce qui ne l'empêchait pas de se dire « vieille ». On ne peut qu'admirer la mémoire très sûre de l'écrivain : quatre jours plus tard, Elisabeth-Charlotte écrit à Sophie : « On a faussement informé Votre Dilection en vous disant que je me suis conduite comme une enfant à cause du mariage. Malheureusement, *je ne suis plus d'âge à être puérile*[153]. »

La cérémonie des fiançailles et de la signature du contrat eut lieu vers six heures du soir dans le salon où Louis XIV s'habillait. Le *Mercure galant* de février détaille en plusieurs pages les toilettes et les pierreries des fiancés et de leurs parents. Le duc de Chartres portait du brocart d'or rehaussé de rubans rose pâle et or, et disparaissait entièrement sous une garniture de dentelles agrafée de diamants et d'émeraudes. La fiancée resplendissait dans une « étoffe d'or lisérée d'un filet noir qui formait de petites fleurs. Les bords de cette robe étaient bouillonnés ou fraisés d'un point d'Espagne d'or. La jupe était d'un fond d'argent et à petites raies gris de lin, garnie de distance en distance d'un point d'Espagne d'or en cerceau [...]. La garniture était de diamants et de rubis. La princesse était coiffée de ses propres cheveux mêlés de nonpareille verte et de diamants, au-dessus desquels était un gros ruban vert et or. » Le *Mercure* précise encore que « cet habit était l'ouvrage de plusieurs mois », ce qui prouve que ce mariage se préparait de longue main. Le Roi était habillé de velours noir brodé d'or avec des boutons de diamants, le tout d'une richesse qui « peut passer pour unique dans le monde ». Monsieur apparaissait comme son fils dans un habit de brocart d'or garni de point d'Espagne d'argent et ruisselant de diamants, qui mettait bien en évidence l'embonpoint contre lequel il avait cessé de lutter. Le *Mercure* a omis de décrire Madame qui ne semble avoir rien fait pour briller plus que de raison.

Le contrat de mariage prévoyait une dot immense de deux millions qui seraient payés à la paix, mais qui, selon Madame, ne le furent jamais, une pension de 50 000 écus à la nouvelle duchesse et 200 000 écus de pierreries. Un grand bal qui avait fait faire des folies vestimentaires aux courtisans termina la journée des fiançailles.

Le même jour, le Roi fit don à Monsieur et au duc de Chartres du Palais-Royal par acte séparé, cela contre la volonté expresse du cardinal de Richelieu dont le testament stipulait, on s'en souvient, que « ledit hôtel demeurera à jamais inaliénable à la Couronne, sans même pouvoir être donné à aucun prince ». Dangeau rappelle ce détail, et ajoute nonchalamment : « Mais on trouvera des expédients pour cela [154]. » L'acte de donation de Richelieu ne résista pas aux légistes de Louis XIV formés à l'école des Réunions ; ils n'en firent qu'une bouchée. Des sommes généreuses permirent à Monsieur de poursuivre d'ambitieux travaux de transformation que Louis XIV viendra inspecter en février et en juillet de cette année-là. Il offrit un lit somptueux pour le nouvel appartement de Monsieur, un cadeau de Mme de Montespan du temps de leurs amours.

Il semble que la cession du Palais-Royal était une affaire réglée depuis des mois entre le Roi et son frère, car ce dernier n'avait pas attendu le mariage pour engager les travaux. Racontant la première visite de Louis XIV huit jours après les noces, le *Mercure* de février parle des « nouveaux appartements auxquels S.A.R. fait travailler dans l'endroit où étaient les Académies ». L'Académie de peinture était transférée au Louvre, et la galerie de la bibliothèque de Richelieu qu'elle occupait, transformée et prolongée d'une galerie perpendiculaire que Coypel va décorer d'une *Histoire d'Énée*. Dans l'angle formé par les deux galeries un petit jardin privé fut installé, appelé « jardin de propreté ». C'est dans ces ailes réaménagées et rhabillées que sont installés les petits appartements du duc et de la duchesse d'Orléans. Nous verrons au retour de Spanheim que Madame lui montrera avec fierté les nouveaux appartements du Palais-Royal, prix de la mésalliance contractée par son fils.

Le lendemain des fiançailles, lundi gras, le cardinal de Bouillon célébra le mariage avant la messe du Roi. Le duc de Chartres portait du velours noir brodé d'or et garni de perles et de diamants. L'habit de la mariée était d'un riche tissu d'argent garni de point d'Espagne d'argent et brillant de pierreries. Le Roi avait choisi du brocart d'or brodé d'argent, Monsieur du velours noir brodé d'or à plein et garni de rubis, et le Dauphin un justaucorps de velours noir tout uni, « ce qui faisait mieux briller tous les gros diamants de la Couronne qui étaient dessus, et dont il y avait pour plusieurs millions ». Il faut dire qu'il y avait de la place. Après la signature du registre apporté de la paroisse, un repas somptueux fut servi dans l'appartement de la Reine. Il y eut après appartement où l'on jouait gros jeu ; les non-joueurs pouvaient se régaler d'extraits de Lully. Après un brillant souper de cent cinquante plats (sans les desserts) à la lumière féerique des girandoles et des lustres de cristal, la Cour se rendit à l'appartement de la duchesse de Chartres où l'on put admirer la superbe toilette de vermeil offerte par le Roi à sa fille. Le cardinal de Bouillon se fit attendre un quart d'heure pour bénir la couche nuptiale ; le roi Jacques donna la chemise au duc de Chartres et Madame la présenta à sa bru avec les sentiments que l'on devine.

Il y eut encore un grand bal. Le Roi aurait voulu qu'il durât jusqu'à trois heures du matin, mais dès qu'il fut parti se coucher peu avant minuit, les courtisans s'esquivèrent discrètement, malgré les efforts inutiles de Monsieur qui courut çà et là pour les retenir[155]. « Le mercredi des Cendres, conclut Saint-Simon, mit fin à toutes ces tristes réjouissances de commande[156]... » Madame écrit le lendemain à Sophie : « Quant à ma belle-fille, je n'aurai pas de peine à m'habituer à elle, car nous ne serons pas si souvent ensemble que nous puissions nous gêner mutuellement. Elle est ordinairement *des particuliers du Roi,* qui est un *sanctum sanctorum* où les simples mortels comme moi ne vont pas. Son âge et le mien sont trop inégaux ; je laisserai donc à ma fille le soin de divertir Sa Dilection. Se dire le matin et le soir *bonjour* et *bonsoir* est vite fait[157]. »

Le ton détaché de cette lettre ne signifie pas que notre princesse avait désarmé. Quinze jours plus tard, elle se réjouit du mariage imminent du duc du Maine : « Grâces soient rendues à Dieu, le mariage de M. du Maine est décidé ; ce poids m'est donc ôté du cœur. Je crois qu'on a dû rapporter à la vieille conne du Roi ce que disait le peuple de Paris, et que cela lui a fait peur. Ils criaient que c'était une honte que le Roi donnait sa bâtarde à un prince légitime de sa maison. Cependant, comme mon fils donne le rang à sa femme, ils laisseraient faire ce mariage à contrecœur. Mais si la vieille femme s'avisait de donner ma fille à M. du Maine, ils l'étrangleraient [...]. J'aime beaucoup les bons Parisiens d'avoir épousé à ce point mes inté-rêts[158]... » Madame a presque adopté le ton frondeur des Orléans qui feront progressivement de *leur* Palais-Royal un anti-Versailles, forts d'une popularité parisienne qui finira par leur monter à la tête.

« Vive le Roi et Madame ! »

La guerre de Flandre, le grand événement militaire de 1692, fut pour Madame une source d'irritation et d'inquiétude. Le Roi avait décidé qu'il dirigerait lui-même le siège de Namur, et que Monsieur, Monseigneur, les princes, Mme de Maintenon et les dames seraient du voyage. Monsieur fit des calculs, et conclut que les 2 000 pistoles (20 000 livres) que coûterait le déplacement de Madame et de ses gens seraient de l'argent mal dépensé, et qu'elle resterait à Paris. Elle écrit en avril à Sophie : « Ici on ne parle de rien d'autre que du voyage du Roi en Flandre. Toutes les dames le suivront sauf moi : Monsieur préfère avoir deux mille pistoles auprès de lui plutôt que moi, et Sa Dilection n'a que trop raison, car elles lui seront plus utiles que moi [159]... » Le Roi, les princes et les dames partirent le 10 mai ; Elisabeth-Charlotte confie le lendemain à sa tante : « Je suis toute seule ici, car ils sont tous partis hier. Je fais appel à la *raison,* autant que possible... » Ayant expliqué que sa solitude est due à l'avarice de Monsieur et à la vengeance de Mme de Maintenon qui ne lui pardonne pas son opposition au mariage de son fils, elle conclut, irréductible : « Aussi n'ai-je pas honte, mais j'avoue plutôt que, si j'avais pu l'empêcher, je l'aurais certainement fait. Il me semble donc que cette disgrâce me va plutôt bien que mal [160]... » Le 27 mai, elle célébrait toute seule son quarantième anniversaire.

Namur capitula dès le 5 juin, mais la citadelle résista jusqu'à la fin du mois. Madame apprit la nouvelle le 1er juillet. Comme elle visitait sitôt après une boutique près de l'Arsenal où se vendaient des produits des Indes, ses dames crièrent de son carrosse aux passants que Namur s'était rendu. Les bonnes gens s'imaginèrent que Madame ne circulait en ville que pour leur annoncer l'heureuse nouvelle. Il y eut un attroupement de badauds autour de son carrosse, et des cris : *Vive le Roi et Madame !* Très amusée, elle raconte à Sophie : « D'autres ont prétendu que je m'étais rendue à la Bastille et que, de joie, j'avais tiré moi-même les pièces de canon. Après, j'aurais présenté dans l'église de Notre-Dame un bouquet de toutes sortes de fleurs à la *Vierge,* si lourd que je ne pouvais le porter moi-même. J'ai vraiment honte qu'on débite tant de sottises sur mon compte [161]... » Elle dépêcha son chevalier d'honneur La Rongère pour complimenter le Roi sur la prise de Namur, et se rendit à Villers-Cotterêts pour y accueillir, le 13 juillet, son beau-frère victorieux et son mari qui avait dépensé ses 2 000 pistoles et luttait contre des poussées de fièvre. Son fils était resté en Flandre où il commandait un corps de réserve dans l'armée du maréchal de Luxembourg.

Steinkerque

Début août, Guillaume d'Orange fit semblant de vouloir reconquérir Namur, et Luxembourg détacha Boufflers avec 20 000 hommes pour défendre la place. Le 3 août, au petit jour, Guillaume profita de cet affaiblissement pour attaquer à l'improviste avec 80 000 hommes l'armée de Luxembourg (qui en comptait 50 000) au camp de Steinkerque (Steenkerke) dans le Hainaut. L'assaut était si imprévu que le maréchal, les princes et les gentilshommes de la maison du Roi n'eurent même pas le temps de nouer convenablement leurs cravates de dentelle, et qu'ils les jetèrent négligemment autour du cou : la mode des « cravates à la Steinkerque » ou des « steinkerque » était née. La bataille acharnée dura toute la journée. Les troupes françaises, qui avaient d'abord fléchi, ressaisirent l'avantage. Le retour de Boufflers, rappelé par Luxembourg, acheva la défaite des ennemis qui battirent en retraite à sept heures du soir. Ils laissaient douze mille morts sur le champ de bataille, huit drapeaux, dix pièces de canon et treize cents prisonniers. Luxembourg comptait environ huit mille hommes tués ou blessés.

Le duc de Chartres s'était conduit avec bravoure, chargeant l'épée à la main à la tête de ses hommes. Une balle avait traversé son justaucorps sans l'atteindre ; un second coup sans gravité lui blessa le bras. Il fut soigné sommairement sur le terrain, mais Luxembourg lui interdit de replonger dans la mêlée. Il se signala après la bataille par un geste d'humanité qui rappelait les premiers réflexes de son père après le carnage du mont Cassel : il envoya ses propres équipages dans la plaine et fit soigner à ses frais tous les blessés des deux armées qu'on put sauver.

Comme d'habitude, les nouvelles de cette bataille n'arrivaient à Versailles et à Saint-Cloud qu'au compte-gouttes. Le 4 août, lendemain de la bataille, Madame allait se mettre au lit vers minuit, quand elle entendit tout d'un coup la voix de Monsieur dans son antichambre. Elle courut voir ce qui se passait, et vit son mari tenant une lettre ouverte à la main. « Ne vous effrayez pas, lui dit-il, votre fils est blessé, mais ce n'est que légèrement. Il y a eu un furieux combat en Flandre. On ne sait que cela en gros, il n'y a aucun détail. » Mortellement inquiète, Madame resta sur son balcon jusqu'à trois heures du matin, guettant l'arrivée d'un courrier de son fils ; elle se coucha enfin avec un gros rhume. Le lendemain le sous-gouverneur du duc de Chartres, La Bertière, arriva avec plus de détails. Il raconta que la première balle avait déchiré la casaque du prince à l'épaule, et que l'autre lui avait pénétré dans le bras gauche. Madame défaillit presque en apprenant que son fils avait retiré lui-même la balle de sa plaie [162].

Inquiète et fière, elle lui adressa coup sur coup deux lettres le même jour. « Mon cher enfant, dit la première, la tendresse que j'ai pour vous est trop véritable pour ne pas paraître, et je vous aime, par ma foi, comme moi-même. Mais, si mon amitié pouvait augmenter, elle le serait de tout ce que j'apprends, Dieu merci, de vous, tant de vos actions guerrières que de la bonté et charité avec lesquelles vous avez soin des pauvres malheureux, qui est une chose qui vous est bonne pour l'autre monde, et très excellente pour celui-ci. » L'autre lettre est plus moralisante : « Faites qu'on croie que toute faiblesse vous a quitté avec l'enfance, et que vous êtes présentement un homme tel qu'on se fait une idée de vous après les belles actions que vous venez de faire. [...] Vous vous êtes mis sur le pied d'un honnête homme, il faut en soutenir ce caractère [...]. Je sens pour vous une tendresse infinie, mon cher patron[163]... » On voit que Mme de Sévigné n'avait pas le monopole des lettres débordant de passion maternelle.

A la fin de l'année, le duc Ernst August de Hanovre, le mari de Sophie, obtint enfin de l'Empereur la dignité électorale, récompense des nombreuses troupes hanovriennes mises à la disposition de l'Empire depuis dix ans et de patientes actions diplomatiques assaisonnées de bourses d'or et de chantage. L'investiture eut lieu début décembre : le ministre hanovrien Otto Grote prononça, agenouillé devant l'Empereur, le serment de fidélité au nom de son maître. Tout en félicitant sa tante, désormais l'électrice Sophie, Madame ne put s'empêcher de lui dire qu'elle pensait que son oncle aurait mieux fait de consacrer cet argent à ses plaisirs qu'à l'achat d'une dignité dont il n'avait que faire, étant assez grand seigneur sans chapeau électoral. « Mais, ajoute-t-elle, je n'ai peut-être pas assez d'intelligence pour bien comprendre cette affaire. Je me tairai donc[164]... » Ce silence sera, Dieu merci, de brève durée. Madame continuera, plus pour notre bonheur que pour le sien, à dire les choses comme elles lui venaient à l'esprit, avec férocité ou tendresse, selon les cas.

CHAPITRE X

« Être Madame
est un métier misérable... »
(1693-1701)

LA FIN D'UNE GRANDE PRINCESSE

A la fin de mars 1693, la Grande Mademoiselle fut atteinte des premiers symptômes de la douloureuse maladie rénale qui devait l'emporter. On ne croyait pas qu'elle verrait le mois d'avril ; toute la famille royale se rendit à son chevet au Luxembourg, le Roi en tête. Monsieur et Madame lui dirent adieu le 29 mars, jour où elle reçut le viatique des mains du curé de Saint-Séverin. La mourante avait refusé, vingt-deux ans plus tôt, d'épouser Monsieur qu'elle connaissait trop bien, mais son testament prouve que son affection pour lui était restée intacte. Lauzun, rentré dans les grâces de Louis XIV depuis qu'il avait aidé Leurs Majestés britanniques à s'enfuir de l'Angleterre, se présenta au Luxembourg, mais ne fut pas reçu. Le dimanche 5 avril, après une agonie de trois jours, Mademoiselle expira, assistée par le père Bourdaloue. Elle avait soixante-six ans.

L'ouverture du testament le lendemain fut un événement : qui hériterait de ce qui restait de l'immense fortune de la défunte ? Dans ce dernier testament (elle en avait fait toute une série), Mademoiselle donnait sa belle maison de Choisy au Dauphin qui n'avait pas encore de résidence personnelle, des sommes importantes à ses dames, des legs pieux à des couvents et hôpitaux, et d'autres à ses domestiques, « ne voulant pas que l'on voie demander l'aumône à ceux qui m'auront servie ». Enfin, « je fais mon légataire universel Monsieur, Philippe de France, duc d'Orléans, dont j'ai l'honneur d'être cousine germaine et qui m'a fait celui de me témoigner toujours beaucoup d'amitié, dans lequel legs universel seront comprises les parts et portions dont je puis disposer, et toutes les seigneuries et terres restantes [1]... ». De larges portions, la principauté de Dombes et le comté d'Eu, avaient été prélevées en faveur du duc du Maine ; Monsieur héritait de moindres fiefs et d'argent liquide, mais la succession était grevée de dettes et de procès, de quoi occuper son chancelier de Terrat pendant des années. Monsieur semble avoir eu besoin de cet argent : Madame rapporte début février qu'il a perdu en cinq semaines 4 300 pistoles au jeu, et qu'il a dépensé en même temps 200 000 florins pour acheter des régiments à ses dernières conquêtes « qui ne le divertissent pas en tout honneur[2] ».

Elle écrit quatre jours après la mort de Mademoiselle à Sophie : « Notre bonne Grande Mademoiselle est enfin arrivée au terme de sa maladie dimanche dernier [...]. Hier nous avons rendu les derniers honneurs à Sa Dilection selon l'usage, c'est-à-dire donné l'eau bénite en manteaux traînants et mantes. Je n'ai pu retenir mes larmes en voyant dans son cercueil cette bonne princesse qui, il y a huit jours, me témoignait encore tant d'*amitié* et de *confiance*. Elle n'est morte de rien d'autre que de l'ignorance des médecins[3]... »

Madame ne mentionne nulle part l'incident macabre qui dépara selon Saint-Simon les somptueuses obsèques : « Toute la cérémonie présente, l'urne qui était sur une crédence et qui contenait les entrailles, se fracassa avec un bruit épouvantable et une puanteur subite et intolérable. A l'instant, voilà les dames pâmées d'effroi, les autres en fuite. Les hérauts d'armes, les Feuillants qui psalmodiaient, s'étouffaient aux portes avec la foule, qui gagnait au pied. [...] Tout fut parfumé et rétabli, et cette frayeur servit de risée[4]. » L'éclatement de la canope de Mademoiselle a dû rappeler à certains témoins les coups de canon frondeurs que la princesse avait fait tirer de la Bastille le jour exaltant des combats du faubourg Saint-Antoine. Entre ces deux événements explosifs et malgré Lauzun, la vie de cette princesse richissime avait été plutôt terne.

« LOUIS EST TRIOMPHANT, TOUT CÈDE A SA PUISSANCE... »

La campagne de 1693 se déroulait sur un théâtre élargi. La presse protestante européenne avait beau s'épuiser en invectives et comparer Louis XIV à l'outrecuidant Nabuchodonosor et à l'Antéchrist, le Roi continuait à narguer l'Europe entière, malgré le dépeuplement et la famine qui désolaient son royaume. Il assumait lui-même le commandement de l'armée de Flandre, ayant sous lui le Dauphin, Monsieur le Prince et Boufflers. Luxembourg commandait une autre armée en Flandre avec les maréchaux de Villeroy et de Joyeuse. Les maréchaux Catinat et de Noailles commandaient des armées en Italie et en Catalogne. Craignant un débarquement anglais, le Roi confia à son frère le commandement de toutes les troupes sur les côtes atlantiques de Dunkerque jusqu'à Bayonne. Monsieur établit son quartier général à Vitré où il passera l'été à s'ennuyer ferme. Le maréchal-duc de Lorge enfin, le futur beau-père de Saint-Simon, entrait avec une armée en Allemagne. Ses ordres étaient, selon une lettre de Louis XIV lui-même, fort précis : « J'ai ordonné à mon cousin le maréchal-duc de Lorge, qui commande mes troupes en Allemagne, de se rendre maître d'Heidelberg. Il a exécuté mes ordres. La tranchée a été ouverte le 21 [mai], la ville a été forcée le 22, le château s'est rendu le 23[5]. »

La prise de Heidelberg fut considérablement facilitée par l'incroyable lâcheté du commandant Heidersdorf qui ne tenta même pas de défendre la place malgré les hommes, les munitions et les réserves dont il disposait. Le cauchemar recommença aussitôt pour la ville en partie reconstruite et repeuplée ; les troupes du Très-Chrétien se dispersaient dans les rues, pillant, brûlant, massacrant et violant. Les survivants furent rassemblés comme du bétail dans la Heiliggeistkirche à laquelle les soudards mirent le feu. Ce n'est que lorsque les cloches commencèrent à fondre sur la tête des malheureux qui hurlaient comme des damnés et que la tour fut sur le point de s'effondrer que l'on rouvrit les portes. Les sépultures des Électeurs palatins n'échappèrent pas cette fois-là à la profanation, et la ville entière, à quelques maisons près, n'était plus qu'un vaste brasier. On ignore les réactions d'Elisabeth-Charlotte apprenant que les restes de son père et de son frère avaient été arrachés de leurs cercueils, traînés dans les rues et piétinés par la soldatesque française. La seule lettre conservée de cet été à y faire allusion est un billet de félicitations au maréchal de Noailles qui venait de prendre le port catalan de Rosas : « En vérité, il faut que vous soyez autant de mes amis que vous en êtes, pour que je puisse me réjouir, en l'humeur où je suis de l'horrible cruauté qu'on a faite en dernier lieu à Heidelberg, de ce qui vous est arrivé et y prendre part, car je frémis encore quand j'y songe[6]... »

De son côté, Louis XIV se félicitait dans la lettre déjà citée de la prise de Heidelberg : « C'est ce qui m'oblige de rendre grâces à Dieu [...], et de lui demander qu'il lui plaise, pour mettre le comble à ses faveurs, de donner à mes peuples une paix solide, que je regarde comme le prix le plus glorieux de mes pénibles entreprises. » Il ordonna un *Te Deum* à Notre-Dame de Paris, et fit frapper une médaille représentant Heidelberg détruit par le feu avec une inscription qui parodie le début de la Genèse : REX DIXIT ET FACTUM EST[7].

Les textes français de cette année ne font que chanter sur tous les tons le règne paisible de Louis le Grand. Le 29 novembre, six mois après la violation des tombes palatines, le père Bourdaloue, prêchant l'avent à Versailles, s'adresse au Roi : « Sans oublier la sainteté de mon ministère, et sans craindre que l'on m'accuse de donner à Votre Majesté une fausse louange, je dois, comme prédicateur de l'Évangile, bénir le ciel, quand je vois, Sire, dans votre personne, un roi conquérant, et le plus conquérant des rois [...]. Je dois, en présence de cet auditoire chrétien, rendre à Dieu de solennelles actions de grâces, quand je vois dans Votre Majesté un monarque victorieux et invincible, dont tout le zèle est de pacifier l'Europe [...], et qui par là est sur la terre l'image visible de Celui dont le caractère est d'être tout ensemble, selon l'Écriture, le Dieu des armées et le Dieu de la paix [8]. » Cinq jours plus tard, le 4 décembre, a lieu la création de *Médée,* le seul opéra de Marc-Antoine Charpentier. Le livret de Thomas Corneille s'ouvre, selon l'usage, sur un prologue extatique qui n'a aucun rapport avec l'âpre drame de jalousie qui suit. Un chœur de bergers héroïques entonne : « Louis est triomphant, tout cède à sa puissance... » La Victoire descend d'un tourbillon de nuages et chante, faisant allusion aux ennemis du Roi :

> Ils ne cherchent à triompher
> Qu'afin de prolonger la guerre ;
> Louis combat pour l'étouffer,
> Et rendre calme la terre.

Il semble peu probable qu'Elisabeth-Charlotte, qui détestait les sermons mais adorait les opéras, ait été sensible à cette logique détraquée d'une dévastation brutale au nom de la paix. Chantées au milieu de nuages d'encens, ces louanges dithyrambiques montaient à la tête du Très-Chrétien qui croyait sincèrement œuvrer pour la paix, alors qu'il venait de commettre une des principales fautes de son règne.

La bravoure de son fils qui commandait pendant la guerre de 1693 la cavalerie de l'armée de Flandre préoccupait et enchantait Madame. Le duc de Chartres était parti le 1er juin rejoindre l'armée de Luxembourg, et participa avec plus d'intrépidité que de prudence à la sanglante bataille de Neerwinden le 29 juillet. « On chante vos louanges partout, lui écrivait le Roi le 5 août, et je sens une grande joie de la justice qu'on vous rend. Continuez avec application à vous instruire, mais ne hasardez pas toujours ce que vous avez fait en cette rencontre [9]. » Fin août Elisabeth-Charlotte apprend à sa tante : « Mon fils a mené à cinq reprises la cavalerie qu'il commande en chef, et deux heures durant il a essuyé tout le feu des canons. Ce n'est qu'après qu'il est entré en ligne ; c'est un grand miracle qu'il n'y soit pas resté. Si mon fils ne faisait pas campagne tous les ans à son âge, il se ferait mépriser affreusement ici et perdrait toute considération [10]... » Et le même jour à Frau von Harling : « ... Son officier de la garde a abattu deux hommes derrière mon fils qui voulaient le tuer de leur épée après lui avoir tiré dessus au pistolet, mais ils l'avaient, Dieu merci, raté [11]... »

MADAME ET L'ANGE EXTERMINATEUR

La santé d'Elisabeth-Charlotte laissait à désirer. Elle se plaint fin mars à Sophie que le chagrin lui fait perdre du poids et que ses menstrues sont déréglées. Pourtant, précise-t-elle, « il est impossible que je sois enceinte puisque je dors toute seule [12]... ». Désemparée par les absences de Monsieur et de son fils, et poursuivie par les images de la destruction et des profanations de Heidelberg, elle eut début juillet à Versailles un cauchemar bourré de symboles funèbres dont elle ne parle pas dans ses lettres conservées, mais qu'elle a dû raconter à son entourage, puisque le grave Dangeau l'a consigné dans son *Journal* : « Madame, qui croit un peu aux songes, a songé qu'elle voyait une maison déserte remplie de cyprès, qu'on lui a dit qu'il fallait qu'elle y allât. En y allant, elle a vu une mare d'eau très-sale, a disputé pour n'y pas entrer, et dans cette dispute elle s'est réveillée [13]. » Elle se réveilla en sursaut et se sentit très mal. Son médecin constata une forte température, des maux de tête, des nausées, « un dévoiement et un grand mal de cœur ». « On craint la petite vérole », note encore Dangeau le 5 juillet.

Ce diagnostic, confirmé le surlendemain par le corps médical, sema la panique à Versailles. Parmi les grandes maladies qui expédiaient les sujets de Louis XIV dans l'autre monde, la petite vérole (c'est-à-dire la variole) était la première et la plus redoutable : c'est elle qui emportera le Dauphin en 1711, et son petit-fils Louis XV en 1774. « Sur cent personnes dans le monde, dira Voltaire, soixante au moins ont la petite vérole ; de ces soixante, vingt en meurent dans les années les plus favorables et vingt en conservent pour toujours de fâcheux restes [14]... » Toutes les dames qui n'avaient point eu la maladie s'enfuirent de Versailles pour échapper au « mauvais air » ; la duchesse de Chartres enceinte de quatre mois, et Mademoiselle, la fille de Madame, filèrent à Saint-Cloud. Les fils du Dauphin et leurs maisons s'installèrent pour six semaines au château de Noisy-le-Sec, et le Roi s'en alla avec une petite suite pour trois semaines à Marly.

Madame fut mise en quarantaine avec les personnes indispensables à son service. Elle avait renvoyé ses filles d'honneur, mais ses dames tenaient absolument à rester auprès d'elle : sa dame d'honneur la duchesse de Ventadour, ses dames d'atour de Châtillon et de Châteautiers, la maréchale de Clérambault, et la comtesse de Beuvron accourue de Paris dès que Monsieur eut tourné le dos. Madame était sensible à l'amitié de Mme de Châtillon qui refusait de s'en aller malgré sa grossesse, et surtout à celle de Mme de Châteautiers qui n'hésitait pas à exposer sa beauté angélique. « Cette princesse avait défendu, explique Sourches, qu'on ne la laissât entrer dans sa chambre, parce qu'elle était encore fort belle ; mais elle prit le temps qu'on avait laissé la porte ouverte, elle se jeta dans la chambre, et n'en voulut plus sortir [15]. »

Réconfortée par ces témoignages d'affection, Elisabeth-Charlotte refusait obstinément de se soumettre à la Faculté, accourue la lancette et la seringue à la main et s'apprêtant à lui administrer une pharmacopée peu rassurante. « Cette princesse, dit encore Sourches, suivant son régime ordinaire, se traitait seulement avec des poudres sudorifiques, et mangeait presque de la même manière que si elle n'avait point été malade [16]. » Dangeau rapporte qu'elle buvait de l'eau glacée, que ses fenêtres restaient ouvertes, qu'elle changeait de linge quatre fois par jour, qu'elle prenait de la poudre de Mylady Kent préparée à partir de pinces de langoustines, et qu'elle « se porte aussi bien qu'on le peut en l'état où elle est [17] ». La variole sortit abondamment, mais les éruptions séchèrent en quelques jours. Ces résultats l'encouragèrent à continuer ce traitement « à l'allemande », malgré les avertissements des Bourdelot, des Gendron, des Michard, et d'autres médecins réputés qui l'enterraient déjà. Sourches note le 17 juillet qu'elle « se portait de mieux en mieux à la honte des médecins », et Dangeau la déclare « tout à fait guérie hormis un petit mal aux yeux » le 21.

Elle quitta Versailles à la fin de juillet pour prendre cinq semaines de repos dans une petite propriété des Orléans à Colombes, sur la rive gauche de la Seine entre Paris et Argenteuil. Monsieur était rentré le 12 août de Vitré, mais son frère lui interdit d'aller voir Madame par crainte de la contagion. Elisabeth-Charlotte se sentait si heureuse à Colombes, loin des contraintes de la Cour, que Monsieur lui fit don de cette maison des champs où il n'allait jamais. Elle écrit à Sophie, tout à sa joie : « Monsieur m'a fait don de Colombes. J'ai donc une petite maison à moi, ce dont je suis fort aise [18]... »

Madame passa sa convalescence à suivre de fort près l'actualité militaire de cet été, à trembler pour son fils, à écrire des lettres et à recevoir des amis. Le fidèle Polier de Bottens fit le voyage à pied sous le soleil brûlant, imprudence qui lui valut une lettre charmante : « Je me suis bien doutée que votre promenade de Paris ici à pied ne vous ferait pas grand bien. Et si j'en avais fait autant, je sais bien qui m'aurait grondée, et représenté comme la santé est une chose précieuse qu'il ne faut pas prodiguer [19]. »

Courtisan jusqu'au bout des doigts, Dangeau note le 22 août : « Monsieur a vu Madame à Paris, et ne l'a pas trouvée trop changée de la petite vérole ; elle est retournée à Colombes... » En réalité, Elisabeth-Charlotte sortait défigurée de sa maladie, et elle le savait parfaitement, malgré les protestations polies de Monsieur qui s'en fichait. Très consciente de la métamorphose qu'elle vient de subir, elle écrit le 17 août à Mme de Ludres : « Si vous me voyiez, ma chère belle

Ludres, je vous ferais grand peur, car ma petite vérole m'a laissé un étrange visage. Mais j'espère que, quand vous reviendrez, je serai un peu moins effroyable que présentement. [...] Je sais que vous savez bien aimer, puisque vous m'aimez encore ; je dis *moi* qui n'est pas le *moi* qui vous écrit, mais le *moi* qui était autrefois *moi*[20]... » Elle confie six jours plus tard à Anna Katharina von Harling : « On ne peut être plus malade sans mourir que je n'ai été de cette effroyable maladie. Sur mon visage il n'y a pas un coin de la grandeur d'un demi-sou [*kein Halbbatzen breit*] qui n'ait été marqué par la variole[21]... » Elle rassure Sophie en novembre : « La variole m'a très marquée, mais pas changée le moins du monde ; tous s'en étonnent. Plus je serai vieille, et plus laide il me faudra devenir, mais mon humeur et mon cœur ne peuvent plus changer... », ce qui reprend ce qu'elle avait écrit le Jour de l'An : « Je suis toujours ce que j'ai été ma vie durant : la France ne m'a pas polie, je suis arrivée ici trop tard[22]. »

Son visage grêlé rappellera que l'aile de l'Ange exterminateur l'a frôlée : pour la première fois, Madame a regardé la mort en face. Désenchantée de la vie, elle ne semble pas avoir paniqué. Pour la princesse qui s'était exclamée : « Ah, belle Ludres, que le monde est fâcheux et déplaisant[23] ! », l'idée d'avoir à le quitter ne devait pas être insoutenable.

L'affaire Königsmarck

L'indifférence que manifeste Elisabeth-Charlotte lors du premier accouchement de sa bru révèle l'état d'esprit d'une convalescente qui revient de loin. « Notre Mme de Chartres n'a encore rien enfanté, écrit-elle à Sophie en décembre 1693, bien qu'elle soit en travail depuis quelques jours. Dieu sait quand ce sera ; je l'attends sans impatience et sans m'inquiéter outre mesure[24]... » Et quatre jours plus tard, à Frau von Harling : « Je serai grand-mère demain ou après-demain, car l'épouse de mon fils est en couches. [...] Si elle accouche aujourd'hui, ma chère Frau von Harling saura si c'est un *lui* ou une *elle* qu'elle aura enfanté. Quoi que ce soit, cela m'est égal, car, entre nous, il m'est impossible de m'y intéresser [*ich kan mich ohnmöglich drin interessiren*][25]. » Sa bru accoucha le lendemain d'une petite fille, Mlle de Valois, qui vivra dix mois. Madame jeta un coup d'œil distrait sur le poupon et partit aussitôt pour Marly. Une semaine après la mort de la petite princesse, elle fera cette confidence choquante à son ami d'enfance Christian August von Haxthausen : « [Mon fils] a perdu il y a huit jours sa petite fille, et en fut assez touché. Quant à moi, je ne m'en suis pas préoccupée. Elle ressemblait trop à sa mère désagréable et braillait tout le temps. J'estime donc qu'elle est mieux au ciel que sur la terre. » Et à Louise : « Je trouve qu'elle est plus heureuse d'être au ciel que si elle était restée en vie, car en vérité, l'état de princesse n'est pas des plus heureux[26]. »

Des propos aussi féroces chez une princesse au grand cœur, qui a pleuré de chaudes larmes à la mort de son fils Alexandre, trahissent un durcissement de caractère qui pourrait bien être la conséquence d'une interruption brusque de son cycle menstruel du fait de sa variole, en attendant sa ménopause qu'elle annonce à Sophie en juin 1699. Ses plaintes d'insomnie et de grossissement anormal en juillet 1694 semblent confirmer ce diagnostic. Elle en était bien consciente ; elle parle en septembre 1694 de sa « mauvaise humeur persistante [*in meiner wehrendem bössem Humor*][27] », et la façon dont elle réagit à certains événements anodins révèle une irritabilité inhabituelle. Ainsi en mars, dans une lettre à Sophie : « Il ne se passe point d'appartement que je ne fais se lever des gens qui s'assoient devant moi en me regardant bien en face, et les hommes plus que les dames. On ne sait pas ici ce que c'est que le *respect*[28]... » On pense à Saint-Simon qui la dira « jalouse, jusqu'à la dernière petitesse, de tout ce qui lui était dû[29] ». Et lorsque les trois filles du Roi font en juillet une plaisanterie à Monsieur en allumant à Trianon un feu sous ses fenêtres après l'avoir réveillé aux pétards, Madame réagit durement, exagérant l'incident dont même Dangeau déclare que « ce n'était qu'une bagatelle[30] ». Elle a oublié visiblement les espiègleries de sa propre jeunesse. Autant dire qu'elle vieillit.

Il faut tenir compte des troubles caractériels de Madame en cette année 1694, en lisant ses commentaires impitoyables lorsque le scandale éclate à Hanovre au sein de la famille de Sophie et du duc Ernst August. On se souvient de ses félicitations aigres-douces en 1682 lors du mariage de Georg Ludwig, le fils aîné de Sophie, avec sa cousine Sophie Dorothée, riche héritière mais un peu bâtarde. Georg était un homme bourru qui n'avait aucun goût pour la beauté fantasque que la politique avait jetée dans son lit. Il préférait la compagnie de femmes moins compliquées aux noms et aux formes baroques comme la grande perche Melusine von der Schulenburg, mère de ses trois filles naturelles, ou sa demi-sœur Sophie Charlotte von Kielmannsegg qui était petite et corpulente. Sophie Dorothée avait eu à douze ans une galanterie un peu forte avec Christian August von Haxthausen, et son père Georg Wilhelm avait dû la faire coucher dans sa propre chambre. Elle avait vécu depuis son mariage comme une Emma Bovary avant la lettre, se gavant de romans et rêvant du grand amour.

Celui-ci apparut dans sa vie sous les traits du beau comte Philipp Christoph von Königsmarck. Leur tragédie d'amour a fasciné les poètes et les historiens ; Schiller a laissé le projet d'une tragédie, *Die Prinzessin von Celle*, et Paul Heyse a écrit le drame *Graf Königsmarck*. Le premier écrivain à s'inspirer des événements dramatiques est le duc

Anton Ulrich von Braunschweig-Wolfenbüttel qui raconte dans son roman-fleuve *Die römische Octavia* le destin fatal du couple malheureux sous des noms de fiction (Sophie Dorothée s'appelle Solanna). Anton Ulrich a agrémenté son récit d'anecdotes fictives confondues pendant deux siècles avec les événements historiques pourtant assez romanesques. La fin dramatique de Königsmarck, telle qu'elle est racontée à trois reprises dans les *Mémoires* de Saint-Simon (le malheureux y est jeté dans un four tantôt chaud, tantôt ardent[31]), illustre l'empiétement de la fabulation sur l'histoire. Adolf Köcher et Ragnild Hatton ont tâché de séparer la réalité et le mythe, et de prouver l'historicité des lettres échangées entre les deux amants ; les éditeurs français et anglais de cette correspondance écrite en mauvais français sont convaincus de son authenticité[32].

C'est en mars 1688, six ans après le mariage de Georg Ludwig et Sophie Dorothée, que Philipp Christoph von Königsmarck apparaît à la cour de Hanovre. Fils et petit-fils de maréchaux suédois célèbres, l'élégant cavalier avait une enviable réputation de séducteur tout terrain. Sa mère, Amalie von Sulzbach, vivait à la cour de Celle, et il est probable que Sophie Dorothée et Philipp Christoph se connaissaient depuis l'enfance ; ils le disent d'ailleurs dans leurs lettres. Les retrouvailles furent facilitées par Aurora von Königsmarck, sœur de Philipp Christoph et bientôt maîtresse du roi de Saxe Auguste le Fort et mère du maréchal de Saxe.

La liaison fatale semble avoir commencé en 1690 ; en 1694, Königsmarck se proposait de s'enfuir avec sa bien-aimée et passa du service de Braunschweig à celui de Saxe. Il réapparut en juin à Hanovre sous le prétexte de quelques affaires à finir, en réalité pour enlever Sophie Dorothée. Mais une lettre interceptée avait éventé le projet, et Königsmarck disparut sans laisser de traces dans la nuit du 1er au 2 juillet. Il fut probablement arrêté sur l'ordre du duc-électeur Ernst August quand il se rendit au château pour discuter des derniers détails de leur fuite, et tué dans l'escarmouche qui suivit. On a cru que son corps avait été cousu dans un sac alourdi de pierres et jeté dans la Leine, jusqu'au moment où son squelette emmuré fut découvert un siècle plus tard lors de travaux de transformation au Leineschloss.

Le mariage de Georg Ludwig et Sophie Dorothée fut dissous le 28 décembre 1694 après une procédure rapide et des contacts discrets entre les cours de Hanovre et de Celle. Un acte de disgrâce précisait que Sophie Dorothée ne pourrait se remarier, mais que Georg Ludwig pouvait prendre une autre femme. On prit soin de dissocier la disparition de Königsmarck et la séparation. Sophie s'explique à la raugrave Louise : « A ceux qui m'écrivent à ce propos, je réponds que, puisque la Princesse Électorale ne pouvait souffrir son mari, les deux pères ont consenti à la séparer de lui, et à la laisser habiter seule [...].

La disparition de Königsmarck doit être considérée par nos bons amis comme une affaire différente[33]... »

Les prières publiques pour la princesse électorale furent supprimées et elle fut conduite au château écarté d'Ahlden et tenue isolée pendant les trente-deux années qu'elle avait encore à vivre. Quelques promenades en carrosse sous escorte armée étaient la seule distraction qui lui fut accordée. Le gouverneur d'Ahlden, August Heinrich von Wackerbarth, avait reçu de strictes instructions qui précisaient même l'endroit où le carrosse devait faire demi-tour. Eleonore von dem Knesebeck, dame d'honneur, confidente et complice de la princesse électorale, fut enfermée dans la forteresse Scharzfels, d'où elle put s'échapper en 1697 grâce à l'aide d'un ouvrier au grand cœur qui réparait la toiture. Sophie Dorothée ne reverrait plus jamais ni ses enfants ni son époux. Celui-ci accepta en 1714 la couronne d'Angleterre et partit sans elle à Londres, flanqué de ses deux maîtresses qui étaient devenues entre-temps de respectables matrones que les Londoniens baptisèrent *Maypole* et *Elephant.*

La cour de Hanovre tentait par tous les moyens d'entourer la disparition de Königsmarck d'un écran de fumée, malgré les cris d'Aurora et les démarches du roi de Saxe exigeant des explications. Sophie glisse dans une lettre à la raugrave Louise : « J'ai été affligée par des événements dont je ne tiendrai assurément pas le journal. [...] On prétend au *Holzmarkt,* où se prodiguent ici les nouvelles, que Königsmarck a été enlevé par les sorcières de Dresde, car il s'est volatilisé depuis plus de deux semaines, et personne ne sait où il est allé[34]. » Elle dut s'expliquer dans les mêmes termes à Madame, qui ne semble avoir jamais su ce qui était arrivé réellement à Königsmarck.

Ses réactions sont féroces. Ayant reçu début novembre une lettre de Sophie qui lui explique qu'on s'interroge à Hanovre sur le sort de Sophie Dorothée, et qu'on pourrait l'envoyer en France chez la famille de sa mère d'Olbreuse, elle répond durement : « Je ne souhaite en aucune façon que la crotte de souris de Votre Dilection [*E. L. Maussdreck*] vienne ici, car je vois bien qu'elle me couvrirait ici de honte... » Dix jours plus tard, elle rapporte à sa tante que Louis XIV l'a interrogée à table sur le scandale, et qu'elle a répondu comme elle a pu. Loin de calmer l'esprit alarmé de Sophie, elle jette de l'huile sur le feu en lui répétant les propos du marquis de Lassay qui avait flirté avec Sophie Dorothée à Rome en 1685. « Ce qui m'agace encore contre l'ex-princesse électorale et fait que je me réjouis de son malheur, c'est ce que Lassay m'a raconté à son sujet au dernier appartement, notamment qu'elle haïssait Votre Dilection, et qu'elle ne parlait jamais de V. D. avec le respect qu'elle lui doit. Voilà un très maudit animal [*ein gar verflucht Thier*] qui mérite tout son malheur. Cela m'a si emportée que Lassay en a dû rire. Je ne puis comprendre pourquoi *oncle* ne l'a pas fait enfermer sitôt après le voyage en Italie... » Ou encore : « Si elle eût été courtisane à Venise, elle aurait été heureuse sa vie durant [35]. » Elle reparlera encore très souvent de Sophie Dorothée, toujours sur le même ton impitoyable.

Madame n'était certes pas, au moins dans ses opinions, un dragon de vertu, mais elle partageait les partis pris de son milieu, qui passait aux princes des fredaines à poil et à plume ne pouvant avoir de conséquences dynastiques (on oubliait les « belles maladies » qu'ils transmettaient à leurs épouses et descendances), mais qui refusait pour la même raison la moindre galanterie aux princesses. Elle s'étonne, en parlant de la mère de Sophie Dorothée : « Cette duchesse ne sait-elle donc pas que l'honneur des femmes consiste à n'avoir rien à faire avec personne d'autre que leurs maris, et que ce n'est point une honte pour les hommes d'avoir des maîtresses [36] ? » L'extrême dureté de George Ier envers le futur George II s'explique par sa conviction que celui-ci n'était pas son fils ; Saint-Simon parle d' « une sorte d'inimitié ouverte, qui a pensé avoir les plus grandes suites [37] ». Une princesse qui provoque par sa légèreté de telles tensions dynastiques déroge et mérite les pires traitements. Sophie Dorothée a eu amplement l'occasion de méditer cette maxime implacable dans sa résidence forcée d'Ahlden.

Quant au séducteur volatilisé, Madame s'intéresse à peine à son sort. « La demoiselle Königsmarck n'a pas tort de croire son frère toujours en vie, cela l'empêche d'être triste », dit-elle en mars 1695 à Sophie, cinq mois après avoir confié à Haxthausen : « Je ne puis croire que Königsmarck soit encore en vie et au château de Hanovre. Car oncle est trop honnête pour jurer qu'il n'est pas en son pouvoir de rappeler le comte, s'il n'était pas mort. [...] Le plus grand malheur de la maison est, en bon allemand, qu'on a mélangé la crotte de souris au poivre, ce qui ne peut être jamais bon à rien [38]. » Et cinq ans après le scandale, reprenant à son compte des rumeurs selon lesquelles la comtesse Platen aurait tenté en vain de séduire Königsmarck et l'aurait fait assassiner par dépit : « Il n'est que trop vrai que la comtesse Platen a fait périr Königsmarck par *pure jalousie* [39]... » Ayant supporté avec dignité les infidélités étalées de Monsieur sans se permettre le moindre écart, Madame ne voyait pas pourquoi Sophie Dorothée n'aurait pu être capable de la même retenue.

UNE INTRIGUE MATRIMONIALE ET DEUX LETTRES BIEN CURIEUSES

Une longue lettre peu connue de dix-neuf pages manuscrites, adressée de Fontainebleau le 19 septembre à Christian August von Haxthausen [40], révèle que Madame fut impliquée en août 1694 dans d'étonnantes intrigues matrimoniales. Écrite en allemand mais rapportant en français les conversations animées d'Elisabeth-Charlotte avec les personnes jouant un rôle dans la combine, cette lettre mériterait de figurer dans toutes les anthologies de Madame. Son ton familier s'explique : Christian August était un très vieil ami qui lui avait rendu plusieurs visites à Paris. Elle avait écrit deux ans plus tôt à Sophie : « Votre Dilection a bien raison de dire que C[hristian] A[ugust] est vraiment un homme excellent [*ein recht gutter Mensch*] ; il a l'esprit aussi honnête qu'on peut l'avoir en ce monde. Je l'aime comme s'il était un des raugraves[41]. » Christian August mourra en juin 1696 et sera enterré dans la sépulture de sa famille à... Ahlden, dans ce même château où se morfondait celle à qui il avait conté jadis fleurette. La lettre commente d'ailleurs à la fin le scandale, attribuant les écarts de Sophie Dorothée au sang français de sa mère, Eléonore d'Olbreuse : « Il est certain que l'histoire de Hanovre est bien bizarre, mais je reconnais dans toute la conduite de la Princesse électorale le vrai sang français. Tout ce qu'elle a fait ou voulu faire, ce ne sont pas des façons allemandes [*seindt keine teutsche Stücker*]. »

Le projet matrimonial exposé dans cette lettre lui paraît aussi singulier qu'un tour de « magie saxonne ». Il ne s'agit de rien moins que de marier Lydie de Théobon, veuve du comte de Beuvron et amie intime de Madame, à l'infâme mais riche marquis d'Effiat, moyennant la dignité ducale que Madame devra obtenir du Roi. Cette idée ridicule avait germé dans l'esprit inventif de Rollinde, l'intendant de la défunte Grande Mademoiselle que Madame appelle ailleurs « un homme très intelligent mais mauvais[42] ». Rollinde avait convaincu d'abord le vieil abbé d'Effiat, un oncle richissime dont le marquis devait hériter. L'abbé aveugle crut « voir les cieux ouverts » en entendant parler d'un duc d'Effiat. Rollinde parla ensuite à Lydie qui se rendit sans peine. Disgraciée par Monsieur, elle languissait dans le couvent de Port-Royal de Paris avec une pension de 8 000 livres qu'elle jugeait insuffisante. Elle avait alors cinquante-six ans, autant qu'Effiat, et pensait que ce mariage lui apporterait le tabouret et la richesse, et lui rouvrirait le Palais-Royal.

Ce fut ensuite le tour de Madame à être manipulée ; elle marqua sa surprise et se fit conduire à Port-Royal. Lydie soupira : « Si j'avais d'autres moyens d'avoir du bien, je n'accepterais pas cette proposition, mais n'ayant rien, et un sort riche [...] je le veux bien. — Allons doucement, répliqua Madame. Il ne suffit pas de bien pour être heureux en ce monde ; il faut savoir si on peut vivre avec un mari qu'on n'estime pas... » Elle savait de quoi elle parlait. Mais son amie était obsédée par son tabouret doré et Elisabeth-Charlotte rentra songeuse au Palais-Royal. Elle vit l'oncle chez Mme de Mecklembourg, et le neveu dans un parloir de Port-Royal. Effiat lui assura que Rollinde lui avait proposé ce mariage de la part de Madame comme une chose qu'elle souhaitait fort, mais qu'il n'y avait jamais songé. Elle lui répondit : « Puisque vous n'y avez pas songé, je vous assure que je n'y ai pas songé non plus. » Elle lava le lendemain la tête à Rollinde et alla voir Lydie de Théobon. Celle-ci s'était entre-temps tellement entêtée de ce mariage qu'elle supplia Elisabeth-Charlotte de gagner Effiat à l'idée et de lui obtenir un duché. Bonne amie, elle en parla au Roi qui lui ferma aussitôt la bouche, et lui défendit d'en reparler de sa vie. Elle respira, croyant l'affaire terminée, et retourna à Port-Royal pour raisonner son amie, mais celle-ci ne démordait pas. « Peut-être, dit-elle, quand la paix sera revenue pourrez-vous faire Effiat grand de Portugal ou duc d'Angleterre, et m'épousera-t-il... » Madame s'en alla à bout de patience, et conclut son récit : « Vous voyez, mon cher Christian August, comme je passe mon temps à travailler pour mes pires ennemis... » Nous la verrons se lancer avec plus d'enthousiasme dans d'autres projets de mariage presque aussi ridicules.

Trois semaines après la longue lettre dialoguée à Haxthausen, Madame rédigea, toujours à Fontainebleau, une lettre bien différente à Sophie. La fameuse lettre stercorale écrite en français (« Vous êtes bien heureuse d'aller chier quand vous voulez ; chiez donc tout votre chien de soûl... ») propose un développement rabelaisien de deux pages sur les joies de la défécation, à partir de la constatation qu'il y a si peu d'intimité à Fontainebleau qu'il est impossible de s'installer sur sa chaise percée sans qu' « il y passe des hommes, des femmes, des filles, des garçons, des abbés et des suisses ». Cette plaisanterie inspira à Sophie une réponse renchérissant sur le même sujet (« C'est un plaisant raisonnement de merde que celui que vous faites sur le sujet de chier... »). Madame apprit en novembre que des copies de sa lettre circulaient à Hanovre et à Celle. « Il me semble, écrit-elle à Sophie, qu'il n'est pas *poli* que la duchesse de Celle fasse lire la lettre ordurière [*den schmutzigen Brieff*] devant des étrangers. Je n'aurais jamais cru que cette lettre *réussirait* à tel point. M. le Dauphin tire aussi grand parti de ce thème. C'est un vrai *discours* destiné à exercer la mémoire des pages : ils le retiendront mieux que les prières de table[43]... » Publiées en appendice par Brunet (avec les commentaires qu'on devine) et Helmolt[44], ces deux lettres s'inscrivent dans une tradition bien française de réalisme burlesque très en vogue sous Henri IV et Louis XIII, et encore très apprécié à la cour de Louis XIV. Les *Mémoires* de Saint-Simon et la correspondance de Madame Palatine proposent de nombreux échantillons de farces scatologiques plus proches de cette « culture du bas corporel » analysée magistralement par Mikhaïl Bakhtine à propos de Rabelais que des graves études sociogénétiques de Norbert Elias sur la société courtoise[45].

En dépit du luxe raffiné dont s'entouraient Monsieur et les siens,

Leurs Altesses royales adoraient des divertissements d'un goût qui nous paraît discutable. Rabelaisienne à ses moments perdus, Madame amuse sa tante le Jour de l'An 1693 en lui narrant un dialogue d'un genre particulier : « Je ne puis m'empêcher de raconter à Votre Dilection un beau dialogue que Monsieur et moi avions récemment ; je voudrais que ceci fasse rire V.D. de bon cœur comme mes deux enfants. Nous étions tous les quatre seuls ici dans mon cabinet après le souper [...]. Monsieur, qui ne nous trouvait pas d'assez bonne compagnie pour causer avec nous, lâcha au bout d'un long silence un gros pet *met Verlöff met Verlöff,* se tourna vers moi et dit : " *Qu'est-ce que cela, Madame ?* " Je lui tournai le dos, lâchai un pet sur le même ton, et dis : " *C'est cela, Monsieur.* " Mon fils dit : " *S'il ne tient qu'à cela, j'en ai autant envie que Monsieur et Madame* ", et en lâcha un tonitruant. Nous nous esclaffions tous, et quittions ensemble le cabinet. Ce sont des *conversations* princières comme peut constater V.D. Si des curieux ouvrent mes lettres, j'offre cet encens en étrennes au premier qui ouvre et lit cette lettre avant V.D. [46]. »

La lettre suivante se réjouit que l'histoire de la *knallende conversation* a amusé sa tante, et explique en détail les talents du duc de Chartres dans ce domaine. Il est vrai que le jeune prince avait des talents artistiques à revendre. Il semblerait que la vénérable abbesse de Maubuisson se défendait très bien elle aussi, à tel point que Madame s'inquiète comiquement fin 1695 : « Ma tante de Maubuisson et moi serions ruinées si on créait un *impôt* sur les vents [47]... », se moquant ainsi de la capitation frappant la noblesse qui fut décidée par le Conseil des finances au début de l'année. Une lettre de juillet 1710 précise que Louis XIV « s'est toujours fait grand scrupule de lâcher des vents », mais que le Dauphin et Madame organisent souvent des concours à qui en lâchera le plus, et que « nous nous en sommes bien trouvés [48] ».

Rien d'aussi changeant que le sens du bienséant et du comique : les plaisanteries qui amusaient nos grands-parents nous font plutôt pleurer, et les polissonneries qui choquaient nos parents nous font bâiller. Il serait donc erroné de vouloir juger les éclats de rire d'une société trois fois séculaire selon des critères contemporains. Elisabeth-Charlotte déplore en mars 1710 que les indécences ne fassent plus rire sa tante octogénaire, « car cela entretient la gaieté, et la gaieté entretient la santé et la vie [49] ». Ni bégueule ni grossière, Madame a adopté la théorie rabelaisienne du rire thérapeutique. Elle avait confié en août 1694 à Louise : « Souvent je ne ris pas une seule fois en un mois... », et en février 1695 à Sophie : « Je commence à avoir de la peine à rire ; je ne ris plus autant en un an qu'autrefois en une semaine [50]. » Elle a cherché la joie de vivre où elle a pu ; peu importe après tout que l'humour qui lui rendait sa bonne humeur paraisse parfois rudimentaire aux lecteurs indiscrets de sa correspondance que nous sommes. Il convient de ne jamais oublier que les lettres de Madame n'étaient pas destinées à la publication.

MADAME, AMPLE, BAVARDE ET MATERNELLE

Le lecteur attentif de la correspondance d'Elisabeth-Charlotte constate à partir de 1695 des signes évidents de vieillissement chez Monsieur et Madame. S'ils ne vieillissent pas ensemble, ils vieillissent l'un à côté de l'autre et parfois contre l'autre, chacun à sa façon, souverainement, sans se gêner. Monsieur a cinquante-cinq ans. Son ventre triomphant, son nez allongé, sa petite bouche gourmande, son accoutrement tapageur, sa fringale de beaux garçons très chers, les sommes astronomiques qu'il perd aux tables de jeu, tout concourt à l'image d'un prince qui brûle la chandelle par les deux bouts, avec frénésie, visiblement inquiet d'avoir à quitter la fête avant la fin. Au moins il ne s'en cachait pas.

Un passage à la fois énigmatique et transparent de la dernière lettre à Christian August von Haxthausen, écrite fin 1695, le décrit ainsi : « *Boulet* est toujours le même, tel que vous le connaissez. Il dépense tout son bien avec les jeunes garçons et vend tous ses bijoux l'un après l'autre. Il a dit carrément [*hatt teutsch herauss gesagt*] à sa femme et à sa fille que, puisqu'il n'avait plus beaucoup de temps à vivre et qu'il commençait à vieillir, il ne voulait pas lésiner sur ses plaisirs et dépenser tout ce qu'il avait au jeu ou autrement, et il garde sa *parole*. Je crois que vous comprendrez bien ce *galimatias* et que vous vous rappellerez qui est ce *Boulet* au chapeau mou qui nous a fait rire il y a quelques années[51]... »

L'identification de *Boulet* à Monsieur est absolument certaine. Madame profitera cinq mois plus tard du retour en Allemagne de Mme von Klenck pour lui confier une lettre très franche pour Sophie, celle du 7 mars 1696, déjà citée *in extenso* à la fin du chapitre V. Elle y répète les déclarations de son époux : « Monsieur dit hautement et n'a pas caché ni à sa fille ni à moi que, comme il commence à se faire vieux, il n'a pas de temps à perdre ; qu'il veut tout employer et ne rien épargner pour s'amuser jusqu'à la fin ; que ceux qui lui survivront se débrouilleront comme ils pourront, mais qu'il s'aime mieux que moi et ses enfants. Et il fait comme il dit. »

Monsieur s'était alors entiché du joli François-Gabriel Thibault, marquis de La Carte, à qui il donna début 1696 10 000 écus pour acheter son linge en Flandre, et auquel d'autres dons permettaient d'acquérir en janvier la charge de premier maître d'hôtel de Monsieur, et en mai la survivance de la charge de son capitaine des gardes. Le Roi chargea le maréchal de Villeroy de dire à son frère qu'il ferait jeter La

Carte par les fenêtres s'il osait l'amener à Marly. Voilà donc Elisabeth-Charlotte condamnée à passer encore cinq ans auprès d'un viveur effréné vieillissant sans grâce, salement. Bonne âme, elle cherche à comprendre, voire à excuser. « La fatalité veut, explique-t-elle, que les gens qui savent bien qu'ils n'ont plus que peu de temps à vivre, le passent à se rendre malheureux eux-mêmes et les autres. Il faut bien qu'ils suivent une autre impulsion que l'intelligence[52]... »

Madame prend de son côté les amples dimensions que nous lui connaissons grâce au célèbre portrait de Rigaud qui la représente dans une profusion baroque de tissus somptueux et de doubles et triples mentons. Le thème de son obésité envahissante revient régulièrement dans ses lettres à partir de 1694 : « Je ne puis dire assez à Votre Dilection, confie-t-elle en juillet à Sophie, comme je regrette de devenir si affreusement corpulente, car cela me rend si pesante que je ne puis presque plus faire d'exercices sans *incommodité*. Je ne comprends pas comment je deviens si grosse : personne en France ne mange moins que moi [...], je marche beaucoup et ris très peu[53]... » Et un mois plus tard à Louise : « Je suis maintenant au moins aussi grosse que la demoiselle Kolb[54]... » Elle se plaint fin 1695 à Sophie que son obésité limite ses chères promenades à pied, et explique en avril 1696 à Frau von Harling : « J'ai beau être grosse, cela ne m'empêche pas de chasser ; je monte de grands chevaux qui peuvent me porter[55]. »

La duchesse d'Orléans supporte sa disgrâce physique avec philosophie et l'admet sans façons. Voici comment elle se décrit à Amelise en août 1698 : « J'ai toujours été laide et le suis devenue encore plus depuis la variole. Ma *taille* est de plus d'une grosseur *monstrueuse ;* je suis carrée comme un dé. Ma peau est d'un rouge tacheté de jaune, je commence à grisonner et mes cheveux sont poivre et sel, mon front et mes yeux tout ridés, mon nez toujours aussi de travers mais très *brodé* par la variole, ainsi que mes deux joues. J'ai les joues plates, un double menton, les dents gâtées [...]. Voici, chère Amelise, ma jolie figure[56] ! » L'année suivante, elle compose cet autoportrait peu flatté pour Sophie : « Ma graisse s'est mal placée, de sorte qu'elle me va mal. J'ai, sauf votre respect, un derrière effroyable, un ventre, des hanches et des épaules énormes, la gorge et la poitrine très plates. A vrai dire, je suis une figure affreuse [*eine wüste hessliche Figur*], mais j'ai le bonheur de ne pas m'en soucier, car je ne souhaite pas que quelqu'un tombe amoureux de moi. Je suis *persuadée* que mes bons amis ne regarderont que mon caractère, pas ma figure[57]... »

Sa correspondance révèle un changement qui se produit en même temps dans son esprit. Les lettres conservées deviennent plus nombreuses avec les années (16 de 1690, 68 de 1695, 80 de 1700, 123 de 1705, etc.), mais leur contenu tend à devenir plus banal. Les joies et les souffrances actuelles de l'épistolière s'effacent en faveur d'un commentaire bonasse des faits divers qui agitent le Gotha européen et particulièrement la noblesse allemande, d'anecdotes françaises, de gentillesses rituelles à l'égard de Mme de Maintenon dite la Pantocrate, de bavardages nourris par un livre lu, un nouvel opéra, la dernière chanson qui se débite au Pont-Neuf, de plaintes de santé, de remèdes, de protestations d'amitié, etc. Surtout la correspondance-fleuve avec la raugrave Louise, qui s'organise sérieusement à partir de 1694-1695, semble une lutte continuelle contre la banalité qui ne laisse pas d'éprouver le lecteur assidu des six forts volumes qu'elle compose. Mais une correspondance est un dialogue écrit, et il ne fait pas de doute que la personnalité effacée de Louise ne stimulait guère la redoutable épistolière.

L'amour maternel de Madame fut mis à rude épreuve pendant l'été de 1695. Son fils était parti comme les années précédentes rejoindre l'armée de Flandre qui se contentait de vivre aux dépens du pays en attendant le combat de Deinze (14 juillet) et la reddition de Namur par Boufflers (1er septembre). La Cour apprit à la mi-juin que le duc de Chartres avait eu plusieurs accès de fièvre et qu'on le traitait au quinquina. Elisabeth-Charlotte était si inquiète qu'elle voulut se précipiter en Flandre pour soigner son fils qu'elle voyait déjà dans les affres de la mort. « Madame voulut partir en chaise de poste pour l'aller trouver, note Sourches, mais on lui fit agréer d'attendre qu'on eût des nouvelles plus certaines [58]. » Elle confirme cette nouvelle en juillet à Louise : « Si mon fils était resté malade, je serais partie vers lui pour le veiller pendant sa maladie [59]. » Des lettres qui annonçaient le rétablissement du malade ne la rassuraient qu'à moitié ; elle répète à ses correspondantes qu'elle craint des rechutes, et arrache la promesse d'un ordre royal rappelant son fils de l'armée. Sourches rapporte que le duc de Chartres, sachant que sa mère mettait tout en œuvre pour le faire revenir, n'avait pas osé entrer dans Mons de peur que Madame ne l'y fît enlever. Louis XIV, mis au courant par Puységur de la circonspection de son neveu qui osait braver sa mère et ses gifles, approuva sa conduite, sans doute en souriant [60].

Chartres apparut à l'improviste à Saint-Cloud le 11 septembre, à la grande joie de sa mère sur le point de cacheter une lettre à Louise. Comblée, elle ajoute ce rapide post-scriptum : « Mon fils nous a surpris aujourd'hui : il arriva tout d'un coup comme nous venions de nous mettre à table sans nous y attendre le moins du monde. Il n'a pas aussi mauvaise mine qu'on m'a dit ; il a quitté son quinquina il y a huit jours. J'ai encore voulu vous écrire ceci, chère Louise, car je suis persuadée que vous vous réjouirez avec moi : Dieu merci, mon fils est retourné en bonne santé auprès de moi [61] ! » Décidément, l'âge n'a pas affaibli la capacité d'aimer de cette mère despotique au grand cœur.

Un apprenti sorcier et une philosophe dilettante

Sa sollicitude maternelle fut encore éprouvée l'année suivante, mais pour des raisons bien différentes. Le duc de Chartres avait passé l'hiver à jouer au mail, à explorer en connaisseur les charmes des filles de l'Opéra et à s'encanailler dans les cabarets. Il s'affichait particulièrement avec une Florence Pellerin, la fille d'un cabaretier de Saint-Germain-des-Prés entrée toute jeune à l'Opéra. Elle y avait fait fureur, moins par son talent que par ses charmes vénaux. Un greffier à l'Hôtel de Ville l'avait installée cul-de-sac des Blancs-Manteaux. Mlle Florence avait trente-sept ans quand elle devint la maîtresse de Philippe de Chartres. Il lui fit quitter son cul-de-sac et l'installa princièrement dans ses meubles rue des Petits-Champs, à quelques pas du Palais-Royal. De leur union naîtra en 1698 Charles de Saint-Albin, futur archevêque de Cambrai.

Madame fut donc presque soulagée lorsque son fils, dûment chapitré, partit le 21 mai 1696 pour servir en Flandre dans l'armée du maréchal de Villeroy. Elle répond début juin à l'abbé Dubois qui suivait toujours son prince et qui venait de lui écrire une lettre rassurante : « Une chose qui m'avait fait craindre que mes discours n'auraient fait aucun effet sur son esprit fut que j'appris que le jour qu'il était parti d'ici, il avait été encore ce même matin à Paris, et demeuré une heure avec la Florence, quoiqu'il m'eût promis la veille de tâcher de s'en défaire. Sur cela j'avais fait un jugement tout différent de ce que vous me marquez de ses sentiments. Mais, Dieu loué ! que je me sois trompée. Cependant je crains encore un peu qu'il ne dissimule avec vous [62]... »

Deux semaines plus tard, Monsieur rentra furieux de Marly et lui apprit une nouvelle qui lui fit dresser les cheveux sur la tête. On venait d'arrêter à Paris une sorcière marchande de drogues innommables et de philtres d'amour, et on avait trouvé chez elle une lettre du marquis de Feuquières mentionnant le duc de Chartres et l' « infâme achat » qu'il aurait fait chez cette créature. Pour couvrir la réputation de son neveu et gendre, Louis XIV avait subtilisé la lettre compromettante avant l'ouverture de l'instruction ; il avait agi de même quinze ans plus tôt lorsque la Chambre ardente chargée de l'affaire des Poisons avait découvert des lettres où figurait le nom de Mme de Montespan. L'infâme Feuquières avait été fortement compromis dans l'affaire ; Saint-Simon l'appelle « le plus méchant homme qui fût sous le ciel, qui se plaisait au mal pour le mal [63] ». Il avait épousé entre deux expériences de sorcellerie la ravissante fille de Mignard qui avait servi de modèle à son père, et qu'on pouvait admirer sur les plafonds de Versailles et de Saint-Cloud.

Madame avait d'abord compris que la police avait saisi chez la sorcière des lettres *de son fils*. Elle lui écrit le 18 juin : « [Le Roi] a pris la peine d'empêcher qu'on n'ait lu vos lettres en pleine justice d'une de vos plus chères confidentes qui sera peut-être brûlée vive. Que ne pouvez-vous voir cette affaire avec la même horreur que moi, et cela serait capable de vous corriger à jamais de hanter de telles canailles. Les cheveux m'en dressent quand j'y songe ; car si le Roi n'avait retiré vos lettres, vous étiez perdu à jamais dans l'esprit de tous les honnêtes gens, et surtout des pays étrangers. [...] Adieu, mon cher enfant, je suis pénétrée de douleur de ce qu'on ait trouvé de vos lettres chez cette infâme, mais je l'oublierai si vous tâchez au moins de vous corriger[64]... »

Mieux informée, elle écrit aussitôt à Dubois : « [Monsieur] m'avait dit d'abord que le Roi avait de terribles lettres de mon fils à cette vilaine femme ; depuis, il m'a dit qu'il n'y en avait pas de mon fils, mais seulement de Feuquières, qui parlait de mon fils et de son infâme achat. Cela n'est pas bon... » Et trois jours après : « Je presserai bien Monsieur qui ira demain à Versailles, de justifier *mon* fils auprès du Roi. [...] J'ai bien cru que vous profiteriez de cette occasion, monsieur l'abbé, pour remontrer à mon fils les horreurs où la débauche entraîne[65]. »

Plusieurs autres lettres adressées les mois suivants à Dubois reviennent sur cette affaire, mais malheureusement sans préciser la nature de l' « infâme achat ». La colère du Roi et la conviction touchante de Madame que son fils est la victime de ses mauvaises fréquentations sont les principaux sujets discutés. Ayant lu une longue lettre de justification de Chartres à son père dans laquelle il convient de ses rapports avec Feuquières et sa sorcière, elle se dit désolée : « J'y vois une quantité de choses plus affligeantes pour moi l'une que l'autre, et qui me vont au cœur et m'ôtent toute espérance de le voir jamais honnête homme, ni par conséquent d'en recevoir de ma vie aucune consolation. » Elle compare dans une autre lettre son apprenti sorcier à un « cheval échappé » et soupire, fataliste comme toujours : « Il faut bien que son étoile l'entraîne[66]... » Sa lettre du 10 août résume ainsi la position peu enviable du duc de Chartres : « Il aura perdu la réputation auprès des étrangers pour avoir trop obéi au Roi en épousant sa bâtarde, et il perdra l'amitié du Roi, sa confiance et son estime, pour aimer mieux être débauché que vertueux. [...] Il me met dans un chagrin que je ne puis exprimer, et je crois que, toute grasse que je suis, mon fils trouvera le moyen de me faire dessécher de chagrin[67]. » A quelque chose malheur est bon...

Bien sûr, Madame ne souffle mot de ce scandale à ses correspondantes habituelles, gardant pour elle les frasques de son chenapan de fils qui voulait apprendre à être sorcier. Mais elle ne peut s'empêcher d'écrire ironiquement à Sophie un mois après le retour du duc de Chartres : « Voici la meilleure saison pour tirer les faisans. Mon fils fait semblant d'y aller aussi, mais il prend d'autres oiseaux que des faisans. Dieu veuille qu'ils lui fassent grand bien [68] ! » L'affaire n'a pas adouci la disgrâce endémique dans laquelle elle vivait. Elle se plaint début septembre à Sophie : « Je suis de nouveau en disgrâce, sans l'avoir mérité. Dès que j'arrive chez le Roi, Madame Conne s'en va [...]. On me traite ici d'une façon bien impolie : on me fait attendre tous les jours une demi-heure à la porte du Roi avant de me laisser entrer. On me renvoie même souvent, quoique dans ce moment-là tous les bâtards du Roi et Monsieur lui-même se trouvent dans la chambre [69]. »

Louis XIV traversait des mois difficiles : les pourparlers de la paix, conduisant un an plus tard au traité de Ryswick, allaient s'ouvrir en Hollande, et le Roi était en train de désigner des plénipotentiaires et de méditer les concessions qu'il serait forcé de faire. La mort en juillet de Colbert de Croissy remplacé par son fils Torcy compliqua les choses. En plus, la santé du Roi laissait à désirer : en cette fin d'été, la goutte le clouait à son fauteuil, une fluxion lui gonflait les joues et un furoncle au cou dégénérait en un anthrax douloureux qui nécessitait des coups de bistouri répétés.

Madame s'armait de son côté de patience et de philosophie. L'été et l'automne de 1696 sont remplis de grandes lectures philosophiques. Elle se penchait surtout sur l'œuvre de François-Mercure Van Helmont (1618-1699), le théosophe hollandais qu'elle avait connu dans sa jeunesse à Heidelberg, et qui lui avait offert son *Vom Trost der Weisheit,* une version allemande de la *Consolation de la philosophie* de Boèce. Ses lettres à Sophie reparlent tout au long de l'été de sa lecture de ce volume qu'elle avait emporté en France, et d'autres traités de Van Helmont. Ses théories sur la réincarnation la tentent, même si elle ne comprend pas tout. Elle écrit début août : « L'opinion de M. Helmont ne m'entre pas vraiment dans la tête, car je ne puis comprendre ce que c'est que l'âme et comment elle peut pénétrer dans un autre corps. En suivant ma simple façon de raisonner, je croirais plutôt que tout se décompose quand nous mourons, et que rien de nous ne subsiste [...]. Il me semble que seule la grâce de Dieu peut rendre l'âme immortelle... » Et fin septembre : « J'ai relu deux fois la *Philosophie* de M. Helmont, mais il y a des choses qui sont dures à comprendre, comme le 7e et le 8e article selon lesquels nous serions une partie du soleil. Je ne comprends non plus comment l'amour de la mort [*lamour von dem Todt*] est possible. Je comprends assez bien tout le reste [...]. Il n'est malheureusement que trop vrai que nos raisonnements ne font rien à la chose, et que tout se passe selon la volonté de Dieu [70]... »

Les monades de Van Helmont la conduisent à celles de Leibniz. Elle demande fin octobre à Sophie de remercier Leibniz de l'écrit qu'il lui a adressé, ajoutant qu'elle en admire la *netteté* et la *facilité*. Il est vrai que le style limpide de Leibniz tranche agréablement avec les élucubrations théosophiques de Van Helmont. L'écrit en question semble avoir été le traité *Considérations sur les principes de vie et sur les natures plastiques* qui critique le *morbus mathematicus* de Descartes, et notamment la cinquième partie du *Discours de la méthode* où l'animal est comparé à une horloge parfaitement réglée. Madame reprend à son compte le spiritualisme animal de Gassendi et Leibniz : « De savoir que les animaux ne meurent pas tout à fait m'est d'une grande consolation par rapport à mes petits chiens. L'opinion de Descartes au sujet de l'animal-machine m'a paru très ridicule[71]. » Elle reparlera souvent avec admiration de Leibniz qui vivait à la cour de Hanovre, et correspondra avec lui après la mort de Louis XIV.

MARIE-ADÉLAÏDE DE SAVOIE

La diplomatie louis-quatorzienne s'était employée tout au long de l'année 1696 à détacher le duc Victor-Amédée de Savoie de la Ligue d'Augsbourg et à le faire entrer dans l'alliance française. Envoyé sous un prétexte à Turin, le comte de Tessé y avait négocié dans le plus profond secret la paix de Savoie et le mariage du duc de Bourgogne avec la fille aînée de Victor-Amédée et Anne-Marie d'Orléans. Née fin 1685, Marie-Adélaïde de Savoie allait avoir onze ans. Elle avait grandi avec sa sœur entre sa mère, retirée dans un petit palais caché dans la verdure, la *Vigna di Madama,* et sa grand-mère Jeanne de Nemours qu'on appelait Madame Royale et qui vivait dans le Palazzo Madama à Turin. Tessé note dans une dépêche à Louis XIV que la duchesse Anne-Marie « était demeurée française comme si elle n'eût jamais passé les Alpes[72] ». Elle avait élevé sa fille dans la nostalgie de Versailles, à tel point que celle-ci en rêvait nuit et jour. Le marquis de Sourches mentionne Marie-Adélaïde (âgée alors de deux ans et demi) en avril 1688 : « Cette princesse, tout enfant qu'elle était, témoignait déjà qu'elle ne pouvait être heureuse si elle n'épousait M. le duc de Bourgogne[73]. » Malgré les efforts de sa sous-gouvernante Mme de Noyers, sa grosse écriture était restée enfantine et son orthographe des plus fantaisistes, mais elle avait la tête sur les épaules.

La paix de Savoie et le mariage furent publiés à Paris le 10 septembre au milieu de grandes réjouissances. Les Parisiens, qui « périssaient de misère au bruit des *Te Deum* » (Voltaire), dirent que l'Amour avait vaincu la Guerre et tâchèrent d'oublier leurs soucis en regardant un grand feu d'artifice dont la principale pièce représentait Alexandre tranchant le nœud gordien. Le contrat de mariage fut signé le 15 septembre à Turin ; les renonciations de la Princesse qui ne prétendait à rien au-delà de sa dot, et le montant de cette dot elle-même (200 000 écus) en constituent les principaux articles[74]. Mais il suffit de lire attentivement ce contrat pour constater que quatre mots ajoutés à la demande de Tessé — « au préjudice des mâles » — infirment ces renonciations et laissent la porte ouverte à des revendications futures. Quant à la dot, Louis XIV se montrait bon prince, car le paiement fut remis « en considération du mariage ». Il fut décidé que Marie-Adélaïde partirait aussitôt pour la France où son éducation serait continuée, et que le mariage serait célébré le 7 septembre 1697, lendemain de son douzième anniversaire. La maison de la future duchesse de Bourgogne fut constituée et envoyée à sa rencontre, conduite par la duchesse du Lude, dame d'honneur, et Dangeau, chevalier d'honneur.

La charge de dame d'atour était allée à la comtesse de Mailly, nièce de Mme de Maintenon. L'épouse du Roi qui avait une âme d'institutrice tenait à avoir la haute main sur l'éducation de la Princesse, et prit soin d'écarter d'elle tous ceux qu'elle ne trouvait pas à son gré. Elle était particulièrement jalouse de l'influence de Monsieur qui était après tout le grand-père maternel de Marie-Adélaïde. Ayant appris que la duchesse de Ventadour, la dame d'honneur de Madame, préférait la même charge chez la duchesse de Bourgogne, Mme de Maintenon écrit au cardinal de Noailles : « Elle est toute liée à Saint-Cloud, dont on voudrait éloigner la jeune princesse[75]. » La disparition de la Reine et de la Dauphine avaient fait de la Cour un lieu passablement déprimant ; Madame s'en plaint régulièrement. L'arrivée d'une jeune princesse destinée à être un jour reine de France introduirait une note de fraîcheur et de gaieté dans l'existence de Louis XIV qui frisait la soixantaine et riait de moins en moins. Très jalouse de tout ce qui approchait le Roi, Mme de Maintenon entendait être la seule dispensatrice de cette nouvelle attraction.

Le 16 octobre, la princesse de Savoie fut prise en charge par sa maison française au Pont-de-Beauvoisin, « qui tout entier est de France ». Elle se sépara sans une larme de sa maison savoyarde, et fut traitée comme duchesse de Bourgogne et fille de France. Ce détail contrariait Monsieur, puisque Madame perdait de ce fait le premier rang qu'elle occupait depuis la mort de la Dauphine. Le cortège qui conduisait Marie-Adélaïde à Fontainebleau marchait à petites journées. Toutes les bonnes villes sur son passage lui offraient des réceptions magnifiques dont le *Mercure galant* n'omet aucun détail, aucune harangue, aucun madrigal. Peu intéressantes à première vue, ces pages révèlent une véritable obsession de paix qui hantait la France profonde ; dans tous les compliments que la petite princesse eut à essuyer, il n'est question que de Paix et d'Amour, d'Amour et de Paix.

Le Roi, Monseigneur et Monsieur se rendirent le dimanche

4 novembre à Montargis au-devant de Marie-Adélaïde qui arriva vers six heures du soir. Louis XIV l'embrassa à la portière de son carrosse. Sourches rapporte que « Monsieur, qui était derrière lui, voyant qu'il ne la tenait plus entre ses bras, s'avança, se jeta à son col et la baisa ; la tendresse de grand-père, l'ayant emporté sur la réflexion des rangs, l'empêcha de songer que Monseigneur ne l'avait pas encore saluée ; mais le Roi l'en fit souvenir… ».

Les manières à la fois spontanées et respectueuses de la Princesse gagnèrent d'emblée le cœur du Roi qui écrivit séance tenante à Mme de Maintenon : « A 6 heures et demie. […] Approchant les flambeaux de son visage […], je l'ai considérée de toutes manières, pour vous mander ce qu'il m'en semble. Elle a la meilleure grâce et la plus belle taille que j'aie jamais vues ; habillée à peindre et coiffée de même, des yeux vifs et très-beaux, des paupières noires et admirables, le teint fort uni, blanc et rouge, les plus beaux cheveux noirs que l'on puisse voir […]. Elle est maigre comme il convient à son âge, la bouche fort vermeille, les lèvres grosses, les dents blanches, longues et très mal plantées, les mains bien faites… » Louis XIV pratique ici en connaisseur le genre du portrait littéraire fort à la mode du temps de sa jeunesse. Après le coucher de la Princesse qui tombait de fatigue, il termine sa lettre : « A 10 heures. Plus je vois la Princesse, plus je suis satisfait. Je l'ai vue déshabiller ; elle a la taille très belle, on peut dire parfaite, et une modestie qui vous plaira. Tout s'est bien passé à l'égard de mon frère ; il est fort chagrin, il dit qu'il est malade. Nous partirons demain […]. Je suis tout à fait content [76]… »

Le lendemain, le duc de Bourgogne qui venait d'avoir quatorze ans attendait le cortège près de Nemours avec son gouverneur le duc de Beauvillier. Il sauta du carrosse dès qu'il vit arriver celui du Roi. Sourches le décrit courant « environ cinquante pas » au-devant de sa petite fiancée dont il parut très content. Le Roi, qui avait décidé qu'il la verrait une fois tous les quinze jours, le fit monter et l'installa sur un strapontin, « mais non pas du côté où était la Princesse ». Le cortège arriva le soir à Fontainebleau. Les courtisans parés attendaient sur le Fer-à-Cheval, rangés du haut en bas au milieu des torches : le spectacle était magnifique. « Le Roi, dit joliment Saint-Simon, menait la Princesse, qui semblait sortir de sa poche, et la conduisit fort lentement [77]. »

Ils se rendirent au grand appartement de la Reine mère où attendaient Madame et Mme de Maintenon au milieu de toutes les dames. « J'ai attendu son arrivée dans son appartement à Fontainebleau. Comme elle arriva, je l'ai reçue en pouffant, car je pensai mourir de rire. Il y avait une telle *foule* et *presse* que la pauvre Mme de Nemours et la maréchale de La Mothe furent bousculées tellement qu'elles venaient vers nous à reculons à travers toute la chambre et tombèrent enfin sur Mme de Maintenon. Si je n'eusse retenu celle-là par le bras, elles seraient tombées les unes sur les autres comme un château de cartes ; c'était vraiment drôle. Quand à la Princesse, Sa Dilection n'est pas bien grande pour son âge, mais elle a une jolie taille fine comme une vraie poupée... » Après un portrait physique détaillé, elle conclut : « Elle marche bien, a bonne *mine* et de la grâce dans ce qu'elle fait, très *sérieuse* pour une enfant de son âge, et terriblement politique [*erschrecklich politisch*] : elle fait peu de cas de son grand-père, et nous regarde à peine, mon fils et moi, mais dès qu'elle voit Mme de Maintenon, elle lui sourit et va se jeter dans ses bras [...]. Votre Dilection voit par là combien elle est déjà politique[78]. »

Il était d'emblée évident pour tous que Marie-Adélaïde serait la chose, la poupée du Roi et de Mme de Maintenon. Louis XIV, qui avait déclaré autrefois qu'un père qui caresse ses enfants en public est un sot père, raffolait de la Princesse et pratiquait sans complexes l'art d'être grand-père. Marie-Adélaïde eut le privilège de découvrir les maisons et les jardins royaux au côté du Roi qui avait rédigé naguère avec amour une *Manière de montrer les jardins de Versailles*[79]. Il n'y a qu'à lire Dangeau pour constater que le roi vieillissant ne pouvait se passer d'elle. Le 9 décembre, « il demeura toute l'après-dînée dans son petit appartement, où il fit venir la Princesse ; il lui montra toutes ses médailles et beaucoup de curiosités qui sont dans ses cabinets... » ; le 2 mars suivant, « le Roi alla dîner à Marly et y mena la Princesse qui ne se trouve point enrhumée dès qu'il faut suivre le Roi. Ils n'en revinrent qu'à sept heures du soir, et quoiqu'il y eût beaucoup de crotte dans les jardins, elle se promena avec le Roi jusqu'à cinq heures[80]. » Coqueluche du vieux couple royal, Marie-Adélaïde folâtrait sur les genoux du Roi, mettait le nez dans ses papiers pendant qu'il travaillait, courait jouer avec ses poupées dans les jupes de Mme de Maintenon... « Rien n'est pareil, dit Saint-Simon, aux cajoleries dont elle sut bientôt ensorceler Mme de Maintenon, qu'elle n'appelait jamais que ma tante[81]... »

Madame constate dès la fin de novembre : « Le Roi n'a rien d'autre en tête que cette enfant, il ne peut vivre sans la voir. Il l'a même fait venir un jour au Conseil. Cette fillette est bien italienne et politique comme si elle avait trente ans. Il y a ici un *envoyé* de sa Cour qui est *premier écuyer* de sa mère et qu'elle connaît donc bien. Mais elle fait semblant de ne point le connaître, le regarde à peine et ne lui adresse pas la parole, de peur que le Roi ne le lui reproche et n'aille croire qu'elle est toujours *attachée* à sa patrie. Cela ne me plaît pas, car un bon *naturel* et caractère ne doit point cacher ses propres sentiments et rougir d'aimer ses parents et sa patrie[82]. »

Madame pensait comme Saint-Simon et beaucoup d'autres que la petite princesse suivait scrupuleusement les instructions de son père, et lui reprochera par la suite d'être une enfant gâtée, de sautiller en carrosse comme un petit singe, de chanter en plein dîner, de danser sur sa chaise, de faire des grimaces affreuses, d'arracher de ses mains des morceaux de poulet ou de faisan, de fourrer les doigts dans les sauces, de monter un petit âne, de rouler en carriole, de courir les nuits d'été dans les jardins, et de n'en faire qu'à sa tête [83]. A-t-elle donc oublié la remuante petite Liselotte d'antan ? Décidément, Madame vieillit, et elle le sait ; elle avoue en avril 1697 à Sophie : « Ce pays vous vieillit rapidement ; je ne pourrais pas être plus vieille d'humeur dans ma soixante-dixième année que je ne suis déjà présentement [84]... »

Le peu de sympathie qu'éprouve Elisabeth-Charlotte pour cette poupée si « politique » se comprend aisément, car celle-ci fait preuve, malgré ou grâce à sa jeunesse, d'une souplesse qui avait manqué à Liselotte débarquant vingt-cinq ans plus tôt à la cour de France le nez rougi de pleurs. Elle conclut philosophiquement : « Je ne sais si la duchesse de Bourgogne sera plus heureuse que Mme la Dauphine et moi. Quand nous arrivâmes, nous fûmes trouvées *merveilleuses* l'une après l'autre, mais on se lassa bientôt de nous [85]... »

L'ANNÉE DE LA PAIX

La guerre de la Ligue d'Augsbourg en était une qui ne pouvait être ni gagnée ni perdue ; à la fin de la campagne de 1696 les puissances belligérantes étaient sur les dents. La Suède offrit pendant l'hiver sa médiation et proposa d'entamer en Hollande des pourparlers conduisant à une paix générale que la santé chancelante de Charles II d'Espagne rendait particulièrement souhaitable. Dès le mois de mars 1697, les plénipotentiaires français, anglais, hollandais et espagnols se réunissaient au château Nieuwburg, près de Ryswick, entre Delft et La Haye. Les tractations durèrent six mois, et se compliquèrent du fait que l'Empereur et les princes allemands n'y participaient pas directement. La prise d'Ath dans le Hainaut et surtout de Barcelone (10 août) permettait à la France de négocier dans une position de force. Signée par les nations représentées le 20 septembre et par l'Empereur le 30 octobre, la paix de Ryswick mettait fin à une guerre de neuf ans qui avait épuisé l'Europe entière. Louis XIV reconnaissait le prince d'Orange comme roi d'Angleterre et rendait Barcelone et la Lorraine, mais gardait Strasbourg. Il refusa obstinément de permettre aux huguenots de revenir en France, et de faire sortir le roi Jacques II et sa famille de Saint-Germain.

Madame ne se contenta pas de formuler dans sa correspondance des vœux d'une « bonne et durable paix », elle intervint directement à la demande de son ancien soupirant le margrave Friedrich Magnus von

Baden-Durlach. Les contributions exigées par Louis XIV à Ryswick du margrave étaient si exorbitantes qu'elles risquaient de compromettre l'économie du marquisat de Bade. Friedrich Magnus envoya des protestations au jeune roi de Suède, et supplia Madame, dont il exagérait l'influence politique, d'intervenir en sa faveur auprès de Louis XIV. Une lettre importante et peu connue de fin avril raconte ses tentatives infructueuses et reconstitue mot pour mot la conversation qu'elle eut avec le Roi lors d'une revue des gardes du corps et des mousquetaires.

« Dès que j'étais dans le carrosse, je dis au Roi : " *Monsieur, j'ai reçu une lettre de M. le marquis de Durlach, qui me prie d'intercéder auprès de V.M. pour lui pour ce qui regarde les contributions* [...]. *Il est impossible qu'il exécute vos ordres sans que ses États soient dans la dernière ruine ; je vous supplie, ayez-en pitié.* " Le Roi répondit : " *Madame, vous n'êtes pas la seule à qui ce prince s'adresse pour me parler, il m'a fait écrire par le roi de Suède.* " Je dis : " *Il n'est pas étonnant qu'il s'adresse à un roi qui est son cousin germain dans une affaire aussi pressante.* " Le Roi répond : " *Mais je l'ai déjà refusé au roi de Suède.* " Je dis en riant : " *Je vous en serai d'autant plus obligée si vous me l'accordez.* " Le Roi répliqua : " *Mais Madame, je suis fâché d'être obligé de mal traiter ce prince que je voudrais obliger ; vous me direz que je le puis à l'heure. — Oui, assurément, Monsieur* ", dis-je. Le Roi reprit la parole : " *Son malheur est d'être prince de l'Empire. Tout l'Empire m'a déclaré la guerre, ils font le pis qu'ils peuvent contre moi ; il n'est pas étonnant que je fasse aussi tout le mal que je puis faire. Je suis fâché que cela ne se puisse autrement.* " Je dis : " *Mais cela se peut si vous voulez, Monsieur.* " Il dit gravement : " *Non, cela ne se peut.* " Sur cela je me suis tue, car je voyais qu'il n'y avait plus rien à faire[86]... »

Peu de documents révèlent mieux l'état d'esprit de Louis XIV pendant les négociations de Ryswick. Il avait noté antérieurement dans ses *Réflexions sur le métier de Roi* : « Les rois sont souvent obligés à faire des choses contre leur inclination [...]. Il faut qu'ils châtient souvent et perdent des gens à qui naturellement ils veulent du bien. L'intérêt de l'État doit marcher le premier[87]. » Dangeau n'a pas tort d'écrire après la signature du traité : « Le Roi donne la paix à l'Europe aux conditions qu'il a voulu leur imposer ; il était le maître[88]. »

Monsieur avait envoyé l'abbé de Thésut à Ryswick pour y soutenir les intérêts de Madame. Elle n'avait aucune prétention sur le corps du Palatinat, mais des droits sur des fiefs allodiaux qui lui revenaient des successions de son père et de son frère. Il fut convenu à Ryswick qu'en attendant la liquidation de ces droits, l'électeur Johann Wilhelm lui verserait 200 000 livres par an. L'Empereur et le roi de France furent désignés comme arbitres, le Pape comme sur-arbitre en cas de partage ;

Clément XI ne tranchera le litige qu'en 1702. En attendant, Madame ne se faisait guère d'illusions sur cet argent qui irait des coffres de Monsieur, maître de la communauté, dans les poches de ses dernières conquêtes, en 1697 principalement le chevalier de Rosmadec qui put acheter les charges de maître de la garde-robe de Monsieur et de premier gentilhomme de sa chambre. Ce Breton insatiable se comportait en véritable « croque-Monsieur », sifflant les revenus de son maître à force de simuler la passion la plus folle. L'âge n'assagissait pas Monsieur : Elisabeth-Charlotte mande en mars 1698 à Sophie qu'il commençait à draguer les laquais dans les antichambres[89].

Un mois après le plaidoyer de Madame pour Friedrich Magnus, son cheval glissa lors d'une chasse au loup avec Monseigneur du côté de Fresnes. Elle se démit le coude droit en tombant de tout son poids sur une pierre. Un paysan accouru lui signala un bon chirurgien qui dispensait la santé à Fresnes, et qui avait justement la réputation de bien remettre les os démis. Monseigneur l'y conduisit en calèche ; elle souffrit d'affreuses douleurs pendant le trajet de deux lieues. Le chirurgien lui remit le bras en un tour de main, le pansa, recommanda de ne pas toucher au pansement pendant huit jours et lui promit qu'elle serait rétablie dans la quinzaine. Ne sentant presque plus rien, elle se fit conduire à Saint-Cloud. Monsieur, qui n'avait pas une haute opinion de la médecine campagnarde, tenait absolument à faire examiner le bras de son épouse. Les chirurgiens de Saint-Cloud enlevèrent le pansement, plièrent le bras démis dans tous les sens malgré les cris de la patiente, et mirent un autre pansement. Elle leur impute sa lente guérison et son bras paralysé pendant des mois.

Elle raconte longuement les détails de l'accident à Frau von Harling et dans deux lettres à la raugrave Louise ; Dangeau et Sourches en parlent de leur côté[90]. Dangeau la vit peu après sa chute et note : « Elle n'a paru affligée que par la peur de ne pouvoir pas monter à cheval sitôt. » Le Roi lui rendit le lendemain une visite à Saint-Cloud, et la trouva « aussi gaie qu'à son ordinaire ; elle n'a voulu ni se faire saigner ni garder le lit ». Elle ne put se servir de son bras droit jusqu'en octobre. En attendant sa guérison qu'elle attribue à un baume de Florence, elle était réduite à gribouiller ses lettres de la main gauche. L'équitation lui sera défendue jusqu'à la fin de l'année ; pendant le séjour de Fontainebleau, elle dut suivre les chasses en calèche.

Un mariage qui conduit à un autre

Le mariage du duc de Bourgogne et de Marie-Adélaïde de Savoie en décembre 1697 fut encore plus somptueux que celui du duc de Chartres. Louis XIV tenait manifestement à aveugler l'Europe enfin pacifiée de son éclat solaire. Les relations détaillées du *Mercure galant* de décembre, des *Annales de la Cour,* de Saint-Simon, Sourches, Dangeau et Madame elle-même s'extasient particulièrement sur la richesse vestimentaire étalée par la famille royale. Le *Mercure* constate qu' « on n'a jamais poussé si loin la magnificence des habits ». Il n'est question que de « drap d'or relevé d'épaisses broderies d'or », de « brocart d'or avec broderie d'or sur les tailles », « des plus belles étoffes d'or relevées d'agréments d'or les plus forts et les plus riches qui se puissent faire », etc. Cette orgie d'or disparaissait sous les boutons et les brandebourgs de diamants, les parures de rubis et d'émeraudes, les dentelles d'or et d'argent, les touffes de rubans et les bouquets de plumes. Les fêtes durèrent plusieurs jours ; les membres de la famille royale et la plupart des courtisans ne portaient pas deux fois les mêmes habits.

Le samedi 7 décembre, la cérémonie des fiançailles et du mariage fut présidée dans l'ancienne chapelle de Versailles par le cardinal de Coislin. Avant de répondre oui, la princesse de Savoie se tourna aussi vers Monsieur et Madame pour leur demander leur consentement. Un banquet somptueux et un grand feu d'artifice tiré sur la pièce des suisses précédaient le coucher des jeunes mariés, qui se couchèrent un moment dans le lit nuptial en présence de la famille royale, Leurs Majestés britanniques et l'ambassadeur de Savoie. Un moment après, le marié se releva, se rhabilla et retourna se coucher chez lui. Le Roi avait dit « qu'il ne voulait pas que son petit-fils baisât le bout du doigt à sa femme jusqu'à ce qu'ils fussent tout à fait ensemble. [...] Le petit duc de Berry, gaillard et résolu, trouva bien mauvaise la docilité de Monsieur son frère, et assura qu'il serait demeuré au lit[91]. » Ce n'est que deux ans plus tard que le mariage sera consommé ; Saint-Simon écrira alors que les mariés « furent mis ensemble », comme s'il parlait de lapins[92].

Le mercredi 11 décembre eut lieu le plus grand et le plus magnifique bal qui se fût jamais vu à la Cour. La grande galerie était éclairée par trois rangées de lustres d'un bout à l'autre, par soixante-quatre girandoles placées sur des guéridons dorés, et surtout par huit grandes pyramides de dix pieds de haut qui portaient chacune cent cinquante bougies dans des flambeaux d'argent. Vers huit heures du soir, après une heure de menuets, branles, forlanes et passepieds, le Roi demanda la collation. Elle fut apportée sur douze tables de formes inégales, couvertes de mousse et de verdure ; rassemblées, elles formèrent un parterre ravissant dominé par quatre orangers portant des oranges confites. La foule qui se précipita sur les confitures sèches, les massepains, les liqueurs et les glaces était si grande que le Roi même faillit être bousculé et que Monsieur fut « battu et foulé dans la presse ». Un second bal le samedi 14 commença plus tard et se termina sur un *medianoche*. Le *Mercure* décrit Madame portant à cette occasion « un habit de velours noir, chamarré de rubis et de diamants ; la jupe d'entre-deux était de brocart d'or rebrodé d'or ». « Jamais, s'exclame le *Mercure,* il ne s'est rien vu de si brillant que ce bal. » Le mardi 17 enfin, toute la Cour alla à la fin de l'après-midi à Trianon. Après le jeu, on donna la pastorale héroïque *Apollon et Issé,* le premier opéra d'André Destouches, écrit pour cette occasion. Louis XIV en fut fort content, et déclara que Destouches était seul capable de ne pas faire regretter Lully.

Madame trouva le temps, le lendemain de la célébration du mariage, de décrire en détail les habits et les cérémonies dans une longue lettre à Sophie, mais sans l'enthousiasme qui anime les autres témoins : « La lettre gracieuse de Votre Dilection m'est arrivée hier bien *à propos* pour me réjouir et me consoler de tout l'ennui que m'a causé le mariage. La *presse* était si affreuse que j'ai dû attendre un quart d'heure à chaque porte avant de pouvoir entrer. J'avais une robe et une jupe si horriblement lourdes que j'avais de la peine à me tenir debout, tout d'or frisé avec des *chenilles* noires formant des fleurs, et la parure était de perles et de diamants... » Elle devait la seule note joyeuse de la journée aux singeries du petit duc de Berry, le frère cadet du marié et le favori de Madame : « Le temps ne me durait pas à table, car j'étais assise à côté de mon cher duc de Berry qui me faisait rire. Il disait : " *Je vois mon frère qui lorgne sa petite femme, mais si je voulais je lorgnerais aussi, car il y a bien longtemps que je sais lorgner : il faut regarder fixe et de côté* ", et il imitait drôlement monsieur son frère [93]. »

Le ton presque distrait se comprend, car le mariage imminent de sa fille qui venait d'avoir vingt et un ans accaparait son esprit. Elle la mariait en pensée depuis au moins huit ans : ses lettres parlent tantôt du fils de l'Électeur palatin, tantôt du Dauphin, tantôt du duc de Bourgogne, tantôt du prince héritier de Danemark, tantôt du comte de Toulouse (le cadet des bâtards du Roi, traité de *crotte de souris* ou de *nez puant*), tantôt du roi des Romains (le futur Joseph Ier), tantôt du roi d'Angleterre Guillaume III. En mars 1697, elle désespère de trouver un parti honorable pour sa fille qui commençait à monter en graine. « Je suis entièrement persuadée, écrit-elle à Louise alors à Londres, que ma fille coiffera sainte Catherine selon toute apparence. Votre roi [Guillaume III] aura bien la princesse de Danemark ; le roi des Romains, à ce que je m'imagine, la seconde princesse de Savoie ; le duc de Lorraine la fille de l'Empereur. Il ne restera donc plus rien pour la mienne [94]. » En juillet elle mentionne des rumeurs qui fiancent sa fille au roi d'Angleterre, rumeurs dont Sourches se fait également l'écho. « J'ai une véritable estime pour le roi William [Guillaume], dit-elle à Sophie, et si c'est vrai qu'il veut ma fille, je l'aimerai de tout cœur. Dieu veuille que ce soit vrai [95]... » En octobre, un tout autre son de cloche se fait entendre : « Je crains qu'il n'est que trop vrai que ma fille aura le duc de Lorraine. J'avoue que j'aurais préféré que c'eût été le roi des Romains, car la Lorraine est trop sujette aux griffes du Roi. La seule chose qui me plaît en cette affaire est que ma fille ne restera pas vieille fille et n'épousera pas un bâtard. [...] Si ce n'est pas son *destin* d'être reine des Romains, je m'accommoderai de ce *pis-aller*[96]... »

Léopold-Joseph-Charles-Dominique-Agapet-Hyacinthe, duc de Lorraine et de Bar, était né en septembre 1679. Il avait dix-huit ans et était donc de trois ans le cadet de Mademoiselle. De la branche aînée de la maison ducale de Lorraine, il était le petit neveu du duc Charles IV qui avait dû céder ses États à Louis XIV en 1662. A la suite du traité de Ryswick, la France lui rendait les duchés de Lorraine et de Bar, à condition de garder la plus stricte neutralité et de permettre au roi de France de faire passer ses troupes, quand besoin serait, à travers le pays. Le comte de Couvonges, ancien gouverneur, chef du Conseil et maître de la maison du duc de Lorraine, arriva le 20 décembre à Paris. Il eut une première audience du Roi le lendemain de Noël et demanda Mademoiselle pour son maître le 31 décembre en audience secrète. Il alla ensuite faire la demande à Monsieur et Madame qui lui accordèrent la main de leur fille. Le mariage fut déclaré dans la soirée.

Le moins qu'on puisse dire, c'est que l'enthousiasme n'étranglait pas la duchesse d'Orléans. Elle écrit le 22 décembre à Sophie : « L'envoyé de Lorraine M. de Couvonges est arrivé [...]. Il serait chargé de demander ma fille sans conditions. Si cela est vrai, je crois que ce sera une affaire faite. Cette affaire est vraiment médiocre ; elle n'est pas assez excellente pour s'en réjouir beaucoup, ni assez mauvaise pour être regrettée. Elle me paraît donc, comme je l'ai dit, fort médiocre, sans honneur et sans honte. Ceci dit, je suis heureuse que nous ayons échappé au petit puant [*dass wir dem Stinckergen entloffen sein*]. Selon la description du duc de Lorraine par Louise, Sa Dilection n'est pas très belle, courte et grosse, avec une bouche autrichienne [*ein oesterreichisch Maul*]. Ce qui me fait espérer que ma fille ne sera pas malheureuse avec ce duc est qu'elle a toujours souhaité ce mariage[97]... » Cet extrait se passe de commentaire.

Il fut décidé que le mariage ne serait célébré qu'à la fin de l'été de 1698, le duc de Lorraine ayant besoin de quelques mois pour faire réparer et remeubler son palais de Nancy qui se trouvait en piteux état. La situation du duc Léopold venant de recouvrer ses duchés dévastés par la guerre rappelle celle de Karl Ludwig, le père de Madame, arrivant en 1649 dans le Palatinat ruiné par la guerre de Trente Ans.

Le retour d'un vieil ami et la mort d'un oncle très cher

La paix ramena à Paris les envoyés des pays de la Ligue d'Augsbourg. Le retour en France d'Ezéchiel Spanheim, toujours envoyé de l'électeur de Brandebourg, nous a valu une nouvelle avalanche de dépêches importantes. Il arriva à Paris le 2 février 1698 et s'installa rue Saint-Dominique ; en attendant son audience secrète le 15 et son audience publique le 18, il profita de sa qualité de personne privée pour rendre des visites à ses nombreux amis parisiens. Une lettre à Leibniz de cette année cite Baluze, Toinard, l'abbé Renaudot, les gardiens de la Bibliothèque du Roi, Mabillon, Huet, etc. Sourches note le 15 février que « l'on fut ravi de voir un aussi honnête homme et un aussi habile ministre que celui-là revenu à la Cour », et la *Gazette d'Amsterdam* renchérit : « Le retour de M. Spanheim en cette Cour y a donné beaucoup de joie, et en particulier aux gens de lettres à cause de l'estime générale qu'il y avait acquise. » Il alla saluer Madame au Palais-Royal le 12 février. Sa dépêche du 14 décrit cette visite de courtoisie avec force détails, et permet d'assister à une scène d'intérieur fort attachante. La description — au demeurant fort diplomatique — des changements physiques de Madame, que Spanheim n'avait plus vue depuis neuf ans, est du plus haut intérêt malgré la longueur et la déférence des phrases.

« ... J'eus l'honneur de la voir en particulier avant-hier au soir dans son appartement au Palais-Royal [...]. J'en fus reçu avec toutes les plus obligeantes marques de sa bonté ordinaire, tant comme envers un vieux serviteur palatin qui avait eu l'honneur de la connaître, comme elle disait, depuis quarante-un années, et qui en est effectivement la date, que comme envers un serviteur de Votre Sérénité Électorale. [...] Le duc de Chartres et Mademoiselle étant venus ensuite dans la chambre avec d'autre monde, Madame ne manqua pas de me donner lieu de leur faire la révérence, de prendre d'ailleurs à tâche de me faire remarquer la taille avantageuse, et qui en effet est fort belle, de Mademoiselle, et bien agrandie depuis que je n'avais eu l'honneur de la voir. Madame railla un peu sur la sienne, et comme si je l'aurais dû méconnaître, étant effectivement grossie au-delà de ce que j'aurais pu m'imaginer, quoi qu'on m'en eût dit. [...] Madame me parla ensuite du bel appartement que le Roi avait fait bâtir au Palais-Royal, que je n'avais pas encore vu, et qu'elle voulut me faire voir elle-même, et me donner lieu de l'y accompagner, en m'en faisant remarquer toutes les beautés, non seulement en structure, mais en ameublements, tableaux, et autres ornements qui rendent en effet tout ce nouvel appartement, et qui consiste en quatre ou cinq grandes pièces ou salons, le plus beau et le plus grand qu'il n'y en a au Louvre, ni à Versailles. Le dernier, qu'on appelle le Grand Cabinet et qui est plutôt un grand salon, est celui où il y a des tables de jeu et où toute la grande compagnie qui rend ses devoirs à Monsieur et Madame quand ils sont à Paris, se trouve tous les soirs. Monsieur y étant venu avant que Madame m'eût donné lieu de me retirer, j'eus l'occasion de lui faire la révérence, et d'en être reçu avec sa bonté ordinaire. Le salon fut bientôt rempli de personnes des deux sexes, princesses, ducs, duchesses et autres [...]. Après quelque entretien particulier avec Madame [...], j'eus [l'honneur] de me retirer, et d'être convaincu de nouveau qu'il n'y a rien de plus généreux et de plus obligeant que cette Princesse [...]. Outre la grosseur de sa taille, la petite vérole qu'elle a eue depuis quatre ou cinq ans a laissé aussi quelque atteinte aux traits du visage [98]... »

Si Spanheim dut constater que Madame avait changé physiquement à son désavantage, il fut émerveillé par les embellissements de Saint-Cloud qu'il reverra en juin. Il mandera alors à son maître : « Je prendrai la liberté de toucher en passant que ledit Saint-Cloud a reçu de grands embellissements depuis mon séjour par-deçà, il y a neuf ans passés, tant dans la maison ou château, que pour le jardin et les fontaines, et ce qui achève d'en rendre un des lieux des plus délicieux et des plus agréables du monde [99]. »

Les conversations de Madame et de Spanheim en février roulaient principalement sur les revendications des raugraves encore en vie (Louise, Amelise et Karl Moritz), et sur l'inquiétant état de santé de l'électeur de Hanovre. Il semblerait qu'il ne faut pas trop se fier à l'amabilité étalée par Monsieur survenant à l'improviste : il s'employa mesquinement, pendant les premiers mois de 1698, à interrompre les conversations de Madame avec les diplomates qui venaient lui faire la révérence. Il dérange en janvier systématiquement les rapports de son épouse avec le comte de Couvonges ; en février, il l'empêche de prolonger ses conversations avec le nouvel ambassadeur anglais milord Portland, soi-disant de peur qu'elle n'aille divulguer des secrets d'État, comme si elle en connaissait [100].

Spanheim apprit le jour de son audience publique à Versailles la nouvelle de la mort du duc Ernst August von Braunschweig-Hannover, le mari de Sophie et le second père de Liselotte. Il n'en fut pas trop étonné, sachant que le duc était fort diminué depuis plusieurs années. Obèse, hypocondriaque, partiellement paralysé par une série d'attaques d'apoplexie et peut-être syphilitique, Ernst August avait abandonné le gouvernement de ses États à son fils Georg Ludwig. Ses ambitions politiques étaient satisfaites depuis le moment où il avait obtenu la dignité de neuvième électeur et *Erzfähnrich* (archiporteenseigne) de l'Empire. Contrairement à son épouse et son fils, il ne s'était jamais particulièrement intéressé aux visées de sa maison sur le trône d'Angleterre, même depuis que les deux chambres du Parlement avaient voté en 1689 un *Bill of Rights and Succession* qui excluait les catholiques de la succession. On savait à Hanovre qu'il s'en était fallu de peu que le nom de Sophie, petite-fille protestante de Jacques Ier, ne fût mentionné dans l'ordre de la succession. Ce sera d'ailleurs chose faite en mars 1701 lorsque le Parlement votera l'*Act of Settlement* qui appelle Sophie et ses descendants à la succession d'Angleterre. Sophie avait toléré philosophiquement les nombreuses passades d'Ernst August jusqu'au moment où la comtesse Platen eut l'impertinence de s'imposer comme maîtresse en titre. Elle leur abandonna alors le Leineschloss à Hanovre et se retira avec dignité au château de Herrenhausen dont elle appréciait surtout les jardins spacieux.

Ernst August s'était éteint le 3 février en présence de son frère Georg Wilhelm et de Sophie ; Madame n'apprit la nouvelle que le 18. Spanheim rapporte le 21 : « Monsieur, qui en eut de bonne heure la nouvelle, désira qu'on la cachât à Madame le plus qu'on pouvait, et laquelle ne laissa pas de l'apprendre le même soir, et par deux lettres de Madame l'Électrice de Brunsvic qu'elle reçut en même temps. Elle en fut pénétrée au-delà de ce qu'on peut dire [...]. Elle en apprit la mort avec des sanglots, et fut toute la nuit en larmes, comme je l'ai su depuis de ses domestiques, et garda le lendemain sa chambre sans voir personne [...]. Je ne laissai pas d'avoir l'honneur de voir ce même soir Madame dans son cabinet où je ne trouvai avec elle que la princesse d'Espinoy qui est des bonnes et particulières amies de Madame. Elle se fondit encore en pleurs en me voyant et m'entretenant sur le sujet de cette triste mort [...]. Enfin on peut dire qu'on ne peut pas porter la générosité et la tendresse plus loin que fait Madame en cette occasion, ni marquer plus de véritable et sincère attachement pour les personnes qu'elle aime et qui d'ailleurs lui appartiennent par sang ou alliance, et en particulier pour un grand prince en la cour duquel elle avait été nourrie dans ses premières années [101]. »

Madame confirme cette nuit passée en pleurs dans une lettre écrite le lendemain à Frau von Harling : « Toute la nuit je n'ai fait que pleurer, sans qu'il me fût possible de me retenir. Les yeux me font maintenant si mal que je ne peux presque pas les ouvrir [102]. » Ce décès inspira à Saint-Simon une bourde inexcusable : « Madame, qui pleurait tous ses parents selon le degré de parenté, comme les autres en portent le deuil, fut très affligée de la mort du nouvel et premier électeur d'Hanovre. Il avait épousé Sophie [...]. *Quoique Madame n'eût jamais guère vu cette tante,* elle lui écrivait fidèlement des volumes deux et trois fois la semaine [103]. » Si le duc-mémorialiste avait pu lire la lettre du 20 février à Sophie, il aurait mieux évalué les liens très forts qui rattachaient Madame à sa tante : « Je ne puis dire à Votre Dilection combien son malheur et sa perte m'ont bouleversée et peinée. V.D. sait combien j'ai honoré, respecté et aimé feu mon oncle, et ne peut donc pas douter de mon chagrin et de ma tristesse. Et même si je n'avais pas aimé oncle de tout mon cœur ainsi que je l'ai fait, l'affreuse douleur de V.D. m'aurait touchée et affligée, car rien ne peut arriver à ma très chère tante que je ne ressente comme m'étant arrivé à moi. Si V.D. était ma mère physique, je ne pourrais pas la respecter et aimer davantage de toute mon âme que je ne fais et ferai [104]. »

La princesse douairière d'Espinoy, la bonne et fidèle amie de Madame que Spanheim avait rencontrée dans son cabinet, mourut subitement le 18 août de la même année. Elle alla à Versailles après avoir visité Mme de Saint-Simon qui lui trouvait les veines si grosses qu'elle lui recommanda de se faire saigner, et débarqua chez Barbezieux. « Elle entra chez lui en bonne santé ; l'instant après, elle se trouva mal ; on ne fit que la jeter sur le lit de Barbezieux : elle était morte. On lui trouva la tête noyée de sang. Ce fut une vraie perte [...] pour ses amis, et elle en avait beaucoup [105]. » Madame la regrettait sincèrement ; elle écrit début septembre à Sophie : « La bonne Mme d'Espinoy avait le visage affreusement laid, mais intérieurement elle avait les meilleures qualités qu'on puisse avoir : beaucoup d'intelligence, de *courage*, de *fermeté*, beaucoup plus que les femmes n'en ont habituellement ; elle était *charitable*, *généreuse* et une fidèle amie, servant ses amis où elle pouvait. Son humeur était presque toujours gaie et *égale* [106]. »

Le lendemain du décès subit de Mme d'Espinoy eut lieu à Saint-Cloud le baptême de Mlle de Chartres, petite-fille de Madame et future abbesse de Chelles, née le 13 août. Sa petite sœur, la future duchesse de Berry, venait d'avoir trois ans. Les rares passages où Madame parle de ses petites-filles pendant leur enfance ne trahissent aucune tendresse ou fierté de grand-mère comblée. En mai 1697, elle avait appris que l'aînée était dangereusement malade à Paris, et était venue la voir de Saint-Cloud. « J'avais vraiment pitié d'elle, écrit-elle à Sophie, mais quand je vis que madame sa mère ne versait aucune larme, que son grand-père [Monsieur] ne pensait qu'à jouer [...] et que la mère se fit servir une bonne *collation* de quatre grands plats, je me dis que ce serait une folie de m'affliger toute seule. Comme je ne pouvais pas soutenir le *spectacle* sans peine, je m'assis sans façons dans mon carrosse et revins ici [107]... » Et elle confie en septembre 1698 à Louise : « A vrai dire, je ne me soucie guère des enfants de mon fils. Je caresse l'aînée, qui est assez charmante, quand elle vient me voir, mais je la vois peu, et ne pense donc pas qu'elle me donnera beaucoup de joie [108]. » Mais ce n'est qu'à Sophie qu'elle révèle le fond de sa pensée en parlant des enfants que sa fille ne tardera pas à avoir : « Je me réjouirai plus de ce côté-ci d'être grand-mère que du côté de mon fils, car je regarde ses enfants comme des bâtards [*denn seine Kinder kommen mir wie Bastards vor*] [109]... » Son horreur viscérale de la bâtardise semble étouffer tout autre sentiment. Ses petites-filles avaient le malheur d'avoir une mère bâtarde ; tant pis pour elles...

Précisément à ce moment, le 12 août 1698, débarquaient à Paris deux neveux de Madame, les princes hessois Carl et Wilhelm, pour un séjour français de cinq mois. Les relations de leur gouverneur Gustav von Mardefeld soulignent la chaleur maternelle de la duchesse d'Orléans qui les reçut affectueusement, les présenta à Monsieur et au Roi, arrangea leur voyage à Compiègne où ils assistèrent début septembre aux grandes manœuvres du « camp de Compiègne », insista sur leur présence au baptême de Mlle de Chartres et au mariage de sa fille, les aida de ses conseils à se régler sur les manières de la cour de France, et leur répéta enfin qu'elle les aimait comme s'ils étaient ses propres fils. Il est vrai que les deux princes avaient été éduqués avec soin, et qu'ils firent sur tout le monde une excellente impression, à tel point que Monsieur s'exclama en connaisseur : « Ce sont les neveux de Madame ; voyez comme ils sont bien faits, ils ont l'air d'être élevés en France [110] ! »

Le mariage de Mademoiselle

Tout en suivant de près avec humour et bon sens le grand débat quiétiste qui atteignit son apogée pendant l'été de 1698, la correspondance de Madame en cette année est dominée par le mariage imminent de sa fille. Décidée fin 1697, l'union d'Elisabeth-Charlotte d'Orléans et de Léopold de Lorraine dut être reculée à plusieurs reprises, d'abord parce que les travaux au palais de Nancy et la préparation des trousseau, livrées et carrosses à Paris prenait plus de temps que prévu, ensuite parce que le duc de Lorraine avait oublié de demander à Rome la dispense pour un mariage de cousins au quatrième degré. Un courrier partit le 23 septembre ventre à terre, et arriva le 8 octobre avec la dispense à Fontainebleau, « ayant fait une extrême diligence, puisqu'il n'avait été que quatorze jours dans son voyage [111] ». La date de la cérémonie avait d'abord été fixée en août, puis en septembre, mais elle ne fut célébrée qu'en octobre pendant le séjour de Fontaine-bleau. Fin mai, le bruit avait couru à Paris que le duc de Lorraine, impatient de voir sa fiancée, viendrait la visiter *incognito*.

Madame eut donc amplement le temps de parler de ce mariage qu'elle considérait d'abord comme un pis-aller, mais qui lui parut par la suite sinon reluisant, du moins honorable. Elle écrit fin janvier à Frau von Harling : « En ce qui concerne ma fille, j'avoue que je suis vraiment contente qu'elle aura un prince authentique dont les ancêtres ne nous font pas rougir [...]. Les portions seront au reste un peu chiches, car le soupirant est plus riche en vertus et mérites qu'en argent et meubles. Je vois cependant que ma fille est réellement satisfaite de ce mariage ; j'espère donc qu'elle ne sera pas malheureuse avec ce duc [112]. » Et cinq jours plus tard, à Louise : « Entre nous, puisque j'avais à craindre un mariage bien pire pour ma fille et pas de meilleur à espérer, celui-ci m'est très agréable. On m'a fort loué l'humeur du duc et ma fille ne sera pas si éloignée que je ne puisse espérer la revoir, et cela est une consolation quand il faut se séparer [113]... »

Madame apprit fin août d'une lettre de son amie Mme de Ludres, retirée en Lorraine, que le confesseur du duc Léopold et le comte-maréchal Carlingford, le grand maître de son hôtel, souhaitaient la voir accompagner sa fille en Lorraine. Son cœur bondit à cette idée ; elle en parla timidement à Monsieur et au Roi qui s'y opposèrent formellement. Elle était réduite à écrire à la belle Ludres : « Vous croyez bien, ma belle, que s'il eût dépendu de moi, que j'aurais fort désiré accompagner ma fille comme le maréchal et le confesseur le souhaitent. Mais hélas ! je dépends du Roi et de Monsieur et ne puis rien contre leur volonté. » On la devine déprimée et nerveuse à quelques semaines de la séparation ; c'est à peine si elle ne justifie le refus qu'elle vient d'encourir : « ... Dans le vrai, je crois que ceux ici qui ne veulent pas que j'y aille ont quelque raison, car je deviens si décrépite, si rêveuse et si triste que je crois que dans peu je n'aurai pas le sens commun et serai incapable de me gouverner moi-même, et ni autrui par conséquent [114]. »

Les articles du contrat de mariage et la dot de Mademoiselle étaient fixés fin septembre. Louis XIV lui donnait 900 000 livres, dont 300 000 à la signature du contrat, et les deux autres tiers au bout de trois et de six mois. Monsieur et Madame lui assuraient tous les deux 200 000 livres après leur mort. Le don en pierreries montait à 300 000 livres. Mademoiselle renonçait entièrement à la succession de Monsieur et à la succession de Madame en faveur de son frère et ses enfants mâles seulement [115]. Malgré ses maigres ressources, le duc de Lorraine ne voulait pas demeurer en reste : il envoya à Mademoiselle un magnifique présent de pierreries évaluées à 400 000 livres. Madame explique à Sophie l'importance du don nuptial : « Il est excessivement beau, composé de boucles d'oreilles et pendeloques de *diamants brillants* qui ne sauraient être plus beaux, un collier de perles pas trop grandes mais d'une belle eau et parfaitement rondes et égales, deux bracelets de cinq tours de perles un peu plus grandes que de gros pois de sucre, une *table de bracelet* d'un grand *diamant à jour* parfait, et deux bagues toutes les deux en *facettes,* avec des pierres très blanches et grosses. Je ne puis décrire la joie de ma fille à Votre Dilection [116]. » La même lettre décrit en détail le trousseau, exposé selon la coutume dans la galerie de Monsieur : deux toilettes de mariée lourdes de pierreries, sept robes de cour, six « robes de chambre ajustées » de brocart, deux « robes de chambre en sac », un linge abondant garni de dentelles aux armes et chiffres des mariés, etc.

La Cour partit le 2 octobre pour Fontainebleau. Le dimanche matin 12 octobre, jour des fiançailles, Louis XIV et le Dauphin allèrent dire adieu à Mademoiselle, le Roi versant force larmes, Monseigneur l'œil sec. Ce fut le tour de la petite duchesse de Bourgogne et elle pleura de si chaudes larmes que Madame dut revenir sur ses préjugés : « La *duchesse de Bourgogne* a enfin prouvé qu'elle a un bon *naturel,* car elle a été si triste qu'elle n'a pu manger, et qu'elle n'a fait que pleurer amèrement après qu'elle eut dit adieu à sa tante [117]. » Tout le monde se réunit vers cinq heures dans le cabinet du Roi pour les fiançailles ; le duc Léopold avait donné procuration au duc d'Elbeuf, aîné de la branche française de la maison de Lorraine. Mademoiselle portait un habit d'un gros de Tours noir, brodé d'or en plein ; sa jupe était d'un tissu d'argent avec une broderie d'or. Monsieur ressemblait à un arbre de Noël surdécoré : il scintillait dans un riche habit d'or avec d'épaisses boutonnières d'argent et des agréments d'argent sur les tailles ; des touffes de rubans de satin noir avec des attaches de diamants ornaient les épaules et les manches. Son chapeau immense disparaissait sous les diamants et les bouquets de plumes. L'élégance des bas de soie noirs fut très remarquée. Tous ces détails grossissent le *Mercure galant* d'octobre qui enchaîne sobrement : « L'habit de Madame était noble et modeste. » Après la lecture et signature du contrat, le cardinal de Coislin bénit Mademoiselle et le duc d'Elbeuf. Le soir il y eut musique (des intermèdes de Michel-Richard de Lalande pour une reprise de la pastorale *Mélicerte* de Molière) et souper du Roi à l'ordinaire.

Le mariage fut béni le lendemain dans la chapelle de Fontainebleau. Mademoiselle portait une robe de drap d'argent chamarrée de dentelles d'argent. La messe finie, le Roi s'arrêta à la porte de la chapelle pour dire adieu à la nouvelle duchesse de Lorraine qu'il embrassa tendrement avec beaucoup de larmes de part et d'autre. Tous les témoins parlent des torrents de larmes qui ont coulé lors des fiançailles et du mariage de Mademoiselle. « Il ne se peut assez dire, écrit Spanheim à Berlin, combien le départ de cette nouvelle duchesse a fait verser de larmes et causer de regret à toute la Cour, où elle était fort aimée par ses bonnes et aimables qualités [118]... »

A l'issue de la cérémonie, Monsieur, Madame et leurs enfants se réunirent pour un repas intime et montèrent ensuite en carrosse pour reconduire la duchesse de Lorraine à Paris d'où elle partirait pour Nancy. Ils trouvèrent au Palais-Royal deux superbes cadeaux de Louis XIV : une riche toilette en vermeil, et un meuble en drap d'or épais de Venise, composé d'un lit, d'un tapis de table, de six fauteuils et de vingt-quatre chaises, travail du célèbre Losné, estimé à 40 000 écus. Ayant décrit ces cadeaux de noces dans une lettre à Sophie, Madame conclut avec une satisfaction évidente : « Je crois qu'en Lorraine on ne trouvera pas ma fille mal équipée ; elle a pour vingt mille écus de linge, de dentelles et de point, le tout très beau et en grande quantité, remplissant quatre caisses énormes [119]. » Elle a dû penser aux six pauvres chemises avec lesquelles elle était arrivée en France vingt-sept ans plus tôt...

Mais le plus dur, la séparation, restait à accomplir. Après deux dernières journées passées à Paris avec ses parents et son frère, Mademoiselle prit le 16 octobre le chemin de la Lorraine. Sourches explique que « Monsieur, Madame et le duc de Chartres, voulant épargner à la duchesse de Lorraine la tristesse et les larmes d'un adieu qui se ferait en public, allèrent la trouver comme elle était encore dans son lit, et, après l'avoir embrassée deux ou trois fois, sortirent de sa chambre brusquement, descendirent dans la cour du Palais-Royal où leur carrosse les attendait à six chevaux, se jetèrent dedans et vinrent [...] coucher à Fontainebleau [120]. » La mariée monta en voiture à dix heures, accompagnée de Mme et Mlle de Lillebonne et d'Éléonore von Rathsamshausen, et défrayée par les officiers du Roi jusqu'à la frontière franco-lorraine. Son époux l'attendait à Bar-le-Duc. Madame semble avoir passé les jours qui précédaient la séparation à pleurer. Elle écrit début décembre à Louise : « Je n'ai fait que pleurer tout le temps avant le départ de ma fille, et dois avouer que cette séparation m'a été plus dure que je n'avais pensé moi-même. Rentrée aussitôt à Fontainebleau, j'ai chassé presque tout le temps, cherchant à oublier ma tristesse [121]. »

Les lettres de sa fille l'inquiétaient d'abord et la rassuraient ensuite. Elle apprend fin octobre à Sophie : « J'ai reçu aujourd'hui une lettre d'elle de Châlons. Aujourd'hui est pour elle une journée dure, car elle quittera la maison du Roi et sera vraiment femme ; son seigneur et elle coucheront cette nuit ensemble [...]. Bien que ma fille trouve son duc très beau, elle panique à l'idée qu'il viendra la chercher. Elle disait qu'elle était si bouleversée [*beduttelt*] qu'elle ne faisait que trembler et ne savait plus ce qu'elle disait. Elle avait aussi très peur de la nuit. Je crois qu'elle n'a pas tort, car on dit des choses singulières de notre gendre. Il se serait baigné un jour et le baigneur qui le lavait lui aurait dit : Que votre Excellence retire donc son bras, car sinon je ne puis la laver comme il faut. Comme on le regardait sous la lumière, [on voyait] que ce n'était pas le bras, mais autre chose, sauf votre respect. Je suis très impatiente d'apprendre comment la première nuit s'est passée [122]... »

L'idée de voir entrer sa fille sans doute mal préparée dans le lit du Lorrain ithyphallique alarmait visiblement Madame. Elle s'inquiétait sans raison ; rassurée par les lettres de Nancy, elle informe Sophie en novembre : « Ma fille a vraiment récolté dans la joie, car il est impossible d'être plus heureux et satisfait qu'elle ; Dieu veuille que cela continue ainsi. Je dois avouer que cela me console vraiment. [...] Il semble qu'il l'aime beaucoup ; elle l'aime aussi de tout cœur. Si cet amour pouvait seulement durer, ils seraient tous les deux assez heureux, *mais hélas, il n'est point d'éternelles amours,* comme il est écrit dans *Clélie...* » Et dix jours plus tard : « On m'écrit de Nancy que le duc est excessivement porté sur la bagatelle. Ma fille devait changer d'habits après sa joyeuse entrée, car sa jupe était si lourde qu'elle ne pouvait marcher. Comme elle venait de se déshabiller, le duc entra et fit l'amour avec elle. Elle est déjà bien habituée à la chose qui ne lui déplaît pas autant qu'à moi [123]. »

Jamais traduits en français, ces trois passages révèlent avec une rare franchise le brusque épanouissement affectif et sexuel d'une jeune mariée sous le regard interdit de sa mère qui n'a pas eu l'occasion de vivre la même expérience et écrira bientôt, parlant d'une chose qu'elle ne connaît pas : « J'ai entendu dire à bien du monde que, quand on a connu une fois l'amour, on ne peut plus s'en passer, et qu'on ne s'en fatigue jamais [124]... ». Le couple de Lorraine ne chômait pas : le premier de leurs nombreux enfants, le prince de Bar, naîtra à peine dix mois plus tard.

Il va presque sans dire qu'une correspondance intense s'organisa aussitôt entre la duchesse d'Orléans et sa fille. Elle lui écrit trois fois par semaine, le lundi, le mercredi et le samedi [125], sans oublier les autres membres de la cour de Lorraine : le duc Léopold auquel elle écrit tantôt en allemand et tantôt en français, le maréchal-comte de Carlingford, et le confesseur jésuite du duc, le père Ehrenfried Creitzen. Hans Helmolt a publié au début du siècle cent vingt et une lettres à la cour de Lorraine conservées aux archives de Vienne ; cinq seulement sont adressées à sa fille, dont la belle lettre de décembre 1708 sur le *Christkindl* et les Noëls à Hanovre citée dans notre troisième chapitre. La presque totalité des milliers de lettres de Madame à la duchesse de Lorraine a dû être détruite lors du grand incendie du château de Lunéville en janvier 1719.

Les 200 000 livres qu'assurait Madame à sa fille étaient à prélever sur les indemnisations annuelles que l'électeur palatin Johann Wilhelm était tenu de payer selon les termes du traité de Ryswick en attendant l'arbitrage pontifical. Monsieur avait disposé des tapisseries et tableaux de Heidelberg ; Madame apprend à Sophie en novembre 1698 qu'il a confisqué et fait fondre l'argenterie palatine qu'elle avait dans son cabinet, sans lui laisser le moindre coffret [126]. Une dépêche de Spanheim de juin 1698 rapporte que les exigences formulées par Monsieur au nom de Madame s'élevaient à la somme colossale de douze millions d'écus ou trente-six millions de livres : c'est ce que lui apprit l'envoyé palatin Wieser à l'issue d'une conférence avec Terrat, le chancelier de Monsieur. Spanheim expédia par le même ordinaire la copie d'un mémoire intitulé *Prétentions de S.A.R. Madame*[127].

Selon ce document, la duchesse d'Orléans réclamait la restitution des « meubles meublants, tapisseries, pierreries, ouvrages d'or et d'argent » qui avaient appartenu à son frère ; l'argent liquide, les vins, froments et métaux présents dans sa trésorerie, sa cave et ses greniers au moment de son décès en 1685 ; les sommes qui lui étaient dues par les receveurs et par le pays ; les fruits et revenus de l'année 1685 ; les terres allodiales et « les biens réputés tels » ; enfin les fiefs nouveaux, étrangers et féminins, « ou qui passent pour féminins ». Le mémoire juxtapose à chaque prétention les réponses et arguments de l'Électeur palatin qui refusait de payer quoi que ce fût, même les indemnisations de Ryswick. Il avait pourtant levé dans le Palatinat un impôt extraordinaire de 200 000 livres, appelé *Orléans-Geld,* mais refusait de payer cet argent à Monsieur, l'ayant utilisé à d'autres fins. Il fallut envoyer une expédition militaire en août 1699 ; le traité de Ryswick stipulait qu'une telle expédition ne constituerait pas une infraction à la paix. Le marquis d'Huxelles dut s'emparer de Germersheim avant que Johann Wilhelm ne se décidât à cracher au bassinet[128].

Madame parle de temps en temps avec beaucoup de détachement de cette affaire, se disant que, quelle qu'en fût l'issue, elle ne verrait jamais un liard de ces sommes astronomiques qui n'existaient que sur le papier et qui faisaient rêver Monsieur et son chancelier.

Madame Marieuse

Le début de l'année 1699 vit Madame impliquée dans une affaire ténébreuse. La paix conduisait en France un contingent de princes allemands curieux de visiter la cour de l'adversaire prestigieux d'hier. Parmi eux deux jeunes margraves de la famille d'Ansbach, branche cadette de la maison électorale de Brandebourg. L'aîné, Georg Wilhelm, avait vingt ans et beaucoup de charme ; il était régent d'Ansbach pendant la minorité du cadet, Wilhelm Friedrich. Madame s'était mis en tête de faire son mariage avec Mlle de Condé, l'aînée des deux filles encore célibataires du prince de Condé. Sœur de la princesse de Conti et de la duchesse du Maine, Anne-Marie était extrêmement petite malgré ses vingt-quatre ans, mais jolie et spirituelle. Sa mère, Anne, était fille du prince palatin Eduard et d'Anne de Gonzague, et donc cousine germaine de la duchesse d'Orléans. On se demande comment Madame a pu espérer aboutir, n'ayant ni le consentement du Roi et de Monsieur, ni celle des Ansbach et des Brandebourg. Spanheim suivait de près cette affaire qui concernait indirectement son maître, et en rapportait à Berlin les moindres détails dans des dépêches partiellement chiffrées et écrites de sa propre main [129].

Les deux margraves étaient arrivés en novembre ; début janvier la combine matrimoniale était montée. Lydie de Théobon-Beuvron et une autre amie de Madame, l'épouse de l'envoyé de Danemark Meyercroon, proposèrent de sa part ce mariage à l'Hôtel de Condé, et ensuite au margrave Georg Wilhelm, soulignant longuement tous les avantages qu'il y trouverait « à l'égard de la naissance et du bien ». Cette dernière proposition eut lieu à la table de Meyercroon le jour de la fête des Rois. Le jeune prince reçut la proposition « avec l'honnêteté requise » et se retira aussitôt, sans prendre part « au gâteau de la fève ». Son cadet resta à table et on s'arrangea pour lui donner la fève « comme j'ai su depuis ». On voit que chaque détail compte dans une affaire diplomatique de cette importance.

Quinze jours passèrent sans que Georg Wilhelm donnât signe de vie, sinon pour faire savoir qu'il partirait à la fin du mois. « Après s'être abouchée ici en ville avec ses deux dames susdites », Madame décida de prendre l'affaire en main. Elle convoqua le margrave farouche au Palais-Royal, et lui fit valoir tous les avantages de ce mariage : Mlle de Condé était de sang royal et « d'ailleurs sa nièce, ou fille de sa cousine germaine », et Monsieur le Prince, « par l'amour et l'inclination particulière qu'il avait conçue pour lui », donnerait cinq cent mille livres comptant, et à peu près autant après sa mort. « Madame ajouta de lui donner vingt-quatre heures à y penser, et à lui en donner sa réponse précise, d'ailleurs en le priant de n'en parler à personne. » Le margrave qui entre-temps avait consulté Spanheim répondit qu'il était « pour ainsi dire » maître de lui-même, mais qu'il devait des « déférences particulières » à l'électeur de Brandebourg qui était le chef de sa maison. Madame mit fin à l'entretien en lui demandant d'y penser sérieusement et de lui apporter sa réponse le lendemain.

Georg Wilhelm courut dire à Spanheim qu'il n'avait aucun penchant pour ce mariage, quelque glorieux qu'il fût. Parlant de la « poupée du sang » (l'expression est de Mme la Duchesse) qu'on lui proposait, il expliqua que « sa taille extrêmement petite et délicate, outre d'autres inconvénients de la diversité de religion », ne lui donnait aucune envie d'y songer. « Je croyais le devoir fortifier là-dedans », écrit Spanheim en chiffres. Le margrave était furieux que Madame l'eût mis dans cet embarras. Ils convinrent de la réponse qu'il donnerait avec quelques jours de retard : il n'était venu en France que pour voir la Cour, sans penser à se marier ; il n'avait amené aucun conseiller et devait d'ailleurs rentrer à Ansbach, étant chargé de la régence de son pays tout protestant auquel une princesse catholique donnerait sûrement de l'ombrage. « On conclut que Madame pourrait assez recueillir qu'une telle réponse est en effet un honnête refus, pour ne l'en pas pousser davantage. » Attendant une réponse, Madame s'ouvrit à son ami le baron Rossworm, un Allemand catholique qui vivait depuis vingt-cinq ans en France, et qui servait de cicérone aux margraves d'Ansbach circulant entre Paris et Versailles. Elle lui demanda de pousser Georg Wilhelm à accepter ce mariage, mais « ce baron n'a point manqué à me faire confidence de tout ce qu'on lui en a dit, et entr'autres la duchesse d'Orléans ». Spanheim avait beau être érudit et numismate, c'était surtout un excellent diplomate qui avait ses réseaux d'informateurs.

Pour compliquer les choses, une autre Anne-Marie avait jeté son dévolu sur le beau margrave : « C'est Mlle d'Armagnac, à présent la beauté de cette Cour, d'ailleurs des plus sages et mieux élevées, fille du comte d'Armagnac, Grand Écuyer de France. » Ayant appris cela, Madame déconseilla au margrave de se rendre à Versailles pour un bal où brillerait la belle Armagnac en l'absence de Mlle de Condé, « qui ne danse point dans ces bals à cause de sa petite taille ». Georg Wilhelm von Ansbach se rendit le 28 janvier à Versailles pour porter à Madame la réponse qu'il avait mijotée avec Spanheim. Il insista surtout sur la différence religieuse et ses conséquences politiques, et ajouta vaguement qu'il était prêt à correspondre avec elle sur ce mariage. Madame l'écouta gravement et témoigna « de prendre cette réponse en bonne part, et de s'en contenter sans lui en demander davantage ». Soulagé, le margrave rentra début février à Ansbach. Épiloguant sur cette affaire, Spanheim conclut : « Au reste, je suis persuadé que le Roi n'a eu aucune connaissance jusques ici de l'ouverture du mariage... » Madame a compris apparemment qu'elle jouait un jeu dangereux où elle n'avait rien à gagner. Au demeurant, l'histoire finit mal pour tout le monde : Mlles de Condé et d'Armagnac moururent célibataires, et les deux margraves périrent sur les champs de bataille de la guerre de Succession d'Espagne, le cadet à Friedlingen en novembre 1702 et l'aîné à Amberg en avril 1703. Après son retour en Allemagne, des rumeurs l'avaient fiancé à une princesse brandebourgeoise.

Le témoignage circonstancié de Sphanheim éclaire ce passage sibyllin d'une lettre d'avril 1699 à Amelise où il est question de ces rumeurs de fiançailles : « Je ne désapprouve pas que le margrave n'ait pas voulu de Mlle d'Armagnac. Seulement, il aurait pu faire ici un mariage bien plus élevé que celui d'Armagnac, et je doute qu'il aura de la princesse électorale de Brandebourg ce qu'il aurait pu avoir de celle-ci, car je ne crois pas que l'Électeur lui donnera 800 000 francs. [...] Ne dites à personne, sinon à vos sœur et frère, ce que je vous ai écrit sur le margrave d'Ansbach ! Ici ce margrave s'est fait aimer partout et a fait une grande dépense. C'est un très beau prince. Beaucoup lui ont couru après [130]. »

Une dépêche ultérieure de Spanheim du 26 octobre précise que Madame a écrit en effet au margrave réticent par le truchement de

Rossworm, mais qu'elle ne reçut point de réponse. Elle dit elle-même le 14 octobre à Louise : « On ne saurait peindre un plus beau visage que celui de ce margrave ; il a en outre une belle taille. Mais je ne sais pas si son humeur est bonne et sans *caprices* ; je n'oserais mettre ma main au feu. Il m'a joué un vilain *tour*. On m'avait prié de lui proposer un mariage ; comme je lui proposai la chose, il dit qu'elle ne lui déplaisait pas, et me pria de lui écrire si elle pouvait se faire et si certaines personnes y *consentiraient*. Je lui écrivis dès que je sus comment se présentait l'affaire. Il m'avait promis de me répondre aussitôt. Il y a neuf mois que j'ai écrit à Sa Dilection sans recevoir une réponse. J'en conclus qu'il doit avoir quelque chose de travers dans la cervelle [131]. »

Le ton tantôt circonspect et tantôt dépité suggère que Madame avait fini par comprendre qu'elle aurait très bien pu se brûler les doigts, et que le Roi n'aurait pas été content d'apprendre entre deux sermons que sa belle-sœur se mêlait de politique et qu'elle mariait une princesse de son sang à quelque Adonis hérétique et peu empressé.

MADAME ET LA LORRAINE

L'année 1699 fut essentiellement consacrée au couple de Lorraine, à tel point que les lettres de Madame s'intéressent moins que d'habitude à la chronique de la Cour. Elle mentionne cependant le grand bal masqué du 5 février à Marly, décrivant les costumes et les masques inspirés par la *Commedia dell'arte,* et concluant : « Mon fils se comportait en vrai Polichinelle et nous fit rire tous de bon cœur [132]. » Sourches décrit le duc de Chartres animant quinze jours plus tard un autre bal costumé à Marly, faisant son entrée dans une chaise à porteurs, vêtu en marquis de Mascarille. Il disparaissait sous les rubans et portait une perruque énorme sur laquelle il y avait quatre livres de poudre de riz. Monseigneur était l'un des quatre laquais portant sa livrée. « Il alla faire des révérences au Roi avec des contorsions surprenantes ; il couvrit Monsieur et Madame tout entiers de la poudre de sa perruque qu'il leur secoua au nez [133]... » Chartres était d'excellente humeur ; le Roi venait de lui donner l'autorisation de visiter sa sœur en Lorraine. Il devait partir début février, mais son voyage avait été remis au printemps. Un accès de fièvre l'empêcha de se déplacer en avril ; il était prêt à prendre enfin la route en mai, lorsqu'une querelle intervenue entre quelques officiers français et lorrains rendit son voyage impossible.

Madame suivait de près la grossesse de sa fille, la noyant sous des lettres bourrées de bons conseils. Dangeau rapporte à la mi-juillet qu' « on parle fort ici d'un voyage que Madame doit faire en Lorraine pour assister aux couches de [...] sa fille. On disait même que Monsieur irait [134]. » Début août, Sourches note qu'elle doit partir le 16 pour Bar [135]. Elle parle elle-même de ce voyage dès le mois de mai, et invite même son demi-frère le raugrave Karl Moritz à s'y rendre de son côté. Elle le savait alcoolique et voulait profiter de cette rencontre pour lui prêcher la sobriété. Mais voilà que, au moment du départ, alors que les chevaux de relais étaient déjà partis, des problèmes de cérémonial compromettent le voyage. Le duc de Lorraine prétendait à une chaise à bras devant Monsieur et Madame puisqu'il en avait une chez l'Empereur. On lui répondit que le cérémonial royal de France était différent de celui de Vienne, et que l'Empereur donne des chaises aux cardinaux qui ne s'assoient jamais en présence du Roi. D'ailleurs le duc François, grand-père du duc Léopold et beau-frère de Gaston d'Orléans, s'était toujours contenté d'un tabouret. Les deux partis restèrent sur leurs positions et Madame en France.

Spanheim annonce ce voyage « rompu » et résume l'affaire dans une dépêche à Berlin après une entrevue avec Madame : « Elle me fit l'honneur de m'en parler, et me témoigner beaucoup de déplaisir de ce changement, et de se voir privée par là du contentement de voir la duchesse sa fille, qui ne manquerait pas d'être affligée. [...] Pour moi, j'avais bien cru, dès le commencement que j'ouïs parler de ce voyage [...], qu'il s'y trouverait de la difficulté sur ce cérémonial du siège [136]... »

Le petit prince Charles vint au monde le 26 août ; on l'appela tantôt le prince de Lorraine, tantôt le prince de Bar. Madame était à la fois heureuse et déçue ; elle explique début octobre à la raugrave Amelise : « Je dois avouer que la déception de mon voyage raté était plus grande que la joie de la naissance du petit garçon de ma fille, car je regrettais toujours de n'avoir pu être présente pour me réjouir avec le père et la mère de l'arrivée de ce très jeune *cavalier*. » Et le même jour à Louise : « Je doute fort que je voie jamais mon petit-fils de mes yeux, mais ma fille l'enverra moulé en cire ; il semble être déjà grand et fort comme un enfant de six mois [137]... » Elle glisse ce témoignage d'amour maternel (et paternel) dans une lettre à Anna Katharina von Harling : « Je crains cependant que ma fille ne fera comme les guenons qui étouffent leur petit par affection excessive, car elle veut l'avoir tout le temps avec elle sur le lit, et ne fait que l'embrasser et l'étreindre. On m'écrit aussi que le duc de Lorraine affecte devant les gens de ne pas s'intéresser à son enfant, et le regarde à peine ; mais dans l'intimité et quand peu de personnes seulement sont présentes, il l'embrasse avec autant de plaisir que madame sa mère [138]. » Le petit prince dorloté mourra en avril 1700, mais sera suivi d'une ribambelle de treize petits frères et sœurs qui naîtront comme tombent les pommes.

Madame savait que son gendre devait venir à la fin de l'année à

Versailles pour rendre au Roi son hommage lige du minuscule duché de Bar. On la voit mener une véritable campagne de lettres afin d'obtenir que sa fille soit du voyage. Le duc de Lorraine, le comte-maréchal Carlingford et le confesseur jésuite Creitzen reçoivent tous les trois une lettre datée du 11 octobre plaidant en termes tour à tour maternels et politiques en faveur du voyage de sa fille[139]. Elle obtint gain de cause et, tout à sa joie, se préparait aux retrouvailles. Il fut décidé, pour éviter les épineuses questions d'étiquette et ne pas obérer les finances ducales, que le duc de Lorraine viendrait *incognito* comme « M. de Pont-à-Mousson » (ce que certains trouvaient ridicule), et que le couple serait logé, traité et défrayé par Monsieur au Palais-Royal.

Monsieur et Madame partirent le 20 novembre au-devant de leurs gendre et fille jusqu'à Bondy. Ils mirent tous pied à terre au Palais-Royal, assistèrent dans la loge de Monsieur à un opéra et soupèrent en famille « sans aucun rang réglé », comme précise le *Mercure galant*. Monsieur se rendit le lendemain à Versailles pour présenter son gendre à Louis XIV qui quitta le Conseil pour accueillir M. de Pont-à-Mousson et les gentilshommes de sa suite.

Le malheur voulut que Mme de Lorraine fût prise le même jour de frissons. Elle dut s'aliter, et la variole parut le surlendemain. Terriblement inquiète et se sentant en partie responsable, Madame s'enferma avec sa fille. Elle décréta que Monsieur et le duc de Lorraine qui n'avaient pas eu la maladie ne la verraient pas, craignant pour eux le « mauvais air ». L'attaque était relativement bénigne, et la duchesse de Lorraine fut déclarée guérie au bout de quinze jours de soins maternels. Le rayon d'action du corps médical prêt à saigner et purger à tour de bras fut strictement limité. La malade s'en tira à bon compte, gardant le visage intact. Madame remerciera en janvier 1700 la raugrave Louise : « Pour soigner la variole de ma fille, je n'ai utilisé rien d'autre que votre remède. Il a été, Dieu merci, très efficace : ma fille ne garde aucune marque. Je vous suis vraiment obligée de m'avoir envoyé la recette. La peau de ma fille est lisse comme avant, et c'est ce qu'elle a de mieux au visage. [...] J'étais jour et nuit auprès de ma fille ; elle n'a donc pu se gratter[140]. » La dame d'atour et confidente de la duchesse de Lorraine, Antoinette-Charlotte de Lenoncourt (la future marquise d'Aulède), eut moins de chance. Partageant la quarantaine de sa maîtresse, elle succomba à son tour à la redoutable maladie et ne put retourner en Lorraine qu'au bout de plusieurs mois, le visage grêlé.

Les duchesses d'Orléans et de Lorraine ne purent donc assister à la cérémonie de l'hommage lige du duché de Bar qui eut lieu à Versailles le 25 novembre. Louis XIV était assis au milieu des princes de son sang et de ses courtisans dans un fauteuil, le chapeau sur la tête. Assumant enfin sa propre identité, le duc de Lorraine ôta son épée, son chapeau et ses gants, et s'agenouilla après trois profondes révérences sur un carreau placé devant le fauteuil royal. Le Roi prit les deux mains de son homme lige entre les siennes, et l'écouta prononcer ses foi et hommage pour le duché de Bar et autres domaines mouvants de la Couronne, entre autres le chemin qui va de Lorraine en Alsace. Lorsque le duc eut prononcé les dernières paroles du serment, Louis XIV le releva gracieusement : « Et moi, Monsieur, puisque vous m'en assurez, je vous ferai connaître que vous trouverez en moi un bon ami et un bon voisin [141]. »

Le duc de Lorraine repartit le 1er décembre, emportant une magnifique tenture de tapisseries rehaussées d'or déroulant sur soixante-douze mètres l'histoire d'Alexandre et estimée à 25 000 écus. C'est Monsieur qui avait suggéré ce cadeau, plutôt que le traditionnel portrait du Roi entouré de diamants. Le duc Léopold n'avait pu revoir son épouse avant son départ. Le *Mercure galant* de décembre explique que « ce prince laissa plusieurs lettres pour Mme la duchesse royale de Lorraine, datées de différents jours et qui devaient lui être rendues chacune le jour de sa date. Il prit cette précaution afin qu'elle le crût toujours à Paris... »

Dès l'arrivée du couple ducal, Madame avait été témoin bouche bée d'une chose qu'elle ne connaissait pas : le bonheur touchant de deux jeunes mariés qui s'aiment d'un amour tendre. Elle dira en janvier à Louise : « Ma fille a la chance d'être très aimée de son seigneur et de l'aimer parfaitement. Je n'y aurais pas cru si je ne l'avais vu de près [142]. » Sa fille retourna en Lorraine le 28 décembre ; Madame ne la reverra que dix-neuf ans plus tard. La disparition à peu près totale de la très abondante correspondance échangée entre les deux Elisabeth-Charlotte mère et fille (à peu près 3 700 lettres de la mère !) nous prive d'un document de premier ordre qui aurait pu soutenir la comparaison avec les lettres de Mme de Sévigné à sa fille. Ce n'est qu'à travers les lettres que la duchesse de Lorraine adresse à partir de 1716 à la marquise d'Aulède retournée à Paris qu'on peut se faire une certaine idée des années finales de cette correspondance [143].

La succession d'Espagne

Depuis des années, la stérilité et la santé du débile Charles II d'Espagne préoccupaient les chancelleries de l'Europe entière. L'encre des traités de Ryswick n'était pas encore sèche qu'un nouveau conflit menaçait la paix fragile. Depuis 1699, les lettres de Madame reflètent l'inquiétude générale : si le roi d'Espagne mourait par malheur sans héritier, la guerre serait inévitable. Charles II n'a que trente-huit ans, mais toute l'Europe le sait épileptique et d'hérédité syphilitique. On chuchote qu'il est plongé dans une inconscience à peu près totale, et que ses médecins épuisent les ressources de l'art médical pour le maintenir en vie. A lire les années 1699 et 1700 du *Journal* de Dangeau, on constate que le bulletin de santé contradictoire de l'agonisant de Madrid hante l'entourage de Louis XIV. De même, les dépêches de Spanheim (3 000 pages pour les années 1699-1700 !) sont littéralement obsédées par la santé vacillante du cacochyme Charles II et les conséquences de sa fin imminente.

Le roi mourant était le beau-frère de Louis XIV (veuf de l'infante aînée Marie-Thérèse) et de l'empereur Léopold Ier (veuf de l'infante cadette Marguerite-Thérèse). Leurs descendants non destinés à régner sur la France (le duc d'Anjou, second petit-fils de Louis XIV) et l'Empire (l'archiduc Karl, fils cadet de Léopold Ier) pouvaient donc prétendre à un héritage fabuleux sur lequel le soleil ne se couchait jamais : l'Espagne, les Pays-Bas espagnols, le Milanais, les Deux-Siciles, la Toscane, la Sardaigne, et les colonies des deux Indes, l'Amérique latine sans le Brésil et les Philippines. Un enjeu aussi colossal avait provoqué une activité diplomatique intense qui élaborait un certain nombre de scénarios de dépeçage.

Galvanisé par ses victoires récentes sur les Turcs, l'Empereur se montra si glouton et si intraitable que Louis XIV avait signé finalement un traité de partage avec Guillaume III d'Angleterre et les Provinces-Unies en mars 1700. L'archiduc Karl obtiendrait l'Espagne, les Indes orientales et occidentales, et les Pays-Bas espagnols. Le duc de Lorraine, gendre de Monsieur et Madame, rendrait ses duchés et recevrait en échange le Milanais dont les revenus étaient six fois plus élevés. Enfin, le Dauphin aurait le duché de Lorraine, les Deux-Siciles (le *Mezzogiorno* et la Sicile), les présides de Toscane et le Guipuzcoa (Fuenterrabia et Saint-Sébastien). A première vue, les avantages pour la France ne paraissaient pas considérables, mais on sait que Louis XIV tenait à améliorer son « pré carré ». Curieusement, personne ne semblait tenir compte de la possibilité d'un testament de Charles II désignant un seul héritier.

C'est pourtant ce qui arriva. Après un premier testament en faveur de l'archiduc Karl, le roi d'Espagne eut des hésitations, consulta en secret le pape Innocent XII mourant lui aussi, et rédigea le 2 octobre un nouveau testament désignant comme héritier unique Philippe duc d'Anjou, et, à défaut, d'abord le duc de Berry, ensuite l'archiduc Karl, et enfin le duc de Savoie, gendre de Monsieur. Le testament interdisait formellement le moindre partage, mais excluait en même temps la possibilité d'une réunion des couronnes de France et d'Espagne sur une seule tête. Charles II mourut le jour de la Toussaint, laissant l'Europe entière dans un indescriptible état d'effervescence. Des fuites inévitables avaient préparé les grandes puissances à la dernière volonté du roi d'Espagne, et tous les regards étaient braqués sur le roi de France, alors avec sa cour à Fontainebleau. Accepterait-il le testament ou respecterait-il le traité de partage qu'il avait signé ? La question agitait toutes les chancelleries. Louis XIV était brusquement contraint « à prendre dans les plus brefs délais une des plus graves décisions de notre histoire [144] ».

Louis XIV apprit la mort et le contenu du testament de Charles II le 9 novembre dans la matinée pendant le Conseil de finances. Sa chasse fut aussitôt contremandée et ses ministres convoqués à trois heures chez Mme de Maintenon qui assista avec Monseigneur aux délibérations qui durèrent quatre heures. Les comédiens furent renvoyés à Paris et les courtisans dressaient l'oreille à la moindre nouvelle, excités comme des puces. Madame écrit le lendemain à Sophie : « Un grand d'Espagne aurait pris aussitôt la poste avec l'original du testament, pour l'apporter au duc d'Anjou et le demander pour roi. Et au cas où le Roi lui refuse le duc d'Anjou, ce même grand d'Espagne doit se rendre immédiatement à Vienne pour offrir la couronne à l'Empereur. Je crois qu'on est un peu embarrassé ici à cause du traité qu'on a fait avec la Hollande et l'Angleterre. Si on renonce à la couronne, on met le duc d'Anjou dans une situation impossible [145]. »

On voit que Louis XIV n'avait guère le choix, puisque l'héritage intégral irait en cas de refus aux Habsbourg de Vienne. Monseigneur, habituellement « noyé dans la graisse et dans l'antipathie », avait surpris tout le monde au Conseil en se tournant « le visage enflammé » vers le Roi pour lui dire qu'il n'abandonnerait pas « un seul pouce de terre » de l'héritage de sa mère qui revenait à son fils Anjou [146]. Même Mme de Maintenon, qui pourtant ne l'aimait pas, n'osait le contredire. La décision unanime en faveur de l'acceptation du testament fut prise le 10 novembre dans la soirée, et l'ambassadeur d'Espagne Castel-dos-Rios averti officieusement le lendemain.

Les courtisans de Fontainebleau se perdaient en conjectures. Madame, qui n'était pas mieux informée, mande le 13 à Sophie : « Hier tout le monde se disait à l'oreille : " *N'en parlez pas, mais le Roi a accepté la couronne d'Espagne pour M. le duc d'Anjou.* " Je me tus, mais quand j'entendis à la chasse le duc d'Anjou dans un chemin derrière moi, je m'arrêtai et dis : " *Passez, grand roi, que Votre Majesté passe.* " Je voudrais que Votre Dilection eût vu l'étonnement de ce brave enfant que j'étais au courant [...] Le duc d'Anjou a tout à fait l'air d'un roi d'Espagne ; il rit rarement et conserve toujours un air de gravité [147]. »

Dès le retour à Versailles, le 16 novembre, le nouveau roi d'Espagne fut déclaré. Le Roi fit ouvrir les deux battants de la porte de son cabinet, fit entrer les courtisans et leur désigna le duc d'Anjou : « Messieurs, voilà le roi d'Espagne ; la naissance l'appelait à cette couronne ; toute la nation l'a souhaité et me l'a demandé instamment, ce que je leur ai accordé avec plaisir : c'était l'ordre du ciel. » Il se tourna ensuite vers le duc d'Anjou, désormais Philippe V d'Espagne : « Soyez bon Espagnol, c'est présentement votre premier devoir ; mais souvenez-vous que vous êtes né Français. » L'ambassadeur d'Espagne se jeta aux pieds de son souverain et s'écria les yeux remplis de larmes : « Quelle joie ! Il n'y a plus de Pyrénées, elles sont abîmées et nous ne sommes plus qu'un [148] ! » Or, c'est précisément cette unité, qui faisait fondre les Pyrénées et installait un axe pan-bourbonien entre Paris et Madrid, qui inquiétait les grandes puissances. Après les larmes de joie de la déclaration de Philippe V, les lendemains seront dégrisants : la guerre de Succession d'Espagne aura lieu.

Le jeune Roi partit le 4 décembre pour son nouveau royaume. Ses deux frères, Bourgogne et Berry, et une nombreuse suite de jeunes courtisans l'accompagnèrent jusqu'à la frontière. Louis XIV et la famille royale lui tinrent compagnie jusqu'à Sceaux que le duc du Maine venait d'acheter au fils de Colbert. Les deux rois s'y enfermèrent dans un petit salon, sans doute pour parler de la difficulté d'être roi. Ils firent entrer la famille royale au bout d'un quart d'heure pour les derniers adieux. Madame raconte le lendemain à sa tante : « Tout le monde pleurait et criait. M. le Dauphin, qui paraît d'ordinaire très indifférent, était horriblement *touché* et embrassait son fils avec une telle *tendresse,* que je pleure encore rien que d'y songer. Je croyais que le père et le fils mourraient de douleur. Le bon roi m'embrassa aussi de grand cœur, pleurant tellement qu'il lui fut impossible de prononcer un seul mot. Le Roi dit enfin : " *Qu'on aille voir si tout est prêt.* " Bientôt une voix cria : " *Sire, tout est prêt.* " " *Tant pis* ", dit le roi d'Espagne. Nous nous embrassâmes encore une fois [149]... » Dangeau note de son côté le même jour : « On ne saurait s'imaginer un spectacle plus grand, plus touchant et plus attendrissant ; enfin il fallut se séparer. Le Roi conduisit le roi d'Espagne jusqu'au bout de l'appartement et se cachait le visage pour cacher ses larmes. [...] Il n'a jamais marqué tant de tendresse, et jamais il ne nous a paru si grand et si aimable. »

L'attente des réactions de l'Empereur, du roi d'Angleterre et des autres puissances commence. Tant que Guillaume III et les Provinces-Unies n'embrasseront pas la cause des Habsbourg autrichiens, la guerre pourra être évitée. Spanheim se montre particulièrement pessimiste dans ses dépêches ; Madame, moins au courant de la situation européenne et des susceptibilités des différentes cours, est plutôt optimiste. Elle explique vers la mi-décembre à Sophie : « On parle beaucoup de guerre ici. Je ne peux pas croire qu'il puisse y avoir une guerre quand l'Angleterre et la Hollande ne prendront pas parti pour l'Empereur. Car quoique les pays héréditaires veuillent mettre sur pied cent mille hommes, ils ne serviront à rien à moins qu'ils ne se mettent en marche. Or je ne crois pas que l'Empereur soit assez riche pour faire marcher longtemps et entretenir près de deux cent mille hommes, car les gens ne vivent pas de vent, il leur faut du pain et de la viande, et il faut beaucoup d'or pour une telle masse [150]... »

Elisabeth-Charlotte y croyait-elle vraiment ? Il est vrai que les régiments ne vivent pas d'air pur, mais elle sous-estimait la hargne anti-française qui s'était accumulée en Europe, même après Ryswick. Malgré la modération de Louis XIV lors des pourparlers qui avaient conduit au traité de partage, l'idée de le voir gouverner l'Espagne, une partie de l'Italie et un vaste empire colonial par le truchement de son petit-fils de dix-sept ans qu'on savait soumis, timide et borné, paraissait intolérable à ses adversaires d'hier — et de demain.

Un autre nouveau roi apparut en même temps sur la scène européenne, fût-ce de façon moins dramatique. Électeur de Brandebourg depuis 1688, le fils du Grand Électeur ne s'imposait ni par les lumières de son esprit, ni par sa prestance physique, mais il adorait les cérémonies et était obsédé par la royauté. Il profita habilement en décembre 1700 des tensions autour de la succession d'Espagne pour se déclarer brusquement roi de Prusse sous le nom de Frédéric Ier contre l'avis de ses conseillers et de son épouse Sophie-Charlotte, la fille de Sophie et la filleule de Madame. Son envoyé à Paris Spanheim essaya en vain de faire reconnaître le nouveau roi par Louis XIV. Madame, qui n'approuvait pas la « nouvelle tête couronnée de Berlin », apprit le 14 décembre à Spanheim que Louis XIV avait beaucoup loué Sophie-Charlotte de s'être opposée à la royauté de son époux. Il répondit diplomatiquement : « En cette occasion, j'aimerais mieux qu'on eût pu approuver Mgr l'Électeur que Mme l'Électrice [151]... »

Il faut dire que Spanheim lui-même avait de la peine à s'habituer au nouveau titre de son maître. Sa dépêche du 31 janvier 1701 est la première qui commence par « Sire », mais le diplomate se trompe à la fin, terminant selon son habitude : « Monseigneur, de Votre Sérénité Électorale le très humble, très obéissant et très fidèle serviteur ». La dépêche suivante, celle du 3 février, conclut correctement : « Sire, de Votre Majesté le très humble [...] serviteur. » Le 7 février, il achève : « Monseigneur... », rature le mot, et reprend : « Sire, de Votre Majesté... » Il se trompe encore le 11 février [152].

Le refus de Louis XIV entraîna le rappel de Spanheim. Sa dernière dépêche de Paris est datée du 25 mars. Il quitta le royaume après les audiences de congé habituelles et se rendit à La Haye où il apprit que le nouveau roi de Prusse le faisait baron et l'envoyait à Londres. Il n'apparaîtra plus dans la vie de Madame. Le moment de son départ était particulièrement inopportun : elle perdra bientôt Monsieur et se serait bien trouvée des conseils sensés de cet homme profondément honnête et dévoué.

« La plus malheureuse de toutes les créatures... »

Madame se sentait mal dans sa peau en cette dernière année du XVIIe siècle. La disparition de son petit-fils de Lorraine en avril 1700 lui avait rappelé la précarité de la vie, la sienne propre et celle de ceux qui lui étaient chers. Elle attribue bien sûr cette mort à la bêtise criminelle des médecins. « Le médecin du duc, écrit-elle à Louise, a fait mourir l'enfant. [...] Il lui donna en l'espace de douze heures quatre lavements d'eau de chicorée avec de la rhubarbe, une poudre contre les convulsions, une grande quantité d'une forte eau de mélisse et des gouttes d'Angleterre. Il faut que cela ait étouffé le pauvre enfant. C'est bien dommage, car c'était vraiment un bel enfant [153]... » Une nouvelle grossesse de sa fille ne la consolait qu'à moitié.

Les brimades continuelles du Roi et de l'invisible Mme de Maintenon lui arrachent cette plainte en septembre : « Être Madame est un métier misérable [*Madame sein ist ein ellendes Handwerck*] ; si j'avais pu le revendre comme les charges dans ce pays, je l'aurais mis en vente depuis longtemps [154] ! » Son obésité lui rend la chasse plus laborieuse qu'autrefois ; on la voit de plus en plus souvent chasser en calèche et ne monter à cheval qu'au laissez-courre. Dangeau compte ses chasses et constate qu'elle « court bien moins qu'autrefois [155] ». Une fièvre « double-tierce » de trois semaines en janvier 1701 lui interdit la chasse et la correspondance, et la rend encore plus mélancolique. Elle écrit début février à Sophie : « Les plaisirs du carnaval ne m'ont pas empêchée de penser à ma mortalité [156]... »

On constate vers 1699 un curieux rapprochement entre le duc et la duchesse d'Orléans. Madame commence à comprendre que, si elle a été depuis trente ans la victime de Monsieur, Monsieur a été de son côté la victime de sa propre faiblesse de caractère et de ses mignons. D'où un nouveau regard sur son époux qui vieillit péniblement. « Il est certain, dit-elle en juillet 1699 à Sophie, que si Monsieur n'était pas *faible* [...], il serait le meilleur seigneur du monde. Il est donc plus à plaindre qu'à haïr quand il fait du mal à quelqu'un [157]. » Elle constate que son époux devient mélancolique à l'approche de la soixantaine, qu'il a des moments de silence rêveur, qu'il a des poussées de dévotion. Son nouveau confesseur, le père du Trévou, lui répète « qu'il était vieux, usé de débauches, gras, court de col, et que, selon toute apparence, il mourrait d'apoplexie, et bientôt. C'étaient là d'épouvantables paroles [...]. Il devint triste, abattu, et parla moins qu'à l'ordinaire, c'est-à-dire encore comme trois ou quatre femmes... » On aura reconnu Saint-Simon [158].

Madame décrit son époux en mai 1700, après un accès de fièvre :

« Sa Dilection est encore tout abattue et très mélancolique, et ne prend plaisir à rien. Je crois savoir d'où vient la tristesse : S.D. voit bien que sa façon de vivre accoutumée ne lui fera plus de bien, et tous ses efforts ne tendaient qu'à cela. Rien d'autre ne lui plaît, mais il ne veut pas mourir. Il constate que sa vie et ce qu'il faisait habituellement n'est plus possible. Cela rend S.D. très triste, et la tristesse empêche ses forces de revenir. Je me fais donc vraiment du souci pour Monsieur [159]... »

Monsieur semblait apprécier la sollicitude de son épouse. Elle confiera plus tard à Caroline de Galles : « Feu Monsieur était en effet un bon seigneur. Si Sa Dilection avait eu un peu plus la force de ne pas écouter ses favoris, il aurait été le meilleur seigneur du monde. Je l'aimais, bien qu'il m'ait fait beaucoup souffrir, mais dans les trois dernières années tout avait changé. J'ai gagné son affection en riant avec lui de ses faiblesses, et en tournant tout en plaisanteries sans colère. Il n'a plus souffert qu'on me calomnie [160]... » Voilà donc un couple qui se prépare à vieillir ensemble, se chamaillant sans méchanceté, pour le principe. « Vous êtes vieille, vous avez près de cinquante ans », jeta Monsieur à Madame début avril 1701. Elle répondit sans colère : « Oui, Monsieur, il est vrai que j'ai ce malheur d'être près de cinquante ans, mais vous avez celui d'avoir près de douze ans plus que moi [161]. »

Louis XIV régla en avril le commandement de ses armées pour la campagne de 1701, car on ne parlait que de guerre. Boufflers commanderait l'armée de Flandre avec, comme lieutenants généraux sous ses ordres, les bâtards du Maine et de Toulouse. Le 21, le Roi dit au duc de Chartres « qui le pressait fort de lui permettre de faire cette campagne » qu'il y consentait. Il se ravisa quatre jours plus tard. Dangeau note : « M. le duc de Chartres ne servira point ; le Roi a trouvé que cela ne convenait point à ses intérêts, et avait espéré que Monsieur en détournerait M. de Chartres ; mais Monsieur n'ayant pas voulu s'en charger, le Roi a témoigné à M. de Chartres qu'il lui ferait plaisir de n'y plus songer [162]. » Monsieur fulminait et osa élever la voix devant son frère. Où donc étaient les gouvernements et les commandements promis lorsque son fils avait été forcé d'épouser Mlle de Blois ? Les bâtards allaient servir et le duc de Chartres resterait à Paris pour faire un autre enfant à sa maîtresse ! Monsieur était furieux comme il ne l'avait jamais été et alla bouder à Saint-Cloud.

Il vint dîner à Marly mardi 8 juin, et entra chez son frère à la fin du Conseil. Le Roi eut la maladresse de lui reprocher les fredaines de son fils. Monsieur éclata, rappela au Roi ses propres maîtresses, ses vaines promesses, etc., etc. Les deux frères criaient tellement qu'un huissier dut entrer pour leur dire que les courtisans qui se tenaient à deux salons de là pouvaient suivre la conversation. Ils sortirent peu après pour se mettre à table. Le visage enflammé de Monsieur frappa tout le monde ;

il saigna du nez en plein repas, et on le conjura de se faire saigner au plus tôt. Tout le monde se souvenait de l'attaque d'apoplexie qui avait failli emporter le Dauphin trois mois auparavant. Les yeux étincelants de colère, « Monsieur y mangea extrêmement comme il faisait à tous ses deux repas sans parler du chocolat abondant du matin, et de tout ce qu'il avalait de fruits, de pâtisseries, de confitures, et de toutes sortes de friandises toute la journée [163]... ». Il alla ensuite compter les tabourets de la reine d'Angleterre, et rentra le soir à Saint-Cloud.

Il y soupa abondamment en présence de son fils, sa bru et d'autres dames. Madame, qui avait de la fièvre, était restée dans sa chambre. A l'entremets, les convives remarquèrent qu'il commençait à balbutier et à montrer quelque chose de la main ; un moment après il s'effondra en apoplexie sur son fils qui le retint. On le promena, on le secoua, on le saigna, on le purgea, on le bourra d'émétique d'antimoine (un vomitif), d'eau de Schaffhausen « qui est excellente pour les apoplexies » et de deux bouteilles entières de gouttes d'Angleterre.

Vers dix heures, Madame entendit tout d'un coup un grand vacarme. Sa dame d'honneur la duchesse de Ventadour entra pâle comme la mort en criant : « Monsieur se trouve mal ! » Elle se précipita vers son époux étendu presque inconscient sur un petit lit dressé dans son cabinet. Elle lui demanda : « Comment vous sentez-vous à cette heure, Monsieur ? » Il répondit : « Un peu mieux... et vous ? — Ne songez pas à moi, répliqua-t-elle, songez à vous, et je me porterai bien. » Elle vit qu'il avait toute la peine du monde à prononcer certains mots, gêné par sa lèvre inférieure gonflée et pendante. Il bredouilla : « Vous avez la... » et désigna son pouls, incapable de prononcer le mot *fièvre* ; puis, distinctement : « Vous êtes malade, allez-vous-en chez vous... » Comme il refusait d'avaler on ne sait quelle potion infecte, on lui dit : « Madame le veut », et il ouvrit docilement la bouche. La sollicitude tardive et la confiance de l'agonisant lui allaient droit au cœur. Malgré l'insistance de son fils et de ses dames, elle resta toute la nuit auprès de Monsieur qui perdit entièrement connaissance vers cinq heures du matin. Elle s'évanouit presque ; le Roi qui était arrivé à trois heures ordonna de la porter dans sa chambre [164]. Incapable de dormir, elle eut la force de griffonner ce billet à Sophie : « C'est la plus malheureuse de toutes les créatures qui écrit à Votre Dilection. L'apoplexie a abattu Monsieur hier soir à dix heures du soir. Il est à l'agonie et moi dans le plus grand malheur du monde, restant cependant jusqu'à la mort de V.D. la nièce et servante, Elisabeth-Charlotte [165]. »

Le confesseur et les médecins s'agitaient en vain autour du mourant « dont la machine disputa longtemps », comme dira Saint-Simon. Le Roi alla entendre la messe dans la chapelle du château et retourna auprès de son frère à l'agonie. Sourches raconte que Mme de Ventadour « fit plusieurs allées et venues pour résoudre où Madame pourrait se retirer si la mort de Monsieur arrivait. D'abord on croyait qu'elle pourrait aller à Maubuisson, mais comme elle n'y put s'y résoudre, on lui proposa Meudon ou Chaville, et enfin il fut résolu qu'elle irait à Versailles [...]. Sur les huit heures, le Roi passa à l'appartement de cette princesse, où il fut quelque temps[166]... » Saint-Simon décrit Madame hurlant : « Point de couvent ! qu'on ne me parle point de couvent[167] ! » Plus souvent cités que compris, ces cris ne signifient pas qu'on voulait la forcer de passer son veuvage dans un couvent, mais que l'idée fut formulée parmi d'autres possibilités. Ce qui est certain, c'est qu'on lui conseilla de se remettre quelques jours chez sa tante de Maubuisson du choc de la mort de Monsieur. Saint-Simon et ceux qui l'ont copié se trompent en disant que le contrat de mariage de Madame lui imposait dans l'éventualité d'un prédécès de Monsieur le choix entre un couvent et son douaire de Montargis. Rien de tel dans le contrat dont nous avons consulté deux copies[168].

Cela dit, il ne fait pas de doute que l'idée de se voir confinée dans un couvent a vivement alarmé Elisabeth-Charlotte, qui confiera en juillet de Versailles à la raugrave Amelise : « Le jour même de la mort de feu Monsieur, je me suis assise dans un carrosse et venue ici. Depuis je n'ai plus bougé de ce château. Je n'ai jamais eu l'intention d'aller dans un couvent... » Et un mois plus tard, à la même : « Je ne suis pas si folle de m'enfermer dans un couvent ; cela n'est pas du tout mon affaire. Le Ciel ne peut avoir prévu rien d'autre pour moi que de couler paisiblement ma vie ici, et de mourir à la fin[169]. » Treize ans plus tard, dans une lettre à Sophie, son aversion viscérale des couvents lui arrache ce cri : « Plutôt mourir qu'être nonne [*ich mögte lieber sterben alss eine None werden*][170] ! »

Après une entrevue avec sa belle-sœur que Sourches dit « extrêmement tendre », Louis XIV repartit à Marly. Mme de Maintenon, qui l'accompagnait et qui parut touchée, avait daigné réconforter Madame qui en avait vraiment besoin. Elle était inconsolable. Le père Léonard rapporte que son confesseur, le père Bernardin de Saint-Pierre, frère de l'abbé de Saint-Pierre, se donna tant de peine pour la consoler qu'il mourut peu après[171]. Monsieur expira vers midi. Ayant appris sa mort, Madame monta en carrosse avec ses dames et s'en alla à Versailles.

TROISIÈME PARTIE

Madame, douairière d'Orléans
(1701-1715)

CHAPITRE XI

« Passer tranquillement ma vie est ma seule ambition » (1701-1709)

LA GRANDE RÉCONCILIATION

Dans le carrosse qui la conduisait ce jeudi 9 juin de Saint-Cloud à Versailles, Elisabeth-Charlotte a dû réfléchir sur sa situation brutalement changée. Hier encore épouse du frère du Roi et jouissant de ce fait d'une considération dont même l'hostilité de Mme de Maintenon ne pouvait venir à bout, elle était maintenant une veuve reléguée à l'arrière-plan, condamnée à vivre d'un maigre douaire et dépendant entièrement des bontés du Roi. Mme de Ventadour lui disait tout haut ce qu'elle pensait peut-être tout bas : il fallait chercher à se rapprocher de Mme de Maintenon, seule dispensatrice de l'affection royale.

La nécessité de ce revirement tactique n'avait rien de plaisant pour Madame qui avait pratiqué le dénigrement de l'épouse du Roi comme un des beaux arts. Cinq mois avant la mort de Monsieur, elle s'était esclaffée à Versailles en pleine représentation de *Jodelet ou le maître valet* de Scarron. Elle songea tout d'un coup que, si la duchesse de Bourgogne assise à côté d'elle demandait qui avait écrit cette comédie, il faudrait lui répondre « c'est votre oncle », puisqu'elle n'appelait Mme de Maintenon que « ma tante ». Cette idée la mit toute la soirée de bonne humeur[1]. Six semaines plus tard, elle s'était expliquée sur la veuve Scarron dans une lettre à sa fille : « Il n'est pas difficile de comprendre qui est la vieille mégère qui me rend des mauvais offices auprès du Roi [...]. Elle m'a toujours haïe et me haïra toujours, mais par bonheur elle est plus vieille que moi et j'espère qu'elle crèvera devant moi... » Puis, parlant de la santé de Louis XIV : « Je lui souhaite une longue vie, car je suis persuadée que ce n'est pas par lui-même qu'il me hait, mais seulement par trop de complaisance pour la vieille veuve de ce cul-de-jatte et de poète ridicule ; ainsi je ne m'en prends pas à lui[2]. » Voilà des épanchements qui n'étaient plus de saison.

La même pensée était venue à Mme de Maintenon. Elle dit au duc de Chartres, qu'on appelait désormais le duc d'Orléans, que le temps était venu de réconcilier Madame avec le Roi, c'est-à-dire avec elle. « Je me suis mise à réfléchir, explique Elisabeth-Charlotte à Sophie, et je me suis souvenue combien de fois Votre Dilection m'a conseillé de chercher à me réconcilier avec cette dame. J'ai donc prié le duc de Noailles de dire de ma part à cette dame que j'étais si *touchée* de toute l'amitié qu'elle m'avait témoignée dans mon malheur, que je la priais de prendre la peine de venir chez moi, car je ne pouvais pas sortir[3]. » Le raccommodement eut lieu le 11 juin à six heures du soir dans l'appartement versaillais de Madame.

Il existe deux versions complémentaires de l'événement : celle de Madame qui pour une fois n'a pas tout dit, et celle de Saint-Simon qui en connaissait les moindres détails grâce à son amitié avec la maréchale de Clérambault et Lydie de Théobon-Beuvron, les confidentes de Madame. Elle raconte le lendemain à sa tante : « Je lui ai d'abord répété combien j'étais *contente* d'elle et que je souhaitais son amitié. Je lui ai aussi avoué que j'avais été mécontente d'elle parce que j'avais cru qu'elle m'avait ôté les bonnes grâces du Roi, et haïe, et que je l'avais appris d'ailleurs de la Dauphine ; mais que j'étais prête à tout oublier si elle voulait seulement être mon amie. Là-dessus elle m'a dit beaucoup de belles et éloquentes choses [*viel schönne undt eloquente Sachen*] et m'a promis son amitié, et nous nous sommes embrassées[4]. »

Voici maintenant le récit circonstancié de Saint-Simon réduit à l'essentiel : « Après les premiers compliments, ce qui était là sortit, excepté Mme de Ventadour. Alors Madame fit asseoir Mme de Maintenon, et il fallait, pour cela, qu'elle en sentît tout le besoin. Elle entra en matière sur l'indifférence avec laquelle le Roi l'avait traitée pendant toute sa maladie, et Mme de Maintenon la laissa dire tout ce qu'elle voulut, puis lui répondit que le Roi lui avait ordonné de lui dire que leur perte commune effaçait tout dans son cœur, pourvu que, dans la suite, il eût lieu d'être plus content d'elle qu'il n'avait eu depuis quelque temps [...]. A ce mot, Madame, qui se croyait bien assurée, se récrie, proteste qu' [...] elle n'a jamais rien dit ni fait qui pût déplaire, et enfile des plaintes et des justifications. Comme elle y insistait le plus, Mme de Maintenon tire une lettre de sa poche, et la lui montre en lui demandant si elle en connaissait l'écriture. C'était une lettre de sa main à sa tante la duchesse d'Hanovre, à qui elle [...] disait en propres termes qu'on ne savait plus que dire du commerce du Roi et de Mme de Maintenon, si c'était mariage ou concubinage, et de là tombait sur les affaires du dehors et sur celles du dedans, et s'étendait sur la misère du royaume, qu'elle disait ne s'en pouvoir relever. La poste l'avait ouverte

[...] et l'avait envoyée au Roi en original. On peut penser si, à cet aspect et à cette lecture, Madame pensa mourir sur l'heure. La voilà à pleurer, et Mme de Maintenon à lui représenter modestement l'énormité de toutes les parties de cette lettre, et en pays étranger ; enfin, Mme de Ventadour à verbiager, pour laisser Madame le temps de respirer et de se remettre assez pour dire quelque chose. Sa meilleure excuse fut l'aveu de ce qu'elle ne pouvait nier, des pardons, des repentirs, des prières, des promesses. Quand tout cela fut épuisé, Mme de Maintenon la supplia de trouver bon qu'après s'être acquittée de la commission que le Roi lui avait donnée, elle pût aussi lui dire un mot d'elle-même, et lui faire ses plaintes de ce qu'après l'honneur qu'elle lui avait fait autrefois de vouloir bien désirer son amitié, et de lui jurer la sienne, elle avait entièrement changé depuis plusieurs années. Madame crut avoir beau champ : elle répondit qu'elle était d'autant plus aise de cet éclaircissement, que c'était à elle à se plaindre du changement de Mme de Maintenon, qui, tout d'un coup, l'avait laissée et abandonnée [...]. A cette seconde reprise, Mme de Maintenon se donna le plaisir de la laisser enfiler, comme à l'autre, les plaintes, et de plus les regrets et les reproches : après quoi elle avoua à Madame qu'il était vrai que c'était elle qui, la première, s'était retirée d'elle [...], et de là, raconte à Madame mille choses plus offensantes les unes que les autres qu'elle avait dites d'elle à Mme la Dauphine, lorsqu'elle était mal avec cette dernière, qui, dans leur raccommodement, le lui avait redit de mot à mot. A ce second coup de foudre, Madame demeura comme une statue. Il y eut quelques moments de silence. Mme de Ventadour fit son même personnage, pour laisser reprendre les esprits à Madame, qui ne sut faire que comme l'autre fois, c'est-à-dire qu'elle pleura, cria, et pour fin, demanda pardon, avoua ; puis, repentirs et supplications. Mme de Maintenon triompha froidement d'elle assez longtemps, la laissant s'engouer de parler, de pleurer, et lui prendre les mains. C'était une terrible humiliation pour une si rogue et fière Allemande. A la fin, Mme de Maintenon se laissa toucher, comme elle l'avait bien résolu, après avoir pris toute sa vengeance. Elles s'embrassèrent, elles se promirent oubli parfait, et amitié nouvelle. Mme de Ventadour se mit à pleurer de joie [...]. Tout se sait enfin dans les cours, et si je me suis peut-être un peu étendu sur ces anecdotes, c'est que je les ai sues d'original et qu'elles m'ont paru très curieuses [5]. »

Ce passage, qui nous renseigne sur les « belles et éloquentes choses » échangées entre les deux dames, pose un problème. Saint-Simon semble ignorer que Madame n'écrivait qu'en allemand à sa tante à quelques exceptions près, et que le cabinet noir, en renvoyant au Roi l'original de la lettre accablante, a dû fournir aussi la traduction. Il faut donc supposer que Mme de Maintenon, qui ne connaissait point l'allemand, a dû montrer l'original et lire la traduction. Mais ne boudons pas notre plaisir, car cette page superbe nous permet d'assister « en direct » à ce qui a dû être l'un des moments les plus humiliants dans la vie de Madame. Le mémorialiste résume parfaitement les raisons de l'irritation de Louis XIV et son épouse en notant dans les *Additions à Dangeau* : « On y voyait en plein combien cette princesse était allemande et peu française[6]. » Très liée avec le maréchal de Villeroy qui était un des rares amis intimes de Louis XIV, Mme de Ventadour était fort bien placée pour opérer cette réconciliation dont Madame tait, pour des raisons qui se comprennent, les détails les plus pénibles.

Madame eut ensuite dans la soirée une entrevue avec Louis XIV que Saint-Simon ne mentionne pas, mais qu'elle raconte dans la lettre déjà citée à Sophie. Elle lui parla de ses lettres à sa tante de Hanovre (ce qui prouve que Saint-Simon a bien raison), mais le Roi répondit « qu'il ne savait rien de mes lettres, qu'il n'en avait vu aucune ». Après une longue explication, le Roi l'embrassa et lui dit d'oublier le passé et d'être certaine dorénavant de ses bonnes grâces. Il fut visiblement touché lorsqu'elle lui assura qu'elle l'avait toujours respecté et aimé, et qu'elle avait connu ses moments de plus grande joie lorsqu'il l'avait tolérée auprès de lui. Il ne put s'empêcher de rire quand elle lui dit naïvement : « Si je ne vous avais pas aimé, je n'aurais pas tant haï Mme de Maintenon, croyant qu'elle m'ôtait vos bonnes grâces. »

Trois lettres conservées de Madame à Mme de Maintenon, écrites entre juin et octobre 1701, confirment leur rapprochement. Elle lui écrit le 15 juin : « Je vous assure que je vous tiendrai très inviolablement l'amitié que je vous ai promise, et je vous prie de me continuer vos conseils et avis et de ne jamais douter de ma reconnaissance qui ne peut finir qu'avec ma vie. » Et peu après : « ... Vous, Madame, pour qui je me sens à cette heure une véritable amitié fondée sur une grande estime[7]. »

De son côté, Mme de Maintenon obtiendra lors du prochain séjour de Fontainebleau que Madame soit exceptionnellement admise dans l'intimité du cabinet royal après le souper, malgré la jalousie marquée des filles du Roi et de la duchesse de Bourgogne. Elle écrira en octobre à Sophie : « Hier soir le Roi m'a permis de me rendre après le souper auprès de Sa Majesté dans son cabinet. S.M. a été très gracieuse pour moi, me parla et m'offrit des oranges, des limons et des citrons. Cela fit bien des jalouses... », et remercie le lendemain Mme de Maintenon : « Il faut aussi, Madame, que je vous dise la joie que j'ai eue d'une nouvelle bonté que le Roi m'a témoignée de trouver bon que je l'aie vu avant-hier dans son cabinet après le souper. Comme toutes ses bontés me viennent de vous, en ce que vous m'avez rapprochée du Roi, je vous [...] assure que mon amitié pour vous, Madame, va bientôt égaler l'estime qui vous est due[8]. »

Le ton est sans doute un peu raide, mais il y a un début à tout. Et puis, quel contraste avec les invectives de la veille ! Enterrées provisoirement les mégères, les crottes de souris, les vieilles connes, les Pantocrates, les veuves Scarron, les *Hutzel,* les *Kunkunkel,* les *Rumpompel* et *tutte quante.* La trêve durera autant que Louis XIV, avec des hauts et des bas. A la mort du Roi, Madame ira en grand habit de deuil présenter ses condoléances à Mme de Maintenon et déclarera en sortant aux dames de Saint-Cyr « que Mme de Maintenon était un ange par la manière dont elle avait usé de sa faveur[9] ». Mais les vieilles rancunes resteront terriblement vivantes. Ayant appris la mort de Mme de Maintenon en avril 1719, Madame écrira férocement à Caroline de Galles : « La vieille gueuse est crevée [*die alte Schump ist verreckt*]. J'ai dans la tête que ce qui a fait le plus de chagrin à la vieille conne en mourant, c'est de laisser derrière elle mon fils et moi en bonne santé[10]... »

Accuser Madame de duplicité serait aller un peu vite en besogne : sa volonté de retrouver l'affection du Roi et donc, par la force des choses, de conclure un cessez-le-feu avec son épouse, était sincère. Elle écrit en juillet à Sophie : « Mme de Maintenon continue à être très aimable ; je suis très *contente* d'elle. Si elle persiste à agir de la sorte, je resterai certainement son amie... » Mais elle ajoute : « Dès que j'ai constaté qu'elle s'est rapprochée de moi, je n'ai pas négligé la chose, mais fait aussitôt amitié avec elle. Plus je m'interroge sur ce qui l'a conduite à cette démarche et moins j'y vois clair, car une chose est certaine : cette femme ne fait rien sans réfléchir ni sans raison[11].

La pensée que Mme de Maintenon n'y trouvait aucun avantage ne semble pas avoir effleuré Madame. Elle avait beau chercher la bienveillance de l'épouse du Roi et se dire prête à lui pardonner ses mauvais offices, elle ne pouvait oublier que les antécédents de la veuve Scarron avaient terni irrémédiablement l'éclat solaire de son idole. Et puis, on n'efface pas d'un trait dix-huit années de haine et de méfiance. Madame parlera ainsi en février 1704 de « ce beau raccommodement » dans une lettre à Polier : « Vous savez que je n'ai jamais été la dupe de cette affaire, et que j'ai toujours bien dit que cette dame me haïrait jusqu'à sa mort. Quelle bonne mine qu'elle pût faire, j'ai bien vu la fausseté au travers. Il y a trop longtemps que je la connaissais pour avoir pu m'y tromper. » Et cinq ans plus tard à Louise : « J'ai fait de mon mieux pour mériter ses bonnes grâces, mais je n'ai pu réussir. Elle a, comme on dit ici, *une haine implacable* contre moi et mon fils[12]. »

En tout état de cause, les conséquences du rapprochement étaient manifestes pour tous dès que Madame sortit de sa réclusion et arriva à Marly le lendemain du service de Monsieur, célébré le 23 juillet à

Saint-Denis. Dangeau note le 27 : « Le Roi se promena assez longtemps avec Mme la duchesse de Bourgogne et avec Madame. Il veut que Madame soit de tout ; il dit qu'elle est ici dans sa famille, et qu'ainsi il faut qu'elle vive comme les autres et qu'elle n'y soit pas retirée [13]. » Elle suivit le Roi comme son ombre au Fontainebleau suivant. Dangeau la dit « charmée des bontés que le Roi a pour elle depuis la mort de Monsieur », et raconte le 6 octobre : « Le Roi, après son dîner, monta en carrosse avec Monseigneur et Madame, qui se mirent tous deux sur le devant. Quand on fut au laissez-courre, Monseigneur monta à cheval, et le Roi se mit dans sa petite calèche avec Madame. On prit deux cerfs... »

Mais l'aversion marquée de la duchesse de Bourgogne mit des bornes à la faveur retrouvée d'Elisabeth-Charlotte. Elle explique en novembre à Sophie : « En général on me traite bien mais en particulier on ne veut de moi nulle part. Hier j'avais quelque chose à dire au Roi [...]. Après le souper le Roi me fit bien venir dans son cabinet et me parla, mais dès que j'eus fini de parler le Roi me renvoya. Cela se fait certainement pour faire plaisir à la duchesse de Bourgogne [...] ; elle me hait d'une manière si atroce que ses traits s'altèrent rien qu'à me regarder. Je suppose que feu Monsieur a travaillé là aussi pour me faire haïr [14]... » Madame a entrevu l'Olympe mais n'y habitera pas. Elle passera les quatorze premières années de son veuvage dans les antichambres de la faveur royale, plus tolérée qu'aimée

Les finances de Madame

Le Roi ouvrit le testament olographe de Monsieur dans l'appartement de Madame le dimanche après-midi 12 juin. Daté du 11 avril 1699, ce testament commence par la réflexion banale mais pertinente que « la mort attaque également tous sans qu'ils y pensent ». Une fondation de six mille messes, quelques legs pieux, des diamants légués aux duchesses de Savoie et de Lorraine, « le diamant qui vient du cardinal de Richelieu » et qui va à la duchesse de Bourgogne, une pensée pour les domestiques (« je prie mon fils de les garder... »), le duc de Chartres institué légataire universel, rien de surprenant dans ce document, si ce n'est le fait que Madame n'y est pas du tout mentionnée. La coutume parisienne ne permettait pas aux conjoints d'hériter l'un de l'autre ; si Monsieur avait voulu mettre son épouse à l'abri des soucis financiers, il aurait dû le faire par une donation entre vifs. Mais quelques mots affectueux ne coûtent rien. Or, après trente années de mariage, deux enfants, et des humiliations sans fin, pas la moindre pensée, fût-elle banale [15]. Résumé dans le *Mercure galant* et imprimé dans la *Gazette d'Amsterdam,* ce testament révélait à l'Europe entière le peu de cas que faisait Monsieur de Madame.

Puisque les dernières volontés de Monsieur n'y changeaient rien, le statut financier de Madame dépendait entièrement des dispositions de son contrat de mariage. Elle se plaint si souvent du piteux état de ses finances personnelles, et particulièrement pendant les mois qui suivent la mort de son époux, qu'une mise au point s'impose[16]. Dans l'hypothèse d'un prédécès de Monsieur, le contrat stipule : « Mondit seigneur duc d'Orléans a doué ladite dame princesse de la somme de quarante mille livres de rente par chacun an de douaire [...]. En outre donne à ladite dame princesse sa future épouse le château de Montargis, garni de meubles comme il convient à sa qualité, pour son habitation et demeure sa vie durant[17]. » Il faut dire en passant que le château de Montargis était vieux, mais que ce n'était certes pas une masure. Monsieur et Madame avaient pris l'habitude d'y passer quelque temps pendant les séjours de Fontainebleau. Sourches avait encore noté le 2 octobre 1700 : « Monsieur partit de Fontainebleau avec sa cour pour aller passer quelques jours à son château de Montargis, qu'il faisait tous les ans accommoder de mieux en mieux. » Les 40 000 livres annuelles prévues au contrat étaient bien sûr peu de chose pour une princesse qui avait la réputation d'être libérale, mais il faut y ajouter la pension de 250 000 livres qu'elle touchait du Roi. Pour important qu'il paraisse, le total de 290 000 livres ne suffisait même pas à payer les gages des 250 personnes qui composaient sa maison : il fallait 370 000 livres. Or Madame se trouvait dans l'impossibilité de réduire son train de maison, « puisqu'il y a des droits sur toutes les charges, qu'elles sont toutes vénales, et que je ne puis donc rien retrancher[18] ». Supprimer une charge sans rembourser le titulaire était impossible. Une réduction d'un quart aurait coûté au moins un million de livres en rachats.

Le contrat de mariage était établi « suivant la coutume de la ville-prévôté-vicomté de Paris ». La coutume de Paris permet à la veuve soit l'acceptation du passif et de l'actif de la communauté (payer une partie des dettes contractées par les époux et recevoir la même proportion des biens acquis par la communauté), soit, dans le cas d'un passif excédant l'actif, la renonciation à la communauté. Dans les deux cas, la veuve avait normalement droit à ses « reprises », c'est-à-dire le remboursement de la valeur de ses biens propres que le mari, chef de la communauté, aurait vendus sans réinvestir au profit de sa femme les fonds provenant de la vente comme la coutume l'y obligeait. Or la clause des reprises manque au contrat, ce qui signifie que Madame ne reverra pas un liard des héritages de son père, sa mère et son frère que Monsieur avait dilapidés avec ses mignons, ni des 675 000 livres d'*Orléans-Geld* payées par l'Électeur palatin. Elle n'a donc pas tort d'écrire à Sophie en octobre : « Mon contrat de mariage aurait pu être différent. Il aurait suffi de le faire à la *manière ordinaire* et de n'y pas mettre précisément ce qui pouvait me faire du tort ma vie durant. Mais feu papa n'a pas compris cela, car feu Sa Grâce n'avait aucune idée de la *chicane* française et parisienne. On connaissait bien les *inclinations* de Monsieur ; il était donc difficile de croire qu'il pourrait prendre soin d'une femme [*war also schwer zu glauben dass er vor eine Fraw sorgen könte*] [19]... »

Madame devait bien renoncer à l'indivision, car Monsieur laissa une montagne de dettes ; elle parle elle-même de sept millions et demi de livres, somme si colossale que le nouveau duc d'Orléans fut contraint, malgré l'importance de son apanage et de ses pensions, de vendre la collection de joyaux de son père pour être à même de l'acquitter. Le produit de la vente qui dura trois semaines était plutôt décevant : un demi-million de livres. Le Roi chargea Pomereu, conseiller au Conseil des finances et selon Saint-Simon un homme « vif, actif, très intègre et laborieux », de prendre en main les affaires de Madame et de régler avec les hommes de loi de son fils la question de ses reprises et autres revendications (remboursement de sa dot, sa part de la succession de la Grande Mademoiselle, etc.). Les tractations durèrent six mois. Pomereu éplucha le testament de Karl Ludwig, le père de Madame, et y dénicha quelques dispositions ambiguës qu'il exploita au maximum, forçant les gens du duc d'Orléans à plus de souplesse.

Dangeau note le 2 janvier 1702 : « Les affaires de Madame avec M. le duc d'Orléans sont entièrement réglées. Ce prince en a très bien usé ; il donne à Madame au-delà de ce qu'elle pouvait prétendre. Elle aura de lui 200 000 livres par an, et le Roi lui donne, comme du vivant de Monsieur, 250 000 livres de rente et partagera avec M. le duc d'Orléans ce qu'il lui viendra de M. L'Électeur palatin, qui est réglé à 200 000 livres par an... » Ce n'était pas le Pérou, mais cela suffisait. Ayant peu de besoins personnels — les livres et médailles sont le seul luxe qu'elle s'offre — Elisabeth-Charlotte était satisfaite. Elle explique début février à Sophie : « Je suis très *contente* de mon fils [...]. M. de Pomereu, le *conseiller d'État* que le Roi a désigné pour prendre soin de moi, est un homme alerte avec beaucoup d'esprit et une grande vivacité. Si j'étais tombée dans d'autres mains, je me serais trouvée dans une situation fâcheuse, car les conseillers de mon fils n'étaient pas bien *intentionnés* à mon égard [20]... »

Il semble que Leibniz avait prévu avec sa lucidité habituelle un arrangement dont Elisabeth-Charlotte sortirait financièrement indépendante. Il avait écrit à Sophie dès juillet 1701 : « ... Il n'y a personne de votre sexe que j'honore avec plus de zèle que Madame. [...] Je sais que cette grande princesse n'a point l'âme intéressée, cependant c'est aussi quelque chose de n'avoir plus de maître de la communauté dans les circonstances qui n'ont été que trop connues[21]. » Un acte passé le 6 février 1702 par-devant le notaire parisien Me Bellanger réglait ses droits sur les biens de Monsieur et le paiement par son fils d'une rente annuelle de 200 000 livres.

Madame savait que l'Électeur palatin ne continuerait pas éternellement à payer 200 000 livres annuelles, mais sa part l'aidait à mieux équilibrer son budget. Elle écrit à ce propos à Louise en août : « Je n'en deviendrai pas plus riche, car cela suffira à peine à maintenir ma maison et mon état ; mais rien de cela n'arrivera entre mes mains[22]. » Ses conseillers lui avaient recommandé l'envoi à Rome de l'abbé de Thésut afin d'y plaider sa cause devant les consulteurs pontificaux qui se penchaient sur le différend qui l'opposait à l'Électeur. L'abbé partit fin juin, porteur d'une lettre autographe en français de Madame au nouveau pape Clément XI Albani. Inconnue, elle mérite d'être citée :

« A Versailles le dimanche 26 de juin 1701. Très-Saint Père, m'ayant déjà fait en différentes occasions plusieurs grâces dont je vous remercie très humblement, je me flatte que Votre Sainteté ne me refusera pas celle de donner une audience favorable au sr. abbé de Thésut qui aura l'honneur d'expliquer à Votre Béatitude les justes prétentions que j'ai naturellement dans le Palatinat, pour quel sujet je l'envoie à Rome. Je m'attends de son équité naturelle une prompte justice et je ferai toujours profession d'être, Très-Saint Père, votre très humble et très dévote fille Elisabeth-Charlotte[23]. »

C'est la seule lettre à un pape que nous ayons de Madame ; le ton à la fois digne et presque cavalier la rend intéressante. Cet effort épistolier ne lui servira malheureusement pas à grand-chose. Le 17 février 1702, Clément XI rendit une sentence arbitrale en faveur de l'électeur Johann Wilhelm, déboutant Madame de ses « justes prétentions ». Les droits de la demanderesse sur les fiefs féminins du Palatinat furent fixés à 300 000 écus romains dont il fallait défalquer les 675 000 livres déjà payées. Les deux parties s'estimaient lésées ; l'abbé de Thésut protesta au nom de Madame contre le verdict, et l'Électeur « criait qu'on l'avait égorgé » et refusa de payer une livre de plus. Sourches suppose « que ce procès serait de longue haleine[24] » et ne croyait si bien dire. Madame soupire de son côté dans une lettre à Louise : « Les maudits prêtres de Rome m'ont fait perdre entièrement mon procès [...]. Ici on ne considère pas l'affaire comme terminée ; je ne verrai certainement pas la fin du procès. Comme il plaira à Dieu ! Je suis déjà contente si cela profite à mes enfants[25]. »

MADAME VEUVE

Le lendemain de l'ouverture du testament, Madame se glissa dans l'appartement versaillais de Monsieur. Elle savait qu'il y conservait dans ses cassettes des piles de lettres de ses mignons nouées de non-pareilles parfumées, et ne voulait pas les voir entre les mains des notaires chargés de l'inventaire. Elle fit allumer du feu et ouvrit les boîtes de Ganymède avec les sentiments qu'on devine. Elle dira à Sophie : « Si l'on pouvait savoir dans l'autre monde ce qui se passe dans celui-ci, je crois que Sa Dilection feu Monsieur serait fort contente de moi, car j'ai cherché dans les cassettes toutes les lettres que les mignons lui ont écrites et les ai brûlées sans les lire, afin qu'elles ne tombent pas en d'autres mains[26]... »

Madame savait que le lot comprenait des lettres du chevalier de La Carte qui tentait de prouver sa passion pour le prince en lui sacrifiant les poulets de sa maîtresse et les poils qu'elle lui adressait avec les mots « voilà ce qui vient de cet endroit que vous aimez tant ». Ce pieux autodafé semble l'avoir bouleversée ; elle écrit le surlendemain à Mme de Maintenon : « Si je n'avais eu la fièvre et de grandes vapeurs, Madame, du triste emploi que j'eus avant-hier d'ouvrir les cassettes de Monsieur toutes parfumées des plus violentes senteurs, vous auriez eu plus tôt de mes nouvelles[27]... » Où qu'il fût, Monsieur avait lieu d'être content : Madame avait passé l'éponge.

Le souvenir de son goût des beaux garçons l'offusquait si peu qu'elle adressa à Sophie en avril 1703 une chanson qu'on venait de lui communiquer. Après une première strophe sur le Roi et la « vieille putain » qu'il a épousée, le chansonnier enchaîne :

> Philippe n'est pas de ce goût :
> C'est malgré lui qu'il est époux.
> S'il tâte jamais du veuvage,
> Pour pleinement vivre à son gré,
> Nous le verrons avec un page
> Bientôt à Saint-Cloud retiré.

Au demeurant, c'était précisément le souvenir des humiliations que Monsieur lui avait fait subir qui l'aidait à surmonter son chagrin. Elle confie deux mois après sa mort à Sophie : « Je dois avouer que j'aurais été beaucoup plus triste que je ne suis, si feu Monsieur ne m'avait pas rendu tant de mauvais offices auprès du Roi, et s'il n'avait pas donné toujours beaucoup plus d'amour à des garçons indignes qu'à moi... » Et encore : « Le pauvre feu Monsieur était mauvais ménager et n'a pas pris soin de moi, car il aurait pu le faire de son vivant, pas dans son testament. Mais il a préféré tout distribuer entre ses mignons qui ne l'aimaient pourtant pas autant que moi [*so ihn doch nicht so lieb hatten alss ich*][28]… » La paix à laquelle elle aspire dans son veuvage ne sera pas compromise par une affliction excessive. C'est à peu près le seul service que Monsieur lui aura rendu.

Ce fut ensuite le déroulement d'un imposant cérémonial funèbre. Les courtisans parurent le 13 juin en grand manteau de deuil au lever du Roi, et le Dauphin, ses fils et la duchesse de Bourgogne allèrent avec une grande suite donner de l'eau bénite à la dépouille mortelle de Monsieur exposée à Saint-Cloud. Les visites de deuil se poursuivirent pendant plusieurs journées. Madame, qui dormait à peine et souffrait d'un redoublement de fièvre, recevait ces visites en équipage lugubre dans son appartement tendu de deuil. Elle raconte à sa tante : « J'ai dû recevoir le roi et la reine d'Angleterre en cérémonie dans une tenue extravagante : le front ceint d'un bandeau de lin blanc, au-dessus une *cape* nouée sous le menton, une *cornette* sur la *cape*, sur la *cornette* un tissu de lin comme un *voile* attaché aux deux épaules comme une mante de crêpe avec une traîne de sept aunes de longueur. J'avais au corps une longue jupe de drap noir avec de longues manches jusqu'au poignet, et de l'hermine d'une largeur de deux mains sur les manches ; une ceinture de *crépon* noir tombant devant par terre, et une traîne à la jupe d'hermine également d'une longueur de sept aunes. On m'a installée en cet appareil dans une pièce toute noire ; même le parquet était couvert et les fenêtres drapées. On m'a couchée sur un lit noir, la traîne disposée de façon à montrer les hermines. Un grand lustre de douze chandelles allumées éclairait la pièce, et dix ou douze chandelles sur la cheminée. Tous mes domestiques grands et petits en longs manteaux de deuil, et quarante ou cinquante dames en mantes de crêpe. Tout cela avait l'air affreux[29]… »

Le 14, le cœur de Monsieur fut porté au Val-de-Grâce. Le transport de son corps à Saint-Denis se fit dans la nuit de 20 au 21. Le convoi interminable traversa Paris et fit halte devant le Palais-Royal. Le corps était placé sur un char de triomphe drapé de noir, bordé d'hermine et surmonté d'un dais imposant. Les chevaux étaient couverts de velours noir avec des croix d'argent. Les funérailles eurent lieu le samedi 23 juillet au milieu d'une superbe pompe funèbre payée par le Roi, et dont la magnificence aurait plu au défunt qui adorait les cérémonies. L'archevêque de Bordeaux officia, assisté des évêques de Soissons et de Marseille ; l'évêque de Langres prononça l'oraison funèbre et « s'en acquitta assez bien ». La tâche n'était pourtant pas facile. Les ducs de Bourgogne, de Berry et d'Orléans conduisaient le deuil en l'absence du Dauphin qui n'avait pas voulu s'exposer à la longueur et à la chaleur de la cérémonie. Il préféra courre le loup dans la forêt de Saint-Germain et fit, selon Dangeau, « une fort belle chasse ».

Furetière explique que « les princesses demeurent quarante jours enfermées pour témoigner leur *deuil* ». Cette réclusion était terminée pour Madame le lendemain des obsèques de Monsieur. Elle débarqua à Marly dans le grand habit de veuve qu'elle avait détaillé longuement en 1698 dans une lettre à Anna Katharina von Harling[30]. Elle se plaignit bientôt que le bandeau lui donnait des maux de tête, et supprima en même temps le voile et la mante. « Pour le reste de cet équipage lugubre, dit Saint-Simon, le Roi le supprima pour ne point voir tous les jours des objets si tristes. Il ne laissa pas de paraître fort étrange de voir Madame en public, [...] en tourière de filles de Sainte-Marie, à leur croix près, sous prétexte qu'étant avec le Roi et chez lui, elle était en famille[31]. » Elle allait porter une année entière cet habit réduit. Pendant cette période de deuil, la chasse et les spectacles lui étaient en principe interdits, mais on la vit accompagner le Roi chassant dans sa calèche à Fontainebleau, et assister l'hiver suivant à des comédies jouées dans l'intimité de la famille royale.

Les seules distractions qui lui étaient permises étaient la promenade, la lecture, la correspondance, et la compagnie de ses deux amies retrouvées, la maréchale de Clérambault et la comtesse de Beuvron qu'elle n'avait pu voir jusqu'alors qu'en cachette dans des parloirs de couvent ou chez des amis. Elle eut une discussion avec le Roi peu après la mort de Monsieur, et il fut décidé que les deux dames lui seraient attachées sans charge particulière, avec une pension de 4 000 livres et des logements à Versailles, et qu'elle les mènerait à Marly. La maréchale y alla pour la première fois le 8 août, et Lydie de Théobon-Beuvron le 10 septembre. Peu après il fut question de supprimer les filles d'honneur de Madame ; Dangeau en parle comme d'une possibilité en novembre 1701, et annonce la décision trois mois plus tard[32]. Les filles d'honneur, leur gouvernante et sous-gouvernante furent remerciées avec des pensions et des logements au Palais-Royal. Madame s'y opposait d'autant moins qu'elle avait constaté que son fils tournait autour de la plus belle d'entre elles, la demoiselle de Séry. La suppression de la chambre des filles ne changea rien à l'affaire : Mlle de Séry était déjà la maîtresse du duc d'Orléans et régentera le Palais-Royal sous le nom de Mme d'Argenton.

Les résidences du Palais-Royal et de Saint-Cloud appartenaient maintenant à son fils auquel Madame ne voulait pas imposer sa présence. Elle s'installa donc définitivement à Versailles où elle garda l'appartement de Monsieur avec le sien jusqu'en 1704. Elle déménagea alors dans celui de Monsieur. Jusqu'à la mort de Louis XIV, sa vie se déroulera entre Versailles, Marly et Fontainebleau. Des quelque quinze cents lettres conservées de la période qui s'étend de la mort de Monsieur à celle de Louis XIV (juin 1701-septembre 1715), aucune n'est datée de Paris, et deux seulement de Saint-Cloud. Dangeau décrit Elisabeth-Charlotte retournant le 1er août 1702 pour la première fois en visiteuse à Saint-Cloud : « Madame alla à Saint-Cloud voir Mme la duchesse d'Orléans ; elle pleura fort en y entrant et n'y demeura guère. C'était la première fois qu'elle y eût été depuis la mort de Monsieur. » Elle écrit elle-même à Louise : « Mardi était pour moi un jour bien triste, car je suis allée à Saint-Cloud [...] pour visiter mon fils, son épouse et mes petits-enfants. Je n'étais plus retournée dans cette maison depuis mon malheur. Tout m'y a fait repenser et pleurer amèrement [33]… »

A peine arrivée à Fontainebleau en septembre 1701, Elisabeth-Charlotte répond avec une émouvante simplicité à Louise qui semble avoir suggéré un remariage et un retour en Allemagne : « Il n'y a malheureusement pas l'apparence d'une possibilité que je reverrai un jour les miens, car je ne me remarierai jamais de la vie. D'abord personne n'en peut avoir envie, car je suis vieille et pas très riche pour une personne de ma condition. Ensuite je ne le voudrais vraiment pas, moi non plus, car je n'ai pas été assez heureuse dans l'état conjugal pour en avoir une grande envie. Je finirai donc ma vie ici. Tant que le Roi voudra bien me tolérer, je resterai auprès de Sa Majesté. Si Elle se fatigue de moi, je me retirerai dans le château de mon douaire. Ma résolution est prise [34]. » Trois ans plus tard, une lettre à Sophie précise sa pensée : « Je n'ai à présent plus d'autre maison que mon douaire, le vieux château de Montargis, mais il faut trois ou quatre journées pour y arriver. Si j'y allais, on m'y laisserait et je devrais mener la vie ennuyeuse d'une dame retirée à la campagne sans *considération* ni rien. Cela ne me plaît guère ; je préfère traîner ici [*hir fort schlendern*] bien que je n'aie pas accès au Saint des Saints, et que je ne fasse point partie des élus [35]… »

C'est dire que Madame s'installe définitivement dans son veuvage et à la Cour. Elle est dans sa cinquantième année et donc effectivement « vieille » selon les conceptions du temps. Après les larmes et les émotions des premières semaines, Elisabeth-Charlotte s'était habituée à sa condition de veuve. Il lui avait fallu du temps, car Monsieur avait été emporté en un clin d'œil. On la voit par la suite entrer progressivement dans un état d'âme fait de détachement et de sérénité, aspirant moins au bonheur qu'à l'absence de malheur. Elle répond en septembre à Polier qui lui avait souhaité une parfaite santé et beaucoup de joie : « … Pour de grandes joies, voilà ce qui ne vient pas à saison, et c'est beaucoup quand on ne trouve point de nouveaux sujets de chagrin. Je ne prétends pas davantage même et m'en contente [36]… » Et à Amelise, quelques semaines plus tôt : « Je connais trop bien le monde et suis aussi trop vieille pour avoir de grands *desseins*. Passer tranquillement ma vie est ma seule *ambition* [*nur in Ruhen mein Leben hinzubringen ist meine eintzige Ambition*] [37]… »

La correspondance de la duchesse douairière d'Orléans dégage une impression de paix intérieure qui se comprend : la disparition de son époux ne la fait guère souffrir, elle n'est plus en butte aux vexations de Monsieur et de son entourage, elle a établi un *modus vivendi* avec Mme de Maintenon qui lui assure l'affection du Roi, sa grande idole, ses rapports avec son fils sont excellents, elle vit à la Cour qu'elle critique si souvent mais dont elle ne saurait se passer, elle n'a plus de grands soucis matériels. Confrontée avec l'inimitié de la duchesse de Bourgogne, elle réagit avec équanimité : « Je vais mon chemin ; je la verrai peu et ne l'*importunerai* pas. Mais c'est désagréable de trouver toujours pareille chose sur son chemin. Pour mon bonheur, j'ai pris mon parti depuis longtemps [38]. » Même son commentaire sur l'ouverture des hostilités de la guerre de Succession d'Espagne et sur les événements qui occupent la Cour pendant l'automne de 1701, la mort de Jacques II à Saint-Germain en septembre et le mariage de Philippe V avec Marie-Louise de Savoie en novembre, est empreint d'une grande sérénité.

« UNE VIEILLE FEMME, QUI A CINQUANTE PASSÉS… »

L'année qui suit la mort de Monsieur est celle du cinquantième anniversaire de Madame qui rappelle dès le mois de mars à Louise : « J'aurai cinquante ans en mai », et qui se décrit en novembre dans une lettre à Polier comme « une vieille femme, qui a cinquante passés », ajoutant mélancoliquement : « On ne me pourra jamais remettre en l'état où j'ai été, car la fontaine de jouvence ne se trouve pas [39]… »

On dirait qu'Elisabeth-Charlotte se vieillit à plaisir, qu'elle jette un nouveau regard sur elle-même, qu'elle se voit telle qu'elle est, corpulente et… petite. Parlant en mars de son demi-frère alcoolique Karl Moritz qui a la taille d'un nain, elle explique à Sophie : « Je voudrais de tout cœur que Karl Moritz ne bût pas autant ; je crois que le goût de la boisson que [sa gouvernante] Mme Cregut lui a inculqué dans l'enfance est responsable du fait qu'il est resté si petit comme les chiots auxquels on fait boire de l'eau-de-vie alors qu'ils sont jeunes pour les garder petits. » Et elle continue : « Lui et moi sommes les plus petits de tous les enfants de Sa Grâce feu l'Électeur. » Elle avait écrit un mois plus tôt à Louise : « Je suis petite, mais je porte des chaussures toutes plates [40]. » Aucun des contemporains n'a mentionné la petite taille de Madame qui attend son cinquantième anniversaire pour en parler pour la première fois, malgré les nombreux autoportraits physiques peu complaisants qu'elle a tracés d'elle-même depuis dix ans.

Des pensées funèbres la hantent en cette année 1702 qui voit tomber les premiers contingents de victimes de la guerre de Succession d'Espagne en Flandre, en Allemagne et en Italie. « On n'entend parler ici [...] que de mourir et de périr », dit-elle en février à Amelise [41]. La mort lui inspire des réflexions sensées dont la teneur ne changera plus pendant les vingt ans qu'il lui restera à vivre. « Bien que je ne souhaite point la mort, dit-elle en juillet à Amelise, quand l'heure de mourir sera venue je prendrai mon parti sans peine et sans regretter quoi que ce soit en particulier dans ce monde [42]. »

La mort l'occupe tant qu'elle en discute avec Polier et lui adresse en septembre une « lettre raisonnée » malheureusement perdue. Comme son correspondant l'a mal comprise sur un point, elle précise sa pensée par retour du courrier : « Quand je vous ai dit que j'ai horreur de la mort, je ne vous ai pas dit, monsieur de Polier, que j'en avais peur. [...] Comme elle fait la séparation de l'âme avec notre corps, elle m'inspire de l'horreur, mais comme c'est un mal très inévitable, je n'en ai pas peur, sachant bien que d'avoir peur ou point peur ne sert de rien. Il faut partir quand l'heure est venue, et j'ai plus peur d'avoir peur en mourant que de la mort même [43]… » Lectrice de Montaigne comme son père et sa tante Sophie, elle attend la mort de pied ferme, « nonchalante d'elle ». Sa pensée trahit une maturité de lectrice attentive qui se méfie d'instinct des métaphysiques pontifiantes et des bondieuseries bêtifiantes, ayant vécu et réfléchi. Nous voilà fort loin des « rudes gaillardes » et des « commères du Grand Siècle » colportées par une certaine tradition.

La mort l'occupe puisque la mort l'entoure en cette année. Le 1er mars son ancienne gouvernante et fidèle correspondante Anna Katharina von Harling s'éteint après une longue et douloureuse maladie. Ses lettres à Sophie, à Louise et à Amelise disent sa tristesse et répètent tout ce qu'elle doit à la défunte. Elle adresse ses condoléances au mari : « … Je l'ai pleurée de tout mon cœur [...] et je vous prie de croire que personne ne partage plus vos peines et douleurs que moi qui me souviens toujours du soin qu'elle avait eu de mon enfance et des peines et veilles que je lui avais coûtées [44]… » Cette lettre est écrite en français ; elle continuera de correspondre avec von Harling en allemand jusqu'à la fin.

La mort le 19 mars de Guillaume III d'Angleterre, prince d'Orange et son ancien camarade de jeux, lui inspire des réflexions recueillies et contradictoires. Après avoir rappelé à Sophie (comme si elle risquait de l'oublier !) qu'il n'y a plus à présent que la reine Anne entre elle et la couronne d'Angleterre, elle ajoute : « La mort de ce grand roi me fait affreusement *moraliser* [*abscheülich moralisiren*] ; je le regrette et suis certaine que Votre Dilection le regrette aussi. » Et quinze jours plus tard : « Il ne m'a pas paru étonnant que le roi William [Guillaume] soit mort avec une telle *fermeté;* on meurt d'ordinaire comme on a vécu [45]. » L'homosexualité notoire du roi défunt qu'elle avait voulu marier à sa propre fille ne la choquait aucunement. En revanche, la sincère affliction du grand favori de Guillaume, Arnold Joost van Keppel, anobli sous le nom de *earl of Albemarle,* lui parut touchante. Ayant appris que le beau comte avait failli mourir de douleur, elle remarque sèchement : « Nous n'avons guère vu pareille amitié ici chez mon seigneur... »

L'archimignon de Monsieur mourut à la fin de l'année, mais ce n'était pas de douleur. Le chevalier de Lorraine rendit sa belle âme au Seigneur en décembre 1702, ruiné par le jeu et dépouillé par ses gens malgré ses pensions, ses quatre abbayes et les sommes énormes qu'il avait soustraites à Monsieur et au Roi. Ses amis durent se cotiser pour payer son enterrement. Il mourut comme il avait vécu, racontant le détail de ses débauches de la nuit précédente à une dame de ses amies. Une attaque d'apoplexie le foudroya au moment le plus croustillant et l'emporta une heure plus tard. Madame et lui avaient conclu un cessez-le-feu trois ou quatre ans avant la mort de Monsieur ; il avait même présenté ses excuses. Elisabeth-Charlotte racontera plus tard ces détails à Caroline de Galles ; selon Saint-Simon, Lorraine eut son attaque « jouant à l'hombre » et mourut au bout de vingt-quatre heures [46].

L'alcoolique nabot Karl Moritz, le dernier raugrave en vie, l'avait précédé dans la tombe. Il était mort en juin dans sa trente-troisième année chez Sophie, à Herrenhausen. Intelligent, curieux et drôle, ses frères et sœurs l'appelaient « le philosophe ». Éduqué avec ses deux cadets par Mme Cregut, la femme d'un pasteur de Heidelberg, il partageait dès sa jeunesse son goût immodéré pour l'hypocras, un vin sucré épicé à la cannelle et au girofle. Il étudia à Leyde, Utrecht et Wolfenbüttel et participa aux dernières campagnes avant Ryswick. Il alla ensuite combattre les Turcs en Hongrie. Les dernières années de sa vie se déroulèrent entre Hanovre et Berlin où ses protectrices Sophie et sa fille Sophie-Charlotte déployaient de grands efforts pour l'arracher à ses habitudes. Elles se fatiguaient en pure perte ; sa devise personnelle n'était pas pour rien : « Plutôt mourir que changer. »

Une douzaine de lettres de Madame à son demi-frère sont conservées ; elle lui parle carrément des dangers du vin, mais aussi des divertissements de cour auxquels le raugrave participait dans la mesure où le lui permettait sa condition physique, car sa vue baissait et il perdait le contrôle de ses mouvements et de la parole. Plus lucide que Madame, Sophie semble avoir compris que l'alcoolisme de Karl Moritz était une maladie. « Il n'y peut rien, dit-elle en novembre 1701 à Louise ; il y est si habitué qu'il devient malade quand il ne boit pas. » La cour de Hanovre se passionna pendant le carnaval de 1702 pour la représentation du *Trimalcion moderne* d'après Pétrone ; le grand Leibniz y joua le rôle d'Eumolpe, ayant à ses côtés la demoiselle von

Pöllnitz, dame d'honneur de Sophie-Charlotte, et Karl Moritz. Le raugrave envoya plusieurs lettres très drôles à sa demi-sœur, décrivant le *Trimalcion* dans les moindres détails. Il mourut quelques mois plus tard. Elisabeth-Charlotte s'était encore inquiétée en avril dans une lettre à Amelise : « Je regrette que l'électeur [*sic*] Karl Moritz se ruine ainsi [...]. Il finira par se tuer [47]... » Et à Louise, ayant appris sa mort : « Je ne veux plus rien dire du pauvre Karl Moritz, sinon que je crois qu'il aurait vécu plus longtemps s'il avait bu moins. Mais c'était son destin de mourir de la sorte [48]... »

Des treize enfants de Karl Ludwig et Louise von Degenfeld, deux seulement étaient encore en vie : les raugraves célibataires Louise et Amelise. Louise avait dépassé le cap des quarante ; Amelise le frôlait. Vivant de pensions chiches à Francfort, Berlin ou Hanovre, les deux vieilles filles inséparables passaient leur temps à écrire fort respectueusement à Madame et à Sophie, et à attendre aussi respectueusement les réponses. Un peu moins grave que Louise, Amelise avait été troublée en décembre 1701 lorsqu'un comte Wittgenstein lui avait proposé le mariage. Elle écrivit à Elisabeth-Charlotte pour solliciter son avis, et reçut en janvier cette réponse qui résume la philosophie conjugale de la duchesse douairière d'Orléans :

« Il me semble qu'il faut considérer deux points essentiels quand on veut se marier. Le premier, si l'homme a la situation et assez de moyens pour vivre selon sa condition ; l'autre, si la personne n'inspire pas trop de répulsion [...]. Il faut faire encore une *réflexion,* notamment si vous pouvez vous *résoudre* à avoir la patience qu'il faut dans le mariage et à vous *soumettre* à un homme, acceptant patiemment ses faiblesses et les supportant avec patience. Sans cela, jamais le bonheur ne sera possible dans le mariage. Si vous pouvez prendre ces résolutions, chère Amelise, je vous conseille de vous marier. [...] Les mariages qui se font par *raison* sont souvent beaucoup plus heureux que ceux qui se font par *amour (auss amour undt Liebe),* car l'amour — j'entends être amoureux — et l'*hymen* vont et restent rarement ensemble [49]... »

La grave question du mariage d'Amelise est débattue dans les lettres suivantes. Madame lui explique en février qu'elle se trouve devant l'alternative que voici : ou bien se marier, être malheureuse et plainte par les gens, ou bien rester vieille fille et être objet de risée. Elle aurait pu ajouter que la veuve matériellement indépendante est la moins à plaindre, n'étant exposée ni aux brimades d'un mari sans cœur, ni aux railleries qu'appelait le célibat féminin. Il semble que l'idée d'un mariage, réflexion faite, n'emballait ni Amelise ni son soupirant. Wittgenstein avait un oncle qui s'opposait au projet pour des raisons inconnues, et l'idée tomba à l'eau. Amelise mourra vieille fille.

« Je ne sais si vous aimez les chiens... »

Il semble que les années qui ont suivi la mort de Monsieur ont vu une véritable explosion de la population canine autour de Madame qui tenait cet amour des animaux de sa grand-mère, la reine de Bohême. Sa dernière lettre au pauvre Karl Moritz cite des noms : « Le parfum des chiens n'est pas ce qui manque ici dans mon cabinet. J'en ai toujours sept auprès de moi : Spatou, Charmante, Charmion, Toutille, Stopdille, Mille-Millette-Millon et Mione. Millemillettemillon n'est qu'un seul nom, mais on dit d'abord Mille, ensuite Millette, et enfin Millon [50]. » Une lettre charmante à Sophie décrit l'année suivante la paisible émulation canine qui régnait autour de Madame : « Mes petits chiens s'efforcent à me plaire comme Votre Dilection pense bien, car ils sont jaloux les uns des autres. Chacun imagine donc un moyen d'arriver à ses fins : Rachille s'installe d'ordinaire derrière moi sur ma chaise ; Titi se couche à côté de moi sur la table où j'écris ; Mille-Millette se couche sous ma jupe sur mes pieds ; Charmion, sa mère, aboie jusqu'à ce qu'on lui place une chaise à côté de moi sur laquelle elle s'installe ; Charmante se couche de l'autre côté sur ma jupe ; Stopdille est assise sur une chaise en face de moi et me fait des *mines,* et Charmille est couchée sous mon bras. Ils passent ainsi presque toute la journée [51]. »

Elisabeth-Charlotte observait sa cour d'épagneuls avec amour et philosophie. Les réactions « humaines » de sa favorite Mione lui fournissent des arguments contre la théorie cartésienne de l'animal-machine. « J'offris hier à Mme de Châteautiers un beau *papagay* [perroquet] qui bavarde prodigieusement. Je voulais entendre ce qu'il peut dire et l'admis dans ma chambre. Mes chiennes en devinrent jalouses, et une qui s'appelle Mione voulut aboyer après lui. Le *papagay* répétait *donne la patte.* J'aurais voulu que Votre Dilection eût pu voir l'étonnement de Mione quand elle entendit parler l'oiseau. Elle cessa d'aboyer, le regarda fixement, puis moi ; comme il continuait de parler, Mione s'effraya comme un être humain, se sauva et se cacha sous le sofa. Là-dessus le *papagay* se mit à rire aux éclats. Cela me fit penser à M. Leibniz qui soutient, comme l'a dit V.D., que les bêtes ont de l'intelligence, qu'elles ne sont pas des machines comme Descartes a voulu prétendre, et que leurs âmes sont immortelles. Je me réjouirai beaucoup dans l'autre monde d'y pouvoir retrouver non seulement mes parents et bons amis, mais aussi tous mes petits animaux [52]... »

Mais voici qu'un événement dramatique vient bouleverser les habitants de ce meilleur des mondes qu'est le cabinet de Madame : Mione mourut le 4 mai à neuf heures du matin à Marly d'un abcès dans le corps, quinze jours après avoir confronté le perroquet bavard. Sa maîtresse en eut le cœur fendu. Le spectacle de ses petits chiens courant à sa rencontre sans son *armes Miongen* lui arrachait des larmes. « Elle me manque partout, écrit-elle à Sophie, au lit, à la *promenade*; elle couchait le matin à la *toilette* sur mes genoux, et s'installait derrière moi sur mon fauteuil quand j'écrivais. Elle était toujours avec moi et la plus jolie petite bête du monde, le museau trapu et de grands beaux yeux pleins de feu et d'esprit. Mais Votre Dilection pensera : Liselotte est devenue folle avec son chien [53]... »

Ses autres correspondants apprennent sans tarder l'affreuse nouvelle. Elle la notifie le jour même à Polier : « Je viens de perdre ma pauvre chienne que j'aimais le mieux de toutes, ma pauvre Mione [...]. Tel est mon triste sort de toujours perdre ce que j'aime le mieux, car j'aurais donné tous mes chiens pour celle-là. [...] Cela me fait une vraie peine, je n'en veux plus parler [54]... » S'étant aperçue dans sa première lettre à Louise qu'elle n'a pas parlé de Mione, elle ajoute ce post-scriptum : « Je ne sais si vous aimez les chiens et si vous pouvez comprendre un véritable *chagrin* [...], car ma petite chienne que j'aimais le plus et qui s'appelait Mione, est morte [55]. »

Mais la vie continue. Madame partit en septembre de cette année 1702 avec la Cour à Fontainebleau, accompagnée de ses épagneuls. Elle suivait encore les chasses du Roi dans une calèche peinte et dorée, mais ne se mettait plus en selle pour le laissez-courre. Elle se promena fin septembre dans la forêt de Fontainebleau, ayant avec elle ses dames et sept petits chiens. Son cocher était nouveau et il versa le carrosse. Les débris des glaces blessèrent Mme de Châtillon à la tête et à la gorge. Les autres occupants sortirent indemnes de la voiture. Sourches signale l'accident mais oublie de rassurer ses lecteurs sur le sort des chiens. Madame explique le soir même à Louise : « J'avais sept chiens dans le carrosse ; aucun d'eux n'a souffert le moindre mal [56]. » Le soulagement ne fait cependant pas oublier le vide laissé par Mione. « *Je n'ai à présent que neuf petits chiens dans ma chambre,* dit-elle en octobre à Amelise, mais celle que j'aimais le plus est morte cet été. Les carlins sont d'ordinaire très fidèles, mais je préfère les épagneuls. Tous mes chiens sont des épagneuls d'une même souche [57]. »

Le titre de premier favori passait à Titi, dit « le roi Titi ». Couché à longueur de journée sur la table de travail de sa maîtresse, il la regarde écrire ses lettres et fouille son écritoire, renversant son encrier et posant nonchalamment une patte mouillée d'encre sur une lettre. Elle écrit en janvier 1703 à Sophie : « J'ai un petit chien qui s'appelle Titi. Il m'efface tous les jours ce que j'écris, car il est très gentil. Lorsqu'on connaît bien ces bonnes gens [*wenn man diesse gutte Leütte recht kendt*], on ne peut s'empêcher de les aimer, car il n'y a en eux aucune fausseté, leur amitié est sûre, sincère et fidèle. Je n'ai pas trouvé dans toute la France une meilleure race que celle-ci ; voilà pourquoi je l'aime tant[58]. » Des taches d'encre déparent une lettre de février 1706 à Sophie ; Madame s'en excuse : « Voilà Titi qui saute sur mon papier et me fait faire deux taches. Je demande humblement pardon, espérant que Votre Dilection me permettra de ne pas recopier cette lettre, et qu'elle pardonnera gracieusement l'*impertinence* de Titi, car j'ai beaucoup à écrire aujourd'hui[59]. » Elle avait même demandé à Mignard de lui peindre sa petite chienne Tatine, dite *Mlle Tata* ; le portrait ornait sa garde-robe[60].

Elisabeth-Charlotte n'était pas seule à adorer les chiens à Versailles ; on sait que Louis XIV s'entourait de « chiennes couchantes » qu'il régalait de biscuits sortis de ses poches, et qu'il avait même un « capitaine des levrettes de la chambre ». Sensible et capable d'aimer, Madame prodiguait à ses épagneuls cette affection généreuse dont elle débordait et qui la rend si attachante sous ses dehors un peu bourrus.

« On dit que j'ai échappé a la mort »

Des rumeurs d'une grossesse de la duchesse de Bourgogne firent penser la duchesse de Ventadour, la dame d'honneur de Madame, à la charge prestigieuse et riche d'avenir de gouvernante des enfants de France, dont sa mère, la vieille maréchale de La Mothe, était titulaire. Elisabeth-Charlotte n'avait jamais eu à se plaindre de sa loyauté, et fut contrariée lorsque sa *belle Doudou* lui demanda à quitter sa charge afin d'aplanir la voie. Saint-Simon dira joliment qu'elle quitta Madame « pour ranger toute pierre de son chemin[61] ». Bonne amie, Elisabeth-Charlotte finit par entrer dans ses vues et elle fit bien, car Mme de Ventadour sauvera la vie du futur Louis XV. Dangeau note le 25 mai 1703 : « Mme la duchesse de Ventadour, qui se trouve un peu incommodée, quitte sa charge [...]. On ne sait point qui remplira cette place. » Madame cherchait quelque duchesse désargentée veuve ou brouillée avec son mari. Elle trouva la duchesse de Brancas qui manquait effectivement de pain et vivait séparée depuis cinq ans de son spirituel et impossible mari qui avait servi de modèle aux distraits de La Bruyère et de Regnard. Elle fut déclarée le 10 juillet. Saint-Simon la dit de peu d'esprit, mais « très véritablement dévote dans tous les temps de sa vie[62] ». Sa dévotion jansénisante ne l'empêchera pourtant pas de s'aplatir devant Mme Law sous la Régence afin d'obtenir des actions du Mississippi. Elisabeth-Charlotte ne semble pas l'avoir aimée beaucoup. Elle la mentionne des dizaines de fois, sans plus. L'unique passage où elle parle de la duchesse de Brancas alors malade se retrouve dans une lettre d'octobre 1720 à Louise : « Je regretterais cependant si elle devait mourir, car ce serait un grand embarras pour moi et je n'ai que faire d'embarras, j'en ai assez sans cela [63]... » Visiblement, le cœur n'y est pas.

Madame perdit encore son chevalier d'honneur La Rongère en décembre de la même année. C'était, toujours selon Saint-Simon, un homme « très court d'esprit, mais de taille et de visage à se louer sur le théâtre pour faire le personnage des héros et des dieux [64] ». C'est dire qu'il avait précisément le physique d'un chevalier d'honneur. Sa charge sera achetée pour 53 000 livres par le marquis de Souliers, un gentilhomme provençal qui sera fort considéré à la Cour parce que Mme de Maintenon l'invitera de temps en temps à Marly à une partie de trictrac.

Les lettres adressées à Sophie en 1703 sont pour la plupart tellement rongées par l'humidité qu'elles en sont devenues indéchiffrables. Nous ne connaissons donc pas les véritables sentiments de Madame au moment de la naissance, le 4 août, du fils de son fils. Louis d'Orléans naquit à Versailles, et le coureur provençal de Madame devança les autres messagers qui portaient la nouvelle au Roi alors à Marly. Sourches, qui parle de la mode anglaise des coureurs courant « quasi aussi vite que des chevaux », rapporte que le duc d'Orléans et Madame « reçurent les compliments de toute la Cour avec de grands témoignages de joie [65] ». Madame écrivit le lendemain « onze grandes lettres [66] » dont aucune ne nous est parvenue ; nous ignorons donc si elle considérait le nouveau duc de Chartres « comme un bâtard ».

Quels que fussent les sentiments et les espoirs que fit naître le petit prince, ils seront déçus. Bizarre, extravagant, bigot, stupidement orgueilleux, le nouveau duc de Chartres sera un désastre pour son lignage. « Benêt, butor, soupçonneux, volontiers grossier, il semble ressusciter les plus arriérés de ses ancêtres palatins [67]. » Madame n'aurait sans doute pas souscrit à ce jugement, mais il est certain que son petit-fils, le futur Génovéfain, ne fera rien pour la faire revoir ses opinions sur la descendance tarée et quasi bâtarde de son fils. En revanche, la naissance en janvier 1704 d'un autre petit-fils, le prince héritier Louis de Lorraine, la remplira de joie ; elle félicitera le père avec beaucoup de chaleur : « ... Si vous aviez tout ce que je vous désire, vous seriez, Monsieur, le plus heureux prince de l'Europe [...]. Je vous aimerai comme une véritable mère [68]... »

Madame se portait alors comme un charme. Elle s'en réjouit de bon cœur dans une lettre à Amelise le 17 août 1703 : « Ma santé est, Dieu merci, robuste et grasse. Je souhaite que Louise et vous puissiez vous bien porter comme moi [69]. » Mais sa joie fut de très brève durée. Le jour même de cette lettre, Elisabeth-Charlotte eut un violent accès de fièvre. Dangeau parle le lundi suivant de : « ... Madame, qui a la fièvre continue depuis vendredi et qui a même eu un redoublement cette nuit [70]. » Les remarques presque quotidiennes de Dangeau et de

Sourches permettent de suivre de près le bulletin de santé de la princesse souffrante. Trois semaines de fièvre ininterrompue, d'affreux maux de gorge et de diarrhée doublée d'écoulements de sang faillirent l'emporter. Sourches écrit le 19 : « On apprit que la fièvre de Madame était toujours très violente, qu'elle avait un grand mal de gorge, et qu'elle perdait beaucoup de sang par le derrière, qu'on ne pouvait pas soupçonner être un effet des hémorroïdes », et explique en note : « Elle jetait de gros caillots de sang. » Le syndrome suggère un ulcère à hémorragie digestive probablement à la hauteur du duodénum. Son système digestif ne supportait absolument pas, depuis sa première jeunesse, les bouillons ; elle était donc allergique à certaines protéines et de ce fait plus exposée à des troubles digestifs.

Louis XIV visitait régulièrement la malade et l'incita à se soumettre sans tarder au traitement des médecins qui voulaient absolument la saigner pour faire tomber sa température. Elle résista pendant plusieurs jours mais se rendit à la fin. Sourches note le 25 : « Elle avait été saignée le matin, par complaisance pour le Roi qui avait absolument voulu qu'elle se fît saigner » ; et Dangeau, le lendemain : « Elle fut saignée le matin ; elle a eu beaucoup de peine à s'y résoudre, et les médecins craignent qu'elle ne s'y soit résolue trop tard. » Madame dira qu'elle avait perdu 80 onces de sang, soit près de trois litres et demi[71].

Sa température commença effectivement à baisser, et les médecins lui prescrirent alors, pour compenser ses pertes de sang, une cure d'eaux de Forges. Pour lui faire avaler ces eaux ferrugineuses et donc excellentes contre l'anémie, on lui fit croire que c'étaient des eaux de Sainte-Reine. Sourches explique le 29 qu' « on le lui avait fait accroire, parce qu'elle n'en aurait pas pris si elle avait cru que c'eût été des eaux de Forges, ayant, malgré tout son bon esprit, une étrange préoccupation contre toutes sortes de remèdes ». Début septembre, elle avait encore des poussées de fièvre le soir ; son mal de gorge et son aversion pour toute autre nourriture que le pain persistaient, mais elle ne perdait plus de sang. Le 5 septembre, se sentant un peu mieux et ayant découvert par une indiscrétion la véritable provenance de l'eau qu'on lui donnait, elle la refusa. Le 7 on put la convaincre de reprendre le traitement. Elle écrivit le même jour une brève lettre à Louise, la première depuis le début de sa maladie : « Très chère Louise, j'ai failli mourir deux fois. On dit maintenant que j'ai échappé à la mort. Cela fait aujourd'hui vingt-deux jours que la fièvre ne m'a pas quittée un moment, et j'ai tous les soirs à cinq heures un *redoublement*. Mais mes maux de gorge sont terminés, ma diarrhée a cessé et je ne perds plus de sang. J'ai perdu vingt-huit palettes de sang par des saignées et allant à la selle ; cela m'a affaiblie beaucoup. Je ne puis ni boire de vin ni manger de la viande, j'ai une aversion pour toute nourriture hormis le pain dont je vis. On dit que je ne suis plus en danger de mort[72]... »

Fagon avait déclaré fin août que sa maladie serait longue ; Dangeau note le 3 septembre : « On doute même qu'elle puisse être du voyage de Fontainebleau. » C'était sous-estimer la robuste constitution d'Elisabeth-Charlotte. Le 18, veille de son départ à Fontainebleau, le Roi alla dire adieu à Madame « qui se portait beaucoup mieux et se promettait bien de venir dans peu de jours à Fontainebleau ». Elle tint sa promesse et mit le 24 pied à terre devant l'escalier du fer à cheval, venue d'une traite de Versailles. Trois jours plus tard, elle courait le cerf en calèche avec le Roi. Elle se réjouit en novembre de sa rapide convalescence dans une lettre à Louise : « J'ai une bonne nature parce que je ne me suis jamais affaiblie à force de saignées excessives et de médicaments ; je supporte vaillamment les maladies […]. On ne saurait être dans une meilleure et plus parfaite santé que je ne suis actuellement, grâce à Dieu le Tout-Puissant. » Et dix jours plus tard : « Bien que j'aie perdu vingt-huit palettes de sang, j'ai recouvré rapidement mes forces à Fontainebleau où l'air me fait toujours des merveilles. Mon corset ne s'était resserré en tout que de deux baleines[73]. »

Höchstädt/Blenheim : « La guerre est une horrible chose »

La naissance à Versailles du fils aîné du duc et de la duchesse de Bourgogne le 25 juin 1704 donna lieu à de grandes réjouissances. Le fait exceptionnel d'un roi entouré d'un fils, petit-fils et arrière-petit-fils parut de bon augure pour la maison de France. L'accouchement fut long et particulièrement douloureux et la mère, âgée maintenant de dix-huit ans, impressionna par sa fermeté. Toute la maison royale assista à l'événement, Mme de Maintenon à côté de la duchesse en travail, le Roi au pied du lit. Ne pouvant supporter la tension de la longue attente, le duc de Bourgogne s'était enfermé dans un cabinet à côté, et son frère Berry faisait la navette pour le tenir au courant du moindre développement. Il était exactement « cinq heures une minute et demie » de l'après-midi lorsque le petit prince se donna enfin la peine de naître. « On ne peut imaginer, dit Sourches, quelle fut la joie du Roi qui, par un privilège que le ciel n'avait jusqu'alors accordé à aucun des rois ses prédécesseurs, se voyait bisaïeul… » Tout le monde pleura et tomba à genoux, des courriers partirent dans toutes les directions, et il fallut calmer le zèle des courtisans allumant des feux de joie qui risquaient d'abîmer le château. Le cardinal de Coislin ondoya le nouveau-né qui fut placé sitôt après sur les genoux de la maréchale de La Mothe et porté dans une chaise dans son appartement, celui que Madame avait habité si longtemps. Dès qu'il fut confortablement couché dans sa très luxueuse layette (on chuchotait qu'elle avait coûté deux cent mille livres), on lui donna le cordon bleu de l'ordre du Saint-Esprit.

Peu après l'accouchement Madame fit son compliment à la duchesse de Bourgogne, « mais, dit-elle à Sophie, elle me reçut de telle sorte que je vis bien que mon compliment ne lui était pas agréable ; elle détourna la tête, ferma les yeux et ne fit aucune réponse à ce que je lui disais ; un instant après, elle appela Mme de Maintenon [74]... ». Cet accueil peu engageant n'empêchait pas Madame d'encourager son maître d'hôtel La Grange, qui taquinait la muse, à écrire une ode sur cette naissance, et de l'envoyer à Sophie. Le petit prince fut titré duc de Bretagne ; nous le connaissons comme le premier duc de Bretagne, puisqu'il ne vivra que dix mois, et qu'il y aura par la suite un second petit duc titré de même. Madame se trompait donc en prédisant à Sophie : « Je crois que cet enfant vivra longtemps, car il est grand et robuste, et paraît doué d'une bonne santé [75]. »

Louis XIV eut à peine le temps de savourer ce grand moment de joie. Deux mois plus tard, le 21 août, Dangeau note dans son *Journal* : « Le Roi, allant à la messe, nous dit qu'il avait reçu de tristes nouvelles [...]. Presque toute l'infanterie de l'armée de Tallard a été tuée ou prise ; vingt-six de nos bataillons se sont rendus prisonniers de guerre et les douze escadrons de dragons que nous avions là. [...] On ne sait aucun détail ; on sait seulement que l'affaire est très mauvaise et très cruelle pour nous. [...] Le Roi ne comprend pas que vingt-six bataillons français se soient rendus prisonniers de guerre. » L'armée du maréchal de Tallard avait quitté l'Alsace et traversé la Forêt Noire et le Danube, marchant à la rencontre du seul allié de Louis XIV et Philippe V, l'électeur de Bavière Maximilien Emmanuel, le frère de la défunte Dauphine. La jonction de l'armée française et des troupes bavaroises se fit le 4 août à Biberach. Sans communication avec Versailles, l'armée de Tallard manquait de vivres, de vêtements et d'armes, et fondait chaque jour par la désertion et la maladie.

C'est contre cette armée démoralisée que Marlborough et le prince Eugène de Savoie conjuguèrent leurs forces. L'armée alliée se forma près de Donauwerth et prit position contre les armées de Tallard et de l'Électeur campées entre les villages de Höchstädt et Blenheim dans la plaine où le maréchal de Villars avait remporté une victoire l'année précédente. Les deux armées étaient presque de force égale : Tallard et l'Électeur commandaient 53 000 hommes, Marlborough et le prince Eugène 62 000.

La bataille s'engagea le 13 août et fut particulièrement acharnée. Tallard, qui était fort myope, fut fait prisonnier lorsque Marlborough enfonça l'aile droite qu'il commandait. L'armée bavaroise se replia peu après et repassa le Danube. Après la bataille l'armée franco-bavaroise ne comptait plus que 20 000 hommes ; le reste s'était rendu ou avait été tué. Beaucoup s'étaient noyés en passant le Danube à la nage. De nombreux drapeaux, étendards, canons et équipages tombèrent aux mains des alliés ; le visiteur du château de Blenheim près d'Oxford — un présent de la nation anglaise à Marlborough victorieux — peut en voir toujours un grand nombre.

La terrible nouvelle de « cette bataille qui a été le commencement de nos grands maux [76] » n'arriva à Versailles qu'au bout d'une semaine et par lambeaux. Le Roi était réduit à ouvrir les lettres des prisonniers à leurs familles et à se renseigner auprès des courtisans. Les débris de l'armée française rentrèrent début septembre en Alsace. Les alliés franchirent le Rhin et seraient entrés en Lorraine si Marlborough avait obtenu gain de cause ; il assurait que le duc Léopold « était de cœur et d'âme » avec eux [77]. Ils préférèrent investir Landau qui capitula fin novembre. La Cour pouvait suivre les progrès du siège à travers les lettres que Madame recevait de Lorraine.

Marlborough rentra en Angleterre par Berlin et Hanovre où il présenta début décembre ses respects à l'électrice Sophie, héritière du trône d'Angleterre. La vieille dame était charmée : « Il m'a baisé la main à genoux, écrit-elle en français à Leibniz. Je n'ai jamais vu un homme plus aisé, plus civil ni plus obligeant, étant aussi bon courtisan que brave capitaine [78]. » Cet avant-goût de la royauté l'a visiblement ravie. Elle a dû raconter en détail l'audience accordée à Marlborough dans une lettre à Elisabeth-Charlotte, puisque celle-ci lui répond à la mi-décembre : « L'*audience* de Votre Dilection était *magnifique* et comme il convient. Il a dû sembler au *mylord* que V.D. était déjà sa reine [79]. »

Malgré la sympathie de Madame pour le beau John Marlborough et sa joie de voir sa chère tante traitée en reine, ses réactions après le désastre de Höchstädt/Blenheim sont d'une loyauté parfaite à l'égard de la cause française. Elle écrit en décembre à Louise : « Il y a un dicton à la guerre : *Chacun à son tour*. Les Français ont battu longtemps les Anglais et les Hollandais ; maintenant ils ont pour une fois le dessous. Mais le temps reviendra où ils les battront de nouveau [80]. »

Sa correspondance reflète fidèlement le grand désarroi qui régnait à Versailles après les premières nouvelles contradictoires, et l'inquiétude mortelle des dames cherchant à connaître le sort qui de son mari, qui de son amant, qui de son fils. Dès le 21 août elle mande à Sophie : « On voit partout les visages désolés et soucieux de tous les parents qui savent les leurs prisonniers, et aussi de tous ceux qui ne savent pas ce que sont devenus leurs parents. Celui qui me fait le plus de peine est M. de Marillac qui a perdu son fils unique. On voit de tous les côtés des mères qui courent aux nouvelles de leurs fils, ce qui est vraiment lamentable. » Et une semaine plus tard : « Nous ne savons pas encore au juste comment tout s'est passé. On sait bien que Tallard a perdu la bataille, mais on ignore de quelle manière et qui y est resté en fin de compte. Zurlauben qu'on avait dit mort, n'est que blessé, et Clérambault qu'on prétendait avant-hier en bonne santé, passait hier pour noyé. On ne sait donc rien de positif... » Et fin août : « Il y a ici trois ou quatre dames qui me font vraiment de la peine, à savoir Mme de La Vallière qui a perdu son fils unique, la pauvre maréchale de Clérambault qui a perdu aussi son fils qu'on peut aussi dire unique puisque son frère est abbé et prêtre ; il a voulu passer le Danube à la nage avec son cheval qui s'est cabré au milieu de l'eau, et comme il ne savait pas nager lui-même, il s'est noyé. La pauvre marquise de Béthune a également perdu son fils aîné, qui était mon filleul, dans cette bataille ; et ma première femme de chambre son fils aîné. La guerre est une horrible chose[81]. »

La modeste victoire navale remportée le 24 août par le comte de Toulouse au large de Velez-Malaga contre la flotte de l'amiral anglais Rooke dorait quelque peu la pilule de Höchstädt. En réalité, si la flotte française n'avait pas de bâtiments démâtés ou coulés, la victoire coûta chère en vies humaines et ne fut pas exploitée comme il le fallait, car il eût suffi de profiter de l'avantage obtenu et des vents favorables pour reprendre Gibraltar qu'une flotte anglo-hollandaise venait d'occuper. Madame ne s'y trompe donc pas en écrivant début septembre à Sophie : « Cela consolera du chagrin qu'a causé la bataille de Höchstädt, mais ne consolera guère les pauvres gens qui ont perdu les leurs[82]. »

Les armes françaises essuieront d'autres revers dans les années à venir, mais à aucun moment la loyauté d'Elisabeth-Charlotte ne se laisse prendre en défaut. A ses yeux comme à ceux de beaucoup de contemporains, Louis XIV est sorti plus grand et plus humain de l'adversité. « Le Roi soutient ce malheur-là avec toute la constance et la fermeté imaginables », note Dangeau le jour de l'annonce du désastre de Höchstädt. Madame avait écrit de son côté à Sophie au lendemain de la bataille dont l'issue fatale n'était pas encore connue à Versailles : « Personne dans toute la France n'est plus courtois et ne sait vivre mieux et avec plus de politesse que le Roi. J'aime Sa Majesté du fond de mon âme [*ich habe I.M. von Grundt meiner Seelen lieb*][83]. »

1705, UNE ANNÉE TRISTE

Depuis quelques mois, la santé délicate de la reine de Prusse Sophie-Charlotte, la petite « Figuelotte » que nous avons vue visiter la cour de France avec sa maman Sophie en 1679, laissait à désirer. Sophie était particulièrement inquiète ; elle s'entendait à merveille avec sa fille qu'elle avait la chance de voir régulièrement. La distance peu considérable entre Hanovre et Berlin permettait à la jeune reine de passer tous les ans le carnaval à Hanovre. Elle était fine et spirituelle, et se moquait gentiment de la fraîche royauté de son assommant époux Frédéric Ier, du reste un brave homme. La compagnie enjouée de sa demoiselle d'honneur Pöllnitz la distrayait de la manie du cérémonial qui obsédait le nouveau roi de Prusse qu'elle disait occupé de l'infiniment petit.

Frédéric Ier imitait servilement Louis XIV ; la mécanique de ses journées était copiée sur celle du Roi-Soleil, à l'exception des « tabagies », soirées passées à fumer de longues pipes et à boire des chopes de bière avec une douzaine d'intimes installés autour d'une longue table dans une pièce qui empestait le tabac. Il se ruinait comme Louis XIV en bâtiments. Pour son bonheur, il avait un architecte de génie dans la personne d'Andreas Schlüter à qui l'on doit le palais de Potsdam et la résidence Charlottenburg implantée dans des jardins qui s'inspiraient de Versailles. La reine Sophie-Charlotte s'occupait pendant ce temps-là de musique et de philosophie, et correspondait activement avec sa mère et Leibniz qui dirigeait sa pensée vers l'infiniment grand.

Malgré sa phtisie et une tumeur qui se développait dans sa gorge, Sophie-Charlotte avait quitté Berlin début janvier 1705 pour Hanovre. Sa condition empirait à tel point qu'elle dut s'arrêter quelques jours à Magdeburg. Elle arriva mourante à Herrenhausen le 18 ; les médecins ne pouvaient que constater les progrès de la maladie, incapables de soulager les crises d'étouffement de la pauvre Figuelotte. Elle mourut le dimanche 1er février sans manifester la moindre peur de la mort. Elle est entrée dans l'histoire comme la mère du roi-sergent Frédéric-Guillaume et la grand-mère du grand Frédéric. Souffrante elle-même, Sophie n'avait pas assisté à la fin courageuse et sereine de sa fille.

Leibniz connaissait mieux que personne le contenu et le ton de la volumineuse correspondance échangée entre la mère et la fille. Témoin de l'immense douleur de Sophie qui avait alors soixante-quinze ans, le philosophe craignait sa fin et voyait déjà ces lettres intimes et très franches dans des mains indiscrètes. Il n'eut point de cesse qu'elles ne fussent livrées aux flammes. Cette malencontreuse délicatesse nous prive d'un document inestimable, car Leibniz lui-même a témoigné que la correspondance entre Sophie et sa fille l'emportait en richesse sur celle échangée entre Sophie et sa nièce Elisabeth-Charlotte.

Madame fut bouleversée lorsqu'elle apprit le 14 février la mort de Figuelotte. A sa tristesse de savoir la jeune reine qui était sa filleule emportée à l'âge de trente-six ans s'ajoutait une très vive inquiétude de la santé de sa tante. Les mots lui manquaient. « Si seulement, lui écrit-elle, Dieu m'inspirait quelque chose qui pût consoler Votre Dilection !

Mais dans un tel malheur je ne puis que m'affliger avec V.D. et pleurer avec elle [...]. Il vaut mieux pour V.D. même, et même pour la feue reine, que V.D. n'ait pu la voir avant sa fin, puisqu'elle n'aurait pu mourir aussi paisiblement si V.D. eût été présente, et V.D. n'aurait pu voir cet affreux spectacle sans mourir. [...] J'éprouve une angoisse mortelle pour V.D., car rien n'est pis pour la toux que les larmes abondantes qui ne peuvent être malheureusement évitées maintenant. [...] S'il eût été dans mon pouvoir d'échanger ma vie contre celle de la chère reine, je l'aurais fait de bon cœur, car bien que V.D. eût été affligée à cause de moi, la chère feue Reine aurait pu consoler V.D. sans tarder, ce qui m'est malheureusement impossible dans ce malheur[84]. » Cette pensée touchante revient dans ses autres lettres. « Mon Dieu ! s'exclame-t-elle devant Louise, pourquoi Dieu le Tout-Puissant ne m'a-t-il pas enlevée plutôt que cette chère Reine qui aurait pu donner encore longtemps de la consolation et de la joie à ma tante ? Car moi je ne sers vraiment à rien [*ich bin ja zu nichts nicht Nutz*] et j'ai vécu assez longtemps[85]. »

Son affliction est telle qu'elle rabroue Polier qui a osé lui écrire qu'elle devrait se réjouir en chrétienne de ce décès qui a conduit une « personne aimable » aux joies du paradis : « Vous parlez cette fois-là, monsieur de Polier, bien comme un homme qui n'a jamais eu d'enfant, et qui ne sait point quel déchirement dans le cœur et les entrailles font de pareilles pertes. Le christianisme peut empêcher qu'on ne se tue, on peut avec le temps et la raison reprendre ses esprits, mais se consoler entièrement par la vue que vous dites, cela ne s'est pas encore vu, et je doute que la perfection chrétienne en vienne jamais là[86]. » Le bon mais maladroit Polier aurait dû la connaître mieux que cela.

Madame ne savait entre-temps comment consoler sa tante. Nourrie à satiété d'opéras qu'elle connaît par cœur, elle cite en parlant de la reine morte ces vers chantés par Cybèle dans la scène finale d'*Atys* :

> Atys, au printemps de son âge,
> périt comme une fleur
> qu'un soudain orage
> renverse et ravage[87].

Le réflexe d'appliquer des extraits d'opéra aux circonstances de la vie lui est commun. De tous les opéras nés de la collaboration de Lully et Quinault, Elisabeth-Charlotte cite le plus souvent *Atys* qu'elle préférait aux autres, tout comme Louis XIV. Le deuil de Figuelotte et l'état de Sophie la plongent dans des pensées funèbres et lui rappellent les décès du passé. « Rien au monde, dit-elle en mars à Louise, ne change l'humeur comme les grandes pertes et la tristesse. Depuis que j'ai perdu Sa Grâce l'Électeur feu M. mon père, ainsi que mon pauvre frère et Mme ma mère, je constate en moi-même que je ne suis plus

comme autrefois. Mon fils que j'ai perdu m'a déchiré le cœur[88]. »
Pendant des mois, la santé de Sophie reste le thème principal de ses
lettres. Elle confie à Louise en juillet : « Rien au monde ne m'est plus
cher que ma tante ; mes enfants et petits-enfants ne s'en approchent
pas[89]. »

La naissance d'une petite-fille en Lorraine le 16 février ne pouvait
dissiper ses pensées noires. Depuis la mort du petit prince de Lorraine,
la duchesse avait donné le jour à un fils et trois filles. La naissance
d'une quatrième fille n'inspira à Madame que des félicitations tièdes à
son gendre : « Je suis bien fâchée qu'elle ne vous ait fait qu'une fille. Il
faut espérer qu'elle fera mieux une autre fois[90]. » Le duc Léopold lui
envoya en mars des vins de la Moselle ; elle l'en remercie avec plus
d'entrain : « J'en ai essayé aujourd'hui. Il est excellent et le vin blanc
est au-dessus de ce que j'ai jamais bu de ces sortes-là. Je vous assure
que j'en boirai bien à votre santé *auff unssere gutte teütsche Manir*. Ne
croirez-vous pas que j'ai déjà trop bu de votre vin de mêler l'allemand
avec le français[91] ? »

La naissance d'une cinquième petite princesse lorraine en mars 1706
était presque gênante. Le duc avisa sa belle-mère de l'accouchement
sans préciser le sexe de l'enfant. Madame le félicita et le consola par
retour du courrier : « Vous n'avez pas la force, à ce que je vois, de
prononcer de quoi ma fille est heureusement accouchée. Mais vous êtes
Dieu merci encore jeune, et il faut espérer que ce sera une autre fois
qu'elle vous donnera un prince[92]. » Il faut croire que la petite princesse
se sentait si malvenue qu'elle partit sur la pointe des pieds ; elle mourut
au bout de trois mois.

La mort le 13 avril 1705 du duc de Bretagne inspira à Madame une
nouvelle diatribe contre la médecine. « Je crois fermement, dit-elle à
Amelise, que les docteurs ont tué le pauvre petit prince avec leurs
émétique et saignées. Mais personne ne veut me croire ici[93]... » Elle
avait tort : le marquis de Sourches pensait comme elle. Il observe,
après avoir mentionné l'émétique et les saignées : « Il ne s'agissait pas
de lui donner tant de remèdes, mais de lui donner des forces pour lui
aider à pousser ses dents, qui le firent mourir[94]. »

La noble « mort en musique » de l'empereur Léopold le 5 mai
n'inspira ni joie ni tristesse à notre épistolière. Saint-Simon, qui
ignorait probablement que Léopold était compositeur lui-même d'une
musique « juste mais triste » (surtout des *sepolcri*), note : « Ce qui est
bien étrange, c'est que, sentant sa fin approcher, après avoir mis ordre
à toutes choses, il demanda sa musique, qui avait toujours fait son
unique plaisir : il l'entendit plusieurs heures, et mourut en l'entendant. » Madame mande fin mai à Sophie : « On dit ici que l'Empereur,
ayant reçu ses sacrements, avait demandé aux docteurs s'ils pouvaient
encore l'aider. Comme ils avaient répondu non, Sa Majesté a fait venir

tous ses musiciens et a chanté des hymnes religieux, et est morte ainsi en chantant[95]. » Cette belle sortie rappelle la fin de Louis XIII. La cour de Versailles avait pu suivre la maladie de l'Empereur à travers les lettres de Sophie à Madame.

Deux événements très différents agitaient la cour de Hanovre à la fin de l'été. Le duc de Celle Georg Wilhelm, le beau-frère de Sophie et père de la malheureuse Sophie Dorothée enfermée à Ahlden, mourut le 28 août, assisté par son épouse Eléonore d'Olbreuse. Madame était presque soulagée d'apprendre que le défunt n'avait légué aucun souvenir personnel à Sophie, croyant que cet oubli l'empêcherait d'être trop malheureuse, ce qui était mauvais pour sa santé. Elle écrit en septembre à Amelise : « Il m'était très cher, et sa mort me fait beaucoup de peine. Je ne m'informe pas de son épouse ; il en a eu plus de déshonneur que d'honneur, je ne veux donc rien dire d'elle[96]. » Le duc Georg Wilhelm, qui lui avait rapporté il y avait très longtemps un petit chien savant d'Italie et qui la trouvait appétissante comme un cochon de lait, était mort, mais la rancune de la mésalliance qu'il avait contractée par faiblesse, contre sa parole donnée, était toujours vivante. Madame avait beau se plaindre en février 1705 de sa « si courte mémoire » dans une lettre à Polier, il y avait des choses qu'elle n'oubliait pas.

On décida à Hanovre que le deuil de l'octogénaire et sénile duc de Celle n'était pas une raison de différer le mariage du prince électoral Georg August (le futur George II d'Angleterre) avec Caroline von Ansbach, la sœur du beau margrave Georg Wilhelm que Madame avait voulu marier à Mlle de Condé. On l'avait sollicitée l'année précédente pour l'archiduc Karl, le futur empereur Charles VI, mais elle avait refusé de changer de religion. Elle épousa donc début septembre 1705 le fils aîné de l'électeur de Hanovre et sera de ce fait princesse de Galles en 1714, et reine d'Angleterre en 1727.

Le mariage fut exceptionnellement heureux grâce aux qualités sans nombre de Caroline. Elle viendra même à bout, à force de tact et de patience, de l'hostilité ouverte entre son beau-père et son mari, rendant ainsi un service immense à l'Angleterre hanovrienne. Reine, elle aura jusqu'à sa mort en 1737 une influence politique heureuse en maintenant Robert Walpole au pouvoir. Elle sera en outre une protectrice éclairée des lettres et des arts. On sait par exemple le rôle important qu'elle a joué dans la carrière et l'œuvre de Händel qui a composé pour elle un grand nombre de duos italiens avec continuo, et une émouvante ode funèbre, *The Ways of Zion mourn,* qui soutient la comparaison avec la *Music for the Funeral of Queen Mary* de Purcell.

Plus immédiatement, ce mariage était un bienfait pour Sophie. Le jeune couple vivait à Herrenhausen, où la compagnie de la douce et intelligente Caroline consolait Sophie de la mort de sa fille. Madame n'avait jamais vu Caroline, mais fera d'elle sa correspondante favorite après la mort de Sophie. La raugrave Louise se prépare fin 1714 à s'embarquer pour Londres ; Madame lui écrira : « Je vous prie de faire de beaux compliments de ma part à la princesse de Galles, car je l'aime vraiment quoique je ne la connaisse pas personnellement. Ma tante, feu notre chère Électrice, m'a écrit toujours tant de bonnes choses de Sa Dilection, que je l'honore et estime vraiment [97]. »

Le compliment de Louise déclenchera une importante correspondance allemande entre Caroline et Elisabeth-Charlotte malgré l'orthographe impossible de la princesse de Galles. Madame à Louise en mars 1715 : « J'aime cette chère princesse de plus en plus. Il est vrai qu'elle n'a pas une orthographe correcte, mais ce qu'elle dit est d'une telle bonté que j'en suis toute charmée [98]. » Les lettres à Caroline de Galles nous sont parvenues sous la forme tronquée d'un recueil d'extraits établi à la fin du xviiie siècle par August Ferdinand von Veltheim. Le ton confidentiel et très libre de cette correspondance suggère une intimité réelle entre deux princesses qui ne s'étaient jamais rencontrées, mais que rapprochait la mémoire de Sophie.

La triste année 1705 finit mal. Madame fit une grave chute le dimanche 13 décembre, se foulant le pied gauche et le genou droit. Son pied enflé l'immobilisa, à son grand dépit, à Versailles pendant les Marly de fin décembre et début janvier. Pour la consoler, Louis XIV porta ses étrennes à 2 000 louis d'or, et la visita le 3 janvier. « Elle a un pied si enflé, note Dangeau, qu'elle ne saurait être du voyage de Marly. Le Roi, au retour de Trianon, alla voir Madame qui fut charmée de toutes les honnêtetés qu'il lui dit [99]. » Elisabeth-Charlotte dut penser au proverbe de Salomon qu'elle citera en octobre 1707 à Sophie : « Dans la lumière du visage royal est la vie ; telle une pluie printanière, sa bienveillance. » Elle ne recommencera à marcher qu'en février. En attendant, elle accepte philosophiquement son immobilité forcée. « On change de nature en vieillissant, dit-elle fin janvier. Quand j'étais encore jeune et avais votre âge, chère Amelise, je guérissais plus promptement que quiconque. Mais maintenant tout se passe lentement [100]... » On lui frottait le pied avec une huile « de M. Altoviti », et le trempait dans un bain aromatique d'eau et de vin où macéraient poétiquement des pétales de rose, du romarin, de la lavande, du thym, de la sauge et de la camomille.

TURIN : « UNE MÈRE A BIENTÔT LA TÊTE RENVERSÉE... »

Elisabeth-Charlotte entra donc clopin-clopant dans une des années les plus noires de l'ère louis-quatorzienne. A l'été torride de 1705 avait succédé un hiver rigoureux qui précipitait les cochers gelés de leurs sièges. Les revers militaires s'étaient accumulés depuis Höchstädt. L'archiduc Karl, prétendant au trône d'Espagne, avait débarqué sur les côtes de la Catalogne et était entré le 9 octobre à Barcelone. La conquête des royaumes de Valence et de Murcie avait suivi. En 1706, l'armée anglo-portugaise de lord Galloway avait repoussé les troupes franco-espagnoles commandées par le maréchal de Berwick. Philippe V avait été contraint de quitter Madrid et d'envoyer ses pierreries en France, pendant que l'archiduc s'était fait proclamer roi d'Espagne sous le nom de Charles III. En Brabant, près de Ramillies, Marlborough battit l'armée du maréchal de Villeroy à plate couture (23 mai). La défaite de l'inepte Villeroy s'était changée en déroute et eut la perte des Pays-Bas espagnols pour conséquence.

Les seules nouvelles un peu encourageantes venaient du nord de l'Italie où le duc de Vendôme avait conquis une partie des États du déloyal duc de Savoie qui avait embrassé la cause de l'Alliance malgré le fait qu'une de ses filles avait épousé Philippe V, et une autre le petit-fils de Louis XIV. Une victoire sur le prince Eugène à Cassano ouvrit la route au siège de Turin qui fut confié au duc de La Feuillade, gendre du ministre de la Guerre Chamillart. Mais l'inexpert et prétentieux La Feuillade accumulait les fautes, à tel point que Louis XIV commençait à prêter une oreille distraite aux prières répétées du duc d'Orléans qui brûlait d'envie d'aller commander une armée, à laquelle il était prêt à joindre, équipés à ses frais, ses quatre régiments (Orléans-Cavalerie, Chartres-Cavalerie, Orléans-Infanterie et Chartres-Infanterie).

Les lettres de Madame reflètent la démoralisation qui s'est emparée de la Cour et du royaume. « On a maintenant bien besoin de consolation, dit-elle en mai à Sophie, car je n'ai jamais vu des temps plus malheureux depuis les trente-cinq ans que je suis en France. Il ne se passe pas de jour qu'on ne reçoive une mauvaise nouvelle. » Et en septembre : « De ma vie je n'ai vu la Cour plus triste qu'elle n'est à présent. Personne ne peut ouvrir la bouche et les mauvaises nouvelles arrivent à tout moment [101]... » Elle était sûrement au courant des aspirations martiales de son fils qui trépignait d'impatience. Les rapports entre Madame et Philippe d'Orléans étaient d'ailleurs excellents en cette année 1706. Elle confie en juin de Marly à Sophie : « Je suis pour l'instant très contente de mon fils. Il me témoigne plus d'amitié qu'il n'a fait de sa vie. Quand il est ici, il vient me trouver le soir et reste patiemment quelques heures auprès de moi à bavarder [102]. » Elle lui annonce quatre jours plus tard la grande nouvelle : « J'ai une grande joie qui me remplit en même temps d'inquiétude, car mon fils va en Italie pour y commander en généralissime, et le duc de Vendôme va en Flandre. [...] Je ne puis décrire à Votre Dilection la joie de mon fils ; il se tient plus droit et semble grandi de trois pouces. Il partira aujourd'hui en huit. [...] Mais c'est une joie qui me causera bien des battements de cœur et qui me fait désirer ardemment la paix[103]. »

Elle avait peu de raisons de se réjouir, et son fils encore moins, car son commandement en Italie sera un désastre. Louis XIV venait en effet de lui confier le commandement en chef des armées d'Italie, mais il lui imposait la tutelle du maréchal de Marsin. Celui-ci n'était malheureusement pas un aigle, mais un petit bout d'homme bavard, ambitieux et « bas complimenteur sans fin[104] ». Philippe d'Orléans partit le 1er juillet avec vingt-huit chevaux et cinq chaises, en compagnie de l'abbé Dubois, de gentilshommes de sa maison, de son confesseur Trévou et de domestiques parmi lesquels son premier valet de chambre Saint-Léger et son chirurgien Lardy. Il était le 8 au quartier général devant Turin. Il constata que le siège était peu avancé malgré le formidable appareil de guerre amené devant la place, et que La Feuillade, qui l'accueillit le sourire contraint et avec force révérences, avait commis des erreurs impardonnables, concentrant ses efforts sur la citadelle qui était l'endroit le mieux défendu. Vauban, qui avait fortifié Turin, et dont La Feuillade n'avait pas voulu, avait prédit qu'il s'y casserait les dents.

Fière et inquiète à la fois, Madame perdit l'appétit et le sommeil. Les dangers réels ou imaginaires qui menaçaient son fils hantaient ses nuits. « S'il ne lui arrive rien par le feu ou le fer, il faudra qu'il tombe malade, et tout cela me fait une peine extrême », écrit-elle à Dubois. Dangeau et Sourches rapportent le 21 août l'arrivée à Marly d'un courrier d'Italie porteur de lettres du duc d'Orléans qui exposent les inquiétants progrès de l'armée du prince Eugène s'approchant de Turin où s'enlise le siège. On dirait que ces nouvelles et l'agitation dans laquelle vivait Elisabeth-Charlotte lui rappellent sa propre mortalité. Toujours est-il qu'elle rédige le même jour à Marly son testament olographe instituant son fils légataire universel : « Comme je ne puis savoir quand il plaira à Dieu de me retirer de ce monde, mais que ma trop grande santé pourrait me donner même une mort prompte, j'ai résolu de mettre par écrit de ma propre main ma dernière volonté[105]. »

En même temps, elle bombardait son fils et Dubois de lettres, les enjoignant de la tenir au courant des moindres nouvelles. Quatorze lettres à Dubois, écrites du 12 juillet au 25 octobre, sont conservées, et publiées par le comte de Seilhac[106]. A peine arrivé devant Turin, le clairvoyant abbé avait compris que les ambitions personnelles de La Feuillade et Marsin feraient obstacle au duc d'Orléans, que Turin ne serait pas pris et que l'armée du prince Eugène, en marche pour faire lever le siège, ne serait pas arrêtée. Il découvrit ses craintes à Madame, ce qui explique le ton alarmé des lettres de celle-ci. « J'attends des nouvelles avec de furieuses impatiences comme il est aisé à juger », écrit-elle le 3 septembre ; rassurée sur la santé de son fils, elle ajoute en post-scriptum : « Si mon fils engraisse en ce pays-là comme M. de Vendôme, il approchera de ma taille. » Et le 10 : « Ce maudit siège de Turin me rendra folle, je crois, car je ne puis dormir, et je ne mange guère. Je tremble pour mon fils... »

Les lettres à Dubois mentionnent celles qu'elle écrit en même temps à son fils. L'une d'elles, datée du 19 juillet, a fait récemment surface : « J'ai reçu avant-hier votre chère lettre de [*sic*] 11, mon cher fils, qui m'a fait un bien sensible plaisir, et d'autant plus que j'étais, je vous l'avoue, très inquiète de vous, à cause que je savais que vous visiteriez tous les travaux du siège de Turin. Dieu soit loué que vous en soyez bien sorti. Le Roi m'a fait l'honneur de me dire que vous lui aviez fort bien rendu compte et il me parut très content de votre lettre et en fait de vous, dont je suis très aise. Votre fils se porte à merveille, il est très joli. [...] Mon cher enfant, vous me donnerez souvent des mauvais moments par les inquiétudes que j'aurai pour vous, et cela ne peut être autrement, vous aimant aussi tendrement que je fais et ferai toute ma vie [107]... »

Les craintes de l'abbé Dubois ne se réalisèrent que trop. Constatant que le siège était si mal engagé qu'il était impossible de redresser la situation, Philippe d'Orléans concentra son attention sur l'armée des Impériaux commandée par le prince Eugène et le duc de Savoie qui s'avança à grandes marches vers Turin. L'indolent Vendôme les croyait incapables de passer le Pô, et n'avait rien fait pour leur barrer la route. Il était maintenant trop tard pour les arrêter : ils avaient déjà franchi le Pô et le Tanaro.

Voyant le danger, le duc d'Orléans convoqua le 6 septembre un conseil de guerre où il proposa de réunir les forces françaises dispersées et de marcher contre les Impériaux. Marsin croyait à une manœuvre de diversion du prince Eugène, et combattit cet avis, brandissant un ordre secret de Chamillart qui l'investit du commandement effectif. Il décida, malgré les protestations indignées du généralissime en titre, que les positions seraient conservées devant Turin et qu'on attendrait l'ennemi dans les lignes.

Le lendemain 7 septembre, le prince Eugène et Victor-Amédée de Savoie apparurent devant les lignes françaises avec 35 000 hommes. L'attaque commença par une furieuse canonnade. Les 8 000 Français, démoralisés par les divergences d'opinion de leurs chefs, furent bientôt débordés. Au milieu du combat Marsin fut grièvement blessé au bas-ventre et fait prisonnier. Il ne survécut que quelques instants à l'opération qu'on lui fit. Philippe d'Orléans fit l'impossible pour rallier ses hommes ; malgré des ordres formels, La Feuillade refusa de se porter à son aide, gardant ses régiments pour empêcher une sortie éventuelle des assiégés. Le prince montra au milieu du feu un courage et un sang-froid admirables qui animaient les officiers et les soldats. Il fut blessé par un coup de mousqueton à la hanche, et reçut ensuite une profonde et très douloureuse blessure au poignet gauche. Affaibli par le sang qu'il perdait, il dut se retirer pour se faire soigner par son chirurgien Lardy. Il retourna dès qu'il le put au feu où le désordre était à son comble. « Tout ce qui suivit ne fut que trouble, confusion, débandement, fuite, déconfiture [108] ».

Le prince regroupa tant bien que mal les hommes dispersés en tumulte, et organisa la retraite. Il proposa aux officiers généraux qu'il avait pu rassembler de descendre vers l'Italie, afin de couper l'armée de Turin de ses bases. Cette proposition courageuse effaroucha la plupart des officiers qui ne pensaient qu'à porter en France le butin qu'ils avaient amassé. La Feuillade combattit cet avis avec son insolence habituelle, sûr de l'appui de son beau-père Chamillart. N'en pouvant plus et épuisé par ses blessures, le prince se laissa tomber dans sa chaise de poste, et l'armée se replia sur Pignerol. L'évacuation de l'Italie eut des conséquences très graves : bientôt le Milanais, le Mantouan, Naples et la partie conquise du Piémont seront perdus définitivement.

Saint-Léger, premier valet de chambre du duc d'Orléans, arriva le 14 septembre à Versailles avec la funeste nouvelle. La consternation était générale. Louis XIV écrit à son neveu pour le consoler d'un échec dont il n'était pas responsable, et le félicita sur sa conduite. Cette lettre lui fit le plus grand bien. Madame était dans tous ses états ; Saint-Léger lui avait apporté une lettre de Lardy, disant que la blessure au poignet serait longue à guérir, que le petit os était touché, mais qu'il n'y avait aucun danger pour la vie de son fils. Elle écrivit séance tenante une lettre vibrante d'affection et d'inquiétude maternelles au pauvre blessé : « Voici, mon cher fils, bien un des plus cruels jours de ma vie. Ce que je souffre ne se peut exprimer. Cependant on m'assure fort que vous n'en aurez que le mal de vos blessures, et qu'elles ne sont point dangereuses. Dieu le veuille, car j'aimerais cent fois mieux mourir moi-même que d'avoir à craindre pour votre vie, mon cher enfant ! Ce qui vous [doit] consoler de n'avoir point pu secourir Turin est qu'on sait que ce n'est pas votre faute, que le Roi et toute la terre vous rend justice et chante vos louanges partout ; mais je suis bien affligée de savoir que vous allez souffrir [...]. Adieu, mon cher fils. Le bon Dieu veuille nous assister [...]. Je vous aime et aimerai tant que je vivrai [109]. » La petite Mademoiselle, la fille aînée de Philippe d'Orléans qui avait alors onze ans, adressa le 18 ce mot charmant à son père : « J'ai bien pleuré, mon cher papa, et je pleurerais encore, si on ne m'assurait pas tous les jours que vos blessures ne sont pas dangereuses. [...] Mon cher papa, je vous aime avec toute la tendresse et le respect dont je suis capable [110]. »

Madame apprit que les chirurgiens craignaient que la gangrène ne se fût mise dans la plaie, et qu'ils parlaient d'amputation. Mais le prince n'y voulut consentir et se rendit de Grenoble aux eaux de Balaruc dans l'Hérault, où il trouva une guérison complète. Elisabeth-Charlotte apprend le 17 à Polier que Nancret, le capitaine des suisses de son fils, vient d'arriver et qu'il lui a assuré « sur la tête » qu'il n'y a rien à craindre. Elle mande le même jour à son fils que le Roi lui a dit « qu'il aimait mieux tout perdre, et que vous viviez ; qu'il comptait pour rien que Turin fût secouru, pourvu que vos plaies ne soient pas dangereuses ; qu'on ne pouvait être plus content qu'il l'est de vous ; que ce qui était arrivé n'était pas votre faute, qu'il le savait et était fâché qu'on ne vous avait pas cru. » Et encore, le 20 : « J'ai moi-même ouï dire au Roi : " *Ce n'est pas la faute de mon neveu, c'est la mienne ; c'est moi qui lui ai ordonné de suivre les avis de M. de Marsin*[111]... " » Mme de Maintenon pensait de même ; elle écrit à la princesse des Ursins : « Si les avis de M. le duc d'Orléans avaient été suivis, nous aurions, selon toutes les apparences, battu le prince Eugène [...]. Les héros dans les romans ne poussent pas la bravoure plus loin que ce qu'il a fait[112]. »

Elisabeth-Charlotte n'avait donc rien à craindre pour son fils, mais ses blessures l'affolaient. Constatant son agitation extrême, Polier dut lui prêcher le calme, car elle lui écrit le 18 : « Je crois que, quelque précaution qu'on puisse prendre quand un fils bien-aimé est en danger de périr, une mère a bientôt la tête renversée ; Dieu me garde de pareil malheur. Ma tante peut, si elle vit encore longtemps, être en état de gouverner des peuples, mais moi, je n'aurai jamais rien à gouverner que moi-même, qui est un assez sot gouvernement[113]... »

Mais voilà que son fils est de retour le 8 novembre. « Il a encore assez mauvais visage, dit-elle à Polier, mais il dit qu'il se porte bien[114]. » Elle explique quelques jours plus tard à Louise : « Il restera estropié toute sa vie, il ne peut bouger que le pouce et l'index. Les trois autres doigts sont repliés à l'intérieur, il ne pourra les tendre de sa vie. » Trois semaines plus tard, grâce à une habile thérapie, elle peut annoncer à la même : « Depuis qu'il va jouer au jeu de paume, sa main s'est beaucoup améliorée, à tel point qu'il peut bouger tous les doigts et jouer de la flûte[115]. » Philippe d'Orléans passa l'hiver entre ses partitions, Mlle de Séry et des expériences ésotériques, rêvant du nouveau commandement que le Roi lui avait promis. Madame se demanda de son côté à quelles nouvelles angoisses l'exposerait la campagne de 1707.

1707, UNE ANNÉE CHAUDE

Une nouvelle grossesse de la duchesse de Bourgogne avait tenu la Cour en haleine depuis l'été précédent ; le séjour de Fontainebleau à l'automne de 1706 avait été supprimé pour lui éviter les fatigues du déplacement. La naissance du second duc de Bretagne le 8 janvier se passa si rapidement que l'accoucheur Clément eut à peine le temps d'arriver et que le Roi rata l'événement. Le petit prince fut porté dans son appartement à côté de celui de Madame, contiguïté qui valut à la princesse dans les mois suivants des visites régulières de Louis XIV et de la reine d'Angleterre. Sa joie de la naissance d'un autre arrière-petit-fils du Roi était tempérée par des nouvelles inquiétantes de Lorraine : son gendre avait attrapé une pleurésie « en ne se faisant pas frotter après avoir joué à la paume ». Elle apprit le lendemain qu'il était hors de danger, et lui adressa une lettre maternelle : « Oserai-je comme une bonne vieille mère prendre la liberté de vous gronder un peu, et de vous dire que je suis étonnée qu'avec le bon esprit que Dieu vous a donné vous ne soignez pas plus votre santé ? Rien au monde n'est plus malsain que de se morfondre quand on a bien sué. N'allez pas me dire que vous y êtes accoutumé : on ne s'y accoutume pas [116]. »

Pendant l'hiver Louis XIV avait repensé ses projets et paré au plus pressant. Il avait proposé au nouvel empereur Joseph Ier l'évacuation des dernières troupes françaises du Milanais, ce qui équivalait à une cession aux Habsbourg de toutes les possessions espagnoles en Italie. Il ne pouvait donc être question d'envoyer le duc d'Orléans en Piémont. Les courtisans apprirent le 13 mars qu'il irait commander l'armée française en Espagne, ayant pour adjoint le maréchal de Berwick. La tâche qui attendait Philippe d'Orléans était urgente : reconquérir pour Philippe V les royaumes de Valence et d'Aragon, et refouler l'armée anglo-lusitano-germanique de l'archiduc Karl en Catalogne. Le prince partit le 1er avril avec sa suite habituelle, mais sans l'abbé Dubois qui avait dû rester à Paris sur ordre du Roi qui se méfiait de lui.

Madame inonda de ses larmes son héros qui piaffait d'impatience d'en découdre. Huit jours avant son départ elle avait promis à Sophie : « Au lieu de pleurer j'irai voir une nouvelle comédie, *Atrée* », mais elle soupire l'avant-veille dans une lettre à Louise : « Ce qui me rend triste, c'est que mon pauvre fils me dira demain adieu et qu'il partira après-demain en Espagne. Je ne le reverrai pas avant la fin de l'année, et encore n'est-il pas certain qu'il s'en sortira vivant [117]… » Elle lui montra une chanson que ses ennemis jaloux faisaient circuler, et qui prédisait une répétition en Espagne de l'échec de Turin :

> Gendre et neveu de ce grand Roi,
> Vous allez donc paraître

> Encore une seconde fois ;
> Vous vous ferez connaître...

Le prince ne fit qu'en rire et dit à sa mère : « Elle n'est pas mal faite et assez plaisante. Je leur pardonne [118]. »

Cousin du roi d'Espagne et oncle de la reine, il eut droit à une réception quasi royale à Madrid. Les festivités retardèrent malheureusement sa marche ; lorsqu'il arriva le 25 avril à Albacete, il apprit que Berwick venait de battre le même jour une armée alliée dans la plaine d'Almanza, à douze lieues de là. Le maréchal avait voulu attendre l'arrivée du neveu du Roi, mais les ennemis l'avaient contraint de leur livrer bataille. La victoire de Berwick était éclatante, grâce surtout à la supériorité de son artillerie.

Philippe d'Orléans était inconsolable d'avoir manqué de si peu la bataille d'Almanza. Bon prince, il écrivit le 27 au Roi : « J'ai eu le malheur d'arriver ici un jour trop tard, quelque diligence que j'aie pu faire. Je ne puis m'empêcher de dire à V.M. que si la gloire de M. de Berwick est grande, sa modestie ne l'est pas moins, ni sa politesse, qui l'engageaient quasi à vouloir s'excuser [...] d'avoir remporté une victoire aussi complète que celle-ci [119]. » Madame déplorait que son fils eût raté une occasion aussi splendide de fermer la bouche aux Condé et aux Conti qui passaient leur temps à le dénigrer. Son dépit était grand lorsqu'elle les entendait murmurer sur son passage : « Je n'y étais pas... Je n'y étais pas... » On ignore comment elle leur cloua le bec, mais son fils l'en remercia de Saragosse : « Je ne suis point surpris de l'accueil qu'on vous fit en vous disant : " *Je n'y étais pas* ", mais je suis bien touché de la façon dont vous avez entré pour moi dans tout cela. Les marques de votre amitié ne me sont pas nouvelles [120]. »

Le prince soumit presque sans coup férir le royaume de Valence. Placée devant le choix entre une reddition honorable ou un siège suivi d'un pillage, la capitale, Valence, lui ouvrit ses portes début mai. Il manda le 8 à sa mère : « La ville et royaume de Valence, Madame, est enfin soumis. C'est un agréable pays plein d'orangers, de jasmins, de grenades, de toutes sortes de fruits [...]. Je crois ne pas trouver plus de difficulté à la réduction de l'Aragon [121]. » Avant de pouvoir penser à la pacification de l'Aragon et au siège de Saragosse, le prince se rendit à Madrid afin d'y organiser le ravitaillement de son armée. La princesse des Ursins, la toute-puissante *camarera mayor,* le trouva « encore bien mortifié de ne s'être pas trouvé à la bataille ». Il comptait faire avaler leurs « je n'y étais pas » aux Condé-Conti en prenant Saragosse, la capitale du royaume d'Aragon où s'était concentrée une armée plus puissante que la sienne.

Philippe d'Orléans contraignit la ville à la capitulation en arrivant à l'improviste et en faisant paraître son armée plus importante qu'elle n'était en réalité. Le comte de La Puebla qui commandait la place se laissa leurrer, obtint les honneurs de la guerre et se replia avec ses hommes sur Lerida, à mi-chemin entre Saragosse et Barcelone. Saragosse capitula le 25 mai ; un valet de chambre du duc d'Orléans arriva le 31 dans la matinée à Marly avec la grande nouvelle. Elisabeth-Charlotte venait de se lever et reçut le courrier dès qu'elle fut visible. Il lui remit une longue lettre de son fils du 26, lettre qu'elle résume le surlendemain à l'intention de Sophie. Le Roi, le Dauphin et toute la Cour vinrent la féliciter ; « La vieille dame seule n'est pas venue et ne m'a pas fait dire la moindre chose [122]. » Mais le silence hautain de Mme de Maintenon ne put entamer la joie de la mère du héros de Saragosse qui savourait les compliments et mesurait la longueur de certains visages.

Le siège de Lerida devait être l'aboutissement logique de la campagne de 1707 en rejetant les troupes de l'Alliance sur Barcelone. Construite au pied d'une colline escarpée sur la rive droite de la Sègre, Lerida promettait une résistance plus farouche que Saragosse ; la citadelle passait même pour imprenable. Le comte d'Harcourt et le Grand Condé y avaient échoué lamentablement en 1646-1647, et l'expression « demeurer court à Lerida » était passée en proverbe. La prise de Mequinença et Monzon, petites villes d'Aragon, préparait le siège de Lerida qui s'annonçait bien, malgré mille problèmes logistiques. Vers la mi-juillet l'armée française forte de 46 000 hommes était à une lieue de Lerida. Les préparatifs sur le terrain se déroulaient normalement lorsqu'une dépêche de Louis XIV arriva le 11 août : le duc de Savoie et le prince Eugène venaient d'entrer en Provence et se dirigeaient à la tête de 30 000 hommes vers Toulon. Le Roi chargeait Berwick de s'y précipiter avec la moitié de l'armée d'Espagne.

Philippe d'Orléans dit le lendemain son exaspération dans une lettre bien tournée à sa mère : « J'ai eu ordre hier de me dessaisir de douze bataillons et quelques escadrons pour envoyer en Provence. J'ai d'abord manqué de poudre et de canon : j'ai négligé ces deux bagatelles pour soumettre l'Aragon. On m'a ensuite dénié les ponts et le pain : je n'ai pas laissé de passer les rivières [et] de prendre Mequinença et Monzon. En dernier lieu, il me vient à présent du canon ; j'ai tant fait que j'ai des ponts et du pain. Pour que tout vienne de la main de Dieu et que nulle gloire n'en soit donnée aux hommes, on me les retranche [...]. Je vous demande pardon de vous mander toutes ces folies, mais il faut bien chercher à s'égayer pour ne pas succomber. Ce qui me soutiendra plus que tout est l'amitié que vous me témoignez [123]. »

Immobilisé par la canicule et forcé d'attendre le retour des bataillons et escadrons de Berwick, le duc d'Orléans se laissa tenter le 23 août sous un soleil de plomb par une escarmouche où les ennemis perdirent trois cents hommes, une bonne centaine de prisonniers, deux cent cinquante chevaux, et une grande quantité de fourrage sec et de grains. Il n'y eut que six blessés du côté français. Le 27, il adressa de Balaguer une lettre enjouée à sa mère, et une relation détaillée de la « petite aventure ». Madame en était si fière qu'elle envoya la lettre à Sophie, et qu'elle fit circuler la relation que Sourches recopia dans ses *Mémoires*[124].

Des pluies abondantes succédèrent aux chaleurs, et Lerida fut investie le 13 septembre. Le prince Heinrich von Hessen-Darmstadt commandait une garnison bien ravitaillée composée d'Allemands, d'Anglais, de Portugais et de Hollandais. Malgré des accès de fièvre tierce qu'il traitait au quinquina à la grande inquiétude de sa mère, Philippe d'Orléans avait décidé d'ouvrir la tranchée dès qu'il avait appris que les ennemis avaient levé le siège de Toulon et que les régiments de Berwick revenaient sur leurs pas. Le 13 octobre, à l'issue d'un combat acharné, les Français s'emparèrent de la ville à la pointe de l'épée et repoussèrent la garnison dans la citadelle. Elisabeth-Charlotte annonça aussitôt cette victoire à Amelise : « Grâce à Dieu, mon fils a pris d'assaut la ville de Lerida ; ils ont résisté affreusement. [...] Nous espérons réduire la citadelle par la famine. Dieu le veuille ! Ce ne sera pas un mince honneur pour mon fils, car deux grands généraux ont échoué devant la ville[125]. »

Quatre semaines plus tard, alors que le bastion de la citadelle était entièrement miné et prêt à sauter en l'air, le prince Hessen-Darmstadt fit battre la chamade. Le lendemain 11 novembre, la citadelle capitula honorablement. Le chevalier de Maulévrier arriva le 19 au matin à Versailles avec la nouvelle tant attendue ; le Roi fit réveiller Madame qui dormait encore. Maulévrier lui remit un mot du prince victorieux : « Je crois, Madame, que vous ne serez point fâchée d'apprendre la prise de notre château ; le chevalier de Maulévrier qui vous rendra cette lettre [...] vous rendra compte du détail [...]. Permettez-moi de vous remercier [...] de la part que vous avez prise à ceci[126]. » Madame était aux anges malgré l'afflux ininterrompu de courtisans qui venaient complimenter la mère du héros qui n'était pas demeuré court devant Lerida.

Elisabeth-Charlotte et les Français venaient de vivre un été particulièrement torride, plus accablant encore que celui de 1705 pourtant aussi chaud — les marins l'affirmaient — que ceux de l'Inde. Madame en comprenait d'autant mieux les souffrances de son fils en Espagne : « Me voici écrivant à Votre Dilection en chemise, dit-elle fin juillet à Sophie. La chaleur ici est telle que même les plus vieilles personnes ne se souviennent pas d'en avoir vécu de pareille. On n'entend parler que de chiens et de chevaux qui tombent morts ; les travailleurs s'évanouissent et étouffent presque dans les champs, les chasseurs s'évanouissent de même et tombent comme les mouches. Hier chacun restait dans sa chambre en chemise jusqu'à sept heures du soir. A tout moment il faut changer de chemise ; j'en ai mis hier huit qui étaient comme si on les avait trempées dans l'eau. A table on ne fait que s'essuyer. Vraiment, c'en est trop. S'il fait plus chaud en Espagne, mon fils et son armée vont fondre et étouffer [127]... »

La vague de chaleur n'avait pas empêché le maréchal de Villars de s'emparer en juillet de Heidelberg et de Mannheim, dans une campagne aisée où le maréchal, profitant de la faiblesse des Impériaux, soumit presque sans coup férir toute la région comprise entre le lac de Constance, le Main, le Rhin et Nuremberg. Les villes souffrirent peu, mais le pays fut taxé d'une façon si exorbitante que les courtisans en étaient scandalisés, connaissant la voracité sordide de Villars qui rentra chargé d'un immense butin. Madame confie à Sophie : « Villars a pris Heidelberg, mais j'espère qu'il se laissera amadouer avec de l'argent plutôt que de rebrûler la ville [128]. » Peu rassurée, elle supplie Louise en novembre : « D'après ce que vous m'écrivez, vous partirez mercredi prochain à Heidelberg. Je vous en prie, écrivez-moi dans quel état vous avez trouvé Heidelberg, et si vous voyez Mannheim, comment tout cela est présentement ! » Et en janvier, ayant appris que les deux raugraves sont arrivées à Heidelberg : « Vous me dites que le bon et honnête Heidelberg a été si bien reconstruit : cela me réjouit l'âme. Dieu veuille le protéger de tout autre malheur ! [...] Je vous prie, écrivez-moi où vous logez et dans quelle rue vous habitez ! Je voudrais savoir encore si la Heiliggeistkirche et le pont du Neckar sont reconstruits. Pourquoi l'Électeur ne fait-il pas réparer le château ? Il en vaut bien la peine [129]. » Elisabeth-Charlotte vivait depuis trente-six ans en France, mais Heidelberg est toujours sa capitale affective.

Le 3 novembre, un début d'incendie chez Madame à Marly aurait pu avoir de graves conséquences. Sortant de la table du Roi, elle était rentrée vers cinq heures dans son appartement et avait fait allumer ses flambeaux. Une lettre de la comtesse de Beuvron l'attendait sur sa table. Il faut croire la prose de la bonne Lydie plutôt assoupissante, puisque Madame s'endormit en la lisant à sa table. Le feu d'une bougie prit à sa cornette et « brûla tous les cheveux qu'elle avait sur le front, grilla ses sourcils et les cils de ses yeux, et même ses mains dont elle se servit pour éteindre le feu ; mais cela ne fut pas assez fort pour l'empêcher de venir souper avec le Roi [130] ». Bien réveillée, elle écrivit aussitôt une lettre à Polier : « ... Je me suis réveillée au bruit du feu, j'ai voulu éteindre avec mes mains, mais la flamme était trop haute. J'étais seule, il a fallu crier au secours. On a éteint le feu, mais des étincelles me sont tombées sur les paupières que j'ai brûlées, et un peu à ma tête. Mais ce ne sera rien ; le bon Dieu m'a bien préservée. Un moment de secours plus tard, je brûlais toute vive [131]. » Courageuse et profondément fataliste, Madame était convaincue que l'heure du grand rendez-vous n'avait pas encore sonné pour elle.

Elle manifesta en même temps des traits de caractère moins attachants à l'occasion du mariage de Frédéric-Guillaume de La Trémoïlle, prince de Talmond, avec Marie-Anne Rouillé de Bullion, fille de robins richissimes. Madame se souvenait encore d'avoir laissé gagner un jour 2 000 pistoles à la duchesse de Ventadour en admettant exceptionnellement Mme de Bullion dans son carrosse. Frédéric-Guillaume était le fils cadet de feu la princesse de Tarente, tante maternelle de Madame, et donc son propre cousin germain. Sa généalogie était malheureusement plus brillante que sa fortune, et il avait quitté le petit collet et quelques maigres bénéfices pour se marier à quarante-neuf ans et avoir du bien. Mlle de Bullion et sa dot faisaient parfaitement son affaire, mais Madame jeta les hauts cris dès qu'elle entendit le premier mot de ce mariage. Elle comprenait pourtant parfaitement ce qui poussait son cousin au mariage ; en mai 1689, elle avait expliqué à Sophie : « Tout dernièrement encore le prince de Talmond, fils de la princesse de Tarente, a dû reprendre l'épée et quitter les ordres, parce qu'on l'y laissait mourir de faim [132]... »

Elisabeth-Charlotte fit en vain tout ce qu'elle put pour détourner Talmond d'une alliance aussi disproportionnée, déclara qu'elle ne verrait jamais ni lui ni sa femme, défendit à son fils et sa bru de signer le contrat de mariage, et mit tout en œuvre pour engager le duc de La Trémoïlle, le frère aîné de Talmond, à rompre avec son cadet. Le mariage se fit le 1er décembre malgré Madame, et la nouvelle princesse prit son tabouret. Elisabeth-Charlotte boudera encore pendant des années le prince et la princesse de Talmond, mais se laissera fléchir à la fin en grommelant.

Les peines et joies de l'année 1708

Le duc d'Orléans était arrivé à Versailles le 30 décembre auréolé de gloire. Il s'enferma avec le Roi et Chamillart chez Mme de Maintenon, embrassa sa mère, son épouse et ses enfants, puis courut se jeter dans les bras de sa maîtresse, Mlle de Séry. Il l'avait installée près du Palais-Royal dans une charmante maison où Antoine Coypel avait peint un superbe *Triomphe de l'Amour sur les dieux*. Madame n'était pas contente. « Mon fils a beau être ici dans le pays, se plaint-elle en janvier à Sophie, je le vois presque aussi peu que s'il était encore à Lerida. Cette amourette est une misère et la petite dame n'est même pas jolie. La guerre réussit mieux à mon fils que Paris. Pour l'exprimer poétiquement [...], on peut dire que les myrtes de Paris obscurcissent les lauriers de Lerida[133]. » Elle profita de tous ses séjours à Versailles pour causer avec lui, négligeant un peu ses correspondantes.

Le malheur voulut qu'elle fût abattue le 13 février par un accès de fièvre tierce, suivi de trois semaines de fièvre continue, de léthargie, de mal de gorge, d'ulcères et de goutte. Le mal (ulcérisation superficielle, aphtes de la bouche et de la gorge) semble être de la même nature que celui dont elle avait souffert cinq ans plus tôt. Le bulletin de santé et le récit de ses démêlés avec ses médecins sont dans les *Mémoires* de Sourches et le *Journal* de Dangeau. Le dernier note le 14 février : « Elle ne veut point être saignée ni faire des remèdes, et on craint que ce mal n'ait de la suite. Dès qu'elle a un peu de soulagement, elle s'habille et écrit comme elle a accoutumé de faire. » Et Sourches le 22 : « La duchesse de Bourgogne et le duc de Berry allèrent après dîner à Versailles rendre visite à Madame, qu'ils trouvèrent encore plus mal qu'à son ordinaire, quoiqu'elle écrivît encore plusieurs lettres de sa main, suivant sa coutume... »

On ne comprendra jamais assez à quel point Elisabeth-Charlotte était devenue une machine à produire des lettres que même la maladie ne déréglait point. Il fallut l'intervention de Polier accouru de Paris pour lui faire accepter une saignée : « Un vieil Allemand, qui avait été auprès d'elle dans sa jeunesse, vint à Versailles et sut si bien lui parler de l'état où elle se trouvait, qu'elle consentit qu'on lui tirât deux palettes de sang, et on trouva moyen de lui en tirer trois sans qu'elle s'en aperçût, ce qui la soulagea un peu. » Le même Sourches rapporte un an plus tard la mort de son premier médecin Arlot et ajoute, pince-sans-rire : « Madame le regretta extrêmement, quoiqu'elle ne suivît jamais ses conseils, ni ceux d'aucun médecin, dans ses maladies[134]. »

Les adieux de son fils retournant le 23 février en Espagne firent peu pour précipiter sa guérison. Tortosa devait être le principal objectif que se proposait pour 1708 l' « armée des deux couronnes » qui opérait dans la péninsule. Les habituelles difficultés logistiques retardaient le siège de la ville construite dans un paysage difficile, puissamment fortifiée et défendue par neuf bataillons, deux escadrons et une quarantaine de canons. La tranchée fut ouverte dans la nuit du 21 au 22 juin, les premiers assauts lancés le 4 juillet. Le duc d'Orléans se dépensait sans se ménager, encourageant et récompensant ses canonniers et ses grenadiers qui peinaient dans les tranchées et sur les glacis. Le prince avait de la chance : deux bataillons de la garnison étaient composés de Français capturés à Höchstädt et contraints à servir contre leur patrie. Dès les premières attaques et contre-attaques, ils se rallièrent au duc d'Orléans. Le gouverneur de Tortosa, le comte von Effern, capitula le 11 juillet.

Une victoire aussi brillante déconcerta à Versailles les détracteurs du prince qui avaient déclaré que le siège était mal engagé et que la place ne serait jamais prise. Ils poussaient la moquerie jusqu'à faire croire à Dangeau que Tortosa s'était rendu. En bon courtisan, il ameuta les autres et alla féliciter Madame. « Nous allâmes même tous faire des compliments à Madame, qui nous désabusa », note-t-il tout penaud le 19 juillet. Mais le marquis de Lambert arriva le même soir avec la bonne nouvelle. Madame, qui avait bien compris qu'on avait voulu se moquer d'elle, jubilait sans se gêner. « J'avoue, dit-elle à Sophie, que la reddition de Tortosa m'a réjouie du fond de l'âme [...]. J'aurais voulu que vous vissiez l'air fâché de M. le Duc et du prince de Conti. Ils n'auraient pu faire une pire figure si on leur avait annoncé qu'ils allaient mourir. Cela, je l'avoue, a encore accru ma joie [135]. » Le hasard voulut que la conquête de Tortosa eût lieu le même jour que la défaite d'Audenarde en Flandre malgré la présence des ducs de Bourgogne et de Vendôme. Cet échec ouvrait le chemin au siège et à la capitulation de Lille à la fin de la campagne. La gloire du duc d'Orléans n'en était que plus éclatante.

Les lauriers de son fils ne détournaient pas l'attention de Madame de sa fille et de la cour de Lorraine. Le duc Léopold avait signé le 31 décembre 1707 un traité avec le prince de Vaudémont, lui cédant ses droits — d'ailleurs discutables — sur la principauté de Commercy contre Fénétrange et Falkenstein. Cet accord avec un bâtard de la branche française de la maison de Lorraine avait fort indisposé les membres légitimes de cette branche, et principalement le comte d'Armagnac. Madame était piquée elle aussi parce que son gendre avait omis de la mettre au courant d'un troc qui regardait ses petits-enfants et qui était début 1708 un des grands sujets de conversation à la Cour. Elle exigea aigrement des explications (« rien ne fait plus de bruit et tout le monde le savait hors moi »), disant ses quatre vérités à son gendre cachottier :

« Ce qu'un souverain fait dans ses États ne sont pas bagatelles, ce sont des choses qui peuvent avoir des suites. Ainsi permettez-moi de vous dire que, quand il ne les communique pas à ses proches, ce ne peut être que par manque de confiance [...]. Ce que je puis vous demander avec justice, c'est que quand vous ferez quelque chose d'éclat et que tout le monde va savoir, que je le puisse savoir un peu avant le public, afin [...] qu'on ne voie pas le peu de considération que vous avez pour moi de me laisser ignorer ce qui regarde vos enfants qui sont mes petits-enfants. Voilà ma raison. » La fin est d'une rare froideur : « Vous pouvez être persuadé, Monsieur, que tant que vous aurez pour ma fille l'amitié et la considération qu'elle m'assure que vous lui témoignez, que j'aurai pour vous toute l'estime et l'amitié que vous pouvez désirer [136]... » Une semaine plus tard, le ton se radoucit, mais le duc Léopold n'échappe pas à une autre leçon de belles manières : « Les souverains ne doivent rendre compte de leurs actions qu'à Dieu, cela est très vrai, mais il ne l'est pas moins qu'ils [...] doivent au public la justification non pas comme un droit, mais comme une délicatesse [137]... »

Les lettres échangées cette année avec sa fille traitent principalement de l'éducation de ses enfants. Elisabeth-Charlotte de Lorraine s'était mis dans la tête d'éduquer elle-même ses enfants, à la grande surprise de sa mère qui fait de gros efforts pour cacher sa désapprobation. « Ma chère fille, je ne dirai plus rien du gouvernement de vos enfants, car il est juste que chacun agisse avec les enfants à sa fantaisie. J'ai un peu de peine à croire que vous vous puissiez donner la patience qu'il faut avec les enfants. [...] Quoi qu'il en soit, si cette vie vous lasse, il vous sera toujours aisé de retrouver une femme de qualité pour être gouvernante... » La tendresse maternelle qui parle dans la formule finale rappelle celle de Mme de Sévigné écrivant à sa fille : « Bonsoir, ma chère fille. Je vous embrasse de tout mon cœur et vous aime plus tendrement que je ne vous le puis exprimer, ma chère fille [138]. »

La naissance à la fin de l'année d'un autre petit prince lorrain comblait de joie Madame. Franz Stephan, né le 8 décembre, sera grand-duc de Toscane, époux de l'impératrice Marie-Thérèse, empereur sous le nom de François Ier, et père de la reine Marie-Antoinette. Madame félicita chaleureusement le père du nouveau-né. Son aigreur du début de l'année était oubliée : « Je suis bien contente, Monsieur, de votre lettre, car vous ne vous êtes pas jeté cette fois dans ces compliments à perte et me parlez naturellement : m'aimeriez-vous cette année mieux que l'autre ? J'en serais très aise [139]... »

Depuis quelque temps, la santé de sa confidente la comtesse de Beuvron préoccupait Elisabeth-Charlotte. Lydie qui avait soixante-dix ans souffrait d'une maladie incurable et refusait d'admettre que ses jours étaient comptés. Son médecin et son confesseur avaient prié Madame de lui faire comprendre la gravité de son état. La princesse avait versé de chaudes larmes, réfléchi et consulté ses amis Polier et Pierre-Daniel Huet, l'érudit évêque d'Avranches. Huet lui répondit qu'il était de son devoir d'annoncer sa fin prochaine à la comtesse malade, mais elle ne pouvait s'y résoudre. Elle lui écrit début octobre : « Je vous demande pardon de ne me point trouver de votre avis, car je ne trouve point qu'il y ait de la charité à donner une sentence de mort à son amie. [...] Je ne m'y puis résoudre ; je souffre assez dans la triste pensée de la perdre, sans que j'aie à me reprocher de lui donner le dernier coup de mort. Cela seul serait capable de la tuer et faire mourir subitement [...]. C'est l'affaire du médecin et du confesseur et point du tout la mienne. Je ne mets pas ma dévotion à tuer mes amies [140]... » Polier lui rappela de son côté qu'elle avait tort de s'affliger de la mort imminente de son amie, et que le bonheur éternel est préférable à une trop éphémère amitié terrestre. Elisabeth-Charlotte ne rejette pas ce détachement, mais s'en déclare incapable avec un touchant bon sens auquel même Polier ne pouvait rester insensible : « Ce n'est pas sur la terre qu'on peut trouver le bien parfait, mais c'est en ce monde que nous avons besoin d'amis. Dans l'autre, on n'en a que faire... » Et encore : « N'étant que poudre moi-même, je ne puis avoir la perfection des anges, et je ne puis m'empêcher d'être terrestre et d'aimer ce qui est sur la terre [141]. »

Le 9 octobre on disait la comtesse de Beuvron à l'extrémité. Madame retourna de Marly à Versailles pour y pleurer plus à son aise, ayant selon une note de Sourches « un très bon cœur et très tendre ». Dangeau parle le même jour de sa « très violente affliction ». La mort de son amie le 23 octobre déchira Elisabeth-Charlotte au plus profond d'elle-même ; elle était si affligée qu'elle « envoya faire des excuses au Roi de ce qu'elle n'aurait point l'honneur de souper avec lui [142] ». Elle fait part de cette perte et de ses larmes à tous ses correspondants. « Je vous écris aujourd'hui, dit-elle le 25 à Louise, bien que je sois affligée du fond de mon âme et que j'aie à force de pleurer mal à la tête et aux yeux. J'ai perdu avant-hier une bonne et fidèle amie, à savoir la comtesse de Beuvron, ce qui m'a cruellement touchée. Je promets d'écrire désormais chaque semaine, car j'ai plus de temps maintenant que la pauvre femme est morte à qui je répondais tous les jours de grandes lettres [143]. » La disparition d'une correspondante privilégiée entraîne un remaniement de sa semaine au profit de Louise. Elisabeth-Charlotte a tenu fidèlement sa promesse : pendant les trente-cinq ans qui ont précédé la mort de Lydie de Beuvron, les raugraves ont reçu 607 pages imprimées de lettres ; pendant les quatorze ans qui suivent ce décès, Louise recevra... 2 376 pages de lettres. A quelque chose malheur est bon.

Le retour d'Espagne de son fils début décembre aida Elisabeth-Charlotte à secouer un peu sa tristesse ; elle avait d'ailleurs écrit quelques années plus tôt à la duchesse de Modène parlant d'un deuil : « Le temps est un grand maître [144]. » Le duc d'Orléans avait parlé à la reine d'Espagne de la froideur avec laquelle sa sœur la duchesse de Bourgogne traitait Madame. La reine s'était fâchée, avait conjuré le prince de réconcilier de sa part les deux dames, et lui avait confié une lettre très dure pour sa sœur. Celle-ci chargea Philippe d'Orléans d'assurer sa mère qu'elle ne désirait rien autant que de bien vivre avec elle. Madame se rendit incontinent auprès d'elle :

« — Madame, mon fils vient de me donner une grande joie en m'assurant que dorénavant vous voulez bien avoir plus de bonté pour moi que vous n'en avez eue. Je tâcherai de ne jamais rien faire qui puisse vous déplaire ; ce n'a jamais été mon intention et j'ai été en cela plus malheureuse que coupable.

« La duchesse de Bourgogne rougit :

« — Vous prenez ma timidité pour aversion.

« — Et pourquoi seriez-vous timide avec moi qui n'ai d'autre intention que de vous honorer et approuver ?

« — Ne parlons plus du passé. J'espère que vous serez dorénavant plus contente.

« — Je le serai toujours, pourvu que vous ayez un peu de bonté pour moi.

« Là-dessus, la duchesse de Bourgogne se mit à parler d'autre chose [145]. »

Bien entendu, ce replâtrage de convenance ne durera que ce que durent les roses. A peine un mois plus tard, Madame dira à Sophie : « Je ne peux compter obtenir l'amitié de la " jeune plante " [la duchesse de Bourgogne] qui est si mal élevée. La seule chose que j'exige et que je puisse obtenir d'elle, c'est quand elle se moque de moi, que ce ne soit pas en face, et qu'elle me réponde quand je lui demande une chose [146]... »

Le « grand hiver » de 1709 et ses conséquences

Aux échecs militaires de décembre 1708 (la capitulation de la citadelle de Lille et la perte de Gand et de Bruges) succédait l'hiver le plus rude que le royaume eût connu depuis un siècle. Dans la nuit du 5 au 6 janvier une brusque chute de la température jusqu'à − 20° paralysa le royaume jusqu'en mars, avec un dégel trompeur fin janvier qui fit fondre en eau l'épaisse couche de neige qui protégeait les blés d'hiver. La seconde gelée à partir du 31 janvier fut encore plus brutale ; elle couvrit le pays d'une gangue de glace qui immobilisait la vie publique. Les boutiques et salles de spectacle étaient fermées, les tribunaux ne siégeaient plus, les cours d'eau gelés et les routes impraticables sous la glace rendaient quasi impossibles les transports de vivres et de bois. Selon certains calculs, février aurait connu des températures jusqu'à − 40°. Partout on n'entendait parler que d'arbres fruitiers fendus, d'oliviers, de noyers et de vignes gelés, de courriers dévorés avec leurs chevaux par les loups, de pages à qui il fallait couper leurs doigts gelés, de familles entières trouvées mortes de froid, de jambes et de têtes cassées.

On a de la peine à s'imaginer les souffrances du menu peuple (qui n'écrivait ni mémoires ni correspondances) en lisant les témoignages des contemporains plus favorisés. Saint-Simon raconte que le froid était si intense à Versailles que « les élixirs les plus forts et les liqueurs les plus spiritueuses cassèrent leurs bouteilles dans les armoires de chambres à feu et environnées de tuyaux de cheminées, dans plusieurs appartements du château de Versailles, où j'en vis plusieurs [147]. » Le vin gelait dans le verre du Roi, et la marquise d'Huxelles se plaignait que l'encre gelât au bout de sa plume.

La température glaciale ne pouvait détourner Madame de sa correspondance. « Il y a un froid si affreux, dit-elle à Sophie, qu'on ne peut l'exprimer. Je suis assise auprès d'un grand feu, j'ai des paravents devant les portes qui sont fermées, une zibeline autour du cou, une peau d'ours sur les pieds, et cependant je grelotte de froid et puis tenir à peine la plume. De ma vie je n'ai vécu un hiver aussi rude. Le vin gèle dans les bouteilles. En Allemagne je n'ai jamais connu un tel hiver [...]. Le pire, c'est que le froid soit accompagné d'une bise aiguë et pénétrante. A peine peut-on boire quelque chose, le vin et l'eau se transforment en glace auprès du feu. Ce qu'on veut manger est gelé. La Seine est entièrement prise de glace, personne ne peut venir de Paris. [...] Personne ne bouge de sa cheminée, chacun tousse et crache ; c'est la seule musique qu'on entend. On a trouvé hier quatre pauvres petits ramoneurs savoyards gelés [148]... » Elle avait tort de se plaindre à Sophie qui écrivit le même jour de Hanovre à la raugrave Amelise : « Le froid est ici si intense que mon encre gèle pendant que j'écris ; je puis à peine bouger les doigts, bien qu'il y ait du feu allumé dans mon fourneau et que je me trouve encore au lit [149]. »

A la fin de janvier, les victimes ne se comptent plus. Elisabeth-Charlotte de Versailles à Sophie : « Tous les jours des gens meurent de froid ici ; on en enterre 18 et 20 en un jour. Personne, quel que soit son âge, ne se souvient d'avoir vécu une telle gelée. [...] Il y a des malades dans toutes les maisons, mes gens sont presque tous souffrants [...]. Rien qu'à Paris 24 000 personnes seraient mortes depuis le 6 janvier ; la peste n'est pas pire [150]. »

La Cour vit mourir pendant la vague de froid la maréchale de La Mothe (6 janvier), le père de La Chaise (20 janvier), la marquise d'Heudicourt, « mauvais ange » de Mme de Maintenon (20 janvier), la princesse de Soubise (4 février), le prince de Conti (22 février), la maréchale de Vivonne (9 mars). Le « grand hiver » eut encore raison de la vieille abbesse de Maubuisson qui mourut le 11 février dans sa quatre-vingt-septième année. La bonne abbesse, dont la vie exemplaire édifiait ses religieuses, avait consacré ses loisirs à la peinture apprise à La Haye chez Honthorst. Elle s'était spécialisée dans la copie de tableaux religieux dont elle avait rempli l'église et le parloir de son abbaye. En 1699, elle avait copié *L'Adoration du Veau d'Or* de Poussin pour l'électrice Sophie, choix qui montre l'ambition de l'abbesse copiste. Une copie de sa main de l'*Annonciation* de Guido Reni, découverte et étudiée par Mme Hélène Himelfarb, suggère qu'elle ne peignait pas d'après gravure, mais qu'elle se faisait prêter les originaux. Très amoindrie depuis quelques années et atteinte de sénilité, elle parlait et marchait avec difficulté, mais mangeait et dormait très bien. Elisabeth-Charlotte avait constaté au fil de ses visites que sa chère tante retombait doucement en enfance. Elle dira en mars à Louise : « J'avoue que, si ma tante la princesse de Maubuisson [*sic*] était demeurée comme Sa Dilection était encore il y a trois ans, j'aurais eu beaucoup de peine à me consoler. Mais elle n'était plus celle qu'elle avait été. Cela m'a coûté beaucoup de larmes de voir Sa Dilection dans l'état misérable où elle était[151]. »

Il n'empêche qu'elle pleura sincèrement l'abbesse lorsqu'elle apprit son décès. « Elle est morte comme une personne encore jeune, dans un *redoublement* de fièvre, écrit-elle à Sophie. Notre Roi est venu me voir aussitôt, et me dit qu'il la regrettait pour trois raisons : d'abord parce que le couvent avait perdu une abbesse vertueuse ; ensuite à cause de moi, parce que cela m'afflige profondément ; et troisièmement parce qu'il se trouvait dans un grand *embarras* ayant à la remplacer. Tout Marly, grand et petit, est venu me faire ses condoléances, et ceux qui ne peuvent venir ici m'écrivent[152]. » Les paroles de Louis XIV valaient bien la pompeuse oraison funèbre que prononça l'évêque d'Alet Jacques Maboul. Madame se souvenait avec émotion de ses visites à Maubuisson : « C'était pour moi un vrai plaisir d'y manger quatre ou cinq fois l'an, de passer toute la journée avec *ma tante,* d'y vider mon cœur et de rentrer le soir dans la fraîcheur. J'ai pleuré la bonne princesse de tout mon cœur[153]. »

Aux gelées terribles du « grand hiver » de 1709 succédait une famine qui gagna tout le pays. La récolte de 1708 avait été plutôt médiocre que bonne, mais il y aurait eu de quoi manger si les propriétaires des plus grands stocks n'avaient pas voulu profiter de la situation. Sans doute Saint-Simon, qui accuse le « cruel manège sur les blés », exagère-t-il lorsqu'il affirme qu' « il y avait pour deux années entières de blés en France, pour la nourrir tout entière, indépendamment d'aucune moisson[154] », mais la disette aurait pu être évitée si le gouvernement avait mieux veillé à l'application des divers édits sur les blés. L'accaparement des spéculateurs fit plus de mal au royaume que l'hiver arctique. Les prix montaient vertigineusement : « A Gonesse le setier de blé vaut en septembre 1709 huit fois plus cher qu'en mars 1708[155]. »

Les gueux et les petits revenus souffraient les premiers. Dès février, les dames de la Halle réclamaient du pain et marchèrent sur Versailles. Bientôt les émeutes ne se comptaient plus. La crise frumentaire atteignit des proportions alarmantes en avril et en mai. Les rapports des gouverneurs et des commissaires ne parlent que d' « attroupements », de « mouvements », de « désordres ». Dangeau, qui n'a pourtant pas l'habitude de s'intéresser à des réalités aussi triviales, écrit le 16 mai : « Il y a beaucoup de désordres en Bourgogne causés par la disette du blé, et on cherche tous les moyens d'y remédier ; mais elle est affreuse surtout à la campagne... »

De son côté, Madame mande en avril à Sophie : « Hier cent femmes de la Halle ont lynché un commissaire place Maubert. C'est parce que le pain renchérit. [...] Il y a assez de blé ici dans le pays, mais les gens sont si intéressés qu'ils ne veulent le vendre que très cher, et cela cause la montée des prix. » Même la qualité du pain servi à Versailles laissait à désirer. « On s'en aperçoit aussi à la Cour, dit-elle dans la même lettre ; non pas qu'il y ait disette de pain, mais ce qu'on mange n'est pas bon [156]... » Son arrière-petite-fille Marie-Antoinette résoudra plus tard le problème en préconisant la brioche. La situation empirait à tel point en mai qu'Elisabeth-Charlotte soupire ironiquement dans une lettre à Sophie : « Si le manque de pain et la famine deviennent ici trop forts, on devrait peut-être chasser toutes les bouches inutiles et moi aussi. Je courrai alors vers Votre Dilection qui ne me laissera pas manquer de pain. [...] Nous vivons des temps vraiment misérables [*es ist nun das woll eine erbarmliche Zeitt*] [157]... »

Madame pouvait constater de ses propres yeux à quel point la situation devenait explosive. Entrant en août à Paris par la porte Saint-Honoré, elle vit partout des mines inquiètes, des boutiquiers qui mettaient hâtivement les volets, du monde aux fenêtres et sur les toits. Même le Palais-Royal était verrouillé. Une bourgeoise inconnue lui cria comme on lui ouvrait : « Savez-vous, Madame, qu'il y a une révolte dans Paris qui dure depuis quatre heures de matin ? » La princesse se mit à rire. « Je ne suis pas folle, Madame, reprit l'inconnue, ce que je vous dis est très vrai, et si vrai qu'il y a déjà quarante personnes de tuées ! » N'en croyant pas ses oreilles, Madame se tourna vers ses gens. « Ce n'est que trop vrai ! dirent-ils, et c'est pour cela que nous avons fermé les portes du Palais-Royal. » On lui expliqua qu'on faisait travailler deux mille ouvriers au rempart et à la porte Saint-Martin pour trois sous et une miche de pain par jour. Ce matin-là, quatre mille ouvriers s'étaient présentés, réclamant du travail et du pain. Une femme un peu forte en gueule avait été mise au carcan, ce qui avait fort excité les dix mille personnes attroupées — surtout des laquais en chômage —, qui s'étaient mises à piller les boulangeries. Les pierres volaient, et les soldats de la garde accourus tirèrent sur la foule qui les chargeait. Il y eut des dizaines de morts. Le duc de Gramont et son gendre le maréchal de Boufflers, le héros de Lille, passèrent par hasard. Le maréchal descendit de son carrosse, parla au peuple, écouta les griefs, fit jeter un peu de monnaie à la canaille, et s'engagea à informer le Roi qu'on leur avait promis du pain et de l'argent, et qu'on ne leur en avait pas donné. « Incontinent, conclut-elle son récit à Sophie, la révolte s'apaisa. Les gens lancèrent aussitôt leurs chapeaux en l'air en criant " *Vive le Roi et du pain !* " Les Parisiens sont pourtant de braves gens de se calmer si vite [158]... »

Les conséquences de la famine sur les revenus de l'État étaient désastreuses, car les impôts ne rentraient plus. Dangeau note le 18 juillet : « Le Roi a donné un million de diminution à la province de Languedoc sur les sommes qu'ils s'étaient obligés de lui fournir cette année, et cela par rapport à ce qu'ils ont souffert du froid excessif de cet hiver, qui a fait mourir presque tous les oliviers... » En décembre 1689, Louis XIV avait fait porter à la Monnaie tous ses meubles d'argent massif, jusqu'à son trône d'argent ; la fonte de ces œuvres d'art inestimables avait arraché des plaintes aux courtisans. En juin 1709, le Roi répéta ce geste en envoyant à la Monnaie une partie de sa magnifique vaisselle d'or pour la faire fondre. Les grands du royaume — Gramont et Boufflers en tête — l'imitaient avec plus ou moins d'enthousiasme, et faisaient porter à la Monnaie leurs vaisselles d'argent. Certains, comme Saint-Simon, enfermaient leur plus belle argenterie et sacrifiaient un peu de vaisselle plate. Il note joliment : « Ce bruit de la vaisselle fit un grand tintamarre à la Cour : chacun n'osait ne pas offrir la sienne ; chacun y avait grand regret [159]. » Le Roi se fit montrer tous les soirs la liste des généreux donateurs. Du jour au lendemain, les services de faïence réservés jusqu'alors aux domestiques furent à la mode : « se mettre en faïence » était l'ultime geste de patriotisme.

Madame gardait la tête froide au milieu de ce tintamarre. « Le Roi a envoyé toute sa vaisselle d'or à la Monnaie, dit-elle à Sophie. De magnifiques plats d'or sertis de diamants et de rubis, une *nef* dans laquelle on place les serviettes, du plus beau travail qu'on puisse voir des yeux, tout cela est fondu. J'en ai vraiment de la peine, il y a une belle couronne montée dessus de diamants et de beaux rubis. Cela inspire des pensées tristes. De nombreux courtisans ont offert leur vaisselle d'argent au Roi et ne veulent plus manger qu'en faïence [...]. Je ne suivrai point cet exemple, je n'ai pas assez de vaisselle d'argent pour que cela fasse une somme. Mais pour qu'on n'aille pas penser que je *brave* le Roi, je ne mange plus dans des assiettes d'or, mais d'argent. Je n'ai plus rien d'or sur ma table [160]. » Madame a conservé en effet sa vaisselle d'or ; son inventaire après décès mentionne « douze assiettes d'or perlées et chargées d'armes ciselées en relief, fabriquées à Paris », un « gobelet d'or couvert avec la soucoupe aussi d'or » et « quatre petits chandeliers d'or », le tout pesant 38 marcs 7 onces, soit 9 kilos et demi. On voit que tous baissaient d'un cran : ceux qui avaient mangé dans des assiettes d'or se résignaient à l'argent ; ceux qui avaient mangé dans des assiettes d'argent se mettaient en faïence ; quant aux habitués de la faïence, ils n'avaient plus grand-chose à se mettre sous la dent.

Aux malheurs publics s'ajoutaient les malheurs privés d'Elisabeth-Charlotte. La duchesse de Lorraine perdit fin mars sa troisième fille âgée de quatre ans ; elle était malheureuse « comme si elle avait perdu tous ses enfants ». « Ma fille est à plaindre, écrit Madame à Louise, mais l'enfant s'en est bien trouvée, car elle est sûrement au ciel[161]. » L'accuser de dureté serait oublier que les gens qui vivaient sous l'Ancien Régime réagissaient avec moins d'émotions que nous à la mort d'un enfant, blasés comme ils étaient par une mortalité infantile dévorante. La mort de la raugrave Amélie-Elisabeth à Heidelberg le 13 juillet l'affectait davantage. La pauvre Amelise ne se portait pas bien depuis son mariage manqué. Elle s'était installée début 1709 avec Louise à Heidelberg, mais l'air de sa ville natale n'eut aucun effet salutaire sur les maladies qui la minaient. Les lettres de Madame et de Sophie parlent d'hydropisie de la poitrine et de convulsions ; il semble donc qu'elle faisait un œdème pulmonaire doublé d'une métastase cérébrale provoquant des convulsions. Elle mourut à quarante-six ans, pleurée par Louise et Elisabeth-Charlotte. Des treize enfants de Karl Ludwig et Louise von Degenfeld, douze étaient morts à présent. La raugrave Louise est désormais le seul lien entre Elisabeth-Charlotte et sa famille de Heidelberg.

Madame reçut un rude coup au début de l'été lorsqu'il s'avéra que son trésorier Davoust avait mis ses finances en coupe réglée depuis son entrée en fonction en 1672. « Je me trouve dans un labyrinthe inextricable, gémit-elle en juillet, puisque mon trésorier m'a volé plus de 100 000 écus et laisse mes gens et moi-même sans le sou. Maintenant on lui fait rendre compte. » Et en août, toujours à Louise : « Bien que mon voleur, le trésorier, ait les moyens, il m'a volé tant que j'en serai longtemps dérangée. Je n'ai rien que je puisse vendre. [...] Bientôt les commissaires examineront l'affaire. Devenir pauvre semble être un trait héréditaire chez nous tous[162]. » Mais l'affaire traînait, car le premier commissaire mourut en octobre et son remplacement prenait du temps. Pour compliquer les choses, Davoust se suicida. Dangeau note le 1er mars 1710 : « Un trésorier de Madame, nommé Davoust, qu'elle avait cassé il y a quelques mois et qui lui avait volé plus de 100 000 écus, voyant entrer des archers dans sa chambre qui venaient l'arrêter, s'est jeté par la fenêtre et s'est tué. »

L'enquête continua ; malgré beaucoup de détails restés obscurs, on croyait savoir que le détournement n'était pas aussi considérable qu'on l'avait d'abord pensé. Madame écrit en avril 1710 à Sophie que Davoust lui a volé 50 000 écus. Il lui fallut plusieurs années pour surmonter la perte. Dangeau la dit le 6 mai 1713 « assez incommodée dans ses affaires, surtout depuis que son trésorier lui a fait une banqueroute considérable », et forcée de solliciter du Roi une augmentation provisoire. Ce n'est qu'en juillet 1714 qu'elle peut annoncer fièrement à Louise : « Mes dettes à cause du maudit trésorier qui m'avait volée et trompée sont à présent toutes payées[163]. » On sait qu'Elisabeth-Charlotte haïssait les dettes autant que les mésalliances, ce qui n'est pas peu dire.

MALPLAQUET : « CE N'ÉTAIT PAS UNE TOTALE DÉROUTE »

D'imprécises rumeurs de paix avaient soutenu le moral des Français pendant le printemps de 1709 ; les voyages mystérieux de Torcy à La Haye nourrissaient d'interminables conversations à Versailles. La déception fut grande lorsqu'on apprit que les exigences formulées par l'Alliance étaient si exorbitantes que Louis XIV était bien contraint de continuer la guerre. L'état désespéré des finances publiques compromettait sérieusement la réussite de la nouvelle campagne. Dangeau note le 6 juin, après avoir mentionné la fonte de la vaisselle d'or du Roi : « Comme il n'y a nulle apparence à la paix, on cherche les moyens d'avoir de l'argent pour soutenir la guerre, ne pouvant plus rien prendre sur le peuple. Si même le Roi peut trouver à engager les pierreries de la Couronne il le fera. » Le royaume se trouvait au bord du gouffre. Le 9 juin, Louis XIV céda aux instances de Mme de Maintenon et renvoya son ministre de la Guerre Chamillart avec qui il s'entendait pourtant parfaitement. Son successeur Voysin, une créature de Mme de Maintenon, n'était certes pas plus doué que l'honnête mais médiocre Chamillart.

Le 12 juin, le Roi résumait la situation dans une lettre circulaire « en forme de manifeste » adressée aux gouverneurs des provinces de son royaume, laissant à leur prudence « de faire savoir mes intentions de la manière que vous le jugerez le plus à propos ». S'adressant ainsi directement à l'opinion publique — le procédé était exceptionnel — Louis XIV explique royalement qu'en dépit des concessions qu'il était prêt à faire pour aboutir à une paix honorable, ses ennemis s'étaient montrés intraitables : « Leur intention était seulement d'accroître aux dépenses de ma couronne les États voisins de la France et de s'ouvrir des voies faciles pour pénétrer dans l'intérieur de mon royaume... » Trouvant d'instinct les mots qui vont droit au cœur, le vieux Roi révèle que ses ennemis ont dépassé les bornes : « Je passe sous silence les insinuations qu'ils m'ont faites de joindre mes forces à celles de la Ligue et de contraindre le roi mon petit-fils à descendre du trône [...]. Il est contre l'humanité de croire qu'ils aient seulement eu la pensée de m'engager à former avec eux une pareille alliance. Mais quoique ma tendresse pour mes peuples ne soit pas moins vive que celle que j'ai pour mes propres enfants [...] et que j'aie fait voir à toute l'Europe que je désirais sincèrement de les faire jouir de la paix, je suis persuadé qu'ils s'opposeraient eux-mêmes à la recevoir à des conditions également contraires à la justice et à l'honneur du nom français[164]. »

Les réactions d'Elisabeth-Charlotte prouvent que la lettre du Roi a mobilisé les cœurs. « Il me semble, écrit-elle début juillet à Sophie, qu'il eût été *raisonnable* de laisser à notre roi Philippe, pour obtenir la paix, ce qu'il possède de plein droit, et de donner au roi Karl [l'archiduc] Naples, Sicile et Milan avec toutes les îles, la Corse et la Sardaigne. Il aurait été ainsi lui aussi un grand roi. Mais de vouloir contraindre un grand-père non seulement à abandonner son petit-fils qui de sa vie n'a rien fait contre lui, mais aussi à marcher contre lui avec ses propres troupes et à le précipiter du trône, cela me paraît si *cruel* et barbare, que je ne peux comprendre que des chrétiens puissent l'avoir conçu [165]. »

La campagne commença mal. Marlborough et le prince Eugène avaient fait savoir qu'à défaut d'une grande bataille décisive en Flandre, ils débarqueraient à l'embouchure de la Somme et marcheraient sur Abbeville et Amiens. Ils auraient donc leur bataille. Le Roi avait confié le commandement de l'armée de Flandre nombreuse mais mal ravitaillée au maréchal de Villars. Le maréchal, toujours fanfaron et parfois génial, fit de grandes déclarations. « Nous voici à la veille des grandes actions qui peuvent décider du salut de l'État », dit-il. Sa protectrice Mme de Maintenon lui dit de son côté : « Le salut de l'État est entre vos mains [166]... » Villars essaya d'abord de verrouiller la frontière, mais la perte de Tournai le 29 juillet préparait la scène à un grand affrontement dont il restait à voir s'il serait décisif. Il eut lieu le 11 septembre à Malplaquet près de Mons, où une armée française — 70 000 (selon Bluche) ou 100 000 (selon Lavisse) hommes — commandée par Villars et Boufflers attendait de pied ferme une armée alliée forte de 110 000 hommes sous les ordres de Marlborough et Eugène de Savoie.

Au milieu d'une canonnade féroce, les deux armées se livrèrent une bataille que le prince Eugène décrira après coup comme particulièrement « rude, sanglante, disputée et opiniâtrée ». A midi Villars fut grièvement blessé au genou en première ligne et dut être évacué. Boufflers, qui avait conduit l'épée à la main les charges de la maison du Roi, décida en fin d'après-midi de cesser le feu et d'abandonner le terrain aux alliés : ses artilleurs avaient épuisé leur parc de munitions et il savait qu'il n'avait plus les moyens de réussir une percée décisive. Sa retraite parfaitement organisée et réussie est l'une des plus belles de l'histoire militaire française.

L'armée alliée quitta à son tour le champ de bataille où s'amoncelaient les morts et les mourants. Un témoin déclara par la suite qu'il n'avait jamais vu autant de morts dans un espace aussi restreint. Les calculs des victimes varient selon les historiens et leur nationalité. Lavisse évalue les pertes françaises à 10 000 hommes et celles des alliés à 23 000 ; C. Barnett, biographe anglais de Marlborough, propose des chiffres plus réalistes : 11 000 et 18 000[167]. En tout état de cause, l'armée française avait essuyé beaucoup moins de pertes que les alliés et pouvait donc se vanter de les avoir battus aux points, même si l'époque estimait que celui qui se retirait le premier du champ de bataille s'avouait vaincu. Malgré la perte de Mons un mois plus tard, Villars n'avait peut-être pas entièrement tort de dire à Louis XIV : « Si Dieu nous fait la grâce de perdre encore une pareille bataille, Votre Majesté peut compter que ses ennemis sont détruits[168]. »

Il ne fait pas de doute que Malplaquet, après un premier moment de consternation, remonta le moral des Français, et qu'un mouvement en faveur d'un compromis honorable commença à se dessiner parmi les alliés, et notamment au sein du Parlement anglais où les whigs belliqueux seront progressivement évincés par les tories, dont le chef Robert Harley avait l'oreille de la reine Anne et œuvrait patiemment pour la paix.

Les premières nouvelles de ce qui parut d'abord un désastre arrivèrent dès le lendemain à Versailles. Dangeau apprit que son fils unique Courcillon avait eu une jambe emportée, et partit aussitôt à l'armée. Cette absence et l'inquiétude que lui inspirait l'état de son fils expliquent le « trou » dans son *Journal* du 12 septembre à la fin de l'année. Le Roi reçut le 13 une longue lettre de Boufflers : « Je suis bien fâché, Sire, que ce malheur [la blessure de Villars] m'engage à vous annoncer la perte d'une nouvelle bataille ; mais je puis vous assurer que jamais malheur n'a été accompagné de plus de gloire... » Suivait un rapport circonstancié et une première liste de morts, de « perdus » et de blessés. Le surlendemain, une seconde lettre de Boufflers était plus encourageante : « Je puis vous assurer, Sire, avec vérité que cette gloire est infiniment au-dessus de tout ce que je pourrais lui en dire. [Votre Majesté] le saura par la relation même des ennemis, qui ne peuvent assez exalter, ni vanter l'audace, la valeur, la fermeté et l'opiniâtreté des troupes de V.M. [...]. Enfin, Sire, la suite des malheurs arrivés depuis quelques années aux armes de V.M. avait tellement humilié la nation française que l'on n'osait quasi plus s'avouer français. J'ose assurer, Sire, que le nom français n'a jamais été plus en estime, ni plus craint qu'il l'est présentement dans toute l'armée des Alliés[169]... » Sans doute cette lettre est-elle l'œuvre d'un courtisan qu'égare un peu l'attachement à son souverain. « Il y songea tant à consoler le Roi et à louer la nation, qu'on eût dit qu'il annonçait une victoire », dira Saint-Simon[170].

Madame pensait donc comme presque tout le monde lorsqu'elle manda fin septembre à Sophie : « Les Français sont battus, il est vrai, mais ce n'était pas une *totale déroute ;* le maréchal de Boufflers s'est retiré avec l'*armée* en bon *ordre.* » Et parlant de la blessure de Villars : « Ce serait dommage qu'un si brave homme mourût[171]. » Ses lettres de cette période plongent le lecteur dans l'inquiétude de tous, et dans le deuil des familles des victimes. Elle écrit trois jours après le carnage à Louise : « Les nôtres ont perdu une bataille près de Mons, mais cette fois-ci ils se sont battus avec acharnement [*haben sich aber diessmahl erschrecklich gewehrt*], aussi est-il tombé énormément de monde des deux côtés. On ne voit que tristesse et larmes. Mme Dangeau [...] a son fils unique horriblement blessé. On lui a coupé une cuisse tout près du ventre ; on ne sait pas encore s'il en réchappera[172]... » Et à Sophie, une semaine après Malplaquet : « Mon cœur est tout abattu de toutes les choses attristantes qu'on entend ici sans interruption. L'une pleure son fils, l'autre son gendre, celui-ci son père, celui-là son *neveu*[173]... »

Les proches des mutilés étaient encore les moins à plaindre. Versailles était brusquement rempli d'officiers se traînant sur des béquilles et vendant leurs régiments. Madame rapporte fin octobre à Louise : « Nous voyons arriver ici tous les jours des officiers appuyés sur des béquilles, cela vous fait pitié. Un jeune homme qui a été mon page et qui n'est que depuis quelques années dans les *troupes,* est là dans ma chambre, lui aussi avec des béquilles ; cela fait vraiment pitié. Il y a là aussi un gentilhomme d'Alsace de la famille Wangen, arrangé de la même façon. Tout ce qu'on entend et voit ces jours-ci est affreux[174]. »

Madame n'avait rien à craindre pour son fils resté en 1709 à Paris. Quelques maladresses politiques en Espagne qui créaient l'impression qu'il complotait contre Philippe V, et quelques plaisanteries de corps de garde prononcées « un peu en pointe de vin » à l'adresse de Mmes de Maintenon et des Ursins qui gouvernaient entre elles les deux couronnes l'avaient tellement brouillé avec le roi d'Espagne et la *camarera mayor* vindicative, que Philippe d'Orléans ne traversera plus jamais les Pyrénées. L'Espagne, c'est certain, y perdra beaucoup. Tout en protestant vigoureusement contre les fausses allégations qui noircissaient la réputation de son fils[175], Elisabeth-Charlotte ne regrettait point de le voir rester dans le royaume. Elle explique à Louise en septembre : « Ses campagnes espagnoles, où on l'a laissé manquer de tout et où il a dû tout acheter de son propre argent, l'ont vraiment ruiné. C'est affreux ce que mon fils a dépensé[176]. »

Les malheurs de l'année 1709 ont amené Elisabeth-Charlotte à se replier encore davantage sur elle-même, sortant de moins en moins de ses cabinets de Versailles et de Marly qui sont ses coquilles. « Je fais comme si j'aimais la solitude, dit-elle en avril à Sophie. Je vis un peu comme on parle des *limbes* : sans joie et sans tristesse. » Elle décrit un mois plus tard ses passe-temps de cabinet : « Je puis assurer Votre Dilection que [...] je suis toute seule de 2 à 8 sans voir d'autre *créature* vivante que mes petits chiens. Cependant le temps ne me paraît jamais long, je trouve toujours quelque chose à faire et à arranger, ce qui me fait passer le temps : tantôt j'écris, tantôt je lis ; à tel moment je regarde mes médailles, à tel autre mes pierres gravées, ou encore des gravures que je possède en grand nombre [177]... »

Le temps est venu d'interrompre, la durée d'un chapitre, la vie de Madame, et de la suivre dans l'intimité de son cabinet, lieu privilégié qui a vu naître la plus prodigieuse correspondance de l'ère louis-quatorzienne. Les lettres d'Elisabeth-Charlotte renferment des centaines de références à ses activités épistolaires, à ses collections, à ses lectures, à ses divertissements d'intérieur. Son inventaire après décès détaille avec précision les livres et autres objets qui remplissaient son cabinet — objets qu'elle touchait, qu'elle aimait, objets dont elle parle dans ses lettres. Passer devant cette porte qu'elle nous entrouvre elle-même serait ignorer une dimension constitutive de sa personnalité, plus riche et plus complexe que ne l'ont fait croire jusqu'à présent ses biographes, trop pressés d'en finir avec une princesse aussi bavarde. Victime d'images d'Épinal qui l'ont défigurée pendant plus de deux siècles et demi, elle a bien droit à ce portrait intellectuel qui entend être une réhabilitation.

CHAPITRE XII

Le cabinet de Madame

« Il y a aussi des gens derrière la montagne »

La disparition de Monsieur et la marginalisation de Madame qu'elle a entraînée expliquent le déplacement du point cardinal de son existence des lieux publics de la Cour vers son cabinet. Les contraintes et désagréments de sa vie de princesse mal mariée l'avaient fait aspirer bien avant son veuvage à la paisible solitude des pièces privées au fond de son appartement. Nous l'avons vue écrire dès juin 1691 à l'abbé Dubois : « Je suis une pauvre recluse qui ne sors guère de mon cabinet. » Le thème, sinon du bonheur, au moins de la sérénité dans la solitude, devient avec le temps un leitmotiv résigné. « Depuis plusieurs années, confie-t-elle en juin 1699 à Amelise, je suis devenue très mélancolique ; il n'y a rien que j'aime plus que la solitude et j'avoue que je fuis toujours la compagnie. On me le reproche souvent, mais je ne le puis changer. » Et à Louise, trois mois avant la mort de Monsieur : « Il n'y a pas d'ermite qui mène une vie plus solitaire que moi [1]... »

Le danger de sombrer dans l'hypocondrie n'était pas imaginaire, et Elisabeth-Charlotte s'en rendait parfaitement compte. « Je me gare autant que je puis de devenir mélancolique, dit-elle début 1702 à Sophie. Je cherche toujours à faire quelque chose, afin de ne penser ni au passé ni à l'avenir [2]. » Cette philosophie du présent dans un boudoir sous-tend toutes les activités de cabinet de Madame épistolière, lectrice et collectionneuse. Au lieu de devenir une vieille dame aigrie et coupée du monde extérieur, nous la voyons au contraire déplier ses ailes, tisser un réseau épistolaire extraordinaire et correspondre avec les quatre coins de l'Europe, suivre l'actualité internationale, réunir une imposante bibliothèque qui stimulait sa curiosité intellectuelle, se livrer à des observations scientifiques, s'entourer de savants, compléter sa collection de pierres gravées et former une collection de médailles anciennes qui ne le cédait qu'à celle du Roi. Le cabinet de la princesse recluse était, malgré les apparences, un lieu d'ouverture sur le monde. A l'instar de Montaigne qui faisait peindre sur les poutres de sa « librairie » des citations qui exprimaient sa philosophie personnelle, elle aurait pu faire mettre en évidence dans son cabinet ce proverbe allemand que lui répétait sa gouvernante Kolb et qu'elle cite à Sophie : « *Hinter dem Berg seindt auch Leütte* [il y a aussi des gens derrière la montagne][3]. »

On sera peut-être étonné d'apprendre qu'Elisabeth-Charlotte, pour se délasser de ses occupations plus sérieuses, jouait au trictrac et tressait des petits paniers qu'elle envoyait à sa tante « pour y mettre ses fils de soie ». Une de ses femmes de chambre lui avait appris ce dernier passe-temps. « C'est dans l'ordre des choses que les solitaires tressent des paniers », ironise-t-elle dans une lettre à Louise[4]. Il lui arrivait aussi à ses moments perdus de prendre sa guitare, ce qui nous engage à nous interroger sur la place qu'occupait la musique parmi les amusements d'intérieur de Madame.

MADAME MUSICIENNE

Les instructions rédigées par son père à l'intention de sa gouvernante Kolb prévoyaient, on s'en souvient, l'étude de l'épinette, mais il semble que, contrairement à la plupart des princesses de son temps, elle n'a jamais appris à toucher l'épinette, le virginal ou le clavecin. Elle devait être gavée à Versailles de musique de clavier, mais n'en parle jamais. Le seul document qui établit un rapport — d'ailleurs passif — entre Madame et le clavecin est l'épître dédicatoire du livre de sonates en trio (1705) de Jean-François Dandrieu, âgé alors de vingt-deux ou vingt-trois ans : « Madame, je prends la liberté d'offrir à V.A.R. ces prémices de mon travail [...]. L'honneur qu'elle me fit de m'entendre jouer du clavecin lorsque je n'avais pas encore cinq ans, et la bonté qu'elle eut de m'applaudir me pénétrèrent d'une émulation qui m'a tenu lieu de génie, de sorte, Madame, que si j'ai fait quelque progrès dans la musique, si j'ai pu composer ces sonates à mon âge, j'en ai toute l'obligation à V.A.R. D'ailleurs, la protection qu'il lui a plu de m'accorder depuis peu fait assez connaître qu'elle veut me regarder comme étant à elle[5]... »

Ces compliments d'usage trahissent moins un intérêt pour le clavecin chez la princesse que le souhait du jeune Dandrieu de s'assurer les bonnes grâces de Madame, qui avait guidé ses premiers pas à la Cour et qui, probablement, avait facilité sa nomination à l'orgue de Saint-Merri en 1704. C'était de bonne politique de chercher la protection de la mère de Philippe d'Orléans qui était fou de musique. Il avait étudié chez Marc-Antoine Charpentier, composait des opéras, s'entourait de musiciens comme André Campra, et avait fait du Palais-Royal un foyer musical très actif. Sa mère le décrit dans une lettre peu connue de 1697 absorbé par la musique dans son cabinet de Saint-Cloud : « Hier soir je vis mon fils assis dans sa chambre entouré de trois ou quatre musiciens. L'un jouait du luth, un autre de la *basse de viole,* un autre du violon ; mon fils lui-même avait un *dessus de viole.* Ils étaient si appliqués, que j'écoutai un quart d'heure sans que mon fils vît que j'étais debout dans l'embrasure de la porte[6]. » Elle avait écrit deux ans plus tôt à Sophie : « Rien n'est tant à la mode présentement que la musique. Je dis souvent à mon fils qu'il en deviendra fou, quand je l'entends parler sans cesse de *bémol, bécarre, béfa, bémi,* et autres choses de ce genre auxquelles je n'entends rien[7]... »

Ce passage révèle que Madame n'avait jamais appris le solfège. Pourtant, trois mois plus tard, elle explique à Sophie énumérant ses passe-temps d'intérieur : « Je lis, j'écris, je m'occupe de mes pierres gravées ou je joue de la guitare ; en un mot, le temps ne me semble jamais long quand je suis seule[8]... » Elle rappellera en février 1697 qu'un valet de chambre français de son oncle Ernst August, nommé Michel Raison, lui avait appris à jouer de la guitare, ce que confirme cette phrase de Sophie tirée d'une lettre d'avril 1662 à Karl Ludwig : « La Princesse Électorale joue fort joliment de la guitare[9]... » Cet instrument n'avait rien d'indigne puisque, de l'aveu même de notre princesse, Louis XIV le pratiquait lui aussi avec beaucoup de talent[10]. On a l'impression qu'elle raclait de la guitare comme elle tressait des paniers, jouant des airs appris par cœur sans s'embarrasser de solfège ni de partitions.

Ses goûts musicaux étaient d'ailleurs fort simples : elle déteste la musique sacrée avec ses interminables vocalises qui lui rappellent le miaulement d'un chat, et si elle aime tant l'opéra, c'est le spectacle total qui la comble, et non pas la musique. Le seul instrument dont elle parle avec un certain enthousiasme est... le cor de chasse qu'elle appelle tantôt *Jagthorn* et tantôt *Waldhorn*[11]. Un épanchement lyrique écrit en avril 1704 à Marly situe son goût pour cet instrument dans un contexte manifestement plus sportif que musical : « Nous avons déjà pris un cerf aujourd'hui. Nous avons le plus beau temps du monde et on ne peut s'imaginer rien de plus agréable que le parc à gibier où nous chassons. Il ne faisait pas trop chaud ce matin, car une petite brise nous rafraîchissait. La forêt est pleine de primevères et de violettes, ce qui parfume l'air agréablement avec l'odeur du feuillage frais. Le bois est rempli de rossignols ; si on tombe *en défaut* comme ce fut le cas aujourd'hui et qu'on n'entend ni chiens ni cors de chasse, on entend toujours cette musique agréable qui paraît d'autant plus douce qu'on a encore dans les oreilles le grand vacarme des chiens et des cors de chasse [12]... »

Ce texte en dit long sur les véritables goûts musicaux d'Elisabeth-Charlotte, qui répète une bonne douzaine de fois qu'elle préfère le chant des rossignols et même le coassement des grenouilles à la plus belle musique instrumentale ou vocale. Élevée au grand air plutôt que dans les salons, son esthétique personnelle en est profondément marquée. « Je suis comme Votre Dilection, écrit-elle à Sophie, je préfère les rossignols à toute la musique du monde, et ce que fait la nature me paraît toujours plus beau que ce que font les hommes, quelle qu'en soit la magnificence [13]... »

Madame nous rappelle à sa manière que nous entrons dans une époque pré-rousseauiste, qu'une nouvelle sensibilité point à l'horizon. « Je me lasse plus vite d'un beau jardin que d'une forêt sauvage ou d'une prairie bordée de saules et de ruisseaux », confie-t-elle en 1710 à Louise [14]. Pour elle, le *Rossignol-en-amour* du quatorzième *Ordre* de François Couperin, interprété par un claveciniste exceptionnel sur le plus bel instrument jamais sorti de l'atelier de Nicolas Blanchet, ne saurait se mesurer avec un vrai rossignol s'égosillant un matin de printemps sous le balcon de son cabinet.

Madame épistolière, ou le cabinet-atelier

Plus qu'un lieu d'aimables passe-temps destinés à dissiper l'ennui, le cabinet de Madame est un atelier au vrai sens du terme où se développe une activité épistolaire dont l'intensité a frappé tous les contemporains. Il n'est pas exagéré de dire qu'Elisabeth-Charlotte écrivait comme on respire : par nécessité. « Elle aimait tellement à écrire à ses parents et amis, qu'elle y passait sa vie », témoigne Saint-Simon [15]. Madame s'en rendait compte et était la première à s'en moquer. Elle termine le jour de Noël 1705 une lettre à son gendre de Lorraine en lui disant : « J'ai peur que vous ne pensiez en voyant cette longue lettre : quand ma vieille belle-mère se met à écrire, elle ne saurait finir. J'avoue que j'y ai peine quand c'est aux personnes que j'aime [16]. »

Ce besoin de communication par lettres interposées était si connu que les envoyés à Paris des princes étrangers leur conseillaient de correspondre avec la princesse, même s'il n'avaient rien à lui dire, pour s'assurer sa protection. Le Genevois Daniel de Martine, agent à Paris du landgrave Carl von Hessen-Cassel, lui rappelle ainsi en septembre 1718 : « J'ai déjà eu l'honneur de mander à V.A.S. que Madame aime qu'on lui fasse sa cour, et je remarque que ceux qui entretiennent un commerce de lettres avec elle, cela l'attache beaucoup à eux. Si V.A.S. voulait lui écrire de temps en temps, sans avoir rien à lui demander, mais seulement des marques d'attention et des honnêtetés, en lui mandant quelque particularité de ce qui se passe dans la famille, elle aime cela et elle le prend pour des marques d'amitié, et quoiqu'elle soit très diposée à rendre service à V.A.S., il est certain qu'elle le ferait avec plus de chaleur et d'empressement s'il y avait une correspondance réglée entre elle et V.A.S. [17]... »

L'aventurier allemand Karl Ludwig von Pöllnitz, neveu de la demoiselle d'honneur de Figuelotte, a laissé dans ses *Nouveaux Mémoires* (rédigés en français comme tous ses écrits) un témoignage précieux de la boulimie épistolaire d'Elisabeth-Charlotte vers 1713 : « Ce n'était point de petites lettres qu'elle écrivait ordinairement : elle remplissait fort bien vingt à trente feuilles de papier. J'en ai vu plusieurs qui auraient mérité d'être rendues publiques ; je n'ai rien vu de mieux écrit en allemand. Aussi cette princesse ne faisait-elle qu'écrire du matin au soir. D'abord après son lever, qui était toujours vers les dix heures, elle se mettait à sa toilette ; de là elle passait dans son cabinet où, après avoir employé quelque temps en prières, elle se mettait à écrire jusqu'à l'heure de la messe. Après la messe, elle écrivait encore jusqu'au dîner, qui ne durait pas longtemps. Madame retournait ensuite écrire, et continuait ainsi jusqu'à dix heures du soir. Vers les neuf heures du soir on entrait dans son cabinet : on trouvait cette princesse assise à une grande table, et entourée de papiers [...]. De temps en temps, Madame regardait jouer, quelquefois même elle conseillait en écrivant. D'autres fois, elle entretenait ceux qui lui faisaient la cour. J'ai vu une fois cette princesse s'endormir, et un instant après se réveiller en sursaut, et continuer d'écrire [18]. » Pöllnitz a bien observé l'épistolière. Par une chaude journée de juin 1708, elle est en train d'écrire à sa tante, et lui parle de Lazare qu'elle aurait voulu, dit-elle, cribler de questions à son retour de l'au-delà... « Mais voilà qu'arrive le sommeil, il me faut faire un petit somme [*muss ein klein Nickerlein thun*]. — Me voici réveillée maintenant, je ne dormirai plus. Cela a duré une petite demi-heure ; j'ai bu un bon coup de bière à la santé de Votre Dilection [19]... »

Ce passage illustre parfaitement la fonction principale de la correspondance de Madame : être la durée d'une lettre avec ceux qu'elle aime, causer avec eux à bâtons rompus. Pour exprimer la nature de ses échanges épistolaires, elle se sert souvent du verbe *plaudern*, bavarder. « Voilà mon fils qui entre pour dire qu'il est temps d'aller à la comédie ; je dois donc terminer contre ma volonté, car je suis d'humeur à bavarder encore. J'aurais aimé bavarder encore une petite heure [*hette gern noch ein Stündgen geblauttert*]. Je n'ai même pas le temps de relire ma lettre. Excusez les fautes, chère Amelise [20]... »

Ce bavardage sans queue ni tête est à peine interrompu par les repas, Pöllnitz vient de le rappeler. Une lettre d'août 1701 à Amelise en fournit un charmant exemple : « Dans ce pays les enfants ne se soucient guère de leurs parents. Il est rare d'en trouver un qui aime sa mère et ne la méprise pas après la mort de son père. Mon fils a donc dans ce domaine plus de *mérites* qu'on ne penserait. C'est maintenant l'heure de passer à table ; je terminerai cette lettre après le repas. — Je quitte maintenant la table et répondrai entièrement à votre lettre, chère Amelise ! Nous parlions tantôt de mon fils. Croyez-moi, c'est beaucoup que mon fils m'aime [21] ! » Si Madame avait vécu à notre époque, elle aurait passé ses journées à bavarder au téléphone. Elle confirme en juillet 1698 à Sophie : « Ma tante bien-aimée est ce que j'ai de plus cher au monde, et puisque je ne puis parler oralement avec Votre Dilection, l'écriture est ma seule consolation [22]... »

Le contenu de ses lettres est donc moins important à ses yeux que l'acte même de la communication épistolaire. L'essentiel, c'est de se mettre sur la même longueur d'onde, de communier, non de transmettre des messages historiques. « Croyez-vous donc, écrit-elle à Karl Moritz, que je gouverne ici tout l'État, puisque vous me demandez pardon de m'écrire des *bagatelles* ? Cela m'a fait rire. Les *bagatelles* me conviennent à merveille. Écrivez-m'en, et tout ce qui vous passe par la tête [23] ! »

Des dizaines d'allusions au cabinet noir expliquent sa circonspection et la banalité occasionnelle de ses propos épistolaires. « J'étouffe de ne pouvoir écrire tout ce que je voudrais ! » dit-elle à Sophie [24]. Nous avons déjà constaté à plusieurs reprises qu'elle profite de chaque voyage à Hanovre d'une personne sûre pour lui confier une longue lettre très franche à remettre à Sophie en mains propres. Voici deux autres exemples. En avril 1706, deux jours après l'exclamation que nous venons de lire : « Le jardinier Conrad Weffer me prie de lui confier une lettre pour Votre Dilection. Puisque je regarde cette occasion comme étant sûre, je dois dire à V.D. que, bien que je fasse de mon mieux, je ne puis obtenir la faveur de la vieille femme. Elle m'a écrit récemment qu'elle ne viendrait plus me voir [25]... » Ou encore, en avril 1709 : « Puisque le valet du prince de Wolfenbüttel repartira vendredi, je répondrai par cette voie à la gracieuse lettre de Votre Dilection. Je parlerai dans celle-ci un peu plus franchement que dans les lettres postales [*will hir ein wenig teütscher reden als durch die Postbrieff*], puisque cet homme la remettra en mains propres à V.D. [26]... »

Louise se trouvait fin 1702 à Francfort. La guerre en Allemagne empêchait Madame de lui écrire directement. Obligée d'adresser ses lettres pour Louise à Hanovre et de prier sa tante de les envoyer à Francfort, elle proteste contre cette situation stupide, résumant ainsi le contenu inoffensif de ses missives : « N'est-il pas ridicule qu'on ne veuille pas souffrir que nous nous écrivions ? Nous ne connaissons point de secrets d'État et nous ne nous mêlons pas de politique. Qu'est-ce que cela peut faire à l'Empereur que nous nous disions que nous nous aimons, qu'un mariage ou un baptême a lieu, qu'une comédie est bien ou mal jouée, et autres choses semblables qui ne regardent ni l'Empereur ni l'Empire ? Nous avons encore le droit de nous dire qui est mort et qui est vivant sans offenser personne [27]. »

Le caractère inoffensif de sa correspondance active et passive explique le peu de cas que faisait Madame des lettres qu'elle écrivait et recevait. Répliques d'un interminable dialogue écrit, elles perdaient leur intérêt dès qu'elles étaient lues et la réponse partie. Il lui arrive, sans attacher la moindre importance à son propre style, d'admirer l'élégance épistolaire de ses correspondantes. Elle adresse ainsi ce joli compliment à Amelise en mars 1705 : « La fin de votre lettre, c'est ce qu'on appelle ici *une belle chute de fin*. Sans vous vexer, c'est *élégant*. Je ne suis pas aussi douée, je dirai donc simplement et carrément que je vous embrasse de tout cœur et que je vous aimerai toujours [28]. »

Cette absence totale d'ambition littéraire est, nous n'en doutons pas un seul instant, sincère. Madame ne ment pas en disant à Louise : « J'écris comme je parle, car je suis trop naturelle pour écrire autrement que je ne pense [29]. » Elle est du nombre de ceux salués par Pascal : « Quand on voit le style naturel, on est tout étonné et ravi, car on s'attendait de voir un auteur, et on trouve un homme. » Madame est donc, au sens étymologique du terme, un auteur *naïf*. On conçoit son effarement lorsque Polier la complimente sur la qualité de sa prose, la comparant aux grands prosateurs du XVIIᵉ siècle : « Je pourrais dire comme monsieur Jourdain à la comédie : " J'ai fait de la prose sans le savoir ", car je ne me souviens pas d'avoir rien dit qui puisse être comparé à Voiture ni Saint-Évremond, car pour Balzac, je n'ai point vu de ses ouvrages. » Elle s'est rattrapée, il y avait un Balzac dans sa bibliothèque.

Le compliment de Polier lui inspire deux phrases capitales qui devraient nous faire rougir de honte, nous qui lisons, traduisons, publions et exploitons indiscrètement sa correspondance : « Je ne vous écris que pour que mes lettres ne soient vues que de vous », et : « Je serais bien effrayée si je voyais de mes lettres imprimées [30]. » Une analyse du statut littéraire de la correspondance de Madame ne serait pas à sa place dans une biographie. La question est d'ailleurs compliquée par le bilinguisme de l'épistolière. On n'échappe pas à l'impression que son écriture allemande est plus nonchalante que son écriture française. La publication que nous préparons des sept cents lettres françaises actuellement connues permettra sans doute de mieux étudier la question.

Ses correspondantes principales — Sophie, Louise et Caroline — attachaient pour notre bonheur plus d'importance à ses lettres qu'elle-même. Le sort qu'elle réservait de son côté aux lettres qu'elle recevait et qui encombraient son cabinet était malheureusement tout différent, quoique normal. Parlant seize mois après la mort de Sophie des lettres de cette dernière qu'elle conserve dans huit coffrets (en quarante-trois ans, Sophie a dû lui écrire plus de 4 000 lettres), elle explique : « Tant que je vis, personne ne peut les voir. Mais c'est l'usage après la mort qu'on brûle aussitôt toutes les lettres qu'on trouve dans les cassettes du défunt sans les regarder. On brûlera d'autant plus vite les miennes qu'on ne pourra les lire, et qu'on ne prendra pas la peine de les traduire [31]. »

C'était en effet l'usage. Madame avait brûlé les lettres de Monsieur. Après la mort de Karl Ludwig en 1680, les lettres qu'il avait reçues de sa fille avaient été brûlées par le maréchal de la Cour, von Hoff. Après la mort de l'électrice Charlotte en 1686, le commissaire Moras avait agi de même. Il était donc parfaitement normal que les lettres trouvées après la mort de Madame connussent le même sort. Son inventaire mentionne seize coffrets, cassettes et « petits bahuts » tous vides. Elisabeth-Charlotte faisait brûler les lettres de ses autres correspondants dès qu'elle y avait répondu. Elle rassure Louise qui s'inquiétait du sort de ses lettres : « Je brûle toutes vos lettres dès que j'y ai répondu, et avant d'y répondre je les enferme dans une cassette [32]. »

Un malentendu l'empêche de répondre en juillet 1715 à une lettre de Louise. L'explication qu'elle lui fournit mérite d'être citée, car elle nous renseigne sur ces personnages muets qui peuplaient le cabinet de Madame, c'est-à-dire ses valets de chambre. « Très chère Louise, quelque chose de curieux m'est arrivé concernant votre dernière lettre. [...] Dès que je l'avais lue, je l'ai placée en haut dans ma cassette. J'avais répondu samedi à beaucoup de lettres que j'avais reçues de Paris. Je les avais déposées, après y avoir répondu, devant la cassette. On m'appelait et je dis en partant " *Brûle ces lettres !* " à un de mes valets de chambre. Il a pris aussi votre lettre et l'a brûlée avec les autres. Il m'est donc impossible d'y répondre. Je me suis très fâchée, mais cela ne rend pas la lettre. Mes valets sont les diables les plus stupides qu'on puisse trouver au monde. Ils font tous les jours quelque chose de travers. Je dis toujours que, si le proverbe « tel maître, tel valet » dit vrai, je suis la plus stupide et la plus sotte femme du monde [33]... »

Modestes rouages de la grande machine qui produisait et traitait la correspondance de Madame, ses dix valets ont fait des milliers de courses, portant ses paquets de lettres à la poste, y allant retirer son courrier, brûlant (avec un zèle parfois inconsidéré) ses lettres périmées, nettoyant les taches d'encre sur son « écritoire de chagrin ornée d'argent » et sur sa « table bureau en bois de noyer à pieds de biche, couverte de drap vert, fort gâtée dessus de gouttes de cire », préparant ses plumes, son cornet, son beau papier de Hollande à tranche dorée assemblé en rames de vingt « mains » de vingt-cinq feuilles pliées ensemble, sa poudre d'or, la cire rouge ou noire dans laquelle elle imprimait son cachet à double écusson, les fleurs de lys dans l'un et les armes des Wittelsbach dans l'autre.

Les textes suggèrent que Madame n'était pas particulièrement tendre avec eux. La plainte et le proverbe qu'on vient de lire reviennent régulièrement sous sa plume. « Mes valets de pied sont les plus sottes gens du monde, dit-elle en 1718 ; si on les mettait tous les dix dans un alambic, on n'en tirerait pas une once d'intelligence ni de *sens commun*[34]. » Ses pages avaient appris à leurs dépens que la princesse ne tolérait pas le moindre relâchement de la discipline autour d'elle. « Quand mes pages se conduisaient mal, dit-elle en 1702 à Sophie, je les fourrais pour quelques mois à Saint-Lazare ; les jeunes gens sont bien sages et dociles quand ils en sortent. [...] On les y fustige deux fois par jour, et davantage lorsqu'ils regimbent[35]... »

D'innombrables passages de la correspondance permettent de reconstituer sa semaine postale, le nombre de lettres écrites en un seul jour, la longueur parfois démesurée de celles-ci, les liaisons postales bien rodées, l'attente impatiente d'une lettre qui tarde, la violation incessante du secret épistolaire, les messages glissés dans des lettres à l'intention des responsables du Cabinet noir (Torcy est sa bête... noire favorite), etc. Nous avons déjà lu plus haut un aperçu de sa semaine postale avant 1700. La correspondance allemande échangée avec la comtesse Johanna Sophie von Schaumburg-Lippe, signalée par Jürgen Voss et encore inédite, propose le programme de sa semaine postale en 1718. Elle lui écrit à la troisième personne, forme de politesse un peu raide réservée aux correspondants qui ne sont ni des parents proches ni des amis intimes : « Le dimanche j'écris à ma fille, à la raugrave, à mes petits-enfants en Lorraine et aussi souvent à monsieur Harling à Hanovre. Le lundi, comme elle sait bien, j'ai les deux reines, celle de Sicile et celle d'Espagne qui est à Bayonne. Le mardi à Sa Dilection la princesse de Galles, à ma fille quand c'est possible, à Mme la comtesse [von Schaumburg-Lippe] ou Mlle de Malauze. Le mercredi j'écris en Italie à notre duchesse de Hanovre [petite-fille d'Anne de Gonzague et duchesse de Modène]. Le jeudi à la raugrave et monsieur Harling, et je commence comme elle voit souvent d'autres lettres pour le vendredi. Le vendredi, j'ai encore l'Angleterre et la Lorraine. Le samedi je vais souvent à Paris, puisque c'est le jour où j'ai le plus de loisirs[36]... »

L'examen des manuscrits révèle que la première page est toujours bien écrite, mais que l'écriture a tendance à se relâcher et à devenir plus grande dès qu'on tourne la page. Les lettres de vingt ou trente pages (18 × 24 cm, moyenne de seize lignes) ne sont pas exception-nelles. Madame se moquait la première de son écriture carrée et énergique : « J'ai à présent une main affreuse ; c'est à force d'écrire en français que mon écriture allemande s'est entièrement gâtée [37]. » Mais qu'importe la main : ce qui compte, ce n'est pas la matérialité des lettres, c'est la qualité affective du dialogue engagé, c'est le regard braqué constamment sur les Allemagnes : « Je suis toujours bien aise, dit-elle en 1707 à Amelise, d'apprendre ce qui se passe en Allemagne. Je suis comme les vieux cochers ou voituriers qui prennent plaisir à entendre claquer le fouet quand ils ne peuvent plus rouler [*bin wie die alten Kutscher oder Führleütte, die noch gern die Peitsch klacken hören wenn sie nicht mehr fahren können*]. Vous me faites donc un vrai plaisir, vous et Louise, en m'écrivant [38]... »

Avant d'être un lieu d'amusements scientifiques, de lectures divertissantes ou réfléchies et de ferveur numismatique, le cabinet de Madame est un atelier où une plume bilingue laboure le papier avec une obstination dont on voit peu d'autres exemples. Cette frénésie de la communication épistolaire chez une princesse qui n'a pas grand-chose à dire et qui s'adresse en partie à des correspondantes qu'elle connaissait à peine (Louise et Amelise n'avaient que dix et huit ans lorsqu'elle partit en France) ou pas du tout (pensons aux reines d'Espagne Marie-Anne von Neuburg et Marie-Louise de Savoie, à Caroline de Galles et à sa dame de compagnie von Schaumburg-Lippe) demeure l'un des aspects les plus complexes de sa personnalité. Ce n'étaient pourtant pas les amies et les confidentes qui lui manquaient en France ; il y avait Lydie de Théobon-Beuvron, la maréchale de Clérambault, la belle Mme de Châteautiers, Eleonore von Rathsamshausen...

Un examen psychanalytique pourrait jeter un jour plus de lumière sur les forces profondes qui enchaînaient Elisabeth-Charlotte à son écritoire. En tout état de cause, Louise avait raison d'attirer en 1719 son attention sur son caractère unique, et Madame avait tort de protester : « Ah, chère Louise, vous me flattez trop en me disant qu'on ne trouve plus ma pareille au monde [*ihr flattirt mich zu sehr, zu sagen dass meines gleichen nicht mehr in der Welt ist*] [39]... »

LE CABINET-BIBLIOTHÈQUE

Nous avons la chance extraordinaire de posséder le catalogue complet des bibliothèques que Madame avait dans ses cabinets de Saint-Cloud et du Palais-Royal au moment de sa mort. Une copie manuscrite de 253 feuillets d'une grande écriture somptueusement reliés sous le titre *Inventaire de S.A.R. Madame* figure dans les archives privées de la famille d'Orléans déposées aux Archives nationales. L'expédition originale de l'*Inventaire et description fidèle de tous les meubles meublants, ustensiles d'hôtel, vaisselle d'or d'argent et de vermeil, habits, linges, argent comptant, diamants, bijoux, curiosités et autres effets délaissés par feu S.A.R. Madame la duchesse d'Orléans* faisait partie de la collection Henry Fatio. Par suite de la vente de cette collection en 1882, le document passa en Angleterre dans une collection privée non identifiée. Édouard de Barthélemy et Émile Magne eurent communication de l'inventaire Fatio avant son départ en Angleterre. Le premier en publia en 1882 la première moitié (c'est-à-dire tout sauf le catalogue des deux bibliothèques) ; le second consacra une page de son *Château de Saint-Cloud* aux livres de Madame [40].

Le chancelier du duc d'Orléans, Le Pelletier de La Houssaye, avait chargé le marchand-libraire parisien Le Breton de dresser les catalogues de Saint-Cloud et du Palais-Royal, ce dernier comprenant en outre les livres trouvés dans le cabinet de Madame à Versailles. Les livres de Saint-Cloud étaient rangés dans « une vieille armoire bibliothèque de marqueterie à deux volets garnie de fil de laiton avec deux rideaux de taffetas vert au-dedans ». Le Breton recensa en tout 1 454 titres représentant plus de 3 000 volumes. Il était assisté par le sieur Tesnière, huissier-priseur, qui évalua l'ensemble à 14 880 livres (à titre de comparaison, les douze assiettes d'or de Madame sont estimées 32 130 livres !).

Ces catalogues feraient la joie du palatiniste s'ils étaient mieux faits. L'identification des ouvrages allemands est considérablement compliquée du fait que le sieur Le Breton ignorait à peu près totalement cette langue. L'orthographe phonétique des quelques mots auxquels les titres sont arbitrairement réduits suggère qu'ils furent dictés par quelqu'un qui les comprenait à peine à quelqu'un qui ne les comprenait pas du tout. Identifier des ouvrages allemands à partir d'indications comme *Gertruue Betteriche allemand* ou *Philandaire sestehte allemand* n'est pas une mince affaire. Qui reconnaît dans *Durchel allemand* la *Durchleüchtige Welt* mentionnée dans une lettre de février 1706 à Sophie ? Les titres latins d'ouvrages illustrés sont à peine mieux traités. Si on reconnait sans peine un *Theatrum bautanicum* ou une *Taupaugraphia de Merian,* l'identification de *Saint Baula Christae* en *Symbola Christiana* demande un petit effort. Les titres français posent moins de problèmes. Il n'est pas besoin d'être grand clerc pour voir ce que c'est que *Laudissé domaire.* Un tiers des titres porte des indications d'auteur, le plus souvent aisément identifiables. Mais reconnaître dans *Baussement,* auteur d'un *Voyage de Guinée,* l'explorateur hollandais Willem Bosman requiert un peu d'entraînement. A la fois casse-tête chinois et document irremplaçable permettant de mesurer l'envergure intellectuelle d'Elisabeth-Charlotte, ce catalogue mériterait d'être édité avec autant de soin que le manuscrit des *Livres saisis à Paris entre 1678 et 1701* par Anne Sauvy.

Mais ce n'est pas tout. La Bibliothèque nationale possède un certain nombre de factures de livres achetés par Madame à un libraire non nommé[41]. Très schématiques, elles nous renseignent sur ses achats pendant les années 1690 ; l'une d'elles porte *Livres achetés pour S.A. Madame en 1696*. Elles mentionnent en outre des achats de plumes, d'encre, de pain à cacheter, de mains de papier, des ports de lettres, nous situant ainsi au centre du cabinet-atelier-bibliothèque de la princesse. Certaines notes de frais généraux ajoutent une touche pittoresque à ces dépenses de librairie :

— Voyage de Versailles à Paris . . . . 　　　　2 livres 10 sols
— Pour des ais achetés dont M. Reynaud
　fait des caisses à Rouen . . . . 　　　2 livres　2 sols
— Pour papier, plumes, et encre pour le
　petit page à Versailles et à Paris. . . . . . . 　　　　　18 sols
— Pour sept jours de dépense et la nourri-
　ture du cheval dans le voyage de Vichy à
　Paris . . . . 　　　ce qu'il plaira
　　　　　　　　　　　　　　　　　　　　　　　　　à S.A.

Une facture précise que cinq ouvrages marqués d'une croix « ont été emportés en Angleterre » ; ils étaient probablement destinés à la raugrave Louise qui, de juillet 1696 à juillet 1697, passa une année à Londres. Les reçus montrent que Madame étalait les paiements quand les sommes réclamées étaient trop importantes ; ainsi, une facture de 73 livres est payée en plusieurs mensualités, la première de 25 livres.

Cet ensemble d'informations inexploitées complète et précise les très nombreuses allusions de Madame à ses achats de livres et à ses lectures. Nous connaissons ses goûts livresques, le programme de ses lectures quotidiennes, les difficultés qu'elle avait à se procurer des ouvrages allemands, son faible pour les reliures soignées et les belles gravures. Le moins qu'on puisse dire, c'est que sa bibliothèque n'était pas un meuble d'apparat, une « tannerie » comme disait La Bruyère. Ses innombrables citations et références littéraires révèlent un esprit alerte qui a lu et retenu. Un délicieux passage d'une lettre de janvier 1720 à Louise illustre l'usage qu'elle faisait de sa bibliothèque : « Monsieur Teray me purge souvent à l'aide de jus vert de cresson de fontaine [*Brunnenkress*], de cerfeuil [*Körbel*], et de *chicorée*. J'ai oublié comment on appelle cette dernière en allemand ; il me semble que cela s'appelle *Wegerich*. Je veux le rechercher aussitôt dans le *Botanicum* allemand et le réapprendre. Voilà, je l'ai trouvé : cela s'appelle *Wegwart, Wegweiss, Wegling, Sonnenwendt, Sonnenwirbel, Sonnen-kraut, Sonnenbraudt*. Il y a assez de noms, on a l'embarras du choix[42]... » Elisabeth-Charlotte avait surtout l'embarras du choix entre quatre exemplaires différents du monumental *Theatrum Botanicum. Das ist : Vollkommenes Kräuter-Buch* de Theodor Zwinger publié à

Bâle, quatre *Histoires des plantes* allemandes ou françaises, et plusieurs *Hortus Plantarum*.

L'histoire intellectuelle de la princesse profiterait beaucoup d'un rapprochement systématique de toutes ses allusions livresques et de ses catalogues. On pourrait citer de nombreux exemples du va-et-vient incessant entre son écritoire et les rayons de sa bibliothèque. Elle remercie Louise en 1710 : « Je vous ai déjà remerciée du livre sur la vie de l'empereur Léopold. [...] Je l'ai trouvé trop lourd en un seul tome, et l'ai donné à mon relieur pour en faire plusieurs volumes. Je le lirai dès qu'il sera relié et vous en remercie encore, chère Louise [43] ! » Son inventaire mentionne en effet une « *Histoire de Léopold,* 4 vol. in-12, allemand, 10 livres ».

Ses lettres et catalogues révèlent un faible évident pour les gravures sur cuivre, et particulièrement celles de Matthäus Merian. Elle dit en 1720 à Louise : « J'admire fort les gravures de Merian, mais il me semble que ses paysages sont ce qu'il a fait de mieux. J'ai de nombreuses gravures de sa main : tous les châteaux de Flandre, d'Allemagne et de France gravés sur cuivre, ainsi que toute la Suisse. J'ai plus de neuf grands volumes de lui. J'ai aussi sa Bible allemande et les quatre monarchies [44]. » Elle acquit neuf volumes de Merian en novembre 1708, et y retrouva, émue, les décors de son enfance. Elle écrit en décembre à Sophie : « J'ai acheté il y a quatre ou cinq semaines neuf grands livres où sont toutes les villes de toute l'Allemagne, très joliment gravées par Merian. On y voit les beaux châteaux et jardins qui sont près de Vienne. Je m'en suis divertie hier toute la soirée. Il y a aussi Hanovre dans un volume ; j'y regarde souvent mes fenêtres, car la vue est précisément de leur côté et comme c'était de mon temps [45]... » On retrouve ces volumes dans son catalogue, ainsi que des recueils de gravures d'Abraham Bosse, Jacques Callot, Israël Silvestre, et d'innombrables recueils d'estampes.

Les atlas comptent parmi ses livres les plus coûteux : sept volumes de l'*Atlas Major* de Johan Blaeu évalués à quatre cents livres, et un *Atlas historique* (de Gueudeville) dont elle possédait deux exemplaires en grand papier en sept volumes, estimés tous les deux 600 livres. Mais le titre le plus cher de sa bibliothèque, évalué à 1 300 livres, est une édition de luxe de la prodigieuse *Antiquité expliquée et représentée en figures* en dix volumes de Dom Bernard de Montfaucon. Un autre exemplaire du même ouvrage vaut 300 livres.

L'amour des beaux livres était héréditaire dans la famille princière qui avait fondé la prestigieuse Bibliotheca Palatina de Heidelberg. Elisabeth-Charlotte se souvient en 1709 comment elle feuilletait petite fille une bible médiévale généreusement enluminée provenant de l'abbaye bénédictine de Lorsch sur la Bergstrasse, dont le *scriptorium* et la bibliothèque étaient célèbres au Moyen Age. L'électeur Ottheinrich avait transféré la bibliothèque de Lorsch à Heidelberg vers 1550. La plupart des manuscrits de Lorsch n'étaient pas conservés dans la Heiliggeistkirche, mais au château de Heidelberg, et avaient de ce fait échappé au pillage de cette bibliothèque au profit du Vatican en 1623. « Sa Grâce feu mon père avait une belle bible ancienne dans sa bibliothèque à Heidelberg. Elle était écrite sur parchemin et superbement enluminée ; elle provenait de l'ancienne abbaye de Lorsch. Il n'y avait pas un seul chapitre où n'était pas inséré un dessin féerique. Cela m'a souvent divertie[46]... » D'autres passages reparlent avec nostalgie de la riche bibliothèque de Karl Ludwig. On ne grandit pas impunément au milieu de telles merveilles. On comprend sans peine que notre princesse bibliophile n'aimait pas beaucoup prêter ses livres. Elle remercie Louise en 1706 de l'envoi de deux tablettes d'ardoise, et s'explique : « Je les mets dans ma bibliothèque, car on ne peut pas calculer combien de livres j'ai perdus. J'inscris maintenant ce que je prête ; quand on me les rapporte, je les efface[47]. »

Un examen même superficiel de la bibliothèque d'Elisabeth-Charlotte confirme les très nombreux passages de ses lettres qui mentionnent ses lectures bibliques quotidiennes et son amour de la Bible, seul livre religieux qui lui paraissait lisible. « Chaque matin avant de m'habiller, dit-elle en 1710 à Louise, je lis trois chapitres de la Bible allemande de Lüneburg, un de l'Ancien Testament, un psaume, et un du Nouveau Testament. Quand je prévois quelque chose à faire, je lis plus d'un chapitre, j'anticipe. Par exemple, je ne puis lire ni demain ni aujourd'hui dans la Bible ; pour cette raison, j'ai lu hier neuf chapitres pour les trois jours. J'aime vraiment lire la Bible [*ich lese die Bibel recht gern...*][48]. » La Bible imprimée tout au long du XVIIᵉ siècle à Lüneburg par la dynastie des Stern était parfaitement protestante : *Biblia. Das ist : Die gantze heilige Schrift Deutsch d. Mart. Luther*[49]. Madame parle régulièrement de ses bibles. « J'ai une très belle bible à Versailles avec de belles gravures in-folio. Elle est imprimée à Lüneburg, très bien imprimée et parfaitement lisible. J'y lis toujours quand je suis à Versailles. Mais j'ai à Marly une bible de Merian de Francfort, que ma tante de Maubuisson m'a donnée peu avant sa fin. Quand je voyage, j'ai des bibles en deux tomes, mais elles sont pleines de coquilles et les mots ne sont pas toujours corrects. Elles sont imprimées à Bâle. Je n'ai jamais vu celle de Wittenberg[50]. » La bible imprimée par Hans Lufft à Wittenberg à partir de 1534, édition originale de la traduction de Luther, était fort recherchée par les connaisseurs. La bible de Bâle, dont Madame n'était pas très satisfaite, était un présent de la princesse d'Oldenburg, fille de la princesse de Tarente. Elisabeth-Charlotte explique encore à Sophie en 1706 : « Dans ma belle bible il n'y a ni les Électeurs de Saxe ni le docteur Luther... », voulant dire par là que sa bible préférée n'est pas la célèbre *Kurfürstenbibel* ou Bible des

Électeurs imprimée par Wolfgang Endter à Nuremberg, appelée ainsi
en raison des douze portraits in-folio de Luther et de onze électeurs de
Saxe (de Friedrich III à Bernhard I) qui précèdent l'Ancien Testament[51].

Le catalogue de Madame mentionne un nombre imposant de bibles :
cinq bibles allemandes appelées *Biblia heretica* ou *Bible de Martin
Luther,* une vulgate *(Biblia Sacra),* la Bible de Liège, la Bible
huguenote de Genève, et deux exemplaires du *Commentaire littéral sur
tous les livres de l'Ancien et du Nouveau Testament* de Dom Augustin
Calmet. Un *Nouveau Testament huguenot,* le *Nouveau Testament de
Mons,* six psautiers et autant de volumes de *Figures de la Bible*
complètent la collection. Une seule bible est datée en raison de son
ancienneté : « *Biblia Germanica* de quatorze cent quatre-vingt-trois,
gothique ». Il s'agit très probablement de la *Deutsche Bibel* imprimée à
Nuremberg par Anton Koberger en 1483[52]. Évaluée à vingt livres
seulement, cette bible incunable vaut maintenant une fortune. Son zèle
biblique ne fermait cependant pas les yeux à la princesse : trois
Alcorans français (traduits par André du Ryer) et une *Vie de Mahomet*
(de Humphrey Prideaux) attestent sa tolérance et son ouverture
d'esprit, et cela à la cour d'un Roi qu'abêtissait une vision trop étroite
et trop superficielle de la religion.

Nous avons tenu — à titre d'échantillon — à exploiter le catalogue de
Madame et ses propos sur ses bibles, afin de mieux saisir l'ambiguïté de
son statut religieux : ainsi, cette princesse catholique depuis des
dizaines d'années préférait toujours la puissante traduction allemande
de Luther aux traductions catholiques de la Vulgate, et ses confesseurs
jésuites la laissaient faire. « On ne m'a aucunement interdit de lire la
Bible », dit-elle à Louise[53]. Appliqué à toutes les sections de sa
bibliothèque, cet effort d'identification guidé par les allusions livresques des lettres aboutirait à un portrait intellectuel nuancé et précis, et
éclaircirait en outre de nombreux passages obscurs.

Madame mentionne trop souvent ses romans français et allemands
(qu'elle lisait uniquement sur sa chaise percée), pour qu'on puisse
s'étonner du nombre et de la diversité des romans qui faisaient plier les
rayons de sa bibliothèque. Son père lui avait interdit autrefois la lecture
de romans, à quelques rares exceptions près. « Feu mon papa, écrit-
elle en 1706 à Sophie, ne cessait de dire qu'il ne voulait point que ses
fils et filles lussent des romans, car cela faisait des putains des femmes
et des fous des hommes, car ils croyaient qu'ils devaient se précipiter
dans tous les dangers et se casser le cou[54]... » Karl Ludwig avait médité
les extravagances de Don Quichotte ; la lecture de *Mme Bovary* aurait
confirmé ses pires appréhensions. Elisabeth-Charlotte avait donc le
sentiment d'un retard à rattraper lorsqu'elle arriva en France où elle se
jeta sur les romans précieux d'Honoré d'Urfé, La Calprenède,

Gomberville et des Scudéry, et sur des traductions de romans antiques, italiens et espagnols. « Tant que j'ai été à Heidelberg, dit-elle en 1721 à Louise, je n'ai jamais lu de roman, mais depuis que je suis ici, j'ai bien rattrapé ce temps, car il n'en est que je n'aie lu : *Astrée, Cléopâtre, Clélie, Cassandre, Polixandre* (celui-là, Sa Grâce feu notre père m'a permis de le lire), et une foule d'autres petits romans : *Tarcis et Célie, Lissandre et Caliste, Caloandre, Endimiro, Amadis* (mais pour celui-ci je ne suis pas allée plus loin que le dix-septième tome, et il y en a vingt-quatre), *Le Roman des romans, Théagène et Chariclée*[55]... » Tous ces romans, et beaucoup d'autres, encombrent les pages de ses catalogues. Elle se trompait pour l'*Amadis* : il n'y a pas vingt-quatre, mais vingt-six volumes, aussi bien dans l'édition française que dans l'édition allemande, car elle possédait les deux.

On cherche en vain le nom d'un romancier de quelque importance qui manquât dans sa bibliothèque : romanciers français et allemands, romanciers italiens et espagnols traduits en français ou en allemand. Même le roman à clefs *Argenis* écrit en latin par John Barclay est présent en traduction allemande. La présence de romans français en traduction allemande (comme l'*Ibrahim ou l'Illustre Bassa* des Scudéry) ne laisse d'être curieuse. Le catalogue mentionne plusieurs « manuscrits de Madame », presque toujours sans autre précision. L'un d'eux doit être ce manuscrit de *L'Autre Monde* de Cyrano de Bergerac qui se trouve actuellement à la Bayerische Staatsbibliothek de Munich, et dont on sait qu'il a appartenu à la princesse. Il s'agit d'un des deux manuscrits connus de ce chef-d'œuvre libertin.

Parmi tous les romans allemands qu'elle lisait, Elisabeth-Charlotte avait une préférence pour les romans-fleuves à clefs *Die durchleüchtige Syrerin Aramena* et *Die römische Octavia* de son vieil ami le duc Anton Ulrich von Braunschweig-Wolfenbüttel. Elle avait deux exemplaires d'*Aramena,* et semble avoir joué un rôle décisif dans l'achèvement de l'interminable *Octavia* qui emprunte sa matière aux événements romanesques survenus dans diverses cours allemandes. Elle échangeait une correspondance enjouée avec le duc romancier qui déclare lui-même dans la conclusion du quatorzième et dernier volume (1704) que c'est sur les instances de la princesse qu'il a « réveillé Octavia d'un sommeil de plus de vingt ans ». Étienne Mazingue note à ce propos avec beaucoup de finesse : « [Anton Ulrich] se sent une obligation envers [Madame], et par elle envers le public : qui sait si cette politesse exquise n'est pas réellement pour lui une motivation plus forte que ce que j'appellerai la logique de l'œuvre[56] ? »

· Le nouveau volume tant réclamé s'ouvre sur un poème fort médiocre qui chante les mérites du romancier « resté fidèle à son Octavia », et entonne ensuite les louanges de sa lectrice exemplaire Elisabeth-Charlotte, appelée pompeusement *la Nymphe de la Seine :*

> Mais elle ne te cède en rien, la Nymphe
> installée sur les rives de la Seine.
> De ses deux yeux jaillissent
> l'esprit et la sagesse de son père.
> La ronde machine lui emprunte
> ce qui pare les grandes princesses.
> Ah, si cette fille du Neckar pouvait
> faire en sorte, par son esprit et zèle,
> que ceux qui se détestent à présent,
> veuillent déposer les armes :
> alors son éclat lumineux resplendirait
> sur le Danube, le Tibre et la Seine [57] !

Ce n'est pas plus beau en allemand, mais ça rime. La Nymphe envoya de son côté trois pots de « pommade divine » à son romancier, et déclare à Sophie : « Ce duc m'a entièrement conquise puisque Sa Dilection s'est donné tant de peine pour moi, écrivant pour moi de beaux livres qui entretiennent mon allemand [58]... »

A peine achevé début 1704, le dernier volume d'*Octavia* lui est adressé. Elle écrit en mars de cette année à Polier : « Je vous renvoie le 3e tome de l'*Octavie* pour Mme de Meyercroon ; vous pouvez lui dire que j'aurai au premier jour la fin de tout le roman. Un gentilhomme qui va être page de M. le duc de Lorraine l'apporte de Hanovre à Nancy, d'où on me l'enverra. J'avance fort dans le mien, ainsi elle peut lire comme il lui plaît. » Et le lendemain, au même : « Ce qui me fait plaisir dans l'*Octavie,* est que ce que je lis me représente des choses que j'ai vues et entendues [59]... » Voilà un jugement qui n'est pas littéraire. Elle en parlait autour d'elle avec tant d'enthousiasme que sa bru regrettait de ne pouvoir lire le roman. Madame incita alors une dame de son entourage à en traduire un épisode. La seule lettre conservée d'Elisabeth-Charlotte à Anton Ulrich, datée du 9 mars 1714 (et qui est aussi la dernière), accompagnait une copie de cette traduction : « J'envoie à Votre Dilection ci-joint une *traduction* faite par une dame française de l'*Histoire de Cecilius.* Puisque nous l'avons toutes pleuré ici en allemand, elle a voulu qu'il soit aussi pleuré en français, ce qu'ont fait l'épouse de mon fils et toutes ses dames [60]. » Anton Ulrich mourut quelques semaines plus tard après avoir ordonné sur son lit de mort l'envoi d'un exemplaire de la dernière édition de la *Römische Octavia* (1712) à Madame, la priant de se souvenir de lui en relisant le roman [61]. C'est sans doute la seconde des deux éditions mentionnées dans son inventaire : « *Die Rom Octavia,* in-12, 14 vol. Maroquin, 30 livres. »

Après les romanciers, les auteurs dramatiques et les poètes. La passion du théâtre qui animait notre princesse se reflète dans sa bibliothèque ou figuraient en d'innombrables éditions la triade

Molière-Corneille-Racine, mais aussi « ce cul-de-jatte et poète ridicule » Scarron, les dramatiques baroques Garnier, Montchrestien, Hardy et Rotrou, et les « modernes » comme Thomas Corneille, Regnard et Crébillon père. Aucun poète français tant soit peu important depuis les deux Marot ne brille par son absence. Les poètes latins sont massivement présents en traductions tant françaises qu'allemandes, avec une prédilection marquée pour Virgile, souvent mentionné dans la correspondance. La présence de traductions d'une cohorte d'auteurs grecs et latins dans la bibliothèque d'une princesse qui ignorait les langues antiques pourrait étonner ceux qui voient toujours en elle une « grosse Allemande » plus attirée par les commérages que par les fruits de l'esprit.

Voici, afin de dissiper une fois pour toutes ce malentendu, le catalogue des auteurs classiques qui ornaient sa bibliothèque, souvent en plusieurs traductions : les Grecs Anacréon, Héliodore d'Émèse, Hérodote, Homère, Longus, Lucien de Samosate, Nonnos, Philostrate, Platon, Plutarque, Polybe, Sophocle, Théocrite, Théophraste, Thucydide et Xénophon ; les Latins Apulée, Catulle, César, Cicéron, Flavius Josèphe, Horace, Lucain, Ovide, Pétrone, Plaute, Pline, Suétone, Tacite, Térence, Tertullien, Tite-Live et son cher Virgile. Qui peut en dire autant ? La collection numismatique de Madame explique cette richesse, ainsi que la présence de nombreux ouvrages sur l'Antiquité, outre *L'Antiquité expliquée* déjà mentionnée.

Mais la bibliothèque de la princesse réserve d'autres surprises. La section la plus fascinante est celle des voyageurs explorant d'autres continents. Le succès des récits de voyages était déjà considérable avant 1700, et ne fait que s'accentuer à partir de la Régence. Mais notre surprise est grande de constater que Madame bat dans ce domaine tous les records : sa collection de voyageurs est plus riche pour la période correspondante que celle de Voltaire bien connue grâce au *Catalogue de Leningrad.*

La patience du lecteur a ses limites, mais il ne sera pas fâché de découvrir que Madame entreprenait de grands voyages dans son cabinet, guidée par des collections de voyages comme celles de Thévenot et Herrera, et qu'elle n'hésitait pas à faire le tour du monde en compagnie de W. Rogers et Gemelli Carreri. Elle parcourait le Levant, la Moscovie, la Perse et l'Inde avec Corn. de Bruyn, Tournefort, Tavernier, Bernier, Perry et Chardin. Elle visitait la Chine illustrée de Kircher et celle, à la fois édifiante et curieuse, des jésuites qui vivaient à la cour de Pékin. Elle poussait une pointe jusqu'à Formose avec Candidius, et même jusqu'au Japon. Elle revenait par les pays du Nord avec La Martinière, ou par les mers du Sud, suivant Frézier et partageant les aventures de Leguat sur « deux îles désertes des Indes orientales ». Elle faisait escale sur le chemin du retour au

Siam de La Loubère et de Chaumont, et dans le Ceylan de Ribeiro. L'Afrique avait peu de secrets pour elle, que ce fût l'Égypte de Paul Lucas, la Guinée de Bosman, le Madagascar de Cauche ou de Flacourt, ou le continent tout entier décrit par Olfert Dapper et Phérotée de Lacroix avec beaucoup d'aplomb, comme si les sources du Nil étaient déjà découvertes. Il lui arrivait aussi de cingler vers les Indes occidentales pour voir l'Empire inca avec Garcilaso de La Vega, ou la conquête du Mexique racontée par Bernal Diaz, quitte à oublier ensuite les horreurs du génocide dans les forêts de la Virginie avec Beverley, sur les plages des Antilles avec du Tertre, ou dans le Canada du baron de Lahontan.

L'identification des relations de voyages de Madame n'est pas aisée, les titres étant tronqués et les noms des auteurs absents ou corrompus. Mais Le Breton a marqué en bon libraire le nombre des volumes et leur format, fournissant ainsi de précieux repères à celui qui explore la *terra incognita* des catalogues d'Elisabeth-Charlotte.

Rentrée chez elle, elle pouvait faire provision d'exotisme oriental dans ses volumes de *Contes turcs, Contes arabes* ou *Contes indiens,* sans oublier la mise en français des *Mille et Une Nuits* de Galland ou des *Mille et Un Jours* de Pétis de La Croix. La grande *Bibliothèque orientale* de Barthélemy d'Herbelot était toujours prête à répondre à ses questions plus sérieuses. Moins inattendue est la vaste collection de *Topographies, Délices* et *Descriptions* de la plupart des pays européens, et de *Souvenirs* de voyageurs explorant l'Europe. L'histoire moderne est présente, mais moins massivement que dans la bibliothèque de Saint-Simon. Son catalogue révèle que la curiosité de la princesse était plus sollicitée par l'*ailleurs* que par l'*autrefois,* si ce n'est celui de l'Antiquité.

Fort sensible à l'actualité philosophique et scientifique, Madame ouvre le havre de sa bibliothèque à des auteurs un peu suspects comme Saint-Évremond (dont elle a une demi-douzaine d'éditions différentes), Pierre Bayle (dont elle lit le *Dictionnaire historique et critique* qu'elle mentionne plusieurs fois, et les *Pensées sur la comète*), Richard Simon (la très contestée et courageuse *Histoire critique du Vieux Testament* est sur une de ses factures), et la non moins courageuse *Dîme royale* du maréchal de Vauban.

Madame, cible dédicatoire

Une grande princesse aux goûts livresques ne pouvait échapper aux épîtres dédicatoires d'auteurs mendiant l'aumône dans des dédicaces adulatrices. C'eût été impensable. L'époque le permettait, les mœurs littéraires le voulaient. Le relevé des épîtres dédicatoires adressées à

Madame en est encore à ses débuts. La première dédicace connue est allemande : une traduction de Cervantès, *Don Quixote von Mancha abentheurliche Geschichte* (Bâle/Francfort, Johann Ludwig du Four, 1682), signée J.R.B., est dédiée à Elisabeth-Charlotte. Nous avons lu une dédicace de Dandrieu, nous en lirons d'autres dans des ouvrages numismatiques. C'est surtout grâce à la générosité de notre ami François Moureau, éminent historien du théâtre, que nous sommes en mesure de citer dès à présent quelques dédicaces littéraires qui prirent Madame pour cible. Mme de Sainctonge lui dédie en 1696 ses *Poésies galantes* (Paris, Jean Guignard). Le petit in-16 s'ouvre sur cinq pages rimées laborieusement :

> Auguste et charmante PRINCESSE,
> Que le ciel a formée du sang des plus grands rois,
> Pour chanter vos vertus que n'ai-je les cent voix
> De la Déesse qui parle sans cesse...

Fleury de Frémicourt publie en 1698 chez Jean Moreau *L'Illustre Compiègne. Lettre à Madame où l'on rapporte ce qui s'est passé de considérable au camp de Compiègne.* Lagrange de Chancel, maître d'hôtel de Madame et futur auteur des *Philippiques,* donne en 1701 sa tragédie *Amasis* (Paris, Pierre Ribou). Il n'y va pas par quatre chemins : « MADAME, je n'aurais jamais eu la témérité de présenter à V.A.R. un ouvrage si peu digne de l'honneur de sa protection, si je n'avais regardé en vous que ces vertus d'éclat et ces hautes qualités dont tous les hommes sont également frappés. Cette élévation d'esprit et de sentiments semble vous mettre au-dessus de votre sexe, et nous découvre l'âme d'un Héros. [...] Mais depuis le moment favorable que V.A.R. m'a permis de lui consacrer mes services, [...] cet honneur m'a mis en état de considérer de plus près votre bonté naturelle. » Mlle Barbier publie en 1703 sa tragédie *Cornélie, mère des Gracques* (Pierre Ribou). La dédicace *A S.A.R. Madame* commence par interroger :

> Quel dessein est le mien ? puis-je, auguste PRINCESSE,
> Vous faire un digne hommage avec tant de faiblesse ?

Deux pages suffisent à peine pour dire les hautes qualités de l'auguste destinataire et l'insignifiance de l'ouvrage.

> N'importe : aux yeux de tous il ose s'exposer,
> Et votre nom suffit pour l'immortaliser.

Le libraire parisien Nicolas Pépie fit imprimer en 1712 *La Nouvelle Astrée dédiée à S.A.R. Madame* qui est attribuée généralement à l'abbé de Choisy. Madame en possédait deux exemplaires.

Mais la plus intéressante des épîtres dédicatoires qui cherchent la faveur d'Elisabeth-Charlotte est sans aucun doute celle qui ouvre en

1719 l'*Œdipe* de Voltaire (Pierre Ribou) : « MADAME, si l'usage de dédier ses ouvrages à ceux qui en jugent le mieux n'était pas établi, il commencerait par V.A.R. La protection éclairée dont vous honorez les succès ou les efforts des auteurs met en droit ceux mêmes qui réussissent le moins, d'oser mettre sous votre nom des ouvrages qu'ils ne composent que dans le dessein de vous plaire. [...] Heureux si, encouragé par vos bontés, je puis travailler longtemps pour V.A.R., dont la conservation n'est pas moins précieuse à ceux qui cultivent les beaux-arts qu'à toute la France, dont elle est les délices et l'exemple. Je suis... Arouet de Voltaire. » L'intérêt de cette dédicace qui est un peu moins plate que les autres, est dans la signature : c'est la première fois qu'Arouet le Jeune signe du nom de Voltaire. A son insu, Madame a tenu sur les fonts baptismaux le nom le plus célèbre des Lumières. Le hasard a bien fait les choses.

L'encens dédicatoire ne montait sûrement pas à la tête de la princesse. « Dieu merci, dit-elle à von Harling, je me connais bien moi-même ; je sais donc si, oui ou non, on me flatte. Mais les poètes ont des excuses, car la poésie exige un peu d'exagération [62]... »

LES AMUSEMENTS MICROSCOPIQUES DE MADAME

La présence dans son cabinet de grands classiques de l'histoire naturelle et de la médecine, et même d'ouvrages mathématiques, trahit une curiosité scientifique incontestable. Nous avons déjà signalé le *Theatrum Botanicum* de Theodor Zwinger et de nombreux autres ouvrages botaniques. La zoologie est représentée par une traduction allemande de la grande *Historia Animalium* de Conrad Gesner, par un volume d'*Icones animalium quadrupedum* et un *Theatrum Animalium* ; l'astronomie par un *Planeten-Buch* et un calendrier astronomique, les *Éphémérides des mouvements célestes* de Ph. Desplaces ; les mathématiques par une *Arithmétique* allemande et deux exemplaires de la *Subtilité* de Girolamo Cardano. Les rapports orageux qu'elle entretenait avec la médecine n'empêchaient pas Elisabeth-Charlotte d'avoir à portée de main deux exemplaires de la grande *Histoire des drogues* de Poincet, la *Pratique de la médecine* de Burnet, une *Pharmacopée*, un *Apothicaire* allemand et un *Hippocrate* français.

La mention apparemment anodine de la *Description du microscope* de Louis Joblot dans son catalogue révèle la passion de la princesse pour cet instrument qui lui permettait, sinon d'investir l'infiniment petit, au moins d'observer des poux et des gouttes de vinaigre. Joblot explique l'intérêt du microscope pour l'étude des insectes et d'autres *animalcules,* et Elisabeth-Charlotte s'arma d'une *Histoire des insectes et de microscopes.* Son inventaire en mentionne trois : « un microscope d'argent, un autre dans sa boîte d'ébène, un autre d'ivoire damasquiné ».

Madame découvrit l'instrument en 1696 ou 1697, lorsqu'un certain Dalancé ou d'Alançay l'initia au microscope monoculaire mis au point par Antonie Van Leeuwenhoek vingt-cinq ans plus tôt. Il est probable que son fils, féru de physique et de chimie, ait servi d'intermédiaire entre Dalancé et la princesse. Les lentilles convexes de Van Leeuwenhoek agrandissaient jusqu'à 270 fois, et levaient un coin du voile qui cachait « ces merveilles étonnantes dans leur petitesse » dont Pascal avait si bien parlé. Début mars 1697, Sophie reçoit une lettre enthousiaste : « Nous avons eu ici un homme qui s'appelait Dalancé et qui a fait des *microscopes* par lesquels il m'a fait voir dans une pincée d'eau et de poivre tout un lac rempli de [*mot illisible*], et il y avait des serpents dans le vinaigre. Ce Dalancé n'est plus ici dans le pays ; il est maintenant peut-être en Hollande et polit de ces lentilles qu'il a peut-être perfectionnées depuis, afin qu'on puisse y voir encore plus distinctement, comme les étoiles et les coquillages. Il me semble que nous savons trop et trop peu pour être vraiment heureux, car on sait assez pour vouloir savoir davantage, mais pas assez pour en être satisfait [63]. »

Ayant fait de nouvelles observations dans le microscope acheté à Dalancé, elle explique quinze jours plus tard à Sophie : « Une anguille doit avoir la peau plus mince qu'un autre animal, puisqu'on peut voir avec les microscopes la *circulation* du sang. » Et elle ajoute avec ce mélange charmant de simplicité et de finesse qui lui est propre : « C'est un art joli qu'on a inventé grâce à ces lentilles. Je crois que cela rendra les médecins plus savants [64]... » Son intuition ne l'a pas trompée.

Deux ans plus tard, elle entend parler des *Arcana naturae detecta* de Van Leeuwenhoek (1695) dans lesquels le savant de Delft, frappé par l'aspect vermiforme des spermatozoïdes, suggère que l'homme pourrait bien descendre des vers. Cette hypothèse convainc la princesse qui a observé des serpents dans le vinaigre, et provoque chez elle un réflexe intellectuel caractéristique : elle cherche à concilier cette « découverte scientifique » avec ses lectures bibliques. Elle écrit en juin 1699 à Sophie : « Les microscopes de Leeuwenhoek doivent être *curieux*. Le roi David a déjà dû savoir que les hommes descendent de vers, puisqu'il dit dans le psaume 22 : " *Mais moi, je suis un ver et non pas un homme.* " Il a donc dû savoir qu'il a été un ver [65]... » Cette idée curieuse continue de lui trotter par la tête. Elle y revient au bout de dix jours : « Il y a beaucoup de choses incompréhensibles ; il me semble qu'on n'observe pas assez. S'il est vrai que les hommes descendent de vers, comme on a observé au microscope à Amsterdam, ce ne serait pas étonnant que nous retournions aux vers [66]... » *Il me semble qu'on n'observe pas assez...* Écrite la veille de la naissance du Siècle des Lumières, cette remarque a valeur de paradigme.

Dix années plus tard, sa ferveur microscopique n'a pas faibli le moins du monde. « Mon fils, mande-t-elle en juin 1709 à Sophie, a une lentille qui lui a coûté 2 000 thalers ; il l'utilise pour de nombreuses expériences avec son médecin qui est allemand et s'appelle Homberg. J'ignore si c'est le sieur Hartsoecker qui lui a fabriqué cette lentille ; s'il vend ses microscopes, je prierai Louise de m'en acheter un de ceux dans lesquels un pou paraît si grand [67]... »

Ce passage la met en rapport avec deux autres pionniers de la microscopie. Wilhelm Homberg était né à Java d'un père saxon ruiné, et rentré jeune en Europe. Il avait d'abord étudié le droit, et s'était lancé ensuite dans la botanique, l'astronomie, la physique, la médecine et la chimie. Il avait appris à Rome la fabrication des verres optiques et s'était fixé en France vers 1680. Les perfectionnements qu'il avait apportés au microscope lui ouvrirent les portes de l'Académie des Sciences. Le duc d'Orléans le pensionna, le nomma son premier médecin en 1704 et lui installa un laboratoire au Palais-Royal où ils se livrèrent ensemble à de nombreuses expériences physiques et chimiques. La grande lentille mentionnée par Madame était « l'un des plus gros instruments d'optique de son époque : un verre biconvexe de trois pieds de diamètre pesant 160 livres, tiré d'une masse de verre de 7 quintaux. Cette lentille avait la propriété, au soleil, d'enflammer en un instant le bois vert, de vitrifier la faïence, de cuire des briques ou des tuiles [68] ». Ce n'était pas Hartsoecker qui avait fabriqué cette merveille, mais le physicien allemand Ehrenfried Walter von Tschirnhausen, un ami de Homberg.

Madame appréciait beaucoup le savant médecin de son fils. « On ne peut connaître Homberg, dira-t-elle en 1712 à Sophie, sans l'estimer pour la netteté de son esprit. Il n'est pas embrouillé du tout, comme le sont d'ordinaire les savants, ni grave, ni imposant non plus, toujours gai au contraire. Il vous débite sa science, même la plus abstruse, comme en badinant, en se jouant et riant de lui-même [69]. » Madame ne lui parlait qu'en allemand. Nous l'avons vue mentionner le nom d'une autre sommité en optique, le physicien hollandais Nicolas Hartsoecker qui avait perfectionné lui aussi le microscope et travaillé sur le liquide séminal. Il avait séjourné douze ans à Paris avant d'être rappelé à Amsterdam pour donner des leçons au tsar Pierre le Grand, qu'il refusa de suivre en Russie.

Voilà donc Madame entourée sans pédantisme d'éminents savants et d'un fils curieux et doué en diable qui l'initièrent par leurs ouvrages, conseils ou inventions à la microscopie qui allait révolutionner — elle l'avait bien pressenti — la science médicale. « Elle ne manquait point d'esprit, note Saint-Simon, et ce qu'elle voyait elle le voyait bien [70]. »

MADAME NUMISMATE

Tout prince au XVIIe siècle qui se respectait était tenu de collectionner des médailles antiques et des pierres gravées. La richesse de son médaillier ajoutait à son prestige. Le *Journal de Trévoux* constatait en février 1702, en parlant de la vogue des antiques depuis le début du règne de Louis XIV : « Ce goût commença à se répandre, surtout depuis que les princes ont mis les médailles [...] au nombre des choses qui marquent le plus leur grandeur et leur magnificence. » Et la préface d'un manuel numismatique allemand publié en 1700, *Das geöffnete Müntz-Cabinet,* observe à propos de la passion des médailles : « Les princes, auxquels leurs vertus donnent souvent plus d'éclat que leur naissance, y trouvent une part non négligeable de leur divertissement, et on en trouvera peu en Europe qui ne se glorifient pas d'en posséder un beau cabinet... » La publication d'un catalogue raisonné illustré était une façon très efficace d'attirer l'attention. Les voyageurs de marque et les simples « curieux » faisaient des détours pour admirer ces trésors, et maints contacts personnels, politiquement parlant fort utiles, trouvaient leur origine dans la complicité d'une passion numismatique partagée. L'importance du cabinet des Médailles dans les relations politiques internationales était considérable.

La passion de Louis XIV pour les médailles antiques avait été encouragée par Colbert. Spanheim, l'un des numismates les plus célèbres de l'époque, note dans sa *Relation de la Cour de France :* « Il prit un soin particulier du beau cabinet des Médailles de Sa Majesté, d'en augmenter considérablement le nombre et la valeur par l'achat de tout ce qu'il y avait de plus rare en France dans ce genre, et même par les recherches qu'il fit faire en Italie et au Levant, et par l'envoi de personnes expresses et entendues de tout ce qui pouvait contribuer à l'ornement de cet incomparable cabinet[71]. »

La collection royale rassemblait les médailles et pierres gravées des derniers Valois et des premiers Bourbon, auxquelles avait été jointe l'importante collection de Gaston d'Orléans. Des achats de collections privées avaient enrichi le cabinet royal. Des missions dans le Levant triplèrent la collection : citons les missions de Jean Vaillant et de Paul Lucas. Antoine Galland fut envoyé à Smyrne à la fin des années 1670 afin d'y chercher des médailles et autres curiosités pour le cabinet du Roi ; il y échappa comme par miracle à un affreux tremblement de terre qui fit 15 000 morts[72]. Une étrange fatalité semblait s'acharner sur les gardes des médailles du Roi : l'abbé Bruneau, le tout premier, fut assassiné mystérieusement en 1666, et Rainssant, l'un de ses successeurs, fut trouvé noyé à Versailles dans la pièce des Suisses en juin 1689. « On ne sait point comment il y est tombé », s'étonne Dangeau[73].

Pierre Verlet a décrit l'installation à Versailles, en 1681, du cabinet des Médailles[74]. Le Roi s'y retirait volontiers. Selon l'abbé de Choisy, la faveur du père de La Chaise, qui s'y connaissait en médailles, remonterait à un amour partagé par les deux hommes pour la numismatique[75]. L'acquisition d'autres collections privées suivit. « Possesseur du médaillier le plus considérable qu'il y eût au monde », le Roi songea naturellement à un catalogue gravé[76]. Il s'adressa à cette fin au Suisse André Morell, qui conçut un projet plus vaste encore, celui d'un énorme *Specimen universae rei nummariae antiquae* dans lequel seraient gravées et commentées 25 000 pièces. Dans une dépêche de mars 1686, Spanheim décrit Louis XIV se remettant de sa première opération de la fistule : « Sa Majesté [...] s'est divertie depuis quelques semaines, et au sujet de ce qu'Elle était obligée à garder le lit et la chambre, à la revue de ses médailles antiques et modernes, à quoi Elle donnait 4 à 5 heures d'après-dînée, à ordonner d'en continuer les dessins qu'on en fait, et à faire mettre à quartier dans un cabinet des Médailles les plus rares, pour les voir à son aise, toutes les fois ci-après qu'Elle en aurait la curiosité ou le loisir. Elle se sert pour lesdits dessins du nommé Morell, Suisse qui y réussit admirablement[77]... »

Louis XIV était un collectionneur hors catégorie au milieu d'une foule d'amateurs plus modestes mais non moins fervents. Spanheim mentionne les réunions animées de collectionneurs et numismates chez le duc d'Aumont ; Babelon et Pomian citent par dizaines des noms de curieux français pour qui la numismatique était la clef qui donnait accès à l'antiquité gréco-latine, et cela au moment précis où l'humanisme louis-quatorzien hésitait entre deux types de civilisation, celle des Anciens ou celle des Modernes.

La curiosité historique tentait par tous les moyens de sauver de l'oubli les faits du passé et de « conserver la mémoire de l'humanité ». Baudelot de Dairval publia en 1686 un traité intitulé *De l'Utilité des voyages et de l'avantage que la recherche des antiques procure aux savants,* invitant les érudits à quitter leurs cabinets et à arracher au sol les documents du passé. La numismatique et l'épigraphie, ces deux mamelles de la science historique, trouvaient des adeptes, et Charles Patin publia en 1665 une *Introduction à l'histoire par la connaissance des médailles.* Antoine Galland fournit un bel exemple du numismate travaillant en deux temps, fouillant et amassant d'abord, étudiant et publiant ensuite. « Ce n'est pas assez de défricher une terre, écrivait-il, il faut tâcher de profiter de tous les avantages que l'on en peut tirer[78]. » Après avoir publié plusieurs collections particulières, il composa un grand *Dictionnaire historique et numismatique* dédié à Madame qui ne fut malheureusement jamais publié.

Mais la France était loin d'avoir le monopole de la numismanie. L'Allemagne notamment occupait dans ce domaine une place prépondérante. Charles Patin, qui visita au début des années 1670 la plupart des cours allemandes, a décrit en détail les cabinets princiers les plus importants. Parmi les nombreux princes allemands pour qui la numismatique était une affaire de prestige et de standing, l'électeur palatin Karl Ludwig se distinguait par la passion réelle qu'il éprouvait pour les médailles anciennes et modernes. Vers la fin de sa vie, sa collection comprenait 12 000 médailles. Au mois d'octobre 1652, l'Empereur qui connaissait son faible pour la numismatique lui avait offert soixante-deux monnaies romaines[79]. L'une de ses lettres à Sophie est datée ainsi : « Heidelberg 12/22 juillet 1679, en ma bibliothèque pour mettre mes médailles antiques en ordre[80]. »

Sa grande collection alla à son fils Karl qui mourut sans enfants cinq ans après son père. Peu avant la mort de Karl, son bibliothécaire et garde des médailles Lorenz Beger, initié à la numismatique par Karl Ludwig, publia un magnifique catalogue des plus belles pièces de la collection palatine gravées par Johann Ulrich Krauss. Le *Thesaurus ex Thesauro Palatino selectus* fut imprimé à Heidelberg par Philipp Delborn ; le frontispice représente un médaillier surmonté d'une banderole portant l'inscription *Prosunt-Delectant* (elles sont utiles — elles plaisent), soulignant le double intérêt des médailles anciennes. Les médailles palatines passèrent à Berlin après la mort de l'électeur Karl. Lorenz Beger apporta lui-même la magnifique collection au Grand Électeur, entra à son service et publia à la fin du siècle le *Thesaurus Brandenburgicus selectus*.

Nous avons vu que le père de Madame avait eu le discernement de retenir à Heidelberg le numismate Spanheim. Sa grande œuvre est un vaste traité sur le prestige et l'utilité des médailles antiques, les *Dissertationes de praestantia et usu numismatum antiquorum* plusieurs fois rééditées. C'est auprès de cet érudit renommé que Liselotte eut la chance de grandir à Heidelberg, dans une atmosphère d'authentique ferveur numismatique. Son père et sa tante Sophie avaient décidé qu'elle se passerait du latin. Cette lacune fut pour elle un véritable handicap lorsqu'elle commença à collectionner des médailles antiques, fidèle à la tradition familiale. Elle ne pouvait faire son profit des *Dissertationes* de Spanheim, mais elle pouvait lire le résumé de ses arguments dans un manuel allemand qu'elle avait dans sa bibliothèque, *Das geöffnete Müntz-Cabinet, oder Einleitung wie solche Wissenschaft leichte zu erlernen* (Le Cabinet de Médailles ouvert, ou Introduction sur la manière d'acquérir facilement cette science)[81]. Le catalogue de sa bibliothèque reflète fidèlement sa passion des médailles. On y retrouve tous les classiques numismatiques de l'époque... à l'exception de Spanheim, à moins que le titre ne soit tellement déformé qu'il en est devenu méconnaissable). Nous avons relevé une trentaine d'ouvrages de numismatique ; Jean Vaillant, Anselme Banduri, Génébrier, La Blave, Chamillart, Baudelot de Dairval, Strada, Tetzel, Hemelarius, Pierre Seguin et Lorenz Beger figurent parmi les auteurs déjà identifiés.

Une lecture attentive de tous les passages numismatiques de la correspondance d'Elisabeth-Charlotte permet tout d'abord d'établir la chronologie de ses amusements numismatiques. Ses lettres mentionnent à peine les médailles pendant les trente premières années de son séjour en France, c'est-à-dire tant que vécut Monsieur. Un passage obscur d'août 1673 fait allusion à quelques médailles d'or offertes par le duc Ernst August au maréchal de Montmorency[82]. Sophie envoie fin 1695 une médaille d'or à Elisabeth-Charlotte qui semble l'avoir sollicitée. Parlant de cette médaille « nuptiale » et donc moderne à Frau von Harling, elle écrit : « J'avais un peu peur que ma tante n'eût cru que je l'avais mendiée[83]... » Il faut attendre la mort de Monsieur en 1701 pour constater chez Madame une brusque activité numismatique. On se souvient que son frère avait désigné comme exécuteur testamentaire le grand électeur Friedrich Wilhelm de Brandebourg, et qu'il l'avait prié d'accepter soit une tenture de tapisseries représentant l'histoire de Jules César, soit sa collection de médailles. Friedrich Wilhelm avait eu la délicatesse de consulter d'abord Madame, sans se douter qu'il provoquait une scène de ménage, puisque Monsieur, maître de la communauté, avait le dernier mot. Madame en parle amèrement dans une lettre à Sophie, encore du vivant de Monsieur : « Si on avait suivi mon conseil, sûrement les tapisseries seraient à Berlin et les médailles entre mes mains, mais ici en France il n'y a que la volonté du *maître de la communauté* qui compte. Les belles couleurs des tapisseries de Jules César aveuglaient Monsieur[84]... »

C'est donc en vertu des dispositions testamentaires et de la décision de Monsieur que la riche bibliothèque formée par Karl Ludwig et son fils Karl alla à la famille de Charlotte von Hessen-Kassel, que leur collection de pierres gravées et la tenture de Jules César revinrent à la duchesse d'Orléans, et que le magnifique médaillier de Heidelberg alla enrichir les collections du Grand Électeur. Ainsi, plus de 12 000 médailles antiques et modernes prirent le chemin de Berlin. Parmi elles, des pièces importantes qui allaient compter parmi les joyaux de la collection de Brandebourg, comme cette médaille en or de Tarente qui est une pièce unique au monde, deux monnaies d'or de Rhodes, de superbes monnaies d'argent de Naxos en Sicile, ou encore des médailles d'Héraclée en Lucanie, d'Érétrie et de Magnésie estampillées au poinçon d'aigle de la collection éparpillée de la famille d'Este. Parmi les pièces romaines, une médaille en or de Constance Ier Chlore, le père du grand Constantin, était considérée comme une merveille.

Parmi les médailles modernes envoyées à Berlin, Madame regrettait particulièrement une série de médailles-effigies du début du XVIe siècle, représentant des princes palatins, leurs épouses et les membres de leur famille.

Mais qu'importe ! Monsieur pouvait se régaler des belles couleurs de l'histoire de Jules César. Elisabeth-Charlotte avait beaucoup de peine à avaler sa déception. Elle y revient en juillet 1712 dans une autre lettre à Sophie déjà citée : « ... Monsieur, qui ne connaissait rien aux médailles, disait : *" Je vous baise les mains ; les médailles ne seraient que pour votre divertissement et je ne m'en soucie pas. Mais j'ai besoin de tapisseries et je veux celles de Jules César. Je suis le maître de la communauté, c'est à moi de choisir et je le veux. "* Je n'avais qu'à me taire et laisser passer les choses. Ainsi toutes les médailles de monsieur mon père sont allées à Berlin [85]... » Le moins que l'on puisse dire, c'est que Madame ne demandait qu'à collectionner des médailles mais que Monsieur ne l'y encourageait pas.

Elle attendra donc son décès pour déployer ses ailes numismatiques. Une occasion de commencer une collection à peu de frais lui fut offerte après la mort de Monsieur par la comtesse de Verue, l'ex-maîtresse du duc Victor-Amédée de Savoie, plus tard roi de Sicile, puis de Sardaigne. Elle s'enfuit de Turin en octobre 1700, laissant derrière elle les pierreries que son amant lui avait offertes, mais emportant une importante collection de médailles d'or et d'argent. Elle s'installa à Paris où elle ouvrit un salon, se fourra dans l'entourage de Monsieur le Duc et s'enrichit scandaleusement au moment du Mississippi. En attendant ces beaux jours, elle devait monnayer les cadeaux de Victor-Amédée, et proposa une partie de ses médailles d'or à Madame dont elle connaissait apparemment les goûts numismatiques. Cette acquisition constitue à proprement parler le départ de la collection d'Elisabeth-Charlotte, mais le malheur veut qu'il soit impossible de savoir avec certitude quand la transaction a eu lieu. La déclaration de Madame de mai 1721 qu'elle collectionne les médailles depuis dix ans [86] est manifestement une erreur ; quinze ans ou davantage seraient plus proches de la réalité.

Deux textes curieux mentionnent l'acquisition des médailles d'or de la comtesse de Verue. Madame confie en août 1718 à Caroline de Galles : « Madame de Verue a, il me semble, quarante-huit ans. J'ai profité de son vol, car elle m'a vendu 160 médailles d'or qu'elle avait volées au roi de Sicile. Je n'ai obtenu cependant que la moitié des médailles d'or qu'elle avait volées au roi. Elle avait aussi en sa possession une cassette de médailles d'argent qui furent toutes vendues en Angleterre [87]. » Une lettre d'août 1720 à Louise est plus explicite, mais le nombre des médailles est passé de 160 à 260 : « Il y a peu de médailles anciennes que je n'aie pas, car j'en ai près de neuf cents. J'ai commencé avec 260 seulement que j'ai achetées de Mme de Verue ; elle les avait volées au duc de Savoie. J'ai écrit aussitôt à l'actuelle reine de Sardaigne, lui offrant de les renvoyer au roi. Mais le coffret était déjà dépareillé, elle en avait vendu la plupart. La reine a répondu qu'elle se réjouissait de tout cœur que j'en avais pu acquérir quelques-unes, et que je devais les garder. Je les ai eues à bon marché, le prix du poids seulement, et il y en avait de fort rares dans le lot[88]. »

Sa correspondance mentionne régulièrement ses occupations de cabinet, mais ce n'est qu'à partir de 1707 que les médailles font surface dans ces listes, et qu'elle commence à prier Sophie et Louise de chercher pour elle des médailles dont elle fournit la description[89]. Deux lettres importantes à Sophie, écrites en 1709 et 1710, permettent de conclure que sa première acquisition de 160 médailles (ou 260 : la confusion persiste) doit se situer au plus tard en 1706. Elle lui dit en janvier 1709 : « J'ai vraiment à vous remercier des belles médailles, car Votre Dilection ne peut s'imaginer quel grand amusement c'est pour moi. Je passe des journées entières avec elles, et aussi avec mes médailles antiques. J'en ai acheté encore 150 lundi dernier avec l'argent des étrennes du Roi. J'ai maintenant un cabinet de médailles d'or, une véritable suite de tous les empereurs depuis Jules César jusqu'à Héraclius. Rien n'y manque. Il y a dans le nombre des pièces très rares que le Roi n'a pas. J'ai eu tout cela à fort bon compte : 260 au prix du métal. J'ai maintenant en tout 410 médailles d'or[90]. »

Un an plus tard, après avoir rappelé que son surintendant Davoust lui a volé 50 000 thalers, elle enchaîne : « Avant je pouvais acquérir assez de médailles d'or, mais maintenant je ne puis en acheter que cinq ou six à la fois. Je suis cependant à même d'augmenter mon cabinet tous les mois. Au début je n'en avais que 160, maintenant j'en ai 511. J'espère donc avoir, avec le temps, un beau cabinet de médailles rares[91]. » Un dernier élément important qui permet de trouver le *terminus ad quem* de l'achat de ce premier lot de médailles est le testament de Madame cité en appendice. Il est daté du 21 août 1706, et mentionne déjà son cabinet de médailles comme un bien précieux. Elle a donc commencé à collectionner bien avant cette date.

En février 1711, Sophie lui offre une importante série de médailles d'argent antiques. Madame écrit aussitôt à Louise qui vivait alors à Hanovre : « Très chère Louise, je dois vous dire encore ma joie devant le magnifique présent de ma tante qui est arrivé aujourd'hui. Il me réjouit de tout cœur et me divertira maintes heures. » Et en avril 1712 : « J'ai toutes sortes de médailles romaines et grecques d'or et d'argent. J'ai acheté ici celles qui sont en or ; ma tante m'a fait cadeau de celles en argent[92]. » Une lettre de Sophie à Leibniz, de mars 1711, prouve qu'elle continuait à chercher des médailles antiques pour sa nièce : « Madame la duchesse d'Orléans voudrait bien avoir les médailles que vous trouverez marquées sur le papier que je vous envoie, et où je ne connais rien. Je vous prie de vous enquérir si l'antiquaire du roi [de Prusse] les connaît, et si on les pouvait trouver. Je serais ravie de les payer et de les lui envoyer[93]. » Enfin, l'inventaire de Madame précise que tout un médaillier à quinze tiroirs remplis de médailles d'argent anciennes lui venait d'un M. de Montauban dont le nom revient deux fois dans la correspondance[94].

Les lettres d'Elisabeth-Charlotte permettent de suivre l'extension de sa collection de médailles d'or consulaires et impériales. Début 1706 (si l'hypothèse est correcte) elle en possède 260 (ou 160) ; en janvier 1709, 410 ; en avril 1710, 511 ; en octobre 1719, 930 ; en mai 1721, 957. Elle écrit le 24 mai 1721, un an et demi avant sa mort : « ... J'en ai maintenant 957. Si Dieu me laisse encore quelques années en vie, j'espère dépasser les mille, laissant à mon fils un des plus beaux et rares médailliers d'Europe après celui du Roi, car toutes mes médailles ne sont point usées, mais très bien conservées[95]. »

Elle n'a pas doublé le cap des mille : son inventaire fait état de 964 médailles d'or antiques, pesant ensemble 26 marcs d'or, soit 6 kilos 357 grammes. Elles se trouvaient à Saint-Cloud dans un « petit cabinet médaillier couvert de maroquin rouge aux armes de S.A.R. contenant vingt-six tiroirs », et dans un « petit coffre de maroquin rouge à filets et ornements d'or doublé de velours vert dans lequel il y a treize feuilles ».

Son fils fit de magnifiques efforts pour faire oublier à sa mère la goujaterie de Monsieur. On la devine émue lorsqu'elle raconte à Louise en 1715 : « La journée d'avant-hier fut heureuse pour moi [...]. Comme je me lavais les mains, mon fils entra dans ma chambre et me réjouit avec un très agréable présent. Il m'apportait dix-sept médailles d'or antiques, très belles, qui font partie du trésor qu'on a trouvé récemment près de Modène, comme vous aurez vu, chère Louise, dans les gazettes hollandaises. Il les a fait venir secrètement de Rome. Cette attention de me faire plaisir m'a réjouie au fond de l'âme, moins pour la valeur du présent qu'en raison du geste de mon fils[96]. »

Six ans plus tard, le Régent surprend sa mère avec un cadeau d'une rare somptuosité : « Mon fils m'a offert hier un bel et magnifique présent, une coupe d'or pesant 500 louis d'or que le roi Michel [Wisniowiecki] de Pologne a fait faire. Son effigie est au centre de la coupe ; l'effigie de la reine son épouse est en dessous de la coupe. Il y a à l'intérieur trois rangées de médailles d'or toutes antiques et bien conservées, et chaque médaille a son envers à l'extérieur. Le travail est très artistique. Je suis certaine que cela a coûté plus de deux mille louis d'or. [...] Ce qui m'a réjouie le plus, c'est que mon fils me l'a apportée d'aussi bon cœur[97]. » Son inventaire mentionne en effet « un bijou d'or ayant une forme ronde, au-dedans duquel est en relief Michel, roi de

Pologne, et par-dedans est la représentation de la reine sa femme, et autour en dedans sont plusieurs médaillons. 5 000 livres [c'est-à-dire 500 louis d'or]. »

Une centaine de passages de lettres à Louise ont trait aux médailles modernes de Madame et à leur intérêt historique. Elle lui explique notamment : « Les médailles de tous les pays sont bonnes, car elles ne représentent que les événements les plus mémorables qui se sont produits au monde de mon temps. Ce n'est que pour cette raison que je les collectionne [98]. » On pourrait parler longuement de sa collection d'environ trois cents pierres gravées montées en bagues qui lui venaient de son père. Elle les appelle tantôt *Pitschirsteine* (pierres sigillaires), tantôt *gestochene Steine* (pierres taillées en relief), tantôt *gegrabene Steine* (pierres gravées en creux). Les pierres sont parfois mentionnées en même temps que les médailles après 1707, mais on n'échappe pas à l'impression que Madame ne leur accorde qu'une attention mitigée. Elle ne semble pas avoir élargi sa collection, et se sépare facilement des pièces qui n'entrent pas dans les vingt tiroirs très plats du cabinet de bois de violette, de noyer et d'ébène où elle les conserve [99]. Elle ne possédait que deux livres sur le sujet. Aux yeux de Madame collectionneuse, tout pâlit à côté des médailles d'or antiques.

Cette importance est littéralement illustrée par un superbe catalogue manuscrit de sa collection, conservé au cabinet des Médailles de la Bibliothèque nationale. Il s'agit de deux volumes in-8° reliés de veau aux armes de Madame, portant le titre *Catalogue des Médailles d'or antiques de S.A.R. Madame*. Le premier tome, auquel manque un cahier de 16 feuillets, est consacré au Haut-Empire, le second au Bas-Empire. La qualité de la calligraphie et des illustrations trahit le soin dont Madame entourait ses chères médailles.

Cette passion se comprend aisément quand on sait que le médaillier de Madame était le centre de tout un mouvement d'antiquaires, de visiteurs étrangers, de voyageurs rentrant de l'Italie ou du Levant, de curieux, de numismates professionnels, de fournisseurs, de faussaires, de livres, d'idées et de lettres. Sans en avoir l'intention, Madame avait transformé son cabinet de douairière recluse en salon où la passion partagée des médailles estompait quelque peu les distances sociales et créait une ambition d'érudition diluée et déférente. « Je m'amuse à entendre disputer les curieux et savants, dit-elle à Sophie, et je me fais expliquer toutes les histoires inscrites sur les envers : cela me divertit vraiment [100]. »

Parmi les *Curiosen und Gelehrten* qui gravitaient autour de son médaillier, il faut citer en premier lieu le numismate Charles-Césàr Baudelot de Dairval (1648-1722) qu'elle connaissait depuis 1698 et qui fut par la suite son antiquaire et garde des médailles. Il doit être l'auteur du *Catalogue des Médailles d'or antiques* de Madame. Son traité *De l'utilité des voyages* lui ouvrit en 1705 les portes de l'Académie des Inscriptions. Un important vestige nous est parvenu des savantes discussions que provoquaient certaines pièces rares du médaillier de Madame, discussions auxquelles le Régent se mêlait volontiers en amateur éclairé. Baudelot publia en 1720 un in-4° intitulé *Réflexions sur les deux plus anciennes médailles d'or romaines qui se trouvent dans le cabinet de S.A.R. Madame*[101], et qu'elle avait bien sûr dans sa bibliothèque.

L'épître dédicatoire restitue bien l'ambiance d'érudition et les discussions ferventes qui animaient le cabinet de la princesse : « Madame, ce n'a pas été une satisfaction médiocre d'avoir expliqué au goût de V.A.R. une des plus belles pierres de son cabinet. J'ai eu lieu de m'en flatter d'autant plus que feu M. Spanheim lui rendit à Elle-même un témoignage favorable de cet écrit. Mais une approbation non moins glorieuse pour ce que j'ai pensé sur votre médaille de la famille Cornusicia, est celle du Prince Régent. [...] Je ne sais, Madame, si je serai aussi heureux dans mes réflexions sur deux médailles d'or du cabinet de V.A.R. Elles sont, comme je le prétends, des premières monnaies de ce métal frappées du temps des Consuls à Rome. [...] Pourvu que dans cet ouvrage V.A.R. trouve quelques endroits qui l'amusent pendant la relâche qui lui est si nécessaire dans son occupation continuelle, je serai content... »

Le début de cette dédicace fait allusion à un petit volume in-12 que Baudelot avait publié en 1698 sous le titre *Histoire de Ptolémée Auletes. Dissertation sur une pierre gravée antique du cabinet de Madame*[102]. Un compte rendu paru dans le *Journal des Savants* du 3 août 1699 apprend que Baudelot avait été présenté à Madame début 1698, et que ses conclusions avaient été « applaudies » par Spanheim : « Le nouvel ouvrage que M. Baudelot publie, est dû à l'honneur qu'il eut de saluer S.A.R. Madame au commencement de 1698. [...] Madame, qui aime tout ce qui est de science et d'érudition, témoigna goûter ce que M. Baudelot lui dit d'abord sur son améthyste, et lui fit connaître qu'elle en verrait avec plaisir la description. Un motif semblable était assez pressant pour engager l'auteur, et il paraît qu'en six semaines ou en deux mois, il s'acquitta de cette entreprise. [...] Il aura lieu de s'en applaudir, si elle plaît autant aux autres qu'à M. Spanheim envoyé de Brandebourg, comme on le dit[103]... » L'ombre du grand Spanheim plane sur le cabinet de Madame. On ne peut que regretter qu'il ait quitté définitivement Paris cinq ans avant le début de la carrière numismatique d'Elisabeth-Charlotte.

Il est probable que ce fut Baudelot qui encouragea Madame à suivre son penchant pour les médailles, et qu'il la conseilla lors de l'achat des médailles de Mme de Verue. Il la guida dans ses achats ultérieurs et lui communiqua des listes de pièces à acheter qu'elle envoyait à sa tante.

Les Académiciens se répétaient son mot sur Madame : « C'est le plus honnête homme du monde [104]. »

La princesse de son côté appréciait le garde de ses médailles, mais s'amusait de sa naïveté qui frisait l'inconscience. Elle parle en 1718 dans une lettre à Caroline du maréchal de Villars qui courait après les garçons pendant que la jolie et galante maréchale lui faisait porter des cornes.

« Le maréchal de Villars vint un jour chez moi ; comme il se pique de bien connaître les médailles, il souhaita voir les miennes. Baudelot, un bon, honnête et très savant homme qui garde mes médailles, devait les lui montrer. Il n'est pas des plus malins et ne sait pas ce qui se passe à la Cour. Il a fait une *dissertation* sur une de mes médailles, afin de prouver contre un autre savant qu'une tête cornue n'est pas Jupiter Ammon mais Pan. Le bon Baudelot, pour prouver son érudition, dit à M. de Villars : " *Ah ! Monseigneur, voici une des plus belles médailles que Madame ait, qui est le Triomphe de Cornificius. Il a toutes sortes de cornes. C'était un grand général comme vous, Monseigneur. Il a les cornes de Junon et de Faune.* " [...] Je dis : " *Passons. Si vous vous arrêtez à chaque médaille, vous n'aurez pas assez de temps à montrer toutes.* " Mais il était plein de son travail et dit : " *Ah, Madame, celle-ci en vaut bien une autre. Cornificius est en vérité une des plus rares médailles du monde. Considérez-la, Madame ; regardez, voilà Junon couronnée qui couronne ce grand général.* " Et quoi que je pusse dire, je ne pouvais l'empêcher de parler de cornes au maréchal. [...] Tous ceux qui étaient présents s'enfuyaient de la chambre, car ils ne pouvaient s'empêcher de rire [105]. »

Madame avait dans sa bibliothèque la dissertation dont elle parle, *Deux explications d'une médaille d'or de la famille des Cornificia*. Il faut dire que Baudelot avait des excuses : les médailles à effigies cornues passionnaient les numismates. Spanheim y consacre quinze grandes pages in-folio dans la dernière édition des *Dissertationes*. La naïveté charmante du bon Baudelot rappelle celle de Dom Calmet qui avait écrit une douzaine d'in-folio sur l'histoire universelle, mais qui n'avait jamais entendu parler de Mme de Pompadour.

D'autres noms d'érudits numismates reviennent sous la plume d'Elisabeth-Charlotte. Elle parle en août 1709 d'un abbé de Capelle Novelle qui lui montre des médailles et des pierres [106]. En mars 1711, elle raconte à sa tante, parlant de l'homme dont elle avait tout un médaillier de médailles d'argent : « Monsieur de Montauban passe souvent toute la soirée dans ma chambre avec d'autres savants en médailles [107]. » Elle se plaint, en juin 1720, d'avoir été interrompue par « un moine d'une grande intelligence. Il est grec et s'appelle Anselme Banduri ; le Grand-Duc l'a élevé. Il doit être de bonne maison, a écrit deux grands livres, et est très savant en médailles [*gar gelehrt in Medaillen*] [108]. »

Le bénédictin Anselme Banduri était né à Raguse, près d'Épidaure, dans une famille noble. Il trouva un premier protecteur en la personne du Grand-Duc de Toscane, et s'établit par la suite à Paris où il publia en 1711 son *Imperium Orientale sive Antiquitates Constantinopolitanae*, suivi en 1718 d'un vaste recueil numismatique du Haut-Empire tardif et du Bas-Empire, les *Numismata imperatorum romanorum a Trajano Decio ad Paleologos Augustos*. Il avait accès depuis quelque temps au cabinet de Madame, et lui dédia en cette même année 1718 une bibliographie numismatique, *Bibliotheca nummaria sive auctorum qui de re nummaria scripserunt*. La Bibliothèque nationale possède l'exemplaire de Madame relié en maroquin vert à ses armes. Il s'ouvre sur son portrait en buste gravé par Hallé, et sur une épître dédicatoire en latin élégant, longue de six pages. Banduri semble avoir traduit lui-même sa prose savante à la destinataire qui ignorait le latin. Le manuscrit inscrit dans son catalogue sous le titre *Bibliothèque des auteurs qui ont travaillé sur les médailles* est manifestement une traduction de la *Bibliotheca nummaria* offerte par Dom Anselme à la princesse. La dédicace de l'édition latine imprimée est bien trop longue pour être citée. Un extrait décrit la passion numismatique de Madame et ses rapports avec les numismates :

« ... Vous avez choisi la plus belle et la plus sûre partie de l'histoire antique, les monnaies anciennes, dont la contemplation et l'étude vous enrichissent et vous divertissent. Aussi, les loisirs que vous laissent les affaires, la bienfaisance et le culte divin, les estimez-vous excellemment employés à l'étude des effigies et des actions des Empereurs et des Impératrices. D'où ce merveilleux trésor de vos médailles [*Hinc mirifica ista tua numismatum gaza*] que vous avez réuni avec un soin incroyable des richesses érudites de toute l'Europe et de l'Asie, et que vous augmentez tous les jours par de nouveaux accroissements. D'où l'accueil quotidien et plein d'affabilité des savants au cabinet de V.A.R. Comblés par votre bienveillance, ils sont cependant moins sensibles à ce privilège, qu'à la science qu'ils voient installée en un lieu aussi éminent. Assurément, cela témoigne d'une disposition unique et pour ainsi dire divine, lorsqu'une princesse se livre en guise de divertissement honnête et pour son plaisir à ce qui semblait propre et réservé aux veillées studieuses des érudits les plus habiles... »

Abstraction faite de la rhétorique ronflante qu'appelait le genre dédicatoire, cette épître témoigne de l'authentique ferveur numismatique d'Elisabeth-Charlotte, et de ses rapports avec les numismates les plus distingués de son temps.

Madame pratiqua bien sûr ses volumes numismatiques. Sa correspondance avec Polier qui s'intéressait lui aussi aux médailles la montre luttant avec les ouvrages de Jean Vaillant : « J'ai tant feuilleté le livre de Vaillant, que j'ai enfin trouvé l'impératrice Magnia Urbica. Elle n'était point femme de Carus, mais elle l'est de Maxentius[109]. » Toute une série de lettres s'interroge sur Magnia Urbica. Les noms de Vaillant, Baudelot et Montauban sont mentionnés, ainsi que celui du marchand-numismate de Génébrier qui avait publié en 1704 une dissertation *Sur une médaille de Magnia Urbica, où l'on fait voir que cette princesse n'est point femme de l'empereur Maxence, comme on l'a cru jusqu'ici.* Elle note à ce propos : « J'ai commencé à lire la dissertation sur la Magnia Urbica ; j'ai encore trouvé un endroit où il n'est pas d'accord avec monsieur Vaillant, je veux dire monsieur Génébrier, car Vaillant commence son Bas-Empire à Dioclétien, et monsieur de Génébrier le commence à Gallien, qui est bien plus haut. » Génébrier proposait des médailles à Madame par l'entremise de Polier. Une dizaine de lettres à ce dernier traite de ces achats, des paiements échelonnés lorsque le Roi supprime les étrennes en janvier 1710, de l'authenticité parfois douteuse des médailles de Génébrier qu'elle lui renvoie après avis défavorable de Baudelot, etc.

C'est que Madame a fini par s'y connaître un peu à force de lire et d'écouter les spécialistes. Elle déclare à Louise en 1712 : « Je commence un peu à connaître les médailles », et lui réclame un livre sur les médailles d'Auguste paru en Allemagne[110]. Un post-scriptum sur un lot de médailles antiques arrivées de Hanovre révèle sa compétence : « La plupart des médailles sont antiques ; quelques-unes seulement sont moulées[111]. » Julius Friedländer a rendu hommage au discernement de Madame, capable de distinguer une médaille authentique *frappée* d'une copie *moulée*[112].

Sa correspondance la montre fière d'avoir formé une collection importante et désireuse de la présenter aux amateurs. Très satisfaite, elle écrit à Louise en 1713 : « Le prince Ragotzki, qui est ici sous le nom de comte de Charoscht, est venu me voir. C'est un bon seigneur, toujours de bonne humeur ; il a de l'intelligence et a beaucoup lu. Il se connaît en tout. Il a désiré voir mes médailles et pierres gravées, et je les lui ai montrées[113]. »

Et elle continue à exposer son médaillier. En mai 1716, le *Nouveau Mercure galant* apprend à ses lecteurs : « S.A.R. ayant permis à M. Crouzelier, conseiller au parlement de Metz, de visiter toutes ses médailles d'or, il a été si frappé de la magnificence du médaillier, aussi bien que des rares qualités de la princesse, qu'il lui a fait aussitôt ces vers. On les a trouvés très beaux et ils sont du goût de la Cour. » Le compliment rimé de Crouzelier *(Le Médaillier de Madame)* est entré dans le recueil de Clairambault :

> Qu'à bon droit l'on vante en tous lieux,
> Trop illustre et grande princesse,
> Votre médaillier précieux !
> Tout en est riche et curieux ;
> Il faudrait l'admirer sans cesse,
> Si tant d'héroïques vertus
> Que l'on remarque en Votre Altesse,
> Ne nous surprenaient encore plus [114].

Admettons charitablement que Crouzelier était meilleur numismate que poète. Elisabeth-Charlotte eut le bon goût de trouver ces éloges quelque peu excessifs.

Elle s'inquiète en 1720 de savoir si Robert Sutton, le nouvel envoyé d'Angleterre qui a la réputation d'aimer les médailles, demandera à voir sa collection. Le 9 mai elle confie à Louise : « Puisque monsieur Sutton [...] aime les antiques, je pourrai le divertir agréablement avec mes médailles. » Le 24 août, elle semble perplexe : « Je m'étonne, puisque monsieur Sutton est un curieux qui aime et comprend les médailles, qu'il ne souhaite pas voir les miennes. Il pense peut-être, puisqu'il va rester ici longtemps, qu'il trouvera toujours le temps. » Le 19 septembre : « Dès que monsieur Sutton souhaitera voir mes médailles et pierres, je les lui montrerai. Mais je ne mentionnerai pas les siennes de crainte qu'il n'aille penser que j'en parle pour qu'il m'en offre quelques-unes [115]. » Pensée délicate d'une princesse qui ne demande qu'à partager les plaisirs de son cabinet avec un visiteur de marque sans créer un incident diplomatique ! La suite de la correspondance ne révèle pas si Robert Sutton s'est enfin décidé à demander à voir la collection de Madame. Il craignait peut-être que la princesse, en lui montrant ses médailles, ne se sentît obligée de lui en offrir quelques-unes...

La fierté de Madame numismate, et son ambition de léguer à son fils l'une des plus belles collections de l'Europe se retrouvent avec évidence dans le dernier article de son testament (21 août 1706) : « A l'égard du surplus de tous mes biens, je les donne et lègue à mon fils Monsieur le duc d'Orléans que je fais et institue mon légataire universel, dans lequel legs universel est entre autres choses compris le cabinet des médailles et pierres gravées que je prie mon fils de ne jamais séparer mais de le garder tout ensemble [116]. »

Ce désir de voir sa collection lui survivre comme une sorte de monument ne fut malheureusement pas respecté. Le Régent mourut un an à peine après sa mère, et toutes ses collections passèrent à son fils le Génovéfain. Ce nouveau duc d'Orléans s'acquit une fort mauvaise réputation en mutilant et déparant les magnifiques collections d'art de son père et de ses grands-parents. Casimir Stryienski a écrit au début de ce siècle l'histoire de la galerie des peintures du Régent. Il note :

« Après la mort du Régent, en 1727, une première tentative fut faite pour la vente d'une faible partie de sa collection ; il s'agissait d'une centaine de tableaux flamands dont il fut publié un catalogue spécial dans lequel nous lisons cette note : " Pour vente, s'adresser à M. d'Argenson, conseiller d'État et chancelier de Monseigneur le duc d'Orléans [...]. La vente au détail s'ouvrira le lundi 9 juin 1727, s'il ne se fait pas d'offres raisonnables pour l'ensemble. " Mais la tentative échoua[117]... »

Nous avons retrouvé un catalogue comparable d'une vente, le même jour, de 200 pierres gravées, 762 médailles d'or et plus de 1 000 médailles d'argent, le tout provenant des collections de Madame, morte depuis quatre ans et demi. Il s'agit d'un petit catalogue in-16 de trente pages, imprimé sous le titre *Description sommaire des pierres gravées, et des médailles d'or antiques du cabinet de feu Madame*[118]. Il s'ouvre sur un avertissement qui traite d'abord des pierres gravées de la princesse, et continue : « La suite des médailles d'or s'est également ressentie de son goût et de ses soins ; elle l'a enrichie des monuments les plus singuliers en ce genre, elle l'a poussée à plus de neuf cents, de manière qu'après celle du Roi, elle est la plus belle d'Europe. Ceux qui voudront acquérir les pierres gravées et les médailles, s'adresseront à Monsieur d'Argenson, conseiller d'État et chancelier de Monseigneur le duc d'Orléans, qui les leur fera montrer ; il recevra leurs offres jusqu'à la fin de mai. Et s'il ne s'en fait point de raisonnable qu'il puisse accepter, la vente en détail s'ouvrira le lundi 9 juin 1727. »

Il a été impossible de découvrir au cabinet des Médailles si une « offre raisonnable » a été faite, ou si la collection fut éparpillée. Il faut dire que le moment de cette vente était plutôt mal choisi, car la grande vogue des médailles était passée. Krzysztof Pomian, historien des collections parisiennes au xviiie siècle, constate qu' « après 1720, et surtout, semble-t-il, après 1730, les collectionneurs parisiens commencent à se détourner des médailles[119] ». C'est dire que Madame a quitté la scène numismatique au bon moment.

Sa passion des médailles était si connue que le père Cathalan la mentionna dans l'oraison funèbre qu'il prononça le 18 mars 1723 à Laon : « Une étude seule fut capable de l'attacher : ce fut celle des médailles. Cette suite d'empereurs du Haut et du Bas-Empire, qu'elle recueillit avec choix, qu'elle arrangea avec soin, lui remettait tout d'un coup sous les yeux ce qu'il y a eu de plus respectable dans les siècles passés. En examinant les traits de leurs images, elle se rappelait les traits de leurs actions, et elle se remplissait avec eux des nobles idées de la grandeur romaine. Il faut à une âme grande et héroïque pour l'occuper de grands et héroïques objets[120]. »

Une approche de Madame, si elle veut vraiment saisir sa personnalité complexe, ne peut ignorer son envergure intellectuelle. L'image caricaturale d'une princesse allemande mal dégrossie née dans une famille de mangeurs de choucroute et déparant les cours raffinées de Versailles et de Saint-Cloud ne résiste ni aux documents que nous avons dépouillés, ni aux textes. Tournons enfin cette page.

CHAPITRE XIII

« Quand une maison est vouée
à l'extinction… »
(1710-1715)

LE MARIAGE DE MADEMOISELLE

L'année 1710 commença plutôt mal pour la princesse numismate : la misère extrême du royaume contraignit Louis XIV à retrancher les étrennes de la famille royale. Elisabeth-Charlotte dut écrire à Polier qu'elle ne lui paierait pas d'un seul coup la pension annuelle de 260 louis d'or qu'elle lui versait, mais par mensualités. Parlant ensuite de son fournisseur en médailles Génébrier, elle conclut : « Dorénavant mes achats seront courts, et par de fortes raisons. Il faut bien se soumettre à ce que le Seigneur veut [1]… »

Une bonne nouvelle la réjouit quelques jours plus tard : harcelé par Saint-Simon et le maréchal de Bezons, son fils avait eu enfin le courage de renvoyer son altière maîtresse Mme d'Argenton, ancienne fille d'honneur de Madame. Cette décision et le replâtrage du couple d'Orléans qui suivit comblèrent le vieux Roi qui souhaitait fort cette rupture. Madame ne cache pas sa joie dans une lettre à Sophie : « Mon fils a enfin brisé de son propre mouvement avec sa petite brunette [*sein braun Schätzgen*]. Il ne la verra plus. Il lui en coûte, car il l'aime toujours, mais il a les motifs les plus puissants du monde d'agir de la sorte, car elle était d'abord horriblement rapace ; il ne pouvait lui donner assez. Ensuite, elle le traitait comme un esclave et lui disait des mots grossiers qu'on ne dirait même pas à un valet de chiens. Elle lui donnait des coups de pied […]. Elle lui faisait fréquenter les pires compagnies du monde composées uniquement de putains, filles et garçons, sauf votre respect. […] Tout Paris en était scandalisé… » Et elle ajoute en bonne mère : « Je trouve que mon fils mérite plus de louanges pour avoir remporté cette victoire sur lui-même, que s'il avait gagné une bataille [2]… » Saint-Simon avait raison d'écrire que cette rupture « est la clef de beaucoup de choses » : le mariage six mois plus tard du duc de Berry avec la fille aînée de Philippe d'Orléans en sera la conséquence.

En se couchant le 14 février, Louis XIV ordonna à ses valets de laisser ses habits dans sa chambre : la duchesse de Bourgogne pouvait accoucher d'un moment à l'autre, et il ne voulait pas perdre du temps si on l'appelait dans la nuit. On le réveilla à sept heures du matin pour lui dire que les douleurs avaient commencé. Il s'habilla en vitesse et courut chez la princesse en travail. Elle ne le fit pas attendre longtemps, mais « son enfant ne venait pas trop bien, présentant d'abord le derrière et ensuite les jambes ». L'accoucheur Clément « fit faire un soubresaut à l'enfant qui le fit tourner, et en même temps il le tira », dit Sourches[3]. Madame précise dans une lettre écrite deux heures après à Louise : « On a tiré l'enfant par les petits pieds[4]. » C'était un prince qu'on titra duc d'Anjou. Il fut ondoyé sur-le-champ et porté par la duchesse de Ventadour dans l'ancien appartement de Madame, qu'il partagea avec son frère le duc de Bretagne.

L'heure de sa naissance — huit heures trois minutes et trois secondes selon Dangeau — fut considérée comme très propice par les faiseurs d'horoscope. Le *Mercure* de février explique à ses lecteurs : « Il a de tout temps passé pour constant que les enfants qui naissaient le jour étaient plus heureux que ceux qui venaient au monde pendant la nuit. [...] Il est très avantageux à un État d'avoir beaucoup de princes d'une même race... » Le *Mercure* ne croyait si bien dire : le petit duc d'Anjou sera le seul descendant légitime de Louis XIV encore en vie et apte à régner à la mort du Roi, et par conséquent son successeur, Louis XV.

Le duc de Berry allait avoir vingt-quatre ans ; il était vraiment temps de le marier. La guerre ne permettait pas de lui chercher une princesse à l'étranger. Mme la Duchesse, qui avait plusieurs filles à marier, le regardait d'un air entendu et le traitait avec des prévenances auxquelles le pauvre prince n'était guère habitué. Madame voyait clair dans ce manège : « Je crois qu'elle voudrait lui endosser une de ses filles, et je ne voudrais pas jurer que cela ne se fera pas » écrit-elle à Sophie[5]. Charles de Berry avait été éduqué en cadet, c'est-à-dire qu'il n'avait rien appris, sinon à chasser et à jouer. Il tenait beaucoup à sa belle-sœur de Bourgogne et ne bougeait pas de son appartement où il était assis sur un tabouret au milieu de ses dames qui le chargeaient de commissions ridicules. Madame déplorait que « son petit Berry » fût devenu un grand benêt qu'elle ne voyait jamais parler « ni avec des généraux, ni avec des savants[6] ». Il n'avait pas la moindre idée des manœuvres compliquées qui se tramaient pendant ce temps-là.

Les intimes du duc d'Orléans, Saint-Simon en tête, entendaient profiter du rapprochement entre le Roi et son neveu pour marier Mademoiselle, sa fille aînée, au duc de Berry. Ils savaient que Mme de Maintenon y était plutôt opposée, mais ils comptaient sur l'appui de la duchesse de Bourgogne gagnée à l'idée. Le problème était que Monseigneur, le père du prince à marier, passait ses jours avec sa demi-sœur Mme la Duchesse qui détestait les Orléans et profitait de son crédit pour pousser sa fille, Mlle de Bourbon. Ils concentrèrent donc tous leurs efforts sur le Roi. Saint-Simon a noirci des dizaines de pages pour narrer le détail de cette intrigue matrimoniale qui fut compliquée et serrée. Ils obtinrent gain de cause au début de l'été : Louis XIV décida que son petit-fils convolerait avec Mademoiselle.

Née en août 1695, Marie-Louise-Elisabeth d'Orléans allait avoir quinze ans. Ses parents avaient bien fait de la montrer très peu à la Cour, car elle avait d'inquiétantes dispositions qui allaient faire d'elle la Messaline de la Régence. Le duc de Luynes, habituellement fort modéré dans ses commentaires, note en marge du *Journal* de Dangeau que Mademoiselle, qui désirait passionnément ce mariage, apprit que le Roi y était opposé, « trouvant qu'elle était fort grasse, et craignant par cette raison qu'il n'y eût point d'enfants ». Elle décida de maigrir coûte que coûte. « Elle fut donc un an entier à avoir un corps fort serré, ne mangeant jamais à table et toujours en courant. Cette méthode lui réussit ; sa taille changea, et le mariage fut fait. Mais aussitôt qu'elle fut parvenue à son but elle se livra de nouveau à son goût, et en moins de six mois elle engraissa prodigieusement. On sait que ce n'est pas la seule chose sur laquelle elle ne garda point de mesure. On peut dire que cette princesse a été dans ce siècle un exemple rare de dissolution et de dérèglement [7]. »

Saint-Simon dira après le mariage, lorsque la véritable nature de la duchesse de Berry se manifestera au grand jour : « Nous gémîmes du malheur d'avoir réussi dans une affaire que [...] j'aurais traversée avec encore plus d'activité [...], si j'avais su le demi-quart, que dis-je ? la millième partie de ce dont nous fûmes si malheureusement témoins [8]. » Et peu après : « C'était un prodige d'esprit, d'orgueil, d'ingratitude et de folie, et c'en fut un aussi de débauche et d'entêtement. [...] Et voilà comme on travaille en ce monde la tête dans un sac [9] ! » Il ne savait que trop bien de quoi il parlait : Mme de Saint-Simon avait été contrainte à accepter à son corps défendant la place de dame d'honneur de la nouvelle duchesse de Berry.

Mais pour l'instant l'heure était aux sourires. Madame apprit la nouvelle à Marly le 1er juin de son fils qui ne se tenait pas de joie. Elle se rendit le lendemain chez le Roi qui lui dit, remarquant son air rayonnant :

« — Vous me paraissiez bien gaie hier, Madame.

« — Monsieur, j'avais bien raison de l'être, car mon fils venait de me parler de la part de V.M.

« — Je suis ravi d'avoir fait quelque chose qui vous soit agréable, Madame, et j'espère que ce mariage nous unira encore davantage.

« — Rien ne peut plus m'attacher, ni mon fils, à V.M., que nous le sommes de tout temps, mais assurément, s'il pouvait être possible qu'il y eût de l'augmentation, ce mariage le ferait. Il nous comble d'honneur et de joie. »

Ce petit dialogue est dans une lettre à Sophie. Le même soir, comme Madame écrivait à la reine d'Espagne devant la porte-fenêtre ouverte de son pavillon, elle vit entrer le duc et la duchesse de Bourgogne et le duc de Berry. Tout le monde félicita tout le monde. Madame se tourna vers le fiancé :

« — Venez, que je vous embrasse, car vous voilà plus que jamais comme disait Mme la Dauphine.

« Elle l'appelait toujours *le Berry de Madame,* il le sait bien. Je l'ai embrassé de tout cœur. Il dit :

« — Je n'ai point d'autre chose à vous demander, Madame, que de reprendre pour moi la même amitié et bonté que vous aviez pour moi pendant toute mon enfance, et de recommencer à me donner vos bons avis.

« Je ris et dis :

« — [...] Je ne l'ai pas fait pour mon plaisir, et si Mme la Dauphine ne me l'avait ordonné en mourant, je m'en serais bien gardée. Vous êtes trop grand pour qu'on vous donne des avis [...]. Je suis trop vieille pour vous voir souvent, car je ne vous puis être bonne à rien. Soyez heureux, gai et content, et je jouirai de votre contentement [10]. »

Le mariage fut célébré à Versailles le 6 juillet. La veille, lors des fiançailles, Elisabeth-Charlotte avait encore précédé sa petite-fille, voulant, selon une note de Sourches, « qu'on observât toutes les longues et les brèves en ce qui regardait la considération pour le rang de sa maison [11] ». L'image musicale est délicieuse. Le lendemain, après la messe de mariage, la nouvelle duchesse de Berry fit des façons pour passer devant sa grand-mère : « Poussez-moi, Madame, lui dit-elle ; car il faut me pousser pour me faire passer devant vous, et il me faut encore quelque temps pour m'accoutumer à cet honneur-là [12]. »

Le mariage ne fut pas aussi riche que ceux des ducs d'Orléans ou de Bourgogne : Sourches note que les dames étaient « la plupart bien parées », mais que les courtisans n'étaient « point du tout magnifiques » ; le duc de Berry portait aux deux cérémonies le même habit noir chamarré de diamants. Mais la magnificence de la nouvelle chapelle de Versailles, consacrée un mois plus tôt, faisait oublier le reste. Madame en avait longuement décrit l'architecture et les peintures dans une lettre enthousiaste à Louise. « *Summa,* avait-elle conclu, *alles ist magnifiq undt schön* [13]. »

Le comportement de la duchesse de Berry dès le lendemain de son mariage ne fut pas aussi magnifique. Après s'être gavée de sucreries avant le repas, elle s'empiffra tellement à la table du Roi qu'elle dut s'enfuir pour vider son estomac dans l'antichambre. Quelques jours plus tard, on la ramena ivre morte d'un souper chez la duchesse de Bourgogne. Les excès de la jeune princesse, « ce petit cheval rétif », étaient si déplorables que Mme de Maintenon dut prier Madame en octobre 1711 de la part du Roi de chapitrer sa petite-fille. Quelques mois plus tôt, elle avait fait allusion dans une lettre à Sophie aux rapports troubles qui se nouaient entre le duc d'Orléans et sa fille aînée, rapports qui alimenteront plus tard des rumeurs d'inceste : « La duchesse de Berry se comporte d'une manière si choquante vis-à-vis de son père, que sa mère et son mari en deviennent jaloux. [...] J'ai averti mon fils bien des fois, mais il ne m'écoute pas [14]. »

La misère du temps avait remis à la paix le règlement de l'apanage du jeune couple. Elisabeth-Charlotte explique à ce propos à sa tante que les *enfants de France* ne peuvent exercer des charges, et conclut : « Pour ma part, je préférerais être un riche comte souverain de l'Empire ayant sa liberté, qu'un *enfant*, car nous ne sommes en effet rien d'autre que des esclaves couronnés. J'aurais étouffé si je n'avais pas dit cela [*ich were erstickt wenn ich diesses nicht gesagt hette*] [15]... »

Deux accidents, heureusement sans gravité, bouleversèrent la famille d'Orléans en novembre 1710. Philippe d'Orléans courut le cerf avec le Roi à Marly, et fit une grave chute sous les yeux de sa mère qui suivait la chasse dans sa petite calèche peinte et dorée. Elle écrit le jour même à Polier : « J'ai vu mon fils, en courant à toute bride dans une descente, faire la culbute entière avec son cheval, et se démettre une épaule. C'est un miracle qu'il ne s'est pas tué tout raide [...]. Pour moi, de la frayeur je suis comme si on m'avait donné cent coups de bâton [16]... » Elle le ramena dans sa calèche à Marly où Mareschal, le premier chirurgien du Roi, lui remit l'épaule et lui tira à toutes fins utiles trois palettes de sang. On attribua la chute du prince à sa myopie prononcée. Il se promenait le bras en écharpe et passa des heures entières dans le cabinet de sa mère qui conversait avec lui sans cesser d'écrire. Elle raconte le surlendemain l'accident à Louise, et ajoute : « Voilà une demi-heure qu'il est assis là, près de moi [17]... »

A la fin du mois, Elisabeth-Charlotte se trouvait au Palais-Royal, où une feuille du parquet de son cabinet s'enfonça brusquement sous elle. Elle trébucha et se donna une violente entorse au pied. Les chirurgiens accourus pansèrent l'articulation, mais ne purent l'empêcher d'assister le soir même à un opéra où elle se fit porter dans un fauteuil, « comme le pape », glousse-t-elle [18]. Elle rentra le lendemain à Versailles et fut incapable de quitter son appartement pendant plusieurs semaines. D'autres accidents de ce genre allaient se produire les mois suivants : son obésité, ses genoux gonflés, les parquets mal joints de Fontainebleau ou des crachats de jus de tabac dans la nouvelle chapelle de Versailles provoquent d'autres chutes, sans gravité il est vrai, mais qui inquiètent ses médecins.

Le père Poisson, cordelier, prêcha donc l'Avent sans elle. Ce fut bien la seule fois dans dans sans vie qu'elle regretta de ne pouvoir assister à des sermons, car le bon père se livra à de telles extravagances oratoires que les courtisans ne parlaient d'autre chose. Son érudition pédante avait valu au prédicateur le surnom de *Moréri des Normands*. Il figure dans la satirique *Histoire de don Ranucio d'Aletès* de Gabriel Porée sous le nom de Pancracio. Il y prêche une mission dans un village installé sur une charrette, et épouvante les chevaux par ses affreux jurons. A la fin d'un sermon « sur l'impureté », il lâche dans l'église un bouc enduit de poix après avoir mis le feu à la queue du pauvre animal. On ignore la nature des extravagances du père Poisson à Versailles (on le voit mal jurer devant le Roi ou lâcher des boucs flambants sur les courtisans), mais elles étaient telles que Madame regrettait doublement son entorse. Elle écrit le 17 décembre à l'évêque d'Avranches, Huet : « Il faut que le père du Trévou vous ait rendu compte du sermon du père Poisson cordelier, mais je ne l'ai ouï prêcher qu'à la Toussaint. Depuis mon entorse m'a empêchée d'aller au sermon, je n'en sais les belles citations que par ouï-dire. J'avoue que de tels propos sont trop extraordinaires en chaire de prédicateur pour donner envie de dormir [19]. » Il semblerait que Huet ait raconté au père du Trévou d'autres incartades du père Poisson, puisque Madame lui écrit trois jours plus tard : « Quand je verrai le père du Trévou, je le prierai de me dire le sermon dont vous lui avez fait part. Je vais non pas au sermon, mais à la comédie [20]... »

Les sermons du père Poisson (qui ne fut jamais réinvité à la Cour) manquent donc au sottisier qu'on peut composer en partant de la correspondance de Madame. Il y a ce « petit capucin » qui termine tous ses sermons sur la doxologie : « Vous irez tous en enfer, où vous conduisent le Père, le Fils et le Saint-Esprit » ; il y a François de Clermont-Tonnerre, évêque comte de Noyon à la vanité proverbiale, qui appelle du haut de la chaire ses ouailles *canaille chrétienne* en s'excusant : « Je ne puis les appeler *mes frères* n'étant pas de la maison de Tonnerre » ; il y a surtout ce capucin vénitien qui s'installe à califourchon sur la balustrade de sa chaire, et se fait remettre en cette position des lettres cachetées que saint Jérôme lui envoie du ciel et dont il donne lecture « à la cucugnane [21] ». La correspondance de Madame nous engage à nuancer l'idée que nous nous faisons de l'éloquence sacrée de l'ère louis-quatorzienne.

1710 a vu la dernière naissance heureuse et le dernier mariage dans la famille royale ; les années crépusculaires du règne seront réservées aux enterrements.

VILLAVICIOSA : « TOUT EST SOUMIS AU CHANGEMENT »

L'année suivante commença fort bien. Entre Noël et le Nouvel An étaient arrivés plusieurs courriers d'Espagne apportant la nouvelle des victoires de Brihuega et Villaviciosa qui changeaient de fond en comble la situation militaire dans la péninsule. La musique du Roi pouvait enfin épousseter les partitions des *Te Deum*. Le duc de Vendôme, qui assurait sous Philippe V le commandement d'une armée franco-espagnole, avait profité de la retraite des forces anglo-autrichiennes en deux corps d'armées séparés commandés par les comtes Stanhope et Stahremberg, pour forcer Stanhope à capituler à Brihuega, et pour culbuter le lendemain 10 décembre à Villaviciosa l'armée de Stahremberg revenue trop tard pour dégager Stanhope. En un après-midi les Autrichiens perdirent ou durent abandonner les trois quarts de leur armée, et Vendôme pouvait écrire sans exagérer au marquis de Sourches : « Jamais bataille n'a été si glorieuse aux armes du Roi, ni si complète que celle de Villaviciosa ; cette formidable armée, qui avait percé jusqu'à Madrid, et qui menaçait toute l'Espagne d'une invasion générale, est détruite entièrement en deux actions [22]. » Les consé-quences de cette double victoire étaient énormes : Philippe V pouvait retourner à Madrid qu'il avait dû abandonner, acclamé par ses sujets, transformé par l'adversité et la victoire, et plus que jamais roi d'Espagne.

Ces nouvelles galvanisèrent les Français et montraient enfin le bout du tunnel de l'interminable conflit autour de la succession d'Espagne. Certes, ils n'étaient pas encore revenus, les beaux jours où Boileau pouvait protester : « Grand Roi, cesse de vaincre, ou je cesse d'écrire [23] », mais le vent tournait. C'est d'ailleurs ce qu'écrit Elisabeth-Charlotte à sa tante, commentant la victoire de Villaviciosa : « Tout est soumis au changement [*wexellen ist in allen Sachen*] [24]. » Louis XIV dit fin janvier à Bernières, l'intendant de Flandre : « Vous m'avez mandé souvent, l'année passée, des choses tristes et dures, [...] mais j'espère que cette année vous ne me manderez rien que de bon [25]. » La mort providentielle en avril de l'empereur Joseph Ier et l'élection de son frère l'archiduc Karl devenu Charles VI redistribuaient entièrement les cartes. Les nations européennes, qui avaient de la peine à accepter deux rois Bourbon à Paris et à Madrid, ne toléreraient en aucun cas la réunion des deux couronnes de Charles Quint, celle de l'Empire et celle d'Espagne, au profit d'un seul prince, fût-il Habsbourg et dût-il s'appeler Charles Sexte.

Les coupes de l'Apocalypse — I

La mort subite le 26 mars 1711 de Mme de Busca, première femme de chambre de Madame depuis quarante ans, ouvrit une série impressionnante de décès. Elle écrit le lendemain à Polier : « J'aimais Mme de Busca parce qu'elle était une bonne femme qui m'aimait bien, et non pas pour son service, car sa sœur me sert fort bien aussi [...], mais ce sont les personnes qu'on regrette[26]... »

La disparition dramatique trois semaines plus tard du Grand Dauphin plongea la Cour et la Ville dans une stupéfaction qui se transforma bientôt en soulagement. Voulant se lever à Meudon le 9 avril, Monseigneur se sentit très faible. Ses médecins constatèrent une forte température et le saignèrent. La variole apparut le lendemain. Louis XIV s'établit le 10 à Meudon avec Mme de Maintenon et ses officiers nécessaires, et y tint ses conseils comme à l'ordinaire. Il renvoya les membres de sa famille et les courtisans qui n'avaient pas eu la variole. La maladie suivait son cours, sortant abondamment, et les médecins promettaient entre deux saignées que le prince s'en tirerait. Les harengères des Halles, qui avaient député toutes affaires cessantes deux d'entre elles à Meudon, auraient même fait chanter un *Te Deum* si le malade ne leur avait dit : « Il n'est pas encore temps, mes pauvres femmes. » Dangeau note le 11 que la variole est « un mal bien dangereux à un homme de cinquante ans ». Le même jour, Madame était si occupée à ranger les livres qui encombraient son cabinet de Versailles qu'elle ne trouvait ni le temps d'écrire, ni celui d'aller voir Monseigneur : « J'avais un travail à faire que j'avais remis depuis plusieurs jours, notamment remplir une bibliothèque, car les livres s'empilaient un peu partout dans la chambre. Il fallait donc les placer dans une armoire[27]. » Elle se rendit le 14 à Meudon pour se « réjouir avec le Roi de ce que M. le Dauphin était si bien ». Mais à six heures, comme elle partait à Versailles, on vint dire au Roi que la tête de son fils s'enflait beaucoup et que les médecins commençaient à s'inquiéter. Elle allait se mettre au lit vers minuit lorsque la maréchale de Clérambault entra bouleversée dans sa chambre pour lui annoncer la mort du prince et le départ du Roi et de Mme de Maintenon pour Marly.

« Votre Dilection peut bien penser, écrit-elle à Sophie, l'horrible effroi que cela provoqua. Je [...] me rhabillai et courus tout de suite chez la duchesse de Bourgogne où je trouvai un spectacle affreux. Le duc et la duchesse de Bourgogne étaient anéantis, pâles comme la mort, et ne disaient pas un seul mot. Le duc et la duchesse de Berry étaient étendus par terre, les coudes appuyés sur un lit de repos, et criaient tellement qu'on les entendait trois chambres plus loin. Mon fils et Mme d'Orléans pleuraient discrètement et faisaient tout leur possible pour calmer le duc et la duchesse de Berry. Toutes les dames assises sur le parquet autour de la duchesse de Bourgogne pleuraient. [...] Il était deux heures et demie quand je rentrai dans ma chambre et me mis au lit, mais je ne dormis que de cinq à six, et me levai à sept heures[28]... » Le « spectacle affreux » de la Cour pleurant au milieu de la nuit l'héritier du trône a inspiré à Saint-Simon quelques-unes des pages les plus fortes jamais écrites en français. L'arrivée d'Elisabeth-Charlotte en robe de cour semble avoir produit un effet presque comique : « Madame, rhabillée en grand habit, arriva hurlante, ne sachant bonnement pourquoi ni l'un ni l'autre, les inonda tous de ses larmes en les embrassant, fit retentir le château d'un renouvellement de cris, et fournit un spectacle bizarre d'une princesse qui se remet en cérémonie en pleine nuit pour venir pleurer et crier parmi une foule de femmes en déshabillé de nuit[29]... »

Après les premiers moments de consternation, les princes et les courtisans eurent le temps d'évaluer la nouvelle « carte de la Cour » et de constater que tout le monde y gagnait à l'exception du duc et de la duchesse de Berry, de Mme la Duchesse et de quelques intimes du prince défunt qui préparaient à Meudon l'après-Louis XIV en aiguisant leurs couteaux. Madame note à ce propos avec beaucoup de sagesse : « Il y a ici plus d'une pierre que je ne puis soulever et dois laisser en place, mais la mort subite de M. le Dauphin m'inspire des réflexions morales. Combien d'intrigues et de *projets* n'a-t-on pas faits en prévision du moment où M. le Dauphin serait roi ! Mme la Duchesse aurait menacé la duchesse de Bourgogne de lui faire payer le mariage de ma petite-fille la duchesse de Berry. Voilà maintenant le règne de Mme la Duchesse terminé, et sauf qu'elle va le soir dans le cabinet du Roi, elle n'a pas plus d'*avantages* que moi qui ne me suis jamais mêlée d'aucune intrigue. Cela m'apprend plus que jamais de laisser faire le bon Dieu, de ne m'inquiéter de rien, et de fuir toutes les *intrigues* et *cabales* comme j'ai fait jusqu'à présent[30]. »

La princesse décrit avec émotion la douleur du Roi, mais ne la partage pas. Elle explique sans ambages pourquoi : « Ceux qui ont cru me faire grand tort en éloignant de moi M. le Dauphin m'ont peut-être sauvé la vie, car si nous eussions encore été ensemble dans les mêmes termes qu'avant la mort de Monsieur, j'aurais pu tomber malade de chagrin, en mourir même [...]. Je regrette sans doute M. le Dauphin, mais je ne puis autant déplorer la perte d'un homme qui ne m'aimait pas et m'avait entièrement abandonnée, que s'il était toujours resté mon ami[31]. » Elisabeth-Charlotte avait le bon goût de ne pas simuler des sentiments qu'elle n'éprouvait pas et que ce prince bovin « noyé dans la graisse et dans l'apathie[32] » ne pouvait inspirer. La très longue lettre à Sophie du 16 avril qui relate en détail les circonstances de la mort du Dauphin, et dont nous venons de lire plusieurs extraits, se termine sur ce charmant aveu : « Je ne possède pas l'art de dire beaucoup en peu de mots, et c'est pour cela que je fais mes lettres si longues [33]... »

L'Ange exterminateur ne s'arrêta pas en si bon chemin. Il faucha en mai en quelques jours trois enfants de la duchesse de Lorraine. Dangeau note le 9 mai : « Madame eut nouvelle que la fille aînée de M. de Lorraine était morte à Lunéville de la petite vérole. [...] Elle n'avait pas encore onze ans et était fort belle. Mme de Lorraine l'aimait passionnément. Un des princes ses frères et une de ses sœurs sont malades de la rougeole. Le Roi [...] [a] été voir Madame, qui est très affligée. » Et le 14 : « Madame apprit le matin que le fils aîné de M. de Lorraine et la seule fille qui lui restait étaient morts de la même maladie que la princesse leur sœur aînée [...]. Il ne reste d'enfants à M. de Lorraine que deux princes fort jeunes et qui ont la même maladie. » Le prince Ludwig et la princesse Gabrielle moururent le 10 et le 11 mai, âgés de sept et de cinq ans. Il ne restait plus que deux enfants au couple fécond de Lorraine : Leopold Clemens qui mourra à seize ans en 1723, et Franz Stephan, le futur empereur François Ier et époux de Marie-Thérèse.

Aucune lettre de Madame à sa fille de cette période ne nous est parvenue, mais elle a dû avoir toute la peine du monde à réconforter la malheureuse. « Ma pauvre fille est inconsolable, écrit-elle à Sophie. Elle veut mourir pour être auprès de ses enfants et de Monsieur. Mais je lui ai répondu que j'étais persuadée qu'on ne se connaît pas dans l'au-delà, et que c'était donc inutile de mourir [...]. Ma pauvre fille a déjà perdu huit enfants [34]... » Et à Louise : « Les bons enfants, les trois qui sont morts, m'écrivaient chaque semaine. Je n'ai maintenant que trop de temps pour écrire. » Puis, faisant allusion à la mort de l'empereur Joseph Ier : « L'Impératrice est bien à plaindre elle aussi. Il arrive autant de malheurs que si les coupes de l'*Apocalypse* de saint Jean étaient répandues [35]. » La fin de l'Empereur lui avait déjà inspiré cette phrase dans une lettre à Sophie : « Quand une maison est vouée à l'extinction, les choses se précipitent [36] », sans se rendre compte que cette prophétie s'appliquait encore plus à la maison de France qu'à celle d'Autriche. La terrible hécatombe de 1712 allait lui donner raison.

Le bon Etienne Polier de Bottens s'éteignit doucement le 7 juillet, ayant atteint, selon les calculs de Madame, l'âge béni de quatre-vingt-onze ans, six mois et deux jours. Elle regrettait infiniment cet honnête réformé qui l'avait suivie en France quarante ans plus tôt, qui avait été son confident, correspondant et conseiller spirituel *in partibus infidelium,* et qui savait être dévot sans être bigot. Il n'a été donné à aucun autre correspondant d'Elisabeth-Charlotte, même pas à Sophie, de recevoir comme Polier des lettres où elle mettait son cœur à nu, où elle exposait ses doutes religieux et métaphysiques concernant l'âme des hommes et des petits chiens, la mort et l'au-delà. Elle lui avait écrit le jour de ses quatre-vingt-onze ans : « Tout se retrouve, hors les véritables amis ; quand on perd ceux-là, il n'y a plus de retour et on demeure malheureux. Mais gardons ces bons amis, ils consolent dans les malheurs, et chassent la tristesse par leurs fidèles avis[37]. » Elle appréciait la sagesse résignée et la droiture de son vieil ami qui la connaissait mieux que personne. Ayant appris ce décès qu'elle savait imminent, elle adresse ses condoléances aux neveux de Polier : « Si vous pouviez voir mes larmes, vous ne pourriez douter que personne au monde ne partage plus votre douleur que moi, et je vous assure que je regretterai M. de Polier toute ma vie[38]... » Une très belle figure disparaît de la vie d'Elisabeth-Charlotte qui frôle maintenant la soixantaine.

Quinze jours après la mort de Polier, la duchesse de Berry accoucha à Fontainebleau d'une fille morte. Madame avait averti sa petite-fille que son style de vie immodéré l'exposait à ce genre d'accidents. Elle commente avec férocité dans une lettre à Louise : « Le malheur de Mme de Berry ne m'a pas peinée, d'abord parce que tout s'est bien passé [...], et ensuite parce que l'enfant n'était qu'une fille [...]. Enfin, je constate sans regret que les jeunes gens qui se sont moqués de moi et n'ont voulu me croire, voient que j'avais raison. Ce n'est pas la mode ici que les enfants procurent beaucoup de joie à leurs parents[39]. »

Madame entre le Holstein et l'ipecacuana

Elisabeth-Charlotte fut heureuse à l'automne de pouvoir contribuer à la lutte contre les épidémies dont elle avait pu mesurer cette année-là les terribles conséquences. Son ami Meyercroon, l'envoyé de Danemark, avait été remplacé fin 1708 par Christian Wernicke qui lui faisait sa cour aux occasions comme tous les ministres étrangers accrédités à Paris.

Le nouvel envoyé fut bien embarrassé en octobre 1711, lorsque son gouvernement le chargea d'obtenir du médecin Jean-Adrien Helvétius le remède qu'il avait développé contre la dysenterie et qu'on appliquait avec succès dans les armées françaises. Le Holstein tout entier était atteint de cette maladie très infectieuse qui faisait d'innombrables victimes. Wernicke avait contacté aussitôt Helvétius, mais celui-ci refusait obstinément de livrer sa recette malgré les démarches d'amis influents. Ne sachant plus à quel saint se vouer, Wernicke s'adressa en français à Madame : « La bonté de V.A.R. est si grande, qu'elle encourage les moins hardis à lui demander des grâces. On m'a mandé de chez nous de tâcher sous main d'avoir la recette du sieur Helvétius contre la dysenterie, dont on s'est servi utilement dans les armées de France, ce mal faisant du ravage dans le Holstein. Comme il y a plus de vingt ans que le Roi Très-Chrétien l'a achetée du médecin pour en soulager le public, je ne doute pas que V.A.R. n'en ait la recette ou qu'il ne lui soit facile de l'avoir. De me la communiquer, ce serait me faire une grâce infinie, d'autant plus que je ne prends l'extrême hardiesse de m'adresser à vous, Madame, qu'après avoir employé inutilement plusieurs de mes amis et fait faire de vains efforts auprès du médecin même[40]... »

Wernicke reçut le jour même cette réponse : « Monsieur l'Envoyé, dès que j'ai reçu votre lettre, j'ai envoyé à M. Fagon qui m'a renvoyé le papier que vous trouverez ci-joint. Le remède d'Helvétius n'est autre chose qu'une racine qui vient des Indes et qui s'appelle de l'ipecacuana. On en trouve en France à Paris, et en Hollande ; cela se vend en poudre et se prend dans du vin ou bien dans du bouillon. Le reste, vous le verrez dans le mémoire de M. Fagon. Je m'estimerais très heureuse si je pouvais contribuer à la guérison du peuple de Holstein... » Madame, qui connaissait l'inimité réciproque de Fagon et Helvetius, savait à qui s'adresser.

Comblé, Wernicke s'épuisa en remerciements et compliments sans fin, ce qui lui valut cette délicieuse réaction : « Monsieur l'Envoyé, je vous assure que j'ai beaucoup de joie de vous voir si content de moi, mais en vérité vous ne me devez pas savoir grand gré de ce que j'ai fait, car il faudrait avoir le cœur bien dur pour pouvoir assister et guérir une principauté sans le faire. Si ce remède peut réussir, c'est à moi à vous remercier, Monsieur l'Envoyé, de m'avoir par votre moyen donné lieu de faire une si bonne œuvre, mais cela ne vous ôtera pas le mérite d'avoir demandé ce remède. [...] Votre bien bonne amie Elisabeth-Charlotte[41]. » Peu de lettres révèlent comme celle-ci le cœur exquis de Madame. Elle tenait sans doute à ce que « toutes les longues et les brèves » fussent observées et avait ses moments de férocité, mais elle pouvait servir ses amis avec une charmante simplicité qui va droit au cœur, et qui fait de cette princesse un peu hommasse une très grande dame.

La fin de l'année vit un autre épisode du long combat qui opposait la princesse à ses médecins. Elle se sentait très bien, mais s'assoupissait trop souvent. Cette léthargie et son obésité inquiétaient son premier médecin Féret qui ne mâchait pas ses mots. Il lui dit « qu'il ne répondait pas de sa vie si elle ne se faisait saigner et purger, ayant devant les yeux l'exemple de feu Monsieur, lequel n'était mort que pour ne s'être pas fait saigner ; et après beaucoup de semblables discours, il l'avait enfin fait résoudre à se faire saigner et purger[42]. » Les propos énergiques de son médecin semblent avoir troublé Madame qui écrit à Louise : « Dieu sait combien de temps je pourrai encore vous écrire, car je ne puis vous celer qu'on me regarde ici comme dangereusement malade, bien que je n'aie pas ce sentiment, mais tous les médecins disent ici que moins je sens ma maladie et plus je suis malade. Je suis grosse et grasse, je n'ai pas mauvaise mine, je ne sens aucune douleur, j'ai bon appétit, mais je suis toujours un peu somnolente et je m'endors partout, ce qui est regardé ici comme fort dangereux. [...] Je ne souhaite ni ne crains la mort ; je m'en remets à la volonté de Dieu [43]. » Elle se laissa saigner et purger avec docilité, et se sentit malade comme un chien. Son médecin la rassura sans doute en lui disant qu'elle se portait d'autant mieux qu'elle se sentait plus mal.

Ces interventions n'eurent bien entendu aucun effet sur sa corpulence, ses somnolences et ses étouffements. Dangeau note en novembre 1712 : « Madame a été saignée ; cela a un peu diminué son assoupissement et ses vapeurs... », et dix jours plus tard : « Madame a été assez incommodée et la dernière médecine qu'on lui a donnée l'a fort abattue. Les médecins assurent qu'il n'y a nul danger [44]. » Ils avaient manifestement fini par comprendre qu'ils avaient tort de tracasser la bonne princesse qui commençait à s'inquiéter tout de bon. Elle écrit en ce même mois de novembre à Louise : « Je ne puis vous dire beaucoup de bien de ma santé. J'ai comme une *fièvre lente* [...]. Ma corpulence fait qu'on craint l'apoplexie pour moi, mais cela ne me fait pas peur, car on meurt tout d'un coup sans frayeur de la mort [45]. »

Ses lettres à Polier confirment qu'elle craignait plus la frayeur de la mort que la mort elle-même. Ces pensées funèbres ont atteint les oreilles de Sourches qui note début décembre 1712 : « On disait que Madame faisait depuis plusieurs jours divers remèdes qui la tourmentaient beaucoup et qui ne la soulageaient point de son étouffement [...] ; elle était persuadée qu'elle en mourrait [46]. » Elisabeth-Charlotte s'inquiétait sans raison et finit par s'en rendre compte ; elle rassure Sophie fin décembre : « Votre Dilection peut être maintenant, Dieu merci, sans crainte pour ma santé ; elle s'améliore tous les jours [...]. On m'a saigné au pied comme si j'étais un porc et qu'on avait besoin de boudin [47]... »

Les coupes de l'Apocalypse — II

L'année 1712 avait commencé par une brouille entre la duchesse d'Orléans et sa fille la duchesse de Berry au sujet d'un collier de grosses perles en poire. Louis XIV, qui avait dû chasser une femme de chambre de la duchesse de Berry qui avait envenimé la querelle, pria Madame d'intervenir. Il la reçut le 7 janvier dans son cabinet et eut une longue conversation avec elle ; les courtisans la virent sortir les larmes aux yeux. « Mon Dieu, soupire-t-elle, n'entendrai-je ma vie durant que des choses affligeantes [48] ? »

Elle en vit d'autres lorsque la mort happa brutalement en quelques semaines le duc et la duchesse de Bourgogne et le second duc de Bretagne. Cette salve de décès, qui menaçait d'extinction la branche aînée de la famille royale et qui privait le vieux Roi des êtres qu'il chérissait le plus au monde, lui coupa littéralement le souffle. La Cour s'était à peine remise de la mort de Monseigneur dix mois plus tôt, et le duc et la duchesse de Bourgogne s'étaient à peine habitués à leur nouvelle situation de Dauphin et Dauphine. L'encre des *Tables de Chaulnes,* une série de projets de gouvernement rédigés par Fénelon et le duc de Chevreuse pour le nouveau Dauphin, n'était pas encore sèche, et Saint-Simon commençait à prendre goût aux navettes qu'il faisait entre son cagibi et le cabinet du duc de Bourgogne, les poches bourrées de papiers et le cœur gonflé d'espérance. Mais la mort en décida autrement et une autre coupe de l'Apocalypse fut répandue sur la Cour.

Marie-Adélaïde de Bourgogne fut emportée la première par la rougeole le 12 février à Versailles, âgée de vingt-six ans. La veille de sa mort, on lui donna de la poudre « cordiale » de Mylady Kent proposée par Elisabeth-Charlotte, mais on n'eut pas la patience d'en attendre les effets, et la princesse mourut au terme d'un traitement particulière-ment brutal de bains brûlants et de saignées répétées. « Je suis persuadée, dit Madame à Sophie, que les médecins ont achevé aussi sûrement cette pauvre princesse que je l'affirme à Votre Dilection [49]. » La tristesse de Madame était sincère, car la défunte l'avait traitée avec beaucoup de gentillesse depuis le mariage du duc de Berry. Elle expira en murmurant : « Aujourd'hui princesse, demain rien, dans deux jours oubliée. »

Le duc de Bourgogne, qui avait beaucoup mûri depuis la disparition de son père insignifiant, était bouleversé par la mort de son épouse. Déjà malade lui-même, il suivit le Roi à Marly grelottant de fièvre, et y mourut à son tour le 18 février. Le sérieux avec lequel ce Télémaque moderne se préparait à son futur métier de roi était sans doute un peu crispé, mais promettait un règne heureux. La consternation était générale. Si Monseigneur n'avait été regretté que par les dames des Halles et la clique de Meudon, son fils arracha des larmes de sang à ceux qui l'avaient connu de près et qui rêvaient, asphyxiés par la grandeur encombrante de Louis XIV, d'une monarchie moins autori-taire et plus compatissante. On se répétait la maxime prononcée par le Dauphin-Bourgogne en plein salon de Marly : « Les rois sont faits pour leurs peuples, et non les peuples pour les rois [50] », et on maudissait la malchance du royaume. Madame pensait comme le défunt ; elle avait osé écrire un an plus tôt à Sophie : « Je crois qu'un des plus grands péchés du monde est d'opprimer le peuple[51]. » Saint-Simon ne s'est jamais remis de la disparition de « son » Dauphin. « La France, gémit-il, tomba enfin sous ce dernier châtiment : Dieu lui montra un prince qu'elle ne méritait pas[52]. » On retrouve les mêmes accents sous la plume d'Elisabeth-Charlotte : « Le bon M. le Dauphin a suivi son épouse, et est mort ce matin à huit heures et demie. Votre Dilection peut se figurer aisément dans quelle affreuse désolation nous sommes tous ici. Celle du Roi est si grande qu'elle me fait trembler pour la santé de S.M. C'est une terrible perte pour tout le royaume, car c'était un seigneur vertueux, juste, intelligent ; la France ne pouvait faire une plus grande perte. Tout ce qui est ici y perd ; cela me touche jusqu'au fond de l'âme[53]. »

Le nouveau Dauphin, le second duc de Bretagne, avait à peine cinq ans. Le 8 mars, il suivit ses parents dans la tombe. Madame est visiblement émue en écrivant à son gendre de Lorraine : « Nous avons encore perdu M. le Dauphin, ci-devant duc de Bretagne, qui est mort en quatre jours. C'était le plus aimable et joli enfant qu'il soit possible de voir[54]... » Elle était bien sûr convaincue que l'ineptie des médecins avait expédié le Dauphin-Bretagne dans l'autre monde, et elle avait raison. Elle explique à Sophie : « ... lorsque le petit Dauphin était déjà tout empourpré de la rougeole et en transpiration, [les médecins] l'ont saigné, puis donné de l'émétique, et le pauvre enfant est mort au milieu de l'*opération*. Et ce qui prouve bien que les médecins ont tué aussi ce Dauphin, c'est que son petit frère avait la même maladie. Pendant que les neuf médecins étaient occupés de l'aîné, les femmes du cadet se sont enfermées avec lui et lui ont donné un peu de vin et du biscuit. Hier, puisque l'enfant avait une forte fièvre, ils ont voulu le saigner lui aussi, mais Mme de Ventadour [...] s'est opposée catégoriquement aux médecins [...]. On l'a simplement tenu bien au chaud. Cet enfant a été sauvé à la honte des médecins[55]... »

Saint-Simon confirme ce récit ; l'honneur d'avoir sauvé la vie au Dauphin-Anjou, le futur Louis XV, revient à la duchesse de Ventadour, l'ancienne dame d'honneur de Madame. Un spectacle particulièrement touchant bouleversa Elisabeth-Charlotte huit jours après la mort du Dauphin-Bretagne : « Hier le petit chien de M. le Dauphin m'a fait pleurer : la pauvre bête vint hier à la tribune de la chapelle, chercha son maître à l'endroit où elle l'avait vu s'agenouiller la dernière fois, et regardait tout le monde d'un air tout triste, comme si elle voulait nous demander où était passé son maître. Cela m'a fait une véritable peine[56]. » Dangeau conclut : « Voilà trois Dauphins, le grand-père, le père et le fils, et une Dauphine, morts en moins d'un an[57]... »

La situation était en effet exceptionnelle, si exceptionnelle même qu'on se mit à chuchoter que les décès des deux Bourgogne et de

Bretagne ne pouvaient être dus qu'au poison, et que le duc d'Orléans, le seul bénéficiaire de l'hécatombe, s'entourait d'alchimistes suspects comme Homberg et pouvait donc s'en procurer aisément. Ces propos en l'air avaient d'ailleurs commencé dès la mort de la Dauphine. Madame avait d'abord ri quand on lui avait parlé de ces rumeurs incroyables, mais son incrédulité se mua bientôt en frayeur lorsqu'elle constata que Louis XIV n'en riait pas du tout, et qu'il conseilla à son neveu et gendre d'envoyer Homberg à la Bastille afin de s'y justifier. Les avis contradictoires des médecins qui avaient autopsié les défunts avaient visiblement secoué le vieux Roi. Mais il se ravisa sous l'influence de son chirurgien Mareschal qui était convaincu que les deux Dauphins et la Dauphine avaient été emportés par une rougeole (ou scarlatine) infectieuse qui avait fait depuis le début de l'année des centaines de victimes dans Paris. Homberg reçut l'ordre de ne pas se présenter à la Bastille, mais la réputation de Philippe d'Orléans était grièvement atteinte.

Madame souffrait mille morts. Elle épia le visage du Roi, et en conclut qu'il ne croyait pas vraiment à la culpabilité de son neveu, mais que son entourage, et notamment Mme de Maintenon, le duc et la duchesse du Maine et le duc d'Antin, faisaient tout pour l'en convaincre. Elle note le 19 mars dans une lettre à Sophie : « J'ai tout examiné avec soin. Le Roi ne croit sûrement pas à la chose, ni ceux qui la propagent... » Le 8 avril, elle mande à la même dans une lettre délivrée en mains propres par un M. Hassenberg : « Quand les médecins vinrent et rapportèrent au Roi qu'ils avaient tout examiné minutieusement, et qu'il était tout à fait certain que ces deux personnes n'avaient reçu aucun poison, le Roi se tourna vers Mme de Maintenon et dit : " *Hé bien, Madame, hé bien, ne vous avais-je pas dit que ce que vous m'avez dit de mon neveu était faux ?* " » Et le 5 mai, à Louise : « Dieu merci ! tout est fini ici. Même ceux qui ont clabaudé le plus nient à présent et font implorer leur pardon, mais ceux qui inventent et répandent de telles choses ne s'en vantent pas ; tout cela se fait sous la main [58]. »

On devine son soulagement, mais la campagne de diffamation avait secoué le Roi et dressé les Parisiens contre le duc d'Orléans, ruinant pour longtemps la popularité parisienne de la branche d'Orléans. « Votre Dilection peut bien penser, confie Madame fin mars à Sophie, qu'il ne m'est pas agréable de savoir qu'on a placardé des affiches au Palais-Royal : " *Voici où se font les loteries et où on trouve le plus fin poison.* " Par *Loteries* on veut dire que mon fils vit avec sa fille comme Lot [59] "... »

Mais à quelque chose malheur est bon. L'hécatombe qui avait décimé la famille royale créait un besoin de rapprochement, et Madame fut enfin admise dans l'intimité des soirées de famille dans le cabinet royal. Dangeau note le 20 février, deux jours après la mort du Dauphin-Bourgogne : « Madame entre présentement les soirs dans le cabinet du Roi après son souper. Il y avait longtemps qu'elle souhaitait cela et le Roi le lui a accordé depuis quelques jours. » Elle en parle elle-même avec satisfaction, car elle souffrait beaucoup de cet ostracisme offensant. Elle écrit le 13 mars à Sophie : « On a souvent empêché le Roi d'avoir de l'*amitié* pour moi, mais il ne doit pas avoir conçu intérieurement une grande aversion pour moi, puisque S.M. [...] me souffre toujours, et m'a enfin permis de le voir comme les autres qui lui sont plus chers. Il faut dire la vérité, il y a une grande différence entre voir S.M. en particulier, ou seulement à table : il ne dit pas un mot à table, mais [parle] dans son cabinet de sujets différents, et sa conversation est très agréable... »

Elle y revient quatre jours plus tard : « Je me réjouis pour deux raisons d'aller au Saint des Saints [*das Allerheyligste*] : d'abord, on n'entend jamais parler le Roi que là, et moi, qui respecte et aime le Roi, il m'était douloureux de ne pouvoir jamais lui parler que par audiences ; ensuite, cela ressemblait à une véritable disgrâce d'être exclue seule de toute la famille royale. » La délicatesse de son cœur s'exprime dans cette touchante confidence du 24 mars : « On parle beaucoup au Saint des Saints des affaires passées, mais pas un mot du présent, ni de la guerre ou de la paix, et non plus des trois Dauphins et de la Dauphine, de peur d'y faire songer le Roi. Dès qu'il entame le sujet, je parle vite d'autre chose et fais comme si je ne l'avais pas entendu[60]. » Mme de Maintenon lui confia un jour que Louis XIV avait déclaré : « Présentement que je suis vieux, mes enfants s'ennuient avec moi et sont ravis quand ils peuvent trouver quelque occasion de me planter là, et aller se divertir ailleurs. Il n'y a que Madame qui ne me quitte pas, et je vois bien qu'elle est bien aise d'être avec moi[61]. »

UTRECHT ET DENAIN : ENTRE LA GUERRE ET LA PAIX

On comprend que Louis XIV évitait de parler en ses moments de détente du sujet qui l'obsédait à longueur de journée et qui dominait les séances de travail avec ses ministres Torcy, Voysin et Desmarets : la situation européenne modifiée par la victoire de Villaviciosa, la mort de l'empereur Joseph Ier et l'élection à l'Empire de l'archiduc Karl, prétendant à la couronne d'Espagne.

Ces événements avaient entraîné d'importants changements outre-Manche, où s'étaient imposés les tories favorables à la paix. La débâcle des whigs et les façons impérieuses de Sarah Marlborough avaient enfin enhardi la reine Anne à chasser son ancienne confidente et Lady of the

Royal Bedchamber, et à dépouiller John Marlborough de toutes ses charges. L'Angleterre s'était retirée de la coalition après la mort de Joseph Ier et avait signé en octobre 1711, trois semaines après la prise de Bouchain par Marlborough, les préliminaires de Londres avec la France. Le commandement en Flandre fut donné au duc d'Ormond qui quitta Londres en avril 1712 avec des instructions très précises : ne participer à aucune action militaire, et ne pas permettre à la fin de la campagne l'installation de garnisons d'hiver alliées à Gand ou à Bruges, villes contrôlées par les Anglais. Ces instructions, dont le maréchal de Villars était informé, ne pouvaient en aucun cas parvenir aux oreilles du prince Eugène qui commandait une armée hollandaise et impériale et se préparait à une série de sièges.

Madame n'était évidemment pas au courant de ces instructions ultra-secrètes, mais sa correspondance révèle sa perplexité face à la situation anglaise. Elle saluait avec joie les dispositions pacifiques des tories, mais ne savait que penser des rumeurs que certains de leurs chefs, comme lord Oxford et surtout lord Bolingbroke, préféraient le fils de Jacques II comme héritier de la reine Anne, plutôt que la branche hanovrienne favorisée par les whigs.

Envoyé en août en mission diplomatique, Bolingbroke lui fit la révérence à Fontainebleau et l'assura de l'amitié de la reine Anne. Madame, qui savait que l'*Act of Settlement* de 1701 désignait Sophie et ses descendants comme héritiers du trône d'Angleterre, le remercia avec finesse : « Je suis bien obligée à la reine de la Grande-Bretagne de se ressouvenir de moi, et je vous prie de lui en faire mon remerciement. J'entends fort souvent chanter les louanges de cette reine à ma tante Madame l'Électrice... » Fin matois, Bolingbroke avait compris et ne répondit que par un sourire [62]. On sent Elisabeth-Charlotte tiraillée entre sa vénération pour Sophie et sa sympathie pour le malheureux fils de Jacques II. « Il faut dire la vérité, dit-elle début 1713 à Sophie, les Anglais sont brutaux et *impertinents;* que Dieu nous garde si Votre Dilection devait tomber entre de telles mains [63]... »

Voir sa vieille tante plus qu'octogénaire s'exposer aux périls d'un voyage maritime pour aller régner sur une nation d'impertinents qui ont la fâcheuse habitude de couper la tête à leurs rois, voilà qui lui semble intolérable. Le prétendant Stuart, après tout, est le frère de la reine Anne, et ferait un excellent roi d'Angleterre s'il voulait changer de religion. Elle écrit en mai 1713 à Mme de Ludres qui a vu le prétendant en Lorraine : « Je suis sûre que vous trouvez le roi d'Angleterre aussi aimable que je le trouve ; c'est un prince bien élevé, bien poli, et qui a le meilleur cœur du monde. Il gagne à être connu. Je voudrais que les Anglais le connaissent comme nous ; je ne doute pas que nous ne le voyions bientôt dans son trône [64]. »

Mais son impatience de voir revenir la paix l'emporte sur toute autre considération. Depuis le mois de janvier 1712, les plénipotentiaires des nations belligérantes s'étaient assemblés à Utrecht, mais les pourparlers traînaient, surtout parce que le nouvel Empereur mettait des bâtons dans les roues. « Il me semble, soupire-t-elle en mai dans une lettre à Sophie, que la conférence d'Utrecht dure trop longtemps pour mijoter quelque chose de bon. Dieu veuille que nous ayons bientôt une bonne paix durable [65] ! »

S'étant obstiné à déverrouiller la frontière nord, le prince Eugène prit Le Quesnoy début juillet, et marcha sur la Sambre pour attaquer Landrecies. S'il pouvait s'emparer de cette place, il occuperait toute la frontière entre Lille et la Sambre, et pourrait pénétrer sans obstacle au cœur du royaume par la vallée de l'Oise. Il fallait donc dégager Landrecies à tout prix, et au besoin lui livrer bataille : tel était l'ordre du vieux Roi au maréchal de Villars. Mais la situation était dramatique, puisque Villars n'avait que 70 000 hommes mal équipés et peu d'artillerie face aux 130 000 soldats ennemis bien armés et entraînés.

Le prince Eugène avait ses magasins au camp retranché de Denain à trente kilomètres au nord-ouest de Landrecies. Villars eut l'idée géniale (n'en déplaise à Saint-Simon) de faire semblant de vouloir dégager Landrecies, alors qu'il marchait en réalité sur Denain, traversant l'Escaut et contournant l'armée du prince Eugène. La diversion fut exécutée à la perfection et réussit admirablement. Le 24 juillet, l'armée française emporta d'assaut le camp retranché de Denain, détruisant dix-sept bataillons et s'emparant des magasins ennemis. Le prince Eugène conservait le gros de son armée, mais le cœur n'y était plus, surtout depuis qu'il avait compris qu'il ne pouvait plus compter sur les Anglais. Il leva le siège de Landrecies, abandonnant sa grosse artillerie sur le terrain. Dans les semaines qui suivirent, les maréchaux de Villars et de Montesquiou reprirent Marchiennes, Saint-Amand, Douai, Le Quesnoy et Bouchain.

Elisabeth-Charlotte n'avait jamais eu beaucoup de sympathie, ni pour la personne, ni pour les mœurs du prince Eugène. Elle l'avait connu autrefois lorsqu'il vivait sans moyens à Paris sous le nom de chevalier de Carignan, cherchant désespérément un emploi dans les armées du Roi et se distinguant aux parties fines improvisées au Palais-Royal. Bardache prêt à tout (il se prostituait pour un écu), il avait mérité le sobriquet de « Madame Putana » ou « Madame Simone » [66]. Elle avait conclu alors qu'il n'était qu'un « petit salaud très débauché [*ein schmutziger, sehr desbauchirter Bub*] [67] ».

Elle résume début août la diversion de Denain, telle que le marquis de Nangis l'avait exposée à la Cour, et conclut, très satisfaite : « Je crois que ce sera une grande consolation pour les Anglais de voir que les Hollandais se font battre dès qu'ils se sont détachés d'eux. Ce qui me réjouit encore, c'est que le hideux prince Eugène a dû voir l'affaire de ses propres yeux, sans pouvoir venir à l'aide. Cela a dû le contrarier terriblement. C'est bien fait pour lui qui rendait fou tout le monde en déblatérant contre la paix. Il est donc équitable qu'il ait lui aussi un peu de *chagrin*[68]. »

L'année 1712 se termine sur un autoportrait très peu flatté d'Elisabeth-Charlotte qui a soixante ans depuis quelques mois. Rêvant de revoir une dernière fois Sophie (qu'elle n'a plus vue depuis trente-trois ans), elle se décrit ainsi dans une lettre émouvante : « Quand Votre Dilection a vu sa Liselotte, et comme elle pouvait si bien courir et sauter, elle était légère et jeune. Maintenant je suis vieille et pesante. Voilà un grand changement. Je suis certaine que, si j'étais assez heureuse d'être vue par V.D. dans un lieu où elle ne s'attendrait pas à me voir, il lui serait impossible de me reconnaître, à moins que je ne parle. Mes yeux ridés, mes grandes joues pendantes, mes cheveux blancs comme la neige, l'enfoncement entre mes oreilles et mes joues et mon grand menton double ne feraient nullement penser V.D. à Liselotte. Je ne me ressemble plus en rien : mon cou long s'est enfoncé, j'ai maintenant les épaules grosses et larges et les hanches affreusement grosses. Mes jambes sont plus que grosses, car elles sont fort enflées. V.D. voit bien qu'elle ne me reconnaîtrait plus sous cette figure. Quand j'ouvre la bouche, mes dents reflètent bien mon délabrement : l'une est cassée, l'autre noire, et celles qui restent partent en morceaux. En un mot, toute ma personne n'est que misère. Mais que faire[69] ? »

En ce mois de décembre 1712, Madame a encore exactement dix ans à vivre. Acceptant avec grâce et dignité la vieillesse et la dégradation physique, elle osait décrire crûment l'image que lui renvoyait son miroir. Visiblement gênés, ses traducteurs ont détourné le regard et évité ce texte trop peu complaisant. Peut-être auraient-ils dû méditer ce mot de la princesse : « Je suis persuadée que ceux qui sont mes bons amis regarderont seulement mon esprit, et non ma figure [*nur mein Gemühte undt nicht meine Figur*][70]. »

Droite et franche, Madame n'a jamais caché la vérité à personne, même pas à soi-même. Elle n'a pas honte de se montrer telle quelle, « d'une laideur ennoblie par l'esprit, d'une rudesse qui ne faisait que mieux goûter [sa] bonté[71]. »

Pöllnitz, aventurier international et observateur perspicace

Un personnage haut en couleur croisa début 1713 pour la première fois le chemin d'Elisabeth-Charlotte : le baron von Pöllnitz dont nous avons déjà lu une page capitale sur la « scribomanie » de la princesse qu'il fréquenta assidûment pendant ses deux séjours en France.

Karl Ludwig von Pöllnitz avait vingt et un ans lorsqu'il débarqua à la cour de Louis XIV. Orphelin d'un ministre prussien, il s'était battu en Flandre avant d'être nommé gentilhomme de la chambre du roi de Prusse. Mais ses négligences lui avaient valu des humiliations si cuisantes qu'il avait quitté Berlin et les États de Prusse. Il commença sa carrière d'aventurier international à Hanovre où il perdit tout son argent au jeu. L'électrice Sophie lui procura une lettre de recommandation pour Madame, et voilà Pöllnitz apparaisant un beau jour à Versailles, s'empressant de lui faire sa plus belle révérence et de solliciter ses faveurs. Elisabeth-Charlotte le regarda d'abord favorablement : il était le neveu de la demoiselle von Pöllnitz qui avait été l'une des dames de Figuelotte et avec qui elle correspondait. Elle le présenta donc à Louis XIV qui remarqua qu'il saluait très bien. Les courtisans le félicitèrent de l'opinion favorable qu'il avait inspirée, et lui prédirent une carrière brillante dans les armées du Roi.

Mais le moment était fort mal choisi, car les traités d'Utrecht venaient d'être signés, et le baron prussien voyait s'épuiser ses ressources. Madame écrit en février à sa tante : « Monsieur Pöllnitz ne s'est pas encore mis ici dans le service et je doute qu'il le fasse. Il voudrait m'emprunter de l'argent à moi et à mes gens, mais j'ai refusé l'un comme l'autre. Je n'ai moi-même pas d'argent pour l'instant, et si j'ordonnais à mes gens de lui prêter de l'argent, je devrais me porter garante, et Dieu sait jusqu'où il pourrait aller, car on ne peut faire confiance à un joueur. Il ne prétend pas changer de religion, mais faire partie d'un régiment de luthériens et de réformés. Il m'a paru étrange qu'il cherche du service maintenant qu'on ne parle que de la paix. C'est ce que je lui ai fait remarquer, mais il dit qu'il est tombé à tel point en disgrâce auprès du prince royal qu'il n'oserait plus envisager de demeurer à la cour de Prusse[72]. » Nous verrons que Madame se laissera fléchir par le baron sous la Régence, et que son cœur l'emportera sur sa méfiance. Pöllnitz essaya de se mettre à la mode en donnant des bals pour célébrer la paix. Il s'y ruina tout à fait sans voir s'ouvrir pour autant les portes. Il partit déçu à la fin de l'été.

Elisabeth-Charlotte écrit en octobre à Louise : « Je connais bien l'un des deux Pöllnitz ; il a été ici pendant plusieurs mois. Il est vraiment drôle quand il veut ; il parle bien et beaucoup. J'espère qu'il divertira ma tante[73]. » Mais l'aventurier n'était pas seulement beau parleur, il savait aussi observer et écouter. Il monnaiera après 1730 les manuscrits des différentes parties de ses *Mémoires* écrits en français qui renferment des chapitres du plus haut intérêt sur Madame. Les *Nouveaux Mémoires du baron de Pöllnitz contenant l'histoire de sa vie et la relation de ses premiers voyages* déclarent d'ailleurs : « L'assiduité avec laquelle j'ai toujours fait ma cour à cette princesse, à qui d'ailleurs j'étais bien recommandé par Mme l'Électrice de Hanovre, [...] me met en état de vous rapporter quelques particularités qui vous en donneront une juste idée. » On constate avec amusement que le portrait qui suit attribue à Madame la même faconde qu'elle avait constatée chez lui (« il parle bien et beaucoup ») : « Elle parlait beaucoup, et parlait bien. Elle aimait surtout à parler sa langue naturelle que près de cinquante années de séjour en France n'ont pu lui faire oublier ; ce qui était cause qu'elle était charmée de voir des seigneurs de sa nation, et d'entretenir commerce de lettres avec eux [74]... »

Les *Mémoires de Charles-Louis baron de Pöllnitz, contenant les observations qu'il a faites dans ses voyages et le caractère des personnes qui composent les principales cours de l'Europe,* sont, avec les *Mémoires* de Sourches, l'un des rares textes de l'époque qui confirment les fameux passages de Saint-Simon sur le « soufflet à faire voir des chandelles » dont Elisabeth-Charlotte punit son fils d'avoir cédé au chantage matrimonial de Louis XIV : « ... Ce mariage auquel ce prince consentit contre la volonté de feu Monsieur son père, et contre les défenses expresses de feu Madame, qui fut tellement irritée de ce que son fils n'avait pu résister aux volontés de Louis XIV qu'elle leva la main sur lui lorsqu'il lui dit qu'il allait se marier. Madame fut longtemps sans vouloir voir sa belle-fille, et elle conserva toujours une vive douleur de ce mariage, jusqu'à ce qu'elle vît sa petite-fille mariée à M. le duc de Berry [75]. » Pöllnitz confirme en outre le respect dont le duc d'Orléans entourait malgré tout sa mère. « ... Il avait aussi pour Madame des attentions pleines de respect. Il ne manquait pas un seul jour de faire la cour à cette princesse. Tous les soirs il se rendait chez elle à huit heures et demie ; il y jouait aux échecs jusqu'à l'heure du souper du Roi. C'était pendant le jeu seulement que ce prince était assis. En entrant et en se retirant, il baisait toujours la main de Madame [76]. »

Ces témoignages remontent au premier séjour parisien de Pöllnitz. Il réapparaîtra sous la Régence et sera à ce moment témoin de scènes très vivantes qu'il marquera sur ses tablettes. Nous le retrouverons.

Enfin la paix

Le départ des plénipotentiaires français Huxelles et Polignac aux pourparlers d'Utrecht en janvier 1712 avait soulevé une immense vague d'espérance. Mais la division des coalisés avait fait traîner les négociations : l'Angleterre voulait la paix moyennant certaines conditions, l'Empereur voulait continuer la guerre, Heinsius et les Provinces-Unies hésitaient. Philippe V n'avait pas été invité à envoyer des représentants, ce qui facilitait la position de Louis XIV qui décidait pour son petit-fils. Le revirement de Denain avait précipité les choses. L'Angleterre insistait sur une séparation définitive des deux couronnes de la maison de Bourbon. Ce principe était acquis lorsque Philippe V, forcé par son grand-père, renonça à la couronne de France.

Du côté français, les ducs de Berry et d'Orléans firent enregistrer en mars 1713 leurs renonciations à la couronne d'Espagne. Le duc de Shrewsbury, ambassadeur extraordinaire d'Angleterre, assista dans une lanterne à la proclamation de l'arrêt d'enregistrement. La reconnaissance par Louis XIV de la reine Anne et de l'*Act of Settlement* le forçait à prier le prétendant Stuart de quitter le royaume. La France perdait Tournai et Menin, mais récupérait Lille et Béthune. La cession des anciens Pays-Bas espagnols à la maison d'Autriche créait une barrière entre les Provinces-Unies et la France qui rassurait le pensionnaire Heinsius. Philippe V renonçait à toutes les possessions italiennes de l'Espagne, reconnaissait le duc de Savoie en qualité de roi de Sicile (la trahison paie), et cédait Minorque et Gibraltar à l'Angleterre.

Cette paix, on le voit, coûtait peu à la France et sauvait l'essentiel de la succession de Charles II : les Espagnes et l'empire d'outre-mer. Les amputations subies ne semblent pas avoir dérangé outre mesure les sujets de Philippe V. Dangeau note même qu'on conçut une nouvelle devise pour le roi d'Espagne représentant un arbre fruitier avec les mots UBERIOR SI TONSUS ERIT (élagué, il sera plus fécond), et commente : « Plusieurs Espagnols soutiennent que le Roi leur maître et le royaume d'Espagne seront plus heureux n'ayant que les Espagnes et les Indes, que quand ils étaient maîtres d'une grande partie de l'Italie et de la Flandre [77]. »

Mais la signature des traités d'Utrecht le 11 avril 1713 ne terminait pas la guerre sur tous les fronts. L'Académie française vint haranguer le Roi en juin par la bouche du cardinal de Polignac : « Qui l'aurait cru, Sire, qu'après neuf ans de malheurs où, jusqu'à la nature, tout semblait avoir conjuré votre perte, vous dussiez en sortir plus glorieux et rétablir dans vos États le calme qu'on leur avait si longtemps refusé, conserver vos plus belles conquêtes, affermir des couronnes sur la tête de vos enfants, en donner même à vos alliés [78] ? » C'était se réjouir un peu trop vite, car l'Empereur prétendait poursuivre la guerre, et il fallait lui imposer la paix *manu militari*. Villars traversa une fois de plus le Rhin et prit Speyer, Worms, Kaiserslautern, et investit Landau en juin. Elisabeth-Charlotte, qui aspirait à la paix comme une biche languit après les eaux vives, voyait avec effroi se réveiller le vieux spectre de la désolation du Palatinat. Très inquiète, elle écrit à Louise une semaine après la belle harangue de Polignac : « Landau est investi. Le Palatinat est vraiment à plaindre. Toutes les prophéties promettent la paix, mais les anciens prophètes sont morts et je ne crois pas les nouveaux [79]. »

Elle n'avait rien à craindre ; après la capitulation de Landau en août,

Villars remonta le cours du Rhin pour investir Fribourg. « Prendre Fribourg, Louis XIV l'a compris, peut devenir le meilleur des gages, une monnaie d'échange contre Strasbourg[80]. » Le château de Fribourg capitula le 16 novembre, et l'Empereur dut se rendre à l'évidence : la guerre de Succession d'Espagne était terminée. Dix jours plus tard, Villars et le prince Eugène commençaient à négocier la paix entre la France et l'Empire au château de Rastadt. Le traité fut signé le 6 mars 1714 après maintes difficultés, Villars étant un piètre diplomate.

Louis XIV gardait Landau et Strasbourg, et ses alliés les électeurs de Cologne et de Bavière rentraient dans leurs possessions. Le Haut-Palatinat, revendiqué par l'Électeur palatin, restait à l'électeur de Bavière. L'Empereur renonçait à l'Espagne et à son empire colonial, mais recevait les Pays-Bas et les possessions italiennes de l'Espagne. Il était sans aucun doute le bénéficiaire principal de la guerre de Succession. L'événement fut célébré par une médaille représentant le château de Rastadt et portant le chronogramme pacifique HIC NIDVM PACIS INSTRVO (je construis ici un nid pour la paix). Le texte des trente-huit articles de Rastadt arriva le 11 mars à Versailles. « Le Roi en paraît fort content, note Dangeau. Il nous dit à son coucher qu'il avait à peu près ce qu'il demandait[81]... » Louis XIV tenait son « pré carré » ; il avait donc lieu d'être satisfait, s'il est vrai qu'il était aussi sensible à la mystique de l'hexagone que le pense François Bluche. Sans connaître les détails du traité, Madame confirme la satisfaction royale : « On dit, mande-t-elle à Sophie, que la paix est très *avantageuse* pour le Roi[82]... »

La moisissure a gâté irrémédiablement une bonne moitié des lettres à Sophie de l'année 1713. Le « trou » entre le 16 avril et le 8 novembre nous prive des réactions d'Elisabeth-Charlotte au moment de la naissance de son précaire arrière-petit-fils le duc d'Alençon. Depuis le début de sa deuxième grossesse, la duchesse de Berry avait fait un certain effort pour modérer son style de vie, mais en mars 1713, au terme de son septième mois, les médecins craignaient une naissance prématurée. Les douleurs commencèrent le soir du 25 mars, et Mme de Saint-Simon, dame d'honneur de la duchesse de Berry, courut avertir le Roi. Toute la famille royale, réunie dans le cabinet du Roi, descendit pour assister à l'événement. Le petit duc d'Alençon naquit à quatre heures du matin ; l'accouchement avait été fort douloureux et Dangeau précise qu' « on craint bien que ce prince ne puisse pas vivre, car il est fort petit[83] ».

On installa le prématuré dans l'appartement du cardinal de Rohan, et le Roi fit changer le lendemain le lieu de la revue des deux régiments de ses gardes de peur que « le bruit des tambours n'étonnât la tête du duc d'Alençon en passant sous sa fenêtre... ». Cette attention ne put empêcher le petit prince de traverser des crises rapprochées de convulsions. Les médecins interdisaient à la mère d'aller voir son petit Alençon. Le duc de Berry n'avait pas le cœur à courre le loup ; il passait de longues heures à regarder son fils lutter avec la mort et parut « très affligé ». Le duc d'Alençon mourut finalement le 16 avril, jour de Pâques. « La nature a plus résisté qu'on ne croyait », déclare Dangeau qui annonçait cette fin depuis des journées.

Madame ne paraissait pas s'affliger outre mesure ; c'est du moins l'impression que laissent ses plaintes adressées à Louise fin avril. « Chère Louise, j'ai bien reçu toutes vos lettres avec joie, mais je n'ai pas pu y répondre avant aujourd'hui. La fête de Pâques m'en a d'abord empêchée, ensuite les malheureuses couches de Mme de Berry, puis la maladie du pauvre petit prince et sa fin malheureuse. Toutes les visites qu'on m'a rendues, d'abord pour me féliciter, ensuite pour me faire des condoléances, m'ont pris tout mon temps. Je ne puis donc, comme vous le pensez bien, répondre à toutes vos aimables lettres... » Impatiente de chasser ce souvenir désagréable, elle aborde le sujet qui obsède le royaume : « La paix générale une fois signée, elle sera durable, car je puis affirmer qu'on ne souhaite rien autant dans ce pays-ci qu'une longue et durable paix. [...] Mais il est certain que rien n'arrivera qui ne soit prévu depuis longtemps. Dieu veuille nous donner la paix ! [*Gott gebe, dass es Frieden sein mag* !][84] »

Quand l'heure de la paix aura enfin sonné, le discours militaire disparaîtra définitivement de la correspondance au profit du discours médical. Ayant doublé tant bien que mal le cap de la soixantaine, Madame meuble généreusement le paysage épistolaire de descriptions circonstanciées de ses maux et maladies. Sophie disparaît trois mois après la signature du traité de Rastadt ; désormais correspondante principale, Louise paie cette promotion en subissant stoïquement la relation ininterrompue des « redoublements » et étouffements, rhumes et rhumatismes, insomnies et assoupissements, constipations et diarrhées de sa demi-sœur, et des remèdes parfois pittoresques qui la soulagent. La lecture des cinq derniers volumes de l'édition Holland est une expérience bien particulière.

LES COUPES DE L'APOCALYPSE — III

L'année 1714 devait révéler que la Faucheuse était loin d'être satisfaite. La mort de la reine d'Espagne Marie-Louise de Savoie ouvrit une nouvelle séquence de décès princiers. On se souvient qu'elle avait tenté à plusieurs reprises de réconcilier sa sœur Marie-Adélaïde avec Madame, et qu'elle correspondait activement avec cette dernière. Malade des écrouelles et condamnée par Helvétius que

Louis XIV avait dépêché à Madrid, elle mourut en reine le 14 février, avec lucidité et courage.

Philippe V, qui ne pouvait se passer d'elle, n'avait cessé de coucher dans son lit que le 9. Dès la fin de la reine, son entourage l'envoya chasser. Cette insensibilité indignait Madame : « ... On ne saurait avoir plus d'esprit et de vertu que n'avait cette bonne reine, écrit-elle à Sophie. Mais une chose, qu'on m'assure pourtant être vraie, m'étonne : c'est que la princesse des Ursins aurait persuadé au roi d'Espagne d'aller tirer et chasser immédiatement après que la reine eut rendu l'âme [...]. J'ai eu de la peine à y croire, car je ne puis le comprendre[85]... » Madame n'était pas seule à être choquée du manque de cœur du fils de Monseigneur. Saint-Simon note que Philippe V « en fut extrêmement touché, mais un peu à la royale », et s'exclame après avoir mentionné cette partie de chasse et une autre où ce roi rencontra le convoi qui transportait la reine défunte à l'Escorial et continua de chasser : « Ces princes sont-ils faits comme les autres humains[86] ? »

La mort fin mars du duc romancier Anton Ulrich von Braunschweig-Wolfenbüttel et de la reine douairière de Danemark Charlotte-Amalie replongea Madame dans des pensées funèbres. Son vieil ami Anton Ulrich s'éteignit plus qu'octogénaire, après avoir échangé avec elle jusqu'à la fin une correspondance pleine d'humour et de philosophie. Il avait pensé à elle jusque sur son lit de mort, attention qui fit verser de chaudes larmes à Elisabeth-Charlotte.

Charlotte-Amalie von Hessen-Cassel, veuve du roi de Danemark Christian V, était la nièce de l'électrice Charlotte et donc la cousine germaine de Madame qui l'avait vue une seule fois petite princesse à Cassel en 1659, lors de son voyage de Heidelberg à Hanovre. Les lecteurs de Saint-Simon savent que Charlotte-Amalie était cette reine de Danemark qui « ressemblait à Mme Panache comme deux gouttes d'eau[87] ». Les cours de Copenhague et de Cassel avaient omis de notifier ce décès à Louis XIV et à Madame. Celle-ci prit la chose d'autant plus mal qu'elle avait sauvé quelques années plus tôt les peuples du Holstein de la dysenterie. Elle s'en plaignit en avril dans une lettre française à l'envoyé de Hessen-Cassel, son ami Daniel de Martine : « Monsieur de Martine, je suis bien surprise d'avoir appris par ma tante Mme l'Électrice la mort de la reine mère de Danemark, sans que M. de Wernicke ni vous de la part de mon cousin M. le Landgrave ne m'en fassiez part. Le Roi lui-même a dit à table que si le roi de Danemark lui en faisait part, qu'il prendrait le deuil. Je ne le puis prendre qu'on m'en fasse part. Je vous prie, mandez à M. le Landgrave que je le plains et prends grande part à sa douleur, encore qu'il ne m'en ait pas fait dire la moindre chose. Je vous prie de me mander si le livre turc est parti, et me croyez, Monsieur de Martine, votre bien bonne amie[88]. » Madame tenait sans doute à ce que « toutes les longues et les brèves fussent observées », mais elle avait une façon charmante de laver la tête à ceux qui lui manquaient.

Elle réunit en mai les deux défunts dans une lettre à Louise : « Le bon duc de Wolfenbüttel a bien mérité mes larmes, car Sa Dilection a fait tout ce qui était en son pouvoir pour me faire plaisir. Il est donc équitable de regretter un si bon seigneur. [...] Je crains plus la peur de la mort que la mort elle-même. Si j'avais connu la reine de Danemark, la mort de S.M. m'aurait sans doute plus affligée, mais comme dit le proverbe français : *Il faut connaître avant que d'aimer*[89]. »

La mort du duc de Berry début mai lui inspira des réactions également sincères. Le duc s'était blessé en chassant le 26 avril à Marly, retenant de toutes ses forces son cheval qui glissait. L'animal effarouché avait cabré si brusquement que le pommeau de la selle l'avait heurté rudement dans le creux de l'estomac, causant une hémorragie interne. Il ressentit une vive douleur mais attendit plusieurs jours avant de s'avouer blessé, se bourrant de boisson, de viande et de chocolat. Voulant courre le cerf le 30, il dut se recoucher. La Faculté alertée le saigna et le purgea dans les règles, et lui donna de l'émétique. Le prince vomit du sang qu'on prit d'abord pour du chocolat, et crut se sentir mieux. L'apothicaire du Roi, Boulduc, glissa ce jour-là à l'oreille de Saint-Simon « qu'il ne reviendrait pas ». C'est que les médecins avaient fini par comprendre que Berry avait une veine rompue dans l'estomac. Ils envoyèrent chercher son confesseur le père de La Rue.

Ne sentant plus aucun mal, le prince ne comprit pas la gravité de sa situation ; averti par les médecins, son confesseur le prépara aux derniers sacrements qu'il reçut le soir du 3 mai. Deux heures auparavant, « il se crut mieux et dit à Madame qu'il espérait n'en pas mourir, mais bientôt après le mal augmenta[90] ». Madame confirme ce témoignage de Dangeau : « Une heure et demie auparavant, Mme d'Orléans et moi étions allées chez lui ; le pauvre seigneur se croyait hors de danger et me dit en riant : " *Pour asteure, Madame, je crois pouvoir dire que je suis sauvé. Je n'ai plus de fièvre et ne sens plus de mal.* " Il cria tout haut : "*Donnez une chaise à Madame et un siège à Mme d'Orléans ! Causons-là.* " Je répondis : " *Non, de parler pourrait vous ramener la fièvre ; ne parlez pas tant.* " Tout en causant, il fut pris d'un violent hoquet ; il parlait avec peine car il ne pouvait presque pas respirer[91]... » Berry expira dix heures plus tard, le vendredi matin 4 mai. Il était dans sa vingt-huitième année ; sa jeune épouse, encore enceinte depuis six mois, avait presque dix-neuf ans.

Un contemporain commente : « Ainsi voilà la succession du Roi que nous avons vue affermie sur cinq têtes qui promettaient une longue vie, réduite à la conservation d'un enfant qui n'a que quatre ans[92]. » Brisé par cette nouvelle épreuve, le vieux Roi prit le petit duc d'Anjou dans les bras en disant : « Voilà ce qui me reste de toute ma famille... » Il avait décidé que la maison du duc de Berry serait maintenue jusqu'à la naissance de l'enfant posthume, et conservée si c'était un prince. Mais la duchesse de Berry accoucha le 16 juin d'une fille qui ne vécut que quelques heures. Louis XIV avait presque soixante-seize ans ; la mort dramatique de son troisième petit-fils et les renonciations de Philippe V faisaient tomber le manteau de la Régence sur les épaules du duc d'Orléans. Cette perspective était loin de plaire à tout le monde.

Les rapports entre Madame et le duc de Berry n'étaient plus ce qu'ils avaient été, Berry s'étant détourné d'elle depuis son mariage sans raison apparente. Elle avait écrit en mars de cette année-là à Sophie : « J'aurais grand tort d'appeler le duc de Berry *mon duc de Berry*, car je n'ai aucune part à lui[93]. » D'où cet aveu presque identique à celui auquel elle s'était laissée aller après la mort de Monseigneur : « Ce fut un grand bonheur pour moi que le duc de Berry eût déjà cessé depuis de si longues années de m'aimer ; sans cela j'aurais été inconsolable. Je dois avouer cependant que j'étais vraiment affligée au moment même et pendant plusieurs jours. Mais je me suis dit que, si j'étais morte moi, il n'aurait fait qu'en rire ; cette pensée m'a aussitôt consolée[94]. » Saint-Simon décrit le prince défunt comme le plus beau, le plus drôle et le plus sympathique des trois fils de Monseigneur ; « comme son naturel était ouvert, libre, gai, on ne parlait dans sa jeunesse que de ses reparties à Madame[95]... ». Mais ces jours charmants n'étaient plus, et Elisabeth-Charlotte n'avait pas le cœur brisé à la mort de son cher petit Berry qui avait imité si drôlement son frère Bourgogne lorgnant sa petite femme le jour de ses noces.

Saint-Simon avait tort d'écrire que Madame « pleurait tous ses parents selon le degré de parenté[96] » ; ce n'était pas le degré de parenté qui déterminait l'étendue de son deuil, mais la sympathie ou l'indifférence que lui avait manifestée le défunt. Si ce mécanisme l'a aidée à surmonter sans trop de peine les deuils de Monsieur, Monseigneur, les deux Bourgogne et Berry, il la jettera dans une affliction mortelle dont elle ne se relèvera plus jamais, lorsque sa vieille tante Sophie, dont la précieuse santé est un thème obsédant dans sa correspondance, paiera tribut à la nature un mois après la disparition du duc de Berry.

« Maintenant il me semble être toute seule au monde... »

Malgré ses quatre-vingt-trois ans, l'électrice Sophie fit le soir du 8 juin une longue promenade avec ses dames dans les beaux jardins de Herrenhausen. Elle avait l'esprit préoccupé : deux jours auparavant son fils Georg Ludwig et elle-même avaient reçu des lettres à peine polies de la reine Anne suggérant que la succession hanovrienne n'était pas irrévocable. Une averse d'été se mit à tomber tout d'un coup, et

Sophie tâcha de courir pour se mettre à l'abri. Cet effort la tua : elle tomba par terre et mourut quelques minutes après au milieu de ses dames penchées sur elle pour la protéger de la pluie. Ses dernières paroles étaient pour la comtesse von Bückeburg, Johanna Sophie zu Schaumburg-Lippe : « Je me sens très mal. Donnez-moi la main... » Comme son frère Karl Ludwig trente-quatre ans plus tôt, Sophie mourut dans un jardin.

La nouvelle n'arriva à la Cour que le 19. Dangeau note : « On n'a point dit encore cette nouvelle à Madame, qui est sa nièce et qui avait le plus grand attachement du monde pour Mme sa tante qui l'avait élevée ; elle lui écrivait régulièrement deux fois la semaine des lettres de quinze ou vingt pages. » La dernière lettre de Sophie à Elisabeth-Charlotte était datée du 4 juin, et arrivée une bonne semaine plus tard à Rambouillet où se trouvait alors la Cour. Madame y répondit le 15 sans se douter que sa correspondante était morte depuis une semaine. Elle lui écrit notamment : « Tant que Votre Dilection sera vivante et en bonne santé, je ne me fatiguerai pas de la vie[97]... »

La raugrave Louise se trouvait alors à Francfort, ce qui explique que personne à Hanovre n'avait pensé à écrire à Elisabeth-Charlotte. Une dame de Robethon manda la mort de Sophie à l'envoyé hessois Daniel de Martine. C'est lui probablement qui l'apprit à la Cour. Ce fut le confesseur de Madame, le père de Lignières, qui lui porta délicatement la nouvelle. « Je me mis à trembler comme on a des frissons au milieu d'un grand accès de fièvre. Je devins pâle comme la mort. Le premier quart d'heure je n'ai pas pleuré, mais le souffle me manquait ; il me semblait que j'étouffais. Les larmes vinrent ensuite en abondance et coulaient jour et nuit[98]... »

Incapable d'écrire pendant plusieurs jours, Madame reprit enfin la plume pour mander à Louise : « Notre perte est infinie. Mes pleurs peuvent cesser, mais ma tristesse ne prendra jamais fin. Cette chère Électrice était toute ma consolation dans les tribulations qui m'ont assaillie ici en si grand nombre. Quand je m'étais plainte à feu Sa Dilection et que j'avais reçu sa réponse, j'étais toute consolée. Maintenant il me semble être toute seule au monde [*nun bin ich, alss wen ich gantz allein auff der Weldt were*]. Je crois que le bon Dieu m'a envoyé ce malheur pour m'ôter la crainte de la mort, car il est bien certain que je finirai ma vie sans peine et sans regretter quoi que ce soit au monde. Mes enfants sont bien pourvus ; ils ont aussi assez de consolation en ce monde pour m'oublier bientôt. Il n'y a donc plus rien qui me retient[99]... »

Le thème du dégoût de la vie revient dans ses lettres pendant des mois. « Mon Dieu, chère Louise, comment pourrai-je me relever de ce malheur ? demande-t-elle en juillet. Ma tante était ma seule consolation [...], elle m'a maintenue en vie. Pourquoi me conserverais-je maintenant ? » Mais la même lettre discute l'organisation d'une correspondance plus suivie avec Louise, « car je prétends vous écrire avec zèle, chère Louise. Vous seule êtes encore en vie de tout ce qui m'était proche et cher en toute l'Allemagne. Adieu, chère Louise [100] ! » Madame semble avoir compris intuitivement que l'écriture seule pouvait l'arracher à la douleur qui menaçait ses jours. Louis XIV l'encourageait gentiment à chasser avec lui, et elle tâchait de cacher sa tristesse pour lui être agréable, au prix d'un immense effort. « Je ne puis vous décrire ce que j'endure jour et nuit, et j'ai de plus le tourment d'avoir à me contraindre, car le Roi ne peut souffrir des visages tristes. Il me faut aller aussi contre mon gré à la chasse. A la dernière je pleurai amèrement : l'Électeur de Bavière vint à ma calèche et me fit un compliment sur la perte que j'avais subie. Je n'y pus tenir, et laissai un libre cours à mes larmes pendant toute la chasse. Je voyais bien qu'on riait de moi, mais je n'y pouvais rien. [...] Mon âme est pour ainsi dire malade [101]... »

Elle avait bien sûr, pour se consoler, les milliers de lettres de Sophie qu'elle conservait précieusement, ces lettres qui l'avaient aidée — elle ne cesse de le répéter — à surmonter les nombreuses tribulations qui l'avaient contrariée en France. Leibniz avait vu un certain nombre des lettres de Sophie à Elisabeth-Charlotte, et tremblait à l'idée qu'elles étaient condamnées au feu après la mort de leur destinataire. Il écrit un mois après la mort de Sophie à Caroline de Galles : « Il faudrait supplier Mad. d'Orléans de nous conserver ses lettres [102]. » Sophie de son côté ne semble pas avoir attaché une importance excessive aux innombrables et interminables lettres de sa nièce qui sont comme un long cri d'amour. Elle avait écrit autrefois à la raugrave Caroline : « Il est vrai que Madame écrit de très longues lettres, mais on y trouve peu de sujets importants [*aber es pflegt nicht viel wichtiges darin zu stehen*] [103]... » Cette femme supérieurement intelligente n'a-t-elle donc pas compris que l'importance de ces lettres se situait ailleurs ?

« J'ÉTAIS PLUS PROCHE DE LA COURONNE QUE LUI... »

Elisabeth-Charlotte était si prostrée qu'elle ne prêta qu'une attention distraite aux événements importants qui suivirent de près la mort de Sophie. La reine Anne mourut à son tour le 1er août de la même année. Sophie n'avait jamais cru qu'elle lui survivrait ; elle avait écrit à Leibniz trois semaines avant sa mort : « La Reine se trouve assez bien, et le proverbe flamand dit : *Krakende wagens gaan lang* [charrettes qui grincent durent longtemps]. Quant à moi, mon âge me paraît beaucoup plus dangereux, car j'ai déjà quatre-vingt-trois ans, même si je me sens encore très bien [104]... » Madame n'avait jamais éprouvé beaucoup de sympathie pour la reine Anne dont elle colportait volontiers l'alcoolisme et les mœurs lesbiennes. Elle écrit à Louise à propos de cette mort : « Cela m'a rappelé encore feu notre chère Électrice. Si elle avait vécu trois mois de plus elle serait morte reine. Comme le monde est étrange [105] ! »

Dès la mort d'Anne, le fils aîné de Sophie, l'électeur hanovrien Georg Ludwig, fut proclamé par la grâce de Dieu « roi de la Grande-Bretagne, France et Irlande ». L'Angleterre avait tiré ses conclusions des troubles autour de la succession d'Espagne : la couronne passa de la dernière reine Stuart au premier roi hanovrien sans qu'une seule goutte de sang fût versée. La reine est morte. Vive le roi.

L'élévation à la dignité royale de Georg Ludwig qui fit le 20 septembre sa joyeuse entrée dans sa bonne ville de Londres ne provoque aucune réaction enthousiaste chez Elisabeth-Charlotte qui n'aimait ni les Anglais ni son cousin bourru. Elle cite début septembre à Louise le mot de lord Peterborough : « J'aime tous les rois hors les nôtres », soupirant : « Quel espoir et confiance peut-on avoir en de telles gens ? », et écrit peu de temps après à la même : « Le temps nous montrera ce qui arrivera à notre roi en Angleterre. Je regretterais vivement si cela devait mal tourner, mais je me méfie des Anglais ; ce sont des têtes folles [*es seindt gar zu dolle Köpffe*] [106]. » C'est dire que Madame n'a jamais regretté que le trône d'Angleterre, auquel elle aurait pu prétendre si elle était restée protestante, lui fût passé sous le nez.

Après la mort de Sophie elle avait proposé à Georg Ludwig de reporter sur lui la correspondance qu'elle avait entretenue avec sa mère ; il lui avait fait répondre par Daniel de Martine qu'il lui écrirait dès qu'il serait en Angleterre. Elisabeth-Charlotte était donc fort mécontente lorsqu'il lui fit remettre début novembre une lettre des plus impersonnelles écrite d'une main de secrétaire. « Ce n'est pas ce que j'attendais après le compliment de monsieur Martine, dit-elle à Louise ; mais quand je pense comment ce roi s'est toujours comporté envers moi, ceci ne devrait pas trop m'étonner. Il est le contraire de Mme sa mère. Mais quoi qu'il arrive, je me souviendrai toujours qu'il est le fils de ma tante... » Ne recevant toujours pas de réponse à ses compliments, elle écrit non sans aigreur à Louise : « J'ignore d'où vient ce mépris. Après tout, si j'étais réformée il n'aurait pu être roi, car j'étais plus proche de la couronne que lui. Ce n'est que grâce à ma maison et à feu sa chère mère qu'il est roi [107]. » Qu'un autre s'installe sur un trône qui vous aurait appartenu de droit si un caprice du destin ne vous avait fait changer de religion, soit. Mais que celui-ci refuse le dialogue épistolaire que vous lui proposez gentiment afin de lui faire oublier les têtes folles sur lesquelles il doit régner, voilà qui dépasse les bornes.

Les prévenances de Caroline von Ansbach, la nouvelle princesse de

Galles, feront oublier heureusement la muflerie de son beau-père. Un séjour à Londres de la raugrave Louise chargée d'un message oral de Madame déclenche dès janvier 1715 un échange de bons procédés entre Caroline et Elisabeth-Charlotte. Non seulement la jeune princesse agrée-t-elle les compliments transmis par Louise, mais elle la prie instamment d'assurer Madame de son amitié que scelle peu après un cadeau princier. Le 5 février, le nouvel ambassadeur d'Angleterre Mylord Stair lui remet de la part de la princesse de Galles un écrin contenant un bézoard. Ces concrétions pierreuses qui se forment dans le corps de certains animaux étaient considérées comme de puissants antidotes, et donc très appréciés dans les familles princières obsédées par les poisons.

Madame en avait toute une collection, ce qui ne l'empêche pas de s'épuiser en remerciements par le truchement de Louise. « Très chère Louise, Mylord Stair m'a apporté avant-hier la boîte avec le bézoard de Goa que la princesse de Galles m'a fait l'honneur de m'envoyer [...]. Je vous prie instamment, chère Louise, quand vous reverrez la princesse, de transmettre à Sa Dilection mes humbles remerciements et ma gratitude. [...] Il y a peu de choses en ce monde qui m'ont touchée autant que la bonté continuelle que me témoigne cette princesse [...] dont je n'ai pas l'honneur d'être connue personnellement... » Et elle continue avec cette sincérité désarmante dont elle a le secret : « Je suis aussi reconnaissante à cette chère princesse que si la pierre était rare, puisqu'elle a cru qu'elle l'était. Elle est néanmoins rare par sa grosseur, car celles qu'on envoie ici ne sont pas plus grosses que des œufs de pigeon. Les jésuites en font à Goa. Mon fils en a de pleines boîtes que les pères avaient envoyées à feu Monsieur avant sa mort. [...] Je m'étonne qu'en Angleterre on accepte quelque chose des jésuites et qu'on ait à ce point confiance en eux. Je l'ai dit à Mylord Stair qui en a ri de bon cœur [108]... »

Les avances de Madame et le bézoard de Caroline donneront bientôt lieu à une correspondance chaleureuse et très suivie, lorsque les deux princesses auront décidé après un moment d'hésitation de s'appeler mutuellement *Votre Dilection*. Leurs premières lettres traverseront la Manche à la fin de l'été, peu après la mort de Louis XIV.

QUAND LE SOLEIL SE COUCHE

L'arrivée à Paris de l'ambassadeur extraordinaire de Perse Mehemet Reza Bey fit courir la Cour et la Ville. Peu importe si ce curieux diplomate n'était qu'un « ministre d'une des provinces de Perse, comme qui dirait ici un intendant de Languedoc » ou un « personnage travesti en ambassadeur de Perse », comme le pensaient Saint-Simon et Montesquieu [109] : sa présence permit aux ministres de flatter Louis XIV en lui fournissant un prétexte à la dernière cérémonie fastueuse du grand règne. Venu pour établir des relations commerciales entre la Perse et la France, Mehemet Reza fit son entrée à Paris le 6 février 1715. Le Persan était flanqué, à la grande perplexité de l'introducteur des ambassadeurs, d'un derviche astrologue qui interrogea la lune et les étoiles avant de convenir de la date de l'audience à Versailles. Madame mande le lendemain à Louise : « ... On ne parle d'autre chose que de l'envoyé persan. Il a fait hier son entrée à Paris. C'est le plus singulier personnage qu'on puisse voir de sa vie. Il a un devin auprès de lui ; il le consulte pour savoir quels jours et heures sont propices ou néfastes. Lui propose-t-on quelque chose les jours qu'il ne tient pas pour propices, il se fâche, grince des dents, tire son sabre et son poignard, et veut tout massacrer [110]. »

L'arrivée d'une ambassade aussi lointaine fit visiblement plaisir au vieux Roi qui souhaitait que sa Cour fût de la dernière magnificence. L'audience solennelle du 19 février revêtit un caractère exceptionnel d'apparat. Un trône magnifique, élevé de plusieurs marches, était placé au bout de la galerie des Glaces. Des gradins à quatre rangs installés des deux côtés de la galerie permettaient à des centaines de dames et courtisans fort parés de suivre la cérémonie. Louis XIV portait un habit or et noir garni des plus beaux diamants de la couronne ; il y en avait pour plus de douze millions de livres, et leur poids faisait plier le Roi, qui « parut extrêmement cassé et montra toute la faiblesse d'un âge plus avancé que le sien [111] ». Parmi les princes de la maison royale debout à côté du trône, le duc d'Orléans remporta le prix de la parure : il avait un habit de velours bleu brodé en mosaïque, tout chamarré de perles et de diamants. On avait aménagé un petit degré et un espace derrière le trône pour Madame, la duchesse de Berry et leurs dames principales qui voyaient tout sans être vues. Le petit Dauphin venait de célébrer son quatrième anniversaire. Il était placé à côté du trône, tenu en lisière par Mme de Ventadour ; d'innombrables pierreries scintillaient sur son bonnet et son habit. L'ambassadeur persan était visiblement charmé par le petit prince. Dangeau précise qu' « il l'appelle le prince Nécessaire, qui est le nom qu'ils donnent en Perse à l'héritier de la couronne, et il nous paraît que ce nom-là est fort bien appliqué à monseigneur le Dauphin [112]. » Madame confie début mars à Harling : « Pendant tout un temps, nous n'avons entendu parler que de l'ambassadeur persan [...]. Il a beaucoup d'esprit, et a feint de ne pas comprendre le français. Il apporte d'avantageuses *propositions* pour le *commerce* [113]. » Que les présents persans fussent fort médiocres et l'enjeu diplomatique ou commercial des plus ténus ne faisait rien à l'affaire. Tous les témoins de ce spectacle crépusculaire avaient compris d'instinct que le Soleil royal venait de jeter ses derniers feux.

Les lettres du printemps et de l'été 1715 adressées à Louise et Harling montrent Elisabeth-Charlotte suivant de près la situation en Angleterre, et lisant beaucoup. Elle mentionne ses achats de livres ; il y en a tant dans son appartement de Versailles qu'un menuisier doit venir prendre les mesures de son petit cabinet où une nouvelle bibliothèque est installée [114]. Elle relit de près les *Centuries* de Nostradamus, bien consciente du fait que le règne touche à sa fin, et inquiète de ce que réserve l'avenir. La santé de Louis XIV lui inspire des réflexions préoccupées. Elle avait écrit début janvier à Harling : « Mme de Maintenon se porte très bien. Cela me réjouit à cause du Roi, car si elle devait mourir, cela me paraîtrait dangereux pour le Roi dont l'*attachement* pour cette dame est très grand. Elle n'a que deux ans de plus que notre Roi [115]. » Elle savait donc mieux aimer que haïr.

Le thème obsédant de la santé de Louis XIV qui se détériore visiblement à partir du 9 août envahit ses lettres. Le 10 août, le vieux Roi revient épuisé et très amaigri de Marly qu'il ne reverra plus. Le mardi 13, il fait des efforts surhumains pour rester debout pendant l'audience de congé de l'ambassadeur de Perse. Madame remercie le même soir Louise, toujours à Londres, de sa dernière lettre : « ... Il m'est impossible d'y répondre ce soir. Je suis triste et en plus maussade [...]. Je ne puis vous dire aujourd'hui ce qui me préoccupe, mais je vous le dirai avec le temps [116]. » Le 14, le Roi a si mal à la cuisse qu'il doit se faire porter dans un fauteuil ; il ne marchera plus. Dépassé et plus obstiné que jamais, le vieux Fagon diagnostique une sciatique, administre du quinquina, purge jusqu'à la selle rouge, fait boire du lait d'ânesse et parle vaguement d'eaux qu'on pourrait faire venir de Bourbonne. On bande la jambe malade sans se rendre compte que la gangrène s'y répand rapidement. Madame écrit le 15 à Louise : « ... Je ne suis pas plus joyeuse que mardi dernier, car notre Roi, hélas, n'est pas bien. J'en suis angoissée et à moitié malade. Je ne puis pas vraiment manger ou dormir. Dieu veuille que je me trompe ! Mais si le malheur que je redoute devait arriver, ce serait le plus grand qui pût m'arriver maintenant, et si j'en devais dire les circonstances ce serait chose si affreuse que je ne saurais y penser sans avoir la chair de poule. Ne dites à personne en Angleterre ce que je vous dis ici ! Je suis triste du fond de mon âme [117]... » Le 16, Louis XIV se lève quelques heures après son dîner et paraît un peu mieux. Elisabeth-Charlotte lui rend une visite et écrit sitôt après à Louise : « Je l'ai trouvé, Dieu en soit loué et remercié, beaucoup mieux que hier soir. Il était de fort bonne humeur. Dieu veuille continuer à le bénir ! Mais je suis loin d'être rassurée [118]. » Le ton est plus pessimiste le 20 : « ... La maladie du Roi m'effraie à tel point que le cœur m'en tremble [119]... »

Le samedi 24, veille de la Saint-Louis, il est évident pour tous que les jours du Roi sont comptés ; les médecins cessent le traitement au quinquina et au lait d'ânesse. Le malade supporte héroïquement les douleurs atroces que lui fait souffrir sa jambe gangrenée, maintenant striée de marques noires. Il commence à parler avec détachement de son règne, disant « quand j'étais roi... », et appelant le petit Dauphin « le Roi ». Aux yeux de Louis XIV lui-même, le grand règne est terminé ; le vieillard se considère désormais comme un simple mourant, « voyant et goûtant la mort » avec fermeté et soumission [120]. Même Saint-Simon, pour qui Louis XIV n'était tout au plus qu'un « assez grand roi », ne peut s'empêcher d'admirer la grandeur mythique de ce « Jupiter mourant ». Le dimanche 25, fête de saint Louis, les tambours et hautbois viennent lui donner l'aubade traditionnelle dans la cour de marbre, sous son balcon. Le Roi ne quitte plus son lit ; les vingt-quatre violons jouent dans l'antichambre pendant son dîner, et il travaille l'après-midi pour la dernière fois avec ses ministres.

Vers le soir, les douleurs augmentent et le malade, pris de convulsions, demande le viatique que lui apporte le cardinal de Rohan, grand aumônier de France, en présence des princes du sang et des grands officiers de la maison du Roi. Madame et les princesses se tiennent pendant ce temps dans le cabinet du Conseil. Après la cérémonie, le Roi fait apporter sur son lit une petite table et ajoute de sa main quelques lignes sur la dernière page d'un codicille de son testament. Il appelle le duc d'Orléans et lui parle pendant un quart d'heure, l'assurant qu'il ne trouvera rien dans son testament dont il ne sera content. Le prince sort de cet entretien « en faisant des sanglots et tout baigné de larmes [121] ». Le bruit se répand dans le château que le Roi l'a déclaré régent.

Le 26 est la journée des adieux. Mme de Ventadour amène le Dauphin qui a exactement cinq ans et demi. Le Roi l'embrasse et lui dit : « Mignon, vous allez être un grand roi... » Le petit discours de Louis XIV à Louis XV semble inspiré par le *Télémaque* de Fénelon mort depuis quelques mois ; il sera imprimé dans toutes les gazettes et repris par tous les mémorialistes. Le mourant s'adresse ensuite à ses courtisans représentés par les grands officiers : « Messieurs, je suis content de vos services ; vous m'avez fidèlement servi et avec envie de me plaire... » Les larmes coulent en abondance pendant que le Roi, d'une voix faible mais unie, demande pardon du mauvais exemple donné autrefois et recommande l'union et la fidélité à son successeur. « Je sens que je m'attendris et que je vous attendris aussi ; je vous en demande pardon. Adieu, messieurs. Je compte que vous vous souviendrez quelquefois de moi. » C'est ensuite le tour de Madame et des princesses. « Je ne comprends pas, note Dangeau, comme le Roi a pu résister aux lamentations et aux cris qu'elles ont toutes faits. »

Bouleversée, Elisabeth-Charlotte mande le lendemain à Louise : « Nous avons vu hier le spectacle le plus triste et le plus *touchant* que de la vie on puisse voir. Notre cher Roi, après s'être préparé à la mort et, comme c'est la coutume ici, après avoir reçu ses derniers sacrements avant-hier [...], a fait chercher le jeune Dauphin, lui a donné sa bénédiction et lui a parlé. Il a fait venir ensuite la duchesse de Berry, moi et toutes ses autres filles et petites-filles. Il m'a dit *adieu* avec des paroles si *tendres* que je m'étonne encore moi-même de n'être pas tombée carrément sans connaissance. Il m'a assurée qu'il m'avait toujours aimée et plus que je n'avais pensé moi-même, qu'il regrettait de m'avoir parfois causé du *chagrin*. Il me pria de me souvenir quelquefois de lui, croyant que je le ferais puisqu'il était *persuadé* que je l'avais toujours aimé. Il me souhaita en mourant bonheur et bénédiction, et d'être contente toute ma vie. Je me jetai à genoux, pris sa main et la baisai ; il m'embrassa. Puis il parla aux autres, disant qu'il leur recommandait l'union. Je crus qu'il me le disait à moi et dis que j'obéirais en ceci à S.M. toute ma vie. Il se retourna, sourit et dit : " *Je ne dis pas cela à vous ; je sais que vous n'en avez pas besoin et que vous êtes trop raisonnable pour cela. Je le dis aux autres princesses.* " Vous pouvez bien penser dans quel état tout cela m'a mise. [...] Il est encore vivant, mais s'affaiblit ; il n'y a, hélas, plus d'espoir [122]. »

Les derniers jours de Louis XIV sont consacrés au triage des documents secrets que renferment ses cassettes en présence du chancelier Voysin et d'une Mme de Maintenon impassible et muette, au confesseur Le Tellier qui va et qui vient, et à des tentatives entreprises par des empiriques bricoleurs qui représentent un circuit médical parallèle qui n'intervient que lorsque la médecine officielle, par la bouche de Fagon, s'avoue impuissante. C'est ainsi qu' « une espèce de manant provençal fort grossier », un certain Le Brun, lui fait prendre un élixir « qui, disait-il, guérissait la gangrène [123] ». On va même jusqu'à faire ingurgiter au malade le remède d'un certain Agnan contre la petite vérole. Louis XIV plane entre l'inconscience et la lucidité, et semble impatient de voir finir sa longue agonie. Dangeau note le 31 août : « Quand on lui donne de la gelée ou à boire avec le biberon, il faut lui ouvrir la bouche et lui tenir les mains, parce que sans cela il ôterait de sa bouche tout ce qu'on lui donne. » Le même soir, les aumôniers disent les prières des agonisants. Dangeau, qui n'a bougé de la chambre du Roi, note le lendemain matin, dimanche 1er septembre : « Le Roi est mort ce matin, à huit heures un quart et demi, et il a rendu l'âme sans aucun effort, comme une chandelle qui s'éteint. »

L'homme fort qu'Elisabeth-Charlotte a regardé vivre et régner pendant quarante-quatre ans avec un mélange d'amour naïf et de vénération disparaît de sa vie, mais non pas de son cœur et de sa correspondance. Nicolas-Joseph Foucault, le chef du Conseil de Madame, note le 1er septembre dans ses *Mémoires :* « Louis XIV, roi de France, est mort à Versailles. J'y ai passé, auprès de S.A.R.

Madame, les huit jours précédant son décès, cette princesse ayant été plus touchée de sa maladie et de sa mort que personne de la Cour, quoiqu'elle ait eu moins de sujet de se louer de son amitié que de son estime, car il ne pouvait pas s'empêcher de l'estimer. Elle avait aussi de grands sujets de se plaindre de Mme de Maintenon, ce qui ne l'a pas empêchée de lui rendre visite à Saint-Cyr [124]... »

La personnalité prestigieuse de Louis XIV, « feu notre Roi », continue de hanter ses lettres. « On ne saurait mourir avec une fermeté et une résolution plus grandes que S.M., écrit-elle en septembre à Leibniz. Huit jours durant il a vu la mort en face, sans montrer la moindre frayeur ; il était aussi calme que s'il allait simplement entreprendre un voyage à Fontainebleau. Je trouve que S.M. a été plus grande encore dans la mort que dans la vie [125]. »

Le royaume sera bientôt inondé de diatribes et d'épitaphes insultantes, à tel point que le père de La Rue s'exclamera :

> Pourquoi donc, insensés, par les traits les plus lâches,
> Jusque dans le tombeau troublez-vous son sommeil ?
> Il avait ses défauts, le soleil a ses taches,
> Mais il est toujours le soleil [126].

Madame dira comme lui : « Bien que l'homme ne soit pas parfait, feu notre Roi avait de grandes et belles qualités. Il n'a pas mérité d'être si bafoué et méprisé par ses sujets. » Ou dans une autre lettre à Caroline : « Je suis encore furieuse lorsque je songe combien on a mal parlé de feu notre Roi, et combien S.M. a été peu regrettée de ceux à qui Elle a fait le plus de bien [127]. »

Dès que Louis XIV a expiré, le duc d'Orléans se rend avec les princes du sang suivis des courtisans chez le petit Louis XV. Il met un genou à terre et lui baise la main. « Sire, lui dit-il, voilà la principale noblesse de votre royaume qui vient vous assurer de sa fidélité. » Madame salue le nouveau roi à la tête des princesses et des dames de la Cour vêtues de deuil ; deux seigneurs ayant le cordon bleu la soutiennent. L'enfant fond en larmes quand il s'entend traiter de *Sire*, sans qu'il soit nécessaire de lui dire que son bisaïeul est mort. Mme de Ventadour sèche ses larmes et le présente sur un balcon à une foule nombreuse qui l'acclame longuement. Louis XIV avait dit sur son lit de mort à ses courtisans : « Messieurs, je m'en vais, mais l'État demeurera toujours. »

Le Roi est mort. Vive le roi.

QUATRIÈME PARTIE

Madame, mère du Régent

(1715-1722)

CHAPITRE XIV

« Je n'ai pu me réjouir un instant de sa régence... » (1715-1719)

« JE NE ME MÊLE DE RIEN »

Cherchant à obtenir l'appui de Leibniz pour son « projet pour rendre la paix perpétuelle en Europe », l'abbé de Saint-Pierre, qui avait acheté en 1695 la charge de premier aumônier de Madame, la pria de transmettre ses lettres au philosophe. Elle le fit par le truchement de Harling, le seul correspondant qui lui restait à Hanovre. Cette entremise lui valut une lettre de Leibniz datée du 13 septembre ; la princesse et le philosophe correspondront régulièrement jusqu'à la mort de Leibniz, fin 1716. Il lui fait dans sa première lettre ses condoléances « de ce que le monde ait perdu un des plus grands rois qui furent jamais, et V.A.R. un si grand et si proche ami. Dans sa haute intelligence le feu Roi a tenu en très grande estime V.A.R. ; il a chargé S.A.R. votre fils de gouverner le royaume durant la minorité de son arrière-petit-fils, à ce que j'apprends[1] ».

En réalité, les choses ne s'étaient pas passées aussi simplement. Le testament de Louis XIV ne chargeait pas le duc d'Orléans de la Régence, mais le désignait simplement comme chef du conseil de Régence, soumis à la règle de la majorité. La garde de Louis XV était confiée au duc du Maine, et le commandement des troupes de la maison du Roi au maréchal de Villeroy, sous l'autorité du bâtard. Selon Mathieu Marais, le duc d'Orléans se serait exclamé : « Il m'a trompé ! » en apprenant la teneur du testament de son oncle. Le Roi agonisant venait de lui assurer en effet qu'il n'y trouverait rien dont il ne serait content.

La cassation du testament et une prise du pouvoir s'imposaient donc, d'autant plus que Philippe d'Orléans n'ignorait pas que ce testament et l'édit appelant les bâtards à succéder à la couronne avaient été imposés au vieux Roi par Mme de Maintenon et le duc du Maine. Louis XIV n'avait-il pas, un an avant sa mort, remis son testament au premier président de Mesmes en lui disant : « On m'a tourmenté, on ne m'a point laissé de repos, quoi que j'aie pu dire. Ho bien ! j'ai donc acheté mon repos. Le voilà, emportez-le ; il deviendra ce qu'il pourra... » ? Madame confirmera en octobre 1716 ce témoignage de Saint-Simon dans une lettre à Caroline de Galles : « Feu notre Roi n'a jamais pensé que son testament serait maintenu. Il a dit à certaines personnes : " *On m'a fait écrire un testament et plusieurs choses. Je l'ai fait pour avoir du repos, mais je sais bien que cela ne subsistera pas* " [2]. »

Le jour même de la mort du Roi, le Parlement fut convoqué par billets pour le lendemain. Une trentaine de ducs et pairs ecclésiastiques et séculiers gagnèrent leurs places dans la Grand-Chambre où s'étaient déjà installés les gens de robe. Philippe d'Orléans arriva vers neuf heures, suivi des princes du sang et des bâtards du Maine et de Toulouse. Il déclara que Louis XIV lui avait dit peu avant sa mort : « Mon neveu, j'ai fait un testament où je vous ai conservé tous les droits que vous donne votre naissance. Je vous recommande le Dauphin, servez-le aussi fidèlement que vous m'avez servi et travaillez à lui conserver son royaume. [...] J'ai fait les dispositions que j'ai cru les plus sages, mais comme on ne saurait tout prévoir, s'il y a quelque chose qui ne soit pas bien, on le changera [3]. » Le prince demanda la Régence purement et simplement, et exposa son programme politique : soulager le royaume qui se remettait lentement de la longue guerre de Succession d'Espagne, rétablir l'équilibre des finances, maintenir la paix, restaurer la concorde à l'intérieur de l'Église de France profondément divisée par la constitution *Unigenitus*.

On lut pour la forme le testament de Louis XIV, cacheté de sept sceaux, et les deux codicilles. Le duc d'Orléans répéta après lecture qu'il demandait l'avis du Parlement sur son droit à la Régence. Le premier président prit ensuite les avis. Philippe d'Orléans fut reconnu à l'unanimité régent du royaume sans restrictions. Il remercia la haute assemblée et déclara qu'il acceptait que la tutelle du jeune Roi ne lui fût pas confiée, mais que le commandement des troupes de la maison du Roi lui revenait avec le pouvoir militaire. On passa ensuite au principe de la « polysynodie », cher à Fénelon et l'abbé de Saint-Pierre : la création de plusieurs conseils chargés de préparer les décisions du conseil de Régence. Cette décision donna lieu à la déclaration royale du 15 septembre établissant les conseils de Conscience, des Affaires étrangères, de la Guerre, de Finance, de Marine et du Dedans. Les premières structures politiques de la minorité de Louis XV étaient en place : la Régence, sinon la fête, pouvait commencer.

Le Régent se précipita sur ses dossiers avec une ardeur qui inquiétait sa mère. Elle écrit début octobre à son gendre de Lorraine : « Je meurs de peur que mon fils à force de travail ne se rende bien malade. Hier il n'en pouvait plus et s'est couché à 9 heures ; il a recommencé à travailler depuis 5 heures du matin, et travaille encore à l'heure qu'il est. Onze heures viennent de sonner ; je ne l'ai pas encore vu d'aujourd'hui [4]. » Sachant que sa mère n'avait pas la tête politique et se méfiant de ses bavardages épistolaires, Philippe d'Orléans évitait de lui parler de ses dossiers lors de ses brèves visites quotidiennes. « Mon fils me voit rarement, dit-elle en octobre à Louise, et quand il me voit, il ne me dit rien des affaires [5]... »

La question de l'influence politique de Madame, mère du Régent, se pose donc à peine. Elle avait décidé dès les premiers jours de la Régence qu'elle ne se mêlerait de rien. Début novembre, elle formule catégoriquement sa philosophie de la non-ingérence dans une lettre au roi Frédéric IV de Danemark qui sollicitait son intervention auprès du Régent : « Je me suis imposé comme règle de conduite de ne pas me mêler d'affaires de l'État. La France n'a été malheureusement que trop longtemps entre les mains d'une femme [*Frankreich ist leyder nur zu lang in Weiberhänden gewesen*] ; c'est pourquoi je veux donner l'exemple à l'épouse et aux filles [du Régent], oui, à toutes les femmes de France, de ne pas se mêler d'affaires de l'État [6]. » L'identité de la « femme » en question ne fait pas de doute ; Elisabeth-Charlotte écrit trois jours plus tard à Caroline de Galles, parlant de Mme de Maintenon : « Le diable en enfer ne saurait être pire qu'elle n'a été ; son ambition a plongé toute la France dans le malheur [7]. »

Une déclaration presque identique apparaît en septembre 1716 dans une lettre à Caroline de Galles. Manifestement, Madame ne croit pas que les femmes puissent jouer un rôle politique quelconque : « Je vous dirai franchement pourquoi je ne veux me mêler de rien : je suis vieille, j'ai plus besoin de repos que d'être tourmentée [...]. Je n'ai jamais appris à gouverner ; je n'entends rien à la politique ni aux affaires de l'État, et je suis beaucoup trop vieille pour apprendre des choses aussi difficiles. Mon fils a, Dieu soit loué ! la capacité pour mener les choses sans moi [...]. Je voudrais donner un bon exemple à la femme et à la fille de mon fils, car ce royaume a, pour son malheur, été gouverné par des femmes vieilles et jeunes. Le temps est venu qu'on laisse faire les hommes ; j'ai donc pris le parti de ne me mêler de rien. Que les femmes règnent en Angleterre, mais en France, pour que tout aille bien, il faut que les hommes gouvernent seuls [8]. » On aurait donc tort de réserver à Madame une place quelconque parmi les zélatrices du mouvement féministe.

Le jeune Roi avait quitté Versailles le 9 septembre. Conformément aux instructions de Louis XIV, il fut d'abord conduit au château de Vincennes où l'air était réputé plus pur, avant d'aller habiter le palais des Tuileries. Madame s'était installée le même jour, bien contre son gré, au Palais-Royal, regrettant infiniment les résidences royales qu'elle n'habiterait plus. « De nombreuses raisons, écrit-elle en octobre à Harling, m'ont amenée à regretter le Roi, dont la moindre est encore de ne plus jamais revoir le cher Fontainebleau, et de ne plus habiter les chers et agréables Versailles et Marly [9]... » Ce qui restait de la famille royale s'était dispersé, et Madame déplorait la disparition de cette vie de cour dont elle avait si souvent maudit l'immuable mécanisme et les contraintes. Elle avait écrit dix mois avant la mort de Louis XIV à Louise : « La vie de cour a ceci de particulier — on l'a toujours constaté — que ceux qui y sont habitués ne peuvent pas supporter un autre mode de vie, même ceux qu'elle fait souffrir le plus [10]. » Elle détestait l'air, les odeurs et les bruits de Paris qui lui donnaient des migraines, et encore plus les visites d'innombrables solliciteurs qui venaient faire leur cour à la mère du Régent les poches bourrées de placets. Elle avait beau les éconduire en répétant « je ne me mêle de rien », il fallut plusieurs mois avant que les chercheurs d'emplois et de faveurs ne finissent par comprendre que la mère du Régent, vraiment, n'entendait pas se mêler de politique.

Elle s'engagea cependant discrètement pour une bonne cause : l'élargissement des galériens réformés. Elle écrit dès le début d'octobre à Louise : « J'ai tenu ma parole et *sollicité* en secret pour les pauvres gens qui sont aux galères. J'ai obtenu aussi une promesse, mais n'en dites rien à personne, chère Louise ! Pourvu que le conseil de Conscience ne me gâte pas la chose ! » Et quelques semaines plus tard : « Si on ne libère pas les pauvres galériens, ce ne sera pas de ma faute ; je fais de mon mieux comme quelqu'un qui joue seul du violon. Je ne parle jamais d'affaires publiques ou particulières avec mon fils [11]. »

Le chevalier de Piossens confirme dans ses *Mémoires* les efforts d'Elisabeth-Charlotte en faveur des galériens huguenots : « Madame sollicitait avec un zèle vraiment chrétien la clémence de S.A.R. pour les réformés ; il en tira des galères soixante-huit, auxquels il donna pleine liberté de se retirer hors du royaume [12]. »

Deux ans plus tard, ayant obtenu la libération d'autres groupes de galériens réformés, elle envoie à Louise le texte d'un placet que lui adressent trente galériens libérés par ses soins. Ils lui expriment leur gratitude et plaident en faveur de quatre camarades toujours enchaînés. Son commentaire : « Je fais de mon mieux, où je puis, comme vous verrez dans le placet ci-joint. J'ai plaidé aussi en faveur des quatre, mais ils ne le méritent pas ; ils ne sont pas aux galères pour faits de religion, mais parce qu'ils ont incendié des maisons et violé des femmes [13]. » Discrète et efficace, elle ne s'adresse à son fils qu'à bon escient, sans abuser de sa situation privilégiée, mais s'arrangeant pour obtenir ce qu'elle veut.

« UNE PRINCESSE DE L ANCIEN TEMPS... »

Le départ de Versailles et l'installation au Palais-Royal au cœur de Paris ne s'étaient pas déroulés sans gémissements de la part de Madame. Elle aurait préféré s'établir à Saint-Cloud, mais la duchesse de Berry s'y trouvait déjà, et le Régent avait prié sa mère de porter ses pénates au Palais-Royal, sachant que la cohabitation sous un même toit donnerait lieu à de perpétuels conflits entre la grand-mère très vieille France (ou « vieille Allemagne » si l'on veut) et la petite-fille que plus rien n'empêchait de suivre ses inquiétants penchants. Elisabeth-Charlotte explique début octobre à Louise : « Je dois bien rester ici cet hiver. Je n'ai su aller au début à Saint-Cloud, puisque la duchesse de Berry y était, avec laquelle — ceci entre nous — je ne veux rien avoir à faire. Nous n'avons aucune sympathie l'une pour l'autre [14]... »

Connaissant bien sa mère, Philippe d'Orléans lui avait expliqué que les Parisiens, qui l'adoraient, auraient été inconsolables de la voir s'installer ailleurs que chez eux. « Saint-Cloud, dit-elle en septembre à Louise, est un lieu que j'aime et que je prise, car c'est le plus bel endroit du monde. J'y serais allée aussitôt si tout Paris m'avait haïe ; mais ils ont manifesté une si grande *affection* pour mon fils et pour moi, qu'il est bien équitable que je me contraigne pour eux. Non, chère Louise, ne croyez pas que la mort du Roi me donne la liberté de vivre comme je voudrais ! » La même lettre explique encore qu'elle a promis à son fils de rester à Paris tant que sa santé le lui permettrait : « Il faut donc souhaiter que j'aie bientôt de la fièvre, car j'ai promis de ne pas partir d'ici tant que je ne sois pas malade. Les maux de tête ne comptent pas [...], mais si j'ai de la fièvre, j'irai à notre cher Saint-Cloud [15]. »

Le Régent gardait ainsi Madame à Paris en attendant que la duchesse de Berry s'en allât de Saint-Cloud. Il lui donna le palais du Luxembourg remis à neuf comme résidence parisienne, et le château de La Muette au bois de Boulogne qu'elle troquera par la suite contre celui de Meudon. Elisabeth-Charlotte ne pouvait supporter l'indolence et le laisser-aller vestimentaire de sa bru et de sa petite-fille de Berry, elle qui ne se montrait qu'en robe de cour, au besoin — nous l'avons vu à la mort de Monseigneur — au milieu de la nuit. Elle décrit en octobre avec horreur la duchesse d'Orléans : « Elle est si paresseuse qu'elle ne peut se résoudre à mettre un corps de baleine ne fût-ce qu'un moment ; elle passe son temps couchée en *écharpe* sur un canapé [...]. Moi par contre, je suis comme d'habitude habillée *en grand habit* [...] Mme de Berry imite au Luxembourg l'exemple de sa mère [16]. » Saint-Simon a décrit Madame comme « une princesse de l'ancien temps, inexorable sur les bienséances [17] » ; ce trait est admirablement illustré par une anecdote dialoguée, consignée par le baron von Pöllnitz, et qu'il faut situer pendant l'hiver 1716-1717 :

« Pour ce qui était du rang, jamais princesse ne l'a mieux soutenu que Madame. Elle était de la dernière exactitude à se faire rendre ce qui lui était dû. De son côté, elle rendait à chacun les honneurs qui leur appartenaient. Je l'ai entendue une fois parler bien vivement à ce sujet à Mme la duchesse de Berry, et assurément il n'y avait que Madame qui pût le prendre sur ce ton avec cette princesse. C'était pendant la minorité de Louis XV. Mme la duchesse de Berry vint sur le soir chez Madame en écharpe. Après qu'elle y eut été une demi-heure [...] voulant aller aux Tuileries, elle demandait quelle heure il était. *" Comment, aux Tuileries ?* dit Madame ; *vous allez donc vous promener aux flambeaux ? "* Effectivement, il était presque noir. *" Non, Madame,* dit Mme la duchesse de Berry, *je vais chez le roi. — Chez le roi !* répliqua Madame. *De grâce, permettez-moi de vous en témoigner ma surprise. Chez le roi, Madame, habillée comme vous êtes ! Je crois que vous savez trop ce que vous lui devez. N'en faites rien, Madame, je vous en prie ; rendez au roi les respects que vous lui devez, et alors vous serez en droit de vous faire rendre d'un chacun ceux qui vous sont dus. "* Mme la duchesse de Berry, à qui ce discours ne plaisait point, voulut y répliquer, mais Madame l'interrompit et lui dit : *" Non, Madame, rien ne peut vous en excuser. Vous pouvez bien vous habiller le peu souvent que vous allez chez le roi, puisque je m'habille tous les jours, moi qui suis votre grand-mère. Dites naturellement que c'est la paresse qui vous empêche de vous habiller, ce qui ne convient ni à votre âge, ni à votre rang. Une princesse doit être vêtue en princesse, et une soubrette en soubrette. "* Mme la duchesse de Berry, peu accoutumée à recevoir des mercuriales, fut extrêmement choquée de ce discours. Elle fit alors ce qu'elle avait coutume de faire lorsqu'elle entendait quelque chose qui lui déplaisait [...] : elle se leva, fit une profonde révérence, et sortit. Madame se remit à écrire, sans discontinuer de parler sur ce même sujet, et toujours avec émotion. Elle dit, en regardant tous ceux qui étaient présents : *" Mais ai-je tort de parler ainsi à Mme de Berry ? Qu'en dites-vous ? "* [...] Tout le monde garda un profond silence [18]... »

Philippe d'Orléans aurait dû user de la même fermeté à l'égard de sa fille, travaillée par la folie des grandeurs. Elle voulait absolument un capitaine des gardes, honneur réservé aux reines et aux reines mères seulement, et elle l'eut. Pour faire passer cette nouveauté qui fit bondir Saint-Simon, le Régent étendit cet honneur à Madame, puisqu'elle était de même rang. Elle choisit son ancien page Eberhard von Harling, le neveu de son ami et correspondant hanovrien ; il prêta serment le 8 novembre 1715. N'ayant pas les moyens d'entretenir une compagnie de quarante gardes, elle continuait de se servir de ceux de son fils en secouant la tête. Faisant de plus en plus figure d'aïeule revêche et de « princesse de l'ancien temps », Madame incarne un monde qui vient de basculer dans les oubliettes de l'histoire, celui de la vieille cour compassée et bigote de Louis XIV. « Je ne suis pas à la mode du temps », dit-elle en mars 1716 à son gendre de Lorraine [19]. Peu sensible au vent de soulagement qui souffle sur le royaume après l'interminable grand règne et incapable de déchiffrer les signes du temps, elle ne voyait que dépérissement et dégradation morale où en réalité une société nouvelle était en train de naître, frétillante, irrévérencieuse, impatiente de bouger et de vivre, sollicitée par les plaisirs des sens et les audaces de l'esprit.

Entre le feu et les fusées volantes

L'année 1716 aurait pu fort mal commencer pour Madame et les siens : un incendie put être éteint de justesse au Palais-Royal dans la nuit du 9 au 10 janvier. Dangeau, ce maître de l'euphémisme, note dans son *Journal* : « Il y avait eu la nuit du jeudi au vendredi un petit incendie dans une loge qui alarma tout le Palais-Royal, et Madame ne se coucha qu'à huit heures du matin ; mais tant de gens travaillèrent à éteindre le feu que le dommage a été fort léger [20]... » En réalité, la situation était beaucoup plus grave. Les bals de l'Opéra au Palais-Royal étaient une des nouveautés de ce premier hiver de la Régence malgré les températures sibériennes qui rappelaient le « grand hiver » de 1709. Jean Buvat décrit dans son *Journal* les conséquences terribles de l'hiver glacial. La Seine était encombrée de glace entre le Pont-Neuf et le Pont-Royal, une partie du quai des Orfèvres s'écroula, et « le froid avait augmenté de telle sorte qu'il ne s'en fallait que d'un degré et demi pour que le thermomètre fût parvenu au dernier degré de froidure [21]. » On avait donc bien chauffé la salle de l'Opéra pour le bal du 9 janvier.

Madame, qui s'était couchée tôt, fut réveillée au milieu de la nuit par des gens qui criaient et couraient à l'étage supérieur. Elle vit entrer son laquais Evin qui alluma du feu. Elle s'écria : « Evin, que voulez-vous faire. Vous rêvez ! Il s'en faut bien qu'il ne soit encore sept heures, et je vous assure que trois heures viennent de sonner. » Il répondit : « Je le sais bien, Madame, mais il faut pourtant que vous vous leviez, s'il vous plaît, car l'Opéra brûle. Heureusement le vent porte la flamme du côté du cul-de-sac, mais si le vent changeait et qu'il portait la flamme du côté du théâtre, le Palais-Royal serait si tôt enflammé que vous n'auriez pas le temps de vous chausser. » Elle se leva en vitesse, car l'Opéra n'était qu'à quelques pas de sa garde-robe et n'aurait pu être sauvé si le vent tournait, construit de matériaux hautement combustibles. Un passant avait heureusement remarqué les flammes et crié au feu. On sonna les tocsins à toute volée, et des centaines d'ouvriers du quartier accoururent pour passer les seaux d'eau et éteindre le feu. Madame conclut candidement son récit dialogué à Louise : « Je me suis rendue vers sept heures, lorsque tout était éteint, à la chapelle. J'y ai remercié Dieu de ne pas être brûlée, et je me suis recouchée après pour dormir jusqu'à une heure[22]... »

Elisabeth-Charlotte avait sans doute décidé qu'elle ne se mêlerait point de politique, mais elle ne put s'empêcher d'intervenir en avril pour chapitrer l'abbé Mascara qui espionnait à Paris pour le compte de Philippe V et correspondait avec le marquis de Grimaldo. L'abbé s'était permis des remarques particulièrement offensantes et fausses sur le Régent. Madame, qui regrettait maintenant d'avoir reçu quelquefois l'intrigant et dangereux abbé, lui adressa ce billet de sa façon : « Monsieur l'abbé Mascara, je vous avoue franchement que j'ai été fort surprise de voir par plusieurs lettres tous les mauvais discours qu'on vous impute. Je ne puis vous dire autre chose là-dessus, sinon que je vous ai cru trop honnête homme pour en être capable. Je souhaite qu'il n'y ait rien de véritable en tout ce qui m'en est revenu, et je vous assure que je suis, à Paris, ce 14 avril 1716, monsieur l'abbé Mascara, votre bien bonne amie Elisabeth-Charlotte[23]. » Loin de rougir, l'abbé envoya cette lettre à Grimaldo, sans doute comme preuve de son zèle inconditionnel pour la cause de Philippe V qui regrettait d'avoir renoncé à la couronne de France, et suivait de près les faits et gestes de son adversaire le duc d'Orléans.

Madame fut encore confrontée avec la politique trois jours plus tard, lorsqu'un simple d'esprit imagina un moyen très original d'aider le Régent dans sa lourde tâche. Il planta dans la nuit du 16 au 17 avril une longue perche au milieu de la place du Palais-Royal, et y attacha un pigeon blanc qui portait au cou un ruban bleu avec un papier plié en forme de lettre et quelques « fusées volantes ». Il allait y mettre le feu lorsque le guet l'arrêta. « Il s'était imaginé, explique Buvat, que le pigeon aurait été, par le moyen des fusées, porté dans le Palais-Royal, et qu'on aurait pris ce pigeon pour le Saint-Esprit descendu du ciel qui serait venu, disait ce fanatique, inspirer à M. le duc d'Orléans la manière de bien gouverner le royaume. » Il était si convaincu de l'issue heureuse de son entreprise qu'il avait apporté une provision de cent cotrets (bûches) pour allumer un feu de joie. « Le lendemain, ayant été mis en liberté par ordre de Madame la douairière, qui sur ce rapport jugea bien que c'était un insensé, il parut tranquille sur la même place en vendant sa provision de cotrets[24]. » Madame ne mentionne pas cet incident pittoresque dans sa correspondance, mais a dû se dire en soupirant qu'être la mère du Régent n'était pas un poste de tout repos, et que

Paris, avec ses incendies, ses espions à manteau couleur de muraille et ses illuminés qui vous catapultent le Saint-Esprit à domicile, était une ville inhabitable.

Ce fut donc avec un grand soupir de soulagement qu'elle quitta le Palais-Royal et la capitale le 28 mai pour aller passer la belle saison à Saint-Cloud. Les sept dernières années de la vie d'Elisabeth-Charlotte présentent le même programme : l'hiver la voit à Paris, l'été — d'avril-mai à novembre-décembre — à Saint-Cloud. Paris n'est d'ailleurs jamais loin ; des visites régulières à l'Opéra du Palais-Royal où elle a sa loge, à ses amies les carmélites du faubourg Saint-Germain, interrompent l'isolement champêtre d'ailleurs égayé par la présence des filles cadettes du Régent.

Son fils, qui lui rend des visites quotidiennes au Palais-Royal, va la voir deux ou trois fois par semaine à Saint-Cloud. Accablé d'affaires, obsédé par l'isolement diplomatique et le redressement financier du royaume, écoutant avec complaisance les projets de John Law qui doivent relancer l'économie et éponger la dette publique, luttant avec ses dossiers malgré ses mauvais yeux, s'enfermant avec les défenseurs ou les adversaires de la constitution *Unigenitus,* poursuivi par Saint-Simon dont il écoute stoïquement les interminables discours, exaspéré par les querelles qui éclatent sans cesse entre son épouse et sa fille aînée, assiégé par les demandeurs de grâces qui le savent incapable de dire non, sollicité par ses maîtresses et roués, le Régent, ce meilleur fils du monde, trouve toujours le temps d'aller voir sa mère et d'écouter avec patience les dernières nouvelles de sa santé, et avec amusement ses évocations très précises du passé qu'elle recompose inlassablement dans ses conversations comme dans ses lettres. Et il lui parle de ses soucis. Des centaines de millions de dettes laissées par le vieux Roi, de la montagne de titres de créance vrais ou douteux qui circulent et qu'il faut vérifier, des faiseurs d'affaires dites « du Roi » à qui une chambre royale de Justice créée *ad hoc* fait rendre gorge, des cent mécontents et jaloux que fait chaque grâce accordée, de ses adversaires Maine et Villeroy qui empoisonnent l'esprit du roi-enfant. Et surtout, il lui parle de son rêve : remettre à Louis XV le jour de sa majorité un royaume prospère et uni vivant en paix avec ses voisins, et aller présider ensuite l'Académie des Sciences. « Il y va presque tous les deux jours, dit Dangeau, et lui rend beaucoup de devoirs et lui marque beaucoup d'amitié et de considération [25]. »

MADAME ET LA POLITIQUE ANGLAISE

Le rôle éventuel joué par Madame au début de la Régence dans la tortueuse politique anglaise de son fils reste fort imprécis. Nous l'avons vue tiraillée entre sa sympathie pour le prétendant Stuart — ce malheureux chevalier de Saint-George toujours considéré par le parti jacobite comme Jacques III —, et son cousin germain George Ier, roi d'Angleterre depuis deux ans. Le Régent avait repris la politique adoptée par Louis XIV depuis les traités d'Utrecht : reconnaître du bout des lèvres la dynastie hanovrienne et appuyer en même temps, mais discrètement, les tentatives jacobites de soulever l'Écosse et de conquérir l'Angleterre et le pays de Galles. La marge d'opération du Régent était des plus étroites, coincé comme il l'était entre l'opinion publique en France farouchement projacobite et la situation européenne où d'inquiétantes modifications venaient de se produire. L'avènement de George Ier avait été suivi d'un revirement de la politique anglaise : les tories, favorables à la paix et secrètement jacobites, avaient dû céder le pouvoir aux whigs hostiles aux traités d'Utrecht. George Ier semblait prendre plus à cœur les intérêts de son cher Hanovre que ceux de son nouveau royaume. Le traité de Westminster signé en juin 1716 entre l'Angleterre et l'Empereur devait surtout sauvegarder les intérêts continentaux de la dynastie hanovrienne, et fut applaudi par le cabinet whig, puisque dirigé contre la France.

Le Régent avait maladroitement soutenu le débarquement du chevalier de Saint-George à Peterhead en Écosse (2 janvier 1716) qui s'était soldé par un échec. Le parti jacobite lui avait promis que Jacques III, devenu roi d'Angleterre, épouserait une de ses filles, et, « selon certaines rumeurs, Madame aurait fait plusieurs voyages à Saint-Germain, lieu de résidence de la veuve de Jacques II, pour le compte de son fils [26] ». Ces voyages, qu'il faudrait situer à la fin de 1715, ne sont pas mentionnés dans sa correspondance. En revanche, ses lettres à la raugrave Louise, toujours à Londres, soulignent que le Régent n'est pas impliqué dans le débarquement jacobite avorté, et qu'elle ignore où se trouve le prétendant. « Que le chevalier de Saint-George n'a pas mis le pied à Saint-Germain est certain, lui écrit-elle fin décembre ; Dieu seul sait où il se trouve. Mon Dieu, on ne saurait jurer que ce seigneur n'occupera pas un jour son trône, car ces Anglais sont des gens inconstants [27]. »

On n'échappe pas à l'impression, en lisant l'abondant « discours anglais » incorporé aux lettres à Louise depuis le début de la Régence, que le duc d'Orléans utilisait la correspondance de sa mère pour faire parvenir par ce canal certains messages à la cour hanovrienne de Londres. Ainsi ce post-scriptum du 15 novembre, une semaine après la « disparition » du prétendant de Commercy en Lorraine et son voyage, déguisé en abbé, sur les routes de Bretagne vers la côte, échappant de justesse à quelques spadassins lancés à ses trousses par lord Stair, l'ambassadeur de George Ier : « Je dois encore dire qu'il est injuste que mylord Stair accuse mon fils d'avoir part à la fuite du roi d'Angleterre. Comment peut-il savoir ce qui se passe à Commercy, et comment mon fils peut-il deviner, lorsque le chevalier de Saint-George traverse *incognito* la Bretagne, qu'il s'y trouve ? On ne lui a appris la chose que huit jours plus tard ; il y a envoyé, mais il était trop tard [28]. » L'explication est peu convaincante et surtout maladroite : quelle bévue d'appeler le prétendant *roi d'Angleterre* dans une lettre visiblement destinée à circuler dans l'entourage de George Ier ! Sa destinataire, la raugrave Louise, était alors dame de compagnie de Caroline, princesse de Galles.

Cette dernière était devenue entre-temps correspondante d'Elisabeth-Charlotte. Le fait que lord Stair avait encouragé Madame à correspondre avec Caroline mérite d'être souligné. Elle écrit le mardi 24 septembre 1715 à Louise : « Mylord Stair est encore venu me visiter ce matin ; il veut absolument [*mitt aller Gewalt*] que j'écrive à la princesse de Galles. Je crois que je devrai le faire à la fin, mais je crains que mes lettres ne paraissent bien fades, étant si *stupide*. » Et le vendredi suivant : « J'ai écrit mardi dernier à la princesse de Galles sous la *persuasion* de mylord Stair. Je vous en prie, écrivez-moi donc si mon billet [*mein Zettelgen*] lui a plu [29] !... » Il faut croire que le billet a beaucoup plu, puisqu'une correspondance enthousiaste en fut la conséquence. Madame apprend dans les semaines qui suivent qu'elle écrit des lettres de 27 et 30 pages à Caroline. Comme cette correspondance ne nous est parvenue que sous la forme d'un recueil d'anecdotes n'inspirant pas toujours confiance, il est impossible de savoir si elle servait discrètement la politique anglaise du Régent.

Quoi qu'il en soit, il est évident que Madame suivait l'actualité anglaise avec perplexité. Convaincue plus que jamais que les Anglais sont une nation ingouvernable et inconstante, elle soupire en octobre 1715 : « Je partage votre opinion, chère Louise, que les Anglais haïraient même un ange du ciel s'ils l'avaient élu leur roi. » L'enjeu de la rivalité opposant le prétendant au roi George lui échappe visiblement, puisqu'elle dit encore à Louise : « Les deux rois sont à plaindre d'avoir affaire à une nation aussi méchante et perfide qui ne sait pas ce qu'elle veut [30]. » De là à échafauder un certain nombre de scénarios qui permettraient de sortir de l'embarras, il n'y a qu'un pas. Constatant que « tant que vivront le roi George et le chevalier de Saint-George, la guerre civile ne peut cesser [31] », elle partage la Grande-Bretagne entre le prétendant (l'Écosse et l'Irlande catholique) et le roi George (l'Angleterre et le pays de Galles protestants). Une autre solution, esquissée en juillet et reprise en décembre, semble à peine moins fantaisiste malgré la fierté de l'auteur du projet : « Je souhaiterais que le roi George deviennent empereur et que le chevalier de Saint-George soit roi dans ses trois royaumes ; tout serait alors à mon gré. [...] Il me semble que j'ai très bien conçu tout ceci. Dieu veuille que cela pût arriver ! Je crois que vous direz *amen* de tout cœur[32]. » On est tenté de supposer que la bonne princesse a subi l'influence des projets chimériques de cet utopiste au grand cœur qu'était son aumônier l'abbé de Saint-Pierre. Mais, surtout, elle ne pouvait comprendre que deux princes pussent risquer la vie pour le trône d'un pays aussi perfide que l'Angleterre. Elle dira fin 1717 à Harling, lorsque la princesse de Galles aura accouché d'un second fils : « Entre nous, celui de nos deux princes qui ne sera pas roi d'Angleterre n'est pas à mes yeux le plus malheureux[33]... »

La situation sur l'échiquier européen s'était gâtée entre-temps, à tel point que la paix encore jeune semblait compromise. Philippe d'Orléans et son vieux compère l'abbé Dubois — nommé début 1716 conseiller d'État malgré l'opposition de Madame — comprenaient que seule une alliance franco-anglaise pouvait sauvegarder la paix. L'hostilité de Philippe V et les liens récents entre l'Angleterre et l'Empereur, toujours farouchement anti-français, isolaient dangereusement le royaume. L'abbé Dubois, dont l'anglophilie était bien connue, renoua avec son vieil ami lord Stanhope, secrétaire d'État dans le cabinet whig, et se lança dans un épisode de diplomatie secrète avec la bénédiction du Régent et la réticente approbation du maréchal d'Huxelles, chef du conseil des Affaires étrangères.

Profitant d'un voyage de George Ier à Hanovre, accompagné de Stanhope, en juillet 1716, Dubois se coiffa d'une grande perruque et se rendit à La Haye puis à Hanovre, où les articles de l'alliance furent débattus dans le plus grand secret : l'expulsion du chevalier de Saint-George au-delà des Alpes, l'engagement français de ne plus assister le parti jacobite, la garantie des successions (le Régent reconnaît George Ier qui s'engage à reconnaître le Régent pour roi de France si le petit Louis XV venait à mourir), l'alliance défensive entre les deux pays, et l'engagement français de rendre le port de Mardyck impraticable pour les vaisseaux de guerre.

Dubois avait constaté avec étonnement que son interlocuteur anglais, d'abord intraitable, s'était montré brusquement fort conciliant. Il ne savait pas que George Ier avait conclu, en visitant ses États de Hanovre, que son ennemi le plus redoutable n'était pas la France, mais la Russie : Pierre le Grand venait d'occuper le duché de Mecklembourg sur la Baltique à la demande du duc Karl Leopold qui venait d'épouser la nièce du Tsar et qui se sentait menacé par sa propre noblesse. Le Moscovite n'avait donc qu'à franchir l'Elbe pour se trouver en pays hanovrien. Lorsqu'il apprit que le Tsar se proposait de faire un tour en France au printemps de 1717, le roi George comprit tout de suite qu'une alliance franco-russe serait néfaste pour ses possessions hanovriennes et dangereuse pour l'Angleterre. Il chargea donc Stanhope de conclure au plus vite avec la France.

Dubois et Stanhope signèrent le 9 octobre la convention d'une alliance à laquelle les pays contractants voulaient associer aussi les Provinces-Unies à l'issue de négociations surtout commerciales. Il fallut encore deux mois de discussions serrées et de concessions avant la signature par les États Généraux, le 4 janvier 1717, du traité de la Triple Alliance qui assurait à la France une position beaucoup plus confortable sur l'échiquier européen. Les documents arrivèrent le 8 au Palais-Royal. Buvat note que le Régent en fut si transporté de joie qu'il dit à Madame, présente au moment où il décachetait le courrier : « Ma mère, permettez-moi de vous embrasser pour la joie que me cause la nouvelle que je viens d'apprendre de la Triple Alliance. » Buvat poursuit qu'on assurait au Palais-Royal « que Leurs Altesses Royales baisèrent ce traité et qu'ils le firent baiser au maréchal d'Huxelles [34]... » Toujours aveuglé par les grandes options de la diplomatie louis-quatorzienne, le maréchal avait espéré que l'alliance anglaise n'aboutirait pas ; il se serait donc volontiers passé de cette manifestation de joie. Elisabeth-Charlotte n'aimait pas Huxelles qu'elle appelle délicieusement dans une lettre à son gendre « ce vieux radoteur de maréchal du Sel [35] ». Louis Simonneau venait de graver le portrait en buste de Madame d'après le célèbre tableau de Rigaud. Tirée à quatre cents exemplaires, l'effigie de sa mère plut tant au duc d'Orléans qu'il la fit envoyer à ses nouveaux alliés, George Ier, le prince et la princesse de Galles, et les principaux membres des États Généraux des Provinces-Unies.

Le Régent venait en outre de signer en décembre 1716 un traité d'amitié avec le roi de Prusse Frédéric-Guillaume Ier. Madame avait commencé quelques mois plus tôt à correspondre en français avec la reine Sophie-Dorothée, fille de George Ier et mère du grand Frédéric II. Quatre-vingt-treize lettres sont conservées, publiées par l'infatigable Hans Helmolt. L'initiative venait de Sophie-Dorothée qui avait fait transmettre des compliments oraux à la mère du Régent. La première lettre d'Elisabeth-Charlotte à Sophie-Dorothée était partie en avril. La reine l'avait flattée dans sa réponse en lui disant que l'Allemagne était fière d'elle et de sa fidélité à ses origines allemandes. Ce compliment était allé droit au cœur de Madame qui répondit : « V.M. me rend très glorieuse de m'assurer que la nation est un peu contente de moi ; quand on conserve quarante-cinq ans *ein teütsch Hertz undt Gemühte* [le cœur et l'esprit allemands], il n'y a pas apparence de changer [36]... »

Entre les portes du trépas et le Tsar

Elisabeth-Charlotte fut reprise en janvier 1717 par ses vieux maux : essoufflement, jambes et pieds gonflés, et surtout une léthargie presque permanente. Dangeau, qui n'est plus aussi bien renseigné qu'à Versailles, note en avril que « les médecins trouvent que Madame s'assoupit trop souvent ; elle s'endort même aux spectacles, quoiqu'elle les aime beaucoup ; ils l'ont enfin résolue à se faire saigner et purger[37] ». Cette inquiétude remontait en réalité au début de l'année ; de janvier jusqu'en mai, les lettres à Louise et à Mme de Ludres ne parlent que de saignées, de veines rouvertes, de purges, de jus d'herbes, de café qu'on lui fait boire et qui l'écœure.

Elle écrit à la belle Ludres en février : « Par une médecine, qui m'abattra bien encore, je ne puis faire la longueur de deux chambres sans être si essoufflée comme si j'avais couru un lièvre, et prête à expirer ; je ne puis monter quatre pas. Enfin, en un mot comme en mille, je ne suis pas bien du tout[38]. » Elle se plaint de rester éveillée la nuit et de s'endormir le jour, d'être « *nachdenkisch undt reveus* », et ses lettres à Louise sont d'une brièveté inhabituelle qui exprime mieux que ses plaintes l'état préoccupant de sa santé. Ce n'est qu'en mai que son médecin Teray la déclare guérie. Elle écrit à son amie le lendemain de son soixante-cinquième anniversaire : « Belle et chère Ludres, il n'y a pas de raillerie : je sors des portes du trépas et on n'a attendu que l'heure pour me porter les derniers sacrements. Une saignée m'a tirée de la mort[39]... » La voilà donc enfin, sur le tard, convaincue des bienfaits de la saignée. Dangeau confirme son rétablissement le 1er mai : « Madame est tout à fait guérie ; elle [...] vit jeudi de sa loge la comédie française et aujourd'hui elle a vu la comédie italienne, sans dormir un moment, ce qui est une grande marque de guérison pour elle... » On se demande très sérieusement si Dangeau, après tout, n'était pas capable d'un peu d'humour...

Madame était donc rétablie à temps pour l'événement majeur de l'année 1717 : la visite de Pierre le Grand à Paris. Le premier voyage du jeune Tsar à travers l'Occident, en 1697-1698, avait inspiré à Elisabeth-Charlotte des propos enthousiastes, surtout dans les lettres à Sophie. « Je souhaiterais, lui avait-elle écrit en juin 1697, que l'envie prît le Tsar de visiter aussi la France, car je voudrais [...] le voir[40]. » Mais Pierre, qui visitait l'Europe *incognito*, était plus attiré par les chantiers navals de Rotterdam que par les lambris dorés de Versailles. Elisabeth-Charlotte avait lu avec admiration les exploits du héros dans les gazettes. « Je trouve très bien, dit-elle fin 1709 à Sophie, que le Tsar ait ainsi policé son pays ; par là il s'est acquis une gloire éternelle. [...] Il ne faut pas que le Tsar soit bigot, puisqu'il a permis à la femme de son fils de garder sa religion. Je trouve tous les sentiments du Tsar admirablement beaux et raisonnables ; tous les grands rois et empereurs devraient être ainsi [41]... »

Elle tressaillit donc de joie en apprenant que son idole, qui avait entrepris en 1716 un second voyage pour prendre les eaux de Pyrmont près de Hanovre, assister au mariage du duc de Mecklembourg avec sa nièce Catherine et voir ses alliés de la guerre du Nord (les rois de Danemark et de Prusse), avait fait savoir au Régent qu'il souhaitait visiter Paris et signer un traité d'amitié avec la France. La situation était délicate, puisque l'adversaire de Pierre, le roi Charles XII de Suède, était l'allié de la France. Mais surtout, le Régent ne voulait pas compromettre le rapprochement franco-anglais. Il décida donc de faire voir Paris au Moscovite qui s'invitait lui-même, mais de faire traîner les négociations.

Les *Mémoires* de Saint-Simon décrivent avec un luxe de détails pittoresques le séjour parisien du Tsar et de sa suite. La superbe biographie américaine de Pierre le Grand par Robert K. Massie raconte cette visite avec une verve digne de la grande tradition de la biographie anglo-saxonne [42]. Le Tsar arriva le 7 mai dans la soirée, accompagné d'une soixantaine de personnes, dont un pope et le prince ambassadeur Kourakine qui seul parlait le français. Trouvant l'appartement de la Reine mère qu'on lui destinait au Louvre trop luxueux, il alla s'installer à l'hôtel de Lesdiguières préparé à toutes fins utiles. Philippe d'Orléans lui rendit le lendemain une visite de courtoisie, et fut frappé par les façons cavalières de son hôte qui refusait obstinément de visiter Louis XV, disant que c'était à celui-ci de se déranger. Le Régent céda et le jeune Roi, émouvant de jeunesse et de grâce, vint saluer le 10 mai le Tsar de toutes les Russies qui le souleva avec attendrissement et l'embrassa de sa bouche moustachue. Pierre se lança dès le lendemain dans une visite endiablée de Paris, changeant d'avis à tout moment et faisant tourner la tête au pauvre maréchal de Tessé et aux huit gardes du corps chargés de l'escorter. Il restait de marbre devant la grandeur architecturale de la place Royale, la place des Victoires, la place Vendôme, mais était visiblement fasciné par les attractions militaires, techniques et scientifiques de la capitale : les Invalides, les Gobelins, la Monnaie, l'Observatoire, la Bibliothèque royale, l'Académie des Sciences.

Pendant les dix semaines de leur séjour, le Tsar et les braves gens de sa suite ne cessèrent d'ahurir leurs hôtes par leur inconcevable saleté, la quantité invraisemblable de la nourriture qu'ils avalaient, et le nombre impressionnant de bouteilles dont ils arrosaient leurs agapes. Le pope surtout, qui vidait ses douze bouteilles de champagne par repas, édifiait tout le monde. Le marquis de Louville s'est chastement servi du latin pour consigner dans ses *Mémoires secrets* les prouesses sexuelles du Tsar.

Celui-ci visita le 14, dès six heures du matin, le Louvre ; il y examina surtout les maquettes des places fortes de Vauban que lui montra le maréchal de Villars. Il alla ensuite dans le jardin des Tuileries et s'arrêta longtemps pour voir travailler au pont tournant qui devait permettre de passer des Tuileries au Champs-Élysées. L'après-midi était réservé à la visite des deux attractions principales du Palais-Royal : Madame et l'Opéra, dans cet ordre.

Elisabeth-Charlotte, encore convalescente, saisit la plume dès que la porte se fut refermée sur son visiteur : « Très chère Louise, j'ai eu aujourd'hui une grande visite, celle notamment de mon *héros* le Tsar. Je le trouve vraiment bien, ce que jadis nous appelions " bien ", c'est-à-dire quand on n'est pas *affecté* et sans façon. Il a beaucoup d'esprit ; il parle à la vérité un allemand fort incertain, mais avec intelligence. Il se fait bien comprendre, est poli avec tout le monde et se fait aimer. J'ai vu le Tsar dans une singulière *posture*. Je ne peux pas encore mettre de corset et me présente telle que je sors du lit : en chemise de nuit, *camisole* et robe de chambre avec une ceinture [43]. » Cet accoutrement curieux ne l'empêcha pas de cribler son « héros » de questions. Le baron von Pöllnitz, alors à Paris, rapporte dans ses *Nouveaux Mémoires* : « Cette princesse l'entretint pendant deux heures en allemand, et le Tsar lui répondit en hollandais. Lorsqu'il se fut retiré, il dit à M. de S... que Madame était extraordinairement curieuse, qu'elle voulait tout savoir, et qu'elle l'avait trop questionné ; mais qu'après tout, il ne lui avait dit que ce qu'il voulait bien qu'elle sût [44]. »

Mais l'enthousiasme de Madame fut de courte durée. Elle fut réellement choquée lorsqu'elle apprit dix jours plus tard que le Moscovite, visitant Versailles avec sa suite, avait couché ivre avec une prostituée dans la chambre mortuaire de Louis XIV, et que ses compagnons avaient installé des demoiselles ramassées sur les trottoirs dans l'appartement de Mme de Maintenon, ce temple de la pruderie. Elle écrit en juin à Mme de Ludres : « Avant que le Tsar fût en France, je le tenais pour mon héros. Quand je lui ai parlé, j'en étais encore très contente. Mais depuis qu'il s'est jeté dans toutes sortes de débauches, j'en ai rabattu. Je ne l'ai vu qu'une fois [45]. »

La raison de son désenchantement est surtout dans les derniers mots : « *Je ne l'ai vu qu'une fois.* » Elle se trouvait à Saint-Cloud le dimanche 23 mai lorsque le Tsar y fut reçu à dîner par le Régent ; il était reparti après une visite des jardins sans demander à la voir. Elle écrit en octobre de Saint-Cloud à la reine de Prusse : « Je ne sais si mon fils lui a plu, mais pour moi, il ne m'a vue qu'une seule fois et même ne m'a pas dit adieu. Quoiqu'il ait passé par le jardin ici, et s'y est promené, il ne m'a pas vue ni rien mandé [46]. » On sait que Madame était fort sensible à ces choses-là.

Tout le monde fut extrêmement soulagé lorsque le Tsar et sa horde de Moscovites quittèrent Paris le 20 juin. Diplomatiquement, la visite n'avait pas été un succès, du moins pour Pierre le Grand qui s'en allait écœuré par la finasserie et les temporisations de la diplomatie française. « On m'avait dit que le Tsar n'était pas parti trop content de mon fils », confie Madame à la reine Sophie-Dorothée [47]. L'alliance franco-anglaise sortait indemne de cette épreuve, d'autant plus que le Moscovite « avait promis ici à M. le duc d'Orléans qu'il ferait sortir ses troupes du pays de Mecklembourg, le roi George ayant fort prié M. le duc d'Orléans de presser fort le Tsar sur cela [48] ». Le prince Kourakine restait à Paris où les négociations se poursuivaient mollement. Une alliance fut enfin signée le 15 août à Amsterdam entre le Tsar, Louis XV et Frédéric-Guillaume Ier; elle ne faisait que garantir les traités d'Utrecht, et prévoyait un futur traité de commerce. La France et la Russie nouèrent peu après des relations diplomatiques avec échange de ministres plénipotentiaires. Le Régent avait donc toutes les raisons du monde d'être satisfait.

Le Tsar alla d'abord prendre les eaux à Spa avant de retrouver à Amsterdam sa chère Catherine, son épouse depuis 1711. Ils se rendirent ensemble à Berlin où son allié Frédéric-Guillaume et la reine Sophie-Dorothée leur offrirent fin septembre des bals et des dîners. Leurs hôtes les virent s'en aller avec soulagement, car la belle résidence Charlottenburg, où ils avaient logé quatre jours, ressemblait à une porcherie ; quant aux jardins qui étaient la fierté de Sophie-Dorothée, ils étaient ruinés. La Reine en fit ses plaintes à Madame qui lui répondit avec commisération : « Il est triste d'avoir de tels hôtes dans sa maison, mais je crois qu'avec soin on la pourra nettoyer. On peut juger de la propreté de leur pays et maison à voir comme ils sont chez autrui. Mais, Madame, ne pouvait-on pas le loger autre part que dans la maison de V.M., sachant leur excessive malpropreté ? » Et quelques semaines plus tard, après de nouvelles plaintes de la Reine : « Que peuvent avoir fait ces Moscovites dans la maison et jardin de V.M. pour les avoir si fort gâtés [49] ? » L'histoire des voyages tant vantés de Pierre le Grand, c'est aussi celle de la dévastation d'une série de splendides résidences et jardins mis à la disposition du Tsar et de sa horde, et abandonnés dans un état d'indescriptible désolation, comme si Attila et ses Huns y avaient pique-niqué.

Il semblerait que les lettres de Madame à la reine de Prusse contenaient des confidences sur le Tsar qui inquiétaient l'archiviste royal de Prusse : neuf lignes sont découpées de la lettre du 13 juillet, après les mots : « Il y a plus de quinze jours que le Tsar est allé à Spa... »

LE RETOUR DE PÖLLNITZ

Les lettres à Sophie-Dorothée de cet été-là parlent du second séjour parisien du baron von Pöllnitz après une série de pérégrinations et aventures en Prusse, Pologne et Saxe. Après un séjour en prison pour dettes dans ce dernier pays, il avait voulu tenter une autre fois sa chance à Paris où il débarqua en 1716. Espérant trouver un régiment, il avait cru devoir embrasser le catholicisme, mais on lui dit après cette démarche qu'on réformait les troupes et qu'on ne pouvait l'employer. C'est alors que Madame, qui se méfiait pourtant de l'aventurier qui changeait de religion comme de chemise, lui ouvrit généreusement sa bourse. Pöllnitz raconte dans ses *Nouveaux Mémoires* : « L'appréhension où j'étais de participer à la misère commune, m'engagea à faire ma cour à Madame plus assidûment que jamais. Je la suppliai très instamment de m'honorer de sa protection auprès de M. le Régent. Cette princesse me répondit qu'elle avait résolu de ne se mêler de rien, que cependant je ne devais point être inquiet : qu'il n'était pas nécessaire qu'elle parlât pour moi au Prince son fils, puisqu'il était naturellement porté à me faire plaisir ; mais que pour le présent il était accablé d'affaires et de sollicitations, qu'il fallait nécessairement que j'eusse encore patience pendant quelque temps. Je lui répondis que j'attendrais volontiers autant qu'il plairait à S.A.R., mais que j'appréhendais fort de n'être pas en situation d'attendre longtemps. Madame me répondit : " *Il y a remède à tout : trouvez-vous demain dans mon cabinet à l'issue de mon dîner.* " Je me rendis ponctuellement à ses ordres. Je la trouvai seule. Elle me dit en me voyant : " *Je suis une pauvre veuve qui ne peux pas faire de grands biens, mais j'ai intention de vous faire plaisir.* " Elle m'ordonna ensuite d'ouvrir un bureau dont elle me donna la clé, et d'en tirer un sac qui était dans un coin, et dans lequel il y avait 3000 livres en or. Je les reçus avec toute la reconnaissance possible, et cette nouvelle marque de sa bonté m'attacha plus que jamais à S.A.R. [50]. »

On ne sait ce qu'il faut admirer le plus, la générosité de la princesse qui pourtant ne roulait pas sur l'or, sa finesse à entendre à demi-mot le cri de détresse de l'aventurier, ou sa délicatesse à lui tendre une clé plutôt qu'une bourse.

Pöllnitz lui fit sa cour pendant l'été de 1716 et l'hiver suivant ; il fut ainsi témoin de la scène entre Madame et la duchesse de Berry que nous avons lue plus haut. Une anecdote charmante illustre à quel point la princesse avait de la peine à revenir sur ses préventions, trait souligné aussi par Saint-Simon (« aisée à prévenir, fort difficile à ramener [51] »). Après avoir expliqué que Madame lui dit un jour, à Saint-Cloud, des « choses étonnantes au désavantage de S. » (un gentilhomme prussien), Pöllnitz poursuit : « Je pris la liberté de défendre sa cause, et d'assurer S.A.R. qu'on lui avait fait de faux rapports. " *Comment!* me dit Madame, *oseriez-vous nier qu'il ait eu le poignet coupé pour avoir contrefait le seing du roi de Danemark?* " Comme je savais l'aventure de S. à la cour de Danemark, et qu'il ne s'était agi d'aucune affaire de cette nature, et qu'outre cela je savais qu'il avait perdu le bras droit d'une chute qu'il avait faite, je représentai à Madame qu'il me semblait qu'on se contentait de couper le poignet pour le crime dont elle soupçonnait S., et que cependant il avait le bras coupé près de l'épaule. " *Ah!* me dit la princesse, *c'est qu'on le lui a coupé deux fois.* " » Sa prévention n'empêcha nullement Madame de recommander à son fils le gentilhomme manchot lorsqu'il apparut peu après à Paris. Ce S. doit être le comte Schlieben qui sera impliqué dans la conspiration de Cellamare. Madame écrira alors à Caroline de Galles que deux Allemands de sa connaissance viennent d'être arrêtés, le brigadier Sandrasky et « l'autre est le comte Schlieben qui n'a qu'un bras. Celui ne m'étonne pas du tout, *car j'ai appris comment il a perdu son bras*[52]... ». Voilà qui confirme les dires de Pöllnitz et prouve que la princesse ne démordait pas de son idée fixe.

Une dernière anecdote montre Elisabeth-Charlotte sondant l'intelligence du jeune Louis XV qui venait de passer, le jour de son septième anniversaire, des mains des femmes entre celles des hommes : « Madame étant venue aux Tuileries pour faire sa cour, ne fit qu'une très courte visite, parce qu'elle allait entendre la messe. Elle dit au roi en se retirant qu'elle allait voir un plus grand Seigneur que lui. Ce jeune Prince parut un peu surpris, mais après un moment de réflexion, il répondit à Madame : " *Sans doute, Madame, allez-vous prier Dieu* "[53]. »

Voyant qu'il n'obtiendrait rien d'autre que les mille écus de Madame, Pöllnitz fit semblant d'aimer une présidente très vieille et très riche, qu'il peint dans ses *Mémoires* comme laide, avare, folle et aimant les procès à la fureur. Malgré l'opposition des héritiers de la présidente embrasée d'amour pour le séduisant baron qui n'avait pour lors que vingt-cinq ans, on parlait déjà mariage, lorsque la vieille tomba un jour raide morte à ses pieds. Décidément, Pöllnitz n'était pas né pour être heureux. Après avoir tenté en vain d'obtenir le privilège de donner des bals et de tenir des jeux aux Champs-Élysées, le baron repartit pour Berlin où il nia avoir changé de culte.

Il oublia de prendre congé de Madame. Le ton amusé de ses propos à la reine Sophie-Dorothée montre que la princesse ne lui en voulait pas. « Je ne croyais pas, écrit-elle en novembre, que M. de Pöllnitz quitterait, car une bonne vieille s'était entêtée de lui et le voulait épouser à toute force. Il m'en a fait confidence. Il faut qu'elle n'ait pas été si riche qu'on le croyait, puisqu'il est parti. Il faut que je ne sois plus *in seiner Gnaden* [dans ses bonnes grâces], car il est parti sans me le dire. [...] Il a la mine assez sérieuse, mais son sérieux ne dure pas longtemps. Je lui souhaite d'être [de]venu plus sage, et de pouvoir mieux gouverner sa langue ; il en a besoin[54]. »

Il faudrait un volume pour résumer les péripéties de la carrière tumultueuse du baron von Pöllnitz qui changera encore plusieurs fois de religion, trempera dans la conspiration de Cellamare, s'enrichira et se ruinera avec le système de Law, fera des séjours en prison pour dettes dans une demi-douzaine de pays, se jettera aux pieds du Pape pour lui avouer qu'il aspire au sacerdoce, manquera de justesse plusieurs mariages profitables, et sera enfin inscrit sur la liste des « plaisants salariés » de Frédéric II qui se moquait de lui mais appréciait ses dons de conteur.

Madame reparlera encore de l'aventurier escroc, mais avec un mépris marqué. « J'ai peur que sa fin ne soit très malheureuse, dit-elle en avril 1718 à Sophie-Dorothée, car en un mot il ne vaut rien. C'est dommage et je plains ses parents. Il m'avait écrit pour entrer dans les troupes du Roi, mais je lui ai répondu [...] qu'il ferait mieux, pour montrer son courage, d'aller en Hongrie au service de l'Empereur contre les Turcs. Je ne crois pas qu'il ait pris ce parti-là. Sa cervelle n'est pas des mieux rangées ; quelques années dans le *Zuchthaus* [maison de correction] à Amsterdam lui auraient fait grand bien. » Pöllnitz se trouvait en juin 1718 à Paris où il dut se cacher pour échapper à ses créanciers. Il osa écrire à Madame, la priant de lui obtenir une lettre d'État qui lui aurait permis de se montrer sans être arrêté. Elle lui fit répondre oralement qu'elle refusait d' « être complice de ses escroqueries ». On ignore ce qu'il a pu faire par la suite pour mériter que Madame dît de lui pis que pendre. Elle écrira ainsi en décembre 1721 à la reine de Prusse : « Pöllnitz, ce joli et vertueux garçon, s'est engagé à la Cour et on dit qu'il sollicite pour être envoyé ici. J'ai peur qu'il ne cherche son malheur, car dès qu'il [sera ici], son ambassade ne l'empêchera pas qu'il ne soit arrêté par ses créanciers. Je m'étonne qu'il n'ait pas été trouvé dans les accusés de Cartouche. J'ai bien peur que le *Galgenrecht* [droit de potence], comme on dit en mon pays, ne lui manquera pas et que son sort sera de gambiller un jour entre ciel et terre[55]. » Pöllnitz n'aurait pas eu à rougir en lisant l'*Histoire de ma vie* de Casanova. Il mérite une place de choix parmi les aventuriers cosmopolites de tout poil qui, Européens par la force des choses, sillonnent le paysage des Lumières.

QUERELLES ET JOIES DE FAMILLE

Pendant tout l'hiver de 1717-1718, l'attention de Madame fut principalement sollicitée par l'Angleterre et par les malheurs de la princesse de Galles. Le désaccord ouvert entre George Ier et son fils Georg August, prince de Galles, avait pris des dimensions inquiétantes, et la pauvre Caroline se trouvait tiraillée entre le père et le fils. Le différend avait divisé aussi le parti whig, alors au pouvoir. Un groupe de seigneurs qui avaient servi George Ier au début de son règne, mais qui désapprouvaient maintenant ses façons autocratiques et sa préférence manifeste pour ses États de Hanovre, s'était formé autour de Georg August, misant sur l'avenir. Ils étaient dirigés par Robert Walpole, son beau-frère lord Townshend et le duc de Devonshire. Friedrich Wilhelm von der Schulenburg, chambellan du roi George et frère de la maîtresse royale Melusine, déclarait dans une lettre française : « Voilà une rupture ouverte entre le père et le fils, et une grande division parmi les whigs du Parlement[56]. » Les *Walpole Whigs* renforçaient occasionnellement l'opposition tory, créant de ce fait une situation politique extrêmement flottante.

La naissance fin octobre d'un deuxième fils du prince et de la princesse de Galles avait plongé la famille royale dans une querelle sans issue : quel serait le prénom du nouveau-né, et qui seraient ses parrains ? Les esprits s'échauffèrent à tel point que George Ier interdit à son héritier l'accès du palais Saint-James, convaincu que la princesse de Galles y resterait auprès de ses enfants qui appartenaient selon la loi anglaise à la couronne, c'est-à-dire au roi. Mais Caroline suivit son époux sans balancer un instant, et alla s'établir dans une maison louée sur Leicester Square. Son beau-père lui permit des visites à ses enfants confiés aux bons soins de leur gouvernante, Johanna Sophie zu Schaumburg-Lippe, comtesse von Bückeburg ; c'est elle qui, on s'en souvient, avait tenu la main de l'électrice Sophie mourant sous la pluie dans le jardin de Herrenhausen. Johanna Sophie avait la confiance du roi ; son fils Albrecht Wolfgang épousera plus tard la belle Gertrud von der Schulenburg, la fille cadette du roi et de Melusine.

La mort en février 1718 du petit prince dont le baptême avait donné lieu à tant de mauvais sang ne débloqua pas la situation. Georg August et Caroline ne bougeaient plus de Leicester House, créant une situation des plus délicates pour la noblesse anglaise et hanovrienne qui vivait dans la capitale et dont la loyauté fut mise à rude épreuve. Le Roi permit seulement à la comtesse von Bückeburg, qui s'employait vainement à faire cesser cette querelle de famille, d'aller rendre compte tous les soirs à Caroline de la santé des trois petites princesses et du petit prince retenus comme otages à Saint James's Palace. Ce n'est qu'en 1720 que Caroline réussira à réconcilier son beau-père et son mari, au grand soulagement de tout le monde.

Madame pouvait suivre de près les rebondissements de ce *Palace-Dallas* à travers sa correspondance avec Caroline et, à partir de novembre 1717, avec la comtesse von Bückeburg. Les 52 grandes lettres à Johanna Sophie, encore inédites, permettent mieux de suivre l'affaire que les lettres à Caroline, charcutées stupidement et réduites à un recueil d'anecdotes. On y voit par exemple qu'Elisabeth-Charlotte essayait gentiment de faire oublier leurs soucis à la princesse et à la gouvernante en les plongeant dans les intrigues de la Fronde : elle envoya à Londres les *Mémoires* du cardinal de Retz qui venaient de paraître et qui étaient « lors fort à la mode, et que tout le monde se piquait de lire [57] ». Une des très nombreuses datations erronées du traducteur-faussaire Brunet a fait croire à une édition de 1716 qui, bien entendu, n'a jamais existé [58]. Pleine de sympathie pour Caroline, Madame condamne le manque de cœur de son cousin George Ier, l'attribuant... à l'air anglais.

Décidément, l'Angleterre n'avait rien de bon. « J'ai toujours trouvé le roi d'Angleterre un peu sec et dur, écrit-elle en mars 1718 à Louise ; l'air anglais semble l'avoir endurci encore plus. [...] Tous les gens, fous ou sages, désapprouvent que le roi d'Angleterre soit si longtemps fâché contre son fils unique... » Elle avait écrit quelques jours plus tôt à la reine de Prusse, sœur du prince de Galles : « Je ne puis comprendre comment le roi votre père, Madame, ne songe pas au tort que cela lui fait d'être si désuni dans sa famille [...]. V.M. a bien raison d'en être touchée [59]... »

Le comportement de Madame, lors de la soutenance de thèse en Sorbonne de l'abbé de Saint-Albin, fils non reconnu du Régent, choqua les esprits bien-pensants, Saint-Simon en tête. Charles de Saint-Albin, fils de la comédienne Florence, était né en avril 1698 ; sans vouloir le reconnaître, son père avait dirigé sa carrière avec soin. Il ressemblait à Monsieur, en plus grand et plus beau, et Madame l'aimait particulièrement. Elle confie en octobre 1721 à Harling : « Il m'est le plus cher puisque je le considère comme le plus sûr des bâtards de mon fils ; depuis l'enfance il s'est attaché à moi plus que les autres. Je voudrais bien que mon fils le légitime [60]... » Le Régent avait décidé que son fils serait évêque, sans grand enthousiasme de la part de l'intéressé qui étudia cependant docilement la théologie. Il défendit sa thèse le 16 février 1718, deux mois avant son vingtième anniversaire. Cette thèse (« *Quaestio theologica : quis dominatur in virtute sua in aeternum ?* ») était une bien modeste réflexion à partir du verset 7 du psaume 65.

La décision de Madame d'assister à la cérémonie n'avait rien d'incongru, même si les soutenances de thèses théologiques ne faisaient pas courir les dames. Saint-Simon se montre surtout choqué parce que la princesse semblait démentir par sa présence sa répugnance bien connue pour la bâtardise. « Jamais, s'exclame-t-il dans les *Additions à Dangeau*, scandale si complet et si fou que celui de cette thèse, où le fils non reconnu d'une comédienne fut traité comme l'eût pu être [...] celui de M. et de Mme la duchesse d'Orléans. Madame, qui en grande princesse ne se conduisait que par fantaisie, avait pris ce petit garçon en amitié, à peu près comme elle y prenait quelqu'un de ses chiens, et oubliait pour lui une naissance qu'elle détestait... » Ses *Mémoires* empruntent à Dangeau, avec une réprobation qui troue le papier, les détails de la cérémonie : la princesse y aurait donné « le spectacle le plus scandaleux et le plus nouveau, et en lieu où jamais femme, si grande qu'elle pût être, n'était entrée [...]. Madame y alla en pompe, reçue et conduite à sa portière par le cardinal de Noailles, sa croix portée devant lui. Madame se plaça sur une estrade qu'on lui avait préparée, dans un fauteuil [61]. » Le duc-mémorialiste n'a apparemment pas compris que les grandes princesses, précisément parce qu'elles ne se conduisent que par fantaisie, ont le droit de laisser parler leur cœur et de faire taire leurs préjugés.

La carrière de Charles de Saint-Albin sera brillante et confortable : gavé de bénéfices et évêque-duc de Laon en 1721, il passera deux mois avant la mort de son père au siège archiépiscopal de Cambrai où il succèdera à Dubois. Il ne résidera guère dans son diocèse, ayant ses entrées à la cour de Louis XV.

Deux jours après la soutenance de l'abbé de Saint-Albin eut lieu un événement que Madame attendait avec impatience depuis des semaines : l'arrivée à Paris de sa fille et de son gendre de Lorraine. Madame, qui n'avait plus vu sa fille depuis dix-huit ans, avait correspondu activement avec elle. De ces milliers de lettres, quatre seulement sont conservées, mais on peut se faire une certaine idée de cette correspondance en lisant les lettres de la duchesse de Lorraine à sa confidente parisienne la marquise d'Aulède. On est surtout frappé par les nombreuses plaintes, avant et après la visite de février-avril 1718 à Paris : « Je vous en prie, madame, de ne vous pas fier à Madame pour me mander les nouvelles, car elle ne m'en mande jamais... » Une des rares lettres « à nouvelles » confirme la première impression favorable faite par le Tsar : « Madame m'a mandé comme le Tsar l'a été voir, et qu'elle l'a trouvé fort joli [62]. »

Le duc de Lorraine venait à Paris pour la signature d'un traité rectifiant les frontières de la Lorraine au détriment du domaine royal en Champagne, et pour obtenir du roi le traitement d'Altesse royale. Il ne fait pas de doute que les sympathies du duc Léopold allaient plutôt à la cour de Vienne, où il avait grandi, qu'à celle de France. Souhaitant évidemment profiter de la faiblesse du Régent qui adorait sa sœur et de la « passion aveuglément allemande » de Madame, son voyage et les concessions qu'il arracha furent fort critiqués. Saint-Simon, par exemple, s'abstint d'assister au conseil de Régence le jour où le traité avec le duc de Lorraine y devait être approuvé. Préparé par le conseiller d'État Saint-Contest, ce traité rencontra la vive opposition du maréchal d'Huxelles et d'un nombre de parlementaires. La lettre qu'écrivit Madame le 23 janvier 1718 au duc Léopold prouve qu'elle n'avait eu aucune part à la préparation du traité (comme le suggère Saint-Simon), mais qu'elle l'applaudissait, et que les lenteurs du « maréchal du Sel » l'exaspéraient.

Le vendredi 18 février, par le plus beau temps du monde, Madame et le couple d'Orléans allèrent au-devant du couple ducal de Lorraine qu'ils rencontrèrent près de Bondy. Comme en novembre 1699, le duc de Lorraine voyageait *incognito,* cette fois sous le nom de comte de Blamont. Le duc et la duchesse étaient accompagnés de Mme de Craon, dame d'honneur de la duchesse et maîtresse du duc, et du mari de celle-ci. Mme de Lorraine et M. de Craon ayant le bon goût de regarder de l'autre côté, les deux couples vivaient dans la plus parfaite harmonie. Madame ne comprenait pas très bien sa fille, mais approuvait sa conduite. « Elle aime son seigneur de tout son cœur, dit-elle à Louise, sans être jalouse pour autant. Je dois avouer que je ne peux pas comprendre cela. Mais je la loue, car on n'obtient rien par la tristesse et la *jalousie...* » Deux jours après les retrouvailles, Madame note ses premières impressions : « Très chère Louise, mes enfants de Lorraine sont arrivés heureusement ici vendredi dernier. Ma fille était dans un tel excès de joie qu'elle était hors d'elle-même. Je ne l'ai pas trouvée fort changée, mais son mari l'est horriblement. Il avait autrefois les plus belles couleurs, et maintenant il a le teint d'un brun-rouge, et il est plus gros que mon fils. Je puis dire que mes enfants sont aussi gros et gras que moi[63]. »

Le couple de Lorraine s'installa au Palais-Royal et prenait ses repas de midi avec Madame. Les semaines qui suivirent ne furent qu'une longue succession de bals, de soupers, de parties de chasse et de jeux, et de représentations d'opéra. La fête la plus mémorable et la plus somptueuse fut le souper de 250 couverts offert le 28 février par la duchesse de Berry au palais du Luxembourg brillant de tous ses feux. Le *Nouveau Mercure* propose le menu mis en vers :

> Des filets mincés d'aloyau, / Des gendarmes au jus de veau,
> Petits dindons aux ciboulettes, / Et des anchois en allumettes,
> Poulets de grain, mets excellent, / Cuit derrière le pot cassant,
> Pigeons au soleil, chose exquise, / Des côtelettes en surprise[64]...

On a presque pitié des lecteurs auxquels le *Mercure* administrait en plein carême cette poésie gastronomique qui remplissait huit bonnes pages. Les innombrables plats étaient portés dans la célèbre galerie des Rubens par 200 suisses ; 132 domestiques en livrée versaient à boire les vins et liqueurs les plus exquis. Madame, qui avait horreur des grandes ripailles, était heureuse d'avoir un rhume. Elle confie la veille à Louise : « Je suis invitée pour demain à une fête chez Mme de Berry qu'elle donnera à mes enfants de Lorraine ; mais, outre que je fuis plutôt les grandes réunions que je ne les recherche, j'ai maintenant une très bonne excuse, car je suis vraiment malade[65]... »

Elle préférait les longues conversations en tête à tête avec sa fille où se disaient les mille choses qu'on ne confie pas à la poste. Elle découvrit que sa loge à l'Opéra était un lieu idéal. « Je n'y vais que pour causer avec ma fille. Nous sommes assises l'une près de l'autre, et le bruit de l'opéra empêche que quelqu'un nous entende. Une loge d'opéra est donc l'endroit le plus commode pour causer ensemble. » Le Régent partageait cette conviction ; il avait entraîné quelques mois plus tôt Saint-Simon dans sa petite loge pour une longue conversation confidentielle sur *Unigenitus,* se comportant à l'Opéra comme « dans un cabinet en affaires ». Madame, qui ne cessait depuis le début de la Régence de dénoncer les lamentables mœurs publiques, était surprise de constater que sa fille se montrait plus choquée qu'elle du spectacle qu'offraient le parterre et les loges. « Elle est dans une telle stupéfaction de tout ce qu'elle entend et voit, qu'elle n'en revient pas. Son ébahissement me fait souvent rire. En particulier elle ne peut s'habituer à voir des dames qui portent de grands noms se coucher en plein Opéra sur les genoux d'hommes qu'elles ne haïssent point, comme on dit. Ma fille ne fait que s'exclamer : " *Madame, Madame !* " Je dis : " *Que voulez-vous, ma fille, que j'y fasse? Ce sont les manières du temps. — Mais elles sont vilaines* ", dit ma fille, et cela est vrai[66]... »

Le départ, plusieurs fois différé à la demande de Madame, fut fixé au 8 avril. Elle écrit le 3 à la reine de Prusse : « [Ils] partent dans la semaine où nous entrons, dont j'avoue que j'ai déjà le cœur gros, car j'ai tout lieu d'être, grâce à Dieu, contente de ma fille. Elle sait vivre selon sa naissance et dignité, et est très éloignée des goûts à la mode[67]... » Le duc de Lorraine avait promis qu'ils reviendraient deux ans plus tard. Cette promesse rendait les adieux moins tristes, mais ne pouvait empêcher Madame d'écrire en soupirant à Mme de Ludres, quinze jours après la séparation : « Il est vrai que le départ de ma pauvre fille m'a beaucoup fait pleurer. L'espérance est toujours bonne à prendre à qui le peut. Mais, belle Ludres, le bon Dieu ne m'a pas donné d'assurances de vivre encore deux ans[68]... » Trop occupé à faire des enfants à Mme de Craon, le duc Léopold ne tiendra pas sa promesse, mais Elisabeth-Charlotte reverra une dernière fois sa fille lors du sacre de Louis XV, six semaines avant sa mort.

« Maçon ou prince, nous ne sommes tous que poussière... »

A peine Madame s'était-elle établie à Saint-Cloud pour la belle saison qu'elle perdit une amie très chère. Marie-Béatrice d'Este-Modena, veuve de Jacques II et mère du prétendant Stuart, mourut le 7 mai à Saint-Germain après quelques jours de maladie. « Sa mort, note Saint-Simon, fut aussi sainte que sa vie[69]. » Elisabeth-Charlotte visitait régulièrement la très pieuse reine d'Angleterre dont elle admirait la majesté et la vertu fortifiées par les malheurs. « La Reine avait une grande fermeté, dit-elle à Louise, et de vraies qualités royales : une grande *noblesse*, de la *générosité*, de la *politesse*, un esprit agréable, presque toujours de bonne humeur, et capable de *railler* très agréablement. Elle me taquinait toujours sur la *passion* que j'ai de voir des comédies, mais avouait qu'elle avait été comme moi. Elle ne se plaignait jamais, et riait de bon cœur parce qu'il y avait eu un temps où elle ne pouvait sortir parce que ses chevaux étaient morts et qu'elle n'avait malheureusement pas d'argent pour en acheter d'autres. Elle se moquait de son rang royal, comme il était *magnifique*, et comme toute *grandeur* de ce monde n'était que vanité. J'ai perdu une très bonne amie en S.M.[70]. » Un page étourdi lui annonça sans ménagements ce décès qui la bouleversa et lui rappela sa propre fragilité physique. Elisabeth-Charlotte ne pouvait voir les toits du couvent de Chaillot sans penser en frémissant à la bonne reine enterrée dans le chœur des moniales.

Le 8 juin, Madame se rendit à Paris pour poser la première pierre de la nouvelle église de l'Abbaye-aux-Bois, rue de Sèvres. Sa relation de la cérémonie, rédigée le lendemain pour le plaisir de Louise, est trop délicieuse pour être paraphrasée, d'autant plus que Brunet l'a particulièrement mal traduite :

« ... Je m'y étais rendue vers dix heures et demie du matin, pour accomplir dans un couvent qu'on appelle l'Abbaye-aux-Bois une cérémonie très longue et ennuyeuse ; il s'agissait de poser la première pierre d'une église que l'on construit. J'avais vraiment honte, car on m'accueillit avec des timbales, des trompettes, des chalumeaux, des tambours, des fifres et une salve d'artillerie. Il m'a fallu suivre une longue rue jusqu'aux fondations, précédée de cette fanfare qui me *décontenançait*. Vous pouvez penser quelle foule s'était rassemblée. [...] A l'endroit où se trouvait la pierre, les prêtres chantèrent trois psaumes en latin et récitèrent des prières dont je ne compris pas un mot. Il y avait une estrade toute couverte de tapis ; sous un dais était placée une *chaise à bras* dans laquelle je devais m'asseoir. On m'apporta la pierre sur laquelle était gravé mon nom, et au milieu était ma médaille. On jeta dessus de la chaux que je devais étendre ; puis on plaça dessus une autre pierre à laquelle je dus donner ma bénédiction. Cela me fit rire, car voilà toute une affaire pour ma bénédiction. J'envoyai ensuite le premier de ma maison, à savoir mon chevalier d'honneur M. de Mortagne, avec la pierre au chantier, pour la poser à ma place, car je ne pouvais monter et descendre les échelles comme vous pouvez bien penser, chère Louise ! La cérémonie dura en tout une bonne heure et demie, car après qu'on eut posé la pierre au milieu d'une fanfare de timbales, trompettes, tambours, *hautbois* et fifres, et aussi une salve d'artillerie, on chanta un *Te Deum* en musique qui n'en finissait pas. Tout était fini à une heure[71]. »

La pompe de l'Abbaye-aux-Bois ne lui était pas montée à la tête. « Je pense, dit-elle à Harling, qu'il importe peu au bon Dieu que la première pierre d'une église ait été posée par un maçon ou un prince, car nous ne sommes tous que poussière et cendre devant le bon Dieu[72]... »

L'ABBESSE DE CHELLES

Malgré les nombreuses visites de Madame au couvent de Port-Royal de Paris, à celui de Maubuisson et à celui des « petites carmélites » de la rue de Grenelle, elle détestait les couvents. D'où sa vive inquiétude lorsque sa petite-fille Louise-Adélaïde d'Orléans, deuxième fille du Régent, décida de se faire religieuse dans l'abbaye bénédictine de Chelles près de Meaux, où elle avait été pensionnaire pendant sa jeunesse. Louise-Adélaïde, dite Mlle d'Orléans, était la petite-fille préférée de Madame. Dans la longue et très importante lettre à Louise du 31 mars 1718 qui — on se demande pourquoi — ne fut jamais traduite en français, Elisabeth-Charlotte propose une description détaillée du fils et des six filles du Régent avec leurs dates de naissance.

« Je crains, dit-elle de Louise-Adélaïde alors dans sa dix-neuvième année, que la deuxième nous causera de grandes peines, car elle veut être nonne coûte que coûte. Mais cette bonne personne se trompe, car elle n'a pas la chair d'une nonne [*sie hatt gar kein Nonenfleisch*], et la chose ne sera pas sitôt faite qu'elle sombrera, comme je le crains, dans le désespoir. Elle est capable de se tuer, car elle est obstinée et ne craint pas du tout la mort. C'est bien dommage pour elle, car elle est pleine de bonnes qualités. Sa personne est agréable, élancée, bien faite. Elle a le visage joli et agréable, une belle bouche, des dents comme des perles, elle danse bien, a une belle voix, connaît bien la musique, chante *à livre ouvert* tout ce qu'elle veut, sans grimaces, très agréablement. Elle est naturellement éloquente, a un très bon esprit, et aime tout ce qu'elle doit aimer. Elle dit à tout le monde qu'elle ne regrette personne sinon moi ; je l'aime donc de tout cœur. [...] Je regrette infiniment qu'elle veuille se faire nonne[73]. » Ce fut donc un drame lorsque la fille la plus *agréable* (le qualificatif revient quatre fois!) et la plus douée du Régent fit savoir qu'elle voulait prendre l'habit à Chelles.

Mathurin de Lescure a publié il y a plus d'un siècle des *Confessions de l'abbesse de Chelles, fille du Régent* apocryphes, romanesques et charmantes. Ayant lu tout ce qu'il y a à lire sur le sujet (sauf bien entendu les nombreux passages non traduits où Madame parle de sa petite-fille), et attachant peut-être trop d'importance à un passage touchant mais sujet à caution des *Mémoires* de la baronne d'Oberkirch, l'auteur a retracé avec finesse l'itinéraire spirituel de Louise-Adélaïde d'Orléans. Le Régent fit l'impossible pour faire renoncer sa fille à son projet de s'enterrer à Chelles. Madame attribue la détermination de sa petite-fille à sa répugnance pour un mariage avec un fils du duc du Maine que la duchesse d'Orléans souhaitait avec passion. Voyant que Louise-Adélaïde s'obstinait, et convaincu que le noviciat la dégriserait, son père la laissa partir en mai 1717 en soupirant, selon Lescure : « Soyez donc l'épouse de Jésus-Christ, ma fille, quoiqu'à vrai dire je n'aie pas l'espoir d'être très-bien avec mon gendre[74]. » *Se non è vero, è bene trovato.* Louise-Adélaïde quitta avec soulagement la nouvelle Babylone qu'était Paris, et fut accueillie à Chelles par l'excellente abbesse Mme de Villars, la sœur du maréchal. Le jour — 17 mai — était particulièrement bien choisi, puisque c'était la fête de la translation de sainte Bathilde, la reine-fondatrice de Chelles dont Claude Fleury venait de décrire les royales vertus dans le livre 39 de son *Histoire ecclésiastique.* La prise d'habit suivit le 30 juillet de la même année.

Malgré le scepticisme de Madame, convaincue que l'état religieux ne fait pas nécessairement ressortir les meilleures qualités de celui ou de celle qui l'embrasse, la vocation de la novice qui avait pris le nom de sœur Bathilde paraissait solide. Elisabeth-Charlotte écrit en décembre 1717 à Louise que sa petite-fille l'a instamment priée de la visiter à Chelles, mais qu'elle n'en a pas trouvé le temps. Elle s'y rend en février 1718, et confie à Louise sitôt rentrée au Palais-Royal : « Je rentre en ce moment d'un endroit à cinq lieues d'ici où j'ai mangé à midi, notamment Chelles. J'ai mis trois heures pour y aller, autant pour en revenir, et trois heures passées au couvent. [...] J'ai employé tout mon zèle possible à persuader Mademoiselle de ne pas se faire nonne, mais elle veut l'être absolument. Je ne m'en mêlerai plus ; au père et à la mère de voir comment ils peuvent terminer l'affaire[75]. » Elle y retourna le 21 avril et trouva Louise-Adélaïde plus déterminée que jamais ; bien entendu, une correspondance suivie s'instaura entre Elisabeth-Charlotte et sœur Bathilde.

Le Régent fit une dernière tentative pour fléchir sa fille en juillet

1718, un mois avant sa profession. Il alla à Chelles accompagné du cardinal de Noailles, mais ne put que donner son consentement. Dix mois plus tôt, il lui avait proposé de l'installer abbesse de Montmartre dès qu'elle aurait prononcé ses vœux, « mais elle répondit qu'avant que de songer à commander il fallait qu'elle apprît à obéir [76] ». Le 23 août, ayant atteint depuis dix jours l'âge canonique de vingt ans, elle fit profession entre les mains du cardinal de Noailles qui prononça un sermon émouvant. « Mademoiselle fit sa profession à Chelles, note Dangeau, et édifia tout le monde par la dévotion, le courage et par la joie qu'elle témoigna dans cette occasion-là. Elle a résisté aux lettres de Madame, et aux prières que M. Terrat lui fit encore le matin de la part de M. le duc d'Orléans [77]. » Plusieurs dames étaient venues de Paris assister à la cérémonie, mais aucun membre de la famille d'Orléans n'était présent, « de peur d'attendrissement » semble-t-il. Sœur Bathilde fut faite sacristine et développa un goût solide pour la théologie. Madame était contente de la savoir sacristine, « car cela empêche l'ennui et chasse la mélancolie [78] » ; c'est dire qu'elle s'attendait toujours au pire.

Malgré toutes les vertus d'abnégation et d'humilité qu'on lui avait inculquées au noviciat, sœur Bathilde réussit à l'issue d'un conflit voilé à chances inégales à déloger Mme de Villars. Lui laissant comme un trophée sa crosse abbatiale, l'abbesse contrainte à démissionner dut se rendre à l'évidence : la sœur d'un maréchal-duc, s'appelât-il Villars, n'avait aucune chance contre la fille du Régent lorsque la fantaisie lui prend de s'installer sur un siège abbatial occupé par une autre. Pour Madame, cette manœuvre peu reluisante était inscrite dans l'ordre des choses. « Ma petite-fille, écrit-elle à Louise, n'a pas seulement accepté l'abbaye, mais elle l'a demandée à son père, car elle ne pouvait plus supporter l'orgueil de la sœur de Villars qui y était abbesse. Je ne trouve pas qu'une telle abbesse est fort à plaindre. On lui donne une pension annuelle de 18 000 livres, et elle aura la première abbaye vacante de son ordre. Elle crie cependant, elle et son frère, comme si mon fils leur avait fait la plus grande injustice du monde, *comme si ma petite-fille et elle étaient égales*. Les gens sont vraiment trop insolents ici en France [79]... » Nous l'avons vue écrire dix mois plus tôt à Harling : « Maçon ou prince, nous sommes tous poussière et cendre devant le bon Dieu... » — sans doute, mais chaque chose en son temps.

La nouvelle abbesse de Chelles fut installée solennellement le 14 septembre 1719. Cette fois-ci sa famille était présente, à l'exception de la duchesse d'Orléans qui prétexta une saignée qui ne pouvait attendre. Madame s'y rendit sans enthousiasme. Elle avait expliqué la veille à Louise qu'elle détestait la cérémonie pour trois raisons : « D'abord, mon cœur souffre de voir cette pauvre personne s'enfermer dans un couvent dont elle aura, je le crains, peu d'honneur et de plaisir ; ensuite, la cérémonie durera deux grandes heures ; troisièmement, j'aurai à y voir une foule de nonnes et de moines dont j'ai horreur[80]. »

Une longue lettre décrit la cérémonie dans les moindres détails avec un soin qui prouve qu'Elisabeth-Charlotte ne s'est pas ennuyée après tout. L'événement était d'une somptuosité éblouissante. Le cardinal de Noailles célébra la messe ; les cierges allumés par centaines transformaient les chapes et les chasubles dorées des officiants en masses d'or pur ondoyant au gré des révérences et génuflexions. La musique du Roi chantait dans la tribune des motets dont un composé pour l'occasion par Lalande. Le décor de marbre noir et blanc était rehaussé de draperies de velours violet richement fleurdelisé. Une brave provinciale qui s'était fourrée aux premiers rangs était si éblouie qu'elle s'écria naïvement : « N'est-ce pas ici le paradis ? — Eh, non ! madame, lui répondit quelqu'un ; il n'y a pas tant d'abbesses ni tant d'évêques. »

Après la messe, sœur Bathilde de l'ordre de saint Benoît prit possession, la crosse à la main, de son siège abbatial placé dans le chœur sous un dais fleurdelisé de princesse du sang. Au milieu d'une musique éclatante de timbales, trompettes et hautbois, les soixante-six moniales s'avancèrent deux par deux avec les sentiments que l'on devine, et firent acte de soumission à leur abbesse de vingt et un ans. « Cela me rappela, conclut Madame, la scène où Atys est proclamé grand prêtre de Cybèle. Là aussi l'on vient deux par deux faire des révérences. Je croyais qu'on allait chanter comme dans l'opéra :

> Que devant vous tout s'abaisse et tout tremble !
> Vivez heureux ! Vos jours sont notre espoir.
> Rien n'est si beau que de voir ensemble
> Un grand mérite avec un grand pouvoir.
> > Que l'on bénisse
> > Le Ciel propice,
> > Qui dans vos mains
> > Met le sort des humains[81]. »

Certes, *Atys* était le Lully préféré de Madame ; certes, elle l'avait entendu tant de fois qu'elle connaissait par cœur le livret de Quinault ; certes, l'installation de cette abbesse était mise en scène comme un opéra. Mais on s'étonne de la voir citer ici un texte qui célèbre l'abaissement devant le « grand pouvoir ». La princesse se trompe visiblement de longueur d'onde. On se demande s'il y avait dans cette assemblée écrasée par la naissance royale de la nouvelle abbesse une seule personne qui se souvînt de ces recommandations de la *Regula* de saint Benoît : « Que [l'abbé] sache qu'il doit plutôt servir qu'exercer une domination », et : « Qu'il s'applique plutôt à se faire aimer qu'à se faire craindre [*studeat plus amari quam timeri*][82]. » Un grand *Te Deum* et un magnifique festin de huit cents couverts servi par les officiers de la bouche du Régent et de Madame terminèrent la journée.

Elisabeth-Charlotte exprime deux mois plus tard sa satisfaction en constatant la régularité exemplaire de la jeune abbesse qui aurait pu venir à Paris pour les affaires de son monastère, mais préférait rester à Chelles, disant qu'une abbesse ne doit pas quitter son abbaye sans nécessité. « J'approuve fort cela ; puisqu'elle a choisi ce métier, il vaut mieux qu'elle le fasse bien que mal [83]. » En réalité, Louise-Adélaïde se lassa bientôt de sa place. Saint-Simon la dit « tantôt austère à l'excès, tantôt n'ayant de religieuse que l'habit, musicienne, chirurgienne, théologienne, directrice, et tout cela par sauts et par bonds, mais avec beaucoup d'esprit [84]... »

Sans quitter son état de religieuse, Louise-Adélaïde se démit de ses fonctions abbatiales et quitta Chelles en 1735 pour s'installer dans un bel appartement au couvent des bénédictines de la Madeleine de Traînel. Elle y revint peu à peu à la dévotion et la régularité, vivant une vie de religieuse du sang. Fille de son père, elle avait chez elle un atelier de peinture et un laboratoire bien équipé où elle « soufflait ». Elle mourut de la petite vérole en février 1743. Elle semble avoir trouvé vers la fin de sa vie cette « paix » que se propose d'atteindre la spiritualité bénédictine. C'est au moins ce que suggère l'*Examen de conscience de Louise-Adélaïde d'Orléans, abbesse de Chelles, fait par elle-même* authentique qui est passé de la collection Leber à celle du duc d'Aumale, et que Mathurin de Lescure considérait comme une « précieuse inutilité », n'étant qu'un tissu d'allusions voilées et d'élévations mystiques mal digérées.

Madame craignait pour sa petite-fille préférée une vie de peu d'honneur et de plaisir. Elle était sans doute mal placée pour comprendre la spécificité de la vie religieuse, mais elle connaissait bien Louise-Adélaïde.

« MON FILS N'EST PAS SÛR DE SA VIE... »

Les grands événements politiques des derniers mois de l'année 1718 — l'abaissement des bâtards et des parlementaires, la conspiration de Cellamare et l'arrestation du duc et de la duchesse du Maine — trouvèrent en la mère du Régent une spectatrice fort inquiète. Gêné dans ses mouvements et constamment critiqué par les mêmes parlementaires qui avaient cassé en sa faveur le testament de Louis XIV moyennant la restitution de leur ancien droit de remontrance, et irrité par son beau-frère le duc du Maine qui manipulait l'enfant-roi et ralliait l'opposition de la vieille Cour (hostile à sa politique étrangère et monétaire et œuvrant pour les intérêts de Philippe V), le Régent rétablit son autorité avec éclat lors du lit de justice du 26 août préparé dans le plus profond secret. Convoqué le matin même aux Tuileries, le Parlement assista consterné et impuissant à son propre abaissement. Le duc du Maine (on fit exception pour son frère le comte de Toulouse qui ne gênait personne) fut par la même occasion privé de son rang de prince du sang et de l'éducation du Roi. En moins de deux heures, Philippe d'Orléans était de nouveau le maître incontesté de la France.

Il chargea son vieil ami et complice Saint-Simon, qui venait de vivre les moments les plus exaltants de sa vie, de porter la nouvelle à sa mère et à son épouse, alors toutes deux à Saint-Cloud. Madame n'était pas au courant du coup d'État que préparait son fils, mais elle savait que la situation était explosive. Une semaine avant le lit de justice, elle avait écrit à Mme de Ludres : « Cette haine qui s'est poussée au Parlement contre mon fils ne me fait pas faire de bon sang, car cela peut mener loin s'ils bourdonnent comme des guêpes. Ils peuvent piquer et faire mal[85]. » Saint-Simon se fit conduire à Saint-Cloud avec des sentiments mêlés ; il connaissait assez la haine vouée par Madame à la bâtardise et au Parlement pour savoir qu'elle serait ravie. Mais l'idée d'avoir à annoncer la dégradation des bâtards à la duchesse d'Orléans, elle-même bâtarde, ne lui plaisait pas du tout. Il commença donc par le plus dur, annonça la nouvelle avec force compliments et s'esquiva du boudoir de la duchesse accablée. Il monta ensuite chez Madame qu'on avertit dans le cabinet « où elle écrivait, comme elle faisait presque toujours ». Elle le fit entrer aussitôt.

« Elle se leva dès que je parus, et me dit avec empressement : " Eh bien ! Monsieur, voilà bien des nouvelles ? " [...] Ma surprise fut extrême lorsque je connus enfin qu'elle n'en savait nulle autre que le lit de justice et chose aucune de ce qui s'y était passé. Je lui dis donc l'éducation du roi donnée à Monsieur le Duc, la réduction des bâtards au rang de leurs pairies, et le rétablissement du comte de Toulouse. La joie se peignit sur son visage, et elle me répondit, avec un grand *Enfin* redoublé, qu'il y avait longtemps que son fils aurait dû l'avoir fait, mais qu'il était trop bon. Je la fis souvenir qu'elle était debout ; mais par politesse elle y voulut rester. Elle me [...] conta l'extravagance de Mme du Maine qui [...] avait dit en face à M. le duc d'Orléans, en lui montrant ses deux fils, qu'elle les élevait dans le souvenir et dans le désir de venger le tort qu'il leur avait fait. [...] Madame me pria de lui conter de fil en aiguille (ce fut son terme) le détail de cette célèbre matinée. Je la fis encore inutilement souvenir qu'elle était debout et lui représentai que ce qu'elle désirait apprendre serait long à raconter ; mais son ardeur de le savoir était extrême. M. le duc d'Orléans m'avait ordonné de lui tout dire, tant ce qui s'était passé au Conseil qu'au lit de justice. Je le fis donc à commencer dès le matin. Au bout d'un quart d'heure Madame s'assit, mais avec la plus grande politesse. Je fus près d'une heure avec elle à toujours parler et quelquefois à répondre à quelques questions, elle ravie de l'humiliation du Parlement et de celle des bâtards, et que Monsieur son fils eût enfin montré de la fermeté [86]. »

La satisfaction qui transparaît dans cette page se manifeste avec la même évidence dans la lettre écrite par Elisabeth-Charlotte, le même vendredi 26 août 1718, à Caroline de Galles, et qui résume ce que Saint-Simon venait de lui raconter : « Aujourd'hui à sept heures mon fils a réuni le conseil de Régence, après avoir envoyé une *lettre de cachet* au Parlement pour le convoquer. Ils se sont rendus *en robe rouge* à pied aux Tuileries, croyant ameuter ainsi la populace, mais les gens ont seulement crié : " *Où vont ces rouges homards ?* " Le roi a réprimandé le Parlement par la bouche du *garde des sceaux* pour avoir porté atteinte à son autorité [...]. Et puisque le duc du Maine a excité le Parlement contre le Roi, on lui enlève la surintendance de l'éducation du roi et on le dégrade [...]. Mme d'Orléans est inconsolable, et allée à Paris dans un tel *désespoir* qu'elle me fait vraiment pitié. Mme du Maine aurait dit il y a trois jours à table devant tout le monde : " *On m'accuse de révolter le Parlement contre M. le duc d'Orléans, mais je le méprise trop pour prendre une si noble vengeance. Je m'en vengerai, mais d'une autre manière* " [87]. » Les lettres écrites le lendemain à Louise et à Harling reprennent textuellement les mêmes propos. La dernière conclut avec une sollicitude toute maternelle : « Mon fils est à plaindre : il fait tout ce qu'il peut et se tue en veillant et en travaillant sans cesse, et son beau-frère cherche à lui enlever la Régence. Cela est affreux, le monde devient par trop méchant [88]... »

Les lettres des mois suivants montrent la princesse alarmée par les rumeurs de vengeance, d'assassinat et de poison qui circulent dans Paris. La duchesse du Maine, « cette petite crapaudine méchante », et même Mme de Maintenon, qui n'a plus que quelques mois à vivre, sont maltraitées puisque jugées responsables de la haine qui menace les jours du Régent. Elle confie en septembre à Louise : « Mon fils n'est pas du tout sûr de sa vie, ce qui m'empêche bien des fois de dormir. Il me semble que je l'avais pressenti, car de ma vie je n'ai pu me réjouir un instant de sa régence [89]. »

La situation internationale n'était pas de nature à la rassurer. L'Empereur s'était à son tour associé au traité franco-anglo-hollandais, et avait signé en avril la Quadruple Alliance. Mais l'Espagne risquait à tout moment de compromettre l'équilibre européen. Depuis son mariage avec Elisabeth Farnèse, nièce du duc de Parme, Philippe V était devenu le jouet d'une clique de sinistres Parmesans, dirigés par l'ambitieux Giulio Alberoni, d'abord envoyé de Parme, bientôt Premier ministre d'Espagne et cardinal. Asservi par ses besoins sexuels et terrorisé par sa conscience, Philippe V obéissait comme un enfant à la Reine qui, manipulée par Alberoni, ne rêvait que de libérer l'Italie du joug autrichien. Sachant que les enfants du premier lit succéderaient à la couronne d'Espagne, elle ambitionnait des établissements souverains en Italie pour ses enfants qui naissaient avec une régularité terrifiante. Selon une lettre de mai 1719 à la reine de Prusse, un autre scénario aurait germé dans l'esprit fertile d'Alberoni : dès qu'on apprendrait la mort de Louis XV (dont personne ne semblait douter), Philippe V et les fils de Marie-Louise de Savoie iraient régner en France, Elisabeth Farnèse et ses fils gouverneraient l'Espagne avec l'aide d'Alberoni, et tout le monde serait content. Ce n'était pas plus compliqué que ça. On croit lire les combines à dormir debout de Don Salluste dans *Ruy Blas*.

Emmuré dans son palais, rêvant au trône de Saint Louis, épuisé par ses courses inquiètes entre le lit conjugal et le prie-Dieu, le pauvre fantoche qu'était Philippe V était devenu entre les mains du boutefeu Alberoni un véritable danger pour l'Europe. « Le roi d'Espagne, disait Madame, se laisse tourner comme on veut [*der lest sich threhen wie man will*] [90]. » Elle était le seul membre de la maison royale avec qui Philippe V entretenait encore des rapports personnels. Dangeau note le 10 avril 1718 que le prince de Cellamare, l'ambassadeur d'Espagne, fait part oralement d'un accouchement de la reine, mais qu'il « avait porté une lettre à Madame du roi son maître, qui lui écrit de sa propre main, et lui mande que la reine est accouchée d'une infante le 31 du mois passé. Elle s'appelle l'infante Marie-Anne-Victoire ».

Le débarquement espagnol en Sardaigne (août 1717) et l'occupation de la Sicile par un corps expéditionnaire espagnol (juillet 1718) avaient créé une situation extrêmement explosive. Tous les observateurs — dont Madame — comprenaient qu'une guerre était inévitable. Alberoni avait chargé Cellamare de rallier et encourager les adversaires du Régent, de fomenter des troubles, de tramer des conspirations, bref d'occuper tellement chez lui le maître de la France qu'il n'aurait pas le temps de contrecarrer la folle politique expansionniste de l'Espagne. Philippe V, convaincu que le Régent ferait empoisonner le jeune roi pour monter sur le trône sous le nom de Philippe VII, organisait stupidement l'après-Louis XV : il serait roi d'Espagne et de France, et le duc du Maine serait chargé de la Régence en son absence. La minuscule duchesse du Maine, folle de rage depuis la dégradation de son mari, avait fait du château de Sceaux une officine de conspirations, faisait rédiger des tracts contre le Régent, recrutait des mécontents, envoyait dans la province et même à l'étranger, et rencontrait nuitamment Cellamare à l'Arsenal.

Ce dernier était si nonchalant qu'il oubliait de chiffrer ses dépêches. Début décembre, l'arrestation à Poitiers d'un banquier véreux qui voyageait en compagnie d'émissaires de l'ambassadeur d'Espagne conduisit à la découverte, dans le double fond d'une chaise roulante, de documents qui compromettaient sérieusement l'ambassadeur, le duc et la duchesse du Maine, et une foule de conspirateurs, petits et grands. La « conspiration de Cellamare », habilement exploitée par le gouvernement, bouleversa l'opinion publique. On sent que Madame ne s'est pas encore remise de l'émotion lorsqu'elle écrit trois jours plus tard à Louise : « Je veux vous raconter d'abord ce qui envahit mon cœur et me remplit d'angoisse, à savoir l'horrible trahison [*die abscheüliche Verätherey*] contre mon fils qu'on a découverte jeudi dernier. Je dirai comment cela s'est passé. Un banqueroutier anglais — ou se disant anglais — voulait passer en Espagne. On a prié mon fils de l'arrêter, il a envoyé du monde à ses trousses. Ce même individu qu'on a arrêté près de Poitiers avait des paquets secrets de l'ambassadeur d'Espagne à Paris. Vous pouvez bien penser qu'on a ouvert aussitôt les lettres. On y a découvert que l'ambassadeur écrit à Alberoni qu'on doit bien se garder de s'entendre avec mon fils ; que, dès que l'accord serait signé, mon fils empoisonnerait le jeune roi, mais qu'il donnerait tant de besogne à mon fils qu'il ne pourrait penser à la guerre ; qu'il lui susciterait des révoltes dans tout le royaume ; qu'on enverrait des gentilshommes dans toutes les provinces pour les soulever ; que leur parti était assez nombreux à Paris, qu'il suffisait d'envoyer de l'argent en quantité, sans lésiner, et qu'il savait déjà à qui le donner. Je crains fort que le frère boiteux de l'épouse de mon fils ne soit de nouveau mêlé à cette affaire. Mon fils a fait arrêter l'ambassadeur[91]... »

Cellamare fut d'abord gardé à vue et interrogé, puis interné deux mois au château de Blois avant d'être renvoyé en Espagne avec tous les égards dus à son rang. Le duc de Saint-Aignan, l'ambassadeur de France à Madrid, fut expulsé en même temps comme un criminel. Les lettres écrites par Madame en ce mois de décembre, celles surtout à Louise et Caroline, permettent de suivre l'évolution de l'affaire, et notamment l'arrestation du duc et de la duchesse du Maine le 29 décembre. Il est évident qu'elle ne savait que ce qu'on racontait autour d'elle et ce qu'imprimaient les gazettes ; son fils ne lui révélait sagement aucun secret d'État. Il vint toutefois lui annoncer en personne l'arrestation du duc et de la duchesse du Maine. Une curieuse confidence à Harling qu'on ne trouve nulle part confirmée prétend que les conspirateurs auraient eu l'intention d'exterminer toute la famille du Régent, à l'exception de sa mère : « On sait maintenant que toute ma famille aurait dû être assassinée sauf ma propre personne, puisque je suis sans le mériter très aimée du peuple. Ils disent que le peuple se serait tourné contre eux s'ils m'avaient fait du mal, comme si tuer mon fils et ses enfants ne m'aurait pas fait souffrir[92]. »

Malgré sa popularité bien réelle, Madame avait fait l'objet, un an plus tôt, de menaces ou d'une plaisanterie de mauvais goût. En juin

1717, on avait trouvé sous l'assiette du Régent un billet qui menaçait de mettre le feu aux quatre coins du Palais-Royal, « *pour te brûler, toi et ta pétarde,* concluait cet écrit, voulant désigner ce prince et Madame la douairière sa mère, qui en étant informée parut fort alarmée[93]... ». Pour l'instant, elle tremble pour la vie de son fils qu'elle voit entouré dans ses cauchemars de sicaires et d'incendiaires. « Cette affaire me plonge dans une telle angoisse, dit-elle à Caroline, que je ne dors plus que d'*accablement.* Le cœur me bat constamment, mais mon fils ne se préoccupe de rien. Je le supplie pour l'amour de Dieu de ne pas se promener la nuit en voiture. Il fait de belles promesses, mais ne les tiendra pas[94]... »

Pour faire taire ses inquiétudes en cette fin d'année, Madame se réfugie dans le vert paradis de sa jeunesse. Un séjour de Louise à Heidelberg déclenche les mécanismes de la mémoire. De longs passages décrivent les rues, places et portes de sa ville natale, ou encore l'itinéraire détaillé de Schwetzingen à Heidelberg. Elle soupire fin novembre : « Je crois, si je devais revoir Mannheim, Schwetzingen ou Heidelberg, que je ne pourrais le supporter et que je mourrais à force de pleurer. [...] Je vous en prie, chère Louise, achetez-moi n'importe où une carte de la région de Heidelberg, faites-la coller proprement sur toile afin qu'elle ne s'abîme pas, envoyez-la-moi et écrivez-moi ce que cela vous coûte[95] ! » Voulant mettre le 30 novembre sa vieille pelisse de zibeline pour assister à une représentation d'*Œdipe* de Voltaire (on se souvient que la pièce lui est dédiée), elle constate qu'elle est mangée par les mites. Très pratique, elle profite de l'occasion pour observer le lendemain les chenilles au microscope. A quelque chose malheur est bon.

Deux incendies et deux Görtz

Les premières nouvelles qui parvinrent à Madame au début de l'année 1719 étaient à proprement parler incendiaires. Elle ne pouvait savoir, en adressant le 3 janvier des « vœux continuels de parfaite santé et de contentement » à son gendre de Lorraine, qu'un incendie spectaculaire venait de détruire le matin même le superbe château de Lunéville que le duc Léopold avait fait construire et meubler à grands frais. Le feu avait pris de très vastes proportions et les dégâts furent évalués à plusieurs millions.

Madame tâche de consoler le 8 son pauvre gendre en lui rappelant que lui et sa famille sont sauvés « de cet affreux feu », mais raconte le même jour à Louise les détails du sinistre. Le feu s'était déclaré dans une baraque, et fut orienté par le vent vers un grand tas de bois. Les flammes gagnèrent ensuite le jeu de paume et la toiture du château.

Tout fut brûlé en cinq quarts d'heure, le riche garde-meuble compris : « On a voulu sauver les archives et les papiers, mais cent personnes ont péri dans le brasier. La chapelle du château aussi, tout nouvellement bâtie et fort belle, est en cendres. On estime la perte entre quinze et vingt millions. On a sauvé les enfants en les emportant en chemise, enveloppés dans des couvertures. Ma fille a voulu se faire porter en chaise, les jambes nues, mais ses porteurs tremblaient tellement qu'ils ne pouvaient la porter. Ma pauvre fille a donc dû parcourir pieds nus tout le jardin par deux pieds de neige[96]... »

Il est probable que des milliers de lettres de Madame à sa fille furent détruites avec les archives que les efforts de cent personnes, surprises par le feu, ne purent sauver. Ce chiffre incroyable est encore cité dans une lettre à Harling. Elle reparle de 19, dans une lettre à son gendre, de ce « terrible embrasement qui m'a fait plus d'horreur que ne fit jamais le récit de celui de Troie[97] ». La présence à Lunéville au moment de l'incendie d'un homme qui avait été laquais d'une nièce de Mme de Maintenon suffisait pour que Madame et sa fille fussent fermement convaincues que « la vieille sorcière » avait télécommandé le désastre par esprit de vengeance. La famille ducale de Lorraine retourna habiter Nancy. Le château de Lunéville sera reconstruit par le roi Stanislas, beau-père de Louis XV ; Mme de Graffigny y écrira ses *Lettres péruviennes*.

Le hasard voulut qu'un incendie comparable détruisît le même mois une résidence du roi de Prusse à Berlin. Elisabeth-Charlotte y fait allusion le 29 janvier dans une lettre à Sophie-Dorothée, après avoir écrit le 24 à Mme de Ludres : « On me mande de Berlin que le palais y est réduit en cendres et la reine de Prusse avec les princes ses beaux-frères ne se sont sauvés qu'en chemise. On a sauvé les pierreries de la reine[98]. » Les grands sinistres par le feu sont omniprésents dans les chroniques de l'Ancien Régime : la même année verra encore les terribles incendies de Francfort, de Sainte-Menehould en Champagne et de La Charité-sur-Loire.

Ce mois de janvier vit le début de la correspondance de Madame avec son vieil ami hanovrien Friedrich Wilhelm von Schlitz, *Reichsfreiherr* (baron de l'Empire) von Görtz. Gouverneur du prince héritier Friedrich August von Eisenach, il avait accompagné celui-ci à Paris en 1680, et fait la révérence à Madame qui le considérait comme l'idéal incarné du gouverneur très apte à former un prince. Friedrich Wilhelm von Görtz était retourné à Paris en 1684, escortant officiellement deux princes de la maison von Holstein-Gottorp, mais chargé en fait d'une mission secrète auprès de Louis XIV. Il était passé en 1685 au service du duc Ernst August von Braunschweig, le mari de Sophie. Conseiller très apprécié de l'Électeur en raison de son intelligence et de son intégrité, il fut nommé en 1695 *Kriegs- und Kammerpräsident*, c'est-à-dire Premier ministre de Hanovre. Lorsque Georg Ludwig partit pour l'Angleterre, le *Kammerpräsident* administra pour lui ses États allemands avec une exemplaire compétence.

Il s'était adressé à Madame en 1718, par le truchement de la raugrave Louise, afin d'obtenir le paiement d'une pension due à son cousin Schwartz qui avait servi dans un régiment français. Elisabeth-Charlotte avait fait exception pour lui à sa décision souvent répétée de ne se mêler de rien, et réglé cette affaire avec son fils. Elle adressa le 19 janvier le document officiel accordant le paiement de la pension à Louise avec la remarque : « J'ai bien reçu avant-hier au soir votre paquet et celui du baron Görtz. Je vous envoie ci-joint la réponse qui lui est destinée, car il est équitable que la bonne nouvelle passe par vous, chère Louise [99]. » Une lettre de sa main à Görtz, datée du même jour, accompagnait le document. Nous devons au flair de Mathilde Knoop la découverte de trente-quatre lettres allemandes au *Kammerpräsident* (dont la première est celle du 19 janvier 1719), et de six brouillons de lettres de ce dernier à la princesse. Publiée en 1957, cette correspondance était la première à enrichir nos connaissances depuis les lettres à la cour de Hessen-Cassel qu'avait fait paraître Carl Knetsch en 1925, et la dernière avant la publication des lettres à Mme de Ludres (1981, éd. J. Voss) et au prince des Asturies (1988, éd. D. Van der Cruysse).

Comme les lettres à Harling, celles à Görtz sont rédigées à la troisième personne. « Il a bien fait, lui écrit Madame dans sa première lettre, de m'envoyer le mémoire de son cousin, que j'ai donné à mon fils, en français, car mon fils ne connaît pas un seul mot d'allemand, à mon grand regret. Mais je suis contente d'avoir réussi dans cette petite *négociation,* afin qu'il voie que je n'ai pas changé, et que j'ai toujours la même estime pour le baron Görtz que j'avais lorsqu'il était ici [100]... » Encouragé par l'accueil charmant et les bons services de la princesse, son nouveau correspondant lui adressa le 20 février une lettre de remerciement, dans laquelle il se permettait en outre « *vor seinen neveu zu sollicitiren* ». Le neveu dont Görtz osait plaider la cause était le fameux Georg Heinrich von Görtz, le conseiller et confident très contesté du roi Charles XII de Suède, connu en Allemagne comme le *Schwedengörtz.*

Considéré par les uns comme un « virtuose de la roulette politique » et par les autres comme « une sorte d'Alberoni du Nord [101] », Görtz avait encouragé le visionnaire Charles XII à se précipiter dans une série d'aventures militaires qui avaient prolongé la guerre du Nord et conduit la Suède à deux doigts de la catastrophe. Occupé à conquérir la Norvège, alors une province danoise, Charles XII avait été abattu dans la nuit du 11 au 12 décembre 1718 au siège de Frederikshald, et sa sœur Ulrike Eleonore lui avait succédé. Elle fit arrêter aussitôt le boutefeu

Görtz pour faire plaisir à la noblesse suédoise et à George Ier d'Angleterre. Après un procès des plus expéditifs devant un tribunal extraordinaire, le *Schwedengörtz* fut condamné à avoir la tête tranchée au pied de la potence de Stockholm. Son oncle, l'honnête *Kammerpräsident* de Hanovre, fit l'impossible pour faire commuer la peine capitale de son neveu en détention perpétuelle, et supplia Madame d'obtenir du Régent une lettre à la reine de Suède.

Madame n'avait pas une grande opinion du neveu qu'elle avait vu à Paris. Elle avait prédit en décembre 1718 à Caroline : « Le long Görtz que j'ai vu ici a l'air orgueilleux et une méchante *physionomie*. Je ne crois pas qu'il mourra d'une bonne mort[102]. » Elle reparle de cette « méchante et malheureuse physionomie » dans sa lettre du 5 mars 1719 à Louise, et ajoute : « Je souhaite pour le bon *Kammerpräsident* que son neveu ne soit pas traduit entre les mains du bourreau, ce qui est une chose affreuse pour une famille honnête et de *condition*. Mon fils n'a pas une grande opinion de sa recommandation en Suède[103]. » On ignorait à Paris que Görtz avait été décapité trois jours auparavant. Il avait marché au supplice avec pompe, la tête haute, dans un carrosse à six chevaux, paré de tous ses ordres et entouré des gens de sa maison. Arrivé sur l'échafaud, il s'était fait déshabiller par ses valets de chambre avant de s'agenouiller calmement devant le bourreau. Il était mort en gentilhomme : sa famille n'avait pas à rougir.

L'oncle Görtz remercia Madame en avril de ses démarches et lui envoya un choix de spécialités fumées de Brunswick, sur le conseil de Harling qui adressait de temps en temps un saumon ou un saucisson fumé à la princesse qui les partageait avec la gourmande duchesse de Berry. Elisabeth-Charlotte l'en remercia par retour du courrier, et explique en juin, lui écrivant toujours à la troisième personne : « Je mange à midi de ses oies fumées. Parfois on les prépare ici en purée. Elles sont excellentes et incomparablement meilleures que celles qu'on envoie de Gascogne. Les saucisses elles aussi sont très bonnes. Je mange aussi tous les vendredis du saumon. Je n'ai pas encore goûté des oies crues. Merci infiniment pour toutes ces bonnes choses[104]... »

LA SCÈNE SE VIDE

Mme de Maintenon mourut à Saint-Cyr dans la soirée du 15 avril, samedi de Pâques, à l'âge de quatre-vingt-trois ans. L'introït de la messe du jour avait chanté : « Le Seigneur a libéré son peuple et lui a donné la joie, alléluia ! »

Madame ne chanta pas d'alléluia lorsqu'elle apprit le lendemain ce décès qui, à ses yeux, arrivait beaucoup trop tard. Venant de terminer une longue lettre à Louise dans laquelle elle parle avec admiration de la fin courageuse de Görtz, elle ajoute en post-scriptum : « J'apprends ce matin que la vieille Maintenon est crevée [*dass die alte Maintenon verreckt ist*] hier entre 4 et 5 heures de l'après-midi. C'eût été un grand bonheur si cela avait pu arriver il y a quelque trente ans [105]. » Le ton monte les jours suivants, tant il est vrai que l'alchimie du souvenir ranime les haines les plus endormies. « La vieille gueuse est crevée », écrit-elle à Caroline. Et encore : « J'ai dans la tête que ce qui a fait le plus de chagrin à la vieille conne en mourant, c'est de laisser derrière elle mon fils et moi en bonne santé [106]. » Et à Harling, en mai : « Si on devait se connaître dans l'autre monde, cette dame aurait à choisir, dans ce monde où tous sont égaux et sans distinction de rang, si elle veut rester auprès de Louis XIV ou du paralytique Scarron [107]... » On sent que, malgré cette plaisanterie vite oubliée, les spectres du passé se sont réveillés ; pendant des mois, elle parle et reparle dans ses lettres à Caroline de la veuve Scarron qui a empoisonné son existence et — elle en est profondément convaincue — celle de Louis XIV.

Une autre belle âme quitta peu après cette vallée de larmes. Le vieil et richissime marquis d'Effiat, qui vivait retiré dans sa belle maison de Chilly en compagnie de « quelques femmes de rien et de mauvaise vie », mourut le 3 juin après quelques jours de maladie, ayant gardé jusqu'à la fin « sa tête libre et entière [108] ». Moins féroce envers cette âme damnée de Monsieur qu'envers Mme de Maintenon, Elisabeth-Charlotte se contente d'écrire le lendemain à Louise : « Hier mourut à Paris un octogénaire. Dieu veuille lui pardonner le mal qu'il m'a fait pendant les trente ans que j'ai vécu avec mon seigneur. C'est le marquis d'Effiat [109]... »

La mort de la duchesse de Berry en juillet émut davantage notre princesse. Plongée dans une vie de débauche qu'elle quittait parfois pour de brèves retraites inquiètes aux Carmélites ou à Montmartre, la « princesse Joufflotte » brûlait la chandelle par les deux bouts. Madame parle souvent avec commisération des monceaux de friandises avalés tous les jours par sa petite-fille atteinte de boulimie. Elle était devenue si énorme que ses médecins voulant la saigner ne trouvaient plus ses veines noyées dans la graisse. La chronique scandaleuse de la Régence est inépuisable sur les excès et les folles dépenses de cette Messaline qui aurait perdu un soir au jeu la somme astronomique de 1 800 000 livres contre l'ambassadeur du Portugal ! Elle s'entourait de personnages particulièrement équivoques ; sa vertueuse dame d'honneur, la duchesse de Saint-Simon, s'efforçait en vain de donner un air de respectabilité à la maison de la princesse. Sa favorite, Mme de Mouchy, qui gouvernait le Luxembourg et La Muette, la plumait effrontément tout en la gavant de pâtisseries.

Après avoir fait une grande consommation d'amants, la princesse avait ouvert son alcôve au chevalier de Rions (ou Riom), cadet de

Gascogne et petit-neveu de Lauzun. « C'était un gros garçon court, joufflu, pâle, qui avec force bourgeons ne ressemblait pas mal à un abcès », nous apprend Saint-Simon [110]. Madame lui trouvait plutôt une tête de crapaud, et trace ce portrait dans une lettre à Caroline : « Il n'a ni figure ni taille, et ressemble à un fantôme des eaux [*ein Wassergespenst*], car il est vert et jaune de visage. Il a la bouche, le nez et les yeux comme les Chinois [...]. Il est fat et n'a aucun esprit ; une grosse tête enfoncée entre de larges épaules comme un soufflet ; on voit à ses yeux qu'il ne voit pas bien. En somme, c'est un petit drôle affreux, mais il doit être bâti comme un âne [*soll aber wie ein Esel geschaffen seyn*] ; cela charme toutes les femmes débauchées [111]... » On croyait que la duchesse de Berry avait même épousé secrètement son Adonis, et on chuchotait qu'elle avait accouché d'un enfant qui n'avait pas vécu. Madame lui avait demandé si ces rumeurs disaient vrai. « Ah, Madame ! avait-elle répondu en riant, n'ai-je pas assez l'honneur d'être connue de vous, pour que vous puissiez croire une telle sottise de moi à qui on reproche tant d'orgueil [112] ? »

La princesse déplorait la gloutonnerie et les coucheries de sa petite-fille, mais ne pouvait s'empêcher de l'aimer. Celle-ci s'était d'ailleurs rapprochée de sa grand-mère. Madame écrivait encore en 1716 : « Je ne compte plus la duchesse de Berry parmi mes petits-enfants [...]. Nous vivons ensemble comme des étrangères ; elle ne se soucie pas de moi, et je ne me soucie pas d'elle. » Deux ans plus tard, le ton a entièrement changé : « Je serais très ingrate si je n'aimais pas Mme de Berry, car elle me témoigne toute l'amitié possible, et me traite avec tant d'égards que j'en suis souvent vraiment confuse [113]. »

Les excès de table de la duchesse de Berry expliquent sans doute les douloureux accès de goutte aux pieds qui la tourmentaient depuis les premiers mois de 1719 ; fin mars elle tomba malade pour ne plus se relever. Les médecins diagnostiquèrent un « rhumatisme goutteux », hochèrent la tête et... saignèrent. La pauvre princesse devenait toute maigre à force d'avaler des vomitifs, avait le ventre terriblement enflé et souffrait de convulsions. Les médecins déclarèrent vers la mi-juin qu'ils ignoraient la vraie nature de la maladie, mais soupçonnaient correctement que la princesse était enceinte. Sa fin imminente fit chasser du Luxembourg la Mouchy et Rions. La malade se fit transporter à La Muette où elle arriva couchée dans un carrosse entre deux draps. Elle reçut deux fois les derniers sacrements et mourut dans la nuit du 21 au 22 juillet, pleurée surtout par son père et ses huit cents serviteurs qui perdaient leur emploi.

Madame écrit le 23 à Louise : « Très chère Louise, ce que j'ai tant redouté est enfin arrivé à deux heures et demie dans la nuit de jeudi : la pauvre duchesse de Berry est morte. Je suis restée jusqu'à huit heures et quart auprès de Sa Dilection ; je suis partie quand il m'a semblé qu'elle ne me connaissait plus. Mon pauvre fils est encore resté après moi et lui a fait prendre un élixir qui l'a fait revenir à elle ; elle lui a parlé encore longtemps. [...] Elle est morte très calme et consolée ; elle disait qu'elle ne souhaitait plus vivre, s'étant réconciliée avec Dieu, et qu'on ne pouvait pas s'empêcher de pécher contre Dieu. [...] Elle serait morte doucement, comme une lumière qui s'éteint. [...] J'ai trouvé mon pauvre fils dans une affliction qui attendrirait un rocher, car il ne veut pas pleurer et se raidit, mais les larmes lui viennent aux yeux à tout moment [114]. »

Après avoir déclaré en août à la reine de Prusse qu'elle a beaucoup pleuré sa petite-fille, et que « c'est un affreux spectacle que de voir mourir quelqu'un qu'on aime et qui n'a pas encore vingt-quatre ans accomplis », elle dit en septembre à Louise : « Il vaut mieux ne plus parler de la pauvre duchesse de Berry. Plût à Dieu que j'eusse moins de motifs de me consoler de sa mort ! C'est pire que tout ce que vous sauriez jamais imaginer [115]. » C'est sur ce propos sibyllin que disparaît de sa correspondance la fille aînée du Régent, peut-être aimée plus que de raison par son père.

MLLE DE VALOIS SE MARIE

Madame s'était à peine remise de la mort de la duchesse de Berry et de la cérémonie, deux mois plus tard, de la bénédiction de sa sœur l'abbesse de Chelles, lorsque le mariage de Mlle de Valois, la troisième fille du Régent, la secoua de sa torpeur. Il avait été question, un an plus tôt, de la marier au prince de Piémont, le fils de Victor-Amédée de Savoie, alors roi de Sicile, et de la fille de Monsieur, mais Madame aimait trop la mère qu'elle chérissait comme sa propre fille et qui était sa correspondante pour permettre ce mariage. Il faut dire qu'elle n'avait aucune affection pour Charlotte-Aglaé d'Orléans, titrée Mlle de Valois. « Elle me hait pis que le diable, écrit-elle à Louise ; elle hait toutes ses sœurs. Elle est foncièrement fausse, et menteuse, et horriblement coquette. Bref, cette personne nous promet à tous du mal au cœur, cela est certain. Je voudrais qu'elle fût déjà mariée et partie, mariée dans des pays lointains, et qu'on n'entende plus parler d'elle [116]. »

La réputation de la princesse, qui n'avait pas encore dix-huit ans, n'était pas sans éclaboussure. Elle s'était compromise avec ce don Juan de la Régence qu'était le duc de Richelieu qui montrait ses lettres à qui voulait les voir. Affligée d'un gros nez en bec d'aigle, d'incisives énormes qui la faisaient ressembler à un cheval lorsqu'elle riait, d'une taille épaisse, d'une démarche de vieille femme et d'une « *mauvaise grâce* en tout ce qu'elle fait », Mlle de Valois ne semble pas avoir eu beaucoup de charme, sinon à ses propres yeux.

Selon Saint-Simon, Madame aurait décrit « sans détour » le physique, le caractère et la réputation de sa petite-fille dans ses lettres à la mère du prince de Piémont, lui disant « qu'elle l'aimait trop pour lui vouloir faire un si mauvais présent et pour la tromper [117] ». Une lettre de septembre 1718 à Louise semble confirmer cela : « Il n'est pas vrai du tout qu'un mariage soit arrêté entre le prince de Piémont et de Mlle de Valois. [...] Si le mariage de Piémont devait avoir lieu je n'en aurais aucune joie, car il se ferait contre la volonté de la reine de Sicile qui m'est plus chère que toutes les filles de mon fils [118]... »

Faute du prince de Piémont, le Régent se rabattit sur Francesco Maria d'Este, le fils aîné du duc de Modène. Madame confie en décembre 1719 à la raugrave Louise : « Le mariage de Mlle de Valois est certain. [...] Dieu nous protège s'il devait être rompu ! Ce serait un grand malheur pour nous tous. Il n'y a pas à craindre que son départ me rendra malheureuse à en mourir [119]... » Charlotte-Aglaé aurait mille fois préféré rester en France, mais faisait semblant d'être très heureuse. Elle ne trompait personne. « Notre fiancée, dit Madame à Caroline, fait, comme on dit ici, *bonne mine à mauvais jeu,* et bien que sa bouche parle gaiement, ses yeux sont gonflés et rouges, et on voit bien qu'elle doit avoir pleuré la nuit [120]. » Ce fut pis lorsque arrivèrent en décembre les cadeaux de fiançailles de Modène : les pierreries étaient belles, mais le portrait de Francesco Maria était hideux, et on ne savait trop s'il fallait blâmer le peintre ou son modèle. Euphémisant ou mal renseigné, Dangeau note que la duchesse d'Orléans, ayant vu le portrait, en était « fort contente, car il a une très belle physiono-mie [121] ».

Les fiançailles se firent le 11 février dans le cabinet du Roi. Le duc de Chartres, chargé de la procuration du prince de Modène, épousa le lendemain Mlle de Valois dans la chapelle des Tuileries. Le cardinal de Rohan donna la bénédiction nuptiale. Après la messe, Louis XV donna la main à la mariée, la conduisit jusqu'à son carrosse, et dit au cocher selon l'usage : « A Modène ! » Mais le cortège retourna au Palais-Royal, où la nouvelle princesse de Modène prolongea son séjour autant qu'elle le put. Madame écrit le 13 à Caroline : « Je n'ai vu de ma vie une mariée plus triste. Elle n'a plus mangé ou dormi depuis trois jours, et ses yeux ne sèchent pas [122]. » Une rougeole providentielle lui valut un délai d'exécution d'un mois. Elle partit enfin en larmes le 12 mars : « Elle ne pouvait prononcer un seul mot, me prenait les mains en pleurant, les baisait et les serrait [123]... »

Les nouvelles qui arrivèrent de Modène dirent que la princesse avait constaté que son mari était moins affreux que son portrait, et qu'elle était même tombée amoureuse de lui. Mais bientôt la vie à la petite cour de Modène lui parut d'une monotonie mortelle. On la voyait se morfondre dans le vaste palais d'Este, courant d'une pièce à l'autre en criant : « Ah, que je m'ennuie, que je m'ennuie ici ! » C'est qu'elle ne savait pas encore que les princesses ne sont pas faites pour être heureuses.

CHAPITRE XV

« Hélas ! quand l'âge nous glace... »
(1720-1722)

« JE ME SENS HORRIBLEMENT VIEILLIR »

L'épistolière semble plus active que jamais en l'année 1720 : les correspondances abondantes qu'elle entretient avec Caroline de Galles, la comtesse Bückeburg, la raugrave Louise, le baron Görtz, le nonagénaire Harling, la reine de Prusse, le duc de Lorraine et Mme de Ludres révèlent un esprit dynamique. Les lettres écrites en 1720 à Louise remplissent à elles seules un volume de 400 pages ! Elle n'a donc pas tort d'écrire en mars à la belle Ludres : « J'aurais grand besoin de quatre mains et deux têtes pour suffire à tout ce que j'ai à écrire[1]. » Des références très régulières à ses lectures, ses médailles et sa passion pour le théâtre manifestent une curiosité toujours en éveil, malgré les limitations physiques du grand âge. Elle raconte fièrement à Louise qu'elle a fait au bois de Boulogne une promenade à pied de quelques centaines de mètres chez Mlle de Chausserais, son ancienne fille d'honneur (c'est ce qu'elle appelle « *braff spatziren* »), et constate avec résignation dans une lettre de février à Sophie-Dorothée de Prusse : « A la fin tout s'use et je me sens horriblement vieillir[2]. »

Les rapports d'Elisabeth-Charlotte avec la médecine se sont rassérénés grâce au bon sens de son médecin Teray qui n'est pas un fanatique de la lancette, du clystère et de l'émétique, leur préférant une médecine douce à base de jus d'herbes et d'une diététique avisée. « J'ai un médecin très habile, dit-elle à la reine de Prusse, en qui j'ai une grande confiance, et je fais tout ce qu'il m'ordonne. Il est sage et prudent et n'aime pas trop les remèdes ; ainsi je suis sûre qu'il ne m'ordonnera pour prendre que ce qui me sera absolument nécessaire[3]. » Rappelons que les lettres à la reine de Prusse sont écrites en français.

Le thème de la vieillesse et des restrictions qu'elle impose est omniprésent. En juin 1721, elle veut se promener encore dans le jardin de Mlle de Chausserais, « mais j'avais traversé à peine le petit parterre que je dus m'asseoir : mes pauvres jambes ne pouvaient faire un pas de plus. Cela m'attriste ; je me soucie peu de la mort, mais je ne voudrais point devenir entièrement impotente avant ma fin[4]. » Et elle cite cette strophe qu'on chantait autrefois au ballet du Roi :

> Quand l'hiver a glacé nos guérets,
> le printemps revient prendre sa place
> et ramène à nos champs leurs attraits.
> Mais hélas ! quand l'âge nous glace,
> nos beaux jours ne reviennent jamais.

Cette strophe de la *Pastorale comique* de Molière mise en musique par Lully revient comme un refrain obsédant. Madame la cite en juin et en novembre 1721 dans ses lettres à Louise, et en janvier 1722 à la comtesse Bückeburg. Elle confie en juillet 1720 à Sophie-Dorothée : « Il ne faut pas que je me flatte qu'une vieille femme de mon âge puisse avoir une santé de durée. Il faut que les paquets commencent pour ce grand voyage fait quand son heure est venue[5]... »

Les lettres de 1720 à la reine de Prusse s'intéressent particulièrement aux épagneuls qui restent le grand amour de Madame qui en est à la sixième génération. La favorite du moment s'appelle « Reine inconnue », issue en ligne droite du « Roi Titi », mort en 1718 pour avoir attaqué un chien barbet deux fois plus grand que lui. Madame est intarissable quand elle décrit l'attachement de « Reine inconnue » qui ne la quitte jamais et l'attend trois bonnes heures couchée sur une écharpe dans son carrosse, pendant que sa maîtresse regarde danser Louis XV aux Tuileries. Un long paragraphe qui chante les mérites sans nombre de la favorite et de son illustre aïeul se termine sur ce lucide aveu : « V.M. me croira folle à ces discours, et je l'avoue que je la suis sur ce chapitre. Je suis comme ces gens des Petites-Maisons qui paraissent d'abord assez raisonnables quand on leur parle, mais dès qu'on touche la corde de leur folie, ils extravaguent[6]... » Elle savait d'ailleurs que Sophie-Dorothée partageait son faible pour les chiens d'appartement. Un superbe portrait en pied par Antoine Pesne, conservé à Charlottenburg, représente la reine debout, portant sur le bras gauche un petit chien enrubanné[7].

L'envoi à Berlin d'un couple d'arlequins, une race d'épagneuls à museau noir alors très en vogue à Paris, remplit plusieurs lettres de l'année. Le mâle « Sterling » eut l'indélicatesse de se sauver dans la nature à la première occasion, et la femelle « Follette » arriva seule à Berlin. Madame s'emploie à lui trouver dans les plus brefs délais le successeur, « Myrtil », confié aux bons soins de M. Selantin, le résident de Prusse à Paris, qui le fait partir sous bonne escorte toutes affaires cessantes. Elle mande en juillet à Sophie-Dorothée : « Je crois Myrtil parti et j'espère qu'il sera arrivé présentement et prêt à faire noce avec Follette. La bonne dame a quelque âge plus que M. son mari, mais j'espère que les beaux yeux de belle dame le charmeront et qu'elle sera contente d'avoir un si jeune amant [8]. » Mais les amours de Myrtil et Follette n'étaient pas son seul sujet de préoccupation en cette année 1720.

Madame et le système de Law

La folie collective provoquée par le « système » de l'Écossais John Law, ayant la confiance du Régent qui le croyait capable de faire sortir la France des marasmes financiers et économiques, trouvait en Madame une observatrice perplexe. Né en août 1719, le fameux système semblait faire surgir du néant d'immenses réserves monétaires et justifier un optimisme débridé. Peu importent ici les techniques de l'opération que Madame, de toute façon, ne comprenait pas : on se reportera au travail décisif d'Edgar Faure et aux récentes biographies du Régent, et notamment à celles de Jean Meyer et de Jean-Christian Petitfils [9].

Aux yeux du génie financier qu'était John Law, la monnaie n'était qu'un instrument capable de mobiliser les richesses foncières du royaume. Les métaux précieux ne pouvant satisfaire à tous les besoins et ne reflétant pas la richesse réelle du pays, il fallait émettre du papier-monnaie sous forme de billets de banque, et cela en quantités supérieures à l'encaisse-or qui dormait dans les banques. Le problème était bien sûr de savoir jusqu'où on pouvait aller, car rien n'est plus facile que de faire fonctionner la planche à billets. Jean Meyer explique que « Law pensait que l'on pouvait imprimer le billet en quantités sinon illimitées, du moins considérables. Le public une fois habitué aux avantages du papier-monnaie, il ne s'en passerait plus et abandonnerait progressivement la monnaie métal [...]. La valeur de l'argent est gagée, selon Law, sur la puissance commerciale qui l'émet, la confiance du public dans l'avenir économique du pays. Pour lui, la richesse de la France est quasi illimitée ; c'est le pays le plus riche de l'Europe [10] ».

John Law, dont l'intégrité est au-dessus de tout soupçon, avait convaincu le Régent des avantages de son système qui permettrait de résoudre la question des dettes de l'État. « Votre Altesse, lui écrivait-il, sera en état de relever le royaume [...], de rétablir l'ordre dans les finances, entretenir et augmenter le nombre des peuples et les revenus généraux du royaume, rembourser les charges inutiles et onéreuses, augmenter les revenus du roi en soulageant les peuples, diminuer les dettes de l'État sans nuire aux créanciers [11]... »

Madame ne comprenait pas très bien, mais manifesta au début un optimisme circonspect. Elle avait écrit fin août 1719 à Harling : « Mon fils a le bonheur d'avoir trouvé un Anglais qui s'appelle monsieur Law [...] qui est si habile aux affaires des finances, que mon fils peut espérer payer cette année toutes les dettes du roi [...]. Je répète à mon fils que je crois que lui et monsieur Law ont trouvé *la pierre philosophale.* La moitié des dettes du Roi est déjà payée[12]. » La princesse était visiblement gagnée par l'optimisme qui, pour l'heure, était de mise. Elle mande début octobre à Louise : « Ceux qui parlent mal de monsieur Law et de sa banque le font par pure jalousie, car on ne peut rien voir de mieux : il paie les dettes monstrueuses du Roi et diminue les *impôts,* allégeant donc les charges qui pèsent sur le peuple. Le bois ne coûte plus que la moitié de ce qu'il a coûté ; tout, y compris les *entrées* qu'on paie sur le vin, la viande et ce qu'on apporte à Paris, a diminué. Cela cause une grande joie au peuple, comme vous pouvez bien penser, chère Louise[13]... »

Bientôt, les richesses semblent pleuvoir du ciel : le public porte son or à la Banque de Law et investit ses billets dans cet autre organisme financier animé par Law qu'est la Compagnie du Mississippi. En quelques mois, le prix de l'action passait de 500 à 20 000 livres. C'était l'euphorie. « Partout, écrit Madame début septembre à Caroline, on n'entend plus parler que de millions. Mon fils m'a rendue plus riche aussi maintenant, et augmenté ma pension de 150 000 livres[14]. » Fin septembre, le Régent lui offre pour sa maison deux millions de livres en actions.

Madame avait des amies qui ramassaient sans complexes la manne céleste. Son ancienne fille d'honneur Mlle de Chausserais « était avant ceci plutôt pauvre, mais a porté tout son bien à la banque du Mississippi qu'a créée monsieur Law [...]. Elle a gagné un million et est maintenant riche au lieu de pauvre. Elle achètera un de ces jours un beau et grand domaine[15] ». Cet achat est confirmé par Dangeau le 25 novembre : « Mlle de Chausserais achète la maison de M. d'Armenonville dont elle lui donne un million[16]... » La furie de l'agiotage (spéculation) s'empara des Français qui se précipitaient rue Quincampoix où on s'abordait pour négocier, voler, tromper et couper des bourses dans une atmosphère survoltée. Les lettres à Caroline de Galles contiennent de nombreuses anecdotes de princesses du sang et de duchesses qui s'aplatissent devant Law pour lui arracher des actions, de princes du sang qui ne bougent de la rue Quincampoix, et de gens du commun qui accumulent d'énormes fortunes, s'habituant non sans peine à leur nouvelle aisance. Ainsi ce laquais qui avait tant gagné qu'il s'offrit un beau carrosse et des chevaux. « Comme on lui amenait le carrosse, il oublia que c'était le sien et monta derrière. Son cocher cria : " *Eh, Monsieur, que faites-vous ? Le carrosse est à vous !* " Le laquais dit : " *Ah ! il est vrai. Je l'avais oublié* "[17]... »

Cette frénésie de la richesse inquiète Madame. Dès novembre, le ton de ses lettres change. On sent qu'elle se tracasse. Elle écrit le 2 à Louise : « La rue de Quincampoix empêche le jeu à Paris. C'est une vraie *rage* ; j'en suis excédée, car on n'entend parler que de cela et il ne se passe pas de jour que je ne reçoive trois ou quatre lettres de gens qui me demandent des actions. Cela est bien ennuyeux. [...] Sans compter que mes gens m'obsèdent aussi pour en avoir. Mais je réponds que je n'ai jamais appris à mendier [18]. » Même ton à la fin du mois dans une lettre au baron Görtz : « On n'entend et ne voit rien d'autre que *la rue Quincampoix,* actions, *agioterie.* Je ne comprends rien à tout cela, mais je le trouve ennuyeux à entendre [19]. » Et début décembre, à Louise : « C'est une chose inconcevable que l'immense richesse qu'il y a maintenant en France. On n'entend parler que par millions. Je n'y comprends rien du tout. Quand j'entends parler de toutes ces richesses, je me dis que le dieu Mammon règne maintenant à Paris [20]. »

Ce fut bien pis à partir de janvier 1720, lorsque la confiance du public commença à flancher et que les premières fissures du système devinrent apparentes. Les princes du sang furent les premiers à s'en apercevoir et se firent rembourser en espèces sonnantes des millions de papier-monnaie, portant ainsi un coup mortel à la Banque de Law. Le duc de Bourbon se vantait publiquement des millions-or qu'il avait amassés, et le prince de Conti ramena son or en trois fourgons entiers. Madame s'en montrait écœurée. « Je ne veux plus rien dire, écrit-elle en janvier à Louise, des millions d'ici. J'en suis si lasse que je ne peux plus en entendre parler, et j'ai vraiment honte que les princesses *du sang* se fassent bousculer et battre à la banque par pur intérêt et pour amasser de l'argent. Je trouve cela vraiment ignominieux. Il y a quelques jours, quelqu'un qui mangeait avec Monsieur le Duc a donné une jolie réponse. Monsieur le Duc se vantait en disant qu'il avait déjà gagné tant de millions à la Banque, et qu'il était maintenant plus riche que ses ancêtres. Quelqu'un qui était assis avec lui à table disait en souriant : " *Vous avez l'argent, mais vos ancêtres ont la gloire.* " Voilà qui est bien fait [21]. »

Pour sauver son système et imposer le papier-monnaie, Law avait interdit tout usage d'or, d'argent, de pierreries et de perles. Madame, qui ne portait plus que des perles fausses depuis la mort de Monsieur, s'en moquait, mais s'inquiétait de l'absence de la monnaie-métal et de la méfiance croissante de ses fournisseurs et de ses gens à l'égard des billets de banque. Elle s'en plaint à maintes reprises. Quant aux mérites du système, elle ne peut se prononcer, mais constate que la confiance du Régent reste inébranlable. « Mon fils est persuadé, dit-elle en février à Louise, que le système de Law est bon et qu'il peut durer. Je n'en peux juger, car je n'y comprends pas plus que si on me parlait hébreu [22]. » Mais son instinct lui disait qu'interdire la thésaurisation de l'or et de l'argent dénotait une incompréhension fondamentale de la mentalité française. La panique s'empara du public lorsque l'or cessa d'avoir valeur libératoire en avril. Saint-Simon, qui lui non plus ne comprenait pas très bien les finesses du système, souligne avec bon sens qu'on ne supprime pas d'un trait de plume des modes de paiement et de capitalisation qui remontent à la nuit des temps : « On vint à [...] supprimer tout usage d'or, d'argent et de pierreries, je dis l'argent monnayé, à prétendre persuader que depuis Abraham, qui paya argent comptant la sépulture de Sara, jusqu'à nos temps, on avait été dans l'illusion et dans l'erreur la plus grossière [23]... »

La fermeture de la rue Quincampoix en mars, la réduction du prix des actions et de la valeur nominale des billets annoncée puis révoquée en mai, le retrait de la circulation d'un milliard et demi de billets remboursés pour la moitié en actions de la Compagnie en juillet, étalaient au grand jour la banqueroute du système. Le 14 juillet, trois jours avant l'émeute de la rue Vivienne, Madame confie à Louise : « Je dois entendre tous les jours des nouvelles navrantes. Un jour on vient dire que je n'aurai plus rien à manger, puisque mes officiers et mes *prévoyeurs* ne peuvent plus se débrouiller, n'ayant que des billets et point d'argent. Tantôt on dit que je ne puis avoir ni vêtements ni bas, puisque les marchands refusent d'accepter des billets de banque. Un autre jour on dit que Paris se soulèvera [24]... »

Le soulèvement redouté éclata spontanément le 17. Dès trois heures du matin, des milliers de petits porteurs s'étaient rassemblés pour être aux premiers rangs dès l'ouverture de la Banque installée au palais Mazarin, à l'emplacement actuel de la Bibliothèque nationale. A l'ouverture des portes côté rue Vivienne, la presse fut telle qu'une douzaine de personnes furent étouffées et foulées aux pieds. La foule en colère porta quelques cadavres au Palais-Royal où une masse s'engouffra dans la cour en hurlant : « Le Régent ! Le Régent ! » Barbier, qui n'a manifestement aucune sympathie pour le duc d'Orléans, note dans son *Journal* que le prince « s'habillait pendant ce fracas ; il était blanc comme sa cravate, et ne savait ce qu'il demandait ». On eut beaucoup de peine à apaiser les esprits. Le carrosse de Law qui arriva à contretemps fut mis en pièces, et l'Écossais profita de la confusion pour se faufiler en tremblant à l'intérieur du palais. Ce n'est que vers midi que la foule se dispersa et que le calme revint autour du Palais-Royal et du palais Mazarin.

Madame, qui était venue le matin de Saint-Cloud, se trouvait aux Carmélites de la rue Grenelle avec son amie la duchesse du Lude. Sa dame d'atour, Mme de Châteautiers, entra brusquement, pâle comme la mort, et lui dit : « Madame, on ne saurait vous cacher ce qui se passe. Vous trouverez toutes les cours du Palais-Royal remplies de peuple. Ils y ont porté des corps morts écrasés à la Banque. Law a été obligé de se sauver au Palais-Royal ; on a déchiré son carrosse, après qu'il en a été sorti, en mille pièces... » Madame, qui cite ce propos dans une lettre écrite le lendemain à Louise, termine son récit : « Je vous laisse penser quelle émotion je ressentis. Mais je ne pouvais rien laisser paraître, car il ne faut pas dans des circonstances pareilles qu'on ait l'air d'avoir peur. J'allai donc chez le Roi comme à l'ordinaire, mais je dus me contraindre horriblement. Comme j'arrivai à la rue Saint-Honoré, il y avait un tel *embarras* qu'il me fallut attendre une demi-heure. J'entendais le peuple qui grommelait, mais seulement contre Law. Ils ne disaient rien de mon fils et me bénissaient, moi. Enfin j'arrivai au Palais, mais le calme était revenu et le peuple s'était retiré [25]. »

L'effondrement du système dont Law, très secoué par l'émeute, ne parvenait plus à colmater les brèches, inspire à Madame des réflexions amères. Mathieu Marais avait rapporté en juin l' « anecdote d'État » suivante : « Madame, mère du Régent, lui ayant dit que toute la France se plaignit de lui, il a demandé le remède. Elle lui dit en montrant M. d'Argenson : " *Voilà un bon remède. — Eh bien ! que me conseille-t-il ? — De faire pendre Law* ", disait le garde des Sceaux [26]. » Il semble qu'elle pense à ce dialogue en confiant en août à Louise : « Malgré toutes les louanges que j'ai entendues du système de monsieur Law, je n'y ai non seulement rien compris, mais de plus j'ai toujours fermement cru que l'affaire finirait mal. Je ne sais pas farder ma pensée [*ich kan kein Blat vors Maul nehmen*] ; aussi me suis-je franchement expliquée à mon fils. Mais il dit que je jugeais mal la chose puisque je ne pouvais la comprendre. Il a voulu me l'expliquer, mais plus on m'en parle et moins je la comprends. » Elle répète les mois suivants qu'elle est fatiguée d'entendre parler de la banqueroute de Law et des innombrables particuliers qui s'y sont ruinés et dont beaucoup se suicident, attribuant ces malheurs à la cupidité générale. « Je vois, dit-elle en novembre, ce qui est arrivé ici au maudit Mississippi. J'en ai une telle aversion que j'ai interdit à mes gens de parler en ma présence du Système et de la Constitution. Je ne comprends ni l'un ni l'autre [27]... »

La démission et le départ de Law en décembre ne pouvaient donc que la réjouir. Elle écrit à la fin du mois à la reine de Prusse : « J'ai une [telle] horreur pour tout ce qui est banque et actions que je n'ai jamais voulu en entendre parler. Je crois que V.M. sait que monsieur Law avec son système est présentement à Bruxelles [28]... » Selon Madame, Law aurait déclaré en partant au Régent : « Monseigneur, j'ai fait de grandes fautes. Je les ai faites parce que je suis homme, mais vous [ne] trouverez ni malice ni friponnerie dans ma conduite [29]. » Malgré ce constat d'échec formulé par l'auteur du système et malgré une nuée d'épigrammes qui le prirent pour cible, le bilan de l'opération Law n'était pas entièrement négatif. L'*Épitaphe pour M. Law* que cite Buvat n'exprime qu'une facette d'une réalité complexe :

> Ci-gît cet Écossais célèbre,
> Ce calculateur sans égal,
> Qui par les règles de l'algèbre
> A mis la France à l'hôpital.

Il est vrai qu'un certain nombre de spéculateurs s'étaient outrageusement enrichis, que la chronique judiciaire des années 1719 et 1720 fait état d'une explosion de crimes crapuleux autour de la rue Quincampoix, et que les particuliers qui sortaient ruinés du Système ne se comptaient plus, mais il est vrai aussi que la dette publique qui écrasait le royaume se trouvait ramenée à l'issue de cette folle aventure financière de 2,5 à 1,5 milliard de livres.

La rareté de la monnaie-métal provoqua une flambée des prix qui frappait surtout les petits revenus. Buvat signale tout au long de l'année 1721 des bousculades autour des échoppes et des marchés. Madame elle-même subit le contrecoup du discrédit des billets. Le 15 février, le Régent alla voir sa mère, incommodée d'un rhume. « Mon fils, lui dit-elle, j'ai besoin d'argent pour payer les officiers de ma maison et mes autres domestiques qui languissent, parce que je n'ai que des billets de banque pour la valeur de quatre cent mille livres. » Il répondit : « Cela ne se peut pas, parce qu'il n'y a pas de comptant à la Banque. » Madame lui répliqua en mère : « Il m'en faut, j'en veux absolument, il ne tient qu'à vous. » Son fils la quitta fâché sur une brusque révérence[30].

Buvat rapporte deux mois plus tard un autre incident. Passant le 17 avril par la rue Saint-Martin, le carrosse de Madame fut pris dans un embouteillage de carrosses et de charrettes. Une harengère en profita pour apostropher la princesse : « Vraiment Madame, pour une femme comme vous, vous n'en agissez guère bien. — Que veux-tu, ma bonne femme ? dit la princesse. — Quoi ! Madame, est-ce bien agir que votre fils fasse mourir tout le monde de faim ? Que diable veut-il qu'on fasse de ses maudits billets de banque ? Je ne mangeons pas de papier. Il n'est pas où il en pense ; qu'il prenne garde à lui, on saura bien à la fin lui faire sentir ce qu'il mérite. Ainsi, Madame, vous ferez bien de lui faire faire autrement qu'il ne fait[31]. »

Cet incident, que Madame ne mentionne pas en raison de sa banalité, n'était pas de nature à la réconcilier avec Paris. Une semaine plus tard, elle quitta la capitale avec un grand soupir de soulagement, et alla passer la belle saison dans son cher Saint-Cloud. Elle a dû se dire que le « je ne mangeons pas de papier » de la harengère de la rue Saint-Martin résumait assez bien les conclusions qu'on pouvait tirer pour l'heure de l'expérience de Law.

MADAME, MARRAINE DE DEUX INDIENS

Un événement à la fois exotique et édifiant nous ramène un moment à la fin de l'année 1720, au moment même où Law s'apprête à quitter Paris pour Bruxelles. Rentrée le 7 décembre de Saint-Cloud pour l'hiver, Elisabeth-Charlotte assista le lendemain à une cérémonie dans la chapelle du Palais-Royal qui lui inspira des réflexions caractéristiques. « *Das hat mich recht moralisiren machen* », confie-t-elle à Harling. Elle raconte le 12 à Louise : « Dimanche je me rendis à midi à la chapelle avec mon fils. Nous avons tenu deux Indiens sur les fonts du baptême. Ils ont reçu le saint baptême avec tant de dévotion que les larmes m'en sont venues aux yeux. L'un avait vingt ans, et l'autre dix-sept, de très honnêtes et agréables jeunes gens. Nous les avons appelés tous les deux Charles-Philippe. Ils sont retournés avant-hier dans leur pays ; ils viennent des Indes orientales. »

Une lettre écrite le même jour à Harling est plus explicite sur les deux Indiens qui portaient les prénoms de Madame et de son fils (Charlotte, Philippe) : « ...Nous avons fait de deux païens des Indes orientales deux chrétiens. Ils ont reçu le baptême avec une attention si exemplaire que c'était une honte pour nous, vieux chrétiens, d'avoir moins de *dévotion*. » Elle explique que les deux Indiens (qui venaient probablement du Pondichéry) étaient en France pour soutenir un procès contre des Français, et qu'ils avaient refusé d'embrasser le christianisme avant le verdict — qui leur fut d'ailleurs favorable — en disant : « Non, si nous nous laissions baptiser maintenant, tout le monde croirait que nous ne le faisons que pour gagner notre procès. Mais dès que le jugement, quel qu'il soit, sera rendu, nous nous ferons baptiser. » Et elle conclut, après avoir comparé la sincérité exemplaire des deux Charles-Philippe avec le cynisme des jeunes Français qui se piquent de ne plus croire en Dieu : « Nos Indiens ont obtenu satisfaction et gagné leur procès contre de méchants Français et chrétiens qui étaient en Inde. Ce sont des gens qui savent vivre. Il est vrai qu'ils sont noirs comme des Maures, mais ils ont de longs cheveux lisses et de beaux visages. Ils n'ont point de nez écrasés ni de grosses bouches [*keine platte Nassen noch dicke Mäuler*], mais sont très bien formés [32]... » Le racisme évident qui se manifeste dans ces lignes n'est pas imputable à Madame qui fait siennes les préventions de son siècle.

L'IRRÉSISTIBLE ASCENSION DE L'ABBÉ DUBOIS

Depuis qu'elle avait appris, de longues années après l'événement, le rôle décisif joué par l'abbé Dubois lors du mariage forcé de son fils, la princesse avait traité l'ancien sous-précepteur avec le dernier mépris. Elle le rendait responsable d'une union bâtarde qu'elle considérait comme la plus grande humiliation de sa vie, et qui entachait la descendance de son fils. Elle avait confié en septembre 1718 à Louise : « Un des plus grands chagrins du monde est de voir son fils unique marié contre sa volonté. Cela vous empoisonne toute la vie ; je ne le sais que trop bien [33]... » Cette blessure profonde explique la première réaction de Madame le 2 septembre 1715 lorsque le Parlement venait de confier la Régence à son fils. Selon Saint-Simon, elle l'embrassa, ravie de joie, et lui dit « qu'elle ne lui demanderait jamais rien qu'une seule chose, qui n'était que pour son bien et son honneur, mais qu'elle lui en demandait sa parole précise : c'était de n'employer jamais en rien du tout, pour peu que ce fût, l'abbé Dubois, qui était le plus grand coquin et le plus insigne fripon qu'il y eût au monde [34]... »

Selon son habitude, Philippe d'Orléans promit tout ce qu'elle voulait, mais n'en fit qu'à sa tête. Madame assista, furieuse et impuissante, à l'impressionnante carrière du petit abbé fourbe mais génial : conseiller d'État (janvier 1716), membre du conseil des Affaires étrangères (mars 1717), archevêque de Cambrai (juin 1720), cardinal (juillet 1721), surintendant des postes (novembre 1721), et enfin Premier ministre (août 1722). Elle écrit à Louise en novembre 1720, parlant du nouvel archevêque de Cambrai : « Je puis vous assurer en vérité qu'il n'y a pas d'archifripon plus faux en toute la France que celui-là. Ce qui me désole, c'est que mon fils le connaît aussi bien que moi, et cependant n'écoute et ne croit que ce petit diable. Voilà qui est affligeant [35]. » Des passages comparables se rencontrent par dizaines dans la correspondance d'Elisabeth-Charlotte.

Dubois faisait de son côté ce qu'il pouvait pour rentrer dans les bonnes grâces de la princesse. Sachant qu'elle souhaitait avec passion la réconciliation du roi George et de son fils le prince de Galles, l'abbé s'employa avec l'aide de son ami Stanhope et de Caroline de Galles à faire cesser l'animosité du roi et l'entêtement de son fils. Il eut la satisfaction d'en porter en 1720 la nouvelle à Madame qui l'en remercia, mais sans oublier son ressentiment. A ses yeux, Dubois était et restait l'homme qui avait empoisonné sa vie. Elle avait beau le traiter comme un valet de chiens, le petit abbé restait souple et soumis. « L'abbé Dubois, écrit-elle à Caroline, fait comme s'il croyait que nos rapports sont excellents, et quoi que je lui dise de désagréable, il tourne tout en plaisanterie. [...] Il est faux et intéressé comme le diable. Il ressemble aussi à un jeune renard ; sa fausseté se voit dans ses yeux[36]. »

Malgré les protestations répétées de son fils que jamais au grand jamais il ne tolérerait que le petit abbé fût cardinal, et que celui-ci n'y oserait même pas penser, le nouveau cardinal vint saluer Madame, première dame de France, avec les cérémonies accoutumées le 25 septembre 1721. Madame écrit le même jour de Saint-Cloud à Louise « en direct » : « Aujourd'hui nous sommes tous ici *en grand habit,* car j'ai une cérémonie à trois heures, savoir la *réception* du maudit cardinal Dubois, auquel le Pape a envoyé sa *barrette.* Il faut que je le salue, que je l'invite à s'asseoir et l'entretienne pendant quelque temps, ce que je ne puis faire sans peine, mais les corvées et les désagréments sont ici mon pain quotidien. Mais voici qu'arrive notre cardinal ; il faut donc que je fasse une pause. — Le cardinal m'a priée d'oublier le passé. Il m'a fait la plus belle *harangue* qu'il soit possible d'entendre. L'homme a beaucoup d'esprit, cela est certain ; s'il était aussi bon qu'intelligent, il ne laisserait rien à désirer[37]. »

Le nouveau cardinal porta à cette occasion la déférence à l'humilité. L'étiquette l'autorisait à s'asseoir sur un tabouret, comme les duchesses, et à s'adresser à la princesse la tête couverte. Usant un moment de ce privilège pour la forme, Dubois se releva aussitôt et harangua Madame debout et tête nue, montrant par là que le cardinal n'oubliait pas les modestes débuts de l'abbé chez les Orléans. « Madame elle-même, dit Saint-Simon, ne put s'empêcher, après qu'il fut sorti, de louer son discours et sa contenance, tout en ajoutant qu'elle enrageait de le voir où il était[38]. »

En effet, comment prendre au sérieux un petit filou d'abbé qui, atteint de la folie des grandeurs, vient d'arracher le chapeau au pape à force de combines et de pots-de-vin ? Elle avait écrit six mois plus tôt à Louise : « L'abbé Dubois agit selon le proverbe français : *C'est un petit chien qui fait comme les grands ; il pisse contre le mur parce qu'il les y voit pisser*[39]. »

« Les femmes de mon age craquent de tous côtés... »

La mauvaise santé de la vieille princesse alarmait son entourage tout au long du mois de janvier 1721. Elle dormait mal, avait constamment la fièvre avec des « redoublements » le soir, mangeait à peine et sans aucun appétit, et maigrissait à vue d'œil. Son médecin Teray lui prescrivait du quinquina dont les qualités fébrifuges étaient bien connues, mais qui provoquait de douloureuses crampes d'estomac. Le Régent dissimulait son inquiétude et lui rendait de fréquentes visites qui lui faisaient plus de bien que tout le quinquina du monde. Conteur né, il avait un répertoire inépuisable d'anecdotes drôles qui la faisaient rire. La duchesse de Lorraine écrit le 14 à la marquise d'Aulède : « Je suis dans une inquiétude mortelle de Madame qui me mande qu'elle a la fièvre avec un gros rhume. Vous pouvez bien croire dans quel état cela me met. En vérité, il est bien cruel de se trouver éloigné des personnes que l'on aime tendrement, quand elles sont malades [40]... »

Très fataliste, Elisabeth-Charlotte elle-même ne s'alarmait pas trop. Elle savait début février, lorsque Teray la déclarait en voie de guérison, que ce n'était que partie remise. Prête à entrer dans sa soixante-dixième année, elle cite à deux reprises le 10e verset du psaume 90 : « Le temps de nos années est soixante-dix ans, quatre-vingts si la vigueur y est [41]. » Elle mande le 8 février à la reine de Prusse : « ... Il y a cinq semaines que je suis malade et d'une si horrible faiblesse que je puis à peine tenir la plume, Madame [42]. » Rétablie en mars, elle écrit calmement à Louise : « Dieu est le maître et seigneur de tout [...], mais si le choix m'avait appartenu je serais à présent à Saint-Denis et pas ici. J'y serais en très grande compagnie : le Roi, la Reine, Monseigneur, son épouse, Monsieur, la Grande Mademoiselle, mon petit garçon. Cela seul suffirait à rendre ce séjour agréable. Ah, chère Louise, je ne sers plus à rien [43]... »

Dans ses réponses, Louise essayait de lui rendre le goût de la vie, constatant qu'elle « décrochait ». D'où cette belle exclamation du 1er mars : « Ah, chère Louise, vous me flattez trop en disant que je mérite d'être immortelle. » Madame connaissait parfaitement ses propres mérites et limites ; cette constatation désabusée, formulée en juillet, le prouve : « Je ne me pique pas de haute intelligence [*ich piquire mich von keinen hohen Verstandt*], seulement de ce qu'on appelle ici *le sens commun*. Comme je n'ai pas de royaume à gouverner, je n'en ai pas besoin [44]. »

Encouragé par les gens de Madame qui savaient qu'ils perdraient leurs charges avec leur maîtresse, le bon Teray lui imposait un horaire rigoureux, et le premier écuyer et maître d'hôtel Wendt veillait strictement sur son application. « M. Teray mon médecin me tient rigueur, dit-elle à Sophie-Dorothée : il ne veut plus que j'écrive après le souper, et il me fait coucher plutôt devant neuf heures qu'après. Cela m'a coûté quelque peine au commencement, mais j'y suis accoutumée présentement. » Et après avoir remercié Sa Majesté prussienne de se réjouir de sa santé retrouvée : « Je ne compte pas que ce soit pour bien longtemps, car les femmes de mon âge craquent de tous côtés [45]. »

Elle semble avoir eu de la peine à réduire ses heures d'écritoire, elle qui écrivait couramment jusqu'à une heure du matin ! « Mon médecin n'aime pas, dit-elle en mars à Louise, que j'écrive tard comme naguère ; je n'écris plus que la moitié de ce que j'écrivais avant. Mais que Dieu me garde d'interrompre les correspondances ! Je périrais d'ennui. Je ne puis vivre sans rien faire. Il m'est impossible de travailler ou de filer ; bavarder tout le temps me serait insupportable et me nuirait plus que l'écriture [...]. Écrire m'amuse et me distrait de mes pensées tristes. Je n'interromprai donc aucune de mes correspondances, et quoi que vous puissiez dire, chère Louise, je vous écrirai tous les jeudis et samedis, et tous les mardis et vendredis à ma chère princesse de Galles [46]. » Elle a tenu parole ; le volume des lettres de 1721 à Louise est à peine inférieur à celui de l'année précédente : 103 lettres, soit 304 pages dans l'édition Holland. Quant aux lettres à Caroline, il faut supposer que leur contenu était moins pittoresque et anecdotique qu'autrefois : aucun extrait des années 1721-1722 ne se retrouve dans le recueil formé par Veltheim.

Teray savait qu'interdire l'écriture à Madame l'enverrait dans le plus bref délai à Saint-Denis. Il avait donc élaboré un régime judicieux qui équilibrait un nombre raisonnable d'heures épistolaires et d'heures de repos. Des repas légers, arrosés d'un verre de bacharach ou de champagne et rehaussés parfois des oies et saumons fumés de Görtz ou des saucissons brunswickois de Harling, lui permettaient de parfaire sa convalescence sans retomber dans l'essoufflante obésité de naguère. Ce régime lui réussit à tel point qu'elle pouvait écrire fin mars à Louise avec une ironie amusée : « Je suis maintenant de nouveau en si bonne santé que [...] je serai apparemment encore en vie cet automne, et pas dans l'éminente compagnie de Saint-Denis [47]. »

NICOLAS-JOSEPH FOUCAULT

A peine Madame se remettait-elle de sa maladie qu'elle perdit le 8 février un homme qui lui était profondément dévoué et dont elle appréciait l'esprit enjoué : Nicolas-Joseph Foucault, le chef de son Conseil depuis 1712. Nous l'avons vu assister avec la princesse aux derniers moments de Louis XIV, et confier à ses *Mémoires* sa véritable affliction à cette occasion, « quoiqu'elle ait eu moins de sujet de se louer de son amitié que de son estime ». Fonctionnaire civil modèle, Foucault avait été successivement intendant de Montauban, de Béarn, de Poitou et de Caen, avant d'être nommé conseiller d'État. Il avait fait sa cour à Monsieur à Pontorson en 1693, lorsque le prince était commandant des côtes. Foucault avait payé l'honneur de s'asseoir à la table de jeu du frère du Roi en y perdant 4 000 livres, perte dont il se souviendra avec une grimace en écrivant ses *Mémoires*. Il avait été nommé chef du Conseil de Madame à la demande de celle-ci, et prêta serment le 10 octobre 1712. Il était donc l'un des principaux officiers de la maison de Madame, avec Baudry, secrétaire de ses commandements et intendant de sa maison. Madame mentionne régulièrement Foucault avec une affection évidente. Leur goût commun de la numismatique les rapprochait. Il était membre de l'Académie des Inscriptions et très lié avec l'orientaliste Antoine Galland. Il avait réuni un fort important cabinet d'antiques qu'il vendit peu à peu par la suite, ayant perdu — au grand étonnement de son ami Galland — le goût des médailles[48]. La passion numismatique avait valu à Nicolas Joseph au début de sa carrière l'amitié et la protection du père de La Chaise. Madame était si contente de ses services qu'elle avait demandé pour lui au Régent une place dans un des conseils établis au début de la Régence, sans succès cependant.

Foucault avait le malheur d'être père d'un fils — Magny — qui ne lui ressemblait pas, et à qui il avait laissé l'intendance de Basse-Normandie. Ses folies et ses spéculations sur le blé pendant le grand hiver de 1709 lui avaient valu d'être révoqué. Saint-Simon écrit à ce propos, annotant Dangeau : « Le fils de Foucault était un fou d'esprit, qui tomba depuis d'abîme en abîme et qui y est resté[49]. » Magny acheta après la mort de Louis XIV la charge d'introducteur des ambassadeurs, mais dut l'abandonner à la suite d'une fâcheuse aventure. Ayant assisté au concert qui précédait le grand souper offert fin février 1718 par la duchesse de Berry au duc et à la duchesse de Lorraine, il s'était installé à table sans y être invité. Il avait répliqué avec tant d'insolence à Saumery, le premier maître d'hôtel de Mme de Berry qui le priait poliment de s'en aller, que la princesse avait obtenu le 2 mars un ordre envoyant à la Bastille cette tête brûlée de Magny qui lui avait manqué de respect.

On se souvient que Madame, malade, n'était pas présente à ce banquet, mais elle entendit parler de l'esclandre. Elle écrit le 3 mars à Louise : « Le conseiller d'État qui a le soin de mes affaires vint les larmes aux yeux. On a conduit hier son fils à la Bastille. Il a fait lundi dernier cent sottises au Luxembourg [...]. Le pauvre homme me fait vraiment de la peine ; c'est un honnête homme, mais son fils est un demi-fou. » Et le 24 : « M. de Foucault (ainsi s'appelle le conseiller d'État qui a un fils fou) est bien à plaindre. Il vaudrait mieux pour le père que son fils fût entièrement fou et prêt à être enfermé, que demi-fou... » Mais Madame ne se contentait pas de plaindre Foucault et de vouer son fils aux Petites-Maisons ; elle obtint du Régent la mise en liberté de l'impertinent Magny. Elle mande le 31 à Louise : « Le fils du conseiller d'État M. de Foucault, M. de Magny, est sorti il y a quelques jours de prison à ma demande. Le père est donc entièrement consolé[50]. »

Cette affaire est racontée avec force circonstances atténuantes dans les *Mémoires* à peu près inconnus de Foucault. Le manuscrit porte le titre *Mémoires de messire Nicolas Joseph Foucault, conseiller d'État ordinaire, chef du Conseil de S.A.R. Madame Elisabeth-Charlotte de Bavière, palatine du Rhin, duchesse douairière d'Orléans* [51]. Malgré ce titre prometteur, ils concernent principalement l'histoire de l'administration louis-quatorzienne, et secondairement l'histoire personnelle de Foucault et ses relations avec Madame. Le mémorialiste confirme que son fils « s'échappa en discours peu respectueux » chez la duchesse de Berry, et ajoute qu'il le conduisit lui-même à la Bastille. Il y resta dix jours, et reçut à la sortie la permission de faire la révérence au Régent et à sa mère. « J'ai été ensuite chez Madame, qui lui fit une correction sage et affectueuse. Elle m'a dit, après qu'il a été sorti, que Mme de Berry ne souhaitait pas le voir, sa vue ne pouvant que lui faire de la peine et confusion à mon fils, mais qu'elle serait bien aise de me voir. J'ai été lui rendre mes devoirs, qu'elle a reçus très gracieusement, en me répétant ce qu'elle m'avait dit à ma première visite, qu'elle me plaignait fort [52]. »

Mais le pauvre Foucault n'était pas au bout de ses peines, car son fils fut impliqué à la fin de la même année dans la conspiration de Cellamare. Ayant déjà tâté de la Bastille, il préféra s'enfuir en Espagne où il devint colonel et brigadier. Saint-Simon l'y rencontra lors de son ambassade, et le trouva toujours aussi impertinent. Foucault courut chez Madame pour la supplier d'obtenir du Régent que la charge de son fils, qui venait de quitter le royaume sans la permission du roi, ne fût pas confisquée : elle valait plus de 200 000 livres. Elle en parla avec le Régent et Foucault eut la permission de vendre la charge d'introducteur des ambassadeurs de son fils. Ce dernier ne rentra en France qu'après la mort du Régent. Foucault tomba gravement malade fin 1720 ; Madame mande en novembre à Louise : « ... Foucault est très malade d'une pneumonie, crache du sang et a soixante-dix-huit ans. Il faut donc craindre que cela finira mal, ce qui me fera encore du chagrin. Mon Dieu, comme le monde est plein de tristesse [53] ! » Sa mort est annoncée le 13 mars : « Le pauvre monsieur Foucault a souffert six mois de sa pneumonie. Il croyait toujours qu'il en réchapperait, mais il est mort à la fin, ce qui m'a causé un vif chagrin, car c'était un homme qui avait de l'esprit, et qui était amusant et de bonne compagnie. Monsieur de Machault, que j'ai maintenant, est aussi un très honnête homme, mais plus *sérieux* [54]... »

L'histoire de Foucault illustre, parmi beaucoup d'autres, qu'Elisabeth-Charlotte respectait ses devoirs de princesse. Malgré son désir souvent répété de ne se mêler de rien, elle était toujours prête à rendre service aux gens de sa maison, qu'ils fussent allemands ou français. Nous avons lu plus haut cette déclaration de juillet 1719 : « J'ai pris soin de tous mes Allemands [55]. » Ils constituaient sa clientèle au sens romain du terme, sachant qu'ils pouvaient compter sur elle. De son côté, et sans oublier les distances qui séparent une grande princesse des officiers de sa maison, Madame appréciait leur loyauté, certainement s'ils mettaient la bonne humeur au premier rang de leurs devoirs.

LES MARIAGES ESPAGNOLS

La politique agressive d'Alberoni, la conspiration de Cellamare et les maladresses de Philippe V avaient rendu la guerre inévitable. Le 9 janvier 1719, une semaine après l'Angleterre, la France déclara la guerre à l'Espagne. Le conseil de Régence avait pris la décision à l'unanimité et à contrecœur. Une armée modeste de 36 000 hommes commandée par le maréchal de Berwick s'engagea en avril dans une promenade militaire à travers le nord de l'Espagne et prit successivement Fuenterrabia, San Sebastian, Urgel et Castel Ciudad. De son côté, un régiment anglais embarqué sur des frégates organisait des descentes, détruisant des installations portuaires, des navires et des stocks de munitions. En même temps, des troupes autrichiennes reprenaient la Sicile. La Quadruple Alliance avait combiné parallèlement ses efforts diplomatiques pour faire expulser d'Espagne le boutefeu Alberoni, préparant ainsi l'adhésion de Philippe V à l'Alliance et la restauration de la paix en Europe. Ce double objectif fut atteint l'hiver suivant. En décembre, Alberoni fut chassé du royaume qu'il avait gouverné en maître absolu ; en janvier 1720, enfin revenu à lui-même, Philippe V adhéra à l'Alliance. Le Régent apprit le 3 février la bonne nouvelle à sa mère. Toute l'Europe poussait un grand soupir de soulagement : la guerre d'Espagne n'aurait pas lieu.

Le rapprochement franco-espagnol qui mit fin à une querelle de famille était dû essentiellement à la bonne entente entre l'abbé Dubois et le père Daubenton, le confesseur jésuite de Philippe V, qui s'entendaient comme larrons en foire. Ils eurent le bon esprit de déconseiller, qui au Régent un mariage de sa fille Mlle de Montpensier avec Louis XV, qui l'union du prince des Asturies avec l'archiduchesse Émilie. L'idée du double mariage de l'infante Anne-Marie-Victoire avec Louis XV et de Mlle de Montpensier avec le prince des Asturies, scellant la réconciliation des Bourbon et des Orléans, s'imposait tout naturellement. Dubois et Daubenton menèrent rondement cette intrigue matrimoniale, faisant en sorte que l'idée parût venir de Philippe V qui la proposa en septembre 1721 au Régent. Celui-ci fit semblant d'être agréablement surpris. Il ignorait alors que le roi d'Espagne, qui avait fini par comprendre que son règne était une catastrophe, méditait une abdication en faveur du prince des Asturies, âgé alors de quatorze ans.

Le duc d'Orléans envoya le soir même son premier écuyer annoncer la bonne nouvelle à Saint-Cloud. Corpulent et pressé, le personnage monta chez Madame en courant, se fit annoncer et arriva pâle et à bout de souffle dans son cabinet comme elle venait de se mettre au lit. Comprenant que la princesse avait cru à un malheur en le voyant entrer dans cet état, il lui cria : « Madame, ne vous effrayez pas ! je ne vous porte que de bonnes nouvelles. Il est arrivé un courrier d'Espagne : le roi d'Espagne écrit au roi et à Monseigneur le duc d'Orléans et demande que l'on fasse le mariage du Roi avec son Infante et qu'à cette intention il enverra ce printemps l'Infante, sa fille, ici pour être élevée en France. Monseigneur n'a pas voulu tarder à vous le faire savoir. Il est si las d'avoir été douze heures au Conseil, qu'il n'a pu vous écrire ni venir lui-même. » Soulagée, elle répondit : « Oh, passe pour celui-là [56] ! »

Le mariage de Louis XV avec l'Infante fut rendu public le 14 septembre ; le Régent déclara celui du prince des Asturies et de Mlle de Montpensier à la fin du mois. Même Madame ne l'apprit que le 29. Elle écrit le jeudi 2 octobre de Saint-Cloud : « Très chère Louise, il me faut vous écrire ce matin en toute hâte, car je dois me rendre à Paris pour féliciter mon fils et son épouse de la bonne nouvelle qu'ils ont reçue lundi dernier : que le roi d'Espagne souhaite leur fille pour son fils aîné, le prince des Asturies [57]. » Née en décembre 1709, Mlle de Montpensier allait avoir douze ans. « C'est une bonne enfant, mais fort laide et désagréable », avait écrit Madame trois ans plus tôt. Elle mande en novembre à la reine de Prusse : « C'est une chose étonnante comme elle a l'air espagnol : elle est très grave et ne rit quasi jamais, parle très peu. Elle est brune et a les yeux quasi noirs. Elle me vint voir il y a quelques jours en habit espagnol de la chambre ; cela lui sied bien mieux que l'habillement français [58]. »

La vieille princesse reçut le 2 octobre avec sa bru les compliments de la Cour réunie au Palais-Royal. Elle se plaint dans sa lettre du 4 à Louise des douleurs qu'elle souffrait aux genoux chaque fois que l'étiquette lui demandait de se lever pour saluer les princes et les ducs qui lui faisaient la révérence. Parmi eux Saint-Simon qu'on devine tout fier de sa nouvelle dignité d'ambassadeur extraordinaire en Espagne, rendue publique une semaine plus tôt. « Mais le pire, c'étaient mes genoux si douloureux à force de me lever et de me rasseoir, que je croyais me trouver mal. Je pris une canne pour m'y appuyer ; sinon je n'aurais pu le supporter. Car outre les dames arrivaient de nombreux seigneurs, des princes et des ducs, pour lesquels je devais me lever, comme le prince Charles d'Armagnac, le prince d'Espinoy, le duc de Lorge, le duc et la duchesse de Saint-Simon. Je ne sais qui encore, il faut le demander à mes genoux ; ils s'en souviendront mieux que moi [59]... » Ce passage constitue la troisième et dernière mention de Saint-Simon dans la correspondance de Madame.

Elle avait chargé Saint-Simon avant son départ de compliments dont il s'acquitta avec soin. Ayant rencontré à Bayonne Marie-Anne von Neuburg, veuve de Charles II et correspondante de Madame, il écrit le 10 novembre au Régent : « Elle s'informa ensuite de votre santé, et à plusieurs reprises de celle de Madame, ce qu'elle a répété aujourd'hui quand j'ai eu l'honneur de prendre congé d'elle. Elle m'a autant de fois chargé de lui faire ses compliments avec de grands témoignages d'amitié. J'espère, Monseigneur, que V.A.R. voudra bien me faire la grâce de m'acquitter de cette commission envers Madame que je n'ose prendre la liberté d'importuner d'une lettre pour cela seul. » C'est dommage ; une correspondance entre Saint-Simon et Madame nous aurait comblés. A peine arrivé à Madrid, l'ambassadeur extraordinaire rend compte au Régent, le 24 novembre, de la première audience que viennent de lui accorder Leurs Majestés Catholiques : « J'eus l'honneur de leur faire les compliments de Madame, de la santé de laquelle Elles s'informèrent aussi avec beaucoup d'amitié, et le roi d'Espagne se souvint, avec reconnaissance, de toute celle que Madame lui a témoignée dans sa jeunesse ; Elles [...] me chargèrent de faire beaucoup de compliments à Madame, à V.A.R. et Mme la duchesse d'Orléans, de tout quoi je me flatte que V.A.R. voudra bien m'acquitter envers ces princesses, pour leur épargner l'importunité d'une lettre. [...] Je vous supplie de vouloir bien dire à Madame que la première visite que j'ai faite à Madrid a été à Mme la comtesse de Solre, pour lui faire les compliments dont elle m'avait fait l'honneur de me charger[60]. » Mentionnée nulle part dans la correspondance de Madame, la comtesse de Solre, née de Bournonville, vivait séparée de son mari en Espagne où sa fille avait épousé le prince de Robecq. Elle sera camarera-mayor de la princesse des Asturies.

Les contrats du double mariage furent signés le 16 novembre aux Tuileries, et le cardinal de Noailles bénit les deux unions. Madame (qui célébrait ce jour-là le cinquantième anniversaire de son mariage) représentait la petite Infante qui n'avait que trois ans et demi, et le duc d'Ossone, l'ambassadeur extraordinaire d'Espagne, remplaçait le prince des Asturies. Toute la maison royale se rendit ensuite au Palais-Royal pour une représentation de *Phaéton* de Lully. Ce fut la première fois que Louis XV, installé dans la loge de Madame, vit un opéra. Les décors étaient d'une somptuosité exceptionnelle, les costumes nouveaux, et la scène mieux éclairée que d'habitude. La vieille princesse raconte que le petit roi s'amusait beaucoup et qu'il était très gai. On sait pourtant qu'il n'avait pas reçu en partage la merveilleuse sensibilité musicale de son bisaïeul. Mlle de Montpensier partit le surlendemain sans verser une larme, sans dire un mot à sa grand-mère au moment des adieux. La comtesse de Cheverny, sa gouvernante, était chargée de la conduire jusqu'à la frontière. Voyageant lentement sur des routes gâtées par les pluies, elle n'atteindra la cour d'Espagne qu'en janvier.

Madame apprend fin janvier à Louise que la nouvelle princesse des Asturies, qu'elle appelle « notre mouche espagnole », est arrivée à Lerma, que le prince des Asturies a la bonté d'être amoureux d'elle, et qu'il a pleuré amèrement lorsque son gouverneur l'a fait sortir du lit conjugal après la cérémonie. Comme au mariage du duc de Bourgogne, les mariés furent séparés après avoir figuré un moment ensemble au lit, livrés en spectacle à toute la Cour. Enfermée dans un mutisme opiniâtre, la mariée répondit aux compliments de Saint-Simon par deux ou trois monosyllabes, et refusa de paraître au bal de son propre mariage en dépit des supplications de Leurs Majestés Catholiques. Elle avait adressé le lendemain de son arrivée un billet à son père, écrit en caractères énormes ou plutôt en série de bâtons assemblés entre eux, dont l'orthographe des plus fantaisistes mérite d'être reproduite telle quelle : « Avant iere le roy, la Raine et le prince me vinre voire je n'etoie pas encore arivée ici ; le ledemein ji arriver et je fut marié le même jour, cepandant, ili a eu aujourduit encore des ceremonie à faire. Le Roy et la Reine me troite fort bien, pour le prince vous en avés acé oui dire. Je suis avec un tré profond respec Votre trè heumble et trè obissante file Louise Elisabeth[61]. »

Mlle de Montpensier avait croisé, sur la fameuse île des Faisans dans la Bidassoa qui formait la frontière entre les deux pays, la petite infante Anne-Marie-Victoire qui se rendait en France où elle serait élevée en attendant l'âge nubile. Elle arriva début mars à Paris au milieu de grandes réjouissances. Mignonne à croquer, la petite princesse semble avoir charmé tout le monde, à l'exception de son fiancé qui regardait du haut de ses douze ans cette poupée pépiante.

La disparition imminente des derniers Médicis de Toscane, et les droits de la reine Elisabeth Farnèse sur le Grand-Duché menaçaient une fois de plus la paix européenne, d'autant plus que l'Espagne réunissait une armée et équipait une flotte de guerre à Barcelone. Le Régent réussit à détourner l'orage par le mariage de sa cinquième fille avec l'infant don Carlos auquel était destinée la Toscane avec Parme et Modène. Née fin 1714, Philippe-Elisabeth d'Orléans, titrée Mlle de Beaujolais, était la plus jolie des filles du Régent, et la préférée de Madame. « C'est une enfant jolie, agréable, drôle, gaie, amusante ; celle-là, je l'aime de tout cœur », avait-elle écrit à Louise[62]. Rassuré et convaincu que la France saurait faire valoir les droits de son fils, Philippe V décommanda les préparatifs de guerre et la petite Beaujolais suivit sa sœur en Espagne.

Neuf lettres françaises écrites par Madame à la cour d'Espagne à l'occasion des mariages espagnols sont conservées. Une lettre à Philippe V et deux à Elisabeth Farnèse furent publiées il y a un siècle par Alfred Baudrillart ; nous avons découvert dans l'Archivo Historico Nacional de Madrid six lettres jusqu'à présent inconnues au prince des

Asturies que nous publions en même temps que ce livre[63]. Des lettres annonçant l'arrivée à Lerma de la nouvelle princesse des Asturies amenèrent Madame à répondre le 2 février 1722 au Roi, à la Reine et à leur fils. La princesse détestait ces échanges de formalités de cour auxquelles elle ne pouvait se soustraire. Ayant eu à écrire des lettres (maintenant perdues) aux mêmes en novembre 1721, elle s'était plainte à Louise : « Celle-ci est déjà la quatrième que j'écris aujourd'hui ; j'en ai déjà écrit trois à mon corps défendant [*die mir gar sauer ahnkommen sein*], car c'étaient les réponses au roi et à la reine d'Espagne. J'en suis encore épuisée[64]. »

Une grande circonspection se manifeste dans les trois lettres du 2 février 1722, Madame n'étant pas sûre de l'effet que la « mouche espagnole » butée aura produit. « Il est très heureux, écrit-elle à Philippe V, qu'elle ne déplaise pas à Monsieur le prince des Asturies, mais pour elle il faudrait bien lui racler la langue si elle n'était pas contente de son sort. Elle serait bien dégoûtée. Je lui crois assez bon esprit pour en voir toute l'étendue et le grand bonheur que c'est pour elle de se voir belle-fille de V.M... » Et à la Reine : « Je crois en effet, Madame, que c'est une bonne chose à voir que ces deux nouveaux mariés de douze et quatorze ans. Puisse-t-elle faire comme feu Mme de Bouillon qui eut son premier fils à treize ans juste. Elle aime les cérémonies, ainsi l'entrée dans Madrid lui sera une nouvelle. En cela je ne reconnais pas mon sang, car je n'aime rien moins. Le Seigneur m'a faite trop naturelle pour pouvoir m'accommoder du faste ; je trouve tout cela incommode. Une vie ordinaire et aisée me plaît davantage. » La deuxième lettre à la Reine, écrite le 15 août à l'occasion du mariage annoncé de Mlle de Beaujolais, rassure délicatement la destinataire sur le caractère de la fiancée : « V.M. trouvera sa belle-fille d'une humeur plus gaie que sa sœur aînée. Son humeur ressemble plus à celle de notre aimable Infante-Reine... »

Le ton des lettres au prince des Asturies est affectueux et maternel ; elles sont signées « votre bonne sœur, grand-belle-mère et grand-tante Elisabeth-Charlotte ». Voici le début de la première, celle du 2 février : « Monsieur mon frère, petit-beau-fils et neveu. Vous ne vous trompez pas en croyant que je suis très touchée de vous voir si content et satisfait de ma petite-fille, étant une chose que j'ai très ardemment désirée [...]. Je ne puis me vanter de son éducation, car comme elle a père et mère, je leur en ai laissé le soin, et aussi à sa gouvernante Mme de Cheverny. Cela n'a pas empêché ma tendresse pour elle, car j'aime fort tous mes enfants, et j'ai une si grande passion maternelle pour mon fils, que tout ce qui lui appartient m'est cher. » On voit que Madame savait écrire des compliments d'usage sans dire des choses qu'elle ne pensait pas, et sans s'enfoncer dans la banalité.

Les lettres suivantes sont des réponses à celles écrites par son « petit-beau-fils ». La lettre du 27 avril s'extasie sur « l'Infante-Reine votre jolie et aimable sœur que tout le monde admire par son esprit et gentillesse, et surtout par son bon naturel à être attachée à ses parents. Je vous assure que de bien faire est si naturel à cette aimable enfant qu'on voit bien qu'elle n'y fait point d'effort, et que cela part de source... » La même lettre fait allusion à des rapports épistolaires espacés avec la princesse des Asturies qui commence à oublier le français. La lettre du 22 juin, écrite une semaine après le retour définitif de Louis XV à Versailles, qu'il aimera autant que Louis XIV, dit la joie du jeune roi d'être rentré chez lui : « Le roi est transporté de joie d'être à Versailles. Je n'ai pas de peine à comprendre qu'on quitte Paris sans regret. » Cette lettre revient sur le plaisir de la vieille Madame de voir la petite Infante dont tout le monde raffole : « Elle est plus jolie et plus aimable que jamais, et si je suivais mon inclination je m'en amuserais toute une journée. Mais on croirait que c'est mon grand âge qui me ferait rentrer en enfance. Ainsi il faut aller bride en main. » La dernière lettre, datée du 7 octobre, annonce le prochain voyage de Madame à Reims.

Les autres correspondances de Madame confirment sa grande affection pour l'adorable petite princesse d'Espagne qu'on appelait officiellement « l'Infante Reine Future ». Elle n'avait commencé à apprendre le français qu'à Bordeaux, mais parlait assez la langue pour crier à ses gardes du corps repoussant la foule le jour de son entrée à Paris : « Oh, ne battez pas ces pauvres gens qui me veulent voir [65] ! » Elisabeth-Charlotte résume ses impressions en avril pour la reine de Prusse : « Notre petite Infante est sans contredit la plus jolie enfant que j'ai vue de mes jours. Elle a plus d'esprit qu'une personne de vingt ans, et avec cela elle conserve l'enfance de son âge : cela fait un très plaisant mélange [66]. »

Deux anecdotes charmantes illustrent ce mélange. Madame va voir l'Infante le 8 avril : « Je suis dans les bonnes grâces de Sa Dilection ; elle me fit asseoir dans un grand fauteuil, prit un tabouret de poupée, s'assit près de moi et dit : " *Écoutez ! J'ai un petit secret à vous dire.* " Comme je me penchais, elle me sauta au cou et m'embrassa sur les deux joues. » Le 26 avril, Madame assista au prieuré de Saint-Martin-des-Champs à la cérémonie où l'abbé de Saint-Albin fut sacré évêque de Laon. Elle alla faire ensuite sa cour à l'Infante au vieux Louvre. « La chère enfant posa sa poupée et courut les bras ouverts à ma rencontre, me montra sa poupée et me dit en riant : " *Je dis à tout le monde que cette poupée est mon fils, mais à vous, Madame, je veux bien dire que ce n'est qu'un enfant de cire* " [67]. » La vue de la poupée, qui ressemblait à s'y méprendre au premier duc de Bretagne, bouleversa la vieille princesse. Sans relever cette troublante ressemblance, Barbier avait noté début mars que « le lendemain de l'entrée, le roi a fait présent à l'Infante d'une poupée qui doit coûter vingt-cinq mille livres ». La somme paraît exorbitante. A-t-on réutilisé par esprit d'économie une effigie de cire du frère défunt de Louis XV ? C'était, en tout état de cause, un fort curieux cadeau de fiançailles...

Acclamés sur la terre, les mariages espagnols ne furent pas bénis au Ciel. On décida en 1725, après une maladie presque fatale de Louis XV et constatant son inquiétant penchant à la masturbation, de rompre ses fiançailles avec l'Infante et de lui donner une princesse plus âgée, afin de ne pas repousser de plusieurs années la date à laquelle il pourrait procréer. Cette fois-ci, on exagéra dans l'autre sens : Monsieur le Duc, alors Premier ministre, choisit parmi quatre-vingt-dix-neuf princesses la fille du roi détrôné de Pologne, Marie Leczinska. Elle avait sept ans de plus que son futur époux, et sa belle santé promettait une nombreuse postérité [68]. Le mariage fut célébré en septembre 1725. L'idée de voir le sinistre fils du Régent sur le trône donnait manifestement des frissons à tout le monde. Commentant en septembre 1721 le mariage du jeune Roi avec l'Infante, Mathieu Marais avait noté : « Cette nouvelle a surpris tout le monde et a donné lieu à beaucoup parler. On est étonné que le Roi ne soit destiné à faire des enfants que dans douze ans d'ici, et qu'on ait ainsi éloigné sa postérité [69]. » Madame avait dit à peu près la même chose deux jours plus tard dans une lettre à Harling : « Cette petite Infante n'aura que quatre ans le 31 mars ; notre jeune roi aura donc à attendre encore huit ans avant que S.M. soit son époux. Il coulera encore beaucoup d'eau sous les ponts avant que ce mariage ne soit consommé [70]. »

La petite Infante fut donc renvoyée en Espagne : elle sera l'épouse du roi du Portugal D. José Ier et mourra en 1781. Bien entendu, Philippe V était furieux, et la charmante Mlle de Beaujolais fut expédiée en France. Elle mourra célibataire en mai 1734, dans sa vingtième année. Le mariage de Mlle de Montpensier fut à peine plus heureux : le prince des Asturies devint roi d'Espagne à l'âge de seize ans du fait de l'abdication de son père en janvier 1724, mais mourut sept mois plus tard sans enfants. Philippe V remonta sur son trône et la veuve du prince défunt fut renvoyée en France avec sa cadette de Beaujolais en mars 1725. Elle mourra à Paris en juin 1742. Si Madame avait encore vécu en 1725, elle aurait hoché la tête et murmuré son dicton favori : « L'homme propose et Dieu dispose. »

« UNE VIEILLE DÉCRÉPITE TANTE... »

Le bulletin de santé de Madame envahit la correspondance de l'année 1722 qui est une longue rhapsodie de langueurs, de vapeurs, de rhumes, de jaunisses, de jambes et pieds enflés, de selles rouges, de saignées, de jus de cerfeuil, de sels de Glauber et d'élixirs de Garus. La santé de la vieille princesse se détériore visiblement. Un incroyable incident médical aurait pu avoir de funestes conséquences. Son médecin Teray, qui luttait lui-même avec diverses maladies, lui avait prescrit début mai une « saignée de précaution ». Voici le récit de Madame à Sophie-Dorothée de Prusse : « ... il m'est arrivé ce que je n'ai jamais ouï dire qu'il fût arrivé à personne : c'est, Madame, que mon chirurgien, après avoir rempli une palette de mon sang, s'est évanoui sans connaissance, et si je n'avais vite appelé au secours, il tombait sur moi. Mais mon médecin et un valet de chambre l'ont entraîné hors de ma chambre, sans quoi il tombait. Il s'est retenu de force à mon bras qui en a noirci depuis le coude jusqu'à l'épaule et me fait encore mal. Mais si l'évanouissement eût pris à mon chirurgien en piquant la veine, j'aurais été estropiée pour ma vie ou en serais peut-être morte. En revenant de son évanouissement, le pauvre chirurgien a si mal rebandé mon bras que ma veine s'est par deux fois rouverte, et j'ai perdu une grande quantité de sang, car je dormais dans ma chaise où ni moi ni personne ne s'apercevait que mon sang coulait. Une de mes femmes s'étant mise par hasard derrière ma chaise cria : Le bras de Madame s'effuit ! Cela me réveilla. On trouva des caillots de sang sur mon habit[71]... » Très affaiblie, la princesse ne se remettait que lentement de cette hémorragie.

Chose curieuse, sa déchéance physique ne l'inquiétait guère puisque inscrite dans l'ordre des choses. Se disant en avril, dans une lettre à la reine de Prusse, sa « vieille décrépite tante[72] », elle se résigne à suivre la voie de toute chair sans crainte ni impatience, redoutant plutôt la peur de la mort que la mort elle-même. Elle constate avec humour qu'une crise de jaunisse fin août l'a rendue si jaune et si misérable « que tous mes gens ont cru que j'en étais au dernier trou de ma flûte [*dass alle meine Leütte gemeint, ich pfeiffe auss dem letzten Loch*][73]. » Son fatalisme providentialiste lui fait accepter sa fin imminente comme elle a accepté de quitter son cher Palatinat, comme elle a accepté les humiliations infligées par son époux homosexuel, comme elle a accepté la froideur de Louis XIV : sans faire trop d'histoires. « Que les personnes meurent, avait-elle dit à Polier, n'est pas une punition du Seigneur. Tout est mortel, et nous mourons parce que le temps que Dieu nous avait prescrit est fini et l'heure destinée à la mort arrivée[74]. » La même conviction est formulée dans une lettre de 1715 : « Soyez certaine, chère Louise, quand viendra la petite heure [*wenn dass Stündtlein kompt*] que le bon Dieu m'a fixée, que je quitterai ce monde sans le moindre *regret*[75]. »

Immobilisée par ses pieds enflés, elle voyage en esprit dans le vert pays de son enfance, guidée par la carte du Palatinat que Louise lui a envoyée à sa demande. « Je dois vous dire encore, lui écrit-elle début octobre, que je considère toutes les *bagatelles* que je vous ai envoyées comme des broutilles en comparaison de la belle carte dans laquelle je me suis déjà beaucoup promenée. Je suis déjà allée de Heidelberg à Francfort, de Mannheim à Frankenthal et de là à Worms. J'ai visité aussi Neustadt. Mon Dieu, comme cela me fait penser au bon vieux temps qui ne reviendra plus ! Mais votre carte, chère Louise, me réjouira toute ma vie [76]... »

Madame fera cependant encore un vrai voyage, le dernier. Le sacre de Louis XV à Reims, d'abord prévu pour le mois de septembre, avait été reporté au 25 octobre à la demande des vignerons de Champagne qui craignaient que le grand afflux de visiteurs ne nuise aux vendanges. Cette grande occasion qui couronnait la régence de son fils offrait à la vieille princesse une dernière chance de revoir sa fille, et de faire la connaissance de ses petits-enfants de Lorraine. Elle explique fin septembre à Harling : « J'espère que je pourrai faire mon voyage à Reims, afin de donner le plaisir à ma fille de me présenter ses enfants. Cela seul me conduit à Reims, car je ne suis pas *curieuse* de voir le *sacre*. Toute curiosité m'est entièrement passée, et je n'aurais certainement pas voyagé à Reims sans ma fille [77]. » Barbier confirme ces propos : « Madame Douairière a été à Reims pour y voir Mme la duchesse de Lorraine, sa fille, et les princes et princesses ses petits-enfants [78] ».

Avant son départ, la princesse alla admirer la couronne du sacre chez le joaillier du Roi, Rondet, et la décrit le 1er octobre dans une lettre à Harling. Barbier, qui l'a vue lui aussi chez Rondet, en fournit une description détaillée : le *Sancy,* le grand diamant de 55 carats que portait Charles le Téméraire à la bataille de Nancy, était monté en haut de la fleur de lys ; le *Régent* (que Barbier appelle le *Millionnaire*), ce diamant de 138 carats que le duc d'Orléans avait acheté à Londres pour les joyaux de la couronne, était placé au milieu du front.

La presque nonagénaire maréchale de Clérambault, qui prédisait l'avenir en pratiquant l'art des petits points, prétendait savoir de science certaine qu'elle mourrait avant Madame. Elle rassura la princesse : « Partez, Madame, en toute sûreté ; je me porte bien. » Madame commença donc le 12 octobre son voyage qui allait durer trois semaines, après avoir écrit au début du mois à Louise : « On peut trouver le chemin du ciel à Villers-Cotterêts, Reims, et même sur la route. Je ne commence donc mon voyage qu'au nom de Dieu [79]... » A peine était-elle partie que la nouvelle circulait dans Paris qu'elle était morte. Barbier nous rassure : « On a dit Madame morte à Soissons, mais cela n'est pas vrai. » La *Gazette d'Amsterdam* apprend que la princesse passa par Villers-Cotterêts où elle fut malade quelques jours.

Elle arriva le 20 à Reims où étaient déjà sa fille et ses cinq enfants. Elles logèrent ensemble dans la belle abbaye de Saint-Pierre. Habituée aux plaintes relatives à sa santé qui abondaient depuis des années dans les lettres de sa mère, la duchesse de Lorraine ne s'attendait pas à la revoir dans un état aussi piteux, « mais quand elle m'a vue à Reims, elle a été tellement saisie que les larmes lui sont venues aux yeux : elle m'a fait pitié ». Mais fi des pensées tristes ! La lettre de Madame à Louise continue par une description attendrie et amusée de ses petits-enfants, l'aîné Franz (le futur empereur) qui avec ses quinze ans a déjà six pieds de haut, le cadet Carl qui est drôle comme un petit singe et passe son temps à se disputer avec ses trois sœurs qui ne sont ni laides ni jolies [80]. Affligé d'une fistule et craignant d'indisposer l'Empereur en honorant le sacre de sa présence, le duc de Lorraine s'était contenté d'une rapide visite incognito, le temps d'arracher un sourire à sa belle-mère qui lui avait écrit des lettres fort sèches sur sa liaison avec Mme de Craon, et de rappeler au Régent que la France lui devait toujours de l'argent.

Visiblement impressionnée par la splendeur du sacre qu'elle vit dans une tribune entourée de sa fille et de ses petits-enfants (« je ne crois pas que dans le monde entier on puisse voir ou imaginer quelque chose de plus beau que le couronnement du roi... »), Madame n'eut pas la force à son retour d'en faire la description, se contentant d'envoyer à Louise une relation imprimée. Rentrée épuisée le 3 novembre à Saint-Cloud, elle savait que sa « petite heure » approchait.

« POURQUOI PLEUREZ-VOUS ? NE FAUT-IL PAS MOURIR ? »

« Je ne crains ni ne souhaite la mort, avait-elle écrit en 1718 à Louise. Je sais bien que l'heure viendra que Dieu m'a fixée, et qu'elle approche tous les jours, puisque je suis déjà vieille et vieillis encore tous les jours. Je suis donc certaine que cette heure ne tardera plus longtemps. Que Dieu me garde seulement d'une longue maladie et de grandes souffrances [81] ! » Un autre vœu se rapportant à sa mort est formulé dans une lettre de 1720 à la même : « Je prie Dieu le Tout-Puissant de m'accorder une seule grâce : de ne pas me faire voir la mort de mon fils [82]. » Elle fut exaucée.

Les lettres écrites encore à Louise après son retour permettent de suivre son état d'esprit au gré des ordinaires [83]. Même l'approche de Thanatos ne fait pas poser la plume à notre épistolière intrépide qui, fidèle à sa promesse, ne laisse passer aucun ordinaire pour l'Allemagne. Le résultat est une suite émouvante de neuf lettres dans lesquelles la princesse décrit d'une main incertaine, mais l'esprit très ferme et lucide, l'ombre envahissante et bienfaisante de la mort. Une hydropisie de la poitrine se déclara peu après son retour. Sans trop se plaindre de ses troubles respiratoires, Madame attend sa fin avec résignation et courage. « Je n'ai pas peur du tout ; au contraire, je suis très *tranquille* », dit-elle le 12. Et deux jours plus tard : « Si je n'avais pas de si terribles suffocations, j'attendrais ma fin plus patiemment. [...] Adieu, chère Louise ! Tant que l'art médical des docteurs français ne m'achèvera pas, je vous aimerai toujours de tout cœur. » Le 19, après avoir expliqué qu'on l'a purgée quatre-vingts fois (*sic !*) en huit jours, elle conclut : « Nous verrons ce qu'il en adviendra. Je m'abandonne en tout à la volonté de Dieu. Je prie seulement que le Tout-Puissant veuille m'accorder la patience d'attendre ma fin avec patience et d'aller vers une fin bienheureuse, amen ! Voilà ce que je souhaite plus que de guérir, car je suis trop fatiguée de la vie, chère Louise ! »

Le 21, elle réconforte sa correspondante avec une délicatesse exquise : « Chère Louise, je baisse d'heure en heure, je souffre nuit et jour, et tous les remèdes qu'on essaie n'aident à rien. Que le Tout-Puissant me donne de la patience ! J'en ai vraiment besoin. Mais je suis trop heureuse que Dieu le Tout-Puissant me délivrera de ces souffrances et de cette vallée de larmes. Ne vous affligez donc pas trop si vous deviez me perdre ! Car ce serait pour moi le plus grand bonheur. » Parlant le 26 des remèdes qu'on lui fait prendre chaque matin et chaque soir : « Je sens que cela m'arrache l'âme du corps et pourrait bien m'envoyer me promener dans l'autre monde, ce qui ne serait même pas un gros malheur pourvu que cela puisse se faire rapidement et sans grandes souffrances. » La même lettre annonce la maladie subite de la maréchale de Clérambault qui, toussant et crachant du sang, s'est fait conduire le même jour de Saint-Cloud à Paris où elle mourra le lendemain. Ses petits points ne l'avaient donc pas trompée. « Bien que ce ne soit pas extraordinaire, écrit Madame le 28, de voir mourir une personne de quatre-vingt-huit ans, il est douloureux de perdre une bonne amie avec qui on a vécu cinquante et un ans. Mais laissez-moi finir, chère Louise ! Je suis trop malade pour ajouter aujourd'hui autre chose... »

La dernière des dizaines de milliers de lettres de Madame, écrite d'une main tremblante, est datée du 3 décembre. Publiée par Holland en 1881, elle ne fut jamais traduite en français. En voici le texte intégral : « Très chère Louise, les nouvelles que j'ai à vous donner aujourd'hui de ma santé ne vous plairont pas du tout. Je suis tous les jours plus misérable. Cela pourrait bien mal finir, mais je suis, Dieu merci, préparée à tout. Je prie seulement le Tout-Puissant de m'accorder de la patience dans les grandes souffrances que je dois endurer nuit et jour, tant par mon affreuse faiblesse que par ma vie misérable. Dieu seul sait si je m'en tirerai ; le temps l'apprendra, mais je ne me suis jamais sentie aussi mal que maintenant. Nous n'avons point de mauvais temps ici, mais une petite pluie commence à tomber aujourd'hui. Je ne crois pas que ma santé profitera encore du temps, quel qu'il soit. Le temps, chère Louise, nous montrera bientôt ce qu'il adviendra de tout ceci. Si je m'en remets, vous me trouverez toujours telle que j'étais jusqu'à présent. Si Dieu m'appelle à lui, consolez-vous par la pensée que je meurs sans tristesse ni peine, et que je quitte volontiers le monde dans l'espérance que mon Sauveur, qui est mort et ressuscité pour moi, ne m'abandonnera pas, et, comme je lui suis restée fidèle, qu'il aura aussi pitié de moi à ma fin dernière. Je vis et je meurs en cette espérance, chère Louise ! Que tout aille au reste comme Dieu le veut. Il y a beaucoup de personnes qui se plaignent maintenant de toux et de rhumes. Mais je suis plus malade que cela, et mon état empire tous les jours. Je souhaite que, je souhaite, chère Louise, que votre nouvelle compagne von Solms... Voilà qu'on m'apporte encore votre aimable lettre du 21 novembre, n° 83, mais il m'est impossible d'y répondre, je suis trop malade... Mais, mais si Dieu me conserve la vie jusqu'à après-demain, je répondrai. Pour l'instant je ne vous dirai que ceci : que je vous aimerai de tout cœur jusqu'à ma fin. Elisabeth-Charlotte. » Louise reçut cette lettre le 12, quatre jours après la mort de Madame, et y répondit le 13. Elle a noté sur la lettre du 3 : « Ceci est, hélas, la dernière lettre de Madame. »

Les chroniqueurs du temps et les orateurs funèbres ont raconté les derniers jours de Madame. La petite Mlle de Beaujolais, fiancée le 20 novembre à don Carlos, vint lui dire adieu le 1er décembre, son joli petit visage ruisselant de larmes. Mathieu Marais montre la princesse mourante aux prises avec des empiriques qui viennent de partout lui promettant la guérison ; « mais elle leur dit à tous que ce sont des charlatans et qu'elle en mourra ». Visiblement impressionné, il ajoute : « Elle a bien du courage et de la force d'esprit. » Marais cite quelques-uns de ses derniers propos. A son fils qui ne la quittait plus sans être capable de cacher ses larmes : « Pourquoi pleurez-vous ? Ne faut-il pas mourir ? » Et à une de ses dames, probablement Mme de Châteautiers, qui voulait lui baiser la main : « Vous pouvez m'embrasser, je vais dans un pays où tout est égal[84]... » Son petit-neveu le prince Carl von Hessen-Philippsthal, qui arriva le 10 novembre à Saint-Cloud, mande son état désespéré à Cassel : « Il faut craindre qu'elle n'en revienne pas, bien qu'elle ait beaucoup de *courage,* et qu'elle parle de sa mort prochaine comme si elle parlait d'une tierce personne[85]. »

Le samedi 5 décembre, Madame entendit la messe dans sa chambre et communia par les mains de l'abbé de Saint-Géry de Maynas, son premier aumônier. Louis XV vint la voir l'après-midi. Le 7, comme elle se sentait très mal, son confesseur le père de Lignières lui proposa l'extrême-onction ; elle la reçut à 11 heures du matin avec une parfaite connaissance et beaucoup de piété. Témoin oculaire, Saint-Géry rapporte : « ... Enfin le Révérend Père de Lignières lui annonça qu'il fallait mourir ; elle ne fut point surprise, et se disposa sans trouble à recevoir les derniers sacrements. Elle les reçut avec le recueillement et cette tendre piété qui nous avaient édifiés tant de fois. » L'agonisante ne fut pas tourmentée par cette angoisse de la mort qu'elle avait tant redoutée. « Elle ne fut point agitée par cette foule de pensées qui rendent la mort du pécheur terrible. La paix du cœur avec toute la confiance qu'elle inspire, et toute la grandeur qu'elle fait paraître, régna dans ses actions et ses paroles. On fit approcher Monseigneur le duc d'Orléans ; elle le vit tomber à ses pieds[86]... » Le *Mercure historique et politique* de La Haye de décembre 1722 précise qu'elle parla encore « fort longtemps avec Monseigneur le Régent la veille de sa mort, et l'on dit que son discours fut des plus tendres et des plus convenables à son état[87]. » Saint-Géry cite ces paroles à son fils : « Vous pleurez, mon fils. Avez-vous cru que j'étais immortelle ? Eh, ne savez-vous pas que le chrétien ne doit souhaiter de vivre que pour apprendre à mourir ? » Et à ceux qui la plaignaient des suffocations qui l'étranglaient : « Ah ! puisqu'il est juste que le pécheur souffre en cette vie ou en l'autre, il est d'un insensé de ne pas s'estimer heureux de souffrir en cette vie. » Après le départ de la duchesse d'Orléans et du duc de Chartres venus recueillir les précieuses dernières paroles de la mourante, les médecins purent persuader le Régent de se retirer le lundi soir 7 décembre : sa mère avait perdu connaissance et n'avait plus que quelques heures à vivre.

Madame s'éteignit doucement le lendemain 8 décembre, fête de l'Immaculée-Conception, à trois heures et demie du matin. « Le même jour de la mort de Madame, il y a eu une éclipse du soleil, de cinq doigts, depuis deux heures jusqu'à quatre[88]. »

« On perd une bonne princesse »

Le décès de la première dame de France qui était en outre une grande princesse européenne mit en mouvement un cérémonial complexe. « Voilà un deuil pour toute l'Europe, note Mathieu Marais. [...] Elle est bisaïeule du roi, du moins, femme et veuve de son bisaïeul [...] dont est venue la duchesse de Bourgogne, mère du Roi. Elle est aussi sa grand-tante. L'Espagne, la Lorraine, la Savoie, l'Angleterre par le Hanovre, l'Électeur palatin et toutes les cours d'Allemagne, tout lui tient. » La conclusion de Marais est sans doute la plus belle oraison funèbre de Madame : « On perd une bonne princesse, et c'est chose rare[89]. » La défunte ayant interdit formellement l'ouverture de son corps et le déploiement de pompe funèbre à Saint-Cloud, sa dépouille fut portée dès le 10 décembre à Saint-Denis dans un carrosse sans appareil de deuil, entouré seulement des pages des écuries du Roi, des gardes et suisses du duc d'Orléans et de ses propres valets de pied portant des flambeaux. Une princesse, deux duchesses, la fidèle dame d'atour Mme de Châteautiers et quelques dames suivaient dans un premier carrosse. Les principaux officiers de Madame s'étaient entassés dans d'autres carrosses. Le prieur et les moines de Saint-Denis reçurent le corps de la princesse qui fut descendu dans le grand caveau de la maison royale et placé à côté de ceux de Monsieur et de Madame Henriette. L'abbé de Saint-Géry de Maynas prononça à cette occasion son *Discours en présentant le corps de Madame* dont nous avons lu quelques extraits ; il fut imprimé dans le *Mercure* de janvier 1723 et publié en plaquette chez la veuve Mergé.

Le duc d'Orléans était profondément affligé et s'enferma pendant vingt-quatre heures. Saint-Simon, qui força sa porte, le vit pleurer amèrement. Il note avec raison : « [Il] lui avait toujours rendu de grands devoirs ; mais il ne se conduisit jamais par elle [90]. » Puis ce fut la cérémonie muette de la visite de condoléance : tous les courtisans, « ayant chacun un habit garni de pleureuses, avec le crêpe au chapeau et un rabat plissé, des souliers broyés, un manteau long qui traînait de longueur de quatre ou cinq pieds » venaient faire la révérence à Louis XV en habit de deuil violet, à l'Infante-Reine, au duc d'Orléans, à la duchesse d'Orléans (couchée, ou plutôt *prostrée* sur un lit de repos) et au duc de Chartres. Les courtisans en deuil étaient fort nombreux, cinq cent trente-quatre selon une relation détaillée de Joseph Dubois, neveu du cardinal, qui se montre presque enthousiaste : « Il n'y a rien de si beau que les cérémonies qui se sont faites tous ces jours à l'occasion de cette mort [91]. » Le duc de Saint-Simon brillait par son absence : ce fut sa manière de protester contre la querelle de préséance qui avait opposé la comtesse de Charolais, princesse du sang, à la duchesse d'Humières lors du convoi à Saint-Denis, et contre les menaces du comte de Charolais déclarant que, si quelque duc venait chez lui, il le ferait jeter par les fenêtres [92].

Le service de Madame à Saint-Denis, le vendredi 5 février, fut déparé lui aussi par une contestation, cette fois-ci de la part des évêques officiants qui se plaignaient de l'absence offensante du grand maître des cérémonies qui s'était montré un moment pour s'éclipser ensuite, Dieu seul savait pourquoi. Les évêques étaient si fâchés qu'ils refusèrent de dîner à Saint-Denis. Le service avait commencé avec beaucoup de retard parce que « les princesses, qui avaient été au bal la nuit, n'y sont venues que fort tard ». Mathieu Marais, qui s'est fait le chroniqueur de ces querelles et retards peu édifiants, ajoute que Massillon, qui avait préparé une grande oraison funèbre, fut la principale victime : « L'évêque de Clermont a fait l'oraison funèbre que personne n'a entendue. Il s'était préparé dès six heures du matin ; il n'était en chaire qu'à deux heures et il n'avait plus de voix. Son oraison a paru longue et plate comme l'épée de Charlemagne [93]. »

Longue de vingt-trois pages imprimées, l'*Oraison funèbre de Madame, duchesse d'Orléans* ne fait pas une impression inoubliable ; les compliments dithyrambiques adressés au cardinal Dubois sont particulièrement déplacés. Barbier note sèchement de son côté : « M. le duc d'Orléans n'a point été au service de sa mère ; le jour, les affaires d'État l'occupent, et la nuit, il va au bal de l'Opéra [94]. » Il ne perdait rien pour attendre : on le portera à Saint-Denis avant la fin de l'année.

La disparition de Madame inspira un grand nombre de portraits nécrologiques. On connaît celui de Saint-Simon : « Madame tenait en tout beaucoup plus de l'homme que de la femme. Elle était forte, courageuse, allemande au dernier point, franche, droite, bonne et bienfaisante, noble et grande en toutes ses manières, et petite au dernier point sur tout ce qui regardait ce qui lui était dû [95]... » Moins connu est ce portrait tracé par le père Cathalan dans l'oraison funèbre qu'il prononça le 18 mars 1723 à Laon lors d'un service célébré par Mgr de Saint-Albin, petit-fils de la princesse : « L'air seul, les manières seules de Madame, annonçaient l'élévation de son âme. Cette âme sembla commander aux traits du visage de la représenter. Elle s'y peignit, et se rendait sensible par la majesté du port, par la décence du maintien, par la liberté d'une démarche ferme et assurée. Je ne sais quoi de fier et de magnanime, qui n'était point orgueil ; je ne sais quoi d'engageant et d'affable, qui n'était point mollesse ; un certain mélange de hauteur germanique et de politesse française saisissait les yeux, maîtrisait l'admiration. Tout était dignité dans sa personne, mais une dignité gracieuse. Tout coulait de source, sans rien emprunter de l'art et de l'étude, non plus que de la fortune et du faste. Elle sentait ce qu'elle était, et le faisait sentir aux autres. Mais elle le sentait sans enflure, et le faisait sentir aux autres sans mépris [96]. »

La mémoire de la princesse ne fut pas respectée par tout le monde. On chantait déjà en 1721 sur le Pont-Neuf :

> Vous n'êtes pas, Madame,
> La mère du Régent ;
> Ce scélérat infâme
> N'est pas de votre sang [97].

On lui reprochait maintenant cette maternité. Clairambault et Mathieu Marais citent cette épitaphe satirique :

> Ci-gît l'Oisiveté,
> mère de tous les vices [98].

Il est vrai que son fils n'était pas un parangon de vertu, mais reprocher à Madame une existence oisive, c'est oublier qu'elle a consacré sa vie à une correspondance océanique qui, plus qu'un « commérage du Grand Siècle », est un grand document humain d'une sincérité émouvante.

Le purgatoire de Madame pouvait commencer. Ses premières lettres, les anecdotes tirées de la correspondance de Caroline de Galles, parurent en traduction française en 1788 et en allemand l'année suivante. C'était la première d'une longue série d'*Anecdotes, Mélanges, Fragments*, voire *Mémoires* et *Confessions*, c'est-à-dire d'insipides et malhonnêtes décoctions. Ces violations inqualifiables d'une correspondance dont la profonde vérité humaine bouleverse le lecteur qui s'y engage sans préjugés paraissent maintenant beaucoup plus fâcheuses que la violation de la sépulture de Madame en octobre 1793, lorsqu'un décret de la Convention ordonna l'exhumation des corps de Monsieur et de ses deux femmes, afin de récupérer les plombs des cercueils. Les dépouilles furent jetées dans la fosse commune, et le plomb enlevé pour la fonte.

Les visiteurs contemporains de la crypte royale de Saint-Denis qui déchiffrent, à deux mètres du sol, la plaque funéraire : *Elisabeth Charlotte de Bavière, 2ᵉ Femme de Philippe de France D. d'Orléans, Monsieur, Frère du Roi Louis XIV. Morte en 1722. Agée 70*, ne cherchent pas Madame là où elle se trouve : dans un prodigieux corpus épistolaire qui s'étale de la lettre du 23 novembre 1659 (« Très cher Papa, la Reine m'a offert un petit chien... ») jusqu'à celle du 3 décembre 1722 (« Très chère Louise, je vous aimerai jusqu'à ma fin... ») — corpus épistolaire dont une partie considérable ne semble avoir échappé aux inévitables destructions après décès que pour être défigurée avec une insoutenable légèreté. C'est du fond du cœur que nous espérons que ceux qui détiennent des lettres inédites se feront connaître, et que, parallèlement au gros volume réunissant les lettres françaises que nous préparons, une nouvelle édition complète et critique de la correspondance allemande de Madame viendra enrichir le patrimoine culturel européen. Elisabeth-Charlotte a eu de graves doutes sur l'immortalité de l'âme. Elle s'inquiétait sans raison : son âme est inscrite à tout jamais dans sa correspondance. A nous de raviver la flamme, à nous de faire revivre Madame telle qu'en elle-même.

« Ah, chère Louise, vous me flattez trop en disant que je mérite d'être immortelle... — *Ach, liebe Louise, Ihr flatirt mich zu viel, zu sagen dass ich meritire unsterblich zu sein*[99]... »

ANNEXES

Charlotta exemplar nostri dum viveret aevi,
mortua norma et amor posteritatis erit.

Hortensio Mauro (1723)

TESTAMENT OLOGRAPHE DE MADAME

(Faisant partie des archives privées de la famille d'Orléans déposées aux Archives nationales sous la cote générale 300 AP I, ce testament ne fut jamais publié. Les passages placés entre crochets sont rayés, et ceux mis en italiques ajoutés ultérieurement par Madame.)

A Marly ce samedi 21 d'août 1706.

Comme je ne puis savoir quand il plaira à Dieu de me retirer de ce monde, mais que ma trop grande santé pourrait me donner même une mort prompte, j'ai résolu de mettre par écrit de ma propre main ma dernière volonté. Premièrement, comme chrétienne je recommande mon âme à Dieu, le priant par les mérites infinis de notre Seigneur Jésus Christ, et l'intercession de tous les saints et saintes de paradis, me faire miséricorde et part de ses gloires éternelles.

Je donne et lègue aux orphelins de Triel et aussi à l'hôpital dudit lieu [trois mille] *6 mille* livres une fois payées, et autant aux pères de la Charité du faubourg Saint-Germain, rue de Taranne.

Je donne et lègue à ma fille Madame la Duchesse de Lorraine la somme de deux cent mille livres une fois payées, *et tout ce que je puis avoir en vaisselle d'or,* et ce qui *tôt ou tard* me peut venir de bien d'Allemagne. [Je donne et lègue à Madame la princesse aînée de Lorraine ma petite-fille et filleule tout ce que j'ai et qui m'appartient de vaisselle d'or.]

Je donne et lègue *à ma tante* Madame l'électrice de Braunswicg la bague de diamant jaune que j'ai eue de Madame la Dauphine, désirant que cette bague qui m'est venue d'une main si chère soit aussi portée par celle qui m'a été la plus chère.

Je donne et lègue à mes 3 petites-filles Mademoiselle de Chartres et Mad^{lle} de Valois *et de* [Montarg.] *Montpensier* 3 bagues de diamants qu'on choisira des plus belles de mes baguiers *si j'ose en offrir à Mad^e la duchesse de Berry ayant trop de belles pierreries pour la fournir de pareilles guenilles comme sont mes bagues.*

Je lègue et donne à Mad^e de Châteautier ma dame d'atour six mille livres de pension viagère sa vie durant.

[Je donne et lègue à Monsr de Polier gentilhomme suisse de Lausanne qui a eu soin de mon éducation, cinq cents livres de pension viagère] *mort en 1711.*

Je donne et lègue aux sieurs Colins et Lautheir mes premiers maîtres d'hôtel la somme de vingt mille livres à prendre sur ma vaisselle d'argent, le surplus de laquelle je veux et entends faire partie de ma succession.

Je donne et lègue à Harling, brigadier des armées du roi et colonel de régiment de Guyenne, quinze cents livres de pension viagère.

Je donne et lègue à Wendt mon écuyer la somme de vingt mille livres une fois payées.

Je donne et lègue à Mad^e de Rathsamshausen zum Steinnée de Veningen la somme de dix mille livres une fois payée.

Je donne et lègue à Mad^e la maréchale de Clérambault tous les bijoux ou pierreries qui se trouveront dans mes hardes des poches.

Je donne et lègue à Mad^e de Busca ma première femme de chambre la somme de [dix] six mille livres une fois payée.

Je donne et lègue à la demoiselle Ramar sœur de Mad^e de Busca trois mille livres une fois payées.

Je donne et lègue à Suzanne Bertheau Leclair fille de ma nourrice cinq cents livres de pension viagère.

Je donne et lègue à la dem^selle Jeme trois cents livres de pension viagère.

Je donne et lègue à la fille Babet Jeme trois mille livres une fois payées.

Je donne et lègue à Mad^lle Reigne la fille aînée trois mille livres une fois payées.

Je donne et lègue à Mad^e des Cornetz trois mille livres une fois payées.

Je donne et lègue à Montamant garçon de ma chambre trois cents livres de pension viagère.

Je donne et lègue à Poisson garçon de ma chambre trois cents livres de pension viagère.

Je donne et lègue à La Motte mon valet de chambre et servant au cerdo cinq cents livres de pension viagère.

A l'égard du surplus de tous mes biens, je les donne et lègue à mon fils Monsieur le duc d'Orléans que je fais et institue mon légataire universel, dans lequel legs universel est entre autres choses compris le cabinet des médailles et pierres gravées que je prie mon fils de ne jamais séparer mais de le garder tout ensemble.

Je nomme pour exécuteur de ce testament Monsr de Ribeyre cons^er d'État, auquel je donne et lègue un diamant de la valeur de dix mille livres.

Fait à Marly ce 21 d'août 1706.

Elisabeth Charlotte.

Remarque

Rédigé seize ans avant la mort de Madame, ce testament n'a plus été revu depuis la mort de sa petite-fille de Lorraine et de Polier de Bottens (décédés en mai et juillet 1711). Les legs à Mme de Busca et à l'électrice Sophie (décédées en mars 1711 et juin 1714) ne sont pas rayés. De même, l'intention de Madame de léguer la bague de Sophie à Caroline de Galles (cf. Hol. II, 572/7 juin 1715), n'est pas réalisée dans ce testament. L'existence d'un testament postérieur à celui-ci et non conservé n'est pas à exclure. Il aurait pu contenir entre autres le legs de la bague de Sophie à Caroline, ainsi que l'interdiction d'ouvrir son corps et de le conduire à Saint-Denis avec la pompe habituelle.

GÉNEALOGIES

MAISON PALATINE (PFALZ-SIMMERN)

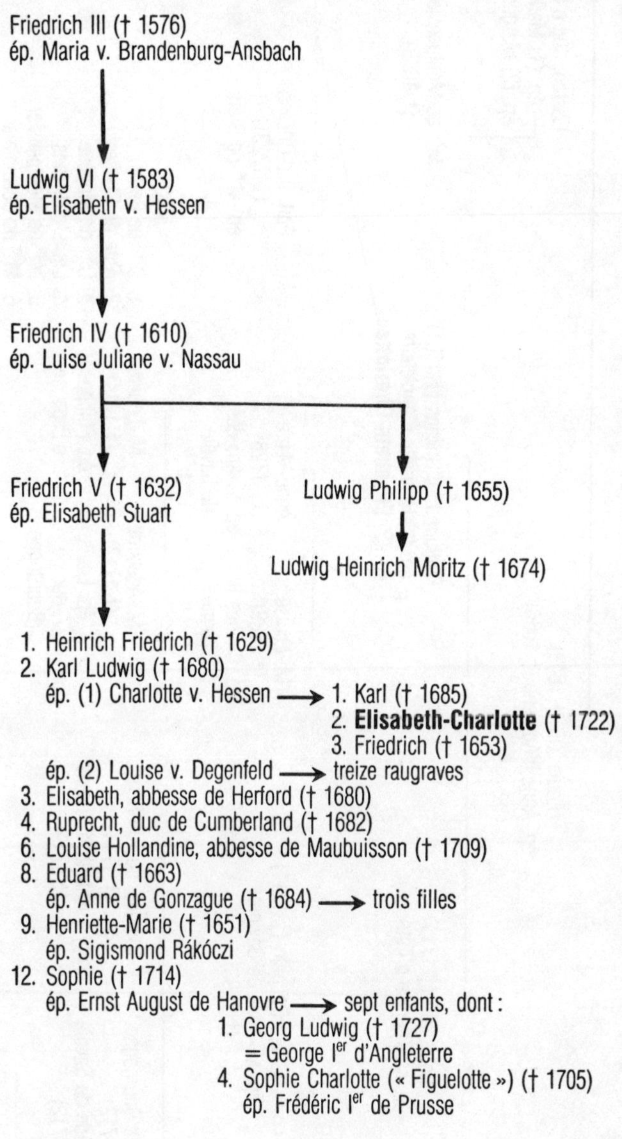

Friedrich III († 1576)
ép. Maria v. Brandenburg-Ansbach

Ludwig VI († 1583)
ép. Elisabeth v. Hessen

Friedrich IV († 1610)
ép. Luise Juliane v. Nassau

Friedrich V († 1632)
ép. Elisabeth Stuart

Ludwig Philipp († 1655)

Ludwig Heinrich Moritz († 1674)

1. Heinrich Friedrich († 1629)
2. Karl Ludwig († 1680)
    ép. (1) Charlotte v. Hessen ⟶ 1. Karl († 1685)
                                          2. **Elisabeth-Charlotte** († 1722)
                                          3. Friedrich († 1653)
    ép. (2) Louise v. Degenfeld ⟶ treize raugraves
3. Elisabeth, abbesse de Herford († 1680)
4. Ruprecht, duc de Cumberland († 1682)
6. Louise Hollandine, abbesse de Maubuisson († 1709)
8. Eduard († 1663)
    ép. Anne de Gonzague († 1684) ⟶ trois filles
9. Henriette-Marie († 1651)
    ép. Sigismond Rákóczi
12. Sophie († 1714)
    ép. Ernst August de Hanovre ⟶ sept enfants, dont :
            1. Georg Ludwig († 1727)
              = George Ier d'Angleterre
            4. Sophie Charlotte (« Figuelotte ») († 1705)
              ép. Frédéric Ier de Prusse

MAISON DE FRANCE (BOURBON)

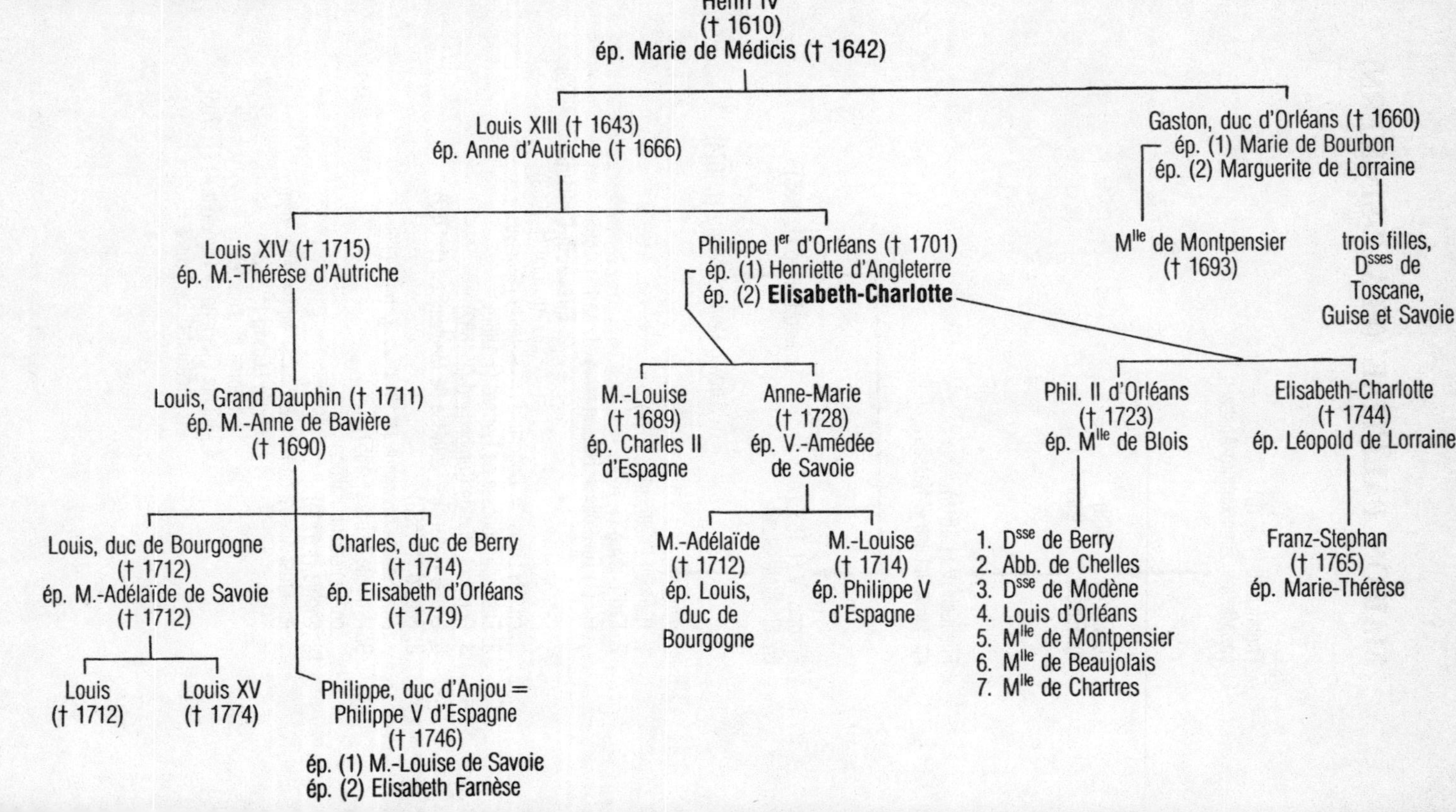

SUCCESSION D'ANGLETERRE

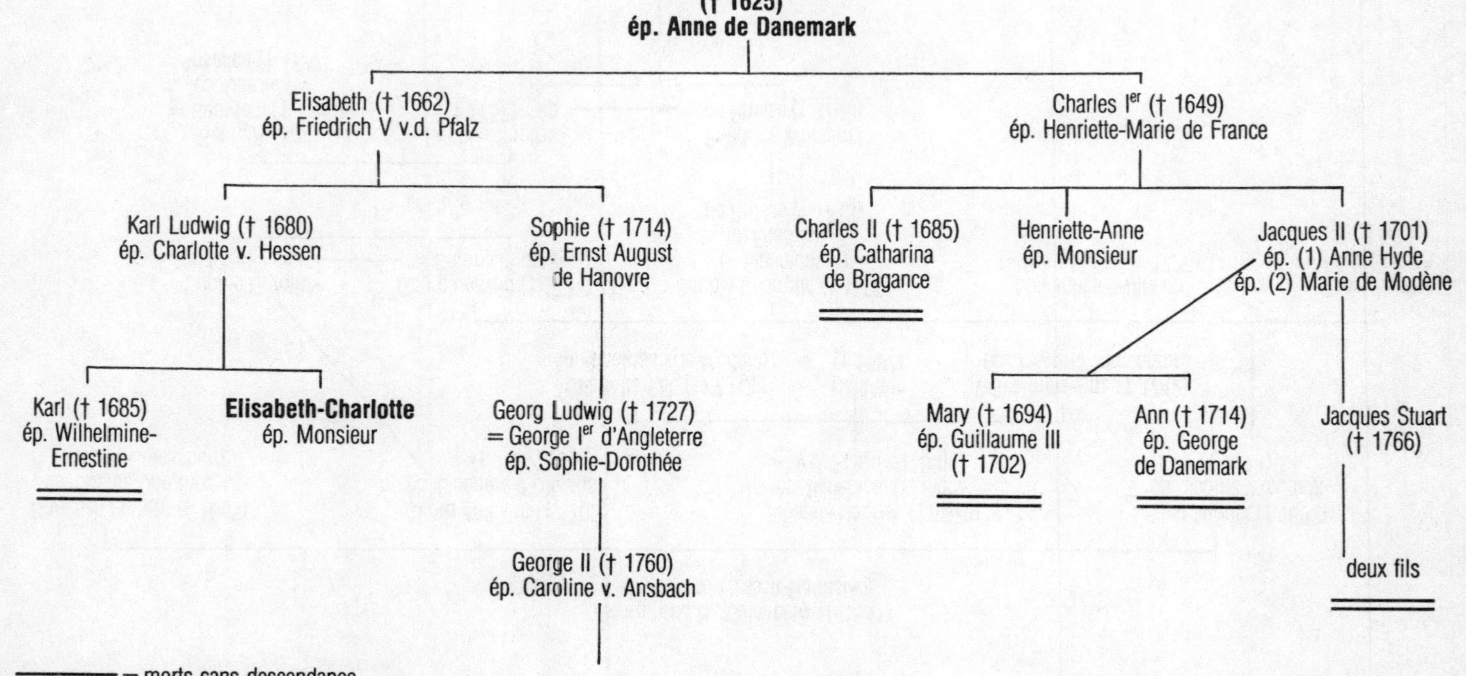

MAISON DE HANOVRE (BRAUNSCHWEIG-LÜNEBURG)

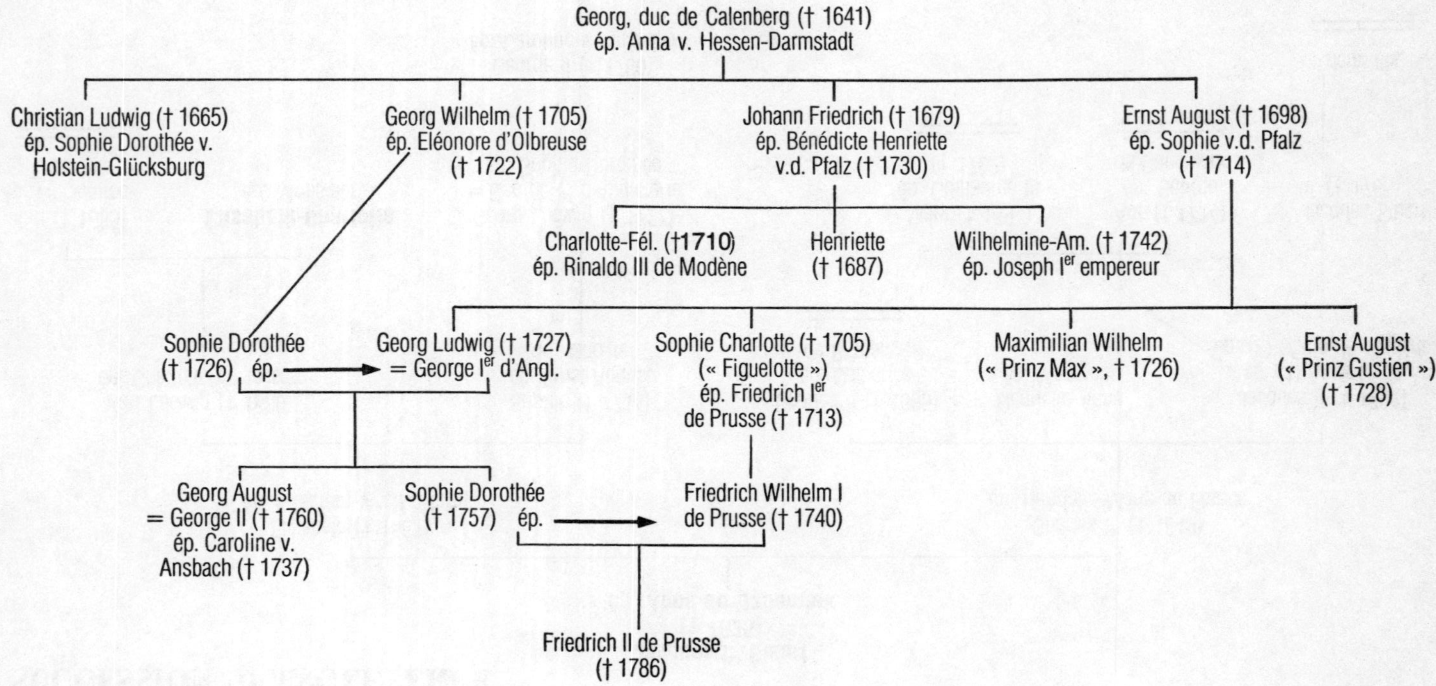

REPÈRES
CHRONOLOGIQUES

Madame et ses contemporains employaient deux calendriers différents. Contrairement aux pays catholiques qui appliquaient la réforme du calendrier imposée par le pape Grégoire XIII en 1582 (calendrier grégorien ou *nouveau style*), les pays protestants refusaient d'abandonner le calendrier de Jules César (calendrier julien ou *vieux style*). Le décalage était de 10 jours au XVIIe et de 11 jours au XVIIIe siècle, 1700 n'ayant pas été une année bissextile dans les pays grégoriens. Madame savait parfaitement que le décalage était de 10 jours avant 1700 ; elle écrit le 11 janvier 1678 à Sophie : « Puisqu'on célèbre aujourd'hui dans toute l'Allemagne le Nouvel An... » (Bod. I,19). Née le 17/27 mai 1652, Madame se trompait pourtant en plaçant en 1721 et 1722 son anniversaire le 28 mai, comme s'il fallait ajouter rétrospectivement un jour supplémentaire aux événements antérieurs à 1700. Elle écrit le samedi 24 mai 1721 à Louise : « Mercredi prochain sera mon anniversaire ; car le présent 28 mai coïncide exactement avec le 17 vieux style [*der jetzige 28. May macht nun den 17. alten Stiehl just*], depuis que le calendrier a été changé » (Hol. VI,127). L'Allemagne adopta le nouveau style à partir du 1er mars 1700 ; l'Angleterre ne suivit qu'en 1752. Les événements qui se sont produits en Allemagne et en Angleterre avant 1700 sont indiqués ici selon le vieux style ; dans certains cas, une double datation doit dissiper d'éventuelles ambiguïtés.

1613   *14 février :* Friedrich V von der Pfalz épouse à Londres Elisabeth Stuart.
       7 juin : Joyeuse entrée à Heidelberg du jeune couple électoral.

1614   *1er janvier :* Naissance du prince palatin Heinrich Friedrich.

1615   *25 novembre :* Naissance de Philipp Wilhelm, futur Électeur palatin (Neuburg).
      28 novembre : Mariage de Louis XIII avec Anne d'Autriche à Bordeaux.

1616   *1er mars :* Naissance d'Anne de Gonzague, future Princesse Palatine.
      23 avril : Mort de Shakespeare.

1617   *22 décembre :* Naissance du prince palatin Karl Ludwig, futur Électeur palatin (Simmern).

1618   *26 décembre :* Naissance de la princesse palatine Elisabeth, future abbesse de Herford.

1619   *4 novembre :* Couronnement de Friedrich V à Prague.
27 décembre : Naissance du prince palatin Rupert.

1620   *8 novembre :* Bataille de la montagne Blanche.

1621   *16 janvier :* Naissance du prince palatin Moritz à Küstrin.
21 avril : Friedrich V, Elisabeth et leurs enfants arrivent à La Haye.

1622   *18 avril :* Naissance de la princesse palatine Louise-Hollandine, future abbesse de Maubuisson.

1624   *21 août :* Naissance du prince palatin Ludwig.

1625   *5 octobre :* Naissance du prince palatin Eduard.

1627   *20 novembre :* Naissance de Charlotte von Hessen-Cassel.

1629   *17 janvier :* Mort accidentelle du prince palatin Heinrich Friedrich.
20 novembre : Naissance d'Ernst August von Hannover-Braunschweig.
18 décembre : Naissance d'Ezechiel Spanheim à Genève.

1630   *14 octobre :* Naissance de la princesse palatine Sophie.

1632   *16 novembre :* Bataille de Lützen.
29 novembre : Mort de Friedrich V à Mayence.

1634   *28 novembre :* Naissance de Louise von Degenfeld.

1635   *27 novembre :* Naissance à Niort de Françoise d'Aubigné, future Mme de Maintenon.

1638   *5 septembre :* Naissance de Louis XIV à Saint-Germain.

1640   *21 septembre :* Naissance de Monsieur à Saint-Germain.

1642   *4 décembre :* Mort du cardinal de Richelieu.

1643   *14 mai :* Mort de Louis XIII.

1644   *16 juin :* Naissance d'Henriette-Anne d'Angleterre.

1648   *24 octobre :* Signature à Münster et Osnabrück des traités de Westphalie.

1649   *30 janvier :* Décapitation de Charles Ier d'Angleterre.
7 octobre : Retour de Karl Ludwig à Heidelberg.

1650   *12 février* : Mariage à Cassel de Karl Ludwig et Charlotte von Hessen-
        Cassel.
        Été : Sophie, sœur de Karl Ludwig, s'installe à Heidelberg.

1651   *31 mars* : Naissance du prince électoral Karl.

1652   *17/27 mai* : Naissance de la princesse électorale Elisabeth-Charlotte
        (« Liselotte ») à Heidelberg.
        1ᵉʳ novembre : Réouverture de l'université de Heidelberg.
        13 novembre : Karl Ludwig signe les Privilèges de Mannheim.

1653   *12 mai* : Naissance et décès du prince électoral Friedrich à Augsbourg.

1654   *11 mai* : Abdication de Christine de Suède.
        7 juin : Sacre de Louis XIV à Reims.

1656   *6 septembre* : Naissance de Guillaume Dubois, futur cardinal, et
        ministre.

1657   *Février* : Double promesse de mariage de Karl Ludwig et Louise von
        Degenfeld.
        6 mars : Répudiation de l'électrice Charlotte.
        14 avril : Mariage secret de Karl Ludwig avec Louise von Degenfeld.
        18 décembre : Fuite de Louise-Hollandine de La Haye à Anvers.

1658   *19 avril* : Naissance de Johann Wilhelm, futur Électeur palatin (Neu-
        burg).
        15 octobre : Naissance du raugrave Karl Ludwig (« Karllutz »).
        17 octobre : Sophie épouse à Heidelberg le duc Ernst August de
        Hanovre.
        26 octobre : Monsieur acquiert Saint-Cloud.
        Hiver : Anna Katharina von Offeln gouvernante de Liselotte.

1659   *25 mars* : Louise-Hollandine prend le voile à Maubuisson.
        Avril : Scandale homosexuel à Roissy.
        1ᵉʳ mai : Karl Ludwig apprend à Charlotte que Liselotte lui sera
        enlevée.
        9 juin : Liselotte commence son voyage à Hanovre.
        13 juin : Elle arrive à Cassel.
        28 juin : Elle arrive à Hanovre.
        Novembre : Liselotte accompagne sa tante Sophie à La Haye.
        23 novembre : Date de la première lettre connue de Liselotte, à son
        père.
        29 décembre : Naissance de la raugrave Caroline.

1660   *Mars* : Sophie et Liselotte retournent à Hanovre ; incendie de Kloppen-
        burg.
        28 mai : Naissance de Georg Ludwig, futur roi d'Angleterre.
        29 mai : Charles II entre à Whitehall.
        3-9 juin : Louis XIV épouse l'infante Marie-Thérèse.
        17 novembre : Naissance de Marie-Anne de Bavière, future Dauphine.

1661   *20 janvier* : La troupe de Molière s'installe au théâtre du Palais-Royal.
        25 janvier : Naissance de la raugrave Louise.

8 mars : Mort du cardinal Mazarin.
31 mars : Monsieur épouse Henriette d'Angleterre au Palais-Royal.
Mai : Second séjour de Liselotte à La Haye.
17 août : Fêtes de Vaux-le-Vicomte.
5 septembre : Arrestation de Fouquet.
1er novembre : Naissance du Dauphin.
6 novembre : Naissance de Charles II d'Espagne.
Décembre : Anna Katharina von Offeln épouse à Hanovre Christian Friedrich von Harling.

1662   *13 février* : Elisabeth de Bohême meurt à Londres.
27 mars : Naissance de Marie-Louise d'Orléans, future reine d'Espagne.
Septembre : Ernst August, Sophie et Liselotte s'installent à Osnabrück.

1663   *13 mars* : Mort du prince palatin Eduard.
1er avril : Naissance de la raugrave Amélie-Elisabeth (« Amelise »).
Avril : Les moines d'Iburg enivrent Liselotte de vin blanc.
Mai : Troisième séjour de Liselotte à La Haye.
Juin : L'électrice Charlotte quitte Heidelberg.
Juillet : Retour de Liselotte à Heidelberg.
1er août : Étienne Polier de Bottens premier écuyer et surintendant de Liselotte.
1er décembre : Ursula Kolb von Wartemberg gouvernante de Liselotte.

1664   *6-13 mai* : Fêtes des *Plaisirs de l'île enchantée* à Versailles.
4 novembre : Louise-Hollandine installée abbesse de Maubuisson.

1665   *7 juillet* : Naissance de la raugrave Friederike.
Juin-octobre : Séjour de Gianlorenzo Bernini en France.
17 septembre : Mort de Philippe IV d'Espagne.

1666   *20 janvier* : Mort d'Anne d'Autriche.
Mai : Sophie pense à marier Liselotte à Guillaume d'Orange.

1667   *Mai-juin* : Guerre de dévolution. Monsieur se distingue devant Tournai.
2 octobre : Naissance du comte de Vermandois.

1668   *19 mai* : Naissance du raugrave Karl Eduard.
2 octobre : Naissance de Sophie-Charlotte (« Figuelotte »), fille de Sophie.

1669   *23 août* : Naissance d'Anne-Marie d'Orléans, future duchesse de Savoie.

1670   *Janvier* : Madame Henriette obtient l'arrestation du chevalier de Lorraine.
Janvier : Liselotte refuse d'épouser Friedrich Magnus von Baden-Durlach.
31 mars : Naissance du duc du Maine.
12 juin : Ratification du traité de Douvres alliant la France et l'Angleterre contre la Hollande.

30 juin : Mort de Madame Henriette à Saint-Cloud.

Hiver : On pense à marier Liselotte à Friedrich Casimir von Kurland.

1671   *Janvier* : Urbain Chevreau arrive à Heidelberg.

9 janvier : Naissance du raugrave Karl Moritz.

21 avril : Naissance de John Law à Édimbourg.

Juillet : Monsieur donne une fête à Saint-Cloud au Roi et à la Reine.

30 septembre : Le prince électoral Karl épouse à Heidelberg la princesse danoise Wilhelmine Ernestine.

Début octobre : Chevreau initie Liselotte au dogme catholique.

20 octobre : Liselotte et sa suite quittent Heidelberg.

30 octobre : Arrivée à Strasbourg.

1er novembre : Louis XIV et l'Empereur signent un traité de neutralité.

6 novembre : Signature du contrat de mariage à Versailles.

11 novembre : Karl Ludwig retourne à Heidelberg ; Liselotte part pour Metz.

15 novembre : Abjuration et confession à Metz.

16 novembre : Première communion, confirmation et mariage par procuration à Metz.

20 novembre : Monsieur et Madame se rencontrent à Châlons.

1er décembre : Madame arrive à Saint-Germain.

7 décembre : Madame visite Saint-Cloud et arrive au Palais-Royal.

1672   *Février* : Louis XIV rappelle le chevalier de Lorraine.

6 avril : Louis XIV déclare la guerre aux Provinces-Unies.

28 avril : Monsieur quitte Paris pour la guerre en Hollande.

12 juin : Passage du Rhin.

26 juin : Monsieur entre dans Zutphen.

1er août : Monsieur rentre à Saint-Germain.

11 août : Fête de Saint-Cloud.

10 octobre : Naissance du raugrave Karl August.

1673   *Janvier* : Début des *Mémoires* de Primi Visconti (1673-1681).

17 février : Mort de Molière.

27 avril : Le Roi et Monsieur assistent à la création de *Cadmus et Hermione* de Lully et Quinault, premier opéra français.

2 juin : Naissance d'Alexandre Louis, duc de Valois.

29 juin : Prise de Maestricht ; Karllutz arrive à Paris.

Juillet : Madame prend des leçons d'équitation.

19 juillet : Rentré de Flandre, Monsieur arrive au Palais-Royal.

1er août : Madame paraît en amazone à Vincennes.

2 août : Boisfranc reçoit Monsieur et Madame à Saint-Ouen.

17 août : Colbert reçoit Monsieur et Madame à Sceaux.

1674   *10 avril* : Baptême au Palais-Royal du duc de Valois.

18 mai : Karl Ludwig conclut une alliance avec l'Empereur.

Juin-juillet : Première destruction française du Palatinat.

17 juillet : Karl Ludwig envoie un cartel à Turenne.

2 août : Naissance de Philippe, duc de Chartres, futur Régent.

7 août : Mort de la raugrave Friederike.

1675   *15-16 janvier* : Naissance de Saint-Simon.

Mars : « Grande maladie » de Madame.

22 avril : Naissance du raugrave Karl Kasimir.

4 juin : Profession de Louise de La Vallière aux Carmélites de la rue Saint-Jacques.
27 juillet : Turenne tué à Sasbach.
Août : Esclandre au Palais-Royal, impliquant les chevaliers de Lorraine et de Châtillon.
11 août : Défaite du maréchal de Créqui à Consarbrück.
3 septembre : Prise de Trèves par une armée hanovrienne.
Début septembre : Maladie du duc de Valois.

1676   *16 mars* : Mort du duc de Valois.
16 avril : Monsieur rejoint à Pont-Sainte-Maxence le Roi qui va commander l'armée de Flandre.
11 mai : Monsieur prend Bouchain.
Début juillet : Monsieur rentre à Saint-Cloud.
13 septembre : Naissance d'Elisabeth-Charlotte, future duchesse de Lorraine.
5 octobre : Baptême à Saint-Cloud du duc de Chartres et de Mlle de Chartres.
Décembre : Chute de Madame en chassant à Versailles.
Décembre : Madame lance la mode des « palatines ».

1677   *7 mars* : Monsieur part pour la Flandre.
18 mars : Mort de Louise von Degenfeld.
11 avril : Monsieur bat le prince d'Orange à Cassel.
20 avril : Monsieur prend Saint-Omer.
3 mai : Monsieur est de retour à Paris.
4 mai : Naissance de Mlle de Blois, future duchesse de Chartres.
Août : Mme de Ludres quitte la cour de Madame.
4 novembre : Guillaume d'Orange épouse à Londres la princesse Mary.
22 novembre : Madame supplie son père de renoncer à son projet de divorce.

1678   *Mars* : Maladie de Madame.
17 septembre : Signature à Nimègue de la paix entre la France et l'Espagne.
10-13 octobre : Fêtes de Saint-Cloud inaugurant le nouveau château.

1679   *5 février* : Signature à Nimègue de la paix entre la France et l'Empereur.
22 août-28 septembre : Sophie de Hanovre visite la cour de France.
24 août : Mort du cardinal de Retz.
31 août : Marie-Louise d'Orléans épouse à Fontainebleau Charles II d'Espagne.
11 septembre : Naissance de Léopold-Joseph de Lorraine, futur gendre de Madame.
18 octobre : Disgrâce d'Arnauld de Pomponne et installation de Colbert de Croissy aux Affaires étrangères.
28 décembre : Mort à Augsbourg du duc Johann Friedrich de Hanovre.

1680   *28 janvier* : Mariage du Dauphin et de Marie-Anne de Bavière.
11 février : Mort d'Elisabeth, abbesse de Herford et tante de Madame.
18 mars : La Dauphine arrive à Saint-Germain.
9 mai : Monsieur et Madame reçoivent la Dauphine à Saint-Cloud.
14 mai : Audience de Spanheim à Saint-Cloud.

7 septembre : Mort de l'électeur Karl Ludwig (28 août selon le calendrier julien).
12 septembre : Le baron Gecks porte « brusquement » la nouvelle à Madame.
Décembre : Scandale homosexuel rue aux Ours.

1681   *15 avril :* Louis XIV va admirer Saint-Cloud paré de son ameublement complet.
28 juin : Mort de Mlle de Fontanges.
25 septembre : Début des *Mémoires* de Sourches.
23 octobre : Louis XIV entre à Strasbourg. Madame y revoit sa mère.

1682   *6 mai :* La Cour s'installe définitivement à Versailles.
Juin : Louis XIV sévit contre la « Confrérie italienne ».
6 août : Naissance du duc de Bourgogne, fils aîné du Dauphin.
Août : Monsieur chasse Mlle de Théobon.
19 septembre : Madame écrit à sa tante Sophie une grande lettre « ou plutôt un livre ».
22 novembre : Georg Ludwig, fils de Sophie, épouse sa cousine Sophie-Dorothée.
29 novembre : Mort à Westminster du prince palatin Rupert.

1683   *Janvier :* La raugrave Caroline épouse le comte von Schomberg.
Janvier : L'électeur Karl cherche à récupérer les perles de la reine de Bohême.
1er mars : Naissance de Caroline von Ansbach, future reine d'Angleterre.
26 mai : Louis XIV et sa cour partent pour l'Alsace.
15 juin : L'abbé Dubois sous-précepteur du duc de Chartres.
4 juillet : Madame revoit sa mère à Bockenheim.
20 juillet : La Cour rentre à Versailles.
30 juillet : Mort de la reine Marie-Thérèse.
6 septembre : Mort de Colbert.
12 septembre : Jan III Sobieski sauve Vienne des Turcs.
25 septembre : Madame échappe de justesse à un accident de chasse à Fontainebleau.
9-10 octobre (?) : Mariage secret de Louis XIV avec Mme de Maintenon.
10 novembre : naissance du prince hanovrien Georg August, futur roi George II d'Angleterre.
18 novembre : Mort à Courtrai du comte de Vermandois.
19 décembre : Naissance du duc d'Anjou, futur roi d'Espagne.

1684   *5 mars :* Formation d'une ligue antiturque unissant Venise, l'Empereur, le roi de Pologne et le Pape.
1er avril : Dangeau commence son *Journal*.
10 avril : Mariage d'Anne-Marie d'Orléans avec le duc de Savoie.
Avril-juin : Voyage de Louis XIV en Flandre ; Madame « fort affligée de ne pas être du voyage ».
15 juin : Mme de Ventadour, nouvelle dame d'honneur de Madame, prête serment.
3 juillet : Lettre à Polier de Bottens sur l'immortalité de l'âme.
6 juillet : Mort d'Anne de Gonzague, Princesse Palatine.
Juillet : Monsieur permet à Madame de visiter Mlle de Théobon.

15 août : Trêve de Ratisbonne (Regensburg).
14-21 septembre : « Grande maladie » de Monsieur.
21 octobre : Madame rejoint la Cour à Fontainebleau.

1685 *6 février :* Mort de Charles II d'Angleterre ; avènement de Jacques II.
Février-septembre : Spanheim passe huit mois à Londres.
3 mars : Départ des ambassadeurs français pour le Siam.
11 mai : Louis XIV fait sermonner Madame.
15 mai : Audience du doge de Gênes.
24 mai : Madame adresse une lettre de justification à Louis XIV.
16/26 mai : Mort de l'électeur Karl, frère de Madame.
Fin juin : Madame va pleurer quelques jours à Maubuisson.
17 octobre : Édit de Fontainebleau révoquant l'édit de Nantes.
29 octobre : L'électeur Friedrich Wilhelm de Brandebourg signe l'édit
de Potsdam.
6 décembre : Naissance de Marie-Adélaïde de Savoie, future duchesse
de Bourgogne.

1686 *16/26 mars :* Mort de Charlotte von Hessen-Cassel, mère de Madame.
21 mai : Louis XIV envisage un séjour aux eaux de Barèges ; Madame
ne sera pas du voyage.
6 juin : Lettres patentes pour la fondation de Saint-Cyr.
18 juin : Retour des ambassadeurs français du Siam.
25 juin : Venise organise des fêtes en l'honneur du duc de Brunswick
qui rejoint la ligue antiturque.
9 juillet : Formation de la Ligue d'Augsbourg.
31 août : Naissance du duc de Berry, troisième fils du Dauphin.
1er septembre : Audience solennelle des ambassadeurs de Siam.
4 septembre : Monsieur et Madame reçoivent les ambassadeurs de Siam
à Saint-Cloud.
18 novembre : Louis XIV opéré de la fistule.
26 novembre : fête offerte à Saint-Cloud au Dauphin et à la Dauphine.
11 décembre : Mort du grand Condé.

1687 *18 janvier :* Baptême des trois fils du Dauphin ; Madame marraine du
duc de Bourgogne.
Mars : Les deux fils cadets de Sophie arrivent à Paris.
22 mars : Mort de Jean-Baptiste Lully.
26 septembre : Explosion du Parthénon.
29 septembre : Les Turcs abandonnent Athènes à Francesco Morosini.
27 décembre : Boisfranc condamné à rendre à Monsieur 675 000 livres.

1688 *21 février :* Madame opérée d'un abcès sous le bras droit.
Avril : Louis XIV veut marier deux de ses bâtards aux enfants de
Monsieur et Madame.
9 mai : Mort du grand électeur Friedrich Wilhelm.
8 juillet : La flotte vénitienne quitte Athènes pour Nègrepont.
12 août : Mort de Karllutz à Nègrepont.
25 septembre : Le Dauphin va commander l'armée du Rhin.
27 septembre : Mort du comte de Beuvron.
24 octobre : Les Français occupent Heidelberg.
29 octobre : Philippsburg se rend ; Madame apprend la mort de
Karllutz.
5 novembre : Guillaume d'Orange débarque à Torbay.

12 novembre : Capitulation de Mannheim.
14 novembre : Le Dauphin à Heidelberg.
19 novembre : Capitulation de Frankenthal.
28 novembre : Retour du Dauphin.
4 décembre : Madame reçoit l'envoyé Johann Weingard.
31 décembre : Grande promotion de l'Ordre ; Madame donne sa nomination à son chevalier d'honneur La Rongère.

1689 *2 janvier* : Fuite de Jacques II d'Angleterre.
6-7 janvier : Le roi et la reine d'Angleterre s'installent à Saint-Germain.
13 janvier : Louis XIV décide la destruction de Heidelberg.
24 janvier : Audience de congé de Spanheim (fin 1er séjour).
12 février : Mort de Marie-Louise d'Orléans, reine d'Espagne.
23 février : Guillaume et Marie proclamés conjointement roi et reine d'Angleterre.
2 mars : Destruction du château de Heidelberg et d'une partie de la ville.
5-25 mars : Destruction de Mannheim et du Friedrichsburg.
19 avril : Mort de Christine de Suède à Rome.
13 mai : Mort de Mme de Durasfort, dame d'atour de Madame.
15 mai : Monsieur partage la charge de dame d'atour entre Mme de Châtillon et Mlle de Châteautiers.
Juin : Incendie de Speyer, Worms et Oppenheim.
Juillet : Incendie de Landau.
4 juillet : Louis XIV visite le nouveau parc et l'orangerie de Saint-Cloud.
5 août : Madame s'oppose à ce qu'Effiat soit gouverneur du duc de Chartres.
28 août : Charles II épouse Marie-Anne von Neuburg, belle-sœur de l'Empereur.
24 septembre : Un jury de diplomates interroge le duc de Chartres sur l'Allemagne devant Monsieur et Madame.
26 septembre : Le marquis d'Arcy nommé gouverneur du duc de Chartres.

1690 *1er janvier* : Madame privée d'étrennes royales.
2 janvier : Mort du raugrave Karl Eduard à Zanek.
20 avril : Mort de la dauphine Marie-Anne de Bavière.
25 avril : Madame va donner l'eau bénite.
17 mai : Le Dauphin va commander l'armée d'Allemagne.
5 juin : Service à Saint-Denis de la Dauphine.
1er juillet : William III remporte la victoire de la Boyne.
2 septembre : Mort à Vienne de l'électeur palatin Philipp Wilhelm (Neuburg).
7 octobre : Retour du Dauphin à Fontainebleau.

1691 Début de la chronique des *Mémoires* de Saint-Simon.
15 mars : Mme de Montespan fait dire par Bossuet qu'elle quitte la Cour.
17 mars : Louis XIV, Monsieur et les princes quittent Versailles pour le siège de Mons.
8 avril : Capitulation de Mons.
16-17 avril : Retour du Roi et des princes.
18 avril : Mort à Wolfenbüttel du raugrave Karl Kasimir.

30 avril : Madame assiste au service du bout-de-l'an de la Dauphine.
23 mai : Le duc de Chartres part pour l'armée de Flandre.
16 juillet : Mort de Louvois à Versailles.
19 septembre : Le duc de Chartres se distingue à la bataille de Leuze.
20 septembre : Le raugrave Karl August tombe à Marche-en-Famenne.
28 septembre : Le duc de Chartres arrive à Fontainebleau.

1692   *9 janvier* : Déclaration du mariage du duc de Chartres et de Mlle de Blois.
8 février : Mort du père Jourdan, confesseur de Madame.
12 février : Déclaration du mariage du duc du Maine et de Mlle de Charolais.
17-18 février : Fiançailles et mariage du duc de Chartres.
26 février : Louis XIV visite le Palais-Royal.
18-19 mars : Fiançailles et mariage du duc du Maine.
10 mai : Le Roi, Monsieur et les princes partent pour l'armée de Flandre.
5 juin : Capitulation de Namur.
30 juin : Capitulation de la citadelle de Namur.
13-14 juillet : Louis XIV reçu à Villers-Cotterêts par Monsieur et Madame.
19 juillet : Le Roi va visiter les travaux du Palais-Royal.
3 août : Le duc de Chartres blessé à la bataille de Steinkerque.
2 décembre : Un 9ᵉ électorat est créé pour Ernst August de Hanovre.

1693   *Février* : Mort de la princesse de Tarente à Francfort.
5 avril : Mort de la Grande Mademoiselle.
22-23 mai : Le maréchal de Lorge ravage Heidelberg.
25 mai : Mort de Mme de La Fayette.
27 mai : *Te Deum* à Notre-Dame pour la conquête de Heidelberg.
1ᵉʳ juin : Le duc de Chartres rejoint l'armée du maréchal de Luxembourg.
5-20 juillet : Madame a la variole.
29 juillet : Bataille de Neerwinden.
Août : Madame passe sa convalescence à Colombes.
17 décembre : Naissance de Mlle de Valois.

1694   *31 mai* : Départ du duc de Chartres pour l'armée de Flandre.
1ᵉʳ-2 juillet : Disparition à Hanovre du comte von Königsmarck.
Août : Lydie de Théobon-Beuvron songe à épouser le marquis d'Effiat.
2 octobre : Retour du duc de Chartres.
Octobre : Madame et Sophie échangent des plaisanteries stercorales.
17 octobre : Mort de Mlle de Valois.
24 novembre : Naissance de Voltaire.
28 décembre : Mort de la reine Marie ; dissolution du mariage de Georg Ludwig et de sa cousine Sophie Dorothée.
Fin 1694 ou début 1695 : L'abbé de Saint-Pierre achète la charge de premier aumônier de Madame.

1695   *30 mai* : Mort de Pierre Mignard.
19 juin : Madame veut rejoindre l'armée de Flandre pour soigner son fils malade.
20 août : Naissance de Marie-Louise-Elisabeth d'Orléans, future duchesse de Berry.

1er septembre : Reddition de Namur.
11 septembre : Le duc de Chartres rentre de Flandre.

1696   *17 avril :* Mort de Mme de Sévigné.
3 juin : Mort de Christian August von Haxthausen, ami d'enfance de Madame.
Juin : Le duc de Chartres impliqué dans une affaire de sorcellerie.
7 juillet : Mort à Londres de la raugrave Caroline.
28 juillet : Mort de Colbert de Croissy.
10 septembre : Publication à Paris de la paix de Savoie.
15 septembre : Signature à Turin du contrat de mariage de Marie-Adélaïde de Savoie et du duc de Bourgogne.
16 octobre : La princesse de Savoie reçue par sa maison au Pont-Beauvoisin.
4 novembre : Elle est accueillie par Louis XIV à Montargis.
5 novembre : Elle est présentée à Madame à Fontainebleau.

1697   *1er mars :* Départ des plénipotentiaires de la paix pour Delft.
Avril : Madame plaide auprès de Louis XIV la cause du margrave de Bade Friedrich Magnus.
24 mai : Madame tombe de cheval et se démet le bras droit.
10 août : Prise de Barcelone.
20 septembre : La France, l'Angleterre, l'Espagne et les Provinces-Unies signent la paix de Ryswick.
30 octobre : L'Empereur signe le traité de paix.
7 décembre : Mariage du duc de Bourgogne et de Marie-Adélaïde de Savoie.
31 décembre : Couvonges, envoyé du duc de Lorraine, obtient la main de Mademoiselle pour son maître.

1698   Mémoires des intendants des provinces pour l'instruction du duc de Bourgogne.
2 février : Spanheim arrive à Paris (2e séjour).
3 février : Mort à Hanovre du duc Ernst August (24 janvier, vieux style).
18 février : Madame apprend ce décès.
5 avril : Naissance de Charles de Saint-Albin, fils du duc de Chartres.
12 août : Les princes hessois Carl et Wilhelm, neveux de Madame, arrivent à Paris.
13 août : Naissance de Louise-Adélaïde d'Orléans, Mlle de Chartres, future abbesse de Chelles.
18 août : Mort de la princesse d'Espinoy, amie de Madame.
19 août : Baptême à Saint-Cloud de Mlle de Chartres.
Septembre : Grandes manœuvres du « camp de Compiègne ».
8 octobre : Arrivée du courrier de Rome apportant la dispense pour le mariage de Mademoiselle, fille de Madame.
13 octobre : Mariage d'Elisabeth-Charlotte avec le duc Léopold de Lorraine.
16 octobre : La duchesse de Lorraine part pour Nancy.

1699   *Janvier :* Madame cherche à marier le margrave d'Ansbach à Mlle de Condé.
11 avril : Monsieur signe son testament.
14 juillet : Louis XIV va admirer la nouvelle cascade de Saint-Cloud.

15 août : Le voyage en Lorraine de Monsieur et Madame est « rompu ».

26 août : Naissance du premier des quatorze enfants de la duchesse de Lorraine.

20 novembre : Arrivée du couple de Lorraine pour l'hommage lige de Bar.

25 novembre : Cérémonie de l'hommage lige du duché de Bar.

1er décembre : Départ du duc de Lorraine.

28 décembre : Départ de la duchesse de Lorraine.

1700   *13-25 mars* : Traités de partage de la succession d'Espagne entre la France, l'Angleterre et les Provinces-Unies.

4 avril : Mort du petit prince de Lorraine.

8 juillet : Madame accueille à Saint-Cloud le jeune margrave Christoph von Baden.

2 octobre : Charles II signe son testament en faveur du duc d'Anjou.

22 octobre : Naissance de Charlotte-Aglaé d'Orléans, Mlle de Valois, future duchesse de Modène.

1er novembre : Mort de Charles II d'Espagne.

16 novembre : Déclaration du nouveau roi d'Espagne Philippe V.

4 décembre : Départ de Philippe V.

8 décembre : L'électeur de Brandebourg se déclare roi de Prusse.

1701   *Janvier* : Maladie de Madame.

19 mars : Monseigneur a une attaque d'apoplexie.

28 mars : Spanheim quitte Paris (fin 2e séjour).

Fin mars : *Act of Settlement* : le Parlement appelle Sophie de Hanovre et ses descendants à la succession du trône d'Angleterre.

9 juin : Mort de Monsieur à Saint-Cloud.

11 juin : Réconciliation de Madame et Mme de Maintenon.

26 juin : Madame écrit au pape Clément XI.

23 juillet : Service de Monsieur à Saint-Denis.

16 septembre : Mort de Jacques II.

3 novembre : Philippe V épouse Marie-Louise de Savoie.

1702   *6 février* : Un acte passé par-devant Me Bellanger règle la situation financière de Madame.

17 février : Arbitrage pontifical de Clément XI qui déboute Madame.

1er mars : Mort d'Anna Katharina von Harling-Offeln.

19 mars : Mort de Guillaume III.

4 mai : Madame perd Mione, son épagneule favorite.

13 juin : Mort du raugrave Karl Moritz à Herrenhausen.

8 décembre : Mort du chevalier de Lorraine.

1703   *25 mai* : La duchesse de Ventadour, dame d'honneur de Madame, quitte sa charge.

10 juillet : La duchesse de Brancas déclarée dame d'honneur de Madame.

4 août : Naissance de Louis d'Orléans, fils du duc d'Orléans.

17 août : Début d'une grave maladie de Madame.

24 septembre : Madame rejoint la Cour à Fontainebleau.

22 décembre : Mort de La Rongère, chevalier d'honneur de Madame.

1704 *28 janvier :* Naissance de Louis de Lorraine, petit-fils de Madame.
25 juin : Naissance du 1er duc de Bretagne.
11 juillet : Le marquis de Souliers déclaré chevalier d'honneur de Madame.
13 août : Défaite de Höchstädt/Blenheim.
21 août : Louis XIV reçoit les premières nouvelles de Höchstädt.
24 août : Victoire navale de Velez-Malaga.
23 novembre : Capitulation de Landau.
1er décembre : Sophie de Hanovre reçoit John Marlborough.

1705 *1er février :* Mort de Sophie-Charlotte, fille de Sophie et reine de Prusse.
16 février : La duchesse de Lorraine accouche d'une fille.
13 avril : Mort du 1er duc de Bretagne.
5 mai : Mort de l'empereur Léopold Ier.
28 août : Mort du duc Georg Wilhelm, beau-frère de Sophie.
Début septembre : Mariage de Georg August (futur George II) et Caroline von Ansbach.
9 octobre : L'archiduc Karl entre à Barcelone.
13 décembre : Madame se foule le pied et le genou.

1706 *Début janvier :* On vole trois diamants à Madame.
4 mars : La duchesse de Lorraine accouche d'une fille qui meurt en juin.
23 avril : Mort de Wilhelmine Ernestine, belle-sœur de Madame.
23 mai : Villeroy battu à Ramillies.
1er juillet : Le duc d'Orléans part commander l'armée d'Italie.
21 août : Madame rédige son testament à Marly.
28 août : Le duc d'Orléans arrive devant Turin.
7 septembre : Le prince Eugène écrase l'armée française près de Turin.
8 novembre : Retour du duc d'Orléans.
27 novembre : Mme de Châtillon quitte le service de Madame.

1707 *8 janvier :* Naissance du second duc de Bretagne.
1er avril : Le duc d'Orléans part commander l'armée d'Espagne.
25 avril : Naissance du prince lorrain Leopold Clemens ; victoire du maréchal de Berwick à Almanza.
25 mai : Prise de Saragosse par le duc d'Orléans.
27 mai : Mort de Mme de Montespan aux eaux de Bourbon.
11 juillet : Villars s'empare de Heidelberg.
25 août : Naissance du prince des Asturies.
13 octobre : L'armée du duc d'Orléans s'empare de Lerida.
3 novembre : Madame éteint chez elle un début d'incendie.
11 novembre : Capitulation de la citadelle de Lerida.
1er décembre : Madame refuse de signer le contrat de mariage du prince de Talmond.
30 décembre : Retour du duc d'Orléans.
31 décembre : Le duc de Lorraine échange ses droits sur Commercy contre Fénétrange et Falkenstein que lui cède le prince de Vaudémont.

1708 *Février :* Maladie de Madame.
23 février : Le duc d'Orléans repart pour l'Espagne.
11 juillet : Il prend Tortosa ; défaite d'Audenarde.

22 octobre : Capitulation de Lille.

23 octobre : Mort de Lydie de Théobon-Beuvron, amie de Madame.

6 décembre : Retour d'Espagne du duc d'Orléans.

8 décembre : Naissance du prince lorrain Franz Stephan, futur Empereur.

9 décembre : Capitulation de la citadelle de Lille.

Mi-décembre : Réconciliation de Madame avec la duchesse de Bourgogne.

30 décembre : Capitulation de Gand.

1709   *6 janvier* : Début du « grand hiver ».

11 février : Mort de l'abbesse de Maubuisson.

Fin mars : Mort de la troisième fille de la duchesse de Lorraine.

Avril-mai : Crise frumentaire.

9 juin : Chamillart remplacé par Voisin.

12 juin : Lettre de Louis XIV aux gouverneurs des provinces.

13 juillet : Mort à Heidelberg de la raugrave Amélie-Elisabeth (« Amelise »).

29 juillet : Perte de la ville de Tournai.

Juillet : Madame découvre que son trésorier Davoust la vole depuis des années.

2 septembre : Capitulation de la citadelle de Tournai.

11 septembre : Bataille de Malplaquet.

20 octobre : Mons capitule.

Novembre : L'électeur de Bavière visite la Cour.

11 décembre : Naissance de Louise-Elisabeth d'Orléans, Mlle de Montpensier, future princesse des Asturies.

1710   *1er janvier* : Le Roi suspend les étrennes de la famille royale.

3 janvier : Le duc d'Orléans renvoie Mme d'Argenton.

15 février : Naissance du duc d'Anjou, futur Louis XV.

1er mars : Suicide du sieur Davoust, trésorier de Madame.

2 juin : Déclaration du mariage du duc de Berry.

5 juin : Consécration de la nouvelle chapelle de Versailles.

6 juin : Mort de Louise de La Vallière.

6 juillet : Le duc de Berry épouse Mademoiselle.

4 novembre : Accident de chasse du duc d'Orléans.

21 novembre : Madame se foule le pied.

25 novembre : Mort d'Ezechiel Spanheim à Londres.

10 décembre : Vendôme remporte la victoire de Villaviciosa.

1711   *26 mars* : Madame perd sa première femme de chambre, Mme Busca.

14 avril : Mort du Dauphin.

17 avril : Mort de l'empereur Joseph Ier.

Début mai : La duchesse de Lorraine perd trois de ses enfants.

7 juillet : Mort à Paris d'Étienne Polier de Bottens.

21 juillet : La duchesse de Berry accouche d'une fille morte.

12 septembre : Marlborough s'empare de Bouchain.

8 octobre : Préliminaires anglo-français de Londres.

12 octobre : L'archiduc Karl élu Empereur.

31 octobre : Madame procure la recette d'Helvétius à l'envoyé danois Wernicke.

1712   *7 janvier :* Louis XIV prie Madame de réprimander la duchesse de Berry.
29 janvier : Ouverture du congrès d'Utrecht.
12 février : Mort de la duchesse de Bourgogne.
18 février : Mort du duc de Bourgogne.
8 mars : Mort du second duc de Bretagne.
17 juillet : Suspension d'armes franco-anglaise en Flandre.
24 juillet : Villars victorieux à Denain.
10 octobre : Nicolas-Joseph Foucault chef du Conseil de Madame.
5 novembre : Philippe V renonce à la couronne de France.
7 novembre : Le Portugal signe la paix avec la France.
31 décembre : Sourches arrête la rédaction de ses *Mémoires.*

1713   *Janvier-août :* Premier séjour parisien du baron von Pöllnitz.
25 février : Mort du roi de Prusse Frédéric Ier.
15 mars : Le Parlement enregistre les renonciations des ducs de Berry et d'Orléans à la couronne d'Espagne.
26 mars : Naissance du duc d'Alençon, fils du duc de Berry.
11 avril : Signature des traités d'Utrecht.
16 avril : Mort du duc d'Alençon.
6 mai : Madame obtient une augmentation de pension.
20 août : Capitulation de Landau.
8 septembre : Le Pape signe la constitution *Unigenitus.*
12 septembre : Mort du marquis de Souliers, chevalier d'honneur de Madame.
16 novembre : Capitulation de Fribourg.
26 novembre : Début des négociations de Rastadt.

1714   *14 février :* Mort de la reine d'Espagne Marie-Louise de Savoie.
15 février : Louis XIV contraint le Parlement à enregistrer *Unigenitus.*
6 mars : Signature du traité de Rastadt.
25 mars : Mort de Charlotte-Amélie, reine de Danemark et cousine germaine de Madame.
27 mars : Mort du duc-romancier Anton Ulrich von Braunschweig.
4 mai : Mort du duc de Berry.
8 juin : Mort de l'électrice Sophie à Herrenhausen.
16 juin : La duchesse de Berry accouche d'une fille qui ne vivra pas.
1er août : Mort de la reine Anne et proclamation de Georg Ludwig sous le nom de George Ier.
2 août : Le Parlement enregistre l'édit appelant les légitimés à la succession au trône.
20 septembre : Entrée à Londres de Georg Ludwig.
18 décembre : Naissance de Philippe-Elisabeth d'Orléans, Mlle de Beaujolais.
24 décembre : Philippe V épouse Elisabeth Farnèse.

1715   *5 février :* Lord Stair remet à Madame un bézoard de la part de Caroline de Galles.
19 février : Audience de l'ambassadeur de Perse.
23 mai : Édit royal conférant aux bâtards la qualité de princes du sang.
10 août : Louis XIV rentre très malade de Marly.
1er septembre : Mort de Louis XIV.
2 septembre : Le Parlement casse le testament de Louis XIV et confie la Régence au duc d'Orléans.

6 septembre : Le Régent et Madame visitent Mme de Maintenon à
 Saint-Cyr.
15 septembre : Déclaration royale établissant les six conseils.
24 septembre : Première lettre de Madame à Caroline de Galles.
26 septembre : Première lettre de Madame à Leibniz.
8 novembre : Eberhard von Harling, capitaine des gardes de Madame,
 prête serment.
11 novembre : Madame se foule la main.

1716 *2 janvier :* Débarquement du chevalier de Saint-George à Peterhead.
10 janvier : Incendie au Palais-Royal.
Début avril : Début de la correspondance avec Sophie Dorothée de
 Prusse.
14 avril : Madame chapitre l'abbé Mascara.
17 avril : Madame fait libérer un « insensé » qui veut catapulter le
 Saint-Esprit dans le Palais-Royal.
2 mai : Le Conseil de Régence approuve le projet de la Banque de Law.
28 mai : Madame s'installe à Saint-Cloud pour la belle saison.
8 juin : Mort de l'électeur palatin Johann Wilhelm (Neuburg).
27 juin : Naissance de Louise-Diane d'Orléans, Mlle de Chartres,
 future princesse de Conti.
9 octobre : Dubois et lord Stanhope signent la convention franco-
 anglaise.
5 novembre : Dernière lettre de Madame à Leibniz.
14 novembre : Mort de Leibniz à Hanovre.
28 novembre : Madame vient passer l'hiver à Paris.

1717 *4 janvier :* Signature de la Triple Alliance.
Janvier-mai : Grave maladie de Madame.
15 février : Louis XV a sept ans ; il passe sous la conduite des hommes.
Mai-juin : Séjour de Pierre le Grand à Paris.
14 mai : Le Tsar visite Madame au Palais-Royal.
17 mai : Louise-Adélaïde d'Orléans commence son noviciat à Chelles.
23 mai : Le Tsar visite Saint-Cloud sans voir Madame.
29 mai : Madame s'installe à Saint-Cloud pour l'été.
30 juillet : Prise d'habit de Louise-Adélaïde à Chelles.
15 août : Traité d'Amsterdam entre la France, la Russie et la Prusse.
19 novembre : Madame vient passer l'hiver à Paris.
23 novembre : Madame commence à correspondre avec la comtesse von
 Bückeburg.

1718 *10 février :* Madame visite sa petite-fille à Chelles.
16 février : Soutenance en Sorbonne de l'abbé de Saint-Albin.
18 février-8 avril : Séjour à Paris du duc et de la duchesse de Lorraine.
28 février : La duchesse de Berry leur offre une grande fête au
 Luxembourg.
12 mars : Madame obtient la mise en liberté du fils de son conseiller
 Foucault.
4 avril : L'Empereur signe la Quadruple Alliance.
21 avril : Visite à Chelles.
27 avril : Madame s'installe pour l'été à Saint-Cloud.
7 mai : Mort à Saint-Germain de la veuve de Jacques II.
8 juin : Madame pose la première pierre de l'église de l'Abbaye-aux-
 Bois.

23 août : Louise-Adélaïde fait sa profession à Chelles.
26 août : Lit de justice abaissant les bâtards et les parlementaires, que Saint-Simon va annoncer à Madame à Saint-Cloud.
24 septembre : Dubois ministre et secrétaire d'État.
26 novembre : Madame revient à Paris pour l'hiver.
30 novembre : Madame assiste à une représentation d'*Œdipe* de Voltaire.
8 décembre : Découverte de la conspiration de Cellamare.
12 décembre : Mort de Charles XII de Suède.
29 décembre : Arrestation du duc et de la duchesse du Maine.

1719 *3 janvier :* Incendie du château de Lunéville.
9 janvier : La France déclare la guerre à l'Espagne.
19 janvier : Début de la correspondance avec le baron F. W. von Görtz.
2 mars : Décapitation de G. H. von Görtz, le *Schwedengörtz*.
15 avril : Mort de Mme de Maintenon à Saint-Cyr.
27 avril : Madame s'installe à Saint-Cloud.
3 juin : Mort du marquis d'Effiat.
22 juillet : Mort de la duchesse de Berry.
14 septembre : Installation de Louise-Adélaïde, abbesse de Chelles.
2 décembre : Madame vient passer l'hiver à Paris.

1720 *11-12 février :* Fiançailles et mariage de Mlle de Valois avec le duc de Modène.
12 mars : Départ de la duchesse de Modène.
25 mars : Mort de Mortagne, chevalier d'honneur de Madame.
14 avril : Dubois archevêque de Cambrai.
20 avril : Madame va passer l'été à Saint-Cloud.
17 juillet : Émeute de la rue Vivienne.
16 août : Dernière entrée du *Journal* de Dangeau qui meurt le 9 septembre.
7 décembre : Madame vient passer l'hiver à Paris.
8 décembre : Madame marraine de deux Indiens d'Asie baptisés.
14 décembre : John Law quitte Paris.

1721 *Janvier :* Maladie de Madame.
8 février : Mort de N. J. Foucault, chef du conseil de Madame.
17 avril : Madame apostrophée par une harengère de la rue Saint-Martin.
24 avril : Madame va passer l'été à Saint-Cloud.
16 juillet : Dubois nommé cardinal.
14 septembre : Annonce officielle du mariage de Louis XV et de l'Infante.
25 septembre : Réception du cardinal Dubois à Saint-Cloud.
29 septembre : Annonce du mariage du prince des Asturies et de Mlle de Montpensier.
2 octobre : Madame reçoit au Palais-Royal les compliments de la Cour.
23 octobre : Départ de Saint-Simon pour l'Espagne.
16 novembre : Madame représente l'Infante d'Espagne au mariage de Louis XV.
25 novembre : Signature à Madrid du contrat de mariage de Louis XV avec l'Infante.
6 décembre : Madame vient passer son dernier hiver à Paris.

1722   *20 janvier :* Mlle de Montpensier épouse le prince des Asturies.
5 février : Mort à Celle d'Éléonore d'Olbreuse.
2 mars : Arrivée à Paris de l'Infante.
18 avril : Madame s'établit à Saint-Cloud pour l'été.
26 avril : Madame assiste au sacre de l'abbé de Saint-Albin.
Début mai : Le chirurgien de Madame s'évanouit en pleine saignée.
15 juin : Louis XV retourne à Versailles.
22 août : Dubois déclaré Premier ministre.
12 octobre : Madame commence son voyage de Reims.
25 octobre : Sacre de Louis XV à Reims.
3 novembre : Madame est de retour à Saint-Cloud.
20 novembre : Fiançailles de Mlle de Beaujolais et de l'infant don Carlos.
27 novembre : Mort de la maréchale de Clérambault.
1ᵉʳ décembre : Mlle de Beaujolais part pour l'Espagne.
3 décembre : Dernière lettre de Madame, à Louise.
5 décembre : Mort à Rome de la princesse des Ursins.
7 décembre : Madame reçoit les derniers sacrements.
8 décembre : Mort de Madame.
10 décembre : Convoi de Madame à Saint-Denis.

1723   *5 février :* Service de Madame à Saint-Denis.
16 février : Majorité de Louis XV ; fin de la Régence.
18 mars : Service de Madame à Laon.
10 août : Mort du cardinal Dubois.
2 décembre : Mort du Régent.
Décembre : Fin de la chronique des *Mémoires* de Saint-Simon.

NOTES

Le lecteur trouvera dans la bibliographie un aperçu des éditions et des anthologies de la correspondance de Madame (section II et III), avec les abréviations des éditions les plus courantes telles qu'elles sont utilisées dans les notes. En voici la liste :

Hol. I-VI : W. L. HOLLAND, *Briefe der Herzogin Elisabeth Charlotte von Orléans,* Stuttgart/Tübingen, 1867-1881, 6 vol.

Bod. I-II : Ed. BODEMANN, *Aus den Briefen der Herzogin Elisabeth Charlotte von Orléans an die Kurfürstin Sophie von Hannover,* Hanovre, 1891, 2 vol.

Har. : Ed. BODEMANN, *Briefe der Herzogin Elisabeth Charlotte von Orléans an ihre frühere Hofmeisterin A. K. von Harling, und deren Gemahl,* Hanovre/Leipzig, 1895.

Pol. : S. HELLMANN, *Aus den Briefen der Herzogin Elisabeth Charlotte von Orléans an Etienne Polier de Bottens,* Tübingen, 1903.

Hel. : H. F. HELMOLT, *Elisabeth Charlottens Briefe an Karoline von Wales,* Annaberg, 1909.

Bru. I-II : G. BRUNET, *Correspondance complète (sic) de Madame duchesse d'Orléans,* Paris, 1855, 2 vol.

Rol. : A.-A. ROLLAND, *Lettres inédites de la Princesse Palatine,* Paris, 1867.

Jae. I-III : E. JAEGLÉ, *Correspondance de Madame Duchesse d'Orléans,* 2ᵉ éd., Paris, 1890, 3 vol.

Je renvoie aux *Mémoires* de Saint-Simon dans l'irremplaçable édition réalisée par A. de Boislisle et ses collaborateurs (Hachette, 1889-1928, 41 + 2 vol.) à l'aide du sigle B. précédant la tomaison et la pagination.

CHAPITRE PREMIER : DEUX NOCES PRINCIÈRES ET DEUX JARRETIÈRES PERDUES

1. A. FURETIÈRE, *Dictionnaire universel,* Rotterdam, 1690, art. « Palatin ».
2. F. SPANHEIM, *Mémoires sur la vie et la mort de la Sérénissime Princesse Loyse Juliane...,* 1645, p. 101.
3. Voir le portrait en pied d'Elisabeth par G. Van Honthorst au *Kurpfälzisches Museum* de Heidelberg ; elle y est représentée portant les fameuses perles de Catherine de Médicis. L'édition de saint Jean Chrysostome se trouve actuellement au Vatican. Elle fut publiée à Eton par J. Norton en 1613.

4. *Heaven's Blessing and Earth's Joy, or a True Relation of the Supposed Sea-Fights and Fire-Workes as Were Accomplished before the Royall Celebration of the All-beloved Marriage of the Two Peerlesse Paragons of Christendom, Frederick and Elizabeth*, Londres, 1613.

5. Cité par J. Bertrand, « Une amie de Descartes, Elisabeth, princesse de Bohême », in *Revue des deux mondes*, 1890, t. VI, p. 95.

6. R. Strong, *Splendour at Court. Renaissance Spectacle and Illusion*, p. 249.

7. *Cf.* L. Häusser, *Geschichte der Rheinischen Pfalz*, II, pp. 257-294.

8. F. Spanheim, *o.c.*, p. 142.

9. Hol. III, 223 (31 mars 1718).

10. *Cf.* C. Oman, *Elizabeth of Bohemia*, p. 172, et F. E. Bailey, *Sophia of Hanover and her Times*, p. 31.

11. F. von Moser, *Patriotisches Archiv für Deutschland*, 1787, VII, p. 47.

12 J. Macek, *Histoire de la Bohême des origines à 1918*, pp. 207-208.

13 E. A. Beller, *Caricatures of the « Winter King » of Bohemia, from the Sutherland Collection in the Bodleian Library, and from the British Museum*, Londres, 1928.

14. Cité par C. Oman, *o.c.*, p. 236.

15. Cité par E. Van Beusekom, « Het verblijf van den Winterkoning en zijn gemalin hier te lande », in *Historia*, Utrecht, I, 1936, p. 95.

16 F. Aussaresses et H. Gauthier-Villars, *La Vie privée d'un prince allemand au XVIIe siècle. L'Électeur Palatin Charles-Louis*, p. 5.

17 Les dates concernant les enfants de Friedrich et Elisabeth diffèrent d'une source à l'autre. J'ai repris celles proposées par R. Pillorget, « Die Kinder Friedrichs V. von der Pfalz in Frankreich : Philipp, Eduard und Louise-Hollandine, Äbtissin von Maubuisson », in *Zeitschrift für Bayerische Landesgeschichte*, vol. 44, 1981, p. 262.

18. L. Aubery du Maurier, *Mémoires pour servir à l'histoire de Hollande et des autres Provinces-Unies*, 1697, p. 284.

19. A. Köcher (éd.), *Memoiren der Herzogin Sophie nachmals Kurfürstin von Hannover*, 1879, p. 34. Le texte est en français.

20. La dernière page du manuscrit apprend que l'*Album*, après la mort de Karl Ludwig, a appartenu à son fils Karl Moritz : « *Liber erat Patris. Filii fidelis dedicat hic manibus devota suspina manus magni Parentis. Filius humilis et superstes. Carolus Mauritius Raugravius Palatinus. 1699 : in fine saeculi.* »

21. *Cf.* G. Masson, *Queen Christina*, pp. 127-128.

22. A. Köcher (éd.), *Memoiren der Herzogin Sophie*, p. 38.

23. Le livre de C. Oman sur Elisabeth de Bohême reproduit p. 432 un portrait de William Craven peint par la princesse Louise.

24. K. Hauck (éd.), *Die Briefe der Kinder des Winterkönigs*, p. 224 (6.7.1671).

25. A. Köcher (éd.), *Memoiren der Herzogin Sophie*, pp. 38-39.

26. A. Barine, « Une princesse allemande au XVIIe siècle », in *Revue des deux mondes*, mars 1882, p. 206.

27. Lettre reproduite par W. L. Holland (Hol. VI, 254-256).

28. London, I. Norton et R. Whitaker, 1637. Exemplaires au British Museum et à la New York Public Library.

29. *Cf.* H. R. Trevor-Roper, « Ruprecht der *Cavalier* », in *Zeitschrift für Bayerische Landesgeschichte*, vol. 44, 1981, pp. 241-256.

30. Sur les princes Eduard et Philipp, *Cf.* l'art. de R. Pillorget, n. 17.

31. F. Bluche, *Louis XIV*, p. 105.

32. Petitot et Monmerqué (éd.), *Mémoires du maréchal de Gramont*, LVI, p. 447.

33. L. Häusser, *Geschichte der Rheinischen Pfalz*, II, p. 584.

34. *Mémoires du maréchal de Gramont*, p. 447.

35. Lettre du 29 août 1658, citée par C. Knetsch, *Elisabeth Charlotte von der Pfalz und ihre Beziehungen zu Hessen*, p. 64. Les mots soulignés sont en français dans le texte.

36. La Haye, Michiel Stael et Johannes Breeckevelt, 1650.

CHAPITRE II : KARL LUDWIG ET SES DEUX FEMMES

1. *La Vie et les Amours de Charles-Louis*, éd. 1697, pp. 104-105 ; von Henniges, « Meditationes de instrumento Pacis Westphalicae », cité in *Licht und Schatten in der Schilderung Churfürstens Carl Ludwigs zu Pfalz* (*cf. infra*, n. 5), p. 230.

2. *The Life and Amours of Charles Lewis, Elector Palatine. Done out of French*, Londres, Randal Taylor, 1692. Ex. British Museum.

3. Bod. I, 152 (31 mai 1692), et II, 251 (29 juin 1710).

4. Lünig, *Die Teutsche Reichs-Cantzley*, 1714, II, 156 et *sq.* ; G. Freytag, *Bilder aus der Deutschen Vergangenheit*, Leipzig, 1867, III, pp. 279-294.

5. J. F. A. Kazner, *Louise, Raugräfin zu Pfalz. Eine wahre Geschichte*, Leipzig, 1798 ; « Licht und Schatten in der Schilderung Churfürstens Carl Ludwigs zu Pfalz, von verschiedenen seiner eigenen Diener und gleichzeitigen Schriftstellern », in *Patriotisches Archiv für Deutschland*, t. XI, Mannheim/Leipzig, 1790, pp. 207-230.

6. Lettre du 29 août 1658, citée dans C. Knetsch, *Elisabeth Charlotte von der Pfalz und ihre Beziehungen zu Hessen*, p. 64. Les mots soulignés sont en français dans le texte.

7. *Mémoires de Sophie de Hanovre*, pp. 46-47.

8. *Cf.* C. Knetsch, *o.c.*, p. 7.

9. F. Aussaresses et H. Gauthier-Villars, *La Vie privée d'un prince allemand au XVIIe siècle. L'Électeur Palatin Charles-Louis*, p. 33.

10. Chur-Pfälzischer Hofrat Reiger, *Geschichte der Simmernsche Linie*, éd. et corr. par le Pr. Johannes, *Die ausgelöschte Chur-Pfälzische Simmerische Stamms-Linie aufs neue übersehen und mit verschiedenen Anmerkungen herausgegeben*, Sarrelouis, 1735. Voir aussi L. Häusser, *Geschichte der Rheinischen Pfalz*, II, p. 609. Aussaresses, (*o.c.*, p. 33) se trompe sur la chronologie en suivant Reiger.

11. *Mémoires de Sophie de Hanovre*, pp. 51-52.

12. *La Vie et les Amours de Charles-Louis*, pp. 139-141 et Freytag, *o.c.*, pp. 283-284.

13. F. Aussaresses, *o.c.*, p. 35.

14. Häusser (II, p. 610) situe son arrivée à Heidelberg en 1650.

15. G. Freytag, *o.c.*, p. 282. La version française de ce billet dans *La Vie et les Amours de Charles-Louis* remplit deux pages qui semblent sortir d'un roman de Mlle de Scudéry (pp. 124-126).

16. Aussaresses, *o.c.*, p. 49 et Kazner, *o.c.*, I, p. 117.

17. *Mémoires de Sophie de Hanovre*, pp. 57-58.

18. Kazner, *o.c.*, I, pp. 118-123.

19. Aussaresses, *o.c.*, p. 57.

20. Le tome III de l'ouvrage de Kazner lui est consacré.

21. Kazner, *o.c.*, I, pp. 124-125.

22. *Cf.* Hellmut Diwald, *Luther. Eine Biographie*, pp. 358-359.

23. Bossuet, *Histoire des variations des Églises protestantes*, livre 6.

24. *La Vie et les Amours de Charles-Louis*, pp. 172-173.

25. *O.c.*, pp. 177-180 et Freytag, *o.c.*, p. 292. La version allemande est à peu près identique à la française, si ce n'est que le discours larmoyant de Charlotte, que nous avons abrégé dans le texte cité, ne s'y trouve pas, et que Louise s'adresse en italien à Karl Ludwig : « *Signore Elettore, servate la parola di promessa.* »

26. *Inventaire des biens et meubles de Mme l'Électrice du 10 avril 1686* (Archives nationales, K 552).

27. Bod. II, p. 255 (7 sept. 1710) et II, p. 278 (18 juin 1711).

28. *Mémoires de Sophie de Hanovre*, p. 53.

29. *O.c.*, p. 59.

30. *O.c.*, p. 61.

31. Aussaresses, *o.c.*, p. 75 et K. Hauck, *Karl Ludwig, Kurfürst von der Pfalz*, p. 269.

32. *Cf.* Kazner, *o.c.*, I, p. 155 : *Geburts- und Sterbeverzeichnis der von Kurfürst Karl Ludwig und der Raugräfin Louise erzielten Kinder.*

33. W. L. Holland (éd.), *Schreiben des Kurfürsten Karl Ludwig von der Pfalz und der seinen*, 1884, p. 138 (fin 1663).

34. Hol. V, p. 177 (16 juin 1720).

35. *Cf.* F. des Robert, « Le marquis de Dangeau et le Palatin, 1672-1673 », in *Revue des questions historiques*, t. 72, 1902, p. 119.

36. Les textes de l'élévation raugraviale et de la renonciation sont reproduits par Kazner, *o.c.*, I, pp. 131-138.

37. Le t. II de l'ouvrage de Kazner réunit les biographies succinctes des raugraves Karllutz, K. Eduard, K. August, K. Kasimir et K. Moritz, et de leurs sœurs les raugraves Caroline, Amelise et Louise (pp. 15-90).

38. A. Wendland (éd.), *Briefe der Elisabeth Stuart, Königin von Böhmen, an ihren Sohn, den Kurfürsten Carl Ludwig von der Pfalz. 1650-1662*, 1902, p. 200.

39. A. Baillet, *La Vie de Monsieur Des-Cartes*, 1691, II, pp. 234-235.

40. *La Vie et les Amours de Charles-Louis*, p. 109. Selon Aussaresses (*o.c.*, p. 219) et R. Benz (*Heidelberg, Schicksal und Geist*, p. 247), elle fut enterrée directement au Friedrichsburg.

CHAPITRE III : LISELOTTE, PRINCESSE PALATINE DU RHIN

1. H. Helmot (éd.), *Briefe... an den lothringischen Hof*, p. 223 (24 nov. 1715).

2. Hol. V, 47 (11 févr. 1720).

3. A. Wendland (éd.), *Briefe der Elisabeth Stuart... an ihren Sohn Carl Ludwig*, p. 25 (3 juin 1652).

4. Lettre du 10 juin 1652, citée par C. Knetsch, *Elisabeth Charlotte von der Pfalz und ihre Beziehungen zu Hessen*, p. 4. La traduction de *Morönchen* et *Gnössel* reste problématique.

5. *Cf.* I. Schunke, *Die Einbände der Palatina in der Vatikanischen Bibliothek*, 1962, 3 vol. et E. Mittler, *Bibliotheca Palatina*, 1986, 2 vol.

6. *Cf.* G. Poensgen, *Bildnisse der Liselotte von der Pfalz*, 1952, p. 3.

7. Bod. II, 134 (16 mai 1706).

8. Hol. I, 225 (15 mai 1701).

9. Hol. III, 456-457 (4 déc. 1718).

10. E. Bodemann (éd.), *Briefe der Herzogin Elisabeth Charlotte von Orléans an ihre frühere Hofmeisterin A. K. von Harling, geboren von Uffel, und deren Gemahl...*, 1895. Abrégé ci-après en *Har.*

11. Har., pp. 115-116 (3 juill. 1718).

12. *Cf.* G. ARETZ, *Liselotte von der Pfalz. Einde deutsche Fürstentochter in Frankreich*, 1926, p. 19.

13. Hol. III, 88 (12 sept. 1717).

14. W. L. HOLLAND (éd.), *Schreiben des Kurfürsten Karl Ludwig von der Pfalz und der seinen*, 1884, pp. 66 et 92.

15. E. BODEMANN (éd.), *Briefwechsel der Herzogin Sophie von Hannover mit ihrem Bruder dem Kurfürsten Karl Ludwig von der Pfalz*, p. 8.

16. A. W. WARD, *The Electress Sophia and the Hanoverian Succession*, 1909 ; F. E. BAILY, *Sophia of Hanover and her Times*, 1936.

17. E. BODEMANN (éd.), *Briefwechsel der Herzogin Sophie...*, pp. 9 et 11 (6 févr. et 27 mars 1659.

18. W. L. HOLLAND (éd.), *Schreiben des Kurfürsten Karl Ludwig...*, p. 101.

19. Hol. III, 367 (1ᵉʳ sept. 1718).

20. Cité in Har., p. VIII.

21. E. BODEMANN (éd.), *Briefwechsel der Herzogin Sophie...*, p. 14 (29 mai/8 juin 1659).

22. Har., 101 (5 avr. 1716).

23. Har., p. VIII.

24. E. BODEMANN (éd.), *o.c.*, p. 16 (20 juill. 1659).

25. Har., p. IX (15 janv. et 3 mars 1663).

26. Madame écrit le 19 févr. 1682 à Sophie : « Sa Grâce l'Électrice continue à m'écrire tous les jours... » (Bod. I, 40).

27. A. BARINE, *Madame, mère du Régent*, 1909, p. 33.

28. Har., p. IX.

29. Bod. I, 33 (15 déc. 1679).

30. *Mémoires de Sophie de Hanovre*, p. 66.

31. *Ibid.*

32. A. BARINE, *o.c.*, p. 36.

33. *Cf.* F. AUSSARESSES, *o.c.*, p. 195.

34. E. BODEMANN (éd.), *o.c.*, pp. 57-58 (6 juin 1663).

35. *O.c.*, p. 160 (8 juill. 1671).

36. Bod. II, 324 (25 déc. 1712).

37. E. BODEMANN (éd.), *o.c.*, p. 16 (20 juill. 1659).

38. *O.c.*, pp. 17-18 (24 août 1659).

39. *O.c.*, p. 27 (28 mars 1660).

40. *O.c.*, p. 29 (18 avr. 1660).

41. A. WENDLAND (éd.), *Briefe der Elisabeth Stuart...*, p. 111.

42. TALLEMANT DES RÉAUX, *Historiettes* (éd. Pléiade), I, pp. 357-358.

43. Voir plusieurs extraits des missives de Brasset reproduits par A. Adam dans son éd. des *Historiettes* (*o. c.*, I, pp. 1028-1029).

44. L. AUBERY DU MAURIER, *Mémoires pour servir à l'histoire de Hollande et des autres Provinces-Unies*, 1697 ; (Ph. de VILLERS), *Journal d'un voyage à Paris en 1657-1658*, 1862, pp. 369 et *sq.*

45. I. VAN SPILBEECK, *Louise Hollandine, Princesse Palatine de Bavière, Abbesse de Maubuisson...*, in *Précis Historiques*, t. 34 (1885), pp. 201-217 et 263-285.

46. J. MABOUL, *Oraison funèbre de très-Haute, très-Excellente et très-Religieuse Princesse Louise Hollandine Palatine de Bavière, Abbesse de Maubuisson*, in : *Recueil des Oraisons funèbres prononcées par M. Maboul*, 1748, pp. 121-186.

47. F. E. BAILY, *Sophia of Hanover and her Times*, 1936, pp. 57 et 109-110.

48. R. PILLORGET, « Die Kinder Friedrichs V. von der Pfalz in Frankreich : Philipp, Eduard und Louise-Hollandine, Äbtissin von Maubuisson », in *Zeitschrift für bayerische Landesgeschichte*, t. 44, 1981, p. 264.

49. Cité par I. Van Spilbeek, *o.c.*, p. 206.

50. A. Baillet, *La Vie de Monsieur Des-Cartes*, 1691, II, p. 236;
J. Maboul, *o.c.*, pp. 150-151.

51. *Journal d'un voyage à Paris...*, pp. 369 et 398-399.

52. Hel. 7 (20 févr. 1716).

53. H. D. Eberlein, *The Rabelaisian Princess*, p. 17.

54. Bod. II, 319, 320 (7 et 19 sept. 1712). Je souligne.

55. Cité par A. Adam dans son éd. des *Historiettes* de Tallemant, I, p. 669.

56. Saint-Simon, *Mémoires*, B. XVII, p. 94.

57. P. Haake (éd.), *Briefe... an Wilhelmine Ernestine von der Pfalz*, 1898,
p. 424 (30 juin 1685).

58. A. Wendland (éd.), *Briefe der Elisabeth Stuart...*, p. 118 (4 août 1659).

59. *Briefwechsel der Herzogin Sophie*, pp. 20-21 (17 et 24 nov. 1659).

60. *Briefe der Elisabeth Stuart...*, p. 132.

61. *Briefwechsel der Herzogin Sophie*, p. 133. (21 janv. 1668).

62. Cité en note dans *Briefwechsel der Herzogin Sophie*, pp. 20-21.

63. Hel., 239-240 (26 nov. 1720).

64. *Briefwechsel der Herzogin Sophie*, p. 20 (17 nov. 1659).

65. Bod. I, 100 (8 oct. 1688).

66. *Briefe der Elisabeth Stuart*, pp. 122, 126, 130, 138.

67. *Briefwechsel der Herzogin Sophie*, p. 20 (17 nov. 1659).

68. *O.c.*, p. 26 (24 mars 1660). *Cf.* aussi Bod. I, 92 (13 déc. 1687).

69. Hel., 238 (11 juin 1720).

70. *Briefwechsel der Herzogin Sophie*, p. 32 (24 juin 1660).

71. Hol. V, 308-309 (17 oct. 1720).

72. Bod. II, 182 (27 juin 1708).

73. H. Helmot (éd.), *Briefe... an den lothringischen Hof*, pp. 212-213
(11 déc. 1708).

74. Bod. II, 264 (11 janv. 1711).

75. Bod. I, 40 (19 févr. 1682).

76. Bod. II, 266-267 (22 févr. 1711).

77. Bod. I, 393 (11 févr. 1700).

78. K. L. von Pöllnitz, *Mémoires* (1735), I, pp. 75-76.

79. Har., 93 (5 mai 1715); *Briefwechsel*, p. 47 (10 nov. 1661); Hol. II, 285
(7 juill. 1712).

80. Bod. II, 248 (22 mai 1710).

81. Har., 80 (27 févr. 1710).

82. Bod. II, 181 (27 juin 1708).

83. *Mémoires de Sophie*, p. 71; *Briefwechsel*, pp. 53-54 (29 sept. 1662).

84. Bod. II, 122 (7 janv. 1706).

85. Hel., 238-239 (10 sept. 1720).

86. Bod. II, 304 (5 mars 1712).

87. Har., 3 (19 mai 1661).

88. *Briefwechsel*, p. 40 (12 janv. 1661).

89. Hol. III, 107 (21 oct. 1717). Les réponses de Mme Trelon sont en
français dans le texte.

90. *Briefwechsel*, p. 29 (18 avr. 1660).

91. *O.c.*, pp. 51-52 (26 févr. 1662).

92. Hol. VI, 185 (24 juill. 1721).

93. Har., 80 (27 févr. 1710).

94. A. Barine, *Madame, mère du Régent*, p. 48.

95. *Briefwechsel*, p. 115 (23 févr. 1667).

96. *O.c.*, p. 124 (1er sept. 1667).

97. F. von Weech, « Zur Geschichte der Erziehung des Kurfürsten Karl

von der Pfalz und seiner Schwester Elisabeth Charlotte », in *Zeitschrift für die Geschichte des Oberrheins,* nouv. série, t. 8, 1893, pp. 105-113.

98. *Cf.* Hol. IV, 73 (30 mars 1719).

99. F. VON WEECH, *o.c.,* pp. 114-117.

100. Bod. I, 230 (11 déc. 1695) et Bod. I, 208 (13 févr. 1695).

101. Bod. II, 28.

102. Hol. I, 275, 339 ; II, 547 ; Bod. II, 83.

103. Hol. II, 268, 587, 669 et Bod. II, 279.

104. Bod. I, 394.

105. Bod. I, 72 ; Hol. II, 591 ; Hol. VI, 378.

106. Har., 116 (3 juill. 1718).

107. Hol. II, 619 (27 août 1715) ; Hol. IV, 304 (9 nov. 1719).

108. Hol. IV, 316 (19 nov. 1719).

109. E. SPANHEIM, *Relation de la Cour de France,* p. 75.

110. *Cf.* Hol. II, 640 (1er oct. 1715) et Hol. III, 145 (11 déc. 1717). Un choix de lettres de Madame à Polier a été publié par S. HELLMANN : *Aus den Briefen der Herzogin Elisabeth Charlotte von Orléans an Etienne Polier de Bottens,* 1903. Abrégé ci-après en *Pol.*

111. Pol., 23 (13 janv. 1703).

112. Har., 116 (3 juill. 1718).

113. Bod. I, 280 (3 mars 1697).

114. Bod. II, 10 (28 juill. 1701).

115. Bod. II, 11 (18 août 1701).

116. Har., 153 (14 déc. 1719).

117. Hol. II, 215 (22 nov. 1710).

118. Bod. I, 383 (3 déc. 1699) ; Jae. III, 139 (26 sept. 1715).

119. Bod. I., 400-401 (6 mai 1700).

120. Har., 4-5 (13 janv. 1666).

121. Har. 9 (4 mars 1670).

122. *Schreiben des Kurfürsten Karl Ludwig,* pp. 143 (27 avr. 1664) et 166 (17 sept. 1665).

123. *O.c.,* p. 167 (20 sept. 1665) et 209 (28 août 1669).

124. Bod. I, 372 (5 juill. 1699).

125. Har., 8 (2 oct. 1669).

126. Cité par L. HÄUSSER, *Geschichte der Rheinischen Pfalz,* II, pp. 689-690.

127. *O.c.,* II, p. 688.

128. *Mémoires de Sophie,* p. 100.

129. P. HAAKE (éd.), *Briefe der Herzogin Elisabeth Charlotte von Orléans an ihre Schwägerin Kurfürstin Wilhelmine Ernestine von der Pfalz,* 1898.

130. Hol. V, 177 (16 juin 1720).

CHAPITRE IV : « LES MARIAGES SONT FAITS AU CIEL... »

1. Hol. I, 390 (25 avr. 1705).

2. Hol. II, 573 (7 juin 1715) ; Hol. I, 49 (30 oct. 1695).

3. *Briefwechsel der Herzogin Sophie,* p. 29 (18 avr. 1660) et p. 31 (29 mai 1660).

4. *O.c.,* p. 103 (13 mai 1666).

5. *O.c.,* p. 111 (9 déc. 1666).

6. F. AUSSARESSES, *La Vie privée d'un prince allemand,* p. 190.

7. Reproduit par G. POENSGEN, *Bildnisse der Liselotte von der Pfalz,* p. 13 ;

M. KNOOP, *Madame. Liselotte von der Pfalz*, pp. 16-17 ; E. KOPSCH, *Unsere Liselotte und ihre Familie*, p. 89.

8. *Briefwechsel...*, p. 152 (24 sept. 1670).

9. Hel., 228 (23 févr. 1718).

10. *Cf.* A. FRASER, *King Charles II* (1979), pp. 348-349.

11. Bod. I, 20 (11 janv. 1678).

12. Hel., 237 (24 nov. 1719).

13. Bod. I, 117-118 (12 mars 1690) ; Hol. III, 472 (15 déc. 1718) ; Hel., 234 (23 juin 1719).

14. Har., 17 (12 févr. 1672).

15. Voir les lettres de Madame à Friedrich Magnus, publiées par F. VON WEECH (*Zeitschrift für die Geschichte des Oberrheins*, 1886, 1889).

16. J. F. A. KAZNER, *Louise, Raugräfin zu Pfalz* (1798), I, pp. 138-148.

17. *Mémoires de Sophie de Hanovre*, p. 71.

18. Hol. IV, 363-364 (28 déc. 1719).

19. Hol. V, 180 (20 juin 1720).

20. Hol. I, 134 (16 avr. 1699).

21. Hol. IV, 39 (23 févr. 1719).

22. Mme DE LA FAYETTE, *Histoire de Madame Henriette d'Angleterre*, p. 82.

23. Ph. ERLANGER, *Monsieur frère de Louis XIV*, 1953, 1981, p. 74.

24. G. DE LA BATUT, *La Cour de Monsieur frère de Louis XIV* (1927), pp. 131-159 ; A. CABANÈS, « Madame n'est pas morte d'appendicite », in *Les Indiscrétions de l'histoire*, IV, pp. 19-76 ; R. MARCHESSEAU, *Une urgence abdominale : la mort de Madame Henriette d'Angleterre*, 1947.

25. Ph. ERLANGER, *o.c.*, p. 139.

26. J. MEYER, *Le Régent*, 1985, p. 16 ; J.-C. PETITFILS, *Le Régent*, 1986, p. 11.

27. *Cf.* BOSSUET, *Oraison funèbre de Henriette-Anne d'Angleterre*.

28. E. BODEMANN (éd.), *Briefe der Kurfürstin Sophie von Hannover an die Raugräfinnen und Raugrafen zu Pfalz*, 1888, p. 31.

29. Bod. I, 114 (26 août 1689).

30. Hel., 289-291 (13 juill. 1716).

31. Hol. IV, 360-361 (24 déc. 1719).

32. SAINT-SIMON, *Mémoires*, B. VIII, pp. 370-378. *Additions au Journal de Dangeau* (éd. Feuillet de Conches), I, pp. 406-407 (comte de Beuvron) ; VIII, p. 328 (comtesse de Beuvron) ; IX, p. 60 (chev. de Lorraine) ; XVI, pp. 463-466 (d'Effiat). Fragment des *Légères Notions des Chevaliers du Saint-Esprit*, B. VIII, pp. 631-635.

33. Éd. Coirault des *Mémoires* et *Additions* (Pléiade), II, 1192.

34. SAINT-SIMON, *Mémoires*, B. VIII, pp. 377-378.

35. Mlle DE MONTPENSIER, *Mémoires*, 1985, II, p. 274.

36. E. DE BARTHÉLEMY (éd.), *La Galerie des portraits de Mademoiselle de Montpensier*, 1860. La *Correspondance* avec Mme de Motteville parut à Cologne en 1667 dans le *Recueil de pièces nouvelles et galantes*. Les deux romans, *La Relation de l'Isle imaginaire* et *L'Histoire de la Princesse de Paphlagonie* parurent à Bordeaux en 1659, et furent imprimés à la suite des éd. de 1735 et 1746 des *Mémoires*.

37. Mlle DE MONTPENSIER, *Mémoires*, II, p. 280.

38. *O.c.*, II, p. 282.

39. E. BODEMANN (éd.), *Briefwechsel des Kurfürsten Karl Ludwig von der Pfalz mit seiner Schwägerin Anne Gonzaga, 1670-1671*, 1885.

40. E. SPANHEIM, *Relation de la cour de France en 1690*, p. 74.

41. Ph. ERLANGER, *Louis XIV*, p. 245.

42. Abbé DE CHOISY, *Mémoires pour servir à l'histoire de Louis XIV*, 1966, p. 114.

43. LOUIS XIV, *Mémoires*, 1978, p. 63.

44. *Cf.* E. LAVISSE, *Louis XIV*, (1978), II, 105, et F. BLUCHE, *Louis XIV*, pp. 350-354.

45. L. HÄUSSER, *Geschichte der Rheinischen Pfalz*, II, p. 715.

46. Arch. Nat., K 542, 9 et 300 AP I 115.

47. Bod. II, 21 (15 oct. 1701).

48. Bod. II, 68-69 (18 déc. 1703).

49. A. BARINE, *Madame, mère du Régent*, 1909, p. 66. L. RAFFIN, *Anne de Gonzague, Princesse Palatine*, 1935, p. 269.

50. *Aktenmässiger Bericht von der Religionsveränderung der Prinzessin Elisabeth von Braunschweig Gemahlin Kayser Carls des VI., denen hierüber entstandenen Theologischen Streitigkeiten und von dem Kayserlichen Hof dabey gemachten Fürschriften, von den Jahren 1705 bis 1709*, 1790.

51. K. HAUCK, (éd.), *Die Briefe der Kinder des Winterkönigs*, 1908, pp. 224-225.

52. *Briefwechsel der Herzogin Sophie*, p. 153 (5 nov. 1670) et p. 156 (24 déc. 1670).

53. U. CHEVREAU, *Chevreana* (1697-1700), I, pp. 186-187.

54. Bod. II, 54 (22 déc. 1702).

55. *Briefwechsel der Herzogin Sophie*, p. 60 (13 août 1663) ; R. GEERDS (éd.), *Die Mutter der Könige..., Memoiren und Briefe...*, pp. 219-220 (11 févr. 1688) ; Bod. II, 9 (24 juill. 1701).

56. *Mémoires de Sophie de Hanovre*, p. 101.

57. Hol. IV, 346 (10 déc. 1719).

58. Madame écrit le 15 oct. 1715 à Louise : « Feu ma tante aimait vraiment les Turcs ; elle disait que c'étaient d'honnêtes gens » (Hol. II, 650).

59. Bod. II, 215 (30 mai 1709).

60. Bod. II, 108 (4 juin 1705).

61. Hol. III, 103 (17 oct. 1717).

62. *Cf.* B. VIII, 357, et Ph. ERLANGER, *Monsieur, frère de Louis XIV*, p. 54.

63. Mlle DE MONTPENSIER, *Mémoires*, II, p. 345.

64. LOUIS XIV, *Œuvres*, t. V : *Lettres particulières*, 1806, p. 488.

65. Hol. III, 235 (14 avr. 1718).

66. E. SPANHEIM, *Relation de la Cour de France en 1690*, pp. 78-79.

67. Bod. I, 1 (5 févr. 1672).

68. Bod. I, 209 (24 févr. 1695).

69. J. B. PRIMI VISCONTI, *Mémoires sur la cour de Louis XIV*, 1908, p. 30.

70. Bod. II, 159-160 (22 mai 1707).

71. P. CATHALAN, *Oraison funèbre de très-haute... princesse Madame Elisabeth-Charlotte Palatine de Bavière...*, 1723, p. 13.

72. Bod. I, 413 (5 sept. 1700).

73. Cité in *Briefwechsel der Herzogin Sophie*, p. XVII.

74. *O.c.*, p. 470.

75. P. BAYLE, *Dictionnaire historique*, art. « Lubienietzki », 3e éd., Rotterdam, 1715, II, 824.

76. Mlle DE MONTPENSIER, *Mémoires*, II, 347.

77. Hel., 5-6 (18 févr. 1716).

78. BOSSUET, *Oraison funèbre de Henriette-Anne d'Angleterre*, Pléiade, p. 87.

79. SAINT-SIMON, *Mémoires*, B. VIII, pp. 348-349.

80. Hel., 283 (9 janv. 1716).

81. Primi Visconti, *Mémoires,* pp. 29-30.
82. Cité B. VIII, p. 626.
83. E. Spanheim, *Relation de la cour de France,* p. 75.
84. J. C. Petitfils, *Le Régent,* p. 15.
85. Je remercie M. Anton Gerits (Amsterdam) de son extrême obligeance.
86. Mlle de Montpensier, *Mémoires,* II, p. 347.
87. Hel., 241 (26 déc. 1719).
88. Mlle de Montpensier, *Mémoires, ibid.*
89. Hel., 236 (1er déc. 1719).
90. Mme de Sévigné, *Lettres* (éd. R. Duchêne, Pléiade), I, p. 386.
91. Mlle de Montpensier, *Mémoires, ibid.*
92. *Cf.* J. R. Anthony, *La Musique en France à l'époque baroque,* 1981, pp. 73-75, et M.-Fr. Christout, « *Ercole amante* à la salle des machines, aux Tuileries », in *xviie siècle,* 142, janv.-mars 1984, pp. 5-15.
93. Bibl. Nat., ms. ital. 1872, p. 115.
94. Arch. nat., K 542.

CHAPITRE V : ENTRE SAINT-CLOUD ET SODOME : MONSIEUR, PRINCE GAY

1. Cité par É. Magne, *Le Château de Saint-Cloud,* 1932, p. 61.
2. Bod. I, 12 (14 déc. 1676) et Hol. VI, 289 (6 déc. 1721).
3. Cité par R. Héron de Villefosse, *L'Anti-Versailles ou le Palais-Royal de Philippe Égalité,* 1974, pp. 18-19.
4. *Cf.* P. Verlet, *Le Château de Versailles,* 1985, p. 30.
5. Mme de Motteville, *Mémoires sur Anne d'Autriche et sa cour,* 1855, II, pp. 283-286.
6. *Cf.* G. de La Batut, *La Cour de Monsieur, frère de Louis XIV,* 1927, pp. 102-103, et P. d'Espezel, *Le Palais-Royal,* 1936, p. 70.
7. Tallemant des Réaux, *Historiettes,* II, p. 404.
8. Saint-Simon, *Additions au Journal de Dangeau,* II, p. 135.
9. Hol. II, 605 (8 août 1715), et Bod. I, 183-184 (25 avr. 1693).
10. *Cf.* Hol. II, 592 (19 juill. 1715).
11. Hel., 36-37 (2 nov. 1717).
12. Saint-Simon, *Mémoires,* B. VIII, p. 335.
13. *Cf.* P. d'Espezel, *o.c.,* pp. 83-84.
14. Bod. I, 204 (16 janv. 1695).
15. Hol. III, 396 (29 sept. 1718).
16. Hol. I, 83 (17 mars 1697).
17. Hol. II, 629 (17 sept. 1715).
18. E. Bodemann (éd.), *Briefwechsel der Herzogin Sophie von Hannover mit ihrem Bruder, dem Kurfürsten Karl Ludwig von der Pfalz, und des letzteren mit seiner Schwägerin, der Pfalzgräfin Anna,* 1885, p. 472 (10 déc. 1671).
19. Boileau, *Arrest burlesque,* in : *Œuvres complètes* (Pléiade), pp. 327-330.
20. Har., 16-17 (4 févr. 1672).
21. Hol. III, 115 (28 oct. 1717).
22. Bibl. Sainte-Geneviève, ms. 3187, f. 28 r°. Je remercie M. Jean Mesnard de m'avoir aimablement aidé à déchiffrer l'écriture nerveuse du père Blanchart.
23. Mme de Motteville, *Mémoires,* IV, 226.
24. Rome, coll. Princesse H. Barberini, reproduit par Ph. Erlanger, *Monsieur, frère de Louis XIV,* pp. 128-129.
25. Reproduit par G. Reynes, *L'Abbé de Choisy,* 1983, p. 25.

26. Mme DE MOTTEVILLE, *Mémoires*, I, 363.
27. *Ibid.*
28. Cité par G. REYNES, *o.c.*, p. 26.
29. Abbé DE CHOISY, *Mémoires pour servir à l'histoire de Louis XIV*, 1966, 1983, p. 219.
30. Mlle DE MONTPENSIER, *Mémoires*, II, pp. 34, 102-103.
31. Cité par G. DE LA BATUT, *La Cour de Monsieur*, p. 28.
32. Cité par Ph. ERLANGER, *Monsieur, frère de Louis XIV*, p. 55.
33. *Ibid.*, pp. 102-103.
34. SAINT-SIMON, *Mémoires*, B. XIII, p. 282.
35. *Cf.* Ph. ERLANGER, *o.c.*, p. 48.
36. CHOISY, *o.c.*, p. 219.
37. SAINT-SIMON, *Mémoires*, B. VIII, pp. 338-340.
38. Mme DE MOTTEVILLE, *Mémoires*, IV, 416.
39. Mme DE LA FAYETTE, *Histoire de Mme Henriette d'Angleterre*, 1982, pp. 25-26.
40. SAINT-SIMON, *Mémoires*, B. VIII, p. 341.
41. P. LA PORTE, *Mémoires contenant plusieurs particularités des règnes de Louis XIII et de Louis XIV* (1756), pp. 311-313.
42. Cité in M. LARIVIÈRE, *Les Amours masculines. Anthologie de l'homosexualité dans la littérature*, 1984, p. 524.
43. F. BLUCHE, *Louis XIV*, 1986, p. 95.
44. PRIMI VISCONTI, *Mémoires sur la cour de Louis XIV*, p. 130.
45. *O.c.*, p. 5.
46. *Cf.* les pages nuancées de P. CHEVALLIER, *Henri III, roi shakespearien*, 1985, pp. 418-441, et ID., Louis XIII, roi cornélien, 1979, pp. 453-455.
47. TALLEMANT DES RÉAUX, *Historiettes*, I, p. 474.
48. *Cf.* M. LEVER, *Les Bûchers de Sodome*, 1985, p. 146.
49. Mme DE MOTTEVILLE, *Mémoires*, IV, p. 93.
50. Mme DE LA FAYETTE, *o.c.*, p. 36.
51. Mlle DE MONTPENSIER, *Mémoires*, II, pp. 92-93.
52. Mme DE LA FAYETTE, *ibid.*
53. Hel., 286-288 (30 sept. 1718).
54. SAINT-SIMON, *Mémoires*, B. VIII, pp. 342-344.
55. Mlle DE MONTPENSIER, *Mémoires*, II, 283.
56. Mme DE SÉVIGNÉ (éd. R. Duchêne, Pléiade), I, p. 439.
57. A. BARINE, *Madame, mère du Régent*, p. 96.
58. SAINT-SIMON, *Mémoires*, B. XXII, pp. 162-163.
59. Clairambault III, 371 (B.N., Ms. Fr. 12688).
60. Mme DE SÉVIGNÉ, II, 46 (9 août 1675).
61. PRIMI VISCONTI, *Mémoires*, pp. 130-131.
62. Hel., 289 (13 juill. 1716).
63. Hel., 291 (13 août 1716).
64. M. LEVER, *Les Bûchers de Sodome*, p. 142.
65. J. BOSWELL, *Christianisme, tolérance sociale et homosexualité*, 1985, p. 87.
66. CYRANO DE BERGERAC, *Voyage dans la lune*, éd. GF, p. 108.
67. PRIMI VISCONTI, *Mémoires*, p. 136.
68. Hol. I, 257 (13 déc. 1701).
69. Textes cités in M. LARIVIÈRE, *Les Amours masculines*, pp. 117-141.
70. BARBIER, *Journal*, 1847, I, p. 445.
71. Mme DE MOTTEVILLE, *Mémoires*, IV, p. 148.
72. Mlle DE MONTPENSIER, *Mémoires*, II, p. 438.
73. M. PROUST, *La Prisonnière*, éd. Clarac, Pléiade, III, pp. 303-304.

74. Saint-Simon, *Mémoires*, B. VII, p. 83 (Auvergne) ; B.X, p. 7 (Longe-pierre) ; B. XXIX, p. 313 (La Feuillade).
75. Id., B. XI, pp. 40-41 (Huxelles) ; B. XIII, pp. 282-283 (Vendôme).
76. Hel., 13 (5 juin 1716).
77. E. Spanheim, *Relation de la Cour de France*, 1973, p. 37.
78. Primi Visconti, *Mémoires*, p. 136.
79. *O.c.*, p. 301.
80. Bussy-Rabutin, *Correspondance* (1858-1859), V, 46.
81. Clairambault III, 297.
82. Bod. I, 125 (6 sept. 1690).
83. Clairambault IV, 45 (B.N., Ms.Fr., 12689).
84. *La France devenue italienne*, t. III de l'*Histoire amoureuse des Gaules*, 1858, pp. 345-346.
85. Sourches, *Mémoires*, I, 110.
86. E. Spanheim, Fasc. 33, 74 v° (12 juin 1682).
87. Mme de Caylus, *Souvenirs*, 1965, p. 39.
88. Hel., 284-285 (13 juin 1717).
89. Hel., 115 (14 oct. 1718).
90. M. Proust, *La Prisonnière*, éd. Clarac, Pléiade, III, p. 304.
91. Har., 57 (10 févr. 1695) et Hol. I, 239 (12 oct. 1701).
92. Bod. I, 237, 239 (7 mars 1696).
93. Bod. I, 186 (10 oct. 1693).
94. Bod. I, 273 (18 janv. 1697).
95. E. Bodemann (éd.), *Briefe der Kurfürstin Sophie von Hannover an die Raugräfinnen und Raugrafen zu Pfalz*, 1888, 4 juin 1688.
96. Bod. I, 42-43 (21 juill. 1682).
97. Hel., 275 (7 juin 1718).
98. Hol. I, 257 (13 déc. 1701).
99. Hol. I, 426 (3 déc. 1705).
100. Bru. I, 82.
101. Hol. I, 416 (30 sept. 1705). Madame écrit *Ruffigny*.
102. Hel., 47-48 (16 nov. 1717).
103. Hol. VI, 94 (26 avr. 1721).
104. Hel., 222 (5 août 1717).
105. Hel., 282-283 (18 oct. 1720).
106. Hel., 221-222 (11 juin 1717) et Bod. II, 57 (21 janv. 1703).
107. Hel., 241 et 275 (18 nov. 1718).
108. Bod. I, 254 (2 sept. 1696).
109. Sourches, *Mémoires*, I, p. 12 (25 sept. 1681).
110. Bod. II, 24 (4 déc. 1701).
111. Bod. I, 325 et 369 (9 mars 1698 et 25 juin 1699).
112. Hel., 225 (29 oct. 1717) et 231 (25 nov. 1718).
113. H. F. Helmolt, « Neues von Liselotte », in *Mannheimer Ge-schichtsblätter*, 10, 1910, col. 208 (9 déc. 1718).
114. Hel., 231 (11 nov. 1718).
115. B.N., Ms., Fichier Charavay 138, Orléans.
116. H. Gauthier-Villars, « La Princesse Palatine d'après des docu-ments inédits », in *La Grande Revue*, vol. 44, 1907, p. 655.

CHAPITRE VI : DIX ANNÉES SOURIANTES

1. Bod. I, 382 (5 nov. 1699).
2. Bod. II, 251 (29 juin 1710).
3. Hel., 226 (12 juill. 1718).

4. Bru. II, 30 (11 nov. 1718). Pas sous cette date dans les éditions allemandes.

5. Hel., 281 (6 août 1716).

6. Hel., 283 (9 janv. 1716).

7. Bod. I, 4 (10 oct. 1673).

8. Bod. I, 7 (22 août 1675).

9. Hol. VI, 493 (27 nov. 1675). *Cf.* DANGEAU, *Journal,* I,148 (suppression).

10. Bod. I, 11-12 (14 déc. 1676).

11. Bod. I, 16 (4 nov. 1677).

12. Hol. I, 463 (3 juin 1706).

13. M. STRICH, *Liselotte und Ludwig XIV,* chap. 2, pp. 20-38.

14. Hol. I, 311 (12 oct. 1702).

15. Bod. I, 20 (11 janv. 1678).

16. VOLTAIRE, Épître dédicatoire de *L'Orphelin de la Chine.* Voir aussi la 18e lettre philosophique sur la tragédie.

17. Hol. VI, 278 (22 nov. 1721).

18. Hol. IV, 179 (20 juill. 1719).

19. *Briefwechsel der Herzogin Sophie...,* p. 376 (13 sept. 1679).

20. *O.c.,* p. 387 (9 nov. 1679).

21. Bod. I, 23 (1er juill. 1678).

22. Jae. II, 19 (3 janv. 1705). Pas dans Bod.

23. Bod. I, 2 (3 déc. 1672).

24. Bod. I, 1 (5 févr. 1672).

25. Lettre de Mme de La Fayette à Mme de Sévigné du 30 déc. 1672, citée dans l'éd. Duchêne de *Mme de Sévigné,* Pléiade, I, p. 571.

26. Har., 18 (12 févr. 1672).

27. Bod. I, 12 (14 déc. 1676).

28. Hol. II, 380 (22 mars 1714).

29. Hol. II, 545 (23 avr. 1715).

30. Har., 20 (23 nov. 1672).

31. Bod. II, 155 (10 févr. 1707).

32. Har., 23 (6 juill. 1673).

33. Bod. I, 2 (5 août 1673).

34. Bod. I, 3 (10 oct. 1673).

35. Hol. V, 177 (16 juin 1720).

36. Har., 26 (19 mars 1674).

37. *Briefwechsel der Herzogin Sophie...,* p. 187 (23 mai 1674).

38. Bod. I, 5 (16 nov. 1674).

39. *Briefwechsel der Herzogin Sophie...,* p. 205 (25 août 1674).

40. *Briefwechsel der Herzogin Sophie... :* lettre de Monsieur à Karl Ludwig du 30 mars, pp. 226-227 ; lettre de Sophie à Karl Ludwig du 10 avril, pp. 224-225 ; lettre de Karl Ludwig à Sophie de fin avril, pp. 225-226. Lettre de Madame à Sophie du 22 mai, Bod. I, 5-6.

41. Bod. I, 6 (22 août 1675).

42. Har., 28 (14 sept. 1675).

43. Har., 29 (22 fév. 1676).

44. Har., 30 (20 avr. 1676).

45. Hol. IV, 2 (1er janv. 1719).

46. Hol. VI, 81-82 (17 avr. 1721).

47. Har., 33-34 (10 oct. 1676).

48. Bod. I, 38-39 (23 janv. 1682).

49. Hel., 219 (6 nov. 1716).

50. Har., 33 (10 oct. 1676) et Hel., 221-222 (11 juin 1717).

51. BUSSY-RABUTIN, *Correspondance,* IV, p. 228 (25 oct. 1678).

52. *Cf.* le *Mercure Galant* de nov. 1678, p. 42. Le laboratoire des Capucins au Louvre est décrit dans le vol. de déc. 1678, pp. 48 et *sq.*

53. Hel., 219 (6 nov. 1716) et 282 (24 sept. 1720).

54. *Cf.* J. Jacquiot, *Les Saint-Urbain, graveurs en médailles au XVIIe et au XVIIIe siècle,* pp. 124 (ill.) et 127.

55. Primi Visconti, *Mémoires,* p. 190.

56. F. Bluche, *Louis XIV,* p. 360.

57. Primi Visconti, *Mémoires,* p. 37.

58. E. Magne, *Le Château de Saint-Cloud,* pp. 111-115.

59. G. de La Batut, *La Cour de Monsieur, frère de Louis XIV,* p. 203.

60. *Briefwechsel der Herzogin Sophie…,* p. 189 (23 mai 1674).

61. Cité dans *Briefwechsel der Herzogin Sophie…,* pp. 203-204.

62. Bod. I, 4 (22 août 1674).

63. G. de La Batut, *ibid.*

64. Bod. I, 6 (22 août 1675).

65. Bod. I, 7 (14 sept. 1675).

66. Bod. I, 8 (2 oct. 1675).

67. Har., 30 (20 avr. 1676).

68. Har., 31 (30 mai 1676).

69. Mme de Sévigné, II, 339 (8 juill. 1676).

70. Primi Visconti, *Mémoires,* pp. 189-190.

71. *Mercure Galant,* avr. 1677, pp. 197-200.

72. Id., mai 1677, pp. 43-44.

73. Bibl. Sainte-Geneviève, ms. 3225, *Pièces diverses,* f. 107 r°.

74. *Cf.* Hel., 222 (5 août 1717).

75. *Cf.* Hel., 277 (13 juin 1719) et Bod. I, 258 (30 sept. 1696).

76. Bod. I, 44 (12 sept. 1682).

77. B.N., Ms. fr. 17048, f. 170. Voir aussi f. 166 un autre court billet non daté à Mme de Sablé.

78. Hol. II, 315 (24 juin 1713).

79. Saint-Simon, *Mémoires,* B. XXIX, pp. 221-222.

80. Har., 137 (7 mai 1719).

81. Hol. VI, 573 (2 juill. 1719).

82. Primi Visconti, *Mémoires,* p. 46.

83. Hel., 103 (3 sept. 1718).

84. Saint-Simon, *Mémoires,* B. XXVIII, pp. 187-188.

85. Mme de Sévigné, II, pp. 543-544 (6 sept. 1677).

86. Hel., 109-110 (19 nov. 1719). En français dans le texte.

87. Primi Visconti, *Mémoires,* pp. 205, 175, 208-209.

88. Mme de Sévigné, II, p. 1009 (14 juill. 1680).

89. Hel., 110 (8 avr. 1718).

90. Saint-Simon, *Mémoires,* B.X., pp. 261-262.

91. Primi Visconti, *Mémoires,* p. 249-250.

92. *Cf.* E. Magne, *Le Château de Saint-Cloud,* pp. 124 et *sq.*

93. J.-P. Néraudau, *L'Olympe du Roi-Soleil,* p. 184.

94. Hol. II, 626 (13 sept. 1715).

95. Hol. I, 105 (17 juin 1698).

96. Saint-Simon, *Mémoires,* B. VIII, pp. 336-337.

97. E. Spanheim, Fasc. 30, 114r° (2 mai 1681).

98. Hol. II, 633 (24 sept. 1715) et Hol. V, 141 (9 mai 1720).

99. Saint-Simon, *Mémoires,* B. VIII, pp. 324-335.

100. Une biographie nouvelle de Spanheim est à souhaiter. Il faut renvoyer à la notice biographique latine parue dans le t. II de l'éd. définitive des *Dissertationes de praestantia et usu numismatum antiquorum* (Amsterdam,

1717, pp. VIII-XIX) : *Ezechielis Spanhemii vita breviter delineata*, signée I. VERBURG ; à l'art. « E. Spanheim » dans la *Allgemeine deutsche Biographie* (XXXV, 50-58), signé H. VON PETERSDORFF ; et surtout à la biographie succincte de V. LOEWE, *Ein Diplomat und Gelehrter : Ezechiel Spanheim*, Berlin, 1924.

101. Cité par G. PAGÈS, *Le Grand Électeur et Louis XIV*, p. 435.

102. E. SPANHEIM, fasc. 29, 43 r°-v° (10 mai 1680).

103. *Id.*, Fasc. 29, 38 v°-39 v° (17 mai 1680).

104. E. SPANHEIM, *Relation de la Cour de France en 1690*, pp. 75-76.

CHAPITRE VII : MADAME ET SA FAMILLE

1. F. AUSSARESSES, *La Vie privée d'un prince allemand...*, p. 101.

2. Hol. VI, 491, s.d.

3. *Schreiben des Kurfürsten Karl Ludwig von der Pfalz und der seinen...*, pp. 390-391 (1ᵉʳ juill. 1675).

4. Hol. VI, 492 (7 oct. 1675).

5. *Briefwechsel der Herzogin Sophie...*, p. 205 (lettre de Sophie à Karl Ludwig du 25 août 1674).

6. A. BARINE, *Madame, mère du Régent*, p. 148.

7. Bod. I, 4 (22 août 1674).

8. Testament reproduit par F. AUSSARESSES, *o.c.*, pp. 159-166.

9. *Briefwechsel der Herzogin Sophie...*, pp. 160-161 (8 juill. 1671).

10. *Cf.* Hol. I, 42 (24 juill. 1695).

11. *Briefwechsel der Herzogin Sophie...*, p. 420 (27 mai 1680) et p. 434 (11 août 1680).

12. I Rois, 1, 1-4.

13. Bod. I, 16-17 (4 nov. 1677).

14. Cf. C. VARRENTRAPP, « Literaturbericht », in *Historische Zeitschrift*, 49, 1883, pp. 130-133. Cette lettre figure dans l'anthologie allemande de Margarethe WESTPHAL (pp. 32-36), et dans la traduction américaine de celle-ci due à Elborg FORSTER (pp. 20-22).

15. *Briefwechsel der Herzogin Sophie...*, p. 309.

16. Bod. I, 20 (11 janv. 1678).

17. Bod. I, 13-14 (14 déc. 1676) et 355 (25 janv. 1699).

18. *Briefwechsel der Herzogin Sophie...*, p. 361 (27 mai 1679).

19. Lettre citée par A. BAUDRILLART, *Philippe V et la Cour de France*, II, 585 (2 févr. 1722).

20. Bod. I, 29 (5 juill. 1679).

21. Bod. I, 29 (9 août 1679).

22. *Mémoires de Sophie de Hanovre*, pp. 112-131, et *Briefwechsel der Herzogin Sophie...*, pp. 371-380 (24 août-25 sept. 1679).

23. Mme DE SÉVIGNÉ, II, 688 (27 sept. 1679).

24. G. DE LA BATUT, *La Cour de Monsieur, frère de Louis XIV*, p. 228.

25. Bod. I, 142-143 (27 déc. 1691).

26. BUSSY-RABUTIN, *Correspondance* (éd. L. Lalanne, 1860), IV, p. 447 (2 sept. 1679).

27. Bod. I, 136-137 (23 août 1691).

28. Mme DE SÉVIGNÉ, II, p. 688 (27 sept. 1679).

29. Hol. I, 19 (1 janv. 1682), et SPANHEIM, *Relation de la Cour de France*, p. 79.

30. Bod. I, 32-33 (15 déc. 1679).

31. *Cf.* E. COLLAS, *La Belle-fille de Louis XIV*, p. 40 et *sq.*, et P.C.

HARTMANN, « Zwei Wittelsbacher Prinzessinnen am Hof Ludwigs XIV. », in *Zeitschrift für Bayrische Landesgeschichte* 44, 1981, pp. 269-289.
  32. Mme DE SÉVIGNÉ, II, pp. 897-898 (5 avr. 1680).
  33. Hel., 242 (12 avr. 1719).
  34. Bod. I, 45 (12 sept. 1682).
  35. *Briefwechsel der Herzogin Sophie...*, p. 390 (23 nov. 1679).
  36. Bod. II, 215 (6 juin 1709).
  37. F. BLUCHE, *Louis XIV*, pp. 421-422. Je souligne.
  38. F. AUSSARESSES, *La Vie privée d'un prince allemand...*, p. 230.
  39. *Briefwechsel der Herzogin Sophie...*, p. 402 (20 janv. 1680).
  40. *Ibid.*, p. 406 (1er févr. 1680) et 411 (29 févr. 1680).
  41. *Ibid.*, p. 418 (11 mai 1680).
  42. *Ibid.*, p. 434, s.d.
  43. Voir deux relations contemporaines circonstanciées de la fin de Karl Ludwig, citées en appendice dans : *Briefwechsel der Herzogin Sophie...*, pp. 435-442.
  44. Mme DE SÉVIGNÉ, III, p. 16 (18 sept. 1680).
  45. Le baron Gecks, mentionné dans les dépêches de Spanheim, se trouvait à Paris depuis le mois d'avril 1680. C'est le *Eck* dont il est question dans la lettre du 11 déc. 1680 à Sophie (Bod. I, 35).
  46. E. SPANHEIM, Fasc. 29, 125 v°-126r° (16 sept. 1680) ; 130v° (20 sept.).
  47. Bod. I, 34-35 (24 sept. 1680).
  48. E. SPANHEIM, Fasc. 29, 133v° (23 sept. 1680).
  49. L. HÄUSSER, *Geschichte der rheinischen Pfalz*, II, p. 697.
  50. Hol. VI, 579-580 (13 et 19 oct. 1680).
  51. SOURCHES, *Mémoires*, I., p. 39.
  52. Hol. I, 19-20 (1er janv. 1682).
  53. E. SPANHEIM, Fasc. 29, 170v° (25 oct. 1680).
  54. L. HÄUSSER, *o.c.*, II, p. 704.
  55. P. HAAKE (éd.), *Briefe... an Wilhelmine Ernestine*, p. 422 (6 déc. 1682), et Bod. I, 172 (7 déc. 1692).
  56. Arch. Nat., 300 AP I 109 : *Traduction du testament...*
  57. A. BARINE, *Madame, mère du Régent*, p. 178.
  58 SOURCHES, *Mémoires*, I, pp. 11-12.

CHAPITRE VIII : « MA DESTINÉE EST DE SOUFFRIR ET DE ME TAIRE »

  1. Mme DE SÉVIGNÉ, II, 994 (30 juin 1680).
  2. Hol. III, 10 (21 janv. 1716). En français dans le texte.
  3. Bod. I, 42-43 (21 juill. 1682).
  4. Hol. I, 21-22 (21 juill. 1682).
  5. Hol. I, 21 (1er janv. 1682).
  6. E. SPANHEIM, *Relation de la Cour de France en 1690*, pp. 76-77.
  7. Mme DE SÉVIGNÉ, II, 426 (16 oct. 1676).
  8. SAINT-SIMON, *Mémoires*, B. XVIII, p. 371.
  9. Bod. I, 49 (19 sept. 1682).
  10. Bod. I, 39 (19 févr. 1682).
  11. *Briefe... an... Wilhelmine Ernestine*, p. 420 (11 sept. 1682).
  12. Bod. I, 45 (12 sept. 1682).
  13. Bod. I, 45-54.
  14. Hel., 115 (14 oct. 1718).
  15. DANGEAU, IV, pp. 11-12 (21 janv. 1692).
  16. E. SPANHEIM, Fasc. 34, 65r° (21 août 1682). Je souligne.

17. Sourches, I, 136-137 (août 1682).

18. Saint-Simon, *Mémoires*, B. VIII, p. 366 et B. XVI, p. 394.

19. Dangeau, XII, p. 239 (9 oct. 1708).

20. Sourches, I, p. 137 (août 1682).

21. *Ibid.*

22. Sourches, I, p. 155 (nov. 1682).

23. *Briefe der Kurfürstin Sophie an die Raugräfinnen und Raugrafen*, p. 31 (7 nov. 1682).

24. La Bruyère, *De la Cour*, 40.

25. Hel., 1 (5 nov. 1715).

26. Bod. I, 65 (11 mai 1685).

27. Hel., 136 (5 mai 1719).

28. E. Spanheim, Fasc. 38, 43 v° (2 août 1683).

29. Mme de Caylus, *Souvenirs*, p. 85.

30. Bod. I, 57 (1er août 1683).

31. E. Spanheim, Fasc. 38, 44r° (2 août 1683).

32. Hel., 143-144 (12 déc. 1719).

33. Hel., 144 (31 mai 1719).

34. Hel., 144-145 (17 juin 1719).

35. Mme de Caylus, pp. 85, 86 et 176 (n. 4).

36. Méré, *De la conversation*, éd. Ch. Boudhors, Paris, F. Roches, 1930, p. 107.

37. E. Lavisse, *Louis XIV*, II, p. 208.

38. Voltaire, *Le Siècle de Louis XIV*, chap. 27.

39. F. Bluche, *Louis XIV*, pp. 564 et 973.

40. Bod. I, 59 (29 août 1683) et 82 (13 mai 1687).

41. Bod. I, 95 (14 avr. 1688).

42. Hel., 136 (5 mai 1719).

43. E. Spanheim, Fasc. 37, 199 v° (21 mai 1683), et *Tableau de la Cour de France*, p. 46.

44. Bod. I, 72 (11 août 1686).

45. Bod. I, 370 (2 juill. 1699).

46. Sophie de Hanovre, *Mémoires*, p. 90.

47. *O.c.*, p. 91.

48. Bernstorffsches Archiv, AG 24, et Ragnild Hatton, *Georg I.*, pp. 39-40 (trois lettres de sept. 1682).

49. *Cf.* Bod. I, 10 (30 août 1676).

50. Bod. I, 38 (29 sept. 1681).

51. Bod. I, 22 (1er juill. 1678).

52. Bod. I, 19 (24 nov. 1677).

53. Bod. I, 56 (24 nov. 1682).

54. Saint-Simon, *Mémoires*, B. XL, p. 248.

55. E. Spanheim, fasc. 37, 20 v°-22 r° (18 janv. 1683).

56. Id., Fasc. 37, 121 r°-122 v° (12 avr. 1683).

57. Hol. VI, 502 (21 mai 1683) ; Hol. I, 23-24 (18 juill. 1683) ; Bod. I, 57-58 (19 août 1683) ; E. Spanheim, Fasc. 37, 246 r° (27 juin 1683).

58. Mlle de Montpensier, *Mémoires*, II, p. 433.

59. Hol. II, 62, 126 (1er déc. 1708 ; 7 sept. 1709).

60. Lettre du 30 juill. 1690 aux raugraves, citée par Carl Knetsch, *Elisabeth-Charlotte von der Pfalz und ihre Beziehungen zu Hessen*, pp. 7-8.

61. Lettre du 17 juill. 1685 publiée par Kazner et reprise dans l'anthologie de Margarethe Westphal, pp. 71-72.

62. Bod. I, 55 (24 nov. 1682) ; Bod. I, 59 (29 août 1683).

63. Har., 41 (28 avr. 1686).

64. Har., 42 (11 août 1686).

65. Saint-Simon, *Mémoires*, B. I, p. 71.

66. *Briefe... an... Wilhelmine Ernestine*, pp. 421-422 (6 déc. 1682).

67. Dangeau, I, 2, 16.

68. *Cf.* Comte d'Haussonville, *La Duchesse de Bourgogne et l'alliance savoyarde sous Louis XIV*, I, pp. 19-20.

69. E. Spanheim, Fasc. 40, 10 v° (14 avr. 1684).

70. Saint-Simon, *Mémoires*, B. XXXVI, 320.

71. *Cf.* H. Helmolt, *Briefe... nach Modena, Stockholm und Turin*, pp. 331-332 (10 févr. et 2 avr. 1722).

72. Benserade, *A la petite chienne de Mme la comtesse de Fiesque*.

73. *Briefe... an... Wilhelmine Ernestine*, p. 423 (28 mai 1684).

74. Pol., 1-2 (3 juill. 1684).

75. *Cf.* l'*Écrit de Mme Anne de Gonzague de Clèves, Princesse Palatine, où elle rend compte de ce qui a été l'occasion de sa conversion*, reproduit par L. Raffin, *Anne de Gonzague, Princesse Palatine*, pp. 292-299.

76. *Cf.* Bod., II, 206 (18 avr. 1709).

77. Dangeau, I, 33.

78. *Cf.* Hol. VI, 504 (à Karllutz, 4 août 1684) et Bod. I, 128 (27 sept. 1690).

79. *Le Mercure galant,* sept. (p. 304) et oct. 1684 (pp. 213-214).

80. Pol., 3 (23 sept. 1684).

81. Bod. I, 60-61 et, pour la fin, Rol., 71 (29 sept. 1683). Il faut rappeler que Rolland (1863) n'a pu traduire la sélection Bodemann (1891), mais celle, plus ancienne et différente, de Leopold Ranke (1861).

82. Bod. I, 64 (11 mai 1685).

83. Molière, *Le Tartuffe ou l'Imposteur*, ac. III, sc. 3, v. 867-868.

84. Dangeau, I, 172 (15 mai 1685).

85. Primi Visconti, *Mémoires*, pp. 277-278.

86. Dangeau, I, 179.

87. Archives des A.E., Correspondance « Bavière », suppl. I, f. 241-244. Publié par M. Strich, *Liselotte und Ludwig XIV.*, pp. 63-77.

88. Bod. I, 102 (10 nov. 1688).

89. Saint-Simon, *Mémoires*, B. XXIV, p. 209.

90. M. Marais, *Journal et Mémoires*, I, p. 375.

91. Hol. I, 14 (25 avr. 1681).

92. Hol. I, 17 (26 juin 1681).

93. Dangeau, I, 199 (juill. 1685).

94. Sourches, I, 227 (juin 1685).

95. Arch. Nat., 300 AP I 109, *Traduction du testament de feu Mr. L'Électeur Palatin*.

96. Bod. I, 65 (1er juin 1685).

97. *Briefe... an... Wilhelmine Ernestine*, p. 423 (18 juin 1685).

98. *O.c.*, p. 424 (30 juin 1685).

99. Bod. I, 66 (1er nov. 1685).

100. Hol. II, 317 (2 juill. 1713).

101. Hol. VI, 425 (2 juill. 1722).

102. Har., 18 (12 févr. 1672). *Cf.* D. Van der Cruysse, *Un Regard curieux sur la culture religieuse de Versailles à travers la correspondance allemande de Madame Palatine*, 1984, et Id., *La Révocation jugée dans la correspondance allemande complète de Madame Palatine*, 1984.

103. Hol. II, 466 (20 oct. 1714).

104. Bod. I, 70 (26 juin 1686).

105. Hel., 92 (20 oct. 1719).

106. Bod. I, 333 (18 mai 1698) et 377 (27 août 1699).

107. Bod. II, 137 (24 juin 1706).

108. Bod. I, 108 (5 juin 1689).

109. E. SPANHEIM, fasc. 46, 27 r° (25 janv. 1686).

110. ID., fasc. 45, 105 r°-106 r° (4 janv. 1686 ; la date 28 janv./4 févr. 1686 est manifestement une erreur de secrétaire).

111. Hol. I, 85 (15 mai 1697).

112. SOURCHES, I, 344.

113. E. SPANHEIM, fasc. 46 (5 avr. 1686).

114. SOURCHES, I, 372.

115. Cité par J. F. A. KAZNER, *Louise, Raugräfin zu Pfalz* (1798), I, 83.

116. *Briefe... an... Wilhelmine Ernestine,* pp. 426-427 (31 mars 1686).

117. Har., 41 (28 avr. 1686).

118. Arch. Nat., K 552, *Inventaire des biens et meubles de Madame l'Électrice du 10 avril 1686.*

119. E. SPANHEIM, fasc. 46, 75 v° (15 mars 1686).

120. SOURCHES, I, 385 (21 mai 1686).

121. *Cf.* DANGEAU, I, 346 (4 juin 1686).

122. Bod. I, 69 (4 juin 1686).

123. Bod. II, 317-318 (20 juill. 1712).

124. DANGEAU, I, 368 (7 août 1686).

125. Ed. Mercure de France, 72 (11 août 1686, à Sophie). Pas dans Bod.

126. DANGEAU, I, 401-402 (15-17 oct. 1686).

127. LA BRUYÈRE, *Des esprits forts,* 29.

128. Bod. I, 76-77 (10 oct. 1686).

129. Hol. I, 492-493 (23 déc. 1706).

130. Arch. Nat., 300 AP I 751, *Inventaire de S.A.R. Madame,* 160 v° et 178 r°.

131. F. MOUREAU, « Madame et son monde, ou la Palatine avait-elle une âme ? », in *Cahiers Saint-Simon,* 14, 1986, p. 45.

CHAPITRE IX : « AH, QUE MADAME EST SAUVAGE ! »

1. SOURCHES, II, 1.

2. Clairambault, IV, 359 bis (BN, Ms. Fr. 12 689). L'auteur pourrait être Aimé Piron (°1640), le père d'Alexis Piron.

3. Bod. I, 84 (20 juin 1687).

4. E. SPANHEIM, fasc. 48, 128 v° (22 sept. 1687).

5. Bod. I, 87-88 (1er oct. 1687).

6. E. SPANHEIM, fasc. 47 (17 mars 1687).

7. Bod. I, 80 (13 mai 1687).

8. *Cf.* J. J. NORWICH, *A History of Venice,* pp. 561-574 ; A. ZORZI, *La Repubblica del Leone. Storia di Venezia,* pp. 423-429.

9. Bod. I, 85 (4 sept. 1687).

10. Bod. I, 86 (27 sept. 1687). *Cf.* l'*Épître aux Philippiens,* III, 8.

11. Cité Bod. I, 86 en note (14 août 1687).

12. Bod. I, 92 (13 déc. 1687).

13. Hol. VI, 512 (17 mai 1688).

14. J. F. A. KAZNER, *Louise, Raugräfin zu Pfalz,* II, p. 30.

15. Bru., I, 11 (8 nov. 1688).

16. Bod. I, 101 (10 nov. 1688).

17. Hol. I, 300 (22 juill. 1702).

18. Hol. II, 641-642 (1er oct. 1715).

19. Hol. III, 318 (14 juill. 1718) et 394 (28 sept. 1718).

20. Bod. I, 337 (10 juill. 1698).
21. SOURCHES, II, 140 (21 févr.) et 147 (10 mars 1688).
22. Bod. I, 94 (14 avr. 1688).
23. Bod. I, 100 (8 oct. 1688).
24. F. BLUCHE, *Louis XIV*, p. 666.
25. E. SPANHEIM, Fasc. 51, 67 v° (29 août 1688).
26. ID., *Relation de la Cour de France*, p. 254.
27. Bod. I, 98 et 102 (26 sept. et 10 nov. 1688).
28. L. HÄUSSER, *Geschichte der Rheinischen Pfalz*, II, 772-773, et K.v. RAUMER, *Die Zerstörung der Pfalz von 1689*, pp. 114-115.
29. SOURCHES, II, 283-284 ; DANGEAU, II, 218-219.
30. Hol. IV, 281 (26 oct. 1719).
31. J. ROUJON, *Louvois et son maître*, p. 361.
32. Bod. I, 341 (7 août 1698).
33. Bod. I, 352-353 (1er/11 janv. 1699).
34. *Cf.* D. VAN DER CRUYSSE, *Un Regard curieux sur la culture religieuse de Versailles à travers la correspondance allemande de Madame Palatine*, pp. 357-360.
35. Cité par A. BASSO, *Jean-Sébastien Bach*, Paris, Fayard, 1984-1985, I, p. 120.
36. Hel., 228 (26 juill. 1718).
37. *Cf.* Hol. VI, 100 (3 mai 1721).
38. Hol. V, 225 (4 août 1720).
39. K. v. RAUMER, *Die Zerstörung der Pfalz von 1689*, p. 113.
40. K. v. RAUMER, *o.c.*, p. 116 et F. FUNCK-BRENTANO, *Liselotte, duchesse d'Orléans*, p. 91.
41. J. ROUJON, *Louvois et son maître*, p. 364.
42. DANGEAU, II, 218.
43. E. SPANHEIM, fasc. 52, 40 v° (3 janv. 1689).
44. J. ROUJON, *o.c.*, p. 364.
45. K. v. RAUMER, *o.c.*, p. 133.
46. *O.c.*, pp. 145 et 248.
47. *O.c.*, p. 146.
48. R. BENZ, *Heidelberg, Schicksal und Geist*, pp. 256-257.
49. L. HÄUSSER, *Geschichte der Rheinischen Pfalz*, II, 781.
50. SAINT-SIMON, *Mémoires*, B. II, pp. 151-152.
51. DANGEAU, II, pp. 349-351.
52. SOURCHES, III, 52.
53. Bod. I, 102-193 (20 mars 1689).
54. Bod. I, 104 (14 avr. 1689).
55. A. BARINE, *Madame, mère du Régent*, p. 238.
56. Bod. I, 106-107 (20 mai 1689).
57. Bod. I, 108 (5 juin 1689).
58. Bod. I, 115 (30 oct. 1689).
59. Bod. I, 104-105 (14 avr. 1689).
60. Bod. I, 109 (5 juin 1689). En français dans le texte.
61. A. BARINE, *o.c.*, p. 240.
62. SAINT-SIMON, *Mémoires*, B. XXXVI, p. 320.
63. E. SPANHEIM, *Relation de la Cour de France*, pp. 77-78.
64. P.-J. D'ORLÉANS, *Histoire des Révolutions d'Angleterre*, éd. 1724, t. III, Avertissement (non paginé).
65. Mme DE LA FAYETTE, *Mémoires... pour les années 1688 et 1689*, p. 148.
66. Hol. II, 437 (1er sept. 1714).
67. Hol. II, 658, 661 (24 et 29 oct. 1715)

68. Hol. II, 505 (22 janv. 1715).

69. Bod. I, 104 (20 mars 1689).

70. Bod. I, 123 (20 août 1690).

71. Bod. I, 138 (18 sept. 1691).

72. Bod. I, 154-155. Pour la « folie » de saint Paul, voir *Actes*, XXVI, pp. 24-25.

73. Bod. I, 109 (5 juin 1689).

74. Mme DE LA FAYETTE, *Mémoires... pour les années 1688 et 1689*, p. 156.

75. SAINT-SIMON, *Mémoires*, B. XVI, pp. 432-433 ; *Écrits inédits*, éd. Faugère, VII, p. 283 ; *Additions*, II, p. 335 et IX, p. 242.

76. VOLTAIRE, « Dissertation sur la mort de Henri IV », in *Œuvres complètes*, Genève, 1768, I, p. 249.

77. SOURCHES, III, 40 (20 févr. 1689).

78. Bod. I, 103 (20 mars 1689).

79. Bod. I, 108-109, 110 (5 et 30 juin 1689).

80. SAINT-SIMON, *Mémoires*, B.V., p. 117.

81. ID, o.c., B. XIII, p. 282.

82. Bod. I, 94 (14 avr. 1688).

83. DANGEAU, II, p. 393.

84. SAINT-SIMON, *Mémoires*, B. XIV, p. 120, et B. I, p. 72.

85. ID., o.c., B. XIV, pp 119-120.

86. SOURCHES, III, 90, et DANGEAU, II, 394 (15 mai 1689).

87. J.-C. PETITFILS, *Le Régent*, p. 21.

88. SAINT-SIMON, *Mémoires*, B. I., p. 64.

89. Raconté par le père LÉONARD et cité B. I, p. 65, n.l.

90. DANGEAU, II, p. 476 (24 sept. 1689).

91. SAINT-SIMON, *Mémoires*, B. XXVI, p. 280.

92. Bod. I, 107 (20 mai 1689).

93. Bod. I, 111-114 (26 août et 21 sept. 1689).

94. *Mercure galant*, févr. 1684, pp. 374-375.

95. SOURCHES, III, p. 159.

96. Bod. I, 116 (10 déc. 1689).

97. DANGEAU, III, 48. Un an plus tôt il avait écrit : « Le Roi a donné pour étrennes 3 000 pistoles à Madame, à son ordinaire. » (II, 286).

98. Bod. I, 117 (8 févr. 1690).

99. Hol. VI, 503-504 (4 août 1684, à Karllutz), et Hol. I, 421 (5 nov. 1705, à Louise).

100. Hol. I, 80, 86 (4 mars et 15 mai 1697).

101. Hol. I, 300 (22 juill. 1702). *Tockmaussisch* ou *duckmäusig* est défini par Grimm comme : « Der heimlich und leise geht um etwas schlimmes zu thun. »

102. J.F.A. KAZNER, *Louise, Raugräfin zu Pfalz*, II, p. 37.

103. DANGEAU, III, p. 28 (23 nov. 1689).

104. Hel., 233 (31 déc. 1719).

105. Hel., 243 (12 avr. 1719).

106. SOURCHES, III, p. 227.

107. Hel., 244 (24 mars 1719).

108. *Cf.* DANGEAU, III, pp. 100-101 ; SOURCHES, III, pp. 228-229 ; Mme DE CAYLUS, *Souvenirs*, p. 78.

109. Jae. I, 77 (21 avr. 1690). Pas dans Bod.

110. Pol., 7 (26 avr. 1690).

111. Hel., 242 (6 juin 1719).

112. Bod. I, 119 (12 juin 1690).

113. SAINT-SIMON, *Cérémonies observées...*, B. I, pp. 516-517.

114. Hel., 245 (5 août 1719).

115. Hel., 242 (2 sept. 1710).
116. Bod. I, 128 (27 sept. 1690).
117. Hol. I, 33 (14 mai 1695).
118. SOURCHES, III, p. 310 (7 oct. 1690).
119. Bod. I, 132 (29 mars 1691). Rolland et l'éd. du Mercure traduisent *Witman (Witwer,* veuf) par... Witman, nom propre.
120. Bod. I, 129-130 (5 déc. 1690 et 7 janv. 1691).
121. Cat. Charavay 784, févr. 1985, n° 40830 (16 juill. 1714).
122. Hol. IV, 198 (6 août 1719).
123. Bod. I, 130-131 (7 janv. 1691).
124. Cité dans SEILHAC, *L'Abbé Dubois,* I, p. 205 (19 mars 1691).
125. *O.c.,* I, pp. 210-211 (21 août 1691).
126. SOURCHES, III, p. 340 (23 déc. 1690).
127. DANGEAU, III, p. 305 (21 mars 1691).
128. SEILHAC, *o.c.,* I, 206 (24 mars 1691).
129. J.-C. PETITFILS, *Le Régent,* p. 38.
130. Har., 46 (30 juin 1691).
131. SEILHAC, *o.c.,* I, pp. 208-209 (6 juin 1691).
132. Bod. I, 132 (13 mai 1691).
133. Bod. I, 139 (1er nov. 1691) et 141 (24 nov. 1691).
134. Hol. I, 25 (22 déc. 1691).
135. Bod. I, 137 (23 août 1691) et 141 (24 nov. 1691).
136. SOURCHES, III, 436 (16 juill. 1691). Voir la relation détaillée de Dionis, chirurgien de Louvois, dans DANGEAU III, pp. 450-452 (appendice).
137. SAINT-SIMON, *Mémoires,* B. XXVIII, pp. 76-77.
138. Madame écrit phonétiquement *Wasser von Vorge* (le *v* se prononce *f* en allemand), et non pas *von Sorge,* comme pensent Rolland, Jaeglé et l'éd. du Mercure. Cette coquille a inspiré à une récente biographe un bien curieux commentaire.
139. Bod. I, 135 (22 juill. 1691).
140. Bod. I, 135-136 (10-23 août 1691).
141. SAINT-SIMON, *Mémoires,* B. I. pp. 68-70.
142. Bod. I, 143 (10 janv. 1692).
143. SOURCHES, IV, p. 3 (11 janv. 1692).
144. SAINT-SIMON, *Additions,* IV, p. 8.
145. ID., Mémoires, B. I, pp. 72-73.
146. Mme DE CAYLUS, *Souvenirs,* p. 109.
147. SAINT-SIMON, *Additions,* IV, 8. Voir aussi *Mémoires,* B. I, p. 74.
148. Hel., 224 (11 sept. 1717).
149. Mme DE CAYLUS, *Souvenirs,* p. 109.
150. *Cf.* Hel., 322 et Bod. I, 376.
151. Hel., 323 (16 mai 1716).
152. SAINT-SIMON, *Mémoires,* B. I, 75.
153. Bod. I, 144 (21 févr. 1692). Je souligne.
154. DANGEAU, IV, 7 (9 janv. 1692).
155. SOURCHES, IV, 13 (19 févr. 1692).
156. SAINT-SIMON, *Mémoires,* B. I, p. 99.
157. Bod. I, 144 (21 févr. 1692).
158. Bod. I, 145 (5 mars 1692).
159. Bod. I, 146 (12 avr. 1692).
160. Bod. I, 148 (11 mai 1692).
161. Bod. I, 157 (3 juill. 1692).
162. Bod. I, 158-159 (7 août 1692).

163. Seilhac, *L'Abbé Dubois,* I, 211-214 (10 août, 9 h 45 et 19 h., 1692).
164. Bod. I, 173 (17 déc. 1692).

CHAPITRE X : « ÊTRE MADAME EST UN MÉTIER MISÉRABLE »

1. Testament cité en appendice par le duc DE LA FORCE, *La Grande Mademoiselle,* pp. 321-323.
2. Bod. I, 177 (8 févr. 1693) et 184 (28 juin 1693).
3. Bod. I, 183 (9 avr. 1693).
4. Saint-Simon, *Mémoires,* B. I, p. 128.
5. Arch. Nat., O^1 37, f. 119 v° ; cité B. I, 264.
6. Bru. I, 13 (24 juin 1693).
7. L. Häusser, *Geschichte der Rheinischen Pfalz,* II, p. 795.
8. Cité par F. Bluche, *Louis XIV,* p. 668.
9. Cité par J.-C. Petitfils, *Le Régent,* p. 60.
10. Bod. I, 185 (23 août 1693).
11. Har., 53 (23 août 1693).
12. Bod. I, 180 (19 mars 1693).
13. Dangeau, IV, 317 (5 juill. 1693).
14. Voltaire, 11ᵉ lettre philosophique, « Sur l'insertion de la petite vérole ».
15. Sourches, IV, 220.
16. Id., IV, 219.
17. Dangeau IV, 319 (9 juill. 1693).
18. Jae. I, 100 (23 août 1693). Pas dans Bod.
19. Pol., 9 (27 août 1693).
20. J. Voss (éd.), *Briefe... an... Mme de Ludres,* pp. 243-244 (17 août 1693). Je souligne.
21. Har., 53 (23 août 1693).
22. Bod. I, 189 (26 nov. 1693) et I, 174 (1ᵉʳ janv. 1693).
23. J. Voss (éd.), *Briefe... an... Mme de Ludres,* p. 242 (1ᵉʳ oct. 1687).
24. Bod. I, 189 (12 déc. 1693).
25. Har., 54 (16 déc. 1693).
26. P. Zimmermann (éd.) *Briefe... an Christian August... von Haxthausen,* p. 420 (24 oct. 1664), et Hol. VI, 521 (7 nov. 1694).
27. *Ibid.,* p. 412 (19 sept. 1694).
28. Bod. I, 190 (7 mars 1694).
29. Saint-Simon, *Mémoires,* B. XLI, p. 117.
30. *Cf.* Bod. I, 196 (8 juill. 1694) et Dangeau, V, 39 (5 juill. 1694).
31. Saint-Simon, *Mémoires,* B. XXXII, pp. 246-247 ; XXXVII, p. 289 ; XL, p. 247.
32. A. Köcher, « Die Prinzessin von Ahlden », in *Historische Zeitschrift,* 1882 ; G. du Boscq de Beaumont et M. Bernos, *Correspondance de Sophie-Dorothée princesse électorale de Hanovre avec le comte de Königsmarck* (s.d.) ; G. Schnath (éd.), *Der Königsmarck-Briefwechsel,* 1952 ; R. Hatton, *George I,* 1978.
33. *Cf.* R. Geerds (éd.), *Memoiren und Briefe der Kurfürstin Sophie von Hannover,* p. 346 (5 sept. 1694).
34. *O.c.,* p. 343 (25 juill. 1694).
35. Bod. I, 197 (18 nov. 1694) ; 198-199 (28 nov. 1694) ; 271-272 (10 janv. 1697).
36. Bod. I, 208 (13 févr. 1695).
37. Saint-Simon, *Additions,* V, 155.

38. Bod. I, 210 (3 mars 1695), et P. ZIMMERMANN (éd.), *Briefe... an Christian August... von Haxthausen,* pp. 419-420 (24 oct. 1694).

39. Bod. I, 377 (30 août 1699).

40. P. ZIMMERMANN (éd.), *o.c.,* pp. 412-418 (19 sept. 1694).

41. Bod. I, 172 (7 déc. 1692).

42. Hol. IV, 137 (4 juin 1719).

43. Bod. I. 196-197 (18 nov. 1694).

44. Bru., II, 384-389 ; Hel., 399-403.

45. *Cf.* M. BAKHTINE, *L'Œuvre de François Rabelais et la culture populaire au Moyen Age et sous la Renaissance,* Paris, Gallimard, 1970 ; N. ELIAS, *Die höfische Gesellschaft. Untersuchungen zur Soziologie des Königtums und der höfischen Aristokratie,* Francfort-sur-le-Main, Suhrkamp, 1983, et le t. I de *Über den Prozess der Zivilisation,* Berne, Francke, 1969.

46. Bod. I, 174-175 (1er janv. 1693).

47. Bod. I, 230 (11 déc. 1695).

48. Bod. II, 252-253 (6 juill. 1710).

49. Bod. II, 241 (9 mars 1710).

50. Hol. VI, 519 (4 août 1694) ; Bod. I, 208 (13 fév. 1695).

51. P. ZIMMERMANN (éd.), *Briefe... an Christian August... von Haxthausen,* p. 426 (23 oct. 1695).

52. Bod. I, 239 (7 mars 1696) et 241 (5 avr. 1696).

53. Bod. I, 195 (8 juill. 1694).

54. Hol. VI, 519 (4 août 1694).

55. Bod. I, 229 (27 nov. 1695) et Har., 60 (15 avr. 1696).

56. Hol. I, 113 (22 août 1698).

57. Bod. I, 380 (10 oct. 1699).

58. SOURCHES, IV, p. 468 (19 juin 1695).

59. Hol. I, 40 (23 juill. 1695).

60. SOURCHES, V, pp. 40-41 (20 août 1695).

61. Hol. VI, 538 (11 sept. 1695, « à trois heures de l'après-midi »).

62. SEILHAC, *L'Abbé Dubois,* I, p. 220 (3 juin 1696).

63. SAINT-SIMON, *Mémoires,* B.X, p. 91.

64. SEILHAC, *o.c.,* p. 223 (18 juin 1696, « à 7 heures 3 quarts du soir »).

65. *O.c.,* p. 224 (21 juin) et 225 (24 juin).

66. *O.c.,* p. 227 (28 juin) et 229 (12 juill.).

67. *O.c.,* pp. 232-233 (10 août 1696).

68. Bod. I, 257 (30 sept. 1696).

69. Bod. I, 254 (2 sept. 1696).

70. Bod. I, 250 (2 août 1696) et 258 (30 sept. 1696).

71. Bod. I, 259 (30 oct. 1696).

72. Cité par le comte D'HAUSSONVILLE, *La Duchesse de Bourgogne et l'alliance savoyarde sous Louis XIV,* I, p. 114.

73. SOURCHES, II, p. 157 (20 avr. 1688).

74. Publié en appendice dans l'éd. Cosnac des *Mémoires* de Sourches, V, pp. 459-468.

75. HAUSSONVILLE, *o.c.,* I, p. 165.

76. Lettre du 4 nov. 1696 reproduite en note par les éditeurs de Dangeau, VI, pp. 21-22.

77. SAINT-SIMON, *Mémoires,* B. III, p. 274.

78. Bod. I, 260-261 (8 nov. 1696). Le texte allemand dit bien *grand-père* (*Grossvatter*), et non *beau-père.*

79. LOUIS XIV, *Manière de montrer les jardins de Versailles,* éd. R. Girardet, Paris, Plon, 1951.

80. DANGEAU, VI, pp. 41 et 79.

81. SAINT-SIMON, *Mémoires,* B. III, p. 277.

82. Bod. I, 262-263 (22 nov. 1696).

83. Bod. I, 344 (18 sept. 1698), 348 (22 oct. 1698), 374 (23 juill. 1699).

84. Bod. I, 283 (4 avr. 1697).

85. Bod. I, 264 (25 nov. 1696).

86. F. VON WEECH (éd.), *Briefe der Herzogin Elisabeth Charlotte von Orléans an den Markgrafen Friedrich Magnus von Baden-Durlach,* p. 117 (27 avr. 1697).

87. LOUIS XIV, *Réflexions sur le métier de Roi,* 1679, publiées en appendice des *Mémoires,* éd. J. Longnon, p. 279.

88. DANGEAU, VI, p. 197 (26 sept. 1697).

89. Bod. I, 327 (16 mars 1698).

90. Har., 62 (16 juin 1697); Hol. I, 87 (21 juin 1697), 89 (19 juill. 1697); SOURCHES, V, pp. 273-274; DANGEAU, VI, p. 122.

91. SAINT-SIMON, *Mémoires,* B. IV, p. 315.

92. *O.c.,* B. VI, p. 355.

93. Bod. I, 312-314 (8 déc. 1697).

94. Hol. I, 80 (4 mars 1697).

95. Bod. I, 294 (21 juill. 1697). *Cf.* SOURCHES, V, p. 314 (28 juill. 1697).

96. Bod. I, 307 (9 oct. 1697).

97. Bod. I, 316 (22 déc. 1697).

98. SPANHEIM, fasc. 57, 34r°-35r° (14 février. 1698).

99. ID., fasc. 58, 36r° (2 juin 1698).

100. Bod. I, 318 (12 janv. 1698) et 323-324 (16 févr. 1698).

101. SPANHEIM, fasc. 57, 45r°-46r° (21 févr. 1698).

102. Har., 66 (19 févr. 1698).

103. SAINT-SIMON, *Mémoires,* B. V, pp. 46-47. Je souligne.

104. Bod. I, 324 (20 févr. 1698).

105. SAINT-SIMON, *Mémoires,* B. V, pp. 332-333.

106. Bod. I, 343 (7 sept. 1698). *Cf.* Hol. I, 112 (22 août 1698).

107. Bod. I, 288 (16 mai 1697).

108. Hol. VI, 548 (20 sept. 1698).

109. Bod. I, 350 (16 nov. 1698).

110. C. KNETSCH, *Elisabeth Charlotte von der Pfalz und ihre Beziehungen zu Hessen,* pp. 29-36.

111. SOURCHES, VI, p. 76. *Cf.* DANGEAU, VI, pp. 424 et 435.

112. Har., 65-66 (30 janv. 1698).

113. Hol. I, 99 (4 févr. 1698).

114. J. VOSS (éd.), *Briefe... an... Mme de Ludres,* pp. 246 et 244 (19 et 3 sept. 1698).

115. Bod. I, 345 (25 sept. 1698) et DANGEAU, VI, p. 430 (30 sept. 1698).

116. Bod. I, 346 (1er oct. 1698).

117. Bod. I, 347 (15 oct. 1698).

118. SPANHEIM, fasc. 60, 8v° (16 oct. 1698).

119. Bod. I, 348 (15 oct. 1698).

120. SOURCHES, VI, 81 (16 oct. 1698).

121. Hol. VI, 549 (12 déc. 1698).

122. Bod. I, 348 (25 oct. 1698).

123. Bod. I, 349-350 (5 et 16 nov. 1698). J'ai traduit *auff das Leben verpicht* par *porté sur la bagatelle.* L'expression allemande n'a guère de sens dans ce contexte; sans doute s'agit-il d'une coquille et faut-il lire *auff das Lieben verpicht.*

124. Hol. I, 341 (17 févr. 1704, à Amelise).

125. Hol. VI, 549 (12 déc. 1698, à Louise)

126. Bod. I, 350 (16 nov. 1698).
127. Spanheim, fasc. 58, 40r° et 72r°-78v° (6 juin 1698).
128. Dangeau, VII, pp. 124, 129, 133, 153 (août-sept. 1699).
129. Spanheim, fasc. 62, 18r°-22r°, 26r°-27v°, 80r°-81v° (jan.-fév. 1699).
130. Hol. I, 134 (16 avr. 1699).
131. Hol. I, 178-179 (14 oct. 1699).
132. Bod. I, 356 (8 févr. 1699).
133. Sourches, VI, p. 130 (20 févr. 1699).
134. Dangeau, VII, p. 113 (13 juill. 1699).
135. Sourches, VI, p. 177 (5 août 1699).
136. Spanheim, fasc. 63, 195v°-196r° (17 août 1699).
137. Hol. I, 171-172 et 176 (1er oct. 1699).
138. Har., 70 (12 sept. 1699).
139. H. Helmot (éd.), *Briefe... an den lothringischen Hof*, pp. 176-178.
140. Hol. I, 186 (21 janv. 1700).
141. *Cf.* Dangeau, VII, pp. 197-198, et le *Mercure galant* de nov. 1699, p. 286. Le texte de l'hommage est reproduit par Sourches, VI, pp. 203-205.
142. Hol. I, 185 (12 janv. 1700).
143. Lorraine, Élisabeth-Charlotte, duchesse de, *Lettres à la marquise d'Aulède*, Nancy, L. Wiener, 1865 (tiré à 125 ex.).
144. F. Bluche, *Louis XIV*, p. 767.
145. Bod. I, 419 (10 nov. 1700).
146. Saint-Simon, *Mémoires*, B. VII, pp. 306-308.
147. Bod. I, 419-420 (13 nov. 1700).
148. Dangeau, VII, 418-419 (16 nov. 1700), et le *Mercure galant* de nov. 1700.
149. Bod. I, 423 (5 déc. 1700).
150. Bod. I, 424 (16 déc. 1700).
151. *Ibid.*
152. Spanheim, fasc. 72, 47r°-65v° (31 janv.-11 fév. 1701).
153. Hol. I, 190-191 (23 avr. 1700).
154. Bod. I, 416 (21 sept. 1700).
155. Dangeau, VII, pp. 168 et 454 ; VIII, pp. 56 et 88.
156. Bod. I, 429 (10 fév. 1701).
157. Bod. I, 374 (26 juill. 1699).
158. Saint-Simon, *Mémoires*, B. VIII, pp. 313-314.
159. Bod. I, 399-400 (6 mai 1700).
160. Hel., 272-273 (13 juin 1719).
161. Bod. I, 434 (14 avr. 1701).
162. Dangeau, VIII, pp. 85 et 87 (21 et 25 avr. 1701).
163. Saint-Simon, *Mémoires*, B. VIII, p. 320.
164. Bod. II, 1 (12 juin 1701) et 5 (7 juill. 1701) ; Hol. I, 229 (15 juill. 1701) ; Hel., 275 (15 juill. 1718).
165. Bod. I, 439 (9 juin 1701).
166. Sourches, VII, p. 75 (8-9 juin 1701).
167. Saint-Simon, *Mémoires*, B. VIII, p. 327.
168. Arch. Nat. 300 AP I 115 (arch. d'Orléans) et K 542, 9. Le « cri désespéré du 9 juin » a inspiré à une biographe récente des pages curieuses. Qu'on lise plutôt les remarques précises de Boislisle, VIII, 328, n. 2.
169. Hol. I, 231, 236 (15 juill. et 18 août 1701).
170. Bod. II, 343 (15 mars 1714).
171. Arch. Nat. M 243, f. 189 et B. VIII, p. 328.

CHAPITRE XI : « PASSER TRANQUILLEMENT MA VIE EST MA SEULE AMBI-TION »

1. Jae. I, 232 (27 janv. 1701). Pas dans Bod.
2. H. HELMOLT (éd.), *Briefe... an den lothringischen Hof,* pp. 188-189 (7 mars 1701).
3. Bod. II, 1-2 (12 juin 1701).
4. *Ibid.*
5. SAINT-SIMON, *Mémoires,* B. VIII, pp. 350-355.
6. ID., *Additions,* VIII, p. 125 (12 juin 1701).
7. Bru., I, 50-51 et II, 381. Les dates de ces lettres sont inexactes, comme c'est souvent le cas chez Brunet. H. Helmolt *(Kritisches Verzeichnis)* date la première du 15 juin 1701, et la troisième du 23 oct. 1701 ; la deuxième ne porte pas de date, mais se situe visiblement entre les deux autres.
8. Jae. I, 250 (22 oct. 1701 ; pas dans Bod.), et Bru. II, 381 (23 oct. 1701).
9. *Mémoires des Dames de Saint-Cyr,* ch. 29. Cité Bru. II, 382.
10. Hel., 134 (18 avr. 1719).
11. Bod. II, 7 (21 juill. 1701).
12. Pol., 30 (29 févr. 1704) ; Hol. II, 138 (2 nov. 1709).
13. DANGEAU, VIII, p. 157.
14. Bod. II, 24 (27 nov. 1701).
15. Arch. Nat., 300 AP I 115 et K 543. Reproduit dans l'éd. Boislisle des *Mémoires* de Saint-Simon, VIII, pp. 620-621, et par G. DE LA BATUT, *La Cour de Monsieur...,* pp. 296-297.
16. *Cf.* A. LEBIGRE, « *Faulte d'argent, c'est douleur non-pareille :* le témoignage des actes notariés sur la condition de Madame en France », in *Cahiers Saint-Simon* n° 14, 1986, pp. 5-12.
17. Arch. Nat. 300 AP I 115, f. 3r°.
18. Hol. I, 255 (10 déc. 1701). A Louise.
19. Bod. II, 19 (5 oct. 1701).
20. Bod. II, 31-32 (9 févr. 1702).
21. O. KLOPP (éd.), *Correspondance de Leibniz avec l'Électrice Sophie,* II, p. 261 (12 juill. 1701).
22. Hol. I, 235 (11 août 1701).
23. H. HELMOLT, « Neues von Liselotte », in *Mannheimer Geschichtsblättern,* 10, 1910, col. 209.
24. SOURCHES, VII, p. 232.
25. Hol. I, 272 (12 mars 1702).
26. Bod. II, 4 (30 juin 1701).
27. Bru. I, 50-51 (15 juin 1701).
28. Bod. II, 11-12 et 8 (18 août, 21 juill. 1701).
29. Bod. II, 3-4 (26 juin 1701).
30. Har., 67 (20 févr. 1698).
31. SAINT-SIMON, *Mémoires,* B. VIII, pp. 362-363.
32. DANGEAU, VIII, pp. 240 (17 nov. 1701), 320 (12 févr. 1702) et 326 (19 févr. 1702).
33. Hol. I, 302 (2 août 1702).
34. Hol. VI, 558 (26 sept. 1701).
35. Bod. II, 73 (21 avr. 1704).
36. Pol., 13-14 (27 sept. 1701).
37. Hol. I, 236 (18 août 1701).
38. Bod. II, 24 (27 nov. 1701).
39. Hol. I, 272 (12 mars 1702), et Pol., 21 (29 nov. 1702).

40. Bod. II, 36 (16 mars 1702) et Hol. I, 267 (16 fév. 1702).
41. Hol. I, 268 (16 fév. 1702).
42. Hol. I, 296 (12 juill. 1702).
43. Pol., 20 (21 sept. 1702).
44. Har., 76 (12 mars 1702).
45. Bod. II, 39, 40 (26 mars, 9 avr. 1702).
46. *Cf.* Hel., 283-284 (31 mars 1716; 22 mars 1718), et Saint-Simon, *Mémoires,* B. X, pp. 378-379.
47. Hol. I, 281 (22 avr. 1702).
48. Hol. I, 295 (3 juill. 1702).
49. Hol. I, 264 (8 janv. 1702).
50. Hol. VI, 560 (9 mars 1702).
51. Bod. II, 64-65 (18 mai 1703).
52. Bod. II, 41-42 (20 — et non pas 30 — avr. 1702).
53. Bod. II, 43 (7 mai 1702).
54. Pol., 16-17 (4 mai 1702).
55. Hol. I, 288 (12 mai 1702).
56. Sourches, VII, p. 376 et Hol. I, 309-310 (29 sept. 1702).
57. Hol. I, 312 (12 oct. 1702). Je souligne.
58. Bod. II, 57 (21 janv. 1703).
59. Bod. II, 125 (7 févr. 1706).
60. Bod. II, 151 (12 déc. 1706).
61. Saint-Simon, *Additions,* IX, p. 469.
62. Id., Mémoires, B. XI, p. 100.
63. Hol. V, 312 (24 oct. 1720).
64. Saint-Simon, *Mémoires,* B. XI, pp. 340-341.
65. Sourches, VIII, p. 138.
66. Pol., 28 (6 août 1703).
67. G. Poisson, *Cette curieuse famille d'Orléans,* p. 139.
68. H. Helmolt (éd.), *Briefe... an den lothringischen Hof,* 191 (21 mars 1704).
69. Hol. I, 328 (17 août 1703).
70. Dangeau, IX, p. 273 (20 août 1703).
71. Hol. I, 329 (16 sept. 1703, à Louise).
72. Hol. I, 328 (7 sept. 1703).
73. Hol. I, 330-332 (13 et 23 nov. 1703).
74. Jae. II, 7 (26 juin 1704). Pas dans Bod.
75. Bod. II, 81 (14 août 1704).
76. Saint-Simon, *Additions*, X, p. 103.
77. E. Lavisse, *Louis XIV,* II, p. 331.
78. Lettre du 6 déc. 1704, citée en note, Bod. II, 96.
79. Bod. II, 96 (14 déc. 1704).
80. Hol. I, 365 (13 déc. 1704).
81. Bod. II, 83-84 (21, 28, 31 août 1704).
82. Bod. II, 85 (7 sept. 1704).
83. Dangeau, X, p. 101 (21 août 1704) et Bod. II, 82 (14 août 1704).
84. Bod. II, 99-100 (15 fév. 1705).
85. Hol. I, 369 (14 fév. 1705).
86. Pol., 42 (16 fév. 1705).
87. Bod. II, 102 (8 mars 1705).
88. Hol. I, 379 (15 mars 1705).
89. Hol. I, 407 (23 juill. 1705).
90. H. Helmolt (éd.), *Briefe... an den lothringischen Hof,* p. 194 (20 févr. 1705).

91. *O.c.*, p. 195 (27 mars 1705).
92. *O.c.*, p. 199 (7 mars 1706).
93. Hol. I, 388 (18 avr. 1705).
94. SOURCHES, IX, p. 217 (13 avr. 1705).
95. SAINT-SIMON, *Mémoires*, B. XIII, p. 38 et Bod. II, 107 (24 mai 1705).
96. Hol. I, 414 (17 sept. 1705).
97. Hol. II, 489 (2 déc. 1714).
98. Hol. II, 525 (8 mars 1715).
99. DANGEAU, XI, p. 2 (3 janv. 1706).
100. Hol. I, 436 (21 janv. 1706).
101. Bod. II, 134 (30 mai 1706) et 145 (23 sept. 1706).
102. Bod. II, 135 (20 juin 1706).
103. Bod. II, 136 (24 juin 1706).
104. SAINT-SIMON, *Mémoires*, B. IX, p. 28.
105. Arch. Nat., 300 AP I 115.
106. Cte de SEILHAC, *L'Abbé Dubois*, I, pp. 236-245.
107. Cat. Charavay n° 789, avr. 1987, n° 41540 (19 juill. 1706).
108. SAINT-SIMON, *Mémoires*, B. XIV, p. 56.
109. BOISLISLE (éd.), Une lettre et deux extraits de lettres de Madame au duc d'Orléans (sept. 1706), B. XIV, pp. 505-506.
110. *Ibid.*, p. 508.
111. *Ibid.*, p. 506, n. 1.
112. *Ibid.*, p. 500, n. 1.
113. Pol., 57-58 (18 sept. 1706).
114. Pol., 62 (9 nov. 1706).
115. Hol. I, 486, 488 (11 nov., 2 déc. 1706).
116. H. HELMOLT (éd.), *Briefe... an den lothringischen Hof*, p. 206 (11 janv. 1707).
117. Bod. II, 157 (24 mars 1707) ; Hol. II, 13 (30 mars 1707). La pièce citée dans la lettre à Sophie est la tragédie *Atrée et Thieste* de Crébillon-père, créée le 14 mars 1707.
118. Bod. II, 168-169 (24 nov. 1707).
119. Cité par J.-C. PETITFILS, *Le Régent*, p. 124.
120. Jae. II, 57-58 (5 juin 1707). Madame adressa à Sophie des extraits de sept lettres de son fils (juin-nov. 1707), reproduits dans Jae. II, 57-67.
121. Cité en français dans la lettre du 19 mai 1707 à Sophie, Bod. II, 159.
122. Bod. II, 161 (2 juin 1707).
123. Jae. II, 64 (12 août 1707).
124. SOURCHES, X, pp. 395-396.
125. Hol. II, 46 (27 oct. 1707).
126. Jae. II, 67. La date (19 nov.) est manifestement inexacte ; la lettre est du 12 ou du 13.
127. Bod. II, 164 (21 juill. 1707).
128. Bod. II, 163 (16 juill. 1707).
129. Hol. II, 49, 51 (24 nov. 1707, 12 janv. 1708).
130. SOURCHES, X, pp. 422-423 (3 nov. 1707).
131. Pol., 72 (3 nov. 1707).
132. Jae. I, 69 (20 mai 1689). Pas dans Bod.
133. Bod. II, 171 (19 janv. 1708).
134. SOURCHES, XI, pp. 24 (19 févr. 1708) et 256 (25 janv. 1709).
135. Jae. II, 72 (11 août 1708). Pas dans Bod.
136. H. HELMOLT (éd.), *Briefe... an den lothringischen Hof*, pp. 209-210 (1er fév. 1708).
137. *Ibid.*, p. 210 (7 fév. 1708).

138. *Ibid.*, pp. 211-212 (24 août 1708, « à neuf heures du soir »).
139. *Ibid.*, p. 214 (11 déc. 1708).
140. A. GASTÉ (éd.), *Deux Lettres inédites de la Princesse Palatine*, pp. 7-8 (4 oct. 1708).
141. Pol. 75-76 (10 et 11 oct. 1708).
142. DANGEAU, XII, p. 250 (23 oct. 1708).
143. Hol. II, 55 (25 oct. 1708).
144. H. HELMOLT (éd.), *Briefe... nach Modena, Stockholm und Turin*, p. 323 (19 mai 1700).
145. Jae. II, 77 (16 déc. 1708). Pas dans Bod.
146. Jae. II, 78 (17 janv. 1709). Pas dans Bod.
147. SAINT-SIMON, *Mémoires*, B. XVII, p. 195.
148. Bod. II, 196-198 (10 janv. 1709).
149. E. BODEMANN (éd.), *Briefe der Kurfürstin Sophie von Hannover an die Raugräfinnen und Raugrafen zu Pfalz*, p. 297 (10 janv. 1709).
150. Bod. II, 199 (20 et 27 janv. 1709).
151. Hol. II, 88 (16 mars 1709).
152. Bod. II, 201-202 (14 févr. 1709).
153. Hol. II, 78 (16 févr. 1709).
154. SAINT-SIMON, *Mémoires*, B. XVII, p. 197.
155. F. BLUCHE, *Louis XIV*, p. 789.
156. Bod. II, 204-205 (7 avr. 1709).
157. Bod. II, 213-214 (23 mai 1709).
158. Jae. II, 97-99 (12 août 1709). Pas dans Bod.
159. SAINT-SIMON, *Mémoires*, B. XVII, pp. 404-405.
160. Bod. II, 216 (9 juin 1709).
161. Hol. II, 91-92 (30 mars 1709).
162. Hol. II, 116 (20 juill. 1709) et 120 (17 août 1709).
163. Hol. II, 416 (29 juill. 1714).
164. La lettre est reprise intégralement par DANGEAU (XII, pp. 448-450) et SOURCHES (XI, pp. 356-358).
165. Bod. II, 219 (7 juill. 1709).
166. Cité par F. BLUCHE, *Louis XIV*, p. 802.
167. E. LAVISSE, *Louis XIV*, II, p. 350 ; C. BARNETT, *The First Churchill*, p. 240.
168. Cité par F. BLUCHE, *o.c.*, p. 812.
169. Les deux lettres de Boufflers à Louis XIV sont reprises dans les *Mémoires* de SOURCHES, XII, pp. 61-71.
170. SAINT-SIMON, *Mémoires*, B. XVIII, p. 200.
171. Bod. II, 229 (29 sept. 1709).
172. Hol. II, 127 (14 sept. 1709).
173. Bod. II, 226 (19 sept. 1709).
174. Hol. II, 136 (26 oct. 1709).
175. Bod. II, 220-221 (11 juill. 1709).
176. Hol. II, 129 (14 sept. 1709).
177. Bod. II, 208, 213 (30 avr., 19 mai 1709).

CHAPITRE XII : LE CABINET DE MADAME

1. Hol. I, 151-152 (12 juin 1699) et 221 (15 mars 1701).
2. Bod. II, 27 (8 janv. 1702).
3. Bod. I, 321 (30 janv. 1698).
4. Hol. I, 413 (27 août 1705). *Cf. Ibid.*, 416 et 447.

5. Cité par B. FRANÇOIS-SAPPEY, *Jean-François Dandrieu*, p. 44.

6. Bod. I, 296 (8 août 1697).

7. Jae. I, 110-111 (24 mars 1695). Pas dans Bod.

8. Bod. I, 219 (3 juill. 1695).

9. Bod. I, 277 (10 févr. 1697) et E. BODEMANN (éd.), *Briefwechsel der Herzogin Sophie... mit Karl Ludwig von der Pfalz*, p. 53 (20 avr. 1662).

10. Hel., 83 (28 sept. 1717).

11. Hol. III, 434 (10 nov. 1718).

12. Bod. II, 74 (26 avr. 1704).

13. Bod. II, 77 (3 juin 1704).

14. Hol. II, 203 (21 sept. 1710).

15. SAINT-SIMON, *Mémoires*, B. XXXVI, p. 320.

16. H. HELMOLT (éd.), *Briefe... an den lothringischen Hof*, p. 198 (25 déc. 1705).

17. Cité par C. KNETSCH, *Elisabeth Charlotte von der Pfalz und ihre Beziehungen zu Hessen*, p. 68 (16 sept. 1718).

18. K. L. VON PÖLLNITZ, *Nouveaux Mémoires contenant l'histoire de sa vie...*, I, pp. 204-205.

19. Bod. II, 182 (27 juin 1708).

20. Hol. I, 312 (12 oct. 1702). Voir aussi Hol. I, 333.

21. Hol. I, 236 (18 août 1701). Voir un autre ex., Hol. II, 441 (6 sept. 1714).

22. Bod. I, 336 (10 juill. 1698).

23. Hol. I, 238 (28 sept. 1701).

24. Jae. II, 38 (8 avr. 1706). Pas dans Bod.

25. Bod. II, 130 (10 avr. 1706).

26. Bod. II, 208 (30 avr. 1709).

27. Hol. I, 312-313 (31 déc. 1702).

28. Hol. I, 382 (26 mars 1705).

29. Hol. I, 59 (25 mars 1696).

30. Pol. 40-41 (2-3 fév. 1705).

31. Hol. II, 652 (17 oct. 1715). *Cf. ibid.*, 663 (1er nov. 1715).

32. Hol. II, 453 (22 sept. 1714).

33. Hol. II, 598 (30 juill. 1715).

34. Hol. III, 370 (4 sept. 1718).

35. Jae. I, 259 (12 fév. 1702). Pas dans Bod.

36. Saint-Cloud, 19 mai 1718. *Cf.* J. VOSS, *52 unbekannte Briefe der Liselotte von der Pfalz an die Gräfin Johanna Sophie von Schaumburg-Lippe*, texte inédit d'une communication au colloque de Heidelberg, sept. 1986.

37. Hol. I, 41 (23 juill. 1695).

38. Hol. II, 12-13 (27 mars 1707).

39. Hol. IV, 214 (24 août 1719).

40. E. DE BARTHÉLEMY, « Inventaire du mobilier de la duchesse d'Orléans, mère du Régent, après son décès en 1722 », in *Bulletin du Comité des travaux historiques et scientifiques*, année 1882, pp. 382-407. E. MAGNE, *Le Château de Saint-Cloud*, pp. 173-174.

41. Bibl. Nat., N.A.F., 16067, f. 110-120 ; 142-144.

42. Hol. V, 28 (28 janv. 1720).

43. Hol. II, 195 (14 août 1710).

44. Hol. V, 228-229 (4 août 1720).

45. Bod. II, 194-195 (6 déc. 1708).

46. Bod. II, 232 (5 déc. 1709).

47. Hol. I, 464 (3 juin 1706).

48. Hol. II, 195 (14 août 1710).

49. *Cf.* H. REINITZER, *Biblia deutsch. Luthers Bibelübersetzung und ihre Tradition*, Wolfenbüttel, Herzog August Bibliothek, 1983, pp. 280-281.

50. Hol. II, 469 (20 oct. 1714).

51. Bod. II, 125 (7 févr. 1706). Pour la *Kurfürstenbibel*, *cf.* H. REINITZER, *o.c.*, pp. 271-273.

52. *Cf.* H. REINITZER, *o.c.*, pp. 68-70.

53. Hol. II, 481 (11 nov. 1714).

54. Bod. II, 147 (3 oct. 1706).

55. Hol. VI, 189-190 (24 juill. 1721).

56. E. MAZINGUE, « Réflexions sur la création romanesque chez Anton Ulrich », in *Monarchus Poeta*, Amsterdam, Rodopi, 1985, p. 53.

57. Cité par P. ZIMMERMANN (éd.), *Briefe der Herzogin Elisabeth Charlotte von Orléans an die Herzöge Anton Ulrich und August Wilhelm zu Braunschweig und Lüneburg*, p. 81.

58. Bod. II, 131 (2 mai 1706).

59. Pol., 33 (13-14 mars 1704).

60. P. ZIMMERMANN (éd.), *o.c.*, p. 83 (9 mars 1714).

61. Bod. II, 344-345 (8 avr. 1714).

62. Har., 115 (3 juill. 1718).

63. Bod. I, 287 (2 mai 1697)

64. Bod. I, 289 (19 mai 1697).

65. Bod. I, 369 (25 juin 1699).

66. Bod. I, 372 (5 juill. 1699).

67. Bod. II, 217 (20 juin 1709).

68. J.-C. PETITFILS, *Le Régent*, p. 97.

69. Bod. II, 311 (14 avr. 1712).

70. SAINT-SIMON, *Mémoires*, B. XXVI, p. 324.

71. E. SPANHEIM, *Relation de la Cour de France en 1690*, p. 145.

72. *Cf.* M. ABDEL-HALIM, *Antoine Galland. Sa vie et son œuvre*, Paris, Nizet, 1964, *passim*..

73. DANGEAU, II, p. 408 (7 juin 1689).

74. P. VERLET, *Le Château de Versailles*, pp. 230-232.

75. CHOISY, *Mémoires pour servir à l'histoire de Louis XIV*, p. 123.

76. E. BABELON, *Traité des monnaies grecques et romaines*, Paris, Leroux, 1901, I,1, c.159.

77. E. SPANHEIM, fasc. 46, 83 r° (22 mars 1686).

78. Cité par M. ABDEL-HALIM, *o.c.*, p. 349.

79. *Cf.* F. AUSSARESSES et H. GAUTHIER-VILLARS, *La Vie privée d'un prince allemand au XVIIe siècle. L'Électeur Palatin Charles-Louis*, p. 191.

80. E. BODEMANN (éd.), *Briefwechsel der Herzogin Sophie mit... Karl Ludwig von der Pfalz*, p. 386.

81. Hambourg, Benjamin Schillern, 1700 (B.N.).

82. Bod. I, 2 (5 août 1673).

83. Har., 58 (1er janv. 1696) et Hol. I, 58 (8 mars 1696).

84. Bod. I, 378 (23 sept. 1699).

85. Bod. II, 317-318 (20 juill. 1712). Le texte est mal traduit par Jaeglé (II, pp. 182-183) qui confond le père et le frère de Madame. Cette traduction est reprise dans un art. signé « Cte M.N. », « Une princesse numismatique », in *Revue belge de numismatique*, 46, 1890, pp. 146-151.

86. Hol. VI, 128 (24 mai 1721).

87. Hel., 377 (2 août 1718).

88. Hol. V, 226 (4 août 1720).

89. Hol. II, 7 (10 fév. 1707).

90. Bod. II, 197 (10 janv. 1709).

91. Bod. II, 246-247 (27 avr. 1710).

92. Hol. II, 231-232 et Hol. II, 273.

93. O. KLOPP (éd.), *Correspondance de Leibniz avec l'Électrice Sophie...,* III, 325 (11 mars 1711).

94. Bod. II, 268 (22 mars 1711) et Pol., 86 (17 oct. 1709).

95. Hol. VI, 128 (24 mai 1721).

96. Hol. II, 575 (14 juin 1715).

97. Hol. VI, 16-17 (13 févr. 1721).

98. Hol. IV, 128-129 (28 mai 1719).

99. *Cf.* Hol. II, 280-281 (18 juin 1712).

100. Bod. II, 197 (10 janv. 1709).

101. Paris, J.-B. Lamesle, 1720 (B.N.).

102. Paris, P. Aubouyn et Ch. Clousier, 1698.

103. *Journal des Sçavans,* lundi 3 août 1699, pp. 349-350.

104. Cité B. XXVI, p. 324.

105. Hel., 26-27 (28 oct. 1718).

106. Pol., 83 (21 août 1709).

107. Bod. II, 268 (22 mars 1711).

108. Hol. V, 170 (13 juin 1720).

109. Pol., 85-122 (oct. 1709-juin 1711).

110. Hol. II, 273 (21 avr. 1712).

111. Hol. II, 237 (19 mars 1711).

112. Hol. IV, 375.

113. Hol. II, 322 (16 juill. 1713).

114. E. RAUNIÉ, *Chansonnier historique du XVIIIe siècle,* II, p. 74.

115. Hol. V, 141, 254, 283.

116. Arch. Nat. 300 AP I 115 (fonds de Dreux).

117. C. STRYIENSKI, *La Galerie du Régent Philippe, duc d'Orléans,* p. 129.

118. Paris, d'Houry, 1727 (B.N., Rés.).

119. K. POMIAN, « Médailles/coquilles = érudition/philosophie », in *Studies on Voltaire and the Eighteenth Century,* 154, 1976, p. 1679.

120. P. CATHALAN s.j., *Oraison funèbre de... Madame...,* p. 17.

CHAPITRE XIII : « QUAND UNE MAISON EST VOUÉE À L'EXTINCTION »

1. Pol., 90-91 (1er janv. 1710).

2. Bod. II, 234-235 (5 janv. 1710).

3. SOURCHES, XII, 155.

4. Hol. II, 161 (15 févr. 1710, « à 10 heures du matin »).

5. Bod. II, 241 (9 mars 1710).

6. *Ibid.*

7. LUYNES, in *Journal* de Dangeau, XIII, p. 173.

8. SAINT-SIMON, *Mémoires,* B. XIX, pp. 358-359.

9. ID., B. XXI, p. 80.

10. Bod. II, 249-250 (5 juin 1710).

11. SOURCHES, XII, p. 255 (5 juill. 1710).

12. DANGEAU, XIII, pp. 200-201 (6 juill. 1710).

13. Hol. II, 179-180 (31 mai 1710).

14. Jae. II, 153 (1er juill. 1711). Pas dans Bod.

15. Bod. II, 253-254 (17 août 1710).

16. Pol., 103 (4 nov. 1710).

17. Hol. II, 211 (6 nov. 1710).

18. Hol. II, 214 (22 nov. 1710).

19. Bru. II, 383 (17 déc. 1710).

20. A. GASTÉ (éd.), *Deux Lettres inédites de la Princesse Palatine...*, p. 9 (20 déc. 1710).

21. Bod. I, 206 (6 fév. 1695) ; 212 (13 mars 1695) ; 240 (29 mars 1696).

22. SOURCHES, XII, p. 425 (28 déc. 1710).

23. BOILEAU, *Épître VII, au Roi,* éd. Pléiade, p. 130.

24. Bod. II, 265 (15 janv. 1711).

25. DANGEAU, XIII, 332-333 (30 janv. 1711).

26. Pol., 114 (27 mars 1711). *Cf.* Hol. II, 237 (28 mars 1711).

27. Hol. II, 243 (12 avr. 1711).

28. Bod. II, 271 (16 avr. 1711).

29. SAINT-SIMON, *Mémoires,* B. XXI, pp. 35-36.

30. Bod. II, 273 (18 avr. 1711).

31. Bod. II, 272 (16 avr. 1711). Le début manque dans Bod. ; *cf.* Jae. II, 146.

32. SAINT-SIMON, *Mémoires,* B. VII, p. 307.

33. Bod. II, 272 (16 avr. 1711).

34. Bod. II, 276-277 (31 mai 1711).

35. Hol. II, 250 (14 mai 1711).

36. Bod. II, 274 (26 avr. 1711).

37. Pol., 109 (4 janv. 1711).

38. Pol., 124 (8 juill. 1711).

39. Hol. VI, 562 (14 août 1711).

40. J. ELIAS (éd.), *Briefwechsel zwischen Elisabeth Charlotte von Orléans und Christian Wernicke,* p. 293 (31 oct. 1711).

41. *O.c.,* pp. 293-294 (31 oct. et 3 nov. 1711).

42. SOURCHES, XIII, p. 249 (13 déc. 1711).

43. Hol. II, 264-265 (12 déc. 1711).

44. DANGEAU, XIV, pp. 266 et 273 (18 et 29 nov. 1712).

45. Hol. II, 294-295 (17 nov. 1712).

46. SOURCHES, XIII, p. 546 (3 déc. 1712).

47. Bod. II, 325 (25 déc. 1712).

48. Hol. II, 268 (21 janv. 1712).

49. Bod. II, 299 (14 fév. 1712).

50. SAINT-SIMON, *Mémoires,* B. XXII, pp. 326-327 et 329.

51. Bod. II, 267 (19 mars 1711).

52. SAINT-SIMON, *Mémoires,* B. XXII, p. 333.

53. Bod. II, 301 (18 fév. 1712).

54. H. HELMOLT (éd.), *Briefe... an den lothringischen Hof,* p. 218 (15 mars 1712).

55. Bod. II, 304 (10 mars 1712).

56. Bod. II, 306 (17 mars 1712).

57. DANGEAU, XIV, p. 110 (8 mars 1712).

58. Bod. II, 307, 310 (19 mars, 8 avr. 1712) ; Hol. II, 275 (5 mai 1712).

59. Bod. II, 309 (27 mars 1712).

60. Bod. II, 306, 308 (13-17 et 24 mars 1712).

61. Hel., 85-86 (15 juill. 1718).

62. Jae. II, 184 (24 août 1712). Pas dans Bod.

63. Bod. II, 327 (12 fév. 1713).

64. J. VOSS (éd.), *Briefe... an... Mme de Ludres,* p. 249 (16 mai 1713).

65. Bod. II, 315 (29 mai 1712).

66. Hel., 34-35 (11 août 1717).

67. Bod. II, 248 (8 mai 1710).

68. Bod. II, 318 (3 août 1712).

69. Bod. II, 323 (10 déc. 1712).

70. Bod. I, 380 (10 oct. 1699).

71. M. DE LESCURE, *Les Confessions de l'abbesse de Chelles*, p. 14.

72. Bod. II, 326 (12 fév. 1713).

73. Hol. II, 347 (12 oct. 1713).

74. K. L. VON PÖLLNITZ, *Nouveaux Mémoires...*, 1738, I, pp. 203-204.

75. ID., *Mémoires...*, 1735, I, p. 182.

76. ID., *Nouveaux Mémoires...*, I, p. 211.

77. DANGEAU, XV, p. 39 (1er déc. 1713).

78. ID., XIV, p. 425 (17 juin 1713).

79. Hol. II, 315 (24 juin 1713).

80. F. BLUCHE, *Louis XIV*, p. 838.

81. DANGEAU, XV, p. 97 (11 mars 1714).

82. Bod. II, 342 (15 mars 1714).

83. DANGEAU, XIV, pp. 372-373 (25-26 mars 1713).

84. Hol. II, 304-305 (30 avr. 1713).

85. Bod. II, 341 (11 mars 1714).

86. SAINT-SIMON, *Mémoires*, B. XXIV, pp. 180-181.

87. ID., B.IV, p. 51.

88. C. KNETSCH (éd.), *Briefe der Herzogin Elisabeth Charlotte an Glieder des Hauses Hessen und an den Hessen-Casselschen Gesandten de Martine in Paris*, p. 89 (19 avr. 1714).

89. Hol. II, 392-393 (10 mai 1714).

90. DANGEAU, XV, p. 139 (3 mai 1714).

91. Bod. II, 347 (6 mai 1714).

92. Relation anonyme, citée par Boislisle, B. XXIV, p. 452 (7 mai 1714).

93. Bod. II, 341 (14 mars 1714).

94. Hol. II, 394 (27 mai 1714).

95. SAINT-SIMON, *Mémoires*, B. XXIV, p. 255.

96. ID., B.V., p. 46.

97. Bod. II, 349-350 (15 juin 1714).

98. Hol. II, 403 (1er juill. 1714).

99. Hol. II, 401-402 (24 juin 1714).

100. Hol. II, 405 (1er juill. 1714).

101. Hol. II, 407 (10 juill. 1714).

102. O. KLOPP (éd.), *Correspondance de Leibniz avec l'Électrice Sophie*, III, pp. 462-463 (7 juill. 1714).

103. E. BODEMANN (éd.), *Briefe der Kurfürstin Sophie... an die Raugräfin-nen und Raugrafen zu Pfalz*, p. 59 (16 août 1687).

104. R. GEERDS (éd.), *Memoiren und Briefe der Kurfürstin Sophie von Hannover*, p. 437 (20 mai 1714).

105. Hol. II, 425 (16 août 1714).

106. Hol. II, 437, 455 (1er et 22 sept. 1714).

107. Hol. II, 475 (3 nov. 1714) et 501 (11 janv. 1715).

108. Hol. II, 516-517 (7 fév. 1715).

109. SAINT-SIMON, *Additions*, XV, p. 273 ; MONTESQUIEU, *Lettres persanes*, n° 91.

110. Hol. II, 517-519 (7 fév. 1715).

111. SAINT-SIMON, *Additions*, XV, pp. 366-367.

112. DANGEAU, XV, p. 366 (19 fév. 1715).

113. Har., 90 (3 mars 1715).

114. Hol. II, 529 ; 561-562 (12 mars, 14 mai 1715).

115. Har., 89 (3 janv. 1715).

116. Hol. II, 607 (13 août 1715).

117. *Ibid.* (15 août 1715).

118. Hol. II, 610 (16 août 1715).

119. Hol. II, 613 (20 août 1715).

120. SAINT-SIMON, *Parallèle des trois premiers rois Bourbons* (éd. Pauvert), p. 572. L'expression *goûter la mort* est prise dans l'Évangile selon saint Marc, IX, 1.

121. DANGEAU, « Mémoire sur ce qui s'est passé dans la chambre du Roi pendant sa maladie », in *Journal*, XVI, pp. 121-122.

122. Hol. II, 614-616 (27 août 1715). Voir aussi Hel., 107-108 (28 juill. 1716).

123. SAINT-SIMON, *Mémoires*, B. XXVII, p. 281.

124. N. J. FOUCAULT, *Mémoires*, p. 376.

125. Jae. III, 140 (26 sept. 1715).

126. P. DE LA RUE, *Panégyrique de Louis XIV*, cité in F. BLUCHE, *Louis XIV*, p. 984.

127. Hel., 79, 107 (25 fév., 19 mars 1716).

CHAPITRE XIV : « JE N'AI PU ME RÉJOUIR UN INSTANT DE SA RÉGENCE »

1. Jae. III, 134 (13 sept. 1715).

2. SAINT-SIMON, *Mémoires*, B. XXV, pp. 19-20 ; Hel., 97 (8 oct. 1716).

3. Cité par J.-C. PETITFILS, *Le Régent*, pp. 238-239.

4. H. HELMONT (éd.), *Briefe... an den lothringischen Hof*, p. 221 (4 oct. 1715).

5. Hol. II, 643 (8 oct. 1715).

6. J. ELIAS (éd.), *Briefwechsel zwischen Elisabeth Charlotte von Orléans und Christian Wernicke*, p. 297 (2 nov. 1715).

7. Hel., 1 (5 nov. 1715).

8. Hel., 216 (22 sept. 1716).

9. Har., 95 (12 oct. 1715).

10. Hol. II, 464 (14 oct. 1714).

11. Hol., II, 643-644, 659 (8 et 25 oct. 1715).

12. C. DE PIOSSENS, *Mémoires de la Régence de S.A.R. le duc d'Orléans durant la minorité de Louis XV*, 1729, I, pp. 226-227.

13. Hol. III, 153 (19 déc. 1717).

14. Hol. II, 642 (8 oct. 1715).

15. Hol. II, 625, 626 (13 sept. 1715).

16. Hol. II, 642-643 (8 oct. 1715).

17. SAINT-SIMON, *Mémoires*, B. XXVI, pp. 323-324.

18. K. L. VON PÖLLNITZ, *Nouveaux Mémoires* (1738), I, pp. 205-206.

19. H. HELMOLT (éd.), *Briefe... an den lothringischen Hof*, p. 228 (5 mars 1716).

20. DANGEAU, XVI, p. 297 (11 janv. 1716).

21. BUVAT, *Journal de la Régence*, I, pp. 115-116.

22. Hol. III, 2 (14 janv. 1716).

23. Cité in : A. BAUDRILLART, *Philippe V et la cour de France*, I, p. 22 (14 avr. 1716).

24. BUVAT, *Journal*, I, p. 138.

25. DANGEAU, XVI, p. 481 (29 oct. 1716).

26. J.-C. PETITFILS, *Le Régent*, p. 398.

27. Hol. II, 692 (27 déc. 1715).

28. Hol. II, 671 (15 nov. 1715).

29. Hol. II, 635, 637 (24, 27 sept. 1715).

30. Hol. II, 659, 670 (25 oct., 15 nov. 1715).

31. Hol. II, 673 (22 nov. 1715).

32. Hol. II, 589 (12 juill. 1715) ; voir aussi *ibid.*, 683 (10 déc. 1715).

33. Har., 108 (9 déc. 1717).

34. Buvat, *Journal,* I, 243 (16 janv. 1717), et Dangeau, XVII, 7 (8 janv. 1717).

35. H. Helmolt (éd.), *Briefe... an den lothringischen Hof,* p. 231 (17 déc. 1717).

36. Id. (éd.), *Die Briefe der Herzogin Elisabeth Charlotte von Orléans an die Königin Sophie Dorothée von Preussen aus den Jahren 1716-1722,* p. 345 (juin 1716).

37. Dangeau, XVII, 57 (1er avr. 1717).

38. J. Voss (éd.), *Briefe... an... Mme de Ludres,* p. 257 (28 fév. 1717).

39. *Ibid.,* p. 258 (28 mai 1717).

40. Bod. I, 290 (9 juin 1697). Je modernise systématiquement *Czar* en *Tsar.*

41. Jae. II, 109-110 (12 déc. 1709). Pas dans Bod.

42. R. K. Massie, *Peter the Great. His Life and World,* New York, 1980, ch. 50 : « A Visitor in Paris » (trad. française parue chez Fayard).

43. Hol. III, 70-72 (14 mai 1717).

44. K. L. von Pöllnitz, *Nouveaux Mémoires,* I, p. 336.

45. J. Voss (éd.), *Briefe... an Mme de Ludres,* p. 258 (15 juin 1717).

46. H. Helmolt (éd.), *Briefe... an die Königin Sophie Dorothée,* p. 356, 17 oct. 1717. *Cf.* aussi Har., 106 (24 juill. 1717).

47. *Ibid.,* p. 353 (16 sept. 1717).

48. Dangeau, XVII, p. 114 (20 juin 1717).

49. H. Helmolt (éd.), *Briefe... an die Königin Sophie Dorothée,* pp. 355 et 360 (17 oct. et 14 nov. 1717).

50. K. L. von Pöllnitz, *Nouveaux Mémoires,* I, pp. 314-315.

51. Saint-Simon, *Mémoires,* B. XXVI, p. 324.

52. K. L. von Pöllnitz, *Nouveaux Mémoires,* I, 322-323 et Hel., 174 (16 déc. 1718). Je souligne.

53. *Ibid.,* I, p. 326.

54. H. Helmolt (éd.), *Briefe... an die Königin Sophie Dorothée,* pp. 357-358 (7 nov. 1717).

55. *Ibid.,* pp. 604 (3 avr. 1718) ; 609 (4 juin 1718) ; 860-861 (21 déc. 1721).

56. R. Hatton, *Georg I.,* p. 221.

57. Saint-Simon, *Mémoires,* B. XXX, pp. 86-87.

58. *Cf.* Hel., 34 (14 oct. 1717) et la 2e lettre à Johanna Sophie (30 nov. 1717). Brunet date l'extrait à Caroline du *14 oct. 1716* (Bru. I, 272), ce qui fait écrire à Boislisle : « C'est sous la date de 1717 que furent publiés pour la première fois en sept vol. in-12 les *Mémoires du cardinal de Retz* [...], mais ils avaient paru dès l'année précédente comme le prouve ce passage d'une lettre de Madame du 14 oct. 1716 [recueil Brunet, etc.] » (B. XXX, pp. 86-87).

59. Hol. III, 202 (10 mars 1718) et H. Helmolt (éd.), *Briefe... an die Königin Sophie Dorothée,* pp. 366-367 (17 fév. 1718).

60. Har., 203 (30 oct. 1721).

61. Saint-Simon, *Additions,* XVII, p. 248 ; *Mémoires,* B. XXXIII, p. 53.

62. E.-C. de Lorraine, *Lettres à la marquise d'Aulède,* pp. 97 (8 oct. 1718) et 51 (18 mai 1717).

63. Hol. III, 229 (7 avr. 1718) et 188-189 (20 fév. 1718).

64. Cité par Dangeau, XVII, p. 254.

65. Hol. III, 194 (27 fév. 1718).

66. Holl. III, 204-205 (13 mars 1718).

67. H. Helmolt (éd.), *Briefe... an die Königin Sophie Dorothée,* p. 604 (3 avr. 1718).

68. J. Voss (éd.), *Briefe... an Mme de Ludres,* p. 261 (24 avr. 1718).
69. Saint-Simon, *Mémoires,* B. XXXIII, p. 151.
70. Hol. III, 274 (29 mai 1718).
71. Hol. III, 284 (9 juin 1718) ; *cf.* Bru. I, 410.
72. Har., 115 (3 juill. 1718).
73. Hol. III, 221 (31 mars 1718).
74. M. de Lescure, *Confessions de l'abbesse de Chelles,* p. 161, et Duclos, *Mémoires secrets,* I, p. 336.
75. Hol. III, 182-183 (10 fév. 1718). *Cf.* Dangeau, XVII, 245.
76. Dangeau, XVII, 167 (29 sept. 1717).
77. Id., XVII, 363 (23 août 1718).
78. Hol. III, 382 (18 sept. 1718).
79. Hol. IV, 121-122 (14 mai 1719). Je souligne.
80. Hol. IV, 237 (13 sept. 1719).
81. Hol. IV, 243 (17 sept. 1719). *Atys,* acte II, scène 4.
82. Saint Benoît, *Regula,* ch. 64.
83. Hol. IV, 307 (12 nov. 1719).
84. Saint-Simon, *Mémoires,* B. XXXVI, p. 200.
85. J. Voss (éd.), *Briefe... an Mme de Ludres,* p. 264 (19 août 1718).
86. Saint-Simon, *Mémoires,* B. XXXV, pp. 249-250.
87. Hel., 164 (26 août 1718).
88. Har., 119 (27 août 1718).
89. Hol. III, 386 (22 sept. 1718).
90. Hol. III, 414 (20 oct. 1718).
91. Hol. III, 464-465 (11 déc. 1718).
92. Har., 126 (22 déc. 1718).
93. Buvat, *Journal,* I, pp. 278-279.
94. Hel., 175 (27 déc. 1718).
95. Hol. III, 446 (24 nov. 1718).
96. Hol. IV, 6 (8 janv. 1719).
97. H. Helmolt (éd.), *Briefe... an den lothringischen Hof,* p. 237 (19 janv. 1719).
98. J. Voss (éd.), *Briefe... an Mme de Ludres,* p. 267 (24 janv. 1719).
99. Hol. IV, 11 (19 janv. 1719).
100. M. Knoop (éd.), *Briefe... an F. W. von Görtz,* p. 61 (19 janv. 1719).
101. *Allgemeine Deutsche Biographie,* IX, p. 392, et J.-C. Petitfils, *Le Régent,* p. 390.
102. Hel., 232 (9 déc. 1718).
103. Hol. IV, 53 (5 mars 1719).
104. M. Knoop (éd.), *o.c.,* p. 64 (8 juin 1719).
105. Hol. IV, 90-91 (16 avr. 1719).
106. Hel., 134 (18 avr. et 4 juin 1719).
107. Har., 138 (11 mai 1719).
108. Saint-Simon, *Mémoires,* B., XXXVI, pp. 221 et 224.
109. Hol. IV, 134 (4 juin 1719).
110. Saint-Simon, *Mémoires,* B. XXIX, p. 377.
111. Hel., 302-303 (22 août 1719).
112. Hel., 304 (29 sept. 1719 ?).
113. Hel., 296 (7 janv. 1716) et 297 (12 avr. 1718).
114. Hol. IV, 184-185 (23 juill. 1719).
115. H. Helmolt (éd.), *Briefe... an die Königin Sophie Dorothée,* p. 627 (6 août 1719) et Hol. IV, 238 (13 sept. 1719).
116. Hol. III, 221 (31 mars 1718).
117. Saint-Simon, *Mémoires,* B. XXXVI, p. 320.

118. Hol. III, 382 (18 sept. 1718).
119. Hol. IV, 355 (21 déc. 1719).
120. Hel., 344 (15 déc. 1719).
121. DANGEAU, XVIII, p. 167 (2 déc. 1719).
122. Hel., 345 (13 fév. 1720).
123. Hel., 346 (12 mars 1720).

CHAPITRE XV : « HÉLAS ! QUAND L'AGE NOUS GLACE... »

1. J. VOSS (éd.), *Briefe... an Mme de Ludres*, p. 274 (8 mars 1720).
2. H. HELMOLT (éd.), *Briefe... an die Königin Sophie Dorothée*, p. 819 (8 févr. 1720).
3. *O.c.*, p. 826 (5 mai 1720).
4. Hol. VI, 143 (12 juin 1721).
5. H. HELMOLT (éd.), *o.c.*, p. 832 (11 juill. 1720).
6. H. HELMOLT (éd.), *o.c.*, p. 821 (8 fév. 1720).
7. Portrait reproduit en couleurs dans N. MITTFORD, *Frederick the Great*, Londres, Hamish Hamilton, 1970, p. 42.
8. H. HELMOLT (éd), *o.c.*, pp. 832-833 (11 juill. 1720).
9. E. FAURE, *La Banqueroute de Law*, Gallimard, 1977 ; J. MEYER, *Le Régent*, Ramsay, 1985 ; J.-C. PETITFILS, *Le Régent*, Fayard, 1986.
10. J. MEYER, *o.c.*, p. 223.
11. Cité par J. MEYER, *o.c.*, p. 224.
12. Har., 144 (27 août 1719).
13. Hol. IV, 256 (1er oct. 1719).
14. Hel., 195 (1er sept. 1719).
15. Hol. IV, 265 (7 oct. 1719).
16. DANGEAU, XVIII, pp. 164-165.
17. Hel., 369 (21 oct. 1719).
18. Hol. IV, 291, 293 (2 nov. 1719).
19. M. KNOOP (éd.), *Briefe... an F. W. von Görtz*, p. 74 (26 nov. 1719).
20. Hol. IV, 339 (7 déc. 1719).
21. Hol. V, 19 (18 janv. 1720).
22. Hol. V, 36 (3 fév. 1720).
23. SAINT-SIMON, *Mémoires*, B. XXXVII, p. 180.
24. Hol. V, 197 (14 juill. 1720).
25. Hol. V, 199-201 (18 juill. 1720).
26. M. MARAIS, *Journal et Mémoires*, I, pp. 295-296.
27. Hol. V, 239, 339 (15 août, 21 nov. 1720).
28. H. HELMOLT (éd.), *Briefe... an die Königin Sophie Dorothée*, p. 843 (29 déc. 1720).
29. Hel., 377 (27 déc. 1720).
30. BUVAT, *Journal*, II, p. 202.
31. *O.c.*, II, p. 237.
32. Hol. V, 358 et Har., 180 (12 déc. 1720).
33. Hol. III, 382 (18 sept. 1718).
34. SAINT-SIMON, *Mémoires*, B. XXIX, p. 34.
35. Hol. V, 334 (16 nov. 1720).
36. Hel., 362 (13 oct. 1716 ; 16 fév. 1717).
37. Hol. VI, 233-234 (25 sept. 1721).
38. SAINT-SIMON, *Mémoires*, B. XXXVIII, p. 212.
39. Hol. VI, 32 (6 mars 1721).

40. E.-C. DE LORRAINE, *Lettres à la marquise d'Aulède*, p. 135 (14 janv. 1721).

41. Hol. VI, 13, 149 (6 fév., 14 juin 1721).

42. H. HELMOLT (éd.), *Briefe... an die Königin Sophie Dorothée*, p. 844 (8 fév. 1721).

43. Hol. VI, 35-36 (8 mars 1721).

44. Hol. VI, 30, 176 (1er mars, 12 juill. 1721).

45. H. HELMOLT (éd.), *o.c.*, pp. 855-856 (12 oct. 1721).

46. Hol. VI, 41 (13 mars 1721).

47. Hol. VI, 62 (29 mars 1721).

48. *Cf.* la remarquable biographie intellectuelle par M. ABDEL-HALIM, *Antoine Galland, sa vie et son œuvre*, Nizet, 1964, *passim*.

49. SAINT-SIMON, *Additions*, XIII, p. 10 (13 août 1709).

50. Hol. III, 197-198, 215, 222 (3, 24 et 31 mars 1718).

51. Le ms. des *Mémoires* de Foucault est à la B.N. Ils furent publiés en 1862 par F. Baudry (Imprimerie impériale).

52. N. J. FOUCAULT, *Mémoires*, p. 386.

53. Hol. V, 346 (28 nov. 1720).

54. Hol. VI, 45 (13 mars 1721).

55. Hol. VI, 573 (2 juill. 1719).

56. Hol. VI, 228-229 (18 sept. 1721).

57. Hol. VI, 236 (2 oct. 1721).

58. Hol. III, 221 (31 mars 1718), et H. HELMOLT (éd.), *Briefe... an die Königin Sophie Dorothée*, p. 858 (13 nov. 1721).

59. Hol. VI, 239-240 (4 oct. 1721).

60. E. DRUMONT (éd.), *Papiers inédits du duc de Saint-Simon. Lettres et dépêches sur l'ambassade d'Espagne* (1880), pp. 132-133 ; 157-158.

61. ID, *o.c.*, pp. 111-112.

62. Hol. III, 221 (31 mars 1718).

63. A. BAUDRILLART (éd.), « Lettres de Madame, duchesse d'Orléans, au roi et à la reine d'Espagne »..., in *Philippe V et la Cour de France*, II, pp. 584-586 (1889) ; D. VAN DER CRUYSSE (éd.), « Six lettres inconnues de Madame Palatine au prince des Asturies », in *Cahiers Saint-Simon* n° 16, 1988.

64. Hol. VI, 268 (13 nov. 1721).

65. Har., 208 (5 mars 1722).

66. H. HELMOLT (éd.) *Briefe... an die Königin Sophie Dorothée*, p. 868 (12 avr. 1722).

67. Hol. VI, 366, 379 (9 et 30 avr. 1722).

68. J. LEVRON, *Louis le Bien-Aimé*, pp. 79-80.

69. M. MARAIS, *Journal et Mémoires*, II, 192 (15 sept. 1721).

70. Har., 199 (17 sept. 1721).

71. H. HELMOLT (éd.), *o.c.*, pp. 871-872 (10 mai 1722). Voir aussi Har., 210 (3 mai 1722).

72. *Ibid.*, p. 870 (23 avr. 1722).

73. Hol. VI, 455 (27 août 1722).

74. Pol. 77 (19 oct. 1708).

75. Hol. II, 634 (24 sept. 1715).

76. Hol. VI, 470 (1er oct. 1722).

77. Har., 219 (26 sept. 1722).

78. BARBIER, *Journal*, I, p. 243.

79. Hol. VI, 472 (3 oct. 1722).

80. Hol. VI, 476-477 (5 nov. 1722).

81. Hol. III, 243 (24 avr. 1718).

82. Hol. V. 197 (14 juill. 1720).

83. Hol. VI, 475-488 (5 nov.-3 déc. 1722).

84. M. MARAIS, *Journal et mémoires*, II, p. 374.

85. Cité in C. KNETSCH, *Elisabeth Charlotte von der Pfalz und ihre Beziehungen zu Hessen*, p. 59 (11 nov. 1722).

86. SAINT-GÉRY DE MAYNAS, « Discours prononcé dans l'église de S. Denis, en présentant le corps de Madame », imprimé dans le *Mercure* de janv. 1723, pp. 90-101.

87. *Mercure historique et politique*, La Haye, déc. 1722, pp. 686-688.

88. BARBIER, *Journal*, I, p. 246.

89. M. MARAIS, *Journal et Mémoires*, II, pp. 377-378.

90. SAINT-SIMON, *Mémoires*, B. XLI, p. 117.

91. Relation reproduite par le comte de SEILHAC, *L'abbé Dubois*, II, pp. 263-265.

92. M. MARAIS, *o.c.*, II, pp. 380-381.

93. ID, *o.c.*, II, pp. 407-408.

94. BARBIER, *Journal*, I, p. 255.

95. SAINT-SIMON, *Mémoires*, B. XLI, p. 117.

96. P. CATHALAN s.j., *Oraison funèbre de très-haute, très-puissante et très-excellente princesse Madame Elisabeth-Charlotte Palatine de Bavière, duchesse douairière d'Orléans*, p. 9.

97. E. RAUNIÉ, *Chansonnier historique du XVIIIᵉ siècle*, IV, p. 101.

98. *Chansonnier Clairambault*, XIII, p. 269 ; M. MARAIS, *o.c.*, II, p. 378.

99. Hol. VI, 30 (1ᵉʳ mars 1721).

SOURCES ET BIBLIOGRAPHIE

ÉDITIONS DE LA CORRESPONDANCE DE MADAME

A = lettres allemandes
F = lettres françaises

I. CORRESPONDANCES ET LETTRES INÉDITES

Paris, B.N., Ms. Fr. 17048, f. 166, 170 : 2 lettres à Mme de Sablé (1677). F
Paris, B.N., N.A.F. 2772, f. 17 : lettre à M. Duga (1er mai 1718). F
Paris, Arch. des A.E., Corr. « Bavière », suppl. I, f. 241-244 : lettre à Louis XIV (24 mai 1685) (éd. défectueuse M. Strich, 1912). F
Merseburg (R.D.A.), Zentrales Staatsarchiv, Rep. XI 91, Frankreich, fasc. e, f. 6 : lettre au roi de Prusse (26 mai 1717). F
Bückeburg (R.F.A.), Haus-Archiv : 52 lettres à Johanna Sophie von Schaumburg-Lippe (nov. 1717-janv. 1722), présentées par Jürgen Voss au colloque de Heidelberg (sept. 1986). A

II. CORRESPONDANCES PUBLIÉES (ordre chronologique)

A. F. VON VELTHEIM (éd.), *Anekdoten vom Französischen Hofe, vorzüglich aus den Zeiten Ludewigs des XIV. und des Duc Regent, aus den Briefen der Madame d'Orleans Charlotte Elisabeth Herzog Philipp I. von Orleans Witwe* (extraits des lettres à Caroline, princesse de Galles). Strasbourg (= Brunswick, Vieweg), 1789. A
S. DU ROURE (éd.), lettre du 5 février 1702 à Philippe V, in *Mémoires secrets sur l'établissement de la maison de Bourbon en Espagne extraits de la correspondance du marquis de Louville*, I, pp. 213-216, Paris, Maradan, 1818, 2 vol. (lettre reproduite par Brunet, I, pp. 62-64). F
Cte DE FORTIA D'URBAN (éd.), 11 lettres à M. de Vacognes, 1692, in *Mélanges publiés par la Soc. des bibliophiles français*, vol. 2, pièce 13, Paris, Didot, 1822. F
G. BRUNET (éd.), 5 lettres au maréchal de Noailles et 2 à Mme de Maintenon,

in *Correspondance complète de Madame* (cf. *infra*), I, pp. 8-13 ; pp. 50-51 ; II, p. 381. Paris, Charpentier, 1855. F

Cte DE SEILHAC (éd.), 48 lettres au duc de Chartres et à l'abbé Dubois, 1691-1719, in *L'abbé Dubois, Premier ministre de Louis XV*, I, pp. 205-245, Paris, Amyot, 1862. F

W. L. HOLLAND (éd.), *Briefe der Herzogin Elisabeth Charlotte von Orléans* (lettres aux raugraves), Stuttgart/Tübingen, Lit. Verein, 1867-1881, 6 vol. (abrégé *Hol. I... Hol. VI*). A

J. CHAVANNES (éd.), « Lettres inédites de la princesse Palatine, duchesse d'Orléans » (à Étienne Polier de Bottens), in *Bibliothèque universelle et revue suisse*, 1874, vol. 49, pp. 654-685, et 50, pp. 103-126. F

A. GASTÉ (éd.), *Deux lettres inédites de la Princesse Palatine mère du Régent*, Caen, Le Blanc-Hardel, 1879. F

C. VARRENTRAPP (éd.), « Literaturbericht » (compte rendu de l'éd. Holland, contenant la lettre du 22 nov. 1677 à l'électeur Karl Ludwig), in *Historische Zeitschrift*, 49, 1883, pp. 125-133. A

Ed. BODEMANN (éd.), « Briefe der Herzogin Elisabeth Charlotte von Orléans an Leibniz », in *Zeitschrift des Historischen Vereins für Niedersachsen*, Hanovre, 1884, pp. 1-66. A

F. VON WEECH (éd.), « Drei Briefe der Herzogin Elisabeth Charlotte von Orléans an den Markgrafen Friedrich Magnus von Baden-Durlach », in *Zeitschrift für die Geschichte des Oberrheins*, 40, 1886, pp. 219-223. A
, Briefe der Herzogin Elisabeth Charlotte von Orléans an den Markgrafen Friedrich Magnus von Baden-Durlach und an den Kurfürsten Johann Wilhelm von der Pfalz », in *Zeitschrift für die Geschichte des Oberrheins*, 43, 1889, pp. 115-119. A

P. ZIMMERMANN (éd.), « Briefe der Herzogin Elisabeth Charlotte von Orléans an die Herzöge Anton Ulrich und August Wilhelm zu Braunschweig und Lüneburg », in *Historische Zeitschrift*, 63/1, 1889, pp. 79-86. A

A. BAUDRILLART (éd.), 4 lettres à l'abbé Mascara et au roi et à la reine d'Espagne, in *Philippe V et la Cour de France*, I, p. 22 ; II, pp. 584-586. Paris, Firmin-Didot, 1889-1890. F

J. ELIAS (éd.), « Briefwechsel zwischen Elisabeth Charlotte von Orléans und Christian Wernicke », in *Romanische Forschungen*, 5, 1890, pp. 285-298. A

Ed. BODEMANN (éd.), *Aus den Briefen der Herzogin Elisabeth Charlotte von Orléans an die Kurfürstin Sophie von Hannover. Ein Beitrag zur Kulturgeschichte des 17. und 18. Jahrhunderts*. Hanovre, Hahn, 1891, 2 vol. (abrégé *Bod. I, Bod. II*). A

Cte G. de LUDRES (éd.), première édition de plusieurs lettres à Mme de Ludres, in *Histoire d'une famille de la chevalerie lorraine*, Paris, Champion, 1893-1894, 2 vol. F

Ed. BODEMANN (éd.), *Briefe der Herzogin Elisabeth Charlotte von Orléans an ihre frühere Hofmeisterin A. K. von Harling, geb. von Uffeln, und deren Gemahl, Geh. Rath Fr. von Harling zu Hannover*, Hanovre/Leipzig, Hahn, 1895 (abrégé *Har.*). A

P. HAAKE (éd.), « Briefe der Herzogin Elisabeth Charlotte von Orléans an ihre Schwägerin Kurfürstin Wilhelmine Ernestine von der Pfalz », in *Historische Vierteljahrschrift*, Leipzig, 1, 1898, pp. 418-428. A

A. DE BOISLISLE (éd.), Une lettre et deux extraits de lettres de Madame à son fils, sept. 1706, in éd. Boislisle des *Mémoires* de Saint-Simon, B. XIV, 1899, pp. 505-506. F

S. HELLMANN (éd.), *Aus den Briefen der Herzogin Elisabeth Charlotte von Orléans an Etienne Polier de Bottens*, Tübingen, Lit. Verein Stuttgart, 1903 (abrégé *Pol.*). F

H. F. HELMOLT (éd.), « Briefe der Herzogin Elisabeth Charlotte von Orléans an den lothringischen Hof », in *Jahrbuch der Gesellschaft für lothringische Geschichte und Altertumskunde,* 19, 1907, pp. 165-255. A/F

—, « Die Briefe der Herzogin Elisabeth Charlotte von Orléans an die Königin Sophie Dorothée von Preussen aus den Jahren 1716-1722 », in *Historisches Jahrbuch* (Munich), 29, 1908, pp. 337-367 ; 603-637 ; 810-883. F

—, « Briefe der Herzogin Elisabeth Charlotte von Orléans nach Modena, Stockholm und Turin », in *Historische Vierteljahrschrift,* Leipzig, 11, 1908, pp. 314-332. F

—, *Elisabeth Charlottens Briefe an Karoline von Wales und Anton Ulrich von Braunschweig-Wolfenbüttel. Wortgetreuer Neudruck der 1789 durch Aug. Ferd. von Veltheim zu Braunschweig veröffentlichten Bruchstücke,* Annaberg, Graser, 1909 (rééd. des *Anekdoten vom Französischen Hofe* de von Veltheim). Abrégé *Hel.* A

—, « Neues von Liselotte » (lettres à Clément XI, à Karl Philipp von der Pfalz, au duc de Fornary, au comte von Nassau-Saarbrücken), in *Mannheimer Geschichtsblättern,* 10, 1910, col. 205-212. A/F

P. ZIMMERMANN (éd.), « Briefe der Herzogin Elisabeth Charlotte von Orléans an Christian August und Anna Juliane von Haxthausen », in *Zeitschrift für die Geschichte des Oberrheins,* 25/64, 1910, pp. 403-430. A

M. STRICH (éd.), lettre du 24 mai 1685 à Louis XIV, in *Liselotte und Ludwig XIV,* Munich/Berlin, Oldenbourg, 1912, pp. 63-77. F

C. KNETSCH (éd.), « Briefe der Herzogin Elisabeth Charlotte an Glieder des Hauses Hessen und an den Hessen-Casselschen Gesandten de Martine in Paris », in *Elisabeth Charlotte von der Pfalz und ihre Beziehungen zu Hessen,* Marburg, Braun, 1925, pp. 78-116. A/F

M. KNOOP (éd.), « Briefe der Herzogin Elisabeth Charlotte von Orléans an den Freiherrn Friedrich Wilhelm von Schlitz, gen. von Görtz », in *Mitteilungen des Oberhessischen Geschichtsvereins,* 42, 1957, pp. 55-98. A

J. VOSS (éd.), « Die Briefe der Herzogin Elisabeth Charlotte von Orléans an die ehemalige Versailler Hofdame Mme de Ludres (1687-1722) », in *Zeitschrift für die Geschichte des Oberrheins,* 129, 1981, pp. 234-275. F

D. VAN DER CRUYSSE (éd.), « En marge de l'ambassade de Saint-Simon : six lettres inconnues de Madame Palatine au prince des Asturies (1722) », in *Cahiers Saint-Simon,* 16, 1988. F

III. ANTHOLOGIES PRINCIPALES (ordre chronologique)

1. *Anthologies allemandes :*

SCHÜTZ (éd.), *Leben und Charakter der Elisabeth Charlotte Herzogin von Orléans nebst einem Auszuge des Denkwürdigsten aus ihren Briefen. Ein Beitrag zur Charakteristik des französischen Hofes Ludwigs XIV,* Leipzig, L. Voss, 1820.

W. MENZEL (éd.), *Briefe der Prinzessin Elisabeth Charlotte von Orléans an die Raugräfin Louise, 1676-1722,* Stuttgart, Lit. Verein, 1843.

L. RANKE (éd.), « Aus den Briefen der Herzogin von Orléans. Elisabeth Charlotte, an die Kurfürstin Sophie von Hannover », in *Französische Geschichte, vornehmlich im 16. und 17. Jahrhundert,* vol. V-VI, Stuttgart, 1861.

L. GEIGER (éd.), *Briefe der Elisabeth Charlotte von Orléans, 1673 bis 1715,* Berlin/Stuttgart, W. Spemann, 1883.

J. WILLE (éd.), *Elisabeth Charlotte von Orléans. Eine Auswahl aus ihren Briefen,* Leipzig/Berlin, Teubner, 1907.

H. F. HELMOLT (éd.), *Briefe der Herzogin Elisabeth Charlotte von Orléans*, Leipzig, Insel Verlag, 1907-1908 (2 vol.).

C. KÜNZEL (éd.), *Die Briefe der Liselotte von der Pfalz, Herzogin von Orléans*, Ebenhausen bei München, Langewiesche-Brandt, 1911.

K. PREISENDANZ (éd.), *Ausgewählte Briefe*, Leipzig, Insel-Bücherei, 1941.

M. WESTPHAL (éd.), *Liselotte von der Pfalz, Briefe*, Ebenhausen, Lange-wiesche-Brandt, 1958.

H. HERZ (éd.), *Briefe der Herzogin Elisabeth Charlotte an ihre Geschwister*, Leipzig, 1972.

H. KIESEL (éd.), *Briefe der Liselotte von der Pfalz*, Francfort, Insel Verlag, 1981.

2. *Anthologies françaises :*

J. de MAIMIEUX (éd.), *Fragments de lettres originales de Madame Charlotte-Elisabeth de Bavière, veuve de Monsieur, frère unique de Louis XIV à S.A.S. Monseigneur le duc Antoine-Ulric de B*** W*** et à S.A.R. Madame la Princesse de Galles* [...], de 1715 à 1720, Hambourg/Paris, Maradan, 1788, 2 vol.

G. B. DEPPING e.a., (éd.), *Mémoires sur la Cour de Louis XIV et de la Régence. Extraits de la Correspondance allemande de Madame Elisabeth-Charlotte, duchesse d'Orléans, mère du Régent*, Paris, Ponthieu, 1823.

G. BRUNET (éd.), *Nouvelles Lettres de Madame la Duchesse d'Orléans, Princesse Palatine, mère du Régent*, Paris, Charpentier, 1853.

—, *Correspondance complète* (sic) *de Madame duchesse d'Orléans*, Paris, Charpentier (1855), 2 vol. (abrégé *Bru.I-II*).

A.-A. ROLLAND (éd.), *Lettres inédites de la Princesse Palatine*, Paris, Hetzel, 1867 (abrégé *Rol.*).

E. JAEGLÉ (éd.), *Correspondance de Madame Duchesse d'Orléans*, Paris, A. Quantin, 1880, 2 vol. ; Paris, E. Bouillon, 1890, 3 vol. (abrégé *Jae.I-III*).

M. GOUDEKET (éd.), *Lettres de Madame, duchesse d'Orléans, née Princesse Palatine*, Paris, Club français du livre, 1948, 1964.

H. JUIN (éd.), *Lettres de Madame Palatine, suivies du dossier de sa correspondance avec Leibniz*, Paris, le Club du meilleur livre, 1961.

O. AMIEL (éd.), *Lettres de Madame duchesse d'Orléans, née Princesse Palatine*, Paris, Mercure de France, 1981 et 1985 (avec index).

3. *Anthologies anglaises et américaines :*

X. (éd.), *Secret Memoirs of the Court of Louis XIV and of the Regency. Extracted from the German Correspondence of the Duchess of Orléans, mother of the Regent*, Londres, G. and W.B. Whittaker, 1824.

X. (éd.), *The Court of Louis XIV and of the Regency, from the Correspondence of the Duchess of Orléans, mother of the Regent*, Philadelphie, The Ritterhouse Press, s.d.

X. (éd.), *Life and Letters of Charlotte Elizabeth, Princess Palatine and mother of Philippe d'Orléans, Regent of France...*, Londres, Chapman and Hall, 1889.

X. (éd.), *Secret Memoirs of the Court of Louis XIV and of the Regency, extracted from the German Correspondence of the Duchess of Orléans, mother of the Regent*, Londres, H.S. Nichols and Cᵒ, 1895.

K. PRESCOTT WORMELEY (éd.), *The Correspondence of Madame, Princess Palatine, mother of the Regent...*, Boston, Hardy, Pratt and Cᵒ, 1899.

G. SCOTT STEVENSON (éd.), *The Letters of Madame; the Correspondence of Elisabeth-Charlotte of Bavaria, Princess Palatine, Duchess of Orléans, called*

« *Madame* » at the Court of King Louis XIV, Londres, Chapman and Dodd, 1924-1925, 2 vol.

M. KROLL (éd.), *Letters from Liselotte, Elisabeth Charlotte, Princess Palatine and Duchess of Orléans, « Madame », 1652-1722*, Londres, V. Gollancz, 1970 ; New York, McCall, 1971.

E. FORSTER (éd.), *A Woman's Life in the court of the Sun King. Letters of Liselotte von der Pfalz, 1652-1722, Elisabeth Charlotte, duchesse d'Orléans*, Baltimore/Londres, The Johns Hopkins University Press, 1984.

4. *Anthologie italienne* :

L. FARINA MOSCHINI (éd.), *Memorie della Principessa Palatina*, Rome, Edizioni Astrea, 1945.

SOURCES

I. SOURCES MANUSCRITES

1. *Paris, Archives nationales. Série* 300 AP I *(archives de la famille d'Orléans)* :
300 AP I 108 : mémoires et correspondances concernant la succession palatine (1679-1702).
300 AP I 109 :
— Traduction du testament de feu M. l'électeur palatin Charles.
— Mémoires sur la succession palatine (1695-1699).
— Sentence arbitrale, lettres, pièces (1697-1701).
300 AP I 115 :
— Contrat de mariage de Monsieur avec Madame (6 nov. 1671).
— Testament de l'électrice Charlotte (1686).
— Inventaire après décès de l'électeur Karl (1686).
— Procès-verbal d'ouverture du testament de Monsieur (14 juin 1701).
— Liquidation des créances et reprises de Madame : acte passé par-devant Me Bellanger (6 fév. 1702).
— État des sommes payées à Madame par son fils (6 fév. 1702).
— Testament olographe de Madame (Marly, 21 août 1706).
300 AP I 746 : Inventaire après décès de Monsieur (1701).
300 AP I 751 : Inventaire après décès de Madame (déc. 1722-mai 1723).

2. *Paris, Archives nationales, Séries* K *et* KK :
Série K. 539 : Pièces relatives à la succession palatine.
Série K. 542 : Contrat de mariage de Monsieur avec Madame (6 nov. 1671).
Série K. 543 :
— Contrat de mariage entre Léopold, duc de Lorraine, et Mademoiselle (12 oct. 1698).
— Testament olographe de Monsieur (11 avril 1699).
Série K. 552 :
— Testament de l'électeur palatin Charles-Louis (1er mai 1670).
— État des meubles du Palatinat (22 sept. 1686).
— Inventaire après décès de l'électrice Charlotte (avr. 1686).
Série K. 557 : Pièces relatives aux deux mariages de Monsieur.
Série KK. 550 : Contrat de mariage du duc de Chartres avec Françoise-Marie de Bourbon (17 fév. 1692).

3. *Paris, Bibliothèque nationale, cabinet des Médailles :*
Catalogue des Médailles d'or antiques de S.A.R. Madame, 2 vol. manuscrits in-8° illustrés, reliés aux armes de Madame.

4. *Paris, Bibliothèque nationale, manuscrits :*
FR 12686-12698, Recueil Clairambault I-XIII (1608-1722).
NAF 16067, f.110-120 ; 142-144 : « Livres de S.A. Madame » (factures de livres achetés par Madame).

5. *Paris, bibliothèque Sainte-Geneviève :*
Ms. 3187, f.28 : compliments du P. Blanchart à Monsieur et Madame (déc. 1671).
Ms. 3225, *Pièces diverses,* f.107 : « Chanson de Madame, 1677 ».

6. *Merseburg (R.D.A.), Zentrales Staatsarchiv :*
Bestand Auswärtige Beziehungen, Frankreich, Rep. XI n° 89 : les dépêches parisiennes d'E. Spanheim.
— Fasc. 29 (avr.-déc. 1680 ; 204 ff.).
— Fasc. 30 (janv.-juin 1681 ; 162 ff.).
— Fasc. 31 (juill.-déc. 1681 ; 116 ff.).
— Fasc. 32 (janv.-mars 1682 ; 114 ff.).
— Fasc. 33 (avr.-juin 1682 ; 102 ff.).
— Fasc. 34 (juill.-sept. 1682 ; 105 ff.).
— Fasc. 35 (oct.-déc. 1682 ; 156 ff.).
— Fasc. 37 (janv.-juin 1683 ; 248 ff.).
— Fasc. 38 (juill.-déc. 1683 ; 241 ff.).
— Fasc. 39 (janv.-mars 1684 ; 185 ff.).
— Fasc. 40 (avr.-juin 1684 ; 197 ff.).
— Fasc. 41 (juill.-déc. 1684 ; 184 ff.).
— Fasc. 45 (oct.-déc. 1685 ; 153 ff.).
— Fasc. 46 (janv.-déc. 1686, 379 ff.).
— Fasc. 47 (janv.-avr. 1687 ; 232 ff.).
— Fasc. 48 (avr.-déc. 1687 ; 203 ff.).
— Fasc. 50 (janv.-sept. 1688 ; 285 ff.).
— Fasc. 51 (sept.-déc. 1688 ; 258 ff.).
— Fasc. 52 (déc. 1688-janv. 1689 ; 50 ff.).
— Fasc. 53 (janv.-mars 1689 ; 95 ff.).
— Fasc. 57 (janv.-avr. 1698 ; 198 ff.).
— Fasc. 58 (mai-juin 1698 ; 109 ff.).
— Fasc. 59 (juill.-sept. 1698 ; 228 ff.).
— Fasc. 60 (oct.-déc. 1698 ; 144 ff.).
— Fasc. 62 (janv.-avr. 1699 ; 210 ff.).
— Fasc. 63 (mai-août 1699 ; 246 ff.).
— Fasc. 64 (sept.-déc. 1699 ; 274 ff.).
— Fasc. 68 (janv.-avr. 1700 ; 219 ff.).
— Fasc. 69 (mai-juill. 1700 ; 262 ff.).
— Fasc. 70 (août-déc. 1700 ; 291 ff.).
— Fasc. 72 (janv.-mai 1701 ; 139 ff.).

7. *Londres, British Museum :*
King's Ms. 436 : *Album amicorum* (1622-1633) ayant appartenu aux princes palatins Heinrich Friedrich et Karl Ludwig, et au raugrave Karl Moritz.

II. SOURCES IMPRIMÉES

1. *Correspondances et mémoires des membres de la famille de Madame :*
Ed. BODEMANN (éd.), *Briefwechsel der Herzogin Sophie von Hannover mit ihrem Bruder, dem Kurfürsten Karl Ludwig von der Pfalz, und des Letzteren mit seiner Schwägerin, der Pfalzgräfin Anna*, Leipzig, Hirzel, 1885.
—, *Briefe der Kurfürstin Sophie von Hannover an die Raugräfinnen und Raugrafen zu Pfalz*, Leipzig, Hirzel, 1888.
R. DOEBNER (éd.), *Briefe der Königin Sophie Charlotte von Preussen und der Kurfürstin Sophie von Hannover an hannoverschen Diplomaten*, Leipzig, Hirzel, 1905.
DU BOSCQ DE BEAUMONT et M. BERNOS (éd.), *Correspondance de Sophie Dorothée, princesse électorale de Hanovre, avec le comte de Königsmarck (1691-1693)*, Paris, Ambert, s.d.
FOUCHER DE CAREIL (éd.), *Correspondance de l'Électeur Palatin Charles-Louis avec la princesse Elisabeth, sa sœur*, Paris, 1908.
G. FREYTAG (éd.), Lettre de l'électrice Charlotte à l'Empereur, in *Bilder aus der Deutschen Vergangenheit*, III, pp. 279-296, Leipzig, Hirzel, 1867.
R. GEERDS (éd.), *Die Mutter der Könige von Preussen und England. Memoiren und Briefe der Kurfürstin Sophie von Hannover*, Ebenhausen/Leipzig, Langewiesche-Brandt, 1913.
K. P. HAUCK (éd.), *Die Briefe der Kinder des Winterkönigs*, Heidelberg, G. Koester, 1908.
W. L. HOLLAND (éd.), *Schreiben des Kurfürsten Karl Ludwig von der Pfalz und der Seinen*, Tübingen, Lit. Verein, 1884.
O. KLOPP (éd.), *Correspondance de Leibniz avec l'électrice Sophie de Brunswick [...] née princesse palatine du Rhin*, Hanovre, Klindworth, s.d., 1874, 3 vol.
A. KÖCHER (éd.), *Memoiren der Herzogin Sophie nachmals Kurfürstin von Hannover* (texte français), Leipzig, Hirzel, 1879.
A. WENDLAND (éd.), *Briefe der Elisabeth Stuart, Königin von Böhmen, an ihren Sohn den Kurfürsten Carl Ludwig von der Pfalz (1650-1662)*, Tübingen, Lit. Verein, 1902.

2. *Mémoires, journaux, correspondances, gazettes, oraisons funèbres :*
AUBERY DU MAURIER (Louis), *Mémoires pour servir à l'histoire de Hollande et des autres Provinces-Unies*, Paris, J. Villette, 1697.
AULNOY (Marie de), *Mémoires secrets de Mr. L.D.D.O.* [= le duc d'Orléans] *ou les aventures comiques de plusieurs grands Princes de la Cour de France*, Paris, J. Bridou, 1696.
BALLEROY (marquise de), *Les Correspondants de la marquise de Balleroy* (éd. E. de Barthélemy), Paris, 1883, 2 vol.
BARBIER (Edmond-Jean-François), *Chronique de la Régence et du règne de Louis XV (1718-1763) ou Journal de Barbier*, Paris, Charpentier, 1857, 8 vol. (t. I : 1718-1726).
BOSSUET, *Oraisons funèbres* (éd. B. Velat et Y. Champailler, Pléiade), Paris, Gallimard, 1961.
BUSSY-RABUTIN, *Correspondance* (éd. L. Lalanne), Paris, Charpentier, 1860, 6 vol.
—, « La France devenue italienne », in *Histoire amoureuse des Gaules*, t. III (éd. P. Boiteau et Ch. Livet), Paris, Jannet, 1858.
—, *Mémoires*, Paris, J.-C. Lattès, 1987.

BUVAT (Jean), *Journal de la Régence (1715-1723)* (éd. E. Campardon), Paris, Plon, 1865, 2 vol.

CATHALAN (père), *Oraison funèbre de très-haute, très-puissante et très-excellente princesse Madame Elisabeth-Charlotte Palatine de Bavière, duchesse douairière d'Orléans,* Paris, Veuve Mazières, 1723.

CAYLUS (Mme de), *Souvenirs* (éd. B. Noël), Paris, Mercure de France, 1965.

CHEVREAU (Urbain), *Chevreana,* Paris, Delaulne, 1697-1700, 2 vol.

CHOISY (abbé de), *Mémoires pour servir à l'histoire de Louis XIV*, suivis des *Mémoires de l'abbé de Choisy habillé en femme* (éd. G. Mongrédien), Paris, Mercure de France, 1966, 1983.

COSNAC (Daniel de), *Mémoires* (éd. J. de Cosnac), Paris, Renouard, 1852, 2 vol.

DANGEAU (marquis de), *Journal* (éd. Soulié e.a.), Paris, Firmin Didot, 1854-1860, 18 + 1 vol.

DONNEAU DE VISÉ, T. CORNEILLE et successeurs, *Le Mercure Galant* et *Le Nouveau Mercure Galant* (1672-1723).

DUCLOS (Charles Pinot), *Mémoires secrets sur le règne de Louis XIV, ·la régence et le règne de Louis XV*, Paris, J. Gray, 1864, 2 vol.

FOUCAULT (Nicolas-Joseph), *Mémoires* (éd. F. Baudry), Paris, Imprimerie impériale, 1862.

GRAMONT (maréchal de), *Mémoires,* Petitot et Monmerqué, t. 56-57, Paris, 1826.

HÉBERT (François), *Mémoires du curé de Versailles François Hébert (1686-1704)* (éd. G. Girard), Paris, Éd. de France, 1927.

LA FAYETTE (Mme de), *Histoire de Madame Henriette d'Angleterre*, suivie des *Mémoires de la Cour de France pour les années 1688 et 1689* (éd. G. Sigaux), Paris, Mercure de France, 1965, 1982.

LA PORTE (Pierre de), *Mémoires… contenant plusieurs particularités des règnes de Louis XIII et Louis XIV,* Genève, 1756.

LORRAINE (Elisabeth-Charlotte d'Orléans, duchesse de), *Lettres à la marquise d'Aulède* (éd. A. de Bonneval), Nancy, L. Wiener, 1865.

LOUIS XIV, *Mémoires* (éd. J. Longnon), Paris, Tallandier, 1978.

MABOUL (Jacques), « Oraison funèbre de très-haute, très-excellente et très-religieuse Princesse Louise Hollandine Palatine de Bavière, Abbesse de Maubuisson, in *Recueil des oraisons funèbres prononcées par M. Maboul.* Paris, P. Vincent, 1748, pp. 121-186.

MARAIS (Mathieu), *Journal et Mémoires sur la régence et le règne de Louis XV (1715-1737)* (éd. M. de Lescure), Paris, F. Didot, 1863-1868, 4 vol.

MASSILLON, « Oraison funèbre de Madame, duchesse d'Orléans », in Massillon, Fléchier, Mascaron, *Oraisons funèbres,* Paris, Garnier, 1875, pp. 169-191.

MONTPENSIER (Mlle de), *Mémoires* (éd. C. Bouyer), Paris, Fontaine, 1985, 2 vol.

MOTTEVILLE (Mme de), *Mémoires sur Anne d'Autriche et sa cour* (éd. M. F. Riaux), Paris, Charpentier, 1855, 4 vol.

ORMESSON (Olivier LEFÈVRE D'), *Journal* (éd. A. Chéruel), Paris, Imprimerie impériale, 1860.

PIOSSENS (chevalier de), *Mémoires de la Régence de S.A.R. Mgr. le duc d'Orléans durant la minorité de Louis XV roi de France,* Amsterdam, Zacharie Chatelain, 1729, 3 vol.

PLESSIS-PRASLIN (maréchal du), *Mémoires des divers emplois et des principales actions du maréchal du Plessy,* Paris, C. Barbin et C. Ballard, 1676.

PÖLLNITZ (Charles-Louis, baron de), *Mémoires contenant les observations qu'il a faites dans ses voyages et le caractère des personnages qui composent les principales cours de l'Europe,* Londres, Ch. Hoguel, 1735, 4 vol.

—, *Nouveaux Mémoires contenant l'histoire de sa vie et la relation de ses premiers voyages,* Francfort, Compagnie, 1738, 2 vol.

PRIMI VISCONTI, *Mémoires sur la cour de Louis XIV* (éd. J. Lemoine), Paris, Calmann-Lévy, 1908.

RAUNIÉ (Émile), *Chansonnier historique du XVIIIe siècle* (recueils Clairambault/Maurepas), t. I-IV : 1715-1722, Paris, A. Quantin, 1879-1880.

SAINT-GÉRY DE MAYNAS, *Discours prononcé dans l'église de Saint-Denis, en présentant le corps de Madame, avec l'abrégé de sa vie,* Paris, Veuve Mergé, 1723 (reproduit dans le *Mercure* de janv. 1723, pp. 90-101).

SAINT-SIMON, *Mémoires* (éd. A. et J. de Boislisle et L. Lecestre), Paris, Hachette, 1879-1930, 41 + 2 vol.

—, « Additions au Journal de Dangeau » (éd. Feuillet de Conches), in : *Journal* de Dangeau, t. 1-18. Paris, Firmin Didot, 1854-1860.

SÉVIGNÉ (Mme de), *Correspondance* (éd. R. Duchêne, Pléiade), Paris, Gallimard, 1972-1978, 3 vol.

SORIA (Bonaventure de), *Abrégé de la vie de très-auguste et très-vertueuse princesse Marie-Thérèse d'Autriche, reine de France et de Navarre,* Paris, L. Roulland, 1683.

SOURCHES (marquis de), *Mémoires* (éd. J. de Cosnac et A. Bertrand), Paris, Hachette, 1882-1893, 13 vol. (+ L. LECESTRE, *Table alphabétique des Mémoires du marquis de Sourches,* Chartres, E. Garnier, 1912).

SPANHEIM (Ezechiel), *Relation de la Cour de France en 1690* (éd. E. Bourgeois), Paris, Mercure de France, 1973.

SPANHEIM (Friedrich), *Mémoires sur la vie et la mort de la Sérénissime Princesse Loyse Juliane...,* Leyde, Jean Maire, 1645.

STAAL-DELAUNAY (Mme de), *Mémoires,* Paris, Libr. des bibliophiles, 1890, 2 vol.

TALLEMANT DES RÉAUX, *Historiettes* (éd. A. Adam, Pléiade), Paris, Gallimard, 1960-1961, 2 vol.

J. T(OLAND), *Relation des cours de Prusse et de Hanovre, avec les caractères des personnes qui les composent,* La Haye, T. Johnson, 1706.

(VILLERS, Philippe de), *Journal d'un voyage à Paris en 1657-1658* (éd. A.P. Faugère), Paris, B. Duprat, 1862.

VOLTAIRE, *Le Siècle de Louis XIV* (éd. R. Pomeau, Pléiade), Paris, Gallimard, 1962.

BIBLIOGRAPHIE

I. SUR MADAME

1. *Livres :*

ARETZ (Gertrude), *Liselotte von der Pfalz. Eine deutsche Fürstentochter in Frankreich,* Stuttgart, J. Hoffmann, 1926.

BARINE (Arvède), *Madame, mère du Régent,* Paris, Hachette, 1909 (le dernier chapitre est de Louis Battifol).

BODEMANN (Eduard), *Elisabeth Charlotte von der Pfalz, Herzogin von Orléans,* « Historische Taschenbücher », VI, 11, pp. 1-76, Leipzig, Brockhaus, 1892.

CABANÈS (Dr Augustin), *Une Allemande à la Cour de France. La Princesse Palatine,* Paris, Albin Michel, 1916.

EBERLEIN (Harold Donaldson), *The Rabelaisian Princess, Madame Royale of France*, New York, Brentano's, 1931.

FUNCK-BRENTANO (Franz), *Liselotte, duchesse d'Orléans et mère du Régent*, Paris, *Nouvelle Revue Critique*, 1936.

GRENAUD (Pierre), *La Palatine, Mère du Régent et Commère du Grand Siècle*. Paris, Les Lettres Libres, 1984.

HELMOLT (Hans F.), *Kritisches Verzeichnis der Briefe der Herzogin Elisabeth Charlotte von Orléans, nebst dem Versuch einer Liselotte-Bibliographie*, Leipzig, R. Haupt, 1909 (rééd. 1969).

HENDERSON (Ernest F.), *A Lady of the Old Régime*, Londres, G. Bell, 1909.

KNETSCH (Carl), *Elisabeth Charlotte von der Pfalz und ihre Beziehungen zu Hessen*, Marburg, G. Braun, 1925.

KNOOP (Mathilde), *Liselotte von der Pfalz*, Stuttgart, Koehler, 1956.

LEBIGRE (Arlette), *La Princesse Palatine*, Paris, Albin Michel, 1986.

LÜDER (Beate), *Religion und Konfession in den Briefen Liselottes von der Pfalz*, « Schriften der Gesellschaft der Freunde Mannheims und der ehemaligen Kurpfalz » n° 19, Mannheim, 1987.

OELSNER (Ludwig), *Elisabeth Charlotte, Herzogin von Orléans*, « Historische Taschenbücher », IV, 5, pp. 104-162, Leipzig, Brockhaus, 1864.

POENSGEN (Georg), *Bildnisse des Liselotte von der Pfalz*, Heidelberg, Jedermann Verlag, 1952.

REBOUX (Paul), *Une rude gaillarde. La Princesse Palatine*, Paris, Flammarion, 1934.

RUDORF (Günther), *Liselotte von der Pfalz. Roman*, Neustadt/Weinstrasse, Pfälzische Verlangsanstalt, 1966.

SCHOTT (Theodor), *Elisabeth Charlotte, Herzogin von Orléans. Eine deutsche Prinzessin am französischen Hofe*, Heidelberg, 1881.

STRICH (Michael), *Liselotte und Ludwig XIV*, Munich/Berlin, Oldenbourg, 1912. ID., *Liselotte von Kurpfalz*, Berlin, Ullstein, 1925.

URBACH (Adolf), *Über die Sprache in den deutschen Briefen der Herzogin Elisabeth Charlotte von Orléans*, Greifswald, F.W. Kunike, 1899.

WILLE (Jacob), *Elisabeth Charlotte, Herzogin von Orléans (die Pfälzer Liselotte)*, Bielefeld/Leipzig, Velhagen und Klasing, 1905.

2. *Articles :*

BARTHÉLEMY (É. de), « Inventaire du mobilier de la duchesse d'Orléans, mère du Régent, après son décès en 1722 », in *Bulletin du Comité des travaux historiques et scientifiques*, 1882, pp. 382-407.

BUTTMANN (Clara), « Vier Supralibroseinbände fürstlicher Frauen in der Universitäts-Bibliothek Heidelberg », in *Neue Heidelberger Jahrbücher*, 1936, pp. 24-27 (description d'un volume du *Mercure* de novembre 1701 relié aux armes de Madame, pp. 25-26, ill.).

CHAVANNES (Jules), « La duchesse d'orléans et M. Polier de Bottens », in *Bulletin de la Société de l'Histoire du Protestantisme français*, n° 23 (2ᵉ série, 9ᵉ année, 1874), pp. 193-204 et 241-253.

DEPPING (Guillaume), « Madame, mère du Régent, et sa tante l'Électrice Sophie de Hanovre. Nouvelles lettres de la Princesse Palatine », in *Revue Historique*, 55 (1894), pp. 308-321 ; 56 (1894), pp. 49-68 ; 58 (1895), pp. 292-307 ; 59 (1895), pp. 293-313.

DUHAMEL (R.), « Le cœur fidèle de la Palatine », in *Revue de l'Université d'Ottawa*, 46, 1976, n° 3.

FORSTER (Elborg), « From the Patient's Point of View : Illness and Health in the Letters of Liselotte von der Pfalz », in *Bulletin of the History of Medicine* Baltimore, Md), automne 1986.

—, « Santé et maladie dans les lettres de Madame : ses vues médicales », in *Cahiers Saint-Simon*, 14, 1986, pp. 35-44.

FRÉVILLE (J.), « Entre les lignes, Madame Palatine », in *Arcadie*, 147, 1966.

FRIEDEMANN (Rudolf), « Liselotte und das Theater Ludwigs XIV », in *Bühne und Welt*, V/14, avr. 1903, pp. 597-604.

FÜRSTENWALD (Maria), « Liselotte von der Pfalz und der französische Hof », in A. BUCK e.a. (éd.), *Europäische Hofkultur im 16. und 17. Jahrhundert*, Hambourg, 1981, III, pp. 467-473.

GAUTHIER-VILLARS (Henri), « La Princesse Palatine (1652-1722) d'après des documents inédits », in *La Grande Revue*, 44, 1907, pp. 645-662.

HARTMANN (Peter Claus), « Zwei Wittelsbacher Prinzessinnen am Hof Ludwigs XIV. Maria Anna Christina von Bayern und Elisabeth Charlotte von der Pfalz », in *Zeitschrift für bayerische Landesgeschichte*, 44, 1981, pp. 269-289.

HELMOLT (Hans F.), « Neues von Liselotte. 1. Zur Ikonographie ; 2. Zur Korrespondenz », in *Mannheimer Geschichtsblätter*, XI, 1910, n° 9 (col. 170-175) et n° 10 (col. 205-213).

JAEGLÉ (Ernest), « Madame, duchesse d'Orléans », in *Revue des deux mondes*, 1879, I, pp. 191-212.

JENTSCH (Carl), « Elisabeth Charlotte als Philosophin », in *Grenzboten*, 3 (Leipzig, 1896), pp. 545-558.

KOPSCH (Eleonore), « Unsere Liselotte und ihre Familie. Ein Kapitel aus der Geschichte der Pfälzischen Wittelsbacher », in *Festschrift 75 Jahre Liselotte-Gymnnasium*, Mannheim, 1986, pp. 73-97.

LAKEBRINK (Markus), « Ideologische Züge in Sainte-Beuves Porträt der Liselotte von der Pfalz », in *Germanisch-Romanische Monatschrift*, nouv. série, 29, 1979, pp. 87-94.

LEBIGRE (Arlette), « La lionne et le moucheron », in *Cahiers Saint-Simon*, 12, 1984, pp. 61-67.

—, « Faulte d'argent, c'est douleur non-pareille. Le témoignage des actes notariés sur la condition de Madame en France », in *Cahiers Saint-Simon*, 14, 1986, pp. 5-12.

LE ROY LADURIE (Emmanuel), « Auprès du Roi, la Cour » (le problème des « rangs » chez Madame), in *Annales : économies, sociétés, civilisations*, 38, 1983, pp. 21-41.

M.N. (Cte), « Une princesse numismate », in *Revue belge de Numismatique*, Bruxelles, 46, 1890, pp. 146-151.

MOUREAU (François), « Du côté Cour : la Princesse Palatine et le théâtre », in *Revue d'Histoire du Théâtre*, 1983/3, pp. 275-286.

—, « Madame et son monde, ou la Palatine avait-elle une âme ? », in *Cahiers Saint-Simon*, 14, 1986, pp. 45-51.

SAINTE-BEUVE, « Nouvelles lettres de Madame, mère du Régent », in *Causeries du lundi* (10 oct. 1853), t. XI, 1854.

SCHOOP (Hermann), « Liselotte », in *Süddeutsche Monatshefte*, VII/1 (1910), pp. 637-654.

VAN DER CRUYSSE (Dirk), « Un regard curieux sur la culture religieuse de Versailles à travers la Correspondance allemande de Madame Palatine », in *La Pensée religieuse dans la littérature et la civilisation du XVIIe siècle en France*, Paris/Seattle/Tübingen, 1984, pp. 345-369.

—, « La Révocation jugée dans la Correspondance allemande complète de Madame Palatine », in *De la mort de Colbert à la Révocation de l'édit de Nantes : un monde nouveau ?*, Marseille, C.M.R. 17, 1984, pp. 301-314.

—, « Madame Palatine numismate », in *Cahiers Saint-Simon*, 14 (1986), pp. 13-34.

—, « Vers une renaissance de la Liselotte-Forschung ? En feuilletant *A Woman's Life* d'Elborg Forster », in *Francia-Forschungen zur westeuropäischen Geschichte*, 14, Sigmaringen, Thorbecke, 1986, pp. 655-658.

—, « Saint-Simon et Madame Palatine », in *Francia*, 15 (1987), pp. 245-261.

—, « Madame Palatine, épistolière française », in *Travaux de littérature*, Strasbourg (1988), I (XXVI-2).

—, « Du constat de carence au revirement prometteur : état présent de la Liselotte-Forschung », in coll. « Romanica et Comparatistica », Tübingen, Stauffenburg Verlag, 1989.

—, « *J'ai regretté toute ma vie d'être femme* : Madame Palatine féministe ? », in *French Literature Series*, vol. XVI, « Feminism in/and French Literature », Columbia, South Carolina, 1989.

Voss (Jürgen), « Liselotte von der Pfalz als Zeuge ihrer Zeit », in V. Press e.a. (éd.), *Barock am Oberrhein*, Karlsruhe, 1985, pp. 189-203.

—, « 52 unbekannte Briefe der Liselotte von der Pfalz an die Gräfin Johanna Sophie von Schaumburg-Lippe » (communication inédite présentée en sept. 1986 au colloque *Ludwig XIV. und Elisabeth-Charlotte* à Heidelberg).

Weech (Friedrich von), « Zur Geschichte der Erziehung des Kurfürsten Karl von der Pfalz und seiner Schwester Elisabeth Charlotte », in *Zeitschrift für die Geschichte des Oberrheins*, nouv. série 8 (1893), pp. 101-119.

Winkelmann (Alfred), « Aus Liselottes Jugendzeit. Ein Beitrag zur Erziehungs- und Kulturgeschichte des XVII. Jahrhunderts », in *Veröffentlichungen der Grossherzoglich Badischen Sammlungen für Altertums- und Völkerkunde in Karlsruhe*, 3, 1902, pp. 71-86.

X., *Description sommaire des pierres gravées, et des médailles d'or antiques du cabinet de feu Madame*, Paris, d'Houry, 1727 (B.N. Rés., Z Fontanieu 24 (14), pp. 299-329).

II. SUR LA FAMILLE ALLEMANDE DE MADAME

1. *Livres* :

Aussaresses (F.) et Gauthier-Villars (H.), *La Vie privée d'un prince allemand au XVIIe siècle. L'électeur palatin Charles-Louis (1617-1680)*, Paris, Plon, 1926.

Baily (Francis Evans), *Sophia of Hanover and her Times*, Londres, Hutchinson, 1936.

Beller (E.A.), *Caricatures of the « Winterking » of Bohemia, from the Sutherland Collection in the Bodleian Library, and from the British Museum*, Londres, Oxford University Press, 1928.

Bodemann (Eduard), *Herzogin Sophie von Hannover*, « Historische Taschenbücher », VI, 7, pp. 27-86, Leipzig, Brockhaus, 1888.

Cleugh (James), *A Biography of Rupert, Prince, Count Palatine of the Rhine, Duke of Bavaria, Duke of Cumberland, Earl of Holderness*, Londres, Geoffrey Bles, 1934.

Everett Grenn (M.), *Elisabeth, Electress Palatine and Queen of Bohemia*, Londres, 1909.

Gindely (A.), *Friedrich V. von der Pfalz*, Prague, 1884.

Hatton (Ragnhild), *Georg I. Ein deutscher Kurfürst auf Englands Thron*. Francfort-sur-le-Main, Societäts-Verlag, 1982, 1985.

Hauck (Karl Peter), *Karl Ludwig, Kurfürst von der Pfalz*, Leipzig, Breitkopf und Härtel, 1903.

Kazner (J. F. A.), *Louise, Raugräfin zu Pfalz. Eine wahre Geschichte*, Leipzig, G.J. Göschen, 1798.

LANGE (Leopold), *Raugräfin Luise, geb. Freiin von Degenfeld*, Heidelberg, 1908.

LIPOWSKY (F. J.), *Friedrich V., Kurfürst von der Pfalz und König von Böhmen. Eine historische-biographische Schilderung*, Munich, Fleischmann, 1824.

ID., *Karl Ludwig Churfürst von der Pfalz, und Maria Susanne Louisa Raugräfin von Degenfeld, nebst der Biographie des Churfürsten Karl von der Pfalz. Eine historische Schilderung*, Sulzbach, 1824.

NÉEL (M.), *Descartes et la princesse Elisabeth*, Paris, Elzévir, 1946.

OMAN (Carola), *Elisabeth of Bohemia*, Londres, Hodder and Stoughton, 1964.

SCHAUMANN, *Sophie Dorothea, Prinzessin von Ahlden, und Kurfürstin Sophie von Hannover*, Hanovre, 1879.

SCHOTEL (G.), *De Winterkoning en zijn gezin*, Tiel, 1859.

SCOTT (Eva), *Rupert, Prince Palatine*, Westminster, A. Constable, 1907.

WARD (Sir Adolphus William), *The Electress Sophia and the Hanoverian Succession*, Londres/New York, Longmans, Green and Cº, 1909.

WEISS (J. G.), *Lord Craven und die Familie des Winterkönigs*, Karlsruhe, Badische Historische Commission, 1924.

WUND (S.), *Versuche einer Geschichte des Lebens und der Regierung Karl Ludwigs, Kurfürstens von der Pfalz*, Genève (= Heidelberg), Legrand, 1786.

X., *La Vie et les Amours de Charles-Louis électeur palatin*, Amsterdam, P. Marret, 1697.

X., *Histoire secrète de la Duchesse d'Hannover, épouse de Georges Premier, Roi de la Grande Bretagne. Les malheurs de cette infortunée Princesse ; sa prison au Château d'Ahlden où elle a fini ses jours ; ses intelligences secrètes avec le Comte de Königsmarck, assassiné à ce sujet*, Londres, Cⁱᵉ des Libraires, 1732, 2 vol. (attribué par le cat. de la B.N. au baron von Pöllnitz, et par Barbier à J.-F. von Bielefeld).

2. *Articles :*

BARINE (Arvède), « Une princesse allemande au XVIIᵉ siècle. *Mémoires* de l'Électrice Sophie de Hanovre », in *Revue des deux mondes*, mars 1882, pp. 203-213.

BERTRAND (J.), « Une amie de Descartes. Elisabeth, princesse de Bohême », in *Revue des deux mondes*, 1890, t. 6, pp. 93-122.

DOVE (Alfred), « Die Kinder des Winterkönigs », in *Beilage zur Allgemeinen Zeitung*, Munich, avr. 1891.

PILLORGET (René), « Die Kinder Friedrichs V. von der Pfalz in Frankreich : Philipp, Eduard und Luise-Hollandine, Äbtissin von Maubuisson », in *Zeitschrift für bayrische Landesgeschichte*, 44, 1981, pp. 257-268.

SELLIN (Volker), « Kurfürst Karl Ludwig von der Pfalz », in *Schriften der Gesellschaft der Freunde Mannheims*, 15, 1980.

TREVOR-ROPER (H. R.), « Ruprecht der Cavalier », in *Zeitschrift für bayerische Landesgeschichte*, 44, 1981, pp. 241-256.

VAN BEUSEKOM (E.), « Het verblijf van den Winterkoning en zijn gemalin hier te lande », in *Historia* (Utrecht), 1, 1936, pp. 93-99.

VAN DER CRUYSSE (Dirk), « La cour de Louis XIV vue par une princesse allemande (1679) : images des *Mémoires* de Sophie de Hanovre », in *Ouverture et Dialogue. Mélanges offerts à Wolfgang Leiner*, Tübingen, Gunter Narr, 1989.

VAN SPILBEECK (I., o. praem.), « Louise Hollandine, Princesse Palatine de Bavière, Abbesse de Maubuisson, de l'ordre de Cîteaux », in *Précis historiques. Mélanges religieux, littéraires et scientifiques*, 1, janv. 1885, Bruxelles, pp. 201-217 et 263-285.

WARD (Sir Adolphus William), « Elisabeth, Princess Palatine », in *Tout and Tait. Historical Essays*, Londres, 1902, pp. 325-355.

WEECH (Friedrich von), « Instruktionen des Kurfürsten und Pfalzgrafen Karl Ludwig für die Erzieher seiner Kinder », in *Zeitschrift für die Geschichte des Oberrheins*, 26, 1874, pp. 407-413.

WENDLAND (Anna), « Raugraf Carl Moriz, ein pfälzischer Gast am hannoverschen Hof », in *Zeitschrift des historischen Vereins für Niedersachsen*, 1902, pp. 480-503.

X., « Licht und Schatten in der Schilderung Churfürstens Carl Ludwigs zu Pfalz, von verschiedenen seiner eigenen Diener und gleichzeitigen Schriftstellern », in *Patriotisches Archiv für Deutschland*, IX, Mannheim/Leipzig, Schwann und Götz, 1790, pp. 207-230.

III. SUR LA FAMILLE FRANÇAISE DE MADAME

1. *Livres :*

ACREMONT (Henri d'), *Anne de Gonzague, Princesse Palatine*, Paris, Libr. internationale, 1936.

BARTHÉLEMY (E. de), *Les filles du Régent. La duchesse de Berry, l'abbesse de Chelles, la princesse de Modène, la reine d'Espagne, la princesse de Conti, Mlle de Beaujolais*. Paris, Firmin-Didot, 1874, 2 vol.

BAUMONT (H.), *Études sur le règne de Léopold duc de Lorraine et de Bar (1697-1729)*, Paris/Nancy, Berger-Levrault, 1894.

COLLINS (père), *Histoire abrégée de la vie privée et des vertus de S.A.R. Elisabeth-Charlotte d'Orléans (duchesse de Lorraine)*, Nancy, 1762.

ENGEL (Claire-Éliane), *Le Régent*, Paris, 1969.

ERLANGER (Philippe), *Le Régent*, Paris, Gallimard, 1938 et Club du meilleur livre, 1960.

—, *Monsieur frère de Louis XIV*, Paris, Hachette, 1953 et Perrin, 1981.

FOUCAULT (Cte de), *Histoire de Léopold Ier, duc de Lorraine et de Bar*, Bruxelles, 1791.

LABADIE, *Les Aventures de Pomponius chevalier romain ou l'histoire de notre temps où l'on trouve l'histoire secrète de Philippe duc d'Orléans, régent de France, et du cardinal du Bois, Premier ministre*, Rome, Mornini, 1728.

LA BATUT (Guy de), *La Cour de Monsieur, frère de Louis XIV*, Paris, Albin Michel, 1927.

LE NABOUR (Éric), *Le Régent libéral et libertin*, Paris, J.-C. Lattès, 1984.

LESCURE (Mathurin de), *Les Confessions de l'abbesse de Chelles, fille du Régent*, Paris, Dentu, 1863.

M.L.M.D.M., *La Vie de Philippe d'Orléans, Petits-Fils de France, Régent du Royaume*, Londres, 1737, 2 vol.

MEYER (Jean), *Le Régent*, Paris, Ramsay, 1985.

PETITFILS (Jean-Christian), *Le Régent*, Paris, Fayard, 1986.

PIMODAN (Cte de), *Louise-Elisabeth d'Orléans, reine d'Espagne*, Paris, 1922.

RAFFIN (Léonce), *Anne de Gonzague Princesse Palatine*, Paris, D.D.B., 1935.

RANSAN (André), *La Vie privée du Régent*, Paris, Hachette, 1938.

SARREDO (Luisa), *La regina Anna di Savoia. Studio storico su documenti inediti*, Turin, 1887.

SHENNAN (J. H.), *Philippe, Duke of Orléans, Regent of France*, Londres, Thames and Hudson, 1979.

Stokes (Hugh), *A Prince of Pleasure. Philip of France and his court, 1640-1701*, Londres, H. Jenkins, 1913.

Stryienski (Casimir), *La Galerie du Régent Philippe, duc d'Orléans*, Paris, Goupil et Cie, 1913.

2. *Articles :*

Dédéyan (Charles), « Anne de Gonzague, princesse Palatine, dans les lettres françaises du XVIIe au XIXe siècle », in *Mantova e i Gonzaga nella civiltà del Rinascimento*, Mantoue, 1978, pp. 113-122.

Engel (Claire-Éliane), « Le Régent collectionneur », in *La Régence*, Paris, A. Colin, 1970, pp. 58-65.

Fitte (Siegfried), « Die letzte Herzogin von Lothringen, eine Tochter der Liselotte », in *Vossische Zeitung*, n° 590, 17 déc. 1893.

IV. ouvrages généraux

1. *Livres :*

Amiguet (Philippe), *La Grande Mademoiselle et son siècle d'après ses Mémoires*, Paris, Albin Michel, 1957.

Anthony (James R.), *La Musique en France à l'époque baroque*, Paris, Flammarion, 1981.

Babelon (Ernest), *Traité des Monnaies grecques et romaines*, t. I : *Théorie et Doctrine*, Paris, E. Leroux, 1901.

Baillet (Adrien), *La vie de Monsieur Des-Cartes*, Paris, D. Horthemels, 1691, 2 vol.

Banduri (Anselmo), *Bibliotheca Nummaria, sive Auctorum qui de re nummaria scripserunt*, Lutetia Parisiorum, 1718.

Barnett (Correlli), *The First Churchill. Marlborough, Soldier and Statesman*, New York, Putnam's Sons, 1974.

Barry (Joseph), *Versailles, passions et politique*, Paris, Seuil, 1987.

Bassenne (Marthe), *Le Chevalier de Lorraine et la mort de Madame*, Paris, Impr. française de l'édition, 1933.

Baudelot de Dairval (Charles-César), *Histoire de Ptolémée Aulètes. Dissertation sur une pierre gravée antique du cabinet de Madame*, Paris, P. Aubouin et C. Clouzier, 1698.

—, *Réflexions sur les deux plus anciennes médailles d'or romaines qui se trouvent dans le cabinet de S.A.R. Madame*, Paris, J.-B. Lamesle, 1720.

—, *De l'utilité des voyages et de l'avantage que la recherche des Antiquitez procure aux Sçavans* (nouv. éd.), Rouen, Ch. Ferrand, 1727, 2 vol.

Baudrillart (Alfred), *Philippe V et la Cour de France*, Paris, Firmin-Didot, 1889-1890 (2 vol.) et 1890-1898 (4 vol.).

Beaussant (Philippe), *Versailles, opéra*, Paris, Gallimard, 1981.

Beger (Lorenz), *Thesaurus ex thesauro palatino selectus, sive Gemmarum et Numismatum quae in electorali cimeliarchio continentur elegantiorum aere expressa, et convenienti commentario illustrata dispositio*, Heidelberg, P. Delborn, 1685.

Benoît (Marcelle), *Versailles et les musiciens du Roi, 1661-1733. Étude institutionnelle et sociale*, Paris, Picard, 1971.

Benz (Richard), *Heidelberg, Schicksal und Geist*, Sigmaringen, Thorbecke, 1961, 1975.

Bluche (François), *La Vie quotidienne en France sous Louis XIV*, Paris, Hachette, 1984.

—, *Louis XIV*, Paris, Fayard, 1986.

BORREL (E.), *Jean-Baptiste Lully,* Paris, 1949.

BOSWELL (John), *Christianisme, tolérance sociale et homosexualité. Les homosexuels en Europe occidentale des débuts de l'ère chrétienne au XIVe siècle,* Paris, Gallimard, 1985.

BOUYER (Christian), *La Grande Mademoiselle. Anne Marie Louise d'Orléans, duchesse de Montpensier,* Paris, Albin Michel, 1986.

BOYER (A.), *The History of the Life and Reign of her late Majesty Queen Anne, wherein all the Transactions of that Reign are faithfully compiled from the best Authorities and impartially related,* Londres, The Booksellers in Town and Country, 1740.

CABANÈS (Dr Augustin), *Les Condé. Grandeur et dégénérescence d'une famille princière,* Paris, Albin Michel, 1932-1933, 2 vol.

CABANIS (José), *Saint-Simon ambassadeur,* Paris, Gallimard, 1987.

CASTELNAU (Jacques), *Henriette d'Angleterre,* Paris, Tallandier, 1948.

CHANDERNAGOR (Françoise), *L'Allée du Roi. Souvenirs de Françoise d'Aubigné, marquise de Maintenon, épouse du Roi de France,* Paris, Julliard, 1981.

CHEVALLIER (Pierre), *Louis XIII, roi cornélien,* Paris, Fayard, 1979

ID., *Henri III, roi shakespearien,* Paris, Fayard, 1985.

CLASEN (C. P.), *The Palatinate in European History, 1559-1660,* Oxford, University Press, 1963.

COLLAS (Émile), *La Belle-Fille de Louis XIV,* Paris, s.d. (1933[4]).

CORDELIER (Jean), *Mme de Maintenon, une femme au Grand Siècle,* Paris, Le Seuil, 1955.

DECKER (Michel de), *Madame de Montespan, la Grande Sultane,* Paris, Perrin, 1985.

DEHER (Évelyne), *Marie-Anne de Noirmoutier, princesse Orsini,* Paris, Presses de la Cité, 1984.

DERBLAY (Claude), *Henriette d'Angleterre et sa légende,* Paris, S.F.E.L.T., 1950.

DESSERT (Daniel), *Argent, pouvoir et société au Grand Siècle,* Paris, Fayard, 1984.

DETHAN (Georges), *Mazarin, un homme de paix à l'âge baroque,* Paris, Impr. nationale, 1981.

DIWALD (Hellmut), *Luther. Eine Biographie,* Bergisch Gladbach, Lübbe, 1982.

DRUMONT (Edouard), *Papiers inédits du duc de Saint-Simon. Lettres et dépêches sur l'ambassade d'Espagne,* Paris, Quantin, 1880.

DUCHEIN (Michel), *Jacques Ier Stuart. Le roi de la paix,* Paris, Presses de la Renaissance, 1985.

DUCHÊNE (Roger), *Madame de Sévigné, ou la chance d'être femme,* Paris, Fayard, 1982.

DULON (J.), *Jacques II Stuart, sa famille et les Jacobites à Saint-Germain-en-Laye,* Saint-Germain-en-Laye, 1897.

DULONG (Claude), *La Vie quotidienne des femmes au Grand Siècle,* Paris, Hachette, 1984.

DUNETON (Claude), *Petit Louis, dit XIV. L'enfance du Roi-Soleil,* Paris, Le Seuil, 1985.

DURRLEMAN (Freddy), *Éloge et condamnation de la Révocation de l'Édit de Nantes,* Carrières-sous-Poissy, 1985.

ELIAS (Norbert), *Die höfische Gesellschaft. Untersuchungen zur Soziologie des Königtums und der höfischen Aristokratie,* Francfort, Suhrkamp, 1983.

ERLANGER (Philippe), *Louis XIV,* Paris, Fayard, 1965.

—, *Philippe V d'Espagne,* Paris, Perrin, 1978.

ESPEZEL (Pierre d'), *Le Palais-Royal*, Paris, Calmann-Lévy, 1936.

FAURE (Edgar), *La Banqueroute de Law*, Paris, Gallimard, 1977.

FLANDRIN (Jean-Louis), *Le Sexe et l'Occident. Évolution des attitudes et des comportements*, Paris, Le Seuil, 1981.

FRANÇOIS-SAPPEY (Brigitte), *Jean-François Dandrieu, 1682-1738, organiste du Roy*, Paris, Picard, 1982.

FRASER (Antonia), *Cromwell, our Chief of Men*, Londres, Weidenfeld and Nicholson, 1973.

—, *King Charles II*, Londres, Weidenfeld and Nocholson, 1979.

FREY (L. et M.), *Friedrich I. Preussens erster König*, Graz/Vienne/Cologne, Styria, 1982.

GARRISSON (Janine), *L'Édit de Nantes et sa révocation. Histoire d'une intolérance*, Paris, Le Seuil, 1985.

GOUBERT (Pierre), *Louis XIV et vingt millions de Français*, Paris, Fayard, 1966.

GREGG (Pauline), *Charles Ier*, Paris, Fayard, 1984.

HÄUSSER (Ludwig), *Geschichte der Rheinischen Pfalz nach ihren politischen, kirchlichen und literarischen Verhältnissen*, Heidelberg, 1845, 1856, 1924 ; Pirmasens, 1970, 2 vol.

HAUSSONVILLE (Cte de), *La Duchesse de Bourgogne et l'alliance savoyarde sous Louis XIV*, Paris, Calmann-Lévy, 1898-1908, 4 vol.

HÉRON DE VILLEFOSSE (René), *L'Anti-Versailles ou le Palais-Royal de Philippe Égalité*, Paris, J. Dullis, 1974.

HOUSTON (S. J.), *James I.*, Londres, Longmann, 1973, 1984.

HUART (Suzanne d'), *Archives de la Maison de France (Branche d'Orléans)*. t. I : *Fonds de Dreux (300 AP I, 1 à 2634)*, Paris, Archives Nationales, 1976.

JOCQUET (D.), *Les Triomphes, entrées, cartels, tournois, cérémonies et aultres Magnificences, faites en Angleterre, et au Palatinat, pour le Mariage et Réception de Monseigneur le Prince Frideric V comte Palatin du Rhin, Électeur du Rhin, Électeur du Sainct Empire, Duc de Bavière, etc. et de Madame Elisabeth, fille unique et princesse de la Grande-Bretagne, Électrice Palatine du Rhin, etc. son Espouse*, Heidelberg, Gotard Voguelein, 1613.

KETCHAM WHEATON (Barbara), *L'Office et la bouche. Histoire des mœurs de la table en France, 1300-1789*, Paris, Calmann-Lévy, 1984.

LABATUT (J.-P.), *Louis XIV, roi de gloire*, Paris, Impr. nationale, 1984.

LABROUSSE (Élisabeth), « *Une foi, une loi, un roi ?* » — *La Révocation de l'édit de Nantes*, Paris, Payot, 1985.

LA CHAU (abbé Geraud de) et LE BLOND (abbé), *Description des principales pierres gravées du cabinet de S.A.S. Mgr le duc d'Orléans*, Paris, Pissot, 1780-1784, 2 vol.

LA FORCE (duc de), *La Grande Mademoiselle*, Paris, Flammarion, 1952.

LARIVIÈRE (Michel), *Les Amours masculines. Anthologie de l'homosexualité dans la littérature*, Paris, Lieu Commun, 1984.

LAURENCIE (Lionel de), *Lully*, Paris, Alcan, 1911.

LAURENTIE (P. S.), *Histoire des ducs d'Orléans*, Paris, Béthune, 1832-1834, 4 vol.

LAVISSE (Ernest), *Louis XIV*, Paris, Tallandier, 1978, 2 vol.

LECLERCQ (Dom Henri), *Histoire de la Régence pendant la minorité de Louis XV*, Paris, H. Champion, 1922, 3 vol.

LÉMONTEY (P.-E.), *Histoire de la Régence et de la minorité de Louis XV jusqu'au ministère du cardinal Fleury*, Paris, Paulin, 1832, 2 vol.

LEVER (Maurice), *Les Bûchers de Sodome. Histoire des « infâmes »*, Paris, Fayard, 1985.

LEVRON (Jacques), *Louis le Bien-Aimé*, Paris, Perrin, 1965.

LIMIERS (Henri-Philippe de), *Histoire du règne de Louis XIV, roi de France et de Navarre*, Amsterdam, Compagnie, 1718, 10 vol.

LOEWE (Victor), *Ein Diplomat und Gelehrter. Ezechiel Spanheim (1629-1710)*, Berlin, E. Ebering, 1924.

LOUIS XIV, *Manière de montrer les jardins de Versailles* (éd. R. Girardet), Paris, Plon, 1951.

MACEK (Josef), *Histoire de la Bohême des origines à 1918*, Paris, Fayard, 1984.

MAGNE (Émile), *Le Château de Saint-Cloud d'après des documents inédits*, Paris, Calmann-Lévy, 1932.

MARCHESSEAU (Robert), *Une urgence abdominale : la mort de Madame Henriette d'Angleterre*, thèse de médecine, Bordeaux, Bissey, 1947.

MASSIE (Robert K.), *Peter the Great. His Life and World*, New York, Knopf, 1981.

MASSON (Georgina), *Queen Christina*, Londres, Secker and Warburg, 1968.

McKAY (Derek), *Prinz Eugen von Savoyen, Feldherr dreier Kaiser*, Graz/ Vienne/Cologne, Styria, 1983.

MEYER (Jean), *La Vie quotidienne en France sous la Régence*, Paris, Hachette, 1979.

MITFORD (Nancy), *The Sun King*, Londres, Hamish Hamilton, 1966.

MITTLER (Elmar, e.a.), *Bibliotheca Palatina. Katalog zur Ausstellung in der Heiliggeistkirche Heidelberg*, Heidelberg, 1986, 2 vol.

MOSSIKER (Frances), *The Affair of the Poisons*, Londres, V. Gollancz, 1970.

NÉRAUDAU (Jean-Pierre), *L'Olympe du Roi-Soleil. Mythologie et idéologie royale au Grand Siècle*, Paris, « Les Belles Lettres », 1986.

NORWICH (John Julius), *A History of Venice*, Londres, Penguin Books, 1983.

ORCIBAL (Jean), *Louis XIV et les protestants*, Paris, Vrin, 1951.

ORLÉANS (Pierre-Joseph d', s.j.), *Histoire des Révolutions d'Angleterre depuis le commencement de la Monarchie*, Paris, Compagnie, 1724, 4 vol.

PAGÈS (Georges), *Le Grand Électeur et Louis XIV*, Paris, 1905.

POISSON (Georges), *Cette curieuse famille d'Orléans*, Paris, Perrin, 1976.

—, *Monsieur de Saint-Simon*, Paris, Berger-Levrault, 1973 et Mazarine, 1987.

PORTHAL (Cendrine de), *Les Fortunes de la gloire. Le roman de John Law*, Paris, Acropole, 1982.

PRAZ (Mario), *Studies in Seventeenth-Century Imagery*, t. II : *A Bibliography of Emblem Books*, Londres, Warburg Institute, 1939, 1947 ; Rome, 1964.

RAUMER (Kurt von), *Die Zerstörung der Pfalz von 1689 im Zusammenhang der französischen Rheinpolitik*, Munich/Berlin, 1930 ; Bad Neustadt, 1982.

REINITZER (Heimo), *Biblia deutsch. Luthers Bibelübersetzung und ihre Tradition*, Wolfenbüttel, Herzog August Bibliothek, 1983.

REYNES (Geneviève), *L'Abbé de Choisy ou l'ingénu libertin*, Paris, Presses de la Renaissance, 1983.

ROUJON (Jacques), *Louvois et son maître*, Paris, Grasset, 1934.

ROWSE (A. L.), *Homosexuals in History. A Study of Ambivalence in Society, Literature and the Arts*, Londres, Weidenfeld and Nicholson, 1977.

SAUVY (Anne), *Livres saisis à Paris entre 1678 et 1701*, La Haye, M. Nijhoff, 1972.

SCHUNKE (Ilse), *Die Einbände der Palatina in der Vatikanischen Bibliothek*, Cité du Vatican, Bibliotheca Apostolica, 1962, 3 vol.

SEILHAC (Cte de), *L'Abbé Dubois, Premier ministre de Louis XV*, Paris, Amyot, 1862, 2 vol.

SOLNON (Jean-François), *La Cour de France*, Paris, Fayard, 1987.

SOULIÉ (Maurice), *Le Régent*, Paris, Payot, 1980.

SPANHEIM (Ezechiel), *Dissertationes de praestantia et usu numismatum anti-*

quorum (3ᵉ éd.), Londres/Amsterdam, R. Smith et R. Wetstein, 1706-1717, 2 vol.

SPIELMAN (John P.), *Leopold I. Zur Macht nicht geboren*, Graz/Vienne/Cologne, Styria, 1984.

STRONG (Roy), *Splendour at Court. Renaissance Spectacle and Illusion*, Londres, Weidenfeld and Nicholson, 1973.

TRENARD (L.), *Les Mémoires des intendants pour l'instruction du duc de Bourgogne*, Paris, 1975.

TROYAT (Henri), *Pierre le Grand*, Paris, Flammarion, 1979.

VERLET (Pierre), *Le Château de Versailles*, Paris, Fayard, 1985.

VIGIÉ (Marc), *Les Galériens du roi. 1661-1715*, Paris, Fayard, 1985.

WEISS (J. G.), *Neues zur Geschichte des Hauses Pfalz im 17. Jahrhundert*. Karlsruhe, 1934.

WIESENER (Louis), *Le Régent, l'abbé Dubois et les Anglais d'après les sources britanniques*, Paris, Hachette, 1891-1899, 3 vol.

ZORZI (Alvise), *La Repubblica del Leone. Storia di Venezia*, Milan, Rusconi, 1979.

2. *Articles :*

CHRISTOUT (Marie-Françoise), « Ercole amante, l'Hercule amoureux, à la Salle des Machines des Tuileries », in *XVIIᵉ Siècle*, 142 (1984), pp. 5-15.

HIMELFARB (Hélène), « Signes de la damnation : le réquisitoire de Saint-Simon contre Versailles », in *Errances et parcours parisiens de Rutebeuf à Crevel*, Publications de l'Université de Paris-III, 1986, pp. 35-57.

JACQUIOT (Josèphe), « Les Saint-Urbain, graveurs en médailles au XVIIᵉ et au XVIIIᵉ siècle », in *Actes du 103ᵉ Congrès national des Sociétés savantes. Archéologie*, Nancy/Metz, 1978, pp. 119-129 (ill.).

KOHNKE (Meta), « Das Edikt von Potsdam. Zu seiner Entstehung, Verbreitung und Überlieferung », in *Jahrbuch für die Geschichte des Feudalismus*, 9, 1985, pp. 241-275, Berlin, Akademie-Verlag.

LIVET (Georges), « Louis XIV et l'Allemagne », in *XVIIᵉ Siècle*, 44-47, 1960, pp. 29-53.

MAZINGUE (Étienne), « Réflexions sur la création romanesque chez Anton Ulrich », in « *Monarchus Poeta* ». *Studien zum Leben und Werk Anton Ulrichs von Braunschweig-Lüneburg*, Amsterdam, Rodopi, 1985.

POMIAN (Krzysztof), « Médailles/coquilles = érudition/philosophie », in *Studies on Voltaire and the eighteenth Century*, 154, 1976, pp. 1677-1703.

ID., « Collection-microcosme et la culture de la curiosité », in *Scienze, credenze occulte, livelli di cultura*, Florence, Olschki, 1982, pp. 535-557.

PRUTZ (Hans), « Louvois und die Verwüstung der Pfalz, 1688-1689 », in *Deutsche Zeitschrift für Geschichtswissenschaft*, 4, 1890, pp. 239-274.

ROBERT (F. DES), « Le marquis de Dangeau et le Palatin, 1672-1673 », in *Revue des questions historiques*, 72, 1902, pp. 97-156.

SCHMIDT (F.), « Geschichte der Erziehung der Pfälzischen Wittelsbacher », in *Monumenta Germanica Paedagogica*, IX, Berlin, 1899.

VERBURG (Isaac), « Ezechielis Spanhemii vita breviter delineata », in E. Spanheim, *Dissertationes de praestantia...*, 3ᵉ éd., Amsterdam, 1717, II, VIII-XIX.

VOSS (Jürgen), « Der Herzog von Saint-Simon und Deutschland », in *Deutschland und Frankreich in der frühen Neuzeit. Festschrift für Hermann Weber*, Munich, Oldenbourg, 1987, pp. 439-465.

WALTER (Friedrich), « Der orleans'sche Krieg in der Pfalz. Briefe aus den Jahren 1688/1689, zusammengestellt und eingeleitet », in *Mannheimer Geschichtsblätter*, 3, 1902.

INDEX DES NOMS PROPRES

TABLE DES MATIÈRES

DEUXIÈME PARTIE

MADAME, DUCHESSE D'ORLÉANS
(1672-1701)

TROISIÈME PARTIE

MADAME, DOUAIRIÈRE D'ORLÉANS
(1701-1715)

*Cet ouvrage a été composé
par l'Imprimerie BUSSIÈRE
et imprimé sur presse CAMERON
dans les ateliers de la S.E.P.C.
à Saint-Amand-Montrond (Cher)
en décembre 1988*

35.65.7972.06

ISBN : 2-213-02200-3

N° d'édit. : 1832. N° d'imp. : 2610.
Dépôt légal : décembre 1988.

Imprimé en France